中国民政年鉴

2004

ZHONGGUOMINZHENG
NIANJIAN

中华人民共和国民政部 编

国务院副总理回良玉接见参加全国城市无障碍设计工作会议的代表

民政部部长李学举一行到广东深圳视察民政工作

民政部副部长贾治邦在北京市宣武区慰问贫困户

民政部副部长李立国在湖北看望正在疗养的荣军

民政部副部长罗平飞看望山西省灵丘县在乡老复员军人

民政部副部长姜力在山东烟台视察农村专业经济协会发展情况

民政部副部长陈杰昌在山东省视察村务公开民主管理工作

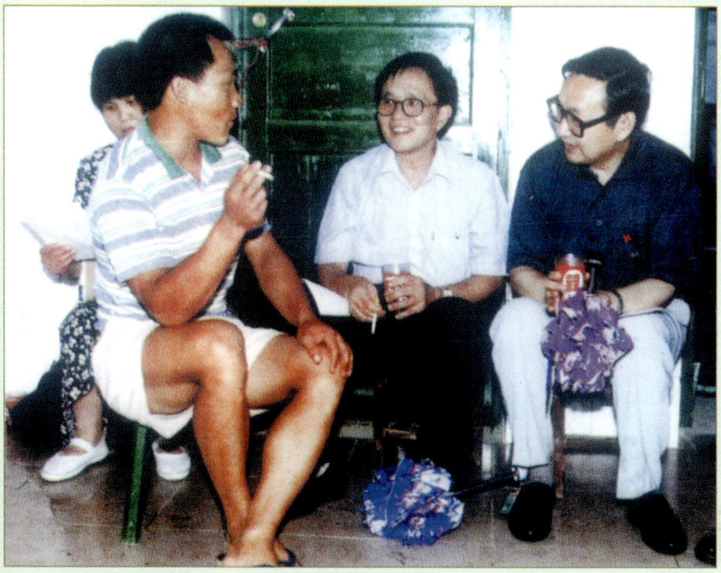

中纪委驻民政部纪检组组长张印忠在广西柳州受灾地区慰问受灾群众

民政部党组成员、全国老龄办常务副主任、中国老龄协会会长李本公深入湖南省湘西、怀化等地走访慰问城乡困难群众

胡锦涛总书记在北京市委书记刘淇的陪同下，到顺义区赵全营镇北郎中村与干部群众亲切交谈

北京市第五次城市管理工作会议

全国人大副委员长何鲁丽、北京市副市长吉林"六一"慰问市第一儿童福利院的孩子们

北京市民政局局长赵义看望低保户

北京市民政局庆祝建国55周年文艺汇演

北京社区"大秧歌"扭到法国街头

选民投下庄严的一票

爱心超市为低保人员带来便利

北京市福利彩票中心捐资助学

北京市房山区拥军楼入住剪彩仪式

北京市启动了首次援助内蒙古自治区的"银龄行动"

北京市福利院老人的幸福生活

园林式墓地——常青园

天津市
TIANJINSHI

中央政治局委员、天津市委书记张立昌在市烈士陵园展厅参观解放天津战役部分烈士事迹展览

天津市委副书记、市长戴相龙视察社区建设工作

民政部副部长杨衍银在天津检查救灾工作

天津市副市长只升华迎接受到全国表彰的天津市“双拥模范城(县)”代表

天津市政协主席宋平顺出席市民政系统第三届“争做孺子牛，树民政新形象”活动表彰大会

天津市民政局领导参加天津殡葬设施开业典礼

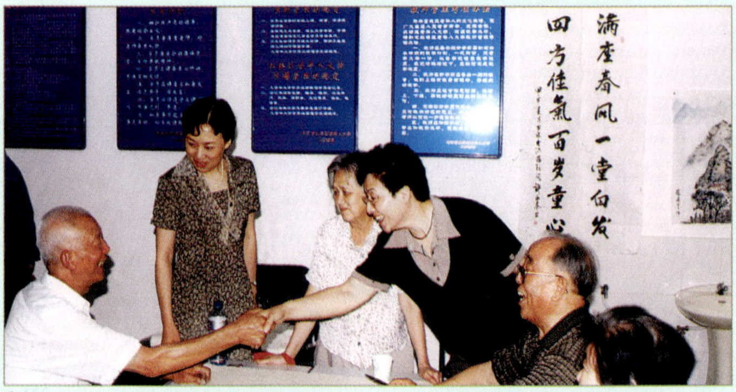

天津市民政局领导检查社区星光老年之家

↑天津市民政局举办市养老护理员职业技能大赛

↑天津市红桥区“低保”志愿者回报社会参加公益活动启动仪式

↑天津市新当选的居委会干部在一起交流工作经验

↑天津市地方政府向武警部队赠送电动巡逻用车

↑天津市努力做好对口支援工作

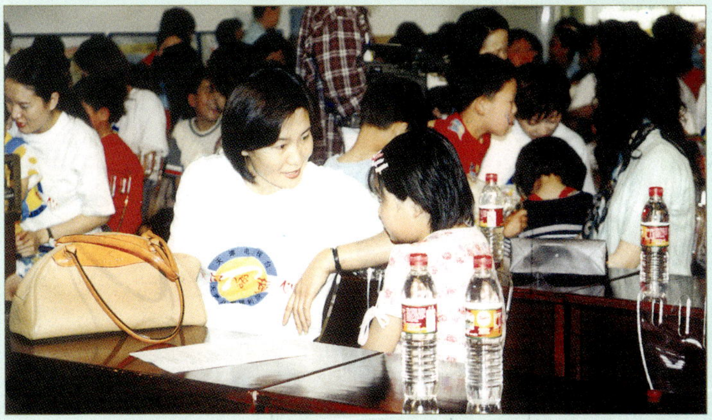

↑天津市儿童福利院组织电视节目主持人同孤残儿童欢庆“六一”儿童节活动

↑天津市养老院公寓楼落成典礼

山西省
SHANXISHENG

山西省委常委、政法委书记杜玉林，省委常委、常务副省长范堆相，省人大副主任曹馨仪出席山西省民政救灾和福彩中心大厦建成启用仪式

山西省民政厅党组书记、厅长郭有勤在社区调研

山西省太原市委副书记、市长李荣怀与太原市民政局局长杜恩共同研究民政工作

山西省大同市委书记来玉龙慰问特困老人

山西省大同市委副书记、市长郭良孝慰问驻同官兵

山西省民政厅纪念建厅55周年暨民政工作改革与发展研讨会

山西省"明天计划"残疾孤儿首例手术启动仪式

山西省民政厅在扶贫点开展"迎七一党员献爱心"活动

民政部部长李学举在大连市委副书记怀忠民、市民政局局长王萍的陪同下慰问大连市养老院的老人

辽宁省委副书记、大连市委书记孙春兰等市领导走访慰问红星村老红军

2004年春节，辽宁省委常委、大连市市长夏德仁，大连市常务副市长刘俊文，市民政局局长王萍与大连市社会福利院的老人们共度佳节

辽宁省大连市委副书记怀忠民在北部三个县级市调研税费改革后在乡老复员军人优待抚恤工作

大连市四星级家庭养护员孙吉花每天给居家养老服务对象——范玉荣奶奶读报纸，陪她聊天

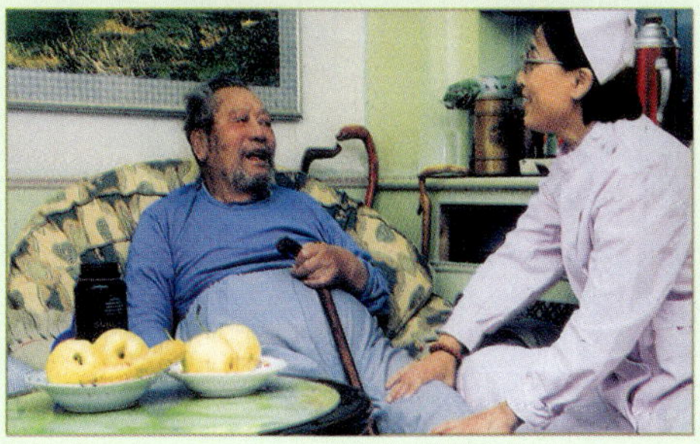

家庭养护员正在为居家养老服务对象服务

投资500万元建成的大连市民政局信息中心，为大连市建设“数字民政”、“便民工程”搭建了平台

黑龙江省
HEILONGJIANGSHENG

黑龙江省委书记宋法棠参加黑龙江省第一届社区居委会换届选举

黑龙江省省长张左己为武警官兵送去慰问品

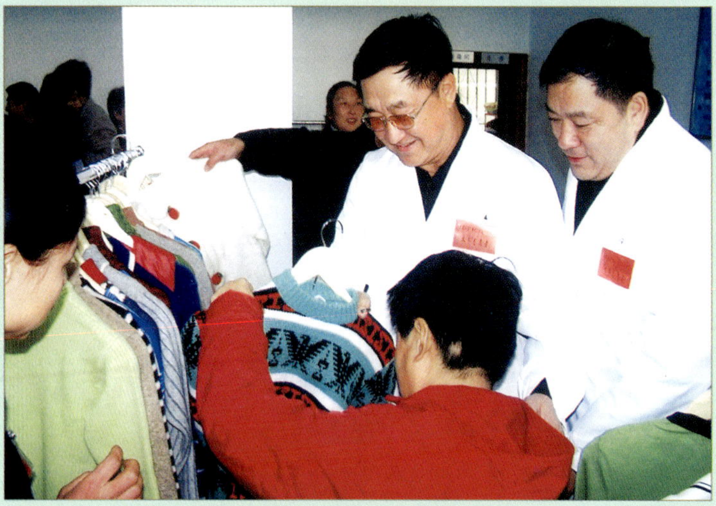

黑龙江省副省长王东华到慈善超市参加义工活动，亲自为救助对象发放衣物

在“捐助月”、“宣传周”活动期间，黑龙江省民政厅厅长沈玉成参加捐赠仪式并捐款

黑龙江省福利彩票发行中心在全国率先通过 ISO9001:2000 国际质量管理体系认证，被民政部授予特别奖——创新奖

哈尔滨市救助管理站在火车站前举办大型现场宣传救助活动

2004年3月2日，胡锦涛总书记会见国际特奥会创始人尤尼斯·肯尼迪·施莱佛一行。胡锦涛表示中国政府支持上海承办2007年世界特奥运动会

中共中央政治局委员、上海市委书记陈良宇已经连续12年与黄浦区第二社会福利院老人吃年夜饭

2004年8月31日，上海市市长韩正到市民政局调研，并与市民政局领导班子成员合影

2004年10月20日，上海市委副书记刘云耕到徐汇区第二社会福利院看望老人

2004年6月4日，上海市委副书记王安顺与市民政局援藏干部握手

2004年7月9日，上海市召开“军休干部安置工作先进工作者表彰大会”。上海市委常委、副市长冯国勤为先进代表颁奖

上海市社会救助实行信息化管理，上海市副市长周太彤到基层调研

上海市聘请特邀颁证师为新人结婚登记颁证

2004年5月28日，第二期“银龄行动”志愿者离沪赴新疆开展智力援助活动

2004年6月1日，上海首批非公募基金会成立

2004年8月25日，上海市民政局举行“第九届民政之花”文艺汇演

上海市军供站获全国“军供工作正规化建设成绩显著单位”称号

开展向云南、江西灾区捐赠工作，建立经常性捐赠接受点，并于2004年11月4日举行捐赠仪式

政务信息公开

培训社会救助信息化管理人员

培养管理人才，提高民政干部素质

2004年5月13日，上海首批社工师诞生

上海市出席全国双拥模范工作会议代表归来

开展双拥活动

2004年福利彩票销售突破10亿元

开展多种形式扶贫帮困活动

2004年11月12日，国际第三年龄大学协会第22届代表大会在上海举行

“市民巡访团”对市民政系统开展文明行业创建活动进行明查暗访

“全国婚姻登记会议”、“全国民政基层单位行风建设经验交流会议”、“全国双拥办主任会议”、“2004上海第二届国际殡葬论坛”在上海成功举行

上海双拥艺术团在社区演出

2004年2月20日，“上海民政工作会议”在展览中心顺利召开

2004年12月10日至12日，全国村务公开民主管理工作经验交流会在江苏省苏州太仓市召开。中共中央书记处书记、中央纪委副书记何勇，民政部部长李学举、副部长陈杰昌和江苏省委书记李源潮、省长梁保华等领导出席了会议

中共中央书记处书记、中央纪委副书记何勇在太仓市农村检查村务公开和民主管理的台账

民政部部长李学举与江苏太仓市农村村委会主任亲切交谈

江苏省委书记李源潮在春节期间走访慰问苏北农村困难群众

江苏省省长梁保华在受灾地区检查灾民建房

江苏省委副书记张连珍走访慰问驻苏空军部队官兵

江苏省副省长王湛深入乡村，实地了解春荒缺粮情况

2004年9月14日，江苏省人民政府召开全省民政工作会议。江苏省省长梁保华、民政部副部长李立国、江苏省副省长王湛等领导出席会议并作重要讲话

江苏省民政厅厅长赵顺盘在“八一”建军节期间慰问驻连云港市部队官兵

江苏省民政厅副厅长张新民在社区考察指导读书活动

江苏省民政厅副厅长陶礼仁看望福利院的老人们

江苏省民政厅副厅长侯学元接待来访的外国友人

江苏省民政厅副厅长凌航在儿童福利院调研并看望孤残儿童

江苏省民政厅纪检组长钮学兴在基层召开座谈会，听取乡镇民政助理的意见和建议

2004年6月，江苏省民政厅召开务虚会，研究打造强势民政的工作思路

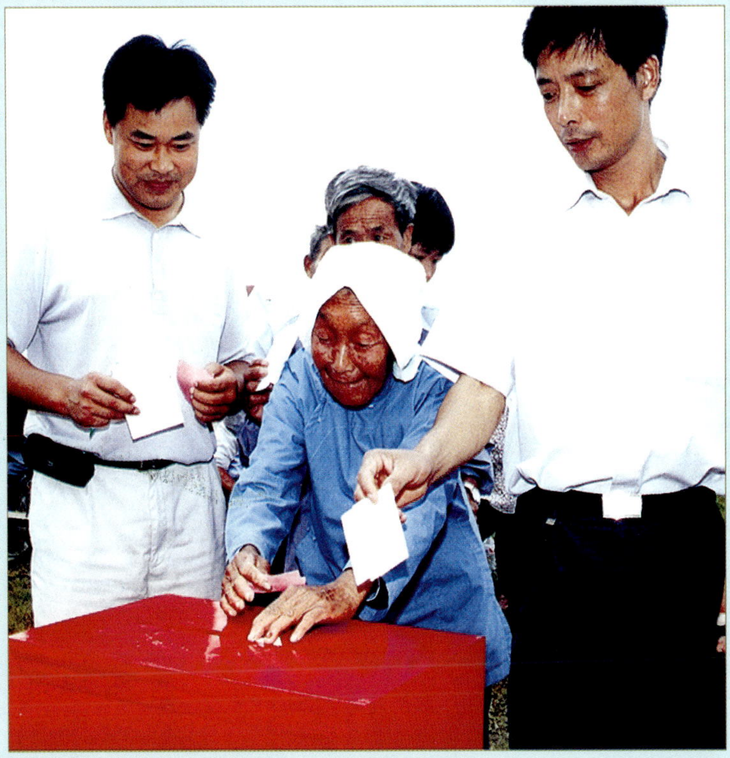

选民投下神圣的一票

江苏省民政厅召开全省低保信息系统建设工作会议，传达贯彻民政部工作要求，研究部署江苏低保信息化建设工作

江苏省民政厅领导向荣获"全国社区文明风采电视大赛"一等奖的南京市白下区朝天宫街道代表队表示祝贺

江苏省民政厅召开竞争上岗演讲会

村务公开已成为江苏省各地加强农村基层组织建设的硬措施

丰富多彩的社区文化活动

2004年，江苏省开展了第七届村民委员会换届选举工作

2004年8月6日，江苏省启动残疾孤儿手术康复“明天计划”。截至2004年底，完成各类手术85例，手术成功率100%

江苏省多方位扎实做好城乡困难群众的救助工作，截至2004年底，全省共有各类慈善和爱心超市100多家

2004年10月18日，江苏省举行了中国福利彩票3D游戏首发式

江苏彩民游北京

江苏省扬州市烈士陵园

江苏省宿迁市社会福利院（建设中）

江苏省泰州市殡仪馆

江苏省苏州市胥虹社区和“星光计划”项目

江苏省姜堰市社会福利院

江苏省连云港市社会福利院

国务院总理温家宝在浙江省台州市察看受“云娜”台风袭击后，当地群众的生产生活及灾后重建情况

与海啸灾民风雨同路，奉献国际人道主义爱心。图为宁波大学设立的募捐点和流动捐款箱

浙江省副省长陈加元来到浙江省残疾儿童康复中心，看望正在接受治疗和康复的孩子们

2004年10月，国际老龄协会第十六届大会在杭州举行

浙江省军供站、杭州市军供站和萧山军供站联合为过往杭州部队提供“优先、优质、优惠”的食宿保障服务，被过往部队誉为“军队温暖的港湾”

2004年，浙江省加大集中供养力度，建设了一批新型的敬老院，提前完成省政府的工作目标。图为浙江联通须江敬老院

安徽省
ANHUISHENG

民政部副部长姜力在安徽省民政厅厅长李宏塔的陪同下，在定远县走访慰问困难户

2004年11月5日，全国民政政务信息工作表彰会议暨政务信息培训班在合肥市举行。民政部副部长陈杰昌、安徽省副省长徐立全出席会议。民政部办公厅主任窦玉沛、中国社会新闻出版总社总编辑米有录及安徽省民政厅厅长李宏塔、副厅长叶如强参加会议

全国首届行业协会成果展览汇报会——安徽省展区一角

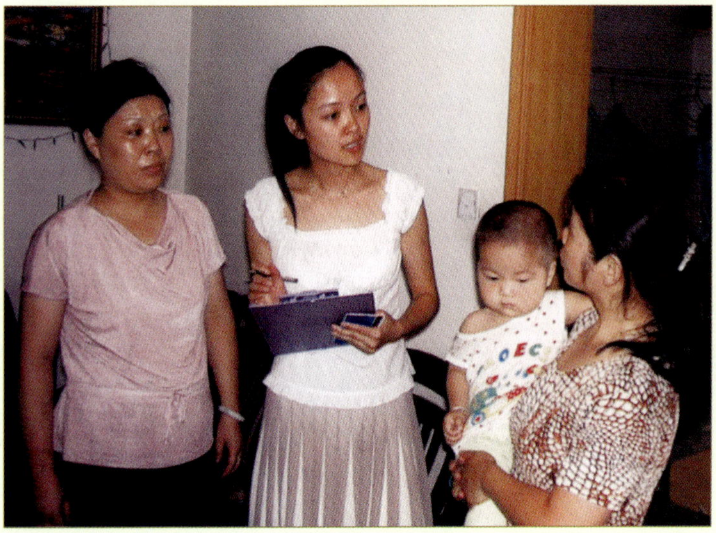

安徽省马鞍山市社区居委会工作人员对申请低保户进行入户调查

安徽省合肥市庐阳区益寿苑星光老年之家

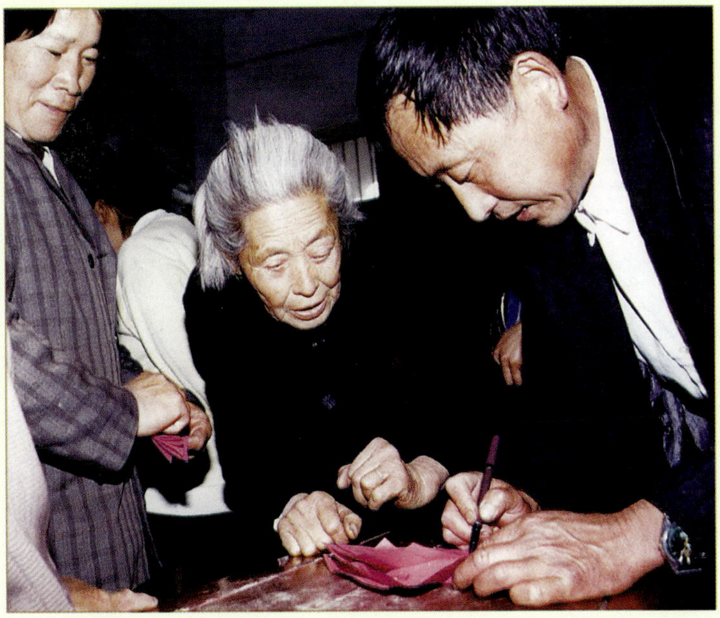

安徽省舒城县干汉河镇顺河村村民在第六届村委会换届选举中认真填写选票

安徽省铜陵市天桥社区新建的办公活动用户和室外活动场所

铜陵市

安徽省铜陵市民政局局长兼党委书记刘银节

团结奋进的铜陵市民政局领导班子

福建省副省长陈芸“六一”儿童节到福州儿童福利院看望孤残儿童，并代表省政府送上慰问金5万元

福建省民政厅厅长黄炳泰入户调查农村低保金发放情况

福建省民政厅副厅长江华先深入南靖县慈善超市，与基层民政干部探讨超市运营的相关问题

福建省民政厅纪检组长高雪玉到光泽县访贫问苦，为特困户送上慰问金

福建省民政厅副厅长林培新在福建省县级行政区域界线信息系统验收会上与技术人员进行交流

福建省民政厅副厅长鄢一忠在漳州市华安县看望慰问贫困户

福建省民政厅副厅长陈进暖在莆田SOS儿童村与孤儿联欢

福建省民政厅副厅长周扬基在龙岩调研老龄工作

福建省民政厅副厅长周瑛在南平调研农村专业协会发展状况

江西省吉安市委书记弘强率慰问团走访吉安军分区时发表讲话

江西省吉安市市长胡长林在吉州区兴桥镇敬老院看望老人

江西省吉安市民政局局长王水生在永新县向农村特困户发放慰问金

江西省吉安市民政局组织全体干部在永新县开展"1+1"结对帮扶活动

江西省吉安县光荣敬老院的老人在锻炼身体

江西省峡江县社会福利院老人安度晚年

山东省
SHANDONGSHENG

民政部部长李学举与山东省委副书记、省长韩寓群亲切交谈

山东省委副书记高新亭检查部队基层官兵生活

山东省副省长谢玉堂走访慰问部队官兵

山东省委书记张高丽慰问困难群众

山东省民政厅厅长杨金镜与驻鲁部队首长共商双拥工作

民政部副部长姜力为山东农村经济协会题词

空军某部首长向山东省政府领导赠送锦旗，感谢对部队建设的大力支持

山东省济南市市中区街道办事处工作人员为低保户发放保障金

“慈心一日捐”捐赠现场

“慈心一日捐”齐鲁名家书画精品义拍

山东省福利彩票发行管理中心资助建设的福彩学校

山东省福彩中心资助山东大学百名优秀贫困大学生

莱州市渔业协会负责人向参加全国培育发展农村专业经济协会工作会议代表介绍工作情况

培育发展农村经济协会结出累累硕果

昌乐镇红河村的村务公开栏

昌乐镇政府的政务公开栏

湖北省
HUBEISHENG

中央政治局委员、湖北省委书记俞正声到基层视察灾区重建工作

民政部部长李学举到湖北视察村务公开工作

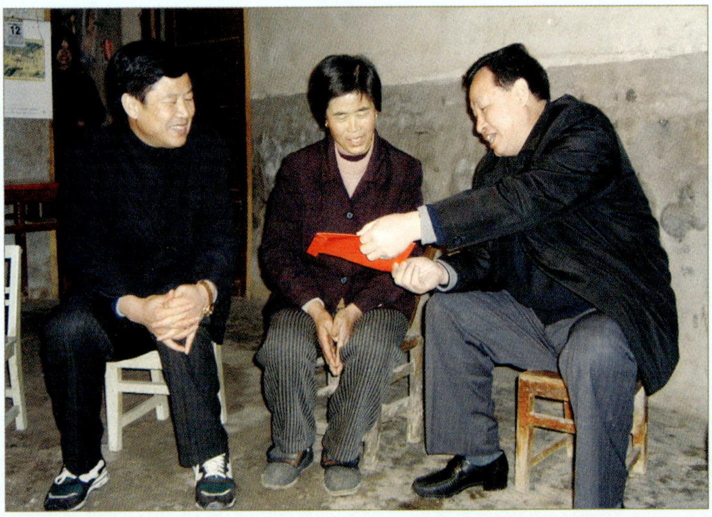

湖北省省长罗清泉到基层看望、慰问贫困户

民政部副部长罗平飞到湖北视察，并亲切慰问驻鄂官兵

民政部副部长姜力到湖北视察工作

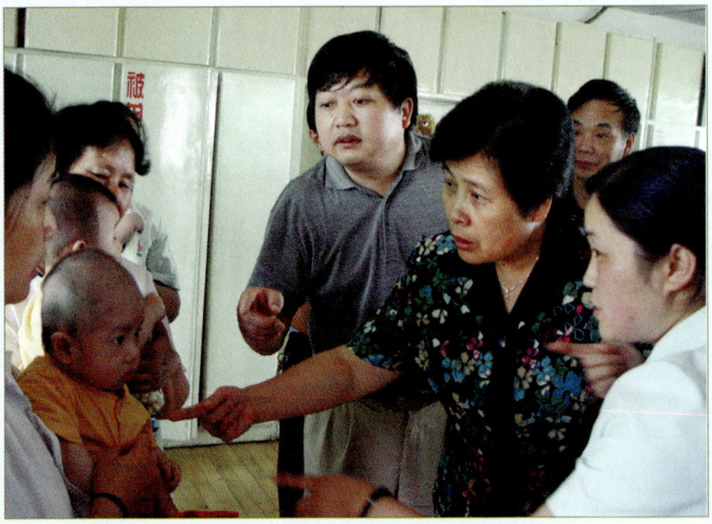

湖北省副省长蒋大国在省民政厅厅长傅德辉的陪同下看望、慰问孤残儿童

湖北省民政厅厅长傅德辉细心接待群众来访，为他们解决实际困难

湖北省民政厅副厅长谢继伦到福利院与五保老人共进团年饭

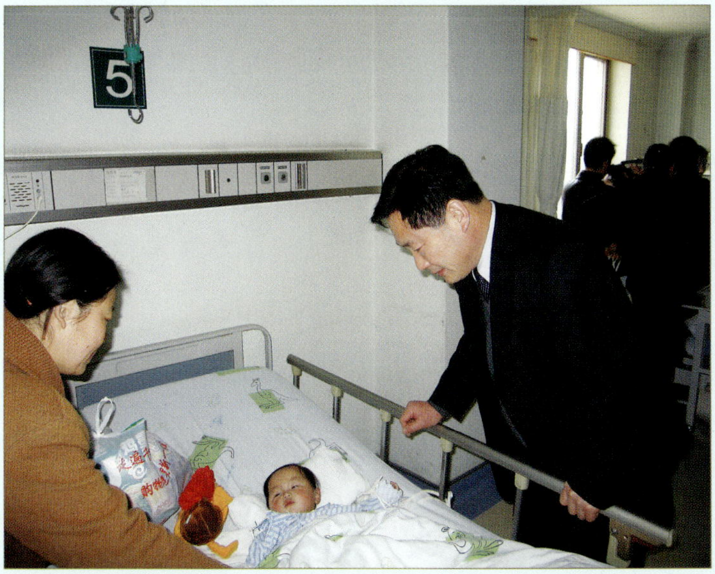

湖北省民政厅副厅长文增显看望实施“明天计划”的残疾孤儿

湖北省民政厅副厅长万幼清到基层检查工作

湖北省民政厅副厅长余琳到基层检查双拥工作

湖北省民政厅党组成员、纪检组长张晨到基层检查工作

湖北省举办周国知先进事迹报告会，全省掀起学习周国知，真心为群众的高潮

湖北省加强市镇设置战略研究，加快城市化进程

湖北省政府高度重视困难群众生活的安排，积极组织，精心部署，确保困难群众生活有保障

湖北省进一步加快全省救助体系建设步伐，全面实施贫困群众医疗救助工作

湖北省民政厅举办咨询会，现场为群众排忧解难，办实事

广东省民政厅厅长杨华维看望低保对象

广东省民政厅副厅长范俊龙看望光荣院老人

广东省民政厅副厅长叶秀仁看望敬老院老人

广东省民政厅副厅长郑人豪在深圳考察社区建设情况

广东省召开全省民政工作会议

广东省民政厅迎新春游园活动

深圳市

2004年4月6日，民政部部长李学举为深圳市民政局开通深圳市民间组织管理电子政务平台

2004年8月21日，民政部副部长罗平飞到广东深圳视察工作

深圳市委书记李鸿忠慰问公安边防七支队官兵

广东省民政厅厅长杨华维到深圳考察社区建设工作

2004年9月1日，深圳市委副书记、市政法委书记庄礼祥到市民政局视察工作

2004年8月9日深圳市副市长梁道行到市救助管理站调研

2004年5月21日，深圳市民政局召开传达贯彻行风评议工作大会

2004年6月3日，深圳实行福利彩票投注站网上公开申请，深圳市民政局局长刘润华等领导现场监督网上申请过程

2004年1月20日，深圳市民政局率先在全国启动避寒救助机制

2004年1月15日，深圳市民政局副局长邱展开到部队调研双拥工作

2004年12月9日至11日，深圳市民政局民间组织管理办公室组团参加首届全国行业协会成就汇报展览会

2004年6月22日，在深圳“明天计划”启动仪式上深圳两家企业捐资，首批6名孤残儿童成为受益者

2004年8月19日，深圳市民政局与深圳商报社发起“雏鹰展翅”爱心助学活动，帮助首批76名来自深圳低保家庭的贫困大学生支付当年的全额学费，使他们不因经济困难而失学

重庆市
CHONGQINGSHI

重庆市委书记黄镇东、市政府顾问甘宇平等慰问重庆武警总队官兵

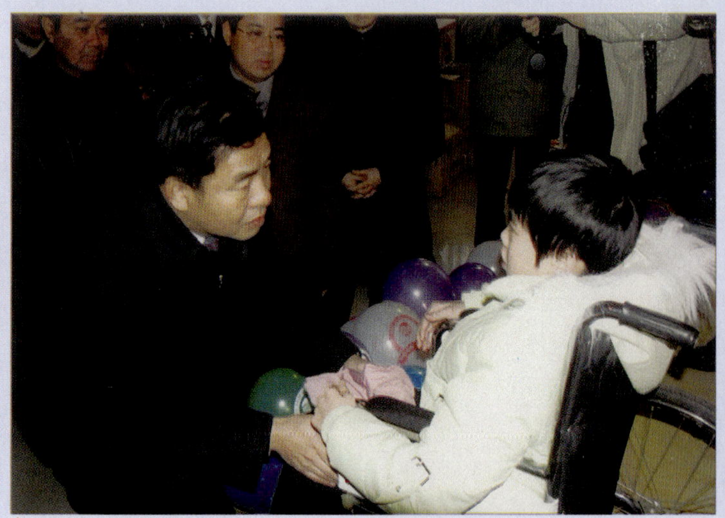

2004年春节前，重庆市委副书记、市长王鸿举亲切看望市儿童福利院孤残儿童

2004年9月，民政部副部长杨衍银在重庆市万州区铁峰乡吉安村山体滑坡现场视察灾情

2004年7月，民政部副部长姜力在重庆市万州区视察库区淹没和搬迁建设情况

重庆市委副书记邢元敏、重庆警备区政委段树春等市党政军领导亲切看望石桥铺殡仪馆一线职工

重庆市委常委、副市长陈光国与福利院老人亲切交谈

2004 年 11 月，由台商彭荫刚夫妇捐资修建的市儿童福利院医疗康复楼落成。图为(前排左起)香港特首董建华夫人董赵洪娉，彭荫刚，重庆市委副书记邢元敏，重庆市委常委、副市长陈光国在落成典礼上

2004 年 8 月，重庆市民政局与湖北省民政厅在武汉签订互学互访协议

重庆市民政局局长余明哲在大足县龙水镇十里村考察村民自治工作

2004 年 3 月，全国民政事业统计年报会审会在重庆召开

2004 年 3 月，民政部民间组织管理局民办非企业单位有关问题座谈会在重庆举行

2004 年 8 月，重庆市民政局学习考察组到四川省学习考察

2004 年 9 月，中国福利彩票中心“2004 年全国电脑福利彩票技术研讨会”在重庆举行

全国双拥模范城·重庆市·渝中区

2004年春节，重庆市渝中区委书记刘隆铸亲切看望驻区部队官兵

重庆市渝中区区长洪天云亲切看望福利院孤寡老人

军民共建竹林公园，图为重庆市渝中区委、区人大、区政府领导和驻区部队首长植树合影

2004年7月，重庆市渝中区区委副书记郑维、民政局局长贾学海视察两路口街道“爱心超市”

2004年11月，重庆市渝中区民政局组织开展“爱心义卖”活动，为城市贫困老人募捐。图为渝中区民政局局长贾学海在义卖活动现场作动员讲话

重庆市渝中区七星岗街道组织辖区单位开展社区文艺活动

2004年重阳节，驻区部队官兵走进上清寺街道和社区老人同乐

全国双拥模范城·重庆市·沙坪坝区

重庆市沙坪坝区委书记翁杰明、区长黄云陪同重庆市民政局局长佘明哲视察沙坪坝区福利院

2004年6月，重庆市沙坪坝区委书记翁杰明、副区长刘江龙走访驻区部队

2004年春节前，重庆市沙坪坝区民政局局长高昶慰问一等伤残军人张友诚

2004年4月，重庆市沙坪坝区民政局组织革命功臣参观三峡广场

2004年8月，重庆市沙坪坝区民政局组织街道社区干部慰问驻区空军官兵

2004年7月，重庆市沙坪坝区小龙坎街道组织社区歌咏比赛

重庆市沙坪坝区石井坡街道开展社区体育健身活动

全国双拥模范城·重庆市·九龙坡区

重庆市九龙坡区组织知名书画家走进部队开展文化拥军活动

2004年春节前夕，重庆市九龙坡区委书记郑洪率团慰问驻区部队

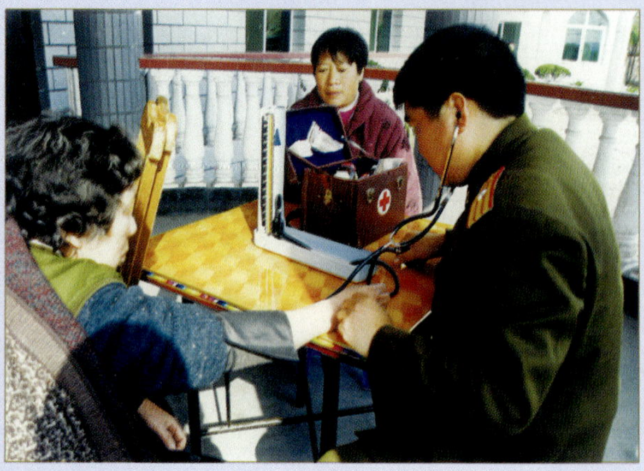

驻九龙坡区部队医疗队走进社区免费为困难群众治病

重庆市九龙坡区副区长程汝义亲切看望喜迁廉租新房的低保户

重庆市九龙坡区广泛开展军民共建社区活动

重庆市九龙坡区民政局局长陈光华与军休干部们亲切交谈

重庆市九龙坡区黄桷坪街道把党支部建在社区楼栋

全国双拥模范城·重庆市·南岸区

重庆市南岸区党政领导慰问驻区部队

2004年，重庆市南岸区开展“千名党员进千家万户，百倍热情暖百姓之心”活动，图为区委书记谭栖伟、区长张季为困难群众发放生活物品

重庆市南岸区民政局局长李铁声走进社区指导、安排节日慰问困难群众工作

全国双拥模范城·重庆市·江津市

重庆市江津市委书记唐林、市长熊雪率团走访慰问驻津部队

重庆市江津市民政局局长袁孝华深入灾区查勘灾情

重庆市江津市民政局干部走进农户，了解困难群众生产生活情况

全国双拥模范县·重庆市·开县

2004年10月，重庆市开县县长陈远辉到县武警中队慰问官兵

2004年9月，民政部副部长杨衍银由重庆市副市长陈光国、市民政局局长余明哲、开县县委书记蒋又一陪同，视察开县"9·4"洪灾灾情

重庆市开县民政局局长杜连鉴到农村敬老院看望五保老人

全国双拥模范县·重庆市·奉节县

2004年春节前，重庆市奉节县委书记陈孝来亲切看望慰问困难群众

重庆市奉节县委书记陈孝来、县长刘渝平等，由县民政局局长姜正富陪同，参观县烈士陵园

重庆市奉节县委副书记潘晓成走进农户，与优抚对象座谈

全国双拥模范县·重庆市·铜梁县

重庆市铜梁县委书记马平率团慰问驻县部队

重庆市铜梁县县长管洪到外训营地看望驻县部队官兵

重庆市铜梁县民政局局长赵品银陪同县委、县政府领导到重点优抚对象家中了解生产生活情况

2004年8月1日，重庆市铜梁县民政局召开军队离退休干部座谈会

云南省
YUNNANSHENG

2004年11月，民政部部长李学举在云南省省长助理丹珠昂奔、省民政厅厅长高祖兴的陪同下，在丽江市永胜县视察灾区民房恢复重建工作

2004年春节前夕，云南省省长徐荣凯在省民政厅厅长高祖兴的陪同下，在昭通市鲁甸地震灾区慰问灾民

云南省委副书记王学仁视察虹山社区

敬老节期间，云南省副省长、省老龄工作委员会主任李汉柏，省民政厅厅长、省老龄工作委员会常务副主任高祖兴，省民政厅副厅长段丽元看望特困退休老职工

2004年云南省副省长孔垂柱在德宏州洪涝灾害中指挥抗灾救灾工作

云南省民政厅厅长高祖兴在丽江市华坪县洪涝灾害中核查灾情，指导抗灾救灾工作

八一建军节前夕，云南省民政厅副厅长唐尚林到干休所听取老干部对互助活动的意见

云南省民政厅副厅长褚正武代表云南省委、省政府在贡山看望困难群众并发放了慰问金

云南省民政厅副厅长段丽元在潞西市风雹灾害中核查受灾的经济作物

2004年8月30日，云南省民政厅召开云南省村委会主任培训班，省民政厅副厅长王树芬在会上作重要讲话

云南省民政厅纪检组组长周潮明向昆明市精神病院等获得"全国民政基层窗口单位行风建设先进集体"的单位颁奖

云南省民政厅党组成员、省老龄办专职副主任王建新在保山市隆阳区老年协会看望高龄老人

2004年2月19日，云南省召开了"2004年全省民政工作会议"

云南省民政厅党风廉政工作会议

2004年10月13日，云南省民政厅在全厅干部职工中开展学习周国知先进事迹座谈会

2004年10月14至15日，云南省民政系统纪检监察工作座谈会在昆明召开

2004年6月11日，云南省民政厅召开厅机关民主推荐领导干部大会

2004年11月19日，云南省民政厅召开"云岭先锋"工程推进大会

2004年11月1日,云南省民政厅灾后民房恢复重建工作汇报会会场

2004年2月6日,中央驻滇单位退役士兵安置工作会议会场

2004年云南省转业士官培训开学典礼

2004年6月1日至23日,云南省军休办在全省军休系统中组织开展了"云岭老战士牵手互助行动"

云南省已有55万名老人领到了高龄老人优待证。图为昆明市官渡区农村的高龄老人使用优待证免费进入世博园游览

2004年,云南省3D电脑福利彩票上市准备工作已全部完成,并召开了新闻推介会

2004年2月26日,云贵川三省联合销售电脑福利彩票正式开通

德宏州

云南省民政厅副厅长段丽元、德宏州副州长柳五三、州民政局局长王奇等到盈江县指导抗灾救灾工作

云南省省长徐荣凯在德宏州县领导的陪同下视察盈江灾区

德宏州委副书记袁斌，副州长王兴才、刘绍鸿，军分区副司令李戈凌在盈江县察看灾情并指导工作

云南省委副书记秦光荣同灾区群众在一起

德宏州委工作组组长、副州长王兴才，盈江县委书记杨跃国，盈江县县长王二软在抗灾第一线指挥救灾工作

云南省副省长孔垂柱在德宏州委书记刘一平、盈江县委书记杨跃国的陪同下视察盈江灾区

德宏州副州长柳五三、盈江县常务副县长杨荣凡陪同地质专家考察地质情况

甘肃省副书记、省长陆浩在省民政厅厅长黄续祖陪同下到张家川回族自治县调研建立健全城乡社会救助体系问题

甘肃省委副书记、省老龄委主任陈学亨在兰州市委副书记哈全玉、省民政厅副厅长沙仲才、老龄办副主任刘柏林的陪同下慰问百岁老人，并颁发"寿星证"

甘肃省副省长罗笑虎春节期间在平凉市慰问农村特困群众

甘肃省副省长孙小系参加全国勘界和界线管理工作电视电话会议

甘肃省民政厅厅长黄续祖在临夏回族自治州访问贫困户

甘肃省民政厅党组成员在年度工作述职述廉大会上。自左至右依次为：党组成员、助理巡视员季文平、副厅长张和平、厅长黄续祖、副厅长沙仲才、纪检组长刘秉权

甘肃省民政厅为对口帮扶的宕昌县金木乡中心小学捐赠远程教育设备仪式

"为民模范"周国知同志先进事迹报告团抵达甘肃，省委召开先进事迹报告大会，在全省各界宣传周国知精神

2004年4月，甘肃省优秀社区工作者表彰大会在兰州召开

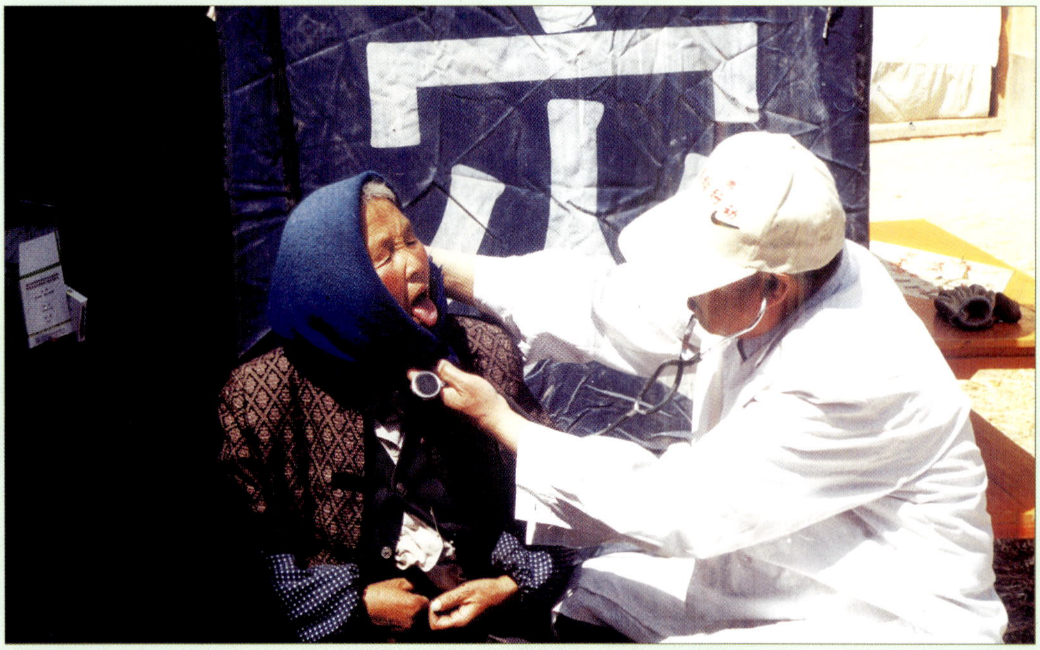

甘肃省实施"银龄行动"，开展农林科技、医疗、文化等项目方面的援助

青海省委书记赵乐际率慰问团到西宁儿童福利院慰问全体职工并看望收养的孤残儿童

青海省省长杨传堂在全省民政工作会议上作重要讲话

青海省委副书记宋秀岩率党政军慰问团慰问驻军部队

青海省委常委、政法委书记管雷，副省长穆东升，民政厅厅长克保等领导参观双拥成果展览

由青海省民政厅、农业厅、科技厅、工商联社、海东行署联合召开了全省农牧区专业经济协会现场会，有效地促进经济协会的发展。图为青海省副省长邓本太同与会代表在马玲薯协会参观、指导

青海省民政厅厅长克保率工作组检查民政工作，进行现场办公，帮助基层解决实际困难

青海省委、省政府召开了2004年全省民政工作会议，省委、省人大、省政府、省政协的领导出席了会议

青海省民政厅在海东地区召开了全省民政财务工作现场会

在中国社工协会的指导下，青海省社会工作协会正式成立，并举行第一次会员代表大会

青海省双拥领导小组召开全省拥军优属拥政爱民工作会议

青海省民政厅直属海东社会福利院康复楼正式竣工启用，并举行启用仪式

青海省民政厅举行民政救灾车辆发放仪式。图为参加仪式的领导为各民政局接车的同志发授汽车钥匙

青海省民政厅机关党委组织干部职工在烈士纪念碑前举行新党员宣誓仪式

崭新的民政救灾车排列在广场上

中央政治局常委李长春在中央政治局委员、新疆维吾尔自治区党委书记王乐泉及自治区领导的陪同下，视察乌鲁木齐市水磨沟区温泉西路社区

中央政治局委员、新疆维吾尔自治区党委书记王乐泉在视察社区双拥工作时，为乌鲁木齐市新市区秀林园社区题词

民政部部长李学举在新疆考察民政工作时，对新疆的社区建设工作给予充分肯定

“八一”期间，新疆维吾尔自治区党委副书记、自治区主席司马义·铁力瓦尔地慰问驻疆空军部队

民政部救灾救济司司长王振耀检查新疆灾后重建学校

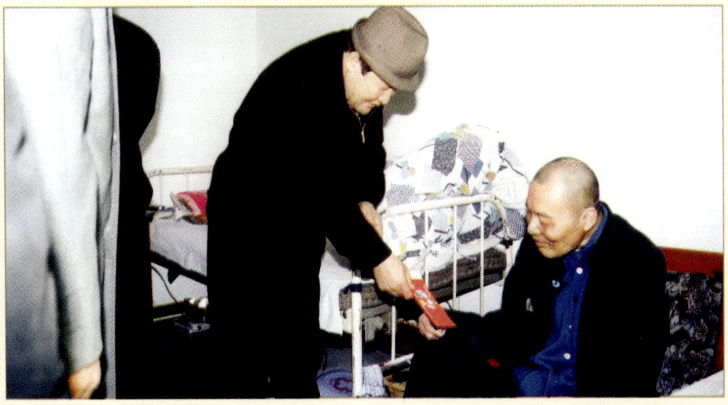

新疆维吾尔自治区民政厅厅长贾帕尔·阿比布拉看望慰问伤残军人

新疆维吾尔自治区民政厅党组书记周毅看望慰问特一级伤残军人

新疆维吾尔自治区民治厅厅长贾帕尔·阿比布拉代表自治区社区建设领导小组办公室从新疆电信公司党委书记高同庆手中接过拍卖电话号码的全部收益

新疆阿克苏地区温宿县发生洪水，驻地官兵奋勇参加抢险救灾

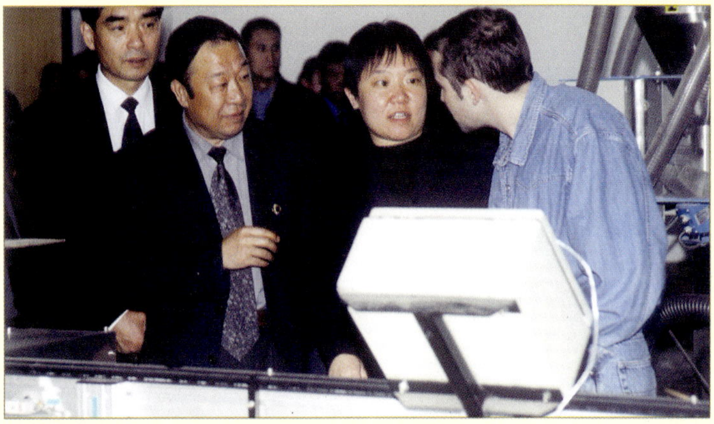

新疆库尔勒市外资企业以色列凯斯特公司，多年来主动接收安置退伍军人，谱写了一曲拥军赞歌

新疆维吾尔自治区农村专业经济协会在农村经济体制改革中发挥了积极作用，图为吉木萨尔县董家湾村瓜果供销协会在现场会上介绍经验

新疆首幅标示县级以上法定行政区域界线的《新疆维吾尔自治区行政区划图》正式出版发行

新疆民办非企业单位登记管理工作开展4年间，共登记各类民办单位1500个，举办培训班12期，同14个厅局建立了联系关系

2004年8月，柯平县齐浪乡发生多年不遇的洪水灾害，民政部门同志奔赴受灾一线了解灾情

新疆维吾尔自治区民政厅工作组在阿图什市检查低保档案工作

新疆维吾尔自治区实施"星光计划"三年，建设老年福利服务项目500个，图为老年人正在进行书法绘画交流

社区老人正在"星光老年之家"观赏自编自演的节目

新疆维吾尔自治区实施"残疾孤儿手术康复明天计划"，顺利完成了第一批(90人)受助者的手术

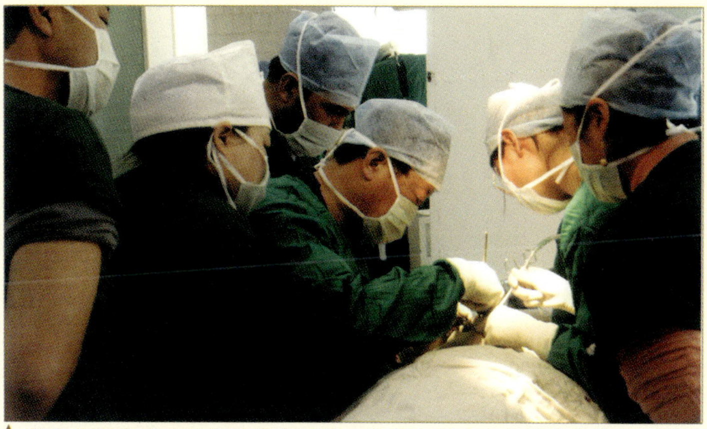

新疆维吾尔自治区民政康复医院口腔科专家正在给孤残儿做颌面外科手术

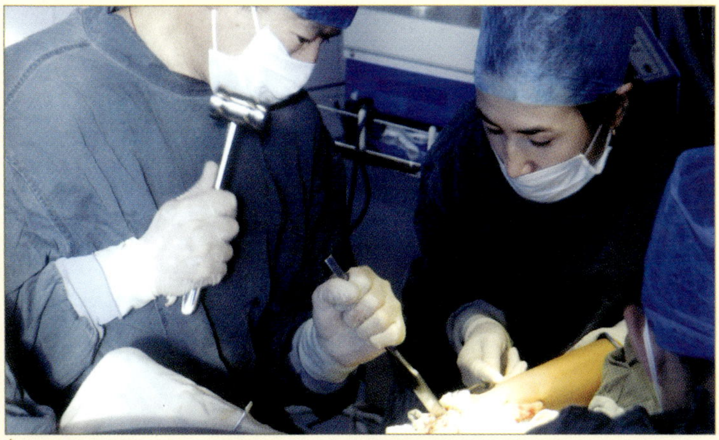

新疆维吾尔自治区民政康复医院骨科专家正在给孤残儿做骨科手术

国家级贫困县青河县，始终高度关注"五保"老人的生活，重视敬老院建设

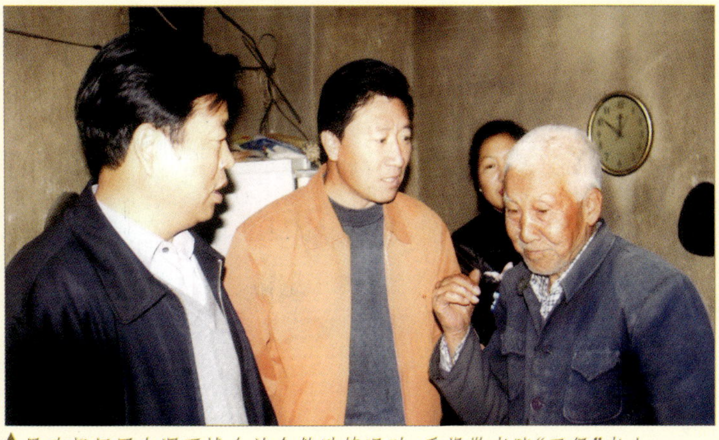

民政部门同志调研城乡社会救助情况时，看望敬老院"五保"老人

低保对象在座谈会上踊跃发言

乌鲁木齐市

新疆维吾尔自治区党委常委、乌鲁木齐市委书记杨刚，乌鲁木齐市市长雪克莱提·扎克尔视察儿童福利院工作

新疆维吾尔自治区党委常委、乌鲁木齐市委书记杨刚参加爱心慈善超市揭牌仪式

首届“全国社区文明风采电视大赛”乌鲁木齐分赛区选拔赛，乌鲁木齐市天山区代表队荣获第一名

乌鲁木齐市民政局组织开展万人评议活动

乌鲁木齐市委、市政府组成慰问团赴南疆慰问边防哨所官兵，送去价值二十万元的背投彩电及保暖内衣

强化“以人为本”理念，繁荣社区文化生活，建立和谐的新型社区

中国民政年鉴·2004

中华人民共和国民政部 编

中国社会出版社

图书在版编目(CIP)数据

中国民政年鉴·2004/中华人民共和国民政部编．—北京：中国社会出版社，2005.10

ISBN 7-5087-0817-2

Ⅰ. 中...　Ⅱ. 中...　Ⅲ. 民政工作-中国-2004-年鉴

Ⅳ. D632-54

中国版本图书馆 CIP 数据核字(2005)第 110660 号

书　　名：中国民政年鉴·2004

编　　者：中华人民共和国民政部

责任编辑：杨　晖　张国洪

出版发行：中国社会出版社　　邮政编码：100032

通联方法：北京市西城区二龙路甲 33 号新龙大厦

电话：66016392　　电传：66016392

经　　销：各地新华书店

印刷装订：中国电影出版社印刷厂

开　　本：880mm × 1230mm　　1/16

印　　张：45.75　　**插页**：52 页

字　　数：1237 千字

版　　次：2005 年 12 月第 1 版

印　　次：2005 年 12 月第 1 次印刷

书　　号：ISBN 7-5087-0817-2/D·285

定　　价：198.00 元

《中国民政年鉴》编委会

《中国民政年鉴》编辑办公室

出版说明

一、《中国民政年鉴》是由中华人民共和国民政部主办，部办公厅组织、主持编撰，中国社会出版社编辑出版的大型史册性资料工具书，逐年记载中国民政事业的新成就、新进展和新经验，为海内外读者了解中国的民政事业、关心中国的民政事业、研究中国的民政事业、支持中国的民政事业提供诚挚的服务。

二、本年鉴从2002年起每年出版一期，2004年刊为第三期。

三、作为第三期《中国民政年鉴》，本期年鉴以2004年度的内容为主，记事日期一般截至2004年12月31日，个别地方也涉及了2004年度以前的内容。

四、本期年鉴采用年鉴通用的分类编排法，以总目为单元，由类目、条目组成。力求资料归类集中和清晰，以便读者查阅。

五、"条目"是本期年鉴记载年度的情况和动态的主要形式，每个条目的开头用黑体字加【】作标题，提示条目中心内容。

六、本期年鉴由"彩插"、"特载"、"民政事业发展综述"、"社会救助与社会福利"、"基层民主政治建设"、"服务军队和国防建设"、"专项社会事务管理"、"老龄事业"、"综合性民政工作"、"民政法律法规"、"民政统计资料"、"地方民政工作"、"大事记"13个总目构成。

1．彩插——收录反映2004年部分省市民政工作风彩风貌的图片。

2．特载——收录2004年党和国家领导人关于民政工作重要的讲话与论述、召开的重要会议、重大活动等。

3．民政事业发展综述——记录2004年民政工作概况及民政事业"十一五"发展规划思路。

4．社会救助与社会福利、基层民主政治建设、服务军队和国防建设、专项社会事务管理、老龄事业、综合性民政工作——记录民政各项工作业务。

5．民政法律法规——收录2004年民政法规和规范性文件。

6．民政统计资料——收录2004年民政各项统计资料。

7．地方民政工作——记录2004年全国各省市民政工作概况。

8．大事记——2004年民政工作大事记。

七、本期年鉴的条目撰稿人来自民政部各司（局）、部属相关事业单位及各省市民政厅。资料与数据均经过审核。

特 载

·2004年党和国家领导人关于民政工作的重要讲话与论述

·2004年民政部领导关于民政工作的重要讲话与论述

· 2004 年民政工作重要会议和重要活动

民政事业发展综述

社会救助与社会福利

· 自然灾害救助

· 减灾工作

· 城市居民最低生活保障制度

· 农村社会救助

· 社会福利

· 中国社会福利彩票

· 慈善事业

基层民主政治建设

· 基层政权建设

· 村民自治工作

· 城市社区建设

服务军队和国防建设

· 双拥工作

· 优抚工作

· 安置工作

专项社会事务管理

· 民间组织管理

· 行政区划管理

· 地名管理

· 行政区域界线管理

· 婚姻登记管理

· 殡葬管理

· 救助管理

· 涉外收养

老龄事业

· 老龄工作概况

· 老年维权工作

·老龄科研工作

·老龄领域项目合作和对外交流

综合性民政工作

·民政教育与科技工作

·民政法制建设

·民政信访工作

·民政信息化建设

·外事工作

·新闻宣传工作

民政法律法规

·2004年颁布的民政法规及规范性文件

民政统计资料

地方民政工作

大事记

特　载

2004年党和国家领导人关于民政工作的重要讲话与论述

在全国拥军优属 拥政爱民工作会议上的讲话

国务院总理　温家宝

（2004年1月9日）

同志们：

今天，全国双拥工作领导小组、民政部、解放军总政治部隆重召开拥军优属拥政爱民工作会议，总结经验，表彰先进，共商新世纪新阶段加强军政军民团结大计。这是双拥工作的一次历史性盛会。我代表党中央、国务院、中央军委，向会议的召开和被命名表彰的全国双拥模范城（县）、双拥模范单位和个人，表示热烈的祝贺！向为保卫祖国、建设祖国做出突出贡献的人民解放军和武警部队全体官兵，以及烈军属、革命伤残军人、转业复员退伍军人、军队离退休干部，表示亲切的慰问！向热情关心支持国防和军队建设的各级党委政府和广大人民群众，表示衷心的感谢！

拥军优属、拥政爱民，是中国共产党领导下我国亿万军民的伟大创造，是我党我军我国人民的优良传统和特有的政治优势。1943年在延安兴起的双拥运动，已经走过了60年的光辉历程。我们党的三代领导核心都始终高度重视双拥工作。毛泽东同志提出了“兵民是胜利之本”的精辟论断，亲自倡导和推动了双拥运动。邓小平同志强调军民一致的原则不能变，亲自倡导了军民共建社会主义精神文明和创建双拥模范城（县）活动。江泽民同志要求要像爱护眼睛一样爱护军政军民团结。60多年来，双拥工作不断发展，军政军民团结更加巩固。“军队和老百姓，咱们是一家人”，我们党、我们的军队唱着这首歌从农村走向城市，从根据地走向全中国，赢得了国家独立和民族解放，取得了社会主义建设的伟大胜利。

改革开放以来特别是党的十三届四中全会以来，我国军民继承发扬光荣传统，围绕党和国家的中心任务，创造性地开展双拥工作，取得了新的历史性成就。以爱国主义为核心的国防教育深入人心，军民共建活动和创建双拥模范城（县）活动蓬勃开展，与社会主义市场经济相适应的双拥政策法规不断完善，军地在政治、经济、军事、文化等领域的相互支持协作更加有力，军爱民、民拥军的鱼水情谊不断得到巩固和发展。双拥工作所形成的坚强的军政军民团结，对于国家改革发展稳定和军队现代化建设都发挥了重要作用。在关系国家主权、安全和统一的重大事件面前，在抗御严重自然灾害的紧急关键时刻，我国亿万军民同心同德，团结奋斗，经受住了一次又一次严峻考验，夺取了一个又一个伟大胜利。特别是在'98抗洪抢险和去年抗击非典斗争中，广大军民密切配合，奋勇拼搏，共同创造了人类历史上征服自然灾害和战胜重大疫病的奇迹。

我党我军我国发展的历史充分证明：无论是战争年代还是和平建设时期，双拥工作都是一项带有全局性、战略性的工作，是我们战胜困难、夺取胜利的重要法宝。双拥工作的核心是加强和巩固军政军民团结。团结出凝聚力，团结出战斗力，团结出生产力！军民同心，其力断金！在党的领导下，把军政军民团结的伟大作用充分发挥出来，把广大军民同心同德干事业的积极性充分调动起来，就没有克服不了的困难，就没有战胜不了的敌人，我们的事业就会无往而不胜。

进入新世纪新阶段，我们将全面建设惠及十几亿人口的小康社会，完善社会主义市场经济体制，现代化建设面临更加光荣而艰巨的任务。我们必须树立“两个意识”：一个是机遇意识，一个是忧患意识。本世纪头二十年，对我国来说是一个必须紧紧抓住并且可以大有作为的重要战略机遇期。国际形势对我国总体有利，我们有可能争取一个较长时期的和平建设环境。世界科技革命日新月异，经济全球化深入发展，国际产业转移和结构调整加快进行，为我们发展社会生产力提供了有利时机。国内具备快速发展的条件。我国初步建立起社会主义市场经济体制，形成了比较雄厚的物质技术基础。国内市场潜力巨大，发展空间广阔。我们要紧紧抓住这个难得的机遇，加快发展自己。同时，我们也要清醒地看到面临的严峻挑战。国际形势仍处在深刻复杂的变化之中，天下并不太平。局部动荡和地区冲突时有发生，恐怖主义、霸权主义、国际犯罪活动对人类的和平与发展构成严重威胁。以综合国力为标志的国际竞争日趋激烈，世界经济发展还存在许多不确定因素。我国改革发展进入关键时期，面临不少突出的矛盾和问题。我们必须居安思危，增强紧迫感，不能有丝毫懈怠。

面对新形势新任务，要战胜前进道路上的种种困难和风险，完成祖国统一大业，实现中华民族的伟大复兴，比以往任何时候都更加需要全党全军全国人民紧密团结，比以往任何时候都更加需要亿万军民齐心协力不懈奋斗。我们一定要站在国家长治久安、民族兴旺发达的高度，充分认识加强军政军民团结的重大政治意义，切实把双拥工作作为一项事关全局的战略任务，重视双拥、支持双拥、推动双拥！

当前和今后一个时期，双拥工作要坚持以邓小平理论和“三个代表”重要思想为指导，紧紧围绕全面建设小康社会的目标，适应改革开放的新形势，继往开来，改革创新，努力开创双拥工作的新局面，以坚强的军政军民团结，为推动经济社会发展、加强军队现代化建设和维护社会稳定提供强大动力。

第一，要以“三个代表”重要思想统领双拥工作，始终坚持双拥工作的正确方向。双拥工作作为我们党的一项重要事业，是在党的思想理论指引下创立和形成的，也是在党的思想理论指引下发展和进步的。“三个代表”重要思想已经成为把广大军民凝聚起来、团结起来的光辉旗帜和共同思想基础。在新世纪新阶段，要牢固确立“三个代表”重要思想在双拥工作中的指导地位。按照“三个代表”重要思想的要求，理清思路，明确方向，丰富内容，把促进社会生产力发展和部队战斗力提高，加强军地思想道德和文化建设，维护广大军民的根本利益，作为双拥工作的根本出发点。要发挥军地双方优势，广泛开展军地共同学习和实践“三个代表”重要思想活动，用“三个代表”重要思想凝聚军心民心，在推进中国特色社会主义事业中形成军民团结的伟大力量。

第二，紧紧围绕发展这个党执政兴国的第一要务开展双拥工作，增强我国的经济实力、国防实力和民族凝聚力。发展是解决中国所有问题的根本出路。坚持围绕发展抓双拥、抓好双拥促发展，要作为双拥工作牢牢把握的基本原则。人民解放军是保卫祖国的钢铁长城，也是社会主义现代化建设的重要力量。要坚定不移地贯彻服从国家建设大局的方针，积极支援经济建设特别是重点工程建设，协助搞好扶贫开发，奋勇参加抢险救灾，主动承担和完成各种急难险重任务，以实际行动为国兴利、为民造福。军队和国防建设关系国家安危和社会主义现代化的成败，是全党和全国各族人民的共同事业。各级党委、政府要牢固树立国防建设与经济建设协调发展的思想，把关心支持国防和军队建设作为义不容辞的政治责任。适应中国特色军事变革的要求，积极配合部队搞好体制编制调整改革，广泛开展科技拥军、教育拥军、智力拥军，推进实施军队人才战略工程。大力支持部队完成训练演习、战备执勤、科研试验和国防工程建设等任务，实现国防和军队现代化的跨越式发展。军政军民团结历来是保持和促进社会稳定的重要因素。要把维护稳定、促进发展作为双拥工作的重要任务，教育广大军民倍加顾全大局、倍加珍视团结、倍加维护稳定。组织开展军民共建社会主义精神文明活动，做好民族团结进步工作，加强军警民联防联治，努力创造安全稳定的社会环境。

第三，立足于实现、维护和发展好广大军民的根本利益开展双拥工作，进一步密切军政军民的血肉联系。双拥工作作为党的群众路线的重要体现，从本质上讲是为广大军民服务的。把双拥工作深深植根于军民之中，全心全意为广大军民谋利益，才能更好地践行立党为公、执政为民的本质要求，才能充分调动广大军民参与双拥工作的积极性和主动性。要把实现好、维护好、发展好广大军民根本利益的要求，落实到制定和实施双拥政策法规中去，落实到双拥工作的方方面面。要认真解决广大军民普遍关心的热点难点问题，切实做好转业退伍军人安置、随军家属就业、军人子女入学入托、重点优抚对象生活保障等工作，做好帮助农村军属贫困户增收致富、减轻负担和关心生活困难的复转军人的工作，做好严守群众纪律、维护群众利益工作。双拥工作要从实际出发，充分考虑广大军民的愿望和要求，贴近群众，服务群众，成为广大军民喜闻乐见和踊跃参加的生动实践。

第四，要以与时俱进的精神开展双拥工作，推动双拥工作不断发展创新。双拥工作要永葆生机与活力，必须适应新形势，发扬老传统，开创新局面。要不断探索在社会主义市场经济条件下开展双拥工作的形式和内容，形成经济建设与国防建设相互促进、协调发展的新机制。认真研究解决双拥工作遇到的新情况、新问题，探索进一步加强军政军民团结的新思路、新办法。要把政府行为与社会行为结合起来，使双拥工作制度化、法制化、经常化、社会化。加强政策法规建设，形成协调处理军民关系问题的有效机制。积极开展行业拥军、社区拥军，引导新型经济组织和新的社会阶层拥军，拓宽双拥工作的领域和范围，不断扩大双拥的群众基础。

爱国主义是一个民族的精神支柱。国防意识是爱国主义的重要内容，是民族精神的重要体现。要广泛开展以爱国主义为核心、以拥军优属、拥政爱民光荣传统为重要内容的国防教育，不断增强广大军民的国防观念和双拥意识。广大人民群众要牢固树立“没有一个人民的军队，便没有人民的一切”的思想，把支持国防和军队建设作为每一个公民义不容辞的责任；全军官兵要牢固树立“军队打胜仗，人民是靠山”的思想，充分认识人民军队源于人民、服务人民的本质。全国上下每一个爱国公民、每一个部队指战员，都要把为双拥工作尽一份责任、出一份力量，作为自己的无上光荣。

我们今天表彰了一批全国双拥模范城（县）、双拥模范单位和个人，他们在双拥工作中做出了突出贡献，我们应该向他们学习。开展创建双拥模范城（县）和军民共建活动，是改革开放新时期双拥工作的一个创举，是加强军政军民团结的重要途径。深入开展这项活动，重在实效，贵在经常，关键在基层。要把拥军优属、拥政爱民的光荣传统发扬光大，变成广大军民的自觉行动。

各级党委、政府和部队领导机关，要切实加强领导，把双拥工作纳入经济社会发展和部队建设的总体规划，摆上重要议事日程。要充分发挥各级双拥工作领导小组和有关部门的职能作用，形成齐抓共管的整体合力。要认真总结推广先进经验，切实加强对基层双拥工作的指导，不断提高双拥工作水平。

双拥工作意义重大，任务光荣。让我们在以胡锦涛同志为总书记的党中央领导下，高举邓小平理论和“三个代表”重要思想伟大旗帜，认真落实党的十六大和十六届三中全会精神，巩固和发展军政军民同呼吸、共命运、心连心的大好局面，谱写新时代军爱民、民拥军、军民团结一家亲的壮丽篇章，为推进中国特色社会主义伟大事业做出新的贡献！

深入贯彻“三个代表”重要思想
与时俱进做好新形势下双拥工作
为全面建设小康社会而努力奋斗

——在全国拥军优属拥政爱民工作会议上的报告

全国双拥工作领导小组组长、国务院副总理　回良玉

（2004年1月8日）

同志们：

在全党全军全国上下兴起学习贯彻“三个代表”重要思想新高潮之时，在我们满怀喜悦和豪情跨入2004年之际，经党中央、国务院、中央军委批准，我们在这里召开全国拥军优属拥政爱民工作会议。这是全国双拥工作中的一件大事。会议的主要任务是，以邓小平理论和“三个代表”重要思想为指导，认真贯彻党的十六大和十六届三中全会精神，总结交流新形势下双拥工作经验，研究部署当前和今后一个时期双拥工作任务，命名表彰双拥模范城（县）、双拥模范单位和个人。开好这次会议，对于做好新形势下的双拥工作，巩固加强军政军民团结，动员广大军民为全面建设小康社会而努力奋斗，具有重要意义。明天，温家宝总理等中央领导同志将代表党中央、国务院和中央军委接见与会代表，家宝同志还要作重要讲话，我们要认真学习，深刻领会，并贯彻落实到工作中去。下面，我讲几点意见。

一、双拥工作取得了巨大成绩

1991年全国拥军优属拥政爱民工作会议召开至今已经十三年。这十三年是双拥工作伴随改革开放和社会主义现代化进程，在邓小平理论和“三个代表”重要思想指引下，取得显著成绩、发挥重要作用的时期，也是双拥工作不断取得新认识、创造新经验的时期。

拥军优属、拥政爱民，是我党我军我国人民在长期革命斗争和社会主义建设实践中形成的优良传统，是团结动员广大军民为实现党在各个历史时期的任务而奋斗的一项重要工作，是中国革命和建设事业不断取得新胜利的法宝之一，也

是我们特有的政治优势和力量源泉。我们党的三代领导核心始终高度重视加强军政军民团结，始终高度重视双拥工作。毛泽东同志依据马克思主义基本原理，创立了人民军队建设的思想和人民战争理论，提出了军民一致的根本原则，作出了“兵民是胜利之本”的精辟论断，为双拥工作的形成和发展奠定了理论基础。邓小平同志在开创中国特色社会主义的伟大事业中，明确提出军民一致的原则不能变，同时要根据新的情况，从各方面搞好军民关系，并亲自倡导了军民共建社会主义精神文明和创建双拥模范城（县）活动，使双拥工作从内容到形式都有了新的发展。江泽民同志继承和发展毛泽东、邓小平同志军政军民团结的思想，作了一系列重要论述，明确要求：一定要站在国家长治久安、民族兴旺发达的高度，把加强军政军民团结作为重大的政治原则紧紧抓住不放；像爱护眼睛一样爱护军政军民团结，巩固和发展同呼吸、共命运、心连心的新型军政军民关系；坚持国防建设与经济建设统筹兼顾、协调发展的方针，不断增强经济实力、国防实力和民族凝聚力；深入扎实地开展军民共建和创建双拥模范城（县）活动，推动双拥工作持续深入发展。江泽民同志的重要论述，是军政军民团结思想与双拥实践的结晶，是“三个代表”重要思想的重要内容，为新形势下开展双拥工作指明了方向。以胡锦涛同志为总书记的党中央对军政军民团结高度重视，坚持以“三个代表”重要思想统领双拥工作。胡锦涛同志明确指出，要正确把握和处理国防建设与经济建设的关系，充分利用国家教育、科技、人才等资源，积极支持国防和军队现代化建设，形成国防建设和经济建设相互促进、协调发展的机制。要加强国防教育，增强全民国防观念，广泛深入开展双拥共建活动，加强军政军民团结，认真抓好拥军优属各项政策法规的落实，积极主动地为部队和复转军人、军队离退休干部、烈军属排忧解难。

在军政军民团结思想的指引下，全国双拥工作与时俱进，不断发展，为推进中国特色社会主义伟大事业发挥了重要作用。十多年来，在国内外重大突发事件面前，全国军民同心同德，战胜了各种严峻挑战，保证了国家社会政治稳定；在加快改革开放，社会利益格局和利益关系调整的过程中，全国军民顾全大局，相互支持，克服重重困难，战胜各种风险，保证了改革建设的顺利进行；在抗御严重自然灾害、抗击非典型肺炎等重大考验面前，全国军民风雨同舟，患难与共，取得了一个又一个胜利；在应对台海局势，反对分裂的斗争中，全国军民紧密配合，协调行动，形成了人民战争的强大威慑力量，维护了祖国的统一。2003 年 10 月，我国首次载人航天飞行取得圆满成功，这是军地密切协作、合力攻关的又一辉煌成就。

十多年来，各地、各部队适应改革开放和社会主义市场经济新形势，认真贯彻党中央、国务院、中央军委的指示精神，紧紧围绕增强军政军民团结，促进国家改革发展稳定和军队建设，做了大量卓有成效的工作。

——广泛开展国防教育和双拥宣传教育，军爱民、民拥军的氛围更加浓厚。各级党委、政府和军队领导机关高度重视国防教育和双拥宣传教育，国家出台了国防教育法，各省、自治区、直辖市颁发了国防教育条例，国家和省地县都成立了国防教育领导小组和办公室，许多大中型企业和高等院校也建立了相应机构，普遍把国防教育和双拥宣传教育纳入国民教育体系和部队教育计划，有针对性地开展以爱国主义为核心的国防教育和双拥光荣传统教育，引导广大军民把市场与战场、思富与思危、稳定与发展结合起来，强化国防观念和双拥意识。全国每年有 3000 多万群众受到系统的国防教育，2000 多万学生接受军训。通过广泛深入的宣传教育，“无兵不安、无军不稳”、“军队离不开各族人民、各族人民离不开军队”的思想深入人心，爱国拥军、爱民奉献成为良好的社会风尚。

——地方积极配合军事斗争准备，支持国防和军队建设力度不断加大。各级党委、政府把关心国防和军队建设、支持军事斗争准备作为义不容辞的责任，满腔热情地为部队办实事、解难题。各地积极配合和保障部队完成训练演习任务，做好场地征用、道路保障、物资供应、损失赔偿等工作，帮助建立训练基地和综合训练场，解决训练演习中的实际问题；开展科技拥军、智力拥军活动，建立科技拥军基地9000余个，帮助培养各类人才30多万名；支持重点军事工程和部队建设，在体制编制调整、后勤保障社会化和兵役制度等改革中，优先保证部队粮油水电供应，帮助修建营区和家属区近万个，建立副食品基地7500多个、文体活动场所8000余个，为加强部队建设、提高战斗力创造了良好条件。

——军队自觉服从服务于国家建设大局，为社会主义现代化建设做出新贡献。人民解放军和武警部队以国家发展和民族振兴为己任，大力支援地方经济建设。十多年来，先后腾让上百个机场、军港、码头支持开发开放，投入大量人力物力援建省以上重点工程5000多项。党中央、国务院作出西部大开发的战略决策后，军队专门成立支援西部大开发领导小组，制定援建规划。全军特别是驻西部地区部队，积极投身西部大开发，在西气东输、西电东送、青藏铁路等大型基础设施建设项目中，在京津风沙源治理、环塔克拉玛干沙漠防护林带等生态环境建设中，发挥了突击队和生力军作用。各部队积极参加扶贫攻坚行动，建立扶贫联系点3万多个，扶持300多万群众走上致富道路。援建希望学校2800多所，资助50多万少年儿童重返校园。100多所军队医院对口支援贫困地区医院。帮助地方培训300多万技术人员，转让科技成果5000多项，创造了显著的经济效益和社会效益。

——大力弘扬社会主义先进文化，军民共建精神文明取得明显成效。各地、各部队根据建设中国特色社会主义文化的要求，组织军民共学科学理论，共讲优良传统，共树文明新风，共育“四有”新人，加强思想、道德、文化等领域的交流与合作。军地双方把学习宣传邓小平理论和“三个代表”重要思想作为共建活动的主题，搞好互帮互学互助，坚定了广大军民建设中国特色社会主义的政治信念。各地、各部队认真贯彻《公民道德建设实施纲要》和《军人道德规范》，围绕创建文明城市、文明村镇、文明行业，军民共建活动不断深入发展，在群众性精神文明创建活动中发挥了示范带头作用。

——军地合力抗御严重灾害，保护人民群众生命和财产安全。各地、各部队始终把军民团结协作作为抢险救灾的强大力量，普遍建立军地协调机制，完善应急预案，共同做好人员、技术、物资等多方面准备。全军和武警部队以保护国家和人民生命财产为己任，哪里有灾情就出现在哪里，哪里有危险就战斗在哪里。地方政府和人民群众全力保障部队抢险救灾，部队需要什么就提供什么，哪里有抢险部队哪里就有拥军热潮。十多年来，军民共同参加抗洪、抗震、抗雪、扑火等抢险救灾上千次。我们不会忘记，在1998年长江、嫩江、松花江流域抗洪斗争中，全军和武警部队30余万官兵与人民群众并肩作战，创造了人类历史上征服自然灾害的奇迹。我们清楚地记得，刚刚过去的2003年，在春季抗击非典的关键时刻，全军和武警部队的1300多名医护人员，在小汤山医院连续奋战50余天，救治非典患者600多人，取得了高治愈率、低死亡率、零感染率的成果；在夏季抗击淮河1954年以来最大洪水的斗争中，在秋季抗击渭河洪水和战胜黄河秋汛的斗争中，在新疆等地抗地震和抢险救灾的紧要关头，在黑龙江等地扑救森林大火的关键时刻，解放军和武警部队出动大批官兵，承担了大量急难险重的任务，以军人为主组成的中国地震国际救援队多次出征，军民团结奋战，军队冲锋在前，谱写了人民军队为人民的光辉篇章。

——加强政策法规建设，保障双拥工作落实。国家相继发布了兵役法、军事设施保护法、国防法等，有关部门出台了转业退伍军人安置、随军家属就业、维护军人及其家属合法权益等法规政策；中央军委、各总部制定了规范军队社会交往行为、执行群众纪律等规定；全国20多个省（区、市）出台了综合性双拥政策法规，大多数地（市）、县制定了具体办法。十多年来，共安置军队转业干部60余万人、退役士兵700多万人、伤残士兵5万多人、随军家属90多万人，10多万名军队离退休干部和无军籍职工的政治、生活待遇得到较好落实，军人子女入学入托在许多地方享受到优惠政策。各地广泛开展“爱心献功臣行动”，较好地解决了在乡老红军、老烈属、伤残军人、老复员军人的生活、住房和医疗困难。全国普遍建立维护军人及其家属合法权益的组织机构，妥善解决了官兵涉法问题。全军和武警部队模范遵守党的政策和国家法规，树立了遵纪爱民的良好形象，军政军民团结不断得到巩固和加强。

——深入开展创建双拥模范城(县)活动，双拥工作整体水平明显提高。各地、各部队普遍把双拥模范城(县)看作政治荣誉，动员和组织党政军民做好创建工作，不断掀起双拥热潮。截至目前，全国已有300多个城(县)获此殊荣，还有600多个城(县)被省、自治区、直辖市命名。在这些地方，双拥氛围浓厚，军政军民关系融洽，双拥模范城(县)创建活动已成为加强军政军民团结、促进经济社会发展的重要载体和有效途径。同时，许多地区和部队还积极开展“双三好”、“科技双拥”、“三个光荣”等群众性活动，探索行业双拥、新经济组织拥军等新路子，推动了双拥工作的深入发展。十多年来，全国涌现出一大批双拥先进典型，这次命名表彰的双拥模范城(县)、双拥模范单位和个人，就是其中的突出代表，他们对弘扬双拥光荣传统起到了示范和激励作用。

十多年来，双拥工作在继承传统的基础上不断发展，创造和积累了许多成功经验。主要是：必须坚持以马列主义、毛泽东思想、邓小平理论和“三个代表”重要思想为指导，用建设中国特色社会主义的共同政治基础凝聚军心民心，保证双拥工作始终沿着正确方向发展；必须自觉服从大局、服务中心，紧紧围绕国家和军队的改革与发展开展工作，促进经济实力和国防实力同步增强；必须按照立党为公、执政为民的要求，坚持办实事做好事解难事，实现、维护和发展好广大军民的根本利益；必须从政治上看待和处理军政军民关系问题，不断密切军队与人民群众的血肉联系，维护社会政治稳定大局；必须坚持与时俱进，不断拓展新领域、探索新形式，使双拥工作充满旺盛的生机和活力；必须切实把双拥工作作为党的事业和军队建设的重要内容，不断加大组织领导力度，形成军地齐抓共管的整体合力。这些经验是多年双拥工作实践的结晶，反映了新形势下双拥工作的特点和规律，必须长期坚持，自觉运用，并不断发展创新。

二、当前和今后一个时期双拥工作的主要任务

进入新世纪新阶段，国际国内形势正在发生复杂而深刻的变化。和平与发展仍是当今世界的两大主题，但天下并不太平，世界多极化和经济全球化趋势在曲折中发展，霸权主义、强权政治有新的表现，贫困、冲突和战火在世界一些地区蔓延，恐怖主义对当今世界的和平与安全构成新的严重威胁，以经济、科技、军事实力和民族凝聚力为主要内容的综合国力竞争更趋激烈。西方敌对势力从未放弃对我实施“西化”、“分化”的政治图谋，民族分裂势力、宗教极端势力、暴力恐怖势力和“法轮功”等邪教组织的破坏活动始终没有停止。台海局势错综复杂，维护祖国统一的任务非常艰巨。历史经验告诉我们，对于一个国家和民族来说，发展和安全是最重要的两件大事。为了保护国家安全，保障社会主义建设的顺利进行，我们必须建设强大的国防。为了建设强大的国防，我们必须加快推进改革开放和现代化建设。我们正在进行的全面建设小康社会，是一项前无古人的伟大事业，前进道路上还将遇到种种困难和问题。在这样一个重要时期，更需要充分发挥全党、全军和全国人民的积极性、创造性，需要党政军民齐心协力、同心同德干事业。做好双拥工作，加强军政军民团结，巩固军政军民之间牢不可破的深情厚谊，是捍卫国家安全的强大力量，是保持社会稳定的重要因素，是凝聚中华民族的强大精神力量，是我们战胜一切困难和风险，不断夺取新胜利的重要保证。我们一定要从践行“三个代表”重要思想，密切党和军队与人民群众的血肉联系的高度，从国家长治久安和民族兴旺发达的

高度，充分认识加强军政军民团结的极端重要性，切实把双拥工作摆在事关全局的重要位置，坚持不懈地抓紧抓实抓好。

当前和今后一个时期，双拥工作总的要求是：以邓小平理论和“三个代表”重要思想为指导，全面贯彻党的十六大和十六届三中全会精神，认真落实党中央、国务院、中央军委关于加强军政军民团结的指示，紧紧围绕全面建设小康社会，以增强经济实力、国防实力和民族凝聚力为目标，以维护社会稳定、促进经济发展、推进军事斗争准备为重点，完善政策法规体系，创新群众性活动方式，建立协调顺畅的运行机制，与时俱进抓好各项任务落实，巩固和发展军政军民团结，为国家改革发展稳定和军队现代化建设提供可靠有力的保障。

（一）深入开展军地共同学习实践“三个代表”重要思想活动。学习贯彻“三个代表”重要思想，是当前首要的政治任务，也是长远的战略任务。各地、各部队要按照党中央的部署和要求，组织军民学习“三个代表”重要思想，用党的最新理论成果把广大军民武装起来、凝聚起来，为建设中国特色社会主义事业而奋斗。要充分发挥军地双方优势，开展军民共同学习实践“三个代表”重要思想活动，把学习不断引向深入。要坚持用“三个代表”重要思想指导双拥实践，进一步理清思路，明确方向，丰富内容，提高标准，使双拥工作在更高的起点上推进，更好地为国家和军队改革建设服务。要进一步加强对双拥工作的理论研究和舆论引导，力争推出一批有深度、有价值的理论成果，推出一批事迹过硬、时代感强、社会影响大的先进典型，推出一批充分反映双拥实践的文学艺术力作，指导和推动双拥工作不断发展。

（二）着眼于推进中国特色军事变革做好支持军队建设工作。建立强大的军队和巩固的国防，是维护国家安全统一和全面建设小康社会的重要保障，是全党、全军、全国人民的共同责任。各级党委、政府要围绕推进中国特色军事变革，扎实做好支持国防和军队建设工作。要深入进行以爱国主义为核心的国防教育和双拥宣传教育，制定规范统一的国防教育纲要，开展形式多样的教育活动，引导广大干部群众牢固树立国家利益至上的观念，增强关心支持军队建设的责任感和自觉性。积极配合部队搞好体制编制调整改革，做好人员安置、单位交接、部队移防和军事设施保护等工作。切实把支持军事斗争准备作为拥军重点，配合部队完成各种训练演习任务，支援重点军事工程建设，形成军地协调行动、共谋打赢的局面。研究制定支持军队实施人才战略工程的规划措施，多形式、多渠道帮助培养高素质新型军事人才。继续协助部队搞好基础设施建设，改善营区环境，做好军队后勤保障社会化工作。在进行经济建设特别是基础设施建设时，要按照“平战结合、军民结合”的要求，充分考虑军事需求，进一步形成经济建设与国防建设相互促进、协调发展的机制。

（三）积极组织部队参与和支持全面建设小康社会的伟大事业。实现全面建设小康社会的宏伟目标，需要党政军民的共同努力。全军和武警部队要按照中央军委、总部的要求，研究制定参加和支持全面建设小康社会的规划。进一步做好参加和支援西部大开发工作，集中力量援建基础设施建设的重点工程，参加植树种草、防风治沙等生态环境治理。国家和地方有关部门要把军队援建工作纳入西部大开发总体规划，研究制定有关政策，从资金、项目、技术等方面为部队创造条件。发挥部队人才、技术等优势，积极支持东北等老工业基地的振兴。组织部队开展扶贫帮困，参与“兴边富民”行动，加大教育、科技、文化、卫生等扶贫力度。继续做好抢险救灾工作，研究掌握自然灾害的特点规律，制定应急方案，确保一有灾情，部队能够迅速行动，圆满完成任务。要着眼于社会主义物质文明、政治文明和精神文明协调发展，扎实开展军民共建活动，大力传播新思想、新道德、新风尚，弘扬和培育民族精神，总结宣扬典型，不断提高军民共建水平。

（四）围绕保持社会政治稳定加强军地团结协作。完成改革发展的各项任务，必须保持和谐稳定的社会环境。各地、各部队要把维护社会政治稳定作为双拥工作的重要任务，教育广大军民充分认清保持社会政治稳定的重要性，倍加顾全大局，倍加珍视团结，倍加维护稳定。组织军民积极参加民族团结进步活动，搞好党的民族宗教政策的宣传教育，旗帜鲜明地维护社会稳定、维护民族团结、维护祖国统一。要引导转业退伍军人珍惜荣誉，发扬传统，自觉维护稳定大局。加强军警民联防，依法维护社会治安秩序。对一些危害国家安全和社会稳定的突发事件，部队和地方要密切配合，果断处置，及时消除不稳定因素。军、地双方要从维护稳定大局出发，积极预防和妥善处理军民纠纷。对军地历史遗留问题，要认真梳理，尽快解决，防止久拖不决引发纠纷。

（五）切实落实拥军优抚安置政策。拥军优抚安置工作涉及部队官兵和优抚对象的切身利益，直接关系军队稳定、国防巩固和社会发展。各级党委、政府要高度重视，切实抓好落实。要坚持计划分配和自主择业相结合，做好军队转业干部安置工作。完善军队离退休干部安置政策，确保政治、生活待遇落实。要采取政府安排、自谋职业等多种形式，拓宽城镇退役士兵安置渠道。进一步完善政策，及时妥善安置滞留部队的伤病残人员。坚持行政调配和市场调节相结合的原则，做好随军家属劳动就业工作。坚持国家保障和社会优待相结合，保证重点优抚对象达到或高于当地人民群众的生活水平。及时妥善处理部队官兵涉法问题，维护军人及其家属合法权益。要针对拥军优抚安置工作遇到的矛盾和问题，加强政策法规建设，抓紧修订《军人抚恤优待条例》、《退伍义务兵安置条例》，起草军人权益保障法等法律草案，力争尽早出台，促进拥军优抚安置工作的落实。

（六）以改革创新精神推动双拥工作深入发展。要发扬与时俱进精神，认真分析新形势下双拥工作出现的新情况、新问题，研究加强军政军民团结的新思路、新办法。积极探索新型经济组织和新的社会阶层开展拥军活动的途径和办法，扩大双拥工作的群众基础。组织开展行业拥军、社区拥军，推进双拥工作社会化。不断完善双拥工作运行机制，把政府行为与社会行为、以情双拥与依法双拥、行政调节与市场调节结合起来，保证各项任务落实。进一步完善双拥模范城（县）命名标准，强化激励竞争机制，提高创建活动质量；广泛开展争创双拥模范单位、争当双拥模范个人活动，推动群众性双拥活动深入开展。加强对外交流，研究借鉴一些实行市场经济体制的国家协调军地关系的好的做法，开阔视野，拓宽双拥工作思路。

三、切实加强双拥工作的组织领导

双拥工作既是一项政治性、政策性、社会性很强的工作，又是一项很具体、很实在、很有干头的事业。做好新形势下的双拥工作，是全社会的共同责任。各级党委、政府和军队领导机关要适应新形势、新任务的要求，进一步加强组织领导，加大协调力度，形成领导重视、部门参与、军地互动的工作格局，保证双拥工作持续深入开展，保证军政军民团结作用有效发挥。

（一）切实把双拥工作纳入经济社会发展和部队建设的总体规划。各地、各部队要从战略全局出发，高度重视双拥工作，坚持与经济社会发展和部队建设有机结合，统筹规划，同步实施，做到有明确的任务目标，有具体的实施计划，有完善的保障措施。各级党委、政府和军事领导机关要把双拥工作纳入重要议事日程，经常分析形势，研究解决重大问题。党政军主要领导要身体力行，带头参加双拥活动，影响和带动双拥工作的广泛开展。要把双拥工作作为领导干部政绩考核的重要内容，进一步强化责任意识。

（二）充分发挥双拥工作领导小组和双拥办的职能作用。各级双拥工作领导小组是双拥工作的组织领导机构，要以对国家和军队建设高度负责的精神，认真履行组织、协调、指导双拥工作的职能。要加强双拥资源的整合，建立领导小组成员单位双拥工作重大事项报告制度、年度工作汇报制度，充分发挥各部门、各单位的职能作用。领导小组成员单位要紧密结合担负的双拥工作任务，完善有关政策规定，加强督促检查，保证各项任务在本单位、本部门、本系统的落实。各级双拥办是双拥工作领导小组的办事机构，要切实加强自身建设，配齐配强干部，落实办公经费，完善合署办公制度，保证各项工作有序运转。

（三）建立完善军地关系协调机制。双拥工作涉及军地许多方面，必须形成协调顺畅的工作机制。要坚持联席会议、定期走访、信息通报等制度，及时沟通军地关系，协商开展双拥活动，协调解决军民关系问题。加强军地协作，在国防教育、军民共建、抢险救灾、训练演习损失赔偿、保护军事设施、维护军人合法权益、预防和处理军民纠纷等方面，形成军地协调、齐抓共管的合力。军地双拥工作职能部门，要积极为党政军领导当好参谋，与有关部门密切配合，协调一致地开展双拥工作。省军区系统要组织协调好部队同政府、群众之间的联系，搞好驻军拥政爱民活动，在密切军政军民关系中发挥桥梁和纽带作用。

（四）加强对基层双拥工作的指导。双拥工作的基础在基层。要按照“组织健全、政策落实、活动经常、关系融洽”的要求，下大力气抓好基层的双拥工作。无论是创建双拥模范城（县），还是开展军民共建活动，都要着眼基层，立足基层，把各项任务在基层的落实情况作为衡量工作、评选先进的基本标准。进一步健全基层群众性双拥组织，完善服务网络，推动双拥工作进企业、进乡村、进机关、进学校、进社区、进连队。建立领导干部双拥工作联系点制度，帮助基层解决实际问题。坚持典型引路，大力培养和宣扬先进典型，推动双拥工作广泛开展和各项任务落实。

同志们，双拥工作是一项意义重大、影响深远的工作，任重而道远。让我们紧密团结在以胡锦涛同志为总书记的党中央周围，坚持以邓小平理论和“三个代表”重要思想为指导，解放思想，振奋精神，与时俱进，开拓创新，扎扎实实做好双拥工作，不断巩固和发展军政军民团结的大好局面，为实现全面建设小康社会的宏伟目标作出新贡献。

在全国老龄工作委员会第六次全体会议上的讲话

国务院副总理　回良玉

（2004 年 1 月 12 日）

今天召开的这次会议，是全国老龄工作委员会成立以来的第六次全体会议，也是本届政府成立后相应调整全国老龄工作委员会成员以来召开的第一次全体会议。这次会议的主要任务是：回顾总结 2003 年的老龄工作，分析研究面临的形势，安排部署 2004 年的工作。刚才，民政部部长李学举总结了 2003 年的老龄工作，提出了 2004 年工作安排意见。中组部、民政部、司法部、财政部、人事部、全国妇联等成员单位的负责同志作了发言，讲得都很好。大家原则上通过了李学举同志的工作报告。会后，请全国老龄委办公室根据大家的意见对报告作进一步修改后下发。

上一届全国老龄委在李岚清和司马义·艾买提同志的领导下，高举邓小平理论和“三个代表”重要思想的伟大旗帜，确立了老龄工作的大政方针，扎扎实实地开展工作，取得了显著成绩，为老龄事业的进一步发展打下了坚实的基础。我们要认真学习上一届全国老龄委创造的好经验、好做法，与时俱进，开拓创新，努力使老龄工作再上新台阶。

下面，我讲几点意见：

一、进一步认清我国人口老龄化发展趋势，切实增强做好老龄工作的责任感和使命感

我国是一个人口大国，在今后相当长的时期内，将始终面对巨大的人口压力。特别是近20年来，我国在控制人口增长的同时出现了人口老龄化问题，使我们不得不应对人口增长与人口老龄化的双重挑战。目前，我国60岁以上老年人口为1.34亿，占总人口的10%以上；65岁以上老年人口超过9400万，占总人口的7%以上。按照国际通行标准，我国人口年龄结构已经开始进入老年型。未来20年，我国老年人口还将以年均超过3%的速度递增。到2020年，60岁以上老年人口将达到2.4亿，占总人口的16%左右。老龄人口如此快的增长速度，在世界人口发展史上是罕见的。人口老龄化，既是经济发展、人民生活水平提高的结果，同时也会给经济社会发展带来一系列影响。我们一定要高度重视人口老龄化的发展趋势，采取有效措施，加大工作力度，努力解决人口老龄化带来的各种问题，为促进经济和社会发展，维护社会稳定发挥积极作用。

党中央、国务院高度重视老龄工作。近年来先后下发了《中共中央、国务院关于加强老龄工作的决定》（中发〔2000〕13号）和《国务院关于印发中国老龄事业发展“十五”计划纲要的通知》（国发〔2001〕26号）。各地、各成员单位认真贯彻党的十六大精神，努力践行“三个代表”重要思想，按照全国老龄委第五次全体会议的部署，做了大量卓有成效的工作。老年保障制度逐步完善，老年福利服务设施建设进展较快，基层、社区老龄工作逐步深入，企业退休人员社会化管理工作明显加快，老年人权益保障工作得到加强，创建老龄工作先进县（市、区）活动初见成效，尊老、爱老、助老的社会氛围日渐浓厚，老年文化、教育、卫生、体育、科研、对外交流与合作等各个方面的工作都有了明显的进步。在此，我谨代表国务院向各成员单位，向全国老龄工作战线广大干部职工，向所有关心、支持老龄事业的社会各界，表示真挚的感谢！

老龄群体是社会的重要组成部分，老龄工作是一项长期、艰巨和复杂的系统工作，做好老龄工作事关改革发展稳定大局。我们要站在战略的高度，从经济和社会发展的全局出发，充分认识加强老龄工作的重要意义。

第一，做好老龄工作，是践行“三个代表”重要思想，维护老年人根本权益的具体体现。胡锦涛总书记明确指出：坚持立党为公、执政为民，必须落实到党和国家制定和实施方针政策的工作中去，落实到各级领导干部的思想和行动中去，落实到关心群众生产生活的工作中去。我国现在的老年人是为人民解放和国家建设做出过巨大贡献的一代人，是党和国家的宝贵财富。但是，从总体上看，他们的生活水平不高，个人积累不多，经济依赖性较强，在市场经济条件下，很容易受到社会变革和利益调整的影响。因此，做好老龄工作，关心、爱护老年人，认真解决关系他们切身利益的实际问题，切实保障他们的合法权益，是党的全心全意为人民服务宗旨和立党为公、执政为民本质的要求，是践行“三个代表”重要思想的具体体现。

第二，做好老龄工作，是促进经济和社会协调发展，全面建设小康社会的必然要求。人口老龄化问题，从一定意义上讲是社会发展问题。老年人口的快速增长，特别是高龄老人比重增加，将给经济、社会、政治、文化等方面带来一系列影响，并将加剧人口与经济、社会、资源、环境之间的矛盾。这个问题如果处理不好，不仅会给家庭和社会带来负担，而且也会对全面建设小康社会和推进社会主义现代化带来影响，因此，我们必须把它纳入国家经济和社会发展的全局中去考虑和谋划。老年人是一个庞大的社会群体，他们既是小康社会的建设者，也是小康社会的共享者，没有老年人参与、没有老年人同步进入的小康社会，是一个不全面、不完善和水平不高的小康社会。做好老龄工作，使老年人在有保障、有尊严、有安全的社会条件下生活，有利于推进全面建设小康社会的进程，有利于促进经济社会的协调发展和人的全面发展。

第三，做好老龄工作，是维

护改革发展稳定大局的客观需要。老年人群是社会稳定的重要因素。一方面，在经济转轨和社会转型的变革中，认真解决老年人生活中的实际问题，深入细致地做好他们的思想工作，妥善处理涉及他们切身利益的各种矛盾，不仅能够保证老年人的生活、思想稳定，还可维系家庭稳定，解除在职人员的后顾之忧。另一方面，老年人积极参与基层社区、农村的社会治安、交通维护、家庭调解等工作，在维护社会稳定等方面发挥着重要作用，是一支不可忽视的力量。因此，做好老龄工作，对于维护改革发展稳定大局具有十分重要的意义。

第四，做好老龄工作，是加强社会主义精神文明建设的重要内容。老年人既是社会主义精神文明建设的参与者，也是社会主义精神文明建设成果的受益者。尊老敬老是中华民族的传统美德，是《公民道德建设实施纲要》的重要内容。弘扬中华民族敬老美德，提高全体公民道德水准，促进代际和谐，形成老少共融的社会风气，是社会和谐与文明的重要标志。在精神文明建设中，老年人一方面得到全社会的关心、爱护与帮助，另一方面，老年人在帮助年轻人树立正确的人生观、价值观，建立良好的社会公德以及创建文明城市、文明村镇等方面，也发挥着不可替代的作用。

总之，老龄工作是党和政府的一项重要工作，是全社会的共同责任。做好当前的老龄工作，既是为现在的老年人谋利益，也是为将来更多的老年人和高龄老年人的出现做准备。各地区、各部门要进一步认清我国人口老龄化发展趋势，切实增强做好老龄工作的责任感和使命感。

二、突出重点，狠抓落实，推动老龄工作再上新台阶

当前和今后一个时期，老龄工作要以邓小平理论和“三个代表”重要思想为指导，贯彻落实党的十六大和十六届三中全会精神，围绕党和国家的中心工作，坚持“党政主导、社会参与、全民关怀”的工作方针，协调成员单位、调动各方面的积极性为老年人多办实事，加大维护老年人合法权益的力度，全面推进社区基层老龄工作，重视和加强农村老龄工作，抓好城乡老年文化活动的开展，健全老龄工作机构，整体推动老龄事业的健康发展。关于2004年的老龄工作，李学举同志已经代表全国老龄委作了具体部署。下面，我再强调几点：

（一）认真解决关系老年人切身利益问题。

第一，切实解决贫困老年人“养”和“医”的问题。目前，我国有近千万贫困老人，他们大多生活在农村，尤其是西部地区，不少鳏寡孤独和“五保户”老年人成为特困老人。城市的一些单位、企业拖欠老年人医疗费，农村老年人缺医少药情况更为严重。对此我们务必高度重视，加大对特困老人的救助力度。各地要加大医疗改革力度，完善社区老年医疗保健服务网络，推进农村新型合作医疗试点，保证老年人得到优质的医疗保健服务。

第二，认真落实老年人优待政策。近年来，各地陆续出台了一些老年人福利、优待政策，如参观、游览、交通、就医、生活补贴等，要进一步充实、完善，逐步规范化、制度化。对已经出台的优待政策要狠抓落实，使各项优待政策在老年人身上得到充分体现。

第三，广泛开展老年文体活动。要根据当地实际，立足社区，继续因地制宜地兴建适用、方便的老年文化体育设施。组织出版发行老年人喜闻乐见的图书、电子读物及音像作品。逐步建立适合老年人特点和需要的老年文化体育活动组织，支持、引导他们积极开展形式多样、内容丰富、健康有益的文化娱乐和体育健身活动，倡导科学、健康、文明的生活方式，丰富老年人精神文化生活。

第四，认真做好维护老年人合法权益的工作。地方各级政府、有关部门和社会各界要高度重视老年维权工作，切实解决老年人在生活、医疗、赡养、权益保障等方面存在的突出问题。一是要加大尊老敬老的宣传力度，积极营造敬老爱老助老的社会氛围。继续开展尊老敬老主题教育活动，树立新时期敬老新风。二是要健全相关法律制度。有关部门要根据《中华人民共和国老年人权益保障法》，在养老保障、赡养、医疗等方面加强研究，不断健全和完善维护老年人权益的政策法规。三是要加大执法力度。依法制裁严重侵犯老年人合法权益的不法分子，坚决打击勒索、诈骗、侮辱、虐待、伤害、遗弃老年人的违法行为。要继续健全和完善法律援助制度，加强老年人法律服务工作，使老年人能够就地、就近、及时得到优质的法律援助和服务。

（二）坚持把老龄工作的重点放在基层社区和农村。

加强基层社区和农村的老龄工作是今后一个时期老龄工作的重点。地方各级政府和老龄工作机构要深入基层，倾听老年人呼声，扎扎实实地为老年人办实事、办好事。在城市，要把老龄工作纳入城市化进程，依托社区发展老年服务业，逐步形成设施配套、功能完善、管理规范的社区老年服务体系，不断提升社区养老功能。在农村，要采取有效措施，巩固家庭养老功能，采取社会保障与家庭养老相结合的办法解决农村养老问题。要结合创建文明村镇、文明家庭、敬老模范村等活动，弘扬敬老风尚，巩固家庭养老，促进社会稳定。我国自上个世纪90年代初开始尝试建立基层老年群众组织，目前全国基层老年协会已有42.5万个，其中城镇5.2万个，占城镇居委会的66％；农村37.3万个，占行政村的56％。这些基层老年群众组织在促进经济发展、保持社会稳定、调解涉老纠纷、维护自身权益、推进计划生育、活跃老年人生活、关心教育下一代等各个方面都发挥了积极作用，为加强基层政权建设做出了贡献。今后要继续推进基层老年协会建设，充分发挥其作用，使之成为深入开展基层老龄工作的重要力量。

（三）进一步健全完善老龄工作法规、政策。

胡锦涛同志明确指出，对于人口老龄化"这样一个重大的社会问题，全国上下都要充分的认识，并积极研究制定相应的政策"。党的十六届三中全会提出要"重视人口老龄化趋势等因素对社会供求的影响"。各地区、各有关部门要切实加强老龄工作研究，建立健全与人口老龄化形势和经济社会发展水平相适应的老龄工作法规、政策体系，制定与《中共中央国务院关于加强老龄工作的决定》精神配套的具体政策措施。一是要努力构建养老社会保障政策体系。完善和建立养老金筹集发放，养老保险，老年医疗保险，老年福利，老年生活救助，老年参观、游览、交通、就医、补助优待等政策，用政策和制度保证老年人的政治、经济、文化、社会、生活等基本权益。尽快完善企业职工基本养老保险制度。农村养老保障要以家庭为主，同社区保障、国家救济相结合。有条件的地方探索建立农村最低生活保障制度。二是要制定老龄产业政策，大力扶持老龄产业发展。李岚清同志在全国老龄委第五次全体会议上提出，老年福利事业和老龄产业要两个轮子一起转。我国老龄产业目前已经有了一定程度的发展，但总体来说还处于起步阶段。老龄产业发展得不到应有的重视，缺乏政策扶持，非公有制经济兴办老龄产业的渠道不通畅。这些观念、体制和政策障碍制约了老龄产业的发展。地方各级政府和有关部门要进一步解放思想，切实转变职能，改变过去对老年福利事业大包大揽的做法，转向制定总体规划，加强宏观调控、政策引导和监督管理。同时，要重视人口老龄化趋势等因素对社会供求的影响，积极研究老龄产业发展趋势，制定出台相关政策，引导非公有制资金进入老龄消费产业。有关部门还应制定老年设施、产品和服务的质量标准以及行业规范，加强检查和监督，搞好市场管理。

（四）以改革创新的精神开展老龄工作。

在发展社会主义市场经济的条件下，老龄工作也面临着一些新情况、新问题。要按照十六届三中全会的要求，以改革的精神探索实现"六个老有"工作目标的有效途径，以创新的精神开展老龄工作。要尊重群众的首创精神，注意总结基层的成功实践。江苏、上海、浙江、广东等一些经济发达地区已开始进行老年服务业市场化、产业化的探索，出现了一些新的经营模式，取得了良好的社会效益和经济效益。各地组织老年人旅游也有许多成功做法。对这些探索和尝试，应当给予肯定。要积极鼓励社会力量参与养老服务。随着老年人口的快速增长，单靠国家兴办福利性养老服务机构已不能满足老年人的生活需求。只有调动社会各方面力量参与养老服务,才能给老年人提供更多选择服务的机会。天津市民办养老服务机构拥有的床位数占全市养老机构床位数的85.5%,使老年人得到了就近、较好的照料和服务。要研究国家出资兴办的福利性养老服务机构如何充分发挥作用,实现效益最大化。可以考虑借鉴国有企业改革的思路,将管理职能和出资人职能分离,逐步引导老年福利向社会化过渡。各级老龄工作机构要勇于探索,大胆创新,深入基层,善于发现典型,总结经验,提出政策建议,推动老龄事业的发展再上新台阶。

三、加强领导,求真务实,确保各项工作任务的落实

做好老龄工作,发展老龄事业,关键在领导。各级政府和有关部门要切实把老龄工作纳入重要议事日程,采取有力措施,求真务实,狠抓工作落实。

(一)加大落实《中共中央国务院关于加强老龄工作的决定》和《国务院关于印发中国老龄事业发展“十五”计划纲要的通知》的力度。在全面建设小康社会的进程中,各地区、各有关部门要始终把老龄工作摆在重要位置,采取切实可行的措施,推进老龄工作的深入开展。要经常分析形势,研究解决老龄工作中的重大问题,明确有关部门的具体任务,做到有部署,有检查。老龄事业“十五”计划纲要已经执行三年了,今年进入第四年,要继续采取措施狠抓落实,务必按期完成“十五”计划纲要的各项任务。今年适当时候要组织力量对纲要落实情况进行督促检查。同时,要加强老龄事业发展规划研究,着手拟订老龄事业发展“十一五”计划。要把老龄事业发展规划纳入国家和地方中长期发展规划。

(二)切实加强机构建设和经费投入。做好老龄工作必须有可靠的组织保证。特别是要保证基层老龄机构的精干、高效。如果基层老龄工作机构薄弱,加强老龄工作就成了一句空话。现在还有部分地、县级老龄工作机构不健全,影响了老龄工作的开展。地方各级政府负责同志务必引起重视。要从有利于工作出发,切实加强机构建设,形成上下贯通,管理有序的老龄工作体制。建立正常的老龄事业经费投入机制,保证老龄事业发展经费和必要的工作经费。

(三)成员单位要各司其职,密切协作。全国老龄工作委员会由25个涉老部门组成,这既表明中央对老龄工作的高度重视,也说明老龄工作涉及面广,需要有关部门齐心协力。为此,全国老龄委在召开第一次全体会议时,就明确了各成员单位的工作职责。充分履行好这些职责,关系亿万老年人的切身利益,关系党和政府老龄工作目标的实现。各成员单位一定要认真履行职责,真正发挥职能作用,把老龄工作当作一件大事来抓。从一定意义上讲,老龄工作的好坏、老龄事业发展的快慢,很大程度上取决于成员单位职能作用的发挥。各成员单位要提高思想认识,认真做好各自职责范围内的老龄工作,并积极配合其他部门努力完成综合性的老龄工作任务,形成协调配合、分工合作、齐抓共管的工作局面。

(四)老龄委办公室要发挥综合协调、督促检查和参谋助手作用。各级老龄委办公室是各级老龄委的办事机构。老龄委决定的许多事项要靠办公室去推动和落实。对上,老龄委办公室要当好参谋助手,牢固树立全局意识,深入实际调查研究,了解掌握实际情况。要及时报送高质量的调研报告、工作情况、综合信息和合理建议,为老龄工作委员会的决策提供可靠依据。对成员单位,要在了解各部门、各地工作情况的基础上,进行综合分析,从宏观上把握老龄工作的整体情况,并协调各涉老部门之间的关系,使各涉老部门在工作上相互配合和支持,形成合力,共同推进老龄工作。对下,老龄委办公室要加大督促检查力度,对《中华人民共和国老年人权益保障法》和《中共中央国务院关于加强老龄工作的决定》以及《国务院关于印发中国老龄事业发展“十五”计划纲要的通知》的实施、有关老龄政策法规的贯彻落实等情况进行指导、跟踪、督查督办。要重视和加强老龄工作队伍的培训,不断提高老龄工作队伍的素质。

老龄工作的大政方针已经确定,目标任务已经明确。国务院今年还将召开第二次全国老龄工作会议，分析形势，研究问题，部署工作，表彰先进。希望大家高度重视，认真准备，确保会议圆满成功。让我们紧密团结在以胡锦涛同志为总书记的党中央周围，以邓小平理论和“三个代表”重要思想为指导，开拓进取，扎实工作，努力完成各项老龄工作任务，不断开创老龄工作新局面。

今天是元月12日，腊月廿一，还有9天就是猴年的春节了。在这新年刚过、春节将至之时，我们也向在座的同志们，并通过各位，向辛勤工作在老龄战线上的所有同志拜年，祝大家工作顺达，事业有成！祝大家身体健康，阖家幸福！

在全国村务公开协调小组第二次会议上的讲话

中央纪委副书记　何　勇

（2004年2月11日）

同志们：

刚才，杰昌同志对去年的工作进行了总结，对今年工作作了安排。会后，协调小组各成员单位要按照安排，认真抓好落实。大家还对代中办、国办起草的《关于进一步做好村务公开、民主管理工作的通知》稿提出了很好的意见和建议。这个《通知》是当前和今后一个时期村务公开、民主管理工作的指导性文件，政策性、政治性都很强。协调小组办公室要按照大家所提意见认真修改，然后征求一部分省、自治区、直辖市党委和政府的意见，进一步修改完善后按程序报批印发。

总的看，2003年的村务公开、民主管理，工作是扎实的，发展是健康的，成效是明显的，保护了农民群众的合法权益，密切了党群干群关系，维护了农村社会的稳定，促进了农村基层组织建设和党员干部队伍建设，受到了广大农民群众的普遍欢迎。2003年的村务公开、民主管理工作能取得明显成绩，主要原因有：一是党中央、国务院非常重视，对村务公开、民主管理作出部署，去年召开的全国村务公开工作电视电话会议，回良玉副总理出席会议并作重要讲话，对村务公开、民主管理提出明确的要求，有力地促进了工作的落实。二是这项工作是贯彻落实“三个代表”重要思想和党的十六大精神的具体体现，符合广大农民群众的要求，得到了广大农民群众的支持和拥护。三是协调小组自去年6月13日成立以来，虽然时间虽然不长，但在李学举同志主持下，各成员单位团结协作，密切配合，做了大量卓有成效的工作，为推动村务公开、民主管理工作的深入开展发挥了积极作用。

2004年是深入贯彻十六大和十六届三中全会精神、完善社会主义市场经济体制的重要一年，也是加强党风廉政建设、实现反腐倡廉五年工作目标的重要一年。深入扎实地做好今年的村务公开、民主管理工作，对于进一步促进农村基层党组织作风建设、基层民主建设和村民委员会建设，维护农村改革发展稳定的大局，具有重大意义和作用。我们要以邓小平理论和“三个代表”重要思想为指导，按照中央纪委第三次全会和全国村务公开电视电话会议的要求，以制度建设为重点，以示范活动为载体，弘扬求真务实的精神，加强培训教育、政策研究和工作指导，进一步完善村务公开、民主管理制度，认真解决村务公开中存在的突出问题，切实维护农民群众的民主权利，为农村改革发展稳定的大局服务。

下面，我就如何做好今年的村务公开、民主管理工作，谈几点意见供大家参考：

第一，要增强大局意识，把

村务公开、民主管理工作作为解决“三农”问题的重要内容。解决好农业、农村和农民问题，始终是全党工作的重中之重，也是全面建设小康社会的重要任务。党中央、国务院高度重视农业和农村工作，去年年底召开了中央农村工作会议，今年年初下发了《中共中央、国务院关于促进农民增加收入若干政策的意见》，就当前和今后一个时期的农业和农村工作，特别是促进农民增收工作作了部署，提出农业和农村工作要按照统筹城乡经济社会发展的要求，坚持多予、少取、放活的方针，坚持党的农村基本政策，调整农业和农村经济结构，扩大农民就业，加快科技进步，深化农村改革，强化对农业的支持保护，提高粮食生产能力，力争实现农民收入较快增长，实现农村经济社会全面发展。这是今年农业和农村工作的总体要求。村务公开、民主管理工作必须服从、服务于这个大局。我们要牢固树立大局意识，把村务公开、民主管理工作作为贯彻落实中央关于农业和农村工作的部署、解决“三农”问题的重要内容，切实抓紧抓好。对于中央出台的一系列解决“三农”问题的重要政策和措施，无论是稳定和完善土地承包关系，还是土地征用与补偿；无论是农村税费改革，还是农业结构调整；无论是退耕还林还草，还是对农业和农民进行直接补贴等，都必须坚持公开的原则，把中央的有关政策规定、实施程序、办理结果及时向广大农民群众公开，维护广大农民群众的合法权益，促进农村改革发展稳定的大局，使村务公开、民主管理工作更好地为落实中央关于“三农”问题的一系列部署和要求服务，为推进“三农”问题的解决服务。

第二，要以求真务实的精神和作风，抓好村务公开、民主管理工作。前不久，胡锦涛总书记在中央纪委第三次全会上发表了重要讲话。讲话从实现全面建设小康社会宏伟目标的战略高度，紧密联系加强和改进党和国家的各项工作，深刻阐述了新形势下大力弘扬求真务实精神、大兴求真务实之风的极端重要性。我们一定要把学习贯彻胡锦涛总书记的重要讲话精神同做好村务公开、民主管理工作紧密结合起来，在这项事关九亿农民合法权益的工作中始终体现求真务实的精神和作风。要紧紧抓住农民群众普遍关心、涉及农民群众切身利益的重点、热点、难点问题，如实公开，经常公开。比如，征地补偿不到位、农民负担过重、村级财务不公开、个别涉农案件处理不公等，都是群众反映强烈的问题，也是造成一些地方农村干群关系紧张，影响农村社会稳定的重要矛盾。我们要把这些农民群众看得见、摸得着的问题作为村务公开、民主管理工作的重要切入点，一个问题一个问题地加以解决，务求取得实实在在的效果。要丰富公开的内容，完善公开的方式，健全公开的机制，提高村务公开、民主管理工作的质量和水平。公开的内容要重点突出、简洁明了，公开的形式和方法要因地制宜、灵活多样，公开的机制要符合实际、快捷高效，真正方便农民群众参与公共事务的管理，实行有效的民主监督。要加强对各地区开展村务公开、民主管理工作的督促检查，认真抓好各项工作的落实。对那些工作止步不前、效果不明显的地区，要帮助分析原因，有针对性地提出解决问题的措施和办法。对工作不认真、不得力或在工作中有弄虚作假、侵犯农民群众民主权利等行为的，要严肃批评教育。要及时发现、总结、推广在村务公开、民主管理工作中积累、创造的好经验、好做法，充分发挥典型的示范和导向作用。总之，一定要以求真务实的精神和作风抓好村务公开、民主管理，使之在促进农村党组织和村民委员会建设上取得新成效，在保障农村改革、服务农村发展、维护农村稳定上发挥新的作用。

第三，要动员广大农民群众积极参与，使村务公开、民主管理工作获得持久动力。农民群众的参与程度，是检验村务公开、民主管理工作落实情况的重要标准。只有动员最广大的农民群众积极参与，村务公开、民主管理工作才能不断地向深入发展。要健全村级民主选举、民主决策、民主管理、民主监督的各项制度，最广泛地组织和动员农民群众参与各种民主实践活动，在实践中学会既享有民主权利，又正确行使民主权利。要健全农村党组织领导的充满活力的村民自治机制，把坚持党的领导、充分发扬民主、切实依法办事有机统一于农民群众的民主实践之中。

第四，协调小组各成员单位之间要相互支持和配合，进一步形成工作合力。现在，全国农村村务公开协调小组有八个成员单位，民政部是牵头单位。几个月来，民政部切实承担起了牵头责任，沟通左右、协调内外、联系上下，其他成员单位各司其职、各负其责，相互支持、相互配合。实践证明，协调小组是推进村务公开、民主管理工作的重要组织保证。今后，协调小组各成员单位要进一步密切联系，搞好工作协调和配合。要结合各自的业务特点，通过适当形式，及时沟通情况，交换意见和建议，共同把工作做得更好。现在，全国绝大多数省（区、市）已经建立了相应的协调机构，没有建立的要尽快建立起来，已经建立的要切实发挥作用，以确保这项工作的顺利开展。

村务公开、民主管理工作得到了广大干部和农民群众的拥护和赞同，受到了社会各方面的关注。新的形势在激励着我们，新的任务在召唤着我们。让我们紧密团结在以胡锦涛同志为总书记的党中央周围，高举邓小平理论和“三个代表”重要思想的伟大旗帜，全面贯彻十六大和十六届三中全会精神，与时俱进、开拓创新，同心协力、扎实工作，把村务公开、民主管理这件涉及亿万农民利益的大事办实、办好。

在全国勘界和界线管理工作电视电话会议上的讲话

国务院副总理　回良玉

（2004 年 5 月 18 日）

同志们：

国务院召开全国勘界和界线管理工作电视电话会议，主要任务是，以“三个代表”重要思想和党的十六大精神为指导，认真总结全面勘界工作，表彰在勘界工作中作出突出贡献的先进集体和个人，安排部署行政区域界线管理工作。这充分表明了党和国家对勘界和行政区域界线管理工作的高度重视，充分体现了对广大勘界工作者爱岗敬业、辛勤工作的亲切关怀，也是推动界线管理工作深入开展的一项重要举措。刚才，民政部李学举部长代表国务院勘界工作联席会议作了勘界工作总结报告，人事部尹蔚民副部长代表人事部、民政部宣读了表彰决定，全国 80 个单位被授予“全国勘界工作先进集体”荣誉称号，196 名同志记一等功。在此，我代表国务院向受到表彰的全国勘界工作先进集体和个人表示热烈的祝贺！并借此机会，向辛勤工作的广大勘界工作者致以亲切的问候和诚挚的感谢！下面，我简要讲几点意见。

一、充分肯定全面勘界工作的显著成绩

刚才，学举同志在讲话中就全面勘界工作的历程、成果、经验、意义，作了全面的回顾总结，讲得很好，我完全赞成。这里我再强调三点：

第一，全面勘界是我国行政区划管理史上前无古人的壮举。我国行政区划具有悠久的历史。公元前 221 年，秦始皇统一中国后实行郡县制，我国行政区划初具雏形。此后，各个朝代都十分重视行政区划，建立了比较完善的地方行政区划体系，在国家管理和社会发展中发挥了重要作用。但历朝历代对行政区域的划分都十分粗略，各级行政区域界线从未全面勘定，界线不清的问题一直存在。新中国成立后一段时期内，为适应政治改革和经济建设的需要，国家对行政区划进行了变更和调整，划定了部

分行政区域界线，但仍未能全面勘定各级行政区域界线。因此，由中央政府主持全面勘定省县两级近48万公里的陆地行政区域界线，实地竖立署名国务院的标准界桩，并颁布实施《行政区域界线管理条例》，这是我国历史上的第一次，解决了前年遗留问题，也是一项功在当代、利在千秋的大业。可以说，全面勘界的成功，结束了我国行政区域界线被动、无序、粗放的管理方式，使我国行政区域界线管理开始走上科学化、法制化、规范化管理轨道。

第二，全面勘界是维护改革发展稳定大局和人民群众根本利益的重大举措。我始终认为，行政区划和区域界线问题，不能简单地看，不能短浅地看，它应该是实施资源合理配置的一个重要前提，是解放和发展生产力的一项重要内容，是关系全局的一件大事。行政区域界线不清，既引发了不少边界争议，给人民群众的生命财产带来了严重损失，又对资源利用造成很大破坏，给商品流通和区域经济发展形成很大障碍。因此，通过这次全面勘界，彻底解决了一大批老大难边界争议问题，消除引发新的争议的隐患，把地方政府和边界地区群众从争议的困扰中解脱出来，维护了边界地区群众的切身利益，为边界地区群众的生产生活创造了一个安定的社会环境，也必将促进社会主义市场经济的健康发展。所以说，开展全面勘界是一项符合广大人民群众利益的“德政”工程，充分体现了我们党全心全意为人民服务的宗旨。

第三，全面勘界是一项艰巨浩大的历史性工程。从1989年国务院批准民政部进行全面勘界试点，1995年国务院作出全面勘定省县两级陆地行政区域界线的决定，到2002年全面勘界收尾工作完成，整个工作历经14年，可以说是工程浩大，任务艰巨。没有党中央、国务院的正确决策和坚强领导，没有地方各级党委和政府的高度重视，没有有关部门包括民政部门的精心组织和密切配合，没有全国广大勘界工作者的辛勤努力和无私奉献，很难想象全面勘界工作能够得以顺利完成。正是在我们党的领导下，正是在社会主义的中国，我们才干成了过去历朝历代想做而没有做到的事情，胜利完成了全面勘界任务。这是一项了不起的历史性成就，对此党中央、国务院是满意的，广大人民群众也是满意的。

十几年来，全国有30多万人直接从事勘界工作，上百万人参与勘界事业，他们风餐露宿，披星戴月，克服难以想象的困难，有的还为此献出了宝贵的生命，他们是共和国的勘界功臣。特别是他们在工作中大力弘扬实事求是、顾全大局、互谅互让、团结协作、不畏艰险、锲而不舍的精神，这是一笔宝贵的财富，我们要在今后的工作中继续发扬这种精神，扎扎实实做好界线管理工作。

二、充分认识加强行政区域界线管理的重要性和紧迫性

行政区域界线是国家依法实施分级管理的依据。随着全国省、县两级陆地勘界任务的完成，工作重点要逐步由界线勘定转到界线管理工作上来。与勘界工作相比，界线管理是一项长期性的艰巨任务。做好界线管理工作，关系到勘界成果的巩固，关系到边界地区的社会稳定和民族团结，关系到边界地区的经济发展和社会进步。各地区、各有关部门要充分认识做好界线管理工作的重要性和紧迫性，高度重视，认真抓好。

第一，做好界线管理工作，是践行“三个代表”重要思想、维护人民群众根本利益的具体体现。学习贯彻“三个代表”重要思想，必须牢牢把握立党为公、执政为民的本质，紧紧抓住群众最现实、最关心、最直接的问题，为群众办实事、解难事、做好事，切实把人民群众的利益实现好、维护好、发展好。做好界线管理工作，有效防止和避免边界纠纷，有利于边界地区的社会稳定，有利于边界地区资源的保护、开发和利用，有利于边界地区民族团结和经济社会的持续协调发展，其出发点和落脚点都是保障边界地区人民群众正常的生产生活秩序，维护边界地区人民群众的根本利益。这既是“三个代表”重要思想的具体体现，也是落实科学发展观的必然要求。我们要以“三个代表”重要思想来

统领行政区域界线管理工作，指导和推动界线管理工作上水平、上台阶。

第二，做好界线管理工作，是实施依法治国方略、推进依法行政的基础条件。行政区域是地方政府施政的空间。加强界线管理，有利于保持地方政府施政空间的稳定性，有利于从空间上明确行政责任，消除边界地区行政管理越位或缺位现象，也有利于民族区域自治法、土地法、森林法、水法等相关法律在边界地区的施行。因此，加强界线管理是落实依法治国、推进依法行政的保障和要求。

第三，做好界线管理工作，是巩固勘界成果的必要手段。界线勘定后，如果管理工作跟不上，随着时间的推移，随着边界地区自然资源开发和利用程度的加大和加深，边界地区有可能产生新的矛盾和纠纷，勘界成果就有可能遭到破坏，边界地区的社会稳定和经济发展也必然受到影响。对此，我们必须有清醒的认识，那种勘界后万事大吉、界线管理无足轻重的认识和思想是错误的，我们必须坚持不懈地做好行政区域界线的管理工作。

历史的经验告诉我们，边界不宁，事业难兴。各地区、各有关部门要切实增强做好行政区域界线管理工作的责任感和紧迫感，克服重勘界、轻管理的思想，及时加强界线管理，开拓创新，扎实工作，推动界线管理工作全面深入开展。

三、扎实推进行政区域界线管理工作

做好行政区域界线管理工作，要以邓小平理论、“三个代表”重要思想和党的十六大精神为指导，全面贯彻实施《行政区域界线管理条例》，切实维护法定行政区域界线的严肃性、稳定性，努力实现界线管理工作的法制化、规范化和科学化，促进边界地区的经济社会全面、协调、可持续发展。做好新时期的界线管理工作，要把握好以下几点：

第一，坚持依法治界。依法治界是依法治国和依法行政的要求，是做好行政区域界线管理工作的关键。为加强行政区域界线管理工作，国务院于2002年5月公布了《行政区域界线管理条例》，这是我国第一部规范界线管理工作的行政法规，是新时期行政区域界线管理工作的根本依据。地方各级政府、各有关部门要深入贯彻落实条例，严格按照条例和国家有关法规履行职责。要注意研究制订界线管理的具体规章制度，保证界线管理的每项工作、每个环节都有制可守、有章可循，防止和克服工作的随意性和盲目性。

第二，继续遵循“实事求是、顾全大局、互谅互让”的原则。这是全面勘界成功的一条基本经验。在今后的管理工作中，必须以维护社会稳定、促进经济发展、推动社会进步、增进民族团结的大局为重，必须从维护法定界线的严肃性的角度来处理问题，互谅互让，妥善解决边界地区发生的纠纷，维护边界地区的稳定。

第三，把开展界线联合检查、消除边界争议隐患作为当前界线管理的重点。定期对行政区域界线进行联合检查，是国务院赋予县级以上地方人民政府的职责，也是增强地方各级人民政府界线管理意识，强化管理责任，加强界线管理的重要措施。地方各级人民政府要高度重视，认真组织实施，及时解决联合检查中发现的问题，维护边界地区的社会稳定。对于个别勘界遗留问题，有关省区和部门要抓紧组织研究，及时予以处理，以消除边界争议的隐患；个别地区已划定界线未落到实地的，有关省级人民政府和国务院有关部门必须尽快组织落实；对约定了跨界资源利用的原则意见但至今没有界定范围的，资源主管部门要尽快予以界定，避免引发新的资源纠纷。要密切关注边界地区生产建设中出现的新问题，防范越界侵权事件的发生。

第四，把开展界线信息化建设作为提高界线管理水平的重要措施。要加强界线管理的信息化建设，实现勘界成果信息资源共享。要按照分级负责、分步实施的原则，积极推进省、县行政区域界线信息化建设，开发勘界成果社会化服务产品，进一步发挥勘界成果为经济和社会发展服务的积极作用。

四、切实加强行政区域界线管理工作的领导

行政区域界线管理是一项

长期的任务，涉及方方面面。各地要切实加强领导，各有关部门要密切合作，共同做好这项工作。

第一，地方各级人民政府要加强对界线管理工作的领导。行政区域界线管理是政府的一项重要职能，地方各级政府要切实把界线管理工作摆上重要议事日程。要建立健全政府领导、民政部门为主、有关部门配合、边界地区群众广泛参与的管理体制，形成共同做好界线管理工作的整体合力。要及时研究界线管理工作中的重大问题，主动协调和帮助民政部门解决界线管理工作中的重大问题，主动协调和帮助民政部门解决好界线管理工作中遇到的困难，保证界线管理工作经费，实现界线管理工作有人抓、有人管、有人干，确保界线管理各项工作的健康发展。

第二，各有关部门要切实履行职责，通力合作。对因对行政区域界线实地位置认定不一致引发的争议，民政部门要及时按照行政区域界线协议书的有关规定处理；对资源管理使用方面的纠纷，国土、水利、农业、林业等资源部门要及时依法处理；公安部门要及时查处和坚决打击利用边界纠纷进行违法犯罪的活动；其他各有关部门都要各司其职、各负其责，共同维护边界地区的社会秩序。在这里，我要特别强调，今后，不能再动辄把边界地区发生的问题归咎为界线不清，互相推委扯皮。要实行行政问责制，对那些违反《行政区域界线管理条例》，挑起边界纠纷，或者出现纠纷不积极处理的，要坚决依法追究有关单位和人员的责任。

第三，各级民政部门要进一步履行好自身职责，发挥好参谋助手作用。民政部门作为各级政府具体负责行政区域界线日常管理工作的职能部门，要把界线管理工作作为一项重点工作来抓。要在政府的统一领导下，在有关部门的配合下，充分发挥职能作用，当好政府的参谋助手。同时，要切实加强界线管理队伍建设，增强法制观念，掌握现代科技知识，不断提高界线管理工作水平。

同志们，我们胜利完成了全面勘界的艰巨任务，我们还面临界线管理的光荣使命。希望同志们再接再厉，在以胡锦涛同志为总书记的党中央领导下。高举邓小平理论和“三个代表”重要思想的伟大旗帜，开拓创新，求真务实，在界线管理工作中再立新功，为全面建设小康社会作出新的广大的贡献。

在全国村务公开和民主管理工作经验交流会议上的讲话

中央纪委副书记　何　勇

（2004年12月12日）

同志们：

这次全国村务公开和民主管理工作经验交流会议，是在全党深入学习贯彻党的十六届四中全会精神的新形势下召开的一次十分重要的会议。昨天，江苏省委、湖南省长沙市开福区等十多个单位分别介绍了推进村务公开和民主管理工作的好做法好经验，大家听了都很受启发，确实值得认真学习和借鉴。会议期间，同志们还实地参观考察了太仓市推行村务公开和民主管理的情况。刚才，学举同志代表全国村务公开协调小组，总结了一年来的工作，对下一步工作作出了具体部署，我完全同意。

下面，我讲几点意见。

一、充分认识推进村务公开和民主管理工作的重要意义

推进村务公开和民主管理是一项十分重要的工作。党中

央、国务院对这项工作高度重视，多次下发文件作出部署。今年6月22日，中共中央办公厅、国务院办公厅专门印发了《关于健全和完善村务公开和民主管理制度的意见》，对做好新形势下的村务公开和民主管理工作提出了明确要求。党的十六届四中全会从加强党的执政能力建设、巩固党的执政地位的高度，强调要“坚持和完善政务公开、厂务公开、村务公开等办事公开制度，保证基层群众依法行使选举权、知情权、参与权、监督权等民主权利”。在党中央、国务院的领导下，经过各地区各部门的共同努力，村务公开和民主管理工作取得新的成效，有力地促进了农村改革发展稳定的大局。但也要清醒地看到，与农村形势发展的要求相比，与广大农民群众的要求相比，我们的工作还有一定的差距。进一步从全党和国家工作大局的高度充分认识推进村务公开和民主管理工作的重要意义，对做好这项工作至关重要。

第一，推进村务公开和民主管理，是巩固党在农村执政基础的必然要求。我国是工人阶级领导的，以工农联盟为基础的人民民主专政的社会主义国家，农民是我们党在农村的主要依靠力量，也是我们国家政权最广泛、最深厚的群众基础。村务公开和民主管理是发展农村基层民主，保证农民群众在党的领导下行使民主权利，参与管理农村事务，维护自身利益的重要途径。改革开放以来，农民群众的生产经营和对自身事务的管理方式发生了深刻变化，农民群众的市场主体意识、民主法制意识明显增强，要求实行村务公开和民主管理。做好这项工作，有利于在经济上保障农民群众的物质利益，在政治上尊重农民群众的民主权利，从制度上实现好、维护好、发展好广大农民的根本利益，坚定广大农民跟党走中国特色社会主义道路的信心，密切党群干群关系，进一步巩固党在农村的执政基础。

第二，推进村务公开和民主管理，是构建社会主义和谐社会的重要内容。十六届四中全会提出了构建社会主义和谐社会的目标和任务。我国是一个农民占多数的人口大国，幅员辽阔的农村，人口众多的农民，是构建和谐社会的重要基础。从总体上看，我国农村经济社会发展势头良好，但也存在不少问题和矛盾，农业现代化水平不高、农村发展不平衡、农民增收缓慢等问题比较突出，农村群体性上访事件不断增多。以推行村务公开为基础坚持实行民主选举、民主决策、民主管理和民主监督，推进农村的民主法制建设，实现农民群众的自我管理、自我教育和自我服务，既有利于充分发挥农民群众推动经济社会全面发展的积极性，又能在农村基层建立有效的利益协调机制、矛盾调处机制和社会管理机制，引导群众规范有序地参与村务的决策和管理，以理性合法的形式表达自己的利益要求，解决利益矛盾，从而促进农村的和谐与稳定。

第三，推进村务公开和民主管理，是深化农村改革、促进农村发展的重要保障。当前，我国农村正处在全面建设小康社会的新的发展阶段，农村改革、发展的任务还相当艰巨。为全面落实科学发展观，解决好“三农”问题，促进城乡经济社会协调发展，中央对建设现代农业、发展农村经济和增加农民收入等方面作出重大部署，出台了一系列重大政策措施，如实行“两减免、三补贴”政策，减免农业税，取消除烟叶税以外的农业特产税，对种粮农民实行直接补贴，对部分地区农民实行良种补贴和农机具购置补贴；规范涉农收费项目，取消、免征、降低一些面向农民的行政性收费；大力推进农村税费改革，认真搞好农村义务教育体制改革，稳步扩大新型农村合作医疗制度试点；修改土地征用补偿办法，提高土地征用补偿标准等多项支农惠农政策。落实这些重大政策措施，迫切需要广大农民群众的参与和监督。从各地的实际情况看，村务公开和民主管理工作做得好不好，直接影响中央大政方针在农村的落实，直接影响农村的改革和发展。如果“暗箱操作”，有关政策规定、实施程序、办理结果都不公开，农民群众没有了解和参与的机会，那么，中央政策措施的实施效果必然要大打折扣，不可能达到预期效果。只有进一步加大村务公开和民主管理的力度，落实农民群众对村级重大事务的知情权、决策权、参与权、监督权，才能调动农民群众的积极性和主动性，才能把中央关于农村改革发展的大政方针落到实处，全面推进农村的改革和发展。

第四，推进村务公开和民主管理，是促进农村党风廉政建设的有效途径。农村党风廉政建设是党的建设新的伟大工程的重要方面。必须充分肯定，广大农村基层干部队伍的主流是好的。他们吃苦耐劳，扎实工作，为推进农村的改革发展稳定作出了重要贡献。但也确有一些基层干部在作风上存在这样或那样的问题，特别是作风粗暴、损害群众利益等，损害了党和政府的形象。产生这些问题的一个重要原因是由于村务公开和民主管理不落实，农民群众的各项权利得不到保障，少数农村基层干部办事不公，以权谋私的行为得不到有效制止，从而造成党群干群关系紧张，影响了农村的稳定和发展。这就充分说明，只有实行村务公开和民主管理，切实保障农民群众的各项权利，才能加强对农村基层干部的监督，从源头上预防腐败现象的发生。

二、加大工作力度，把村务公开和民主管理工作不断推向深入

当前和今后一个时期，各地区各部门要按照十六大和十六届三中全会、四中全会的精神和这次会议的部署，突出重点，加大工作力度，进一步推动村务公开和民主管理工作不断取得新的进展。

第一，要着眼于农村工作大局，把推进村务公开和民主管理与促进农村改革发展稳定有机结合起来。推进村务公开和民主管理是化解农村矛盾，促进农村发展，维护农村稳定的治本之策。各地区各部门要牢固树立大局意识，把村务公开和民主管理工作作为贯彻中央关于农业和农村工作部署的重要举措，切实抓紧抓好。坚持公开、民主的原则，坚决落实中央出台的一系列解决“三农”问题的重要政策和措施，切实维护广大农民的合法权益。要通过做好村务公开和民主管理工作，使农村基层干部牢固树立坚持党的领导、人民当家作主和依法办事有机统一的观念，不断提高政策水平和依法办事能力，使他们善于用说服的方法、示范的方法、服务的方法推动农村工作。要通过做好村务公开和民主管理工作，及时化解社会矛盾，消除农民群众对干部的猜疑和误解，解决少数乡村干部以权谋私等违纪违法问题，消除和减少社会不稳定因素。

第二，要着眼于维护农民群众的切身利益，认真解决群众最关心的问题。村务公开和民主管理是坚持党的群众路线，维护农民群众根本利益的具体体现。尊重农民群众的民主权利，维护和实现好他们的切身利益，是农民群众衷心拥护并积极参与村务公开和民主管理工作的基础，也是农民群众衡量我们是真公开、真民主还是搞形式、走过场的重要标准。要充分听取农民群众的意见、了解农民群众的呼声，把农民群众关心的热点、难点问题作为村务公开和民主管理的切入点，通过村务公开和民主管理切实解决农民群众最关心、最直接、最现实的利益，调动农民群众参与村务公开和民主管理的积极性、主动性。当前，重点要推进农村土地征用补偿及分配、农村机动地和“四荒地”发包、村集体债权债务、农村税费改革和农业税减免政策、村内“一事一议”筹资筹劳以及各类救灾和补贴等情况的公开。凡是与农民群众切身利益密切相关的事项，如村集体的土地承包和租赁、集体企业改制、集体举债、集体资产处置、村干部报酬、村公益事业的经费筹集方案和建设承包方案等，都要实行民主决策，不能由个人或少数人决定。

第三，要着眼于充分发挥农民群众的主体作用，广泛动员农民群众参与村务公开和民主管理。村务公开和民主管理工作的主体是广大农民群众。农民群众的关心、支持和参与，是决定村务公开和民主管理能否取得成效的根本因素。衡量一个地方村务公开和民主管理工作是否扎实、是否深入，关键要看农民群众参与的广度和深度。如果没有农民群众的积极参与和支持，村务公开和民主管理就会失去活力，失去持续发展的动力。因此，要把最广

泛地动员农民群众参与，作为推动这项工作深入进行的重点和基础。要加大宣传教育力度，采取群众喜闻乐见的方式，使有关村务公开和民主管理的方针政策、法律法规深入人心，家喻户晓，引导农民群众依法行使自己的民主权利。要指导农民群众依法建立健全村民会议、村民代表会议、村务公开小组、民主理财小组等监督评议组织，帮助建章立制，赋予他们一定的监督权和评议权，使农民群众的主人翁地位和作用得到充分发挥。要求真务实，反对官僚主义、主观主义、形式主义，严肃查处侵犯农民群众合法权益的行为，扎扎实实地为农民群众解难事、做好事、办实事，使农民群众切实从村务公开和民主管理中受益，从而激发和调动广大农民群众发展农业生产和建设社会主义现代农业的积极性。

第四，要着眼于推进村务公开和民主管理的规范化和程序化，在加强制度建设上下功夫。要根据农村改革发展的新形势新情况，进一步建立健全村务公开和民主管理的各项制度，规范村务公开的内容、形式、时间和程序，规范村级事务民主决策的事项、形式和程序，建立健全村民会议、村民代表会议议事规则，加强对村集体财务的管理、审计和监督，完善民主评议村干部工作制度，落实农民群众的知情权、决策权、参与权、监督权，克服随意性，提高规范性，使村务公开和民主管理工作有法可依、有章可循。要注意及时总结推广基层创造的好做法和好经验，并不断上升到制度的高度，推进制度建设不断深入发展。

三、深入开展村务公开和民主管理工作需要把握的几个问题

推进村务公开和民主管理，事关农村工作的方方面面，事关农民群众的根本利益，事关农村改革发展稳定的大局。各级党委和政府要切实加强对村务公开和民主管理工作的领导，建立健全推进村务公开和民主管理的长效机制，保证村务公开和民主管理工作顺利开展。

第一，要强化领导责任。要把村务公开和民主管理工作列入党委、政府的重要议事日程。各省、自治区、直辖市党委和政府要及时研究分析村务公开和民主管理工作情况，提出指导性意见，推进村务公开和民主管理。县(市)党委和政府对于抓好这项工作负有重要的责任。县(市)党委和政府要制定具体的实施意见，建立党政领导责任制，切实担负起领导责任。农村基层党组织要充分发挥领导核心作用，健全村民自治机制，把坚持党的领导、充分发扬民主、依法办事有机统一于农村社会主义民主实践之中。

第二，要加强部门配合。目前，全国绝大多数地方都建立健全了党委、政府统一领导、有关部门共同参与、民政部门组织协调的村务公开和民主管理领导体制和工作机制，建立了村务公开协调机构。但也有一些地方尚未建立健全有关机构和工作机制。这次会议后，要尽快把协调机构建立起来，把关系理顺，把工作开展起来。各级协调机构及有关部门既要明确责任，各司其职，又要团结协作，密切配合，真正形成各级各部门相互联动、一级抓一级、层层抓落实的工作格局，保证村务公开和民主管理工作的深入开展。民政部门要发挥组织协调作用，积极主动地开展工作，其他部门要积极支持民政部门的工作。

第三，要加强监督检查。重点检查领导是否重视、制度是否健全、责任是否明确、工作是否规范、群众是否满意等情况，及时发现和解决在村务公开工作中存在的问题，提出改进工作的意见和建议。对村务公开和民主管理工作搞得好的，要进行表彰，推广他们的做法和经验；对村务公开和民主管理工作开展不力的，县、乡党委和政府及有关部门要认真调查研究，有针对性地提出解决问题的措施和办法，督促问题的纠正和解决；对工作不认真、不得力或在工作中有弄虚作假、侵犯农民群众民主权利等行为的，要批评教育，直至追究有关人员的责任。

第四，要善于开拓创新。当前，我国改革发展处在关键时期，社会利益关系更为复杂，新情况、新问题层出不穷。就农村而言，当前也处在利益需求复杂多变、社会矛盾易发多发时期，推进村务公开和民主管理面临一系列新情况、新问题。各级党委、政府要注意从本地区本部门的实际出发，不断总结经验，深入研究工作规律，创造性地开展工作。要尊重群众的首创精神，尊重基层的创造，不断推进村务公开和民主管理的理论创新、制度创新、机制创新，把村务公开和民主管理工作深入持久地开展下去，不断取得新成效。

同志们，推进村务公开和民主管理的各项方针政策已经明确，关键就在狠抓落实。让我们紧密团结在以胡锦涛同志为总书记的党中央周围，高举邓小平理论和“三个代表”重要思想伟大旗帜，全面落实科学发展观，求真务实，开拓创新，把村务公开和民主管理这项关系亿万农民切身利益的大事抓紧抓好，努力实现好、维护好、发展好广大农民群众的根本利益。

2004 年民政部领导关于民政工作的重要讲话与论述

在民政信息化建设汇报会上的讲话

民政部部长　李学举

（2004 年 2 月 9 日）

同志们：

春节过后，我开始陆续听取各事业单位的汇报，主要目的，一是对去年的工作有个了解；二是对今年的工作要做什么，怎样做，本单位要清楚，领导要了解，作一个沟通；三是看看工作中存在什么困难和问题，需要领导进行协调和解决。

我历来认为，信息化建设是变革，是革命。民政信息化建设非常重要，我们的认识还要提高，工作还要加强，措施还要加大。这项工作也是中央和国务院强调的，舍得投入财力的一项工作。目的是推进政府职能转变，实现工作方式转变，达到提高工作质量和工作效率。

近几年来，我部信息化建设迈出了大步，也踏出了实步。2003 年是我部信息化建设见成效的一年、展示的一年、受益的一年。之所以能取得这样的成绩，有部领导重视、司局支持、有关部门的支持，更重要的是信息中心全体同志的努力。信息化工作领导要重视，但策划、思路，具体的工作还是要依靠信息中心的智慧和力量，你们的智慧和力量决定了民政信息化建设的发展方向、进度快慢和效益高低。部领导就是在认同你们的思想、承认你们的智慧、支持你们的工作而推动信息化建设的。因此，你们工作的主动性和创造性更为重要。

对 2004 年民政信息化建设工作的思路我基本赞成，在这里提三点要求：

一是我部的信息化建设在各部委中应该走在前列。在信息化建设方面我们不能落后，也不应该落后，甚至还要超前一点。要掌握上面的要求，了解其他部委的情况，别的部委能做到的，我们也应该能做到。在实际工作中，有些工作推动起来有难度，这是必然的，但决不能因此而动摇我们前进的信心，放慢前进的脚步，信息化建设与其他事情不同，往往是在事情办成后，见到成效后，认识才能提高。因此，信息中心的领导和同志们要在信息化建设方面勤动脑、多研究、提思路，把聪明才智发掘出来，推动和带动信息化建设的前进。

二是切实把低保信息系统建设好。低保信息系统的建设是一件大事，此项目来之不易，一定要做好。目前已有一个领导小组，要召开领导小组会，就项目各项工作的落实专门进行研究，要有专门的人来抓。

三是努力做好今年的各项工作。从你们刚才汇报的情况来看，首先要抓好民政广域网的扩容和延伸。我非常赞同你们关于广域网扩容的想法，这项工作要抓好、抓实，能早实现就早实现。广域网向下延伸的工作，延伸要以指导为主，要根据各地的实际情况开展，暂时没有条件的地方可以逐步推进。工作重点应放在部省两级的网络上，现有的资源一定要应用好。其次是民政公用政务平台的建设和应用。特别是应用应是工作中的重点，只有大家都来用，才能实现提高效率、提高质量的目标。要选一、二个司局做试点，要宣传，要抓实，可以考虑先培养一些骨干，起带头作用。在适当的时候，条件成熟了，可以在部内召开小型现场会进行演示进行推广和宣传。还有一个是修订“便民”工程方案。便民工程与数字民政工程不同，全国各地情况各异，不可能采用统一模式。我们要做的是把它作为社区建设的一个内容，推广地方成功的经验，不必花太多的精力去开发软件。最后是民政部网站的建设。我们民政部的网站虽然还不能和搜狐、新浪这样的大网站比美，但改版后的民政部网站作为宣传民政工作的窗口，取得了很大的进展，非常好。作为第四媒体，网站要为民政工作扩大开放度、增加透明度、加强参与度服务。要立足民政，面向社会。要丰富内容，想办法开辟一些吸引人的板块，让社会上的人都来关心，都来参与，增加点击率。办公厅可以出面，动员整个部机关和事业单位共同办好民政部网站。一定要把民政部网站办得内容丰富、特色突出、个性明显。

关于各项民政业务软件的开发工作，要根据业务工作的需求，按部就班地抓好、抓实。

在2003年度考核总结表彰暨加强领导班子思想政治建设会议上的讲话

民政部部长 李学举

（2004年2月13日）

同志们：

这是今年召开的第一次干部大会。会议的内容很丰富，衍银同志代表部党组对2003年干部考核和处级干部选任工作进行了总结，对加强领导班子思想政治建设讲了很好的意见。有4个单位介绍了加强领导班子思想政治建设的经验。下面，我重点讲讲完成今年的民政工作任务对机关的要求。

今年的工作任务已部署完毕，司处级领导即将全员到位，当前，最重要的是聚精会神地思考研究今年民政工作任务的落实。从某种意义上讲，这次会议也是民政部机关为完成今年工作任务的动员会。下面，我讲三点意见。

一、要从民政部的地位和作用出发，带头贯彻执行好全国民政厅局长会议精神，完成好今年的各项任务

关于今年的工作，1月初召开的全国民政厅局长会议已经做出了具体部署。这个部署包

括总体要求、遵循原则，包括健全一个体系、完善一个机制、促进两个发展、推进三项工作、加大四个力度的目标任务。目前，各地民政部门陆续召开会议，传达全国民政厅局长会议精神，部署安排本地工作。在全国民政厅局长会议的报告中，将加强自身建设作为完成今年工作的第一手段。因此，这次部机关大会，既是落实全国民政厅局长会议的要求，也是用机关建设推动民政工作理念的体现。只有部机关干部职工对今年民政工作理解了，切实负起责任了，把自身工作做好了，才能带动指导民政系统完成今年各项民政工作任务。

第一，在工作取向上，要把更多的精力放在维护民利、解决民生、落实民权上，切实落实以民为本、为民解困的宗旨。民政工作虽然繁多，但基本的主线是民利、民生、民权。维护民利，就是维护人民群众的切身利益；解决民生，就是解决人民群众的生活困难；落实民权，就是落实人民群众的民主政治权利。尽心竭力地维护民利、解决民生、落实民权，这是民政部门应尽的责任。民利、民生、民权最终都是"为民"。今年的工作安排，虽部署了多项任务，但总体体现了"为民"、"适应"、"务实"。"适应"是为了使民政工作适应形势，更好"为民"；"务实"是为了使工作做好，使"为民"落到实处；"为民"是"适应"和"务实"的终极目的。因此，落实今年的工作任务，各单位、各部门虽然担负的职责不同，每个干部的岗位不同，但在细化今年工作、落实今年任务时，都要始终突出"为民"的思想，突出"为民"的取向，把维护民利、解决民生、落实民权作为工作重点，作为工作责任、作为工作标准。

第二，在工作推进上，要把更多的精力放在促进改革和发展上，做好、做实、做强各项民政工作。形势是不断发展变化的，事业也要在形势的发展变化中发展、壮大。民政工作也一样，在形势的发展变化中，有调整、有变化。我们现在所承担的职能，既有传统的民政业务，也有新的工作。但不论何种业务和工作，都有做好、做实、做强的问题。也就是说，民政工作要发展。发展问题，既是我们从事民政工作的战略思维，也是要致力于研究和实践的问题。当然，讲民政工作发展，并不是职能的扩展，重要的是要在现有职能职责范围内，把每项业务工作做好、做实、做强，以求民政工作的发展。小平同志说"发展是硬道理"。民政事业也同样，停滞不前，不发展、不前进，就没有民政工作的新局面。建国以来，民政事业有了较大发展，传统的民政工作不断焕发新的生机，民政工作的新领域又不断被开拓出来，但面对全面建设小康社会的新形势，面对人民群众尤其是困难群众的需求，我们的思想观念有时还滞后于时代的步伐，我们的工作体制、机制、制度还有许多滞后于工作发展需要，我们满足群众需要的能力和条件还很有限。这就是说，民政事业要发展，还有许多需要研究解决的问题。解决这些问题，根本的出路在改革，有些工作到了不改革没出路的程度。改革，已提出了多年，实践了多年，但改革任务仍然很重。我们所讲的改革，应是真改革，不是口号，也要会改革，避免混乱。也不要把改革庸俗化，把什么都说成是改革。今年民政厅局长会议强调要集中力量抓好十个方面的工作，都有改革和发展的任务。我部除认真研究推进业务工作改革外，要加大事业单位，特别是自收自支事业单位的改革。中民大厦在领导体制改革上迈出了大的步伐。民政部只聘任一名总经理，考核只一人，检验标准就一项，是年终结算的经营效益。

在促进改革、推动发展上，都要动脑下力，敢有大作为，敢动大手术。现在的问题，既有敢不敢改革的问题，也有会不会改革的问题。要在大的环境和背景下，挖掘自身的潜力，集中自身智慧力量，调动自身的创造性，认真审视我们各项工作的体制、制度、机制和政策，对符合完善社会主义经济体制要求的和以民为本、为民解困宗旨的，就要继续坚持，基本符合的就进一步调整完善，完全不符合的就舍弃和废止。一切有利于维护民利、解决民生、落实民权的改革措施，都应当支持，都应当积极实行，一切有利于调动积极性、拓展工作、解决问题、壮大民政事业的各项举措，都应当采纳，都应当欢迎。

第三，在工作运行上，要把更多精力放在健全完善政府主导、部门协作、社会参与的工作机制上，为民政工作的推进和民政事业的发展创造好环境、好条件。民政工作战线长，涉猎面广，内容庞杂，与其他部门协作的事情多。关门闭户，孤军作战，做不好民政工作，不依靠群众，不发动社会力量，也做不好民政工作。所以，配合协作的意识，社会参与的意识，尤为重要。一要健全、完善政府主导、部门协助、社会参与的工作机制。在运用这个工作机制上，民政部门要积极主动，协调联动，进而沟通协调党委、政府有关部门、组织发动社会力量，争取各方面对民政工作的支持。实现参谋助手作用显著、部门协作默契、社会参与广泛。二要建立、完善、运用统筹规划，分级实施、各负其责，上下配合的民政系统内部工作机制。民政部要注意做好自己的事，主要是制定宏观规划，完善政策法规，调查研究问题，加强工作指导。对全局重点工作，要上下统一认识，允许地方从实际出发，创造性开展工作。目前的问题是：民政部本身对宏观问题研究少，指导工作方法少，出现了文件多、会议多、讲话长、内容细，阻塞了地方研究、创新工作的空间。地方主要是思想缺乏创新性、工作缺乏创造性，因此，民政部要解决越组代庖问题，地方要解决不等、不靠、敢于创新问题。同时，要注意调动和发挥民政部和地方两个积极性。没有民政部自身工作的积极性，难以统领民政系统开展工作，没有地方民政部门的积极性，难以使工作落到实处。民政部要着力在全局问题上，为地方开展工作提供思路、提供政策、提供依据、创造环境。地方要学会创造性开展工作，敢于在难点工作上，积极探索，取得突破，为全局工作提供经验。

第四，在履行职责上，要把更多的精力放在建立健全法规、依法行政上，努力打造法治化的政府机关。依法行政，是实施依法治国基本方略的具体要求，打造法治化政府机关，是政府机关施政的基本要求。所谓法治化政府机关，就是要健全法规，做到有法可依，要依法行政，做到执法必严。共产党要在法律允许的范围内开展活动，政府要依法律规范自己的行为。这两句话一定要牢记，必须遵循。一是要建立健全与民政工作相适应的法律法规体系。这是依法行政的基础，也是当前和今后工作必须致力研究和做好的工作。多年来，已制定了一大批有关民政工作的法律法规。现在看还存在不健全、不完善的问题。抓立法，仍是民政部的重要任务。要调动业务司局和部法制办的积极性，要积极争取国务院法制办的支持，争取早出台、快出台，努力尽早实现民政法律法规健全。二是要学习、掌握法律法规知识。这是依法行政的前提。现在每个司局的工作基本都有一部法律或法规，有的甚至有好几部法律或法规为工作依据。大家对这些法律法规的学习、理解的程度究竟怎么样，还不太好下结论。也许本司局的同志，从事本项业务的同志对相关法律、法规要熟悉一些，而不从事这项工作的同志就要差一些，这是必然的。但作为从事民政工作的人员，对有关民政的法律法规，虽不要求精通，但要了解。今后部里的业务学习要增加法律法规知识的内容。这也讲了许多年，今年要认真落实。今年计划以学习民政法律法规为重点，凡新出台的，都要以部党组理论学习中心组的形式组织有关同志学习。做到学习法律法规知识首先从学习民政工作领域的法律法规知识开始；依法治国，首先从学习、贯彻好民政工作领域的法律法规开始；要求民政系统的同志学习好法律法规，首先从我们民政部机关开始，从而为建设法治政府机关奠定坚实基础。三是要严格依法行政。这是依法行政的关键。当今时代，法制社会正在逐渐形成，这是时代发展的趋势，是社会文明的标志。法律法规是我们施政的依据，依法行政是我们履行职责的重要手段。在这个问题上，丝毫疏忽马虎不得，我们已有了前车之鉴。这几年，诉讼民政部的案件已有多起，我预测，今后随着人民群众法律意识的增强，用法律维护自身利益的意识增强，我们工作稍有不慎，就会引来法律诉讼。当然，我们强调依法行政不单单是为了打官司，重要的是，我部的公务员必须清楚施政的依据，掌握施政的手段，培养依法行政的意识。

第五，在指导工作方式上，要把更多的精力放在发现、研究、解决问题上，使工作落到实处，收到实效。事物的发展，总是在解决矛盾中进行的。民政工作的发展也是在不断发现、研究、解决问题中前进的。民政工作难点多、问题多、矛盾多，我们从事民政工作的都有体会。这些难点、问题、矛盾，有的是多年沉淀、始终没解决的老问题，有的是随着社会的变化，出现的新问题，也可以预测，随着形势的发展变化，新难点、新问题、新矛盾也会接踵而来。有难点、问题、矛盾是客观的，不以人的意志为转移，这不可怕，只要我们敢于正视，敢于应对，总有解决的办法。发现、研究、解决问题，前提和基础工作是调查研究。调查研究是我们非常熟悉的机关用语，讲了多年，做了多年，已成为上层机关工作的基本方法，成为机关工作人员的基本功。现在的问题是调查研究的质量不高。质量不高，有调查人自身素质问题，也有调查环境不好问题。大家可能都遇到过这种情况，下去要扑下身子调查研究点问题很难，特别是领导下去，前呼后拥，层层宴请，搞得没有机会、没有时间、没有精力真正深入基层，深入群众，只能是听各级领导汇报，拿现成材料返程。但我们也要看到，这种风气也正在扭转，我们的总书记、总理已做出了榜样。只要我们努力，还是可以达到预期的目的。今年，我部的调查研究工作要有新的突破，要在调查研究质量上突破。质量上突破，主要体现在调查研究的深度上，深度要体现在有情况、有分析、有思想、有对策上。今年，在调查研究的措施上有三点：一是确定调研重点。部里和各司局都要有计划，根据今年的民政工作，确定重点调研课题，制定调研措施，列出时间表，安排、组织好人员。二是领导带头调研。对重点课题，要明确责任，领导带头，亲自调研。部领导要根据分工，与司局一起，进行调查研究。我计划，今年将分期、分别带司局长进行调研。还计划将部内部分司局级非领导干部组织起来，完成重点课题。三是进行评选表彰。年底，对调查研究的成果进行评比，对有思想、有深度、有代表性、对民政工作改革创新有价值的优秀调研报告进行表彰。

二、深刻认识加大民政工作社会开放度、增强社会透明度、扩大社会参与度对民政工作的意义和作用

在今年的全国民政厅局长会议上，讲今年工作总体要求时，有“努力加大社会开放度、增强社会透明度、扩大社会参与度”这段话，这“三度”的提法，不是简单的语句装饰平列，是有其内涵的。“开放度”指民政工作要对内、对外开放。“透明度”指民政工作要公开、透明。“参与度”指民政工作要注重社会、公众参与。这“三度”要成为新时期开展民政工作的理念，成为推进民政事业发展的重要措施。实现这“三度”，要注重解决认识和措施。

在认识上，要从大道理上认识。一是政府机关施政的要求。我国是人民当家作主的社会主义国家。党的十六大报告指出：“共产党执政就是领导和支持人民当家作主，最广泛地动员和组织人民群众依法管理国家和社会事务，管理经济和文化事业，维护和实现人民群众的根本利益。”党领导人民当家作主这一国家的本质属性，决定了政府及其部门的工作要向人民群众公开，要让人民群众参与，要自觉接受人民群众的监督。因此，民政业务中除了涉及国家秘密不宜向社会公开的外，都应当及时公开，都应当欢迎群众和社会各界参与。二是当代民政工作的必然选择。中国是个开放的国家，改革开放已成为基本国策。作为政府部门的民政部无疑应在改革开放的大形势下加大改革步伐，加大开放力度。尤其是加入“WTO”以后，虽业务与民政工作无太多的直接关系，但对其思想理念的影响不能低估。因此，加大民政工作的社会开放度、增加社会透明度、扩大社会参与度，不但是眼界的开阔，也有利于我们学习他人的经验，借鉴人类文明的各种成果，使许多工作与世界接轨。不但是动员社会参与，也有利于集聚社会智慧和力量，发展壮大民政事业。其意义还在于能在改革开放的形势下，重新审视民政工作，找准民政工作改革开放的方位，发挥民政部门的职能作用，把民政事业做好、做实、做强。三是转变政府职能的要求。随着改革开放的深入和社会主义市场经济体制的逐步完善，各种社会问题特别是深层次的问题不断凸现，解决的难度也不断加大。另外，要解决政府定位，纠正政府越位、错位，改变政府包揽过多等问题。政府将用更大的精力和力量行使宏观调控、市场监管、社会管理、公共服务职能。这样，社会自治组织、社团组织、民间组织、社会中介组织在解决社会问题上作用将会越来越重要。政府将与各种社会组织共同合作，共同管理、治理社会。作为以管理社会事务为工作重点、与人民群众打交道最直接的民政部门，要看到社会发展变化的趋势，要在开放、透明、参与等问题上，走在前列。

在措施上，要从具体形式上做起。一是加大舆论监督。民政部的工作办事要公开、决策要透明，凡宜于公开的会议，包括部长办公会，都应向新闻界敞开，同时欢迎新闻媒体监督我们工作的实施落实。二是加大社会公示。民政许多工作要公开透明。有些需要公开透明的事项，要向社会公示。比如社会福利基金、社会捐助款物的使用，都要适时向社会公布。三是加大专家论证。专家论证是保障科学决策的措施，也是民政工作聚智聚力的举措。部里要有一些专家组成智囊团，建议一些司局也要组织专家咨询组，以联系专家学者，听取意见建议。四是加大公众参与。民政有些工作要广泛听取意见、了解民意。有些工作，在决策前，可以利用新闻媒体，广泛征求意见，清楚群众接受、满意程度。五是加大社会听证。如何利用听证和听证什么，以及怎么听证是要研究的新课题，在条件成熟时，适时推出。

总之，时代在发展，与革命战争和计划经济时期相比，今天民政工作的社会环境、时代主题已经发生了巨大变化，我们必须从变化了的情况出发，研究新时期民政工作特点，把握新时期民政工作规律，掌握新时期民政工作方法。加大民政工作的社会开放度、增强社会透明度、扩大社会参与度，无疑是新的理念和新的方法。

三、进一步加强民政部机关自身建设，促进今年各项民政工作的全面落实

机关自身建设，是完成各项工作的重要保证。我们新一任民政部领导班子上任以来，结合新时期、新形势、新任务，对部机关建设提出了不少新要求。今年民政厅局长会议，从推动工作任务落实的高度，对各级民政部门的自身建设，从机关领导班子、干部队伍、工作作风，到民政直属单位建设；从改进民政工作方式，到进一步优化民政工作手段，都提出了明确要求和部署。结合部机关的实际，我认为，贯彻全国民政厅局长会议精神，进一步加强部机关自身建设，总的要求是：坚持以“三个代表”重要思想武装头脑、指导实践、推动工作。用机关工作新的理念、新的作风，带动民政系统的思想再解放、工作再务实。

在加强机关建设上，我在不同场合讲了许多想法，结合今年民政工作要求，我讲三条具体意见：

第一，要注重思想作风建设。具体要求有：一是要树立一种精神，这种精神就是爱岗敬业。努力做到干民政、爱民政、学民政、精民政；在什么岗位，就自觉学什么业务，缺什么，就自觉补什么，立足本职，岗位成才；人人养成终生学习的习惯，人人成为本业务、本领域的专家。二是要培养一种作风，这种作风就是求真务实。努力做到：说实话、办实事、求实效；深入基层、深入群众、深入实际；思想要紧跟时代步伐，工作要富于创造性。三是要增强一种感情，这种感情就是为民解困。努力做到：权为民所用，情为民所系，利为民所谋，把实现好、维护好、发展好人民群众的根本利益作为思考问题和开展工作的出发点和落脚点；带着深厚的感情帮助民政对象解决各种困难。四是要严守一种要求，这种要求就是清正廉洁。努力做到：自觉保持清正廉洁，不以恶小而为之，严格执行“四大纪律八项要求”，经得住诱惑，耐得住寂寞，把握住自己，一尘不染、一身正气。

第二，要注重培养团结协作、服务基层的意识。具体要求有：一是要形成一种风气，这

种风气就是团结协作。努力做到：上级与下级之间，部门与部门之间，同事与同事之间，综合部门与业务部门之间，大家相互照应，围绕一个共同的目标，拧成一股绳，心往一处想，劲往一处使，补台不拆台，理解不埋怨，合作不推诿。二是要巩固一种意识，这种意识就是服务基层。努力做到：研究、部署工作要为基层着想，接待地方同志要热情周到，不给地方找麻烦，不为地方增负担，为他们创造良好的工作环境。

第三，要注重完善落实工作制度。具体要求有：坚持一种方法，这种方法就是年初有计划、中期有分析、年末有总结、全年有督查。去年，我们确立了业务工作和思想工作两手抓的思路。在指导督查工作上，试行了年初计划，中期分析，年末总结；在思想政治工作上，试行了"七一"由部领导讲党课，在加强业务工作上，试行了构造"民政论坛"平台，业务工作报告。这些办法的试行，得到了机关同志的认可，也收到了实际效果。今年，我们将继续实行。

另外，借此机会，就我部在干部选拔任用上实施的民主竞争、竞争上岗工作，谈三点认识：第一，这是一种选人、用人的机制。选、用什么人，是这种机制运作出来的。实质是扩大了民主，加大了机关干部在选人、用人方面民主的分量，避免了少数人选干部的弊端。这种机制已为绝大多数干部认可，实践的结果也是好的，我们要坚持。当然，因为是新的实践，还有许多不完善的地方，相信，会在今后的实践中不断完善。第二，这是一种起激励作用的措施。选人和用人一定要起到调动和保护干部积极性的作用，鼓励人想干事、干成事。这是检验这种机制的标准。当然，这种机制运作的结果，落实到具体部门和个人身上，也可能产生不平衡，甚至不尽合理，这就需要理解和顾全大局，因为十全十美的办法是不存在的。这也是我们下一步要认真研究解决的问题。第三，这是一种能上能下的尝试。机关干部的任用，既不是选举产生的，也不是个人组阁的。我们是在现行干部选拔任用制度的范围内，实施的一种改革。突出了民主的程序和民主的分量。尊重民意，是选人用人的基础，严格民主程序，是具体操作的规则。两方面都不能随意更改。对民意结果，无论部党组和所有干部职工都要尊重。对处级干部的调整任用，也要重视司局长的意见。这是部党组决定干部职级、职务时考虑的两个方面。这里解决的是上的问题。另外，我部通过民主公决，已下发了《关于进一步加强和改进领导干部考核工作的意见》。这个《意见》是与干部竞争上岗相配套的文件，核心是解决干部能下的问题。这是我部所有干部职工共同制定的，部党组的责任，就是严格执行这个制度。如果说，民主竞争，竞争上岗动了真格的，那么，执行这个《意见》，也必须要动真格的。

同志们，人生活在世上，工作在社会上，总要有一点精神。这种精神，就是要有干好工作的激情，奋发向上的思想状态，提高自己的强烈愿望，不思进取，难做大事，难成大业。要有一点感情，这种感情，就是热爱工作，热爱生活。对事业有感情，对家人和亲朋有感情，对同志和服务对象有感情，对工作和对人麻木不仁，难于处人，难于做事。要有一点干劲，这种干劲，就是要有做事的愿望，把事做好的责任，把事做成的追求。思想颓废，工作推诿，难有质量，难有效率。让我们凭着这种精神、感情、干劲，破解民政工作难题，推进民政工作发展，开创民政工作新局面。

切实做好当前民政工作　确保“两会”胜利召开

民政部部长　李学举

（2004 年 2 月 25 日）

同志们：

十届全国人大二次会议和全国政协十届二次会议将分别于 3 月 5 日和 3 月 3 日召开，这是我国人民政治生活中的一件大事。国务院对“两会”的召开十分重视，专门召开会议进行部署。为贯彻国务院的要求，切实做好有关工作，为“两会”的顺利召开创造条件，我们决定开一次会议进行部署。刚才，窦玉沛同志传达了华建敏秘书长的讲话精神，景华同志通报了信访工作有关情况，目的是让大家明确国务院的要求，了解信访工作的情况。下面我讲几点意见。

一、充分认识做好“两会”期间有关工作的重要性

今年的“两会”是落实党的十六大和十六届三中全会精神的重要会议，意义重大，影响深远，也是新一届政府成立后，第一次召开“两会”。在 1 月 18 日召开的国务院第三次全体会议上，温家宝总理就提出了明确要求，国务院办公厅最近又专门召开会议，华建敏对做好“两会”期间的安全、社会稳定、信访、信息值班等工作提出了具体要求。刚才窦玉沛同志已进行了传达，我们要结合实际情况认真贯彻落实。目前，总的看，我国政治稳定，民族团结，社会进步，形势是好的，但是，影响社会稳定和“两会”安全的一些因素不容忽视。各司局、各直属单位一定要增强责任感和使命感，认真领会和贯彻落实温家宝总理的指示精神，提高认识，高度重视，精心准备，周密安排，把“两会”期间有关工作作为一项严肃的政治任务，全力以赴，抓紧抓好。特别是主要负责同志要切实履行职责，恪尽职守，抓好落实。

二、认真做好“两会”期间协调、值班和保密工作

“两会”期间，各种列席、旁听以及接受代表询问的有关会议通知较多，各司局、各直属单位的主要负责人，不要安排出差，非出不可的，要请假，并报告部值班室。办公厅要认真做好协调和有关材料的准备工作。办公厅要与大会秘书处和相关代表团保持畅通联系渠道，及时掌握开会时间、地点及变化情况，妥善安排协调部领导和有关司局负责人按时列席会议。需要旁听政协大会发言的，有关单位要积极组织参加。会议材料和工作证、车证等要安排专人保管，严格保密。对相关材料的准备，各司局、各直属单位要积极给予配合。

“两会”期间，部机关和各省市民政部门要一律安排处级干部担任值班，带班的司局领导要在机关带班。值班人员要严守岗位，尽职尽责。做到不擅离职守，按时交接班，保证 24 小时不离人。要保证联络的畅通，能够随时找到各司局、各单位一把手和地方民政部门负责人。要做好“两会”期间民政系统上报我部的重大紧急情况的处理，对重大险情、重要灾情、重大治安隐患和重大治安事件要在尽可能短的时间内整理信息向办公厅、部领导和国务院值班室报告，妥善处置，防止漏报、迟报。值班人员也要增强保密意识，努力做好保密工作，严于律己，以身作则，自觉遵守各项保密规定。近期，办公厅也要对“两会”值班同志专门交待一下。

三、认真排解社会矛盾，积极预防、妥善处置集体上访、异常上访和其他群体性事件

信访是人民群众行使民主权利的重要方式，是党和政府

发扬民主、体察民情、联系群众的重要渠道，是密切联系党和人民群众、政府和人民群众的重要桥梁。做好信访工作，必须以人民群众的根本利益为出发点和落脚点，切实解决损害群众利益的突出问题。当前，各地、各部门要切实加强领导，落实信访工作领导责任制，针对人民群众来信来访反映的热点问题开展专项整治工作，重点解决损害人民群众利益的问题。

刚才，卢景华同志作了汇报，使大家了解了情况。近期，信访办也要会同有关司局并要求各省（区、市）集中时间和力量，及时掌握可能引发群体性事件的苗头，特别是集体上访的动向，制定相应的预案，做好超前防范工作，做到早发现、早处置，千方百计地把不安定因素解决在萌芽状态，坚决避免在“两会”期间发生大规模集体上访和群体性事件。要建立健全矛盾纠纷排查调处工作机制，把工作重点从事后处置转到事前预防上，认真做好各种矛盾的排查和超前化解工作，积极预防，努力把问题解决在基层。

四、采取措施，做好各项民政工作，维护社会稳定

在做好各项民政工作的同时，有关司局也要进一步明确“两会”期间工作的重点：一是确保春荒期间灾区群众生活，采取切实有效的措施，认真解决灾区群众春荒期间缺粮等生活困难；二是继续做好城市居民最低生活保障工作，做到应保尽保，切实保障困难群众的基本生活；三是进一步落实各项优抚安置政策，着力解决好老红军、老复员军人、伤残军人、烈属等重点优抚对象以及退役士兵待安置期间的实际困难；四是加强民间组织管理工作，针对民间组织方面可能引发和影响社会稳定的问题，加强与公安、安全等有关部门的联系，防微杜渐，做好预案；五是认真解决村委会换届选举中存在的问题，防止因工作方法简单，侵害村民民主权利和合法经济利益而导致群众上访事件发生；六是妥善解决各种边界纠纷和乡镇区划调整引发的问题，维护社会稳定。

五、认真落实安全防范责任制，防止在“两会”期间发生重大安全责任事故

针对近期我国一些地方连续发生多起重特大事故，给人民群众的生命和财产造成重大损失的情况，党中央、国务院高度重视，2 月 16 日，国办下发了做好安全工作的紧急通知，我部也下发了《关于进一步做好民政系统安全工作的紧急通知》。下面我再强调几点：各部门、各地一定要牢固树立“防范胜于救灾，责任重于泰山”的意识，深入贯彻《国务院关于进一步加强安全工作的决定》和国办《紧急通知》精神，制定具体落实措施，严格安全生产责任制，严防在“两会”期间部机关、直属单位及民政系统发生重特大事故。

各部门一定要按照我们下发的通知要求，迅速组织安全大检查，切实做好安全工作。一是明确检查责任。明确各级民政部门、各单位一把手负总责。要组织得力人员，深入基层，进行深入细致的检查、排查。对检查工作疏忽导致重特大事故的，要实行责任倒查。二是明确检查重点。机关和各单位干部职工要进行自查，继续做好防火、防盗、防灾害事故的预防工作；福利院、敬老院、救助站、光荣院、福利企业、殡仪馆、救灾仓库等企事业单位要做好突发事件的工作预案，防止各种安全事故发生；各地进行福利彩票大奖组销售时，要切实防止出现公共聚集场所发生重特大事故；清明节前后尤其要会同有关部门对墓地和殡仪馆及周边安全进行重点检查部署，在防火、交通疏导等方面采取有效措施，要引导广大群众文明祭奠，严防发生各种安全事故。三是明确检查任务。进行检查时，主要是检查安全责任制落实情况和隐患整改情况，疏散通道、可燃装修、易燃易爆物品存放、电器安装使用、消防设施状况以及预案制定情况。四是明确责任追究。切实解决检查中发现的问题。对堵塞疏散通道、违章用火用电等违法行为，要限期整改解决；对严重危害公共安全、可能造成重特大事故的隐患，要采取断然措施加以解决。

各有关部门还要注意做好“两会”期间的安全保卫工作，加强安全保卫力量，防止出现

一些安全保卫事故。

六、加强“两会”期间的政务信息上报工作

信息工作是一项重要工作，它是各级政府了解情况、发现问题的重要途径，也是整个政府系统沟通情况、协调工作的重要渠道和民主科学决策的重要依据。

当前信息工作要把握好几个方面：一是把握国际政治经济局势和和国内经济社会发展态势，深入了解社情民意，关注民政一些业务工作运行的变化，以敏锐的眼光捕捉苗头性和倾向性问题，及时上报领导参考决策。此外，要通过信息渠道将了解到的群众关注的热点问题及时报送，引起领导同志的高度重视。二是对一些重大自然灾害及一些突发事件，要及时、准确地报送信息，便于领导和有关部门及时处置。三是对新闻媒体、互联网等反映的涉及民政部门的一些事情，要及时通过信息渠道反映，便于领导及时掌握情况，及时决策。

同志们，我们要按照国务院的有关部署，采取有力措施，切实保障群众利益，维护社会稳定，扎实工作，为“两会”的胜利召开做出应有的贡献。

在城市居民最低生活保障工作会议上的讲话

民政部部长 李学举

（2004年3月25日）

同志们：

刚才，上海、青海、湖北、黑龙江的同志介绍了开展低保工作的经验，做法很好，值得各地借鉴。杨衍银副部长做了重要讲话，对低保工作提出了明确的要求，望各地认真贯彻落实。

前不久，我们在四川省成都市召开了农村救灾救济工作会议，重点研究了灾民“春荒”问题。今天，又专门召开城市低保工作会议，重点研究城市低保问题。这两个问题，虽然一个在农村，一个在城市，但共同研究的是城乡困难群众生活问题。都是当前民政工作的重要任务。

下面，我就这两项工作的落实问题，讲两点意见。

第一，当前城市居民最低生活保障工作要重点研究解决新问题

研究解决新问题，就是要重点研究解决由于粮食有些地方和品种超过恢复性价格上涨，给低保家庭带来的影响。党中央、国务院对实施城市居民最低生活保障制度、对城市低保对象的生活情况十分关心。温家宝总理在十届全国人大二次会议上所作的政府工作报告中，提出了“对城乡特殊困难群众，要给予更多的关爱”，“进一步做好城市‘低保’工作，规范低保标准和范围。”根据近期粮食有些地方和品种超过恢复性价格上涨的情况，又提出“及时调整城镇居民最低生活保障标准”，“采取有针对性的措施，减少粮价上涨对他们的影响”，要求“地方财政要优先安排提高标准所需资金”。总理的这些指示，充分体现了党中央、国务院对生活困难群众的关爱，是对做好城镇“低保”工作的新要求，我们一定要认真学习、深刻理解、坚决落实。

粮食有些地方和品种超过恢复性价格上涨，影响最直接的是城市低收入居民，特别是“低保”对象。这是城市低保工作面临的新问题。对此，一定要特别注意，给予足够的重视。当前的主要工作，一是摸清情况。要组织专人深入到“低保”家庭，调查了解“低保”对象的生活情况，掌握由于粮食价格上涨，对其生活的影响，并及时向当地政府汇报，提供有根有据的情况，提出有针对性的措施。二是采取措施。要求是确保“低保”对象不因粮食价格上涨而使其生活水平下降。目前的主要措施，就是根据各地实际情况，及时适时调整城镇居民“低保”标准，加大地方政府的资金投入。对调整城镇居民“低保”标准，我强调六点：第一点，民政部门要在当地政府的统一领导下，会同有关部门共同搞好“低保”对象基本生活费用的测算，科学合理调整“低保”标准。第二点，要从实际出发，坚持实事求是，对“低保”标准的调整，既不能盲目攀高，也不能对粮价上涨的实际视而不见。如何调整“低保”标准，由当地政府根据科学的测算结果研究确定。第三点，要将调整“低保”的保障标准和调整补差标准同时考虑。要把提高补差标准作为重要问题研究，其主要依据是粮价上涨指数，适当提高补差标准。第四点，要加大资金投入。各地根据测算结果，测算出所需资金。中央补助的资金，近期已预拨，各地分配的资金，可先按去年基数计算，对调整标准后所需资金，及时向政府汇报，尽快落实到位。第五点，要落实“分类施保”。在家庭收入难核实的情况下，我们提出了“分类施保”，主要是在补差标准上，其含义就是区别对待，确保重点。比如，城市中的“三无”人员、因病、因残无收入或少收入的家庭，理应是保障的重点，不但要全额保障，而且还要有其他救助措施。再比如，有劳动能力和无劳动能力、身强力壮有就业条件和年老、多病无就业条件的、家庭经济基础好和家庭经济基础差的家庭，补差标准就应该有所区别。这样，在大的方面，就能做到公平、公正、合理。总之，低保工作要畅通入口、出口，既要起到保障基本生活作用，也要起到激励走出“低保”的作用。第六点，要研究制定配套优惠政策。城市“低保”家庭导致生活困难的原因是多方面的，所需救助也是多方面的。比如子女就学、患病治疗、住房困难等等，都需要关心、救助。这些困难，凡属民政部门职责内的要认真研究落实。凡属其他部门职责内的，我们要积极呼吁反映，协助有关部门研究落实。另外，对“低保”家庭，也需要一些辅助的救助措施。今年，我们大力提倡和推广在城市建立“慈善超市”、“爱心超市”的办法。望各地予以重视、扶持，让这种救助办法遍地开花。

第二，当前农村救济工作要重点研究解决群众安全渡过“春荒”

研究解决群众安全渡过“春荒”，重点是灾民缺粮问题、地方资金投入不足问题。此事已引起了中央领导同志的高度重视。胡锦涛总书记指示：“要采取有力措施，解决灾区群众吃粮问题，确保所有群众都能安全度过‘春荒’。”温家宝总理指示：要“做好救灾救济工作，妥善解决灾区群众缺粮问题，保证群众安全渡过‘春荒’。”两位领导同志的指示，都明确要求要保证群众安全渡过“春荒”。对此，我们一定要高度重视，将保证群众安全度过“春荒”，作为当前救灾救济工作的重点。对此，我强调六点：第一点，要掌握真情。近期各地反映出的一些问题，都有情况掌握不准、不实的情况。民政部门要组织干部深入下去，调查了解真实情况，及时掌握真实情况，要尽快把情况摸清，及时向当地政府汇报，这是研究解决问题的基础。第二点，快办实事。“春荒”其间，群众最需要的是粮食，要办的实事，就是解决群众缺粮问题。要根据新的情况，研究解决群众缺粮的具体措施，保证灾民有饭吃、能吃饱。第三点，要确保重点。重点就是去年的重灾区、缺粮严重的地方、生活特困家庭。对这些重点地区、重点户，一定要特别关注，作为帮助解决的重点。确保群众不断炊，更不能出现流浪乞讨现象。第四点，要加大投入。由于粮价上涨，原有的救济资金可能满足不了需要。中央“春荒”款已下拨，要尽快落实到户。地方要加大资金投入，不能只靠中央的补助资金，地方政府要尽到责任。第五点，要采取多种措施。加大开仓借粮的力度，帮助群众生产自救，提倡互助互济，特别要重视和支持灾民搞好今年农业生产。第六点，要公开公正。要把发放救济款物置于群众监督之下，坚持设立公开栏制度，把救济户情况、发放款物情况张榜公布。要把灾民救助卡发放工作落到实处，各级民政部门要采取多种形式加强对救济款物发放情况的监督，对发现的违纪违规问题严肃处理。真正把救济款物发放到最困难、最需要帮助的家庭和人群。

同志们，“应保尽保”是城市“低保”工作的目标，动态管理是城市低保工作的要求。实施城市居民最低生活保障制度，我们已取得了很大的成绩，但进一步巩固、完善城市“低保”工作的任务还很重。各级民政部门一定要加强调查研究，认真分析新形势下“低保”工作的新情况和新问题，切实将这一制度实施好、完善好，为建立新型城乡社会救助体系做出新的贡献。

在全国贯彻《基金会管理条例》工作会议上的讲话

民政部部长　李学举

（2004 年 4 月 5 日）

同志们：

《基金会管理条例》已经国务院正式发布了。这是我国民间组织法制建设的一个重大成果，也是我国民间组织管理工作的一件大事。这次部里把大家请到广东来，目的是认真学习这部法规，精心做好基金会登记管理工作，进一步提高我国民间组织管理工作的整体水平。

1988 年国务院颁布的《基金会管理办法》，第一次将基金会纳入法制管理的轨道，对规范基金会的行为，推动基金会的发展，起到了重要作用。根据情况的变化要求，从 2000 年开始，经过三年多时间，民政部和国务院法制办修订完成了《基金会管理条例》。该条例充分体现了党中央、国务院关于加强民间组织管理工作的方针，进一步明确了基金会的非营利性质，重新规范了基金会的设立标准、内部组织结构、财产管理使用和活动运作方式。新条例的颁布，将有力地促进我国公益事业的发展，为做好基金会登记管理工作，促进基金会的健康发展，提供了坚实有力的法律基础。新条例的实施，也将丰富民间组织管理工作的内容，同时也会带来一些未知的问题。因此，一定要学习好、领会好、宣传好、贯彻好新条例。

姜力同志将就贯彻落实《基金会管理条例》提出具体要求，李本公同志将部署今年民间组织管理工作。希望大家认真贯彻落实，并以此带动整个民间组织管理工作的发展。下面我就进一步做好民间组织管理工作，谈几点意见，供大家参考。

一、分析认清形势，充分认识民间组织的社会作用

上世纪中叶至今，民间组织在世界各地有了很大的发展。改革开放以来，我国民间组织发展也很快，不仅数量大，而且种类多。目前我国社会团体已有 13.3 万个，基金会 1200 个，民办非企业单位 11.1 万个，涉及经济、文化、教育、卫生、社会福利等领域。不论是外国还是我国民间组织的发展历史都告诉我们，民间组织是社会发展与进步的产物，反过来又进一步推动社会进步与发展。

党中央、国务院十分重视民间组织的发展与管理工作，制定了一系列方针政策，为民间组织的发展指明了方向。近年来，我们通过规范制度、培育发展和监督管理等手段，确保了民间组织的健康发展，在经济和社会发展中，发挥了越来越大的作用，已成为党和政府联系人民群众的桥梁和纽带，起到了其他组织难以替代的作用，其独特的社会功能正在被人们所认识。但也要清醒看

到，我国民间组织在发展的过程中还存在一些问题，如有的民间组织能力建设差，不能发挥应有的作用；有的民间组织自律建设差，出现违法违纪违章的现象；有的民间组织行政色彩浓，出现行政化倾向等等。对此我们要高度重视并客观地加以分析。解决这些问题，要坚持培育发展与监督管理并重的方针，一方面要努力创造良好的发展环境，为其健康发展、充分发挥作用，提供条件和支持。另一方面，要依法加强管理，坚决追究、处置、纠正违法、违规、违章行为。这是一个问题的两个方面，缺一不可。目的只有一个，就是把民间组织管理好，引导好，发展好。

当前我国进入了一个新的发展时期。民间组织的发展有了新的历史机遇，民间组织的管理有了新要求。经济成分多样化、利益主体多样化和社会生活方式多样化，必然导致社会组织的多样化；社会主义市场经济的不断完善和我国加入WTO，各类行业协会、商会等组织的作用将会越来越大；政府进一步履行社会管理和公共服务职能，市场在资源配置中的基础性作用不断加大，社会中介组织将大有可为；社会财富的增多、公民合法财产的法律保护和中华民族优良传统的发扬光大，将使公益组织迎来一个大的发展机遇；群众民主意识的增强、基层自治功能的扩大和社区服务需求的增加，将使基层民间组织拥有更大的发展空间；现代科技、信息的飞速发展，将给民间组织发挥作用提供更为有力的支持。我们要充分认识新时期民间组织的地位和作用，正确把握民间组织的发展趋势，调动民间组织的积极性，发挥民间组织的独特性，使民间组织成为一种经济和社会发展的推进力，成为促进社会稳定和进步的重要力量。

二、坚持科学发展观，搞好民间组织发展与管理工作

党的十六届三中全会提出了以人为本，全面、协调、可持续发展的科学发展观。这一科学的发展观，蕴含着深远的理性思考，彰显着鲜明的时代特征，体现了对人类社会发展客观规律的深刻认识，是全面建设小康社会和实现现代化的根本指针，也是做好民政工作的思想指导。科学发展观的核心和本质是以人为本。以人为本，就是要把人民的利益作为一切工作的出发点和落脚点，不断满足人们多方面需求和实现人的全面发展。民政工作主要是围绕人民群众而展开的，概括起来就是维护民利、解决民生、落实民权。这是民政工作的主线，是民政工作“为民”的具体内容。

民间组织的发展与管理工作，要与科学的发展观相适应，要在树立和落实科学发展观中发挥作用。比如，群众有心声，可以通过民间组织去表达；群众有困难，可以通过民间组织去帮助；群众利益受侵害，可以通过民间组织去维权。概括起来，就是在维护民利、解决民生、落实民权方面，民间组织是大有作为的。我们要善于通过民间组织这个层面，依法保障人民群众的基本生活权益和民主政治权利。民间组织发展与管理工作落实以民为本，对公民权益来讲，就要依法维护宪法赋予公民的基本权利。民间组织发展与管理工作既有促进经济社会发展的一面，也有依法保障人民群众的生活权益和民主政治权利的一面。依法保障和实现公民的基本权利，不但可以提高公民参与国家和社会事务管理的积极性，而且可以有力推动人的素质的全面提升，促进社会的进步与发展。所以在民间组织发展与管理工作中要落实党的为人民服务的根本宗旨，实践“三个代表”重要思想，坚持立党为公、执政为民。对民间组织发展来讲，就要把发展的重点放在有利于“五个统筹”、有利于社会和政治的稳定、有利于人的全面发展的民间组织上面。要积极培育那些服务群众、服务经济、服务基层的民间组织。对民间组织管理来讲，就要维护民间组织的合法权益。对依据法规、章程开展活动，我们要予以支持；对其合法权益受到侵害，我们要予以保护；对非法民间组织，就要认真查处。总之，我们要千方百计努力为民间组织创造有利的发展环境，营造宽松的发展氛围。各级民政部门要深入调查研究，了解民间组织的需求，了解社会的需求，找准影响民间组织发挥作用的障

碍，关心并解决发展中存在的问题，诚心诚意为其办实事、解难事，充分调动、发挥和保护民间组织的积极性。

三、树立新观念，创新民间组织管理工作

近些年，我国民间组织管理工作有了很大进展。重要原因是更新观念、改革创新。随着经济体制和政治体制改革的不断深入，民间组织管理工作遇到了许多新情况、新问题，可以预料，随着民间组织的发展，民间组织管理工作难度会越来越大，改革创新的难度也会更大。这就需要我们要不断解放思想，转变观念，坚持实事求是、与时俱进，不断调整工作思路，不断探索符合民间组织发展规律、有利于发挥民间组织优势的发展路子。

在创新民间组织管理工作上，要树立大局观念。民间组织是我国经济、社会和政治的有机组成部分，在国家发展的大格局中，具有越来越重要的地位。古今中外的历史告诉我们，民间组织是把双刃剑，管理好了，就能促进经济和社会的发展，管理不好，就会影响经济社会的发展，甚至破坏社会政治的稳定。因此，做好这项工作，具有很强的经济和政治意义。各级民政部门领导对此要有清醒的认识。要把全面贯彻落实党中央、国务院关于加强民间组织管理工作的方针落到实处。无论是思考问题还是做出决策，都必须与党和政府的全局工作联系起来，站在全局的高度把握好民间组织管理工作。要坚持做到对上负责与对下负责的统一，对中央负责与对地方、部门负责的统一，对党和政府负责与对人民群众负责的统一。要树立法制观念。法律具有极大的权威性，任何人必须无条件遵从，任何权力都要受到法律的约束，在法律面前人人平等。民间组织的工作依据是法律、法规、规章，各级民间组织管理干部必须进一步树立法制观念，提高依法决策、行政、管理、办事的能力和水平。在具体工作中，要把握好立法、执法和监督几个关键环节。当前，要根据形势和工作发展的要求，不断完善民间组织管理的政策法规，加强各项政策法规的配套衔接。要加大行政执法的力度，做到公开、公平、公正，有法必依，违法必究，执法必严，树立法律权威。要树立发展观念。从2002年起，社团开始了恢复性增长，民办非企业单位的发展速度也很快。随着《基金会管理条例》的实施，估计未来一段时间基金会将会出现发展高潮。随着社会主义市场经济体制的发展，会带来民间组织数量的增加，这是不以人们意志为转移的。但我们也要清醒的看到，我国民间组织整体质量还不高。讲发展，首先必须是有序的、依法的，要在宏观调控下进行，切不可超越当地经济和社会发展实际。由于不同地区经济和社会发展状况各异，工作基础不一，地域之间、城乡之间的民间组织的发展程度不同，社团、基金会和民办非企业单位因类型不同，在管理方式上也有所不同。所以，我们要根据不同的情况，制订不同的政策，找到最有针对性的解决方案，实施分类指导。我们讲发展，包含质量的提高，提高质量才是目的、根本。所以任何时候我们都要注重民间组织的发展质量。提高质量要“外”与“内”相结合。所谓“外”，就是行政管理。所谓“内”，就是自我约束、自我管理、自我发展。过去我们在行政管理方面做了很多工作，效果很好，今后仍然不能放松。但是，光有外部作用力是不够的，还要注意提高民间组织自身素质。要帮助民间组织建立以章程为核心的内部管理制度，包括行政管理、人事管理、财务管理、印章管理等，使民间组织有能力承担起自己的社会责任，提升自身的公信力，为社会提供优质高效的公共服务。我们讲发展，还要把握重点。当前我们要加快培育发展市场经济急需的、群众受益的民间组织，如行业协会、农村专业经济协会、社区民间组织和公益性民间组织等。这项工作，可能会遇到一些法律上的问题，也会有操作上的困难。但只要是符合社会、经济发展需要的，看准了就可以探索、实践。在行业协会和商会培育发展方面，凡条件成熟的地方，可以先行地方立法的探索或制订规范化文件。农村专业经济协会培育发展工作，可按照民政部的要求，适当放宽准入标准，在发展中逐步加以规范。社区民间

组织和公益性民间组织的培育发展没有现成的经验，各地可以结合当地实际，充分利用现有条件，创造性地开展工作。要树立协调观念。民间组织管理工作是一项社会系统工程，必须有相关部门的通力合作和社会力量的大力支持，因此，做好协调工作非常重要。要加强上下沟通，经常地、实事求是地向党委、政府领导汇报工作，当好参谋、助手；要协调好业务主管单位，我国目前民间组织管理工作实行的是双重负责的体制，登记管理机关和业务主管单位各自在管理工作中负有责任，我们要与业务主管单位多沟通、多协调，密切合作，共同做好管理工作；要加强与有关职能部门的联系，民间组织管理工作的许多政策法规涉及有关职能部门，要积极主动地与相关部门沟通信息，争取他们的理解和支持；要注意上下配合，民政部民间组织管理局要注重研究、制定政策法规和宏观规划；省级民政厅（局）要结合省情，研究配套政策和落实措施；地市以下的民政部门要狠抓政策的落实，充分发挥各级民政部门的主动性和创造性；要加大社会参与，在制订政策法规以及做出重大决策时，要有民间组织代表参加，发挥专家学者以及民间组织中的能人的作用，对一些重大问题，联合专家、学者攻关，也可以搞项目合作开发，充分利用好社会资源。

四、切实履行职能，进一步加强自身建设

民政部门负责民间组织登记管理工作，既要对党中央、国务院负责，也要对民间组织、对社会和民政部门自身负责。做好这项工作，固然有许多因素，但重要的是民政部门自己首先要重视起来。近几年，各地民间组织管理力量得到一定程度的加强，但仍与民间组织管理工作的形势发展不相适应。越往基层，民间组织管理力量越薄弱的现象越突出。中央对这个问题已有规定，中办发［1996］22号文件和［1999］34号文件写得很清楚，希望各地民政部门按照中央的要求，切实将民间组织管理工作摆上重要位置，经常听取工作汇报并予以指导，选派政治强、素质高、作风正的同志充实这个岗位，保证必要的工作经费，切实帮助解决工作中存在的实际困难和问题。

加强自身建设，要积极培养和建立一支专业化的管理干部队伍。民间组织管理工作是一门专业学科，涉及面广，知识面宽，理论性、政策性和政治性很强。相对其他民政业务，从事这方面工作的干部熟悉业务需要更长时间，培养一个这方面的专才不容易。因此，我们要在吸引人才的同时，根据工作的实际需要，保持民间组织管理业务骨干的相对稳定，使他们有足够的时间去学习业务，了解历史，思考问题，改革探索。要重视民间组织管理干部的思想作风建设。要注重学习政治理论和业务知识，努力培养一支政治坚定、业务精通、作风优良的专家型干部队伍。要大力加强民间组织管理工作信息化建设。要进一步把民间组织管理工作信息化作为新形势下转变政府职能、提高民间组织管理和服务水平的重要手段。按照“数字民政”工程的要求，千方百计地筹措资金，更新设备，科学开发系统软件，积极筹备实施民间组织法人数据库项目，扩大电子政务的覆盖范围，提升办公自动化水平。

近年来，我国的民间组织管理工作取得了很大成绩，政策法规体系、行政管理体系、社会监督体系和民间组织自律机制正在不断完善。这些成就的取得，是与大家辛勤工作分不开的。在此，我代表民政部向你们并通过你们向全国民间组织管理战线的同志们，致以衷心的感谢和崇高的敬意！民间组织发展前景广阔，民间组织管理工作任重道远。让我们紧密团结在以胡锦涛同志为总书记的党中央周围，以邓小平理论和“三个代表”重要思想为指导，坚持科学的发展观，开拓进取，扎实工作，共同开创民间组织管理工作新局面。

深入贯彻《婚姻登记条例》 开创婚姻登记工作新局面

民政部部长 李学举

（2004年5月17日）

同志们：

这次全国婚姻登记工作会议，是一次十分重要的会议。会议的主要任务是：以邓小平理论和“三个代表”重要思想为指导，深入贯彻婚姻法和《婚姻登记条例》，总结成绩，表彰先进，分析形势，研究思路，明确目标任务，开创婚姻登记工作新局面。刚才，张印忠同志宣读了民政部关于表彰全国先进婚姻登记机关和全国优秀婚姻登记员的决定。在此，我代表民政部，向获得表彰的先进单位和个人致以热烈的祝贺，向长期默默无闻工作在婚姻登记岗位第一线的同志们表示崇高的敬意。下面，我讲三个问题。

一、过去十年的工作回顾和主要成绩

婚姻登记作为一项传统的民政工作和重要的社会事务管理，关系亿万群众的切身利益，关系家庭幸福稳定，关系社会文明进步，一直受到国家和社会的高度重视。新中国成立后，中央人民政府颁布的第一部法律便是《中华人民共和国婚姻法》。1980年和2001年，婚姻法进行了两次重大修订，进一步完善了我国婚姻家庭法律制度。做好婚姻登记工作，是保障婚姻法实施的重要内容。为此，国务院于1955年、1980年、1985年、1994年先后发布了四个婚姻登记工作的行政法规。2003年8月，国务院颁布了新修订的《婚姻登记条例》（以下简称条例），并于同年10月1日起正式实施。新条例的实施，适应建立社会主义市场经济体制和依法行政的需要，淡化行政管理色彩，突出民事登记特征，有效规范婚姻登记，切实保护婚姻自由，完善了我国的婚姻登记制度，揭开了婚姻登记工作历史崭新的一页。十年来民政部门各级婚姻登记机关共依法办理婚姻登记10075万对，其中涉香港、澳门、台湾居民、华侨和外国公民婚姻登记近60万对。婚姻登记工作伴随市场经济的发展和社会的变迁，在实践中改革，在改革中发展，取得了显著成绩，主要有以下几点：

（一）法制建设取得突出成就。过去的十年，是婚姻登记法制建设取得突出成就的十年。一是参与婚姻法的修订。1996－1998年，民政部牵头组织了对婚姻法草案的修订工作，结合多年工作实际，提出建立无效婚姻和可撤销婚姻制度、加强婚姻登记制度、维护婚姻登记自由、改革婚前健康检查制度等，对完善我国婚姻家庭制度提出了很多有价值的意见。二是修订《婚姻登记条例》。2000年，民政部开始对1994年颁布实施的《婚姻登记管理条例》进行修订。经过调研论证、征求意见、反复修改，经国务院审定后，2003年8月8日，温家宝总理签署国务院令，颁布实施《婚姻登记条例》。条例的修订，是50年来婚姻登记制度的重大创新。三是出台政策性规章。1994年，《婚姻登记管理条例》发布后，民政部相继颁布了《中国与毗邻国边民婚姻登记管理试行办法》、《出国人员婚姻登记管理办法》、《大陆居民与台湾居民婚姻登记管理暂行办法》等重要规章。为进一步完善婚姻登记制度，民政部单独或与有关部门联合制定了近150个管理办法或规范性文件。四是地方加快配套法规建设。据统计，近10年来，北京、上海、山西、辽宁等省（市）人大常委会或人民政府制定了地方性的婚姻登记实施办法，为实现婚姻登记法制化、规范化提供了有力的法制条件。

（二）法律法规宣传深入人心。十年来，为深入宣传婚姻法和婚姻登记的法规政策，各级民政部门结合婚姻登记实际，配合全国普法宣传活动，利用广播、电视、报刊、互联网等媒体等多种宣传形式，做了大量宣传工作。新条例颁布实施后，社会各界广泛关注。为推动条例的宣传贯彻，帮助各地准确理解条例的基本精神，民政部及时印发了《关于学习宣传和贯彻执行〈婚姻登记条例〉的通知》，印发了有关宣传要点。全国各地民政部门还组织开展了大型宣传活动，印发宣传材料，接受群众咨询，促进了全社会对条例基本精神的理解，提高了婚姻登记员队伍的法制意识和执法水平，为条例顺利实施创造了良好的社会环境。

（三）管理体制改革实现重大转变。建国以来，我国原有的婚姻登记体制是：在城市是街道办事处或者市辖区、不设区的市人民政府的民政部门，在农村是乡、民族乡、镇的人民政府负责婚姻登记工作。随着改革开放的深入和社会经济发展，这种体制的弊端日益突现出来：执法水平难保证，违法登记难治理，搭车收费难杜绝，执法环境难改善。为解决现行体制存在的问题，从九十年代初开始，民政部门积极探索婚姻登记管理体制改革，即在条件具备的地方，试行由区、县级民政部门负责办理婚姻登记；在交通不发达、地理位置偏僻、经济落后的地区仍由乡镇办理婚姻登记，总体效果良好。新条例肯定了婚姻登记体制改革的成果。目前，已有十几个省市发文，推动婚姻登记体制改革。条例正式施行后，各地加快推进婚姻登记管理体制改革的配套工作。吉林省民政部门与省财政和编制管理部门通力合作，积极协调，联合下发文件，规定“婚姻登记机关所需编制由同级机构编制部门核定或调剂解决；所需人员工资和工作经费，由同级财政核拨。”北京、上海、陕西、浙江、大连等地婚姻登记工作的机构编制和经费等问题也得到较好的解决。这些政策的实施，有力推动了婚姻登记体制改革。

（四）规范化建设取得长足进步。全国各级婚姻登记机关加强制度建设，制定了婚姻登记岗位责任制度、业务学习制度、工作目标考核制度以及婚姻档案、婚姻证件、信息化管理、登记收费和婚姻服务等方面的管理办法，提高了婚姻登记的规范化水平。2003 年，民政部制定了《婚姻登记工作暂行规范》，使婚姻登记的程序性、可操作性大大增强，有力配合了条例的实施。与此同时，婚姻登记信息化开始起步。民政部积极推动婚姻登记信息化建设，制定了《婚姻登记系统数据规范和标准》，为规范全国婚姻登记信息系统的开发和利用工作奠定了基础；开发了涉外和涉港澳台居民和华侨婚姻登记信息系统，目前已正式运行；全国内地居民婚姻登记信息系统正在紧张研究和开发中。与此同时，上海、山东、北京、辽宁等省市陆续开发了本地婚姻登记系统，其中上海、山东婚姻登记机关已经全部联网。

（五）队伍整体素质明显提高。为了提高婚姻登记队伍的整体水平，各地普遍加强了对婚姻登记员的法制宣传教育、婚姻登记业务培训和违法登记监督处理。许多省市定期举办婚姻登记员业务培训班或专题研讨班，宣讲有关政策法规，研究工作中出现的问题，统一思想认识。多数地方把婚姻登记员的业务培训考核和上岗资格结合起来，对于稳定队伍、提高素质起到很好的作用。条例正式实施前后，民政部连续举办了 5 期培训班，宣传条例，解读条例。各级民政部门也普遍开展了培训活动。目前，全国县以上婚姻登记管理人员的轮训工作已按要求全部完成，多数省市还进行了对参训人员的业务考核，并为合格人员颁发了婚姻登记员资格证书。各级民政部门结合创建精神文明窗口单位活动，努力争先创优，将婚姻登记机关的各项工作标准实行量化，进行考核。全国很多婚姻登记机关多次被当地政府或政府部门评议为精神文明建设先进单位或窗口示范单位，展示了婚姻登记机关和登记员队伍的良好形象。

总之，十年来婚姻登记工作的成绩是显著的，社会基本是满意的。但是，在看到这些成绩的同时，我们还应当清醒地看到，婚姻登记工作也面临着一些不容忽视的问题，主要表现为：某些地方和部门的领导对于婚姻登记工作的重要性认识还不够，观念陈旧，婚姻登记工作必要的条件如工作经费、人员编制等问题还没有得到很好解决；有些婚姻登记机关和婚姻登记员依法行政意识淡薄，为民服务观念薄弱，搭车收费和乱收费现象屡有发生；一些地方管理手段落后，婚姻登记信息化建设重视不够，工作效率有待于进一步提高等等。这些问题应当引起足够的重视，并采取有效措施加以解决。

二、今后工作的基本思路和主要原则

党的十六大报告提出，要建立与社会主义市场经济相适应、与社会主义法律规范相协调、与中华民族传统美德相承接的社会主义思想道德体系。这对于促进中国婚姻家庭建设和婚姻登记工作具有重要指导意义。婚姻登记作为一项民事登记行为，具有很强的社会性，时代的变迁、社会的发展、生活的变化，无不影响着婚姻家庭关系，影响着婚姻登记工作。随着经济的发展和社会的进步，人们在享受物质生活的同时，也要享受丰富的精神生活，必然追求高质量的婚姻家庭生活，保障婚姻自由，提高婚姻质量，是人们生活的普遍要求；随着改革开放的深化，中国社会与国际社会进一步接轨，西方社会的价值观念、生活方式、法制意识等，对中国婚姻家庭的影响将日益加深，传统的保守的婚姻家庭观念不可避免地受到冲击，涉外、涉港澳台华侨的婚姻登记将继续呈上升趋势；随着政府职能和政府管理方式的转变，婚姻登记工作已明确为社会事务而不是行政许可，我们必须适应形势的变化，彻底实现由单纯的行政管理向社会公共服务的转变，强化服务意识，体现执政为民；随着依法治国基本方略的实施，依法行政是政府工作的基本要求，婚姻登记是实施婚姻法和《婚姻登记条例》的具体工作，核心是依法登记，这就要求婚姻登记机关增强法制观念，学法用法、依法办事，在婚姻登记中切实履行依法行政的职能。认真分析面临的新形势新情况，婚姻登记工作的改革和发展，既有新的机遇，也有严峻挑战。总体来说，机遇大于挑战。只要我们抓住机遇，迎接挑战，改革创新，与时俱进，适应形势的发展和变化，就一定能够做好新时期的婚姻登记工作。

根据上述形势分析，当前和今后一个时期婚姻登记工作的基本思路是：以邓小平理论和“三个代表”重要思想为指导，以为民服务为宗旨，以贯彻条例为契机，以信息化为手段，一手抓宣传，一手抓规范，以民为本，依法行政，维护公民婚姻自主权益，促进人的全面发展，努力开创婚姻登记工作的新局面。

为贯彻婚姻登记工作基本思路，必须遵循以下主要原则：

一是坚持婚姻自由的原则。婚姻自由是我国婚姻家庭制度的基本原则，是公民的基本民事权利。维护婚姻自由，是婚姻登记工作的基本指导原则。改革婚姻出证制度和强制婚检制度，还婚姻以真正的自由，这是新条例与旧条例的本质区别，也是婚姻登记工作的重大突破和创新。强调婚姻自由，不仅指结婚自由，也包括离婚自由。各级婚姻登记机关和婚姻登记工作人员，都要从维护公民自由人权，促进社会主义政治文明的高度，重新认识新形势下的婚姻登记工作，在思想上树立婚姻自由的理念，在实践中坚持婚姻自由的原则，切实把保障婚姻自由作为指导婚姻登记工作的重要方针。

二是坚持以民为本的原则。以民为本是民政工作的本质特征，也是新一届政府执政为民的要求。婚姻登记作为一项传统的民政工作，直接面对群众，每年办理婚姻登记上千万对，具有很强的群众性特征。因此，婚姻登记机关务必坚持以民为本的原则，把为婚姻当事人服务作为婚姻登记工作的出发点和落脚点；要转变工作作风，真正树立服务意识，工作方式要逐步向人性化、亲情化转变；要把群众满意不满意作为检验婚姻登记工作的根本标准，为婚姻当事人提供多种形式的便民服务，使婚姻登记机关成为政府为民办实事、办好事的窗口。

三是坚持依法行政的原则。婚姻法和《婚姻登记条例》是婚姻登记工作必须遵循的法律法规。较为完备的法律法规体系是婚姻登记工作的独特优势，为婚姻登记机关和登记员依法行政提供了依据。各级民政部门和婚姻登记机关要落实国务院关于全面推进依法行政的纲要要求，强调依法办事。婚姻登记工作人员必须严格依法办事，公开婚姻登记所依据的法律、法规和规范性文件；公开婚姻登记要求当事人提供的证件、证明材料；公开婚姻登记程序、工作时限、服务指南和收费标准。强调依法办事，还要求各级民政领导同志要能带头做到依法办事，坚决杜绝批条子、搞特殊化的现象发生。坚持依法行政的原则，务必严格程序，政务公开，规范管理，务必维护法律的严肃性，增强法制观念，保障婚姻当事人的合法权益，树立政府的良好形象。

四是坚持求真务实的原则。婚姻登记工作面对的是千差万别的婚姻登记当事人，政策性强，新情况和新问题会不断出现，尽管我们已经有了比较完善的法律法规体系，也制定了具体的工作规范，但不可能解决今后工作中遇到的所有问题。因此，我们在严格依法办事的前提下，必须以实事求是的态度去解决法律未明确规定或法律法规难以界定的新情况新问题，正确处理好普遍性与特殊性、原则性与灵活性之间的关系。对带有普遍性、规律性的问题，要研究对策，涉及有关部门的，要积极协商，制定新政策，与法律法规相衔接。对处理某些复杂的婚姻登记的个案问题，既要依法行政，又要求真务实，采取更加积极的态度加以解决，以维护婚姻当事人的合法权益。

三、明确目标任务，努力开创婚姻登记工作的新局面

随着改革开放的深入和人们生活方式的变化，我国婚姻登记工作以《婚姻登记条例》颁布实施为标志，出现了历史性的转折。各级民政部门和婚姻登记机关要抓住机遇，与时俱进，忠实践行“三个代表”重要思想，以民为本，依法行政，努力开创婚姻登记工作新局面。为此，当前和今后一个时期，全国婚姻登记工作的目标和主要任务是：

（一）建立与社会主义市场经济体制相适应的婚姻登记制度。建立和完善婚姻登记制度，是依法行政的重要目标。在社会主义市场经济条件下，首先要完善婚姻登记法制体系。应该说，婚姻法和《婚姻登记条例》为婚姻登记工作奠定了坚实的基础，但客观形势的发展要求我们要不断研究条例执行过程中出现的新情况、新问题，制定与之相配套的规章和规范性文件；其次是加强婚姻登记规范化建设。要在贯彻条例实践的基础上，抓紧修订《婚姻登记工作暂行规范》，使婚姻登记工作在全面推进依法行政的进程中程序化、制度化，切实做到规范登记、规范管理和规范服务。

（二）建立便民利民的婚姻登记管理体制。要按照条例的规定，建立集中与相对集中并举、城市与农村区别对待的新的婚姻登记管理体制。设区的市，都必须集中在市辖区民政部门的婚姻登记机关办理婚姻登记。较大的市辖区，民政部门应本着便民原则，多设置若干婚姻登记处。对于具备条件的县市，婚姻登记机关的设置，应从有利于加强婚姻登记管理，提高婚姻登记质量，降低行政成本，减轻群众负担等基本原则出发，鼓励和倡导集中办理婚姻登记。如经济发达、交通便利、人口相对集中的地方，应当积极推动体制改革；对于不具备条件的地方，如地域宽广、人口稀少、交通不便的农村地区，应当根据实际，采取相对集中的办法，坚持“两条腿”走路，即民政部门与乡镇政府同时办理婚姻登记，以方便群众。

（三）建立高素质的婚姻登记员专职队伍。婚姻登记管理体制的改革，迫切要求建立一支高素质的婚姻登记员专职队伍，以适应新时期婚姻登记工作的需要。2005 年底以前，现有婚姻登记员必须接受地（市）以上民政部门的业务培训，经考核合格取得资格证书后方可直接办理婚姻登记。尤其是乡镇办理婚姻登记业务的婚姻登记员，必须人员固定、业务熟悉、工作专职，并经过上级民政部门业务培训，取得婚姻登记员资格证书。要抓紧建立婚姻登记员从业资格考试、业务培训、职业纪律和奖励激励制度，努力培养一支业务精通、行为规范、执法文明、服务周到的高素质登记员队伍。

（四）建立科学合理的婚姻登记信息网络系统。婚姻登记手段的信息化，是提高婚姻登记工作效率和质量的根本保证，是国家机关推进电子政务的要求。要按照民政公用政务信息平台建设的整体规划，积极推进全国婚姻登记信息化建设工作。涉外婚姻登记数据以民政部为平台，内地婚姻登记数据以省、自治区、直辖市民政部门为平台，建立从中央到县（市、区）的网络体系，实现婚姻登记信息资源共享。2005年，力争全国实现涉外婚姻登记数据联网。各地要积极创造条件，制定规划，尤其是地级以上城市，应加快婚姻登记信息化建设步伐，在本地区实现数据联网，自下而上，经过几年的努力，力争全国实现内地居民婚姻登记数据联网。另外，除了尽快完成民政系统内外网的工作流程整合外，还要按照统筹规划、资源共享、面向公众、保障安全的原则，加强与其他有关政府部门的协调与配合。

为了完成上述目标和任务，做好婚姻登记工作，各级民政部门必须着重把握好以下几个问题：

（一）提高认识，加强领导。婚姻登记是一项社会性、群众性很强的工作。婚姻家庭问题与社会进步和社会发展的关系之密切是不言而喻的。做好婚姻登记工作，对于树立政府执政为民的良好形象，密切党和政府与人民群众的血肉联系；对于扩大开放，保障公民自由人权；对于提高群众生活质量，促进社会主义精神文明建设，都具有重要意义。各级民政部门的领导都要从贯彻落实“三个代表”重要思想的高度，重新认识新时期婚姻登记工作的重要性，提高做好这项工作的主动性、自觉性，并予以高度重视。要经常研究婚姻登记工作，主要领导要亲自过问，分管领导及时督办。当前，要重点解决婚姻登记管理体制改革后，婚姻登记机关的设置、人员编制、工作经费及场地等问题。要加强对婚姻登记机关的管理，配备得力干部，强化自身建设。要继续深入学习和宣传贯彻《婚姻登记条例》，深刻领会条例的基本精神和改革原则，不断提高贯彻执行条例的自觉性，全面落实条例的各项规定和要求，努力提高婚姻登记工作的质量和水平。

（二）加强协调，形成合力。婚姻登记工作，政策性强，涉外婚姻登记更具复杂性。因此，许多具体政策涉及与有关部门的协调。良好的外部环境是做好婚姻登记工作不可或缺的条件。各级民政部门一方面要在党委、政府领导下，积极主动协调好与法院、外交、公安、司法、港澳台和华侨事务办公室、法制等部门的关系，加强沟通，各司其职通力合作，建立共同协作机制；另一方面，民政部门自身要上下沟通，协调政策，传递信息，及时、妥善处理好婚姻登记工作中出现的各种问题。

（三）提高素质，严格执法。提高婚姻登记工作的质量和水平，加强婚姻登记规范化建设，必须提高素质，严格执法。一是加强婚姻登记员的培训，重点是基本法律法规、基本工作技能特别是计算机网络知识和相关学科知识的培训，进一步增强职业道德、职业素养。二是实行政务公开。要公开执法依据和工作程序，公开服务承诺，接受群众监督；严格区分婚姻登记行政执法和婚姻服务，从严治理搭车收费或变相收费；建立社会评议和监督机制，解决婚姻登记工作中执法不严、服务不周以及利用婚姻登记搭车收费等问题。三是严格执法纪律，加大对某些违法违纪现象的查处力度。要认真贯彻民政部《关于严格禁止借婚姻登记搭车收费的通知》要求，将治理检查婚姻登记搭车收费和乱收费问题作为今年开展执法检查的重点。要通过开展执法检查，进一步加强婚姻登记机关行风建设，提高服务水平，树立良好形象。

（四）研究理论，改革创新。研究婚姻家庭问题，是社会学领域的重要课题。婚姻登记工作改革创新，重在理论创新。因此，要加强调查研究，探索婚姻登记中带有普遍性、规律性的东西，善于总结经验，培育典型，加以提炼，上升为理论，又反过来指导婚姻登记工作的实践。要勇于改革创新，坚持与时俱进。这就要求我们在思维模式、工作方式和管理手段方面树立新的理念，提出新的要求。改革创新，一要求实。即实事求是，一切从实际出发，尊重实践，以求真务实的精神，创造性地开展工作。二要求新。婚姻登记工作是一项传统的民政工作，如何把这项传统的工作做好，赋予时代的意义，必须推陈出新，这就要求我们要用一套新的思想、思路来指导工作，以观念的创新来促进工作的创新。三要求精。即工作要一丝不苟，精益求精，既要符合法律规范，又要让当事人满意，树立窗口形象，使婚姻登记工作充满生机和活力。

同志们，随着改革开放的深入和社会主义市场经济的发展，中国社会正在发生深刻的变化，中国婚姻家庭领域将出现良好的发展态势，全国婚姻登记工作以《婚姻登记条例》颁布实施为标志，翻开了历史崭新的一页。让我们以邓小平理论和"三个代表"重要思想为指导，认真贯彻执行婚姻法和《婚姻登记条例》，坚持以民为本，严格依法行政，为维护公民婚姻自由，开创婚姻登记工作的新局面，促进经济社会和人的全面发展而努力奋斗。

在部机关和直属单位主要负责人会议上的讲话

民政部部长　李学举

（2004 年 5 月 18 日）

同志们：

今年，已过去近 5 个月。按工作规律每年 1—3 月是部署安排工作，4—11 月是开展业务工作的重要月份，许多业务工作都要在这几个月完成。今天，将机关和直属单位的主要负责同志请来，主要有两个目的：一是跟大家打个招呼，中组部抽调我去考察干部，大约要在 6 月底结束。这段时间部里的工作由杨部长主持。二是谈点工作想法，有些事情与大家通报，供安排近期工作时参考。

今年以来，按年初全国民政厅局长会议的工作部署，机关各司局和直属单位的工作正按计划有序实施。这期间，从全局工作上，部领导主要强化了如下工作：

一是强化了对部机关工作的要求。在今年的干部考核总结表彰暨加强领导班子思想政治建设会议上，交流了领导班子思想政治建设经验，对领导班子建设和干部队伍建设提出了要求，将领导班子和干部队伍建设列为年度工作要求，作为完成民政工作任务重要措施。对完成今年民政工作任务，也提出了具体要求。在工作取向上，提出要把更多精力放在维护民利、解决民生、落实民权上；在工作推进上，提出要把更多的精力放在求真务实、促进改革发展上；在工作运行上，提出要把更多精力放在健全完善政府主导、部门协作、社会参与的工作机制上；在履行职责上，提出要把更多的精力放在建立健全法规、依法行政上；在指导工作的方式上，提出要把更多的精力放在发现、研究、解决问题上。这些具体要求，既是做好部机关各部门工作的要求，也是指导全国民政工作的要求，既是工作理念上的阐述，也是工作操作上的明确。

二是强化了思想观念更新。在今年的干部考核总结表彰暨加强领导班子思想政治建设会议上，对全国民政厅局长会议上提出的民政工作要"努力加大社会开放度、增强社会透明度、扩大社会参与度"这段话进行了解读，目的是要从思想认识上认识这"三度"。之后，我们又在具体措施上，制定了舆论监督、社会公示、专家咨询、公众参与、社会听证等具体办法。这些理念的形成和具体办法制定，既是新时期民政工作理念上的更新，也是新时期政府机关施政、转变政府职能、转变工作方式、转变机关作风的要求。

三是强化了工作的实施。对完成今年民政工作任务，在去年工作总结和今年工作安排的基础上，正按计划组织实施。在具体业务上，除日常业务工作外，对有关业务工作进行了部署。已先后召开了双拥大会、军休干部管理工作会议、救灾救济工作座谈会、城市低保工作电视电话会、全国基金会管理工作会议、全国婚姻登记工作会议、地名工作会议、实施行政许可法培训研讨会议，今天下午还要召开全国勘界和界线管理工作电视电话会议。一些司局还就具体业务工作举行了专题座谈会、研讨会。上述这些会议，有的是在去年工作基础上召开的，有的是根据新情况临时决定召开的，也有的带有例会性质。对有关业务工作进行了专项调查研究，如退役士兵安置、城市流浪乞讨人员救助管理、粮价上涨对城市低保人员生活影响、社会救助体系等，上面列举的工作虽然都以会议形式出现，但这些会议，都经过了大量准备工作，都带有总结经验、分析情况、明确任务的性质，都对今后工作有指导作用。

四是强化了对直属单位的管理。今年，部领导专门听取了各直属单位的工作汇报，印发了直属单位 2003 年工作总结和 2004 年工作安排，组织了事业单位改革和管理经验的交流。对条件成熟的，加大了改革力度，进行了资源整合。在中民大厦管理体制改革后，完成了中国社会出版社和中国社会报社的整合，组建了中国社会新闻出版总社。有些直属单位也在内部实行了改革。

另外，部机关顺利完成了处级干部的调整，完成了最低生活保障司的组建，完成了中国老龄协会主要领导的更换。

今年前几个月，党中央、国务院的领导同志对多项民政工作都有重要批示，包括春荒、灾民生活安排、城市低保工作、退役士兵安置、烈士家属抚恤、殡葬改革等。对党中央、国务院领导同志的批示，有的已将落实情况反馈，有的正在研究措施抓紧落实。

今年前几个月，也遇到了一些新的冲击和波澜。遇到的第一个问题，是粮食涨价，受影响最大的是城市低保户，给社会救助工作带来了新困难。第二个问题是福利彩票“双色球”开奖的电视画面风波，贵州大奖组销售中的爆炸案件，包括体育彩票的西安“宝马彩票”案件，社会上炒得更厉害，都对彩票工作带来了很大影响。第三个问题是区划问题的炒作，在中央、地方乃至社会上引起了不少的波澜。第一个问题，是粮食供求、粮食结构出现的矛盾，是属新情况带来的问题；第二个问题属工作的漏洞偏差或失误，需认真总结教训问题；第三个问题是人为的，属行政纪律不强问题。对这个问题，当事人要认真总结教训，别人也要从中受到教育。从常识上讲，这是不应发生的事情；从主观上讲，这是缺乏行政组织纪律的表现；从客观上讲，也有新闻媒体断章取义、任意扩展、加入自己观点的问题。不管怎么讲，暴露了有的同志缺乏经验，认不清自己身份，看不到不该说的因为随意说造成的后果。这件事本身，告诉我们：研究无禁区（但也不是都无禁区），说话有纪律。我希望领导干部都要牢记这句话。问题发生后，部里采取了一些措施，对当事人进行了批评，内部发了函件，在新闻媒体上进行了澄清，但现在看来余波未尽，还要继续予以关注。

今后几个月，是民政工作的“黄金月”，是完成今年工作任务的关键时期。在国务院印发的 2004 年工作要点中，明确由民政部和其他部委负责的工作有五项：一是继续实施积极的就业政策，由民政部、劳动保障部、教育部和人事部负责，我们的任务主要是社区就业和退役军人安置；二是继续做好“两个确保”和“三条保障线”衔接工作，由民政部、劳动保障部和财政部负责，我们的任务主要是进一步做好城市“低保”工作，规范“低保”标准和保障对象范围；三是加快社会救助体系建设，我们的任务主要有帮助特困家庭解决医疗、子女上学、住房、冬季取暖等实际困难，建立社会捐助制度，完善农村“五保户”生活保障制度和农村特困户救助制度，做好农村受灾地区税收减免和受灾群众生活救助，协助公安部门做好城市流浪乞讨人员救助管理工作，制定具体的管理办法；四是发展社会主义民主，健全社会主义法制，由民政部、司法部和国务院法制办负责，我们的任务主要有完善村民自治和城市居民自治，加大农村村务公开的力度；五是积极支持国防和军队建设，由民政部、发展改革委、国防科工委、人事部负责，我们的任务主要有深入开展双拥共建活动，促进各项优抚安置政策的落实。

上述几项工作，是温家宝总理在今年政府工作报告中讲到的，列入今年政府工作要点，对这些工作，在明年人大会上都要有答复。希望有关业务司局认真研究落实，争取件件有成果。根据国务院的工作要点和我们年初的工作安排，这里，我再强调七个重点事项。

第一，要推进两项工作。一是研究部署完善社会救助体系工作。这项工作已连续两年列为民政部重点工作，今年国务院工作要点中，又明确提出。对推进这项工作的总体思路是：点上突破，单项完善，面上扩展，体系配套，逐渐搭起健全以最低生活保障、自然灾害紧急救援、农村五保供养、特困户救济和医疗救助等救助制度为主要内容，形式有别、覆盖城乡的新型社会救助体系。目前，要在前一段工作基础上，进一步调查研究，总结经验，加强与有关部门沟通协作。争取下半年适当时机，召开建立健全社会救助体系座谈会，总结好的经验，完善好的做法，形成好的文件。此外，要大力推广“慈善超市”的救助方式。这项工作，由低保司、救灾救济司共同承担。二是推进村务公开工作的开展。中办、国办即将印发由我部起草的《关于健全和完善村务公开和民主管理制度的意见》，要抓住这个契机，推动村民自治机制的健全和完善，要进一步调查研究、总结经验，下半年适当时机，召开民主管理村务公开现场会。这项工作，由基层政权和社区建设司负责。

第二，要抓住一个机遇。近期，胡锦涛总书记对退役士兵安置、烈士抚恤问题做了重要批示。国务院和中央军委领导也做了重要批示。优抚安置局要抓住这个机遇，密切与部队和有关部门配合，落实总书记的批示，突破这两个难点，争取年内见到曙光，明年实现突破。

第三，要做好一个准备。今年七月一日，《行政许可法》正式实施，要在前一段工作的基础上，由办公厅负责，再认真研究，及时下发民政系统贯彻实施行政许可法的规定，将这项工作抓实、抓好。做到准备充足，不出漏洞，工作到位。

第四，要启动一个计划。启动实施“残疾孤儿手术康复明天计划”。这项工作已准备了多时，近期召开新闻发布会和启动工作会议。要策划好、组织好、实施好，以此带动社会慈善事业发展。由社会福利和社会事务司负责，中华慈善总会、中国社会工作协会、中国收养中心共同参与。

第五，要宣传一个典型。前几天，部党组专门听取了湖北省恩施州（土家族苗族自治州）宣恩县椿木营乡民政办公室主任周国知同志的先进事迹，一致认为，周国知同志是民政工作的先进典型，应该大力宣传。部党组决定授予周国知同志“为民模范”称号，做出向周国知同志学习的决定。最近将在恩施州召开命名大会，号召全国民政系统向周国知同志学习，并与湖北省委联合向中宣部推荐，争取在宣传形式、宣传规模和宣传效果上实现新的突破。以此宣传民政、宣传民政人。这项工作由办公厅、人教司具体负责。

第六，要认真关注一个问题。汛期要到了，今年自然灾害如何，现难判断。但要在思想上、工作上、措施上做好准备，提前做好预案。此项工作由救灾救济司负责。

第七，要搞好上半年工作分析。按民政部工作安排，今年七月要进行上半年工作分析。各司局和直属单位要在六月底前，对上半年工作进行回顾、总结、分析，在此基础上，部里召开上半年民政工作分析会。这项工作由办公厅、政策研究中心负责筹备。

其他工作，不再一一列举，各司局、直属单位按工作计划组织实施。最近一段时间，各司局外出调查研究、协调推动工作是十分必要的，但必须明确至少家里有一位司局领导主持工作，保证工作的正常有序运转。

在“星光计划”总结表彰暨“明天计划”启动工作会议上的讲话

民政部部长　李学举

（2004年5月25日）

同志们：

全国“社区老年福利服务星光计划”总结表彰暨“残疾孤儿手术康复明天计划”启动工作会议，历时两天，圆满完成了各项议程。三年前，我们在西安召开了“星光计划”启动会议，今天，又在这里召开“星光计划”总结会议。这种选择会议地址的本身就很有意义。在会议结束之前，我再就“星光计划”、“明天计划”、彩票公益金的使用和福利事业社会化等会议重点总结、部署和研究的问题，讲几点意见。

一、关于“星光计划”后续发展和“明天计划”的启动实施

这两个问题，李宝库、李立国同志分别发表了讲话，讲了很好的意见，我都赞成。希望各地按这次会议精神，结合各地实际，认真贯彻落实。“社区老年福利服务星光计划”是我们的老部长多吉才让同志亲自倡导组织的历时三年的工程。今天，我们总结“星光计划”，不能忘记多吉才让部长为此做出的贡献。李宝库副部长在“星光计划”实施过程中恪尽职守，付出了很多心血。虽然李宝库同志离开了民政部领导岗位，我们还是将他请回来，作“星光计划”的总结，目的是我们这些后来人，不要忘记他们为我们奠定的工作基础。我们的责任，就是在他们工作的基础上，继续巩固成果，抓好后续建设和发展。

“星光计划”的提出、组织、实施，始终是在民政部的指导，各级党委、政府的领导和支持，社会各界的积极参与，由各级民政部门精心组织、扎实工作下进行的。3万多个“星光老年之家”的建设，凝聚着各级民政部门广大干部的智慧和汗水，这是近些年民政系统上下统一实施、耗费时间最长、资金投入最多、覆盖面最广、社会效益最好的福利工程。得到了各级党委政府和社会的好评，得到了广大老年朋友的拥护，被誉为造福民众、福荫老人的民心工程。其实践效果和社会效益日益彰显，是民政工作的浓墨重彩，也会在民政事业发展史上，留下“星光计划”的一页。三年辛劳不易，成果来之不易。现在，我们聚集一堂，总结“星光计划”，不但要看到丰硕成果，而且要从中受到启迪。其重要的启示是：民政工作要“以民为本”，以人民群众满意、高兴为标准；民政工作要与党委政府所想和人民群众所需合拍。不但要总结成功的经验，而且要研究后续建设和发展的问题。其重要的任务是：抓好“星光老年之家”的管理、使用、运营。这是“星光计划”后续建设和发展必须致力研究解决的问题，也是民政部十分关注、担心的问题。因为这个问题不解决，“星光计划”的成果将付诸东流。现在我们可以这样说，如果说前三年“星光计划”重在基础设施建设，今后就要转移到重在管理、使用、运营。要下决心，千方百计将已建成的“星光老年之家”管理好、使用好、运营好。管理好，就是要保证“星光老年之家”设施不损毁、不移用、不闲置。要明确产权，明确管理部门，有人或机构管理，有人组织开展活动，有经费维修。使用好，就是要充分发挥“星光老年之家”的功能和作用，为居家养老提供支持、为社区照料提供依托、为老年人活动提供场所，使其真正成为为老服务的载体。运营好，就是要在不改变“星光老年之家”的性质、

功能的前提下，进行经营、运营。经营、运营的目的，是筹集管理、使用的经费，保证这些设施持续发挥功能。这是一个大问题，也是一个大难题，但又是管理、使用的关键问题。在这方面，有些地方已有了一些探索，也有了一些成功的做法，都可以学习借鉴，但要真正彻底解决，仍需不断研究。当然，"星光老年之家"管理、使用的经费，除靠自身经营、运营外，政府支持、社会捐赠也是资金来源的重要渠道。

"残疾孤儿手术康复明天计划"是面向残疾孤儿实施的一项救助行动。如果说"星光计划"是为老服务的现实选择，"明天计划"就是为孤残儿童的未来考虑。"明天计划"是今后三年社会福利工作的重点，也是今后彩票公益金投向的重点。民政部门负责残疾孤儿的权益保护，是残疾孤儿的扶养人和监护人。"明天计划"是改变残疾孤儿生命和未来生活历程的爱心工程。我们一定要满怀对残疾孤儿的关爱之情，以高度的责任感，真正把这项惠及残疾孤儿的爱心工程实施好，做到有实效、有影响。

"明天计划"是一项比"星光计划"更复杂、更艰巨的工程。这项计划虽然已经过多次研究，多方论证，但可以肯定，实施过程中会出现许多难以预料的问题和困难。我讲这段话的目的，是希望同志们要有充分的克服困难、解决困难的思想准备。目前，"明天计划"的方案已制定，任务已明确，目标已指明，需要的是坚定信心，下定决心，努力将"明天计划"组织好、实施好。就此，李立国同志已进行了全面部署。这里，我再强调几点：一是加强领导、指导、协调。做到上下互动、内外互动、左右互动。就是民政系统上下要统一思想、统一行动。民政系统和社会各界、民政部门和有关部门要互相配合、互相支持、共同行动。"明天计划"虽是民政部门发起和牵头组织的，但其是一项与社会各界、有关部门相联系的工程，取得社会各界参与、有关部门支持，是组织实施好的基础。因此，民政部门一定在此项工作中要转变思维方式，摒弃孤军作战，树立多方参与、共同抓好的思想。要转变工作方式，改部门独抓为部门主导，协调各方，互相配合，共同实施；改变补助资金分配方式，从事前列支变事后结算。要转变领导方式，改内部组织、内部运作为公开、透明，改包办管理为层级监督，要定期将民政资金投入和社会捐赠款项使用情况和康复手术情况向社会公示。民政部已建立了实施"明天计划"领导小组，设立了日常工作办公室，专门负责此项计划的实施。希望各地也要建立相应机构，有专门人员负责此项工作。二是要搞好调查，做细计划，落实措施。对现有儿童福利院和其他福利机构的残疾孤儿，前一阶段已作了些调查，对康复手术也有些规划和准备。但这项任务繁重，还有许多工作要做。当前，要进一步做好、做实相关工作。比如，对现有的残疾孤儿、病种类型、可康复手术情况要进行摸底；对康复手术医院、康复手术医生要进行筛选、初定；对实施手术康复经费要进行预算、落实和开辟来源渠道；对手术计划要进一步研究制定等。对这些问题，民政部、地方民政厅局、儿童福利机构都要清楚并记录在案。这里，我再讲讲经费问题。康复手术经费是实施"明天计划"的前提和保障，没有经费，谈不上康复手术。因此，解决经费问题，是实施"明天计划"的关键。解决经费的主渠道是福利彩票公益金，民政部每年从部本级解决1亿元以上，各省也要做出这方面的预算；辅助渠道是社会捐赠，要发动国内外企业、单位、个人发慈善之心，兴慈善之举。捐赠的形式，可以多样；捐赠款的使用，要充分尊重捐赠人的意愿；捐赠效益，要让捐赠人清楚；争取渠道是各级政府，希望各级政府都能列支一些资金，投入这项爱心工程。三是立足三年，抓好起步。"明天计划"是三年工程，但起步阶段非常重要。开局搞得好，就会为今后工作奠定基础。起步工作，除要做好大量准备工作外，要注意造声势、创氛围、扩影响，民政部已召开了新闻发布会，各地要根据实际开展形式多样、影响广泛的宣传活动。今年"六一"国际儿童节即将来临，要抓住这个时机加大宣传，以后每年也要抓住这个节日，宣传"明天计划"的目的、内容和作用，要组织领导和社会各界人士参观儿童福利院，激发善心、善举。每年年末，都要向社会公示“明天计划”的实施情况，让社会知道“明天计划”，让更多的人参与“明天计划”，以此推动慈善事业的发展。要抓好抓实起步工作中康复手术的宣传，特别要宣传社会捐赠人和单位捐赠款的使用，让社会各界从中认识了解“明天计划”，让社会了解他们的善心、善举。要选好起步地点。各地可选择一些有条件、有基础的地方，先行试点，以总结经验，发现问题，为全面实施做准备。

二、关于彩票公益金的使用

用好彩票公益金，加快发展社会福利事业，是发行福利彩票的初衷和目的。这次会议，不论是总结“星光计划”，还是部署“明天计划”，都与福利彩票的发行及公益金的使用紧密联系在一起。在今年全国福利彩票工作会议上，我重点讲了彩票公益金的管理和使用，今天，再就如何用好彩票公益金问题，谈点看法。

（一）要确保彩票公益金真正用于社会福利事业。福利事业发展和福利彩票发行是民政的两项重要工作，促进福利事业的发展是福利彩票存在的基础，发行福利彩票筹集的公益金是福利事业发展的重要支持。福利彩票发行17年以来，销售额超过了1000亿元，筹集彩票公益金323亿元，资助了12万多个社会福利项目，实现了福利事业与福利彩票共同发展。实践证明，“扶老、助残、救孤、济困”的宗旨，是福利彩票拥有巨大感召力的根本原因，高扬这面旗帜，是福利彩票的目的和生命力所在，也只有坚持这一宗旨，才能得到广大人民群众的热情参与和支持。如果彩票公益金的使用偏离这个方向，就会影响福利彩票的信誉，失去彩民的参与和存在基础，也会影响社会福利事业的发展。那些偏离福利彩票宗旨的宣传，那些改变福利彩票公益金使用范围等问题，都必须严厉制止，严肃查处。这一点，我已讲过多次，希望引起重视。

（二）要认真研究彩票公益金的投向重点。前些年，民政部本级彩票公益金安排了几次大规模的资助活动，成效显著，社会反映良好。如1996年集中资助改造上百所儿童福利院，1997年重点援助西藏兴建福利设施，1998年进行赈灾专项募集，1999年为全国伤残军人普遍更换假肢、矫形器和轮椅，2001年到2004年的“星光计划”更是影响巨大，深入人心。这些举措既有力促进了福利事业的发展，又广泛有力地宣传了福利彩票，扩大了福利彩票的影响，带动了彩票发行量的迅速增长。从今年开始实施的“明天计划”，就是在总结福利彩票公益金使用经验的基础上，本着集中办实事、好事，做到有效益、有影响的思路，经民政部多次研究决定的。今年我们将三分之二的部本级福利彩票公益金共2亿多元，重点投入儿童福利领域，发展保障残疾孤儿、艾滋孤儿和流浪儿童合法权益的事业，这既为福利彩票扩大社会影响带来了新的机遇，也为我们推动福利事业发展创造了条件。要努力形成福利事业发展和福利彩票发行相互促进、良性互动的新局面。前些年，我们彩票公益金绝大多数都投入了福利设施建设，取得了比较好的效果。今后，在彩票公益金的投入使用中，要突出“以民为本，为民解困”的宗旨和全面、协调、可持续的发展观。在重视福利设施建设同时，要进一步研究彩票公益金的投入领域和提高投入产出比率的办法与途径，使有限的资金用在最需要的地方，发挥更大的效益。今年，民政部投入1亿资金实施“明天计划”，就体现了这种思路，也是在体现人文关怀和发展人性化服务方面的探索。

（三）要切实贯彻“公正、透明、参与”原则。民政部门坚持依法行政，履行职责，要不断加大社会开放度、增强社会透明度、扩大社会参与度。福利彩票的发行管理和彩票公益金的分配使用，同样需要建立这样的机制。福利彩票来自于社会、服务于社会，取之于民、用之于民。因此，在发行过程中，必须始终坚持公开、公平、公正的原则。在分配使用彩票公益金的过程中，也必须增强社会透明度，接受社会监督。把投入领域的选择、项目的审批、质量的监督、效益的评估和作用的发挥等要向社会公开，置于社会各界和广大人民群众的监督之下。

讲到这里，我想就此机会，讲一下今年前几个月彩票发行销售中出现的风波。分别是“双色球”开奖画面事件，贵阳大奖组销售现场爆炸事件，西安“宝马体彩案”事件。这三个事件，都在全国引起了风波，对彩票发行工作引起了震荡，对彩票信誉产生了影响。对彩票市场究竟会有多大的负面效应，现在很难判断，但对彩票特别是即开型彩票的影响是肯定的。这些事件，无论是发生在福利彩票还是体育彩票，对彩票发行工作的影响是共同的。这些事件出现，都与工作有漏洞，甚至存在某些不正之风相连。我们民政部门和从事福利彩票发行的机构，都要总结教训，以此为戒，严格管理，严格纪律，严格制度，保证此类问题不再发生。我们都要想办法、定措施，消除影响，挽回声誉，稳定彩票市场，促进福利彩票事业健康发展。

三、关于推进社会福利社会化

目前我国的社会福利，不同于西方发达国家实行的普遍型福利，我国的社会福利虽然有全民的福利事业，但主要是为保障老年人、残疾人和孤残儿童等特殊困难人群的基本生活权益而提供生活救助和照料服务，属补缺型福利。社会福利社会化是我国福利事业发展的方向。当然，推进社会福利社会化需要有个过程，但理论上的研究、实践中的探索、思路上的梳理是非常重要的。推进福利事业社会化，根本的出路是改革，对我们民政部门来讲，有研究福利事业整体改革问题，也有我们本身直接管理的福利机构改革问题。

改革开放以来，我国的社会福利事业取得了长足发展，初步建立起了不同类型、不同层次、不同内容的社会福利服务体系。但是，随着经济、社会的发展和人口老龄化趋势的加剧，人民群众不断增长的福利服务需求与福利服务供给严重不足的矛盾日益突出。民政部门在上个世纪80年代提出了“社会福利社会化”的工作思路。经过二十多年，尤其是2000年广东会议以来的探索与实践，社会福利事业开始改变过去单纯依靠政府财政投资、完全由国家包办包管的状态，出现了政府主导、部门配合、社会参与的发展局面。但是，社会福利社会化的这种探索和实践还仅仅是初步的、局部的，还应按照深化改革、加快发展的要求，进一步解放思想，转变观念，采取得力措施加大推进力度。今天，我就这个问题，从社会化发展方向上，分析问题，谈点思路，讲些要领，供同志们思考、实践中参考。所讲的问题，并不要求马上去做，但我们在思想上要明确，方向上要清楚，待条件成熟时，逐渐推进，以避免思想混乱，引起波动。

（一）当前在推进社会福利社会化过程中存在的主要问题

推进社会福利社会化是市场经济条件下发展我国社会福利事业的客观要求，也是我们多年实践探索得出的正确结论。但是实际推进的状况却并不十分理想。从总体上看，社会福利社会化还较多地停留在表面的口号、号召上，停留在试点单位和局部地区的修修补补上，停留在民政系统内部的自弹自唱上，还没有从根本上改变政府包揽的体制。这既有思想观念跟不上、认识不到位、不统一的问题，也有对社会化缺乏深入研究，指导不力，措施不具体、不落实的问题，还有受部门利益影响，不愿意改革旧体制甚至阻碍社会化进程的问题。当然，在推进社会福利社会化的过程中，也存在另外一种错误倾向，那就是有些地方拿社会化作挡箭牌，推脱政府和有关部门职责，该为发展福利事业出的钱不出，该加强监督管理的事不干。这些问题不解决，推进社会福利社会化就只能是一句空话。

（二）目前推进社会福利社会化的基本思路

适应社会主义市场经济发展的要求和人民群众对福利服务的迫切需求，推进社会福利社会化进程，目前需要在以下五个方面加快改革创新的步伐：

一是切实转变政府职能，建立社会福利某些领域的政府适时退出机制。在市场经济条件下，政府要切实转变职能，把注重经济生活转到更多地注重社会发展和公共服务上来，把政府包办公共服务转向尊重市场选择和建立政府适时退出机制上来。政府要关注公共服务和社会发展，就应建立和实行公共财政的政策，使政府对包括社会福利在内的公共支出与经济发展同步增长。另外在由谁来经办福利的问题上，也要按照市场经济要求，遵循企业、第三部门和政府三者的先后顺序来选择。政府要转变包办福利的做法，只办那些企业和第三部门都不愿意办而群众又迫切需要的福利服务，并且随着经济和社会的发展，现在或将来一旦有其他社会力量愿意办了，政府就应该及时退出，让给企业或第三部门办。这个现代行政管理学的基本理论告诉我们，社会福利今后要更多地由政府办转向社会力量办，政府的职能也要更多地转到支持和管理社会力量办福利上面。民政部门作为政府管理社会福利的职能部门，也必须遵守和实行市场化的选择程序，建立起民政部门在福利服务领域的及时退出机制，切不可贪恋权利和部门利益。

二是发展增量，对社会力量兴办福利事业实行“民办公助”。要鼓励、扶持、吸引社会力量和民间资金进入福利服务领域，积极探索福利事业“民办公助”的政策和办法。中华民族具有扶危济困的优良传统，推进社会福利社会化是具有广泛思想基础和道德基础的。改革开放以来，经济社会的发展和人民生活水平的提高，也为动员社会力量参与福利事业奠定了相应的物质基础。各级政府和民政部门要通过广泛宣传发动、优惠政策的鼓励扶持和必要的资助等不同途径，充分调动、有效组织社会资源参与和兴办社会福利事业。国务院办公厅在 2000 年已经转发了民政部等 11 个部委制定的《关于加快实现社会福利社会化的意见》，对动员和鼓励社会力量办福利提出了 9 个方面具体的政策优惠。现在看来，这些还远远不够，还必须加大资金的扶持力度，彻底突破政府财政资金和彩票公益金不能资助非公有制成分和个人的禁区，尽快制定出台“民办公助”的政策和办法，使政府在资源分配上给民间力量办福利以实实在在的资助，这样才能真正调动起社会力量的积极性，引导社会资金进入福利领域，促进福利事业迅速发展，同时也可以使政府资金发挥出更大的效益。在这方面，上海浦东、浙江绍兴等地都有很好的作法和经验可供各地学习和借鉴。

三是盘活存量，深化公办福利机构的改革与改制，推进“公办民营”。前几年，我们在公办福利机构中推行了内部管理、用人用工和分配“三项制度”改革，把民主管理和科学管理引入福利服务领域，在定岗定员的基础上，较为普遍地实行了行政首长负责制、管理人员聘任制、服务人员劳动合同制、全员岗位责任制等一系列规章制度，打破身份、地位、等级的界限，推行竞争上岗，推行岗位责任工资、绩效工资的按劳分配制度，把报酬与业绩、贡献紧密挂钩，奖勤罚懒，激励先进。应该说这些都为进一步深化体制机制的改革奠定了基础。目前，我们不能仅仅满足于和停留在“三项制度”改革上，必须要深化改革，按照“政事分离”的要求，借鉴国企改革的成功经验，采取承包、联合、兼并、租赁、托管、合资合作和股份制等多种形式，对已经办起来的公有制福利机构大胆进行改革、改制和改组，探索公有制的多种实现形式，在管理体制和运营方式上逐步实现“公办民营”，盘活国家和集体举办的 4 万多家福利机构这个存量，为福利事业新的更快的发展注入生机和活力。民政部计划在今年加紧研究制定《关于深化公办福利机构改革和改制的意见》，希望各地进行积极探索。

四是大力培育民间组织，为加快社会福利服务的专业化进程创造条件。推进社会福利社会化，还要求我们民政部门要顺应市场经济“政事分离”和福利服务本身的专业化发展要求，积极培育和发展社会中介组织和社会服务团体，壮大第三部门力量，充分发挥他们在筹集社会资金、组织社会资源、兴办经管福利机构、提高福利服务质量、完善服务项目、规范服务行为等方面的积极作用，使他们更多地担负起政府转移的服务职能，逐渐成为承办社会福利事业的主体，使福利服务组织经管的福利机构真正成为自主经营、自负盈亏的法人实体，实现自我积累、自我发展。

五是深化福利企业产权制度改革，确保残疾职工合法权益。福利企业改革要按照十六届三中全会决定的要求，以建立现代企业制度为目标，把改制同改组、改造和加强管理工作结合起来，稳定残疾人集中就业。要继续协调有关部门，做好扶持保护政策的调整、完善和落实；各地要按照当地企业改革规划，积极推进福利企业的改制、改组和改造，改革中要做到"三个保证"，即保证残疾人的合法权益，保证国有资产不流失，保证国家减免的税收的合理分配和使用；要切实加强对福利企业的认证和管理，坚决打击和清理假冒福利企业，使国家优惠政策真正用于福利企业和残疾职工。

（三）推进社会福利社会化需要把握的几个要领

一要坚持"以民为本、为民解困"的宗旨。民政工作是做人的工作的，基本职责是依法保障人民群众的基本生活权益和民主政治权利，为民服务、为民解难。而社会福利工作的主要对象就是特殊困难群体，因此，"为民解困"尤其应该成为发展社会福利事业的首要任务。推进社会福利社会化，必须突出"为民"宗旨、坚持"为民"取向，充分体现社会福利维护民利、解决民生、落实民权的本质要求。在推进福利事业投资主体多元化、运行机制市场化、服务方式多样化的同时，注意防止背离福利性质、单纯追求营利、忽视弱势人群需求的倾向，真正把为民解困、为民服务的思想贯穿于社会化的全过程。

二要坚持实事求是、积极稳妥的方针。在推进社会福利社会化的过程中，无论是实行"民办公助"也好，还是探索"公办民营"也好，都必须要实事求是、一切从实际出发，积极稳妥地推进。要紧密结合本地区、本单位的实际情况，既考虑改革产生的巨大能量和带来的巨大动力，又充分照顾到人们的心理承受能力，还要考虑与改革相配套的政策环境和外部条件，认真研究制定出切实可行的政策和措施，把锐意改革创新的态度与扎实稳妥的务实精神结合起来。我们反对消极地等待观望，更反对不切实际地盲目冒进。我们不主张抱残守缺、不思进取，更不主张好大喜功，希图一蹴而就。一定要教育我们的同志树立忧患意识、竞争意识和服务意识，把社会福利社会化的改革和探索不断引向深入。

三要坚持规范管理、依法行政的原则。推进社会福利社会化，要求作为主管社会福利事业的民政部门，加快政府职能转变，打破行业垄断，引入市场竞争机制，改变过去包办福利的做法，把工作重心放到制定政策、做好宏观规划、加强检查监督上来。要抓紧制定和完善各类福利服务机构的规划建设标准、设计规范、从业人员职业资格认定办法、服务流程和标准等政策法规，建立较为完备的社会福利事业法律法规体系，做到发展有规划、投资有优惠、建设有标准、管理服务有规范，依法行政，规范管理，使社会福利社会化始终在法律法规的框架内进行，真正建立起具有中国特色的、与社会主义初级阶段基本国情相适应的、以居家供养为基础、社区服务为依托、机构照料为补充的福利服务体系。

同志们，发展我国的社会福利事业，优势与困难同在、挑战与机遇并存，我们要在以胡锦涛同志为总书记的党中央领导下，以"三个代表"重要思想为指导，牢固树立和贯彻"以人为本"的科学发展观，抓住机遇、迎接挑战，发挥优势、克服困难，深化改革、开拓创新，努力开创我国社会福利事业发展的新局面。

在全国民政工作年中分析会议上的讲话

民政部部长　李学举

（2004 年 7 月 20 日）

同志们：

今天大家集中在一起，主要任务是对照年初厅局长会议的工作部署，分析上半年形势，研究下半年工作。这种年中分析民政工作的形式，是从去年开始的，各地反映很好，认为很有必要。去年会议名称为全国民政工作座谈会。今年定名为全国民政工作年中分析会，这样可使会议的主题更明确，更有利于促进今年全年工作任务落实。下面，我讲三个问题。

一、关于上半年民政工作的基本认识

上半年，我们以邓小平理论和“三个代表”重要思想为指导，深入贯彻党的十六大和十六届三中全会精神，按照党中央、国务院统一部署，认真落实年初全国民政厅局长会议确定的各项任务，各地方、各部门做了大量很有成效的工作。综合各方面的情况，可以得出如下几方面基本认识。

第一个基本认识是：初步形成和树立了民政工作的一些理念，为做好民政工作注入了新的活力。

上半年，我们在总结多年民政工作经验、研究新时期民政工作的特点、分析民政工作职能作用基础上，通过各种方式，在民政系统强化了一些工作理念。一是“以民为本，为民解困”的工作理念。在工作目标、归宿和对象上，要求把“以民为本，为民解困”贯彻到民政工作的各个方面，在工作思路上、任务部署上、落实措施上，始终把人民群众的利益作为工作的出发点和落脚点，把群众呼声作为第一信号，把“为民解困”作为第一要事，把“群众满意”作为工作绩效的第一标准，切实履行维护民利、解决民生、落实民权的职责。二是提高民政工作社会开放度、透明度、参与度的工作理念。在民政工作运行机制上，要求依法行政，最大限度地开放、透明，吸纳和扩大社会参与。凡是宜于公开的工作内容，办事、决策程序和相关会议都应向社会公开；凡是涉及人民群众切身利益的事项都要及时公示；凡是重要政策法规和改革方案的出台都要进行专家咨询、论证和评估；凡是可以和需要社会化的工作都要动员、引导和鼓励社会力量广泛参与；凡是涉及公众利益的重大政策调整、重要立法和行政许可的实施都要组织社会听证。三是“从机关建设抓起”的工作理念。在机关建设和业务工作的关系上，按照胡锦涛同志关于领导干部要“牢记使命、勤奋工作，坚持宗旨、执政为民，改进作风、求真务实，加强学习、与时俱进”的四项要求，通过加强机关思想政治建设、领导班子建设、干部队伍建设和工作作风建设，增强凝聚力、亲和力和战斗力，最大限度调动干部职工的积极性、主动性和创造性，充分发挥机关行政决策的导向作用、政令传递的枢纽作用、行政执法的主体作用和为民服务的窗口作用。用机关自身建设推动和保证业务工作的开展。上述工作理念的形成和强化，不仅使干部职工进一步增强民政工作服务大局、服务群众尤其是困难群众的责任感，而且有利于推动民政工作的思路创新、制度创新、工作方式创新、运行机制创新，进而可以提高民政工作的质量和效率，促进民政事业的全面协调发展。

第二个基本认识是：上半年全国民政工作形势很好，整体工作沿着既定目标推进。

（一）进一步落实各项为民解困工作。上半年，我们以“为民解困”为第一要事，优先安排、重点部署、大力加强解决群众生活困难方面的工作。在抗灾救灾方面，系统规范春荒救助工作，制订了较为完善的救助落实方案，加大资金投入，各级共安排救济资金17.3亿元，其中中央10亿元，地方7.32亿元，春荒期间灾民生活得到妥善安排。制订和完善了各级自然灾害救助应急预案，修订实施了《民政部应对自然灾害工作规程》和《自然灾害情况统计制度》，建立了全国抗灾救灾工作综合协调机制，加强救灾物资储备，优化救灾手段，并与中组部、国家行政学院共同举办了省部级干部灾害应急管理专题研究班，提高政府应对突发自然灾害的应急处置能力。在落实城市低保方面，认真研究解决粮价上涨影响低保对象生活问题，积极探索和推行“分类施保”，规范低保工作程序，加快低保信息管理项目建设，确保低保金按时足额发放，截至5月底，全国低保人数达到2217.5万，经费投入68亿元。此外，总结推广辽宁等一些地方“爱心超市”的做法，创新社会救助方式。在完善落实五保供养和农村特困救济方面，在摸底分析情况基础上，探索农村低保制度，推进定期定量特困救济，加大对农村敬老院建设资金支持，认真总结推广了湖北“福星工程”、广西“五保村”、辽宁“中心敬老院”和河北“创建甲级敬老院”等创新做法。在推进医疗救助方面，与农村合作医疗制度相衔接，已在30个省份不同程度展开，14个省(市、区)出台了相关政策，732个县(市、区)正式启动了这项工作，建立了303个农村医疗救助示范县(市)，并参与国家艾滋病、血吸虫病、特种传染病等防治工作，提出了相应的救助办法，并从部本级彩票公益金中列支2000万元，专项用于艾滋病孤儿救助和安置。在救助管理工作方面，加大对有关问题的研究解决力度，加强与有关部门协作，与财政部联合下发了《关于做好城市生活无着的流浪乞讨人员中特殊困难对象跨省返乡工作的通知》，就流入省与流出省之间的职责、经费负担方式、跨省救助管理站的设立做出了明确规定，使特殊困难对象跨省返乡难题的解决迈出实质性的步伐。

(二)出台一系列重要法规和文件。在前几年工作的基础上，上半年，进一步加大了协调力度，先后出台了两部法规，三个文件。一是出台了《基金会管理条例》、《军人优抚优待条例》。《基金会管理条例》，以法规的形式将加强民间组织管理工作的方针固定下来，进一步明确了基金会的非营利性质，重新规范了基金会的设立标准、内部组织结构、财产管理使用和活动运作方式。这一条例的公布，为做好基金会登记管理工作，促进基金会的健康发展，提供了坚实有力的法律基础，必将有力地促进我国公益事业的发展。修订后的《军人优抚优待条例》，增加了批准烈士的条件和程序，提高了现役军人死亡一次性抚恤金标准，丰富了社会优待的内容和形式，强化了优抚工作的法律责任，对于保障军人的伤亡抚恤和军人优待，促进国防和军队建设将发挥重要作用，标志着新时期优抚保障体系框架基本建立。二是中央办公厅、国务院办公厅发了《关于健全和完善村务公开和民主管理制度的意见》、国务院办公厅转发了《关于扶持城镇退役士兵自谋职业优惠政策的意见》、《关于进一步做好军队离休退休干部移交政府安置管理工作的意见》。《关于健全和完善村务公开和民主管理制度的意见》，是我部牵头起草的并经中央政治局会议专题讨论通过的，标志着村务公开、民主管理工作取得了重大突破，为统一全党全社会的思想认识，进一步推进和规范村务公开、民主管理提供了政策和制度保证，必将对农村基层民主建设产生深远影响。《关于扶持城镇退役士兵自谋职业优惠政策的意见》，是我部联合8个相关部门起草的，就城镇退役士兵自谋职业享受就业服务、社会保障、学习进修、从事个体经济、税收、贷款、户籍等方面的优惠政策做出了明确规定，标志着退役士兵安置改革有了新的进展。《关于进一步做好军队离休退休干部移交政府安置管理工作的意见》，是经党中央、国务院、中央军委同意，中办、国办、军办批转我部和总政、总后等16个部门研究制定的。对离休军休干部安置去向、住房保障、政治待遇、生活待遇、医疗保障、安置管理和组织机构等7个方面做出了调整，标志着军休安置工作进入了一个新的发展阶段。另外，民政部出台了《民政部门实施行政许可办法》，就统一受理行政许可申请，统一送达行政许可决定，实施行政许可的程序和听证、变更和延续，对被许可人实施监督检查和责任追究等制度做出了明确规范，为《行政许可法》的贯彻实施作了必要准备。与此相关，民政部还制定了《民政部听证办法》、《民政部专家咨询办法》、《民政部公告发布办法》、《民政部促进新闻舆论监督办法》和《民政部关于通过因特网网站促进公众参与民政工作的办法》。上述法规和规范性文件的出台，为各级民政部门依法行政提供了依据，创造了条件。

（三）几项重要工作步入了新的起点。上半年，对一些具有明显周期性、阶段性的工作和具有广泛社会影响的工作，进行了系统总结，并对今后工作提出了明确要求。一是在勘界工作上，以国务院名义召开了全国勘界和界线管理工作电视电话会议，全面总结了勘界工作的成功经验，表彰了勘界先进集体和先进个人，安排部署了今后界线管理工作，明确提出了工作重点由全面勘界向依法治界转移的要求。二是在“星光计划”上，在西安召开会议，对“星光计划”实施工作进行了全面总结，并对下一步的项目管理做出了部署。三年来，全国共投入资金134.86亿元，共新建和改造各类“星光老年之家”32490个，为初步建立老年人福利服务体系奠定了基础，为推进社会福利社会化积累了经验，也推动了老龄工作、社区建设和福利彩票发行工作的全面开展。这次会议的召开，标志着为期三年的“星光计划”大规模集中实施阶段圆满结束，“星光计划”由建设为主转入规范管理为主、并鼓励地方继续兴建的新阶段。三是在婚姻登记工作上，在上海召开会议，全面总结了过去十年的婚姻登记工作，分析了当前婚姻登记工作面临的形势，提出了今后一个时期做好婚姻登记工作的基本思路和目标任务，并对婚姻登记需提交的身份证件、户籍证明，现役军人婚姻登记，禁止搭车收费等10多个问题作了明确规定，进一步促进了《婚姻登记条例》的贯彻执行。四是在双拥和军休干部安置工作上，与有关单位联合召开了全国拥军优属拥政爱民工作会议，命名表彰一批全国双拥模范城（县）、双拥模范单位和个人。召开全国军休干部安置工作会议，贯彻落实中央办公厅、国务院办公厅、中央军委办公厅转发的《关于进一步做好军队离休退休干部移交政府安置管理工作的意见》。五是在福利彩票发行工作上，2月份，在北京召开全国福利彩票工作会议，总结过去一年福利彩票工作，充分肯定了中国福利彩票发行17年来所取得成绩，并部署今年的福利彩票工作任务。7月份，又召开了全国福利彩票业务工作会议，分析了彩票发行管理工作面临的形势。截至6月30日，全国共发行福利彩票113.45亿元，实现了时间过半，任务过半，再创历史同期新高，福利彩票在全国彩票市场占有率也由去年的42.25％上升至56.86％，重新占据了彩票市场的主导地位。会议在肯定成绩的同时，分析了已经出现彩票诚信危机的严峻形势，对下半年强化管理，严格监督，诚信为本，安全运行以及圆满完成全年发行任务等提出了严格要求。六是在孤残儿童康复工作上，在西安召开会议启动了“残疾孤儿手术康复明天计划”，提出在2004年至2006年的3年期间，以福利彩票公益金投入为主，广泛募集社会资金，争取利用国内外相关资源，为社会福利机构中3万名左右具有手术适应症的残疾孤儿进行手术矫治和康复，完全恢复或部分恢复其身体功能，帮助他们回归家庭、回归社会，为他们创造美好的明天。“明天计划”是民政部门继“星光计划”后践行“三个代表”、落实“以人为本”的又一重大举措，既是改变受助儿童一生命运的大事，也是社会福利事业发展的重要内容。七是在地名工作上，在济南召开了全国地名工作会议，总结了11年来的地名工作，确立了新时期地名工作新思路，明确了新时期地名工作的重点由行政管理转向公共服务的要求。

与此同时，我们下发了认

真落实《中共中央国务院关于进一步加强和改进未成年人思想道德建设的若干意见》的通知；大力推进了“数字民政”工程和全国最低生活保障信息系统建设；组建了中国社会新闻出版总社，进一步整合新闻出版资源，实现了平稳过渡；重视并加大干部培训力度，培训层次已到县级民政干部。儿童涉外收养、计划财务统计、国际合作交流、人事教育、信访接待、新闻宣传和纪检监察等方面做了大量工作，工作都有新的进展。

第三个基本认识是：多年来民政工作取得的成绩应当充分肯定，但暴露出来的问题，敲响了管理工作的警钟，需引起高度重视。

上半年，新闻媒体和有关监督部门，相继曝光了民政业务管理中的一些问题，主要有：福利彩票发行管理和彩票公益金使用中的问题；救灾资金管理使用中问题；低保工作管理中的问题；殡葬管理、公墓建设和经营中的问题；社会救助管理中的问题等等。这些问题的存在和曝光，对民政部门形象造成了不良影响。这些问题虽然发生在个别地方，并不能代表我们工作的主流，但也确实反映了我们工作上的某些薄弱环节。有的是由于法规不健全、制度不完善、程序不规范的原因；有的是对现行政策法规执行不严、监督不力造成的；有的是因为工作职能、工作方式和工作作风转变不到位而产生的；也不能回避有的是由于一些干部职工责任心不强、工作失误，甚至以权谋私、弄虚作假的问题。对于我们工作中的问题，一定要正视，不能掉以轻心，要认真分析、大力整改，特别是不能允许失职和腐败的现象存在。

综观上半年的工作，总体情况良好、落实认真、实施严密、作风务实，重点工作有所突破、难点解决出现松动、全面工作平稳推进。之所以如此，一是领导力度加强、措施力度加大。党中央、国务院高度重视民政工作，加强了对民政工作的指导，上半年，党中央分别召开政治局常委会、政治局全体会议，专门研究村务公开和民主管理工作，国务院分管领导多次听取民政工作汇报，中央领导同志对民政工作做了152次重要批示，各级民政部门坚决贯彻落实中央的精神，加大工作力度特别是涉民方面工作力度，有力地推动了工作进步。二是增强了以民为本、依法行政和协调配合“三个意识”。坚持“以民为本、为民解困”的宗旨，把“为民”意识贯彻进民政干部职工的思想观念、工作制度和工作实践中，产生了积极的效果。坚持依法行政，加快立法、严格执法、强化监督，已在各级民政部门形成共识。坚持相关部门沟通会商，健全协调机制，进一步完善政府主导、部门协作、社会参与的工作机制，已成为整体推进民政工作的必由之路。三是加强了民政部门职能作用的发挥。我们切实履行职能、充分发挥作用，赢得了领导的重视、部门的配合、社会的关注。但我们也要看到，工作理念的形成、树立，只是初步的认识、认同，真正成为做好新时期民政工作的思想观念，自觉贯彻于各项民政工作之中，尚需在思想、措施上不断强化、深化。工作的推进、目标的实现和任务的完成，只是阶段性的，尚有许多难点、许多困难有待进一步攻克、解决。因此，我们要以更坚定的信心，更扎实的作风，切实抓好各项工作的落实，确保全年任务的顺利完成。

二、关于下半年民政工作的基本安排

下半年，要继续按照年初厅局长会议的部署推进各项工作。在此基础上，根据对上半年工作的分析，结合形势发展的需要，下半年要重点开好三个会议、加大推进两项改革力度、宣传学习一个典型、坚持不懈地抓好六项工作。

（一）认真开好推进社会救助体系建设工作会议、村务公开民主管理经验交流会议和农村专业经济协会经验交流会议

——推进社会救助体系建设工作会议，要在认真分析情况、总结经验的基础上，重点解决推进问题。要明确推进的思路、推进的目标和措施。在推进的思路上，确定为“单项突破、系统完善，点上突破、面上扩展”。“单项突破、系统完善”，是要先做好单项社会救助工作，力求突破，再衔接整合各单项社会救助工作，使之成为

互联、互动、互补的社会救助体系，并不断加以完善。“点上突破，面上拓展”，是要先在有条件的地方建立社会救助体系。一个或几个省、省内一个或几个地、市、县，有条件的，都应先行建立社会救助体系，做到“点上突破”；然后由点逐步扩展到面，实现“面上拓展”。建设社会救助体系要有必需的条件，各地的经济社会发展水平有差异，建立实施社会救助的标准和步骤也不同，社会救助体系建设不能搞整齐划一，要因地制宜。条件具备的地方要敢于实践、先行一步；整体条件尚不完全具备的省份，应在本地区选择一些地(市)、县(市)进行试点。在推进的目标和措施上，要以“高度重视、健全制度、加大投入”为重点。高度重视，就是要提高认识，统一思想，切实将推进社会救助体系建设作为大事、要事、实事来抓。这是推进的思想基础。健全制度，就是解决救助体系建设中的制度建设问题，包括低保制度、五保制度、农村特困救助制度、灾民救济制度、医疗救助制度、教育救助制度以及其他救助制度。这是推进社会救助体系建设的政策基础。加大投入，就是解决救助资金。资金来源主要有三条渠道，即中央、地方和社会，这是推进社会救助的物质基础。没有投入力度的加大，救助体系建设就将成无米之炊。

——村务公开民主管理经验交流会议。这个会议，重点研究深入学习贯彻《中共中央办公厅、国务院办公厅关于健全和完善村务公开和民主管理制度的意见》，交流经验、推广典型，按照“统一思想，完善规章，解决问题，加强指导”的要求，切实抓紧抓好这件关系亿万农民切身利益的大事。“统一思想”，就是要在充分认识村务公开和民主管理对于维护广大农民根本利益、发展基层民主、推进农村“小康”建设的重大意义，把思想统一到《意见》上来。“完善规章”，就是要对照《意见》进一步完善现有的村务公开和民主管理制度，切实做到村务公开内容全面真实、时间及时、形式和程序规范，涉及村民切身利益的事项要按照程序民主决策，严格村集体财务收支审批制度，健全民主评议村干部制度和村干部离任审计制度。“解决问题”，就是要加大监督检查的力度，把村民看得见、摸得着的问题作为村务公开和民主管理的重要切入点，一个问题一个问题加以解决。“加强指导”，就是按照《意见》提出的“建立健全党委和政府统一领导、有关部门共同参与、民政部门组织协调的领导体制和工作运行机制”的要求，既要充分发挥民政部门的职能作用，又要当好党委和政府的参谋助手，充分发挥组织协调作用。

——农村专业经济协会经验交流会议。这个会议，要认真总结推广成功经验，充分发挥示范和导向作用，对有关鼓励、引导的政策和规范管理问题作进一步的探索研究，重点培育和发展一批适应市场经济需要，深受农民欢迎，对当地经济发展有影响的农村专业经济协会。

（二）大力推进退役士兵安置改革和社会福利社会化

——要大力推进退役士兵安置改革。按照胡锦涛总书记等中央领导同志对退役士兵安置工作的重要批示，我们已经组成“深化退役士兵安置改革协调小组”，专题研究论证退役士兵安置改革问题。我们一定要紧紧抓住这个机遇，精心安排，周密部署，上下一致，共同努力，积极协商、配合有关部门，拿出切实可行的改革方案。这项工作总的要求是“着眼长远，统筹规划，体现优待，稳步推进”。“着眼长远”，就是要建立有利于国防和军队现代化建设、适应社会主义市场经济体制的退役士兵安置制度。“统筹规划”，就是要把政府安置就业与市场自谋职业、自主创业和灵活就业结合起来。“体现优待”就是要继续完善、认真落实退役士兵安置就业的各项优惠政策办法。“稳步推进”就是要把改革的力度、推进的速度和各方面的承受度结合起来。退役士兵安置改革是一项复杂、艰巨的任务，政治性强，牵涉面广，情况特殊，要周密谋划，耐心坚韧，力争今年见到曙光，明年实现突破。

——要大力推进社会福利社会化。社会福利社会化是我国福利事业发展的方向，近几年社会福利社会化的探索和实践取得初步成效，初显政府主导、部门配合、社会参与的发展局面，但仅仅是初步的、局部的，还必须在总结经验的基础上进一步解放思想、转变观念、大力推进。下一步社会福利社会化要按照“适时退出，民办公助，公办民营，积极稳妥”的思路推进。“适时退出”，就是要切实转变政府职能，政府在社会福利某些领域适时退出。“民办公助”，就是要突破既有禁区，使民办福利事业得到政府财政资金和彩票公益金的资助。“公办民营”，就是要对现有公有福利机构采取联合、兼并、托管、合资合作和股份制等多种形式进行改组改制，由社会力量经营管理，更多地让社会服务经营单位成为福利事业的承办主体，使福利机构真正成为自主经营、自负盈亏的法人实体，实现自我积累、自我发展。“积极稳妥”，就是要从本地区、本单位的实际出发，实事求是，既要考虑改革产生的巨大能量和带来的巨大动力，又要考虑人们的承受力和福利服务对象的具体情况，还要考虑与改革相配套的政策环境和外部条件，积极稳妥地推进。

（三）深入开展宣传学习周国知同志的活动

民政工作需要宣传，宣传民政需要典型，典型宣传需要策划。为此，民政部和湖北省委已向中宣部推荐，准备将周国知同志作为全国重大典型进行宣传。周国知同志生前是湖北省恩施州宣恩县椿木营乡民政助理员，参加工作 20 多年来，扎根在高寒艰苦的民族地区，淡泊名利，勤政廉政，深怀爱民之心，恪守为民之责，视广大群众为亲人，真心实意为人民谋利益，竭尽全力为百姓办实事，坚持不懈为群众做好事，甘做人民的“孺子牛”，在生命的最后时刻，仍心系困难群众，孜孜以求为困难群众排忧解难。周国知同志的事迹平凡而伟大，思想朴实而光辉，是实践“三个代表”的典范，用一生谱写了一切为了人民的时代篇章，用生命塑造了新时期民政工作者的光辉形象。民政部和人事部决定授予周国知同志“为民模范”荣誉称号，将在湖北恩施召开命名大会，同时，民政部将做出《向周国知同志学习的决定》。各地要认真组织、深入开展向周国知同志学习的活动，促进民政队伍建设、作风建设和廉政建设，用高尚的精神教育和塑造民政人，激励民政工作者更好为广大人民群众特别是最需要帮助的困难群众服好务。

（四）要坚持不懈抓好福利彩票发行管理、行政区划规划、民间组织管理、“明天计划”实施和自身建设等项工作

——要坚持不懈抓好福利彩票发行管理。当前，福利彩票发行面临的形势比较严峻，“宝马彩票案”虽是体彩出的事，但它损害了整个中国彩票的公信力，目前直接受到影响的是即开型彩票，财政部已发文在全国范围内暂停集中销售即开型彩票。实际上，电脑彩票的销售也受到一定程度的影响，给完成今年的福利彩票发行任务增加了难度。但今年福利彩票的发行任务不减，各地要因势利导，积极应对，改进落实措施，化不利为有利，化被动为主动，尽最大努力把“宝马彩票案”所带来的影响缩小到最低程度。下半年的福利彩票工作，总的要求还是我们一贯所坚持“一手抓发行、一手抓管理”。抓发行，目前主要在电脑彩票上多动脑筋，除了把“联合销售”做大做强、“在线即开”适时扩点、“网点即开”大力推广外，要加快试点“开诺彩票”、精心打造“双色球品牌”，进一步提高电脑福利彩票的综合竞争力。抓管理，目前主要是进一步加强电脑彩票的规范管理，完善各项规章制度，严格操作规程，加大监督力度，安全运行，确保不出任何问题，不断提高彩票的公信度、透明度。各级民政部门和福利彩票发行系统，要统一思想，坚定信心，沉着应对，迎难而上，群策群力，千方百计，确保完成今年 220 亿元的发行任务。

——要坚持不懈抓好行政区划规划。要坚持全面、协调、可持续的发展观，与城镇化发展战略紧密结合，有利于降低行政管理成本、提高行政效率、解放生产力、促进区域经济社会发展。下半年要完成省级和全国两个层面的规划编制。省级层面尚未完成编制任务的要加快步伐，按时保质完成并报送部里。全国层面要认真总结建国以来特别是改革开放以来的经验，分析我国行政区划设置现状，研究存在问题，把握发

展趋势，在深入调研、充分论证基础上，编制《中华人民共和国行政区划调整总体规划》。

——要坚持不懈抓好民间组织管理。下半年的主要任务是“实施好一个条例、修订好一个法规、深入研究三个问题、重点培育四类组织”。“实施好一个条例”，就是要认真实施《基金会管理条例》，积极完善配套措施，健全内外监管制度，形成各司其职、紧密配合的工作机制。“修订好一个法规”，就是要积极与国务院法制办协商合作，加快《社会团体登记管理条例》的修订工作。“深入研究三个问题”，就是要与教育部门共同研究贯彻落实《民办教育促进法》、规范民办学校登记管理的问题；要与卫生部门共同研究农村非营利医疗机构的登记问题；要与劳动和社会保障部门研究制定民办非企业单位从业人员的社会保险政策问题。“重点培育四类组织”，就是要重点培育发展符合市场经济要求的行业协会、农村专业经济协会、社区民间组织、公益性民间组织。同时，还要认真做好全国行业协会成果展览和全国先进民间组织的表彰工作。

——要坚持不懈抓好“明天计划”的实施。“明天计划”已经启动，是今后三年社会福利工作的重点。一定要满怀对残疾孤儿的关爱之情，以高度的责任感，实施好这项爱心工程，做到有实效、有影响。实施“明天计划”要做到“加强协调，做细准备，保证经费，抓好起步”。“加强协调”，就是民政系统上下要统一思想、协调行动，与有关部门和社会各界互相配合、互相支持，上下互动、内外互动、左右互动。“做细准备”，就是认真把握好实施的各个环节，对现有的残疾孤儿、病种类型、可康复手术情况要摸清底数、了如指掌，对康复手术医院要认真筛选、确定，对手术计划要深入研究、周密制定。“保证经费”，就是要多渠道筹集康复手术经费，以各级福利彩票公益金为主，社会捐赠为辅助，积极争取各级政府支持，确保资金来源，逐步形成孤残儿童手术康复的长效机制。“抓好起步”，就是开好局，起好步，不仅要认真做好残疾孤儿治疗康复准备工作，还要多宣传、创氛围、扩影响，先试点、再推广、奠定基础。

——要坚持不懈抓好社区建设。《居民委员会组织法》修订稿及修订说明要力争年内报国务院。要继续深入贯彻落实“四平会议”精神，加强社区基础建设，完善社区建设工作体制，强化居民参与意识和社区自治功能。积极研究社区服务机制，拓宽社区服务领域，创新社区服务形式，开发社区就业岗位，帮助下岗失业人员和困难群众在社区就业和再就业。继续抓好“万家社区图书援建活动”，办好全国社区文明风采电视大赛。

——要坚持不懈抓好自身建设。要继续坚持“民政工作要从机关建设抓起”的理念，注重队伍建设、机制完善、手段打造，认真“开展一个教育活动、适应一个要求、加快五个信息工程建设”。“开展一个教育活动”，就是要按照中央的部署，开展以实践“三个代表”重要思想为主要内容的保持共产党员先进性教育活动，从组织上、思想上、行为上体现共产党员的先进性。“适应一个要求”，就是要适应实施《行政许可法》，全面推进依法行政、建设法治政府的要求，切实做到职权法定、依法行政、有效监督、高效便民。“加快五个信息工程建设”，就是要加快全国低保信息系统工程、民间组织法人数据库工程、地名数据库工程、民政部网络安全与管理二期工程、社区“便民工程”建设的步伐，推进民政部门工作职能、工作方式和工作作风的转变，进一步提高民政部门的管理能力、决策能力、应急处理能力和公共服务能力。在此，我还要强调一点，就是目前正在研究制定“十一·五”规划，希望各地高度重视，抓住各级政府重视社会管理和公共服务的有利时机，力争把民政事业纳入当地发展规划。

其他民政工作，要按年初全国厅局长会议部署，认真抓好落实。当前，要特别注意做好抗灾救灾工作，这个问题，杨部长还要专门讲。其他工作，这里就不一一列举了。

下半年任务艰巨、繁重，抓好工作，要特别注意：在工作取向上，把更多的精力放在维护民利、解决民生、落实民权上；在工作推进上，把更多的精力放在促进改革发展稳定上；在工作运行上，把更多的精力放在健全完善政府主导、部门协作、社会参与的工作机制上；在履行职责上，把更多的精力放在建立健全法规、依法行政上；在指导工作方式上，把更多的精力放在发现、研究、解决问题上，努力高质量地完成年初全国民政厅局长会议确定的“健全一个体系、完善一个机制、促进两个发展、推进三项工作、加大四个力度”的工作任务。

三、关于民政领导工作的基本方法

在去年南戴河全国民政工作座谈会上，我重点讲了民政工作领导者应具有的意识问题。今天，借此机会，着重讲讲民政工作的领导方法。领导方法是领导干部解决矛盾、开展工作的谋略和办法。领导方法和领导意识是相通的，都是领导干部执政能力的重要组成部分。与领导意识相比，领导方法对于实践的指导更具直接性，领导意识总是通过领导方法指导实践。毛泽东同志曾告诫：“有了正确的方针政策，如果在工作方法上疏忽了，还是会发生问题的。”今天在座的都是民政系统的主要负责同志，我不想讲具体的工作方法，主要从宏观上谈点想法。

（一）要善于从宏观上思考问题。“不谋全局者不足以谋一域”。民政部门是政府的重要职能部门，民政工作是党和政府全局工作的一个领域，“围绕中心、服务大局”，既是社会行政管理的要求，也是发展民政事业的需要。民政工作要紧紧围绕党和国家的全局，谋划思路、规划工作，找到民政工作与全局工作的结合点和切入点，保证民政工作充满生机和活力，在全局工作中履行职责，发挥作用。因此，识全局、议大事，谋“一域”、管本行，是对民政领导工作的基本要求。识全局、议大事，就是要求民政领导者要懂全局，要清楚党中央、国务院的路线、方针、政策，清楚党和政府的工作重心和中心，清楚面临的工作形势。不清楚全局，不明白中心，不研究形势，难以使民政工作与党委政府工作合拍，也难以使民政工作适应形势发展。由于民政工作点多面广，具体任务繁杂实际，因此上下普遍存在对全局特别是与民政工作没有直接联系的党委和政府重要工作，往往理解不深，对经济社会发展形势，研究不够。反映出全局、大局意识不强。这是必须克服的问题。谋“一域”、管本行，就是要求民政领导者要立足全局，研究民政工作，做好民政工作，认真履行职责，为全局工作和中心工作服务。同时，也要善于在形势发展变化中思考、决策民政工作，使民政工作与时俱进，与时代同步。

（二）要善于研究带规律性的问题。认识规律、遵循规律，是科学认识论的基本原则。规律是根据客观事物内在联系而提出的法则。民政工作有其发展规律，认识、把握、遵循和运用这些规律，是领导方法的高要求，也是做好民政领导工作的重要前提。认识规律，遵循规律，有两点要特别注意，一是求真务实。“求真”，就是认识规律、把握规律，在实践中运用科学认识方法获得民政工作的本质性知识，在领导工作中减少盲目性，克服片面性。就整体民政工作来讲，民政工作的主线在“为民”、民政工作的开展在“依法”、民政工作的发展在“改革”、民政工作的根基在“基层”、民政工作的绩效在“务实”、民政工作的决策在“科学”、民政工作的关键在“人才”等等，都是带有规律性的认识。当然，每一项具体业务也有其发展变化的规律，需要我们去认识把握，并用来指导我们的工作。“务实”，就是在认识和把握规律的基础上，尊重客观、遵循规律，一切从实际出发，脚踏实地求实效。二是调查研究。如何获得规律性的认识？主要靠实践。在实践过程中，需要深入实际，了解情况；需要深入思考，寻找事物的规律。对于领导干部而言，调查研究是获得规律性认识的重要方法。对调查研究工作，民政部门是一贯重视的，但质量不高，效果不理想，原因是调查不扎实、研究不深入，犯了“知之不真”的毛病；了解的东西是零碎的而不是系统的、片面的而不是全面的，知其利而不知其弊，知旧传统而不知新变革，犯了“知之不全”的毛病；对了解的情况，缺少科学分析和研究、缺少深入思考和升华，停留于表面现象，只知其表、不知其里，只见现象、不见本质，犯了“知之不深”的毛病。正像有的基层干部批评的那样，“重汇报轻考察，重材料轻事实，重硬件轻软件，以汇报水平衡量工作质量，以数字大小衡量工作成果，以制度是否上墙衡量判断领导是否重视，以记录是否齐全判断工作是否落实。”结果是基层也下了，实际也接触了，调查也做了，就是与规律性认识无缘。这个问题应引起大家的注意。

（三）要善于在出思路、定政策、制法规上下功夫。领导者最重要的职责就是出主意、出思路，民政工作的最重要依据就是政策、法规。思路决定工作的方向，政策法规是开展工作、解决问题，管长远、保长效的工作措施。因此，理清工作思路，争取出台政策，尽快完善法律法规是各级民政领导者特别是部省民政部门领导最重要的职责。希望大家一定要强化这方面的意识，多调查、多思考、多研究，多出思路、多出政策、多出法规，不断完善民政工作思路和政策法规，保证民政工作规范、高效和严格依法行政。说到依法行政，我再次强调，《中华人民共和国行政许可法》已经正式实施，部里已制定实施办法，希望同志们按照国务院《全面依法行政实施纲要》的要求，增强依法行政意识、责任意识、服务意识、行政监督意识，坚决做到合法行政、合理行政、程序正当、高效便民、诚实守信、权责统一，公正执法。

（四）要善于吃透“两头”、正确决策。吃透“两头”，就是要理解“上头”精神，了解“下头”情况。这是正确决策的前提和基础。吃透“上情”，要了解经济社会发展的大形势，了解党和国家的中心工作，了解中央的战略部署。吃透“下情”，要了解基层的情况，了解实际的问题，了解群众的需求。而且是真了解、真懂。吃透“上情”，主要靠学习、理解。吃透“下情”，主要靠深入实际、调查研究。正确决策，主要靠依法、民主、科学。就是要做到决策内容合法、程序合规；坚持民主集体决策，广泛听取意见，杜绝一个人说了算；实行决策责任制，坚持“谁决策、谁负责”，防止随意决策、草率决策，不断提高民政工作的决策水平。

（五）要善于动员社会力量参与民政。民政工作是政府的行政管理工作，但民政事业的发展单靠政府是不够的，必须有社会的支持、公众的参与。民政工作的领导，不仅要认识和重视社会力量参与民政事业发展的必要性、重要性，而且要有动员和组织社会力量参与民政事业的领导方法。要明确扩大社会参与不是政府甩包袱，更不是一种无政府状态。民政工作的机制是政府主导、部门协作、社会参与。社会参与是在政府主导下的，政府任何时候都是主导者、领导者、责任者。要善于宣传民政。通过各类媒体、更重要的是通过“以民为本、为民解困”的工作实效来宣传民政，让公众了解民政、理解民政、支持民政。要建立社会力量参与民政的动员机制和进入机制。采取切实有效的措施，动员和方便社会力量参与民政；与转变政府职能相结合，加快培育发展民间组织、特别是社会公益组织和慈善机构，发挥它们的作用，把它们的工作纳入民政事业发展的总体规划中；制定相应的政策，支持和保护积极参与民政事业发展的社会力量，使他们的合法活动得到扶持、合法权益得到保障。要坚持政务公开、决策透明，社会救助资金和社会捐赠款物的募集、使用和产生的效果，要适时向社会公布，让公众经常了解民政，经常对民政工作进行监督，提高社会公众参与度。这里，我再讲点推进社会慈善事业发展问题。社会慈善事业是社会参与的重要组成部分，从某种意义上讲，社会慈善事业发展程度是衡量社会参与的尺度。改革开放以来，我国的慈善事业有很大发展，但总体上讲是重视不够、支持不够、发展不够。民政工作与慈善事业相连，民政部门与慈善机构有关，我们首先要重视起来，通过我们的工作，激发广大人民群众和社会组织的善心善举，推进社会慈善事业的蓬勃发展。

同志们，今年时间已经过半，上半年的工作打下了良好的基础，下半年要再接再厉，坚持“以民为本，为民解困”，开拓进取、不断创新，为胜利完成全年工作任务扎实工作，为全面建设小康社会和推进社会主义现代化做出贡献！

在全国民政工作年中分析会议上的总结讲话

民政部部长　李学举

（2004 年 7 月 21 日）

同志们：

我们用两天的时间认真总结分析了上半年民政工作，大家认为，通过半年总结分析工作的形式，使我们对上半年工作情况和完成全年工作任务，都有了清醒的认识。这次会议，解决了对上半年民政工作"怎么看"问题，大家都赞同民政部对上半年工作的总结分析。解决了下半年民政工作"怎么干"的问题，大家都赞同民政部对下半年工作的安排。可以说，大家对上半年民政工作的总结分析，对下半年民政工作的安排部署，都已形成共识，望各地结合实际，再接再厉，狠抓落实，力争取得全年工作的胜利。

目前，正值汛期，救灾工作的形势比较紧张，会议期间，湖南、云南又相继发生了较为严重的灾害，民政部已派出两位副部长分赴灾区，指导救灾。下面我着重就进一步做好当前救灾工作谈几点意见：

今年上半年总的灾情特点是：灾情虽较常年同期偏轻，但局部灾害非常严重；大江大河汛情虽基本平稳，但局部强降雨导致山洪暴发、山体滑坡和泥石流、风雹等灾害发生频繁，危害极大。今年，山洪暴发、山体滑坡、泥石流和风雹灾造成的人员死亡和房屋倒损数量分别占到因灾人员死亡和倒损房屋的 45％和 65％，是前些年没有的情况；局部极端气候造成的灾害危害程度，特别是局部特大暴雨导致的山洪、滑坡和泥石流灾害，使山区农田、道路交通、水电设施等损失惨重，给灾区群众的生产和生活造成难以恢复的破坏。前几天，北京、上海也遭受了较为严重的暴风雨袭击，内蒙古东北部、黑龙江西部等局部地区的旱情也十分严重，旱情已经超过了 1965 年，为建国以来最严重的春夏旱。根据有关部门预测，今年 7～8月份我国将出现南北两个多雨区，部分地区可能发生洪涝灾害，目前我国大陆正处于地震活跃期，存在发生 6 级左右地震的可能。

党中央和国务院对救灾工作高度重视，对受灾群众的生产生活十分关注。最近胡锦涛总书记、温家宝总理、回良玉副总理等领导同志对救灾工作做出的一系列重要批示。明确要求民政等部门高度重视汛期的救灾工作，加大对受灾地区的支持和指导力度，及时采取措施，确保灾区群众的基本生活；同时，特别强调要加强对救灾款物的管理，保证救灾款物发放的公开、公平、公正，确保救灾款物及时足额发放到群众手中。

为此，部里于 7 月 13 日下午召开部长办公会议，专题学习中央领导同志关于救灾工作的重要批示精神，分析今年灾害形势，研究当前救灾工作，努力把救灾工作做得更扎实、更有成效。

一、要密切关注汛期灾情，把救灾工作各项措施落实到位

目前，我国南方各地正处在主汛期，北方各地也将陆续进入汛期，全球气候变化导致的一些极端气候事件出现的可能性增大，使各地出现重大灾害的概率提高。各级民政部门要从实践"三个代表"重要思想和维护灾区社会稳定的高度出发，充分认识救灾工作的重要意义，以民为本，为民解困，切实加强对救灾工作的领导。7 月 19 日，胡锦涛总书记批示："湖南暴雨成灾，建议民政部、防总派出工作组指导抗灾、救灾工作，确保安全度汛，要妥善安排好灾区人民生活。"7 月 20

日，温家宝总理批示："目前，湖北、湖南、重庆、贵州、云南、福建、河南等一些地区暴雨成灾，必须全力做好抗洪抢险和救灾工作。为此，要重点抓好以下几项工作：一、加强领导，统一指挥调度，落实责任制；二、始终把保护群众安全放在第一位，及时转移危险地带群众，特别要防范山洪和突发地质灾害；三、妥善安置受灾群众，切实做到有饭吃、有衣穿、有住处，有干净的水喝；四、搞好卫生防疫工作，派医疗组下乡给群众看病，防止疾病传播；五、加强气象、水源测报，重视提防、水库等重要部位的安全防护，密切关注大江大河的汛情。我们一定要认真落实总书记、总理批示精神，按照年初全国救灾工作会议的部署，进一步落实救灾工作责任制，克服松懈麻痹思想，做好救灾人员、装备、资金和物资的准备工作，立足于防大灾、抗大灾和救大灾的准备。要提早与有关部门进行沟通与协调，在救灾工作中充分履行和发挥好民政部门的综合协调职责。要切实提高灾害应急响应能力，灾害发生后，要及时启动救灾预案，按照预案设定的转移、安置、物资调集、生活保障、医疗救护等应急行动规程，做好紧急救灾期内的灾民生活安排工作。紧急救援关键是做到三个到位：首先是人员到位。灾区各级民政部门要在第一时间到达现场，深入灾区，核查灾情，慰问灾民，开展救助工作。二是救灾物资到位。民政部门要努力做到在灾害发生24小时内将应急救灾物资落实到灾民手中，保证灾民有临时住所，有饭吃，做到基本生活有保障。三是救灾资金到位。要协调财政部门保证救灾应急资金的需要。如灾情较重，需中央支持，要及时申请报告。

二、要严格执行灾情统计制度，使灾情统计上报及时、准确

灾情统计工作是救灾工作的重要基础，是民政救灾工作的重要职责，也是社会各界及中央领导同志非常关注的工作。回良玉副总理就做好灾情统计工作做出专门批示：灾情统计是救灾决策、部署的基础和依据，绝不允许弄虚作假，既不能隐瞒不报、少报漏报，也不能随意编造、虚报多报。务必进一步健全统计制度，规范操作程序，强化责任审核，确保灾情数据真实可靠。

为落实回良玉副总理批示精神，部里进行了专题研究，进行了专项部署。各地要严格按照新颁布的《自然灾害情况统计制度》（民发〔2004〕21号）有关规定，进一步加强灾情信息管理工作。重大灾情发生后7小时内将初步情况报民政部，灾情稳定之前执行24小时零报告制度，报告要及时、准确、客观。对各地上报的灾情要认真核查、核定，严格把关。对不及时报灾或瞒报、虚报灾情的人员和事件要进行严肃处理。同时，要采取有效措施加快灾情信息通讯网络的建设步伐，指定专门人员，配置相应设备，做好培训工作，确保救灾通讯网络通畅。部里可以在适当时候开展一次绩效考核，对报灾及时、数据准确的省份将予以表彰，对报灾不及时、数据严重失真，甚至瞒报、漏报和虚报灾情的，通报批评。

三、要进一步规范灾害救助工作，提高灾害救助的效果

灾害救助各项措施是否落到实处，直接关系到受灾群众的安危冷暖，关系到受灾群众的基本生存权益，也直接影响到政府在百姓心中的形象。各级民政部门要按照部里的工作要求，进一步规范各项操作，提高灾害应急救助和荒情救济、灾后恢复重建等工作的效果。一是要根据《民政部应对自然灾害工作规程》，制定相应的规范性工作程序，提高对突发性自然灾害的应急处置能力和效率，切实做到灾后24小时把各项灾民救助措施落实到位。特别是需要加强同国土、水利、气象和地震等部门的协调，根据灾害预警和灾情，及时启动救灾应急预案，及时转移安置，保障受灾群众生活。二是要严格实施灾民救助卡制度和春荒救济上级备案制度，规范灾民救助工作。救助卡要发放到户，落实到人。今年春荒期间，地方政府在加大资金投入，保障灾民基本生活方面有了新的进展。但部分地区群众口粮短缺的问题依然严峻，需要我们共同采取措施，进一步加大投入，确保春荒后期和夏荒期间灾民基本生活不出问题。三是要认真做好灾后恢复重建工作，规范恢复重建管理制度。截止到目前，全国因灾倒塌房屋28.5万间，各地要抓紧时间对需要恢复重建的房屋做出重建规划，进一步加大工作力度和资金投入，争取在较短的时间内，完成恢复重建工作。民政部将根据党中央和国务院领导批示精神，抓紧制定《灾害应急救援管理规范》、《春(夏)荒和冬令救济管理规范》和《灾后恢复重建管理规范》等规范性管理文件，尽快使灾害应急救援、春(夏)荒和冬令救济及灾后恢复重建等救灾工作更加规范、有序。

四、要进一步加强救灾款物的监督管理，维护救灾工作的严肃性

救灾款物的发放历来是一项十分严肃的工作，需要高度重视、认真对待、规范操作、严格监督管理，不能出一点问题。救灾资金的使用和管理上出一点问题，对于政府的公信度和救灾事业的发展都会有很大的影响。

大家一定要明确救灾款物的使用范围，规范救灾款物的发放程序。中央救灾资金只能用于解决灾民无力克服的临时吃、穿、住、医等生活困难以及因灾倒塌房屋的恢复重建和损坏房屋的修缮补助，不能挪作他用。各地必须严格遵循专款专用、重点使用的原则，不得平均分配，不得截留、挪用，不得实行有偿使用。救灾款发放使用的重点是重灾区和重灾户，特别是保障自救能力较差灾民的基本生活。

救灾款物的发放要坚持公开的原则。各级民政部门在分配救灾资金时要遵循公开原则，并将分配方案报上级民政部门备案。基层发放救灾款物时，要将数额公开。在发放过程中必须坚持民主评议、登记造册、张榜公布、公开发放的程序，自觉接受社会监督。对灾民领取救灾款物实行专账管理，领取款物的灾民要签字捺印。在灾害应急时期的特殊情况下，如不能在发放前公示，事后也要及时予以公布。

各级民政部门要建立和完善救灾资金管理使用的监督制度，定期对救灾资金管理使用情况进行检查，掌握每笔下拨资金的发放时间、用向用途、使用效果等情况，发现问题及时纠正，确保救灾资金及时足额发放到灾民手中。

五、要抓紧做好救灾应急预案制定和修订工作

救灾应急预案是灾害应急机制建设的重要组成部分，对建立健全应对突发重大灾害紧急救助体系和运行机制，规范紧急救助行为，提高国家紧急救助能力，最大限度地减少人民群众的生命和财产损失，维护灾区社会稳定具有十分重要的意义。国务院2004年工作要点中已经把制订完善突发公共事件应急预案、建立健全突发公共事件应急机制、提高政府处置突发公共事件的能力，作为今年政府工作的重要任务之一。按照国务院统一部署，部里完成了《国家自然灾害救助应急预案》的草拟工作，已正式上报国务院审批。6月13日，华建敏国务委员主持会议对预案做了初审，回良玉副总理亲自参加并作了重要讲话，对部里的预案做了充分肯定。目前，各地的预案制订工作进展还不平衡，黑龙江等省市已完成省地县三级预案的制订工作，并已汇编成册。有些省份则进展较慢，至今连省本级的预案还没有出台。各地要按照部里要求和工作部署，加快工作节奏，抓紧制定、修订本行政区域的救灾应急预案。已经制定救灾预案的地方，要按照预案的要求，要组织开展必要的演练，检验预案的质量，并通过演练提高应急准备、指挥和响应能力，使救灾预案具有可操作性，能够在应急救灾工作中发挥应有的作用。同时，要根据实际工作中的经验教训，不断完善预案，提高预案的实用性和针对性。

六、要加快建立社会捐助制度

关于社会捐助工作，国务院在今年工作要点中明确要求民政部“建立社会捐助制度”，这对我们来说是一个新的要求。为了抓好落实，民政部门从捐助机构建设、创新捐助形式、拓展捐助领域到捐助效果，都进行了大胆探索，取得了很大的成绩，但也存在着制度不够健全、思想不够重视、宣传不

够到位等问题。这里，我再强调三个问题：一是要按照国务院的要求，建立和完善社会捐助制度，履行好管理、规范、指导、开展社会捐助的职责。社会捐助内涵比较广，既包括救灾、扶贫、济困，还应该包括助学、助医以及科技、文化、环境保护等公益领域。所以我们考虑是想出台一部规范社会捐助的法规，主要内容应该包括执法主体、捐助接受主体资格、规范管理、审计监督以及优惠政策等。现在正与有关部委和相关社会团体协商，广泛征求意见。但要出台一部全国性法规，需要做很多工作。我希望有条件的地方，可以先行一步，争取尽快出台地方性法规。通过依法行政来建立政府与民间组织的互动机制，在加强规范管理的同时，要特别重视发挥社会公益组织的作用，积极引导社会捐助事业的发展。二是要解放思想，创新社会捐助工作机制，积极探索"民政主导，部门协作，社会参与"的有效实现形式。凡是有利于推动、促进社会捐助工作的，都应该鼓励、支持，并大胆实践。要注意号召大中专学生和社会各界志愿者积极参与社会捐助公益活动，逐步建立"义工"服务制度。今年5月，部里下发了"关于在大中城市推广建立慈善超市的通知"，这项工作中央和国务院领导非常关注，各级民政部门一定要以开阔的视野观察思考问题，以开放的胸怀接受新事物、新经验，把建立、推广"慈善超市"这项工作抓实、抓好、抓出成效。三是一定要加大宣传工作的力度。宣传工作一直是我们开展社会捐助工作的一个薄弱环节，对此我们应给予足够的重视。目前我们的捐助接受站点功能没有得到很好发挥，与其知名度不高有直接关系。大家有爱心无处献或不知道何处可献的问题比较普遍。现在社会各界和新闻媒体十分关注民政工作，我们一定要抓住机遇，通过开办"捐助网络"、表彰"爱心捐助"、发布"公益广告"、举办"公益论坛"、聘请"慈善大使"等活动，主动扛起"慈善"的大旗，宣传公益理念，开展各种形式的社会捐助活动，创出几个"品牌"项目，同时要加强捐助款物的管理，严格发放程序，完善社会公示制度，做到"取之于民，用之于民，取信于民"，把社会捐助事业推向新的高潮。

最后我讲一下救灾专用车辆问题，这也是最近大家比较关心的问题。部里十分重视加强各级民政部门的救灾装备建设，我们深切的感到，必要的救灾装备是确保民政部门正常履行救灾职责的重要条件。地方民政部门救灾装备落后，不仅严重制约地方同志的工作，也困扰着民政部，部领导一直十分重视这个问题，采取多种渠道争取帮助地方解决这个问题。去年8月，在中国国际减灾委员会第一次全体会议上，回良玉副总理指出"针对救灾工作中部分地区技术含量低、通讯和救灾应急车辆差等问题，希望民政部商财政部专题解决和研究，特别要对灾害多发地区和中西部地区的救灾工作予以支持，保证救灾工作顺利开展"。会后，我们立即与财政部进行了协商。在财政部的大力支持下，我们争取到了2亿元中央财政专项资金用于购置救灾专用车辆，这也是中央政府各部门中一次性下拨最大的一笔车辆采购资金，也是民政部有史以来争取到的最大的一笔装备配备资金。

依照回良玉副总理的指示精神，经与财政部反复协商，这次救灾专用车辆支持的重点是中西部地区的县级民政部门，对地方经济比较发达，财力相对较好，这次未参加分配，希望这次没有得到支持的省市能够理解、支持。分配方案得到支持的省、市、区也要感谢这些省市的境界和风格。

为使资金发挥最大效益，依照《政府采购法》，我们采取了招标的形式来获取最优惠的价格，中标车辆价格比零售价降低了3—6万元。为满足大家的不同需求，我们这次选定了三档七款车型供大家选择。我们此次分配给各省的是一定的资金额度，你们可在额度内根据需要自主选择车型。资金额度的确定是根据以下因素：国定贫困县数量、民族县数量和车辆的平均价格。对内蒙古、广西、贵州、云南、西藏、青海、宁夏和新疆等8个老少边穷省份，适当扩大了配车范围。

各省在分配车辆时一定要首先满足国定贫困县、民族县，然后再考虑其他县。在选择车型时，要从实际需要出发，即不要追求豪华而选择大排气量车辆，也不要追求数量而使车辆不能满足工作需要。

此次配车体现了中央对地方的关心，体现了财政对民政工作的支持。此次分配的车辆是救灾专用车，要保证专车专用，为避免挪用，我们将这批车辆统一了颜色，并喷涂了专用文字。各地在做好本次中央配备车辆的发放使用的同时，要以此为契机，通过多种渠道努力改善救灾装备。各地可向政府申请专项资金，争取没有或不适用的救灾专用车的县都能配置和更新。

同志们，现在摆在我们面前的任务，就是要巩固上半年工作成果，努力做好下半年工作。让我们以更饱满的精神状态，以更扎实的工作作风，坚持"以民为本，为民解困"的宗旨，用更大的努力做好工作，确保全年工作任务的胜利完成。

积极发挥民政部门的职能作用 认真做好预防青少年违法犯罪工作

民政部部长　李学举

（2004年8月18日）

各位领导、同志们：

中央综治委今天召开全体会议，专门研究预防青少年违法犯罪问题，对于加强青少年教育，减少青少年违法犯罪，加强社会治安综合治理，维护社会稳定，都有着非常重要的意义。即将下发的《中央社会治安综合治理委员会关于深化预防青少年违法犯罪工作的意见》，重点突出，措施有力，对于加强和进一步推进预防青少年违法犯罪工作具有重要作用。按照会议的要求，我着重就民政部门如何履行职责，积极参与预防青少年违法犯罪工作谈三点意见。

一、加强社区建设，努力为青少年创造良好的成长环境

社区是青少年成长的重要环境。社区的社会风气、活动设施、和睦程度、学习氛围等社会环境，直接影响着青少年的健康成长。民政部门要在各级党委、政府的领导下，全面推进社区建设，努力为青少年创造良好的道德教育环境和成长的社会环境。

一是大力开展社区教育，切实改进和加强青少年思想道德建设。要按照《中共中央国务院关于进一步加强和改进未成年人思想道德建设的若干意见》的要求，采取有效措施，切实做好社区青少年的思想道德建设工作。要加强社区与驻区学校的共驻共建活动，资源共享，共同探索学生参加社区志愿服务的有效机制，积极开展各种形式的社区公益活动，丰富课外生活。要深入开展创建"青年文明社区"、"青少年法律进社区"、"未成年人零犯罪社区"、"小手牵大手"等活动，通过各种形式的活动使社会教育的措施落实到社区。这是做好预防青少年违法犯罪的重要前提。

二是强化社区功能，完善社区运行机制。要大力繁荣社区文化，美化社区环境，发展社区卫生，加强社区治安，拓展社区服务，合理配置和利用社区资源，提高居民素质和整个社区的文明程度，使社区秩序井然、治安良好，减少发案诱因。尤其要充分利用社区现有的各种小型文化、教育、体育等各种活动场所以及街区社区服务中心等设施，开展丰富多彩的、为青少年喜闻乐见的服务项目，积极引导青少年开展各类健康有益的活动，为青少年的健康成长营造良好环境。这是预防青少年违法犯罪的重要环节。

三是加强学习型社区建设，营造良好的社区学习氛围。要因地制宜，在社区建立和完善一批小型多样、方便实用的图书阅览室、“读书乐园”和“绿色网吧”，以“万家社区图书援建活动”和“万家社区读书活动”为载体，有针对性地增加补充面向青少年的，贴近青少年思想道德建设需要的优秀读物，提高青少年修养，增强自觉抵制不良读物的能力。

二、充分发挥村、居委会等各种组织的作用，建立预防青少年违法犯罪的群防群控网络

一是充分发挥村、居委会的组织、引导、协助作用。要加强基层党的组织、村民居民自治组织和民间组织建设，在农村和城市社区建立党支部领导、专职干部负责、群团组织参加的预防青少年犯罪领导小组，使这项工作有组织保证。村、居委会要掌握本区域内无业在家的闲散青少年、流动人口中的青少年特别是问题青少年的具体情况，把他们纳入日常管理、教育和服务的范围。真正做到不缺位，不遗漏。

二是充分发挥基层广大党员和积极分子的先锋模范和传帮带的作用。尤其要充分发挥老干部、老战士、老专家、老教师、老模范等“五老”队伍在预防青少年违法犯罪工作中的作用，带领青少年，积极投身社区内健康向上的文体活动和各项公益事业。

三是充分发挥社区志愿者组织团结、联系青少年的纽带作用。社区志愿者组织要经常组织多种形式的青少年社区志愿者活动，广泛联系和动员青少年参与，使青少年在社区实践中，经受磨炼，接受教育，与社区文明一起成长进步。

四是要充分发挥社区内心理健康教育、治保、法律服务等组织的作用。对两劳刑释人员特别是对有不良行为的未成年人以及他们的家庭开展有效的帮教工作，落实帮教和矫治措施。

三、采取有力措施，进一步加强流浪儿童救助保护工作

近年来，民政部门认真履行职责，先后建立起一批流浪儿童救助保护机构，积极开展流浪儿童救助保护工作。去年收容遣送制度改为关爱性救助制度后，我们继续探索适合青少年特点的流浪儿童救助保护工作的方式和途径，在预防流浪儿童违法犯罪方面起到了一定的效果。这项工作还要在三个方面进一步加强。

一是会同有关部门拟定流浪儿童救助办法，建立具有约束性的多形式、多渠道的流浪儿童救助管理制度。按照今年4月国务院协调会议提出的制定流浪儿童救助保护办法的要求，我部已开始了前期调研工作，形成了初步意见和建议。从总体上看，对流浪儿童的救助应实行与青少年身心特点相适应的带有保护性的运作方式，多样性地开展救助保护工作。应强化流入地机构救助，并充分发挥流出地社区和基层组织的作用，对问题家庭和问题儿童进行早期干预，做好相应的安置工作，防止儿童脱离家庭，流入社会。

二是大力抓好流浪儿童救助保护机构设施建设。我部从今年的本级福利金中拿出3000万元，资助各地省会城市、交通枢纽城市建设专门用于流浪儿童救助保护的机构，强化教育指导，增加服务功能，完善救助机制。各地民政部门积极配合，一些省也加大设施建设的投入。我们将逐步加大对这项工作的投入和指导，使流浪儿童的设施适应工作发展的需要，适合流浪儿童生存发展的需要。

三是加强部门协作，推动救助保护工作社会化。流浪儿童救助保护，需要在各级党委、政府的领导下，各有关部门的配合协作，动员社会力量积极参与。民政部门要认真履行职责，积极主动与有关部门密切合作，采取切实可行的措施。同时要以政策为导向，鼓励民间慈善组织和公民积极参与社会救助。

这次会议以及中央综治委《意见》印发后，我们将要求各级民政部门认真学习和贯彻这次会议精神，并按照《意见》精神认真落实，为预防青少年违法犯罪，推进社会治安综合治理，促进社会稳定做出新的更大的贡献。

加强领导班子思想政治建设
把“立党为公，执政为民”落到实处

民政部部长　李学举

（2004 年 8 月 20 日）

同志们：

去年 9 月，中直和中央国家机关领导班子思想政治建设座谈会召开后，民政部党组认真学习传达会议精神和贺国强同志的重要讲话，结合民政工作的实际，我们将“立党为公，执政为民”作为部领导班子思想政治建设的本质要求，并把“以民为本，为民解困”作为主要内容，从思想、作风、制度上，采取措施。下面，就这方面情况，作一简要汇报。

一、坚持“立党为公，执政为民”，要从思想上确立“以民为本，为民解困”的理念

我们把用“三个代表”重要思想武装头脑作为领导班子思想政治建设的首要任务。部党组认为，“三个代表”重要思想的本质要求是“立党为公、执政为民”。民政工作的主要任务是为最广大的人民群众服务，为最需要帮助的困难群众服务；工作主线是“维护民利、解决民生、落实民权”。解决好人民群众的生活困难，是民政部门维护改革发展稳定大局的重要举措；是民政工作围绕中心，谋全局、管本行的必然要求；是民政系统服务人民、奉献小康社会的具体体现，也是检验领导班子“立党为公，执政为民”的重要标准。为此，我们在年初提出了“以民为本，为民解困”的工作理念，并作为新时期民政工作的宗旨，以此强化民政干部“为民”观念，强化民政部门“为民”工作。由于这一理念符合时代的要求和人民的愿望，因而很快在全国民政系统形成共识，并迅即转化为实际行动。

二、坚持“立党为公，执政为民”，要从措施和作风上确保“以民为本，为民解困”的落实

坚持立党为公、执政为民，大力弘扬求真务实的精神，对于民政工作来说，就是要扎扎实实地为人民群众解难事、做好事、办实事。为此，我部在安排部署工作时提出，要把群众呼声作为第一信号，把为民解困作为第一要事，把求真务实作为第一要求，把群众满意作为第一标准。对于关系人民群众生活的工作优先安排、重点部署。

一是提高自然灾害紧急救助能力。制定了《民政部应对突发性自然灾害工作规程》，建立了救灾紧急响应等级和救灾应急资金、物资的紧急拨付制度，确保灾害救援的人员、资金和物资能够及时到位。目前，各地基本保证了受灾群众在灾后 24 小时内有水喝、有饭吃、有衣穿、有病能医，有临时住所。

二是完善城市居民最低生活保障制度。认真落实低保政策，把符合条件的城市困难人员全部纳入了低保，实现了动态管理下的应保尽保。认真研究解决粮价上涨给低保对象生活带来的困难，积极探索和推行“分类施保”，对城市“三无”人员、有危重病人、重症残疾人的低保家庭，实行重点救助。

三是搭建社区为民服务、为民解困的平台。大力加强社区建设，积极拓宽社区服务领域，开发社区就业岗位，帮助下岗失业人员和困难群众在社区实现就业和再就业。

四是拓展农村社会救济的内容。积极探索农村低保制度，推进定期定量特困救济工作，加大对农村敬老院建设资金支持，开展了农村医疗救助。

五是较大幅度地提高了重点优抚对象的抚恤补助标准，

积极推动地方建立了抚恤补助标准自然增长机制，基本解决了优抚对象医疗难和特殊优抚对象的生活难问题。

六是对城市生活无着的流浪乞讨人员的救助管理，积极联合有关部门认真研究救助工作的新情况新问题，不断完善救助办法。截至目前，全国已救助46万人，在社会上获得了积极的反响。

七是启动了“残疾孤儿手术康复明天计划”，将用3年的时间，为社会福利机构中3万名具有手术适应症的残疾孤儿进行手术矫治和康复，为他们回归家庭和社会创造条件。

为了把上述实事办好，在作风建设上，我们牢记“两个务必”，坚持求真务实，深入实际，始终与民政对象、与人民群众保持血肉联系。去年，部党组成员先后40余次率工作组到灾区检查指导救灾工作。先后派出62个工作组协助、指导地方做好救灾、灾后重建工作，安排好受灾群众的生活。去年杨衍银副部长先后20多次深入受灾地区，今年7月她在高烧未退的情况下，10天之内，3次分别到河南、湖南、云南、广西等地查灾。我们还大兴调查研究之风，每年年初下发民政部调查研究提纲，确定重点调研课题，并做到有计划、有检查、有成果、有表彰。

三、坚持“立党为公，执政为民”，要从制度上保证“以民为本，为民解困”的落实

在部领导班子思想政治建设中，我们注重研究解决新情况、新问题，完善体制，创新机制，加强法制，为维护人民群众根本利益提供制度保障。

一是探索建立城乡社会救助体系。在完善现有的各单项社会救助制度的基础上，确立了建设城乡社会救助体系的目标和任务。即以最低生活保障、灾民救助、农村五保供养为基础，以医疗、教育、住房、司法援助等专项救助为辅助，以优惠政策相配套，以社会互助为补充，政府责任明确，社会广泛参与，运转协调，资金落实，管理规范，网络健全，与社会经济发展水平相适应、覆盖城乡的社会救助体系。我部已会同有关部门相继出台或准备出台农村医疗救助、城市医疗救助、廉租住房救助、教育救助、司法救助等文件，以此推进城乡社会救助体系建设，为城乡困难群众的基本生活提供制度保障。

二是不断完善“政府主导、部门协助、社会参与”的工作机制。积极发展福利彩票事业，培育和发展基金会等民间组织，发动和组织社会力量，促进社会福利社会化。积极协调有关部门，争取支持和配合，有力地推动了为民解困工作的发展。

三是建立了“公开、公平、公正”的科学民主决策机制。我们提出了民政工作要“努力加大社会开放度、增强社会透明度、扩大社会参与度”。为此，我们制定了听证办法、专家咨询办法、新闻舆论监督办法、公众参与民政工作办法、公告发布办法等配套措施。要求凡是宜于公开的工作内容、办事、决策程序和相关会议都向社会公开；凡是涉及人民群众切身利益的事项都要及时公示；凡是重要政策法规和改革方案的出台都要进行专家咨询、论证和评估；凡是可以和需要社会化的工作都要动员、引导和鼓励社会力量广泛参与；凡是涉及公众切身利益的重大政策调整、重要立法和行政许可都要实行社会听证。进一步扩大了社会参与，完善了民政工作的科学决策机制。

四是加强法制建设。我们在加大行政审批制度改革力度，减少行政审批项目，做好行政许可法实施工作的同时，把“高效便民”作为依法行政的主要价值取向，把涉及人民群众切身利益的法规作为立法工作重点。2003年，国务院公布了《城市生活无着的流浪乞讨人员救助管理办法》，民政部出台了实施细则。今年，国务院公布了《基金会管理条例》、《军人抚恤优待条例》。我们正着手起草《社会救助法》草案和《居民委员会组织法》修订草案，启动了《五保供养工作条例》等的修订。

四、坚持“立党为公，执政为民”，要以班子建设带动机关和队伍建设

我们以思想政治建设为动力，抓班子，带队伍，加强机关自身建设，提高整体素质，为民政各项工作的改革发展和为民解困工作的落实提供了组织保

障。

在班子建设上，我们着重提高领导干部的思想境界、领导水平和实际工作能力。部党组多次以党组中心组学习的形式，组织交流学习"三个代表"重要思想和中央重要文件的体会，组织学习宪法、行政许可法、民政专业法规，召开业务工作报告会、民政工作分析会，举办民政工作论坛等，并将党组中心组的学习扩大到部机关和直属单位司局级干部。通过这些措施，领导班子增强了政治意识、大局意识和责任意识，提高了理论水平、政策水平和实际工作能力，提高了班子的凝聚力、创造力和战斗力。

机关是行政决策的中枢、政令传递的平台、行政执法的主体和为民服务的窗口，抓好机关建设十分重要。我们提出了民政部机关建设的目标要求，这就是要努力把民政部机关建设成为牢固树立"以民为本，为民解困"的理念，始终让中央放心、让群众满意的机关；建设成为始终保持与时俱进的良好精神状态，实事求是、开拓创新、紧跟时代前进步伐的机关；建设成为始终坚持"两个务必"，发扬优良作风的机关；建设成为始终团结协作、务实高效、管理有序的机关；建设成为具有凝聚力、亲和力、战斗力的机关。在机关建设上，我们注重讲人本思想，为干部职工成长成才创造环境，为干部职工的工作、学习和生活提供条件；讲管理理念，建立协调高效的工作机制，营造积极向上的工作氛围；讲聚结人心，铸造机关的亲和力和凝聚力。以每年"七一"部领导讲党课的形式，与干部职工交流思想，沟通情况。

在队伍建设上，我们明确了建设一支政治坚定，道德高尚、业务精通、作风优良的民政干部队伍的目标。认真贯彻《干部任用条例》，深化机关干部人事改革，在部机关原有的干部选拔任用制度和程序上，增加了民主竞争、竞争上岗选拔机制，形成了扩大民主，增加透明，公道公平的用人机制。去年以来，通过这一形式公开选拔了 18 名正副司局级领导干部和 23 名处级干部，实现了广大干部职工对干部选拔任用的知情权、参与权、选择权和监督权。

加强领导班子思想政治建设，意义重大。我们要认真学习贯彻这次会议的精神，学习借鉴兄弟单位的成功经验，按照中央的部署，继续抓好领导班子思想政治建设工作，坚持"立党为公，执政为民"，落实"以民为本，为民解困"，以良好的精神状态、扎实的工作作风，不断推进民政事业的改革与发展，在促进经济社会协调发展方面发挥更大的作用，为全面建设小康社会做出应有的贡献！

在全国推进城乡社会救助体系建设工作会议和全国发展农村专业经济协会会议上的讲话

民政部部长　李学举

（2004 年 9 月 8 日）

同志们：

这次全国推进城乡社会救助体系建设工作会议和全国发展农村专业经济协会会议，是按照今年年初的工作部署和年中工作分析会安排的，这两个会议要研究的主题，一个是推进问题，一个是发展问题。两个会议都很重要，一个关系困难群众的生活保障问题，一个关系农民群众的生产服务问题。国务院对这两个会议非常重视，回良玉副总理为此专门做出批示："推进城乡社会救助体系建设和发展农村专业经济协会，都是关系到经济社会发展全局的大事，也是新形势下要抓好的重要工作。赞同认真总结经验，分析问题以更好地推动工作。"我们要按照回良玉副总理的要求，把经验总结交流好，把问题分析研究透，把工作安排部署好，更好地推动这两项工作的发展。这两个会议同时放在山东省召开，是因为山东省在社会救助体系建设和发展农村专业经济协会工作中，取得了明显的成效，有可资借鉴的经验，有可供参观的典型。今天，两个会议的开幕式合并举行，开幕式后，会议将分别在青岛和烟台继续进行，杨衍银、姜力副部长将分别就这两个方面的工作进行部署。这里，我先讲几点意见。

一、关于社会救助体系建设工作

建立社会救助体系问题，是在传统的社会救济制度基础上，为适应新形势的发展和需要提出的。新中国成立后，党和政府始终把解决群众困难放在突出重要位置，高度重视社会救济工作。在国民经济恢复和社会主义改造时期，党和政府面对数以千万计的民众遭受贫困、饥饿、瘟疫和死亡的威胁，于 1950 年 4 月，中央人民政府组织召开了中国人民救济代表会议，成立了中国人民救济总会，在当时财政非常困难的情况下，拨出大量粮食和经费，对不同类型的困难群众给予不同的救济，使挣扎在死亡线上的人员有吃、有住，摆脱了死亡威胁。国民经济恢复后，随着整个国家经济形势的发展变化，社会救济工作开始由突击性的紧急救济走上经常化、规范化轨道。在进入全面建设社会主义时期，城市有劳动能力的人员在国有或集体单位就业，享受吃、住、医等多方面福利待遇，形成了就业与保障一体化的单位保障制度。农村农民的生老病死主要由生产队负责。与此同时，国家也下拨了大量救济款物，主要救济农村贫困户。这个时期，社会救济工作一项重要创新和发展是农村"五保"供养制度的建立。改革开放以后，社会救济工作开始进入了一个新的发展时期。适时调整了城市农村社会救济政策和救济办法，社会救济工作更加规范完善。特别是近些年，一些单项制度、法规陆续出台，1994 年颁布了《农村五保供养条例》，1999 年颁布《城市居民最低生活保障条例》，2002 年，国务院召开第十一次全国民政会议明确要求，社会救助工作要着力建立以救灾工作分级负责、救灾经费分级负担制度为基础，社会动员机制为补充，应急措施相配套的灾害救助体系；建立以城市居民最低生活保障和农村"五保"供养制度为基础，临时社会救济为补充，各项政策优惠相配套的社会救济体系；建立以经常性社会捐助制度为基础，临时帮困和送温暖活动为补充，社区服务相配套的社会互助体系。去年，又在全国城乡开展医疗救助试点工作；改革城市流浪人口社会救助制度，颁布了《城市生活无着的流浪乞讨人员救助管理办法》。目前，在全国范围，已建立和实施了城市居民最低生活保障制度、救灾制度、农村五保供养制度、农村特困户救助制度和流浪乞讨人员救助制度。医疗救助、教育救助、住房救助、法律援助等专项救助制度也正在积极推进。随着社会救助单项制度的不断健全完善，各项制度之间衔接配套、整体效率发挥的问题提上了日程，社会救助由单项制度向制度体系发展，进入了制度体系建设的新阶段。在这个新的阶段上，不仅需要通过改革逐步提高社会救济的规范化和制度化水平，而且要朝着建立社会救助体系的方向努力。现在的任务，就是要在推进社会救助体系建设上动脑筋、下功夫。

做好推进工作，要特别注意以下五个方面问题：

第一，领导要重视。党和政府的高度重视是推进社会救助体系建设的重要前提。一些地方的成功实践证明：经济发达、条件比较好的地方，领导重视，能够很快地建立社会救助体系；一些经济不发达、条件不怎么好的地方，如果领导重视，也能够调整财力，创造条件，建立起社会救助体系。对于社会救助体系建设工作，可以从多方面认识，最直接的有三点，一是责任。由于种种原因，无论经济发达地区还是经济欠发达地区，无论是经济发展了还是经济欠发展，一定数量的贫困人口都是长期存在的，都是需要救济和帮助的。这些困难人群包括城乡贫困户、鳏寡孤独、病残人员、灾民群众和特殊困难人群。救济和帮助这些困难群体，保障他们的基本生活，无论在什么时候，政府都要首先承担起责任。二是改革。新形势下，传统的救济制度需要改革，也必须改革，借以消除弊端、整合资源，使救济工作不但要保障困难群众的基本生活，而且能在促进社会公平、进步，调节社会矛盾，维护社会稳定上发挥作用。三是机制。制度和机制是管长久、带有根本性的。要解决救济工作的随意性以及法制不健全、制度不完善、标准不明确、程序不规范、资金不保证等问题，就必须在制度和机制上下功夫。现在提出建立社会救助体系，实质是救济工作系统结构的细化、整合，是一种社会救济的长效机制，解决的是困难群众天天困难的问题，使解决困难群众的基本生活有制度保证。

第二，思路要明确。推进社会救助体系建设，要有正确的推进思路。整体来看，我国经济社会的发展和综合国力的增强，不仅需要建设社会救助体系，而且具备了建立社会救助体系的总体实力和基本条件。但也要看到，我国经济社会发展不平衡，地区与地区之间、一个地区的不同区域之间，在对社会救助的需求上和推进条件上都存在很大差异，这就要求我们的推进工作，既要有共同目标和努力方向，有宏观规划和整体部署，又不能一刀切、搞整齐划一，不能用一个模式和统一的时间表要求。需要在整体部署下，根据各地实际情况，在内容上有多有少、在时间上有快有慢，鼓励各地在社会救助体系建设的整体框架中百花齐放、梯次推进。同时，社会救助体系的整体性很强，需要系统考虑和科学规划。在实施过程中、步骤安排上，一定要从具体实际出发，根据实施条件、群众需求等情况，区分轻重，分项建立，逐步推进。基于以上分析，在推进社会救助体系建设上，应该遵循“单项突破、系统完善，点上突破、面上扩展”的思路。“单项突破、系统完善”，就是要在社会救助体系的内涵建设上，根据人们生活的不同方面和需求的不同层次，先建立单项制度，力求突破，再衔接整合各单项制度，使之成为互联、互动、互补的社会救助，提高社会救助的整体效益，更好地满足困难群众的救助需求。“点上突破、面上拓展”，就是要在社会救助体系的区域覆盖上，根据当地的情况，在基本条件具备的地方率先建立社会救助体系，做到“点上突破”；条件暂时不具备的地方，要积极努力，创造条件，一个省不具备条件，可以在一些地、市、县首先建立。这样逐步由点扩展到面，实现面上拓展。

第三，制度要完善。做好社会救助工作，制度是保证。社会救助体系建设，一是要建立社会救助的制度体系。制度体系建设一定要以困难群众的生活需要为依据。困难群众的生活困难是多方面的，救助制度也必然是多项的。我们所建设的各项制度中，最低生活保障制度、五保供养制度、农村特困户救济制度，解决的是困难群众衣食等基本生活方面的困难。灾民的救济制度，是一种应急的救济，解决的是因灾造成生活生产的临时困难。医疗救助制度，是为了解决因病致贫、因贫致病群众的困难。住房救助制度，解决的是困难群众的住房困难。教育救助制度、司法援助制度等，解决的是人民群众生活中遇到的教育方面、司法方面的困难，帮助困难群众享有同其他人一样的受教育权利和司法权利。二是要抓好制度间的衔接。社会救助体系是要覆盖困难群众全部生活的，每个单项救助制度解决的是困难群众生活的某一方面问题，因此，必须衔接整合各单项社会救助制度，使各单项社会救助制度互通、互联、互补，构成一个有机的制度体系，编织一张广覆盖、有效能的社会救助网络。同时这些社会救助制度还要同国家的劳动、就业、保险等制度衔接好、配套好。三是要不断提升各项制度的层次。要把制度体系建设与制定完善社会救助法律法规结合起来，积极启动中央和地方社会救助立法工作，使社会救助在制度层面上从部门规章、专项条例向国家法律层次发展，逐步建立我国社会救助的法律法规体系，确保社会救助制度的长效性和权威性。

第四，资金要保障。资金，是社会救助制度的支撑。没有资金，就无法实施救助。拓展资金渠道，确保资金来源，是社会救助体系建设的一项最重要也是最困难的工作。做好这项工作，一要稳定资金来源。目前，社会救助资金来源主要是两个渠道，即政府投入和社会捐助。政府投入是主渠道。政府投入包括中央财政的直接投入和转移支付、地方各级财政的投入。中央财政的投入逐年递增，2003年中央财政投入达到135亿多元（城市低保92亿，救灾40.5亿，医疗救助3亿）。地方财政由于种种原因，投入少或投入不到位。这是一个很大的问题，要认真对待，设法解决。除了多争取、多协调之外，要积极推动政府公共财政体制的建立和完善，要争取通过立法、预算来保证政府的投入。社会捐助，是社会救助资金来源的辅助渠道。要推进社会捐助经常化、制度化，要建设好各地的社会捐助站，推广"慈善超市"等各类社会互助的方式，广泛开展各种扶贫帮困送温暖活动；要大力发展福利彩票事业和慈善事业，动员社会各界有资有识人士，捐助社会救助事业，筹集善款，保证社会捐助渠道的畅通。二要规范资金发放。社会救助资金来之不易，是"救命钱"，必须保证真正不折不扣地用在需要救助的困难群众身上。一些地方屡屡发生贪污、挪用、挤占社会救助资金的事件，性质恶劣，虽然都进行了严肃处理和依法制裁，但影响极坏，不能容许这类事件再继续发生。杜绝此类事件，既要有严格的资金监督机制，但更为重要的是要有规范的资金发放渠道和公开透明便于监督的发放环节。许多情况表明，发放渠道不顺畅，中间环节过多、不透明，救助资金的跑冒滴漏就难以避免，贪污、挪用、挤占现象也会由此孳生，"救命钱"就难以如数及时落实到困难群众那里。要规范直接下拨、社会发放的办法，减少中间环节，坚持公开透明，确保救助资金足额、及时、顺畅地发放到困难群众手中。三要严格资金管理。社会救助资金要坚持和健全专项预算、专户管理、专款专用制度，确保资金安全。在救助资金管理中还应该学习和推行先进的项目管理方法，通过项目立项争取政府财政的预算，运用项目影响募集社会资金，按照项目的科学管理方法规范资金运作程序，防止资金使用失误造成浪费。

第五，工作要协调。社会救助体系包含着多个单项社会救助制度，这些制度建设的内容分属于不同的部门单位，如城市低保、农村五保和特困户救助、流浪人口救助、医疗救助等属于民政部门的职能范围，住房救助在多数地方属于城市建设部门的职能，教育救助、司法援助等是教育、司法部门的职能。即使是属于民政部门职能的低保、五保、流浪人口和医疗救助，没有财政、公安、卫生等部门的配合也是难以实施的。因此，推进社会救助体系建设，单靠民政部门一家不够，必须有相关部门的支持、配合，形成集合力量。协调好各个方面的力量，是社会救助体系建设的重要内容。推进社会救助体系建设，要建立政府主导、部门配合、民政牵头的工作机制。各级民政部门要切实履行牵头的职责，积极向政府领导建言献策、出谋划策；主动协调相关部门，有的要寻求相关部门的配合，有的要积极配合相关部门。同时，民政部门还要搞好内部的协调。属于民政部门职能的社会救助项目，在民政部分属不同的司、局，在地方民政部门分属不同的处、室、科，搞好内部协调至关重要，应该在领导分工上、工作交流上加强协调配合。只有加强部门间的协调、协作和配合，才能实现制度间的衔接和制度各要素的配套，才能实现社会救助资源的整合和高效运用，才能实现社会救助体系建设的整体推进。

二、关于发展农村专业经济协会工作

农村专业经济协会是我国经济社会发展到一定阶段的必然产物。上一个世纪九十年代以来，伴随着我国社会主义市场经济的发展、农村改革的逐步深入和对外开放的不断扩大，一些地区的农民为适应生产商品化、经营市场化的要求，为提高农业生产的竞争力和抵御市场风险的能力，根据生产发展的需要，自愿组成了种类繁多的农村经济、科技等组织。进入二十一世纪以后，比较多地涌现了以会员制为主体，以非营利为目的，民间组织特征比较明显的各类农村专业经济协会。民政部门高度尊重农民群众的首创精神，主动顺应农民群众参与经济社会事务管理的美好愿望，从履行职能出发，审时度势，抓住机遇，及时把各类农村专业经济协会纳入了民间组织培育发展的范畴，于2003年制订了《关于加强农村专业经济协会培育发展和登记管理工作的指导意见》，适当降低了准入条件，放宽了发展范围，简化了登记程序，各地也结合实际，积极采取培育措施，有力促进了农村专业经济协会的发展。目前，全国有农村专业经济协会10万个，其中，已在民政部门登记注册1万多个，涉及农、林、牧、渔等产品的种植、养殖和加工，并扩展到农村流通运输、销售、信息服务等诸多领域，给农村经济社会的发展注入了一股新的活力，已成为振兴农村经济、为农民生产服务的一支重要力量。应该看到，农村专业经济协会近几年虽有一定的发展，但总体上讲还处于起步阶段，无论是数量还是质量，都远远不能适应农村经济社会发展的需要。因此，今后一个时期，农村专业经济协会不但要注意规范登记、加强管理，更重要的是加快培育发展。通过加快培育发展，使规模更强大，种类更丰富，结构更优化，布局更合理，作用更明显，促进我国农村全面、协调、可持续发展。

做好发展工作，要特别注意以下三个问题：

第一，要提高认识。农村专业经济协会是为农业生产、销售和技术推广提供服务，实行自我管理、民主决策、互助合作的公益性民间组织。它在农民与政府、农民与市场、农民与农民之间建起沟通的桥梁、联系的纽带、服务的平台，能够加强农业生产经营领域的协作合作，能够推广农业先进科技成果的应用，能够提高广大农民的收入，能够促进农村经济结构的调整、农村社会化服务体系的完善和农业的专业化、产业化、现代化，推动农村精神文明建设和维护农村社会稳定。各级民政部门要从贯彻“三个代表”重要思想、落实科学发展观的高度，着眼于新世纪新阶段党和国家发展的全局，充分认识到加快培育发展农村专业经济协会，是深化农村各项改革的客观需要，是实现广大农民参与经济社会事务管理美好愿望的有效途经，对促进经济与社会协调发展、城市与农村协调发展和人的全面发展具有重要意义，切实增强做好培育发展农村专业经济协会的责任感和紧迫性，切实加强领导和指导，把培育发展农村专业经济协会摆上议事日程，认真研究制订农村专业经济协会专项发展计划和实施方案，建立健全扶持农村专业经济协会发展的各项政策和落实措施，丰富发展的内涵，拓宽发展的思路，破解发展的难题，壮大发展的实力，努力使农村专业经济协会适应我国农村经济社会发展的需要，切实把农民的生产积极性保护好、发挥好、引导好，切实把农民的切身利益实现好、维护好、发展好。

第二，要精心培育。农村专业经济协会在我国是一个新生事物，是农民群众自发组织起来的，主要分布在农村基层，大多比较稚嫩，规模小、资金少、人才缺，技术水平还不高，信息不很灵，条件比较简陋。鉴于这个实际情况，目前的农村专业经济协会尤其需要政府的精心培育。一是要注意引导。帮助农村专业经济协会按照民间组织的运作方式开展活动，保持民间性、民主性、自愿性、独立性和非营利性，实行自我管理、自我决策、自我发展，以生产、加工、营销和技术推广为纽带，服务会员、服务社会，切实做到民办、民管、民受益。二是要放宽准入条件。农村专业经济协会一般规模小，经费来源有限，会员也受地域的影响。各地要在现有的基础上，继续放宽范围，简化程序，降低门槛，拓展培育的思路，条件基本具备就及时发展，对有较好发展前景但暂时达不到条件的，民政部门可以实行“批准备案制”，先将其纳入培育发展的范围。三是要加大扶持。培育农村专业经济协会涉及面广，民政部门要按照“政府主导、部门协作、社会参与”的工作机制，充分发挥政府部门的职能作用，加强与有关部门的协商和配合，争取方方面面的支持，研究制订加快发展农村专业经济协会的扶持政策，为扶持农村专业经济协会发展提供明确的配套政策，鼓励协会兴办经济实体，增强协会发展实力。对于农村确实需要成立而经费困难的农村专业经济协会，民政部门给予真心实意地关怀和大力支持，积极向党委政府建议，帮助他们渡过难关。新生事物的成长总需要一个过程，切忌急于求成，不能求全责备，需要的是耐心、关爱和呵护，需要细致周到的服务，民政部门要强化服务意识，寓管理于服务之中，努力为协会提供调查服务、巡回服务、上门服务、电话咨询服务、网络信息服务，方便协会、方便当事人，千方百计解决协会培育发展中的难题，为协会开展工作创造有利条件。

第三，要加强指导。民间组织的生命力在于作用的发挥，农村专业经济协会长久的发展动力是真正发挥作用。许多农村基层自治组织“统”不了、政府部门“包”不了、单家独户“办”不了的事情，农村专业经济协会可以发挥重要作用。民政部门加强指导，主要是引导农村专业经济协会提高自身能力，真正发挥应有作用。一是维权作用。维护本行业权益是农村专业经济协会作为民间组织的最基本的职能，各类农村专业经济协会是本行业根本利益的代表，是为行业的整体利益服务的。农村专业经济协会通过合法渠道向政府反映大多数会员的意见，确保政府的决策更适合行业的发展，不会损害行业的利益，尤其在参与国际市场竞争、解决贸易争端等方面，要充分发挥维权作用。二是服务作用。为广大农民提供生产、经营和技术推广服务，是农村专业经济协会又一项基本职能。农村专业经济协会自身也要强化服务观念，不断提高服务水平，正确指导农民选择有市场潜力和发展前景的农产品进行生产经营，实现产业化，取得规模效应，促进农村产业结构的调整；协会要通过多种形式进行招商引资，筹集生产资金，举行展销、营销、促销等活动，促进农产品的市场流通；协会要组织技术培训，开展技术指导，普及有关科技知识，促进农业科技水平的提高；协会还要抓扶贫济困，帮助困难农户发家致富，促进农村的共同富裕。三是桥梁纽带作用。农村专业经济协会是会员连接政府、市场和社会的中介，是会员利益的真正代表，协会既要把会员的意见和要求及时反映给政府，也要把政府的方针政策、市场的需求信息和社会的要求反馈给会员，从中寻求共解、达成共识，实现双方甚至多方之间的互动互助，互进互赢，共同发展。四是自律作用。农村专业经济协会要教育和监督会员遵守国家法律、法规和政策，建立以章程为核心的内部规范管理制度，遵守行规行约，严肃行业纪律，形成良好的自律机制，协调行业内部各会员之间的利益关系，平息纷争，化解矛盾，抑制不当行为，保护合法经营，对破坏行业秩序者予以行业惩治，严重违规违法者可建议政府行政部门给予行政处罚，维护公平竞争。

培育发展农村专业经济协会是民政工作服务大局的重要工作，是民间组织管理工作新的增长点，艰巨而复杂。在培育发展的过程中，要注意以下几点：一是注重数量和质量统一。没有一定的数量就构不成规模，形不成辐射力、影响力；没有一定的质量就谈不上真正发挥作用，就会自生自灭。因此，农村专业经济协会的培育发展要注重数量和质量统一，注意布局合理、种类丰富、结构优化、规模壮大，着重提升能力、发挥作用。二是尊重自愿和自主。农村专业经济协会是公益性民间组织，具有自愿性、自主性，必须坚持民办、民管、民受益，按照符合民间组织特点和规律的方式来引导，实行志愿参与、自主决策、自我服务、自我管理，不能建“官办”协会，不能有行政化倾向，不能搞行政化组合，政府不能对其发号施令。三是坚持非营利性。非营利性是农村专业经济协会的基本属性，在培育发展中必须严格区分和把握协会同企业、公司、农村经济合作组织之间的界限，不能以发展农村专业经济协会为由，将纯经济性实体、营利性组织协会化。同时，我们鼓励农村专业经济协会开展创收，但必须有前提，这个前提就是非营利性，绝不能偏离非营利性而使协会组织实体化、企业化。凡是营利性特征比较明显的协会组织，可以通过做工作，转变为经济实体，到工商部门登记注册。四是因地制宜，不搞一刀切。农村专业经济协会只有依托当地的专业基地和支柱产业，才能得到生存、发展和壮大。因此，各地在培育发展农村专业经济协会的过程中，要从促进当地农业产业结构调整，发展特色效益农业、优化农业品种品质和布局的总体目标出发，坚持因地制宜，坚持多样性，不用一个版本、一个标准、一个模式去规范所有的协会。凡是农民欢迎的，实际管用的，都要放手让农民自由自主地发展，在发展中总结经验、调整布局，做到有序发展，避免强求统一、拔苗助长、一切照搬、一哄而起。五是典型示范，龙头带动。发展农村专业经济协会是一种组织创新和制度创新，培育发展工作没有现成的路子可走，需要深入开展调查研究，认真总结和推广培育发展的好经验，积极探索和寻找培育发展的好做法，大力宣传和表彰培育发展的好典型，力求趟出一条培育发展的好路子。在协会的具体组建上，要发挥龙头、能人的带头作用，以专业大户为核心，按照一个能人开发一项技术、组建一个协会、辐射一批群众、带动一个产业的思路组建。总之，要加快培育发展一批规模大、机制活、市场竞争力强、具有示范导向的农村专业经济协会，形成强的辐射力、大的影响力，促进我国农村经济社会发展。

同志们，摆在我们面前的这两项工作十分光荣而艰巨。我们要坚定信心，迎难而上，团结一致，奋力拼搏，积极推进社会救助体系建设，加快培育发展农村专业经济协会，把“三个代表”重要思想和以人为本、全面协调可持续的科学发展观落到实处，为全面建设小康社会、加快推进社会主义现代化做出应有的贡献！

在全国优抚工作会议上的讲话

民政部部长　李学举

（2004 年 9 月 24 日）

同志们：

在党的十六届四中全会刚刚胜利闭幕、建国 55 周年即将到来之际，我们召开全国优抚工作会议，学习贯彻新的《军人抚恤优待条例》，集中研究新时期优抚工作的问题。开好这次会议，必将对我国军人抚恤优待事业产生重要影响。

改革开放特别是 1998 年拥军优抚安置工作会议以来，拥军优属、优抚安置工作以邓小平理论和“三个代表”重要思想为指导，认真贯彻落实党中央、国务院、中央军委有关拥军优抚安置的一系列指示精神，从国家发展和军队建设的需要出发，围绕大局、服务中心，坚持在继承中发展，在困难中探索，在改革中前进。各级政府高度重视，把拥军优抚安置工作纳入当地国民经济和社会发展总体规划，统筹考虑，统一部署；有关部门密切配合、相互支持、齐抓共管、形成合力；民政系统和广大优抚安置战线的工作人员情系优抚安置对象，完善政策、规范管理、狠抓落实，做了大量艰苦细致工作。通过大家的共同努力，比较好地维护了优抚安置对象基本权益，推动了各项优抚安置事业的健康发展。借此机会，我代表民政部，向多年来关心、支持拥军优抚安置工作的军地各有关部门，向为拥军优抚安置工作付出努力的各级领导和全体同志表示衷心的感谢！向为我国革命和建设事业做出贡献的广大优抚安置对象表示崇高的敬意！

今年8月1日，国务院、中央军委批准公布了新《军人抚恤优待条例》，这充分体现了党和政府对军人抚恤优待工作的高度重视，对广大优抚对象的亲切关怀，对于做好新时期军人抚恤优待工作，保障军人的抚恤优待权益，促进国防和军队现代化建设，服务改革发展稳定大局，具有十分重要的作用。一会儿，罗平飞同志将结合《军人抚恤优待条例》的贯彻落实，对优抚工作进行系统总结和全面部署。希望大家认真学习理解、自觉贯彻落实。下面，我就如何进一步做好新形势下优抚工作，先讲几点意见。

一、追溯历史，充分认识优抚工作的地位作用

军人抚恤优待工作是一项传统工作，随着国家和军队的产生而产生，随着经济和社会的发展而发展。我国是优抚历史悠久的国家之一，对军人的抚恤优待孕育于原始社会末期，诞生于奴隶制社会时期，发展于封建社会阶段，成熟于民主主义革命和社会主义建设时期，改革开放以来开辟了优抚工作的新纪元。

随着奴隶制国家的出现，奴隶主之间用暴力掠夺财富的军事冲突便随之产生，战争的需要产生了古代军队和军事制度，为了鼓舞士气，获取战争的胜利，统治阶级开始重视对军人及其家属的优抚。西周时期，太公吕尚辅佐周武王治军，曾提出“凡行军吏士有伤亡者，给其丧具，使归而葬，此坚军全国之道也。军人被创即给医药，使谨视之”。意思是说，对战死的军士要置备葬具安葬，对受伤的战士要妥善照顾。秦国在商鞅变法期间，将“军功受爵”原则列入了变法的主要内容。这些重要的优抚思想，奠定了优抚工作的发展基础。

封建社会中，由于军队本身在夺取和巩固政权中所处的重要地位，历代统治者都将优抚工作视为激励军人忠勇作战的一项国策加以推行。比如，宋朝规定“军士经战至废折者，给衣粮之半，终其身；诸阵亡军士父母无妻、子、孙依倚者，人日给米二升，终其身”。这一规定涵盖了抚恤、供养等多个方面，使优抚工作的内容有了新的扩展。从本质上来说，历史上统治阶级倡导和制定的这些优抚办法，目的都在于缓和社会矛盾、驱使军人为其献身效力，以维护和巩固其统治地位。

进入上世纪20年代，中国共产党创建了人民军队，掀开了优抚工作的新篇章。1933年，《中华苏维埃共和国地方苏维埃暂行组织法》规定，各级苏维埃政府均应成立相应的优抚组织机构，中央革命军事委员会设立了专门的抚恤委员会，加强对优抚工作的组织领导。之后，在艰苦卓绝的人民战争中，以拥军支前、土地代耕、伤亡抚恤、褒扬优待为内容的全新优抚制度初步确立。新中国成立后，优抚工作成为人民政府的一项常规性工作。内务部设立了四个业务司局，其中就有优抚司，1978年3月民政部成立之后，内设机构、主要业务历经多次调整，但无论是优抚司、安置司，还是目前的优抚安置局，都始终是民政部的一个重要职能部门，担负着优待抚恤、退伍安置、烈士褒扬、烈士纪念物管理、拥军优属等任务。为加强和规范这个时期的优抚工作，国家先后制定了《烈军属优待暂行条例》、《革命残废军人优待抚恤暂行条例》等五部法规，形成了优抚基本法律体系。

改革开放以来，优抚工作进入了新的发展阶段。党和政府更加重视优抚工作，十分关心优抚对象，站在国家长治久安、民族兴旺发达的高度，把切实维护军人和优抚对象合法权益、促进军队和国防建设作为一项事关全局的政治任务，摆上重要位置。优抚工作紧密围绕党的中心工作，不断向深度和广度延伸，确立了“思想教育、扶持生产、社会优待、国家抚恤、依法保障”的优抚工作方针；先后制订出台了《军人抚恤优待条例》和一系列综合性政策法规，初步形成了与社会主义市场经济体制相适应的优抚政策法规体系；15次提高烈属等重点优抚对象抚恤补助标准，国家各级财政用于抚恤补助经费由1979年的3.5亿元，增加到2003年的87.9亿元，增长了24倍，使优抚对象的基本生活得到保障。全国155所优抚医院长期医疗供养了1万多名优抚对象；1314所光荣院集中供养了3万多名孤老优抚对象;1万多处烈士纪念建筑物大多数都是爱国主义教育基地,每年接待3000万人次的瞻仰参观;编纂出版30卷、1600万字的大型系列丛书《中华著名烈士》,成为进行革命传统和爱国主义教育的好教材。

纵观历史发展进程,可以清晰地看到,优抚工作是一项历史悠久、富有传统、政治鲜明、与时俱进的工作,地位十分重要、作用十分明显。

——促进了国防和军队建设。无论是奴隶社会、封建社会,还是社会主义社会,在战争年代,优抚工作始终是夺取战争胜利,建立和维护国家政权的重要保证;在和平建设时期,优抚工作是提高军队战斗力、激发官兵习武热情、积蓄强大后备力量的基本依靠。实践证明,做好优抚工作,有利于提高军人的社会地位,鼓舞部队士气,抚慰军人家属,解除军队的后顾之忧,促进国防和军队建设。

——有利于维护改革发展稳定大局。优抚对象分布在社会的各个阶层、分散在社会的各个领域,在长期的社会主义建设中,做出了突出贡献,始终是促进经济和社会发展、维护稳定的重要力量。做好优抚工作,就能保障优抚对象的根本权益,调动他们参与国家建设的积极性,没有他们的支持,就不会有改革的顺利进行;没有他们的小康,就不会有全社会的小康;没有他们的安居,就不会有全社会的稳定。

——推动了社会主义精神文明建设。优抚对象本身是精神文明建设的教科书,优抚事业单位本身是精神文明建设的重要基地,烈士褒扬内容本身是精神文明建设的宝贵资源,做好优抚工作,充分挖掘"红色资源"的潜能,有利于引导人民群众特别是广大青少年树立正确的世界观、人生观、价值观,弘扬爱国主义和革命英雄主义精神,加强公民道德修养和行为规范,促进全社会的精神文明建设。

——带动了民政事业协调发展。优抚工作历来都是中央领导关心的重点工作,历来是民政工作的主要业务,历来是民政事业的核心内容。做好这一工作,可以提高民政工作的社会地位,扩大民政工作的社会影响。民政事业的蓬勃兴旺,有助于优抚工作的全面进步,优抚工作的重点突破,有助于民政事业的整体推进。

二、抓住重点,不断推动优抚工作健康发展

优抚工作具有重要的地位和作用,改革越深入,开放越扩大,经济越发展,社会越进步,越需要做好优抚工作。当前,我国围绕实现全面建设小康社会的宏伟目标,完善国有资产管理、财税改革等管理体制,健全市场运行、社会保障等体系,深化国有企业、农村经济、金融发展、行政管理等改革,进入了攻坚阶段,国内各种利益关系调整交汇激荡,维护改革发展稳定的任务十分艰巨。今后一个时期,优抚工作要适应新的形势,就必须紧紧围绕服务于改革发展稳定大局、服务于国防和军队现代化建设、服务于全面建设小康社会、服务于社会主义精神文明建设,坚决贯彻党的十六届四中全会精神和中央关于优抚工作的一系列指示要求,认真落实新的《军人抚恤优待条例》,坚持以人为本,坚持依法行政,坚持与时俱进,抓住关键,突出重点,以重点突破实现优抚工作的全面进步。

一是维护权益,保障生活。这是优抚工作的基本任务、核心内容和根本目标,也是贯彻以人为本思想的具体体现。以人为本就是要把人民的利益作为一切工作的出发点和落脚点,不断满足人们多方面需求和实现人的全面发展。民政工作主要是围绕人民群众而展开的,概括起来就是维护民利、解决民生、落实民权。优抚工作作为民政工作的一项重要内容,直接服务于广大优抚对象。总的讲,随着国家经济发展和社会进步,中央和各地对优抚事业的投入逐年增大,"爱心献功臣行动"的深入开展,广大优抚对象的生活水平得到改善,基本权益得到保障。但由于保障水平滞后于经济发展速度,政策调整滞后于国家改革进程等多方面原因,造成抚恤补助标准偏低,优抚对象实际生活水平低于人民群众的平均生活水平,相对贫困现象依然存在;重点优抚对象的医疗困难问题日益突出;城镇下岗失业伤残军人的基本生活难以保障;义务兵家属优待工作在新形势下遇到新问题，优抚对象享受的各项优待待遇难落实。这些问题是改革发展中的问题，要解决这些问题，需要在改革和发展中做文章、谋对策。在保障生存权上，积极争取政府加大投入，建立和完善重点优抚对象抚恤补助标准自然增长机制，保障他们的生活水平随当地平均生活水平同步增长；把优抚对象优先纳入最低生活保障体系，优先纳入社会救助体系，优先纳入养老失业工伤保障体系、优先纳入社会福利服务体系，落实各项住房优惠待遇，改善住房条件，提高居住质量；通过帮助重点优抚对象进入医疗保障网络、组织医疗卫生机构实行医疗优待、建立定额门诊医疗补助、实施重大疾病医疗费用救助等方式，努力构建灵活多样的医疗保障体系。在维护发展权上，注意调动优抚对象自强不息、自我发展的积极性，激发内在活力；保障他们优先接受教育、优先就业、优先接受政策扶持，帮助他们从实际出发确定生产项目和致富途径，切实提高他们自我保障和自我发展能力。在维护社会权上，要广泛深入地宣传优抚对象的历史贡献，积极营造尊重、关心、帮助优抚对象的氛围，落实社会优待各项措施，提高他们的荣誉感，鼓励优抚对象积极参与社会政治生活和各项有益活动，让他们充分享受应有的权益。

二是制定政策，依法优抚。依法治国是我国的基本方略，依法行政是建设现代法治政府的基本要求。政策性强是优抚工作的突出特点。经过长期的努力，优抚工作在法制化和规范化方面取得了显著成绩，中央和地方先后出台了《军人抚恤优待条例》、《革命烈士褒扬条例》等一系列比较完善的优抚政策法规，对于保证依法优抚，维护优抚对象权益发挥了重要作用。今天我们之所以还强调要不断完善政策，一方面，随着市场经济体制的逐步建立和完善，有的政策与市场发展要求不相符合，有的规定与新形势新任务不相适应；另一方面，随着形势任务的变化、经济社会的发展、保障制度的调整，现行的一些政策规定也会出现新的不符合、不适应。因此，我们要把完善政策作为一个工作重点，常抓不懈。当前，从部里到各地，都要抓住新的《军人抚恤优待条例》已经公布、即将施行这个契机，制定实施细则，完善配套政策，努力形成以拥军优属、抚恤补助、社会优待、医疗供养、褒扬宣教为主体，与社会主义市场经济体制相衔接、与国家经济发展水平相协调、与优抚对象特殊地位相吻合的新型优抚政策体系。这是实施依法优抚的前提和基础。我们要强化依法行政的意识，做到谋划工作、研究决策、制定措施、处理问题都要依据法律法规，不能用人治代替政策。要严格依法行政的行为，实体性的规定要落实，程序性的规定也不能简化，比如，残疾等级评定、革命烈士批准、各项政策落实、生活待遇确定等具体的行政行为，必须按照合法行政、合理行政、程序正当、高效便民、诚实守信、权责统一的要求，规范行为，提高效能，防止权力滥用。要加强依法行政的监督，经常检查落实优抚政策情况，发现问题，及时纠正，全面推动依法优抚的贯彻落实。

三是完善机制，形成合力。机制是事物的内部要素之间及其与外部环境之间相互作用的过程和方式。完善机制对于事物的发展更具有全局性、长远性、决定性的意义。优抚工作横面宽、纵深长、内容杂、环节多。离开政府，做不好；孤军奋战，做不好；脱离群众，做不好。只有健全完善政府主导、部门协作、社会参与的工作机制，才能保证工作责任到位、政策落实到位、资金投入到位、措施保障到位。要积极争取党委、政府主要领导的重视，把优抚工作摆上议事日程，纳入当地国民经济和社会发展的总体规划。要积极争取军地有关部门的配合，在精力上给予更多的关注，在财力上给予更多的倾斜，在政策上给予更多优惠。要积极争取社会各界和人民群众的支持，进一步挖掘社会捐赠、企业赞助、个人捐献的潜能，设立拥军优属保障基金，构筑国家正常资金保障以外的第二层安全网；充分调动包括国有企业、集体企业、私营企业、合资企业、外资企业特别是非公有制经济组织的力量，关怀、尊重优抚对象，广泛开展献爱心活动，为他们排忧解难。要强化各级民政部门的全局意识、统揽意识、责任意识、合作意识，统筹规划、分级实施、各负其责、上下协调，进一步增强优抚工作的生机和活力。

上述三个重点，归纳起来，就是建立一个机制，完善两个网络，规范三个标准，确立四个支点。即：建立抚恤补助标准自然增长机制；完善医疗保障网络和社会优待网络；规范国家抚恤补助标准、残疾等级鉴定国家标准、事业单位管理标准；确立生活保障、康复供养、拥军优属、烈士褒扬四个支点。

三、尽职尽责，切实保证优抚工作落到实处

优抚工作非常具体、非常实在，来不得丝毫马虎，哪个部位、哪个环节、哪个细节做不好，小则直接损害优抚对象的切实利益，大则直接影响国防和军队现代化建设，甚至影响改革发展稳定大局。从这个意义上讲，各级民政部门、广大优抚工作者更要以真情对待优抚对象，以高度的责任感做好优抚工作，以求真务实的作风推动工作落实。

一要讲感情。青松参天，在于它植根于肥沃的土壤；浮萍飘零，因其远离厚实的大地。与优抚对象建立血肉感情是做好优抚工作的前提和基础。伤残军人、在乡退伍红军老战士、在乡复员军人等对象，曾经在民族危难、国家存亡之际，挺身而出，南征北战，枪林弹雨，出生入死，为国家的独立、民族的解放和社会主义建设做出了重要贡献，有功于国家、有功于人民。他们身上集中体现着中华民族自强不息、勇往直前、舍生取义的革命英雄主义精神；体现着顾全大局、珍惜荣誉、为国分忧的崇高思想境界；体现着无私奉献、全心为国为民的优秀品质。如今，共和国已经成立55年了，改革开放也走过了二十多年历程，他们有的常年卧病在床，有的终生残疾，有的年逾古稀，有的家庭拮据，处于一生中最困难、最需要帮助的时期，虽然国家暂时还不能完全满足他们的需求，但是我们对优抚对象的感情不能薄。各级民政部门及其工作人员要设身处地体会他们的难处，像关心父母兄弟那样去关心他们的疾苦，刻不容缓地解决他们的困难，真正把对优抚对象的体恤之情渗透到工作的每一个环节，倾注到每一个人身上，成为他们感情上的贴心人、呼声上的代言人、权益上的维护人，进一步密切同广大优抚对象的血肉联系，使他们切身感受到党的关怀、政府的温暖、人民的爱意。

二要尽职责。做好优抚工作，是政府、部门、社会的共同职责。民政部门是代表政府从事优抚工作的职能部门，直接为优抚对象服务，责任更加重大。优抚对象的心声，需要通过民政部门来反映；优抚对象的困难，需要通过民政部门来解决；优抚对象的权益，需要通过民政部门来维护。在这方面，我们有经验，也有教训。长期以来，绝大多数地方工作负责、恪尽职守，政策执行的效果很好，优抚对象是满意的；但也有个别地区，该落实的落实不好，该及时到位的迟迟不能到位，优抚对象不满意，人民群众有意见，有时出现集体上访现象。这两个截然不同的结果，尽管有这样那样的原因，但根本的是个责任问题。我们要进一步强化责任心，切实做到情为民所系、利为民所谋、权为民所用。要按照“谁主管、谁负责”的原则，严格落实责任制，坚持一级抓一级，一级对一级负责。各级民政部门的主要领导要承担起第一责任人的职责，对优抚工作负总责，遇到重大问题亲自抓，敏感热点问题亲自解决，棘手难题亲自协调处理；分管领导要靠前指挥，集中精力，全力以赴抓好各项工作的落实；具体工作人员要各负其责，各尽其能，真正履行好岗位职责，切实把优抚工作的各项待遇和政策落实到每个优抚对象身上。广大民政工作者要有甘当孺子牛的精神，情系优抚对象、心系优抚工作、淡泊名利、艰苦奋斗、廉洁奉公。要有精益求精的精神，精通业务、精进技能，在宏观谋划上有思路、出策略，在具体落实上有措施、出新意，在解决问题上有招数、出效益，成为优抚工作的行家里手。要有勤奋钻研的精神，认真学习优抚政策法规，刻苦钻研业务，勤于思考，勤于探索，勤于实践，切实提高综合素质，更好地履行职责。

三要抓落实。我这里讲的落实，不是一般意义上的落实，而是对推动工作的整体要求。首先，要解放思想。观念决定思路，思路决定出路。随着改革开放的不断深入，优抚工作还会出现许多新情况和新问题。要适应新情况，解决新问题，必须与时俱进、解放思想、更新观念。当前，要摈弃单纯保障基本生活为主的陈旧思想，确立综合保障基本权益的新观念；要摈弃依靠行政手段落实优抚工作的思想，确立以情优抚和依法优抚相结合的新观念；要摈弃过分依赖政府投入发展优抚事业的思想，确立政府保障、社会优待、部门参与、自我发展四位一体的新观念；要摈弃依靠传统方式搞保障做服务的思想，确立依靠科学、讲究科技、追求效率的新观念；要摈弃自我封闭、自成体系的保守思想，确立开放式管理、多元化保障的新观念。一句话，对一些过时的、阻碍优抚工作发展的旧观念，就要大胆破除、坚决摈弃；对一些符合时代发展要求的、有利于推动优抚工作创新发展的新理念，就要善于确立、勇于坚持。其次，要抓住机遇。我国进入了现代化建设的新的发展阶段，给具有鲜明时代特征的优抚工作带来了很好的发展机遇。我们要抓住机遇而不可丧失机遇，借助国家财政支出结构调整之机，积极争取各级财政加大对优抚工作的投入；借助各项社会保障体制的完善，把不同类型的优抚对象优先优惠纳入相应的保障体系；借助新型经济组织和新的社会阶层的崛起，深化“爱心献功臣”行动，广泛发动社会力量，关心优抚对象的疾苦，满腔热忱地为他们排忧解难；借助国家事业单位改革和人事制度的调整，合理配置、科学整合优抚资源，不断提高优抚事业单位的参与竞争能力和自我发展能力；借助双拥工作的蓬勃发展，把优抚工作作为评选“双拥模范城(县)”的重要条件，推动各项优抚政策的落实；借助国防教育的深入开展，提高优抚对象的政治地位，扩大优抚工作的社会影响；借助《爱国主义教育实施纲要》的施行以及未成年人思想道德建设的推进，加强烈士纪念建筑物的保护和管理，发挥“褒扬烈士、教育群众”的主体功能。总之，要把机遇变为动力、形成实力、发挥效力，切实营造领导高度重视、部门密切配合、民政全力以赴、社会广泛参与的良好氛围。第三，要求真务实。空谈误国、实干兴邦。优抚工作直接关系优抚对象的生产生活，是实实在在的。“求真”，就是求优抚工作现状之真，求优抚保障规律之真，求优抚对象冷暖之真。“务实”，就是务科学决策之实，务持续发展之实，务帮困解忧之实。要根据不同地区经济和社会发展的具体情况，从实际出发，因地制宜、因时制宜、因人制宜，出台政策，开展工作；要勤奋工作、埋头苦干，扎扎实实、艰苦创业，重实际、说实话、务实事、求实效，不尚空谈、不慕虚名、不图虚假政绩；要把优抚对象满意的程度、合法权益的保障程度、正当要求的满足程度、合理意见的采纳程度作为检验优抚工作成效的尺度。

同志们，做好新时期优抚工作任务艰巨、职责光荣。我们要深刻领会“三个代表”重要思想精神实质，深入贯彻党的十六届四中全会精神，进一步解放思想、实事求是、与时俱进、开拓创新，始终保持昂扬向上的精神状态，发扬艰苦奋斗、求真务实的精神，为开创我国优抚工作新局面而努力奋斗。

认真贯彻党中央、国务院要求 切实做好今冬明春困难群众生活安排

——在城乡困难群众生活安排视频会议上的讲话

民政部部长　李学举

（2004 年 11 月 23 日）

同志们：

这次视频会议的主要任务是认真贯彻党中央、国务院要求，切实做好今冬明春困难群众的生活安排。刚才，辽宁、河南、吉林分别介绍了困难群众生活安排的工作情况，他们的做法值得各地借鉴。

党中央、国务院高度关注城乡困难群众生活安排工作。今年以来，中央领导就解决困难群众生产生活问题做出了一系列重要指示。胡锦涛总书记在党的十六届四中全会上提出：要“使全体人民都能享受到改革开放和现代化建设的成果。要进一步完善社会保障体系，逐步扩大社会保障的覆盖面，切实保障各方面困难群众的基本生活，让他们感受到社会主义大家庭的温暖”。温家宝总理在国务院第 65 次常务会议上指出：重视和解决困难群众的生产生活问题，是贯彻落实“三个代表”重要思想的根本要求，是全面履行政府职责的重要内容，是促进和实现社会公平的有效措施，是维护社会稳定的迫切需要。各级政府和各部门要认真贯彻十六届四中全会精神，坚持以人为本、执政为民，把关心城乡低收入群众生产生活作为当前一项重要工作任务。切实做好救灾工作，完善城市低保制度和农村五保供养制度，建立健全城乡社会救助体系。回良玉副总理 11 月 10 日在一份材料上批示：“现在立冬已过，小雪将至。切实安排好灾区困难群众的生产生活问题，确保他们安全过冬是摆在我们面前的一项重要任务。各级民政部门要以对人民高度负责的精神，把各项救灾和扶贫济困措施落实到户到人。望对此项工作做出进一步的部署和督察。”

为贯彻落实中央领导的指示精神，民政部及时召开了部长办公会，决定将困难群众生活安排工作列为今冬明春民政工作的重中之重。同时，下发通知，要求在全国开展对城乡困难群众生活安排情况的检查。民政部组成 9 个工作组，赴河南等 17 个省区进行抽查。主要检查了灾民生活安排、灾区恢复重建、冬令救灾资金下拨进度和使用情况以及低保户、五保户、农村特困户和优抚对象的生活安排。从各地上报的情况和这次检查的情况看，各地党委、政府对困难群众的生活问题，高度重视，采取了许多切实有效的措施，使绝大多数困难群众的基本生活得到了保障。灾区灾民基本实现了有饭吃、有水喝、有衣穿、有住处、有病能医，保证了灾区人心安定，社会稳定；城市低保工作基本实现了应保尽保，绝大多数特困家庭得到了重点照顾，一些优惠救助政策正在落实；五保供养制度进一步完善，各地在落实供养政策、供养经费和敬老院建设等方面加大了力度，居住条件有所改善，多种供养方式正在形成；农村特困户生活救助制度正在建立，定期定量和临时生活救济使大多数困难群众生活有了保障；优抚对象政策进一步落实，生活难、医疗难、住房难的问题得到缓解。另外，农村医疗救助和城

市医疗救助在不少地方已开始实施。总体上分析，中央就解决困难群众生活问题做出的一系列重要部署，在中央领导的关心、各地党委、政府的重视下，通过民政部门卓有成效的工作，已得到很好落实，今冬明春，绝大多数困难群众可以保证不挨饿、不受冻，平安过冬。

但我们也要看到，虽然从总体上讲各级政府和民政部门对困难群众的生活都做了安排，大多数困难群众的基本生活有了保障，但仍有部分困难群众的生活还存在一些实际问题。主要是部分灾区灾后重建工作缓慢，部分灾民过冬的住房问题还很急迫；城市部分困难户冬季取暖问题还没解决；部分特困户口粮、衣被问题还没着落；部分符合条件的农村五保户、特困户尚未纳入救助范围。所有这些，都是近期民政工作的重点，必须采取切实措施，认真加以解决。各级民政部门要紧急行动起来，认真履行职责，帮助困难群众切实解决过冬面临的种种实际问题。当前要重点做好以下几项工作：

一、要切实做好灾民倒房的恢复重建工作

据统计，今年各类自然灾害共计造成全国洪涝、地震重灾省份灾民倒房124.2万间，各地规划需恢复重建民房共计134.27万间。倒房集中在内蒙古、浙江、福建、江西、河南、湖北、湖南、广西、重庆、四川、云南、甘肃、青海等省份的山区和少数民族地区，倒房户又多是生活困难的群众，自救能力很弱，给恢复重建工作带来较大困难。今年民政部已经向灾区下拨恢复重建资金3.09亿元，近期财政部又一次追加2.5亿元的恢复重建补助资金，灾区各级也已经安排了大量的恢复重建资金。从掌握的情况看，截至目前，灾区各地正在对恢复重建工作进一步部署，一些省份的恢复重建工作已经稳步开展。据统计，截至11月11日，上述13个重灾省份已动工间数占需恢复重建间数的77.81％，已完成恢复重建总任务的40％。其中，内蒙古、河南已经完成了重建任务。湖北、广西、甘肃、浙江、江西、重庆完成了重建任务的40％以上，青海、湖南完成了重建任务的30％以上，云南、四川、福建完成的重建任务比例接近20％。为进一步做好灾区的恢复重建工作，提出以下要求：

一是要提高认识，切实加强对恢复重建工作的领导。各地尤其是重灾地区要把灾民倒房恢复重建工作作为当前救灾工作的重中之重，切实加强对恢复重建工作的组织领导，加大力度，加快节奏，确保因灾房屋全倒户入冬前至少有一间过冬住房。灾民建房任务较重的地区，要成立由政府主要领导牵头的灾民建房领导小组，民政部门承担日常工作，统一协调财政、计委、建设、水利、国土、金融等部门共同做好灾民倒房恢复重建的规划和实施工作，有关部门要为灾民恢复重建提供指导和服务。恢复重建要坚持当前需要与长远减灾相结合的原则，充分考虑恢复重建住房的抗灾能力。在建房过程中要采取自建、援建和帮建相结合的方式，以受灾户自建为主。新建住房要避开灾害多发地，尽量不再复建土房。在设计恢复重建房屋结构、建房用材等时，要充分考虑并征求灾民自身的意见，鼓励灾民自建住房。要实事求是，量力而行，严禁不切实际地高标准建房，减轻灾民负担。恢复重建要坚持分散为主，集中为辅的原则。要首先安排好分散倒房户建房。集中倒房的灾区，在条件允许的情况下，可根据需要修建一些灾民新村。灾民新村要由民政、建设、土地等部门统一规划，制定重建方案，灾民新村的建设规划要做到防灾抗灾，因地制宜，因户制宜，经济实用，布局合理，不得片面追求建新村的数量。恢复重建工作应遵循省级审批规划，县（市、区）、乡（镇）组织实施的原则。有关部门也要对建房过程进行全面质量监督，做好恢复重建房屋的质量验收工作，加大灾区建筑材料市场的监管力度，必要时要出台限价措施，确保恢复重建工作顺利进行。各地要落实恢复重建工作责任制，层层签订责任书，确保恢复重建工作尽快开展。

二是要规范管理，对恢复重建工作实施项目管理。各级要对灾民倒房恢复重建实施项目管理。省级、地级和县级都要制定相应的恢复重建工作方案。恢复重建方案的制定要以县级为主，明确重建的数量和地址、重建的时间进度要求、重建户的家庭情况、重建资金的来源、地方政府采取的帮扶措施、制定的优惠政策等内容；省级和地级重建工作应在汇总核实县级方案的基础上，明确重建的数量和时间进度、重建资金的来源、地方政府采取的帮扶措施、制定的优惠政策等内容。省级民政部门要按照项目管理的要求，认真做好恢复重建工作的检查和督促工作，及时上报恢复重建方案，定期报告恢复重建工作进度，民政部将在春节前继续对各地恢复重建开展情况定期进行通报。

三是要继续积极筹措恢复重建资金，管好用好重建资金。建房资金可通过政府救济、社会互助、邻里帮工帮料、以工代赈、自行借贷、政策优惠等多种途径解决。各级安排的救灾资金要优先用于帮助五保户、特困户、自救能力差的全倒户和烈军属的建房，保证他们至少先建起一间房。对于有自救能力的倒房户，可通过落实优惠政策，采取帮工投劳等措施，帮助他们建房。中央安排的恢复重建资金要尽快落实到位。在具体执行过程中，对于无自救能力，自身缺乏建房劳力，需要乡、村包建的，建房资金可先由乡（镇）掌握，按户一次性将资金落实到位。对按照倒房户施工进度安排资金的，也应一次性将资金指标落实到户。各地不得以任何理由截留挪用救灾资金，要对资金的使用情况进行定期公示，接受受灾群众的监督。

四是要组织对口援建工作，动员社会力量参与恢复重建。各地要积极组织社会力量和有关部门支援重灾区的恢复重建工作，弥补恢复重建资金的不足。重灾区要认真研究并部署好有关组织、部门和单位对灾区倒房户恢复重建的对口包扶工作，动员社会力量从资金、技术、物资等方面为灾民倒房恢复重建提供帮助。重灾区要把对口包扶工作作为恢复重建工作的一项重要措施，积极向党委、政府汇报，争取领导重视，认真做好组织落实工作，使恢复重建工作得到政府支持和多方援助。

总之，不管是现在可以施工的南方，还是已不能施工的北方，灾区的恢复重建工作和安排过冬灾民住房，都要保证倒房灾民在春节前有一间安全越冬的住房。

二、要切实做好冬令期间受灾群众的生活

受灾害尤其是粮食涨价等因素影响，今年冬令期间需政府救济人数仍然较多，部分灾民在过冬口粮、取暖和衣被等方面存在一些困难。据分析，今年冬令期间需政府救济灾民主要集中在今年受灾较重的省份、中西部贫困地区和一季作物区。为妥善安排冬令期间受灾群众生活，民政部已经商财政部安排 13 亿元用于解决冬令期间受灾群众的基本生活。今年中央资金投入数量之多，为妥善安排受灾群众生活提供了保障。为做好今年冬令救灾工作，特提出以下要求：

一是要及时规范开展冬令灾民救济工作。各地要按照民政部《春荒、冬令灾民生活救助工作规程》，进一步规范冬令救助管理工作。要在前期摸底调查的基础上，及时制定切实可行的冬令灾民生活救助落实方案，明确救助落实措施，及时确认需政府救助对象，按期下拨救灾资金，向灾民发放《灾民救助卡》，规范冬令救助管理工作。各地必须按照部里的要求，严格冬令救灾工作程序，及时报告省级冬令救助工作落实方案，真正把冬令救助工作落到实处。

二是要严格基层救灾款物发放，强化救助工作的监督检查。各地要切实加强对冬令救灾资金的管理。要加快中央救灾资金的下拨速度，按期将中央救灾资金足额下拨。要严格基层发放管理工作，按照公开、公平、公正的原则，切实落实村级发放公示制度，确保救灾资金专款专用、重点使用。采用实物救助灾民的地方，救助实物必须实行政府采购，确保救灾物资的质量，并对救灾物资统一标识。各级民政部门要根据《灾民救助花名册》，对救助对象生活安排情况及时进行监督检查。

三是要增加投入，强化领导，落实救灾工作责任制。在国务院第 65 次常务会议上，温家宝总理指出，救灾救济工作要分清中央、地方的责任，要事

权划分,明确地方为主、中央辅助。目前,有些地方在资金上投入不足,主要是没把救灾救济工作放在重要位置。为此,各地要进一步加强领导,进一步加大救灾资金投入,层层落实救灾责任制,省要抓到县,地市要抓到乡,县要抓到村,乡镇要抓到户,层层抓落实。要组织干部分片包干,责任到人,落实到户。要采取多种方式统筹安排解决好冬令期间的灾民生活困难。对有自救能力,暂时无钱买粮的要及时出台借粮政策,借粮的费用由地方政府和灾民共同承担;缺粮人口较多的地区要在本行政区域内组织非灾区干部群众开展捐款捐粮活动,组织发动党员干部包村包户,引导开展亲帮亲、邻帮邻、富帮贫等群众性互帮互济活动。各级要克服依赖思想,切实履行救灾责任,保障灾民生活救助资金的落实,确保冬令期间受灾群众基本生活不出问题。

三、要切实做好城市低保工作

从检查情况看,城市低保工作基本实现了应保尽保和动态管理的目标。当前,城市低保要重点抓好三项工作:

一是要认真解决因粮食价格上涨给困难群众带来的生活问题。去年10月以来,全国粮食价格恢复性上涨,给困难群众的生活带来了较大影响。对此,党中央、国务院十分重视。最近,国务院决定中央财政在年初预算92亿元的基础上再拿出10亿元,支持中西部地区进一步做好低保工作,保证低保家庭不因粮价上涨等因素降低生活水平。各地要相应地增加投入,尽快把中央和各级政府增加的资金用于提高对困难群众的救助水平,确保他们的基本生活不受大的影响。同时,要制定、落实低保户的优惠政策,解决住房、冬季取暖和子女上学等困难。

二是要及时下拨低保资金,管好用好低保对象的保命钱。前段时间,民政部财政部已下拨了56亿元的低保资金。各地要将这些资金及时下拨,确保低保资金按时足额发放。各地民政部门也要结合年终审计和年初预算会同同级财政、审计等部门抓好资金的投入运行与监督落实工作,决不能因为中央财政增加投入而减少地方的支出。要进一步落实低保资金专户管理制度,坚决杜绝挤占、挪用、截留低保资金的现象,保证做到专款专用。

三是要高度重视倒闭破产企业、资源枯竭矿山、农垦森工企业的低保工作。对这些地方的低保工作,这些地方困难群众的过冬过节,各级民政部门要给予重点关注。工作要过细、资金要倾斜,切切实实做到责任到位,工作到位,政策到位,资金到位。

四、要切实做好农村五保供养

农村税费改革后农村五保供养面临诸多问题,要彻底解决这些问题,还需要从制度安排上想办法。目前,《农村五保供养工作条例》修订草案的起草工作正在进行。但是解决五保供养对象面临的生活困难决不能等新条例出台后再解决。在国务院第65次常务会议上,温家宝总理明确指出"要增加财政保障支出,建立稳定的供养资金渠道。各地要将那些符合五保供养条件而没有享受供养的人员纳入保障范围,使农村所有的五保老人的生活得到较好保障"。近期,民政部、财政部、国家发改委也联合下发了《关于进一步做好农村五保供养工作的通知》,各地要认真贯彻落实温家宝总理指示和《通知》要求,切实做好五保供养工作。当前,要着力解决好三个问题:

一是应保未保问题。目前,全国还有相当多符合五保供养条件的人员没有纳入五保供养范围,应保未保问题比较严重。各地要严格按照有关要求,确保供养资金到位,将符合供养条件的五保对象全部纳入供养范围,尽快实现应保尽保。对于五保供养经费没有落实或供养经费达不到当地供养标准的,要尽快足额补齐,不要让农村这部分最困难的群体受冻挨饿。同时,各地要根据当地符合五保供养条件的实有人数,做好2005年度农村五保供养经费预算安排工作。

二是敬老院、分散供养五保户的房屋修缮和取暖问题。五保对象的住房难问题是一个老问题。近年来,在各级政府的重视和民政部门努力下,通过实施各种住房改造项目，如湖北的福星工程、吉林的福利中心建设、江西的敬老工程、广西的五保村建设、浙江、湖南等省的敬老院住房改造计划，使五保对象，尤其是集中供养五保对象的住房问题得到了较好的解决。但仍有少数省份的敬老院，尤其是分散供养的五保对象的住房问题没有解决。由于长久失修，破房、危房较多，居住条件较差。各级民政部门要把这个问题继续作为督查的重点，深入乡村，对五保对象的住房和取暖等进行一次全面的了解。对一些安全和取暖难以保证的房屋急事急办、抓紧维修，对确实不具备居住条件的房屋，要特事特办，将五保老人及时转移。确保五保对象平安过冬、温暖过冬。

三是五保对象的看病问题。由于五保对象年龄较大，身体弱，发病率明显高于一般人群，医疗费用花费较高，在一些地区五保户就医看病难问题比较突出。由于冬春季节是老年病的多发期，五保对象就医难问题需要引起特别的关注。今年以来，由于农村医疗救助和新型合作医疗制度的实施，五保对象看病难问题有所缓解。年终到了，各级民政部门要在下一步工作中，对一些有病，特别是患病在床的五保对象，一方面要通过临时救助等办法，采取有效措施解决这些人的看病问题，另一方面，要抓紧实施、推进农村医疗救助工作，尽快形成长效机制，从制度上最大程度地解决这个问题。

五、要切实做好农村特困户生活救助

全国农村因自然条件恶劣和因病、因残以及缺乏劳动能力导致家庭生活常年困难、需要政府救助的特困人口有1972万人，对于这部分“不救不活”的困难群体，各地主要通过农村低保、特困户生活救助和临时救助方式解决其生活困难。其中，全国给予定期定量救济的人数仅有1200万，相当数量的特困群众还需要依靠临时救济解决温饱问题。从检查的情况看，大多数特困人口的吃饭、穿衣、住房有了一定保障，但仍有不少困难群众在生活上面临着这样、那样的问题，迫切需要救助。针对这些问题，下一步要做好以下几项工作：

一是要进一步摸清情况，落实责任，逐家逐户帮助困难群众安排好今冬明春的生产生活。缺粮的要送粮，缺衣的要送衣，住房破危的要专题研究及时帮助修建。对于缺乏劳动力、缺乏生产资料、缺乏资金技术的，要依靠政府、集体并动员社会力量切实帮助解决。做到不仅要把困难群众的生活安排好，而且要把他们今冬明春的生产也要安排好。

二是要千方百计落实救济资金。目前，各地对特困户生活救助资金的投入差别很大，有的省市各级政府都列入了财政预算，力度比较大，但有的就没有列入预算。各级民政部门要认真调查研究，拿出切实可行的方案，及时向政府汇报，摆情况、提建议、出主意、拿方案，争取地方财政加大社会救助资金投入力度，及早做好下一年度财政预算安排工作。

三是要抓紧建制工作。要按照党中央、国务院的要求，有条件的地区，要争取当地政府和财政等部门的支持，积极探索建立农村低保制度。尚不具备条件的地区，要继续坚持“政府救济、社会互助、子女赡养、稳定土地政策”的原则，加快建立和完善农村特困户生活救助制度，对因病、因残缺乏劳动能力的特困人口实施定期定量生活救济。对因天灾人祸造成的困难，要及时给予临时救助。通过制度建设，切实建立解决农村特困人口基本生活问题的长效机制。已经建立农村低保制度和特困户生活救助制度的地区，要总结经验，进一步加强规范管理，完善核查、公示、审批和发放救助金等工作程序，确保资金的使用效益，使真正需要救助的“不救不活”的特困人口得到救助。

六、要切实做好城乡医疗救助

城乡医疗救助是缓解城乡困难群众就医看病难的重要举措，也是党中央、国务院交付给民政部门的新任务、新职责。各地民政部门要切实履行职责，抓紧抓好。这里，强调以下几点：

一是各地要迅速展开救助工作。在已经建立新型农村合作医疗制度的地区，医疗救助要首先保证五保户、特困户加入合作医疗，做好两种制度的有机衔接，共同帮助困难群众解决就医看病难问题。在城市和尚未建立新型农村合作医疗制度的地区，城乡医疗救助首先要对因大病、重病造成家庭特殊困难，严重影响家庭基本生活的困难群众，给予及时救助，不能让他们带着病痛和生活的双重困难过冬过节。

二是要抓紧制度建设。目前，全国还有6个省份尚未出台农村医疗救助工作的方案，这些省份要根据民政部、财政部、卫生部《关于实施农村医疗救助的意见》和财政部、民政部《农村医疗救助基金管理办法》要求，根据当地实际，抓紧时间，搞好调查研究，摸清底数，科学确定救助标准，尽快出台有关救助政策，积极争取当地政府和有关部门的支持配合，尽快开展农村医疗救助工作。年底之前，省级农村医疗救助办法必须全部出台，力争所有的县(市)区出台相应的实施方案，并全面启动农村医疗救助工作。到2005年，全国各地都要普遍建立起规范、完善的农村医疗救助制度。对于各地的工作进展情况，部里已经建立了农村医疗救助统计台账，将定期给予通报。对于城市医疗救助，各地也要积极探索，勇于实践。目前民政部正在与有关部门会签《关于建立城市医疗救助制度的试点方案》，即将联合上报国务院审批。各地对这项工作要予以高度重视，已有一定工作基础的地方要注意总结经验，稳步推进；其他地方也要加紧调查摸底，积极探索和试点。

三是要多渠道筹集救助资金。今年中央财政补助地方的农村医疗救助资金已下拨。各地要按照有关规定，将中央和省市配套资金及时下拨，并加强资金管理，实行专户储存、专账管理、专款专用。在充分发挥政府主导作用的同时，积极挖掘和整合民间救助资源，广泛动员社会力量积极参与医疗救助，从资金、物质和技术上支持医疗救助事业，形成多方参与，齐心协力，共同济困的良好局面，切实提高医疗救助水平。

七、要切实做好优抚对象生活安排

近年来，中央和各地对优抚事业的投入逐年增大，特别是“爱心献功臣行动”活动的深入开展，广大优抚对象的生活水平有了较大改善。但要彻底解决优抚对象的生活难、住房难和医疗难问题，尤其是医疗难问题，还需要我们民政部门继续抓好各项优抚政策的落实。特别是一些重点优抚对象，他们是为共和国的建立，为社会主义建设立过功的人。这些人大都年迈体弱，进入晚年。各级民政部门对这部分人要给予更多的关注。不能让这些曾经扛过枪，过过江，流过血的英雄们，至今再流泪。当前，在优抚工作方面，要重点做好以下工作：

一是要全面了解优抚对象的实际生活状况。对于符合救助条件的优抚对象，要用足用好各项救助政策，优先纳入最低生活保障范围，优先纳入医疗救助体系，优先纳入社会福利服务范围，帮助重点优抚对象进入医疗保障网络。

二是要积极争取政府加大投入，建立和完善重点优抚对象抚恤补助标准自然增长机制。保障他们的生活水平随当地平均生活水平同步增长。同时，要加大检查力度，使机制运行起来，不流于形式，使该增加的资金真正增加，并确实落实到优抚对象身上。

八、要切实做好扶贫济困送温暖活动

扶贫济困送温暖是近年来逐渐形成的一项非常重要的活动，尤其在冬令、年节，这项活动激发爱心，温暖人心，给困难群众带来实惠。近年来，扶贫济困送温暖活动做了大量工作，在解决困难群众生活方面发挥了很大作用。但也还需要采取措施，加大工作力度。各地要多方协调、精心组织，与社会捐赠、慈善超市、结对帮扶、走访慰问有机结合。春节将至，各地要认真组织好扶贫济困送温暖活动，将其作为解决困难群众生活的重要措施，使其在帮助困难群众越冬过节上形成更大的影响，产生更好的效果，解决更多的问题。

同志们，安排好城乡困难群众的基本生活既是贯彻落实“三个代表”重要思想，建设社会主义和谐社会的根本要求，也是民政部门义不容辞的职责。让我们按照党的十六届四

中全会精神和国务院的65次常务会议的要求，以周国知同志为榜样，多为困难群众办实事、做好事、解难事，让所有的城乡困难群众都能安全过冬，高兴过春节。

在全国先进民间组织表彰大会上的讲话

民政部部长　李学举

（2004年12月10日）

同志们：

在全党全国人民认真贯彻落实党的十六届四中全会精神，推进全面建设小康社会的新形势下，民政部隆重召开全国先进民间组织表彰大会，向500多家民间组织授予“全国先进民间组织”的荣誉称号，这是建国以来全国范围内对民间组织的首次表彰活动，也是民间组织发展史上的一件盛事。全国人大、全国政协的领导同志亲自出席了今天的大会，接见与会代表并给先进单位发奖，中央国家机关有关部门的负责同志也出席了会议。这次会议体现了党和国家对民间组织的高度重视，是对民间组织显著成绩和积极作用的充分肯定，也是推动民间组织持续、健康发展的一项重要举措。在此，我代表民政部向受到表彰的全国先进民间组织，表示热烈的祝贺！向所有辛勤工作在民间组织战线上的同志们，表示亲切的慰问！向民间组织各业务主管单位以及国务院有关部门所付出的努力，表示诚挚的谢意！向出席今天会议的各位领导和同志们以及所有关心支持民间组织的社会各界人士，表示衷心的感谢和崇高的敬意！希望受到表彰的全国先进民间组织珍惜荣誉，再接再厉，在今后的工作中取得更大的成绩！希望广大民间组织学先进、赶先进，充分发挥各自的特点和优势，在社会主义现代化建设中建功立业，做出更大贡献。

改革开放以来，我国民间组织稳步发展，整体质量明显提高。目前，全国各类民间组织已发展到26万多个，其中社会团体14.2万多个，基金会1200多个，民办非企业单位12.4万多个。民间组织已经遍布全国城乡，涉及社会生活各个领域，初步形成了门类齐全、层次不同、覆盖广泛的民间组织体系。在这些民间组织之中，有的切实履行政府赋予的部分微观和行业协调管理的职能，维护企业权益，建立从业规范，促进公平竞争，加强行业自律，解决贸易纠纷，促进了生产的发展和技术进步，也为政府机构改革和职能转变创造了条件；有的集中了一批优秀的专家学者、专业技术人员和管理人员，充分利用自身优势，在繁荣文化，发展教育，保护生态，推动科技进步，促进体育卫生事业方面奉献聪明才智，建功立业，促进了各项社会事业的发展；有的乐善好施，扶贫济困，助残敬老，积极参与社会福利和灾害救援，维护困难群众和弱势群体的合法权益，弘扬中华民族的传统美德，推进了各类社会公益事业的发展；有的深入基层社区，开展形式多样的群众活动，广泛了解群众的要求和愿望，积极向党和政府提出意见与建议，调解社会矛盾，促进人际和谐，密切了党群干群关系，推动了民主法制建设；有的采取多样化的手段和灵活的机制，利用社会资源，扩大社会服务领域，拓展了就业和再就业渠道，适应了人民群众日益增长的不同层次的物质文化需求；有的活跃在农村经济领域，开展技术服务和产供销服务，帮助农民增产致富，维护农民利益，促进了“三农”问题的解决；有的在政府指导下积极开展境外民间合作与交流，引进港澳台和国外资金、技术、管理经验，开展经济与文化交流，在港澳台事务和一些国际事务中发挥了不可替代的作用。实践证明，民间组织已经成为党和政府联系人民群众的桥梁和纽带，成为推进经济发展、社会进步和人的全面发展的不可缺少的重要力量，对全面建设小康社会、推动社会主义物质文明、政治文明、精神文明协调发展产生了积极的作用和深远的影响。

党和政府历来十分重视民间组织的发展和管理工作，支持、引导民间组织在社会主义现代化建设中发挥积极作用，特别是近年来，党中央、国务院从完善政策法规体系、健全管理体制、积极培育发展和加强监督管理等方面采取了一系列重要举措，不仅为民间组织的发展指明了方向，而且有力地促进了民间组织的管理和发展；各级民政部门、业务主管单位和有关部门，各司其职，通力协作，认真贯彻落实民间组织的各项政策法规，推动了民间组织的稳步发展。我国民间组织所取得的成绩，是党中央、国务院高度重视的结果，是各级民政部门、业务主管部门和有关部门通力协作、共同配合的结果，也是广大民间组织扎实工作、努力奋斗的结果。

在看到民间组织取得成绩的同时，我们也应该清楚地认识到，当前我国民间组织总体上仍处于发展的初级阶段，还面临着许多困难和问题，发展和规范民间组织仍然是一项长期而艰巨的任务。

当前，我们国家进入了全面建设小康社会，加快推进社会主义现代化建设的新阶段，这为民间组织的发展带来了新的机遇。随着行政管理体制改革的深入，“小政府，大社会”格局的出现，政府正向“有限政府”、“责任政府”、“法治政府”转变，政府不可能也没有必要对社会事务进行全方位的直接的管理，群众性、社会性、公益性、服务性的微观社会职能，应该也可能从政府职能中分离出来。随着经济体制改革的深入和市场经济体制的逐步完善，原来由企业自行管理的社会公共事务被逐步剥离出来，“单位人”变成了“社会人”，而伴随经济成分、组织形式、就业方式、生活方式多样化以及城市化进程加快，客观上对社会服务和社会管理提出了新要求。随着公民民主法制意识的增强，扩大公民有序的政治参与，加强社会建设和社会管理，构建社会主义和谐社会，对民间组织提出了更高的要求。随着我国进入人均国内生产总值从1000美元向3000美元的跨跃，我们既面临“黄金发展期”，也面临“矛盾凸显期”，如何正确反映和兼顾不同方面群众的利益，缓解社会矛盾，维护社会稳定，需要民间组织发挥调节器、稳定器的积极作用。随着世界多极化、经济全球化，特别是我国加入世界贸易组织后，如何妥善处理好对外交往和经贸合作，保护国内市场和企业的利益，参与有关国际事务和国际规则的制定，也为发展民间组织提供了新的机遇。

民间组织作为与政府、企业并列的第三部门，作为基本社会组织重要形式之一，具有人才、技术、信息和体制等方面的优势，在科技教育、文化卫生、扶贫开发、环境保护、法律援助、社会福利、行业管理、社区建设、体育保健、农村专业经济等领域具有很强的能量储备，调动他们的积极性，发挥他们的积极作用，是广泛调动一切积极因素，不断增强全社会创造活力的重要方面。

总之，重视民间组织的发展，发挥民间组织作用，提高民间组织在经济社会发展中的地位，是发展社会主义市场经济、民主政治、先进文化和构筑和谐社会的客观需要，是巩固党的执政基础、加强党的执政能力的必然要求，也是全面建设小康社会、维护国家长治久安的重要保证。

党中央对民间组织的改革与发展寄予希望，提出了明确的要求。党的十六届三中全会指出：“按照市场化的原则，规范和发展行业协会、商会等自律组织。”党的十六届四中全会指出：“发挥社团、行业组织和社会中介组织提供服务、反映诉求、规范行为的作用，形成社会管理和社会服务的合力。”“加强和改进对各类社会组织的管理和监督。”当前和今后一个时期，民间组织工作要以邓小平理论和“三个代表”重要思想为指导，认真贯彻落实党中央、国务院关于民间组织工作的一系列方针政策和相关法律法规，坚持培育发展与管理监督并重的方针，以民间组织服务经济社会发展为核心，以提高民间组织能力建设为重点，建立与我国经济社会发展水平相适应，布局合理、结构优化、作用明显的民间组织发展体系以及法制健全、管理规范、分级负责的民间组织管理体系。要重点培育发展行业协会、公益性民间组织、农村专业经济协会、社区民间组织，支持和引导科、教、文、卫、体以及随着人民生活水平的提高逐渐涌现的新型群众组织。在培育发展民间组织、保护他们合法权益的同时，要加强对民间组织的管理和监督，加大对违法、违纪民间组织依法查处的力度，促进民间组织的健康发展。

希望各级各类民间组织要以服务国家、服务社会、服务人民为己任，加强自身建设，努力做优做强，不断提升综合能力。要增强遵纪守法意识，自觉遵守各项法律法规和规章制度，主动接受业务主管单位和登记管理机关的指导与监督。要建立健全以章程为核心的各项规章制度，健全会员大会或会员代表大会、理事会、监事会制度，推进民主选举、民主决策、民主管理和民主监督，完善法人治理结构。要加强民间组织能力建设，提高理事会的核心领导能力，逐步推行秘书长培训合格上岗制度，加强民间组织与政府、企业和其他社会组织的相互信赖与合作，建立各具特色的信息披露制度，不断提高民间组织的社会公信力。要加强民间组织的队伍建设，加强人才培养和人员培训，建立规范的用人制度，加强党组织建设，逐步建立一支爱岗敬业、有奉献精神、素质较高的专业化队伍，使民间组织真正成为社会主义现代化建设事业的一支生力军。

希望各级民政部门站在实践"三个代表"重要思想的高度，认真做好民间组织的培育发展与监督管理工作。要与业务主管单位密切配合，各司其职，共同做好工作。民政部门作为登记管理机关，要重点履行好登记管理、年度检查和处罚监督等管理职责；业务主管单位要根据党中央、国务院的要求，履行好相应监督管理职责，包括民间组织登记前的审查，开展活动的监督、指导，年度检查的初审，协助查处违法行为，会同有关机关指导社会团体的清算事宜等等。要加强登记管理机关和业务主管单位的自身建设，规范执法行为，推进政务公开，完善信息网络，依法维护民间组织合法权益，提高行政效率和依法行政水平。要根据管理工作的实际情况，增加管理人员，充实管理力量，加强队伍建设，提高管理服务水平。要建立起民间组织的评估体系，通过明确可比的评估指标和完善的评估体系以及与之配套的奖惩制度，加强对民间组织的激励和监督。

希望地方各级政府要加强对民间组织工作的领导，运用经济、法律、舆论及必要的行政手段，将民间组织纳入国民经济和社会发展总体规划，并努力在经济、教育、科学、卫生、文化、民政、体育、环境、人口等事业规划中突出民间组织的内容，确保民间组织与经济社会发展同步。要进一步转变政府职能，将应由社会组织承担的社会管理和公共服务职能转移出去，为民间组织发展拓展必要的空间。要协调有关部门，通过购买服务等方式，建立政府对民间组织的资助机制，进一步完善税收、工资、人事、社会保障政策，为民间组织健康发展提供良好的条件。要进一步健全民间组织法规政策体系，完善双重管理体制，建立政府统一领导、登记管理机关、业务主管单位和有关部门各负其责的管理体制，形成推进民间组织的整体合力。

同志们，我国民间组织的发展和管理工作已进入了一个新的历史时期。面对新的形势，我们肩负光荣而艰巨的任务。让我们在以胡锦涛为总书记的党中央领导下，高举邓小平理论和"三个代表"重要思想伟大旗帜，认真落实党的十六届三中、四中全会精神，同心协力，开拓进取，推动引导民间组织健康发展，为全面建设小康社会，推进社会主义现代化做出新的更大贡献！

贯彻落实党的十六届四中全会精神
进一步加强民政系统的行业作风建设

民政部部长 李学举

（2004年12月12日）

同志们：

在全国民政系统深入贯彻落实党的十六届四中全会和中央纪委第四次全会精神，学习"为民模范"周国知先进事迹的高潮之际，我们召开"全国民政基层单位行风建设经验交流暨表彰会议"，有着十分重要的意义。这次会议的主要任务是，以党的十六届四中全会和中央纪委第四次全会精神为指导，总结经验，表彰先进，研究部署进一步加强民政系统的行风建设。刚才，张印忠同志宣读了《民政部关于命名表彰"全国民政基层单位行风建设先进集体"的决定》。在此，我代表民政部，向获得表彰的先进集体致以热烈祝贺！并借此机会，向民政纪检监察干部和广大民政基层单位的干部职工表示亲切慰问！

近年来，特别是2000年以来，各级民政部门按照党中央、国务院关于深入开展纠风和行风建设的要求，紧密结合民政工作实际，积极开展纠正不正之风和行业作风建设，有力地促进和保证了各项民政工作的健康发展，行风建设取得了明显成效。通过开展以民主评议行风为特色的行风建设活动，民政系统的反腐倡廉意识和作风建设得到进一步加强，群众反映的突出困难和问题得到进一步解决，执政为民和依法行政的思想得到进一步深化，"以民为本，为民解困"的工作理念进一步深入人心，基层干部职工队伍素质得到进一步提高，民政基层单位建设得到进一步促进，老百姓对民政工作的满意率越来越高。近5年来，省区市民政系统在省级政府民主评议行风名列前3名的有上海、浙江、新疆、河北、内蒙古、山东、湖北、青海、陕西等；受到各级党委、政府和民政部门命名表彰的民政基层单位有9003个，民政部这次表彰的200个先进集体就是他们的代表。

当前，我国已经进入全面建设小康社会、加快推进社会主义现代化的新的发展阶段。随着经济转轨、社会转型和政府职能转变，民政工作越来越丰富，任务越来越繁重，作用越来越重要。新的形势、新的任务要求我们以优良的行业作风保证民政工作快速、健康的发展。加强作风建设，一直是我们的重要课题、自身建设的重点。这几年，我多次强调过。下面，我就结合学习贯彻党的十六届四中全会精神，围绕加强民政系统行业作风建设问题，再谈几点意见。

一、要切实提高对加强民政系统行风建设重要性的认识

（一）加强行风建设是密切联系群众的重要保证。行风即行业作风。它是指一个部门或一个行业及其广大员工在思想、行动中表现出来的一贯态度、工作理念、价值取向和风格特点。行风是社会风气的一个重要组成部分，也是党风、政风在部门和行业的具体反映。行风具有外在性、直观性的特点，在各部门、各单位、各行业的实际工作和工作人员日常行为中看得见、感觉得到。正因为如此，行业作风往往成为人民群众对党和政府由认知到信任、拥护与否的最直接、最简便的渠道和途径。应当说，民政系统的行风建设总体上是好的，但在我们的一些单位和一些干部职工中，也还存在着群众观念淡薄、依法行政水平不高、服务意识薄弱、作风不扎实以及领导、工作方式陈旧，机制、制

度不完善等方面的问题，有的单位甚至还出现与民争利、以权谋私、贪污腐败的现象。这些既影响了民政工作的发展，影响了民政部门的形象，更影响了人民群众利益的实现，影响了党同人民群众的血肉联系。因此，民政系统的行业作风至关重要，它不仅关系到民政事业的兴衰成败，而且关系到党同人民群众的血肉联系、关系到社会主义和谐社会的建设。

（二）加强行风建设是提高能力建设的重要保证。党的十六届四中全会通过的关于加强党的执政能力建设的决定中，提出了不断提高驾驭社会主义市场经济、发展社会主义民主政治、建设社会主义先进文化、构建社会主义和谐社会、应对国际局势和处理国际事务这五个方面能力的重大任务。这是贯彻邓小平理论和“三个代表”重要思想，全面推进党的建设新的伟大工程的重大部署。我们必须要很好地贯彻落实。前不久，我在部党组理论学习会上作了一个发言，对从事民政工作的领导干部提出还有五个能力要提高，因为它与做好民政工作的关系更直接、更密切，这就是开拓创新能力、依法行政能力、协调配合能力、用干部带队伍能力和做群众工作的能力。这五个能力建设是一项根本建设，特别在当前新形势下，民政工作面临着许多新情况、新问题，需要我们各级民政部门和各级领导干部提高能力，提高水平，去尽快适应新的形势、新的任务、新的要求，去解决新的矛盾、新的问题、新的困难。如果我们的领导干部真的具备了这些能力，并能运用到实际工作中，也就能够把党的十六届四中全会精神真正落到实处了。各级民政部门和民政基层单位要以加强行风建设为切入点，认真贯彻“两个务必”和“八个坚持、八个反对”的要求，从群众最能看得见、摸得着、体会得到的方面抓起，切实加强行业作风建设，把维护、实现和发展好最广大人民的利益，作为民政“五个能力”建设的出发点和落脚点，以优良的领导作风、工作作风和思想作风保证民政能力建设。

（三）加强行风建设是做好民政业务工作的重要保证。民政部门是党和国家的重要职能部门之一，承担着部分社会管理和社会公共服务职能；民政工作是党和政府工作的重要内容，每一项工作都直接关系到广大群众的切身利益；民政事业是社会事业的重要组成部分，它的改革和发展都直接关系着人民群众的生产和生活。党的十六届四中全会提出的构建社会主义和谐社会的任务，为民政工作与时俱进、开创局面提供了新的契机和机遇。民政工作的性质和面临的形势、任务，要求我们必须要有一个好的行业作风做保证。这些年，各级民政部门和广大党员干部职工坚持为民服务宗旨，深入基层，关爱群众，想群众之所想，急群众之所急，解决了许多群众反映突出的困难和问题，较好地履行了民政工作职能。这种以人为本、勤政为民的优良作风赢得了群众的赞誉。事实说明，作风好、行风正，民政事业就发展、就前进、就有力量之源，人民群众就欢迎、就拥护、就满意。反之，民政工作就会受影响、受挫折，人民群众就会有意见、不高兴、不满意，并由此引发群众对党、对政府的不满，甚至对党和政府的信任发生动摇。这次受表彰的先进集体事迹也说明了好的作风一经形成，就会成为一种不可阻挡的强大精神力量，在一个部门、一个单位甚至在更大范围持续、长久地发挥积极的作用。可以说，好的行业作风是无价之宝，它不仅能影响人、带动人，而且能凝聚人、感染人。当前，各级民政部门和民政基层单位要把开展行风建设与学习贯彻党的十六届四中全会精神、学习“为民模范”周国知的先进事迹紧密结合起来，进一步提高“立党为公、执政为民”的自觉性，牢固树立“以民为本，为民解困”的工作理念，增强责任意识、服务意识和廉政意识，以求真务实、开拓创新、勤政高效、清正廉洁的作风惠及于民、取信于民、满意于民。

（四）加强行风建设是推动民政基层单位全面建设的重要保证。广大基层单位是民政部门面向社会、服务群众的“窗口”，是展示民政社会形象的平台，是民政事业的重要组成部分。基层单位的风气好坏，不仅被社会所关注、群众所关心，更是决定民政事业建设与发展的重要因素。基层单位作为整个民政工作链的最后一环，与社会接触面最宽，与民众打交道最多，涉及群众利益最广，也往往是社会和群众关心的焦点和关注的热点，同时，也是产生不正之风的重点部位和薄弱环节。从这几年民主评议行风的结果看，群众意见比较大的是对我们一些服务单位的服务质量、服务环境和服务人员的服务态度。这些问题的产生，原因是多方面的，但管理薄弱、作风不扎实、群众观念淡薄、规章制度不落实是其主要因素。这些都不同程度地损害了群众的利益，也影响了民政部门的形象，阻碍了民政基层单位的全面建设和发展。随着社会的不断发展进步和民政部门职能转变，民政基层单位的任务也就会更加艰巨。因此，我们要紧紧抓住行风建设这一有力抓手，全面加强基层建设，完善服务功能，强化队伍素质，建立服务规范，提高服务质量，优化服务环境，促进民政基层单位建设再上新台阶。

二、要切实加强民政行风建设

（一）要坚持和发扬“以民为本，为民解困”之风。“以民为本，为民解困”的工作理念体现了民政工作的根本宗旨。树立“以民为本，为民解困”的工作理念说起来简单，实践起来并不是很容易。树立这个理念，就要把实现人民群众的利益作为一切工作的出发点和归宿，做到权为民所用、情为民所系、利为民所谋；树立这个理念，就要像“为民模范”周国知那样一心为民、勤政务实、清正廉洁；树立这个理念，就要时时心里装着群众，事事想着群众，处处依靠群众，一切为了群众；树立这个理念，就要把人民群众的根本利益放在首位，以优良的行业作风实现好、维护好、发展好群众的利益，特别要着力解决好关系人民群众切身利益的突出问题。当前特别要认真抓好灾区灾民、低保对象、优抚对象和困难群众的冬令生活保障工作。前一段，民政部已迅速下拨了低保、救灾资金，并从机关抽调人员组成 9 个工作组，深入基层，了解和解决困难群众生活。希望各级民政部门加大工作力度，按照民政部的要求，深入到灾区一线，深入到困难群众当中，采取多种措施，切实保证广大灾民和困难群众安全过冬。

（二）要坚持和发扬“依法行政、文明服务”之风。行风建设和民政业务相互联系，互为作用，都是民政事业改革发展的不可或缺的重要环节。如何把行风建设与民政业务结合起来，这是值得大家认真思考的重要课题。我认为，要搞好两者的结合，关键是要做到依法行政、文明服务。依法行政，文明服务，既是规范干部自身行为、提高行政管理效能的客观需要，也是履行民政工作职能，维护和保障人民群众根本利益的必然要求。我们要不断增强法律意识、法制观念，严格行政决策程序，按照“谁主管谁负责”、“管行业必须管行风”的原则，坚持“一岗双责”，把民政业务管理和反腐倡廉、行风建设一起部署安排、一起督促检查、一起总结考核。各级民政部门和民政基层单位，要围绕民政业务工作重点和关系群众切身利益的事项，抓紧建立和完善各项具体的、配套的、适应民政事业发展需要的制度和规范，尽快建立起完整的民政行业规范化、标准化服务体系；要通过法律法规和规章制度推动行风建设。按照中央纪委、国务院纠风办的要求，从每一项民政业务法律法规和重要政策开始制订之时，就考虑到这项法规政策如何为民、利民、便民，如何防止漏洞，不给腐败以可乘之机，真正把行风建设的要求寓于民政法律法规和重要政策措施之中；要善于抓好执法工作，用法律法规和规章制度规范施政行为，坚决纠正有法不依、执法不严、违法不究的现象。要强化服务意识，切实转变工作职能和工作作风，深入基层，深入群众，把为人民群众做好事、办实事、解难事作为民政工作者的职业道德、工作要求和检验标准，贯彻到民政工作目标、任务和措施的各个方面，把对人民群众的体恤之情渗透到每一项民政业务之中，倾注到每一个民政工作对象身上，大力营造“比素质，比作风，比服务，比实绩”的良好工作氛围，真正树立勤政为民、廉洁奉公、依法行政、务实高效、文明服务的民政新风。

（三）要坚持和发扬求真务实之风。求真务实，是马克思主义一以贯之的科学精神，是我们党必须始终坚持的优良执政作风，是党的事业兴旺发达的关键所在，也是我们加强民政系统行风建设，做好民政各项工作始终遵循的重要原则和基本要求。“求真”就是认识规律、把握规律、遵循和运用规律，增强实践的主动性、减少盲目性、克服片面性。“务实”，就是一切从实际出发，实事求是，脚踏实地；就是重在落实，务求实效。民政部门求真务实，就要从文山会海中解脱出来，重实际、办实事、求实效，以实际成果取信于民；就要把工作的着力点真正放到研究解决改革发展稳定的重大问题上，放到研究解决损害群众利益的突出问题上，放到研究解决民生、落实民权、保障民利上；就要端正作风，牢记“两个务必”，坚决防止和克服形式主义和官僚主义；就要坚决反对弄虚作假、虚报浮夸行为，不提哗众取宠的空口号、不搞劳民伤财的花架子。空谈误国，实干兴邦。作为民政系统的每一个单位和每一名干部职工，都要坚持和发扬求真务实之风，深入基层，深入群众，一切从实际出发，把党的政策落实好，把群众的事情办好，把群众的困难解决好。

（四）要坚持和发扬清正廉洁、艰苦奋斗之风。清正廉洁是共产党人必备的素质，艰苦奋斗是我们党的传家宝和政治本色。经济越是发展，越要坚持艰苦奋斗，越是领导干部，越要带头发扬清正廉洁、艰苦奋斗之风。民政部门尽管很清苦，但也不是清水衙门。我们掌管着救灾救济款、低保金、抚恤金、福利彩票公益金等款物，还有一定的行政审批权、行政许可权和行政处罚权。这些钱，体现着党和政府对人民群众的关爱，是纳税人的钱，是捐赠人的善款，是救急救命款，是“高压线”；这些权，是党和人民赋予的履行为民服务的神圣职责。要通过加强反腐倡廉和艰苦奋斗教育，引导广大干部职工牢固树立马克思主义的世界观、人生观、价值观和正确的权力观、地位观、利益观，正确行使手中的权力，保持艰苦奋斗的本色，清清白白为官，踏踏实实做事，堂堂正正做人。要经得住诱惑，耐得住寂寞，抗得住腐蚀。坚持做到“八个坚持、八个反对”，始终做到自重、自省、自警、自励，永远保持共产党人的蓬勃朝气、昂扬锐气、浩然正气。

三、要切实加强民政自身建设

（一）着力抓好作风建设。古人说“己不正，焉能正人”，“其身正，不令而行，其身不正，虽令不从”。各级领导干部在单位自身作风建设中是龙头、是带头人。胡锦涛总书记指出，各级领导干部都要常修为政之德，常思贪欲之害，常怀律己之心。这为领导干部廉洁自律、加强自身作风建设指明了努力方向。我们各级领导干部一定要按照这个要求，经常修德、思害、律己，不以善小而不为，不以恶小而为之。要按照《决定》提出的“政治坚定、求真务实、开拓创新、勤政廉政、团结协作”的要求，全面加强领导班子建设，提高领导干部素质，为民政系统广大干部职工作表率。各级民政机关是民政决策的阵地，政令传递的平台，行政执法的主体，为民服务的窗口。既是行风建设的组织者、领导者，又是行风评议的“运动员”、“裁判员”；既是各项制度规范的起草者、制订者，又是工作落实的“监察员”、“督导员”，在民政行风建设中处于举足轻重的地位，要充分发挥表率作用，把工作的重点放在基层，通过深入基层、服务基层、支持基层、关心基层，促进机关作风的转变。深入基层，就要到广大人民群众中，到民政工作的最基层，到民政工作最薄弱的地方，搞好调查研究，了解基层的实情，搞好政策制订和指导，使制订的民政法规、政策更加符合民政工作实际，更切合基层工作需要，更能体现群众的愿望和要求。服务基层，就要把注意力和工作的重心放在基层，满腔热忱的为基层服务，对基层反映的任何问题，不能推诿拖延，都应认真对待；要下大力气抓好民政基层单位建设，使我们的民政基层单位真正做到依法行政、文明执法，切实成为民政工作联系群众的桥梁和纽带。支持基层，就要根据基层的需求，在政策上给予倾斜，资金上尽可能的给予帮助，为基层开展工作创造良好的条件。

关心基层，就要了解基层的困难和疾苦，主动帮助他们克服困难、解决问题。

（二）着力加强民政自身队伍建设。新时期民政工作任重道远，加强民政队伍建设，建设一支高素质的民政工作者队伍，是贯彻落实十六届四中全会精神，建设社会主义和谐社会，推动民政事业发展的必然要求。要坚持“一手抓队伍建设，一手抓作风建设”的方针，以抓队伍建设带动作风建设，巩固和改善作风建设；以作风建设衡量和检验队伍建设。

今年全国评选表彰人民满意的优秀公务员有48个，其中民政系统4个，占1/12；人民满意的优秀公务员集体有31个，民政系统3个，占1/10。这说明我们民政队伍的素质和自身建设总体上是好的，人民群众对民政工作和民政行风是满意的。但是，我们对自己要有清醒的认识，要善于在成绩面前发现和寻找自己的差距。前不久，人事部、民政部联合举行“为民模范”周国知同志命名表彰大会，并发出开展向周国知同志学习活动的通知，各级民政部门和民政基层单位一定要抓住贯彻落实十六届四中全会精神、开展学习周国知活动的大好时机，深入领会《决定》的基本精神，按照《决定》提出的要求，结合实际，适应形势，瞄准任务，大力提高民政队伍开拓创新能力、依法行政能力、协调配合能力、用干部带队伍能力和做群众工作的能力，把各级民政部门的领导班子建设成为善于科学决策、民主决策、依法决策，政治坚定、团结协作、勤政廉洁、开拓创新、与时俱进的领导集体。进一步提升民政队伍的政治素质和业务素质，使广大民政干部爱岗敬业、勤政为民，具有胜任新时期民政工作的政策理论水平、依法行政能力，勤政廉政作风，把各级民政干部队伍建设成为政治坚定、道德高尚、业务精通、作风优良的队伍。

（三）着力加强民政自身制度建设。制度建设带有根本性、全局性和长期性。一些不正之风不断滋生，甚至愈演愈烈，很重要的一个原因是规章制度不健全、不完善。要抓紧建立健全规章制度，使行风建设寓于制度管理规范之下，实现以制度管人、管事，以制度规范人、规范事，这是增强行风建设实效的重要基础和根本保证。要在民政业务审核审批程序、具体操作流程等方面，制定行为规范和办事程序，使每一项业务、每一个服务项目都能规范运转、规范操作、规范服务，从根本制度上保证我们的工作人员为民、务实、清廉；要建立健全行风规章制度，把以民为本、为民解困的民政工作理念转化为具体的制度规定，使其具有约束力和强制力；要继续坚持和完善民政行风评议制度，完善评议方式，创新评议方法；要探索建立行风标准制度，对为民服务的“窗口”单位和行业，建立规范的为民、便民、亲民、爱民的行风标准。制度建设既要抓好制度设计，更要抓好制度实施和执行情况的监督检查。强化监督要重点加强对各级领导机关和领导干部，特别是各级民政领导班子主要负责人的监督，以保证我们的民政干部队伍在为民服务的实践中永葆民政行业新风。要在选拔任用干部特别是领导干部方面与行风评议结合起来，干部绩效考核与行风评议结合起来，从制度上保证选拔作风正派的领导干部，保证廉洁从政、为民勤政的具体落实。

（四）着力加强对行风建设的领导。党的十六大提出，要抓紧建立健全与社会主义市场经济体制相适应的教育、制度、监督并重的惩治和预防腐败体系，这对加强行风建设提出了新的更高的要求。要建立健全行风建设领导体制，继续坚持党委统一领导、党政齐抓共管，部门各负其责，纪检监察部门组织协调，群众广泛参与的行风建设领导体制。各级民政部门的主要负责同志要对行风建设负总责，研究行风建设方面的重大问题，部署、指导行风建设工作；各分管领导和业务主管部门分工负责，根据总的工作部署和要求，主动抓好分管业务的行风建设，搞好督促和检查；各级民政纪检监察机关负责行风建设的组织协调工作，配合各级民政部门制订工作计划，总结交流经验，组织检查指导，协调日常工作关系；调动群众参与的积极性、主动性，组织群众广泛参与行风建设各项工作中，充分发挥群众监督、舆论监督、社会监督的作用。

要建立完善行风建设协调工作机制，各级民政部门都要建立行风建设工作领导小组，在本部门、本单位党组（党委）领导下，具体负责抓好本部门、本单位的行风建设领导工作；进一步加强民政系统内部协调，使行风建设主管单位与协办单位之间、主管部门与所属基层单位之间、纪检监察与主管业务部门之间，形成齐抓共管的合力。中央准备出台行风建设责任制方面的一个规定性文件。文件下发后，各地要根据这个规定要求，结合民政工作实际，抓紧制订本部门本单位行风建设责任制及其实施办法。

构建教育、制度、监督并重的纠正和防范不正之风体系，是从源头上防治腐败和不正之风的根本举措，其内容既包含了从严治标、惩防并举，又涵盖了注重预防、着力治本。各地要进一步深化对构建体系的理性认识，要加强对实践经验的总结，立足于民政工作特色，立足于解决民政系统党风廉政建设和行风建设中的实际问题，立足于解决损害群众利益的突出问题，立足于对腐败和不正之风高发部位和环节的惩防，加强理论层面的探讨和研究，突出系统性、前瞻性、创新性和可操作性。在研究构建教育、制度、监督并重的纠正和防范不正之风体系中，要注意把握教育、制度、监督三者并重，逐步建立和完善预测防控机制，增强不正之风的预见性和可控性。

同志们，让我们紧密地团结在以胡锦涛同志为总书记的党中央周围，全面深入贯彻党的十六届四中全会精神，求真务实，执政为民，开拓创新，努力工作，以更扎实的作风，服务群众，服务基层，服务社会，为民政事业的快速、健康发展做出应有的贡献！

明确要求　把握方向　联系实际　突出重点
切实加强部直属机关领导班子思想政治建设

民政部副部长　杨衍银

（2004年2月13日）

同志们：

去年9月，中央根据换届后各级领导班子建设的新情况，分别召开了省区市领导班子思想政治建设座谈会和中直、中央国家机关领导班子思想政治建设座谈会，对各级领导班子思想政治建设提出了新的要求，明确了领导班子思想政治建设的任务和努力方向。部党组非常重视直属机关领导班子的思想政治建设，及时组织传达了中央关于加强领导班子思想政治建设座谈会的精神；去年“七一”，李学举部长带头讲了党课；在今年的民政厅局长会议上，李学举部长又用较大篇幅强调了加强自身建设问题。在年终总结中，部里结合年度考核，组织调研组对部直属机关领导班子思想政治建设情况进行了专题调研。

从这次调研的情况看，近年来在部党组的领导下，部直属机关各单位高度重视领导班子思想政治建设，结合自身实际，有针对性地做了大量工作，取得了明显的成效，特别是通过认真学习贯彻党的十六大精神、十六届三中全会精神和“三个代表”重要思想，我部各级领导干部讲学习、讲政治、讲原则、顾大局的意识，事业心、责任感普遍增强，精神状态普遍较好；领导班子的凝集力、战斗力进一步提高，绝大多数领导班子能够坚持求真务实，注重廉洁自律；领导班子的结构得到进一步优化，班子成员的能力建设得到进一步加强；“一把手”作用的发挥普遍较好。如果说这些年来部直属机关的各项工作取得了明显进步，有些工作取得了重大突破，那么这些成绩的取得，与我们重视加强领导班子建设特别是思想政治建设是分不开的。但是，我们也要清醒地看到，我们在加强领导班子建设，特别是思想政治建设方面也还存在一些问题，有的还比较严重。比如，有的领导班子的整体素质特别是思想政治素质还需要进一步提高，有的领导班子不团结、不配合的问题还比较突出，一些领导干部在理论学习、党性修养、领导能力、思想作风等方面还存在很多不足等等。对这些问题，各级领导班子要高度重视。根据中央关于加强领导班子思想政治建设的要求，结合我部实际，我就加强部直属机关领导班子思想政治建设讲几点意见。

一、要把用“三个代表”重要思想武装头脑作为领导班子思想政治建设的首要任务

理论建设是党的思想政治建设的根本，理论素养是领导干部素质的核心。新形势下加强领导班子思想政治建设，首要的任务就是要用“三个代表”重要思想武装头脑，指导实践。当前，学习贯彻“三个代表”重要思想新高潮已经在部直属机关兴起，“三个代表”重要思想日益深入人心，并不断转化为推进民政工作改革与发展的强大动力。但也应看到，我们现在的学习还是初步的，下一步的学习要着重在学习的系统性上、在联系实际解决问题上下功夫，力争在认识上达到新高度，在贯彻上取得新成效。我们要在总结以往学习成功经验的基础上，进一步完善领导干部个人自学、领导班子成员集体学习和脱产进修“三位一体”的理论学习机制，通过集中学习与自学研读相结合、专题报告与理论研讨相结合、分散调研与集中交流相结合等多种方式，进一步提高理论学习的系统性、针对性和实效性，使班子成员对“三个代表”重要思想的时代背景、实践基础、科学内涵、精神实质和历史地位的认识达到新的高度，进一步培养和增强班子的理论思维、战略思维能力。

理论的价值在于指导实践，学习的目的全在于运用。学习贯彻“三个代表”重要思想，最重要的是要坚定对“三个代表”重要思想的信念，使这一科学理论深入广大党员干部的头脑，转化为观察世界、认识世界的思想武器。要在理论联系实际和指导实践上下功夫，在研究解决民政事业改革和发展中的重大问题上下功夫。既要从总体上把握“三个代表”重要思想的基本观点和基本精神，进一步增强政治意识、大局意识和忧患意识，又要从工作领域对“三个代表”重要思想的有关内容进行系统钻研和理解，注意运用“三个代表”重要思想的立场、观点、方法，深入研究解决民政工作中的重大问题，努力在认真贯彻“三个代表”重要思想的根本要求、始终做到“三个代表”上取得新的成效。

二、要解放思想、适应形势，不断提高领导班子的能力和水平

坚持解放思想、实事求是、与时俱进，是我们党坚持先进性和增强创造力的决定性因素，也是领导干部必须始终坚持的思想路线。加强领导班子思想政治建设，必须紧紧围绕发展这个执政兴国的第一要务来进行，只有善于结合变化了的形势、任务，及时把握时代发展的特征，敢于实践，敢于探索，敢于突破，敢于创新，才能不断在思想上有新解放，在理论上有新发展，在实践上有新创造，在工作上有新思路，才能不断开创各项工作的新局面。

首先，要进一步解放思想，更新观念。思想是行动的先导。我国改革开放二十多年的历程，实际上就是一个不断解放思想、与时俱进的历程。解放思想，不仅仅是一个认识问题，也是一个实践问题。大家知道，民政工作的很多业务都是在计划经济年代确立的，从一开始就打下了计划经济的烙印，我们的干部也习惯用传统的方式、方法和手段来工作。在新的形势下，我们一些领导班子和领导干部的思想还不够解放，改革的力度还不够大，解放思想、深化改革的任务还是相当重的。因此，我们要按照党的十六大的要求，根据形势、任务的发展变化，立足于本部门工作的实际，大力破除那些不合时宜的陈旧观念，进一步树立与社会主义市场经济相适应的新观念。

其次，要适应形势，与时俱进。新的形势和任务，要求民政工作必须不断适应新形势、分析新情况、解决新问题、实现新发展。当前，民政工作在管理体制、运行机制和工作的方式方法上都有一个适应的问题。民政工作要坚持与时俱进，适应就是永恒的主题，特别是要在思想观念上、工作思路上、工作方式上、工作方法上适应，在适应中求发展，在适应中求创新，在适应中充分发挥民政工作在促进改革、发展和社会稳定中的积极作用。

第三，要积极探索，创造性地开展工作。要创造性地开展工作，一方面要吃透中央精神，严格把握中央的大政方针；另一方面要吃透基层的实际情况，了解群众的呼声，并将“两头”有机结合起来。这些年来我部有所突破并取得较大成绩的工作，都是抓住了党和政府高度重视、社会密切关注、与人民群众根本利益密切相关的结合点，从而有力地推进了工作的开展。创造性地开展工作，还要善于总结经验。各级领导干部要把善于总结经验作为一项基本功，做到年初抓工作安排，年中抓工作分析，年底抓工作总结。不仅一年下来要总结，而且阶段性工作结束后也要总结；不仅要总结现在的经验，而且要总结历史的经验；不仅要总结成功的经验，而且要总结失败的教训；不仅要总结自己的经验，也要学习借鉴他人的经验。要善于对实践经验进行理论概括，力争获得规律性的认识。

第四，要增加执政能力，提高领导水平。我们各级领导干部要按照十六大的要求，结合新的实践，不断提高科学判断形势的能力、驾驭市场经济的能力、应对复杂局面的能力、依法执政的能力和总揽全局的能力。要提高对市场经济的认识，努力把握市场经济条件下民政工作的运行特点和规律，努力使自己所负责的各项工作符合社会主义市场经济的要求；要想大事、议大事、抓大事，紧紧围绕全面建设小康社会这一宏伟目标和发展这个党执政兴国的第一要务，认真研究事关民政事业发展的全局性、前瞻性和战略性的重大问题；要善于抓主要矛盾，突出工作重点，推动各项事业全面发展。

三、要坚持贯彻民主集中制，发挥班子的整体功能，不断增强领导班子的团结和活力

民主集中制是我们党和国家最根本的组织制度和领导制度，是最重要的组织纪律和政治纪律，是科学的领导和决策方法，也是把领导班子成员置于集体监督之下的重要监督机制。在这次调研中，干部群众也对部分单位在重大问题和重大决策时能否坚持民主决策、科学决策、集体决策方面提出了一些意见和建议。对此，部机关、直属单位领导班子和领导干部要切实重视。

一要加强民主集中制教育，不断提高坚持民主集中制的自觉性。各单位要把民主集中制作为领导班子集中学习的重要内容，组织领导班子成员认真学习民主集中制理论，学习党关于民主集中制的经验和教训，弄懂基本要求，了解基本程序，学会基本方法。同时，要把民主集中制执行情况作为民主生活会的一项重要内容来检查。通过学习教育，使领导班子成员进一步提高对贯彻执行民主集中制重要性的认识，从而不断增强贯彻执行民主集中制的自觉性。

二要建立健全民主科学的决策机制，进一步提高领导班子决策水平和工作效率。坚持民主集中制，是实现领导班子决策民主化、科学化的基本途径。要按照“集体领导、民主集中、个别酝酿、会议决定”的原则，重点抓好三个方面工作：一是坚持集体领导。凡属本单位、本部门的重大决策、干部任免和大额资金的使用，必须经领导班子集体决定。二是充分发扬民主。决策要提高透明度，决策前要集思广益，注重发挥每个班子成员的积极性和创造性，注重征求专家、学者的意见，注重广泛听取群众的意见和建议。三是加强制度建设。各单位都要建立健全有关民主集中制方面的规章制度并切实予以落实。

三要维护团结，不断增强领导班子的合力。对一个领导班子来说，团结问题至关重要。团结出凝聚力、出战斗力、出新的生产力，对团结的问题，怎么强调也不过分。各级领导干部一定要像爱护自己的眼睛一样珍视团结、维护团结、促进团结。增强领导班子团结，一是要加强党性修养，做到淡泊名利、注重事业，心怀坦荡、彼此尊重。大家在一起共事，要真正成为政治上志同道合的同志，思想上肝胆相照的知己，工作上密切配合的同事，生活上互相关心的挚友。二是要加强沟通，要使沟通成为最基本的工作方法。注意沟通思想，在寻求共识中求团结；注意沟通工作情况和信息，在工作实践中求发展；注意沟通感情，在相互协调中求和谐。三是“一把手”要带头。“一把手”心胸要更开阔一些，觉悟要更高一些，律己要更严一些，带头执行民主集中制原则，带头维护和增强班子的团结。要把自己作为班子中平等的一员，要当“班长”而不要当“家长”，要果断而不要武断。

四、要坚持立党为公、执政为民，牢记两个务必，切实改进领导班子的作风

作风就是旗帜，就是形象，就是战斗力。部直属机关是民政系统的领导机关，领导班子作风的好坏，事关整个民政系统的作风建设。转变作风，特别要在深入调研、求真务实、服务群众、艰苦奋斗、清正廉洁方面做出表率。一要深入调研。调查研究是领导干部的基本功，是克服主观主义、提高科学决策水平的有效途径。“纸上得来终觉浅，觉知此事要躬行”，各级领导干部都要俯下身子，亲自下功夫对重大问题进行调查研究。中央规定，部级领导干部每年至少要有一个月的时间深入基层调查研究，部直属机关各级领导干部到基层调研的时间要更长。要建立领导干部定点联系基层制度，提倡蹲点调研，真正了解基层的真实情况。二要求真务实。胡锦涛总书记在中纪委三次全会上指出，各级领导干部都必须大力弘扬求真务实精神、大兴求真务实之风。民政工作很实在、很具体，来不得半点虚假，求真务实是民政工作的第一要求。做好民政工作，要抓实每一个环节，落实每一项工作。各级领导干部一定要说实话、办实事、求实效，做到心思用在工作上、情感贴在民心上、作风拧在求实上，切实把求真务实的精神贯彻落实到以民为本、为民解困的实践中去，始终把维护民利、解决民生、落实民权放在第一位。三要服务群众。群众利益无小事。民政工作是做人的工作，基本职责是为民服务、为民解困。各级领导干部在工作中一定要突出为民原则，要把实现好、维护好、发展好人民群众的根本利益作为思考问题和开展工作的出发点和立足点，时刻把群众的安危冷暖挂在心上，及时为他们排忧解难。四要艰苦奋斗。艰苦奋斗是党的优良传统，作为民政干部更要艰苦奋斗，勤俭创业，办任何事情都要精打细算，使有限的资金和设备发挥最大的效益和效用。五要清正廉洁。这些年，部直属机关各单位注意抓了廉洁从政各项制度、措施的健全、完善和落实，收到了较好的效果，但是廉政这根弦一刻也不能放松，要从思想上筑牢拒腐防变的堤防，过好权力关、地位关、利益关、人情关，真正做到一身正气、一尘不染。

五、要深化干部人事制度改革，坚持正确的用人导向

毛泽东同志曾经说过，领导者的责任，归结起来，就是出主意、用干部。实践证明，用准一个干部，就等于树立起一面旗帜，就会对广大干部起到积极的引导、示范和激励作用；用错一个干部，就等于发出了一个错误信号，就会挫伤干部群众的积极性。部直属机关领导班子特别是事业单位领导班子，一定要高度重视干部的培养和使用，努力创造干部成长成才的环境和机制。一是要严格按《干部任用条例》的规定办事，真正做到坚持原则不动摇，执行标准不走样，履行程序不变通，遵守纪律不放松。二是进一步扩大干部工作中的民主，建立群众公认的民主推荐机制、公开透明的干部考察机制、注重公论的干部评价机制、公道择优的干部任用机制、公平有序的竞争激励机制、公正严明的管理监督机制，扩大党员、干部和群众对干部选拔任用的知情权、参与权、选择权和监督权。三是进一步推进领导干部选拔任用制度改革，不断加大竞争择优的力度，民主竞争、竞争上岗，真正把那些政治坚定、有真才实学、想干事、肯干事、能干事、不事张扬、不跑不要的干部选拔上来。四是要进一步疏通干部“下”的渠道，建立调整不胜任现职领导干部的有关规定和办法，完善领导干部能上能下机制。通过建立公开、平等、竞争、择优的用人机制，形成良好的选人用人导向，切实把广大干部的精力集中到干事创业、促进发展上来，集中到不断提高自身素质、增强为人民服务的本领上来。

加强领导班子思想政治建设，事关全局，意义重大，任务艰巨。部直属机关各级领导班子一定要认清形势，把握大局，明确目标，落实任务，有所作为。要以这次会议为新的起点，全面贯彻“三个代表”重要思想，围绕中心，服务大局，解放思想，开拓创新，在以民为本、为民解困的旗帜下，求真务实，突出重点，扎实工作，力求在促进班子思想政治建设上迈上一个新的台阶。各级领导班子和领导干部要进一步提高自身的综合素质和领导水平，以良好的精神状态、扎实的工作作风、出色的工作能力，不断推进民政事业的改革与发展，在促进经济社会协调发展方面发挥更大的作用，为全面建设小康社会做出应有的贡献！

在2004年全国春荒救济暨救灾工作会议上的讲话

民政部副部长　杨衍银

（2004年2月24日）

同志们：

在全国深入贯彻落实党的十六届三中全会精神，大力弘扬求真务实精神、大兴求真务实之风，全面推进各项工作的形势下，全国春荒救济暨救灾工作会议今天召开了。首先，对大家的到来，对四川省张中伟省长、张作哈副省长、敖玉明秘书长等领导同志百忙之中抽出时间出席会议表示热烈的欢迎！并对四川省政府和四川省民政厅为这次会议所做的大量筹备工作表示衷心的感谢！

这次会议的主要任务是深入贯彻党的十六大和十六届三中全会精神，紧紧围绕第十一次全国民政工作会议和2004年全国民政厅局长会议提出的任务，研究新形势下如何进一步做好救灾工作，落实各项救灾措施，并部署今年春荒期间灾民的救济工作，下面我谈几点意见。

一、2003年救灾工作回顾

2003年，我国自然灾害发生频繁，先后发生了旱灾、洪涝、风雹、台风、地震、雪灾和低温冷冻等自然灾害，据民政部与有关部门核定，2003年全国农作物受灾面积（播种面积，下同）5438.6万公顷，其中成灾3251.6万公顷，绝收854.6万公顷；全国共有4.9亿人（次）受到各类灾害影响，其中成灾3亿人（次），因灾死亡2259人，紧急转移安置707.3万人；倒塌房屋343万间；直接经济损失1884.2亿元。

综合分析，2003年旱灾属中等略重年份，对农业生产影响轻于大旱的1999年、2000年和2001年，但局部地区旱情十分严重；洪涝灾害较常年偏重，淮河、长江支流汉水和黄河支流渭河先后发生洪涝灾害损失较大；低温冷冻、风雹灾害、台风灾害轻于常年；地震灾害较常年偏重。总的看，2003年属自然灾害偏重发生年份。

面对严重的自然灾害，党中央、国务院高度重视，胡锦涛、温家宝、回良玉等中央领导同志多次做出重要批示，对抗灾救灾工作提出了明确要求。中央有关部门密切配合，通力合作，全力以赴帮助灾区做好抗灾救灾工作。2003年中央级救灾资金共安排下拨40.5亿元，较去年增加62%，是近年来中央财政安排救灾资金最多的一年。

灾区各级党委、政府把抗灾救灾工作作为压倒一切的工作重点，精心组织，周密安排，果断决策，靠前指挥。地方各级也相应增加了救灾投入。初步统计，全国省、地、县实际支出救灾资金24.04亿元，支出比2002年增加了34%。各级民政部门在党委、政府的领导下，以实际行动践行“三个代表”重要思想，不畏艰险，恪尽职守，始终战斗在抗灾救灾的第一线，在抢救转移安置被困群众、查灾报灾、发放救灾款物、安排灾民生活、倒房恢复重建等方面做了大量工作，最大限度地减少了灾害造成的人员伤亡和财产损失，确保了受灾群众有饭吃、有衣穿、有房住、有病能医，在大灾之年没有出现因灾饿死人和灾民盲目外流等非正常现象，灾区人心安定，社会秩序良好。

回顾2003年，救灾工作在以下几个方面取得了新的进展：

(一)紧急救援机制基本建立

2003年洪涝、地震等突发性自然灾害发生频繁。每遇重大自然灾害发生，民政部和地方各级民政部门迅速启动救灾应急预案，及时掌握报告灾情信息，第一时间派出工作组，及时下拨救灾应急资金，紧急调拨救灾物资。去年仅民政部就编发250多期重要灾情信息，向灾区派出62个工作组，下拨中央救灾应急资金3.3亿元，调拨救灾专用帐篷13.4万顶。灾区各级政府也及时下拨了救灾资金，调拨了大量的帐篷、衣被、食品等救灾物资，有效保障了受灾群众应急期间的基本生活。甘肃民乐一山丹地震发生后10个小时中央就下达了应急资金，当地紧急购置大量衣被、食品等生活急需物资，解决了灾区群众的燃眉之急。可以说，通过去年的救灾工作实践，初步形成了我国灾害紧急救援机制，国家及各级政府应对突发灾害的能力显著增强，灾害应急时期的灾民生活保障水平大大提高，灾民生活得到了妥善安排，社会反响很好。

(二)全国救灾应急预案体系初步形成

民政部建立了应对突发性自然灾害工作规程，按照灾害发生规模制定了三级响应程序，对各级响应的灾害情境、启动程序和响应措施做了明确规定。按照这一工作规程，成功地组织实施了对淮河水灾及多次破坏性地震的紧急救援。去年10月，部里和湖南省联合组织了在信息系统和远程通讯技术基础上的预案演练。与此同时，各地救灾应急预案制定出台工作进一步加快，目前全国已有19个省(自治区、直辖市、兵团)建立了省级救灾应急预案，70%左右的地、县救灾应急预案也已经出台，全国救灾应急预案体系初步建立。在去年的救灾工作中，许多地方在灾后及时启动了救灾应急预案，工作紧张有序，取得了很好的效果。

(三)救灾物资储备网络进一步完善

增加了哈尔滨、合肥和南宁3个中央级救灾物资代储点，中央级物资代储点达到了10个。同时，20多个省份也建立了省级救灾仓库，救灾储备物资的分布格局更加合理。顺利完成1亿元救灾物资的采购任务，使中央和各省救灾帐篷储备总量达到27万多顶，救灾实力大大增强。救灾物资管理制度和应急调运机制得到进一步完善和规范，协商铁路等部门建立救灾物资铁路运输协调机构，完善了救灾物资铁路运输快速装运机制，使救灾物资的运输时间大大缩短，提高了救灾工作的效率。

(四)灾情信息管理水平明显提高

建立了突发性重大自然灾害灾情统计、核查、报告制度，明确要求突发性重大自然灾害7小时内报至民政部。去年新疆巴楚一伽师地震、云南大姚地震以及淮河流域水灾等灾害的信息报送非常及时，为部里准确评估形势，果断采取救灾行动提供了依据。明确了紧急救援、灾民生活安排和恢复重建三个阶段灾情统计、报告的内容、格式和时限要求，制定了灾区因灾倒房和荒情的评估核实办法。组织了对安徽、江苏、湖北、湖南等水灾重灾省因灾倒房和全国冬令灾民生活困难状况两次大规模的灾情核查活动，无论是核查方法还是结论都得到了财政、水利等部门的认可，为争取更大的资金支持，顺利实施灾区恢复重建和灾民生活安排提供了可靠依据。

(五)恢复重建工作成效显著

2003年因灾倒房343万间,计划2004年春节前恢复重建211万间。恢复重建时间紧,任务重。民政部于9月份和11月份先后两次召开会议,研究部署灾区倒房恢复重建工作,对灾区倒房重建的组织管理、资金筹措、建设进度、规划设计以及优惠政策的制定都提出了明确要求,并建立各地恢复重建工作进展检查通报制度,先后5次通报各地恢复重建进展情况,督促做好恢复重建工作。各地按照部里的统一部署,加强领导,精心组织,强力推进。至2004年春节前,灾区实际恢复重建居民住房217万间,圆满完成了2003年的恢复重建任务。新疆巴楚－伽师地震灾区灾民倒房的恢复重建工作在9月中旬便圆满完成,25000多户受灾群众在入冬前全部搬入新建的房子。喜迁新居的各族群众从心底里感谢党和政府,随处可以听到灾区群众发出的肺腑之声:“共产党好,解放军好,民族大团结好,社会主义大家庭好。”灾区到处洋溢着安定祥和的气氛。

(六)经常性社会捐助活动深入开展

2003年共接收捐赠款物49.6亿元,其中“非典”捐赠40亿元。10月份开展了“冬衣暖人心”为主题的捐助月活动,接收发放各类衣物8020万件,有效缓解了重灾区群众的缺衣少被问题。12月份在北京人民大会堂举行了首次“爱心捐助奖”表彰大会,表彰了近年来在社会捐助活动中表现突出的208个单位和个人,回良玉副总理等领导同志亲自到会给获奖者代表颁奖,表彰大会简朴而隆重,社会反响强烈,为深入开展社会捐助活动创造了良好的社会氛围。各地在实践中积极探索社会捐助工作的新形式、新方法,爱心服务社、慈善超市、捐助进社区等活动的深入开展,为社会捐助工作进一步发展增添了活力,奠定了坚实的基础。

(七)减灾工作稳步推进

顺利召开了新一届减灾委第一次全体会议,对今后几年的减灾工作做了部署。民政部国家减灾中心正式成立并投入运转,为减灾、救灾工作的开展提供了技术和人力资源的支持。环境与遥感监测预报小卫星星座正式立项,地面应用系统建设立项申报工作顺利完成。“国际减灾日”的减灾宣传活动取得实效,全民减灾意识不断提高。

对于我们的工作,灾区广大干部群众是满意的,党中央、国务院及各级党委、政府也给予了充分肯定。胡锦涛总书记在春节前视察河南、山东灾区群众生活安排工作时曾对随行的李学举部长讲:“看到灾区群众的生活得到了妥善安排,我就放心了。”温家宝总理、回良玉副总理对救灾工作也多次给予了肯定。这些成绩的取得,是党中央、国务院及各级党委、政府高度重视和有关部门大力支持的结果,也凝聚着我们民政战线广大干部职工的辛勤劳动和心血。在此,我代表民政部向奋战在抗灾救灾一线的各级民政干部职工致以诚挚的慰问和衷心的感谢!

二、当前救灾工作面临的形势和任务

我国正处于经济社会全面高速发展的新时期。党的十六大提出了全面建设小康社会的总体要求,十六届三中全会为进一步完善社会主义市场经济体制,提出了统筹城乡发展、统筹区域发展、统筹经济社会发展、统筹人与自然和谐发展的社会发展观。我国自然灾害严重,伴随着经济的快速发展,给资源与环境造成的压力越来越大,灾害发生频率和造成的损失呈上升趋势,严重影响人民群众的生产生活,影响灾区社会稳定和经济发展。救灾和减灾工作是维护社会稳定,协调社会发展、保障灾区群众生活权益的重要工作,直接关系到我国建设小康社会目标的实现,直接关系到我国经济社会的可持续发展,直接关系到社会安定和人民生活水平的提高。因此,做好新时期救灾和减灾工作具有深远的政治意义和社会意义。

去年以来,党中央、国务院针对救灾工作做出了一系列重要指示,仅中央领导同志的批示就达156条,对救灾工作提出了明确的要求。胡锦涛总书记多次强调“群众利益无小事”,要求牢牢把握“立党为公、执政为民”的本质,“把安排好受灾群众生产生活作为一项十分紧迫的任务来抓，切实加大救灾工作力度，确保受灾群众有足够的口粮、有御寒的衣被、有过冬的住处。尽心尽力地帮助受灾群众重建家园和生产自救。”温家宝总理多次做出批示，要求确保受灾群众生命财产安全，最大限度地减少灾害造成的损失，千方百计保障好受灾群众的生活。在中央经济工作会议上，温家宝总理又特别要求要切实解决困难群众生产生活问题，继续做好救灾救济工作，要求各级财政要确保救灾、救济资金及时到位。回良玉副总理多次深入灾区一线亲自指挥抗灾救灾工作，听取救灾工作汇报，对救灾工作具体指导。认真学习，深刻领会党中央、国务院的一系列大政方针和中央领导同志对救灾工作的指示，深深感到，救灾工作必须牢牢把握“以民为本、为民解困”这一根本宗旨。这是救灾工作改革和发展的出发点和落脚点。

目前，救灾工作还存在着一些问题和不足，主要表现在：救灾的法制化进程需要进一步加快；一些地方对建立救灾应急救援机制的重要性和紧迫性认识不足，救灾应急的责任不甚清晰，紧急救援能力薄弱、装备落后，救助手段单一、技术水平偏低、综合协调不足等问题突出；救灾工作分级管理体制不够完善，地方救灾资金投入严重不足，列而不支，多列少支的现象突出；有的地方基层救灾款物发放管理中还存在挤占、挪用、截留、冒领的现象。这些问题需要我们严肃对待，认真解决。在今年的民政厅局长会议上，李学举部长提出了“维护民利、解决民生、落实民权”的工作目标和加大民政工作社会开放度、增强社会透明度、扩大社会参与度的工作方法，对救灾工作具有重要的指导意义。根据这一目标和要求，救灾工作下一阶段的主要任务是：以“三个代表”重要思想为指导，以“以民为本，为民解困”为宗旨，建立和完善以备灾、紧急救援、生活救助和恢复重建、社会捐助等四个方面工作为重点的灾民救助体系，确保灾民基本生活，维护灾区社会稳定。

——备灾工作方面，依托灾害管理网络信息系统，严格执行灾害统计和评估制度，提高灾情管理水平。制定救灾应急预案，适时进行演练，不断修订完善，做好对突发灾害的应对准备工作。按照因地制宜、布局合理的原则进行救灾储备仓库的建设，完善储备管理制度，形成储备品种相对齐全，调运快速便捷的救灾物资储备网络。探索在救灾款分级负担的基础上，救灾资金投入的自然增长机制和救灾专项预备金制度。加强救灾队伍的培训，提高人员素质，提高装备水平，建设高素质的、装备精良的救灾工作队伍。

——紧急救援方面，及时了解灾情和灾区需求，下拨和调运应急救灾款物，建立资金快速拨付、救灾物资快速调运的通道，保证灾民24小时内得到救助，保证食品、衣被、治病、应急住所的基本需求。建立完善的抗灾救灾综合协调机制，整合社会救灾资源，形成救灾合力，切实保障灾区群众应急时期的基本生活。

——灾后生活救助和恢复重建方面，继续推行逐户排查、登记造册制度，建立灾民救济和倒房恢复重建户档案。坚持民主评议、张榜公布、公开发放、接受监督的程序，做到情况核查到户、款物落实到户、帮助指导到户、成效体现到户，确保救灾款物及时、足额发放，确保灾民灾后基本生活和尽快开展恢复生产和重建家园。

——社会捐助方面，推进经常性社会捐助网点建设，完善经常性捐助、大灾集中捐赠和对口援助相结合的机制，鼓励公益性社会团体积极参与捐助工作，探索社会捐助的市场化运作模式，加大捐赠款物接收、发放的公示力度，确保捐助款物按捐助者的意愿使用，保证贫困群众和受灾群众受益。

三、切实安排好2004年春荒期间受灾群众的基本生活

去年是重灾之年，灾害造成绝收面大，群众缺粮面广，灾民自救能力差，给今年春荒救济工作带来很大压力。根据对各省（自治区、直辖市、新疆兵团）人民政府给国务院的报告，经民政部初步核定，全国春荒期间需政府救济人口是近几年来人数较多的一年。

造成今年春荒需政府救济人口多、政府救济压力大的主要原因，一是去年灾害频繁，受灾时间长、面积大、损失重。二是去年全国粮食较2002年减产541亿斤，其中秋粮减产277亿斤。三是全国粮价普遍有所上涨，进一步加剧了解决群众口粮问题的困难。四是今年以来发生在我国部分地区的禽流感疫情也直接或间接影响了农民的收入，灾区群众的自救能力有所下降。

面对较为严峻的春荒形势，切实安排好春荒期间受灾群众的基本生活是当前救灾工作的首要任务。各地要把安排好春荒期间群众生活作为一项政治任务，加强领导，落实责任，抓好各项救助措施的落实，确保灾民生活不出问题。

（一）提高认识，加强领导，落实救灾责任制。要从践行"三个代表"重要思想的高度，深刻认识"群众利益无小事"，树立"以民为本，为民解困"的救灾工作理念，提高对做好春荒救济工作重要性的认识。各级民政部门要进一步加强领导，层层落实救灾责任制，省要抓到县，地市要抓到乡，县要抓到村，乡镇要抓到户，层层抓落实。要组织干部分片包干，责任到人，落实到户，发现问题及时解决。

（二）各级民政部门要深入基层，进一步排查核实情况、摸清春荒底数。要逐村逐户核查困难群众生活安排情况，认真扎实地对灾民需救济情况进一步进行调查、摸底和评估，分类排队，登记造册。要弄清楚哪些群众暂时缺粮可以通过生产自救解决；哪些群众有一定困难可以通过邻里帮助、互助互济解决；哪些群众既缺粮、缺钱又没有自救能力必须完全依靠政府救济。要区分救济时段和不同的救济方式，制定切实可行的春荒灾民生活安排方案，对确定需政府救济的受灾群众要发给灾民救助卡，及时进行救助，确保不出问题。

（三）要采取多种方式，确保受灾群众每人每天1斤基本口粮。要采取多种方式统筹安排解决好春荒期间的灾民生活困难。对有自救能力，暂时无钱买粮的要及时出台借粮政策，借粮的费用由地方政府和灾民共同承担；缺粮人口较多的地区要在本行政区域内组织非灾区干部群众开展捐款捐粮活动，组织发动党员干部包村包户，引导开展亲帮亲、邻帮邻、富帮贫等群众性互帮互济活动，帮助困难群众渡过难关，确保受灾群众每人每天有一斤基本口粮。

（四）要确保春荒期间灾民救助资金的投入。各地要根据春荒期间灾民生活救助的实际需求，进一步加大各级救灾资金投入。尽快将资金落实到位。各级民政部门要及时向有关方面反映、汇报，积极争取政府加大救灾工作力度，克服依赖思想，切实承担和履行救灾责任，保障灾民生活救助资金的落实。

（五）要切实做好基层救灾款物管理、发放工作。各地一是要进一步加快中央救灾资金的下拨速度，按期将中央救灾资金足额下拨。二是要严格基层发放管理工作，按照公开、公平、公正的原则，切实落实村级发放公示制度，确保救灾资金专款专用、重点使用。

根据工作安排，民政部将商财政部尽快下拨春荒救济资金，并将对春荒救济工作进一步进行规范。重点是推进灾民救济卡管理制度及救灾资金发放公示制度。希望大家共同努力加强调查研究，加大工作力度，不断提高荒情救济工作水平。

四、今年救灾工作的重点和要求

根据年初民政厅局长会议确定的工作目标，今年救灾工作的重点和要求是：

（一）切实做好灾害的紧急救援工作

各地要围绕提高灾害紧急救援能力这一重点工作，逐步完善预案制定、灾情掌握、救灾资金筹集、救灾物资准备、资金拨付发放、互助互济和社会捐助等各项救灾工作配套措施，全面提高灾害的紧急救援水平，推进灾民紧急救助体系建立。

提高灾害紧急救援能力，重点要做好三项工作：一是要在灾后及时启动救灾应急预案，将救灾工作纳入规范、应急的管理程序，确保紧急救援工作规范有序开展；二是要及时安排应急救灾资金和物资，并确保及时准确到位；三是要妥善安排好转移群众的基本生活，确保灾后24小时内受灾群众的吃、穿、住、医等基本生活得到有效保障。

今年民政部将强化部门间的救灾联动工作机制，组建赴灾害现场的抗灾救灾协调工作组。民政部组建的工作组将在灾区驻点工作，现场协调、指导和帮助地方开展灾害紧急救援。

（二）继续做好恢复重建工作

2003年全国因灾倒塌民房共计343万间，其中重灾的12个省份需要恢复重建住房288万间，春节前完成了217万间。目前安徽、陕西、山东、内蒙古、云南、甘肃、河南等重灾省还有71万间住房需要开春后恢复重建。为确保汛期前完成重建任务，提出以下要求：

一是要尽早做好恢复重建的规划和部署。有恢复重建任务的省份，要尽快做好各项准备工作，要结合实际，对去年制定的恢复重建规划进行修订和完善，明确恢复重建的时间进度和工作要求，尽早落实好资金、物资和施工人员，明确工作责任，齐抓共管。

二是要加强对恢复重建的监督和管理。要按照去年民政部两次恢复重建工作会议的要求，加强对恢复重建工作全程的监督管理工作，确保恢复重建资金、物资、优惠政策及时落实到位，确保恢复重建任务按期完成。

三是要引导和保护受灾群众恢复重建的积极性。恢复重建要从实际出发，因地制宜，量力而行，注重引导，提供服务，坚决反对不顾当地财政状况和群众承受能力，搞"形象工程"，高标准建房，给受灾群众增加负担。

为规范对恢复重建工作的管理，从今年开始，民政部将商财政部将把恢复重建纳入项目管理，对灾民倒房恢复重建工作定任务、定时间、定资金、定责任、建档案、建考核制度，并对恢复重建工作建立定期通报制度，力争使恢复重建工作的管理提高到一个新的水平。

（三）加快救灾应急预案体系建设

按照国务院的要求，今年5月底之前，各级要出台救灾应急预案，完成我国救灾应急预案的体系建设。根据这一目标，各地在救灾应急预案制定和修订工作方面，重点要做好三方面的工作：

一是要统一部署，将预案的制定和修订工作纳入政府工作计划。各级民政部门要向当地政府及时汇报制定或修订救灾应急预案的重要意义，宣传中央的指示精神，争取领导重视。要对本行政区域内的预案制定工作进行统一部署，将预案的制定和修订工作纳入当地政府的工作计划。

二是要加强部门间的协调与合作。制定救灾应急预案工作涉及面广，任务重，必须加强和有关部门的协调沟通。要以民政为主，相关部门配合，共同做好预案的制定和修订工作。

三是要组织专门班子，按照统一的要求，做好应急预案的制订和修订工作。这次民政部向各地印发了救灾应急预案的新格式，希望各地按照国务院的统一要求，组织精兵强将，配备专门的力量，限期完成预案的制定和修订工作。

（四）抓紧做好救灾物资储备工作

一是根据本省的灾害特点和救灾实际，研究制订救灾物资储备规划，调整本地救灾物资储备的布局，并商财政等有关部门，争取在入汛前完成今年救灾储备物资的采购工作。

二要切实做好救灾帐篷的回收和管理工作。去年救灾帐篷使用数量较大，民政部、财政部专门下发通知，对救灾帐篷的回收和管理工作提出了明确要求，各地要按照两部要求，抓紧做好帐篷回收、清洗工作，争取今年入汛前全部入库，以备再用。

三是要探索建立救灾物资社会动员机制。各地要根据救灾工作的实际需求，积极探索建立救灾物资的紧急采购、运输和保障工作制度。可尝试与有关厂家和商家建立救灾物资的保障和供应工作机制，确保灾害发生后各类救灾物资调运渠道畅通，方便迅捷，24小时内到位，保证紧急救援工作的及时有效开展。

（五）认真做好灾情信息管理工作

灾情信息工作是做好救灾工作的基础。根据救灾工作的新的要求，今年各地在灾情信息管理方面要重点做好以下工作：

一是要认真执行新颁布的灾情统计报告制度。各级民政部门要认真学习新的灾情统计制度，加强人员培训，确保入汛前能掌握和使用新的统计制度。

二是要认真做好部门间灾情会商核定工作。各级民政部门特别是省级民政部门要加强与水利、农业、气象、统计等灾情统计有关部门的协调和配合，坚持会商制度，努力做到部门间向上级报告的灾情数据统一。

三是要建立健全省地县各级救灾通讯网络，加强灾情统计软件的培训和使用工作，确保汛期全国救灾信息系统正常运转。

四是要做好灾情信息的及时报送工作。灾害发生后，各地要在第一时间了解和核查灾情，并将有关情况向上级部门报告，省级民政部门应在发生重大自然灾害后的7小时内将初步情况报民政部，为紧急救援工作的科学决策提供依据。

（六）进一步做好社会捐助工作

今年社会捐助工作的重点，一是要加强经常性社会捐助服务网络的建设和管理工作，严格社会捐助工作程序和操作规范；二是要继续做好接受、分配捐助款物的公示工作，提高捐助款物接受、分配和使用的透明度；三是要继续积极开展社会捐助表彰和宣传活动，对在扶贫济困送温暖社会捐助活动中涌现出来的先进单位和个人进行表彰。四是今年部里将制定应对突发性重大事件的社会捐助应急预案，明确工作规程，推动救灾社会动员机制的建立。

（七）继续做好减灾工作

今年民政部将重点加强对地方减灾工作的指导，建立和健全减灾工作协调机制，全面推进《中华人民共和国减灾规划》的落实。各地要按照国家减灾规划的要求，加强对减灾工作的领导，加大减灾工作的宣传力度，从身边活生生的案例入手（如吉林中百大厦和浙江海宁火灾），加强减灾教育和培训，提高人民群众的防灾减灾意识。

大家已经知道，在各方面的共同努力下，经中央领导同意，中编办批复民政部增设最低生活保障司，并相应地增加行政编制。最近，部里已经完成了相关司局的职能调整工作，低保司和救灾救济司人员调整已经到位。低保司设城市处、农村处和综合处三个处室，承担的主要职能有城市居民最低生活保障及医疗救助等相关工作，有农村特困户、五保户的救济，农村合作医疗，农村最低生活保障的探索等业务工作。救灾救济司在保留救灾处的基础上，新成立了备灾处和社会捐助处，救灾的责任分工进一步细化。救灾和低保两个司的成立，是社会的进步，救灾救济工作不断发展、加强的结果，也说明了党中央、国务院对这两项工作的高度重视。机构调整后，救灾和低保两项工作职能更加明确，队伍进一步壮大，发展的空间更为广阔。需要强调的是，目前两个司从工作对象、工作范围、到工作人员队伍都有交叉，并且会在相当长的一段时间内存在。因此，各级民政部门一定要注意工作的协调配合，要保持工作的连续性，要顾大局、讲政治，要以对人民群众，对工作高度负责的精神，密切配合，切实保障好困难群众特别是五保户、特困户的基本生活。

同志们，做好救灾工作，是践行“三个代表”重要思想，落实民政部门“以民为本，为民解困”宗旨的重要体现，让我们在以胡锦涛同志为总书记的党中央领导下，全面贯彻党的十六届三中全会精神，求真务实，开拓创新，切实把各项救灾救济工作抓紧、抓实、抓好，切实保障好灾民的基本生活，为维护社会稳定，为促进经济发展做出更大的贡献。

研究新情况 解决新问题 进一步做好城市居民最低生活保障工作

——在城市低保工作会议上的讲话

民政部副部长 杨衍银

（2004 年 3 月 25 日）

同志们：

在党中央、国务院和地方各级党委、政府的高度重视和正确领导下，城市居民最低生活保障工作取得了很大成绩。据最新决算统计，2003 年各级财政支出低保资金 151 亿元，全国城市低保对象总人数已达 2246.8 万人，进一步实现了党中央、国务院提出的“应保尽保”的目标。与此同时，各级民政部门还就进一步完善低保制度、规范低保管理、推动社会救助体系建设等方面进行了积极的探索。从目前情况来看，城市低保制度的政策法规、管理体制和运行机制已基本确立，低保工作的大格局、总体形势是好的。但是也要看到，低保工作仍处于发展的过程中，有许多方面还不够完善，工作中暴露的问题和矛盾还比较多。在进一步完善社会主义市场经济体制的新形势下，还会遇到许多新情况、新问题。低保工作事关群众的安危冷暖，事关国家和社会的稳定，在工作中容不得我们有丝毫的麻痹和懈怠。对于低保工作面临的新情况、新问题，我们必须高度重视，深入研究，并及时解决。

党中央、国务院高度重视城市低保工作，近一段时间来，中央领导同志先后发表了重要讲话和做出了一系列批示。在去年年底召开的中央经济工作会议上，胡锦涛总书记提出：“要建立健全与我国经济发展水平相适应的社会保障体系，要抓紧健全各项社会保障制度，继续做好‘两个确保’工作，抓好失业保险和城市居民最低生活保障制度的落实，搞好‘三条保障线’的衔接。”温家宝总理在今年政府工作报告中明确指出：要“进一步做好城市‘低保’工作，规范‘低保’标准和范围。”“对城乡特殊困难群众，要给予更多的关爱。继续完善社会救助制度。切实帮助特殊困难家庭解决就医看病、子女上学、住房、冬季取暖等实际困难。”黄菊、回良玉等领导同志还多次对城市低保工作做了重要批示。针对一些地方部分粮食品种价格超过了恢复性上涨水平，国务院办公厅还下发了《关于做好当前粮食和农业生产资料市场供应工作的紧急通知》，要求各地“必要时适当调整城市居民最低生活标准，做到应保尽保，维护社会稳定。”民政部党组也十分重视城市低保工作，最近，李学举部长主持召开部党组会议专题听取最低生活保障司的工作汇报，并提出了明确要求。我们这次会议，就是要认真贯彻中央的指示精神，深入研究当前低保工作的新情况、新问题，进一步加强领导，切实做好城市居民最低生活保障工作。

一、高度关注，及时研究解决低保对象生活中遇到的新困难新问题

从前几天各省民政厅（局）在 36 个中心城市对低保家庭进行抽样入户调查的情况看，近期，一些地方部分粮食品种价格超过了恢复性上涨水平，个别品种上涨幅度还比较大。由于低保家庭的支出相当一部分用于维持基本生活的粮食和

副食品，因此，这次部分粮食品种价格上涨给低保家庭造成的冲击较大，低保对象在粮食和副食品方面的支出一般都有了较大增加，生活更加困难，甚至难以维持，出现了一些过激情绪和不稳定因素。对于部分粮食品种价格上涨而影响到困难群众的生活问题，各级民政部门要高度重视，要从维护群众基本生活权益、维护社会稳定大局出发，密切关注当地粮食价格变化的实际情况，及时研究采取相应的解决措施。要主动和有关部门沟通协商，并向政府领导汇报。在这一点上，我们反应要敏锐、行动要快，各地要根据中央有关通知的要求结合当地的实际情况，适当提高低保标准，特别是要提高实际补差水平或通过临时救济的办法切实帮助低保对象解决因部分粮食品种价格上涨而造成的生活困难，把不利影响减少到最低程度。各地采取的措施要及时向部里报告。

二、积极推进“分类施保”，切实解决低保家庭的特殊困难

总体上说，低保对象都是困难群体，但是每个低保家庭的困难程度又有所不同，特别是城市中的“三无对象”、残疾人、重病人及老年人的困难要更多一些，对这些特殊困难的家庭，我们应该给予更多的关心和特殊的照顾。各地要根据低保对象的家庭情况进行科学分类，尽快形成有一定灵活性和针对性的低保标准和补差标准体系。有特殊困难的低保对象，其低保补差水平要与一般低保对象有所区别，以提高低保救助的科学性和准确性，真正把低保金重点用到最困难、最需要救助的人身上。此外，还要采取灵活多样的救助方式，将现金救助与粮油帮困等实物救助，以及提供照料服务等救助方式结合起来，尽最大努力为特殊困难群体排忧解难，切实把困难群众的基本生活保障好。

三、规范低保范围，切实做到应保尽保

各地要按照《城市居民最低生活保障条例》和党中央、国务院有关文件规定，将符合低保条件的城市贫困人员全部纳入低保范围，切实做到应保尽保。当前要继续贯彻落实国务院关于对特困企业职工按“实际收入”计算家庭收入的政策，要按照中央经济工作会议和国务院第32次常务会议要求将农垦、森工企业特困职工家庭纳入低保范围。在强调应保尽保的同时，各地也要严格掌握政策界限，除中央有特殊规定的外，不能乱开口子，把不符合条件的人员纳入低保。对于不在政策规定范围之内的特殊困难人员，可通过临时救济或其他救济途径解决。

严格规范低保范围，还要注意加强低保与其他社会保障制度以及再就业工作的衔接，使低保制度真正发挥“最后一道安全网”的兜底作用。对于连续6个月以上领不到“应得收入”的特困企业职工，要到其所在单位进行调查了解，并经过有关部门出具有效证明后办理低保手续。对有劳动能力和就业条件的困难人员，在审批低保之前要严格把关，对于无正当理由拒不接受介绍就业者，以及无故不参加社区公益劳动者，原则上不纳入低保。

四、规范低保标准，科学合理确定保障水平

总的来说，各地制定的低保标准基本符合低保对象的基本生活的需要，但是一些地方在制定低保标准时也存在不科学、不合理的问题。突出表现在有的地方为了减少低保金的支出故意降低低保标准和不能根据情况变化及时调整标准两个方面。规范低保标准，首先要严格按照《城市居民最低生活保障条例》规定来操作，不能打折扣，要保证制订出来的标准，能够切实维持低保对象的基本生活。其次，要根据当地的经济发展、物价上涨、消费水平高低等情况适时调整，确保城市困难群众的基本生活水平不降低，各地要把制订科学、合理的低保标准作为执政为民，提高低保工作水平的重要问题抓紧抓好。

五、加强规范管理，确保低保工作的公开、公平和公正

加强规范管理对于确保低保工作健康发展具有重要意义。当前工作中出现的一些不正常现象和问题很重要的一个原因就在于不规范。因此，各地要把规范管理，建章立制，确保工作的公开、公平、公正，作为当前做好低保工作的重点来抓。一是要严格操作规范，对低保申请、审批、资金发放等每一个环节都有严格的程序和明确要求；二是对收入和财产核算要组织力量深入调查研究，拿出符合当地实际的尽可能科学合理的办法；三是要强化群众的监督和参与，提高低保工作的透明度。四是要把动态管理、定期检查，按月通报作为规范管理的重要内容来抓，并形成制度，切实做到低保对象该进的进，该出的出，能进能出。

六、加大低保资金的投入和管理力度，保证按时足额发放低保金

近几年，中央用于城市低保的补助资金连年翻番，2003年达到92亿元。占全国低保资金总支出的60%，相比之下，地方财政投入不足。从全国看，2002年地方财政支出62亿元，2003年59亿元，反而出现了下降。特别是市、县财政低保金投入明显不足，一些财政困难市、县甚至仅使用中央和省补助资金，存在着单纯依赖上级补助的倾向。

资金保证是做好低保工作的前提和基础。没有资金保证，解决困难群众的生活问题就是一句空话。各地一定要按照国务院要求落实低保金，确保资金到位，这是对低保工作真抓还是假抓的最过硬的衡量标准。2003年3月，国务院第二次常务会议再次强调，做好低保工作主要是地方政府的职责，各地重视低保工作，就应该调整财政支出结构，加大低保资金投入力度。当前，各省民政部门要在积极争取省级财政加大投入的同时，及时督促市、县财政落实低保资金。并加强低保资金的专户管理，要坚决杜绝挤占、挪用、截留低保金的现象，保证低保金专款专用。任何违反规定，向低保金伸手的做法都是一种罪过，都是党和人民所不能容忍的，都必须严肃查处。各级民政部门要严把低保数据统计上报关，确保低保人数和低保资金支出数额的真实性。要大力普及低保金的社会化发放，确保低保金及时、足额发放到困难群众手中。

七、进一步强化监督，坚决防止低保工作中的不正之风

近一段时期，一些地方出现了虚报冒领、搭车收费、强制销售、克扣低保金等不正之风，并被媒体曝光，这些现象尽管是个别的，但造成的负面影响很大。各级民政部门要切实加强低保工作的监督力度，当前要重点完善低保对象家庭备案和定期抽查制度，并组织社会力量进行监督检查；要建立统计报告和公示制度，每月对低保对象、资金发放、人均补差等重要数据按时向社会公布；要建立联系协商制度，会同财政、劳动、经贸、统计、工会等有关部门，及时研究解决工作中的问题。各级民政部门要加强监督检查工作，必要时请人大、政协以及有关部门和社会力量进行检查。监督检查要实事求是，突出重点，增强针对性，对发现的问题，要采取切实有效措施加以整改。对搞不正之风的，一定要严肃处理，以儆效尤。各级民政部门都要设立低保热线电话，以方便群众和利于接受社会监督。对于群众举报的问题要逐一登记办理，做到件件有结果。

八、完善配套措施，调动多方力量为困难群众排忧解难

随着我国社会保障体系的建立和不断完善，城市贫困家庭的基本生活得到了保障，但是城市贫困家庭成员就医、子女就学、住房、取暖等方面困难仍相当普遍和突出。完善低保制度的配套措施，建立完善社会救助体系已成为当前我国社会保障体系建设中的一项迫切任务。各级民政部门要积极争取当地政府的重视和支持，对低保的配套优惠政策做出具体规定，明确各部门尤其是卫生、教育、城建、劳动等部门的职责，从多方面对低保家庭给予优惠和照顾。要提倡和推广“扶贫超市”、“爱心超市”或“慈善超市”等做法和经验，广泛发动社会力量，大力开展社会互助和扶贫帮困送温暖活动，营造全社会都来关心贫困群体的良好氛围。

同志们，低保工作责任重大。我们从事这项工作的部门和同志，一定要急群众之所急，忧国家之所忧。让我们以邓小平理论和“三个代表”重要思想为指导，紧密团结在以胡锦涛同志为总书记的党中央周围，深怀爱民之心，恪守为民之责，不断掌握新情况、研究新问题、适应新形势、提出新举措，与时俱进，做好低保工作，让中央放心，让人民群众满意。

大力推进城乡社会救助体系建设 切实保障困难群众基本生活

——在推进城乡社会救助体系建设工作会议上的讲话

民政部副部长　杨衍银

（2004 年 9 月 8 日）

同志们：

在全党全国人民认真学习贯彻“三个代表”重要思想和科学发展观，大力推进改革开放和现代化建设，全面建设小康社会的新形势下，为切实履行“以民为本、为民解困”的民政工作宗旨，全面推进社会救助工作的改革与发展，民政部决定召开推进城乡社会救助体系建设工作会议。这次会议的任务是：以邓小平理论和“三个代表”重要思想为指导，认真贯彻党中央、国务院对社会救助工作的指示精神，总结近年来社会救助工作取得的成绩和经验，分析研究社会救助工作面临的新形势、新任务，大力推进城乡社会救助体系建设，努力开创社会救助工作新局面。

党中央、国务院高度重视社会救助工作，把社会救助工作作为执政为民、解决民生的一项重要职责，列为党和政府的重要工作任务。党的十六大把“完善的社会保障体系”作为小康社会的一项重要目标。十六届三中全会对建立健全适合我国国情的社会保障体系、完善社会救助制度提出了明确要求。胡锦涛总书记在“三个代表”重要思想研讨会上强调，“要时刻把群众的安危冷暖挂在心上，对群众生产生活面临的这样那样的困难，特别是对下岗职工、农村贫困人口和城市贫困居民等困难群众遇到的实际问题，一定要带着深厚的感情帮助解决，切实把中央为他们脱贫解困的各项政策措施落到实处。”温家宝总理在今年政府工作报告中明确指出，要“进一步做好城市‘低保’工作，规范‘低保’标准和范围。”“对城乡特殊困难群众，要给予更多的关爱。继续完善社会救助制度。切实帮助特殊困难家庭解决就医看病、子女上学、住房、冬季取暖等实际困难。完善农村‘五保户’生活供养制度，确保供养资金。切实做好农村受灾地区税收减免和受灾群众生产生活救济等工作。”回良玉副总理非常关心城乡社会救助工作，并多次做出重要批示。这充分体现了党中央、国务院对社会救助工作的高度重视和对城乡贫困群众的深切关怀。中央领导关于社会救助工作的一系列指示和要求，我们要深入学习领会并认真贯彻落实。民政部党组对社会救助工作十分重视，把为民解困作为民政工作的第一要务。刚才，李学举部长作了重要讲话，强调社会救助体系建设要在“推进”上下功夫，并就如何推进提出了明确的要求。根据李学举部长的讲话精神，我再讲几点意见：

一、社会救助工作的回顾与总结

社会救助是国家和社会帮助困难群众解决基本生活问题的一项重要工作。早在建国初期，党和国家为解除长期战争和严重自然灾害给广大人民群众造成的疾苦，巩固新生的红色政权，曾成立专门机构，组织开展了大规模的社会救助工作。国民经济调整和恢复时期，党和国家从当时的实际出发，逐步建立了救灾、救济、五保等社会救助制度。改革开放以来，党中央、国务院和地方各级党委、政府对社会救助工作更加重视，各级民政部门在党委、政府领导下，发扬艰苦奋斗、无私奉献的"孺子牛"精神，想群众之所想，急群众之所急，求真务实，开拓创新，积极探索适应社会主义市场经济体制要求的社会救助工作新路子，努力推进各项社会救助工作的改革与发展。近年来，随着以城市居民最低生活保障制度为基础的一系列社会救助制度的建立，我国的社会救助工作进入了一个新的发展时期，在保障城乡困难群众基本生活，健全完善中国特色社会保障体系，维护社会稳定，促进经济社会协调发展中起着越来越重要的作用。

——城市低保基本做到应保尽保，困难群众生活得到可靠保障。城市低保制度是国家保障城市困难群众基本生活的重大举措。近几年，由于党中央、国务院和地方各级党委、政府的重视，低保投入逐年增加，特别是中央的投入连年翻番，2000年8亿元，2001年23亿，2002年46亿，2003年92亿，地方财政投入也有较大幅度的增加，2003年达到61亿元，新疆、重庆、四川、云南、山西等12个省(区、市)的省级财政低保投入超过了1亿元；纳入低保的人数大幅增加，2000年底402万人，2001年底1170万人，2002年底2064.7万人，2003年底达到2246.8万人，基本实现了应保尽保目标。今年截至7月底，全国共有城市低保对象2208万人，1至7月各级财政共支出低保资金97亿元，低保对象实际领取的补差金额为月人均62元，全国平均城市低保标准每人每月159元。低保对象中，特困职工、失业人员以及他们的家属占95%以上，低保制度的实施切实保障了他们的基本生活，从而为保证企业特别是国有大中型企业改革，为产业结构调整以及再就业工程的顺利进行发挥了重要作用。与此同时，一些地方还积极稳妥地对特殊困难家庭实行分类施保，并取得了良好效果。各地在工作中不断探索、完善各项低保政策，使低保逐步走上规范化、制度化之路。低保制度这项社会保障体系的最后一道"安全网"日益牢固，已经成为我国城市经济社会发展中不可缺少的可靠的"稳定器"。

——灾害应急体系基本确立，灾民救助及时、有效。经过多年努力，我国的自然灾害应急体系建设取得重大进展，各项制度的基本框架初步建立。目前，全国灾害信息系统已经覆盖到县级，重大灾情能够在7小时内报送到民政部。经中央批准，今年5月，民政部与中组部、国家行政学院成功举办了第一次"省部级灾害应急管理专题研究班"，灾害应急的领导、管理水平和救灾综合协调能力得到进一步提高。通过制定并实施《民政部应对自然灾害工作规程》，推进了各级救灾应急预案建设，全国地县两级的救灾预案基本制定完成，安徽、山东、重庆、陕西、河南、内蒙古等不少地方根据预案进行了演练，使灾害应急救助能力得到较大提高。全国的救灾物资储备网络初步形成，10个中央级储备仓库和各地储备了37万顶帐篷以及大量衣被等救灾物资。今年中央财政投入1.9亿元采购救灾专用帐篷，投入2亿元采购救灾专用车辆，救灾装备得到进一步加强。与此同时，民政部开始对紧急救援、恢复重建和荒情救助工作全面进行规范。今春，全国实施了《灾民救助卡》制度，通过公开透明的程序，各地共发放救助卡1596万张，救助灾民4844万人，保证了救灾资金落实到户。灾害应急体系的建立，确保了灾害发生后，灾害管理的应急响应随时启动，灾害救援的人员、资金和物资能够在最短时间内到位，保障了受灾群众在灾后24小时内及时得到救助。近几年平均每年紧急转移安置群众300多万人，恢复重建灾民住房100多万间。2003年全国紧急转移安置灾民707万人，民政部向灾区派出工作组62个，下拨救灾应急资金3.3亿元、恢复重建资金14亿多元，共恢复重灾民倒房211万间，下拨春夏荒款22亿元，解决了8000多万人的缺粮困难，有效维护了受灾群众的基本权益，保障了灾区的社会稳定。

——五保制度改革进一步深化，特困户救助和农村低保稳步推进。对农村五保户和特困户进行生活救助，多年来一直是农村社会救助工作的重点。五保供养工作为适应税费改革后的新形势、新要求，在落实供养政策、供养经费和敬老院建设等方面加大了力度，取得了明显成效，广西、湖北、河北等省(区、市)因地制宜，创造了“福星工程”、“五保村”等有特色的五保供养形式。截至2003年底，全国有254.5万人纳入五保供养。共有各类敬老院24343所，集中供养了50.3万人。最近，民政部、财政部、国家发展和改革委员会联合下发了《关于进一步做好农村五保供养工作的通知》，就实现应保尽保、落实保障经费、进一步规范管理、加快敬老院建设等做出了规定，为进一步健全五保供养制度奠定了基础。按照2003年3月国务院第二次常务会议的指示精神，民政部要求尽快建立农村特困户救助制度，对农村中重病、重残和缺乏劳动能力的特困群众给予定期定量生活救济。江西省在全国率先建立了特困户救助制度，目前绝大部分省(区、市)也陆续建立并发放了“特困户救助卡”。北京、上海、浙江、广东、福建、江苏、天津、辽宁等省(区、市)以实施农村最低生活保障为主，探索建立了城乡一体化的最低生活保障制度。据调查统计，目前全国农村共有需要救助的特困人口1971.9万，其中已发放低保证的437.7万人，已发放特困证的798.9万人，两项合计1257.1万人，占特困人口总数的64%。2003年全国共支出特困户救助和农村低保资金30.86亿元，其中中西部23省份共发放特困户救助资金18.3亿元，东部8省市共发放低保资金12.56亿元。

——农村医疗救助已经起步，城市医疗救助即将启动。为解决城乡贫困群众无力看病就医的问题，党中央、国务院把建立城乡医疗救助制度摆上重要议事日程，并确定民政部门为城乡医疗救助的行政主管部门。根据《中共中央国务院关于进一步加强农村卫生工作的决定》的要求，2003年，民政部会同国家有关部门下发了《关于实施农村医疗救助的意见》，财政部与民政部联合出台了《农村医疗救助基金管理办法》，中央投入3亿元支持中西部地区实施农村医疗救助。截止到目前，全国已有24省(区、市)相继出台了实施办法，943个县(市)全面实施了医疗救助，救助困难群众491.6万人。同时，不少地方开展了城市医疗救助工作，有12个省份的200多个市、县建立了大病医疗救助制度，通过政府投入、社会捐助等渠道筹资设立医疗救助基金，去年共救助了13.3万人，投入救助资金2.04亿元。去年国务院第二次常务会议明确：城市医疗救助制度由民政部牵头，会同有关部门调研后，提出试点方案报国务院审批。为贯彻落实国务院要求，在财政部、卫生部、劳动保障部的大力支持、配合下，我部牵头起草了关于城市医疗救助的有关文件，即将联合上报国务院。经商财政部同意，初步确定中央财政每年拿出3亿元，用于支持和推动地方开展城市医疗救助工作。

——城市生活无着的流浪乞讨人员救助管理制度改革进展顺利。自2003年8月1日正式实施《城市生活无着的流浪乞讨人员救助管理办法》以来，救助管理工作顺利开展，工作制度初步建立，相关部门协作机制正在形成。为适应救助管理工作的需要，各地改造、新建救助站909个，并通过设立救助分站、咨询站、街头救助点，不断创新工作方式，完善服务规范，便利了救助人员求助，体现了以人为本的救助理念；通过流浪儿童保护设施与成人救助设施分设，有效地保护了未成年人的合法权益。据统计，从2003年8月1日到2004年6月30日，全国共救助城市生活无着的流浪乞讨人员46.7万人，切实保障了城市生活无着的流浪乞讨人员的合法权益，维护了城市的社会稳定。

——社会捐助制度初步建立，社会互助成效明显。在大力开展扶贫济困送温暖活动和大灾集中捐助的基础上，2001年9月中办、国办转发了《民政部关于进一步开展经常性社会捐助活动的意见》，各级党委、政府高度重视，民政部门精心组织，有关部门密切配合，各党政军机关、企事业单位、民间组织和城乡居民踊跃参与，在全国初步建立了社会捐助制度。截至2003年底，在大中城市和有条件的小城市建立社会捐助接收站点2.8万个，形成了全国经常性社会捐助服务网络；明确北京、天津、上海、浙江、江苏、山东、福建、广东、青岛、大连、深圳等8省4市对口支援10个中西部省份，跨省对口支援渠道初步建立；1996年以来，全国累计接收社会各界捐款捐物折合人民币230多亿元，衣被9.57亿件，使4亿多人(次)灾民、贫困群众得到援助。今年5月，民政部决定在全国大中城市推广建立“慈善超市”。目前，在23省(区、市)建立了2348个“慈善超市”、“扶贫超市”、“爱心超市”、“阳光超市”等机构，受益贫困市民518万人次。“慈善超市”模式将社会捐助与社会救助体系建设有机结合，进一步整合了社会救助资源。社会捐助制度不仅为解决灾区、贫困地区群众生活困难起到了积极作用，而且弘扬了中华民族扶贫济困、团结友爱的传统美德，增强了社会凝聚力，促进了社会主义精神文明建设。

在做好上述社会救助工作的同时，为帮助解决城乡困难群众其他方面的特殊困难，民政部与有关部门联合出台了《城镇最低收入家庭廉租住房管理办法》、《关于进一步做好特殊困难未成年人教育救助工作的通知》、《关于贯彻落实〈法律援助条例〉切实解决困难群众打官司难问题的意见》等。各地在贯彻这些文件的同时，从当地困难群众的实际出发，建立了相关的救助制度，充实了社会救助的内容，使广大困难群众得到了更多实惠。如北京、辽宁、吉林、黑龙江、上海、江苏、浙江、山东、江西、湖北、湖南、广东、宁夏、青海等省份，在单项社会救助制度分步推进的同时，以前瞻性、全局性眼光和勇于创新、开拓进取的精神，致力于建立覆盖城乡的多项目、多功能的社会救助体系，在更大、更新的制度框架内，统筹考虑社会救助工作的协调发展和整体推进，进行了有益的尝试，取得了很好的效果。

新时期的社会救助工作，实现了对传统社会救济工作的创新与突破，给数以亿计的困难群众带去了党和政府以及全社会对他们的关爱，使社会救助制度日益成为保障困难群众基本生活和解决其特殊困难的长效机制，成为我国社会保障体系和社会主义市场经济体制的重要组成部分，为保障人民群众基本生活权益、促进经济体制改革、缩小贫富差距、缓解社会矛盾、促进社会公平、维护国家的长治久安发挥了重要的作用。

新时期社会救助工作的生动实践积累了丰富宝贵的经验：

——坚持以邓小平理论、“三个代表”重要思想为指导，坚持“以民为本，为民解困”的民政工作宗旨，认真实践“维护民利、解决民生、落实民权”的社会救助工作理念，始终把保障困难群众的基本生活作为工作的出发点和落脚点，把群众的呼声作为第一信号，把“为民解困”作为第一要务，把群众满意作为工作绩效的第一标准，是做好新时期社会救助工作的根本要求。

——坚持为国家改革、发展、稳定大局服务，使社会救助工作主动适应建立和完善社会主义市场经济体制的要求，积极促进国家经济和社会协调发展，在国家政治、经济、社会发展和当地党委政府工作全局中找到自己的位置，发挥自己的作用，是做好新时期社会救助工作的重要保证。

——坚持一切从实际出发，解放思想、开拓创新，及时总结新经验，发现培育新典型，形成新思路、新理念，大胆探索与时代发展要求和各地情况相符合的社会救助工作新路子，不断开创社会救助工作新局面，是新时期社会救助工作加速发展的强大动力。

——坚持和依靠各级党委、政府对社会救助工作的领导，强化政府在社会救助工作中的主体责任，充分发挥民政部门的职能作用，积极争取相关部门的支持与配合，引导和实现社会各方面的广泛参与，是推进新时期社会救助工作的有效方式。

——坚持以制度建设为核心，重视社会救助工作管理体制、运行机制的创新，建立可靠的资金来源渠道和健全的基层组织服务网络;坚持依法救助,实行规范化管理,扩大社会监督,重视信息化建设,努力形成长效机制,是确保社会救助工作有序运行和持续发展的关键所在。

二、社会救助工作面临的形势和今后工作的总体思路

在总结回顾近年来社会救助工作取得的成绩和经验的同时,也要看到,随着改革的不断深入和国家经济社会的快速发展,社会救助工作既面临着难得的机遇,也面临着严峻的挑战。我们一定要保持清醒的头脑,充分认识在新形势下推进社会救助体系建设的重要性和紧迫性,从社会救助工作实际特别是困难群众的实际需要出发,统一思想,坚定信心,全面提高社会救助工作的整体水平,切实保障好城乡困难群众的基本生活。

(一)要站在讲政治的高度,充分认识加强社会救助体系建设的重要性

——加强社会救助体系建设,是民政部门贯彻落实"三个代表"重要思想的具体体现。"三个代表"重要思想是党的立党之本、执政之基、力量之源,立党为公、执政为民是新时期全党的行动纲领和指南。"三个代表"重要思想的根本是要维护最广大人民群众的利益。城乡困难群众是特殊群体,特别需要党和政府以及全社会给他们予更多的关爱,切实保障他们基本生活。这正是我们加强社会救助体系建设的出发点和最终目的。因此,大力推进社会救助体系建设是贯彻落实"三个代表"重要思想的具体体现,它不仅是一项具体的民政工作,更是一项重要的政治任务。

——加强社会救助体系建设,是实现全面建设小康社会战略目标的需要。党的"十六大"确立了全面建设小康社会的战略目标。这一战略目标包括了经济、社会和人民生活改善等方面,是物质文明、精神文明和政治文明同步发展的集中体现。解决几千万困难群众的温饱问题,保障社会弱势群体的基本生活,是全面建设小康社会的重要前提。在抓经济建设的同时,加强社会救助体系建设,更多地关心老百姓的安危冷暖,更好地保障困难群众的基本生活,使经济和社会事业得到全面发展和进步,直接关系到全面建设小康社会奋斗目标能否实现,是党的新时期发展战略的重要组成部分。

——加强社会救助体系建设,是落实宪法赋予公民的基本权利的要求。《中华人民共和国宪法》明确规定,"中华人民共和国公民在年老、疾病或者丧失劳动能力的情况下,有从国家获得物质帮助的权利。国家发展为公民享受这些权利所需要的社会保险、社会救济和医疗卫生事业"。社会救助体系建设服务于广大困难群众,保障其生存权,是国家履行职责,保障公民权利最直接的体现。

——加强社会救助体系建设,是更好地维护社会稳定的重要保证。在当前和今后一段时期,随着改革的深入,利益关系的调整,各种社会问题和社会矛盾还会不断出现。加强社会救助体系建设,安排好困难群众的基本生活,有效解决他们生活中面临的各种困难,有利于从源头上解决社会问题和社会矛盾,促进社会公平,维护社会稳定,保证国家改革开放和现代化建设顺利进行。

(二)要以高度的责任感和使命感,深刻认识推进社会救助体系建设的紧迫性

应当看到,随着形势发展,改革深入,社会救助工作面临着许多亟待解决的矛盾和问题,主要有以下三个方面:

——我国目前尚有大量贫困群众的现实与全面建设小康社会的战略目标之间的矛盾,使社会救助工作肩负的使命和任务更加紧迫而艰巨。

目前,我国还有2200多万城市贫困群众难以维持最低生活水平,对他们的最低生活保障工作一刻也不能放松;农村还有2900万人没能摆脱贫困,对他们的救助工作必须进一步加强。同时,我国是一个自然灾害频发的国家,每年还有数千万灾民需要救济,灾民救助将是我们长期的一项任务。在这些困难人口中,虽然一部分人会随着经济发展及就业形势的好转逐步摆脱贫困,但相当多的人在较长时期内仍难以靠自身能力走出困境。当前,我国还处于经济转轨、社会转型时期,地区之间、行业之间、不

同人群之间存在较大收入差距，并且，随着经济体制改革的深化，经济结构的调整，加上市场经济难以避免的风险，还会有一些社会成员进入贫困群体。因此，切实保障好困难群众的基本生活，是当前和今后一个时期摆在我们面前的十分艰巨和紧迫的任务。

——困难群众多方面的救助需求与现有社会救助制度不相适应的矛盾相当突出，使建立覆盖更广，功能更多，效率更高的社会救助体系的任务显得更加迫切。

近几年来，随着低保、五保、农村特困户救助、灾民救助制度的建立和完善，城乡困难群众的温饱问题得到了初步解决。但是，贫困家庭医疗难、子女上学难、住房条件差、打官司难，以及北方地区贫困居民交不起冬季取暖费等问题仍比较突出。从2002年民政部组织中国人民大学、南开大学师生开展的“百城万户低保对象大抽查”结果看，城市低保对象中有63%的家庭有患病人员。无论城市还是农村，大病、重病、残疾、年老丧失劳动能力都是造成家庭贫困的一个重要原因。贫困群众多方面的特殊困难，不仅需要国家通过规范的制度予以救济，也需要发动社会各方力量共同参与救助。只有通过建立综合性的社会救助体系，才能更好地解决困难群众多方面的特殊困难，把党中央、国务院关于安排好困难群众生活的一系列要求落到实处。

——社会救助工作的快速发展与相关的支持保障系统不健全的矛盾日益显现，使民政部门的工作更加繁重、艰难。

近些年来，社会救助工作发展很快，特别是在推进城乡社会救助体系建设的过程中，社会救助范围进一步扩大，救助项目和涉及的相关部门也随之增多。为此，迫切需要建立健全与城乡社会救助体系相适应的支持保障体系，包括法规制度、管理体制、运行机制、监督措施、资金投入和工作力量等方面。目前，一些地方在思想观念上还一时跟不上来，特别是管理体制不顺、运行机制不畅、资金投入不足、监督措施不力、工作队伍不强的问题还比较突出。要解决这些实际困难和问题，又非民政一家所能完成。我们只有进一步解放思想，开拓创新，群策群力，积极主动争取各方面的支持，千方百计解决体系建设中支持保障系统薄弱的问题，才能保证城乡社会救助体系建设的顺利推进。

（三）要在正视困难和应对挑战的同时，看到我们面临的有利条件和良好机遇，坚定方向，增强信心

——“三个代表”重要思想、科学发展观和新的政绩观的贯彻落实，为社会救助体系建设营造了良好的社会环境。实践“三个代表”重要思想，关键是如何把最广大人民群众的根本利益落到实处，也就是在党和政府的工作中，如何把执政为民落到实处。胡锦涛总书记指出，坚持执政为民“必须围绕人民群众最现实、最关心、最直接的利益来落实”。按照这一要求，首先要救助那些处于生存困难的群众。贯彻落实科学发展观、新的政绩观，要求我们在全局工作中，不能片面追求经济增长率，而要统筹经济、人口、社会、资源、环境，实现全面、协调、可持续发展，把经济与社会协调发展，城乡协调发展放在十分重要的位置。我们开展的城乡社会救助体系建设直接体现了城乡协调发展，经济与社会协调发展的要求，因此，推进城乡社会救助体系建设就理应成为贯彻落实科学发展观、新的政绩观的重要内容。当前，全国掀起了贯彻落实“三个代表”重要思想和科学发展观的热潮，各级党委、政府都紧紧围绕关心、重视、落实、发展人民群众利益这个核心，高度重视各项社会救助工作，把它列入重要议事日程，作为党政领导干部政绩考核的重要内容。社会救助工作正被精心打造为政府“亲民、爱民”的“德政工程”“民心工程”。完全可以说，社会救助工作正面临良好的发展环境和新的发展机遇。

——我国综合国力日益增强，必将为开展社会救助体系建设提供新的资源和动力。社会救助是一项公益事业，其发展始终要以国家的经济实力为依托。近年来，我国经济实现了平稳快速的发展，经济年均增长率持续保持在8%左右，人均GDP突破了1000美元的大关；财政收入大幅度增长，去年

财政收入达到2万多亿元；多种所有制经济迅速发展，民间财富不断积聚；国民经济总量和经济规模不断扩大，国家的综合国力不断增强，国民收入再分配不断向社会保障和公共服务倾斜。可以说，国家和社会支撑社会救助的能力在不断提高，所提供的资源不断增加。社会救助作为社会主义市场经济体制以及社会保障体系的重要组成部分，已经并将进一步成为政府和社会重点投入的领域，今年中央财政用于社会保障的资金达到779亿元，今后还将逐步增加。这就为社会救助工作的开展奠定了更加坚实的经济基础。

——社会救助工作实践为推进城乡社会救助体系建设奠定了良好的工作基础。改革开放以来社会救助工作的长期实践，培养了一支吃苦耐劳、熟悉业务的干部队伍，特别是近年来适应低保工作的快速推进，各地普遍加强了低保工作机构、队伍和基层社区居委会、村委会的建设，为推进社会救助体系建设提供了强有力的组织基础；在开展社会救助工作的过程中，民政部门与财政、教育、卫生、建设、国土资源、发展改革、劳动保障、司法、税务、工商等部门，工会、共青团、妇联等群团组织经常联系、沟通、协商与合作，建立了良好的社会协作关系，有的还建立了部门之间的联系会议制度，还有新闻媒体对社会救助工作的关注和宣传等，为推进社会救助体系建设奠定了坚实的社会和舆论基础；同时，一些先行开展社会救助体系建设的地区，经过积极探索，积累了不少宝贵的做法和经验，为下一步面上推开提供了有益借鉴。这些都是在全国范围内推进城乡社会救助体系建设的有利条件。

总结社会救助工作的成功做法和经验，分析社会救助工作面临的新形势和新任务，当前和今后一段时期，社会救助工作的总体思路是：坚持以邓小平理论、“三个代表”重要思想为指导，以“以民为本，为民解困”为宗旨，紧紧抓住我国经济迅速发展，改革不断深入，各级党委政府认真贯彻科学发展观和高度重视社会救助工作的有利时机，与时俱进，开拓创新，以各项社会救助制度的建立和完善为重点，以救助体制和机制创新为动力，以服务网络和信息化建设为手段，单项突破，系统完善，点上突破，面上扩展，大力推进城乡社会救助体系建设，全面提高社会救助工作整体水平，切实保障困难群众的基本生活，为维护社会稳定，促进经济社会协调发展做出新贡献。

实施这一总体思路，要抓住一个关键，做到三个结合。

在总体上要紧紧抓住推进城乡社会救助体系建设这个关键，通过建立和完善社会救助体系，来带动和促进社会救助工作的深化改革和全面发展。体系建设是龙头，是整个社会救助工作的重中之重。只有抓好体系建设，才能不断提高社会救助工作的整体水平，不断开创社会救助工作的新局面。

在运作上要切实做到三个结合：一是在以社会救助体系建设推动整个社会救助工作改革、发展时，要把二者融为一体，不能分割，做到相互促进，把日常的社会救助工作与体系建设有机结合；二是在开展社会救助体系建设中，要既重视制度建设，又重视手段建设，做到相辅相成，把制度创新与解决体系正常运转的资金、组织、服务等保障措施紧密结合；三是在解决体系建设的难点和瓶颈问题时，要立足当前，兼顾长远，避免急功近利，把解决眼前急迫问题与解决体制、机制等长远问题紧密结合。

三、明确任务，强化措施，大力推进城乡社会救助体系建设

社会救助体系，指的是由国家为保障困难群众的基本生活，帮助解决他们生活中遇到的特殊困难而建立的一系列制度以及为保证这些制度的实施而形成的管理体制、运行机制、组织网络、物质技术条件等要素有机结合而成的整体。适应当前社会主义市场经济发展、改革深入、社会进步要求的社会救助体系，从结构上由三部分组成，一是各项制度，包括低保、灾民救助、五保、医疗、住房、教育、司法援助等救助制度；二是与上述救助制度相适应的管理体制和运行机制；三是确保制度和政策落实的组织、管理、资金、服务等手段、措施。城乡社会救助体系主要有

四个特点：一是从救助范围看，救助对象面向全体城乡困难群众，社会救助制度覆盖城乡，救助标准城乡有别，避免救助工作“重城市、轻农村”的倾向，增强了社会救助的功能。二是从救助的内容看，在解决贫困人口吃、穿、住等基本生活的基础上，还帮助解决医疗、教育等方面的特殊困难，从不同方面提供多种救助服务，从而加固了社会的“安全网”。三是从救助的手段来看，社会救助体系把救助对象、救助内容、救助资源、救助制度有机整合，为社会救助工作提供强大的支持和动力，从而保证救助体系自身的良性运转，使社会救助工作真正成为保障困难群众基本生活的长效机制。四是从救助的效果来看，通过建立“政府主导，民政主管，部门协作，社会参与”的管理体制，在基层搭建统一的社会救助平台，实现救助信息的畅通、共享，探索“一口上下”的运行机制，更有效地利用各种社会救助措施，提高社会救助的效果。

大力推进城乡社会救助体系建设，必须认真把握并努力做好以下几项工作：

（一）明确目标，把握建立社会救助体系的基本原则和方法

建立社会救助体系的总体目标是：到2010年，即国家“十一五”规划末，在全国基本建立以最低生活保障和灾民救助制度为基础，以医疗、教育、住房、司法等专项救助为辅助，以优惠政策相配套，以社会互助为补充，政府责任明确，社会广泛参与，运转协调、资金落实、管理规范、网络健全，与经济社会发展水平相适应的、覆盖城乡的社会救助体系，切实保障困难群众的基本生活，促进社会稳定和经济社会协调发展。

实现这一目标，在具体工作中要把握以下基本原则和方法：

——城乡统筹，协调发展。要将城乡救助体系统筹规划，统一部署。社会救助标准城乡有别又相互照应，社会救助资源城乡共享又要向农村倾斜，救助方式既考虑城乡共性又突出各自特点。通过城乡统筹，城乡互动，促进城乡社会救助体系建设协调发展。

——衔接配合，形成合力。要把社会救助体系作为有机整体通盘考虑，各项救助制度及救助政策、救助标准要相互衔接，建立有机联系，构成统一体系。要加强有关部门和单位之间的沟通与合作，相互配合，协调行动，努力实现各种社会救助资源的有效整合，不断提高救助工作的整体效果。

——因地制宜，分类指导。要从当地经济、社会发展水平和困难群众的实际需要出发，制定城乡社会救助体系建设的总体规划和各项具体救助政策。要针对不同类型地区和不同的救助对象群体进行分类指导。体系建设的进度允许有快有慢，不搞一刀切，但要积极推进；救助内容可以有多有少，量力而行，但要切实做到尽力而为；不同地区、不同时期、不同群体中可以实行不同的救助标准，不盲目攀比，但要能切实保障困难群众的基本生活。

——由点到面，稳妥推进。城乡社会救助体系是一项复杂的社会系统工程，要按照“点上突破，面上扩展”的要求，在有条件的地方先行试点，取得经验后由点到面，稳步有序地推进。要从当地实际出发，先从单项救助制度的建立做起，优先解决困难群众最急迫的问题，通过单项制度的建立、实施和完善，逐步形成比较全面的社会救助体系，实现从“单项突破”到“系统完善”的渐进式发展。

（二）加大力度，切实抓好重点社会救助制度的建设

当前和今后一段时期，各地要着力抓好以下几项重点社会救助制度的建立和完善。

——要进一步完善城市低保制度，切实保障城市困难群众的基本生活。要认真分析低保工作中出现的新情况、新问题，研究采取有针对性的措施，以完善政策法规、创新工作机制、加强管理监督为重点，更好地保障城市低保对象的基本生活。要着重做好以下几方面工作：一要规范城市低保的范围，切实将城市居民中家庭人均收入低于当地最低生活保障标准的困难群众全部纳入低保范围。根据困难群众的实际情况，当前要把下岗失业人员家庭作为保障的重点，并特别关注农垦、森工、资源枯竭矿山等困难行业和企业特困职工家庭的低保。根据家庭收入情况，

低保人员要能进能出，切实做到动态管理下的应保尽保；二要规范城市低保的标准，根据当地基本生活品物价水平，采取“菜篮子法”、“恩格尔系数法”等科学方法，合理确定低保标准，切实保障低保家庭的基本生活；三要进一步做好分类施保工作，对低保家庭中的大病、重病、残疾、年老等丧失劳动能力的人员要实行分类救助，切实帮助解决他们在医疗、子女上学等方面的特殊困难；四要努力探索建立稳定的低保资金投入机制，加大地方投入力度，下一步将与财政部一起调研解决中央与地方资金投入的良性机制问题。低保资金要专户管理，专款专用，加强监督检查，确保低保金的按月足额发放；五要加快低保信息化建设。“全国低保信息系统建设项目”目前正在实施，各地要以此为契机，加快建设步伐，努力实现低保和其他各项社会救助工作的规范化、现代化。

——要进一步健全灾害应急体系，确保灾民得到及时、有效救助。一要进一步健全灾害管理的应急机制、协调机制、社会动员机制、信息共享机制和监督督察机制，充分发挥抗灾救灾综合协调职能，强化灾害管理部门间的信息沟通和协调，建立部门间应对灾害的联动工作机制；二要进一步健全和完善自然灾害的应急预案体系，做好部门预案间的衔接工作，尽快形成我国灾害管理的预案体系；三要全面加强灾情信息系统建设，提高灾情的监测、预警水平，强化部门间灾害管理信息共享机制建设，形成灾害管理信息共享平台，为快速决策和启动救灾工作的应急机制提供依据；四要进一步提高重大自然灾害的响应能力，确保在重大自然灾害发生后24小时内，灾民的吃、穿、住、饮用水、医疗等救助措施到位，灾后恢复重建要纳入规范的项目管理，形成规范的工作体系；五要建立健全灾害管理工作的法律和法规体系，尽快制定《救灾法》，明确政府、社会和受灾群众的职责及权利和义务，规范政府的灾害管理行为，强化对灾害管理工作的监管，使自然灾害的救助工作走向规范化、制度化和法制化的轨道。

——要进一步落实农村五保供养政策，切实做到应保尽保。要高度重视，深入贯彻落实民政部、财政部、国家发展和改革委员会联合下发的《关于进一步做好农村五保供养工作的通知》（民发[2004]145号），以高度的责任感和紧迫感，把实现五保对象的“应保尽保”，列为当前和今后农村社会救助工作的重点。一要采取有效措施，确保五保供养资金及时足额发放。地方在安排使用农村税费改革转移支付资金时，要确保五保供养资金的落实，不得截留、挪用。二要进一步加强敬老院建设工作。要将敬老院建设纳入当地经济与社会发展规划，充分利用乡镇合并后的闲置资源，加快敬老院建设步伐，加强内部管理，配备合格的专兼职工作人员，努力提高敬老院管理和服务水平。三要发动社会力量，支持五保供养工作。继续发挥村集体组织和社会力量作用，形成全社会共同关心支持五保供养工作的局面。四要加强督促检查，确保五保供养政策落实。要建立五保供养信息公开、定期检查和情况通报制度，发现问题，及时解决。

——要建立健全农村特困户救助制度，切实保障农村贫困群众的基本生活。要按照今年中央1号文件和中央农村工作会议关于“对丧失劳动能力的特困人口，要实行社会救济，适当提高救济标准”的要求，进一步抓好农村特困群众生活救助工作，在制度建设和资金投入两个关键上下功夫。要继续坚持“政府救济、社会互助、子女赡养、稳定土地政策”的原则，加大对农村特困户的核查、发证和救助力度，使农村特困户生活救助制度真正建立起来，确保农村这些“不救不活”的特困群众的基本生活。已经建立农村低保制度的地区，要总结经验，进一步完善各项政策、加强规范管理。有条件的地区，要进一步争取当地政府和财政等部门的支持，积极探索建立农村最低生活保障制度。

——要加快实施城乡医疗救助，帮助困难群众缓解“医疗难”问题。要根据民政部、财政部、卫生部《关于实施农村医疗救助的意见》和财政部、民政部《农村医疗救助基金管理办法》要求，根据当地实际，抓紧推进农村医疗救助工作。已经开展农村医疗救助工作的省份，要认真规范和完善医疗救助制度，加大配套资金投入，提高基金规模，增强对困难群众的医疗救助力度；尚未开展农村医疗救助工作的省份，要抓紧时间，搞好调查研究，摸清底数，科学确定救助标准和有关救助政策，积极争取当地政府和有关部门的支持配合，尽快开展农村医疗救助工作。所有省份的农村医疗救助工作要在今年内全面推开，争取到明年底形成比较规范的农村医疗救助制度。城市医疗救助今年重点抓好试点工作，要通过多渠道筹集资金建立救助基金，救助标准要与当地经济社会发展水平相适应，并做好与相关的城市医疗保障制度的衔接。通过总结试点经验，力争2007年在全国建立起比较规范的城市医疗救助制度。

——进一步完善流浪乞讨人员救助制度，切实维护流浪乞讨人员的合法权益。认真总结交流经验，不断完善城市生活无着的流浪乞讨人员救助管理的政策法规体系。坚持“自愿受助，无偿救助”的原则，积极创新工作方式，充分发挥救助管理的社会功能。加快救助管理设施建设步伐，合理布局，建立方便、快捷、安全的救助管理工作体系。建立救助管理工作规范，加强对工作人员的培训，提高救助管理工作规范化、社会化水平，切实维护好流浪乞讨人员的合法权益。

——进一步完善社会捐助制度，大力弘扬社会互助新风。最近，胡锦涛总书记在新华社“国内动态清样”上就辽宁省建立“扶贫超市”促进扶贫帮困的作法做出重要批示，充分肯定了这一新生事物，要求民政部门总结经验，不断完善。回良玉副总理要求以此为契机积极探索和完善城市扶贫的长效机制。我们要认真贯彻落实胡锦涛总书记和回良玉副总理的批示精神，加快社会捐助制度建设的步伐。重点加强法规建设，落实相关优惠政策，进一步完善经常性社会捐助服务网络，充分发挥公益慈善组织的作用，积极探索社会捐助的市场化运作模式。要广泛开展“义工”服务、“结对帮扶”、社区互助、邻里互助等活动，大力弘扬社会互助新风。对已经建立“扶贫超市”、“慈善超市”等机构的地区，要不断总结经验，强化管理，规范运作，完善制度建设，促进这项制度健康、深入、持久的发展。尚未建立的地区，要结合当地实际，结合经常性社会捐助网络建设，选择一些经济条件较好的城市先搞试点，在试点经验的基础上，加快推广进程，充分发挥这一新生事物在社会救助工作中的重要作用。

此外，各地要从当地经济社会发展的实际出发，深入调查研究，积极协调有关部门，适时制定出台相关社会救助制度，如廉租房制度、教育救助制度、司法救助制度等，逐步健全完善社会救助制度体系。

（三）夯实基础，确保城乡社会救助体系建设顺利推进

城乡社会救助体系建设，事关人民群众的根本利益，政策性强，涉及面广。各级民政部门要把社会救助体系建设作为影响民政事业全局的重要工作，加强组织领导，积极争取当地党委、政府的重视和支持，纳入当地经济社会发展规划，列入政府的重要议事日程，经常进行研究，不断解决工作中的重点难点问题，大力推进城乡社会救助体系建设。

——要建立健全管理体制和运行机制。一要建立政府主导、民政主管、部门协作、社会参与的社会救助工作管理体制。县级以上政府要成立政府主要领导负责、有关部门参加的社会救助工作领导小组，统一领导本地区的社会救助工作。领导小组办公室设在民政部门，负责日常工作。二要建立统一的基层社会救助管理服务网络和工作平台，形成高效、顺畅的工作运行机制，整合社会的救助资源，提高救助效率。三要抓好救助资金的落实，加大财政投入，保证各项社会救助政策的落实。

——要抓好基层管理服务网络建设。《国务院办公厅关于进一步加强城市居民最低生活保障工作的通知》（国办发〔2001〕87号）要求：“要加强基层工作力量，把工作重点放在社区，充分发挥街道办事处和社区居民委员会的作用，建立健全基层最低生活保障管理服务网络，为基层民政部门、街道办事处、社区居民委员会配备

必要的工作人员，解决必要的办公条件。”各级民政部门要按照通知的要求，积极争取人事编制和财政部门的支持，保证社会救助工作必需的机构、人员和工作经费，把政治素质好、业务精、群众观念强的得力干部充实到社会救助队伍中来。同时，及时开展业务培训，逐步实行持证上岗，不断提高社会救助队伍的整体素质。

——要加快社会救助法制建设。要把体系建设和完善社会救助法律法规结合起来，不断提高各项救助制度的法制层次，做到有法可依、有章可循，使社会救助工作逐步走上规范化、法制化轨道。通过民政部积极争取，目前已将《社会救助法》、《农村五保供养工作条例》修订等列入本届人大、政府立法规划，《救灾法》立法的条件也趋于成熟。各级民政部门要深入调查研究，争取人大、政府支持，及时出台地方性法律规章，争取经过几年的努力，从上到下形成较为全面的社会救助法律规章体系。

——要强化监督检查机制。要坚持公开、公平、公正的原则，建立健全相应的监督检查管理机制，依法对社会救助工作进行行政和社会监督。结合村务公开、居务公开、政务公开，使社会救助工作成为“阳光工程”。救助标准、救助金额、救助对象等信息都必须实行公示，社会救助资金要定期接受审计、检查。通过加强纪检监督、审计监督、群众监督和舆论监督，推动社会救助体系建设沿着正确的方向健康发展。

同志们，让我们紧密团结在以胡锦涛同志为总书记的党中央周围，深怀爱民之心，恪守为民之责，牢记“以民为本，为民解困”的民政宗旨，怀着对困难群众的深厚感情和对党、对人民的高度责任感，团结奋斗，开拓进取，求真务实，扎实工作，大力推进城乡社会救助体系的建设，切实保障好困难群众的基本生活，为促进改革开放、经济发展，为维护社会稳定的大局做出更大的贡献。

抓住机遇　勇于创新
努力做好最低生活保障信息系统建设工作

——在全国最低生活保障信息系统建设工作会议上的讲话

民政部副部长　杨衍银

（2004 年 10 月 15 日）

同志们：

这次全国最低生活保障信息系统建设工作会议的主要任务是，认真贯彻落实中共中央办公厅、国务院办公厅关于转发《国家信息化领导小组关于我国电子政务建设指导意见》的通知（中办发〔2002〕17 号）精神，研究部署全国低保信息系统建设工作，确保国家电子政务建设重点工程——全国低保信息系统建设任务按期顺利完成。下面我就全国低保信息系统建设工作讲几点意见：

一、统一思想，充分认识低保信息系统建设的重要性

随着科学技术的迅猛发展，信息化已成为当今世界经济和社会发展的大趋势，也是我国全面建设小康社会、实现工业化和现代化的重要组成部分。党中央和国务院十分重视信息化建设，决定启动电子政务建设，政府先行，带动国民经济和社会发展信息化。低保信息系统是信息化建设的重要内

容,也是国家电子政务的重点项目。建设低保信息系统,对完善社会保障体系,加快电子政务建设,逐步实现低保工作信息化,提高低保工作和整个社会救助工作的总体水平有着重要意义。

(一)建设低保信息系统是党中央、国务院高度关注的一项重要工作。建立健全同经济发展水平相适应的社会保障体系,进一步完善社会救助制度,是党中央、国务院提出的明确要求。当前,我国的社会主义现代化建设正在全面迅速向前推进,充分运用信息技术手段推动各项事业的发展,努力提高各项工作的效率和效益,取得让人民群众更加满意的成果,是中央领导高度关注的问题。胡锦涛总书记在国家信息化领导小组第一次会议上强调指出:"党中央、国务院高度重视城市居民最低生活保障工作,这是涉及千家万户的大事。有一些大城市通过计算机联网,及时准确掌握有关情况,使低保工作落实得比较好。如果能够推广这些好的经验,进一步提高透明度,增强公正性,比较好地解决这个问题,也是很有意义的一件事。"温家宝总理在国家信息化领导小组第三次会议上明确指出:"大力推进信息化,是党中央顺应时代进步潮流和世界发展趋势作出的重大决策,是我国实现工业化、现代化的必然选择,是促进生产力跨越式发展、增强综合国力和国际竞争力、维护国家安全的关键环节,是覆盖现代化建设全局的战略决策。我们一定要认真贯彻'三个代表'重要思想和党的十六大精神,采取更加有力的措施,努力开创我国信息化建设新局面。"由此可见,加强低保信息化建设,是中央领导重视,与国家信息化建设密切相关的一件大事,我们一定要把它作为一项重要工作抓紧抓好。

(二)低保信息系统是国家电子政务建设的重点工程。2002 年 8 月,中共中央办公厅、国务院办公厅关于转发《国家信息化领导小组关于我国电子政务建设指导意见》的通知,将社会保障工程纳入国家"十五"期间电子政务建设重点业务系统。社会保障工程由低保信息系统分工程和社会保险信息系统分工程组成,民政部门负责低保信息系统分工程建设。低保信息系统能够纳入国家电子政务建设重点工程,不仅体现了国家对低保工作的高度重视,也充分表明了低保工作在经济改革和社会发展全局中的重要地位和作用。建设低保信息系统,既有利于加快电子政务建设,转变政府职能,提高行政质量和效率,增强政府监管和服务能力,促进社会化监督;也为低保工作乃至整个民政工作发展带来了新的契机。对此,我们要有清醒的认识,要有高度的责任感,要善于抓住机遇,趁势而上,以求真务实和开拓创新的精神,认真搞好低保信息系统建设,以此带动民政信息化建设,进一步推动低保工作与民政工作实现跨越式发展。

(三)建设低保信息系统是加强和规范低保工作的迫切需要。近年来,在各级党委和政府的高度重视下,经过各级民政部门的共同努力,低保工作迅速发展,基本实现了"应保尽保",为推动改革的深入和维护社会稳定发挥了重要作用。但是,低保工作快速发展的同时也带来一些新的问题,一方面低保人数和资金量急剧增加,保障的内容也在增多,实施动态管理的要求不断提高,低保工作量和管理操作难度越来越大;另一方面一些地方低保工作人员少,力量弱,管理手段落后,工作负荷重,效率低,管理操作不规范,监管薄弱等,严重影响了低保工作的健康发展。为此,2001 年 11 月,国务院办公厅下发《关于进一步加强城市居民最低生活保障工作的通知》(国办发〔2001〕87 号),明确要求"要大力推进最低生活保障工作的信息化和社会化管理进程,加快城市居民最低生活保障信息网络建设,逐步实现通过银行、邮局等机构发放最低生活保障金,努力提高最低生活保障工作管理水平"。为了认真贯彻落实国务院办公厅通知精神,加强低保信息系统建设,2002 年 3 月,民政部下发《关于进一步加强城市居民最低生活保障信息系统建设的通知》(民发〔2002〕36 号),对低保信息系统建设提出具体要求。同时为加大低保信息系统建设力度,国家发改委批准全国低保信息系统立项,这是加强和规范低保工作的重大举措，也是推动低保工作发展的强大动力，对提高低保工作效率，规范管理操作，加强监管，改善服务，增加低保工作的公开和透明度，促进低保工作健康协调发展都具有十分重要的意义。

二、切实加强组织领导，认真实施项目管理

低保信息系统是由国家发改委批准实施的大型项目，投资多，覆盖面广，技术要求高，建设难度大，需要多个部门共同完成。因此，必须作为民政信息化建设的一件大事来抓，切实加强组织领导，保质保量，按期完成低保信息系统一期工程。

首先，要加强组织领导。按照国务院信息化建设办公室的要求，民政部成立了低保信息系统项目领导小组和项目办公室，加强了对低保信息系统项目的统一领导。目前，各省按照民政部的要求，都成立了领导小组和项目办公室，健全了低保信息系统项目的组织领导机构。下一步，地市和区县也要抓紧成立项目领导机构，由上而下形成低保信息系统项目组织领导体系。各级民政部门要切实加强对项目的领导，把低保信息系统建设列入重要议事日程，作为低保工作和民政信息化建设的重点来抓，分级负责，加大工作力度，切实抓出成效。

其次，确保项目资金投入。低保信息系统是统一规划，分级建设，分级负担建设资金。项目一期工程总投资3.7亿元，其中，中央财政投入1亿元，主要用于中央的低保信息系统工程建设；地方财政投入2.7亿元，用于地方各级低保信息系统建设。考虑西部地区财政困难的实际情况，中央财政对西部贫困地区给予适当补助，以支持西部贫困地区低保信息系统建设。地方低保信息系统项目资金投入，是项目顺利实施的重要保证，也是项目实施的难点之一，因此，必须作为项目的重点工作，认真抓好落实。各省要按照项目的要求和本省的实际情况，积极向有关部门争取项目资金，督促地市和区县两级认真落实项目资金。各省投入资金不得低于向国家发改委立项承诺资金数量，这是地方投入资金的下限，如果低于这个下限，将会影响整个项目的顺利实施。各级在项目资金申请安排上，应对贫困地区给予适当的补助，确保项目资金全部落实。

第三，认真实施项目管理。实施低保信息系统工程这样大型的项目，对各级民政部门来讲，都是第一次，缺乏足够的经验。而国家对这样的大型项目，有着严格的项目管理办法和绩效考核验收机制，监督项目的实施。因此，这就需要我们抓紧学习，了解和掌握项目管理的有关知识，改变单纯依靠传统行政手段管理项目的落后方式，按照现代项目管理的要求和运行模式，实施项目管理，以提高项目实施的效率，控制项目风险，保证项目质量。

三、统筹规划，抓紧组织实施

按照全国低保信息系统总体规划，低保信息系统建设分为两期工程，分步实施。一期工程已经批准立项，计划用两年时间，在城市建立区县以上的低保信息系统，并实现与街道和社区居委会的互联。二期工程建设街道、社区居委会和农村的低保信息系统。根据总体规划安排，各省要结合各自的实际情况，认真做好地方低保信息系统的规划，统筹安排，搞好各方面的协调和衔接，抓紧项目的组织实施，加快低保信息系统建设步伐。

一是科学规划，统筹安排。各级民政部门要组织力量，深入开展调研工作，认真进行需求分析，搞清楚各级低保信息系统的需求。在此基础上，按照全国低保信息系统总体规划和民政部的统一部署，结合实际，制定地方低保信息系统规划。各地的规划要符合转变政府职能，提高工作质量和效率的要求，符合加强监管，改善服务，促进社会监督的要求。要体现改革创新精神，有前瞻性，充分考虑业务系统发展和市场经济体制的要求；要正确处理中央与地方、地方与地方、部门与部门之间的关系；要组织有关部门和专家进行论证，使各级低保信息系统规划上下统一，互相衔接，科学合理，切实可行。

低保信息系统建设工期紧，任务重，涉及多方面，因此，应统筹考虑，全面安排，根据总体工期要求，合理安排工程进度，抓紧组织实施，确保一期工程全部按期完工。一期工程绝不能延期，否则，将影响二期工程建设。工作中要加强协调，理顺关系，搞好衔接，认真处理好业务与技术、软件与硬件、内部与外部、局部与全局的关系，调动各方面的积极性，形成合力，大力推进低保信息系统建设。同时要加强资源整合，在新建系统中，注意利用已有系统，科学合理使用各种资源，避免重复建设。

二是抓紧部署，尽快完成立项工作。低保信息系统项目是由国家发改委统一批准立项，分级编制可研报告。民政部的可研报告已经国家发改委批准，立项工作进入最后的阶段。为了指导地方可研报告编制工作，民政部已下发《关于抓紧做好编制最低生活保障信息系统项目可行性研究报告工作的通知》，要求按照通知精神和项目总体技术方案以及各级发改委的有关规定，开展编制地方可研报告工作。目前，各地已经陆续开展工作，青海、西藏、河北、内蒙古、山东、宁夏、浙江、湖北等省区已经完成了省级可研报告的编制工作。西藏和青海完成了省级可研报告的审批。从目前的工作进展情况看，西部地区行动相对比较迅速，工作进展较快。为了便于地方编制可研报告，我们专门组织力量编制了省级可研报告的范本，供各省参考。已经完成可研报告编制工作的地方，要按照民政部编制的可研报告范本，进行修改补充和完善。还没有开展工作的地方，绝不能再拖延，要迅速行动起来，参照民政部可研报告范本，抓紧省级可研报告编制工作。省级可研报告编制工作于11月底完成，报民政部审核同意，再报省发改委审批。各省要积极主动开展工作，配合省发改委尽快完成各项审批程序。

地市和区县两级可研报告编制工作要迅速启动。各省在开展编制本级可研报告的同时，要尽快向下部署开展编制可研报告工作或履行项目资金申请审批程序。要加强指导，认真检查督促，发现问题及时解决，使地市和区县两级可研报告编制工作或履行项目资金申请审批程序工作，能够上下衔接，协调进行。地市和区县的可研报告或履行项目资金申请审批程序工作于12月底前全部完成。要确保各级低保信息系统项目资金能够列入明年的各级财政预算，使低保信息系统项目能够上下同步，整体推进。

三是充实力量，搞好培训。低保信息系统建设是一项庞大的工程，不仅需要一批专业技术人才，还需要大量具有较好素质的基层业务人员，这是低保信息系统建设和正常运行的重要保障。各地要以低保信息系统建设为契机，根据系统建设需要和实际情况，积极调整充实各级的技术力量，按照有关要求，认真配备基层的业务人员，进一步加强低保信息系统的队伍建设。同时，要大力加强培训工作，建立培训制度，分级负责，定期进行技术和业务培训，努力提高低保信息系统人员的技术和业务水平，以适应低保信息系统建设的需要，充分发挥低保信息系统的重要作用。

同志们，低保信息系统项目是国家电子政务建设第一批重点工程，组织实施好这个项目，任务艰巨，责任重大，意义深远，给我们带来了新的机遇和挑战。让我们抓住机遇，迎接挑战，齐心协力，开拓创新，为推进全国低保工作的信息化、规范化建设，开创低保工作的新局面而努力奋斗！

在全国"星光计划"总结表彰会议上的讲话

民政部副部长　李宝库

（2004年5月24日）

同志们：

大家可能还记得，2001年6月，民政部在西安召开了部署"星光计划"的启动工作会议。现在，一晃三年时间过去了。在这三年里，"星光计划"这一惠及老人、造福社区的民心工程，在国务院领导的关怀下，在各级党委、政府的重视和相关部门的支持和配合下，通过各级民政部门的不懈努力，已经在我国广大城乡的社区中深深扎根，结出了丰硕的果实。今天，我们又来到这里，一起收获我们的劳动果实，相信大家一定会感到无比的欣慰和激动。这次会议的任务是，全面总结"星光计划"三年来的实施情况，大张旗鼓地奖励表彰"星光老年之家"先进单位和实施"星光计划"的先进个人，认真研究部署"星光计划"的后续工作和"明天计划"的实施。明天，学举部长还要就"星光计划"和"明天计划"发表重要讲话，希望大家认真贯彻。这里，我先讲三个问题。

一、三年来实施"星光计划"取得的主要成绩

我们从2001年开始实施"星光计划"，到现在，全国已经分三批超计划完成了32000多个"星光老年之家"的建设项目。2001年，我们主要在省会城市的社区中建成了7278个"星光老年之家"，共投入了30.77亿元；2002年，我们又主要在全国地级城市的社区中建成了14943个"星光老年之家"，共投资52.56亿元；2003年，我们则主要在县城镇和农村乡镇建起了10269个"星光老年之家"，共投资51.52亿元。这些项目除了第三批有个别省份受气候等因素的影响不能在5月底全部完成外，其余都已竣工交付使用。在"星光计划"三年总投入的134.86亿元中，民政部本级福利彩票公益金投入了13.5亿元，地方福利彩票公益金投入26.33亿元，地方财政投入43.36亿元，项目单位自筹和其他方面投入34.83亿元。总体说来，三年"星光计划"的实施情况是令人满意的，投资规模比预计的要大，项目建设数量比预期的要多，建设速度也比预想的要快，社会反响更是比预想的要好，应该说是比较圆满地完成了目标任务。如今，3万多个"星光老年之家"如繁星一样遍布祖国大江南北，星罗棋布，熠熠生辉，为千千万万的老年人带来了欢声笑语，送去了幸福安康。它所引起的社会关注和反响也是很好的，它被人民群众盛赞为体现以人为本的"民心工程"和"德政工程"。原国务院副总理李岚清同志曾在国办对江苏省实施"星光计划"的督察报告上批示："江苏实施'星光计划'的做法很好，请国办用适当方式予以推介。加强对老年福利设施的建设和管理，不但能使老年人安度晚年，也有利于他们的身心健康，同时为国家节约大量的医疗费用。各级政府在这方面多花些钱是值得的"。上个月，胡锦涛总书记在陕西考察指导工作时视察了西安市新城区的"星光老年公寓"，也对"星光计划"给予了很高的评价。实践证明，"星光计划"的实施，合国情，得民心，顺民意。它集中体现了"三个代表"重要思想的精髓和我党立党为公、执政为民的宗旨，较好地缓解了城乡老年福利服务设施严重匮乏的矛盾，为全社会的老年人办了一件实实在在的好事和实事。

（一）"星光计划"的成功实施，为初步建立老年人福利服务体系奠定了基础。根据国务

院办公厅转发民政部等11个部委的《关于加快实现社会福利社会化的意见》，今后一段时期我国老年人福利事业发展的目标框架是坚持以居家养老为基础、以社区照料为依托、以社会福利机构集中供养为补充，建立与我国社会主义初级阶段基本国情相适应的老年人福利服务体系。随着我国家庭结构的日益小型化，传统的家庭养老模式必然发生变化，发展社区照料和社会化服务对家庭养老的支持就变得十分重要。广大社区日益成为连接社会与家庭的桥梁与纽带。根据我们在实施"星光计划"前的调查统计，我国社区老年福利服务设施总体上是十分匮乏的：2000年底，全国城市的街道，已建老年福利设施的占76.82%；社区居委会已建老年福利设施的占32.91%；农村乡镇已建敬老院的占85.83%。这表明，社区为老服务的福利设施缺口最大，而最贴近老年人生活、需求最大的又恰恰是社区中的这些福利设施。"星光计划"在全国城乡建成3万多个"星光老年之家"并投入使用，其中街道和社区项目占总数的83%，贯彻了"星光计划"实施方案提出的"立足社区、面向老人、方便实用、小型分散、星罗棋布"的原则，达到了老年人在自己的家门口就能够就近就便享受到方便、快捷、实惠服务的目的。如今，"星光计划"建设起来的社区为老服务设施，在很大程度上改善了老年人的生活娱乐条件，美化了社区环境，活跃了社区气氛，提高了社区居民的生活质量，受到广大老年人和社区居民的热烈欢迎，初步为构建中国特色的养老福利服务体系奠定了基础。

（二）"星光计划"的成功实施，推动了包括老龄工作在内的社区建设的深入开展。许多地区以实施"星光计划"为契机，实行社区建设与"星光计划"同步规划、同步设计、同步建设，把开展社区建设示范区活动与实施"星光计划"紧密结合起来，将"星光计划"的实施作为社区建设示范区的一项重要内容。特别是四平现场会议之后，各地进一步加大了"星光计划"的实施力度，加快了建设速度。通过"星光计划"建设起来的"星光老年之家"，不仅深受广大老年人的欢迎，成为"老有所养、老有所医、老有所教、老有所学、老有所为、老有所乐"的载体，而且也深受社区广大居民群众的热烈欢迎，成为发展社区公益事业的重要载体。社区老年人对这个"家"的认同感和归属感日益增强，许多老人在积极参与活动的同时，还主动参与"星光老年之家"的管理与服务，积极发挥余热，贡献力量。社区居民也把它作为社区建设的重要平台，在这里得到社区康复、养老和低保金发放、再就业介绍、家政服务等多方面的服务，从而增加了社区的凝聚力和向心力。可以毫不夸张地说，"星光计划"的成功实施，以及它与基层组织建设、社区老龄工作、基层社会保障工作的紧密结合，为社区建设注入了新的活力，有力地推动了社区建设工作的深入开展，也有力地推动了各项民政工作在基层的落实。

（三）"星光计划"的成功实施，为社会主义精神文明在基层社区的广泛深入传播提供了阵地。各地都以"星光老年之家"为载体，把先进文化和文明健康的文体活动引入社区，广泛开展诸如歌曲合唱、戏剧表演、舞蹈、秧歌、腰鼓、时装表演、书画、健身、知识讲座等多种形式的群众活动，丰富了老年人的日常生活，激发和展示了老年人热爱祖国、热爱生活、健康向上的精神风貌。许多"星光老年之家"都设立了社区老年学校，定期举办各类知识讲座，如"法轮功"邪教反动本质、老年人保健、老人常见病预防、花草种养基本常识、如何处理好家庭矛盾、WTO知识、英语会话等，不仅满足了社区老人对时事政治、科学文化和生活常识的渴求，而且为传播社会主义精神文明做出了贡献。

（四）"星光计划"的成功实施，有效地推进了社会福利社会化的进程。国办转发的11个部委《关于加快实现社会福利社会化的意见》，明确了社会福利社会化是现阶段发展我国社会福利事业的重要举措，是社会主义市场经济条件下加快发展我国社会福利事业的必由之路。推进社会福利社会化，当前就是要以老年人社会福利服务为重点，坚持投资主体多元化、服务对象公众化、运行机制市场化、服务方式多样化和服务队伍的专业化与志愿者相结合的方向，努力建设居家为基础、社区为依托、福利机构为补充的老年人福利服务体系，把社区作为发展老年福利事业的着力点。“星光计划”的实施，坚持政府主导、部门协作、社会参与的工作机制，深入挖掘、广泛动员和集中社区资源，大力吸引社会力量参与，在社区建设了一大批小型分散、方便适用的为老福利服务设施，为广大老年人乃至社区居民提供了文化娱乐、生活照料、康复医疗、体育健身等多个方面的服务，也培养建立了一支社区服务的专职队伍和志愿者队伍。可以说，“星光计划”的实施过程，就是认真实践社会福利社会化的过程。各地在实施“星光计划”过程中创造的多种所有制成分举办、多种方式管理运营、拓展多样化服务内容和服务项目等一系列经验和做法，必将为下一步推进“公办民营”和“民办公助”的福利机构的改革提供有力的指导和有益的借鉴。

二、实施“星光计划”的成功经验和做法

在实施“星光计划”的过程中，各级民政部门和街居、乡镇结合本地区的实际情况，做了大量卓有成效的工作，创造出了许多好的做法，积累了丰富的经验，为我们今后继续推动社会福利事业的发展提供了宝贵的精神财富。

（一）领导重视，部门配合，齐抓共建。各地在实施“星光计划”过程中，积极争取政府领导的重视，将其列入政府的重要议事日程，并积极协调相关部门予以配合。“星光计划”伊始，绝大多数地方都成立了领导小组，由党政领导任组长，相关部门负责人为成员，为“星光计划”的有效实施提供了组织保证。各地民政部门及时将“星光计划”向党委和政府领导汇报，被纳入各地为民办实事工程，摆在显著位置。河北省原省长钮茂生、常务副省长郭庚茂同志对“星光计划”的实施高度重视，多次做出指示，明确要求全省要集中人力、物力、财力打歼灭战，提出“三年任务两年完成”，要求各级财政要投入资金给予支持和奖励，以奖代补，同时动员社会力量积极参与。重庆市委、市政府从2001年起，连续三年将“星光计划”纳入为民办实事的民心工程，2003年还作为市委、市政府实施西部大开发十件大事之一，加大推进力度。四平市政府为了落实“星光计划”的规划、用地和配套资金等事项，一把手亲自挂帅，主持相关部门的协调会议，经常深入社区，现场解决问题，有力地推动了“星光计划”的全面落实。湖南衡阳等地党政领导分别联系若干“星光计划”项目点，为项目的建设当“开路先锋”。总的看，各地在实施“星光计划”中，都能积极协调计划、土地、财政、城建等相关部门给予支持和帮助，很多地方出现了部门包点、齐抓共建的喜人景象。可以说，“星光计划”受到党政领导高度重视的程度，是社会福利工作历史上少有的，超过了我们的预期。这固然是“星光计划”本身的重大意义和作用使然，也是各级民政部门努力工作、积极争取的结果。

（二）精心策划，周密部署，合理布局。民政部从开始创意实施“星光计划”，到制订《实施方案》，再到部署启动，整整用了4个月时间。为了制定好实施方案，负责这项工作的同志们做了大量基础性工作。他们深入各地对全国社区老年福利服务现状、老年人的需求，做了全面的摸底调查，对实施“星光计划”的可行性和成本效益做了充分的研究和评估，对实施过程中的各个重要环节做出尽可能细致周到的考虑。在此基础上，实施方案几易其稿，字斟句酌，力求决策科学，表达准确，切实可行。方案公布后，普遍反映：“星光计划”名称起得好，新鲜而富有寓意；实施方案指导思想明确，目标定位准确，可操作性强。这些都归功于计划实施前大量细致而有效的酝酿、策划和周密的安排部署。各地在部署实施本地“星光计划”的过程中，也是从本地区经济发展现状和老年人的迫切需求和社会福利事业发展战略出发，精心安排，稳步推进。青岛市为了做出切实可行的项目规划和实施计划，聘请专家和协调有关部门，一道进行调查研究和实地考察，组织严密科学的论证和专家评审，以市政府的名义颁布实施了《青岛市城市社会福利设施设置专项规划》。这是全国第一部真正意义上的社会福利设施设置专项规划，它为青岛加快养老服务设施建设和顺利实施“星光计划”提供了政策依据和保障，也为全国提供了经验。宁夏自治区石嘴山市结合城市改造的机遇，把“星光计划”的实施纳入到城市改造总体规划，反复论证，使项目合理布局，统筹兼顾，突出重点。内蒙古自治区在“星光计划”布点立项工作中，做好同城市建设总体规划、老年人分布与需求、地区间经济差异、社区建设与老龄工作、市区领导重视程度等五个方面的结合，层层抓落实，既做到了“雪中送炭”，也兼顾了“锦上添花”。山东省在项目选择上，坚持以扶持街道和社区有一定基础的项目为主，以扶持实用、分散、小型的项目为主，以扶持具有示范性、影响力大的项目为主的原则，也收到了很好的效果。

（三）建章立制，把关定向，规范运作。各地在实施“星光计划”过程中，按照部里的要求，制定了本地的实施计划和操作管理办法，使“星光计划”的项目运作一开始就走上规范化管理的轨道。湖北、湖南、山西、青海、内蒙古、河南、四川等地都以省厅的名义下发了“星光计划”项目管理办法，对项目申报、审批、建设、验收、资金使用等一系列环节提出明确要求，对“星光老年之家”建设全过程实施严格管理，确保工程质量和资金的使用效益。许多省份还结合实施“星光计划”的实践，摸索并形成了一套行之有效的工作制度，确保“星光计划”的顺畅实施和高效运转。黑龙江省哈尔滨市层层落实领导负责的责任制，从市到区到街居，层层具签责任状，增强领导干部的责任感，保证了项目建设任务落到实处。甘肃省通过摸索逐步建立了省厅的宏观指导和资金调控、地（市）民政部门督办、区（县）政府组织实施、街居主办的工作机制。许多地方还建立起党委政府直接领导、社区办公室总协调、民政部门牵头、相关部门配合、区为责任主体、街居落实、社会力量参与支持的工作机制，有力地保证了“星光计划”的顺利实施。为打造精品，确保质量，各地加强了对建设项目的监督检查和验收工作。浙江的许多地市均制定了检查验收内容、评定方法、步骤和要求，对验收工作做出严格、详尽的说明。温州市对示范型、标准型的“星光老年之家”制定并完善了100分制的考核内容。正是这一系列政策规定和规章制度的颁布与执行，确保了“星光计划”建设任务的顺利完成，上百亿的资金运作、数万个项目的落实，没有发现违规违纪现象。

（四）试点探索，典型引路，全面推进。“星光计划”作为一项全新的工作，没有现成的路子可走，没有成功的经验可借鉴，要解除实施初期的各种疑问，消除等待观望现象，必须捕捉典型，以点带面。在这种情况下，群林司长带领福事司的同志深入调研，发现了河北省保定市这个典型。这个市两个月建了一百个点（简称“两月百点”），这在当时确实是惊人之举。部里及时召开了现场会议，予以推广他们的经验，为全国“星光计划”的普遍实施打开了通道。各地不仅实地参观学习到了保定实施“星光计划”的做法和经验，而且学到了保定不等不靠、动员社会力量打歼灭战的奋斗精神，拓展了思路，看清了目标，增强了信心。保定经验在“星光计划”实施之初，的确发挥了很好的示范带头作用。之后，吉林四平市以实施“星光计划”和加强城市基层政权建设相结合，高质量、快速度、大面积推进的经验，又引起了人们的注意。部里在那里召开了专门会议，多吉才让部长、李学举部长到会作重要讲话。四平会议又把“星光计划”的实施向前大大推进了一步。与此同时，我们又结合二批、三批“星光计划”的实施重点和总体要求，推广了重庆、青岛等地的经验，为“星光计划”的分步顺利实施提供了有力的帮助。

（五）牢记宗旨，一心为民，甘于奉献。“星光计划”所取得的成就，是各级党政领导、民政部门和基层社区的干部职工践行“三个代表”重要思想，勤奋工作、甘于奉献的生动写照。许多地方的党政领导亲自担任“星光计划”领导小组的负责人，坚持靠前指挥，率先垂范，战斗在实施“星光计划”的第一线，用自己深入细致的工作作风和扎实肯干的拼搏精神，为广大干部职工做出了榜样。保定市委副书记武国堂同志，用很大精力抓“星光计划”的实施，不仅积极参与全局谋划，而且坚守在社区第一线，不辞劳苦，调解矛盾，排解难题，使全市从事“星光计划”的干部职工深受教育和鼓舞，激发出巨大的工作热情，两个月内就完成了上百个点的建设任务。“星光计划”作为民政系统的一项重点工作，广大民政干部更是投入了火一样的热情和忘我的工作精神，全系统上下思想一致，步调一致，为“星光计划”献计献策，出力流汗，真正起到了中流砥柱的作用。黑龙江、河北、内蒙、湖北、新疆生产建设兵团等地民政部门的负责同志，不辞辛苦，对本地区所有申报项目逐一进行实地考察，掌握了翔实的第一手材料，精心选定每个项目点，保证了“星光计划”扎扎实实地推进。许多民政厅局的负责同志对本地“星光计划”的实施状况了然于胸，说起“星光老年之家”的布局如数家珍，令人赞叹。广大街居和乡镇的同志作为实施“星光计划”的直接落实者，也以自己辛勤、高效的工作为整个计划的成功实施做出了重要贡献。在此，我代表民政部，向所有为“星光计划”做出贡献的人们，表示深深的敬意！

当然，总结回顾“星光计划”的实施过程，也发现还存在许多问题和不足。一是福利彩票公益金对“星光计划”的投入远没有达到要求。按照实施方案设想，各级福利彩票公益金都要拿出80%用于“星光计划”，那样三年将资助50亿元左右，其中民政部15亿元，地方各级35亿元。但实际上彩票公益金的投入却没能达到这个要求。部本级福利彩票公益金确实是全部投进了“星光计划”，只是由于种种原因，我们可支配的资金总量没有预期的那么多。地方福利彩票公益金的总体投入不足，原因可能较多，但部门利益的局限恐怕是重要原因。正是由于福利彩票公益金投入不足，在一定程度上影响了“星光计划”取得更大的成果。二是“星光计划”相关政策的制定还有缺欠。比如，“星光计划”注重项目建设的资助，但却忽视了对项目建成后管理和运营的资助，没有对今后运营管理的经费来源拿出一个明确的意见。这也是目前各地反映比较多的问题。项目建起来容易，要想管好用好，维持下去，就不容易了。这里的核心问题是资金问题。“星光老年之家”为老年人提供的服务是福利性质的服务，假如没有财政或街居的资助，仅靠其自身的运营实现自我补偿和自我积累是比较困难的。现在有些短期运营的“星光老年之家”已经出现了亏损、关门的现象。这应该引起我们的重视，应及时制定有关政策。三是已建成的“星光老年之家”，总体服务功能不够完善，多样化服务不够，多数停留在文体娱乐、健身康复、简单医疗等层面，有的地方把“星光老年之家”变成了“赌博坊”、“麻将馆”，这些同当初涵盖住养、入户服务、紧急援助、日间照料、保健康复、文体娱乐等多种服务功能的设想和目标设计差距较大。还必须指出的是，有些地方出现了违背“星光计划”初衷，侵占为老服务阵地，改变为老服务用途的现象。上述问题和不足，既有政策方面的原因，也有操作过程中的原因，还有一些始料未及的因素。当务之急是，必须看到这些问题，重视这些问题，认认真真解决这些问题。这也是我们总结回顾三年工作的应有之意。

三、对“星光计划”后续工作的要求

“星光计划”实施了三年时间，按照当初实施方案的预定，民政部本级福利彩票公益金大规模集中资助“星光计划”已告一段落。但是，“星光计划”提出的在城乡每一个社区都要建立起为老服务设施与场所的任务并没有完成，离全覆盖的目标还有很大距离。因此，“星光计划”的实施并没有结束，后续工作仍要进行。

（一）各地要继续推进“星光计划”，力求实现全覆盖的目标。民政部本级彩票公益金虽然不再大规模地资助“星光计划”，但是，鉴于“星光计划”已经极大地调动起基层特别是街居的积极性，得到各级党政领导重视和人民群众好评，深受广大老年人欢迎的实际状况，部里今后还会对一些特殊的需要和单个的建设项目给予相应的支持。同时，要求各省和以下各级福利彩票公益金不能全面停止资助，而要根据本地社区为老服务福利设施建设的实际情况，每年拿出一定的数额，用于“星光老年之家”的建设，直到全覆盖为止。各地要总结三年来筹集资金的有效做法，不断拓宽筹资投资渠道，继续广泛动员社会力量加大投入，为加快“星光计划”全覆盖目标的实现，为早日建立和完善我国的老年人社区福利服务网络，做出更大贡献。

（二）加强管理运营的研究探索，管好用好建成的“星光老年之家”。“星光老年之家”目前已建成3万多个。如何让这3万多个已建成的“星光老年之家”长期有效地运转起来，有效发挥为老服务的功能，是摆在我们面前的一项重要任务。这两年，各地在探索“星光老年之家”的管理运营方面做了许多大胆的尝试和探索，也取得了一些成效，积累了一些经验。天津市积极探索在社区中建立老龄协会或老年人活动俱乐部，把“星光老年之家”交给他们管理，实行会员制的运作方式，做到老年人自我管理、自我服务，保证了为老服务活动的正常开展，基本实现了自我补偿和自我积累。但就全国来看，还有很多建成的“星光老年之家”运转得并不正常，服务开展得也不是很好。我觉得各地应该学习天津等地的经验，尽快在城乡社区中建立起老年人自己的群众组织，并担负起自我服务和管理的职责，让老年人的作用充分发挥出来。为了使“星光老年之家”正常运转，近日，部里在征求各地意见的基础上下发了《关于加强“星光计划”项目管理的意见》，提出了探索新的管理体制和运行机制，实现多样化管理和服务模式的要求，各地要认真贯彻落实。同时希望在贯彻中勇于创新，只要是能够促进事业健康发展的方式都可以大胆地试，大胆地闯。但不论采取哪种形式运作，都必须订好契约，确保为老服务的宗旨不能改变。各地还要积极争取对“星光老年之家”的运作经费做出制度化的安排，将其列入当地政府的财政预算，以便从根本上解决问题。目前广州等地已将社区老年福利服务的运作经费纳入了区县财政预算，其他地方也要努力争取。

（三）拓宽为老服务领域，不断增加和完善“星光老年之家”的服务功能。在“星光老年之家”服务功能的设置上，一定要坚持实事求是、因地制宜的原则，一切以满足老年人的需求为出发点和落脚点，既要设置好满足老年人需求的室内服务项目，又要设置好深受老年人和社区群众普遍欢迎的室外活动场所和设施。“星光老年之家”必须设置文化娱乐、图书阅览、体育健身、医疗康复和老年课堂等基本服务项目，有条件的地方应逐步扩展院舍住养、日间照料、入户服务、紧急援助、信息咨询等多种服务内容。要通过“星光计划”项目多种服务的开展，正确引导老年人的消费需求。社区老年人的需求是多方面、多层次的，我们既要尽可能满足大多数老年人的普遍需求，又要照顾到少数人的特殊需求。我们要把引导老年人过科学、健康、文明的生活和满足他们的服务需求作为“星光老年之家”的根本任务。同时还要注意与社区居委会的为老服务站、点和街道老年福利中心以及区（县）综合性为老服务机构的服务功能合理搭配，以便在全国城乡社区逐步建立起层级分明、功能互补、相辅相成的老年人福利服务体系。

同志们，三年来我们实施“星光计划”工作是很辛苦的，积累的经验是丰富的，取得的成果也是社会公认的，但存在的问题也不少，需要我们继续努力，认真对待。让我们认真践行“三个代表”重要思想和“以人为本”的科学发展观，发扬艰苦奋斗的工作精神，坚持科学严谨的工作作风，为建立和完善我国老年福利服务体系做出更大的贡献。谢谢大家。

在民政部国际合作项目工作会议上的讲话

民政部副部长　李立国

（2004 年 4 月 2 日）

同志们：

召开这次国际合作项目工作会议，是我部历史上的第一次。会议的主要任务是，总结工作，交流经验，统一认识，理清思路，做实做好今后的国际合作工作，打开国际合作项目的新局面。刚才，军誉同志总结了近年来我部开展国际合作项目的情况，通报了外事司下一步在国际合作项目方面强化服务、深化管理、拓展领域的意见，救灾救济司、基层政权和社区建设司、社会福利和社会事务司、民政管理干部学院、老龄协会、民间组织管理局、中华慈善总会先后汇报了做好国际合作项目工作的情况。下面，我就做好国际合作项目的拓展和管理工作，讲四点意见。

一、提高认识，进一步明确开展国际合作项目工作的目的

民政国际合作项目工作，是民政外事工作的重要组成部分，是民政事业改革开放的重要组成部分。今年初召开的全国民政厅局长会议，把加强交流，扩大合作，着力提高质量和效益，进一步做好民政外事工作，作为今年要集中抓好的十方面工作之一。这指明了民政国际合作工作在整个民政工作中的地位日益重要，作用会越来越大。开展好这项工作目的至少有三个：

一是为了做实、做强民政事业，更好地为民政对象服务、为人民群众服务、为改革发展稳定的大局服务。以民为本，为民解困，维护民利、解决民生、落实民权，是民政部门的职责。多年来各级民政部门艰苦奋斗、开拓创新，使民政事业不断发展壮大，为民政对象和广大群众办了大量好事、实事，赢得了人民群众的拥护。各级党委、政府的重视、支持力度也逐年加大，财政投入不断加大，为民政部门履行为民服务、为民解困的责任提供了一定的物质保障。但也应当看到，由于经济社会发展不平衡和各种自然、社会原因，一定时期内民政对象特别是城乡生活困难的人群会依然存在，残疾人等弱势群体会长期存在。解决民政工作中的各种困难和问题，最根本的要靠我们各级党委、政府的支持，靠民政部门的努力奋斗，这是我们的基本立足点。同时，也应当充分重视外部有利条件，充分利用外部有利资源。要统筹国际国内两种资源，把利用外部有利条件和发挥自身优势结合起来，加快发展壮大民政事业，促进工作中困难和问题的解决。刚才，大家都听到的，我们在救灾救济方面开展的国际合作，在村民自治和社区建设培训方面开展的国际合作，在社会福利领域开展的国际合作，就很能说明问题。做好国际合作项目，是发展、壮大民政事业的一条重要途径，我们一定要利用好。

二是为了吸收一切有益、有用的成果和经验，提高干部队伍素质，增强我们在对外开放条件下做好民政工作的能力。党的十六大指出："世界是丰富多彩的。世界上的各种文明、不同的社会制度和发展道路应彼此尊重，在竞争比较中取长补短，在求同存异中共同发展。"我们是在全面开放的环境下从事民政工作的，这是今天的民政工作不同于革命战争年代、不同于计划经济时期，甚至不同于上个世纪八、九十年代的时代特征。今年 2 月 23 日，在中共中央政治局第十次集体学习会议上，胡锦涛总书记要求，各级领导干部特别是高中级干部都要坚持以马克思列宁主义、毛泽东思想、邓小平

理论和“三个代表”重要思想为指导，多掌握一些国际问题的基本知识，多了解一些国际社会的基本情况，坚持以宽广的眼光观察世界，善于进行战略思维。要切实提高科学判断国际形势的能力，正确把握时代发展的趋势，努力从国际国内形势的相互联系中把握发展方向，从国际国内条件的相互转化中用好发展机遇，从国际国内资源的优势互补中创造发展条件，从国际国内因素的综合作用中掌握发展全局。与其他工作一样，民政工作者也存在一个在对外开放条件下提高工作能力的问题，而通过做好国际合作项目，就是一个提高能力的途径。实践证明，做好一个国际合作项目，就像办了一个能力提高培训班，它不仅能提高我们与具有不同文明、不同社会背景生长的人进行沟通、协调、共事的能力，还能使我们学会妥善应对国际社会的有关关切，搞好对外宣传，增进国际社会对我们了解、理解的程度，还会使我们熟悉和掌握国际规则、国际惯例，提高实际鉴别的能力。

三是为了更好地树立和落实科学发展观。最近，党中央反复强调，要求各级干部牢固树立和认真落实科学发展观。统筹国内发展和对外开放，是落实科学发展观的重要内容。中央要求，在新的发展阶段，必须适应经济全球化深入发展和我国加入世贸组织的新形势，在更大范围、更广领域和更高层次上参与国际经济技术合作和竞争，提高对外开放水平。要坚持“引进来”和“走出去”相结合，统筹利用国际国内两个市场、两种资源，更好地促进我国现代化建设。作为我国现代化事业组成部分的民政工作，融入在经济社会发展、城乡发展、区域发展、人与自然和谐发展的统筹中，必须贯彻落实科学发展观，也需要加快熟悉和善于运用国际规则和国际惯例，需要结合实际做好统筹国内发展和对外开放的工作。只有这样，才能把科学发展观在民政工作领域贯彻落实好，才能促进民政工作全面发展。

二、转变观念，两手并重，进一步拓宽民政国际合作项目工作的内容

我部的外事工作主要包括国际交流和国际合作两大块。以往，我们比较重视代表团（组）的出访和来访接待工作，重视国别之间、地区之间的经验交流、参观考察，而国际合作项目工作相对薄弱一些。近几年来我部的国际合作项目虽然有了长足的发展，正在开展的项目已达16个，涉及的资金有5亿多元人民币，但仍然存在着涉及面窄、有的项目质量不高的问题。今后要紧紧围绕国家外交工作大局，不断适应新形势，努力拓宽交流渠道，改进交流方式，进一步提高国际交流的质量和实效。同时，要更加注重国际合作，做到交流和项目并重，立足交流，突出项目，以国际交流带动国际合作，以国际合作促进国际交流。

当前开展民政国际合作项目工作正面临着很好的机遇。一是我国政局稳定，社会秩序安定，有着开展国际合作的好环境；二是我国加入世界贸易组织后，限制外商直接投资的领域和规定正在减少，外资项目进来的趋势进一步增强，这使我们利用外资或开展国际项目合作解决一些问题的机会大增；三是随着我国《基金会管理条例》的颁布实施，不仅国内的基金会会大量涌现，国（境）外基金会也会逐步涌入国内，从而为开展项目合作提供了充足的资金，提供了条件；四是民政工作领域的多元性、群众性、社会性，具有开展项目合作的多个平台，随着科学发展观的不断深入人心，民政工作领域开展国际合作更能获得各方面的支持。这些都是我们的优势，大家要用好优势，把握好机遇，积极、合理、有效地开展民政国际项目合作工作。所谓积极，就是凡是能够开展国际合作项目的领域，都应当引进；凡是能够利用国际资源解决问题的，都要争取；凡是在合作中对我有用的东西，都要学习、借鉴。所谓合理，就是要符合国家的法律政策，符合有关方面的承受能力。所谓有效，就是既要讲求数量，也要讲求质量，充分发挥项目的综合效用为民政工作服务。至于拓展哪些内容，可按照本部门、本单位的职能来选择。从民政工作总体发展要求看，当前和今后一个时期要优先考虑以下类型的项目：

一是先进技术，能够提高

民政工作科技含量水平的合作项目，像假肢、殡葬、灾害救治和管理、社区服务、彩票管理等领域，就需要先进技术来改造，以提升自己的水平。

二是开展干部培训，提高人的素质方面的合作项目。民政工作要发展，人是决定性因素。开展培训、提高素质这方面的要求非常多，合作的领域也非常广。

三是直接面向社会，面向民政对象提供公共服务的合作项目。像慈善事业、老龄事业、儿童救助、社会福利、婚姻管理等等，都有很大的潜力。

四是有利于完善社会主义市场经济体制的合作项目，如社会中介组织的研究与规范、基层社会管理经验的研究与借鉴等等。

总之，民政国际合作项目要适应民政工作发展新形势、新任务的要求，着眼于做大、做实民政工作，着眼于提高民政干部素质，着眼于为民政对象和完善社会主义市场经济体制服务，把项目合作工作做得更多更好。

三、讲求实效，切实把项目执行好、运作好

国际合作首先要重信誉、讲实效。能否重信誉是衡量项目合作方是否有合作诚意、是否值得作为合作伙伴的重要标志；能否有实效是衡量国际合作项目有无价值、执行情况好坏的重要标准。我们必须以求真务实的精神、真诚的合作态度和科学的方法，把握好国际合作中的各个环节，重视国际合作项目从立项到项目执行的各个阶段。特别是项目签署后，要认真执行好，用以带动和影响更多的国际合作的开展。在此，我特别强调以下几点要求：第一，要认真履行项目协议书、履行我方承担的责任和义务，讲信誉，重承诺。项目协议书是合作项目的法律文件，特别是政府间协议，一经签署就具有法律效力。项目不论规模大小、不论金额多少，我们都应认真对待。不要弄虚作假，不搞形式主义，不作秀。当然，有些项目是长期项目，随着形势的发展，情况的变化，项目协议书需要做适当的修改，但这种修改应当通过正常的渠道和程序进行，要取得参与各方的同意，不能想当然，或想怎么办就怎么办。

第二，要学会合作，善于沟通，善待参与合作的各方人士。项目执行能否顺利，成效如何，执行项目的人常常是关键。国际合作项目往往涉及方方面面的人员，有外国人，还有国内外单位的人。执行项目的人员，特别是项目主任、项目官员要学会合作、善于沟通。对于外国人，由于意识形态不同、生活背景不同，对项目的理解可能也会不同，但只要是不附加任何政治条件，就应该多尊重、多理解、多包容，求同存异，把项目执行好，对国内参与项目的其他单位人员，特别是来自科研院所的专家，更要尊重。只有充分沟通，才能相互理解，才能创造一个良好的合作氛围，为执行好项目奠定基础。

第三，用科学的方法管理项目。做任何事情都应采取科学的态度，管理合作项目要用科学的方法。项目主任和项目管理人员应下气力研究如何科学化地执行和管理每一个项目，例如，人员的使用、资源的合理使用、时间的分配、项目的评估等等。只有这样，执行项目的效益才能最大化。

第四，把国际合作项目与国内各项业务工作紧密结合，运用好合作成果，充分发挥其社会效益。我们要以认真的态度，求真务实的精神，科学的管理方法，善于合作的形象，给那些曾与我们合作的每一个国际组织、外国政府和学术机构都留下美好的印象，让他们都感到我们民政部是重信誉的，是务实的，并由此创造更多的合作和受援机会。

四、加强领导、进一步明确国际合作的要求

国际合作项目涉及方方面面，必须加强领导，有秩序、有步骤地进行，防止自作主张、自行其是，这方面，国家有关方面、有关部门都有许多规定和纪律，我部也制定了《民政部国际合作项目管理规定》，大家应当自觉遵守。这里，我着重强调以下几个问题：

第一、要始终坚持以我为主、为我所用的原则。国际合作项目不可避免地存在利用与反利用的问题。我们既不能因为担心别人参与、怕被别人利用而拒绝与人合作，也不能因为有了合作，就忘乎所以，放松警惕，甚至不讲原则。要时刻保持清醒的头脑，牢牢把握以我为主、为我所用的原则。项目谈判时，要待人以诚，准备充分，力争主导；项目立项时，要恪守程序，遵守外事纪律，按程序报批；执行项目时，要严守规则，信守诺言，承诺前要慎重，承诺后要兑现，树立诚实守信的良好形象，在平等互利的基础上开展交流与合作。

第二、要讲纪律、守规矩，局部利益服从全局利益。民政工作是国家大局的组成部分，我们要正确处理局部利益和全局利益的关系，自觉地在大局下行动。有些合作项目，当我们自己拿不准时，就要主动与外交、商务、公安、安全等部门沟通，做到该沟通的一定要沟通，该请示的一定要请示，始终把国家利益和安全放在第一位。

第三、要积极发挥业务司局、直属单位参与国际合作项目工作的积极性。正在执行项目的单位，要切实履行职责，把项目执行好，把项目的作用发挥好，并开展新的项目合作。没有项目的单位，要从实际出发，看一看自己的工作中那些能够进行合作，并提出项目需求建议书报部外事司。对国际合作项目数量较多、质量较好的单位，部有关部门要在资金配套、出国安排等方面给予倾斜，对为民政国际合作做出突出贡献的单位和个人，应给予鼓励和适当奖励。

第四、要充分发挥外事司在民政国际合作项目工作中的职能作用。部外事司是部机关及直属单位外事工作的归口管理部门，要当好部党组的参谋和助手，发挥职能作用，对项目合作一要提供服务，二要审核把关，三要改善管理，四要协调配合，五要加强监督，切实做到管而不死，活而不乱。要积极主动整合各单位开展国际合作项目的需求，并通过适当形式经常介绍给有关国际组织或国家，让他们了解我们的需求，了解合作前景。要发挥业务优势，把在国际交往中获得到的合作信息，及时提供给有关单位，并为各单位创造参与国际交流的机会。要协调有关部门做好项目的审核把关工作。要监督项目的运作和执行情况。

同志们，外事工作是民政事业的重要组成部分，是全面建设小康社会进程中民政工作条件新的增长点和助推器。在改革开放不断深化的新形势下，搞好民政国际合作项目工作，意义越来越重要。让我们以这次会议为新起点，团结一致、同心同德、合力推进，为开创民政国际合作工作的新局面而努力奋斗。

精心组织实施手术康复计划
为残疾孤儿创造美好的明天

——在全国“星光计划”总结表彰暨“明天计划”启动工作会议上的讲话

民政部副部长　李立国

（2004年5月24日）

同志们：

民政部在这里隆重召开全国“星光计划”总结表彰暨“明天计划”启动工作会议，在较好地完成并总结“社区老年福利服务星光计划”的基础上，继续以全国特定对象集中受益的专项工作为载体，开始实施为期三年的“残疾孤儿手术康复明天计划”(简称“明天计划”),深入推进社会福利事业的改革和发展。

“明天计划”是学举部长亲自提议,部长办公会议研究决定,宝库副部长和社会福利司等有关机构精心筹备的一项重大工作。其基本任务是在3年内对社会福利机构收养的、适应手术的残疾孤儿全部进行手术康复。目前,全国各类社会福利机构收养的5.4万名孤儿和弃婴中,49.6%患有残疾,其中有一多半可以通过手术进行矫治和康复,即具有手术适应症。此外,今后每年还将有一些新入院的、需要手术康复的残疾孤儿。实施“明天计划”的目标是:从今年至2006年,每年民政部从发行中国福利彩票募集的彩票公益金中拿出1亿元,省、市、自治区从省级留用彩票公益金、地方财政和社会捐赠等渠道筹集1亿元,3年共筹措6亿元,确保为2.8万名,力争为3万名残疾孤儿有效实施手术矫治和康复。

实施“明天计划”是民政部门践行“三个代表”重要思想,落实科学发展观,贯彻“以民为本、为民解困”宗旨的实际行动,将充分体现党和政府以及全社会对残疾孤儿的关爱,使发展的成果更好地惠及到残疾孤儿这一特殊困难群体;是保护残疾孤儿合法权益,改变他们前途和命运的重大举措。生活在福利机构中的残疾孤儿,失去了父母和家庭,还要遭受病痛与残疾的折磨,尽管也受到了比较好的照料,但与在家庭中生活的孩子相比,他们面临一些特殊的困难,在生理、心理和性格的健全发育等方面,还存在较大差距。作为联合国《儿童权利公约》的缔约国,我国政府坚持奉行“保护儿童最大利益”的原则,并以此作为发展儿童福利事业的出发点和落脚点。专门为福利机构中的残疾孤儿进行手术治疗工作,最大限度地使他们的身体全部康复或局部康复,增强生活自理和自立能力,能够为他们接受文化教育创造条件,帮助他们实现回归家庭、走向社会的愿望,使他们同其他健康儿童一样拥有美好的明天。

实施“明天计划”也是推动儿童福利事业社会化发展的重要途径。近年来,各地民政部门和福利机构积极开展国内外儿童送养和家庭寄养工作,促进了受益孤残儿童身心的健康发育。对福利机构中的残疾孤儿进行手术康复,消除或减少残疾孤儿回归家庭的障碍,能够有力地推动儿童送养和家庭寄养工作的发展,还会使儿童福利事业得到社会各界更多的重视与支持,弘扬中华民族扶孤助残的优良传统,增进全社会关心保护孤残儿童权益的良好氛围,促进社会福利工作体制和机制的创新,使社会福利工作为提高民族素质、促进经济社会协调发展做出更大的贡献。

“明天计划”是一项造福残疾孤儿、凝聚社会关注和参与的民心工程,是一项体现党的“权为民所用、情为民所系、利为民所谋”的执政思想的德政工程。实事要落实,好事要办好。实施“明天计划”,要以“三个代表”重要思想为指导,积极贯彻“以人为本”的科学发展观,立足社会主义初级阶段基本国情,以中国福利彩票募集资金资助为主要手段,充分发挥地方积极性,广泛动员社会参与,争取利用国内外相关资源,使社会福利机构中所有可以通过手术医疗的残疾孤儿得到矫治康复,为他们回归家庭、走向社会创造条件。

一、实施“明天计划”的关键在于高度重视,加强领导,善于协调

对残疾孤儿进行手术康复,各级民政部门和一些社会团体早就做过,但受资金等条件制约,批量较小,受益面不大。实施“明天计划”,对全国各级各类社会福利机构中所有具有手术适应症的残疾孤儿全覆盖、大规模地进行手术康复,是前所未有的创举,是我国经济社会加快发展所提供的基本条件。对每个具有手术适应症的残疾孤儿都要本着认真负责的态度,把他们当成自己的孩子一样,精心组织手术康复的每个环节,确保每一例手术的成功和安全。各级民政部门一定要统一思想,高度重视,把“明天计划”作为今后3年民政工作的重点任务来组织实施。部里成立了“明天计划”领导小组,负责这项计划的组织领导和指挥协调,小组成员包括中华慈善总会、中国社工协会、中国收养中心、中国福利彩票发行管理中心等单位负责人。领导小组下设办公室，具体负责这项计划的规范化管理、日常运作和监督检查。各地也要尽快成立相应的领导和工作机构，担负起组织实施本地区“明天计划”的任务，负责制定有关规章制度，筹集配套资金，审核、上报本地手术康复申请，督促、检查手术执行情况，并向社会公布实施进度和结果等项工作。要主动加强与财政、卫生等部门的协调，积极争取他们的支持与协作。要注意发现、总结和推广实施工作的先进经验，不断提高组织实施“明天计划”的水平和社会影响。要广泛进行社会动员，壮大实施“明天计划”的资源和能量。可以向社会开展募捐，可以协商医疗机构减免部分手术康复费用，可以开展志愿者服务行动，还可以请社会各界组织慰问手术儿童，发动新闻媒体进行宣传和监督，形成推动“明天计划”实施的合力。

二、实施“明天计划”的基础在于摸清底数，分类排队，制定计划和具体方案

要充分发挥福利机构的作用，依靠他们把大量的基础性调查和数据统计工作做实做细，对现有的0至18岁具有手术适应症的残疾孤儿逐一登记造册，明确每个残疾孤儿的手术类型和经费预算，并预测今后3年需要手术康复的新增残疾孤儿数量；把好残疾孤儿的体检、手术和康复的组织实施关。要发挥医疗专家的专业优势，共同制定好手术方案和经费预算。要主动与卫生部门沟通，争取优惠政策，请他们协助确定好体检和手术医院。要与医疗机构密切配合，寻求良好的医疗条件和精湛的技术支持。在此基础上，各省、市、自治区要结合本地可用资金的实际情况，制定对残疾孤儿手术康复的3年规划和年度计划，报部“明天计划”领导小组批准。年度计划应当写明当年安排手术的残疾孤儿总数，各类手术数量，省级自筹和申请部级资助的经费数量。制定年度计划时，对可以手术的残疾孤儿，根据患病情况和先天性畸形选择性手术年龄参考表的要求，按照“先急后缓”（优先安排符合手术年龄要求的重症、急症的残疾孤儿）、“先易后难”（优先安排手术效果好、技术成熟的科目）的原则，与手术医院共同确定当年进行手术的残疾孤儿。在手术康复过程中要严格标准，规范操作。手术康复效果和资金使用情况，既直接关系到每一个残疾孤儿的命运，也关系到民政部门的声誉，是检验“明天计划”成功与否的主要指标。各地要按照《项目管理办法》的要求，优选手术医院，严格审核手术康复申报表，对必需的经费要足额保证，对不合理的支出要坚决纠正。各福利机构要把主要精力放在手术方案和术后康复护理措施上，确保手术康复的效果。

三、实施“明天计划”的保障在于筹集和落实资金

为残疾孤儿实施手术康复所需的资金，部里已经进行了反复测算，按每个孩子平均手术康复费用2万元计算，3年为3万个孩子手术康复共需6亿元左右。这些资金原则上由部、省两级分担，有条件的地方也可以由地市负担一部分。根据全国各地经济发展的不同情况和负担能力，部里对部、省分担的比例做出了明确的规定，即东部省份为4：6，中部省份为5：5，西部省份为7：3。民政部每年从部本级彩票公益金中拿出1亿元，同时再与中华慈善总会、中国社工协会、中国收养中心共同筹集一部分资金，资助各地实施“明天计划”。各省、市、自治区民政厅（局）也要根据本地残疾孤儿的数量、手术康复类型和资金分担比例，从省级留用的彩票公益金中拿出应有的配套资金，并积极争取地方财政的支持，大力开展社会捐赠，筹集更多的资金，满足本地实施“明天计划”的资金需要。同时，应考虑组织实施“明天计划”的工作需要，拨出一定的资金，作为组织实施“明天计划”的专项办公经费。

彩票公益金是实施“明天计划”的主要资金来源，要促进福利彩票发行和彩票公益金使用的良性互动。中国福利彩票自1987年发行以来，始终坚持“扶老、助残、救孤、济困”的宗旨，得到了全社会的支持。到去年底，发行已超过1000个亿，筹集彩票公益金323.5亿元，资助了十几万个社会福利机构建设项目，帮助了数以亿计的老年人、残疾人、孤儿、五保户和优抚对象等特殊困难群体，充分发挥了行善积德、扶危济困、造福社会的作用。中华民族历来有“老吾老以及人之老、幼吾幼以及人之幼”的传统美德。过去3年我们将彩票公益金重点投入“社区老年福利服务星光计划”，体现了全社会对老年人的关爱。今后3年我们实施“明天计划”，又将展现全社会对残疾孤儿的关爱。“明天计划”要为3万名残疾孤儿进行手术矫治和康复，这是体现彩票公益金使用宗旨的最佳用途之一，是对购买福利彩票献爱心的人们的最好回报，也是扩大福利彩票影响，加强社会慈善意识宣传的最有效形式。彩票公益金用好了，群众满意了，他们关注福利彩票和购买福利彩票的热情就可以通过“明天计划”的影响进一步释放出来，从而实现彩票公益金使用和福利彩票发行的良性互动。

四、实施“明天计划”的影响力和重要动力在于搞好宣传，加强监督

做好宣传工作对“明天计划”的顺利实施具有重要作用。各地要抓住实施“明天计划”的有利时机，广泛利用各种新闻媒体，加大宣传力度，采取灵活多样的形式创造性地做好宣传工作，使“明天计划”形成广泛的社会影响，营造全社会都来关爱残疾孤儿的良好氛围。要宣传“明天计划”的任务、目标、意义，实施“明天计划”的进程和效果，贯穿在实施过程中的工作事迹、典型人物和社会参与热情，使用福利彩票公益金的用途和发行福利彩票的意义，使人民群众增进对“明天计划”的了解和支持。同时，要采取随机抽查、专业评估、舆论监督等多种形式，加强对“明天计划”实施情况的监督检查。要主动征求、认真听取各有关方面及舆论监督的意见，及时解决或纠正实施中出现的问题。对隐瞒不报手术康复中出现的问题或在经费使用上弄虚作假的，一经查实，要予以通报批评、追究责任。

同志们，实施“明天计划”，是我们民政工作的神圣职责和重点选择，任务繁重，意义深远。在“六一”国际儿童节来临前启动“明天计划”，是我们民政工作者献给残疾孤儿和儿童福利事业的宝贵礼物。让我们在以胡锦涛同志为总书记的党中央领导下，在“三个代表”重要思想指导下，深入贯彻“以人为本”的科学发展观，依靠各级党委、政府的重视和支持，在社会各界的参与和帮助下，确保“明天计划”目标的全面实现，为残疾孤儿创造美好的明天而努力奋斗！

谢谢大家！

完善涉外收养工作体系机制
保证涉外收养工作健康发展

——在全国涉外收养工作交流会上的讲话

民政部副部长　李立国

（2004年10月19日）

同志们：

这次全国涉外收养工作交流会，是继去年南昌会议之后又一次专题研究涉外收养工作的重要会议。会议听取了中国收养中心主任陆颖同志关于一年来贯彻落实南昌会议精神及《关于社会福利机构涉外送养工作的若干规定》（以下简称

《若干规定》)情况和今后工作意见的报告;一些省市民政厅(局)和社会福利机构汇报了工作,交流了经验;与会同志还参观了广东省涉外收养工作办理窗口和各省市涉外收养工作展览。会前系统性调研和会议中反映出,南昌会议召开后,各地都高度重视,认真贯彻,制订了制度,采取了措施,推动了全国涉外收养工作的规范化管理。省级民政部门认真履行在涉外收养工作中的职责,加大了涉外收养工作的审查、指导和监督作用;福利机构规范了弃婴孤儿接收入院、日常养育观察、定点医院体检、送养材料制作、儿童交接登记等重点工作,达到了整体工作水平的明显提高。

一年来贯彻南昌会议和执行《若干规定》的实践证明,只有统一思想,提高认识,重视规范化管理,才能保证涉外收养工作的正确方向;只有坚持依法办事,不断加强规范化管理,涉外收养工作才能健康发展;只有省级民政部门切实履行职责,当地的涉外收养工作水平才能全面提高;只有抓好福利机构的基础工作,涉外收养工作的质量才能得到保障;只有注重协调配合,涉外收养工作才能赢得更多的理解和支持。我们这次会议的主题是进一步加强规范化管理,要把握形势,明确任务,发扬成绩,改进不足,促进涉外收养工作提高到一个新水平。下面,我谈三点意见。

一、巩固涉外收养工作的良好局面

涉外收养是发生在不同国家、不同种族、不同文化背景下的收养行为,是帮助弃婴孤儿重新回归家庭,以利他们身心健康成长的有效途径。我国开展涉外收养工作以来,在各级民政部门的共同努力和有关部门的支持下,涉外收养工作环境、条件在不断改善,管理水平、工作效率在不断提高,形成了良好的工作局面。

一是建立了涉外送养的法制环境。20 多年来,我国涉外收养法律法规陆续建立,形成了有法可依的局面。《中华人民共和国收养法》和《外国人在中华人民共和国收养子女登记办法》的颁布和修订,对于规范收养行为、保护收养关系、最大限度地维护被收养儿童的权益、促进我国涉外收养工作与国际接轨发挥了巨大作用,保证了我国涉外收养工作依法、有序、健康发展。《若干规定》是我国收养法律法规的配套规章和有益补充,是在总结以往工作经验的基础上,结合现阶段出现的新情况、新问题制定的工作规范,是今后一个时期加强涉外收养工作管理的具体指导。它明确了各级民政部门的工作责任,细化了涉外送养各环节工作的程序、标准、要求,加强了对涉外收养工作的管理力度,对全面提高工作质量和水平,完善涉外收养工作的管理体制和运行机制,具有重要的意义。

二是管理体系基本成型。经过多年的探索和实践,我国涉外收养工作已基本形成民政部门主管、收养中心和指定机构承办、有关部门配合、社会福利机构支撑的管理体系和各司其职、各负其责,一个窗口对外、内部分工合作的工作格局。这既适应涉外收养事业的要求,又符合我国的实际情况,保证了涉外收养工作的有序开展。

三是对开展涉外收养达成共识。改革开放以来,我国政府更加重视儿童福利事业,支持开展国内外收养工作,并把维护被收养儿童的权益放在首位。在涉外收养工作中坚持两手抓,一手抓积极稳妥地开展涉外收养工作,一手抓强化管理。为加强和规范涉外收养工作,去年元月民政部部长办公会议专门研究这项工作,提出要解放思想、统一认识,明确了放开限制、取消涉外送养配额制和定点福利院的做法以及完善程序、规范管理的意见。这是实事求是、与时俱进的具体体现,构成了做好涉外收养工作的指导思想,奠定了去年召开南昌会议的基础。涉外收养工作的开展,拓宽了弃婴孤儿的安置渠道,在一定程度上减轻了国家和社会的负担。各级民政部门、福利机构和广大人民群众从实践中愈发认识到这项工作在保护弃婴孤儿权益、促进儿童福利事业发展、增进国际友好交往等方面的积极作用,更加积极地支持、认真负责地开展这项工作。

四是工作队伍趋于专业

化。随着涉外收养工作从无到有、从小到大的逐步发展，工作队伍也经历了从少到多、从弱到强的变化过程。这支队伍通过政策学习、业务培训、实践锻炼、借鉴国外经验及相互交流，熟悉了收养法规政策，掌握了工作程序和要领，学会了国际合作技巧，树立了一个高效、严肃和专业化的形象，赢得了国际社会的高度赞誉。

我们在肯定成绩的同时也要看到，涉外收养工作中还存在一些问题，主要表现在：一些福利机构的养育照料、日常管理和基础工作还比较薄弱，在涉外送养中时而暴露问题，影响声誉；管理体系和工作机制还不够完善，政策水平、工作标准和秩序、办理效率和质量有待进一步提高；外国收养组织来华开展跨国收养事务的行为松散随便，对外国人来华收养旅行接待工作的管理尚未规范。我们要珍惜和巩固涉外收养工作的良好局面，保证涉外收养工作持续、健康地发展，必须不断加强规范化管理，着力解决存在的问题，进一步提高涉外收养工作水平。

二、进一步加强涉外收养工作的规范化管理

收养制度在我国社会发展中有着悠久的历史，是与家庭制度相生相伴的一种社会现象。把收养纳入法制轨道，使收养关系从依据社会习惯和宗法确立转变为依法办理，是改革开放以来国家颁布实施收养法的成果。在国际领域，跨国收养公约主要有《儿童权利公约》和海牙公约。《儿童权利公约》和海牙公约的宗旨在于最大程度地保护儿童权益，确立了跨国儿童收养的指导思想，并对跨国收养的要件、程序、效力等内容，进行了规范。我国作为这两个公约的签约国，当然要遵循这两个公约的精神和原则，承担相应的责任和义务。

我国的涉外收养工作已经打下了良好的基础，规范化管理也取得了一定成效。在巩固已有成果的基础上，要以涉外收养的法律法规和国际公约为依据，进一步加强涉外收养的规范化管理，在涉外收养工作中堵漏洞、除隐患、提效率、保质量、建感情、树形象。要强调方针、政策的统一，着眼于制度建设和实施，着力于突破“瓶颈”制约和解决突出问题。

要坚持一手抓发展、一手抓管理的方针。涉外收养工作要讲发展，发展既体现为数量增长，更要求改进工作，不断提高工作质量和水平。涉外收养是我国处于一定发展状态、在新的国际关系格局中的行为，将持续一个较长的历史阶段，有数量上平稳增长的条件，但不能单纯追求数量增长，要恪守宗旨、把握条件、履行程序、保证质量，最大限度地维护和实现被送养儿童的权益。涉外收养工作还要讲管理，管理是制定和完善规章制度，明确工作职责，规范工作程序和要求，强化监督和制约机制，保障涉外收养工作健康开展。管理是科学管理，不是任意管理。不能一讲管理，就要增加限制、束缚，增加工作程序，使涉外收养工作降效、减量甚至不能进行。发展和管理是辩证统一、相辅相成的，要正确认识和处理发展与管理的关系，把发展和管理有机统一起来，实现部长办公会议提出的“管而不死、活而不乱”的要求。

要坚持以质量为中心，注意提高效率。保证涉外收养工作质量就是要严格依法送养，提供完善周到的服务，切实维护被送养儿童的最大利益。质量是涉外收养工作的根本，是对被送养儿童高度负责的体现，要作为加强规范化管理的重点。保证质量的基础在社会福利机构，必须把好弃婴孤儿接收入院关，做好养育照料和日常管理工作，办好定点医院体检和送养材料制作等手续。保证质量的关键在民政部门和收养中心及指定机构，必须与平时工作相结合，加强对社会福利机构养育照料和管理工作的监督、检查和指导，加强对涉外收养工作有关人员的培训，加强对报送材料的审核把关。在保证质量的前提下，要尽可能缩短工作周期，简化程序和手续，提高办理效率。质量和效率也是辩证统一的。如果片面追求效率，快速报送，省去必须做的工作，材料不合格被退回重做，被送养儿童出现或遇到问题而产生交涉，反而会影响效率。如果片面理解质量，不把主要着眼点放在社会福利机构的基础工作上，或不敢负责，手续繁杂，缩手缩脚，不能及时报送，都会导致涉外收养工作减少甚至无法开展，也谈不上质量。因此，在涉外收养工作中，要坚持提高质量，讲究效率，体现高度负责精神，树立良好形象。

要注重人性化服务，培植送养孩子和收养家庭的感情基础。涉外送养的宗旨是让孩子回归家庭，使其身心健康成长，拥有美好的前途，并保有和升华对祖国的感情，成为联结国际友好关系的纽带和亲近祖国的力量。因此，涉外收养工作不能只着眼于简单完成收养过程，必须体现关爱，留有纪念，渗透亲情，把工作做细。有些省市对孩子的养育、成长过程拍了系列照片，做了文字阐述，赠送给外国收养家庭和被收养的孩子。很多省市在交接孩子时，举行庄重的仪式，赠送有纪念意义的物品。这些做法值得提倡，要在实践中继续丰富、发展，适时纳入涉外收养工作规范，成为统一要求和必备内容，使涉外收养工作更好地体现祖国亲情，产生长远效果。

要重视帮助边远地方和农村福利机构开展涉外收养工作。有关地方和基层在实践中已创立以下几种模式：(1)在全省指定一到两家福利院专门集中偏远地区福利院的可涉外送养儿童，实行集中送养；(2)以大院(中心院)与小院(偏远院)结对子进行委托代送养；(3)按行政区划实行"分片定点送养"。边远地区和农村福利机构送养，涉及弃婴的捡拾证明如何出具、入院手续如何办理、户口手续何地办理、捐赠款如何分配等问题。各地要积极探索或借鉴符合涉外收养法律法规、适合本地特点的解决办法，努力使符合涉外送养条件的弃婴孤儿回归家庭。

要加大涉外送养残疾孤儿的工作力度。民政部部署在全国福利机构中实施"残疾孤儿手术康复明天计划"，是体现"以民为本，为民解困"宗旨、造福残疾孤儿的重大举措，也是为国内外收养残疾孤儿创造有利条件的实际行动。各地及其福利机构要抓住这一机遇，在本地实施好"明天计划"，及时为解除疾患和最大限度康复功能的孤儿安排送养渠道，使他们回归家庭。对尚未进行手术康复的残疾孤儿，国内外有自愿申请、符合条件、具备养育、治疗能力的家庭，也应积极响应，及时送养。

要规范外国人来华收养旅行接待工作。外国人来华办理领养手续是收养人依法完成收养程序的重要环节，关系收养人和被收养儿童的切身利益。长期以来，对来华收养旅行接待工作一直没有规范，从事收养旅行接待的机构中相当一部分不了解中国的涉外收养政策，不了解收养旅行接待与一般旅游接待之间的区别，不了解这项工作所涉及的被收养儿童利益的保护。不规范的收养旅行接待工作难免会影响正常的收养登记秩序，甚至损害收养人和被收养儿童的利益。为此，要建立必要的制度，提出明确的工作要求，加强对接待单位和带团人员的指导培训，规范外国收养人来华收养旅行接待工作团组和人员的行为，以保证外国收养人来华领养的安全和收养登记的秩序，维护被收养儿童的权益，保证涉外收养工作的正常开展。这次交流会上，已发给大家一个规范接待工作的意见并进行了讨论，会后要在集思广益的基础上修订印发，请各地结合本地情况贯彻执行。在外国人来华收养旅行接待工作中，爱之桥服务社要认真思考如何更好地发挥贴近收养、服务收养的职能作用，遵循市场经济规律，建立服务网络，不断扩大接待数量和服务效果，为涉外收养工作健康发展作出贡献。

当前，我们还面临外国收养家庭带孩子回访"寻根"要求的增长。就全国范围来讲，仍不做统一部署，不主动开展这方面的活动。对要求迫切并表示良好意向的，可根据实际情况确定是否安排接待。已经开展接待或今后能够接待回访活动的省市，要加强管理，升华感情，并注意及时总结经验，为全国提供借鉴。

三、继续完善涉外收养工作的体系机制

我们进一步加强涉外收养工作的规范化管理，就是要向健全和完善涉外收养的管理体系和工作机制迈进。

第一，研究完善中国涉外收养法制体系。虽然我国已经制定了具有中国特色的收养法律法规，但从总体上看，法制建

设仍然不能满足涉外收养工作发展的实际，完善我国涉外收养工作的法制体系仍是一项重要的任务。比如："收养应当有利于被收养的未成年人的抚养、成长"是收养法的立法原则之一，并贯穿于具体条文中，但如何衡量是否有利于被收养人利益尚无一个具体标准，哪一类的孩子涉外送养符合孩子利益，哪一类的孩子涉外送养不符合孩子利益，什么样的收养家庭最符合孩子的最大利益等等，还缺乏可操作的规范，往往是理解不同，办理结果也不同。就收养人条件而言，收养法规定了收养人应具备的基本条件，但非常宽泛，在实际执行中，单亲家庭收养应该如何掌握，收养人的年龄要不要有个上限，收养家庭已有子女的数量是否应列为考虑因素，残疾人能否领养，收养人的经济状况应如何评估等等，这些在实践中经常碰到的具体问题，都是涉外送养工作中关系孩子利益的法律政策问题。各级民政部门和中国收养中心要在个案处理、经验积累的基础上，适时进行系统研究，提出建立或修订法规的建议，逐步完善涉外收养工作法规和规章，为涉外收养工作健康发展提供具体依据和指导。

第二，建立统一协调的工作运行机制。涉外收养工作是一项综合性、系统性的工作，涉及多部门、多层次，工作中要注重沟通交流，做到全国涉外收养工作一盘棋。各级民政部门是涉外收养工作的业务主管部门，负责拟订涉外收养工作方针政策，指导和监督涉外收养工作的开展，并由省级民政部门负责涉外收养登记。中国收养中心是负责全国涉外收养事务的工作机构，地方收养中心和指定机构承办具体事务。社会福利机构是涉外收养工作的基础。民政业务主管部门要重视涉外收养工作，加强监督和指导，支持和保证涉外收养工作健康发展。中国收养中心和地方收养中心或指定机构要接受民政部门的业务指导，涉及方针政策问题应及时请示，重要事项要及时报告，保证办理涉外收养工作的质量和效率。社会福利机构要强化内部管理，搞好自身建设，为涉外送养做好基础性的工作。涉外无小事，对外不能多口径。孩子利益是大事，对外不能搞内部竞争。在联系外国收养组织及家庭和选配孩子上，要坚持由中国收养中心一个窗口对外。中国收养中心在履行授权职能上，要继续遵循能级管理原则，加强沟通，增进合作，发挥好涉外收养工作管理体系和运行机制中的枢纽作用。

第三，统筹国内收养与涉外收养工作，坚持"国内收养优先"的原则。我们研究涉外收养工作，必须强调推进国内收养工作。我国各级政府兴办儿童福利机构，收养弃婴孤儿，是负责任的体现，是人类慈善精神的体现，是社会主义制度优越性的体现。办好儿童福利机构，养育、照料好弃婴孤儿，主要是为弃婴孤儿回归家庭、走向社会创造过渡条件。因此，必须着力推进对弃婴孤儿的家庭收养工作。国内家庭在种族、文化、情感上更适合弃婴孤儿成长，随着经济社会发展也增强了收养能力和慈善意识，要鼓励、支持国内家庭收养。涉外收养是弃婴孤儿回归家庭的重要渠道，与国内收养会相得益彰，要坚持开展。贯彻"国内收养优先"的原则，统筹国内收养与涉外收养工作，才能有效地维护和实现弃婴孤儿的利益，我们应当为之做出更大的努力。

同志们，经过多年的努力尤其是去年以来的深入发展，涉外收养工作取得了明显的社会效果，并迈出了加强规范化管理的步子。我们要再接再厉，认真贯彻党的十六届四中全会精神，深入落实科学发展观和"以民为本、为民解困"的民政工作宗旨，执行好有关法律法规和《若干规定》，最大限度地维护弃婴孤儿的合法权益，努力把涉外收养工作提高到一个新的水平，为构建社会主义和谐社会、发展国际友好合作关系做出新的贡献。

在辽宁省发展养老产业工作会议上的讲话

民政部副部长 李立国

（2004年10月21日）

同志们：

在全国人民认真贯彻落实党的十六届四中全会精神、深入学习实践“三个代表”重要思想之际，辽宁省政府召开“发展养老产业工作会议”，研究部署全省老年福利事业改革与发展的新举措。这对于抓住机遇，全面开创辽宁省养老产业的新局面，加快老年福利服务事业的发展具有十分重要的意义。在此，我代表民政部对会议的召开表示热烈的祝贺！刚才，省民政厅薛恒厅长受省政府的委托作了工作报告，全面分析了人口老龄化对社会和经济发展产生的影响，回顾了辽宁省养老产业的发展历程，提出了辽宁省发展养老产业的工作思路和举措，听了很受启发和鼓舞。几个单位的典型发言也十分精彩，听了他们的汇报，我们对辽宁的养老产业有了更为生动、具体的了解。省委常委、副省长许卫国同志还要作重要讲话。这次会议规格高，内容丰富，任务明确，政策扶持力度大，充分体现了紧抓机遇、大干快上的精神状态和势头。可以说，这次会议是辽宁省加快发展养老产业，深入推进老年社会福利事业社会化的动员大会，标志着继2000年全国社会福利社会化工作会议以来，各地推进社会福利社会化的实践和探索进入了一个新的阶段。

人口老龄化是人类社会发展自然规律在一定条件下的表现，是当今世界面临的重大社会问题之一。人口老龄化将给我国的政治、经济和社会发展带来广泛而深刻地影响，解决好老年人的养老问题已经成为我国社会福利事业发展中最重要、最迫切的任务。辽宁省委、省政府高度重视养老产业和老年社会福利事业的发展。省委书记闻世震同志对养老事业的发展做出明确批示。省政府相继出台了一系列发展养老产业和老年社会福利事业的政策：1999年，民政、财政、计委等十个厅局联合下发了《辽宁省社会福利事业机构执业管理暂行办法》；2000年，省政府办公厅转发了省民政厅等12个厅局制定的辽宁省《关于加快实现社会福利社会化的意见》；今年6月，又以省政府名义出台了《关于加快养老产业发展的意见》。这些文件出台的政策，有力地促进了养老产业和老年社会福利事业的发展。我相信，这次会议后，在省委、省政府的正确领导下，在社会力量的广泛参与和各相关部门的大力支持下，在振兴东北老工业基地的进程中，辽宁省的养老产业和老年社会福利事业必将产生一个新的飞跃，实现争创全国一流的目标。

借此机会，我就推进全国老年社会福利事业社会化工作，讲几点意见。

一、走社会福利社会化路子，加快发展老年社会福利事业

在新世纪新阶段，我国的老年社会福利事业如何面对人口老龄化的挑战，走出一条中国特色的发展道路，满足老年人日益增长的福利服务需求，促进经济与社会的协调发展，已经成为各级政府及其民政部门面临的重要课题。改革开放以来，由于自然规律、社会政策的作用和保健条件的改善，我国人口老龄化趋势加剧，人民群众不断增长的福利服务需求与福利服务供给不足的矛盾日益突出。为解决这一矛盾，民政部门按照我国社会主义初级阶段的基本国情，顺应社会主义市场经济发展的要求，从上个世纪80年代起，就提出了改

变国家包办社会福利方式，实行“社会福利社会化”的工作思路。经过二十多年，尤其是2000年全国社会福利社会化工作会议以来近五年的探索与实践，积极地推动了社会福利社会化的进程，有力地促进了我国社会福利事业的发展。五年来，社会福利社会化的观念已经深入人心，多种所有制成分、多方面社会力量兴办社会福利事业的社会化实践方兴未艾，结出了丰硕成果。社会福利社会化已经成为各级政府及民政部门发展社会福利事业包括老年福利事业的指导方针，并纳入了我国经济和社会发展的总体规划。《中华人民共和国国民经济和社会发展第十个五年计划纲要》中就明确提出，要“推进社会福利社会化进程”。目前，我国包括老年福利在内的社会福利事业已初步形成了以居家养老为基础，以国家、集体举办的福利机构为骨干，以民间力量举办的福利机构为新的增长点，以社区福利服务为依托的多渠道、多形式发展的新局面。

实践证明，推进社会福利社会化是发展我国社会福利事业的必由之路，它不仅为建立中国特色的社会福利服务体系开辟了广阔的发展道路，而且对于贯彻“三个代表”重要思想，落实“以人为本”的科学发展观，适应全社会日益增长的老年人福利服务需求，都具有非常重要的意义。因此，要尽快地缓解和更好地解决我国人口老龄化带来的巨大的养老问题，就必须坚定不移地沿着社会福利社会化的方向，加速推进老年社会福利社会化的进程。

二、在社会福利社会化中落实“以民为本、为民解困”的宗旨

民政工作的基本职责是依法保障人民群众的基本生活权益和民主政治权利，宗旨是“以民为本、为民解困”。更好地为社会弱势群体排忧解难，是加快发展社会福利事业的主要任务。不断满足福利服务对象的需求，让福利服务对象满意，是社会福利工作的出发点和落脚点。要更好地维护老年人、残疾人和孤儿等特殊困难群体的合法权益，解决他们所面临的诸多困难，满足他们的基本需求，为保障他们的生活、医疗、教育以及全面参与社会等合法权益创造条件，就必须走社会化的路子来加快发展社会福利事业，大力推进福利事业投资主体多元化、服务对象公众化、运行机制市场化、服务方式多样化、服务队伍专业化。在推进社会福利社会化进程中，要突出“为民”思想、把握“为民”取向，体现社会福利维护民利、解决民生、落实民权的本质要求，防止背离福利性质、单纯追求营利、忽视弱势群体需求的倾向，保证社会福利社会化的正确方向和健康发展。

三、在老年福利事业发展中注重推进社区老年福利服务体系建设

我国是一个具有几千年文明历史的国家，孝敬父母、赡养老人是我们中华民族的优良传统，家庭养老一直是我国解决养老问题的基本形式。但是，随着经济与社会的发展进步，人口老龄化、家庭小型化带来的核心家庭、空巢家庭的日益增长，使得传统的依靠家庭成员之间的照顾和扶持的家庭养老功能在不断弱化，迫切需要发展社会化的上门包护服务予以支持和帮助。因此，发展多种形式的社区为老服务，建立社区老年福利服务体系，已经成为当前和今后解决老年人养老问题的重点。老年人退休后，他们的生活空间主要在社区，最需要各级政府在社区为他们提供面对面、心贴心的服务。因此，要按照老年人的意愿和需求，把建立帮助和支持家庭养老服务功能的社区为老服务体系建设，作为发展我国社会福利事业的重要组成部分，下决心抓紧抓好。为推动社区老年福利服务体系的建设，民政部于2001至2004年的三年间，实施了“社区老年福利服务星光计划”，全国共投入了134.86亿元，在城镇广大社区建成了3万2千多个“星光老年之家”。这些“星光老年之家”立足社区、小型分散、面向老人、方便实用，为广大老年人乃至社区居民提供了文化娱乐、生活照料、康复医疗、体育健身等多方面的服务，较好地缓解了城镇老年福利服务设施严重匮乏的矛盾，为建立具有中国特色的养老福利服务体系奠定了基础。“星光计划”的成

功实施，有效地推进了社会福利社会化的进程，也得到了各级党委政府的好评，受到了广大老年人和人民群众的衷心拥护，被誉为是造福民众、福荫老人的民心工程和凝聚党心民意的德政工程。

今后，要按照社会福利社会化的要求，鼓励各地政府和基层组织，动员多方面社会力量，继续推进"星光老年之家"的建设，力求实现对所有街道、居委会和农村乡镇全覆盖的目标。同时，要按照《关于加强"社区老年福利服务星光计划"项目管理的意见》的要求，对建成的"星光老年之家"加强指导和监督，探索多种管理和服务运营模式，做到建好管好不流失，发挥作用不浪费，把握方向不失控，深化服务不停步，真正发挥"星光老年之家"为居家养老提供支持、为社区照料提供依托、为老年人活动提供场所的功能和作用，为建立具有中国特色的养老服务体系做出新的贡献。

四、以"民办公助"和"公办民营"为主要形式加快改革社会福利机构管理体制和经营机制

在新的历史时期，推进社会福利社会化，就必须广泛宣传发动全社会的力量，努力弘扬中华民族尊老爱幼的优良传统，都来为老年人、残疾人和孤儿献出一份爱心，都来积极为社会福利事业发展添砖加瓦。这样，我国社会福利事业的发展才会有更多的资源和动力。对各级政府来讲，鼓励社会各方面力量积极地投入、支持和兴办多种形式的社会福利服务机构和设施，不仅要研究制定各方面的优惠政策和措施，并扎扎实实地抓好落实，而且还要有必要的资金支持和资源分配，逐步实现"民办公助"。所谓民办公助，就是对多种社会力量投资举办社会福利机构、设施、场所和服务项目的行为，尤其是面向"三无"对象的服务，由各级政府给予政策扶持和引导性的资助。今后各级政府用于发展福利机构的资金，要用在对更多福利对象、侧重于"三无"对象服务需求的资助上，逐步增加对社会力量兴办福利机构的资助。实施民办公助，既可以是无偿地鼓励性赠与，也可以是有偿的国有资金占用，还可以是市场化的股份制合作。至于采取哪种方式，各地可以根据自己的实际大胆地试验和探索。由于"民办公助"涉及国家福利事业资金投向的改变和福利机构所有制形式的改革等重大变革，不能期望一蹴而就，需要较长时期的探索和逐步推进。今年，民政部在本级社会福利彩票公益金的使用方案中专门安排了3000万元资金，用于资助各地的民办社会福利机构，这在民政部的历史上是第一次。这次资金安排的具体使用，由于缺乏经验，尚未形成资助原则、条件、依据等制度安排。我们希望各地在实施民办公助方面进一步做出探索和尝试，总结经验，找出问题，为今后大力推进这项工作提供有益的借鉴。此外，推进社会福利社会化，还必须深化公办福利机构管理体制和经营机制的改革，积极探索公有制的多种实现方式，引入多种经济成分来参与福利机构的经办、管理和运作。要借鉴企业改革的经验，从深化公办福利机构内部管理方式、用人用工和分配"三项制度"改革入手，在做好定岗定员的基础上，实行经营管理责任制、管理人员聘任制、服务人员劳动合同制，推行民主选举、竞争上岗，做到能上能下、能进能出，提高全体工作人员的责任感；在分配制度上，要打破"大锅饭"的平均主义分配方式，推行岗位责任工资、绩效工资等按劳分配制度，真正起到奖勤罚懒、激励先进、鞭策后进的作用。搞好"三项制度"改革，可以为进一步的改制改组奠定基础。民政部门作为社会福利机构的行政主管部门，要按照中央"政事分离"的总体要求和事业单位改革的方向，对公办福利机构实行简政放权、自主经营，积极稳妥地推进福利机构实行多种形式的改制改组，包括实行"公办民营"方式。目前民政部正在研究制定《关于推进公办福利机构深化改革的意见》，有望在明年开展试点工作。希望辽宁省在这项工作上也走在前列。各地一定要从实际出发，树立竞争意识和服务意识，增强紧迫感和责任感，大胆试验和探索改制改组的多种形式，真正走出一条国有福利机构改革搞活的新路子。

五、加强领导改善管理，促进社会福利事业快速健康有序地发展

发展社会福利事业，是各级政府的责任，需要社会力量的广泛参与。政府的财政支持是发展社会福利事业的坚强后盾。推进社会福利社会化，需要各级政府对民间力量鼓励号召、给予优惠政策。各级民政部门要当好政府的参谋助手，制定发展规划和切实可行的实施方案，逐步提高“三无”对象的生活标准，扩大对社会福利机构和设施建设的扶持力度。制定本地区社会福利事业的发展规划，要本着科学设置、合理布局的原则，支持多种所有制形式尤其是民间力量共同发展，防止重复建设和资源浪费。各级民政部门要作好协调工作，与有关部门一起研究制定符合本地区实际的具体政策和措施，并加强检查监督，抓好落实，做到对老年福利事业和社会福利机构的扶持保护有政策，审批管理有办法，建筑设计有标准，检查监督有依据，逐步建立起政府宏观管理、社会力量承办、社会福利机构自主经营的运行机制。民政部门对社会福利事业的管理要逐渐由行政型、经验型向专业化、行业化、法制化方向发展。要加紧研究制定行业技术标准和规范，如老年福利机构的建设标准、设计规范、年检办法、从业人员职业资格认定办法、服务流程和标准等行业规范，依法保护服务对象和福利机构的合法权益；要进一步转变职能，充分调动和发挥社会团体、服务组织和民间力量的积极作用，为各类社会福利机构平等竞争、共同发展营造良好的环境。

同志们，发展养老事业、推进老年社会福利社会化进程，是我国社会福利事业发展进程中的深刻变革。希望辽宁省以这次会议为新的起点，进一步落实优惠政策，推广成功经验，在实践中不断创新，把全省的养老事业和社会福利社会化工作推进到一个新的阶段；也希望与会的部分省市民政部门具体负责同志，认真借鉴辽宁的经验，相互交流先进经验，回去后及时传达汇报这次会议精神，共同努力奋斗，把我国的老年社会福利事业乃至整个老龄事业推向一个新的发展阶段！

创新工作方式　开创救助管理工作新局面

——在全国救助管理工作经验交流视频会议上的讲话

民政部副部长　李立国

（2004 年 12 月 22 日）

同志们：

《城市生活无着的流浪乞讨人员救助管理办法》自 2003 年 8 月 1 日实施至今，已有一年多的时间。国务院对救助管理工作一直高度重视，今年 8 月 3 日，温家宝总理在国办秘书一局《专报信息》上批示：“民政、公安等部门认真贯彻《救助管理办法》工作很有成效。希望继续努力，注意总结交流经验，不断完善救助管理政策，加强部门间协调配合，创新工作方式，重视解决出现的新问题，为救助困难群众，维护城市社会稳定作出贡献。”温总理的批示是对我们工作的鼓励和鞭策，同时也指出了今后工作努力的目标。召开这次会议，就是为贯彻落实温家宝总理重要批示精神，总结、交流经验，创新工作方式，确定今后一个时期的工作思路和主要任务，推进救助管理工作健康有序发展。刚才,辽宁等六个典型单位介绍了经验,希望各地结合当地实际认真学习和借鉴。下面我就救助管理工作讲几点意见。

一、救助管理工作的简要回顾

一年多来,在各级党委、政府的重视下,在有关部门的支持配合下,各级民政部门和救助管理站的干部职工认真贯彻《救助管理办法》,以高度的责任感和使命感,转变观念,勤奋工作,开拓创新,采取了一些行之有效的措施,创造了许多宝贵的经验,推动救助管理工作稳步开展,实现了由强制性收容遣送到关爱性救助管理的顺利过渡。

(一)思想认识不断提高。废止强制性收容遣送制度,建立关爱性救助管理制度,是我国对城市生活无着的流浪乞讨人员在管理理念和制度安排上的根本性转变,是践行"三个代表"重要思想,尊重人权,维护社会公平,保障当事群众和个人合法权益的重大举措,是深化改革、加快发展的重要成果。去年7月下旬,国务院在京召开全国贯彻《城市生活无着的流浪乞讨人员救助管理办法》工作会议后,各地先后召开会议贯彻落实国务院会议精神,部署当地救助管理工作。各地民政部门和救助管理站普遍通过举办座谈会、培训班、组织考试等多种方式,组织救助管理战线的干部职工学习《救助管理办法》、《实施细则》,领会国务院会议精神,上海、广东、四川等省(市)民政厅(局)还组织了省(市)层面上的培训班。通过一系列学习培训和宣传教育活动,大家充分认识到国务院决定建立以"自愿受助、无偿救助"为原则的关爱性救助管理制度的重要性和必要性,增强了做好新型救助管理工作的责任感和使命感。各地民政部门还结合民政部"行风建设"的部署,加强救助站内部管理,坚持依法行政,文明服务,四川还在全省开展了救助管理文明单位的创建活动,促进了广大干部职工思想观念和工作作风的转变,取得了良好的效果。在民政部最近表彰的"全国民政基层单位行风建设先进集体"中,盘锦、四平、杭州、郑州等12个救助管理站受到了表彰。各级民政部门和救助管理站工作人员思想认识的不断提高,确保了救助管理制度的顺利实施。

(二)救助管理政策体系逐步建立。各级民政部门高度重视并切实加强救助管理配套政策的研究、制定工作。全国已有陕西等近20个省、区、市政府或民政厅依据《救助管理办法》和《实施细则》,结合本地实际,对救助管理工作做出具体规定。针对工作中遇到的突出问题,各级民政部门先后出台了一些配套的政策规定。针对跨省接送问题,今年5月,民政部与财政部下发了《关于做好城市生活无着的流浪乞讨人员中特殊困难救助对象跨省返乡工作的通知》,湖北等16个省、区、市根据民政部、财政部文件精神,出台了特殊困难救助对象跨省返乡的地方性文件,使特殊困难救助对象跨省返乡这一制约救助管理工作的瓶颈问题开始得到解决。针对救治问题,江苏省、成都市、郑州市、岳阳市、天津市塘沽区等地先后出台了流浪乞讨人员中危重病人、精神病人救治方面的政策文件,使这一问题在部分地方得到解决,为全国其他地方解决这一问题提供了宝贵经验。在乘车凭证方面,江苏、重庆等省市民政、交通等部门联合下发文件,对受助人员搭乘公路、水运等交通工具的乘车凭证样式做了具体规定,较好地解决了这一问题。一系列政策文件的出台,有力地保证了救助管理工作的顺利发展。

(三)救助管理工作机制正在形成。完善的工作机制是做好救助管理工作的保证。辽宁、广东、广西等14个省、区、市成立了由政府主管领导任组长、有关部门参加的救助管理工作领导协调小组,统筹协调有关工作,使许多问题得到解决。尤其是在危重病人、精神病人救治问题方面,成都市、郑州市、铜陵市、蚌埠市民政部门积极争取有关部门的支持和协作,建立了部门协作机制,使这一问题得到解决。如郑州市实行卫生部门所属定点医院接诊救治范围内的流浪乞讨病人,由送人单位直接护送到定点医院治疗,其费用由定点医院直接与市财政局据实结算,民政、卫生、财政等部门责任明确,保证了救助工作的环节畅通。

（四）救助管理服务体系初步建立。全国原有832个收容遣送站全部完成转制，北京、湖南等省市适应工作需要，新设立了救助管理站，全国目前共有救助管理站909个。湖北、江西等省正在规划新建一批救助管理站。全国现有救助管理站普遍进行了设施改造。北京、南京、广州、成都、哈尔滨、长沙等一批大中城市适应工作需要在市区设立了救助分站或咨询站。为加强对救助管理工作的行政管理，湖南、青海、新疆等11个省、区、市在省级民政部门增设了专门机构或人员编制，江西省要求在全省所有市、县民政部门增加机构或人员编制。为提高管理服务水平，一些地方重视救助管理信息平台建设，浙江省立足本省实际，建设了全省救助管理工作信息系统，目前已经在所有救助管理站安装使用。大连、郑州、泰安等城市建立了救助管理站网站，宣传救助管理工作，设置寻人服务等救助功能，收到了良好的社会效果。

（五）救助管理工作方式不断创新。针对实际工作中遇到的难点问题，各地积极探索，形成了许多好的做法。一是采取积极主动措施实施救助。北京、上海、盘锦、合肥、无锡、常德、兰州、银川等许多大中城市对流浪乞讨人员开展街头救助活动，广州、深圳、东莞等城市向流浪乞讨人员发放救助指引卡，大连、杭州等城市在全国率先设立了救助管理站引导牌，郑州市在火车站门前广场设置了30平方米的救助亭，均收到了良好效果。二是创新安置方式。广东省建立了省救助安置中心、省杨村救助安置站，承担对全省无法查清家庭和流出地的智力残疾人员的集中救助安置任务；辽宁等地对需安置对象分散寄养到农村敬老院，从而解决了流入地安置难题。新疆阿图什市对本市流浪乞讨人员进行了详细的普查，根据普查结果将人员分组，实施救助、教育和帮助。西藏日喀则地区结合地区实际，实施“温暖定居工程”，从源头上减少外出流浪乞讨人员。三是发动社会力量参与救助管理工作。上海市发挥民间组织的作用，引导慈善救助服务社参与救助工作。北京、成都等城市民政部门与共青团组织合作，使青年志愿者参与救助工作。成都、牡丹江等城市建立了以社区为基础的救助管理工作网络。这些创新的方式，促进了难点问题的解决。

（六）流浪儿童救助保护得到了进一步加强。江苏等省依据《未成年人保护法》有关规定，结合当地实际，确定了有关部门密切配合的管理体制及保护性救助方式，即公安部门负责打击操纵流浪儿童的恶势力，将解救出来的流浪儿童送到民政部门所属的流浪儿童救助保护中心接受救助，中心对流浪儿童采取保护性救助，促使流浪儿童救助保护工作正常开展。广东、北京等省市建立了专门的少年儿童救助保护中心，改变了过去流浪儿童救助保护机构与救助管理站合一的体制，强化了儿童保护功能。郑州市流浪儿童救助保护中心尝试运用现代社会工作的理念和方法，建立了街头全天候救助点和“类家庭”救助保护模式，探索进行街头流动救助、职业培训、家庭寄养等工作；长沙市流浪儿童救助保护中心建立了“大房子”救助保护模式。山东、湖北等省下发文件，制定流浪儿童救助保护工作发展规划，计划三年内在全省地级市全部建立流浪儿童救助保护机构。贵阳市特殊儿童家庭救助保护中心为涉案家庭无人监护的少年儿童提供生活、医疗康复教育等方面的管理和服务，帮助其摆脱困境，适应社会，促进儿童的自身发展。流浪儿童救助保护工作正在成为新时期救助管理工作的一大亮点。

（七）救助管理站的服务功能进一步拓展。一是拓展了妇女家庭暴力庇护功能。四平、徐州、牡丹江、大连等城市救助管理站设立了妇女家庭暴力庇护中心，联合妇联等部门，为遭受家庭暴力造成无家可归或有家难归的妇女提供救助。其中，四平市救助管理站对受助妇女在生活上给予特殊照顾，对她们进行自我保护和维护妇女权益方面的教育，并与妇联、公安等有关部门一道做好她们的返家安置工作。二是依托救助站开展了职业介绍服务。天津、大连、福州等城市救助管理站与当地有关部门和机构联系，在站内设立职业介绍服务点无偿为受助人员提供职业指导、职业介绍，成效显著。三是走与救灾工作相结合的路子。珠海市救助管理站受市政府委托，承担了对本市因灾出现临时生活困难的群众的救助工作。厦门市救助管理站也在探索承担灾害救助临时庇护的任务。服务功能的拓展，树立了民政部门和救助管理站的良好形象，赢得了救助对象的广泛赞誉。

一年多来，在各级民政部门，特别是救助管理站广大干部职工的努力下，一大批生活无着的流浪乞讨人员得到了救助。据统计，从2003年8月1日到今年11月30日，全国共救助城市生活无着的流浪乞讨人员670404人。其中，16岁以下少年儿童114144人，60岁以上老年人129650人，智力残疾人员51392人，危重病人9823人，精神病人23791人，肢体残疾人员54048人。救助管理工作的开展切实维护了城市生活无着的流浪乞讨人员的合法权益，体现了党和政府对特殊困难群众的重视和关怀，体现了社会主义制度的优越性，为维护城市的社会稳定做出了重要贡献。

二、救助管理工作面临的形势及总体工作思路

随着我国改革开放的不断深入和经济社会的快速发展，在新的形势下，救助管理工作面临一些良好机遇：

(一)“三个代表”重要思想和科学发展观的深入贯彻落实，为做好救助管理工作提供了良好的社会环境。“三个代表”重要思想的根本落脚点就是要维护最广大人民群众的利益，树立和落实科学发展观的本质和核心是“以人为本”。城市生活无着的流浪乞讨人员是最贫弱的特殊困难群体，各级政府日益重视解决困难群体的生活问题，将促进救助管理工作政策的完善，难点的突破和条件的改善。

(二)构建社会主义和谐社会为做好救助管理工作提供了明确方向。党的十六届四中全会提出了构建社会主义和谐社会的目标，它客观上要求把最广大人民群众的根本利益作为制定政策、开展工作的出发点和落脚点。救助管理工作通过维护特殊困难群体基本生活权益，从源头上化解社会矛盾，加强社会管理，维护社会稳定，成为构建社会主义和谐社会不可或缺的重要力量。

(三)党和政府对未成年人工作的重视为加强流浪儿童救助保护工作提供了条件。今年2月，中共中央、国务院《关于进一步加强和改进未成年人思想道德建设的若干意见》明确要求加强流浪儿童救助保护工作，这不仅对民政部门及救助管理站提出了一项重要任务，同时也将推动地方党政领导及有关部门进一步重视、关心、支持流浪儿童救助保护工作，促进其法制建设、设施建设和工作队伍建设。

(四)推进城乡社会救助体系建设为做好救助管理工作提供了良好的制度环境。城市生活无着的流浪乞讨人员救助管理制度作为一项临时性社会救助措施，是城乡社会救助体系的有机组成部分。推进城乡社会救助体系建设工作是当前民政部门的一项重点工作，救助管理制度与其他社会救助制度逐步衔接，将有助于解决当前工作中的难题，促进其社会功能的充分发挥。

同时，我们必须清醒地看到，救助管理工作还存在一些难题，面对严峻挑战。一是在救助管理工作中突出存在的救助对象甄别查询、危重病人和精神病人救治、流浪儿童救助保护等问题还没有得到彻底解决。二是许多中小城市救助管理站基础设施差，一些大城市救助管理站的布局不合理，许多地方救助管理工作所需机构、人员编制、经费解决不到位，工作条件与工作任务不相适应的问题大量存在。三是由于街头流浪乞讨人员增多，一些地方党政领导和有关部门以及社会舆论关注的焦点发生了变化，影响了救助管理工作条件和手段的及时改善。在这种情况下，一些城市的民政部门和救助管理站在工作中出现了两种误区：第一种是与有关部门一道，对街头流浪乞讨人员实行强制性“收容救助”，违背了救助管理工作“自愿受助”的原则；第二种是停留在站内消极等待，不愿做积极的劝导工作，产生了站内受助人员少与街头流浪乞讨人员多的反差，没有充分发挥救助管理工作的社会作用，引起了一些地方党政领导和人民群众的不满。

根据对上述形势的分析，今后一个时期，救助管理工作的总体思路是：以“三个代表”重要思想和科学发展观为指导，以“以民为本、为民解困”为宗旨，以创新工作方式为动力，以加强救助管理基础建设、建立健全救助管理工作管理体制和运行机制、积极主动开展救助管理工作为任务，全面提高救助管理工作水平，切实保障特殊困难群众的基本生活权益。

根据上述工作思路，必须着重把握好以下几点：

一是救助管理工作方式创新。救助管理工作是一项全新的工作，没有任何先例可以遵循。只有不断创新工作方式，才能逐步解决救助管理工作中出现的新情况、新问题，满足特殊困难救助对象的服务需求，确保救助管理工作的健康发展。各地民政部门和救助管理站要在坚持“自愿受助、无偿救助”原则下，在工作机制、工作手段、工作内容和工作方法等方面不断探索和创新，逐步完善救助管理制度。

二是救助管理基础建设。要加强救助管理政策法规体系建设，建立以《救助管理办法》和《实施细则》为基础，综合性与专门性政策相结合，地方性规章及其他规范性文件相配套的完备的政策法规体系。要完善救助管理机构制度建设，建立以岗位责任制为核心的管理制度、工作制度和服务标准，强化责任，加强监督、检查和落实。加强救助管理机构设施建设，建立以救助管理站为主体，分站、咨询站为补充，分类救助机构为特色的救助管理机构体系。要加强救助管理机构行风建设，开展文明单位创建活动，努力提高救助管理机构内部规范化管理的水平，逐步建立一支政治坚定、道德高尚、业务精通、作风优良的救助管理队伍。

三是救助管理工作管理体制和运行机制的建立和完善。要争取地方党委和政府的重视、指导和支持，争取编办、财政、公安、城管、铁道、交通、卫生等有关部门的支持和配合，动员民间组织、志愿者、基层社区组织参与救助管理工作，从而逐步建立政府领导，民政部门主管，有关部门协作，社会力量广泛参与，流入地与流出地相互配合的救助工作管理体制和运行机制。

四是典型示范，以点带面。当前救助管理工作遇到的新情况、新问题较多，法规政策又一时难以完善，因而，采取这一方法推进工作尤为重要。实施这一方法，要增强针对性，即围绕当前工作的难点、热点问题进行，找出解决问题的方式、方法，努力实现工作的突破。要善于发现典型、塑造典型、宣传典型、推广典型，充分发挥典型示范的作用，以点带面，实现救助工作中好的理念、好的做法、好的工作方式上的共享，达到宣传救助管理工作、推动救助工作健康发展的双重目标。

三、明年救助管理工作的主要任务

各地民政部门和救助管理站必须深入贯彻温家宝总理的重要批示精神，针对当前工作中的突出问题，加强部门协作，完善配套政策，创新工作方式，推动救助管理工作顺利发展。

（一）围绕社会关注的焦点问题，立足民政职责，充分发挥社会稳定机制的作用

新的救助管理制度实施以来，一些大中城市街头流浪乞讨人员增多，强讨恶要等问题严重，影响了社会秩序，引起社会广泛关注。解决这一问题，关键是要加强对流浪乞讨行为的行政管理。目前，国家正在修订《刑法》、《治安管理处罚法》，将对强讨恶要，组织、操纵未成年人、残疾人乞讨牟利等行为设定行政处罚，对构成犯罪的追究刑事责任。一些地方政府有关部门已经开始强化了对流浪乞讨行为的行政管理，对违法犯罪行为进行了打击。各级民政部门和救助管理站应当树立大局意识，从保障困难群众基本生活权益、维护社会稳定的高度，针对人民群众普遍关注的热点问题，与时俱进，创新工作方式，改进工作方法，配合有关部门开展工作，充分发挥救助管理的社会稳定机制作用。要改变单纯在站内消极等待求助的工作模式，积极主动上街宣传、劝导流浪乞讨人员受助。针对现有救助站普遍地处偏远，不方便求助的问题，要争取地方财政加大经费投入，在城市繁华地段、车站码头、交通要道设立救助引导牌，在城区设立分站、咨询站、季节性流动救助点，配备流动救助

车，以方便生活无着的流浪乞讨人员求助。但是，配合有关部门开展工作，必须坚持“自愿受助、无偿救助”原则，严禁强制性的“收容救助”，以免造成对流浪乞讨人员人身权益的侵害。

（二）建立新型的流浪儿童救助保护工作机制

流浪儿童作为社会特殊群体，它的救助、保护和管理一直受到国内外的广泛关注。目前流浪儿童问题相当突出，国务院领导对此高度重视。民政部与有关部门正在进行积极协商，争取尽快制定专门的流浪儿童救助保护行政法规，进一步明确救助管理的方式、体制，为加强救助保护工作提供依据。在法规出台前，各地民政部门要积极探索，特别是流浪儿童问题比较突出的省、市，要充分借鉴江苏等省、市的做法，对流浪儿童救助保护的形式、手段、部门责任、机构设置等方面做出明确要求。在管理方式上，各地救助管理站要根据流浪儿童作为限制民事行为能力人这一特点，采取保护性救助方式，不能仅凭自愿，放松管理，以免造成不良的后果。在机构设置上，要逐步实现流浪儿童救助保护中心的独立设置，暂时不具备条件的地方，可以实行中心与救助管理站设施和功能相对分开，实行分类救助。在救助保护的内容上，要强化教育功能，加强思想道德教育和心理偏差的矫治，使其能尽快回归社会，健康成长。在管理体制上，建立民政公安相互配合、有关部门参与的流浪儿童救助保护工作体制。民政部今年对全国 84 个流浪儿童救助保护中心建设项目进行了福利金资助，经费已经下拨，各地要严格按照《流浪儿童救助教育项目资助办法》的规定使用，以此推动流浪儿童救助保护工作的开展。

（三）切实做好特殊困难救助对象跨省返乡工作

省际配合是救助管理工作的鲜明特征，特殊困难救助对象跨省返乡是一项需要流入地与流出地通力协作的工作。民政部与财政部关于跨省返乡的通知下发后，已有 16 个省份确定了跨省救助站。没有确定跨省站的地方，要尽快确定并报民政部。民政部将正式公布跨省救助站名单，确定全国跨省救助站的工作网络，保证跨省返乡工作顺利开展。各地民政部门要增强全局观念，密切协作配合，流入地救助管理站要及时、准确地向流出地救助管理站提供受助人员的情况，协助流出地做好救助人员的返乡工作。流出地要认真履行职责，从维护救助对象的权益出发，主动创造条件，及时从流入地接回特殊困难救助人员。流出地确有困难的，流入地与流出地要相互协商，互谅互让，保证特殊困难救助对象顺利返乡。民政部将建立特殊困难救助对象跨省救助工作通报制度，对不按规定受理跨省返乡协作请求或出现问题的，要在全国通报批评。

（四）妥善解决危重病人、精神病人的救治问题

今年以来，为了解决流浪乞讨人员中危重病人、精神病人的救治问题，民政部已经做了大量协调和争取工作。由于各地的经济和社会发展水平差异等多种因素，目前采取全国统一模式解决这一问题难度很大。各地要借鉴成都、郑州等地的做法，结合本地实际，争取有关部门的支持，出台相关规定文件，破解这一难题。做好危重病人、精神病人救治工作必须注意做到以下几点：一是坚持先救治后救助。有关部门或热心群众在街头发现流浪乞讨人员中的危重病人、精神病人应直接送医院进行救治。待病情稳定后，经救助管理站甄别属于救助对象的，由救助管理站接回予以救助。二是要设立定点医院接收危重病人、精神病人。三是要建立民政、卫生、财政、公安、城管等有关部门的协调机制，明确对危重病人、精神病人救助、救治程序中各个环节的部门责任。四是要明确经费支付渠道和具体办法。

（五）做好救助管理信息系统部署工作

全国流浪乞讨人员救助管理信息系统是“数字民政”工程的重点业务系统，是救助管理工作体系的重要组成部分，目前已进入研发阶段，计划明年 4 月底开始试运行，7 月底全国进行联调，8 月 1 日正式投入使用。各省级民政部门要有大局意识和整体观念，按照民办函〔2004〕223 号《关于认真做好

《全国流浪乞讨人员救助管理信息系统》部署准备工作的通知》做好各项准备工作，必须在明年3月底之前按要求配好服务器和计算机终端，民政部将于4月份组织督查和培训，以确保救助管理系统试运行和联调工作顺利进行。民政部已与公安部就利用其户籍管理信息系统协助查询受助人员相关情况达成一致意见，届时两部将联合发文予以明确。各地民政部门要积极与当地公安部门沟通、协调，争取建成稳定的长效协作机制，确保救助管理信息系统的甄别、查询功能能够充分发挥作用。

（六）积极探索救助管理工作的社会化发展途径

各地要根据救助管理工作的实际，积极探索社会力量参与救助管理工作的鼓励政策和参与方式。各级民政部门要注重拓宽城市社区居委会和志愿者参与救助服务的渠道，引导社会慈善团体募集资金开展形式多样的救助活动，并尝试通过政府购买服务的方式实现救助服务的社会化，逐步形成政府政策引导，社会力量广泛参与的救助管理新格局。

同志们，救助管理工作是民政部门的一项重要职责，是服务特殊困难群体的光荣而艰巨的任务，我们有信心、有能力承担好。让我们紧密团结在以胡锦涛同志为总书记的党中央周围，高举邓小平理论和“三个代表”重要思想伟大旗帜，深入贯彻《救助管理办法》，全面落实温家宝总理重要批示精神，“情为民所系，权为民所用，利为民所谋，”扎扎实实做好救助管理工作，努力开创救助管理工作新局面，为改革发展稳定的大局服务，为构建社会主义和谐社会做出应有的贡献！

认真实践“三个代表”重要思想
不断开创军休安置工作的新局面

——在全国军队离休退休干部安置工作会议上的讲话

民政部副部长　罗平飞

（2004年2月27日）

同志们：

今年初，党中央、国务院、中央军委同意印发了《中共中央办公厅、国务院办公厅、中央军委办公厅关于进一步做好军队离休退休干部移交政府安置管理工作的意见》（中办发[2004]2号）。如何围绕贯彻落实《意见》精神，总结过去，分析形势，谋划未来，更好地推进军休安置工作全面、协调、可持续发展，是摆在我们面前的一项重要任务。下面，我就这个问题讲几点意见。

一、军休安置工作走过了不平凡的道路，需要我们认真总结

军队离休退休干部成批移交政府安置管理已经23年。这23年，是军休安置工作在艰难中起步、在实践中探索、在改革中前进的23年，是军休干部各项待遇逐步提高、精神生活不断丰富、发挥作用日益突出的23年。

——工作体系日趋完善。大批军休干部移交政府安置管理，是我党我军建设史上一项开先河的工作，党和国家采取了一系列特殊措施。在机构编制上，自上而下成立服务管理机构，配备专门人员和车辆；在管理体制上，沿用军队对老干部的管理办法，按事业单位性质建立干休所（服务站），实行

"单位式"的服务管理模式。23年来,中央和地方机构多次精简,而军休工作基本框架则不断完善。目前,地级以上民政部门从事军休工作的行政人员有700多人,干休所(服务站)1600多个,具体服务人员1.8万名、服务用车8000余辆。这为做好军休安置工作提供了坚实的组织保障。

——保障体系逐渐成熟。军休安置工作是一项特殊的保障工作。经过23年的实践探索,形成了以国家保障为主体、以服务管理机构为载体、以落实"两个待遇"为中心、以实现"六老"要求为目标的保障体系。在两个待遇落实上,按照"基本政治待遇不变、生活待遇略为从优"的原则,政治上享受安置地国家机关同职级离退休干部的待遇,生活上执行军队统一的项目和标准,并建立了离退休费自然增长机制;在住房保障上,坚持国家、军队和个人合理负担,由军队和地方共同负责落实;在医疗保障上,实行公费医疗制度,采取经费由中央定额下拨、不足部分由地方补贴的办法予以落实;在经费保障渠道上,以中央财政为主,地方和军队财政予以补充。这些措施,为做好军休安置工作提供了可靠的物质保障。

——政策体系基本成型。23年来,经过军地有关部门的不懈努力,先后出台了以国发[1983]39号、国发[1984]171号、[1993]政联字第6号文为主线的综合类文件22个;出台了以国安[1994]第3号、[1995]政干发字第350号、[1999]政干字第276号文为主线的安置类文件65个;出台了以民安发[1993]9号、民安发[1994]19号、[2000]后营字第70号文为主线的住房类文件61个;出台了以民[1985]安35号、[94]财社字19号、[1996]政联字第9号文为主线的待遇类文件253个;出台了以民[1986]安4号、[1990]民政部第3号令为主线的服务管理类文件42个。这些文件,为做好军休安置工作提供了全方位的政策依据。

上述三个体系的形成,从根本上保证了军休安置工作的顺利进行,保证了广大军休干部在地方安度晚年、发挥作用。目前,全国累计接收安置军休干部11万多名,投入建房资金100多亿元,调整离退休费和各种补助补贴30余次,广大军休干部的住房条件不断改善,生活水平逐步提高,精神生活丰富多彩,"以所为家、爱所如家、工休一家"已成为军休系统行风建设的重要成果,"视休干为财富、把服务当事业","离休不离志、退休不褪色"的精神在全系统蔚然成风,涌现出了一大批学习型、奉献型的先进单位和先进个人。

23年的实践,进一步证明了中央关于军队离休退休干部移交政府安置管理决策的正确性,同时加深了我们对军休安置工作地位作用、内涵外延和特点规律的认识,创造和积累了十分宝贵的经验。

(一)坚持实事求是、与时俱进。解放思想、实事求是、与时俱进、开拓创新是我们党的理论精髓,也是军休安置工作的根本指针。军休安置工作起步初期困难重重,各级政府坚持从实际出发,实行"单位式"的服务管理模式,使大批军休干部得以接收安置,从而确保了军队编制体制改革的顺利实施。我国建立社会主义市场经济体制后,军休安置工作体制、运行机制和保障方式与形势任务不相适应的问题逐渐显现出来,各地因地制宜,在接收安置、用车、住房和医疗保障等方面进行改革探索,取得了经验,为军休安置工作的发展创造了条件。近年来,军地改革步伐不断加快,深化军休安置工作改革的环境日渐成熟,各地坚持用创新精神解决工作中出现的新情况、新问题,积极推进军休服务管理社会化,为军休安置工作与时俱进提供了经验。

(二)坚持围绕中心、维护大局。军休安置工作不是中心却牵动中心,不是大局却影响大局。任何时候、任何情况下,都必须自觉服从经济建设这个中心,合理确立与经济发展速度相适应的保障水平,做到既不超越国家的承受能力,又要维护军休干部的根本利益;必须坚决维护改革发展稳定大局,坚持以稳定为前提,正确处理改革、发展、稳定的关系,通过落实各项军休政策,保持军休系统的高度稳定,进而促进社会的稳定,通过适应国家和军队的改革,推动军休安置工作的发展。

（三）坚持心系国防、服务休干。军休安置工作直接服务于国防和军队现代化建设，实现好、维护好、发展好军休干部的合法权益是军休安置工作的根本任务。无论是做好平时的接收安置和服务管理工作，还是配合部队完成军事斗争准备、编制体制调整和后勤保障社会化改革等特殊任务，都必须坚持以军事需求为牵引，积极想办法，主动做工作，认真抓落实；都必须突出以人为本思想，权为军休干部所用，情为军休干部所系，利为军休干部所谋，以落实“两个待遇”为中心，以实现“六老”要求为目标，始终带着使命谋发展、带着感情做工作、带着责任抓落实，及时把党和政府的关怀送到每名军休干部的心坎上。

（四）坚持遵循规律、协调发展。军休安置工作是一项特殊的保障工作。对军休干部的保障水平必须与生产力发展水平和社会进步程度相适应。23年来，无论是安置方式从分散到集中再到分散，还是管理形式从社会分散到单位集中，再到社区分散；无论是住房保障从实物分配到货币化保障，还是医疗待遇从公费医疗制度向多种医疗保障制度转变等，都集中体现和反映了适应我国体制转轨、社会转型的演变进程，揭示和遵循了与生产力发展、与社会进步协调推进的内在规律。我们正是科学地把握了这一规律，从而推动了军休安置工作协调、全面、稳步发展。

（五）坚持军地配合、齐抓共管。军休安置工作是一项复杂的系统工程。不论是审核接收安置计划，出台军休政策法规，还是落实军休干部的各项待遇，发挥他们在“三个文明”建设中的作用，都需要各级、各部门、各方面树立全局意识，密切配合，通力协作。实践证明，只有坚持军地配合一条心、部门协作一盘棋、上下团结一股劲，遇事多协商、勤通气，相互支持，共谋发展，各司其职，齐抓共管，才能确保军休安置工作顺利推进。

（六）坚持依靠载体、调动主体。服务管理机构是为军休干部服务的载体，军休干部是服务管理的主体。抓好载体，才能服务好主体；发挥好主体作用，就能促进载体建设，两者相得益彰，互为作用。一方面，必须把服务管理机构作为服务军休干部的主阵地，通过加强基础设施等硬件建设，为军休干部休养创造物质条件；通过加强内部管理等软件建设，不断提高服务管理水平。另一方面，必须充分调动军休干部的积极性，及时把他们知识渊博、经历丰富、政治觉悟高、工作能力强的优势，引导到促进服务管理机构自身建设和“三个文明建设”的实践之中。

这些成绩和经验的取得，最根本的是得益于党中央、国务院和中央军委的正确领导，得益于各级党委、政府的高度重视，得益于军地各有关部门的大力支持，得益于各级民政部门和广大干部职工的共同努力，得益于广大移交政府安置的军队离休退休干部的积极配合。在这里，我代表民政部，向多年来关心、支持军休安置工作的各级党委、政府以及军地各有关部门，向为军休安置工作付出艰苦努力、做出积极贡献的各位领导和同志们表示衷心的感谢！向为我国革命和建设做出突出贡献的广大移交政府安置的军队离休退休干部表示崇高的敬意！向受到表彰的先进单位和先进个人表示热烈的祝贺！

二、军休安置工作面临新的考验，需要我们积极应对

当前，我国正处于体制转轨和社会转型的关键时期。随着改革开放的不断深入和社会主义市场经济体制的逐步完善，特别是社会保障机制的日益成熟和军队改革步伐的逐渐加快，与社会保障密切相关、直接服务于国防和军队现代化建设的军休安置工作面临许多新情况、新问题。

一是深刻变化的客观形势给军休安置工作带来了新的冲击。过去的20多年，是我国各方面形势发展最为迅猛、变化最为深刻的时期。这一时期，我国的经济制度实现了从计划经济到商品经济，再到建立社会主义市场经济的平稳过渡；我国的改革开放从农村的联产承包责任制开始，逐步向国有企（事）业单位改革，乃至政治体制改革、社会管理体制改革和文化体制改革推进。目前，已进入了社会转型和体制转轨的交织阶段，经济领域“市场化”、社会领域“社会化”的趋势正向纵深发展。这些深刻的变化，对全社会的政治、经济、文化以及社会生活各个方面产生了重大影响，同样对军休安置工作也提出了新的更高的要求。如何使任务要求“政治化”的军休安置工作适应社会主义市场经济体制的客观形势；如何使高度集中封闭“单位化”的军休服务管理模式适应社会领域“社会化”的发展要求，是摆在我们面前的一个紧迫课题。

二是市场保障机制的建立完善使军休安置工作面临新的挑战。传统的保障体制是计划经济体制下供给制的产物，其显著特征是国家、单位、个人责任不够清晰，服务管理高度集中、封闭，游离于市场，游离于社会。从历史的角度看，它在计划经济时期对促进国防和军队现代化建设发挥了积极作用。但是，随着市场保障体制的不断完善和单位办社会、福利单位化体制的逐步解体，国家、单位、个人的权利与义务关系日益明晰，传统的保障模式已不能完全适应时代的要求，部分工作已步履维艰。特别是国家的住房、医疗和户籍制度改革正在逐步深入，军队也在住房、医疗和后勤保障社会化改革上迈出了实质性步伐，军休安置工作如何与这些改革相适应、相衔接、相配套，切实实现好、维护好、发展好军休干部的根本利益，显得十分重要而紧迫。

三是国防和军队现代化建设步伐加快给军休安置工作提出了新的要求。这些要求主要来自三个方面：第一，军队编制体制调整，将有大批军休干部移交政府安置。中央军委确定，今后两到三年间，对军队编制体制进行调整改革，缩减员额 20 万，其中大部分是干部。减员的基本途径：一是在部队内部退休，二是转业复员到地方，除部分转业干部外，其余人员多数需由民政部门安置。第二，军队后勤保障社会化改革，大批无军籍退休退职职工将移交地方安置。目前全军部队有无军籍职工近 20 万人，等待移交的退休职工有 3 万多人。第三，军队实行士官制度改革，退休士官将逐年增加。这一改革全部到位后，每年有近 1000 名退休士官需移交地方安置。加上目前民政部门已接收安置的军休人员近 17 万人，已退休在部队等待移交的还有近 11 万名，之后每年递增 1 万人左右。据此推算，10 年后民政部门服务管理的军休干部、退休士官和无军籍退休退职职工将近 40 万人。如此集中而繁重的任务，对于军休安置工作来说，将是严峻的考验。

面对任务日趋繁重、要求越来越高的新形势，军休安置工作必须坚持以邓小平理论和“三个代表”重要思想为指导，认真贯彻“十六大”和十六届三中全会精神，紧紧围绕落实《中共中央办公厅、国务院办公厅、中央军委办公厅关于进一步做好军队离休退休干部移交政府安置管理工作的意见》，以完善调整军休政策法规体系为重点，以落实“两个待遇”为中心，以实现“老有所养、老有所医、老有所教、老有所学、老有所为、老有所乐”要求为目标，解放思想，实事求是，与时俱进，扎实工作，更好地为军休干部服务、为国防和军队现代化建设服务、为改革发展稳定大局服务。具体地讲，今后一个时期军休安置工作的基本思路是：

第一，推进接收安置多样化，逐步走出一条多种形式、快速高效的安置新路。今后一个时期，军队离休退休干部接收安置任务集中而繁重。要保质保量地完成安置任务，实现安置工作的良性循环，就必须按照中办发[2004]2 号文件精神，解放思想，实事求是，因地制宜，因时制宜，各司其职，各负其责，相互协作，密切配合，致力抓好接收安置这个关键环节，改革批次交接办法，坚持长远规划与年度计划相结合，同时借鉴过去一些有益的做法，切实加快安置进度，以适应新形势、新任务的需要。

第二，推进各项保障法制化，逐步完善与市场经济体制、国家经济发展水平、军休干部特殊地位相适应的政策体系。军休干部是一个为民族独立解放、为国家和军队现代化建设做出重要贡献的特殊群体。军休安置工作是为这个群体服务的特殊社会保障工作。因此，任何时候、任何情况下，都必须坚持服务于国防和军队现代化建设的根本方向不能变，坚持以国家保障为主体的基本特征不能变，坚持高于一般保障水平的特殊地位不能变。而要做到这一点，就必须从政策上予以保证，并使所制定的政策始终与社会主义市场经济体制相衔接、与国家经济发展水平相协调、与军休干部的特殊地位相吻合。只有这样，才能更好地为军休干部服务、为国防和军队现代化建设服务、为改革发展稳定的大局服务。

第三，推进服务管理社会化，逐步建立国家保障与社会化服务相结合的服务管理模式。当前，以国家、单位、个人共同承担责任与义务的保障体系基本形成，军队后勤保障社会化改革正向纵深推进，社会化已成为社会生活的主要形式和社会保障体系建设的发展趋势。推进军休服务管理社会化既是适应这一发展趋势的客观需要，又是提高服务管理水平新的增长点。其根本目的是引进社会服务，创新保障方式、管理体制和运行机制，建立国家保障与社会化服务相结合的模式，让军休干部更好地享受我国经济发展和社会进步的成果。因此，在保障方式上，要围绕适应市场保障机制要求，按照军队有关改革政策，逐步实现从实物分配向货币化保障的转变；在管理体制上，要围绕发挥规模效益，本着精干高效的原则，优化组织结构，转变工作职能，使之充分体现“小管理、大服务”理念；在运行机制上，要围绕建立民政部门宏观指导、服务管理机构组织协调、社会力量广泛参与的新机制，加快创新步伐，努力实现从封闭向开放、从计划向市场、从传统向现代的转变。

第四，推进工作组织网络化，逐步形成政府主导、部门合作、社会参与的工作机制。军休安置工作是政府行为，属于老龄工作的范畴，是双拥工作的重要内容，与社区建设等有着千丝万缕的联系。随着以家庭养老为基础、以社区服务为依托、以社会养老为补充的养老机制的逐步形成；随着以老年福利、生活照料、医疗保健、体育健身、文化教育和法律服务为主要内容的老年服务体系的日益成熟；随着社区建设、第三产业、老年事业的蓬勃发展；随着双拥工作的地位越来越重要、作用越来越明显、氛围越来越浓厚，并逐步向基层延伸，军休安置工作必须改变过去自成体系、自我封闭、自我管理的做法，坚持在各级党委、政府的统一领导下，把它纳入老龄工作体系，作为双拥工作的重要内容，与社区工作结合起来，充分利用社区建设成果为军休干部提供服务，让军休干部享受社会上老年人应享受的优惠待遇，确保军休各项政策落到实处。

三、军休安置工作任重道远，需要我们不懈努力

军队离休退休干部移交政府安置，是党和国家加强军队建设的一项重大决策，是军地双方一项长期的重要政治任务。做好这项工作，对于保障军休干部合法权益、促进国防和军队现代化建设、维护改革发展稳定大局，具有十分重要的意义。各级党委、政府以及军地各有关部门，特别是各级民政部门肩负着重要使命，必须进一步提高思想认识，认真落实政策，积极改革创新，加强组织领导。

（一）要把提高认识作为做好军休安置工作的基础工作来抓。思想是行动的先导。做好军休安置工作，首先要提高思想认识。一方面，要通过广泛宣扬军休干部的历史贡献，积极宣传军休安置工作的地位作用，引导大家认清做好军休安置工作是贯彻落实“三个代表”重要思想、保障军休干部合法权益的具体体现；是做好军事斗争准备、服务国防和军队现代化建设的现实需要；是全面建设小康社会、维护改革发展稳定大局的实际行动。另一方面，要通过联系实际，深入分析，引导大家充分看到做好军休安置工作的有利因素，认清有党中央、国务院、中央军委的正确领导，有各级党委、政府的高度重视，有军地各有关部门的密切配合，再加上各级民政部门培养和锻炼了一支敬业奉献、热心服务的工作队伍，做好军休安置工作已经具备了坚强可靠的组织基础；认清随着我国现代化建设步伐的不断加快和综合国力的不断增强，必将为做好军休安置工作提供更加丰富的物质保障；认清经过20多年的不懈奋斗，出台了一系列军休政策法规，养成了军地团结协作、上下密切配合的工

作作风，积累了许多行之有效的经验做法，涌现了一批具有时代特征、代表前进方向的先进典型，推进军休安置工作发展的良好环境已经形成。总之，要通过强有力的舆论宣传，引导大家充分认识做好军休安置工作的重要性、必要性和紧迫性，进一步增强光荣感、责任感、使命感，坚定信心，振奋精神，扎实工作。

（二）要把落实政策作为做好军休安置工作的关键环节来抓。政策性强是军休安置工作的显著特点。党中央、国务院、中央军委同意印发的中办发［2004］2号文件是继国发［1984］171号文件之后，军休安置工作的又一个纲领性文件。这个文件的出台，将使军休安置工作进入一个新的发展阶段。当前的迫切任务是，下力气抓好配套政策的研究制定、抓好文件精神的贯彻落实。一要切实统一思想。通过深入学习，反复领会，引导大家真正弄清中办发［2004］2号文件的重要意义、精神实质、核心内容、基本要求以及贯彻落实的思路、措施，切实把思想和行动统一到文件精神上来。二要搞好调查研究。采取军地配合、条块结合、部门合作的方法，围绕贯彻文件中的重点问题、难点问题，以及军休干部需要什么、我们能做什么，服务管理应做什么、如何做等问题，深入进行调查研究，切实为做好工作提供第一手资料。三要制定配套政策。着眼于维护改革发展稳定的大局，着眼于适应国防和军队现代化建设的需要，着眼于国家经济和社会发展的实际，着眼于服务管理对象的特点，本着既不割断历史又不偏离方向、既不落后时代又不超越阶段的原则，区分轻重缓急，积极制定配套政策措施。当前，要紧密结合实际，尽快制定军休干部用车改革、医疗保障、服务管理和退休干部遗属生活待遇等具体办法。同时，希望各地要树立新观念，探索新途径，总结新经验，为有关政策措施的制定提供正确的理论和实践支持。四要全面贯彻落实。凡是文件中已经明确的，要坚决按政策办事，不能打折扣；凡是文件中规定参照有关政策的，要严格参照执行，不能降低标准。通过全面落实政策，确保军休干部的切身利益得到维护。

（三）要把改革创新作为做好军休安置工作的根本动力来抓。创新是一个民族进步的灵魂，是一个国家兴旺发达的不竭动力，也是一个政党永葆生机的源泉。随着国家和军队改革的不断深入，军休安置工作赖以生存发展的内外部环境都发生了很大变化，坚持在改革创新中求发展，不仅是适应内外部环境的现实需要，也是更好地履行职能的客观要求。军休服务管理社会化改革的实践进一步证明，创新是推动军休工作发展进步的强劲动力，是解决军休安置工作深层次矛盾的根本出路。要把军休安置改革创新不断引向深入，需要认真把握好以下三点：一是要围绕大政方针谋创新。这个大政方针就是中央关于建立与中国特色社会主义市场经济体制相匹配、与经济发展水平相适应的城镇职工基本养老保险、医疗保险、住房改革等一系列社会保障制度，国家和军队关于做好军休安置工作的一系列政策法规。我们要谋划创新，必须以这些政策、制度为依据，认真学习，深刻领会，坚决贯彻，自觉落实，确保军休安置改革与发展的正确方向。二是要立足现有条件找出路。提高军休干部生活质量，不断增加财政投入是必要的。但是，在当前我国经济还不十分发达的情况下，不能把提高军休干部生活质量完全寄予国家财政投入上，必须立足现有条件思考问题，充分发挥主观能动性。当前，要依据国家和军队有关改革政策，在深化军休干部住房改革等方面求突破；按照去年全国军休服务管理社会化座谈会形成的共识和思路，在提高服务管理水平上求突破；充分利用现代文明成果，在丰富军休干部的精神文化生活上求突破。三是要坚持以科学态度寻途径。改革必然涉及军休干部的切身利益，来不得半点马虎。必须讲究科学，尊重规律，以理性的思维寻求正确的方法和途径，努力做到摒弃过时的、融入时代的、创新根本的。摒弃过时的就是要克服计划经济体制下形成的供给制保障方式的弊端，改变自我封闭、自成体系的服务管理模式。融入时代的就是要在保持国家保障、政府主导性质不变的前提下，积极引进市场机制的理念和做法，充分运用智能化手段，增加科技含量，始终使军休安置工作紧跟时代要求，紧贴时代脉搏。创新根本的就是要运用创新思想、创新观点和创新方法，研究新情况，解决新问题，创建与时俱进的新体制、新机制。

（四）要把强化领导作为做好军休安置工作的组织保证来抓。江泽民同志曾多次强调，军队离退休干部移交政府安置，是党和国家的一项重大决策，是军地双方一项长期的重要政治任务。地方各级党委和政府，各有关部门，军队各单位，要切实加强领导，及时研究和解决安置工作中出现的问题，始终在政治上、生活上关心离退休老同志，多为他们办实事，使他们安度晚年。新颁发的中办发[2004]2 号文件再次重申了这一思想。各级党委、政府应站在贯彻落实"三个代表"重要思想、维护改革发展稳定大局、促进国防和军队现代化建设、保障军休干部切身利益的高度，切实把军休安置工作纳入当地国民经济和社会发展规划，统筹考虑，统一部署。各有关部门要切实履行职责，具体抓好落实。一是要发挥各级民政部门的主角作用。民政部门是代表政府从事军休安置工作的主要职能部门，要切实提高认识，当好主角，负起责任，真正把军休安置工作提上日程、摆上位置，及时研究解决工作中的重大问题；主要领导要经常过问、及时督促，对工作中遇到的重点、难点问题，要亲自出面协调解决；各级安置办公室要认真履行指导、协调、督促、落实的职能，积极为同级民政部门当好参谋助手。二是要发挥军地有关部门的合力作用。要加强军地之间、部门之间、上下之间的协调、配合，通过建立联席会议、定期交流、现场办公等行之有效的制度，形成互相支持、密切配合、齐抓共管的合力。三是要发挥基层工作队伍的基础作用。军休安置工作千头万绪，但最终都要通过基层来落实。因此，要舍得把那些政治思想好、业务素质高、工作作风实的同志充实到基层服务管理队伍中，并通过多种形式的传帮带，不断提高他们的综合素质，以更好地为军休干部服务。同时，要在政策允许的范围内，尽最大努力帮助他们解决工作、学习和生活中的实际困难，以保证他们集中精力做好服务管理工作。四是要发挥目标管理的约束作用。军休安置工作是服务保障性工作，涉及对大量人、财、物的管理使用，直接关系到军休干部的切身利益。必须建立横向到边、纵向到底的目标管理责任制，切实把目标、责任和要求明确到具体部门、具体人身上，并实施不间断地监督检查，确保专款专用、专编专用、专车专用，最大限度地发挥其保障效益。

同志们，新时期的军休安置工作艰巨而光荣。让我们紧密团结在以胡锦涛同志为总书记的党中央周围，高举邓小平理论伟大旗帜，认真实践"三个代表"重要思想，全面落实中央《意见》精神，坚定信心，振奋精神，与时俱进，扎实工作，努力开创军休安置工作新局面，更好地为国防和军队现代化建设服务，为改革发展稳定的大局服务！

在全国军队离休退休干部安置工作会议上的总结讲话

民政部副部长 罗平飞

（2004年2月28日）

同志们：

经国务院、中央军委批准，由民政部、总政治部、总后勤部联合召开的全国军队离休退休干部安置工作会议，通过大家的共同努力，圆满完成了各项议程，今天就要闭幕了。

会议期间，三个部的领导同志都作了讲话，从不同侧面回顾总结了军休工作的主要成绩和基本经验，分析研究了军休工作面临的新情况和新问题，明确提出了今后一个时期军休工作的基本任务、总体思路和主要措施。军地12个单位和工休人员代表，分别介绍了他们多年来做好军休工作、无私奉献社会的经验和做法。与会同志围绕如何在邓小平理论和“三个代表”重要思想指引下，贯彻落实中办发[2004]2号文件精神问题，认真学习了三位领导同志的讲话，结合各自的工作实际深入讨论，献计献策，对解决军休工作的一些重大问题提出了很好的意见和建议。会议还表彰了一批先进军休干部、安置建房和服务管理工作先进单位和先进个人。

大家一致认为，这次会议很重要、很及时、很成功，虽然时间不长，但主题鲜明、内容丰富、收获很大，达到了预期目的。一是进一步提高了认识。通过学习讨论，同志们一致认为，军休工作是党委、政府和军队工作的重要组成部分，事关军休干部切身利益，事关国防和军队现代化建设，事关改革发展稳定大局。做好这一工作，既是党的要求、政府的责任、社会的义务，也是时代赋予我们的历史使命。在新的形势下，军休工作只能加强，不能削弱；只能抓紧抓好，不能丝毫懈怠。二是进一步理清了思路。大家一致感到，军休工作的根本任务就是为军休干部服务，为国防和军队现代化建设服务，为改革发展稳定大局服务。而要把这三个服务做到位，就必须坚持以邓小平理论和“三个代表”重要思想为指导，以贯彻中办发[2004]2号文件精神为契机，以完善政策法规体系为重点，以落实“两个待遇”为中心，以实现“六老”要求为目标，解放思想，实事求是，与时俱进，扎实工作。三是进一步增强了信心。与会同志一致表示，新时期军休工作尽管面临不少实际困难，但也有许多做好工作的有利因素。随着我国综合国力的不断增强和公共财政体制的逐步建立，必将为做好军休工作提供更为丰富的物质保障；随着工作体系、保障体系、政策体系的不断完善和实践经验的不断积累，特别是中办发[2004]2号文件的颁发实施，为做好军休工作奠定了良好的工作基础；随着城市社区服务网络的快速发展，为做好军休工作提供了良好的发展机遇，等等。只要我们按照会议形成的共识和思路，敢于正视困难、迎接挑战，善于抓住机遇、开拓进取，勇于求真务实、狠抓落实，就一定能够推动军休工作全面、协调、可持续发展。

总之，这次会议，是一次进一步统一思想、提高认识、总结经验、明确任务、表彰先进的重要会议，它标志着军休工作改革与发展进入了一个新的阶段，必将对军休工作的长远发展产生重要的影响。

根据会议的安排，受民政部、总政治部、总后勤部的委托，下面，我就如何贯彻落实这次会议精神再强调三个问题：

一、认真学习，深刻领会，真正把思想统一到会议精神上来

贯彻落实会议精神，首先要做好统一思想的工作。一是要汇报好、传达好。特别是对三位领导同志的讲话，对会议的主要精神，要及时地、原原本本地向地方党委、政府和军队各大单位党委、主要领导汇报，加深他们对军休工作的认识和理解，以便在领导精力上给予更多关注、在财力物力上给予更多支持、在政策保障上给予更多优惠，真正把这项工作纳入全局，摆上重要议程。同时，可采取多种形式将会议主要精神自上而下地传达下去，一直传达到基层干休所和部队团以上单位。二是要学习好、宣传好。在广泛深入宣传会议精神的基础上，要着力组织广大工休人员学习中办发[2004]2 号文件，学习三位领导同志的讲话，学习民政部、总政治部、总后勤部《关于进一步做好军队离休退休干部移交政府安置管理工作的宣传教育提纲》，引导大家认清召开这次会议的重大意义，吃透会议的主要精神，理清贯彻落实的思路措施。总之，要通过学习传达，切实把广大工休人员特别是各级领导的思想统一到会议精神和要求上来，行动引导到做好工作、狠抓落实上来。

二、统筹兼顾，突出重点，切实做好移交安置和服务管理工作

贯彻会议精神，落实各项任务，头绪很多，要求很高。因此，必须坚持统筹兼顾、突出重点、协调推进。总的思路是，以中办发[2004]2 号文件为政策依据，积极稳妥处理移交安置进度与移交安置质量、住房保障与住房管理以及国家保障与服务管理社会化的关系，全面推进移交安置和服务管理工作的协调发展。一方面，要保持工作的连续性，科学制定安置规划和年度交接计划，合理调配力量，全力以赴，力争年底基本完成第五批移交安置任务；认真审定安置去向，落实住房补贴经费，完善移交安置办法，努力实现 2010 年后移交安置工作进入良性循环的目标。另一方面，要注重工作的创造性，以落实“两个待遇”为中心，以实现“六老”要求为目标，通过积极利用社会资源，拓宽服务渠道，丰富服务内容，优化组织结构，转变工作职能，尽快形成民政部门宏观指导、服务管理机构组织协调、社会力量广泛参与的新机制，逐步建立国家保障与社会化服务相结合的服务管理新模式，全面提高服务管理水平。

三、加强领导，密切配合，确保军休工作顺利进行

全面贯彻落实会议精神，是当前和今后一个时期军休工作的重点，任务重、难度大、要求高。地方各级政府要按照中央的要求，自觉把军休工作摆上议事日程，纳入本地区国民经济和社会发展规划，作为双拥工作的重要内容，加强领导，加大投入，及时解决军休工作中遇到的重大难题。军地有关部门要按照中办发[2004]2 号文件的分工，密切配合，形成合力，切实做到履行职责到位、工作措施到位、落实要求到位。要抓紧研究出台配套政策，搞好住房、医疗及相关生活待遇的衔接，确保实现新旧保障制度的平稳过渡。要讲政策，讲原则，讲实效，完善联合工作机制，统筹安排各项工作，研究新情况、解决新问题。要加强队伍建设和作风建设，改进工作方式，加大培训力度，引导大家牢固树立竭诚服务的观念，时时处处不忘自己的光荣使命和崇高责任，真正做到权为军休干部所用、情为军休干部所系、利为军休干部所谋，努力实现好、维护好、发展好军休干部的合法权益。

同志们，胡锦涛总书记在中纪委第三次全会上从实现全面建设小康社会宏伟目标的战略高度，深刻阐述了新形势下大力弘扬求真务实精神的极端重要性，要求全党同志紧密联系实际，加强和改进各项工作。我们要高举邓小平理论和“三个代表”重要思想的伟大旗帜，更加紧密地团结在以胡锦涛同志为总书记的党中央周围，按照这次会议的要求，振奋精神，开拓进取，真抓实干，为开创军休工作新局面，为更好地促进国防和军队现代化建设，为全面建设小康社会做出新的贡献。

在济南市民政系统“满意在民政”活动经验交流会上的讲话

民政部副部长 罗平飞

（2004 年 4 月 8 日）

同志们：

在全国上下深入学习“三个代表”重要思想，认真落实全面、协调、可持续的科学发展观，各项工作全面推进的新形势下，济南市民政系统在这里隆重召开会议，总结开展“满意在民政”活动两年多来的实践经验，研究部署进一步推动这一活动深入发展的具体措施，这对于落实全国民政厅（局）长会议精神，实现“三个转变”，推动工作创新发展具有十分重要的意义。在此，我代表民政部对这次会议的召开表示热烈的祝贺！对济南市民政系统适应新形势新任务要求，积极探索加强自身建设，不断推进行政管理体制和运行机制改革创新的不懈努力表示敬意！

近年来，在山东省和济南市党委、政府的正确领导下，在山东省民政厅的具体指导下，济南市的民政工作取得了显著的成绩，不少工作走在全国前列。特别是 1996 年推出的政务公开、为民解难服务，曾在全国民政系统引起较大反响。进入新世纪，济南市民政局新一届领导班子，在已有成绩的基础上，与时俱进，不断创新，以更高的标准和要求，在全系统开展了“满意在民政”活动。应该说，这项活动是继为民解难服务之后，济南市民政系统贯彻落实“三个代表”重要思想和党的十六届三中全会精神，进一步转变政府职能、改进工作作风，推进民政工作改革发展的又一重要举措。我认为，这一活动既是长期以来济南民政系统为民服务经验的概括和总结，也是新时期为民工作的深化和发展，既体现了民政工作以人为本、为民服务的本质要求，也是对这一要求实现形式的创新，使人振奋，给人启迪。下面，我谈点感受，供大家参考。

一、要围绕为民服务下功夫

近年来，随着社会主义市场经济的深入发展，我国的经济社会面临着全新的形势。经济体制改革的深化和内外贸易的发展，凸现了市场在资源配置中的作用；经济成分、就业形式的日益多样化，带来了部分社会成员的暂时下岗和一定程度的两极分化；利益表现和社会组织的多元化为人们的社会生活方式提供了更多的选择机会；现代信息技术的飞速发展扩大了社会交往的频度和范围，从根本上改变了人们的沟通方式；依法治国战略的实施要求我们必须全面加强依法行政，逐步转变政府职能，有序推进行政审批制度改革，等等。所有这些，都给以为民服务为根本任务的民政工作提出了新要求。

去年以来，中央把以人为本和树立科学的发展观提到了事关党和国家事业发展全局的重大战略高度，强调政府工作要以实现人的全面发展为目标，要从人民群众的根本利益出发，坚持人与自然全面、协调、可持续的发展，不断满足人民群众日益增长的物质文化需求，切实保障人民群众的经济、政治和文化权益。这是经济社会发展的客观要求，是我们党的宗旨的具体体现。我们必须深刻理解科学发展观的精神实质，深刻把握科学发展观对民政工作的新要求，充分认识做好民政工作对落实科学发展观的现实意义，切实把思想统一到“三个代表”重要思想的要求上来，统一到科学发展观的要求上来，统一到民政工作服务于人民生活质量的提高、服务于建设小康社会的本质要求上来。

以人为本、为民服务是新时期民政工作的根本宗旨和职责所在。从一定意义上说，“为民”思想既是“三个代表”重要思想和科学发展观在民政工作中的具体体现，又是整个民政工作的出发点和归宿；既是对民政工作职能作用的高度概括，又是对民政工作指导思想的精辟阐述；既是对民政工作的客观要求，又是检验民政工作实效的根本标准。我们必须清醒地看到，无论过去、现在，还是将来，民政事业都是一项与人民群众关系紧密、为民谋福祉的事业。正如李学举部长最近指出的，维护民利、解决民生、落实民权始终是民政工作的主线。我们必须紧紧围绕为民服务这条主线下功夫，切实把实现好、维护好、发展好人民群众的根本利益作为工作的第一目标，把让社会和群众满意作为衡量一切工作的惟一标准，心里装着群众，凡事想着群众，工作依靠群众，一切为了群众，凡是群众需要、人民满意、我们能做的事情，都要千方百计办实、办好。要做到这一点，就必须具备与之相适应的思想和作风。要强化服务意识，做到为民服务全心全意，不能半心半意，要真心实意，不能虚情假意。要改进服务方式，变被动服务为主动服务，变坐等服务为上门服务。在这方面，济南市民政系统的同志们带了好头，全国民政系统都要像济南民政系统的同志那样，因地制宜，不断创新，积极探索适合本地区、本部门实际，对人民有利、让人民满意的有效形式，切实把为民服务的要求落到实处。

二、要围绕总结经验做文章

总结经验不仅是为了很好地认识过去，更是为了积极地谋划未来。对以往经验的总结，有助于我们在工作中进一步完善提高，除旧布新，在扬弃的基础上得以发展。我们党历来重视总结经验。毛泽东思想、邓小平理论、“三个代表”重要思想、科学发展观等，都是在对党领导的丰富的革命和建设实践进行科学总结的基础上，形成的指导全党工作的指导思想。

从这些年的实践看，民政工作也是在总结经验中前进，在运用经验中发展，在探索实践中进步，在升华认识中提高。这种前进、发展、进步、提高都寓于一个过程之中，即实践、认识，再实践、再认识的不断向更高层次发展的过程。因此，不断总结经验，不断完善认识，不断指导新的实践，既是马克思主义认识论的基本要求，也是丰富民政工作实践的客观需要。

总结经验有很多工作要做，我感到主要应抓好三个环节：一是注重实践。实践是经验的惟一来源，也是检验我们的认识是否正确的惟一标准。我们一切工作的出发点和归宿，都要以人民群众是否满意为前提。只要适应经济社会发展的客观要求，符合人民的利益，受到人民群众的拥护，就证明是进步的，就代表了一种发展趋势，就能够在不断完善的基础上上升为影响全局工作的经验。社区建设、城市低保、社会福利社会化等工作，都是在实践中总结完善、提高推广，成为新时期民政工作的热点和亮点。二是把握重点。我们做了很多工作，哪些能够上升为带动全局工作的经验，需要根据一个时期的工作重点来确定。那些能够为新时期民政工作的总目标服务、能够解决当前工作中的难点、热点问题、能够推动工作全面发展的做法和措施，是最需要我们关注和总结的。就总体而言，当前要紧紧围绕适应社会主义市场经济发展的要求，适应建立完善的社会保障体制的要求，适应全面、协调、可持续发展观的要求，对新时期民政工作面临的形势做出新的分析，对新时期民政工作的特点规律做出新的归纳，对新时期民政工作的基本经验做出新的概括，对新时期民政工作的发展趋势做出新的判断。三是讲究方法。总结经验，还必须掌握科学的方法。要从个别中看到一般，从现象中抓住本质，从感性认识上升到理性认识。要善于从那些形成于一项业务、一个部门的做法中发现具有普遍意义的经验，善于把那些具有典型意义的实践升华为具有指导意义的认识，并力求使之转化为理论依据、政策法规和工作措施。“满意在民政”就是济南市民政系统在认真总结“政务公开、为民解难服务”活动经验基础上提出的新举措。这项活动适应了“三个转变”和民政事业发展的需要，对于全面提高民政工作质量，必将起到积极的推动作用。

三、要围绕改革创新谋发展

创新是指在继承前人成果的基础上，根据社会实践的新经验，总结、归纳形成的对社会运动规律的新认识，是人类独有的一种创造性行为，存在于社会发展的所有领域、所有时段。始终坚持创新精神，创造性地开展各项工作是我国社会主义现代化建设不断取得成功的经验，也是近些年来民政事业快速发展的重要因素。改革创新，是我们解决新时期民政工作新情况、新问题的根本出路，也是我们努力体现民政工作时代特色、深入把握民政工作基本规律、全力推动民政工作与时俱进的重要手段。

全面建设小康社会，推进经济社会全面、协调、可持续发展的奋斗目标，不仅给我们指明了今后一个时期民政工作的前进方向，而且为我们进一步深化行政管理体制改革，切实转变政府职能，建立与社会主义市场经济体制相适应的民政工作运行机制提出了新要求。要适应这些新要求，就必须切实树立起有限权力政府的观念，实现从无限权力政府向有限权力政府的转变；必须强化法治意识，实现从以权施政向依法行政的转变；必须强化政府责任意识，实现从政府权力本位向政府责任本位的转变；必须从各种具体事务中解脱出来，把主要精力放在调查研究、监督检查和宏观管理上，放到总结经验、推动工作上；必须坚持和发扬理论联系实际、密切联系群众的工作作风，创造性地开展工作，把各项工作真正落到实处；必须不断地用当代科学技术的新成果武装自己，尽快实现民政工作方式的现代化，把民政事业的发展更多地转到依靠科技进步和提高从业人员素质的轨道上来，实现民政工作手段的全面进步。按照这些要求，不难发现，尽管民政工作取得了很好的成绩，但也存在一些需要完善的地方。比如，传统民政业务的重点需要调整，一些过去的工作习惯需要改变，工作作风和工作手段需要改进，等等。要实现民政工作快速进步，就需要我们根据新时期民政工作面临的形势和任务，积极探索，大胆实践，紧紧围绕改革创新谋发展。

改革创新是全方位的。当前，管理体制和运行机制的创新是民政工作创新的一个重要方面。我们必须按照“经济调节、市场监管、社会管理和公共服务”的要求，以转变政府职能为切入点，不断探索加强社会管理的新思路，切实把工作重心从以行政管理为主转移到管理和服务相结合、行政监管和市场调节相结合上来，努力创建社会管理的新体制。与此同时，要对多元的民政业务进行适当的整合，建立一种相互促进、协同配合的机制，形成最大合力，充分发挥民政工作的综合效能和整体优势。

同志们，济南市民政系统适应民政工作的现实需要，广泛开展“满意在民政”活动，取得了很好的成绩，不仅为提高新时期民政工作的质量构筑了一个平台，为拓展民政工作的社会开放度、透明度和参与度提供了一个有效载体，而且从人民群众的现实需要出发，以提高人民群众的满意度为衡量标准，通过建立行为规范、运转协调、公正透明、务实高效的运行机制，有力地促进了民政工作管理体制的创新，为新时期民政工作的创新发展创造了条件。希望济南市民政系统的同志们能以这次会议为契机，进一步解放思想，总结经验，积极探索，勤于实践，使“满意在民政”活动不断规范、完善、巩固、提高，努力为民政工作的改革发展创造新的经验。

以人为本　立足服务
努力开创地名工作新局面

——在全国地名工作会议上的讲话

民政部副部长　罗平飞

（2004 年 4 月 9 日）

同志们：

1991 年全国地名管理工作会议至今已经十三年。十三年来，在党中央、国务院的正确领导下，在地名系统广大干部职工的共同努力下，地名工作有了长足的发展，取得了很好的成绩。当前，我国的经济社会已进入一个全新的发展阶段，这就给地名工作的改革发展提出了新任务、新要求。认真总结过去，准确分析现状，积极谋划未来，推动地名工作全面、协调、可持续发展，是摆在我们面前的一项重要任务。下面我就这个问题讲几点意见。

一、用求是的态度认真总结地名工作的过去

总结工作的根本目的在于吸取经验、找寻规律，更好地指导今后的工作。要达到这一目的，就需要我们用历史的、唯物辩证的观点对地名工作的过去进行分析评估，其重点在于"求是"。作为信息传播不可或缺的载体，地名与人民群众的日常生活和各种经济社会活动息息相关。建国以来，特别是 1991 年全国地名管理工作会议以来，伴随着社会现代化程度的提高，人们的社会交往活动越来越频繁，地名的使用频率越来越高，对地名管理规范化、标准化和信息化服务的要求也越来越迫切。民政部门作为地名工作的行政主管部门，适时加大对地名工作的管理力度，逐步建立健全工作规范，不断研究新情况、解决新问题，使地名工作的发展总体上适应了经济社会发展的客观需要。

（一）管理体制逐步理顺。新中国成立后，内务部作为全国地名管理的职能部门，作了大量卓有成效的工作，为我国地名工作的发展奠定了坚实的基础。内务部撤销后，地名工作一度处于分散管理状态。中国地名委员会的成立，使地名工作有了议事协调机构。1987 年，国务院重新明确民政部为全国地名工作的行政主管部门，并于 1993 年将中国地名委员会的职能并入民政部，强化了对地名工作的行政管理。目前，全国绝大多数省份的地名工作已归口民政部门管理，对有关专业地名的管理也进一步规范，地名行政主管部门统一指导、有关部门积极协作的工作机制正在逐步形成。管理体制的逐步理顺，有效地保障了地名工作的顺利开展。

（二）政策法规基本成型。建立健全了相关管理制度，出台了一系列政策法规。以 1986 年国务院颁布的《地名管理条例》为基础，民政部于 1996 年发布了《地名管理条例实施细则》。这个细则明确了地名管理的目的、意义和作用，规定了地名管理的任务、方法和责任等，成为地名行政管理中最基本的规范性文件，标志着全面、规范、具体的地名管理制度的形成。各地因地制宜，从本地实际出发，制定出台了一大批地方性法规，进一步加强了当地的地名管理工作。与此同时，民政部组织制定，经有关部门批准发布了《地名标牌　城乡》、《地名分类与类别代码编制规则》、《外语地名汉字译写

导则》等多个国家标准，为地名管理工作提供了相应的规范。从2000年4月开始，民政部又与教育部、国家语言文字工作委员会组成全国地名用字读音审定委员会，开展了乡以上政区名称的审音定字工作，并结合贯彻实施《中华人民共和国通用语言文字法》，进一步规范了地名的命名、更名工作。

（三）服务功能日益增强。适应经济社会发展的需要，服务于人民群众的日常生活和国家的现代化建设，是地名管理的根本宗旨。在不同的历史发展阶段，社会对地名有着不同的需求。因此，地名管理的内涵、地名工作的重点也必然会随着经济社会的发展与时俱进。这些年来，各级民政部门在夯实基础、做好传统工作的同时，做了大量满足经济社会发展需求的工作。一是稳步推进地名标志设置工作。民政部联合交通部、公安部、建设部，从1995年到1998年开展了国道两侧村镇地名标志设置工作。2000年4月，民政部又与交通部、国家工商行政管理局、国家质量技术监督局一起，按照国家标准组织开展了在全国城市设置标准地名标志，实现城市地名标志的标准化工作。二是加速建立地名信息系统。民政部于1997年启动部本级地名数据库建设，先后开发了“地名之星”、“地名全通”和地名信息登记系统等信息处理软件，建立了拥有60多万条中外地名的数据库，开通了“中国地名网”、“中国行政区划与地名网”，为民众和社会提供了良好的服务。地方地名信息化建设也取得了显著成绩，涌现了南京地名网、朝阳地名声讯服务、山东地名信息系统等一大批服务社会的典型。三是积极开展地名标准化工作。我国历史悠久、地域辽阔、民族众多，语言文字复杂。如果没有统一、规范的地名标准，势必限制人们的交往空间，给人们的日常生活带来不便。为了早日实现我国地名的标准化，民政部牵头组成了全国地名标准化技术委员会、全国地名用字读音审定委员会等机构，先后开展了地名标准制订、中国地名汉语拼音字母拼写、外国语地名汉字译写、少数民族语地名音译转写等工作，并积极参与了国际地名标准化活动，有力的推动了我国地名标准化进程，在更大范围、更高层次上满足了经济社会发展的需要。

（四）理论研究不断深入。部里对地名理论研究工作一贯非常重视，先后组建了民政部地名研究所和中国行政区划与地名学会，不仅培养、建立了一支稳定的地名科研队伍，开展了有组织、有计划、有规模的科研活动，在全国地名理论研究的各个领域发挥了学术支撑作用，而且聚集了社会各界一大批热心地名研究的仁人志士，使群众性的地名科研达到了前所未有的广度和深度。在地名的历史沿革、内涵规律、传播机制、实践应用、社会效应等方面取得了令人瞩目的科研成果，如《实用地名学》、《数字地名》、《地名学简论》、《地名规划原理》，《中华人民共和国地名大词典》、《中华人民共和国地名录》、《中华人民共和国政区标准地名图集》、《中国海域地名图（录、志）》等一大批高质量的学术研究著作和工具书。目前，地名研究已经形成独立的学科体系，较好地发挥了服务于地名工作实践、服务于广大人民群众、服务于国家经济社会发展的作用。

（五）地名文化蓬勃开展。地名是人类历史活动的产物，它记录了人类社会发展的曲折历程，记录了民族的变迁与融合，记录了我们生活环境的变化，有着丰富的历史、地理、语言、经济、民族和社会内涵，是一种特殊的文化现象。近年来，我们根据《地名管理条例》和《地名管理条例实施细则》的有关规定，本着“尊重历史、照顾习惯、体现规划、易找好记”的精神，积极稳妥地开展了地名的命名、更名工作，一方面减少了地名中的方言字、生僻字、简化字、自造字及异读音字，另一方面也较好地维护和丰富了地名的文化内涵，增加了地名的文化品位。在地名管理和服务工作中，各地广开言路、多辟渠道，利用网络、听证会、意见箱等多种形式，吸纳群众建言献策，引导民众积极参与到地名文化建设中来，不仅培育了一批民间地名研究组织和刊物，使群众性地名文化蓬勃开展，而且较好地保证了先进地名文化的前进方向。

这些年来，地名工作在探

索中前进，在创新中发展，创造和积累了十分宝贵的经验，主要有：必须始终坚持与经济社会发展相适应，着眼于解决新情况、新问题，大力加强法规政策和技术标准建设；必须始终坚持管理和服务并重，在管理中拓展服务，在服务中规范管理，不断增强地名工作的服务功能；必须始终坚持以社会力量为依托，在宣传中形成共识，在共识中加深理解，努力扩大地名工作的社会参与度；必须始终坚持先进文化的前进方向，保持地名的民族性、传统性和现代性的有机结合，努力弘扬健康向上的地名文化、使地名工作更好地体现以人为本的思想；必须始终坚持政府领导、民政组织、部门合作的协作机制，充分发挥地名管理的整体效益。

上述成绩和经验的取得，是党中央、国务院正确决策的结果，是各级党委、政府高度重视的结果，是社会各界关心支持的结果，更是各级民政部门及地名战线的广大干部职工团结奋进、努力工作的结果。在这里，我代表民政部，对教育、公安、建设、铁道、交通、工商、质量、民航、测绘等各有关部门的大力支持表示衷心的感谢！向长期在地名工作第一线默默奉献的同志们表示深深的敬意！

二、用发展的眼光积极谋划地名工作的未来

发展的观点是马克思主义最基本的观点。要正确谋划未来，必须准确把握现在，通过对矛盾和主客观条件的透彻分析，全面了解事物的现状及发展趋势，形成带规律性的认识。因此，我们必须以求实的态度，对新世纪、新阶段地名工作面临的形势、存在的矛盾和问题进行客观分析，以形成指导工作的共识。

（一）科学发展观对地名工作提出新的要求。所谓科学发展观，其实质是要实现经济社会更快更好的发展，其核心是要坚持以人为本，从人民群众的根本利益出发谋发展、促发展，让发展的成果惠及全体人民，最终实现人的全面发展。统筹兼顾是科学发展观的根本要求。在社会发展过程中，只有统筹城乡发展、统筹区域发展、统筹经济社会发展、统筹人与自然和谐发展，才能推进生产力和生产关系、经济基础和上层建筑的协调发展。作为新时期社会主义现代化建设的重要指导思想，科学发展观既为地名工作提出了全新的要求，也为地名工作的创新发展带来了机遇。一方面，科学发展观要求我们在工作中更加注重宏观调控，更加注重统筹兼顾，更加注重以人为本，更加注重信息服务。另一方面，科学发展观又要求各级政府必须弘扬求真务实的精神，进一步转变职能，提高社会管理和公共服务的质量，以公共财政体制为基础，从人力、物力、财力等各个方面向社会管理和公共服务领域倾斜。必须清醒地看到，无论从行政管理的效率、信息开放的程度，还是提供服务的质量，地名工作都滞后于社会发展的要求，这就需要我们进一步顺应形势，创新思维，扎实工作，全力推动地名工作跨越式发展。随着科学发展观的逐步确立，地名工作服务社会、服务百姓、关系人民群众切身利益的公共事业性质将日益凸现。地名工作也必将引起各级政府的高度重视，并被纳入重要日程。有为才有位。我们一定要抓住这难得的机遇，想方设法争取更多的资金投入、更有利的政策支持，逐步改变地名工作滞后于经济社会发展的局面。

（二）城镇化的快速推进对城镇地名管理带来新的考验。城镇化是人类社会发展的必然趋势，是现代化的突出特征之一，也是城乡社会协调发展的必然结果。为了进一步提高城镇化水平，促进我国经济发展和社会进步，党的十六大把“城镇人口的比重有较大幅度的提高”确立为我国全面建设小康社会的宏伟目标之一，明确提出“要逐步提高城镇化水平，坚持大中小城市和小城镇协调发展，走中国特色的城镇化道路”，“消除不利于城镇化发展的体制和政策障碍，引导农村劳动力合理有序流动”。2003年我国城镇人口占总人口的比重首次超过40%，标志着我国的城镇化已进入加速发展阶段。据专家预测，今后20年我国年均城镇化率将提高1个百分点，即每年增加1200～1300万城镇人口，按每平方公里建成区容纳8000人计算，每年需扩展1500～1650平方公里建成区，相当于3个上海市的现有建成区面积。城镇建成区是人文地理实体名称高度密集地区，如此快速的城镇扩展，必然带来新地名的大量涌现，如何结合城镇规划，适应城镇高速发展的需要，适时编制相应的地名规划，科学、高效、及时地对新建成区的各类人文地理实体予以命名，设置相应的地名标志，健全、完善相关服务设施，收集、处理有关信息是摆在地名管理部门面前一项紧迫的任务。

（三）信息化、全球化对传统的地名管理模式形成新的冲击。第二次世界大战后，随着新科学技术革命席卷全球，信息产业在国民经济中所占比重日益提高。人类社会正逐步从以物质为核心的工业经济时代迈向以信息为核心的知识经济时代。现代交通、通讯技术的突飞猛进，世界各地之间的联系越来越频繁密切，国家间、地区间的相互依存、相互渗透不断加深，特别是随着全球经济一体化进程的加快，国际合作与竞争空前广泛激烈，地名信息的传递速度不断加快、使用频率日益提高，对不同语言文字地名之间的转译、全球地名单一罗马化、地名国家标准化以及及时、高效地收集、整理、标准化处理、传输地名信息的要求越来越高。所有这些都对我国的地名管理模式、管理手段、运行机制提出了新的挑战。必须看到，信息是信息社会的主要经济资源，数字化信息是知识经济的物质形式。地名作为最常用的社会公共信息之一，在未来社会中的重要作用将日益显现，地名信息必将成为国家行政管理、经济建设、国内外交往不可或缺的基础信息资源。无论是社会交往、经济交流、信息传输，还是国家竞争、外交斗争和现代战争，都无法避开地名信息。传统的纸质手工地名信息提供方式远不能适应信息化形势对地名服务的需求。面对信息化、全球化的挑战，利用现代信息技术尽快建立高起点、高质量、高效率的地名信息系统，最终实现地名信息数字化管理，不仅有利于提高地名管理决策的科学化水平，从根本上克服实践中的盲目性、随意性和被动性，而且有利于提高地名信息资源的利用率和社会经济效益，不断创造新的工作增长点，进一步提高地名服务管理水平。

就目前地名工作的情况而言，尽管有了长足的发展，取得了一定的成绩，但也存在一些与新形势不相适应的问题。主要是：地名法规建设滞后。现行的《地名管理条例》发布于1986年，部分内容已不适应形势发展的要求。部分工作缺乏相应的法律保障。理论研究有待深化。科学的统计、模拟、定量分析、比较研究等手段尚未完全进入地名研究领域，对地名工作规律性的认识有待深化。科学的运行机制尚不健全。虽然历次政府机构改革都明确了民政部门的地名行政管理职能，但仍有部分地方的民政部门没有承担这项职能。在地名管理上，与相关部门的协调运行机制尚未完全建立。经费、人才严重匮乏，技术装备落后和宣传教育力度不够的问题也在一定程度上影响了地名工作的开展。

面对发展变化了的形势，地名工作必须认真总结过去，积极谋划未来，紧紧抓住机遇，坚持迎难而上，力争大作为、大发展。要从贯彻落实“三个代表”重要思想和科学发展观的高度出发，坚持高起点、高标准、高质量，全力推动地名工作改革创新。今后一个时期我国地名工作的主要任务是：以邓小平理论和“三个代表”重要思想为指导，全面贯彻党的十六大和十六届三中全会精神，适应全面建设小康社会的新形势，坚持全面、协调、可持续的科学发展观，以人为本，立足服务，强化规划，规范管理，不断提高地名工作法制化、规范化、标准化、信息化水平，逐步建立健全完善规范的地名管理服务体系。具体来说，就是要通过修订完善地名管理法规及相关技术规范，进一步形成科学完善的地名工作运行机制，促进地名管理的法制化、规范化；通过规范地名命名、更名、译写和用字读音，设置标准的地名标志，提高地名应用的标准化水平；通过建设国家、省、地、县四级地名数据库，开发研制地名应用软件和地名信息产品，不断增强地名信息化服务功能；通过编制科学的地名规划，适应城镇化发展的需要，加强城镇地名管理工作，从源头上实现地名的标准化，提高地名管理工作的科学决策水平。

三、用创新的精神努力推进地名工作的发展

在新的历史时期，地名工作面临新形势、新任务和新要求，需要我们有新思路、新举措。要贯彻落实全面、协调、可持续的科学发展观，把地名工作的各项任务落到实处，同样需要我们始终坚持创新精神，努力体现地名工作的时代特色，深入把握地名工作的内在规律，全力推动地名工作的创新发展。

（一）提高思想认识，强化组织领导。做好地名工作，首先必须对地名工作的特殊社会性和重要性有一个清醒的认识。在当今社会，随着社会交往活动的日益频繁，地名作为用途越来越广泛的基础信息，已经成为事关人民群众日常生活和社会发展的一项不可须臾离开的公共事业。去年以来，中央把以人为本和树立科学的发展观提到了事关党和国家事业发展全局的重大战略高度，强调政府工作要以实现人的全面发展为目标，要从人民群众的根本利益出发，坚持人与自然全面、协调、可持续的发展，不断满足人民群众日益增长的物质文化需求，切实保障人民群众的经济、政治和文化权益。我们必须深刻理解科学发展观的精神实质，深刻把握科学发展观对地名工作的新要求，充分认识做好地名工作对落实科学发展观的现实意义，把思想统一到“三个代表”重要思想的要求上来，统一到科学发展观的要求上来，统一到地名工作服务于人民生活质量的提高，服务于新时期小康社会建设的本质要求上来，切实加强对地名工作的组织领导，加大投入，真正将其列入政府工作日程。各级民政部门要认真履行地名行政管理职能，充分发挥组织、指导、协调、督促、落实的职责，推动地名工作在实践中创新，在创新中发展。

（二）加强理论研究，创新管理体制。理论创新是其他领域创新的一个中心环节。通过理论创新推动地名工作管理体制和运行机制创新，是地名工作开创新局面的关键所在。一是要大兴调查研究之风，不断拓宽地名理论研究领域，走理论研究与应用研究相结合的路子，广泛吸纳社会各界投身地名理论研究，积极参与部里组织的年度民政论坛；注重发挥科研院所的作用，通过课题招标、委托研究、合作攻关等形式，不断拓展地名理论研究的深度和广度，使地名理论研究更贴近实际工作，更好地为实际工作服务。二是要不断探索加强地名行政管理的新思路，进一步理顺关系，努力创建符合地名工作特点的政府领导、民政主管、部门协作、社会参与的行政管理新机制。要立足实情，结合政府职能转变，努力创新地名管理的方式、途径和手段，使地名工作适应我国经济发展和社会改革的现实需要，为人民群众的日常生活、国际国内的交流沟通、人文地理环境的改善提供更优质、更快捷、更人性化的服务。三是适时进行必要的整合，努力推动地名工作运行机制的创新。随着经济社会的发展，地名工作的内涵和外延也在发生变化，这就要求我们必须对地名、区划等工作进行通盘考虑，对传统的地名工作范围进行适当的调整和整合，以形成最大合力，充分发挥区划地名工作的综合效能和整体优势。

（三）坚持分类指导，谋求协调发展。抓个性、抓特殊性，具体问题具体分析、具体解决既是马克思主义活的灵魂，也是我们抓落实的方法论原则。各地情况不一，遇到的困难也不一样，有的是经费问题，有的是人员编制问题，有的是管理体制问题，有的是技术设备问题，还有的是工作主动性问题等等，从而造成工作进度和工作质量的差异。推动地名工作全面、协调、持续发展，就必须坚持分类指导的原则。各级民政部门要进一步解放思想，认真调查研究，把本地的情况摸清楚，积极开动脑筋，在工作思路上大胆创新，在工作方法上勇于探索，针对本地区存在的突出问题，努力寻找解决矛盾的新途径、新措施、新方法。这次会上印发的典型材料中就有不少好的经验和做法，如通过财政投入与市场运作相结合的办法解决设标和数据库建设经费问题等，就值得总结借鉴。

我们要善于捕捉各种稍纵即逝的解决问题的机会，把中央精神、部里的要求与各地的实际结合起来，创造性地开展工作，不断开创地名工作的新局面。

（四）拓展服务领域，增强社会效益。胡锦涛总书记在十六届三中全会上强调指出："为民，就是要坚持立党为公、执政为民，把实现好、维护好、发展好人民群众的根本利益作为自己思考问题和开展工作的根本出发点和落脚点，忠实地贯彻执行党的群众路线，当好人民公仆，做到权为民所用、情为民所系、利为民所谋。"为民思想落实到民政工作中就是要坚持以人为本，积极拓展服务，努力实现民政事业为改革发展稳定大局服务，为广大人民群众服务的根本宗旨。地名工作不仅直接服务于国家经济建设和社会发展，而且与人民群众的切身利益密切相关，人人都要使用地名，它是一项惠及全民的公益事业。这就要求我们在地名工作中，必须始终坚持"服务人民"的宗旨，在出台法规、制定政策、规划业务、开展工作时，都要认真履行自己的职责，想群众之所想，急群众之所急，时刻把是否方便群众使用、是否符合群众的根本利益放在心上；始终坚持"拓展服务"的理念，积极开发具有时代特色的地名产品，实现地名信息传统性、民族性与现代性的有机结合，不断探索创新为人民群众服务的形式和途径，如开展地名声讯服务、设立地名触摸屏、开通地名网站等，逐步扩大地名服务功能；始终坚持"需求导向"原则，及时跟踪掌握不同社会群体对地名信息的不同需求，使地名产品向层次化、立体化方向发展，既能满足一般群众的要求，又能满足专业群体的特殊需要。要加强地名文化宣传，强化全社会的地名意识，扩大社会关注、支持地名工作的参与度。地名工作要与报刊、图书、网站等媒体建立良好的互动关系，在提供服务中强化宣传，寓宣传于服务之中，不断增强地名工作的社会效益。

（五）把握工作重点，促进全面发展。我们不能把工作过程中所有的矛盾平均看待，必须把它们区别为主要矛盾和次要矛盾。抓主要矛盾，重点解决一个时期内的关键问题，是我们党领导改革开放和社会主义现代化建设取得成功的重要经验，也是我们做好新形势下地名工作的一项基本原则。抓住了主要矛盾，就有可能实现重点突破；重点突破的延伸，就逐步形成整体推进。没有重点突破，就不可能有整体推进；没有整体推进，重点突破就失去了真正价值。全面推进地名工作，需要我们根据不同时期、不同地区的具体情况，分清主次、区别轻重，抓住主要矛盾，解决重点难点问题。当前，地名工作应着重抓好三项工作。一是地名法制建设。目前部里已经启动《地名管理条例》的修订工作，希望各地积极配合，把好的建议提出来，把该反映的意见反映上来，齐心协力把这项工作做好。各地也要加紧本行政区域内地名管理规章制度建设，使地名工作逐步进入法制化、制度化、规范化的良性轨道。二是城市地名设标。用五年时间完成全国城市标准地名设置，是民政部门牵头组织的一项重点工作，今年是最后一年。希望各地进一步加大工作力度，继续发扬求真务实的工作作风，多请示、多汇报、多沟通，进一步解放思想、更新观念、调动力量、挖掘资源，千方百计保证这项任务按时按质完成。三是地名数据库建设。建立地名数据库是实现地名管理信息化的先决条件和基础工作，也是第 11 次全国民政会议提出的重要工作思路之一。去年部里已就抓紧建立省、地、县三级地名数据库、用两年时间完成 10 类地名主要属性信息建库工作作了安排。各地要积极行动，精心组织，周密部署，严格要求，确保按计划完成这项工作。

同志们，新任务迎来了新挑战，新形势也带来了新机遇。让我们紧密团结在以胡锦涛同志为总书记的党中央的周围，以邓小平理论和"三个代表"重要思想为指导，全力推进地名工作创新发展，使之在服务于人民生活、服务于国家经济发展、服务于全面建设小康社会的征途中发挥更好、更大的作用！

以人为本　科学发展
努力开创优抚工作的新局面

——在全国优抚工作会议上的讲话

民政部副部长　罗平飞

（2004 年 9 月 24 日）

同志们：

这次全国优抚工作会议，是继 1998 年全国拥军优抚安置工作会议之后的又一次重要会议。会议的主要任务是以邓小平理论和"三个代表"重要思想为指导，认真学习贯彻党的十六届四中全会精神和国务院、中央军委新修订公布的《军人抚恤优待条例》，总结工作，交流经验，分析形势，统一思想，研究部署当前和今后一个时期的优抚工作。

前不久，国务院、中央军委公布了新修订的《军人抚恤优待条例》。如何围绕全面贯彻落实新《条例》，按照科学发展观的要求，总结过去，分析形势，谋划未来，推动优抚工作深入发展，是摆在我们面前的一项重要任务。刚才，李学举部长就此作了重要讲话。讲话从历史和现实的结合上，对优抚工作的地位作用、发展思路、工作重点，以及实现目标的基本途径等，作了深刻阐述。我们要认真学习领会，全面贯彻落实。下面，我再讲几点意见。

一、优抚工作在新的理念指导下取得很大成绩

有国家就有军队，有军队就有优抚工作。无论是革命战争年代，还是和平建设时期，优抚工作对于促进国防和军队建设都有着特殊作用。1998 年全国拥军优抚安置工作会议以来，优抚工作坚持围绕服务改革发展稳定大局谋思路，着眼促进国防和军队建设做工作，立足维护优抚对象根本利益抓落实，取得了很大成绩，发挥了应有作用。

（一）坚持以人为本，优抚对象权益得到保障。维护优抚对象生产、生活权益，确保其与人民群众一道奔小康，是以人为本思想在优抚工作中的具体体现。各级政府始终坚持以人为本理念，将发展成果惠及广大优抚对象，保障他们充分享有经济发展和社会进步成果的权利。6 年来，中央和地方财政累计投入 448 亿元，统筹发放优待金 310 亿元，连续以每年 15％左右的幅度提高抚恤补助标准，有效地保障了 468 万重点优抚对象的基本生活。各地坚持因地制宜、因时制宜、因人制宜，建立纳入相应医疗体系、实行医疗机构优惠优待、建立定额门诊医疗补助、实施重大疾病医疗救助等多种类多层次的保障模式，较好地缓解了优抚对象医疗难问题。在全国开展"爱心献功臣"活动以来，群众性拥军优属活动逐步走向服务网络化、内容系列化、工作制度化，共筹集资金 36 亿元，成立服务组织 280 万个，结成帮扶对子 74 万对，建房 65 万间，帮助优抚对象解决住房等实际困难。河北、黑龙江、广西等地采取政府补贴、社会资助、个人自筹相结合的方式，大大改善了优抚对象的住房条件。山西、上海、海南、宁夏从建立优抚保障网络入手，保证扶优帮困送温暖活动经常化。西藏、陕西等地坚持救济补助与扶持生产两手抓，有力地提高了优抚对象的生活质量。

（二）坚持依法行政，政策法规体系更加完善。依法治国是我国的基本方略，依法行政

是建设现代法治政府的基本要求。6年来，各级政府和有关部门在动员和倡导以情优抚的同时，坚持把推进优抚工作法制化作为事关优抚事业发展的关键问题抓住不放，积极调查研究，不断探索实践。中央先后制订出台了以适应形势发展要求、涵盖军人抚恤优待各个方面的《军人抚恤优待条例》和其他综合性政策法规20多个，各地结合实际制订出台了地方性配套政策措施2000多个，初步形成了与社会主义市场经济体制相适应的优抚政策法规体系。吉林、黑龙江、上海、江苏、安徽、山东、广东、广西、重庆、四川、甘肃、青海等20个省份，全国70%的县(市)建立了重点优抚对象抚恤补助标准自然增长机制。吉林、江苏、江西、山东等地采取政策主导、有关部门联合实施、定点医疗单位密切配合、社会各界共同参与的办法，构建了全面覆盖、灵活多样的优抚对象医疗保障制度。北京、天津、辽宁等地及时出台了优抚对象成本价购买公有住房、减免租金、优先提供廉租房的政策。这些政策法规对拥军优属、国家抚恤、社会优待、烈士褒扬等工作作了进一步规范和完善，把优抚工作的基本原则和经济社会发展实际紧密结合，为维护优抚对象的权益提供了可靠保证。在完善政策法规的同时，各地以开展评议行风、评比窗口单位活动为载体，采取普遍检查与专项督查、定期审计与随时抽查相结合的办法，进一步加大行政执法监督力度，确保各项政策落到实处。河南、湖南、四川、新疆等地还通过建章立制，推动了督促检查工作的规范化。

(三)坚持与时俱进，各项优抚事业蓬勃发展。1998年以来的6年，是国家各项改革力度较大的6年。各地在继承传统的基础上，坚持解放思想，实事求是，与时俱进，本着有利于维护改革发展稳定大局、有利于促进国防和军队建设、有利于保障优抚对象合法权益的原则，注重从实际出发，积极探索发展优抚事业的新途径、新措施、新办法。结合国家财政支出结构调整，争取加大各项优抚事业投入，提高优抚工作整体水平；抓住农村税费改革机遇，将义务兵家属优待金由群众统筹转为财政列支，创新优待保障体制；顺应科学管理的时代要求，开展优抚工作数据普查，建立信息管理系统，实行经费据实核算，提高优抚事业经费的使用效率；适应户籍管理制度改革需求，改变二元传统模式，推进城乡优抚保障一体化；吸收现代服务管理理念，强化自身建设，扩大对外影响，优抚事业单位的基础规模不断扩充、发展环境不断优化、竞争能力不断增强，成为优抚工作的前沿阵地和基层民政工作的有效载体；贯彻《爱国主义教育实施纲要》，挖掘“红色资源”，编辑出版《中华著名烈士》丛书，提高烈士纪念建筑物文化品位，“褒扬烈士、教育群众”的基本功能得到充分发挥。内蒙、湖北、贵州、云南等地加大投入、完善设施，进一步巩固和发展了优抚事业单位和烈士纪念建筑物的主阵地地位。浙江、福建、广东等地坚持统筹城乡抚恤补助优待标准，缩小城乡差异，为优抚工作适应户籍管理制度改革提供了借鉴。

6年来，优抚工作在继承传统的基础上不断发展，创造和积累了许多宝贵经验。概括起来主要是：注重强化政治意识，以党的最新理论为指导，着眼维护改革发展稳定大局，促进国防和军队现代化建设，保证优抚工作的正确方向；注重强化责任意识，密切配合、齐抓共管，形成政府主导、部门协作、社会参与的良好氛围；注重强化服务意识，坚持以人为本，始终带着使命谋发展、带着感情做工作，做到权为优抚对象所用、情为优抚对象所系、利为优抚对象所谋；注重强化发展意识，按照国防建设与经济建设协调推进的要求，建立重点优抚对象抚恤补助标准自然增长机制，确保优抚对象的生活水平与经济增长速度同步提高；注重强化法制意识，适时调整完善政策，依法保障优抚对象的合法权益，推动优抚工作深入发展；注重强化创新意识，与时俱进，开拓进取，研究新情况，解决新问题，拓展新领域，探索新形式，健全新机制，等等。

上述主要成绩和基本经验的取得，充分体现了党中央、国务院、中央军委对广大优抚对象的亲切关怀，反映了各级党委、政府对优抚工作的高度重视，凝聚着各级民政部门和广大干部职工的艰辛劳动。同时，也是优抚工作解放思想、实事求是、与时俱进、创新发展的理论成果，蕴藏了优抚工作的科学内涵和时代特征，对于指导今后的实践具有十分重要的意义，需要我们很好地继承和坚持下去。

二、深刻认识新时期优抚工作面临的形势和任务

进入新世纪以来，经济全球化趋势愈益明显，知识经济和信息革命扑面而来，经济科技竞争日趋激烈，国际政治斗争仍很复杂。我国处于经济转轨和社会转型的关键时期，全面建设小康社会、加快社会主义现代化建设的任务十分繁重，改革发展稳定面临许多深层次的矛盾和问题。随着改革开放的不断深入和社会主义市场经济体制的逐步完善，特别是社会保障机制的日益成熟和军队改革步伐的逐渐加快，对于与社会保障紧密相连、直接服务于国防和军队建设、保障对象分散在社会各个领域的优抚工作的发展而言，既面临诸多不利因素，也有着不少有利条件。

不利因素主要来自四个方面：一是优抚保障体制与市场经济发展要求不相适应。市场经济体制的一个突出特点是，市场越繁荣，经济越发展，对社会保障的要求越高。优抚工作作为特殊的社会保障，也必须顺应这一发展规律。我国现行的优抚保障体制是计划经济条件下形成的，在计划经济时期以及建立市场经济体制初期对保障优抚对象权益，促进国防和军队建设，发挥了重要作用。但是，随着社会主义市场经济体制的建立和完善，传统的优抚保障体制，无论是指导原则、基本内容，还是保障模式、运行机制，都已不能完全适应时代发展的要求，难以很好地维护优抚对象的权益。二是优抚保障水平与国民经济增长速度不相适应。改革开放的20多年，是人民群众得到实惠最多的历史时期。优抚对象对党和国家做出过重要贡献，应当得到特殊优待和重点保障。总的讲，我国对优抚对象的保障水平还不够高，尽管近年来中央和地方各级财政连续加大对优抚事业的投入，但抚恤补助标准增长幅度仍低于国家经济发展速度，重点优抚对象的实际生活水平与人民群众平均生活水平还有一定差距。三是优抚保障政策与国家各项制度改革进程不相适应。突出表现为：国家医疗制度改革后，原有公费医疗体系不复存在，重点优抚对象应享受的公费医疗或医疗减免政策难以落实，医疗难已成为优抚对象生活中的最大难题；国家住房制度改革取消福利分房，实行国家、单位、个人合理负担购房，不少以抚恤补助金作为主要经济来源的优抚对象，根本无力购买住房；深化国有企业改革，战略性调整经济结构，下岗分流在所难免，相当一部分优抚对象在激烈的竞争中往往处于劣势，如何保障他们的基本生活是一个非常现实而紧迫的课题；户籍管理制度改革已在部分省份开始试行，这必将给优抚工作带来新的情况和问题。四是优抚保障能力与加快国防和军队建设步伐的需求不相适应。当前，国际局势发展的基本态势是，总体和平、局部战乱，总体缓和、局部紧张，总体稳定、局部动荡。恐怖主义、霸权主义对人类和平与发展构成严重威胁，西方敌对势力对我“西化”、“分化”、遏制之心始终不死，我国与周边一些国家在边境、海域等方面存在不少潜在的矛盾，台海局势动荡不安、变数很大。全军部队认真贯彻江泽民国防和军队建设思想，紧紧围绕“打得赢”、“不变质”两大历史课题，推动中国特色军事变革、做好军事斗争准备、调整部队编制体制等各项建设正在加速推进。这些都对优抚工作提出了新的更高的要求，对优抚保障能力也将是一个严峻考验。

有利条件主要有四个方面：一是我国综合国力的不断增强，为做好优抚工作提供了物质保障。优抚工作是一项特殊的社会保障工作。其保障的质量有赖于生产力发展，有赖于综合国力增强，有赖于人民生活水平提高。去年，我国国内生产总值达11.67万亿元，人均国内生产总值突破1000美元；进出口总额8512亿元，列世界第四位；财政总收入2.17万亿元，城市居民人均可支配收入8472元，农民人均纯收入2622元。综合国力的空前增长和人民生活水平的日益提高，为保障优抚对象基本权益奠定了物质基础。二是科学发展观的贯彻落实，为优抚工作的改革发展创造了良好条件。科学发展观的实质是实现经济社会更快更好地协调发展，核心是坚持以人为本，体现在具体的政策指向上，就要求政府主持公平、公正，在努力促进并保护市场自由竞争的基础上，通过对社会经济资源的优化配置，为那些相对薄弱的环节提供更多的扶助，使他们也能分享改革开放和社会进步的成果。这对于以维护优抚对象基本权益为己任的优抚工作来说，无疑是一个非常难得的发展良机。三是社会保障体系的建立完善，为做好优抚工作提供了有效平台。目前，以城市居民最低生活保障和农村“五保”供养制度为基础、以临时社会救济为补充的社会救济体系；以经常性社会捐助制度为基础、以临时性帮困和送温暖活动为补充的社会互助体系；以老年人福利服务为重点、以社会福利服务机构为骨干、以基层福利服务网络为依托的社会福利服务体系；以城镇职工医疗保险制度和新型农村合作医疗制度为主体的医疗服务体系已经建立或正在完善。只要我们把各类优抚对象优先纳入其中、争取适当优惠，优抚工作面临的一些难题将会得到有效解决。四是优抚政策法规的逐步完善，为做好优抚工作提供了可靠保证。特别是随着涵盖死亡抚恤、残疾抚恤、社会优待、法律责任等各个方面的新的《军人抚恤优待条例》及其配套政策的出台以及重点优抚对象抚恤补助标准自然增长机制在全国的普遍建立，将从制度上保证重点优抚对象生活难、住房难、医疗难和患精神病士兵、下岗伤残军人生活难等问题的解决，有力地推动他们的生活水平与我国的经济发展水平同步提高。与此同时，我们有党中央、国务院、中央军委的正确领导，有各级党委、政府的高度重视，有军地各有关部门的密切配合，有一支爱岗敬业、乐于奉献的工作队伍，有多年来创造和积累的行之有效的经验做法，应该说，推动优抚工作的创新发展已经具备了良好的环境。

综上所述，优抚工作要适应新形势新任务新要求，必须以邓小平理论和“三个代表”重要思想为指导，认真贯彻“十六大”精神，以保障优抚对象基本权益为目标，以落实新的《军人抚恤优待条例》为载体，以完善政策法规体系为重点，以改革创新为手段，坚持以人为本，科学发展，与时俱进，更好地为广大优抚对象服务、为国防和军队建设服务、为改革发展稳定大局服务。具体地讲，当前和今后一个时期要着力抓好以下三方面工作：

——完善优抚政策法规体系。以新的《军人抚恤优待条例》为依据，坚持“以人为本”思想、“依法行政”理念和“与时俱进”精神，进一步理顺军人抚恤优待与国民经济和社会发展的关系，逐步建立和完善与市场经济相衔接、与社会发展相协调、与法律规范相一致、与“五个统筹”相吻合、与优抚对象地位相适应的优抚政策法规体系，推动依法优抚落到实处，确保经济发展和社会进步成果惠及广大优抚对象。当前，要采取军地配合、条块结合、部门合作的方法，积极研究制定军人残疾等级评定标准、残疾军人医疗保障办法、医疗补助经费使用办法、伤残抚恤管理办法、抚恤金标准及其调整办法、优抚对象住房保障办法、优抚对象及其子女教育优待办法等配套政策，确保落实《条例》更具有操作性。

——构建多元优抚保障模式。进一步强化政府保障主体责任，巩固和扩大建立重点优抚对象抚恤补助标准自然增长机制的成果，不断提高抚恤补助标准。积极争取有关部门支持，增加优抚投入，提供优惠政策，落实相关待遇。充分利用社会各种有益资源和发展成果，不断拓宽社会化途径，深入开展拥军优属活动，动员和组织社会力量献爱心、办实事。在搞好试点、条件成熟的基础上，逐步实行各类优抚对象的定期补助金由银行代发，保证他们应享受的待遇及时落实到位。认真组织，积极协调，切实把不同类型优抚对象的生活、医疗、住房保障优先优惠纳入相应的社会保障体系。总之，要采取多种措施，努力形成政府主导、部门协作、社会参与的优抚保障新格局，更好地保障广大优抚对象与全国人民一道，随着我国经济快速发展和社会不断进步而实现小康目标。

——推进优抚事业单位可持续发展。这既是适应形势任务的现实需要，也是谋求自身发展的内在要求。要在强化服务宗旨、发挥主体功能的基础上，把优抚事业单位纳入城市民政工作平台、融入社区建设之中，扩大服务功能，拓展服务内容，科学配置和整合资源，最大限度地发挥规模效益，增强全面、协调、可持续发展能力。优抚医院要坚持向特色和专科方向发展，通过改善人才结构、更新设施设备、提高科技含量、深化内部管理，不断增强竞争力。光荣院要本着社会效益与经济效益协调一致的原则，继续以维护和保障孤老优抚对象生活权益为重点，积极向社会延伸和拓展，切实提高自我发展能力。烈士纪念建筑物保护单位要强化"褒扬烈士、教育群众"的基本功能，加大建设、管理和开发力度，努力使之成为学习历史知识、了解革命传统、增强爱国情感、培育民族精神的重要阵地。

三、以科学精神和务实作风推动优抚工作创新发展

优抚工作是党和政府的一项重要工作，是以政府为责任主体的特殊社会保障，是军队有关抚恤优待工作在地方的延伸。做好这项工作，对于保障优抚对象的基本权益、维护改革发展稳定大局、促进国防和军队建设，都具有十分重要的意义。当前，优抚工作面临的新情况新问题，大都是我国经济和社会改革发展过程中产生的。要适应新情况、解决新问题、推动工作与时俱进，就必须在思想认识上有新的提高，在组织领导上有新的加强，在具体落实上有新的载体，在开拓创新上有新的思维。

（一）提高思想认识，强化组织领导。这是做好优抚工作的前提基础和组织保证。一方面，要围绕形成"重视优抚、支持优抚、推动优抚，尊重优抚对象、关心优抚对象、服务优抚对象"的良好氛围，联系新时期优抚工作的地位作用、面临的形势任务以及目标要求，引导大家认清优抚对象是为党和国家做出重要贡献和牺牲奉献的特殊保障对象，对他们必须采取优于一般保障对象的特殊措施。虽然目前面临的环境发生了深刻变化，但国家对优抚对象保障的主体责任不能变，高于一般保障对象的特殊地位不能变，保障水平应始终随着国家综合国力的增强和人民群众生活水平的提高而提高；认清优抚工作绝不是一般的业务工作，而是事关全局的政治性工作，绝不是权宜之计，而是一项长期的战略任务，不是中心影响中心，不是大局牵动大局，在新的形势下只能加强，不能削弱，只能抓紧抓好，不能丝毫懈怠；认清做好优抚工作，是实践"三个代表"重要思想的必然要求，是实现全面建设小康社会宏伟目标的客观需要，是落实全面、协调、可持续发展观的重要内容，切实把思想统一到党中央、国务院对优抚工作的要求上来，把行动统一到维护广大优抚对象合法权益上来。另一方面，要围绕形成政府主导、部门协作、社会参与的优抚工作新格局，通过及时请示汇报，积极争取党委、政府对优抚工作的重视，真正纳入当地国民经济和社会发展的总体规划，在领导精力、财力物力以及政策上给予倾斜；通过与有关部门的联系沟通，争取方方面面的配合支持，谋求包括新型经济组织和新的社会阶层在内的社会各界的广泛参与；通过加强自身建设，培养务实作风，推动优抚工作在落实中创新、在创新中发展。

（二）抓住关键环节，全面落实条例。新公布施行的《军人抚恤优待条例》，在提高一次性抚恤补助标准、确定定期抚恤标准参照依据、调整批准烈士条件、明确义务兵优待金范围标准、设置军人残疾等级、强化法律责任等方面实现新的突破，适应了社会主义市场经济发展和中国特色军事变革的需要，标志着新时期优抚保障体系框架的基本建立，是我国军人抚恤优待工作发展史上的重要里程碑。贯彻好、落实好新《条例》，是当前和今后一个时期优抚工作的主线和载体。各级民政部门，特别是从事优抚工作的同志一定要下功夫学懂弄通，真正认清施行新《条例》的重大意义，准确把握新《条例》的精神实质，切实理清贯彻

落实新《条例》的思路措施，增强依法优抚、依法行政的意识和能力。在具体贯彻落实中，要致力做好三方面工作：一是加强调查研究。要紧紧围绕户籍制度改革、医疗制度改革、农村税费改革、企业用工制度改革等给优抚工作带来的影响，摸清问题，找准原因，提出对策。在此基础上，依据《条例》及配套政策，研究制定本地区贯彻落实的具体措施和办法，确保《条例》落到实处。二是加强探索实践。《条例》尽管在许多方面实现了新的突破，但不可能穷尽所有问题。因此，在具体贯彻中，还需要各地结合自身实际，在实践中总结经验，探索完善。对《条例》中已明确的，要积极主动，落实到位；对《条例》规定不够明确、需要探索研究的，要进行试点论证，总结经验，然后再抓好面上普及，防止出现偏差造成不良影响。三是加强督促检查。要建立目标管理责任制，坚持一级抓一级，层层抓落实，切实维护《条例》的严肃性，确保抚恤补助优待经费及时足额兑现，确保各项规定落到实处，确保优抚对象的切身利益得到维护。

（三）坚持科学态度，积极开拓创新。创新是人类社会发展的一般规律，也是优抚工作发展进步的动力源泉。当前，优抚工作的内外部环境都发生了深刻变化，坚持改革创新是适应形势任务的必然选择。从工作指导上看，要推动优抚工作的创新发展，需要正确处理以下五个关系：一是国家保障与社会优待的关系。实行国家保障和社会优待相结合，是优抚工作的基本方针。一方面，要坚持无论社会主义市场经济如何发展，中央和地方各级政府的主体保障地位不能动摇，通过建立与经济发展相适应的保障机制，确保优抚对象的生活水平不低于当地群众的平均生活水平。另一方面，要广泛动员和组织包括新型经济组织和新的社会阶层在内的全社会关怀、尊重、援助优抚对象，继续开展“爱心献功臣”活动等多种形式的拥军优属活动，积极为广大优抚对象排忧解难。二是以情优抚与依法优抚的关系。既要坚持以人为本，权为优抚对象所用，情为优抚对象所系，利为优抚对象所谋，始终带着使命谋发展、带着感情做工作、带着责任抓落实，又要本着落实已有的、完善不足的、填补空缺的原则，进一步完善政策法规，推动依法优抚的贯彻落实。以情优抚是做好优抚工作的前提和基础，依法优抚是推动优抚工作深入发展的根本保证。三是继承传统与创新发展的关系。继承是为了发展，要发展就必须创新。这种创新既有继承过程中的扬弃，又有对客观事物的新认识。在实际工作中，我们既要善于对那些符合时代要求、符合优抚工作发展规律的观念、制度、经验、做法，创造性地坚持，开拓性地发扬，又必须及时摒弃那些过时的观念、制度和做法，围绕适应新形势、新任务、新要求，坚持科学方法，遵循客观规律，在实践中创新，在创新中发展，推动优抚工作的全面进步。四是重点突破与整体推进的关系。这实质上是要求我们处理好一般与个别的关系。我们要针对重点领域、重点部门、重点内容，从影响优抚工作发展的主要障碍入手，从影响优抚对象切身利益的主要因素入手，有的放矢地开展工作，通过重点突破来实现整体推进。当前，优抚对象医疗保障、在乡复员军人生活困难等问题，是优抚工作的难题。如果我们能够把这些问题解决好了，优抚工作就会有一个新的发展。五是总体谋划与分类指导的关系。总体谋划和分类指导是特定事物发展过程中的必然阶段。没有总体谋划，就不可能有真正意义上的分类指导，没有分类指导，总体谋划就失去了应有价值。因此，推动优抚工作的创新发展，既要总体谋划、统筹安排，又要区别情况、分类指导。目前，优抚工作的总体思路已经清晰，目标任务已经明确，要把它落到实处，就需要我们从实际出发，具体问题具体分析，充分发挥各自优势，允许各具特色，采取不同模式、不同步伐，最终实现优抚工作全面、协调、可持续发展的目标。

同志们，新时期的优抚工作艰巨而光荣。让我们紧密团结在以胡锦涛同志为总书记的党中央周围，高举邓小平理论和“三个代表”重要思想伟大旗帜，认真学习贯彻党的十六届四中全会精神，全面落实《军人抚恤优待条例》，坚定信心，振奋精神，与时俱进，扎实工作，努力把优抚工作提高到一个新的水平，更好地为国防和军队现代化建设服务，为改革发展稳定的大局服务！

以科学发展观为指导
认真做好《基金会管理条例》的贯彻实施工作

民政部副部长　姜　力

（2004 年 4 月 5 日）

同志们：

这次会议是民政部召开的第一个关于基金会管理工作的会议。刚才，广东省李容根副省长作了热情洋溢的讲话，从推动全省经济和社会发展的高度，分析和阐述了民间组织的重要作用，使我们深受启发和鼓舞。李学举部长对这次会议非常重视，亲自参加会议，并对做好基金会及民间组织管理工作作了重要讲话，深刻分析了民间组织面临的发展环境和历史机遇，对坚持以人为本、更新观念，提高民间组织管理工作的整体水平，为改革发展的大局服务提出了明确的要求。我们要认真学习，深刻领会，切实贯彻到民间组织管理的实际工作中。下面，我就《基金会管理条例》的贯彻实施工作讲三点意见。

一、从科学发展观的高度，充分认识做好《基金会管理条例》贯彻实施的重要意义

《基金会管理条例》在《基金会管理办法》的基础上，总结十多年来我国基金会发展的实践经验，根据经济社会发展变化的新形势，充分听取各方面的意见、建议和要求，数易其稿，经过三年多的反复研究论证，民政部和国务院法制办修订完成了《基金会管理条例》，经国务院常务会议讨论通过，温家宝总理于今年 3 月 8 日签发颁布，并将于 6 月 1 日起正式实施。《基金会管理条例》的颁布，为加强基金会管理，促进我国公益事业的发展提供了法律保障，丰富了我国民间组织的法律法规体系，是坚持以人为本，不断满足人民群众多方面需求的重大举措。《基金会管理条例》的贯彻实施，对于推动民政工作体制和机制的创新，贯彻落实科学发展观，推动经济社会全面、协调、可持续发展具有深远的意义。

（一）做好基金会登记管理工作是我国经济社会进入新的发展阶段的客观要求

目前，我国经济持续快速发展，市场经济体制逐步建立和完善。2003 年，国内生产总值已达 11 万亿元，人均 GDP 超过了 1000 美元，我国进入了现代化建设的新的发展阶段。这个阶段是我国经济结构、社会结构发生深刻变化，社会利益关系不断调整，经济社会发展充满机遇，面临风险的关键期，也是具有鲜明公益性特征的基金会发展的机遇期。

一是由于经济快速发展，人民群众的生活水平稳步提高。中产阶层逐步扩大，富人群体的数量和获得的财富增多，富裕起来的群体有条件和能力把一部分资产捐赠出来，回报社会，奉献社会公益事业，为公益事业的发展提供了物质基础。二是我国已形成了社会财富占有多元化的格局，多种所有制经济的相互促进和共同发展，引发各种股份制经济、合作经济、民营经济的迅速增加。据统计，2003 年非国有企业营业收入已占企业营业收入总数的 65.86%。外资经济发展迅速，2003 年底全球 500 家最大的跨国公司已有 400 多家来华投资，全国累计批准外商投资

企业46万多家，吸收外商直接投资5015亿元。目前，我国社会经济所有制的多形式，就业方式和分配方式的多样性，形成了社会资源和社会财富占有的多元化，为基金会的社会化创造了条件。三是各项社会事业在取得巨大进步的同时，出现了新的矛盾和问题，如城乡差距、区域差别扩大，就业和社会保障压力增加，教育、卫生、文化等社会事业发展滞后，经济发展同生态环境、自然资源的矛盾加剧等，特别是经济转轨和社会转型带来的失业人员增多，社会弱势群体的数量增多，贫富差别进一步拉大。国际上通用的衡量社会贫富差距的基尼系数，我国为0.417，已临近警戒线。社会发展滞后于经济发展的诸多问题需要统筹解决，使我国社会公益事业的发展面临很大的空间。四是随着社会的发展进步，人民群众的民主意识和道德水平提高，参与公共管理的愿望增强，追求人的全面发展，尊重人的生存、健康、安全需要，维护社会公平、正义的社会风气进一步弘扬，更加关注人文氛围、生态环境和社会公正。公益事业的发展面临良好的社会环境。

基金会以公益为目的，引导社会组织和个人自愿地把一部分财富和收入捐赠出来，用于保护环境、发展科教文卫、扶贫济困、帮残助弱等社会公益事业，满足各阶层群众参与公共管理、服务公共事务、发挥个人能力的意愿，体现社会关爱精神，推动人与自然、经济与社会、城市与农村、富裕与贫困等不同领域、地域、群体之间的协调发展。在我国处于经济社会发展的关键时期，采取切实措施，培育发展各类基金会，使这些基金会吸纳社会各界人士，汇聚民间资金，在社会各领域里开展广泛的公益活动，能够程度不同地解决社会问题，缓解社会矛盾，增强社会凝聚力，能够更好地体现社会公平与公正，弘扬中华民族的传统美德，推进精神文明建设。

（二）做好基金会的登记管理工作是政府转变职能的客观要求

随着市场经济体制的逐步完善，我国社会行政管理适应全面建设小康社会的新形势和依法治国的进程，不断推进政府职能转变，深化行政管理体制改革。政府更加注重履行经济调节、市场监管、社会管理和公共服务的职能，逐步构建与经济社会和人的全面发展相适应的社会管理体制。温家宝总理在今年政府工作报告中指出，要进一步把不该由政府管的事交给企业、社会组织和中介机构，更大程度地发挥市场在资源配置中的基础性作用。最近，国务院制定了《全面推进依法行政实施纲要》，提出要推进政企分开，政事分开，实行政府公共管理职能与政府履行出资人职能分开。凡是公民、法人和其他组织能够自主解决的，市场竞争机制能够调节的，行业组织或者中介机构通过自律能够解决的事项，除法律另有规定的外，行政机关不要通过行政管理去解决，要加强对行业组织和中介机构的引导和规范。政府行政管理体制改革的深化必然促进公共服务的社会化。

我国公益事业领域广阔，空间巨大，任务繁重。建立起与经济发展水平相适应的、能够满足广大人民群众多方面需求的公益事业，需要巨大的财力投入。但各级政府财力和机构编制有限，没有能力也不应该包揽一切社会事务。我们一方面要发挥政府在发展社会公益事业中的主导作用，加大国家财力的投入，进一步做好规划、组织和调控；另一方面，要调动群众和社会的作用，把一部分公益职能分解给社会团体，引导非政府领域对公益事业的广泛参与，为社会公众提供自主参与、自我管理的空间和途径，这是加快解决社会发展滞后问题的重要措施。国外许多国家都是在经济发展处于转折时期，注意发挥民间组织的社会助动器作用，着手制定政策，推动各种基金会的大力发展，以此保持政府和民间组织、社会各阶层利益群体的和谐互动，形成国家和社会、政府和公众共同的合力。因此，政府要通过政策扶持、舆论引导、依法管理等措施，调动社会慈善的活力和资源，营造有利于民间组织和个人投入公益事业，有利于基金会发展的环境，培育和发展一批实力雄厚、运作规范的基金会。使他们自主吸纳社会资源，自主组织赈灾扶贫、助残育孤、社会救助以及文化教育、环境保护等各项社会公益活动，担负起维护社会公平，保护社会弱势群体，和谐社会各阶层关系的作用，成为政府的得力助手。

（三）做好基金会的登记管理工作是促进民间组织发展的客观要求

近年来，我国的民间组织稳步发展，在经济社会发展中的作用越来越明显，社会团体、民办非企业单位、基金会这三种类型的民间组织都已形成一定规模。截止到目前，在各级民政部门登记的社会团体13万多个，民办非企业单位12万多个，基金会近1200家，在民政部登记的全国性基金会有80家。全国性基金会的总资产约30亿元，规模较大的基金会资产达几亿元。基金会用于社会公益的支出约40亿元。一些基金会活跃在扶贫、救灾、科技、文化、卫生、医疗、环保、社会福利、社区、老年等领域，面向基层，心系群众，服务宗旨明确，致力于各种社会问题的解决，为推动社会进步发挥了积极的作用。但总体上看，我国基金会仍处在起步阶段，数量不多，规模不大，在社会生活中的作用还不够显著。与国外一些运作成熟、管理规范的基金会比较，还有相当的差距。有的基金会不会募集和运作资金，只是筹了一笔钱，挂了一块牌。有的基金会自律机制不健全，缺乏严格的财务管理，成了个别组织和个人的小金库。基金会的现状，反映了我国民间组织发展的总体水平，基金会存在的这些问题有的是基金会所特有的，但相当一部分是当前民间组织的共性问题，如行政色彩较浓，专业和专职人员缺乏，自律机制不健全等。尽管近些年来我们坚持培育发展与监督管理并重的方针，不断适应民间组织发展的新要求，研究出台了一系列相关政策措施，努力为民间组织创造良好的发展环境。但是，民间组织的发展管理仍然面临不少困难和问题，需要我们根据社会的发展进步，以邓小平理论和“三个代表”重要思想为指导，解放思想，加强指导，不断推进民间组织发展和管理机制创新，提高民间组织的整体素质。基金会是民间组织中最能体现社会关爱精神、自身运作最复杂、公众关注度强、社会期望值高的一类组织。我们要以贯彻实施《基金会管理条例》为契机，以基金会为样板，认真研究，精心引导，培养典型，通过抓好基金会的建设和管理，认识和把握民间组织发展规律，解决相关的政策问题，突破难点，创造更加有利于民间组织发展的社会环境，以此带动整个民间组织建设和管理水平的提高，更好地发挥民间组织在社会主义现代化新的发展阶段的积极作用。

二、认真学习，深刻领会《基金会管理条例》的基本精神

3月8日，温家宝总理签署第400号国务院令，正式颁布了《基金会管理条例》。这是关于基金会的第二部行政法规。在此之前，基金会是按照1988年国务院颁布的《基金会管理办法》进行登记管理的。10多年来，《基金会管理办法》对于规范基金会的行为，促进基金会健康发展起到了重要作用。但是，这个办法不够完善，对基金会的组织形式、内部决策程序、财务会计制度、资产使用管理、社会监督机制等许多环节上未做规定。随着改革开放的深入和市场经济体制的不断完善，解决基金会法律制度的缺失，为基金会的发展提供制度保障已尤为必要。为了解决这些问题，民政部和国务院法制办共同修订《基金会管理办法》。多次召开座谈会和专题研讨会，征求有关部门、方面、专家和学者的意见，并借鉴其他国家基金会管理的有益经验，做了大量的论证和修改工作，形成了《基金会管理条例》。

《基金会管理条例》共设为七章四十八条，分别规定了基金会登记管理的总原则，基金会的设立、变更和注销登记，基金会的组织机构，基金会财产的管理和使用，政府和社会对基金会的监督管理，基金会的法律责任等。与《基金会管理办法》相比，内容更加丰富，体系更加完整，可以说是对基金会登记管理法规的一次重新起草。为了贯彻实施好《基金会管理条例》，作为登记管理机关的民政部门，要全面理解、掌握《条例》基本精神，吃透立法原意。《条例》贯穿了重培育发展，以规范管理促进基金会健康发展的指导原则。在这一指

导原则下，体现了八个方面的重点内容：

一是进一步明确基金会的公益性质，确保公益目的的实现。公益性是基金会的本质特征，公益是基金会设立的惟一目的。保障基金会的公益性，是《条例》的根本任务。公益组织的受益对象为不特定的个人和群体，任何个人或群体只要符合其宗旨和业务范围要求，都可接受其资助。基金会的基金来源于社会，服务于社会，为了实现这个目的，《条例》作了诸多的政策规定。如将基金会定义为“利用自然人、法人或者其他组织捐赠的财产，以从事公益事业为目的，按照本条例的规定成立的非营利性法人”，这就明确了基金会的公益性质，使基金会与其他管理信托投资基金、以营利为目的的基金管理组织以及其他民间互益组织区别开来。基金会的公益性质决定了其财产必须用于公益目的，也必须受到保护。《条例》规定“基金会的财产及其他收入受法律保护，任何单位和个人不得私分、侵占、挪用。”“基金会注销后的剩余财产应当按照章程的规定用于公益目的；无法按照章程规定处理的，由登记管理机关组织捐赠给与该基金会性质、宗旨相同的社会公益组织，并向社会公告。”

公益目的的实现还需要一系列具体措施来保障，如基金会章程必须明确基金会的公益性质，不得规定使特定自然人、法人或者其他组织受益的内容；基金会必须建立完善内部管理机制，要受到严格的监管，特别是受到公众监督；基金会的运作必须公开透明，尤其是财务状况必须公开。对此，《条例》一一作了规范。

二是实施分类管理，广泛动员社会力量参与公益事业。目前我们已登记的基金会大都是面向社会公开募捐的基金会，即公募基金会。由于现阶段，我国普通群众收入水平还不高，大多数企业和其他社会组织的捐赠资源有限。为了不过多地增加企业和个人的负担，对公募基金会要合理布局，有效控制。同时，鉴于一些富裕起来的企业和个人有意愿拿出自己的财产和资金用于公益事业，又希望自主决定公益实施，保证捐赠意愿的实现，对此国家应当予以鼓励，需采取相应的对策，满足他们的愿望。因此《条例》将基金会分为“公募基金会”，即面向公众募捐的基金会，和“非公募基金会”，即不得面向公众募捐的基金会两类，增设了非公募基金会这个新种类。允许以企业和个人的名义命名非公募基金会；对于用私人财产设立的非公募基金会，允许捐赠人的亲属可以在限定的比例内在理事会担任职务。根据国外的经验，非公募基金会是一种引导个人和组织的财产流向社会，特别是流向弱势人群的有效形式，也是社会财富实现再分配的一种途径，可以最大限度地调动企业和个人的捐赠积极性，吸引更多的社会资源从事公益事业，使公益事业的资金来源更加多渠道。个人或企业捐赠财产，建立非公募基金会，在为社会公益事业做贡献的同时，也可以由于良好的社会形象带来更多的经济效益。对于非公募基金会，我们采取扶持鼓励的政策，在基金会的名称、登记条件、资金使用等方面的规定相对比较宽松。为了规范面向公众开展的募捐活动，保护爱心资源，减轻公众负担，维护社会平稳安定，对公募基金会的行为管理相对严格。对两类基金会在设立标准、成员构成、公益支出比例等方面做出不同的规定，体现了区别政策。

三是适应改革开放的新形势，将涉外基金会纳入国内基金会管理的法律范围。近年来，特别是我国加入世贸组织后，在华外国人结社和境外非政府组织进入境内开展活动的要求明显增多，但涉外民间组织登记管理没有相应的法律法规，各级登记管理机关一直采取不承认、不接触、不取缔的做法。但有不少未经登记的组织已自行开展活动，在我境内开展活动的涉外民间组织的数量不断上升，活动日趋活跃。据统计，仅云南省就有近40个外国和港澳台民间组织在活动，其中不少是基金会。这些组织活动频繁，且长期脱离政府监管，既不利于他们充分地表现对中国的公益爱心，也不利于规范他们的行为，确保国家的安全和稳定。依法加强对涉外民间组织的登记管理，是扩大对外开放、全面贯彻依法治国方略、维护社会稳定亟待解决的问题，因此，对涉外民间组织立法已是一项紧迫的任务。这次修订的《基金会管理条例》适应了涉外民间组织管理的新形势，将涉外基金会纳入国内民间组织管理法律框架，依法进行登记管理。《条例》对基金会的设立主体没有做国别、境内外限制。允许外国人和港澳台居民在华设立基金会，允许境外基金会在中国内地设立代表机构，鼓励境外资金进入境内开展公益活动。既解决了涉外基金会的设立和管理问题，为我国公益事业的发展争取更多的外部支持，也为下一步修订出台《社会团体登记管理条例》和《民办非企业单位登记管理暂行条例》，确定涉外民间组织的设立和管理问题作了政策和实践探索。

《条例》做出允许涉外基金会在中国内地开展符合中国公益事业性质活动的规定，体现了国际惯例，有利于扩大对外交流和合作，有利于利用更多的公益资源，也有利于借鉴国际成熟的公益组织管理和运作经验，促进我国公益组织自身能力和管理水平的提高。《条例》将境外基金会在华活动的管理纳入国内民间组织的管理框架，规定境外基金会代表机构应当从事符合中国公益事业性质的公益活动。境外基金会对其在中国内地代表机构的民事行为，依照中国法律承担民事责任。考虑到我国是发展中国家，公益负担重，募捐资源有限，境外基金会代表机构不得在中国境内组织募捐、接受捐赠。

四是对基金保值、增值的方式做了开放性规定。基金会的保值增值，是基金会运作的重点。规定得过严，基金会缺乏活力；规定得过松，基金会保值增值风险增高，这是一个两难的问题。原《基金会管理办法》对基金会资金的运作做了限制规定，以达到基金保值增值的目的。如“基金会不得经营管理企业”；“基金会可以将资金存入金融机构收取利息，也可以购买债券、股票等有价证券，但购买某个企业的股票额不得超过该企业股票总额的20%”。《中国人民银行关于进一步加强基金会管理的通知》规定：“基金会基金的保值及增值必须委托金融机构进行。”但这些规定在实践中没有达到预期目的。是否经营企业以及拥有某个企业股票额的多少，与基金会的公益目的并不矛盾，也不反映基金运作风险的大小。基金会的情况千差万别，具体保值增值规定很难适应每个基金会。《基金会管理条例》按国际惯例制定规则，不对基金会的保值增值行为做具体要求，只做了原则的、开放性规定，力图通过社会监督、内部监督来解决对基金会投资行为的约束，同时增加了“失误赔偿”的条款。规定因决策不当致使基金会财产损失的，参加决策的理事应当承担相应的赔偿责任，以保障基金会对投资行为慎重行事。

五是鼓励基金会多募钱，多做公益，形成良性循环机制。基金会作为从事社会公益活动的非营利组织，为了造福社会，必须有充足的可持续的资金支持。基金会募集资金、运作资金的能力是保证其生存和发展的关键。基金会只能募钱有招，生财有道，用钱有效，才能有源源不断的财源，才能充满活力，最大限度地实现公益目的。目前，不少基金会不会募捐，很少开展有影响的公益活动，因缺乏活力而逐渐萎缩。成功的基金会应是过路财神，边募钱，边用钱，募得多，用得多，取得良好的社会效益，树立起形象，形成良性循环。为了逐步实现这个目标，《条例》从制度上作了规定，将基金会每年的公益支出作为衡量基金会是否完成了公益任务的重要标准，规定公募基金会每年用于从事章程规定的公益事业支出，不得低于上一年总收入的70%；非公募基金会每年用于从事章程规定的公益事业支出，不得低于上一年基金余额的8%；不按规定完成公益事业支出额度的，将被处罚直至撤销。这就意味着，基金会如果募集资金不多，逐年按照要求完成公益事业支出数额，加上办公经费和工作人员的工资福利支出，原始基金数额就会逐年减少，到了一定的限度，就会被注销。只徒有虚名，不务公益之实的基金会不再有存在的法规依据。

六是建立规范的内部自律机制。良好的自律机制是基金会存在和发展的内在动力。针对目前一些基金会内部规范不够，自律机制不健全的状况，《条例》要求基金会建立以章程为核心的各项自律制度，并从公益法人组织机构的特点出发，专门设立了基金会“组织机构”一章，明确规定了理事会是基金会的决策机构，规范了理事会的组成和议事决策程序，监事的设置和职能，制定了防止基金会内部人员与基金会公益宗旨发生利益冲突行为的规则，通过限制在基金会领取报酬的理事数量，规定监事和未在基金会担任专职工作的理事不得从基金会获取报酬，基金会的法定代表人不得同时担任其他组织的法定代表人等，引导基金会建立自律机制，规范基金会的行为。

七是确立了公开、透明的原则，进一步完善监督管理机制。基金会作为担负神圣使命的公益组织，享受优惠的税收政策，掌握社会公益资源，公众关注程度高，社会责任大，其活动是否规范关系到爱心资源的保护，关系到基金会的信誉和公益事业的发展，必须在自律的基础上接受各方面的监督，保持较高的社会公信度，这就需要从法规上建立完善的政府监督和社会监督机制。《条例》在这方面作了多项规定。明确了“基金会依照章程从事公益活动，应当遵循公开、透明的原则”，并从政府监督和社会监督等方面做了相应的规定。明确了登记管理机关和业务主管单位登记、日常监督和年检等方面各自的职责，规定了各类非法活动的详细情形和相应的法律责任。同时规定基金会要接受年度检查，要接受税务、会计主管部门依法实施的税务监督和会计监督；基金会在通过登记管理机关的年度检查之后，要将年度工作报告在登记管理机关指定的媒体上公布，接受社会的查询、监督；公募基金会组织募捐，应当向社会公布募得资金后拟开展的公益活动和资金的详细使用计划；基金会处理剩余财产应当向社会公示等。

八是明确了税收优惠原则，加大了税收监管力度。利用税收手段扶持和监管基金会，对基金会及其捐赠人实行税收优惠是各国通行的做法。减税、免税措施构成基金会和其他组织发展的重要政策环境。我国在这方面还处于探索阶段。为了鼓励公益事业的发展，我国已陆续出台了一些税收优惠政策，对于公益事业的发展起到了促进作用，但还不系统，散见在多个相关文件中，在实施过程中也遇到了一些实际问题。这次《条例》规定“基金会及捐赠人、受益人可以依照法律、行政法规的规定享受税收优惠”规定了税收优惠的大原则，表明基金会、捐赠人、受益人三方面都能够依照法规享受到税收优惠。至于税收优惠的具体办法，财政部、国家税务总局正在研究制定。在享受税收优惠的同时，基金会要依法办理税务登记、接受税务部门的监督，对有违法行为的基金会，税务机关还可以要求补交违法行为存续期间享受的税收减免。要通过税收政策，鼓励基金会的发展，加强对基金会的监管。

总之，《基金会管理条例》作为我国基金会登记管理的重要法规，确定了基金会的基本性质和权利、义务以及基金会登记管理的基本原则，涵盖了基金会登记和管理的各个方面，这是今后一个时期我国基金会发展和管理的重要法律法规文件，各级民政部门要在认真学习《条例》的基础上，深刻地领会和把握，准确地贯彻到实际工作中。

三、周密部署，依法做好基金会的登记管理工作

从现在到 6 月 1 日新《条例》的正式实施仅有近两个月的时间，各级民政部门要提到主要议事日程，针对本省实际，高度重视，周密研究部署，认真做好各项准备工作：

一是要搞好宣传和培训。3 月 19 日《条例》发布的第二天，国务院新闻办即召开中外记者新闻发布会，民政部介绍了《条例》的基本情况，就社会所关心的问题回答了记者提问，确立了宣传基调。下一步民政部还将和国务院法制办共同编写《条例》释义，研究出台配套政策。各级民政部门要以此为基础，结合本地的实际，进行宣传和培训。

要利用广播、电视、网站、报纸、期刊等媒体，宣传基金会的意义和作用，提高公众对基金会的认知度，普及基金会知识。要举办专题讲座，进行知识问答，编撰教材、书籍等，对有志投身公益事业的集团、民营企业、跨国公司和个人要有针对性的引导，对贡献突出的要大力表彰和宣传。要调动学术界对公益组织、第三部门研究的积极性，发挥专家、学者的作用，对基金会的发展问题展开研究和讨论。通过多种形式，创造催生基金会的舆论环境，激发关心公益、奉献爱心的社会潜力，形成举办基金会光荣、投身公益事业可敬的社会氛围。同时，要把对基金会的宣传舆论和监督舆论结合起来，使人们了解基金会，关心、爱护、监督基金会。

要搞好对《条例》的学习和培训。《条例》是一部专业性很强的法规，涉及多方面的知识，学习不深，理解不透，就执行不好。首先是民政部门的领导干部和从事民间组织管理工作的同志要学好。深刻领会《条例》的基本精神，逐条把握具体条款，熟悉登记管理工作的基本程序。同时还要学习行政许可法、经济法、民法等法律法规和其他相关知识。其次是组织对业务主管单位的有关同志和基金会负责人、专职工作人员的学习培训。可以采取座谈会、研讨会、培训班等形式，使他们熟悉、理解《条例》，提高依法办基金会的思想认识，掌握基本规则。已登记的基金会应该在参加学习培训后再换发新登记证书。

二是要在《条例》实施之前，做好各项登记准备工作。《条例》将在6月1正式实施，登记工作要按时启动，我们必须在此之前做好各项准备。民政部将就基金会的名称管理、设立基金的验资程序、登记审批过程中的内部协调机制、年检办法等做出具体规定，还将制定基金会章程范本、年检报告书、申请表格并统一印制基金会登记证书等。在这次会上，大家可以就以上事项进行讨论，提出意见，我们将在会后制定出台。各地在基金会审批过程中要严格执行《条例》和有关规定，按照《条例》和《行政许可法》的要求，建立登记工作的规范标准，体现合法、公开、公正、便民的要求，要不断总结登记工作的经验，完善登记制度，保证登记管理工作的顺利进行。由于前几年对基金会登记基本处于停止状态，启动登记工作后可能有一个申请高峰，各地要提高工作效率，坚持标准，认真审核，严格把关，依《条例》规定进行登记。在做好工作准备的同时，各级民政部门还要做好组织人员的准备，把会外语、懂资金运作的干部调整到登记管理岗位。要加快民间组织信息管理系统建设，为基金会提供快速、便捷、规范的服务。在执行《条例》过程中，会遇到新的情况和新的问题，不要随意变通，要认真加以研究，提出意见和建议并及时上报部里，以便研究确定。

三是要慎重稳妥地做好现有基金会登记证书的换发工作。按照《条例》规定，已履行过登记手续的基金会，要在2004年6月1日至2005年2月1日之间换发登记证书。对已登记过的基金会，我们要区分情况，分别处理：对符合规定的，尽快办理以证换证；对活动正常，因原始基金数额达不到标准的，允许换发证书，但需要在规定的期限内补足基金；对活动不正常、存在若干问题的，要限期整改；对基本不再具备设立条件和存在较严重问题的基金会要依《条例》的有关规定处理；对未经登记，已在社会开展活动的基金会和境外基金会代表机构，不要按照换发证书的方式处理，要根据《条例》规定的条件和程序办理设立登记手续；以前地方越权登记的基金会，其登记无效。就现有基金会的审核及换发证书工作，民政部还将制定具体工作方案下发。

四是要探索建立基金会自律制度和行业互律机制。基金会汇集公共资金，承担实现捐赠人爱心意愿的社会责任，必须做到自身运作规范，决策、运转监督机制完善，对国家、社会、捐赠人和受益人负责，否则将有可能发生与公益性完全相悖的问题。各级民政部门要引导、帮助基金会搞好自身建设，坚持权利制约、决策透明、渎职追究原则。建立依法制定章程、严格遵守章程、维护章程权威的行为规范，完善财产管理和使用、理事会的决策、监事的职责行使、工作人员的录用和奖惩等制度。

要逐步建立起以行业自律为目的的基金会行业组织，形成同行之间的监督互律。依靠行业组织制定并监督实施基金会从业人员的道德规范，制定并监督实施包括资金筹措、项目管理、运作成本、内部管理等评估体系，逐步形成基金会相互监督、合理竞争、共同发展的机制。

五是要加强基金会的外部监管，尽快探索建立完善的监督管理体系。改变“重登记，疏管理”，加强政府监管、社会监督，建立和健全基金会外部监管体系是贯彻实施好《基金会管理条例》的重要措施。

首先要强化登记管理机关的监督管理，完善管理制度和措施，加大管理力度，丰富管理手段。要以保障基金会的公益性、非营利性和规范性作为登记管理机关的最终目标，着重检查基金会的财务状况、开展公益活动情况、遵守财税法规情况和内部制度建设情况等。既要利用好年检的作用，通过年检，了解情况，发现问题，指导整改；又要加强即时监管，及时掌握基金会的活动情况，依法查处非法基金会和基金会违法行为。这里还要强调登记管理机关对基金会的管理要进一步树立服务就是管理的思想，坚持以正面宣传、表彰先进、推广经验、提供服务为主要工作方式，对极少数违法违纪的基金会进行查处是辅助手段，不能主辅倒置。

要发挥业务主管单位、税务部门和会计、审计机构对基金会的监管作用。要将双重管理体制落实到位，进一步理顺关系，促进业务主管单位切实行使好管理职能，使他们对基金会的管理制度化、规范化，民政部门要与业务主管单位建立分工明确、配合默契的互动机制。要贯彻好财政部即将出台的《非营利组织会计制度》，统一基金会的财务管理，支持会计主管部门对基金会执行国家会计制度和财务管理情况进行监督管理的职责。要与税务部门共同研究解决基金会的税收优惠，协助税务部门对基金会纳税和享受税收优惠的监督管理。要建立与外交、公安、安全以及港、澳、台管理部门协调配合的机制，搞好对在华外国人设立的基金会和境外基金会代表机构的监督管理，确保国家安全和社会稳定。

要探索建立完善的社会监督机制。加大基金会的社会开放度，使基金会的设立和运作公开、透明，扩大社会参与。要建立政策和制度，促进基金会定期向社会公布自己的资金募集、资金增值收益、捐赠项目等信息和数据，主动接受社会的检查、监督。登记管理机关要公布对基金会年度检查的情况；基金会的行业组织要公布对基金会的评估结果，树立基金会的品牌。通过各方面的共同努力，逐步形成一个社会有权监督、便于监督、监督有效的机制。各级民政部门要利用好自身的网站、报纸、刊物，为基金会及时传递信息，使社会公众了解情况、参与监督，为捐赠人选择廉洁有效、运作规范的基金会搭建平台。

同志们，基金会是造福人民、有益社会的阳光事业。实施以人为本，全面、协调、可持续发展的战略决策，全面建设小康社会的战略措施，为我国基金会的发展创造了良好的社会环境和历史机遇。我们要认清形势，坚定信心，服务大局，努力工作，认真贯彻实施好《条例》，激发广大群众参与公益事业的热情，开创民间组织管理工作的新局面，为充分发挥基金会的积极作用，推动社会主义物质文明、政治文明和精神文明的共同进步做出应有的贡献。

在江西省农村专业经济协会培育发展和登记管理工作经验交流会上的讲话

民政部副部长　姜　力

（2004年5月31日）

同志们：

很高兴有机会来参加江西省培育发展农村专业经济协会工作经验交流会。这次会议是江西省全面贯彻全国民政会议精神，总结经验，深入研究部署农村专业经济协会管理工作的会议。省委、省政府对这次会议十分重视，熊盛文省长助理亲自参加会议，省委农工部负责同志，省委政研室、省农业厅和赣州市政府有关负责同志和各市政府分管民政工作的秘书长和民政局的主要负责同志也参加了会议。这次会议还邀请了16个农村专业经济协会的会长。因此，这是一次全方位的、各有关部门共商江西农村专业经济协会发展的重要会议。在此，我代表民政部向会议的召开表示热烈的祝贺。

江西省民政工作在省委、省政府的正确领导下，在有关部门的支持和配合下取得了很大的进展。各级民政部门紧密围绕党和政府的中心工作，在民政工作领域不断扩展、工作任务不断增加的情况下，辛勤努力，扎实工作，在自然灾害救助、优抚安置、最低生活保障、社会福利、城市区划、民间组织管理等方面的工作都取得了可喜的成绩。有些方面的工作列入了全国的优先行列。我代表民政部对辛勤工作在江西各级民政战线上的广大民政干部表示亲切的慰问。

近年来，江西各级民间组织的登记管理机关认真贯彻党中央、国务院提出的培育发展和监督管理并重的基本方针，以服务全省中心工作为主要目标，在抓思想认识、抓队伍建设、抓理论研究、抓协调配合、抓法制建设等方面做了很多工作，也取得了可喜的成果。省民政厅对培育发展农村专业经济协会认识明确、行动迅速，确定了16个示范点，并精心指导、着力培育、认真研究解决政策问题，对推动这项工作起到了很好的作用。刚才，罗筱玉厅长对全省农村专业经济协会培育发展工作进行了全面总结，对今后一个时期的工作进行了具体的部署。她的报告思路清晰，分析透彻，任务明确，措施有力，完全符合民政部的要求，也有鲜明的江西地方特色。熊盛文省长助理还要代表省政府作重要讲话。会议介绍的典型经验将从不同角度反映江西省各地农村专业经济协会的特点，这将对全省培育发展农村专业经济协会起到很好的示范作用。我相信，这次会议将会引起各级党委、政府和民政部门对农村专业经济协会的高度重视，推动江西全省范围内各级各类农村专业经济协会的不断涌现，促进农村、农业、农民工作的进一步发展。

当前，我们国家正处在经济快速发展、全面建设小康社会的重要历史发展阶段，政府职能转变和机构改革不断深入。党中央、国务院提出了统筹社会和经济协调发展、统筹城市和农村协调发展等五个统筹的战略目标，高度重视“三农”工作。党的十六届三中全会提出了坚持以人为本，树立全面、协调、可持续的发展观。这一科学的发展观，是我们党以邓小平理论和“三个代表”重要思想为指导，在建设中国特色社会主义的新的实践中得出的重要结论，也标志着党对执政规律、社会主义建设规律和人类社会发展规律的认识达到了新高度。2004年5月28日，中央政治局专门召开会议研究健全和完善农村村务公开和民主管理制度。会议要求在经济上保障农民的经济利益，在政治上尊重农民的民主权利，把坚持党的领导和人民当家作主以及依法治国有机统一于农村社会主义民主实践中。坚持科学的发展观，维护广大农民的经济利益和民主权利，积极保护农民发展生产力，创新生产关系的积极性，不断满足他们生产生活和参与管理的新需求。

农村专业经济协会是随着我国社会主义市场经济的建立和完善、农村改革不断深入而逐步发展、日渐活跃的农村民间社会团体，是由农民根据生产发展需要自愿组织起来，为农业生产、销售和技术推广提供服务的公益性组织。农村专业经济协会是社会主义市场经济条件下沟通和联系市场与农民的纽带，是使农民从个体经营到统一经营、规模经营，摆脱信息闭塞，技术落后，走向市场，走出县界、市界、省界，乃至走向全国、走向世界的桥梁。因此，农村专业经济协会是农村改革和经济发展到一定阶段的必然产物。它在引导农民自我组织、自我管理、自我服务，推动农村生产力的发展上正起着重要的、不可替代的作用。各级民政部门要从贯彻落实科学的发展观的高度，从贯彻落实中央政治局会议精神的高度，把培育发展农村专业经济协会作为民政工作的重要任务，充分发挥民间组织登记管理机关的职能作用，把这项工作管理好、组织好，切实抓出成效。

近年来，江西省各级民政部门从贯彻落实党的“十六大”精神、践行“三个代表”重要思想的高度，充分认识发展农村专业经济协会的重要意义，坚持培育发展和监督管理并重的方针，大胆探索，采取了不少切实可行的措施，促进农村专业经济协会的有序发展。省里确定的16个示范点，就起到了示范作用，初步积累了一些经验。为更加规范农村专业经济协会的登记管理与培育发展，去年民政部专门下发了《关于加强农村专业经济协会培育发展和登记管理工作的指导意见》，对登记的范围、登记的条件、登记的程序以及业务主管单位的确定等都作了原则规定。在这方面，各地民政部门也做了很多很好的探索。民政部还将会同有关部门，进一步研究推动农村专业经济协会发展的政策和法规问题。各级民政部门也要提高认识，加强领导，主动争取当地党委、政府的重视，结合本地实际，制定切实可行的政策，加大对农村专业经济协会的培育力度，有组织、有计划地做好培育发展工作。

昨天，我们参观了樟树市和信丰县的两个农村专业经济协会，晚上，还召开了有关民政部门的同志和协会会长参加的座谈会。大家对促进农村专业经济协会的发展提出了很多很好的建议，包括如何进一步在法律上确定农村专业经济协会的法人地位，如何发挥民政部门登记管理机关的作用，如何协调好与有关业务部门的关系，共同促进协会的发展，以及如何加强协会自身能力建设等问题，反映了江西省各级民政部门认真培育农村专业经济协会这一新生事物，在实践中探索了工作经验，并正在进行深入的研究和思考。我们对农村专业经济协会培育发展要有组织、有计划、有步骤地进行，要按照边发展、边规范、边登记的原则，做到成熟一个、登记一个、规范一个。培育发展农村专业经济协会是一项系统的工程，做好这项工作需要有关部门切实承担起各自不同的责任，共同发挥合力。民政部门要充分发挥民间组织登记管理机关的作用，主动与党委农工部、政府改革发展、农业、林业部门和科技、工、青、妇团体加强联系和协调，形成培育发展农村专业经济协会的合力，共同培育发展一批适应市场经济需要、对当地经济发展有影响的农村专业经济协会。

民政部门在这项工作中要着重发挥好以下四个方面的作用：一是要加强政策研究，为农村专业经济协会的发展创造良好的政策环境。民政部门作为登记管理机关要注重对农村专业经济协会的政策研究和宏观管理，解决好协会的发展的政策障碍，要加强调查研究和政策理论研究，及时研究协会发展中遇到的新情况、新问题，为农村专业经济协会的发展办实事、办好事。二是要积极协调有关部门，形成农村专业经济协会发展的合力。民政部门要发挥综合协调作用，协调有关部门，争取地方各级政府的高度重视和大力支持，形成齐抓共管的局面。三是要认真总结经验，推广典型。对组织机构健全、活动规范、作用明显的农村专业经济协会要认真总结经验，抓好典型宣传工作，发挥其示范作用，推进农村专业经济协会整体水平的提高。通过总结经验，宣传典型，表彰先进，推动农村专业经济协会的发展。四是要对农村专业经济协会的运作机制给予指导，帮助协会建立起自我管理、自我发展、自我完善的运作机制。要指导和支持农村专业经济协会建立以章程为核心的内部管理制度，建立健全自律机制、民主决策机制，实行民主管理，做到民办、民管、民受益。

我们要看到随着我国社会主义市场经济的不断完善和政府机构改革的不断深入，特别是我国加入WTO之后，各类行业协会、商会等民间组织越来越活跃，对经济和社会的发展发挥的作用更加突出。今年3月8日，国务院常务会议通过了《基金会管理条例》，从6月1日开始实施。条例的实施将吸引更多企事业单位和个人从事公益事业，这是公益性民间组织发展的良好机遇，会使我国公益性民间组织有一个较大的发展，

随着公民民主意识的增强，基层民间组织发展很快。目前，社区、农村的民间组织不断增多，发挥的作用日益明显。"三农"工作的加强和农村经济的不断发展，使广大农民走合作经营的意识增强，各类农村专业经济协会将得到更大的发展。各级民政部门要充分认识新时期民间组织的地位和作用，正确把握民间组织的发展趋势，根据发展变化的新形势，做好民间组织管理工作。要在当地党委、政府的领导下，按照中央的要求，采取切实可行的措施，加强民间组织登记管理机关建设，在人员、经费等方面加大力度，以适应民间组织日益发展的需要。要把对民间组织的培育发展和加强监督管理列入民政工作的重要议事日程，全面规划，统筹安排，综合协调，经常研究并切实解决民间组织发展和管理中出现的新情况、新问题，要转变观念，改进工作方式，对民间组织要热情服务，悉心指导，寓管理于服务之中，做到依法管理，不断提高管理水平和服务水平。

同志们，江西的民间组织管理工作面临良好的发展环境，省委、省政府对民间组织管理工作和民政工作高度重视，希望大家以科学的发展观为指导，认真践行"三个代表"重要思想，积极进取，大胆创新，按照省民政厅的要求，不断推动全省农村专业经济协会在现有的基础上有新的发展，以带动全省民间组织管理工作和民政工作整体水平的提高，使全省的民政工作为服务全省工作大局，为实现老区的跨越式发展做出新的应有的贡献。

积极推动农村专业经济协会的发展

——在全国发展农村专业经济协会会议上的讲话

民政部副部长　姜　力

（2004年9月9日）

同志们：

今天民政部在这里召开全国发展农村专业经济协会会议，目的是总结工作经验，统一思想，明确任务，进一步做好农村专业经济协会的发展工作。民政部对这次会议非常重视，李学举部长在开幕式上做了重要讲话，对做好农村专业经济

协会发展工作提出了明确要求，各级民政部门要认真学习，深刻体会，抓好贯彻落实。中农办、国务院研究室、农业部、中国科协、团中央和全国供销总社对这次会议非常支持，应邀参加会议，并作专题发言。有12个省市民政厅局和农村专业经济协会在会上介绍各自的做法与经验。大家还将对山东省发展农村专业经济协会情况进行实地考察。相信这次会议对各级民政部门提高认识，开拓思路，为今后进一步推动农村专业经济协会的发展打下好的基础。下面我讲三个问题。

一、我国农村专业经济协会发展势头喜人

近几年，在我国广大农村，一种由农民自愿组织、自我管理、自行服务的新型民间组织"农村专业经济协会"日益兴起。据不完全统计，全国已成立的各类农村专业经济协会达10万多个，涉及农、林、牧、副、渔等产业，涵盖农产品的生产、加工、销售和技术信息服务等诸多领域。农村专业经济协会以其瞄准市场、联接农商、受益农民的鲜明特性，深受广大农民的欢迎。农村专业经济协会为提高农民竞争能力，促进农村深化改革和农村经济体制创新发挥了重要作用，成为当前我国农村社会经济生活中的一支引人注目的新生力量。

各级民政部门作为社会团体的登记管理机关，一直关注农村专业经济协会的发展，对这种土生土长的民间组织给予了热情的关心和扶持。2002年民政部派出调查组对农村专业经济协会的发展状况进行了较深入的调查，在调查中明显感到，农村专业经济协会为调整农业产业结构，提高农业集约化和产业化水平，增加农民收入创造了一种途径，是联接农民由小生产通向大市场的桥梁，提出了扶持和发展农村专业经济协会的思路和建议上报国务院。调查报告得到国务院的重视，温家宝总理亲自作了批示，给我们做好农村专业经济协会登记管理工作以很大的鼓舞。在多次深入调研和总结各地经验的基础上，2003年民政部制定了《关于加强农村专业经济协会培育发展和登记管理工作的指导意见》，明确了登记入手、规范制度和扶持发展的方针，确定了登记范围，提出要简化登记条件和程序，及时赋予农村专业经济协会合法地位。要求各级民政部门解放思想，因势利导，大胆探索，保护农村专业经济协会的合法权益和农民的办会积极性，把农村专业经济协会培育好、发展好、管理好，体现民政工作维护民利、解决民生、落实民权的宗旨。

各省市民政部门在党委政府的领导和相关部门的配合下，认真履行职责，结合当地实际，采取多种措施，积极培育农村专业经济协会的发展，成效十分明显。

（一）调查研究，为农村专业经济协会发展提供政策支持

为了了解掌握农村专业经济协会的实际情况和活动特点，一些民政部门的负责同志亲自带队深入到县、乡、村进行调查，了解情况，研究制定工作思路。有的采取问卷的方式进行普查统计，有的会同农业、水产、畜牧等部门组成调研组，实地了解农村专业经济协会活动状况。上海、陕西、江西、河南、辽宁、青海、广东、宁波等省市都对农村专业经济协会发展情况进行了广泛调查，获得大量第一手资料。民政部门主动汇报反映，提出扶持意见，得到党委和政府的高度重视。安徽省委、省政府把发展农村专业经济协会列入今年省委常委会工作要点和省政府年度工作目标考核内容。湖南省委、省政府下发文件将发展农村专业经济协会作为重要工作任务。山东省政府召开了发展农村专业经济协会会议。江苏省政府出台文件把农产品行业协会作为推进产业化经营的主体之一。吉林全省9个市、州普遍召开了发展农村专业经济协会工作会议，各乡（镇）都成立了领导小组，由分管乡（镇）长担任组长。山西省一些地方建立了三级农村专业经济协会的议事协调机构。湖北省许多市州县民政局加强了登记管理机构，配备了专职人员。全国有浙江、甘肃、贵州、黑龙江等15个省市区出台了工作指导意见，为农村专业经济协会的发展提供了有力的政策保障。

（二）积极培育，为农村专业经济协会发展提供典型示范

农村专业经济协会作为一种新型的组织形式，在我国这样区域发展不平衡、农业专业化程度薄弱、农村人口文化素质不高的农村发展，存在许多限制性因素，培育发展和登记管理没有现成经验，许多地方采取试点先行，典型引路的措施。湖南省民政部门确立了126个试点单位。广西民政厅选择了100个组织机构健全、活动规范、作用明显的农村专业经济协会作为示范单位，带动了全区农村专业经济协会的发展。江西、贵州省民政厅在取得试点成效后，及时召开现场会，在全省铺开农村专业经济协会发展工作。山东省民政厅在试点基础上提出到2004年底前，全面完成现有农村专业经济协会的登记和备案工作，2005年底基本建立全面覆盖地域和行业的农村专业经济协会体系，重点培育300个有实力、有活力、有影响力的示范协会，目前全省已登记协会5000个。不少省民政厅出台了农村专业经济协会示范点建设实施意见，制定了协会章程范本。吉林省每个市(州)培育了10个典型，每个县(市、区)抓3—5个典型，对培育发展农村专业经济协会的先进单位和农村专业经济协会模范单位进行表彰，受表彰的先进个人享受市、州级劳模待遇。湖北省开展了全省农村专业经济协会“50强”评比表彰活动，树立了典型，引起了各地对农村专业经济协会的广泛关注。

(三)帮助指导，促进农村专业经济协会的自身发展

为了培养农村专业经济协会自我管理、自求发展，使其成为遵守章程、坚持活动、按照会员需求独立发挥作用的法人组织，各级民政部门按照“边培育、边发展、边规范”的方针，成熟一个，登记一个，及时给予农村专业经济协会合法地位，积极帮助农村专业经济协会建立以章程为核心的内部管理制度，按照社团通行规则，建立自律机制、民主决策制度，实行民主管理。北京市民政局聘请专家、学者，为农村专业经济协会出谋划策。一些省市通过对协会秘书长和会员进行培训、进行协会负责人竞争选举等方式，帮助农村专业经济协会提高自身素质。广西民政厅根据区内农村专业经济协会小、散、弱的状况，组织成立了农村专业经济协会联合会，增强了全区农村专业经济协会的整体实力。

各地因地制宜，根据农村专业经济协会发展实际，以市场需求为导向，宜村则村，宜乡则乡，有什么市场就成立什么协会，有什么能人就举办什么协会，如一品一会、一村一会、一业一会、一个龙头产业一会等。农村专业经济协会在类型上既有技术推广型的，也有经营合作型的；既有生产服务型的，也有销售、经营中介型的，充分体现了不拘一格、灵活多样的特点。在农村经济发展较快，专业化、产业化程度较高的地区，农村专业经济协会开始向网络化、区域化方向发展。

(四)加强协调，为农村专业经济协会的发展创造良好环境

农村专业经济协会的发展涉及多方面，必须依靠各有关部门共同配合。目前，发展农村经济组织已引起有关部门的高度重视，形成了齐抓共管的局面。党委农村工作部门和农业、林业、畜牧、水利、供销社等部门与组织，都根据各自的职能积极推动农村经济组织的发展。科协和共青团组织长期培育的技术推广和生产生活服务型等组织在农村有广泛的基础。各级民政部门认真履行登记管理机构的职能，主动与有关部门建立联系，加强合作，共同推动。不少省市县的民政部门与党委政研室、政府农村工作部门建立了工作联系机制，会同财政、农业、科协等部门研究制定对农村专业经济协会的贷款、税收优惠等扶持政策。目前全国农村专业经济协会发展的可喜形势，是党中央、国务院高度重视的结果，是各有关部门合力推进的结果。实践表明，农村专业经济协会和农村专业经济实体作为农村经济组织的两翼，相互配合，相互促进，共同推动农村经济的发展和社会进步。

据不完全统计，目前全国各级民政部门已注册登记专业经济协会1万多个。这些协会作为全国农村专业经济协会的骨干和示范，分布于全国各省区市，以组织健全、贴近农民、作用明显的生机勃勃的形象，活跃在农村县、乡、村诸多领

域，对在更大范围推动各类专业经济协会的发展起到带动作用。农村专业经济协会的逐步发展和日趋活跃，为农村、农业发展和农民生活带来了重要而深入的影响，一是优化了农村产业结构，降低了农产品生产销售交易成本，提高了农产品的竞争力；二是起到了沟通产、供、销三方需求的中介作用，增强了农户适应市场经济的能力，推动了农村社会化服务体系的完善和农民进入市场的组织化程度；三是促进了农业科技成果的推广和应用；四是提高了农民的素质，培养了民主意识、法制意识、维权意识和诚信意识，培养了一大批农村优秀人才；五是农民增加了收入，得到了实惠，拓展了增收的渠道，增强了发展的后劲；六是促进了农村精神文明建设，维护了农村的稳定。

回顾近年来各级民政部门培育发展农村专业经济协会的工作实践，我们深刻体会到：只要以与时俱进的态度对待改革实践中出现的新生事物，研究发现新生事物的发展规律，因势利导，就会找到民政工作的新的增长点；只要紧紧围绕党和政府的中心工作，自觉贴近"三农"，服务"三农"，就会找到民政工作直接为经济建设服务的落脚点；只要尊重群众的创造精神，努力满足群众的客观要求，就会实现民政工作以人为本的科学发展观；只要开阔思路，长袖善舞，主动与有关部门进行协调配合，就会形成推动工作的合力；只要尊重基层，因地制宜，实事求是，就会根据地区、群体、发展的差异，创造灵活多样的工作模式。

在看到农村专业经济协会取得很大发展的同时，我们也应当看到，我国农村专业经济协会还处在发展的初始阶段，还受到很多矛盾和困难的制约。从协会的自身能力看：有的组织松散，规模偏小，凝聚力不强，活力不足；有的没有领头能人，缺少活动场所；有的没有建立必要的内部管理制度，决策由少数人做主，民主议事、民主决策的水平不高，自我管理、自我发展能力不强。从协会发展的外部条件看：立法工作滞后，现有法律制度不能很好地适应农民办协会的实际需求，扶持政策不完善、不统一；基层民政部门力量弱，人员、经费、手段不足，管理工作跟不上；有的地方存在认识不高，重视不够或行政色彩较浓，对协会行政干预过多。这些问题要引起我们的重视，采取切实有效措施加以解决。

二、农村专业经济协会对农村经济社会发展具有不可低估的作用

党中央、国务院高度重视"三农"工作，把解决好农业、农村和农民问题作为全面建设小康社会的突出任务。从近几年的实践看，农村专业经济协会对农村发展的作用越来越明显，在推进全面建设小康社会的进程中，具有重要的作用。

（一）农村专业经济协会是农民自发成立、自我服务的新型社会组织

改革开放以来，我国农村实行联产承包的经营体制，农民获得了生产经营的自主权，激发了生产积极性。但是，随着市场经济体制的逐步建立，我国农村这种千家万户分散的小生产方式，与竞争日益激烈的大市场的矛盾日益突出。约2亿左右农户由于各自分散经营，规模小、技术落后、信息不灵、抵御风险能力薄弱，在市场竞争中处于劣势。小生产的生产经营方式成为农业发展、农民增收的最大障碍。在这种情况下，一些地方从事同类产品生产经营的农户自愿联合组织起来，以增加成员收入为目的，在技术、信息、购销、加工、储运等环节实行自我管理、自我服务、自我发展。通过科技信息传递，提高农产品质量和产量；通过销售服务，提高农产品价值；通过加工服务，提高农产品的附加值。实践证明，农村专业经济协会使分散的生产经营者以一个整体进入市场，参与竞争，降低了生产成本，实现规模效益，提高了竞争力，满足了农民致富奔小康的强烈愿望，代表了农民的切身利益，解决了一家一户想办而办不成、办不好的事情，农村专业经济协会民办、民管、民受益，其作用任何行政手段不能代替，是对农村社会组织和生产关系的创新，是真正属于农民自己的组织。正像有的农民说的"协会是技术的老师，经营的帮手，生产的顾问"，使农民眼界宽了，路子广了，技术多了。如广西

全区农村专业经济协会今年农产品销售量达47亿元，会员年人均增收348元，还辐射带动了40万农户年人均增收136元。山东省一些地方农村专业经济协会吸纳的农户已达当地农户50%以上，如莱州市各类农村专业经济协会吸纳17万农户，转移农村劳动力25万人，农民人均收入达到4240元。

（二）农村专业经济协会是推动农村经济发展的新途径

我国12亿多人口，8左右亿为农民，约为全国人口的68%，这是我国最大的国情。农业是国民经济的基础，没有农民的小康，就没有全国人民的小康。农村经济的发展和农民生活水平的提高，是我国全面建设小康社会，实现以人为本，全面、协调、可持续的发展的关键所在。党中央、国务院十分重视农业、农村和农民问题，以胡锦涛为总书记的新一届中央领导集体，从党和国家事业发展的全局出发，提出了坚持以人为本，全面、协调、可持续的科学发展观，并强调按照"五个统筹"的要求推进改革和开放，要求把发展各类农村经济组织作为深化农村改革、不断完善农民增收体制和机制的重要措施。统筹城乡发展，很重要的一点就是要在市场经济体制框架下，寻找解决"三农"问题的有效办法。我国农业入市难，农民增收难，始终是困扰农村经济发展的核心难题。只有通过调整农业产业结构，优化生产要素，发展效益农业，提高农民的组织化和生产规模化程度，才能逐步把农业经济链条做大，促进"三农"的发展。农村专业经济协会以农户为市场主体，把市场主体和市场需求联接起来，实现了农村经营体制的创新，对农村经济发展产生重要影响。据北京市的调查统计，有87%的农户认为加入协会增加了收入，会员年收入增加500元以下的为15%；500－1000元的为30%；1000－2000元的为21%；2000元以上的为21%。农民一致赞扬成立协会是为农村办了一件好事，在完善农村社会化服务、增加农民收入、加快农村发展上大有作为，是农民致富、农业发展、农村繁荣的好形式。

（三）农村专业经济协会是应对我国加入WTO，提高农产品国际竞争力的新举措

加入WTO使我国农业融入了世界市场体系，农业面临前所未有的机遇和挑战。如何适应新的形势，扩大农产品的国际市场占有份额，增加农民收入，提高农业国际竞争力对我国国民经济的全局至关重要。

目前，我国农业人口占世界农业人口的1/4左右，我国有许多重要大宗农产品，如粮食、棉花、蔬菜、水果等产量均居世界第一位，但农产品外贸总额仅占世界农产品外贸总额的3.5%，占全国外贸总量的1/10左右。我国加入WTO后，国外农产品及其制成品大量进入国内市场，竞争越来越激烈。随着入世协议的进一步实施，外国农业协会纷纷进入我国，这些协会以民间的身份为本国会员开拓市场，搜集和传送中国市场信息，代表农产品行业参加贸易谈判，制定本国贸易壁垒政策等，充当了国际贸易的领军人。

国际农产品贸易市场的通行规则是民间组织在前台，政府在很多方面不能直接参加和干预。我国农产品有劳动力价格低、资源多样化、空间范围广阔的优势，要与国外在竞争中保护我国农民的利益，抢占制高点，就必须与国际通行机制接轨，培养我们自己的民间组织，使它们走向国际贸易平台，代表和维护农民利益，参与国际市场竞争，从而把我国的农业市场做强、做大。近几年，在农村专业经济协会产生较早、发育成熟的浙江、山东等地的一些农村专业经济协会，就成功地参与打破国际贸易壁垒、解决国际贸易争端的工作。由于以民间的身份平等地与国外农产品行业组织谈判，起到了政府所起不到的独特作用，如山东省青岛市农村专业经济协会的新产品远销世界30多个国家和地区；烟台莱西市石材行业协会举办的国际石材展览会，有26个国家和地区，3000多客商参加，贸易额25亿元。

（四）农村专业经济协会是促进农村社会发展的新形式

实现农村全面发展，不仅需要生产规模和经营水平的提高，而且需要农村社会机制、社会观念及生活方式的全面提升。在这个意义上，农村专业

经济协会不仅为农民进入市场提供了一个渠道，为农村和农业的发展提供了一个新的市场主体，提高了农民的物质生活，也深刻地影响着农村的文化、社会乃至政治生活等各个方面。各地实践充分表明，农村专业经济协会通过各种活动，在广大农民中传播了科学技术，推广了民主意识，促进了农村就业，完善了农村社会化服务体系，使农民在自我服务、平等合作、相互帮助中提高了诚信意识、竞争意识和市场观念，对提高农民的整体素质，缩小城乡差距，推进农村民主建设都产生了深远的影响，对建立新型农村社会管理秩序，改善农村社会结构，推动农业科技、教育、文化等事业的进一步发展，维护社会稳定，巩固基层政权，促进农村精神文明建设和城乡协调发展具有重要意义。

（五）发展农村专业经济协会是民政工作的新内容

民政部门承担的农村困难救助、基层民主政治建设、优抚安置和民间组织管理工作，都从一个方面促进了农村的经济发展和社会稳定。由于过去我国各类民间组织主要在城市设立和活动，农村只有少数县一级有技术推广、扶贫帮困类公益组织，民间组织的发育明显滞后。农村专业经济协会的发展，成为农村民间组织新的生长点，给我国民间组织登记管理工作增加了新内容，开辟了农村民间组织管理工作的新领域，使民间组织管理工作多了一个服务群体。农村专业经济协会是民间组织登记管理工作中面对最基层、服务对象最多、最具探索性的工作。做好这项工作，有助于提升民政工作的地位，发挥民政工作的作用，更好地服务于国家经济建设和社会发展的大局。因此，促进农村专业经济协会发展，推动其发展壮大，引导其在农村经济社会等各个领域发挥更大的作用，将成为今后我国民间组织管理工作的一项重要任务。

三、要大力发展农村专业经济协会

今后一个时期发展农村专业经济协会工作的指导思想是：以邓小平理论和“三个代表”为指针，以科学发展观为指导，坚持民办、民管、民受益的原则，积极推动农村专业经济协会的发展，培育一批能力突出、机制灵活、带动力强的农村专业经济协会典型，努力为解决“三农”问题服务，充分发挥农村专业经济协会在全面建设小康社会中的积极作用。

（一）积极推动农村专业经济协会的建立

目前，从全国范围看，农村专业经济协会还处在发展的初期阶段，无论从数量、规模和自身能力都不能满足农村发展和广大农民的迫切要求。因此，我们要把推动建立、广泛发展作为首要任务。民间组织依法登记，以法人单位主体开展活动是农村专业经济协会发展的保证。民政部门推动农村专业经济协会的发展，首先要根据职能，对基本具备条件的农村专业经济协会及时给予注册登记，使他们获得法人主体资格。要加大工作力度，鼓励多种形式发展。民政部《关于加强农村专业经济协会培育发展和登记管理工作的指导意见》已经放宽了登记条件，简约了程序，但由于情况不同，各地还可以结合实际，继续探索，在经济不发达地区，如需进一步放宽条件，可以制定政策，进行试点。我们正在会同国务院法制办修订《社会团体登记管理条例》，争取把各地行之有效的做法在法律中确定卜来，以满足民间组织发展的客观要求。在发展工作中要从实际出发，坚持市场化原则，市场需要什么，就发展什么样的协会。对科协、共青团组织培育的农村非营利组织，符合条件的要抓紧予以登记。我们积极推动农村专业经济协会的发展，初期数量可能会多一些，经过市场的考验，优胜劣汰，一定会有一批行为规范、充满活力的农村专业经济协会脱颖而出，这是我们培育发展的目的。

（二）坚持民办、民管、民受益的原则

农村专业经济协会是由农民因内在需求引发，在农村土生土长起来的乡村组织，按农民自己的说法，是从土地里长出来的协会，这是农村专业经济协会的生命力所在。我们一定要以民为本，尊重农民的选择，尊重农村专业经济协会的民间属性，加以爱护、培育和扶持。对农村专业经济协会的管理，一定要坚持农民自愿成立、自主办会、自我发展和民办、民管、民受益的原则，不搞拉郎配，不搞包办代替。对办会的模式，也不要搞一个样式，一刀切，要允许试验，允许农村专业经济协会的多样性，农民需要什么样的协会，都可以尝试，既可以搞技术服务型的，也可以搞公益互助型的，也可以试验经营合作型的。允许农民通过实践寻找最适合的模式。对已经成立的协会要充分放手，帮助实行自我选举、自我管理、自我决策、自我监督，做到自主、自立、自律、自强。不能用行政手段去干预协会的内部事务，防止协会成为政府部门的附属机构。只有保持民间性，突出农民在协会中的核心地位，才能保持农村专业经济协会内在发展动力，使协会真正成为联系政府与群众的桥梁，成为农民联系市场的中介组织。

农村专业经济协会在发展过程中，要处理好与基层自治组织之间的关系。农村专业经济协会与基层自治组织都具有群众性，目的都是为了农村的发展。基层自治组织依照国家有关法律和职权，行使自治职能，协会要予以积极响应和很好配合；农村专业经济协会依照章程规定的业务范围从事活动，基层自治组织应予以支持，并保证协会的自主权和独立性。

（三）争取领导重视，加大扶持力度

发展农村专业经济协会是一项系统工程，民政部门要认真履行职责，发挥综合协调作用。要主动争取当地党委、政府的重视和支持，把农村专业经济协会发展工作摆上应有位置，有组织、有计划地做好发展工作。要积极协调有关部门加大部门的扶持力度，如在农村专业经济协会初期，提供开展活动的场所，资助必要的工作经费，选派专业技术干部作相关协会的顾问，为协会的交流合作活动提供信息、牵线搭桥等。从资金投入、科研与技术推广、农业生产资料供应、市场信息、社会化服务等方面，给农村专业经济协会以帮助和支持。民政部门要定期培训农村专业经济协会的负责人，使他们学习社会工作方式提高管理能力，要与有关业务主管单位密切配合，落实各自的管理职责，形成合力。

（四）培育一批名牌协会，发挥典型示范作用

农村专业经济协会在扩大覆盖面、取得法人地位的基础上，要逐渐提高自身能力，切实发挥作用。民政部门要通过培养典型、交流经验、表彰先进、加强宣传等方法，着力培育一批活动能力强、吸纳会员广泛、敢于带领农民闯市场、受农民欢迎、对当地经济发展有突出影响的农村专业经济协会。要督促协会遵纪守法，帮助建立以章程为核心的内部管理机制，建立理事会、监事会等内部组织管理机构，健全组织活动制度、民主议事制度、资金管理制度和内部监督制度和利益风险机制，坚持为群众服务的宗旨，强化服务会员意识，帮助群众共同致富。让先进典型来引导带动更多的农村专业经济协会发展壮大，使农村专业经济协会发展工作更加扎实，富有成效。

（五）认真研究农村专业经济协会发展的新问题

农村专业经济协会的发展时间不长，但它打破了旧有的民间组织发展模式，改变了民间组织的发展格局，也使民间组织管理工作面临新的课题。当前，农村专业经济协会发展中面临的新问题，有些是现有的法规中没有包含的，如乡镇和村的农村专业经济协会由谁主管的问题；能否组建跨地区同行业专业经济协会问题；能否自上而下地建立协会；能否允许存在通信会员等问题。农村专业经济协会作为一种新型组织，如何界定其职能和属性；如何既保持协会的非营利性，又满足农民组织起来，合作经营的要求等。这些都是农村专业经济协会发展中遇到的现实问题，民间组织管理工作要与时俱进，适应形势的发展，在不断解决新的问题中创新和发展。因此，要本着解放思想、实事求是的精神加以研究和探索，要从符合农民和农村的实际，充分调动农民的积极性和创造性，维护农民的合法权益的角度出发，既使农村专业经济协会有一个宽松的发展环境，允许实践和探索，又注意及时总结研究，及时对农民的实践活动进行总结，并概括到法律、法规和政策中去，逐步探索出符合国情的农村民间组织发

展模式。

目前不少地方提出农村专业经济协会与其他农村经济组织之间的关系问题。农民自发成立民间组织做何种形式的登记，以何种组织形式开展活动，农民有选择的权力。目前对农村经济组织的属性和分类，有关部门正在立法调研。总之，对于营利性和非营利性两种不同性质的农民经济组织，我们都要注重发挥它们的积极作用，做到优势互补，相得益彰。

各级民政部门要强化服务意识，寓管理于服务之中，深入基层，贴近农民，上门服务，为农村专业经济协会发展出谋划策，依法保护协会合法权益，提高办事效率，提高服务质量。要认真总结经验，抓好典型宣传，发挥示范作用。要加大调研力度，既要研究解决当前面临问题的具体方案，又要研究治本之策和长效机制。注意借鉴国外的有益经验，把研究成果运用到立法中去。

农村专业经济协会点多面广，大多数远离县域。目前地方民政部门大多数都没有民间组织管理专职工作人员，要开展农村专业经济协会登记管理工作的确有不少困难。各级民政部门要知难而上，增强能动性和责任感，一方面要努力工作，争取党政领导的理解和支持，按照中央文件的要求，充实和加强民间组织登记管理机构；另一方面要做好内部工作力量的合理调配，保证必要的工作经费，加强干部队伍的组织建设、思想建设和作风建设，以适应业务工作快速发展的需要。

同志们，农村专业经济协会面临更好的发展机遇和繁重的工作任务，各级民政部门要站在服务党的中心工作、服务“三农”工作的大局的高度，求真务实，改革创新，做好农村专业经济协会的发展工作，充分发挥农村专业经济协会的作用，为农村经济和社会发展，为实现全面建设小康社会的战略目标做出应有的贡献！

在天津市行业协会经验交流暨首批示范行业协会授牌大会上的讲话

民政部副部长　姜　力

（2004 年 12 月 3 日）

同志们：

很高兴参加天津市行业协会经验交流暨首批示范行业协会授牌大会。天津市是我国行业协会发展较快的省市之一。近年来，为适应经济社会发展的新形势，天津市委、市政府高度重视，民政部门和各业务主管单位通力协作，通过调整布局、优化结构、控制总量、提高质量，培育了一批按市场化原则规范运作，具有广泛行业代表性，适应市场经济发展需要，能与国际经济运行规则接轨的行业协会。在加强行业协会职能，提高行业协会素质，发挥行业协会作用等方面做了大量卓有成效的工作，推动了行业协会的健康发展。今年又启动了“精品示范工程”，开展了示范行业协会创建活动，强化行业协会自身建设，规范行业协会发展方向，提高了行业协会的能力和质量。相信通过这次会议，交流经验，树立典型，表彰先进，统一思想，明确任务，天津市的民间组织特别是行业协会工作将会有一个新的提高。希望天津市在健全行业协会政策法规、理顺政府与行业协会关系、完善行业协会内部治理结构、引导行业协会发挥作用方面大胆探索，总结出更多更好的经验，为全国行业协会的发展提供借鉴。

改革开放以来，我国包括行业协会在内的民间组织稳步发展，整体质量明显提高。目前，全国各类民间组织已发展到26.6万多个，其中社会团体14.1万多个，基金会1200多个，民办非企业单位12.4万多个。民间组织已经遍布全国城乡，涉及社会生活各个领域，初步形成了门类齐全、层次不同、覆盖广泛的民间组织体系。民间组织的发展，对激发社会活力，促进社会公平，倡导互助友爱，疏缓就业压力，反映公众诉求，推进公益事业，化解社会矛盾，解决贸易纠纷等方面起到了不可替代的作用。民间组织已经成为党和政府联系人民群众的桥梁和纽带，成为推进经济发展、社会进步和人的全面发展的不可缺少的重要力量，对全面建设小康社会、推进社会主义物质文明、政治文明、精神文明协调发展产生了积极的作用。

行业协会的培育发展和规范管理，是近几年来民间组织工作的重要任务之一。党中央、国务院高度重视，根据中央的要求和实际工作的需要，民政部、地方各级政府以及登记管理机关和业务主管单位把培育发展行业协会，作为深化经济体制改革和应对入世的一项重要任务来抓，积极开展对行业协会数量、结构、布局等问题的调研，制定协会培育发展的政策；在优势行业、重点行业、新兴行业和与加入世界贸易组织密切相关的行业领域，打破所有制和部门界限，组建一批新兴行业协会；在登记数量扩大的同时，注重行业协会质量的提高，使行业协会布局趋向合理，结构逐步优化，资源逐步整合。许多地方特别是改革开放较早的沿海地区，积极探索创新行业协会管理方式改革。有的地方把发展行业协会作为深化经济体制改革、建设国际化城市的重要举措，以民间化为突破口推进行业协会改革与发展；有的地方制定了扶持行业协会发展的政策措施，在资源整合、政社分开、职能定位方面有新突破；有的地方出台了地方性法规、政府规章或规范性文件，使行业协会逐步纳入法制化、制度化轨道。目前，国家发改委、民政部正会同有关部门对行业协会进行调研，争取出台有关政策性文件。经过努力，行业协会培育发展工作成绩显著。截止到2003年底，在登记的14.2万个社会团体中，行业性社团有41722个，与其他类社团（专业性社团、学术性社团和联谊性社团）相比，行业性社团发展最快，数量最多，占了总数的30%。

为了展示行业协会的成果，扩大行业协会的影响，2004年12月9—11日，民政部、国家发改委、国资委将在北京展览馆共同举办“全国行业协会成就汇报展”，同时12月10日民政部将在人民大会堂召开“全国先进民间组织表彰会”，表彰包括行业协会在内的500多个民间组织。行业协会汇报展览和先进民间组织表彰会都是建国以来第一次举行，是对我国民间组织发展成果的一次集中展示，是我国民间组织发展史上的一件大事，体现了党和国家对民间组织的高度重视，也是推动民间组织健康发展的一项重要举措，将对我国民间组织的发展产生积极作用。

同时，我们也应该看到，行业协会的培育发展工作还是初步的，还面临不少困难和问题。行业协会的布局结构还不合理，部分协会会员覆盖率较低；部分行业协会行政化倾向比较严重，独立法人地位没有得到应有保障；政府的职能转变还不到位，行业协会的作用受到限制；对行业协会的政策扶持不够，理论研究不足；行业协会管理体制还有待进一步改进等等。这些困难和问题，亟待我们与相关部门在实践中研究解决。

当前，我们国家进入了全面建设小康社会，加快推进社会主义现代化建设的新阶段。推进社会主义物质文明、政治文明和精神文明建设，构建和谐社会，对行业协会的发展带来了新的机遇，也提出了新的要求。一是随着行政管理体制改革的深入，依法行政的全面贯彻实施和“小政府，大社会”格局的逐步出现，政府正向“责任政府”、“法治政府”和“有限政府”转变，群众性、社会性、公益性、服务性的职能，应该也可能从政府职能中分离出来，这为行业协会的发育和成长提供了空间。二是随着经济体制改革的深入和市场经济体制的逐步完善，加快经济社会发展，整顿市场经济秩序，规范企业行为，保护企业合法利益，需要行业协会积极发挥作用。三是随着世界多极化、经济全球化，国际上普遍重视发挥民间组织的作用，我国加入世界贸易组织后，如何妥善处理对外交往和经贸合作，保护国内市场和企业利益，也为发展民间组织、特别是行业协会提供了新的机遇。因此，发展和规范行业协会是经济社会发展的客观需要，是经济体制、政治体制改革的必然要求，也是我国加入世界贸易组织，应对经济全球化挑战的重要举措。

党中央、国务院历来十分重视行业协会的培育发展工作。十四届三中全会提出要“发挥行业协会、商会等组织的作用”，十五大提出要“培育和发展社会中介组织”，党的十六届三中全会指出：“按照市场化的原则，规范和发展行业协会、商会等自律组织。”前不久召开党的十六届四中全会进一步把发展民间组织作为构筑和谐社会、加强社会建设和社会管理的重要方针，指出：“发挥社团、行业组织和社会中介组织提供服务、反映诉求、规范行为的作用，形成社会管理和社会服务的合力。”

根据中央的要求和实际工作需要，当前和今后一个时期，行业协会的工作目标是，逐步建立一个布局合理、功能健全、按市场经济规则和国际惯例运作的行业协会体系。要着重做好以下工作：

第一，进一步统一思想，提高认识。

行业协会是由同业企业及其他经济组织自愿组成、向会员单位提供服务及自律管理的社会团体，具有维护企业合法权益，协调市场主体利益，促进行业公平竞争，规范市场经济秩序，提高市场配置效率，协助政府实施经济调节的功能，是市场经济体系的重要组成部分，也是整个社会有序管理的重要组织形式。在我国社会主义市场经济发展和社会管理体制创新过程中，行业协会的地位更加重要，影响更加广泛，任务更加繁重，在我国现代化建设中将发挥其他组织不可替代的作用。各地要统一思想，把行业协会工作纳入议事日程，列入当地发展规划，在行业协会的调整、培育、规范和提高上下功夫，推动行业协会的健康发展。

第二，进一步转变政府职能，充分发挥行业协会作用。

政府部门要转变职能，逐步将规范行业质量、制定服务标准、考核技能资质、发布市场信息及行业自律等社会公共管理职能交由行业协会行使。政府及政府有关部门对涉及行业的市场准入、技术标准和从业资格等行业政策、法规和制定发展规划时要听取行业协会的意见和建议；支持行业协会开展行业统计、行业调查、人员培训、市场准入、行业资格资质审查等工作；支持行业协会参与反倾销的调查与应诉、价格协调等工作。各行业业务主管部门要在机构、职能、人事等方面与行业协会分开，不干预行业协会的日常事务，使行业协会享有决策、人事、财务、分配等方面的自主权。政府要求行业协会提供服务，可以通过“购买”服务方式进行，政府有关部门委托行业协会承担有关行业管理职责，应给予相应经费支持；对开办初期确有困难的行业协会政府应给予适当扶持。

第三，进一步增强行业协会实力，提高综合能力。

行业协会要以服务会员、服务企业、服务社会为己任，紧扣经济社会发展脉搏，切实履行服务、自律、代表、协调等职能，努力做优做强。要突出民间化的特点，探索企业家办会方式，协会领导由会员依照章程选举产生，行业协会工作人员可采取公开招聘等多种形式，从行业内或社会上公开招聘录用，并按规定建立社会养老、失业、医疗等社会保障制度。要扩大会员覆盖面，面向全社会同行业企业，不受所有制限制，大力吸收民营企业、合资企业、外资企业入会。要坚持民主办会，不断完善民主决策制度，以协商、公平、公正原则处理内部事项，并通过收取会费、接受捐赠、开展服务、或者承办政府有关部门委托事项等途径筹措活动经费。要加大对企业的协调指导力度，规范行业企业行为，加强企业诚信建设，引导市场有序发展。要拓展服务功能，提高服务质量，为企业提供信息、技术、培训、咨询等服务，帮助企业提高技术和管理水平。

第四，进一步完善法规，规范管理，提高民政部门服务水平。

各级民政部门作为行业协会的登记管理机关，要加强对行业协会的指导；要加强调查研究，主动或配合有关部门出台扶持行业协会发展的政策意见；要总结各地新鲜经验，表彰先进，树立典型，推动工作；要健全行业协会进入和退出机制，优化布局结构，促进行业协会自律，对不符合产业升级和行业日趋萎缩的行业协会进行归并、重组；对长期不开展活动，不能代表企业利益，违法、违纪的行业协会，要依法进行注销或撤销登记处理；对优势行业、重点行业、新兴行业和与加入世界贸易组织密切相关的行业领域，要加快培育发展步伐；要改进工作作风和工作方式，树立依法行政理念，提高行政效率，增强服务意识，寓管理于服务之中；要加强与业务主管单位以及有关部门的协调配合，加强与行业协会的沟通、交流与联系，依法保护行业协会的合法权益，支持行业协会依法独立开展工作。

必须强调指出，我国民间组织数量大，种类多，涉及面广，政策性强，培育发展和监督管理任务繁重，责任大，必须加强管理力量。要加强登记管理机关建设，增加编制，充实人员，核拨业务经费，配套必要的设备，特别是要加强和充实基层行政管理力量，建立起全国上下运转协调、行为规范的行政管理体系。

在民政宣传工作先进集体和先进个人表彰会议上的讲话

民政部副部长　陈杰昌

（2004 年 3 月 27 日）

同志们：

首先，我代表部党组对受到表彰的宣传工作先进集体和先进个人表示热烈的祝贺！下面，我讲三个问题：

一、2003 年的民政宣传工作取得了令人满意的成绩

2003 年，我部的宣传工作，围绕中心，服务大局，在部党组的高度重视和领导关心下，经过各司局、各单位的密切配合、共同努力，取得了令人满意的成绩。一年来，我们参加了 2 次中外记者招待会，召开了 4 次国内记者新闻发布会，组织了 5 次新闻记者基层采访活动，举办了 11 次新闻协调会、新闻通气会，安排了新闻记者专访 30 余次，直接发稿 1000 多篇，有力地宣传了民政工作，为民政工作的改革发展创造了良好的舆论环境。

回顾一年来的宣传工作，我们重点抓了六件事：

一是及时有效地宣传报道了元旦春节期间走访慰问活动。部领导分别带领工作组到 8 个省市看望困难群众，检查困难群众生活安排工作，慰问五总部、驻京部队，慰问殡葬职工等都得到了及时充分地报道。

二是大张旗鼓地开展了抗击非典的宣传工作。尤其是对不顾个人安危妥善处理死亡非典患者遗体的殡葬职工和全力以赴构筑基层非典防线的村委会、居委会干部的动人事迹进行了深度报道，对非典捐赠物资的接收、分配、使用情况及时向社会公布。

三是规模宏大地组织了《城市生活无着的流浪乞讨人员救助管理办法》及其实施细则的宣传。这一宣传持续时间长，阵容规模大，社会影响好，在民政法规宣传的历史上留下了浓墨重彩的一笔。

四是广泛深入地开展了《婚姻登记条例》的宣传。我们不仅通过新闻通气会和接受电视采访的方式，宣传了条例出台的背景、内容、特点和意义，而且对国庆黄金周期间全国的婚姻登记工作进行了跟踪报道，引起了国内外的广泛关注。

五是适时成功地参加和举办了中外记者招待会。通过全国“两会”和第十四个国际减灾日期间召开的两次中外记者招待会，回答记者关心的问题，成功宣传了城市低保、灾民救助、减灾防灾等工作，扩大了民政工作在国内外的影响。

六是灵活机动宣传了部里的重要会议和重大活动。我们认真贯彻中央关于减少会议报道的指示精神，按照“三贴近”的要求，组织新闻媒体事先深入采访，以报道与会议主题密切相关的基层实践为主，机动灵活地报道了部里一系列重大活动和重要会议，取得了良好效果。

2003 年的民政宣传工作之所以取得令人满意的成绩，是部党组高度重视、部领导身体力行的结果，是各司局、各单位密切配合、共同努力的结果，是各新闻单位与时俱进，不断改进宣传报道方式的结果。在这里，我代表部党组向大家表示衷心的感谢！

二、充分认识做好民政宣传工作的极端重要性

（一）做好民政宣传工作是统一民政工作思想，加强民政队伍建设的需要。

随着形势的发展，民政工作的领域越来越宽，范围越来越广，对象越来越多，任务越来越重，要求越来越高，民政工作与国家改革发展稳定大局的关系也越来越密切，要履行好我们的神圣职责、肩负起我们的光荣使命，就要使民政系统的全体干部职工、特别是广大基层工作者清楚和熟悉民政工作的理论、方针、政策、法律、法规、思路和措施，进而自觉自愿、不折不扣地落实到每一个环节。全国民政系统的干部职工有 10 多万人，我们的文件，不可能每人发一份，我们的会议也不可能开到 10 几万人的规模。而我们的广大基层民政工作者，他们对民政事业的发展更关心，对民政工作的前途更关注，他们永远都是民政宣传的第一读者、第一观众和第一听众。我们民政宣传的内容、方式、广度和深度，与民政干部队伍整体素质的提高有着密切联系。只有我们民政系统全体干部职工的认识到位、思想统一、步调一致，民政工作的改革才能与时俱进，不断深化，民政事业的发展才能日新月异，朝气蓬勃。

（二）做好民政宣传工作是完善民政工作运行机制，提高民政工作“三度”的需要。

民政工作的范围广、领域宽、项目多，工作对象遍布城乡各个角落，业务内容涉及社会生活的各个领域。如果只靠民政部门单枪匹马、孤军奋战，预期目的就不可能达到。正因为如此，江泽民同志在第十一次全国民政会议上要求我们“完善政府主导、部门协作、社会参与的工作机制”。正因为如此，学举部长多次在不同场合强调，要加大民政工作社会开放度、增强民政工作社会透明度、扩大民政工作社会参与度。无论是完善民政工作的运行机制，还是提高、增强、扩大民政工作的“三度”，都离不开民政宣传工作。如果我们的宣传方式不科学、不灵活、不生动，就会降低社会各界对民政工作的关注程度。如果我们宣传的内容不全面、不准确、不系统，有关部门就难以找到配合民政工作的切入点、突破口，人民群众也难以找到参与民政工作的方式和途径，民政工作的国际交流与合作也会失去很多渠道和机遇。

（三）做好民政宣传工作是提高我们自身素质的需要。有人对于从事宣传工作、文秘工作甚至研究工作的人不屑一顾，认为不就是摇摇笔杆子，动动嘴皮子吗？这种认识是很片面的。宣传工作也是一门学问，一门艺术，一种能力。没有深厚的理论功底，没有明察秋毫的洞察力，没有博览群书的积累，没有对方针政策法规的深刻理解，没有娴熟的文字和语言表达技巧，就不可能写出令人手不释卷的好文章，就做不出富有感染力的精彩演说。同样一个问题，选择什么角度，运用什么语言，讲到什么程度，效果会有很大差别。讲得好，写得好，就事半功倍。反之，不但达不到目的，还会授人以柄，给工作带来麻烦，造成被动。任何人都不是生而知之者，只能靠实践，靠锻炼。所以，从事宣传工作本身，就是一种学习，一种积累，就是综合素质的提高。

三、进一步做好今年的新闻宣传工作

胡锦涛总书记在今年全国宣传思想工作会议上强调了做好宣传思想工作的极端重要性，并且明确要求："各级党委要始终高度重视宣传思想工作，坚持'两手都要抓、两手都要硬'的方针，切实加强和改善领导。各级党委的主要领导同志要负起政治责任，亲自过问，亲自抓，而且要抓紧抓实"，各部门"都要增强政治意识，注意加强同宣传部门的沟通和配合，自觉支持宣传思想战线的工作。"我们要深刻领会坚决落实总书记的讲话精神，把宣传工作放在十分重要的位置来抓。这里，我突出强调四点：

一要抓领导。各级领导要把宣传工作作为自己的一项重要职责抓紧抓好。要明确，宣传工作是为开展业务工作鸣锣开道、保驾护航、壮大队伍的工作，是业务工作不可分割的组成部分，必须与业务工作一起研究，一起部署，一起落实，一起检查，一起总结，一起表彰，绝不能将宣传工作视为额外负担。在具体工作上，除了及时提供新闻资源，积极接受记者采访，开好新闻发布会、记者招待会以外，还要做好民政部网站的宣传工作。我部的网站升级改版后，形式比以前更活泼，内容较以前更丰富，要建设好这个窗口，就必须提高点击率。点击率决定生命力，而提高点击率的根本在于网站内容的及时更新，在于网站的正常维护，这方面办公厅已制定了具体办法，希望各司局、各单位密切配合。

近两年，中央一再要求树立科学的发展观，强调统筹、强调协调。当然，中央强调的是宏观方面。但就我们民政部各方面的工作而言，也有一个统筹和协调问题。我们的综合司局、包括新闻出版单位在内的事业单位、社会团体的工作都是业务工作的延伸和拓展，都是围绕业务工作进行，为业务工作服务的。一定要形成一股劲，拧成一股绳，上下一条心，左右一盘棋。业务司局要为服务部门出题目，提要求，定原则；服务部门要围绕中心，明确重点，熟悉业务，默契配合。只有这样，我们的民政工作才能整体推进。

二要抓导向。也就是说，我们的民政宣传一定要坚持正确的舆论导向。导向是目标，是作用和效果的前提。导向错误，作用和效果就会南辕北辙，贻害无穷。近几年来，各司局、各单位特别是新闻出版部门，坚持党性原则，遵守宣传纪律，在宣传民政工作的方针政策、法律法规方面，在宣传民政工作的理论创新、改革措施、先进典型等方面，做了大量工作，取得了显著成绩。总的讲，舆论导向是正确的，但也出现过导向不十分正确的苗头，有的还被中央有关部门提出过批评和警示。希望各司局、各单位，特别是新闻出版单位的同志，增强政治意识、大局意识、责任意识，提高政治敏感性和政治鉴别力。始终坚持正面宣传为主的方针，弘扬主旋律，打好主动仗。在坚持正确舆论导向的前提下，贴近基层、贴近生活、贴近群众，多写有血有肉、生动活泼的报道，使民政报刊和民政出版物充满活力。19世纪的挪威作家比昂松曾说过一段话，他说："说真的，如果生命中善的成分没有恶的多，那人类早就没有希望了。任何不承认这种生命真相的描写都是歪曲的，都只是错误的想象。千万不要忘记，过分强调生命中的阴暗面对我们都是毫无益处的。"这段话，对我们所有从事新闻出版工作的同志来说，都是值得思考和借鉴的。

三是抓典型。就是要抓好典型经验、典型人物、典型事迹的宣传。典型宣传更具有吸引力、感染力、震撼力，更能够鼓舞人心，振奋精神，更有利于扩大民政工作的影响，提高民政工作的声誉，更有利于民政队伍的建设。这几年，我们通过中宣部陆续推出了王贤田、田良贵、蔡绍福、陈徽娥、张有顺等先进典型，收到了良好的社会效益。可以毫不夸张地说，我们民政工作领域、民政工作战线，每天都在涌现大量可歌可泣的人物、可歌可泣的事迹，只要我们脚踏实地坚持"三贴近"原则，去深入、去调查、去挖掘，就有取之不尽的源泉。先进人物、典型事迹是崇高精神的载体。我们的民政事业是伟大的事业，伟大的事业需要并将产生崇高的精神，崇高的精神支持和推动伟大事业胜利前进。为了民政这个造福百姓特别是困难群众的事业，我们要始终把典型的介绍和推广作为民政宣传工作的重点，不断抓出新成绩。

四要抓媒体。就是要借助和依靠主流媒体，加大民政宣传的力度，同时正确对待、心悦诚服地接受媒体的监督。我们民政系统的新闻出版单位是民政宣传工作的重要力量，但从权威性和影响力上看，我们都还有很大的差距。必须充分利用、借助和依靠主流媒体，加大宣传力度。应该说，近几年来，我们与中央各大新闻媒体的配合还是比较协调、比较默契的。实践证明，只要我们积极主动、锲而不舍、方法得当，就能得到主流媒体的配合与支持。所谓积极主动，就是要及时为他们提供新闻线索、新闻素材、重大动向，尽最大努力满足他们的采访要求。所谓方法得当，就是要换位思考。就我们的主观愿望而言，我们希望民政新闻多上中央一台，多上新闻联播，多上黄金时段，多上焦点访谈，多上人民日报，多上显要版面。但我们也要设身处地为他们着想，全国每天都有大量的重大事件、重大部署需要宣传，有时我们不能完全如愿。在这种情况下，我们要体谅、要通融。我相信，只要双方相互信任，共同努力，就可以创造更多主流媒体宣传民政工作的机会。

在加大正面宣传力度的同时，我们还要正确对待、虚心接受新闻媒体的监督。温家宝总理在十届全国人大二次会议上的《政府工作报告》，明确要求："要接受新闻舆论和社会公众监督"。贯彻这一要求，不仅是提高工作透明度，加强党风廉政建设和反腐败工作的需要，也是完善政策法规、改进工作方式、纠正工作失误、堵塞工作漏洞、增强工作实效的需要。新闻舆论监督主要是通过内部参考、动态清样以及公开的批评报道等方式进行，都是想通过揭露问题，分析原因，提出建议，以引起有关部门的重视，有的放矢地采取措施，实实在在地解决问题。对此，我们一定要认真对待。首先，态度要端正。要以清醒的认识、平和的心态去正视，去面对，即便是言词有些尖刻，个别事实有些出入，也不要口出怨言，求全责备，更不能轻易怀疑作者的善良愿望和动机。其次，思想要重视。要冷静地分析，深刻地反思，找出问题的症结所在，工作上的薄弱环节。第三，措施要到位。要以解决问题、改进工作、造福群众为立足点和出发点，精心策划，制定方案，付诸行动，落实到位。只有这样，新闻舆论监督才能产生应有的效果。只有这样，我们才能在不断地纠正失误、完善政策、改进工作中，使民政工作不断开创新的局面，不断攀登新的高度。

在民政部提案交办会议上的讲话

民政部副部长　陈杰昌

（2004年3月31日）

同志们：

刚刚闭幕的十届全国人大二次会议、全国政协十届二次会议是我国人民政治生活中的一件大事，"两会"高效、务实、亲民、为民，取得了圆满成功。"两会"期间，全国人大代表、全国政协委员围绕国家中心工作，针对我国经济社会发展的重大问题和社会关注的热点问题，认真履行职责，提出了很多有价值的议案、建议和提案。会议期间，全国人大收到代表议案1374件（其中733件议案转建议），比去年增长了

30.7%。建议5272件，比去年增长了30%。全国政协收到委员提案4158件，增长了16.1%，另有委员来信200件。这些议案、建议和提案是人大代表和政协委员行使参政议政权力的一种重要形式，是协助党和政府听取各方面意见，实现决策民主化、科学化的重要途径，是向党和政府反映社情民意的重要渠道。

"两会"期间，全国人大代表、全国政协委员对民政工作十分关心，对民政事业十分支持。今年我部共收到人大代表建议202件，议案转建议44件，收到全国政协委员提案135件，提案转信9件，总计390件（包括参阅件12件）。与去年相比，今年我部办理建议、提案、来信的总数增加了153件，增长64.6%，其增幅之大，为历年之最。这一局面的出现，一方面，说明民政工作与国家改革发展稳定的大局联系越来越紧，社会各界对民政工作的关注程度越来越高，支持参与的力度越来越大。另一方面也说明，民政工作在完善社会主义市场经济体制、全面建设小康社会进程中遇到的新情况、新问题越来越多，改革发展的任务越来越重。

今年我部收到的全国人大代表建议、全国政协委员提案有以下几个特点：

一、高度关注民政立法，要求制定或修改法律、法规的建议和提案居高不下，主要包括：

1.尽快为民间组织立法；2.制定结社法；3.加快社团组织、行业协会立法；4.修改社团登记管理条例；5.制定优抚法；6.制定退役士兵安置法；7.修改兵役法；8.制定伤残军人安置法；9.制定救灾法；10.制定农村五保供养法或修改农村五保供养条例；11.制定城市防灾条例；12.制定综合减灾法；13.制定最低生活保障法；14.修订城市居民最低生活保障条例；15.修订婚姻登记条例；16.修订村委会组织法；17.制定村委会选举法；18.修订老年人权益保障法；19.起草行政区域法；20.制定城市流浪乞讨人员管理法或完善城市生活无着的流浪乞讨人员救助管理办法；21.制定殡葬法等。

全国人大代表、全国政协委员对民政立法的建议、提案增多，既表明他们热切希望加强民政立法，也说明民政立法任务艰巨，需要加大工作力度，加强同有关部门的协调。

二、集中反映民政工作中的难点、热点、焦点问题，主要包括：

（一）关于修订兵役法的呼声高涨。修订兵役法的核心是改革现行退役士兵安置制度。退役士兵安置难的根本原因是市场经济体制下劳动力资源配置的原则与计划经济体制下退役士兵安置政策的矛盾和冲突。由于企业用工自主权与政府指令性分配产生矛盾，退役士兵文化技能水平与用人单位对人才素质的要求产生矛盾，与市场经济的快速发展相比，原兵役法的安置规定显得滞后。此类的建议和提案共37件，占优抚安置局办件总量67.3%，显示出部队代表、委员对这一问题的深切关注。由于修订兵役法的主要部门是总参，在两会上，经与军委办公厅协调，此类件都是由总参主办、民政部会同办理。

（二）救灾救济和城市低保方面的提案数量继续保持在较高水平。去年救灾救济司办件数量89件、占我部全部办理数量237件的37%。今年，救灾救济司32件，最低生活保障司95件，仍然是办理提案大户。今年两会"三农"问题是代表和委员关注的一个重点，相应地完善社会保障制度、完善农村五保户供养、医疗救助等方面的提案比较突出。其中有的提案提出了要全面落实农民的国民待遇问题，要求建立农民最低生活保障制度，对失地农民予以最低生活保障，给农民以退休待遇，并发给农民退休金，保障老年农民的晚年生活。"三农"问题的核心是农民问题，农民问题的根子在于城乡差别和城乡二元结构，鉴于我国生产力发展水平和经济实力，解决这一问题仍需长期不懈的努力。另外，还有相当数量的关注社会困难群体、下岗职工、残疾人、流浪儿童、艾滋孤儿状况的建议和提案，呼吁保障他们基本的生存条件。

（三）是否强制婚检的问题仍有不少分歧意见。2003年10月，修改后的《婚姻登记条例》将婚检由强制婚检改为自愿婚检，导致医药卫生界的代表、委员提出了大量的建议和提案，要求恢复强制婚检。这类提案共有15件，占基层政权和社区建设司提案的23%。

(四)修订村民委员会组织法、规范和完善村民委员会选举、制定村民委员会选举法的建议、提案也占有相当比例。村民自治是中国农民的伟大创造，是中国社会主义民主法治建设的重要组成部分，它对于农村的政治稳定和经济发展，具有不可低估的作用。在党的领导下，经过20多年的发展，取得了非凡的成绩。但由于《村委会组织法》对村民选举的规定只有6条500多字，过于简略，操作性较差，有必要单独制定一部村民委员会选举法。人大代表、政协委员共提20件，占基层政权和社区建设司收到提案总量的30%。此类建议、提案去年就是大热门，今年依然热度不减。

(五)城市流浪乞讨人员救助管理工作中出现的新情况受到广泛关注。2003年6月，国务院出台了《城市生活无着的流浪乞讨人员救助管理办法》，由于这项工作刚刚起步，在工作中遇到了不少实际问题，主要有：流浪乞讨人员急剧增多，给城市管理和社会治安带来较大压力；大多数乞讨人员不愿受助，给《救助办法》的实施带来了尴尬；城市流浪的痴呆、神经病患者的管理无章可循；各有关部门相互配合不够。由于流浪乞讨者自愿受助的少，乞讨人员增多，已经有提案提出要进一步加大管理力度，妥善处理沿街乞讨，净化城市环境，打击职业乞讨，尤其是操纵、奴役儿童乞讨的行为，并建议在城市主要车站、广场、三星级以上宾馆周边地区、风景旅游区及重要公共场所等设立"禁讨区"。这类提案有28件，占社会福利和社会事务司办理总量的37.3%，说明《救助办法》发布后，仍需研究新情况，完善《救助办法》仍有大量的后续工作要做。

今年全国人大代表、全国政协委员也提出了一些难以办理的建议和提案。如有的代表提出要制定结社法，这和我国民主政治的进程密切相关，同时也有一个立法时机的问题。在去年有代表提出成立"农民协会"的建议后，今年又有代表提出了相同的建议，这是一个需要慎重对待的重大问题。有的代表提出国家要关注边疆地区抗美援朝老战士和支边青年生活待遇的建议。还有的代表提出政府行政成本居高不下，市、县、乡改革亟待提速的建议，认为市(地级市)管县违背了宪法，将中央、省、县、乡四级政府变成了五级政府，认为地改市弊大于利等。

三、各项民政业务涉及的建议和提案并不均衡

有的业务司(局)处在热点之中，建议、提案就多一些，反之则少一些。我部收到的390件议案转建议、建议、提案、提案转信中，民间组织管理局34件，优抚安置局55件，救灾救济司32件，最低生活保障司95件，基层政权和社区建设司65件，区划地名司32件，社会福利和社会事务司74件，中国老龄协会1件，中国福利彩票发行中心1件。其中优抚安置局从2003年的17件增长为55件，增长223.5%，社会福利和社会事务司从34件增长为74件，增长117.6%；基层政权和社区建设司从36件增长为65件，增长80.6%，这三个司(局)是今年建议、提案增幅最高的。新成立的最低生活保障司共有95件，是业务司(局)办理提案最多的。今年我部收到的不必答复的参阅件有12件，这也是历年所没有的。

今年建议、提案办理要求高、数量大，为保证按时优质高效做好这项工作，下面提出几点要求：

一、要进一步提高思想认识，把建议、提案办理工作，作为一项严肃的政治任务抓紧抓好。要把人大代表建议、政协委员提案的办理过程看做是坚持我国人民代表大会制度、坚持和巩固中国共产党领导的多党合作和政治协商制度的一项重要内容。人大代表、政协委员的建议、提案，不仅是对党和国家，对人民事业高度负责的体现，而且是对民政事业的关心和支持，为民政工作中难点、热点问题的解决提供了机遇。我们要充分认识"两会"建议、提案办理工作的重要意义，从讲政治的高度，认真负责地做好这项工作。

二、要紧密结合业务工作，

切实保证办案质量。答复要以民政工作的政策法规为依据，要注意反映我部最新的工作动态和工作进展。提案办理工作要促进民政工作的开展，推动民政工作中重点、难点问题的解决。要全面、动态地反映民政事业取得的成果，使代表、委员了解我部工作的实际情况，争取代表、委员进一步关心和支持民政事业。有的建议、提案不太好回答，在会议期间，已尽量与代表联系，作为参阅件处理。凡是建议、提案所提建议和意见应该解决又有条件解决的，要集中力量尽快解决落实；因情况复杂一时难以解决的，要制定计划，开展调查研究，积极与有关方面协商，创造条件逐步加以解决；确实解决不了的或不需要解决的，要实事求是地向代表、委员介绍情况，说明原因。特别是诸如结社法的制定、政治性农民协会的成立，以及恢复强制性婚检等问题，答复件一定要理由充分，持之有据，让代表和委员心悦诚服，至少认为我们的答复言之成理。

三、落实责任制。"两会"建议、提案的办理工作，都要落实专人负责。各司(局)要明确一位司领导亲自抓，司(局)综合处负责将办案工作落实到处，处里要明确到人，并由业务骨干办理答复。要加强审核把关，处、司(局)、办公厅要层层审核，层层把关，达不到办理要求的，要退回重办。

四、加强对办案工作的督促检查。办公厅秘书处是民政部办理建议、提案工作的督查部门，各司(局)的综合处也都负有督查责任。要将办案的进度，遇到的问题等信息及时反馈给办公厅。办公厅利用《督查工作》及时督办。

五、坚持建议、提案集中办理制度。全国人大建议要求 6 月 14 日前办理完毕，全国政协提案要求 8 月底前办理完毕。我部按照集中办理的原则，要求 5 月 30 日以前办理完毕，现只剩下两个月的时间。各司(局)要统筹安排，集中时间，集中力量，集中办理建议、提案。个别建议、提案因故不能如期办复的，有关司(局)要及时与办公厅秘书处联系，说明情况，并函告提案人。

各司(局)都要在时限要求内完成办案工作。我部主办、其他单位会办的，要积极主动催促会办单位拿出处理意见；其他单位主办，我部会办的，也要尽快拿出办理意见给主办单位。不得以任何理由，例如出差、出国、调研、参加会议以及其他工作延误办案时间。

六、建议、提案要用"A、B、C、D"标明办理情况，这是全国人大、全国政协的办理要求，同时，办理提案要写抄送单位，不得遗漏。各业务司(局)在办理提案的同时，要推荐今年的优秀建议和提案，每个司(局)推荐全国人大代表优秀建议 1 个，全国政协委员优秀提案 1 个。

在民政部新闻出版单位"三项学习教育活动"动员会上的讲话

民政部副部长　陈杰昌

(2004 年 4 月 27 日)

同志们：

这次会议的主要任务，是对我部新闻出版单位深入开展"三个代表"重要思想、马克思主义新闻出版观、职业精神职业道德学习教育活动进行动员和部署。开展"三项学习教育活动"是部里贯彻落实中央有关精神，根据中宣部、新闻出版总署的通知要求，结合我部新闻出版单位的实际，做出的一项重要决定。

我部的新闻出版单位建立时间较晚，但发展较快。目前，公开发行的报纸有 3 种，期刊 11 种，年出版图书 300 多种。多年来，各新闻出版单位立足民政、面向社会，始终坚持正确的舆论导向，为宣传民政工作、传播先进文化、弘扬民族精神、推进社会主义物质文明、政治文明和精神文明建设做出了重要贡献。特别是近几年，面对日趋激烈的市场竞争，各新闻出版单位准确定位、积极进取、认真谋划，不断提高新闻出版质量，努力把我们的报纸、期刊办出特色，努力多出精品图书，既取得了可喜的经济和社会效益，也扩大了民政工作的社会影响。最近，我部新闻出版单位改革又迈出了新的步伐，在中国社会出版社和中国社会报社的基础上，组建了中国社会新闻出版总社，开始向规模经营要质量、要效益。我部新闻出版工作之所以取得这些成绩，关键在于我们有一支作风优良的新闻出版队伍。我部广大新闻出版工作者忠诚于党和人民的新闻出版事业，继承发扬党的新闻出版工作的优良传统，忠实履行职责，开拓进取，改革创新，表现出生机勃勃、昂扬向上的良好精神风貌。

在肯定成绩的同时，我们也应当清醒地看到当前存在的一些问题或者说是倾向。如忽视正确导向、有偿新闻、随波逐流、买卖书号、摊派发行等，在我们的新闻出版单位是不是存在？即使是极个别存在，也会严重损害我们的形象，败坏我们的声誉，甚至危及到新闻出版单位的生存。“千里之堤，溃于蚁穴”。对于这些问题，我们必须高度重视，防微杜渐。正是基于这种考虑，部里决定从现在起到今年底在新闻出版单位开展“三项学习教育活动”。为了把此次教育活动切实抓紧抓好，抓出成效，下面我讲三点意见。

一、充分认识开展“三项学习教育活动”的重要意义

在新闻出版单位开展“三项学习教育活动”，对于坚持用“三个代表”重要思想统领新闻出版工作，确保马克思主义在意识形态领域的指导地位，加强党对新闻出版工作的领导，建设一支高素质的新闻出版队伍，促进我部新闻出版工作繁荣发展，具有十分重要的意义。

首先，这是坚持用“三个代表”重要思想统领新闻出版工作，把学习贯彻“三个代表”重要思想新高潮不断引向深入的迫切需要。新闻出版单位在学习贯彻“三个代表”重要思想中担负着双重责任、双重使命：一是坚持用“三个代表”重要思想统领新闻出版工作，使我们的新闻出版单位成为建设中国特色社会主义的舆论阵地；二是用“三个代表”重要思想提高新闻出版工作人员的政治素质。这就要求我们把宣传贯彻“三个代表”重要思想作为新闻出版的首要政治任务，在新闻媒体上唱响主旋律；要求我们从事新闻出版工作的同志学习好、领会好“三个代表”重要思想，忠实实践“三个代表”，努力在武装思想、指导实践、推动工作上狠下工夫，使思想认识达到新高度，各项工作再上新水平。

其次，这是坚持和巩固马克思主义在意识形态领域的指导地位，牢牢把握正确舆论导向的迫切需要。当代社会，新闻舆论直接影响、广泛改变着人们的政治观点、思想意识、行为方式，其影响远远超越地域、民族和国界，在许多情况下已经成为一个国家对其他国家在意识形态领域进行渗透和影响的强大武器。当前，社会主义中国成为西方资本主义国家进行和平演变、政权颠覆的主要目标，我们与他们在意识形态领域的斗争从来没有停止过。这种斗争在新闻出版工作上的反映，就是马克思主义新闻出版观与资产阶级新闻出版观的对抗。国内外敌对势力把西方资产阶级新闻出版观作为对我“西化”、“分化”的意识形态工具，利用混淆视听、诬蔑攻击等各种手段，竭力宣扬新闻媒体应当成为所谓的“社会公器”，成为制衡党和政府的“第四权力”，竭力宣传所谓的“新闻自由”，其实质就是妄图否认新闻出版的党性原则，否定新闻媒体党和人民喉舌的性质，反对党对新闻出版工作的领导，改变我们新闻出版事业的社会主义性质，最终搞乱人们的思想，搞垮我们的党和国家。如果马

克思主义新闻出版观的理论根基打得不牢，缺乏政治敏感性，丧失应有的警惕，就很容易不自觉地接受甚至传播这些错误观点，这是十分危险的。因此，我们一定要认真学习贯彻马克思主义新闻出版观，坚持马克思主义对新闻出版工作的指导地位，加深对党的新闻出版工作方针政策的理解，旗帜鲜明地反对资产阶级新闻出版观，增强识别和抵制错误思想的能力，在立场上坚定起来，在思想上成熟起来，在工作上主动起来，在作风上严谨起来，牢牢把握正确的舆论导向，确保我部新闻出版工作沿着正确的方向健康发展。

第三，这是建设一支适应新形势新任务的高素质新闻出版队伍的迫切需要。当前，全面建设小康社会的新形势新任务，对新闻出版队伍素质提出了新的更高要求。我们必须坚持以"三个代表"重要思想为指导，进一步加强思想政治工作，弘扬新闻出版职业精神，恪守新闻出版职业道德，维护新闻出版队伍的良好形象。要坚定理想信念，树立马克思主义的世界观、人生观、价值观，增强防御和抵制拜金主义、享乐主义、极端个人主义等腐朽思想侵蚀的能力。要进一步加强新闻出版机构领导班子建设和队伍建设，确保新闻出版的领导权牢牢掌握在忠于党、忠于人民的人手里，努力把我部新闻出版队伍建设成一支政治强、业务精、纪律严、作风正的队伍，让党放心，让人民满意。

二、正确理解"三项学习教育活动"的预期目标

关于开展"三项学习教育活动"的总体要求、主要任务、学习内容和实施步骤，中宣部、新闻出版总署下发的《通知》和部办公厅的具体实施方案中已经讲得很清楚，各新闻出版单位要认真学习，狠抓落实，通过开展"三项学习教育活动"，使我部新闻出版工作实现"四个明显增强"。

一是坚持新闻出版工作的党性原则，把握正确舆论导向的坚定性有明显增强。新闻出版工作的政治性很强，必须牢牢坚持马克思主义的指导地位不动摇，坚持党对新闻出版工作的领导不动摇，坚持新闻出版的党性原则不动摇，坚持新闻媒体党和人民喉舌的性质不动摇。要始终同党中央保持高度一致，理直气壮地宣传党的主张，贯彻落实党的理论路线方针政策，坚决抵制资产阶级新闻出版观和各种错误思想。要通过这次学习教育，进一步增强自觉接受党对新闻出版工作领导的自觉性，增强广大新闻出版工作者的马克思主义党性观念，坚持团结稳定鼓劲、正面宣传为主，牢牢把握正确的舆论导向，唱响主旋律，打好主动仗。要按照政治家办报办刊办出版的标准，把那些党性原则强、政治意识强、业务能力强的同志选拔到新闻出版单位的重要岗位上来，确保党对整个新闻出版工作的领导。

二是坚持社会效益第一，正确处理社会效益和经济效益关系的意识有明显增强。作为新闻出版单位，既要讲求社会效益，又要讲求经济效益。在某种程度上讲，社会效益是经济效益的广告，是经济效益的无形资产，而经济效益则是保证社会效益永久发挥的物质基础。换句话说，就是社会效益要为经济效益鸣锣开道，经济效益要为社会效益提供物质保证。新闻出版作为特殊产品的经营单位，要讲究成本核算，讲究投入产出。这里，既有经营决策问题，也有实施管理问题。决策再科学，管理不严，也不可能实现决策预定目标；管理再严格，决策失误，也会造成难以弥补的损失。所以，决策时一定要充分论证，反复听取各方面的意见，权衡利弊，谨慎从事。决策一旦形成，就必须严格管理，堵塞一切可能产生的漏洞，保证决策目标的实现。这里，我想强调两个方面：一方面，绝不能靠有偿新闻、虚假报道、低俗之风、买卖书号、摊派发行等谋求经济效益。有偿新闻的实质是以权谋私、新闻腐败；虚假报道直接损害新闻的公信力；低俗之风污染了社会风气；买卖书号扰乱了国家对出版行业的管理秩序；摊派发行增加了基层和群众的负担。依靠这些手段谋求经济效益无异于竭泽而渔、饮鸩止渴。另一方面，要跳出民政看民政，站在社会的角度看民政，而不能站在民政的角度看社会。也就是说，要把民政工作放到党和国家的重大战略部署中，放到国家改革发展稳定的大局中，去思考，去认识、去理解、去宣传。只有这样，我们的视野才能宽，思路才能广，站得才能高，看得才能远，想得才能深，读者才能多。

三是执行新闻出版纪律的自觉性有明显增强。新闻出版工作必须遵守国家的法律法规，严格遵守党的宣传工作的政治纪律、组织纪律、工作纪律和保密纪律，特别是在热点问题、敏感问题、突发事件以及舆论监督的新闻宣传方面，更要严守纪律，坚决防止为了追求所谓的轰动效应、扩大媒体知名度、增加发行量而妄加炒作。对思想理论领域的问题，要头脑清醒，冷静观察，掌握动态，慎重处理，不能草率行事；对事关政治方向、重大原则的问题，要旗帜鲜明，分清是非，不能随波逐流；对政治谣言、小道消息，要提高警惕，不能传播扩散；对突发事件，要正确引导，遵守规定，不能随意抢先。要时刻牢记，民政部门是管理有关社会行政事务的部门，保持社会稳定、巩固和发展安定团结的政治局面是我们义不容辞的责任。今后，对因违反新闻出版纪律，造成负面影响，引发不稳定因素的，要严格追究当事人及有关领导的责任。

四是坚持“三贴近”，使新闻出版的针对性和感染力有明显增强。坚持贴近实际、贴近生活、贴近群众，进一步转变作风，改进文风，不断探索新的宣传手段和宣传方法，努力提高新闻出版的感染力、针对性和实效性，是实践“三个代表”重要思想对新闻出版工作的必然要求，也是加强新闻出版职业精神、职业道德建设的重要内容。要认真研究社会发展对新闻出版工作提出的新要求，认真研究受众对象的心理状况和实际需求，多用群众的语言，多用事实说话，多刊登和出版一些生动活泼、健康向上、群众喜闻乐见的新闻和图书。要坚持正确舆论导向，把实现好、维护好和发展好最广大人民的根本利益作为新闻出版的根本出发点和落脚点，贴近实际不能有闻必录，贴近生活不能低级庸俗，贴近群众不能盲目迎合。

三、开展“三项学习教育活动”需要注意的几个问题

一要正确处理学习教育与解决问题的关系。要通过学习教育加深对存在问题危害性的认识，通过作风的转变、问题的解决巩固和发展学习教育的成果。我建议，将摊派发行和有偿新闻作为这次学习教育活动的重点问题加以解决。为了把我们的教育活动开展得扎实有效，我看不妨搞个开门教育，就是各个新闻出版单位通过不同方式公开征求意见，收集一下民政系统的意见，听一听读者的呼声。根据收集的意见，每个单位确定一两个需要突出解决的问题，采取果断措施，务必抓出实效。

二要正确处理学习教育与推进工作的关系。学习教育活动一定要高度重视，周密部署，精心组织，作为推进工作的动力，绝不能走过场；报刊和图书出版工作必须保证正常进行，并作为学习教育活动的实践，边学习，边提高，边改进。

三要正确处理正面教育、自我教育和接受批评监督的关系。开展学习教育活动要坚持正面教育和自我教育为主，同时，要积极开展批评和自我批评，要把自查的情况同大家见面，接受评议和监督。

四要正确处理相对集中教育与经常性实践的关系。我们既要扎扎实实地抓好集中学习教育，也要积极探索建立长效机制，把“三项学习教育”贯穿到我部新闻出版改革、发展、创新的各个方面。

在民政系统贯彻实施行政许可法培训班上的讲话

民政部副部长　陈杰昌

（2004 年 5 月 12 日）

同志们：

我们此次培训的目的，是进一步提高对贯彻实施行政许可法重要意义的认识，深入研究、准确理解和全面掌握行政许可法的各项规定，统一思想，树立信心，明确任务，为民政系统 7 月 1 日起实施行政许可法做好充分准备。在培训班上，部法规办的同志将结合民政业务讲授行政许可法的主要内容，四川、北京、湖北、河南、宁波、河南长葛等地的同志将介绍他们贯彻实施行政许可法工作的做法和体会。同时，大家还将就民政系统实施行政许可法的相关办法草案进行讨论修改。下面，我先讲几点意见。

一、进一步认识民政系统贯彻实施行政许可法的重要意义

行政许可法是继国家赔偿法、行政处罚法、行政复议法后又一部规范政府共同行为的重要法律。行政许可法颁布后，国务院十分重视，多次召开会议，下发文件，部署贯彻实施工作。民政部门应当按照国务院的要求，进一步提高对贯彻实施行政许可法重要意义的认识，扎实做好各项准备工作。

（一）贯彻实施行政许可法有助于民政部门进一步加强法制建设，提高依法行政水平。依法行政是实施依法治国基本方略的核心和基础，是政府运作的基本准则。前不久，国务院下发了《全面推进依法行政实施纲要》，要求各级政府和各部门全面推进依法行政，经过十年左右坚持不懈的努力，基本实现建设法治政府的目标。《实施纲要》充分吸收和体现了行政许可法规范政府行为的立法精神、基本原则和主要制度。这就要求民政部门从全面推进依法行政的高度，把贯彻实施行政许可法作为落实《全面推进依法行政实施纲要》的一个重要举措。依法行政要求权责统一，做到有权必有责、用权受监督、侵权须赔偿。对民政部门来说，行使权力的过程，也是履行职责的过程，权力与责任是统一的，享有多大的权力，就应当承担多大的责任。行政许可法对违法设定行政许可，对行政许可申请该受理的不受理，该予以行政许可的不予行政许可，不该予以行政许可的乱予行政许可，只许可不监督以及监督不力等行为，都规定了严格的法律责任。这对确保权力与责任的统一，提高民政部门的责任意识，尽心尽职履行职责，具有重要作用。同时，行政许可法规定的设定和实施行政许可的公开原则和设定行政许可听取意见制度，实施行政许可的听取利害关系人意见制度、不予行政许可的说明理由制度以及听证制度，监督检查中的举报投诉制度等，也有利于提高民政工作社会开放度、增强社会透明度、扩大社会参与度，保障公众对民政工作的知情权、参与权和监督权，促进民政部门严格依法行政。

（二）贯彻实施行政许可法有助于民政部门进一步转变职能，加强对社会行政事务的管理。行政许可法通过确立行政许可的设定制度，严格限制设定行政许可的事项范围。在政府管理与公民、法人或者其他组织自主决定的关系上，确立了公民、法人或者其他组织自主决定优先的原则；在政府管理与市场竞争的关系上，确立了市场优先的原则；在政府管理与社会自律的关系上，确立了社会自律优先的原则。坚持和执行这些制度、原则，一方面，要求各级民政部门加快培育和发展与社会主义市场经济

相适应的行业协会以及公益性组织，使他们承担起政府不为、市场不能的规范和服务职能；另一方面，要求各级民政部门转变职能，通过管理机制和管理方式的创新，将直接管理与间接管理、动态管理与静态管理、事前行政许可与事后严格监管、加强管理与提高服务有机统一起来，充分利用间接管理手段、动态管理机制和事后监督检查加强对社会行政事务的管理。

（三）贯彻实施行政许可法有助于民政部门进一步树立以民为本的观念，为民政对象提供更加优质高效的服务。行政许可法规定，实施行政许可应当遵循“便民”原则。为了使公民、法人或者其他组织能够廉价、便捷、迅速地申请行政许可，行政许可法在总结行政审批制度改革经验的基础上，确立了简便、快捷的行政许可审查程序，相对集中行政许可权和办理行政许可的一个窗口对外、统一办理、联合办理或者集中办理制度。“便民”原则与民政工作“以民为本、为民解困”的宗旨是高度一致的。因此，贯彻执行上述各项“便民”制度，必将提高我们对民本思想的认识，改进工作作风，提高工作效率，努力做到“权为民所用，情为民所系，利为民所谋”，进一步增强为民政对象服务的自觉性。

（四）贯彻实施行政许可法有助于民政部门进一步加强廉政建设，从源头上预防和治理腐败。行政许可是依申请而实施的具体行政行为，当事人提出的申请需经行政机关审查，在形式上很容易被误解为“百姓求官”。如果实施行政许可的工作人员不能正确地对待手中的权力，搞暗箱操作、权钱交易，就很容易把行政许可变成扰民的工具，孳生腐败的温床。行政许可法通过规定实施行政许可的公开原则，要求事前公布行政许可的事项、依据、条件、数量、程序、期限以及需要提交的全部材料目录和申请书示范文本，申请人可以不到现场而通过信函、邮件等方式提出行政许可申请，并对行政许可事项相应采取招标拍卖、统一考试、实地检测等方式做出决定，减少了民政部门工作人员与申请人之间的私下接触，有利于防止行政许可过程中的暗箱操作、滥用权力。行政许可法通过规定实施行政许可原则上不收费，实施行政许可不得索取、收受他人财物或者其他利益等，确保权力与利益脱钩；通过对设定和实施行政许可全过程各个环节的严格监控，预防和制止民政部门个别工作人员利用行政许可“设租”、“寻租”，从源头上、制度上预防和治理腐败。

二、深入研究、准确理解、全面掌握行政许可法的重要规定

作为行政许可的专门立法，行政许可法既规范行政许可设定行为，又规范行政许可实施行为；既有程序性规范，又有实体性规范；既对现行好的做法经验进行肯定，又对现行存有弊端的许可制度进行重大改革和创新，内容十分丰富，专业性很强。这就要求民政部门认真学习，结合民政业务的实际进行深入研究，尽可能预见到行政许可法实施后对民政工作产生的影响、可能遇到的问题，未雨绸缪，积极应对。

（一）要准确理解行政许可的概念，严格遵循设定行政许可的出发点和基本原则。

从立法技术上看，行政许可法采用的立法技术与通常列举式的立法技术有所区别。行政许可法没有简单地在行政许可的定义性条款后逐一列举应当设定的具体行政许可事项，而是在定义性条款后先规定设定行政许可的基本原则，然后概括性地规定行政许可的范围。这就给行政许可设定的操作留下了较大空间，其本意是要求我们以求真务实的精神进行实践创新，最大限度地减少行政许可项目。所以，我们一定要准确理解行政许可的涵义，全面掌握设定行政许可的基本原则。在此基础上，对民政业务进行认真梳理，分清其中哪些是可以设定行政许可的事项。

行政许可，有四个明显特征，其一，行政许可是行政机关管理性的行政行为；其二，行政许可是对社会实施的外部管理行为；其三，行政许可是行政机关根据公民、法人或者其他组织的申请产生的行政行为；其四，行政许可是准予相对人从事特定活动的行为。

设定行政许可应当立足于以下几个出发点：一要遵循经济和社会发展规律，只有市场调节、社会自律不能解决的时候，才需要通过设定行政许可进行事前干预；二要有利于公民、法人或者其他组织积极性、主动性的发挥，只有在民事主体行使权力可能对公共利益、社会秩序以及他人合法权益造成不可挽回的重大损失时，才应当设定行政许可进行事前防范；三要有利于促进经济、社会和生态环境的协调发展，凡是能够促进三者协调发展的，可以设定行政许可予以保障。同时，设定行政许可要遵循合法原则、公开、公平、公正原则、便民原则、救济原则、信赖保护原则和监督原则。这六条基本原则准确体现了对政府在社会主义市场经济条件下改革管理体制、创新管理方式的要求。

（二）要准确理解行政许可法中制度创新的内容，完善落实制度的机制和工作程序。

行政许可法规定的许多制度都是对现行许可制度的重大改革和创新。例如，统一受理行政许可申请、统一送达行政许可决定制度（即一个窗口对外制度），实施行政许可具体工作程序制度，对被许可人监督检查制度，实施行政许可责任追究制度等。这些制度的实施需要我们探索和创新行政管理体制，建立健全有关具体工作机制和工作程序。只有形成机制和完善程序，落实制度才能有保障。在培训班上，希望大家对民政系统实施行政许可法的相关办法草案多提宝贵意见，看是否形成了机制，完善了程序。此外，行政许可法还专门对地方政府规定了建立相对集中许可权制度。地方各级民政部门要在本级人民政府领导下，适应这一行政管理体制的改革趋势，做好实施行政许可统一办理、联合办理和集中办理方面的准备工作。

（三）要准确理解行政许可法确立的信赖保护原则，维护法律和执法行为的严肃性。

信赖保护原则最早出现在德国1976年制定的《行政程序法》中，其基本含义是，行政相对人对行政权力的正当合理信赖应当予以保护。行政许可法是我国第一部引入信赖保护原则的法律，具体体现在三个方面：第一，根据取得行政许可的不同情况做不同处理。依法取得的行政许可受法律保护，行政机关不得擅自改变；行政机关违法实施的行政许可，如滥用职权、玩忽职守、超越职权作出的行政许可，以及对不具备申请资格或者不符合法定条件的申请人准予的行政许可，可以撤消；对被许可人以欺骗、贿赂等不正当手段取得的行政许可，应当撤消。第二，改变或者撤消行政许可时要权衡对公共利益的影响。依法取得的行政许可，如果所依据的法律、法规、规章修改、废止，或者准予行政许可所依据的客观情况发生重大变化，为了维护公共利益的需要，行政机关可以依法变更或者撤回已经生效的行政许可；撤消行政机关违法实施的行政许可和被许可人以不正当手段取得的行政许可，可能对公共利益造成重大损失的，不予撤消行政许可。第三，确立了补偿、赔偿原则。变更或者撤回已经生效的行政许可，由此给被许可人造成了财产损失，行政机关应当依法给予补偿；撤消行政机关违法实施的行政许可，被许可人的合法权益受到损害的，行政机关应当赔偿。对行政许可实施信赖保护原则，有利于行政机关及其工作人员树立诚信意识，也有利于相对人形成对法律的信赖。但同时也告诉我们，在今后的民政执法过程中，需要慎重行使撤消权，要把维护公共利益放在第一位，注意保护当事人的合法权益。

（四）要注意保护申请人、被许可人和利害关系人享有的陈述权、申辩权和行政救济权利。

根据行政许可法的规定，在实施行政许可的各个环节，无论行政许可申请的提出、受理、审查，还是行政许可决定的做出或者对行政许可进行监督检查，都要允许申请人、被许可人或者利害关系人陈述观点、申述理由、进行辩解；对依法需要举行听证的事项，必须告知申请人、利害关系人享有听证的权利并依法举行听证；申请人、被许可人和利害关系人有权依法申请行政复议或者提起行政诉讼；因违法实施行政许可造成公民、法人或者其他组织损害的，实施许可的行政机关应当承担赔偿责任。行政许可法赋予申请人、被许可人和利害关系人陈述权、申辩权和行政救济权，是对行政许可权效力优先和单方特性的一种平衡。因此，各级民政部门在实施行政许可时要允许当事人讲话，认真听取陈述，允许申请人、利害关系人在听证中申辩和质证。

以上四个问题只是在贯彻实施行政许可法过程中可能遇到诸多问题的一部分，还有许多问题需要进行深入研究，所以希望大家在讨论中充分发表意见，畅所欲言，献计献策，为民政系统贯彻实施行政许可法打下坚实的基础。

三、树立信心，克服困难，继续做好贯彻实施行政许可法的准备工作

行政许可法颁布以来，各级民政部门通过组织专门学习、举办专题讲座、清理行政许可依据和实施主体、完善相关制度等方式，为民政系统贯彻实施行政许可法做了大量准备工作。现在距离7月1日只有不到两个月时间，我们一定要在巩固前一阶段成果的基础上，继续做好以下工作。

（一）继续组织好行政许可法的学习。所有工作人员特别是领导干部要按照国务院通知的要求，从实践“三个代表”重要思想的高度，从国家法制统一的高度，认真学好这部法律，准确理解、深刻领会其精神实质，转变不适应行政许可法精神的思想观念。学习中，要注意结合新修订的宪法、国务院《全面推进依法行政实施纲要》，保证学习质量和学习效果。

（二）继续抓好行政许可法的培训。要按照学用结合的原则，加强培训的针对性、实用性。当前，要重点抓好实施行政许可工作人员的培训，使他们能够结合自己所从事的业务，全面掌握行政许可法的基本原则、具体规定和操作程序，提高执法水平。

（三）进一步加强行政复议和行政应诉工作。据不完全统计，行政许可法实施后，行政许可领域可能产生行政复议或者提起行政诉讼的地方至少有16处，对此我们必须高度重视，早做准备。近几年，民政系统行政复议和行政诉讼案件逐年增多，这一方面说明民政对象的法律意识正在提高，法制观念逐步增强，另一方面也要求我们加快依法行政进程，严格依法办事。过去，民政部门的慈善、亲民形象使我们在老百姓当中享有较高威望。今后，我们还应当树立一个形象，那就是依法行政的形象。只有依法开展工作，维护民政对象的合法权益，我们的威望才不致受损，才能进一步密切同民政对象的血肉联系，才能立于不败之地。

（四）进一步加强领导，充分发挥法制机构的参谋、助手作用。各级民政部门，要切实加强对贯彻实施行政许可法工作的领导，充实法制工作力量，为他们开展工作创造必要的条件。法制机构和从事法制工作的人员，要把贯彻实施行政许可法作为当前的核心工作，统筹安排，精心谋划，善于协调，同相关业务机构一道做好贯彻实施行政许可法的各项配套制度建设，保证7月1日行政许可法的顺利实施。

最后，预祝培训班取得圆满成功。

在全国婚姻登记工作会议上的总结讲话

民政部副部长　陈杰昌

（2004 年 5 月 18 日）

同志们：

全国婚姻登记工作会议通过大家的共同努力，圆满完成了各项议程，今天就要闭幕了。会议期间，李学举部长作了《以民为本，依法行政，深入贯彻婚姻登记条例，开创婚姻登记工作新局面》的讲话，全面回顾总结了近十年来全国婚姻登记工作的主要成绩，分析了婚姻登记工作面临的新形势，明确提出了今后一个时期婚姻登记工作的基本思路、主要原则和目标任务。6 个单位和婚姻登记员代表，分别介绍了他们多年来做好婚姻登记工作、保障婚姻自由、维护婚姻当事人合法权益的经验和做法。会议表彰了首批“全国先进婚姻登记机关”和“全国优秀婚姻登记员”。到会代表还实地考察了上海市民政局婚姻登记机关和浦东、徐汇两区婚姻登记机关。

大家一致认为，这次会议很重要、很及时、很成功，虽然时间不长，但主题鲜明、内容丰富、收获很大，达到了预期目的。一是进一步提高了对婚姻登记工作的认识。通过学习讨论，同志们一致认为婚姻登记涉及千家万户，是政府代表人民对民事事务实施社会管理的一项重要工作。婚姻登记工作每年面对近 2000 万的婚姻当事人，直接涉及群众的利益。做好婚姻登记工作，既是人民的要求，也是政府的责任，是政府机关践行“三个代表”重要思想、执政为民的具体体现。二是进一步理清了思路，明确了方向。大家一致感到，新的婚姻法和婚姻登记条例的实施，使婚姻登记工作由管理转变为服务；公民的婚姻行为由政府管理转变为自主决定、责任自负；婚姻管理工作由事前的全面预防转变为事后的违法追究；婚姻登记工作既坚持依法行政，又充分体现以人为本的施政理念。这些都是近年来民政部门坚持解放思想，实事求是，与时俱进取得的重大改革成果。三是进一步增强了信心。与会同志一致表示，新条例的颁布实施，为婚姻登记工作的发展带来了机遇。尽管婚姻登记工作目前还面临不少困难，但随着政府职能的转变，随着政府对社会公共事务工作重视和对婚姻登记工作认识程度的提高，随着公民法制观念的增强和依法行政的强化，随着婚姻登记体制改革的逐步完成，随着规范化建设的不断加强，婚姻登记工作必将开创新的局面，迈上一个新的台阶。

总之，这次会议，是一次统一思想、提高认识、总结经验、表彰先进、明确任务的重要会议，它标志着婚姻登记工作的体制改革、依法行政与规范登记将进入一个新的阶段，婚姻登记工作将成为密切政府与群众关系的桥梁，展示政府形象的文明窗口。这次会议，得到了上海市政府的高度重视，周太彤副市长亲自参加会议并讲话，上海市民政局周密安排，精心组织，为会议和各位代表提供了良好的后勤保障。在此，我代表与会同志向上海市政府、市民政局表示衷心的感谢。

结合会议交流情况，下面我就如何贯彻落实这次会议精神强调以下几个问题。

一、贯彻落实会议精神，把思想统一到会议精神上来

会后，各省代表要把会议的主要精神，及时地、原原本本地向民政厅（局）党组和政府主管领导汇报，使他们对婚姻登记工作有更多的认识和了解，在人、财、物上给予更多支持，给予更多政策保障，把婚姻登记工作纳入政府工作，摆上重

要议程。同时，各地要组织好学习和宣传工作。要采取多种方式，深入贯彻、广泛宣传会议精神，组织从事婚姻登记工作的人员学习李学举部长的讲话，引导大家认清这次会议的重大意义，吃透会议的主要精神，全面落实会议提出的各项任务和要求。通过学习传达，切实把从事婚姻登记工作的同志，特别是各级领导的思想统一到这次会议精神上来，使社会各界了解我们对婚姻登记工作提出的新要求、采取的新举措，从而保证《婚姻登记条例》顺利贯彻落实。

二、从解决编制和经费入手，逐步理顺登记机关管理体制

新条例充分考虑到我国的实际情况，对登记机关的设置给予了一定的灵活性，一方面将交通方便、人口集中且具备条件地方的婚姻登记相对集中到区、县民政部门办理，改变了在城市分散在各街道办事处、在农村必须在乡镇人民政府办理婚姻登记的做法，从而在一定程度上遏制了搭车收费，减轻了群众尤其是广大农民群众的负担；另一方面从方便群众的角度出发，考虑到我国农村在交通、地域、经济等方面的差异，在不具备条件的地方继续保留了由乡镇人民政府办理登记的做法。新条例将婚姻登记机关的设置权赋予各省、自治区、直辖市人民政府，各地应当按照方便群众、有利于严格执法、维护当事人合法权益的原则确定。会后各地民政部门要积极主动地向编制、财政等有关部门介绍兄弟省区的成功经验，提出符合本地实际的倾向性意见，争取有关部门的理解与支持，力争解决困扰登记机关的编制和经费问题，保证婚姻登记管理体制改革工作顺利进行。

在理顺婚姻登记管理体制工作中，各地民政部门一定要从当地的实际情况出发，稳步推进。在解决编制和经费之前，先按原有体制运行，待条件成熟后再进行集中登记，不允许靠“收费养人”的办法解决集中登记后人员无编制无经费的问题。交通不便、地广人稀的地方仍应本着方便群众的原则由乡镇负责办理，民政部门应加强对这些地方婚姻登记工作的管理与监督。

三、采取有效措施，解决婚姻登记乱收费问题

由于一些未具备集中条件的地方在调整登记管理体制过程中，渠未修成先放水，采取“收费养人”的办法解决聘用人员的工资与经费问题，导致乱收费现象出现；还有的民政部门给婚姻登记机关下达经济创收指标，要求婚姻登记机关每年给民政局上交一定创收经费，更加剧了乱收费现象的发生。登记机关乱收费已开始成为群众投诉的热点和媒体关注的焦点。今年初，国务院价格管理部门对部分省婚姻登记收费情况进行调查时，也发现有的地方存在着严重的婚姻登记乱收费问题。婚姻登记乱收费和强行服务现象应当引起各级民政部门领导的高度重视。各地务必按照民政部今年4月下发的《关于严格制止借婚姻登记乱收费的通知》（民函[2004]83号）的要求，认真进行清理整顿。属于缺少编制和经费问题的，要积极向当地领导反映，主动与政府有关部门协商，采取切实有效的措施加以解决。属于认识、觉悟和土政策问题的，应当果断纠正，杜绝民政部门给婚姻登记机关下达创收指标的现象再度发生。登记机关与服务机构仍然合署办公，人员、财务仍然混在一起的，要在会议之后二个月内全部分开。婚姻登记机关不要开展任何收费服务，只能向办理登记的当事人收取国务院价格部门规定的工本费。各级民政部门要坚决按照党中央、国务院关于减轻农民负担的工作要求，把解决婚姻登记乱收费问题作为行风建设的重要内容来抓，切实维护婚姻当事人的合法权益，体现婚姻登记工作以民为本的宗旨。

民政部门所属的婚姻服务机构必须树立为民服务思想，在开展婚姻服务工作中应本着帮助群众解决困难和方便群众的原则。婚姻服务机构应当成为独立法人，与民政部门脱钩，进行独立的市场化运作。各婚姻服务机构应当公布服务项目，公开服务价格。婚姻服务机构不得利用婚姻登记机关的登记工作以各种理由要求当事人接受强制性服务，也不得利用地理位置优势或利用与登记机关的关系变相地迫使婚姻当事人不得不接受所谓的“自愿”服务。各级民政部门必须对婚姻服务机构进行整改，对所属的婚姻服务机构要加强思想教育，牢固树立为民服务宗旨，急婚姻当事人所急，想婚姻当事人所想，办婚姻当事人所需，切实把婚姻服务工作做好。各级民政部门要对婚姻服务机构的经营行为进行严格监督，凡有群众举报的，一经查实，就要建议有关部门取消其经营资格。

四、加快培育发展婚介领域行业协会的工作步伐，切实做好对婚介机构的后续监管工作

随着国务院对行政审批改革工作的深化，对婚介机构的管理已经从过去的政府主管部门先审批后登记的方法改革为不再由主管部门审批，直接向登记部门登记注册的模式。各地民政部门对原先已经审批的婚介机构，要按照《国务院办公厅转发国务院行政审批制度改革工作领导小组办公室关于进一步推进省级政府行政审批制度改革意见的通知》精神，加强后续监管。要制订并落实后续监管的措施和办法，防止管理脱节。要学习上海的经验和做法，加快培育发展婚介行业协会，并做好向行业协会的移交工作。暂不具备移交条件的，可设定过渡期，过渡期内加强管理，积极培育相应的行业组织，过渡期结束即进行移交。

民政部门要以深化行政审批制度改革为契机，按市场化原则规范和发展婚介行业协会，要明确政府管理部门与行业协会的职责，加大对婚介行业协会的管理和监督；要帮助婚介行业协会建立自律机制；要督促婚介行业协会制定完善的婚介机构执业技术标准及职业道德准则，杜绝婚介工作中的欺诈行为，推动婚介行业健康发展。

五、积极创造条件，稳步推进婚姻登记的信息化建设

婚姻登记条例的实施，单位证明的取消、出证方式的变化，对婚姻登记机关的登记管理提出了更高的要求。同时，登记机关的逐步集中，为婚姻登记信息化创造了条件。目前，婚姻登记信息化工作正在分步骤、有计划地稳步推进。民政部为推动婚姻登记信息化建设，先后开发了两个登记系统软件在部分省市使用。涉外和涉港澳台居民和华侨婚姻登记信息系统是按照《婚姻登记系统数据规范和标准》，结合新条例和婚姻登记工作规范以及新修改的婚姻证书版本而开发的最新版本的婚姻登记信息系统。目前该系统已在全国各涉外和涉港澳台居民和华侨婚姻登记机关正式运行，初见成效。在此基础上，全国内地居民婚姻登记系统也将陆续于近期内开发出网络版和单机版，目前这两个版本都在紧张修订与完善之中。

各省市要结合本地实际情况与经济能力，决定选择适用本地的婚姻登记管理软件，选用的软件版本在数据和标准方面要与《婚姻登记条例》规定的内容一致，要与民政部下发的工作规范一致，要与今年 7 月 1 日全国全面施行的新版婚姻证书规格一致。同时，要从发展的角度考虑下一步的省内联网信息查询和省际及民政部门与公安等有关部门之间的信息资源共享，避免重复建设和资金浪费。要争取有关部门在经费方面的支持，积极创造信息化管理的硬件环境与软件环境，使婚姻登记机关能够充分利用民政广域网的网络优势，推动婚姻登记工作的革命性变革，提高工作效率，全面提升婚姻登记管理水平。

六、坚持依法行政，加强监督检查

办理婚姻登记是政府依法行政的行为，建立健全婚姻登记法律法规，完善管理制度，使婚姻登记工作有法可依，有章可循，是做好婚姻登记工作的不可缺少的一个方面。新的条例颁布以后，也有不少当事人反映一些登记机关不严格按照条例的规定执行，而是随意增加一些附加条件。各地要认真纠正这些违背《婚姻法》和《婚姻登记条例》的行为，不得在《婚姻法》和《婚姻登记条例》规定以外随意增加任何条件。各级民政部门要按照《行政许可法》的规定精神，按照公开办事原则、方便群众原则、一个窗口的原则和便于执法监督的原则开展婚姻登记工作。

各级民政部门要加强对婚姻证书的印制和管理工作，要严格按照民政部规定的式样和国家技术监督部门检验的标准材料生产。禁止婚姻证书生产厂家在生产证书中以次充好；要严格查处基层婚姻登记机关私下购买非法厂家销售的假婚姻证书以及向婚姻当事人颁发假婚姻证书的行为。婚姻证书工本费的差价盈余部分应主要用于弥补婚姻登记机关的经费不足。各省、自治区、直辖市民政部门要认真研究经费分配使用办法，做到合理分配，严禁将差价盈余部分用于自身福利或另作他用。今年7月1日全国全面施行新版婚姻证书，各地要事先做好准备。7月1日起全国所有旧版婚姻证书一律为无效证书，各婚姻登记机关不得再颁发旧版证书。

各级民政部门要加大对婚姻登记工作的执法监督，建立婚姻登记行政执法检查制度，及时发现和纠正在婚姻登记工作中的各种违法行为，切实做到保护婚姻当事人的合法权益。要对每个婚姻登记机关每年开展一至两次的行政执法检查。执法检查要深入，不搞形式主义和花架子。要认认真真地查看登记的各个环节，包括查阅声明书、婚姻档案，婚姻证书等，询访当事人，听取情况汇报。对违法问题给予及时纠正，并通报给带当地政府及有关领导，对有关责任人员给予相应处分。对婚姻登记工作中遇到的新情况、新问题要认真研究解决，本级民政部门无法解决的问题要及时上报。要按新条例履行相关程序，本着服务群众、方便群众思想开展工作，让群众真正体会到改革的效果，让当事人亲身感受到改革带来的新气象，真正体现政府执政为民、登记工作以人为本的宗旨。

同志们，婚姻登记工作是关系群众切身利益的大事，是关系广大群众终生幸福的大事，我们要大力弘扬求真务实精神，切实转变工作作风，努力践行“三个代表”重要思想，真正做到“权为民所用，情为民所系，利为民所谋”，体现民政工作以民为本的宗旨，为建立平等、和睦、文明的婚姻家庭关系，为社会的进步，为全面建设小康社会做出应有的贡献。

在全国福利彩票业务工作会议上的讲话

民政部副部长　陈杰昌

（2004年7月6日）

同志们：

在我国彩票事业遇到诚信挑战，面临严峻考验的关键时刻，我们召开这次会议，回顾总结上半年的工作，安排部署下半年的任务，对事关福利彩票长远健康发展的一些重大问题进行分析研究，进一步统一思想，明确认识，坚定信心，振奋精神，其重要意义不言而喻。刚才，传书同志做了一个很好的工作报告，总结了上半年取得的五大成绩，提出了下半年应着重抓好的五个重点，这些重点措施，不仅有很强的针对性，而且有很强的操作性，只要能落到实处，完成全年的发行任务就大有希望。

下面，我再强调几点看法和意见。

一、冷静分析，认清形势

如果用一句话来概括上半年的福利彩票发行工作，那就是成绩斐然，形势严峻。上半年，在舆论对彩票事业发展极为不利的情况下，福彩系统全体职工没有退缩，没有悲观，没有气馁，顶住强大压力，千方百计扩大发行，尽心竭力开拓市场，取得了优异成绩。截至6月30日，福利彩票发行113.45

亿元，创造了历史同期最高水平，完成了“时间过半，任务过半”的预期目标。电脑福利彩票自普及以来，市场占有率首次超过50%，特别是原来发行量较小的省份，今年上半年实现了大幅度增长、大幅度跨越。这些成绩的取得，证明我们这支队伍是一支与时俱进的队伍，是一支能够承受严峻考验的队伍。

在肯定成绩的同时，更应看到，我们面临的形势十分严峻。今年是中国彩票事业的多事之秋，2月“双色球”开奖画面风波，3月西安宝马体彩作弊案，4月中国教育电视台恐吓案，5月贵阳大奖组销售现场爆炸案。这些接连发生的案件和事件，引起媒体高度关注，负面报道连篇累牍，管理不善导致弄虚作假的批评声不绝于耳。受西安宝马彩票案的影响，彩票领域前几年发生，但司法部门今年审结或正在审理的案件也成为媒体追逐的热点。据不完全统计，今年2月以来全国各种媒体关于彩票方面的负面报道高达5857篇。这仅仅是见诸报刊和网站的，还不包括电视台和广播电台的报道。如此长时间、大容量、高频率的负面报道，不仅在彩票发行方面是史无前例的，就是对其他任何一条战线的工作来讲，也是罕见的。

接二连三的事件和媒体的广泛报道，不仅给我们彩票发行部门、主管部门、监管部门造成了强大压力，挫伤了彩民的积极性，影响了彩票的声誉和形象，而且明显阻碍了彩票发行进度。即开型彩票大奖组销售已经被迫暂停，一等奖实物设奖的政策作用难以发挥，估计仅此一项就将使今年福利彩票起码减少25亿元的销售量。一些地方电脑彩票增长趋势明显放缓，甚至全国整体销量已经呈现下降。这一严峻形势，不仅增加了完成今年220亿元发行任务的难度，而且也将对今后福利彩票发行产生不利影响。

二、深刻反思，查找问题

表面上，媒体对西安宝马体彩案的深度挖掘和大量追踪报道，以及由此引发社会对彩票公信力的质疑，是造成当前彩票发行不利局面的主要原因。但我们福彩系统绝不能把这看做是“城门失火，殃及池鱼”，更不能把媒体负面报道的责任都算在体彩身上。一方面，不能否认，西安宝马体彩案暴露出的问题，在我们福利彩票发行管理中也不是从未发生过，现在也不是没有任何隐患，我们还不敢百分之百地确保万无一失。另一方面，应该看到，甘肃华池彩票诈骗案、双色球事件以及贵阳大奖组爆炸案都发生在福彩。近几年来，彩票发行规模迅速扩大，资金筹集量大幅度增加，市场前途日益广阔，而福彩的市场占有率明显提升，相当一部分企业、事业单位都想参与其中，彩票发行领域已经成为媒体富矿。在这样一种情况下，即使没有宝马案件的发生，随着彩世塔案件的终审判决，也很难保证不引起媒体的关注。因此，我们应该正视现实，深刻反思。

通过一系列案件的发生，至少说明我们在以下几个方面还存在着漏洞和隐患。

（一）风险意识薄弱。福利彩票发展到今天，已经拥有一支规模庞大的彩民队伍。这支队伍，从数量上讲已达千万之众，从分布上看遍布城乡各地。他们既是彩票发行的有力支持者，也是彩票信息的密切关注者。他们的心态，有的平和，有的急切，有的高兴，有的失落。受共同利益的驱使，一个个体性事件就可能带来群体性反映，一个小的工作失误就可能产生大的社会影响，一个偶然的案件就可能遭到普遍的怀疑。而我们对彩民的情绪、彩民的呼声、彩民的要求关注得还不那么密切，对“水能载舟、亦能覆舟”的问题估计不够足，认识不够深，重视不够高。

（二）制度执行不力。降低风险，确保安全的一个重要举措，就是建立严密有效的规章制度。我们现在的问题，虽然也有制度不完善的因素，但主要不是在制度建设方面，而是表现为有令不行、有禁不止，甘肃华池彩票诈骗案就集中暴露出这方面的问题。在发行费的管理使用上，也同样有类似现象发生。近几年来，我们民政系统已经有几个干部因为资金管理和使用问题受到了处理。然而，这还不是最可怕的，更为可怕的是，他们的前车之鉴并没有引起所有同志的反思和警醒，存有侥幸心理的还大有人在。我在这里提醒大家，特别是提醒心存侥幸的同志，随着依法行政步伐的加快，行政监督、社会监督、舆论监督的力度将越来越大，廉政建设的要求将越来越高，用法律的武器维护自身合法权益的人将越来越多，信息传递的渠道越来越宽，方式越来越活，速度越来越快。只要有问题，迟早要曝光。如果说因为工作疏漏出现错误，只要态度诚恳，而且拿出改进的方案，还可以得到公众的谅解，还可以从轻发落的话，那么，倘若是假公济私、中饱私囊，就难逃法网，就将成为福利彩票的千古罪人。

（三）监督检查不到位。制度执行不力也反映出我们监督检查措施没有完全到位。在现行体制下，除了财政部门对福利彩票发行和销售实施监管外，上级民政部门和福彩机构对下级福彩机构也都负有监督检查职责。在已经发生的问题中，无论是发行管理还是资金管理，除了程序不规范、谋划不周延之外，监督不及时、不到位、不严格，也是一个不可忽视的因素。我建议同志们认真地阅读一下今年6月8日新华网转载的新京报文章《涉及17个城市"彩世塔"彩票作弊案全记录》，如果纪录的事实没有出入的话，确实是触目惊心，足以使我们彩票发行部门和主管部门如坐针毡、汗流浃背，足以使我们感到失职的愧疚。

（四）应对突发事件准备不足。高新技术的应用一方面使电脑彩票成为我们的绝对主力，发行记录不断刷新，另一方面也使我们面临着更多突发事件的考验。这就要求我们对各种技术故障和事故，制定周密的应急预案，在第一时间迅速做出反应。但"双色球"事件说明，我们在应对突发事件时，准备还不十分充分，预案还不十分周详，反应还不十分迅速，效果还不十分理想。

（五）宣传引导不得力。舆论能够推动我们事业前进，但有时也会给我们的工作带来难度，使我们付出昂贵的代价。今年上半年，在媒体铺天盖地对彩票进行负面报道时，我们的声音却显得十分微弱，甚至是疲于应付。实事求是地讲，这几年我们在发行管理上、技术手段上确实下了不少功夫，采取了不少措施，取得了不少成果。比如，我们在电脑彩票上使用辨别真伪的软件，在网点即开票上，采用了二维条形码防伪技术，在双色球的摇奖实况上由录播改为直播，尤其是这最后一条，是接受社会监督的历史性跨越。但由于我们总结得不及时，宣传得不深入，以至一些媒体特别是那些知名的专家学者对我们的努力不了解，对我们的成果不清楚，对我们的观点不明晰。甚至是一些不合常识、不合逻辑的观点广泛流行。比如，福利彩票是国家彩票还是部门彩票，这是显而易见的。发行权是国务院批准的，发行额度是国务院审定的，筹集的大部分资金是上交中央财政的，彩票公益金使用范围是国务院限定的，彩票资金构成比例是国务院规定的，彩票公益金的受益者是老年人、残疾人、孤儿和优抚对象等社会困难群体。至于发行费是彩票发行工作必须付出的成本。福利彩票怎么就成了部门彩票呢？再比如，西安宝马事件，是体制弊端还是违规操作？很显然，是经营者突破现行体制框架，无视国家现行政策规定，违规操作而造成的，与体制问题风马牛不相及。之所以出现这些现象，归根到底，是我们的研究工作不深入，宣传工作不到位，协调工作不主动，与媒体的沟通不经常、配合不默契。

三、沉着应对，再振雄风

有人说，彩票发行到了最危险的时刻，这个判断毫不夸张。关键是面对如此严峻的形势，如此危机的时刻，我们应当怎么办？是怨天尤人，坐以待毙，还是迎接挑战，夺取胜利？毫无疑问，我们应以百倍的信心和奋力的拼搏去斩关夺隘，胜利前行。

（一）端正态度，统一认识。

端正态度就是要正确对待媒体的批评报道。因为我们的工作有漏洞，有过错，有失误，媒体才有光可曝，有言可发，有议可论。媒体的监督，对彩票事业的长远发展有益无害，对我们福彩在技术的攻关，制度的完善，程序的规范，作风的培养，纪律的严格，腐败的杜绝等都是一种鞭策。

唐太宗与魏征的故事，不少人都耳熟能详。李世民曾因发现魏征将对他的劝谏之词记录在案，一怒之下推倒了魏征的墓碑。但在遭受一次严重挫折之后，他再次反躬自省，想起了魏征。心想，如果有人像他那样提醒、规劝、讽谏，我的谋划就会更周密，行动就会更谨慎，就不会造成如此重大失误。为此，把推倒的墓碑重新树立了起来。我们对待新闻媒体也情同此理。绝大多数媒体特别是主流媒体所作的负面报道，其出发点都是促使我们完善制度，未雨绸缪，堵塞漏洞，提高效能。因此，只能以平和的心境，谦虚的态度，求实的精神，多从自身的角度找问题，挖根源，谋对策，寻出路，反感、埋怨、指责、愤怒，不但于事无补，还会弄巧成拙，事与愿违。

统一认识就是要统一对树立福利彩票信誉重要性的深刻认识。近期发生的问题集中到一点，就是危及彩票的信誉。作为福利彩票的发行机构，应该始终把信誉当作彩票的生命线。所谓信誉，简单地说就是信用和名誉。人无信不立，对于一项事业也是同样的道理。福利彩票首先要同彩民建立良好的信用关系，才能赢得彩民的信任，社会舆论才能给予好的评价。失去信誉将失去广大彩民的参与，失去业已开拓的市场。当前，我国的彩票业出现了整体的信誉危机，福利彩票系统必须从本单位做起，从现在做起，做到“以诚为本、诚实守信”，这是巩固和维护福利彩票信誉的根本所在。

要做到“以诚为本、诚实守信”，就必须坚持“公平、公正、公开”的发行原则。所谓公平，就是要确保参与彩票游戏的所有人中奖机会均等，在处理彩票发行、销售和兑奖等各个环节出现纠纷时，要依照规定秉公办事，不得徇私偏袒。所谓公正，就是要在彩票发行过程中诚实、正直，绝对不得搞虚假宣传欺骗彩民。要引导彩民把购买彩票作为一种特殊的捐赠，作为关爱困难群体的一种方式，作为业余时间的一种休闲和娱乐，而不能作为发家致富的途径。目前，我们在彩票发行的宣传上，对中大奖的宣传热度过高，对中奖几率的研究内容过多，而对发行福利彩票所产生的社会效益的宣传则立意不高，深度不够，比例不大。长此以往，就会误导彩民。尤其应该强调的是，不能以任何理由侵占彩民利益，那种直接或变相克扣彩民奖金的行为必须绝对禁止。所谓公开，就是要将管理规定、游戏玩法、摇奖过程等广大彩民关心的事项公之于众。民政部门坚持依法行政，履行职责，要不断加大社会开放度、增强社会透明度、扩大社会参与度。福利彩票的发行管理和彩票公益金的分配使用，同样需要坚持这样的理念。只要我们始终坚持福利彩票“扶老、助残、救孤、济困”的发行宗旨，始终坚持“公平、公正、公开”的发行原则，我们就能够赢得彩民的信任和拥护，赢得社会的理解和支持，福利彩票的崇高信誉就能够得到巩固和发展。

（二）狠抓管理，堵塞漏洞。

应当肯定，经过近几年强化管理，特别是去年实施“管理年”行动，我们的管理意识、管理方法、管理手段、管理水平都有了比较大的提高和进步。但是也应当看到，我们的管理同形势的要求还存在很大差距，管理不严是造成当前彩票信誉下降的重要原因。因此，我们必须坚持“两手抓”的方针不动摇，在开拓市场、扩大发行的同时，继续狠抓管理，堵塞漏洞，保证福彩事业平稳健康发展。

抓管理，最重要的是做到令行禁止。我们在彩票印制、摇奖、兑奖等各个环节已经建立了一整套比较规范的规章制度，这些制度如果都能不折不扣严格执行，最近出现的一些问题完全可以避免。因此，当前我们的工作重点是要通过有效监督、严肃纪律，确保各项管理规定落到实处。为此，中彩中心专门成立了监察室，履行对福彩系统的监督职责。今后，凡是违反管理规定，擅自改变工作程序，造成严重后果的，一经查实，不仅要处分直接责任人员，更要追究主管人员的领导责任。

在遵章守纪、严格管理方面，一些地方做出了表率，例如山东，他们严格按照要求，从四个方面强化管理：一是加强制度建设，通过建立、完善并落实系统内部的管理制度和以投注站为主要对象的外部管理制度，确保整个网络的正常运转和销售工作的顺利进行；二是重视技术保证，在建立电脑网络销售系统时，统一软件，统一标准、统一监控，严格检验所有开奖器具；三是接受公证监督，除邀请公证人员监督整个摇奖过程外，全部投注数据都交由公证员保管；四是及时公开信息，对广大彩民关心的问题，如游戏规则、开奖信息、特别奖的设立等，都通过媒体及时向社会公布。在此，我希望所有的福彩机构都能够象山东这样，严格管理、规范操作，做到令行禁止。

（三）积极进取，不断开拓。

同志们，在我们的事业遭受挫折时，我们把形势估计的严峻些，多设想困难，多查找问题，这有助于我们总结经验吸取教训，有助于我们完善措施改进工作。但同时，我们更应看到，这些困难和挫折是暂时的，而且是主流中的支流。对这些问题，既不能熟视无睹、掉以轻心，也不能动摇意志、丧失信心。应该坚信，我们事业发展的有利因素要远远超过不利因素，福利彩票仍然是一项光辉的事业，生机盎然的事业。17年来，福利彩票发行销售额超过1000亿，筹集彩票公益金超过323亿，在全国资助、兴建各类社会福利和社会公益项目约12万个，促进了福利事业与国民经济的协调发展。这些成绩有目共睹，社会需要福利彩票，国家支持福利彩票。我们必须积极进取，不断开拓，保证福利彩票更好地回报社会。17年来，几任民政部领导和各省厅市局的领导高度重视彩票工作，带领我们克服无数艰难险阻，实现了福利彩票事业的高速发展，为我们留下了宝贵的管理经验和精神财富，我们要在前人打下的雄厚基础上创造新的业绩。17年来，经过无数考验，我们造就了一支特别能钻研、特别能攻关、特别能吃苦、特别能战斗、特别能奉献的队伍，为与时俱进，不断攀登新的高峰提供了强有力的组织保障。因此，我坚信，有民政部门的坚强领导，有财政部门及其他有关部门的大力支持，只要我们严格管理，严格纪律，严格制度，就一定能够渡过难关，重塑形象，再创新高，再续辉煌。

适应形势　扎实工作
进一步开创民政政务信息工作新局面

——在全国民政政务信息工作表彰会议暨政务信息培训班上的讲话

民政部副部长　陈杰昌

（2004年11月5日）

同志们：

这次全国民政系统政务信息培训班暨表彰会议的主要任务，一是通报近几年来民政政务信息工作的开展情况，表彰全国民政政务信息先进单位和个人；二是邀请国办信息处的同志为大家授课；三是就做好今后一个时期民政政务信息工作进行探讨。同时，就今年民政工作的评估和明年的工作安排听取大家意见，为召开厅局长会议做准备。

学举部长非常重视这次会议，专门委托我向在信息工作岗位上多年来默默无闻、无私奉献的同志们表示衷心感谢。

下面，我就近年来信息工作的开展情况，以及如何做好新时期的民政政务信息工作谈几点意见，供大家参考。

一、对近年来民政政务信息工作的回顾

上一次全国民政系统政务信息工作会议是在六年前，这六年之中，民政工作面临的形势和情况发生了很大变化。去年，新一届政府成立，部领导班子也进行了较大调整。经过大家的努力，民政政务信息工作在原有基础上迈上了一个很大的台阶，在各方面都取得了长足进步，发展势头良好。具体表现在以下五个方面：

（一）信息工作日益得到重视，工作机制进一步完善

各级民政系统对政务信息工作越来越重视。就民政部而言，2000年以来，部里先后制定下发了《进一步加强民政政务信息工作的意见》、《民政政务信息质量评价办法》等文件，最近又修订了1998年出台的《民政政务信息工作实施办法》。这些文件，针对民政政务信息工作面临的新情况、新问题，明确了主要任务和工作措施，提出了一些具体要求，针对性很强，奠定了进一步做好信息工作的制度基础。

去年底，学举部长在部长办公会议上专门指出，信息、信访工作十分重要，今后每年全国民政厅局长会议上都要对信息、信访工作进行表彰，并列入厅局长会议正式材料。

同时，越来越多的省、区、市民政厅局主要领导更加重视信息工作，身体力行，经常亲自审定信息稿件，自觉运用信息手段进行决策。浙江、上海、山东、安徽、黑龙江等一些省（区、市）厅（局）领导还多次要求所辖各级民政部门的主要领导亲自抓政务信息工作。

从这次编印的工作制度汇编看，目前各省（区、市）民政厅局基本上都出台了政务信息的制度规定及评比表彰办法，规范了信息工作的报送、管理、考核、激励制度。应当说民政系统政务信息工作的科学化、制度化和规范化程度大大提高，工作机制进一步完善。

（二）信息载体不断丰富，服务内容迅速拓展

目前，部里编发的信息刊物有七种，各省（区、市）都编印了至少一种以上的专门信息刊物，一些信息工作开展较好的市县区也都有了定期的信息刊物，很多省市还办起了电子版信息刊物。

特别值得一提的是，根据互联网发展迅速的特点，各地和部里都新开辟了网摘信息。这些网摘信息量大，报送速度快，已经成为民政信息采编的一个重要渠道，是民政政务信息的重要组成部分，对于领导同志了解社会关注的民政工作热点、难点问题，掌握有关政策出台后的实际效果、各界反映等，起到了积极作用。

（三）信息工作方式发生较大转变，信息服务的参谋助手作用日益显现

通过这几年的努力，各地信息工作方式发生了很大变化，信息约稿、综合、调研进一步加强，信息质量显著提高，信息服务的广度和深度不断拓展。信息工作已经从被动走向主动，从盲目走向自觉，从无序走向规范，从封闭走向开放，从单一走向多元，信息工作已经初步完成从量变到质变的转变。

这种转变突出表现在两个方面：一是各地能适应民政工作改革和发展的要求，紧密围绕中心工作，注意捕捉领导同志需求的信息，对部里做出的重大决策和部署，能密切跟踪，及时反馈贯彻落实情况，不仅能反映各地采取的措施、取得的成效、存在的问题和困难，还能认真分析研究问题、困难产生的原因，提出解决问题的建议，为领导同志掌握情况、作出决策提供有力的依据；二是各地加强了分析、综合，信息的选题、写作、校对、审核等方面都比前两年有明显进步，综合性、分析性、建议性的信息比重大大增加，信息报送的数量和质量和前些年相比有明显提高。

这种工作方式的转变，符合信息工作的特点，适应了领导同志的需求，也提高了信息工作的服务水平。

近来我们报送的信息，被中办、国办大量采用，温家宝总理、回良玉副总理等领导同志都有过批示。许多信息为党中央、国务院领导和部领导的决策起到了参考作用，同时也推动了民政工作的发展。去年下半年以来，我们报送的有关民政部贯彻十六届三中全会精神切实关心解决困难群众生活、民政部加强社会救助体系建设等四期信息被中办重要信息刊物《工作情况交流》采用，发至

中央书记处书记和省部级以上领导同志。这类信息的报送，对高层领导掌握民政工作的动态，了解民政工作的困难，解决民政工作的问题，具有不可替代的重要作用。

（四）信息网络健全，信息员队伍素质进一步提高

信息网络和信息员队伍是信息采集、加工和传递必不可少的中间环节，也是信息工作的重要基础。各地不断完善“纵向到底，横向到边”的信息网络建设，在普遍建立了纵向省、地、县三级信息网络的同时，还横向建立了以本级机关业务机构及直属单位为直接信息源，有专兼职信息员负责的信息网络，加上部省两级分别确定的信息直报点，形成了纵横交错，相得益彰，覆盖面广、反应灵敏的民政信息网络系统。

这几年来，民政政务信息工作之所以一直上升发展，与我们有一支素质较高的民政信息员队伍是分不开的。机构改革前后，一大批信息工作人员被提拔，走上了领导岗位，今天在座的各位主任，从事过具体信息工作的不在少数，这也说明信息工作能够锻炼培养干部。当前，信息员队伍建设是信息工作开展以来最好的时期，各地对信息人员队伍建设始终没有放松，一些政治素质好、业务水平高、文字功底深，综合能力强的年轻同志被放在信息岗位上。我看这支队伍战斗力是强的，这也为民政政务信息工作继续跨台阶、上水平、出精品打下了基础。

（五）信息工作装备改善，渠道畅通，时效性明显提高

最近几年，随着民政系统电子政务建设步伐的加快，各地加大了对信息工作的投入，信息员基本上都配备了台式计算机等设备，不少省市还为信息员优先配备了便携式电脑。目前各省（区、市）已经基本上实现与部联网，实现了非涉密信息的电子传送。不少省（区、市）还建设了本省内部局域网络，大大提高了信息工作效率。不少地方通过网络及时上报灾情、边界纠纷等突发事件信息，还在上报动态性信息的同时，注重了综合和跟踪续报，对于领导及时了解真实情况，掌握动态，起到了积极作用。

上述成绩的取得，是与各级民政部门领导的重视支持，各地办公室主任的共同努力，尤其是广大信息员的辛勤工作分不开的。可以说，在这些成绩的背后，饱含着同志们的辛勤汗水，凝聚着各级的大量心血。借此机会，我代表部党组向各级民政部门的领导和广大从事信息工作的同志们表示衷心的感谢和慰问，希望大家通过这次会议，充分交流，认真总结，取长补短，有所收获，推动信息工作再上新台阶。

二、统一思想，充分认识当前信息工作面临的形势和存在的问题

正确认识信息工作面临的形势和所处的地位，是做好信息工作的前提。国务委员、国务院秘书长华建敏同志在国务院各部门负责人及办公厅主任会议上指出，在完善社会主义市场经济体制、全面建设小康社会的新形势下，我国的经济运行和社会发展等各个方面不断出现新情况。面对新的形势和任务，政府要解决的问题比过去要复杂的多，信息工作的地位和作用将越来越重要。

华建敏秘书长的这些指示非常重要。从民政部门自身来讲，政务信息工作的好坏，也直接关系到民政工作改革发展的大局，责任重大。因此，各级民政部门必须统一思想，提高认识，明确当前民政政务信息工作面临的形势。

一是加强党的执政能力建设，离不开信息工作。党的十六届四中全会明确提出要加强党的执政能力建设，推进党的建设新的伟大工程。民政工作涉及人民群众的基本生活和民主政治权利，在建立和谐社会，化解社会矛盾，巩固党的执政基础等方面发挥着越来越重要的作用。新一届中央领导集体高举邓小平理论和“三个代表”重要思想伟大旗帜，坚持立党为公，执政为民，突出强调把实现好、维护好、发展好最广大人民群众的根本利益作为一切工作的出发点和落脚点，强调群众利益无小事，强调爱民、亲民、为民。民政工作与群众利益密切相关，党中央、国务院以及各级党政领导高度重视民政工作，社会各界也更加关注民政工作。

这就要求我们必须准确把

握民政工作全局，建立畅通的信息渠道，加强信息的时效性，提高信息质量，及时掌握国内经济社会发展态势，深入了解各项民政工作改革措施实施情况，真实了解社情民意。需要我们以敏锐的眼光捕捉苗头性和倾向性的问题，及时整理信息上报，供领导参考决策。特别是重大自然灾害、困难群众生活安排情况，以及涉及社会稳定的问题，要通过信息渠道及时报送，引起领导同志高度重视，促使问题得到尽快解决，从而有效化解潜在的矛盾和隐患，不断密切党和人民群众血肉联系，不断提高执政水平。

二是落实本届政府提出的三项基本原则，离不开信息工作。实施科学民主决策、实行依法行政、加强行政监督是本届政府提出的三项原则。围绕这三项原则，今年年初全国民政厅局长会议提出了民政工作要"努力加大社会开放度、增强社会透明度、扩大社会参与度"的要求，部里相应制定出台了五个具体办法。

这一系列决策、制度的制定实施，都离不开信息工作。我们要科学民主决策，执政为民，就要及时了解人民群众、基层组织、专家学者及社会各界的意见。在决策之前，既要听取赞成的意见，也要听取反对的意见，形成充分反映民意、广泛集中民智的决策机制，使决策更加符合实际。我们要依法行政，建设法治政府，就需要及时了解政府行政行为是否有法可依、有法必依。在重要法规出台前，还需要组织社会听证。我们要加强行政监督，提高行政效率，就需要了解人民群众及社情舆情等方面的监督和意见反映。同时，要经常发布政务信息，增加民政工作的透明度。所有这一切都需要有一个畅通的信息渠道和运转高效的信息工作机制，以便及时收集、加工、传递和反馈有关信息。

三是全面履行政府职能，离不开信息工作。政府所履行的职能概括起来是十六个字：经济调节、市场监管、社会管理、公共服务。这十六个字中，与民政部门关系最密切的是社会管理和公共服务。要正确履行这些政府职能，必须依托大量的信息。比如，如果不能准确掌握低保政策实施过程中出现的低保标准的高低以及漏保、骗保等信息，就不能对现有的政策进行完善，公共服务就无从谈起。再如，我国的重大自然灾害频发，影响公共安全和社会稳定的因素不时出现，如果不能在第一时间得到准确无误的信息，领导同志就难以及时做出准确决策，采取有效措施，最大程度地减少事故和灾害造成的损失。就市场监管而言，也不是与民政工作毫无关系，市场监管的职能不是仅仅靠政府就能够完全承担的，从某种程度上讲，还要靠行业协会的培育和发展。可以说，信息工作对于全面履行政府职能至关重要。

四是提高行政效率，离不开信息工作。保持一种勤政、务实、高效、廉洁的工作作风，需要我们政府部门在内部沟通、交流方面更快捷、更迅速。民政政务信息网络上通下达，互联互动，在减少行政环节，降低管理成本，提高行政效率方面大有作为。各级民政系统编发的一些很好的信息刊物，可以成为上下沟通、内外交流、指导工作的重要平台。例如，部办公厅编发的《参阅文件》刊发各地出台的具有针对性和指导性的民政工作政策、规范性文件和地方法规；《民政信息参考》全面反映各地重点工作和其他重大工作推进情况，各省级民政部门半年和全年的工作部署，以及对工作有重要参考价值的调研报告；《民政部机关工作周报》每周及时传达部重要会议精神，反映部领导活动和重要批示情况，公布重要发文情况。这些信息刊物传递环节少，传递速度快，沟通协调和提高效率的作用十分明显。

我们的信息工作虽然取得了一些成绩，但与面临的形势和要求相比，仍然存在一些问题和不足，亟待改进。

一是信息报送不均衡比较突出。一些信息工作开展较好的省市，经常可以在办公厅的信息参考上看到他们的信息，其他一些地方的信息，就很少看到。据我了解，这些地方，有的是一段时间报，一段时间不报，还有的省份是偶尔报。对这个问题，我希望这些省份认真反思，找找差距，积极想办法予以解决。对于工作仍然没有太大起色的地方，我已要求办公厅直接将信息采用通报寄到一把手厅长那里进行督促。

二是信息质量不够高。除信息工作开展较好的省市外，相当一部分地方报送的信息从为领导决策服务的角度看，质量还不够高。这些信息不能准确反映民政工作在改革、发展中遇到的困难，深刻揭示存在的倾向性、苗头性问题，从而也就无从提出前瞻性、全局性、战略性的对策建议。

三是时效性不够强。有的地方紧急重大灾情十几个小时甚至几天后才上报，比新闻媒体报道时间还晚，这给工作带来很大被动。在综合类信息的报送方面，也存在动态信息报送滞后、领导批示和重大决策的贯彻落实情况反馈不及时等问题。

三、真抓实干，努力开创民政政务信息工作新局面

当前，信息工作正处在一个发展的关键时期。部里2002年下发的《关于进一步加强民政政务信息工作的意见》和近期印发的《民政政务信息工作实施办法》，明确提出了做好今后一个时期民政政务信息工作的总体要求、重要任务和主要措施，我觉得比较全面，希望大家按照《意见》和实施办法的要求，采取切实可行的办法予以落实。今后一个时期，还要从以下几个方面进一步做好民政政务信息工作：

（一）要切实加强领导，继续巩固政务信息主渠道地位

各级民政部门办公室是汇集民政政务信息的中心，是领导同志获取政务信息的主渠道。这个主渠道的地位只能加强，不能削弱。各级民政部门要充分认识做好新形势下信息工作的重要意义，把信息报送工作摆在重要位置，切实加强领导，采取过硬措施，努力巩固主渠道地位。

能否做好信息报送工作，关键在于领导。领导是否重视信息报送工作，是否下大力气狠抓信息工作，从根本上决定了一个单位信息服务层次和质量的高低。一些地方信息工作开展得较差，我看责任在领导。要深刻认识到，一个部门的信息工作做的如何，反映出这个部门的政治敏锐性，也反映出这个部门工作的整体水平。希望同志们回去转告这些厅局领导同志，一定要带头抓信息工作，对了解到的一些有苗头性、倾向性的问题和党中央、国务院领导及当地党委、政府领导关心的事情，以及自己所分管工作涉及的重大问题，都应交待有关同志及时上报信息。各厅局领导千万不可低估信息工作的重要性，这比我们的某些具体工作重要的多。及时上报信息，是自觉接受上级领导的一个重要方面，试想，如果工作中的思路、情况、问题不能及时地向上级反映，那么部门的职能作用必将削弱。因此，对这项工作，希望厅局主要领导亲自抓。

（二）要坚持把信息质量放在首位

针对现在政务信息质量不高的现状，华建敏秘书长曾经指出，做好信息报送工作，关键要做到八个字：全面、及时、准确、规范。这八个字的要求看似简单，但要真正做到却很难。各级民政部门必须坚持质量第一，精益求精，用全面、及时、准确、规范的要求去衡量每一条报送的信息，尤其要树立全面、协调、可持续的科学发展观，按照中央提出的“五个统筹”要求，结合民政工作实际，多方位、多领域、多角度、多渠道搜集信息，注意兼顾城市和农村、发达地区和落后地区、成绩与困难、经验与教训等各个方面。同时，各单位除了提高信息编报人员的素质外，还要建立科学的信息编写、报送、审核机制，明确信息工作人员和相关领导的责任。今后，对不报、迟报、漏报、瞒报重要信息的部门，对不认真把关，报送粗制滥造信息的部门，要采取适当形式予以通报。

其实，这里也有一个认识问题。有的领导对反映问题、反映事故的信息把关比较严，不愿上报，这是一个误区。在新闻媒体、通讯方式高度发达的今天，任何重大问题、重大事故都是捂不住、盖不住的，我们不去及时、主动、客观地上报，媒体就可能从其他渠道、利用其他方式介入，我们反而会更加被动。从某种程度上讲，我们的政务信息也承担着引导舆论的职责。

（三）要树立大信息观念，培养敏锐的信息意识

信息要靠大家来办，信息工作不仅是办公厅（室）的职

责，而且是每个业务部门都要高度重视并切实抓紧抓好的事情。民政工作涉及面广、业务跨度大，单靠几位同志搜集、整理、挖掘信息，不可能全面反映民政工作情况。机关每一位同志都必须牢固树立信息服务意识、强化信息报送观念。把报送信息作为本职工作的一个重要组成部分、作为做好任何一项业务工作都不可或缺的必要步骤，常记心头、常抓不懈。只有充分发挥每个人的积极性和主动性，大家通力合作、共同努力，才能使信息工作充满活力，提高信息的质量。在一部分从事业务工作同志的头脑里，似乎有一种看法，总觉得报送信息是业务部门为办公厅(室)服务，这是一种本末倒置的认识。我们的信息都是在宣传业务工作的新成果，反映业务工作的新困难，探讨业务工作的新途径，交流业务工作的新经验。总之，都是在为业务工作服务。只有走出这个认识上的误区，信息工作才能更热情、更主动、更努力。

要培养敏锐的信息意识。提高信息敏感度，关键是要建立一个判断信息价值大小的标准。我认为，这个标准就是领导和社会关心的程度，特别是涉及群众利益的重要事项与自己本职工作之间的联系。联系越密切，价值就越大。平时要认真学习中央重要文件和领导讲话；要不断提高政治意识、大局意识和责任意识，准确把握社会关心的热点问题；要深化对具体业务工作的认识，并把它与领导、社会关心的主要问题联系起来，及时反馈有关政策的贯彻落实情况；要善于从日常工作中捕捉倾向性、苗头性情况，及时为领导通报有关信息；要用心总结民政工作中的好经验和好方法，为领导决策拓展视野、启迪思路。

(四)要加强综合类和调研类信息报送，及时反馈贯彻落实情况和重要工作进展

要提高信息质量，开发和挖掘深层次、高质量的信息，就必须把信息和调研有机结合起来，改变坐等信息、闭门雕琢的做法。要主动深入基层、深入群众。特别是对工作中出现的一些带有全局性、前瞻性、战略性的问题，各级民政部门领导和信息员要深入第一线，搞好调查研究，提出解决问题、推动工作的思路、方法，形成有情况、有分析、有建议的高层次信息。这种信息实际上是调研报告的精华，或者说是内容提要。同时，信息员也要注意从大量的初级信息中筛选有用的信息，将分散在各个信息中的有价值的内容聚合起来形成完整的信息，通过分析判断、归纳综合，最终形成领导所需的，能够反映有关工作的基本面貌、主要特点、问题成因和发展趋势，“含金量高”、参考价值大的深层次信息。

各地贯彻落实部里重要会议、重要文件精神和重大决策部署以及部领导同志重要批示的情况，一般都要及时通过政务信息渠道进行反馈。各地要高度重视这项工作，完善机制，明确程序，及时报送贯彻落实的具体措施、进展、结果以及遇到的困难和问题等，做到件件有着落，事事有回音。此外，各地要认真对照每年的民政工作要点，及时报送本省(区、市)重点工作的进展情况，以利于部领导全面掌握工作进度，调整工作布局。

(五)要进一步加强互联网信息报送

进入信息时代，互联网快速发展，渗透到社会各个角落。互联网信息呈现数量多、反应快、影响大的特点，已经成为领导同志了解社情民意的重要渠道。涉及民政工作的许多社会反应强烈的问题，都会在互联网上集中反映，这些热点问题，也是领导同志十分关心的重要问题。近年来，领导同志对互联网信息的需求不断增加，各地要提高认识，切实采取措施，进一步加强互联网信息报送工作，深入研究互联网信息的特点和规律，进一步拓展互联网信息的涵盖范围，尤其要在部里、厅里(包括以党委、人大、政府名义)的重大决策出台前后，加强网上舆情分析和综合，及时反映社会各界的意见和建议。

(六)要关心信息员的工作、学习、生活，注重信息员的选拔使用

信息工作确实非常辛苦，各级民政部门领导要关心信息工作人员的工作、学习和生活。工作和学习上，要为信息工作人员创造良好的条件，在参加重要会议、阅读文件、参与中心

工作等方面提供方便，使他们尽可能地熟悉业务，了解全局，并保证他们有一定的时间从事信息工作。生活上，要为他们解决实际困难。与此同时，办公室和人事部门要高度重视信息员的选拔使用，并从全面培养人才的角度看待信息员的选拔使用工作，要制定信息员学习、培训计划，定期对信息员进行轮岗，使优秀公务员都能在信息员的岗位上得到锻炼培养。计财部门要充分考虑政务信息工作的特殊性，保证必要的工作经费。信息技术部门要把保证信息工作所需要的各种软硬件作为工作重点之一，并尽可能地为信息员配备最先进、最方便的计算机设备。

今后一段时期，信息工作肩负的任务十分繁重，也十分光荣。希望大家通过这次会议，提高认识，统一思想，以更加振奋的状态，以更加务实的工作，争取更大的成绩，把信息工作推向一个新的台阶，更好地为民政工作改革与发展服务。

在全国民政系统纪检监察干部培训班上的讲话

中央纪委驻民政部纪检组组长　张印忠

（2004 年 5 月 29 日）

同志们：

2004 年全国民政系统纪检监察培训班开始了，今天我来看看大家，同时也代表部党组、中纪委驻民政部纪检组对大家的到来表示热烈地欢迎！我们举办这次培训班的目的在于进一步提高民政纪检监察干部的思想水平、领导水平和业务水平，借此机会我想就加强学习的必要性以及做好民政纪检监察工作问题谈几点意见。

一、加强学习，努力塑造一支高素质的民政纪检监察队伍

民政纪检监察干部要成为学习型干部，去年我已经讲过，今年我还要强调这一点，因为这是新形势、新任务对我们提出的必然要求。

（一）加强学习是做好民政纪检监察工作的需要。改革开放以来，我国初步建立了社会主义经济体制，社会生产力获得了极大发展，社会生活发生了重大变化。随着改革开放的不断深入，各种利益关系也将不断调整，一些新的社会矛盾不断出现，新情况、新问题也层出不穷。我们民政系统的党风廉政建设和反腐败工作一定要跟上时代发展的步伐，要与时俱进，要自觉地改进我们的工作方式和方法，适应形势的发展，要求真务实，认识和把握新形势下民政工作的规律，紧紧围绕发展这个党执政兴国的第一要务开展工作。学习是创新的基础，只有加强理论和业务学习，才能真正做到与时俱进和求真务实，才能够建设起一支高素质的纪检监察队伍，才能够应对新的挑战，使纪检监察工作体现时代性、把握规律性、富有创造性。

不学习，不保持经常性的学习，不研究社会上丰富变化的新情况、新问题，单凭经验主义的态度，单凭简单的热情和冲动，是肯定干不好我们纪检监察工作的。主观主义不但对民政纪检监察工作没有益处，而且有害。我们民政业务直接面对的是老百姓，业务范围几乎覆盖了全社会，如优抚安置、救灾减灾、社会救助、最低生活保障、民间组织管理、基层政权建设、社区建设、社会福利等，这些工作都直接关系到人民群众的切身利益，政策性都很强，都有相应的法律、法规来规范。同时，新的形势对我们民政工作又提出了很多新的要求。我们民政工作也在改革中不断创新发展，这就要求我们民政纪

检监察干部必须加强业务学习。民政纪检监察干部跟从事专门业务的干部不同，从事民政纪检监察工作的干部，不仅要做到学而博，而且要做到博而专，要做到宽视点、多领域，在广中求专，在专中求深，只有这样才能做好民政纪检监察工作，才能够更好的促进各项民政工作健康发展，才能真正实现好、维护好发展好最广大人民群众的根本利益。

（二）加强学习是树立科学的发展观和正确的政治观的需要。十六届三中全会已明确提出以人为本，树立全面协调、可持续的发展观，促进经济社会和人的全面发展。在我们民政纪检监察干部队伍中，少数干部还存在着经济增长就是社会进步这一错误观点，认为民政纪检监察工作干好干坏意义不大，探究其原因就在于还没有树立科学的发展观，还没有认识到民政工作对于公民个人和社会全面发展、对社会经济可持续发展有重要作用；没有认识到党风廉政建设和反腐败工作对深化经济体制改革、优化经济发展环境、创造良好的社会政治环境有重要意义。

错误的发展观表现为错误的政治观。正确的政治观是始终坚持立党为公、执政为民，“情为民所系，权为民所用，利为民所谋”，而错误的政治观表现为不务实际，搞形象工程。古人说：“德道为先，修身为本”，要改正错误的发展观和政治观，首要的是加强学习。民政纪检监察干部要深刻领会十六届三中全会和中央纪委第三次全体会议精神，准确地把握科学发展观的内涵和要求，树立马克思主义的世界观、人生观、价值观，树立正确的权利观、地位观、利益观，了解本地的社会发展现状，掌握各项有关的法律法规，通晓各项民政和纪检监察政策，努力转变发展观念，树立全心全意为人民服务的观念，“思民之所想、忧民之所愁、济民之所难、办民之所需”，真正做到“维护民利、解决民生、落实民权”。

（三）要认真学习纪检监察业务，当前的重点是要认真学习《党内监督条例》和《纪律处分条例》。纪检监察工作是维护党纪、政纪，保持党的先进性和政府廉洁高效的重要工作。同时，它又是关系到人的工作，政治性、政策性很强。因此，作为纪检监察干部必须认真学习党章、党内法规、纪检条规和各项政策。当前，要重点学好两个《条例》。

《党内监督条例》是我们党历史上比较系统、比较完整的关于党内监督的重要法规，对于发展党内民主、加强党内监督、严明党的纪律、维护党的团结统一，对于提高党的领导水平和执政水平，增强拒腐防变和抵御风险的能力，保持党的先进性，密切党和人民群众的血肉联系必将起到重要的作用。纪检监察干部要率先学好这个条例，自觉地增强监督意识，正确地履行好条例所赋予的职责，行使监督权利。

《纪律处分条例》是在1997年发布的《纪律处分条例（试行）》的基础上修改的，这个试行条例对于维护党的章程、严肃党的纪律、保证党的路线方针政策的贯彻执行发挥了重要作用。但试行条例发布7年来，形势发生了很大的变化，因此，《纪律处分条例》做了必要的充实、调整、完善。这个条例是我们维护党的纪律，做好纪律处分工作的重要依据。民政纪检监察干部要认真地研读这个条例，把握条例的精神实质，切实按照条例的要求去做。

二、充分认识中央纪委、监察部对派出机构实行统一管理的重要意义

党的十五届六中全会做出了纪律监察机关对派出机构实行统一管理的规定。经过两年试验，今年四月中央纪委、监察部召开了派出机构统一管理的工作会议，对中央纪委、监察部派出机构实行统一管理工作进行了动员和部署。同时，经中央批准，中央办公厅、国务院办公厅也转发了几部委对中央纪委派出机构统一管理的实施意见。纪检监察机关对派出机构实行统一管理，是新形势下全面推进党的建设、加强党的监督的一项重大举措，是改革和完善党的纪律监察体制的重要内容，是建立健全与社会主义市场经济体制相适应的惩治和预防腐败体系的重要组成部分。我们应当充分认识派出机构统一管理的重要意义，把思想和认识统一到中央的决定上来。

对派出机构实行统一管理，有利于派出机构更好地承担纪检监察职能。中办、国办转发的中央纪委、中央组织部、中央编办、监察部《关于对中央纪委、监察部派出机构实行统一管理实施意见》中，明确了派出机构的职责：

一是监督检查所属部门及所属系统贯彻执行党的路线、方针、政策和决议，遵守国家法律、法规，执行国务院决定、命令的情况。

二是监督检查所在部门党组和行政领导班子及其成员维护党的政治纪律，贯彻执行民主集中制，选拔任用领导干部，贯彻落实党风廉政建设责任制和廉政勤政的情况。

三是经批准，初步核实所在部门党组和行政领导班子及其成员违反党纪政纪的问题，参与调查所在部门党组和行政领导班子及其成员违反党纪政纪的案件，调查所在部门司局级干部违反党纪政纪的案件以及其他重大案件。

四是协助驻在部门党组和行政领导班子协调驻在部门及所属系统党风廉政建设和反腐败工作。

五是受理对所在部门党组织、党员和行政监察对象的检举和控告，受理所在部门和行政监察对象不服从处分的申诉。

六是承办中央纪委、监察部交办的事项。

职能明确，派驻机构可以更好地配合驻在部门及所属系统开展党风廉政建设和反腐败工作，形成合力；可以更好地集中精力用于建立健全教育、制度、监督并重的惩治和预防腐败体系，深入推进反腐倡廉工作；可以更好地加强对权力的监督，及时发现腐败现象和不正之风的苗头性问题，及时解决、及时制止。

对派出机构实行统一管理，目的在于加强所在部门及所属系统的党风廉政建设和反腐败的力度。吴官正同志在中央纪委、监察部派出机构统一管理工作会议上的讲话中，强调指出派出机构实行统一管理以后，“各部门及所属系统的党风廉政建设和反腐败工作只能加强，不能削弱”。多年来双重领导体制下的派出机构，对本部门和所属系统的党风廉政建设和反腐败工做贡献了自己的力量，为本部门各项业务工作健康有序的发展做出了重要贡献。但也要看到少数部门腐败行为仍呈高发的态势，集体的腐败行为还时有发生，对派出机构实行统一管理有利于对所在部门行政领导班子，特别是对一把手的监督和制约，有利于摆脱所在部门各级领导对党风廉政建设和反腐败工作的不正常干预，有利于保持派出机构的相对权威性，独立地履行法律法规赋予的监督检查权。

中央纪委关于派出机构实行统一管理部署工作会开完以后，民政部党组进行了认真的学习讨论和认真的研究，并提出了一些贯彻的措施：

一是决定成立民政部党风廉政建设领导小组。

二是民政部直属机关纪委与纪检组监察局分开，直属机关纪委由直属机关党委领导，负责直属机关党风廉政建设日常工作。

三是民政部将大力支持驻部纪检组监察局的工作，对纪检组监察局的工作提供一切便利的条件。

四是进一步完善党风廉政建设的各项规章制度，部党组对这项工作进行了专题研究，并进行了部署。

驻部纪检组监察局在中央纪委、监察部实行统一管理后，也将完善有关工作制度，积极探索履行职责的方式方法。驻部纪检组监察局将一如既往地协助配合部党组和领导班子做好党风廉政建设和反腐败工作，将根据工作需要派人参加民政部直属机关和系统带有全局性的重要业务活动、重大专项执法监察工作，配合有关业务司局组织开展民主评议行风活动，继续开展纠风和行风建设工作。将大力开展调查研究，及时总结交流党风廉政建设和反腐败的经验，表彰先进，提出进一步改进工作的意见。

三、下半年民政系统纪检监察工作的重点

一是加强行风建设工作。行风是一个行业从业人员基本素质的综合体现，是人民群众感受一个行业是否全心全意为人民服务的直接载体。行风评议是人民群众直接参与某一行业发展的重要手段，是人民群众对某一行业进行监督的重要

手段。行风建设是贯彻"三个代表"思想、坚持执政为民的具体体现，是密切干群关系的迫切需要，是党风廉政建设和反腐败工作应有的题中之义。

民政部门直接面对人民群众，承担了大量的政府社会公共事务管理职能。民政部门行风建设的好坏，直接关系到我们党在人民群众心目中的地位和形象，各级民政纪检监察部门一定要从贯彻"三个代表"重要思想，实践民政工作宗旨的高度，充分认识在民政部门中开展行风建设的极端重要性和极端紧迫性。

各级纪检监察部门要按照"管行业必须管行风"，"谁主管、谁负责"的原则，强化责任意识，充分发挥民政业务主管部门在行风建设中的重要作用，切实加强民政系统的行风建设。要强化职业道德建设，增强服务意识和监督意识，不断地改善服务水平，提高办事效率。大力开展民主评议行风的活动，进一步扩大民主评议行风的规模，及时解决民政对象反映的突出问题，落实好与人民群众切身利益紧密相关的各项政策，使人民群众更多地感受到行风建设的新成果。

今年下半年，各级民政纪检监察部门，要按照年初《民政部二〇〇四年党风廉政建设工作要点》的要求，抓好对婚姻登记站的行风检查工作，认真纠正搭车收费和乱收费等问题；认真开展救助管理站、殡葬服务机构、乡镇民政办（所）的行风评议工作。

今年四季度部里将召开行风建设经验交流和表彰会议，从而将民政部门的行风建设工作提高到一个新的水平。

二是积极开展执法监察工作。这是我们民政部门纪检监察机关的一项重要工作。我们国家正在推进依法行政，我们的职责是监督所在部门执行党的路线、方针、国家法律法规的执行情况。民政部业务涵盖面广，业务范围宽，相关的法律法规很多。这就要求我们开展执法监察工作时，要有重点、有侧重。我们要重点抓好民政专项经费使用情况的监察工作，如救灾资金、福利资金（包括福利彩票）及各项专项事业费管理使用情况的检查。今年下半年，要按照部里工作要点的安排，认真抓好"2003 年度福利基金和福利彩票发行费的管理使用情况"、"星光计划项目资金使用情况"、"2003 年度城市居民最低生活保障资金管理使用情况"的执法监察。我们积极开展执法监察工作的目的，是要为我们的民政工作创造一个良好的环境，保证我们各项民政工作健康蓬勃的发展！

在全国民政基层单位行风建设经验交流暨表彰会议上的总结讲话

中央纪委驻民政部纪检组组长　张印忠

（2004 年 12 月 13 日）

同志们：

这次会议开得很好，会议时间虽短，但内容很丰富。总结了近五年的行风建设工作，交流了各地的先进经验和做法，表彰了 200 个"全国民政基层单位行风建设先进集体"，听取了 15 个典型发言，交流了 46 个单位的书面经验，会议开得生动活泼且富有成效。昨天，学举部长作了重要讲话，对民政系统行风建设工作提出了明确要求。各级民政部门要认真学习，抓好贯彻落实。

下面，我讲三个问题。

一、五年来民政系统行风建设工作基本情况的回顾

从 2000 年民政部党组将行风建设列入党风廉政建设工作要点开始，五年来，全国各级

民政部门按照民政部和地方各级党委政府关于行风建设的总体要求和部署，以开展行风检查和民主评议行风等活动为载体，坚持标本兼治，纠建并举，突出重点，狠抓落实，行风建设呈现出逐年深入、健康发展、不断开拓进取的良好局面。

（一）统一部署，周密计划，稳步推进民政系统行风建设工作

1999年10月，“民政系统从源头预防和治理腐败工作研讨会”明确提出了要通过开展“规范窗口服务，创建文明行业”活动，进一步规范民政系统基层窗口单位行业作风。之后，驻民政部纪检组、监察局开始在相关内部刊物上刊发各地民政部门开展行风建设的一些做法和动态。2000年根据全国纠风工作会议提出的“谁主管谁负责”和“管行业必须管行风”的原则，民政部要求各级民政部门从与群众利益联系紧密、社会反映强烈以及容易产生不正之风的部位和环节入手，在全国民政基层窗口单位开展了自下而上的行风建设大检查，并于当年11月在南宁召开了全国民政系统基层窗口单位行风建设座谈会，对这次开展行风建设大检查的情况进行了总结，提出了深入开展民政基层窗口单位行风建设的五条指导性意见。在此基础上，印发《关于进一步加强民政基层窗口单位行风建设的通知》（民发〔2000〕259号），标志着民政基层窗口单位的行风建设工作全面启动。

为将行风建设引向深入，2001年，部里选择部分省区市的基层窗口单位开展行风评议工作试点。在总结经验的基础上，2002年，民政部印发《2002年全国民政系统基层窗口单位民主评议行风活动方案》（民发〔2002〕43号）。这个方案初步确定了11类民政基层单位的评议标准、评议内容、评议程序和评议方法。方案对各地评议工作起到了较好的指导作用。各地为贯彻这个方案，纷纷制订了相应的工作计划，在民政基层单位普遍开展了自查和检查。自此，全国民政基层单位的民主评议行风活动全面开展起来。当年年底在四川召开了民政基层窗口单位民主评议行风研讨会，初步总结了纠一评一建相互促进的经验，有力地推动了民政行风建设的深入开展。

2003年是民政基层单位行风建设取得重要进展的一年。这一年，驻部纪检组、监察局重点提出以行风评议为载体，着力解决群众反映的突出问题和损害群众利益的不正之风，进一步规范民主评议行风工作，并下发《关于进一步推进民政部门政务公开的意见》（民函〔2003〕184号），对市（地）以下民政机关和乡镇民政机构的政务公开、民政事业单位的办事公开，都提出了明确的要求。同年，在福建再一次召开了民主评议行风工作研讨会，研究分析了民政基层窗口单位开展民主评议行风活动的特点和规律，探讨了新形势下如何巩固评议成果和不断深化行风建设的思路。2004年，驻部纪检组、监察局结合新形势，将救助管理站纳入了评议范围，并列入当年评议的重点。同时，要求各地深入基层进行调查研究，认真分析总结五年来开展行风建设的经验，探索民政系统行风建设进一步深入开展的工作思路。

（二）因地制宜，锐意进取，民政行风建设工作始终保持不断深入的态势

五年来，各级民政部门按照民政工作发展的规律和民政服务对象的特点，坚持与时俱进、求真务实，不断把行风建设工作引向深入。

重视程度不断提高，工作力度不断加大。按照“谁主管谁负责”和“管行业必须管行风”的原则，民政部从2000年以来，连续5年将行风建设任务列入党风廉政建设工作要点。各地也都将行风建设作为“一把手工程”，不断强化领导。各地按照民政部和当地党委政府的统一部署，不断提高对行风建设重要性的认识，把这项工作作为一项全局性、基础性的工作来抓，持续加大对行风建设的领导力度和支持力度。在组织领导上，各级民政部门普遍成立了由一把手任组长的行风建设领导小组，做到了“领导分工到位、组织建设到位、人员工作到位、创建措施到位、经费保障到位”，初步形成了以“主要领导负总责，分管领导直接抓，纪检监察组织协调，业务部门具体负责，条块紧密结合，

基层单位认真落实"的富有活力的工作运行机制，并层层建立行风建设责任制，以这个总的制度来保障和推动行风建设工作落到实处。

工作范围不断拓展，工作重心不断深化。五年来，在工作范围上，民政行风建设的广度和深度不断拓展。目前民政行风建设覆盖了所有民政基层单位，几乎涵盖了各项民政业务工作。经过加强民政基层单位的行风建设，现在又推动机关的作风建设向新的高度迈进，形成了"机关带基层，基层促机关"的良性互动。在工作重心上，从"以纠为主"逐渐转向"标本兼治、纠建并举、综合治理"。评－纠－建相互促进的长效机制初步形成。

工作思路不断创新，工作手段不断规范。在工作思路上，各地结合自身实际情况，勇于探索，积极创新，提出了自己的创建主题，实现了从被动应付向主动探索的转变，形成了各具特色的工作格局。思路越来越清晰，措施越来越得力。在工作手段上，实现了从传统的经验型向科学化、现代化、规范化的转变。从一开始仅仅宏观地布置任务、提要求，到制订标准，量化考核，各地根据民政部制订的行风评议标准，进行了细化分解，制订了评议细则，形成了比较完备的工作绩效评议和评价体系。

工作方法科学有序，工作方式灵活多样。各地普遍采取"先试点，后推开"的做法，分类指导，突出重点，以点带面，整体推进。在工作方式上，各地既重视抓好规划、计划和工作方案的制订，又沉下身子深入基层，具体指导，把行风建设落实到各项具体的业务工作之中。

（三）真心实意，为民服务，民政系统行风建设工作成效得到群众肯定

经过五年来全国各级民政部门的共同努力，民政系统行风建设取得了阶段性成果。

民政队伍素质进一步提高。民政干部队伍科学执政、民主执政、依法执政的能力不断提高，群众观念和公仆意识明显增强，爱民、为民、便民、利民的思想深入人心，切实地承担起了"更好地为广大人民群众服务，为最需要帮助的困难群众服务，为改革发展稳定的大局服务"的工作职能。"以民为本，为民解困"为宗旨的民政职业道德正在形成。以周国知为代表的一大批先进典型不断涌现。

民政行业作风明显好转。服务态度明显改善，过去一些单位存在的"门难进、脸难看、事难办"的现象以及"吃拿卡要"等不正之风得到有效纠正和遏制，依法行政、文明执法，想群众之所想、急群众之所急、办群众之所需的主动性和自觉性明显增强。办事手续更加简化，"一站式服务"、"一条龙办公"逐渐推开。办事程序更加透明，政务公开、事务公开不断深化，群众的知情权、参与权和监督权得到较好落实。办事效率明显提高，"首问负责制"、"限时办结制"等普遍推行，效能建设被提上重要议事日程，推诿拖拉现象大为减少。

民政工作得到全面促进。一批群众关心的热点、难点问题得到了较好解决。各地把行风建设的要求贯穿在各项业务工作中，以人民是否满意为根本标准，发现问题、查找差距，从一点一滴做起，从一丝一毫改起，民政各项业务制度化、规范化管理水平得到提高，基础设施建设有了长足的进步，工作理念、工作方法、工作方式和工作机制不断创新，有力推动了民政事业的改革与发展。

人民群众对民政工作的满意度不断提高。根据我们平时掌握的情况，许多省、自治区、直辖市在当地组织的行风评议和表彰中获得优异的成绩，人民群众对民政系统行风的满意和基本满意率普遍在90%以上，上海市已经连续三年在全市政风行风测评中名列第一，河南、湖北、山东、河北、吉林、青海、新疆、四川、黑龙江等省区市连续数年受到当地党委政府的表彰。各地党委政府对民政工作的重视和支持程度明显加大，社会关注和参与程度明显增强。"党委政府信任，人民群众信赖，社会上有威信，单位内有自信"的民政新形象正在逐步树立。

二、五年来民政行风建设工作的主要做法和基本经验

五年来，各级民政部门结合本地实际，大胆进行观念创新、制度创新，在开展民政基层

单位行风建设工作的过程中，创造了许多行之有效的做法，积累了许多宝贵的经验。

(一)内强素质，建设一支经得起考验的民政队伍

开展行风建设，建设一支思想素质高、道德品质好、工作作风实的干部职工队伍至关重要。没有一支思想好、作风正的民政干部职工队伍，就不可能建设好的民政行风。

各地在开展行风建设中，以人为本，教育先行，通过丰富多样的各种活动，把思想教育工作贯穿于行风建设工作始终。以邓小平理论和“三个代表”重要思想武装全体民政干部职工头脑，引导大家牢记“全心全意为人民服务”的根本宗旨，牢固树立“立党为公、执政为民”的理念，树立正确的世界观、人生观和价值观，树立科学的发展观和正确的政绩观，真正做到“权为民所用、情为民所系、利为民所谋”。天津市民政局对干部职工进行树立“五种意识”的教育，即宗旨意识、责任意识、服务意识、奉献意识和法纪意识。山东省厅筛选12个党风廉政先进单位和个人的先进事迹，编印成册，发给系统内每个干部职工学习。

在加强政治素质教育的同时，各地还十分重视干部职工的业务素质的培养。上海市民政第一精神病院注重开展适岗培训，有针对性地为每个职工制定培训计划和培养目标，使职工树立“工作学习化，学习工作化”和“终身学习”的理念。

(二)条块结合，营造上下联动的良好格局

行风建设中大量的工作是在“块块”所领导的基层，但民政行业的特点又是共同的。各地坚持把行业特点、系统特色与地方实际、中心工作紧密结合，不断加强系统上下的紧密联系，不断加强与各兄弟单位的密切沟通，既服从于本地党风、政风、行风建设的总体规划，又服从于上级民政部门行风建设的总体部署，相互借鉴，相互补充，形成合力，整体推进。以“三个文明”建设促进民政基层单位行业作风建设水平的提高，以行风建设水平的提高促进“三个文明”建设的发展。从我们掌握的情况看，凡是列入地方政府民主评议行风重点或者总体规划的地方，工作成效都比较突出。

各地民政部门在行风建设工作中，一是注意及时向当地党委政府、纠风办(行风办、文明办)汇报我们的工作思路和工作措施，提出所要解决的突出问题和阶段性目标，争取他们的重视和支持。民政部在近两年对部分省、自治区、直辖市行风评议情况检查时，都邀请国务院纠风办派员参加指导。山西省2004年开展行风评议宣传咨询活动时，省委、省政府、省人大、省政协、省纪委领导亲临现场指导，直接为群众答疑解惑。四川省2003年至2004年对民政基层窗口单位进行行政执法大检查时，以省政府名义发文，并组成有省政府法制办、监察厅、财政厅等单位参加的检查组对全省进行了普查。新疆自治区主要领导与民政厅领导签订“纠风责任书”，明确了民政部门四项专项治理目标，民政厅又与各地州签订目标责任书，目标完成情况向当地党委政府通报，极大地强化了各级民政部门的责任意识。二是紧密配合当地党委政府抓行风建设的重点工作，结合民政工作实际，提出贯彻意见。各地对民政部门行风建设也极为重视，民政部门行风建设在当地文明行业创建活动中的地位和作用越来越重要、越来越明显。据统计，已经有27个省、自治区、直辖市的民政部门或民政基层单位被纳入了地方民主评议范围，还有的被纳入当地“三个文明”建设总体规划，有的被列入当地文明创建、行风评议的重点工作，有的被列入政府为百姓办实事的内容，解决了“看得见管不了、管得了看不见”的问题。三是加强了对下级民政部门的指导力度。各地通过下发文件布置任务、召开会议总结交流、检查评议、督促落实等方式，贯彻落实上级部署。许多地方都建立了行风建设或行风评议工作信息通报制度，宣传政策、介绍经验，较好地指导了下级民政部门行风建设工作的开展。

(三)健全机制，形成齐抓共管的强大合力

坚强的领导机制和健全的工作机制是行风建设的有力保证。各地普遍建立了“四纳入”运行机制，即把行风建设纳入领导班子重要议事日程，纳入班子建设和队伍建设重要内

容，纳入精神文明建设总体规划，纳入全系统工作目标考核内容。各地成立了行风建设或行风评议领导组织，研究制订了工作规则。有的还配备了专职人员，在经费上予以保障。

福建漳平市民政局把所属乡镇、街道划分为南北两片，局长、书记各包一片，其他副职每人负责联系1个下属单位、4个乡镇民政办。重庆市涪陵区、渝北区等民政局将行风建设工作作为“一把手工程”和“一级目标”，实行一票否决制，各区行风建设领导小组制订了办公室工作职责，并足额预算工作经费。各地还通过行风建设责任制等方式，将行风建设任务分解到各个业务主管部门。贵州安顺市民政局实行“下去一把抓，回来再分家”，机关科室到基层调研、检查工作时，都将行风建设与业务工作糅合在一起。内蒙古呼伦贝尔市民政局各科室都制订了行风建设责任制度，每个季度都要对行风建设情况进行一次回顾检查，调动了业务部门抓行风建设的积极性和主动性。

（四）纠建并举，构建标本兼治的长效机制

对行风建设中发现的问题认真加以整改，并通过整改建章立制，是建立行风建设长效机制的基础。各地不断抓住一个时期内矛盾相对突出、问题相对严重的行风建设工作重点，从群众最希望做的事情做起，从群众最不满意的事情改起，以评促纠，以纠促建，立足于建。

各地民政部门开展行风建设时，普遍注意从源头抓起，正本清源，从根本上杜绝行业不正之风的出现。山东省纠正婚姻登记搭车收费问题，清理废止了一批搭车收费文件，并在此基础上，实行婚姻登记县级民政部门集中办理，对部分偏远乡镇实行定期巡回登记，有的还到活动不便的申请人家中办理婚姻登记手续。广东省针对群众反映强烈的殡仪服务收费问题，实行最高限价制度，全省70%的殡仪馆降低了收费，最高降幅达34%，切实做到让利于民，减轻了丧户负担。各地还以行风整改为契机，努力建立和完善各项制度，切实提高民政业务水平。大连市先后出台民政地方立法、政府规章和政府规范性文件10多部，局机关各类规范性文件60余件、管理制度40多项，形成比较完备的民政管理制度体系，提升了民政规范管理水平。

（五）多管齐下，打造各方面力量共同参与的监督网络

有效的监督是民政系统行风建设工作体系中的重要一环。各地坚持人民群众满意不满意、答应不答应为最高评判标准，坚持和完善自我监督、纪检监察机关监督、舆论监督和社会力量监督的各项制度，不断拓宽监督渠道，多方面、多形式地搜集社会各界的意见和建议，形成立体化、全覆盖的监督网络。

各级民政部门通过各种方式，不断拓展监督广度和深度，使民政工作处于社会、群众、媒体的立体监督之中，保证了民政行风建设的正确方向。据对全国30个省、自治区、直辖市的统计，截止到目前，全国各级民政系统聘请行风评议代表、行风监督员29万多名，开设行风热线4900多条，开通网上评议1600多个，设立行风意见投诉箱45000多个。河北省各级民政部门领导走进本级电台“阳光热线”直播间，现场解答咨询，受理投诉，帮助解决群众困难。辽宁省民政厅实行机关公务员建立基层联系点制度，在村和社区选择了120户群众作为固定的联系户，重点收集对民政工作的意见和建议。海南省在民政网站上开辟“公共服务评论专页”，搜集群众意见。

（六）不断进取，拓展行风建设的新领域

行风建设是一个动态的、发展的过程。各地适应时代发展和新形势新任务的要求，以提高构建社会主义和谐社会能力为重点，实现理论创新、制度创新，用发展的观点来推动民政行风建设，结合自身实际创造性地开展工作，研究新情况、实施新举措、解决新问题，不断开拓民政行风建设工作的新局面。

南京市民政局“自出题目、自做文章、自加压力，自讨苦吃”，行风建设工作一年一个主题，一年一个台阶，不断推进。安徽省淮北市每年确定一个创建主题，从形象树立到基础建设、从提高管理到推进业务、从巩固发展到创新突破，每年突

出一个重点，狠抓一个方面，推进了行风建设稳步发展。许多地方还根据当地实际，拓展行风评议面，把凡是涉及群众切身利益、与老百姓直接打交道的单位，都列入了行风评议的范围。北京市民政局深入探讨民政文化建设课题，确定了开展民政文化研究的七个重点，并广泛开展调研活动，形成了一批有深度、有价值的成果。

总结上述做法，有以下几条基本经验：

必须坚持宗旨，以坚实的思想基础来指导行风建设的健康开展。“以人为本，为民解困”是民政工作的宗旨。民政行风建设，必须要把群众呼声作为第一信号，把为民解困作为第一要事，把群众满意作为第一标准。只有这样，才能维护好人民群众的民主权利和物质利益，保证民政行风建设的正确方向。

必须服务大局，以整体的工作局面来保证行风建设的统筹开展。要围绕发展这个执政兴国第一要务，自觉适应完善社会主义市场经济体系的需要，自觉适应经济社会全面、协调和可持续发展的需要，将民政行风建设纳入到“三个文明”建设的总体框架中，“围绕大局，服务中心”，思想跟得上，工作贴得紧。

必须强化领导，以健全的组织机制来保障行风建设的持久开展。行风建设是一项经常性、长远性的工作，不建立起坚强的领导机制和健全的工作机制，行风建设就搞不好，即使一时取得一些成绩，好的工作局面也难以长期保持。所以在组织结构的层面上加以规范和健全，是建立行风建设长效机制的关键所在。

必须求真务实、注重整改，以实际的效果来促进行风建设的深入开展。民政行风建设，最忌形式主义、形象工程。既要高标准、严要求，又要实事求是，脚踏实地。要树立科学发展观、正确的政绩观和牢固的群众观，坚持一切从实际出发，一切从人民利益出发，一切按科学规律办事，一切按勤俭节约原则办事，从解决群众最关心的问题入手，从点点滴滴做起，认真落实“群众利益无小事”的思想，认真纠正存在的影响群众利益的问题，以老百姓看得见摸得着的实际成绩取信于民。

必须突出民主，以积极的群众参与来实现行风建设的广泛开展。民主建行风，是行风建设的本质要求。要最广泛、最充分调动一切积极因素，集中各方面智慧、整合各方面力量，群策群力，共同参与到民政行风建设中来。

必须加强监督检查，以健全的工作机制来规范行风建设的有序开展。要坚持上下联动、条块结合的工作机制，坚持自下而上的自查自纠、自上而下的监督检查机制，年初有部署、年终有总结，不断地提高行风建设工作水平。

必须与时俱进，以开拓的工作思路来推动行风建设的创新开展。要把行风建设放在推进改革的整体进程中去把握。一方面要为顺利推行各项改革服务，另外一方面要紧密依托各项改革措施的实施，认真研究如何从改革体制机制、创新制度入手，推动行风建设向深层次发展。要结合自身实际，创造性地开展工作，不断研究解决新情况新问题，不断探索和创造新鲜经验，始终保持行风建设的创造力和生命力。同时，要善于运用各种现代化工作手段，提高工作的科技含量，更好地为行风建设服务。

必须选准载体，以丰富的工作内容来保障行风建设的扎实开展。要将行风建设的任务，结合本地经济社会文化发展状况，通过基础设施建设、制度建设、队伍建设等形式，利用评比表彰、民主评议等载体，分解细化成实实在在的目标，将行风这个意识形态上的概念，落实在具体的工作和行动上。

以上做法和经验，是全国各级民政部门共同努力的结晶，在今后的工作中，要不断坚持并不断丰富和完善。

五年来，民政系统行风建设工作在各级党委、政府以及各级民政部门党组的领导下，取得了显著的成绩。总体上，在各级党和政府组织的各类行风建设评比中，民政部门都取得了较好的名次。但是行风建设工作具有长期性、复杂性、反复性的特点，绝不能掉以轻心，麻痹大意，要清醒地认识到民政系统行风建设工作中存在的不足和差距。如一些地方领导对行风建设工作重要性认识不深，对这一工作重视不够，指导不力；有的地方紧一阵松一阵，没有把行风建设作为一项日常工作和长期任务来抓，“经常性工作突击做”的现象在一些地方还存在；有些地方行风建设重形式、轻内容，满足于表面文章；个别地方行业不正之风甚至纠而复发、反复不止。我们要把握新时期新形势对民政系统行风建设提出的新要求，认真贯彻落实党中央、国务院、中央纪委和各级党委、政府制定的政策和部署，进一步增强行风建设的责任感和紧迫感，树立常抓不懈的思想，加大工作力度，将民政系统行风建设提高到一个新的水平。

三、当前和今后一个时期行风建设工作的指导思想和意见

当前和今后一个时期，民政系统行风建设的指导思想是：以邓小平理论和“三个代表”重要思想为指导，深入贯彻落实党的十六大和十六届四中全会精神，围绕加强党的执政能力建设这一战略性课题，按照“为人民服务，树行业新风”的目标，将行风建设与民政业务相结合，实现行风建设与民政业务的良性互动，以科学化、规范化、标准化为目标，逐步完善与社会主义市场经济体制相适应的教育、制度、监督并重的民政系统行风建设工作体系，推动民政行风建设持久深入地开展，为建设社会主义和谐社会作出贡献。

具体工作意见是：

（一）加强制度建设，构建行业规范体系

制度建设在行风建设中，是一个带有根本性、全局性、稳定性和长期性的重要方面，同时它又是行风建设促进业务建设的最有效的着力点。要根据行风建设的统一原则和要求，结合每一类单位的实际特点，逐步建立起宏观和微观有机结合，既有强制性行业规范，又有指导性行业规范，层次分明、功能齐全、缜密周到、机制完善、协调发展的分类、分层级的行业规范体系。通过各项制度的共同作用，形成有效的约束、竞争、激励、监督机制，实现行风建设与业务建设的紧密结合。

在制度建设中，需要把握以下五个原则：群众性的原则，就是制订制度时，要贯彻“民本位”的理念，反映人民群众的需求。实践性的原则，就是要使建立的各项制度便利、管用、行得通、易操作、重实效。权威性的原则，就是要求制度必须具有“刚性”。连续性的原则，就是要在继承时注意创新，在创新中注意发展。严谨性的原则，就是制度必须完整、系统、具体、准确。当前重点抓好以下五个方面的制度建设：

一要制订行业基本规范。要督促业务主管部门针对各类单位的不同特点，制定出民政各类行业基本规范。这是各类制度中最基础的规范。各地可以根据自身实际情况，制订与之相配套的实施意见或者实施细则。

二要完善岗位职责和工作流程。要结合工作性质，根据各类单位、不同岗位的不同情况，科学界定岗位职责、设定工作流程。切实做到每一个岗位、每一道工序、每一个工作流程都有针对性和操作性比较强的制度规范，用制度来管事，用制度来规范行为。有条件引进国际质量认证体系和管理认证体系的要积极引进。

三要建立纠错和责任追究制度。党的十六届四中全会《决定》指出：“要建立决策失误责任追究机制，健全纠错改正机制”。建立责任政府的总体要求之一，就是有错必纠、失责必究。要根据依法行政的目标，深入贯彻《行政许可法》、《行政复议法》、《行政诉讼法》，按照党风廉政建设责任制和行风建设责任制的要求，在完善重大问题集体决策制度、专家咨询制度、社会公示和社会听证制度的同时，构建起过错纠正和责任追究制度。畅通群众投诉和申诉渠道，认真受理、分析群众意见，属于工作失误的，要坚决纠正，对有关责任人，要坚决追究责任，以增强干部职工的责任心，用实际行动来取信于民。

四要健全监督制度。要在制度的层面上对公共权力的实施和公共服务的提供进行全方位的监督。

在监督主体上，要体现全方位的原则，努力建立起以职能部门监督为基础、以社会舆论监督和群众监督为重要内容、以自我监督为辅助的完整的行风建设监督体系。要重视和支持广播、电视、报刊、互联网等新闻媒体的监督，把握正确导向，注重舆论监督的社会效果。

在监督方式上，要体现系统化的原则，要针对不正之风易于滋生的重点领域、重点部位和重点环节，加强内部监督，完善权力运行机制。要加强监督检查工作的制度化建设，要在监督检查的机制、程序、方式等方面建章立制，有针对性地解决监督工作中存在的程序不明确、方式不规范、监督力度不到位等突出问题，在增强监督实效上下功夫。

在监督方法上，要体现透明化的原则。要全面推行服务承诺、办事公开、收费公示、行风建设特邀监督员等制度，完善信访举报制度。对有令不行、有禁不止以及顶风违纪的典型案件要公开曝光，以起到震慑、警示作用。要定期不定期开展明察暗访工作，发现违纪违法问题及时指出。能够解决的问题立即解决，能够纠正的问题立即纠正。

（二）改进和创新评议方法，继续深入开展好民主评议行风工作

民主评议行风工作是行风建设的关键环节，为行风建设提供了“指示标的”和“前进方向”。它提高了民政工作社会开放度、透明度、参与度，是使社会各种力量直接作用于民政系统作风建设的最有效的载体，有助于广大群众更好地了解、监督和参与民政工作。

一要继续完善评议内容。在评议内容上，既要注意内容的全面性，更要注意内容的针对性。凡是群众关心关注、事关群众切身利益的工作，如社区服务、福利彩票、城乡低保工作等，都要纳入评议的范围。要以和人民群众密切联系的部门为主要对象，以解决人民群众反映强烈的问题为重点，适时开展民主评议活动，每年要确定2－3类民政基层窗口单位作为重点评议抽查对象。

二要继续规范评议程序。评议标准要细化、明确化、科学化。各地要以民政部颁布的评议标准为基础，考虑不同地域、不同人群的价值取向，制订具体的实施细则和考核办法。在征求群众意见时，应将标准的核心放在群众是否满意上；在征求上级主管部门和单位内部职工意见时，应相应增加有关班子建设、内部管理的内容。

评议主体要多元化。要把评议主体扩大到上级领导机关、同级党政机关、人大、政协、专门监督部门、新闻媒体、本单位本行业内部职工、管理服务对象。任何关心民政事业健康发展的个人和组织都应该成为民政行风建设的评议主体。

评议环节要程序化、规范化。要把民主评议行风作为一项经常性、日常性的工作，坚持“未评先改、边评边改、以评促建、纠建并举”原则，按照准备、自查自评自纠、评议、纠建整改等四个阶段稳步推进民主评议行风工作。

评议过程要公开化。要结合政（事）务公开的要求，公开评议的内容、程序、要求和结果。进行评议前，要进行广泛的宣传发动，在评议中，要使每个环节都公开、透明，便于监督。

三要努力扩大社会和群众参与程度。社会和群众参与度是衡量民主评议行风工作是否成功的一个重要标志。在评议的准备阶段，要尽可能地利用各种宣传方式扩大社会影响，营造良好的舆论氛围。在评议阶段，要采取各种措施吸引尽可能多的群众参与进来。在整改或者总结阶段，评议结果必须通过新闻媒体或其他形式向社会公开，群众在评议中提出的意见建议，必须通过适当形式向群众反馈整改结果。

四要充分运用评议结果。要将民主评议行风的结果作为衡量单位工作好坏、领导绩效优劣的重要尺度，把行风建设考核、评议结果与表彰、业绩考核和领导干部的使用、奖惩结合起来。对名列前茅的单位给予奖励；对排名处于末位的单位要取消其评优资格，必要时对其主要负责人进行诫勉谈话。要重视评议结果的导向功能，对于评议中反映出的带有普遍性的问题，不能仅仅满足于纠正，而要深入分析其中深层次的原因，切实改变屡纠屡犯的现象。

五要综合运用多种形式。要根据不同门类基层单位的特点，灵活选择评议形式。在具体方法上，要注意固定形式与随机形式相结合，既要设立固定的监督电话、举报箱，也要有

流动意见箱、发放调查表、随机走访等形式；注意被动形式与主动形式相结合，既要注重来信来访，也要主动邀请、上门评议；注意集中形式与分散形式相结合，既要开展普遍覆盖的综合性评议，也要针对某一个或几个问题进行专题评议；注意静态形式与动态形式相结合，既要查资料、看记录，也要现场检查、随机抽查；注意群众形式与专业形式相结合，既要征求社会各界意见，也要聘请专家学者进行评议。同时，还要注意汲取现代化的信息技术，充分利用行风热线、新闻媒体等平台，有条件的地方还可以利用网络平台、手机短信平台等，以广泛收集信息，使我们的评议从平面化走向多维化、立体化。

（三）注重自查自纠，切实解决有碍群众利益实现和发展的突出问题

温家宝总理在国务院第二次廉政工作会议上指出："贯彻三个代表重要思想，维护人民群众的根本利益，最直接最现实的就是要从关心和解决涉及人民群众切身利益的问题做起"，这是建设人民满意政府的必然要求。行风建设要以人民群众满意不满意为最高准则，而人民群众是否满意，关键在于是否通过行风建设，解决了有碍群众利益实现和发展的突出问题。自查自纠，体现了实事求是的精神，敢于负责的精神，诚实守信的精神。所以从某种程度上来说，自查自纠比"他查他纠"的效果更持久，社会反响更好，公信度更高。因此，各地要高度重视自查自纠工作。

一是要尽快解决群众反映强烈、社会反响大的热点问题。如个别地方殡葬行业违规收费问题、救灾救济中虚报冒领的问题、城乡低保中优亲厚友的问题等，必须尽快解决，取信于民。对群众投诉频繁、意见集中的单位和问题，要及时组织力量调查研究，认真制订整改措施。二是要着力解决在一些领域存在的纠而复发、反复不止的痼疾问题。如婚姻登记搭车收费问题，要采取得力措施，建立完善机制予以彻底解决。三是要深入解决影响事业发展的一些深层次的难点问题。对这类问题，必须以改革的精神深入研究，加以解决。如社会福利社会化对传统的民政服务业所带来的职能转变、竞争加剧等冲击和挑战，要在坚持改革的前提下，逐步稳妥地予以解决。四是要注重解决不善宣传、不善办事、不善沟通的问题。

（四）深入调查、科学分析，提高用理论指导实践的能力

"没有革命的理论，就没有革命的行动"。行风建设是项系统工程，要求我们必须用科学的态度、科学的方法去完成，这是行风建设不走弯路，取得较好成绩的重要保证。要按照"建立健全与社会主义市场经济体制相适应的教育、制度、监督并重的惩治和预防腐败体系"的要求，对行风建设中的问题进行不断总结探索，注重理论研究，找出其中的共性的东西，用理论创新来推动制度创新、工作创新。一要深入调查研究。要深入基层、深入群众，尽可能全面、客观地掌握第一手资料，认真思考，深入分析，从中抽出带规律性的东西，从而理清发展的思路，这是开拓创新的基础。二要善于总结。要在深入调查研究的基础上，将工作的好经验好做法及时上升为工作制度和工作规范，这实际上就是制度创新。三要善于探索，加强对行风建设的前瞻性研究。事物的发展是有其客观规律性的。我们在工作中，要通过对这些规律的研究，预测行风建设可能面临的新形势、新挑战，增强预见性，这样才能未雨绸缪，提高工作的主动性。

（五）切实履行职能，民政纪检监察机构要充分发挥在行风建设中的作用

行风建设是党风廉政建设不可缺少的重要组成部分，因此，各级民政纪检监察机构要切实履行《党章》和《行政监察法》赋予的神圣职责，充分发挥在行风建设中的职能作用。一是要切实担负起协助驻在单位党委（党组）抓好行风建设工作的责任，当好党委（党组）决策的参谋。纪检组长（书记）要关注行风建设工作，花更多的时间和精力研究推进行风建设工作。二是加强对行风建设工作的组织协调。一方面，要把上级主管部门的统一部署和当地的工作重心有机地结合起来。另一方面，要通过计划、规划、

督促等措施，整合各业务部门的力量，投入到行风建设中，发挥最佳整体效能。要通过明确组织协调内容、建立组织协调机构、实行联席会议制度、制订考核评价体系等方式，实现组织协调的规范性。要通过对资源共享、信息交流、情况互通、调查研究等建立起程序化规定，实现组织协调的科学性。要通过对有关部门配合不积极或者工作不主动甚至失职行为的制约和查处，实现组织协调的强制性。这样才能不断丰富组织协调的科学内涵。三是要加大对有碍民政行风建设的案件查办力度，充分发挥职能监督的作用。对来信来访中涉及行风方面的问题，要优先查处，做到快查快结，查处结果要向社会公布。加大对借公务之便以权谋私、失职、渎职案件的查处力度。署名信访的，要按照有关规定限时办结并及时反馈查办结果。要加大对转办件的督办力度，不能一转了事，切实做到事事有结果，件件有着落。要灵活运用纪律处分和组织处理两种手段，充分发挥查办案件的整体效能。四是要努力提高民政纪检监察干部自身素质。各级民政纪检监察干部要强化责任意识。面对党风廉政建设和反腐败斗争在新形势下出现的新情况、新问题和新要求，面对工作中存在的差距与不足，做到忧而发奋，奋而有为；要强化职业意识。树立崇高的责任感和使命感，努力做一名党组织放心、人民群众满意的优秀纪检干部；要强化创新意识。不断学习新知识，探索新方法，研究新情况，解决新问题，尤其是要加强对民政业务知识的学习；要强化竞争意识。大力营造“比工作、讲奉献”的争优创先氛围，争创一流业绩。五是要积极开展效能监察。在继续坚持开展廉政监察的同时，要积极开展效能监察。廉政体现公正的要求，效能则体现效率的要求，二者要齐头并进。既要解决“越位”、“错位”的问题，也要解决“失位”和“不到位”的问题。在这方面，陕西、浙江、福建、青海民政厅已经作了一些有益的探索，要加以总结推广。六是在纪检监察体制改革中，保持思想不散，工作不断。行风建设始终是民政纪检监察工作的重要方面，随着纪检监察体制改革的深入必将不断加强。各级民政纪检监察机构要把握大局，深化认识，紧紧围绕着民政业务的中心工作，出实招、办实事、求实效，不断推动民政行风建设持久深入开展。

同志们，新世纪新阶段，党的十六届四中全会提出了加强党的执政能力建设这一战略性课题。这对民政系统行风建设工作提出了新的更高的要求。各级民政纪检监察部门要开拓进取、扎实工作，努力在民政行风建设工作中，做出新成绩，取得新成效，为社会主义和谐社会的构建做出新的更大贡献！

2004 年民政工作重要会议和重要活动

【全国拥军优属拥政爱民工作会议】 全国双拥工作领导小组、民政部、总政治部 1 月 8 日至 9 日在北京召开全国拥军优属拥政爱民工作会议。9 日上午，中共中央政治局常委、国务院总理温家宝出席在人民大会堂举行的命名表彰大会，亲切会见了与会代表，并代表党中央、国务院、中央军委在命名表彰大会上作了重要讲话。他指出，拥军优属、拥政爱民，是中国共产党领导下我国亿万军民的伟大创造，是我党我军我国人民的优良传统和特有的政治优势。当前和今后一个时期，双拥工作要重点抓好以下几个方面：第一，要以“三个代表”重要思想统领双拥工作，始终坚持双拥工作的正确方向。第二，紧紧围绕发展这个党执政兴国的第一要务开展双拥工作。坚持围绕发展抓双拥、抓好双拥促发展。人民解放军要坚定不移地贯彻服从国家建设大局的方针，积极支援经济建设。各级党委、政府要牢固树立国防建设与经济建设协调发展的思想，把关心支持国防和军队建设作为义不容辞的政治责任。第三，立足于实现、维护和发展好广大军民的根本利益开展双拥工作，进一步密切军政军民的血肉联系。第四，要以与时俱进的精神开展双拥工作，推动双拥工作不断发展创新。温家宝指出，开展创建双拥模范城（县）和军民共建活动，是加强军政军民团结的重要途径。要深入开展这项活动，各级党委、政府和部队领导机关，要切实加强领导，把双拥工作纳入经济社会发展和部队建设的总体规划，摆上重要议事日程。

1月8日上午，中共中央政治局委员、国务院副总理、全国双拥工作领导小组组长回良玉在全国双拥工作会议上作了工作报告。他指出，当前和今后一个时期，双拥工作要以邓小平理论和“三个代表”重要思想为指导，全面贯彻十六大精神，紧紧围绕全面建设小康社会，以增强经济实力、国防实力和民族凝聚力为目标，以促进经济发展、维护社会稳定、推进军队现代化建设为重点，完善政策法规体系，创新群众性活动方式，建立协调顺畅的运行机制，落实好各项任务，巩固和发展军政军民团结，为国家改革发展稳定和军队现代化建设提供可靠有力的保障。要进一步加强组织领导，加大协调力度，保证双拥工作持续深入发展。

李学举部长在大会上宣读了表彰309个全国双拥模范城（县），206个爱国拥军、拥政爱民模范单位和99名爱国拥军、拥政爱民模范的决定。温家宝、回良玉、刘云山、郭伯雄、徐才厚、顾秀莲、郝建秀等领导同志向被命名表彰的全国双拥模范城（县）、双拥模范单位和个人颁奖。罗平飞副部长主持召开了预备会议，全国双拥工作领导小组全体成员，解放军四总部和各大单位、武警部队领导，各省区市双拥工作领导小组负责同志，全国双拥模范城（县）代表、双拥模范单位和个人代表，以及首都军民3000多人参加了大会。优抚安置局局长孙绍骋、副局长董华中参加了会议。

【全国民政厅局长会议】 1月5日至6日，民政部在北京召开了全国民政厅（局）长会议。会议全面总结了2003年的民政工作，认真分析了当前民政工作面临的形势，明确了今年的工作任务。国务院领导对此次会议给予了高度重视，中共中央政治局委员、国务院副总理回良玉同志亲自审阅了李学举部长在会议上的讲话，并做出重要批示：赞同学举同志的讲话稿。2003年的民政工作在问题、难点很多的情况下，取得了很大成绩，特别是在抗灾救灾，落实城市低保，保障城乡困难群众基本生活，贯彻执行《城市生活无着的流浪乞讨人员救助管理办法》和《婚姻登记条例》等方面，作了大量艰苦细致的工作，为改革发展稳定的大局做出了积极贡献。在此，向全国民政系统的广大干部职工表示真挚的感谢并致以新春良好的祝愿！2004年的民政工作任务更重，要求更高。希望各级民政部门继续坚持以民为本、为民解困的宗旨，发扬开拓创新、与时俱进的精神，弘扬脚踏实地、求真务实的作风，把各项民政工作提高到新水平。

在会上，李学举部长作了题为“以民为本，为民解困，推进民政工作全面协调发展”的工作报告。杨衍银副部长作总结讲话。浙江、吉林、湖北、江苏、云南、上海、山东等7省市分别介绍了完善社会救助制度等方面的经验；通报表彰了全国民政信访工作和民政政务信息工作的先进集体和个人；邀请国务院法制办秘书行政司（研究司）副司长李岳德作了《中华人民共和国行政许可法》专题报告，与会代表进行了分组讨论，副部长李立国结合个人体会作了发言。副部长李宝库、罗平飞、姜力、陈杰昌，党组成员、纪检组长张印忠，党组成员、民间组织管理局局长李本公出席会议，全国各省区市民政厅(局)长、办公室主任，各计划单列市和新疆生产建设兵团民政局长，以及民政部各司局、各直属单位主要负责人参加了会议。

【全国老龄工作委员会第六次全体会议】 1月12日，全国老龄工作委员会第六次全体会议在京召开。国务院副总理、全国老龄工作委员会主任回良玉出席会议并讲话。他强调，各地区、各有关部门要以邓小平理论和“三个代表”重要思想为指导，突出重点，狠抓落实，努力开创老龄工作新局面。2004年乃至今后一个时期，要重点抓好以下几项工作：一是认真解决关系老年人切身利益的实际问题，特别是老年人生活、医疗、赡养等突出问题，大力发展老年福利事业，落实老年人优待政策。切实维护老年人合法权益。二是把老龄工作的重点放在基层社区和农村，扎扎实实地为老年人办实事、办好事。三是健全和完善老龄工作法规、政策，努力构建养老社会保障政策体系。制定老龄产业政策，大力扶持老龄产业发展。四是深入实际，调查研究，尊重群众的首创精神，总结基层的成功经验，创造性地开展老龄工作。回良玉要求，各地区、各有关部门要加强对老龄工作的领导，切实加强老龄机构建设，加大老龄事业经费投入。全国老龄委成员单位要各司其职，密切协作。全国老龄委办公室要发挥综合协调、督促检查和参谋助手作用。受回良玉副总理委托，李学举部长在会上作了工作报告，李宝库副部长代表民政部发言。

【学习贯彻“三个代表”重要思想 切实解决人民群众切身利益情况汇报会】 1月12日至13日，以中央直属机关工委副书记何虎林为组长的中央督查组一行9人来民政部对贯彻“三个代表”重要思想切实解决人民群众切身利益有关情况进行督查。12日上午，部党组副书记、副部长杨衍银代表部党组就学习贯彻“三个代表”重要思想和解决人民群众切身利益问题作了专题汇报。副部长李宝库、陈杰昌，党组成员、民间组织管理局局长李本公参加了汇报会。部党组书记、部长李学举，副部长李宝库，党组成员、民间管理局局长李本公以及部分离退休干部和督察组进行了个别谈话。中央督查组督查期间，在部分别召开了局级、处级和青年干部座谈会，并深入中国福利彩票发行管理中心和中国社会出版社了解有关情况。通过两天的调查，中央督查组对我部学习贯彻和解决困难群众切身利益情况表示满意。

【全国福利彩票工作会议】 2月2日，全国福利彩票工作会议在京召开。会议总结了去年全国福利彩票工作，对今年工作进行了安排和部署。李学举部长侧重于社会福利基金管理使用问题作了讲话。陈杰昌副部长就做好今年工作强调，要挖掘市场潜力，落实关键措施，圆满完成部党组确定的今年220亿元的发行任务。民政部原副部长、中国福利彩票中心顾问徐瑞新主持会议。中彩中心主任陈传书做了2003年福利彩票工作报告。青岛市、北京市朝阳区等单位的代表在会上作了发言。民政部办公厅主任窦玉沛、财政部综合司副司长孙燕，全国31个省、自治区、直辖市的民政厅(局)领导和福利彩票中心主任以及112个地市的民政局领导或福利彩票中心主任和特邀代表参加了会议。

【全国村务公开协调小组第二次联席会议】 2月11日，全国村务公开协调小组第二次联席会议在京召开。中央书记处书记、中央纪委副书记何勇出席会议并讲话。何勇要求，要以求真务实的精神和作风，认真解决村务公开、民主管理工作中存在的突出问题，切实维护农民群众的民主权利。他指出，要牢固树立大局意识，把村务公开、民主管理工作作为贯彻落实中央关于农业和农村工作的部署、解决“三农”问题的重要内容，切实抓紧抓好。对于中央出台的一系列解决“三农”问题的重要政策和措施，都必须坚持公开原则。要紧紧抓住农民群众普遍关心、涉及农民群众切身利益的重点、热点、难点问题，如实公开，经常公开。要加强对各地区工作的督促检查，狠抓落实。要动员广大农民群众积极参与，使村务公开、民主管理工作获得持久动力。会议对 2003 年村务公开、民主管理工作进行了总结，对 2004 年工作进行了研究部署。全国村务公开协调小组组长、民政部部长李学举主持会议，中纪委、中央组织部、中央农村工作领导小组办公室、财政部、农业部、司法部、国家人口和计划生育委员会等有关部门负责人参加了会议。陈杰昌副部长，纪检组长张印忠，基层政权和社区建设司司长张明亮，副司长詹成付参加会议。

【传达贯彻中纪委第三次全会精神大会】 2 月 10 日，民政部召开传达贯彻中纪委第三次全会精神大会。李学举部长在讲话中指出，要着眼民政部门和民政工作实际，把求真务实的精神贯彻落实到以民为本、为民解困的实践中去，始终把维护民利、解决民生、落实民权放在第一位。把群众利益作为第一目标，群众需要作为第一重点，关心群众疾苦作为第一责任，群众情绪作为第一信号，群众满意作为第一标准。各有关单位要按照中央的部署，抓好从源头上治理腐败的各项任务在民政业务工作中的贯彻落实。姜力副部长传达了胡锦涛同志在中纪委三次全会上的重要讲话，部党组成员、民间组织管理局局长李本公摘要传达了吴官正同志在中纪委三次全会上所作的工作报告，部党组成员、纪检组长张印忠宣读了《民政部 2004 年党风廉政建设工作要点》。陈杰昌副部长主持会议。部机关司局级干部，直属单位负责同志和纪检书记参加了会议。

【民政部 2003 年年度考核总结表彰暨领导班子思想政治建设会议】 2 月 13 日，民政部召开 2003 年年度考核总结表彰暨领导班子思想政治建设会议。李学举部长就完成今年民政工作任务对机关的要求作了讲话。杨衍银副部长总结了部直属机关 2003 年年度考核工作。罗平飞副部长宣读了部机关公务员和直属事业单位领导班子成员 2003 年年度考核优秀等次和受嘉奖人员名单和各司局、直属单位受中办、国办及有关部门表彰情况。优抚安置局、救灾救济司、中彩中心和社会出版社就领导班子思想政治建设情况交流了经验。李宝库副部长主持会议。李立国副部长，纪检组长张印忠，党组成员、民间组织管理局局长李本公及部机关全体公务员，直属单位中层以上干部，中国老龄协会副司局级以上干部，部业务主管社团秘书长参加了会议。

【民政部直属机关 2004 年共青团工作会议】 2 月 13 日，民政部召开直属机关共青团工作会议，总结去年的工作，安排 2004 年的工作任务。会上，向受到共青团中央和中央国家机关团工委表彰的 11 名团员青年和 3 个青年集体颁发了证书和奖牌。部党组副书记、副部长、直属机关党委书记杨衍银从加强理论武装、全面提高素质、投身实践锻炼三个方面，对青年干部提出了希望。共青团中央常委、中央国家机关团工委书记朱学庆出席会议。直属机关党委副书记、人事教育司司长孙建春，直属机关党委副书记、人事教育司副司长米勇生，直属机关党委副书记、人事教育司副司长包丰宇，人事教育司助理巡视员、妇工委主任濮洁和部直属机关青年团员参加了会议。

【传达贯彻国务院第二次廉政工作会议精神会议】 2 月 19 日下午，民政部党组副书记、副部长杨衍银主持召开传达贯彻国务院第二次廉政工作会议精神会议。党组成员、纪检组组长张印忠传达了温家宝总理在国务院第二次廉政工作会议上的重要讲话。部党组要求，各单位要认真传达温家宝总理的讲话精神，把贯彻国务院第二次廉政工作会议和贯彻落实中央纪委第三次全会精神结合起来，同本司局、本单位的实际结合起来，做到责任明确、目标具体、措施有力，保证反腐倡廉各项任务落实到位。副部长李宝库，党组成员、民间组织管理局局长李本公及部机关各司局长参加了会议。

【全国救灾工作会议】 2 月 24 日至 25 日，民政部在四川成都召开全国救灾工作会议。会议总结了去年救灾工作情况，通报了今年救灾工作安排，研究提出了下一步救灾工作思路，部署了今年救灾工作任务。会议还汇总、分析了今年全国春荒救灾工作形势，部署了春荒救灾工作。杨衍银副部长出席会议并讲话。救灾救济司司长王振耀，副司长邹铭，各省(区、市)民政厅(局)、各计划单列市民政局、新疆生产建设兵团民政局主管救灾工作的厅(局)长、救灾处长，中央救灾物资储备中心主任参加了会议。

【全国军队离休退休干部安置工作会议】 2月27日至28日，民政部、总政治部、总后勤部在京联合召开全国军队离休退休干部安置工作会议。会议回顾总结了军休工作的主要成绩和基本经验，分析研究了军休工作面临的新情况和新问题，明确指出了今后一个时期军休工作的基本任务、总体思路和主要措施。会上，军地12个单位和工休人员代表，分别介绍了做好军休工作、无私奉献社会的经验和做法。会议通报表彰了380名先进军休干部、300个安置建房和服务管理先进单位及408名先进个人，并向“三先”代表颁发了奖牌和证书。罗平飞副部长作会议总结。总政治部副主任唐天标、总后勤部副部长苏书岩，以及全国各省、自治区、直辖市、计划单列市人民政府分管民政工作的秘书长，民政厅(局)和安置办负责同志，大军区、军兵种、总参、总后、总装、武警部队政治部、联(后)勤部、干部部、基建营房部的负责同志，先进管理单位和先进工作人员代表等同志参加了会议。

【全国城市居民最低生活保障视频会议】 3月25日，李学举部长主持召开全国城市居民最低生活保障视频会议，要求要紧密结合民政工作实际，分析研究工作中遇到的新情况、新问题，做好城市居民最低生活保障工作和春荒救济工作。杨衍银副部长对进一步做好低保工作提出了具体要求。上海、青海、湖北、黑龙江等四省市做大会发言，交流了工作经验。救灾救济司司长王振耀、最低生活保障司司长米勇生、办公厅副主任俞建良、救灾司副司长王治坤及低保司、救灾司的同志和各省(区、市)民政厅(局)的有关领导和同志参加了这次会议。

【民政部国际合作项目工作会议】 4月2日，姜力副部长主持召开民政部国际合作项目工作会议，副部长李立国，纪检组长张印忠，部党组成员、民间组织管理局局长李本公出席会议。李立国副部长代表李学举部长发表了重要讲话。部机关各司局、直属事业单位、部属社团的主要负责同志等参加了会议。

【全国贯彻《基金会管理条例》工作会议】 4月5日至7日，全国贯彻《基金会管理条例》工作会议在广东召开。李学举部长出席会议并作重要讲话。广东省副省长李容根代表广东省政府向大会致词。副部长姜力就贯彻落实《基金会管理条例》提出具体要求。民间组织管理局局长李本公部署了今年民间组织管理工作。来自全国各省、自治区、直辖市民政厅(局)的主管厅(局)长及民间组织管理局局(处)长共计130名代表参加了会议。

【全国地名工作会议】 4月9至11日，全国地名工作会议在山东省济南市召开。区划地名司司长戴均良主持会议。罗平飞副部长发表重要讲话。各省、自治区、直辖市主管民政厅(局)长和区划地名处长参加了会议。

【民政部直属机关青年干部“五个一”活动总结表彰会议】 5月10日，民政部召开部直属机关青年干部“五个一”活动总结表彰会议，部党组书记、部长李学举，部党组副书记、副部长杨衍银出席会议并作重要讲话。部党组书记、部长李学举代表部党组就加快青年干部培养工作指出：民政部要为青年干部成长成才创造条件，要努力形成高度重视的氛围，形成积极培养的氛围，形成大胆使用的氛围。他希望广大青年干部为自己的成长成才奋进，努力做到学习、学习、再学习，实践、实践、再实践，提高、提高、再提高。最后，他祝愿民政部青年干部迅速成长成才，成为民政工作的骨干力量，成为民政领导的后备力量，成为民政事业的开拓力量。

部直属机关党委副书记、人事教育司司长孙建春代表直属机关党委对近两年来部直属机关开展青年干部“五个一”活动的情况进行了全面的总结和回顾；民间组织管理局党支部、优抚安置局团支部、民政管理干部学院党委和优秀青年代表分别作了典型发言；会议对“五个一”活动中涌现出来的8个青年干部培养工作先进单位、20名优秀青年、10名优秀共青团干部和7个“五四”红旗团支部进行了表彰，并颁发了奖牌、奖杯和证书。直属机关党委副书记、人事教育司副司长包丰宇主持会议，直属机关各单位主要负责同志，各党委、总支、支部书记，机关35岁以下青年干部、各单位青年组织负责人和部分直属单位青年代表100余人参加了会议。

【国务院勘界和界线管理工作电视电话会议】 5月18日，国务院召开全国勘界和界线管理工作电视电话会议，总结勘界工作，表彰全国勘界工作先进集体和个人，部署行政区域界线管理工作。中共中央政治局委员、国务院副总理回良玉代表国务院向受到表彰的全国勘界工作先进集体和个人表示热烈祝贺，向辛勤工作的广大勘界工作者致以亲切问候。

回良玉副总理在讲话中指出，做好界线管理工作，事关勘界成果的巩固，事关边界地区的社会稳定和民族团结，事关边界地区的经济发展和社会进步。各地区、各有关部门要以“三个代表”重要思想统领界线管理工作，克服重勘界、轻管理的思想，切实加强领导，团结协作，开拓创新，扎实推进。

他强调，各地区、各有关部门要全面贯彻实施《行政区域界线管理条例》，坚持依法治界，遵循实事求是、顾全大局、互谅互让的原则，切实加强界线管理工作，解决好界线管理的人财物问题，维护法定行政区域界线的严肃性、稳定性，努力实现界线管理工作的法制化、规范化和科学化。要把开展界线联合检查、消除边界争议隐患作为当前界线管理的重点，开展界线管理信息化建设，推动界线管理工作上水平、上台阶，为边界地区群众的生产生活创造一个安定的社会环境，促进边界地区经济社会的全面、协调、可持续发展。

民政部部长李学举代表国务院勘界工作联席会议向大会作了勘界工作报告，人事部副部长尹蔚民代表人事部、民政部宣读了表彰决定。会议由国务院副秘书长张勇主持。民政部副部长罗平飞，办公厅主任窦玉沛，区划地名司司长戴均良、副司长张卫星，国务院办公厅、科技部、国家民委、公安部、监察部、财政部、人事部、国土资源部、水利部、农业部、林业局、海洋局、测绘局等单位的负责人及勘界工作联络员，北京市政府分管勘界工作的副市长及有关部门的负责人，中央国家机关和北京市的全国勘界工作先进集体和先进个人在主会场参加会议。各省（自治区、直辖市）人民政府分管勘界工作的副省长（副主席、副市长）、副秘书长，民政厅（局）、勘界办公室及相关部门负责人，各市（地、州、盟）人民政府分管勘界工作的负责人及勘界办公室负责人，以及全国勘界工作先进集体和先进个人在各自分会场参加会议。

【全国婚姻登记工作会议】 5月17日至18日，全国婚姻登记工作会议在上海举行。李学举部长在会上做了《深入贯彻〈婚姻登记条例〉，开创婚姻登记新局面》的报告。他要求，各级民政部门的领导都要从贯彻落实“三个代表”重要思想的高度，重新认识新时期婚姻登记工作的重要性，提高做好这项工作的主动性、自觉性，并予以高度重视。大会授予北京市民政局婚姻登记处等200个单位全国先进婚姻登记机关、林燕虹等300名个人全国优秀婚姻登记员光荣称号。陈杰昌副部长、中央纪委驻民政部纪检组张印忠组长出席会议。基层政权和社区建设司司长张明亮、民政部办公厅副主任李进国、基层政权和社区建设司副司长陈光耀及各省、自治区、直辖市民政厅局有关领导参加了会议。会议期间，与会代表还参观了上海市民政局涉外婚姻登记处及浦东新区、徐汇区婚姻登记处。

【全国“社区老年福利服务星光计划”总结表彰暨“残疾孤儿手术康复明天计划”启动工作会议】 5月24日至25日，全国“社区老年福利服务星光计划”总结表彰暨“残疾孤儿手术康复明天计划”启动工作会议在西安召开。民政部部长李学举、副部长李立国，全国政协委员、中国老龄事业发展基金会会长李宝库出席会议并讲话，各省、自治区、直辖市民政厅(局)有关领导及社会福利和社会事务处负责人参加了会议。会议对2001年起开始在全国实施的“社区老年福利服务星光计划”进行总结，并对97个全国“星光老年之家”先进单位和97名实施“星光计划”先进个人进行表彰。

会议决定启动“残疾孤儿手术康复明天计划”。从2004年至2006年，民政部将每年从发行中国福利彩票募集的部本级彩票公益金中拿出1亿元，省、市、自治区从省级留用彩票公益金、地方财政和社会捐赠筹集1亿元，3年共筹措6亿元，用于实施“明天计划”所需的手术经费和相关费用，确保为2.8万名、力争为3万名残疾孤儿有效实施手术矫治和康复。

【国际减灾会议在京召开】 5月25日至27日，由民政部和联合国减灾战略秘书处联合举办的国际减灾会议在北京召开。来自孟加拉国、日本、俄罗斯、韩国、老挝等18个国家和联合国儿童基金会等7个国际组织的代表出席了会议。参加此次会议的还有作为中国国际减灾委员会成员单位的20多个中央政府部门和10多个地方民政部门的代表。李立国副部长在闭幕式上发表重要讲话。姜力副部长、陈杰昌副部长分别出席开幕式和签字仪式。救灾救济司司长王振耀、外事司司长邹军誉、救灾救济司副司长邹铭参加了会议。

【全国双拥工作领导小组成员单位联络员会议】 6月23日至25日，全国双拥工作领导小组成员单位联络员会议在北京召开。这次会议是领导小组成员单位联络员调整后召开的第一次会议。参加会议的有全国双拥工作领导小组办公室主任、副主任，军地各成员单位联络员等共计50人。会议认真传达学习了国务院、中央军委批转的《全国双拥工作会议纪要》、全国双拥工作领导小组《关于印发全国双拥工作领导小组成员单位双拥工作职责的通知》及全国双拥工作领导小组办公室《关于调整全国双拥工作领导小组成员联络员组成人员的通知》;30个成员单位汇报了本单位贯彻落实全国双拥工作会议精神情况，交流了近年来结合业务建设开展双拥工作的经验，提出了下一步推动双拥工作发展创新的措施;与会人员对成员单位如何履行职责、发挥职能作用问题进行了深入讨论研究。

6月23日下午，全国双拥工作领导小组副组长、全国双拥办主任、民政部副部长罗平飞同志出席了会议，并围绕不断提高对新时期双拥工作地位作用的认识、进一步认清双拥工作面临的新形势新任务、充分发挥成员单位的职能作用、努力开创双拥工作的新局面问题作了重要讲话。

【深化退役士兵安置改革协调小组成立大会暨第一次全体会议】 为贯彻落实胡锦涛总书记的批示精神，经反复与有关部门磋商，由民政部、总参谋部牵头的“深化退役士兵安置改革协调小组”日前成立，并于6月30日在中民大厦召开第一次全体会议。民政部罗平飞副部长和总参谋部钱树根副总长到会并作重要讲话。民政部优抚安置局局长孙绍骋主持会议。会议就退役士兵安置改革问题达成了共识，并就下一步调研和改革方案的具体制定工作提出了要求。发展改革委、教育部、公安部、民政部、财政部、人事部、劳动和社会保障部、农业部、卫生部、国家税务总局、国家工商总局、国务院法制办、国务院研究室，总参军务部、动员部，总政组织部、宣传部，总后财务部、卫生部、基建营房部，总装司令部、综合计划部，军委法制局等军地部门负责人共计49人出席了会议。

【民政部直属机关召开庆祝中国共产党建党83周年大会】 7月1日，民政部直属机关召开庆祝中国共产党建党83周年大会。在会上，直属机关的20多名新党员进行了庄严的入党宣誓；大会通报表彰了2002—2004年度部直属机关“三个创新”先进集体和先进个人，推出了民政部2002—2004年度“三个创新”十大成果；杨衍银副部长围绕“如何保持共产党员先进性”这个主题，给与会同志讲了党课。会议由部党组成员、副部长李立国主持，部党组成员、副部长陈杰昌，部党组成员、纪检组长张印忠，部党组成员、老龄协会会长李本公出席会议并为“三个创新”活动获奖单位和个人颁奖。机关全体公务员、事业单位中层以上党员干部参加了会议。

【全国民政工作年中分析会】 7月20日至22日，全国民政工作年中分析会在大连召开。会议围绕贯彻落实今年年初全国民政厅(局)长会议精神，对上半年工作情况和存在问题进行分析总结，并对下半年工作做出部署安排。部党组书记、部长李学举发表重要讲话。辽宁省委副书记、大连市委书记孙春兰，辽宁省委常委、常务副省长许卫国，辽宁省委常委、大连市市长夏德仁，大连市委副书记怀忠民，大连市委常委、副市长刘俊文，辽宁省政府副秘书长成刚等出席会议。部党组副书记、副部长杨衍银，部党组成员、副部长李立国、陈杰昌，部党组成员、中纪委驻民政部纪检组组长张印忠，部党组成员、老龄协会会长李本公，以及各省、自治区、直辖市、计划单列市的民政厅局长参加会议。

【2004年民政部机关和事业单位司局级领导干部竞争上岗工作启动】 8月18日，民政部启动了2004年机关和事业单位司局级领导干部的竞争上岗工作。按照《2004年机关和事业单位司局级领导干部选拔工作方案》，公布了机关正司级领导职务、中国老龄协会副会长、机关副司级领导职务、中国收养中心副主任等职位。整个竞争上岗程序按照公布职位，报名和资格审查，民主推荐，讲演及评审，组织考察、酝酿，党组讨论决定，办理任前公示和任职试用手续等7个步骤进行。

方案公布后，共有78人次报名参加上述职位的竞争上岗。8月23日至24日，人事教育司组织了“2004年机关和事业单位司局级领导干部选拔讲演会”。经资格审查和民主推荐，共有62人次参加了竞职讲演。其中，16人参加机关正司级领导职务竞职讲演，4人参加中国老龄协会副会长职位竞职讲演，29人参加机关副司级领导职务竞职讲演，13人参加中国收养中心副主任职位竞职讲演。部党组书记、部长李学举，部党组副书记、副部长杨衍银，部党组成员、副部长李立国、罗平飞、姜力、陈杰昌，部党组成员、纪检组长张印忠，部党组成员、中国老龄协会会长李本公，以及部机关、直属事业单位、中国老龄协会全体司局级干部出席讲演会并参加了评审。

【民政部领导接见民政系统获评全国“人民满意的公务员”和“人民满意的公务员集体”代表】 8月31日下午，民政部部长李学举，副部长杨衍银、李立国、罗平飞、姜力，部党组成员、纪检组长张印忠等部领导在民政部党组会议室亲切接见了民政系统获评全国“人民满意的公务员”和“人民满意的公务员集体”称号的代表。李学举部长代表部领导对受到表彰的代表表示祝贺，并勉励他们在以后的工作中再接再厉，再立新功。

“人民满意的公务员”和“人民满意的公务员集体”评选表彰活动是由中组部、中宣部、中央文明办和人事部联合组织的。这次表彰会分别授予48名公务员和31个集体“人民满意的公务员”、“人民满意的公务员集体”荣誉称号。民政系统共有4名公务员和3个单位分获这两项称号，他们是：海南省琼海市民政局局长陈徽娥、贵州省遵义市民政局局长张有顺、湖北省南漳县民政局党组书记何德全、民政部救灾救济司助理巡视员柳永法，以及辽宁省鞍山市民政局、山东省青岛市四方区民政局、广东省广州市东山区民政局。

部办公厅主任窦玉沛，人事教育司司长孙建春，办公厅助理巡视员、新闻办主任李全茂等参加会见。《中国社会报》、《中国民政》、《公益时报》

等媒体对此事进行了采访和报导。

【全国推进城乡社会救助体系建设工作会议和全国发展农村专业经济协会会议】 9月8日，全国推进城乡社会救助体系建设工作会议和全国发展农村专业经济协会会议在山东省青岛市开幕。山东省副省长谢玉堂致贺词。李学举部长出席会议并作重要讲话。开幕式后，全国推进城乡社会救助体系建设工作会议继续在青岛市进行，全国发展农村专业经济协会会议移至烟台市举行。杨衍银副部长、姜力副部长分别在两个分会场作工作报告。办公厅主任窦玉沛、助理巡视员、新闻办主任李全茂，民间组织管理局局长孙伟林、巡视员廖鸿，救灾救济司司长王振耀，最低生活保障司司长米勇生、副司长王治坤，社会福利和社会事务司副司长张世峰，政研中心主任王齐彦，来自各省、自治区、直辖市和新疆生产建设兵团、各计划单列市民政厅局的200多名代表参加了会议。

【全国优抚工作会议】 9月24日至26日，全国优抚工作会议在吉林省延边朝鲜族自治州召开。李学举部长、罗平飞副部长出席会议并作了重要讲话。吉林省委常委、延边州委书记田学仁参加会议，副省长李斌向大会致词。优抚安置局局长孙绍骋、副局长董华中，各省、自治区、直辖市、各计划单列市、新疆生产建设兵团民政厅(局)分管厅(局)长和优抚处长参加会议，军地有关部门的相关负责同志列席会议。会上，12个省区市和单位的代表结合实际，从不同侧面分别介绍了他们全心全意保障优抚对象权益、与时俱进地创新优抚工作的经验和做法。

【民政部直属机关举办庆祝建国55周年系列活动】 "十一"前夕，民政部直属机关党委和直属机关工会、团委、妇工委联合举办了以"祖国颂"为主题的歌咏比赛，以"民政风采、时代先锋、祖国腾飞"为主题的青年演讲比赛，以"伟大的祖国、辉煌的成就"为主题的职工书画摄影回顾展和国庆中秋电影招待会等系列活动，隆重庆祝中华人民共和国成立55周年。部直属机关广大干部职工踊跃参加了各项活动，部长李学举，副部长杨衍银、李立国、罗平飞、姜力，纪检组长张印忠，中国老龄协会会长李本公等部领导分别出席了有关活动。

【"为民模范"周国知同志先进事迹报告会】 10月19日，"为民模范"周国知同志先进事迹报告会在北京人民大会堂举行。报告会开始前，中共中央政治局常委、国务院副总理黄菊亲切会见了周国知亲属和周国知先进事迹报告团成员，他代表党中央、国务院向周国知同志的亲属表示亲切慰问。黄菊说，周国知同志是新时期基层干部实践"三个代表"重要思想的楷模，20年如一日，对党忠诚，服务群众，得到了群众的真心信赖和拥戴，他在平凡的岗位上，自觉实践"三个代表"重要思想，用短暂的一生，谱写了勤政、廉政、为民的光辉篇章。黄菊强调，各地基层干部都要按照胡锦涛总书记重要指示精神，以周国知同志为榜样，学习他爱岗敬业、艰苦奋斗、清正廉洁、甘于奉献的崇高精神，立党为公、执政为民，不断增强使命感和责任感，做一个为民排忧解难、人民群众信赖的贴心人，帮民脱贫致富、发展经济的带头人，努力开创各项工作的新局面。中共中央政治局委员、书记处书记、中组部部长贺国强参加了会见。

报告会由中组部、中宣部、民政部、人事部和湖北省委联合举办。报告会上，周国知先进事迹报告团的4位成员，以自己的亲身经历，讲述了周国知一心为民的先进事迹和崇高精神。他们的报告使现场听众深受教育，赢得了一阵阵热烈的掌声。李学举部长在会上作了讲话。他指出，周国知精神最核心的内涵是一心为民，最宝贵的地方是勤政务实，最感人的地方是清正廉洁，最大的特点是平凡而伟大，最令人信服的地方是群众满意。他要求，要通过开展学习周国知活动，使广大民政干部牢固树立民政亲民、民政为民、以民为本、为民解困的理念，真心实意为人民办实事，满腔热情为老百姓办好事，尽心竭力为困难群众解难事。要深入践行"三个代表"的重要思想和"立党为公、执政为民”的要求，认真学习贯彻落实党的十六届四中全会精神，充分发挥民政部门在加强党的执政能力建设中的职能作用，通过解决民生、落实民权、维护民利，促进和谐社会建设，保障人民群众的基本权益，巩固党的执政基础。要通过学习周国知，推动各项民政工作的改革创新与发展。对于关系人民群众生产生活和切身利益的工作要优先安排、重点部署。尤其要认真贯彻落实党中央、国务院关于切实解决困难群众生产生活问题的工作部署，确保灾民平安过冬，平安度荒，完善城市低保和农村五保户生活保障制度，切实做到应保尽保，同时要加大力度，加快建立健全城乡社会救助体系。中央国家机关有关部门和地方负责同志以及社会各界代表800多人参加了报告会。

【学习周国知同志先进事迹座谈会】 10月22日，中组部、中宣部、民政部、人事部和湖北省委在民政部联合举行学习“为民模范”周国知同志先进事迹座谈会。湖北省委常委、宣传部长张昌尔、湖北省民政厅厅长傅德辉，基层乡镇、街道干部的代表王建军、浦惠斌，全国人民满意公务员称号获得者个人和集体代表陈徽娥、吕波，民政系统“孺子牛”奖获得者的代表廖长春、郝颂琴，著名词曲作家石祥、中国社会报记者祝小惠等，畅谈了学习周国知的体会。李学举部长作了总结讲话。他指出，周国知先进事迹在社会上引起了人们的强烈共鸣，最主要的原因是周国知精神符合时代的要求、党的希望和人民的愿望。周国知事迹的大力宣传是党中央、国务院高瞻远瞩、高度重视的结果，周国知先进事迹的成功宣传，是方方面面协调配合的结果。下一步关键是把学习周国知的活动开展起来，保持下去，要重在坚持、重在实效。学习周国知，关键是要学习他的精神本质，实效是进一步推动各项民政工作，着力点是促进基层民政工作的加强。要进一步强化基层民政工作，千方百计为基层民政工作的开展创造条件，尤其是要关心基层民政干部的工作、学习和生活。中组部副部长李景田主持会议。人事部副部长尹蔚民出席会议。中组部、中宣部、人事部、民政部、湖北省委有关负责同志参加了会议。

【全国省区市双拥办主任会议】 10月20日至22日，全国省区市双拥办主任会议在上海召开。全国双拥工作领导小组副组长兼办公室主任、民政部副部长罗平飞，上海市委副书记刘云耕出席会议并讲话。上海市委常委、上海市副市长冯国勤，上海市警备区副司令员马言振出席了会议。会议围绕贯彻落实十六届四中全会和全国双拥工作会议精神，进一步统一了适应新形势做好双拥工作的思想和思路。上海市等13个军地单位的代表在会上分别介绍了开展双拥工作的成功经验和做法。与会代表围绕罗平飞副部长的讲话，展开了讨论，交流了经验，提出了建议。全国双拥办副主任、优抚安置局副局长董华中，总政群工办主任、全国双拥办副主任常生荣，总政群工办副主任、全国双拥办副主任范巨通以及各省区市双拥办主任、各军区群工部门领导、全国双拥工作领导小组成员单位联络员共170多人参加了会议。

【全国涉外收养工作经验交流会】 10月18日至19日，全国涉外收养工作经验交流会在广东佛山举行。李立国副部长出席会议并作了讲话。社会福利和社会事务司司长张明亮、收养中心主任陆颖在会上分别作了工作报告，社会福利和社会事务司副司长闫青春向与会代表作了“明天计划”工作情况的报告。社会福利和社会事务司副司长张世峰以及来自全国30个省市的社会福利事务处负责同志参加了会议。其间，李立国副部长还参观了当地的社会福利机构。

【冬令期间困难群众生活安排督察工作组动员会】 10月28日上午，民政部召开冬令期间困难群众生活安排督察工作组动员会，李学举部长在会上强调，要高度重视，突出重点，科学安排，要把此次检查规则与深入学习周国知同志的活动结合起来，以周国知同志为榜样，进一步转变工作作风，深入实际，轻车从简，注重实效，坚决杜绝走过场和铺张浪费。

各检查组要对抽查地区各项救助资金的安排和使用情况进行核查外，还要深入基层，与街道、居(村)委会的负责同志及基层社会救助规则人员座谈，进村入户实地了解救助对象生活情况。最低生活保障司司长米勇生、救灾救济司副司长邹铭、优抚安置局副局长董华中就督察工作具体事项进行了说明。办公厅主任窦玉沛主持会议。督察工作组全体成员参加了会议。

【全国民政政务信息表彰会议暨政务信息培训班】 11月5日，全国民政政务信息表彰会议暨政务信息培训班在安徽合肥召开。会议通报了近几年民政政务信息工作的开展情况，表彰了全国民政政务信息先进单位和个人。陈杰昌副部长出席会议并讲话。他在讲话中充分肯定了近年来民政政务信息工作所取得的成绩，要求各级民政部门统一思想，充分认识当前信息工作面临的形势和所处的地位，正确认识当前信息工作存在的问题和不足，真抓实干，努力把政务信息工作推上新的台阶。培训班上，国办信息处有关负责同志作了政务信息知识讲座，部办公厅综合处介绍了民政信息报送情况和信息编辑规则，安徽、上海、浙江、山东和北京等省市民政厅局介绍了先进经验，会议代表并就做好今后一个时期民政政务信息工作进行了探讨。办公厅、政研中心还就2004年民政工作的评估和2005年工作安排的建议专门听取了会议代表的意见。政研中心主任王齐彦，中国社会新闻出版总社总编辑米有录，办公厅副主任胡晓春，中国社会新闻出版总社副总编辑宋珊萍出席了会议。各省、自治区、直辖市、计划单列市、新疆生产建设兵团民政厅(局)以及民政部直属机关共100余名代表参加了会议。

【全国民政干部教育培训工作会】 11月4日至6日，人事教育司在山东青岛召开全国民政干部教育培训工作会。孙建春司长在会上作了题为《贯彻落实十六届四中全会精神，全面加强民政干部队伍能力建设》的报告，王建军副司长主持会议并作总结。包丰宇副司长介绍了部干部人事制度改革的情况。部分省市的代表交流了教育培训工作和人事工作经验，人事部的有关专家做了有关人力资源开发和事业单位改革情况的报告。各省、自治区、直辖市民政厅(局)、计划单列市民政局人事教育处处长，培训中心，民政学(干)校，部省共建院校负责人共70余人参加了会议。

【周国知先进事迹宣传工作总结表彰会】 11月11日，民政部召开周国知先进事迹宣传工作总结表彰会。会议表彰了在宣传周国知先进事迹活动中做出突出成绩的单位和人员，李学举部长在讲话中指出，周国知先进事迹宣传活动的成功给予民政宣传乃至推进各项民政工作发展带来了有益启示：一是明确目标，精心策划，努力工作是获得成功的前提条件；二是适应形势，把握规律，点上突破是实现成功的有效途径；三是尽职尽责，团队精神，密切协作是获得成功的根本保证。他强调，围绕中心，服从大局，主管部门奋发有为，尽职尽责，相关部门积极主动，密切配合，团结协作的精神，在做好各项民政工作中尤为可贵。民政工作中，依靠主管部门牵头，有关部门配合的很多，要大力弘扬这次宣传周国知活动中形成的协作和团队精神，发挥整体效能，推动各项民政工作的发展。李立国副部长主持会议。会上，办公厅主任窦玉沛对宣传周国知先进事迹活动作了总结发言。副部长罗平飞、姜力，纪检组长张印忠，中国老龄协会会长李本公出席了表彰会，部机关公务员和直属单位负责同志参加了会议。

【2004民政论坛】 11月25日至26日，民政部在京召开“2004民政论坛”。民政部专家咨询委员会部分专家学者，民政部各司局和直属单位负责人，部分省、市、自治区民政厅局长及论文获奖代表参加了会议。李学举部长出席开幕式并发表了热情洋溢的致辞。他说，民政事业要适应新的形势，取得新的突破、新的发展，就必须有科学的理论、完善的政策和正确可行的工作思路。这就需要切实加强民政政策理论研究，正确认识规律、准确把握规

律、善于运用规律。而要达到这个要求，除了要深挖民政系统自身的研究潜力外，还需要结聚社会上专家学者的智慧。党的十六届四中全会提出了构建社会主义和谐社会的目标和要求，民政事业的发展水平体现了我国社会建设和管理的水平，在构建社会主义和谐社会进程中职责重大，有许多新的课题值得我们去认真思考、深入研究。他强调，办好“民政论坛”，需要在健全制度、完善机制上下功夫，在提高水平、服务发展上做文章。各级民政部门要高度重视政策理论研究工作，研究课题要紧紧围绕党和国家的工作大局，研究过程要坚持实事求是、理论联系实际，研究人员要有创新精神和创新思维，研究机制要完善，不断提高民政政策理论研究水平。

开幕式上，罗平飞副部长宣布了民政部专家咨询委员会成员名单，民政部党组成员、中国老龄协会会长李本公宣读了获奖论文名单。李立国副部长主持了开幕式及民政综合类论坛，并对论坛进行了综合述评。部 6 个业务司(局)司(局)长还就明年工作思路在论坛上作了发言。今年我部政策理论研究课题征文共收到论文 600 多篇，评出优秀论文 60 篇，其中，二等奖 19 篇，三等奖 41 篇，研究成果无论是在数量上，还是在质量上，都超过了上届。

【全国先进民间组织表彰大会】 12 月 10 日，全国先进民间组织表彰大会在人民大会堂隆重召开。会议对 500 多家全国先进民间组织进行了表彰，这是建国以来首次在全国范围内对先进民间组织进行表彰。全国人大副委员长司马义·艾买提、何鲁丽，全国政协副主席罗豪才、阿不来提·阿不都热西提出席了会议，并为获奖代表颁奖。民政部部长李学举在表彰会上做了讲话。李学举在讲话中充分肯定了民间组织所发挥的积极作用，深刻阐述了民间组织发展所面临的问题和机遇、指导方针及发展重点，并对全国民间组织和各级民政部门提出了明确要求和希望。表彰会上，上海市慈善基金会理事长陈铁迪、中国船东协会会长魏家福、中国机械工程学会理事长陈蕴博代表获奖民间组织作了发言。民政部副部长姜力主持了会议并宣读了表彰决定。全国性先进民间组织业务主管单位的负责同志，各省、自治区、直辖市民政部门和受表彰的先进民间组织代表共 500 多人出席了会议。

【全国村务公开民主管理工作经验交流会】 12 月 11 日上午，全国村务公开民主管理工作经验交流会在江苏太仓市隆重开幕。会议深入学习贯彻党的十六届四中全会精神和《中共中央办公厅、国务院办公厅关于健全和完善村务公开和民主管理制度的意见》，总结一年来的工作，分析了当前村务公开和民主管理工作面临的新形势、新任务，研究部署了下一步的工作。中央书记处书记、中央纪委副书记何勇同志出席会议并讲话。他充分肯定了目前村务公开民主管理工作所取得的成绩，要求各地区、各部门以此为契机和动力，以高度的政治责任感、求真务实的态度，把村务公开和民主管理工作提高到新的水平。他要求，各地各部门要认清形势，提高认识，切实增强健全和完善村务公开和民主管理制度的责任感和紧迫感。要突出重点，落实政策，加大学习宣传力度，在普及政策上取得新进展；把握工作重点，在制度建设和创新上取得新进展；切实解决实际问题，在让群众满意上取得新进展；树立大局观念，在维护社会稳定、促进农村发展上取得新进展。他强调，各地各部门要强化领导责任，加强部门配合，善于开拓创新，重在求真务实，努力建立推进村务公开和民主管理工作的长效机制。全国村务公开协调小组组长、民政部部长李学举在会上作了工作报告。江苏等 14 个省的代表进行了大会发言，会上交流了工作经验。全国村务公开协调小组组长、民政部副部长陈杰昌主持了闭幕会议。全国村务公开协调小组成员、纪检组长张印忠参加了会议。全国村务公开协调小组办公室成员、联络员，中央有关部门负责人，各省、自治区、直辖市以及计划单列市村务公开协调机构主要负责同志和办公室人员等参加了会议。

【传达中央经济工作会议精神】 12 月 6 日，民政部召开

第 19 次部长办公会议和部机关全体司局级干部及部直属单位领导班子成员会议，传达学习胡锦涛总书记、温家宝总理在中央经济工作会议上的讲话精神。李学举部长在部长办公会议上指出：中央经济工作会议是总结今年经济工作，部署明年经济工作任务的一次重要会议。会议提出了明年经济工作的总体要求及必须把握的原则，阐述了明年经济工作中需要高度重视的问题，特别是将努力构建社会主义和谐社会作为明年经济工作的一大重点，将对民政事业的发展产生直接的影响。明年民政工作，要认真贯彻落实党的十六大，十六届三中、四中全会和中央经济工作会议的要求，切实发挥民政部门的职能作用。会议要求：一要认真学习和领会中央经济工作会议精神。各级民政部门要懂全局、议大事、管本行、谋一域，在我国构建社会主义和谐社会的新形势下，研究民政工作的思路和措施。二要切实发挥民政工作稳定机制的作用，进一步加强信访工作。认真做好各类上访人员的疏导工作，化解矛盾，维护社会稳定。三要做好两节前困难群众生活安排工作。要坚持做好自然灾害应急救助工作；要继续深入基层、深入灾区，慰问困难群众，切实安排好两节期间城乡困难群众的生活。副部长贾治邦、李立国、罗平飞、姜力，办公厅主任窦玉沛参加会议。纪检组长张印忠，中国老龄协会会长李本公，办公厅副主任李进国、俞建良、胡晓春，人事教育司副司长王建军，政研中心主任王齐彦列席会议。

12 月 6 日下午，民政部召开部机关全体司局级干部及部直属单位领导班子成员会议。部长李学举再次强调，这次中央经济工作会议，是党的十六届四中全会之后中央召开的一次重要会议，民政部门一定要认真学习、深刻领会会议精神，并贯彻到明年民政工作之中。他要求，第一，要统一思想。在研究和确定明年工作时，要体现和贯彻中央经济工作会议精神，牢牢地把握经济工作的总体要求和原则，认真总结经验，研究问题，改进工作。第二，要切实抓住重点，履行职责。认真分析经济社会发展中的矛盾与民政工作的关系，以及对民政工作的影响，从而确定民政工作的重点和努力方向。第三，结合实际，统筹安排，抓好年底前的各项工作。当前，一是要继续做好关心城乡困难群众生活的工作。二是要筹备好全国民政厅局长会。三是要做好信访工作。副部长贾治邦、李立国、罗平飞、姜力，纪检组长张印忠，中国老龄协会会长李本公出席会议。

【全国民政基层单位行风建设经验交流暨表彰会议】

12 月 12 日，全国民政基层单位行风建设经验交流暨表彰会议在上海召开。李学举部长出席会议并讲话，中共上海市委副书记刘云耕致词，副市长周太彤出席了会议。会议由中纪委驻民政部纪检组组长张印忠主持。李学举部长在讲话中要求，各级民政部门要不断加强民政系统行风建设，牢固树立起“以民为本，为民解困”的工作理念，坚持和发扬“依法行政、文明服务”之风，求真务实，艰苦奋斗，在作风建设、队伍建设、制度建设等方面开拓创新，扎实工作，努力构建教育、制度、监督并重的纠正和防范不正之风体系，切实增强民政干部职工的责任意识，服务意识和廉政意识，真正树立起勤政为民、廉洁奉公、依法行政、务实高效、文明服务的民政新风，维护、实现和发展好最广大人民群众的根本利益，为建设社会主义和谐社会做出贡献。会上，上海市民政局等 15 个单位的代表作了典型发言，200 个基层单位被授予“全国民政基层单位行风建设先进集体”荣誉称号。中纪委驻民政部纪检监察局局长朱存芳参加了会议。

民政事业发展综述

2004 年全国民政工作概况

2004 年，各级民政部门在党中央、国务院的正确领导下，坚持以邓小平理论和“三个代表”重要思想为指导，深入贯彻党的十六大和十六届三中、四中全会精神，按照年初厅局长会议“健全一个体系、完善一个机制、促进两个发展、推进三项工作、加大四个力度”的总体部署，注重理念更新、政策研究和工作方式改进，突出为民解困、依法行政和自身能力建设，各项工作平稳推进，民政事业呈现出良好发展势头。

民间组织管理 以培育发展民间组织为重点，强化对民间组织的指导、管理和监督。民间组织管理法制建设取得较大突破。2004 年 3 月 8 日，国务院颁布了《基金会管理条例》，并于 6 月 1 日起正式颁布实施。围绕条例的出台，抓好学习贯彻，制定配套规章和办法，指导各地做好基金会登记启动工作。《社会团体登记管理条例》和《民办非企业单位登记管理条例》修订工作进展顺利。加强了配套政策制定和调研工作，单独或与有关部门共同制定出台了有关民间非营利组织会计制度、民办非企业单位年度检查办法等政策性规章、文件。贯彻实施《行政许可法》，提高行政审批效率。对民间组织进行分类指导，重点培育发展农村专业经济协会和行业性、公益性社团。截至 2004 年底，全国有农村专业经济协会 10 万余个，已在各级民政部门注册登记的约有 1 万多个。成功召开全国民间组织表彰大会暨全国行业协会成就汇报展览会，首次表彰全国 540 多个先进民间组织，举办了第一次全国行业协会成就汇报展览。年检工作顺利开展，监督查处工作迅速有力，查处了违法违纪民间组织。民间组织统计工作进一步规范。民间组织信息化建设成绩突出。启动了基金会管理数据库建设，目前已完成项目设计和招标前期工作。“法人库”项目民间组织分项目正在实施。从总体上看，民间组织正朝着布局合理、结构优化、质量提高的方向健康发展。

优抚 着力解决优抚安置工作难点，在完善政策法规体系方面有了新突破。8 月 1 日，国务院、中央军委公布了新修订的《军人抚恤优待条例》，于 10 月 1 日起正式施行。抓好《军人抚恤优待条例》和《全国双拥工作会议纪要》的贯彻落实，制定和完善相关配套政策，民政部与有关部门共同制定了重点优抚对象和现役军人子女教育优待办法、一级至六级残疾军人的医疗保障办法、抚恤金标准及调整办法和残疾等级的评定标准等具体办法五个具体的配套政策。大幅提高抚恤补助标准，保障了优抚对象的基本生活。研究探索优抚对象医疗难问题的解决途径，积极制定其他重点优抚对象的医疗优先优惠办法，协调中央财政加大医疗补助力度。中央财政今年首次安排1亿元资金用于重点优抚对象医疗补助，而且作为基数列入每年财政预算，为解决重点优抚对象的医疗困难提供了重要的资金支持。研究解决了部分退役军人、烈属、伤残军人和在乡复员军人反映的生活困难问题。指导监督各地开展各项工作，年度抚恤优待任务完成扎实有效。召开了全国优抚工作会议，会议系统回顾了6年来优抚工作的主要成绩和基本经验，深刻分析了优抚工作面临的新情况和新问题，明确提出了今后一个时期优抚工作的总体思路、基本任务和目标措施，标志着优抚工作进入了新的创新发展阶段。

安置 按照国务院、中央军委的要求，进一步加强领导，充分发挥政府的宏观调控作用，认真贯彻落实国家法律政策，全面推进安排工作和自谋职业相结合的安置办法，创造性的开展工作。成立了由民政部和总参谋部牵头，发改委、教育部、公安部、财政部、人事部、劳动保障部、农业部、卫生部、税务总局、工商总局、国务院法制办、国务院研究室，总参、总政、总后、总装等部门参加的"深化退役士兵安置改革协调小组"，组织调研组，分别到东部(浙江、福建)、中部(河南、河北)、西部(云南、广西)进行调研，并形成了调研报告和改革的初步共识。在全国范围内全面推行了自谋职业安置改革，有近6万名城镇士兵退役后选择了自谋职业安置，约占城镇应安置总数的20%以上。全面展开了对户籍制度改革影响及对策的调查研究工作，推广了华中科技大学与湖北民政厅的助学安置、福建省泉州市城乡一体安置、青海省退役军人教育管理进社区、云南省安排工作和自谋职业相结合的"双考办法"等众多安置办法，指导各地实施了许多有益的安置改革创新。经党中央、国务院、中央军委批准，出台了《关于进一步做好军队离休退休干部移交政府安置管理工作的意见》。军队离退休人员安置工作在调整改革军休干部安置管理政策制度、加快军休人员接收安置进度、争取军休事业经费投入等方面取得了较大的进展。

双拥工作 召开全国双拥工作会议，会议系统总结了13年来双拥工作基本经验，研究部署了新世纪新阶段双拥工作任务，命名表彰了309个全国双拥模范城(县)、206个双拥模范单位和99名双拥模范个人。党中央、国务院、中央军委十分重视这次会议，江泽民同志为双拥模范单位和个人题词，温家宝同志作了重要讲话，回良玉同志作了工作报告。国务院、中央军委批转《全国双拥工作会议纪要》，对新形势下开展双拥工作的指导思想、基本任务、创新发展和组织领导提出明确要求，为做好当前和今后一个时期双拥工作提供了基本依据。全国双拥工作领导小组根据面临的新任务新要求，研究制定工作规则，调整充实成员单位，颁布《领导小组成员单位双拥工作职责》，指导成员单位建立年度双拥工作汇报、重要事项报告等制度，为双拥工作深入发展提供了制度依据和保障。召开领导小组成员单位联络员会议，专题研究发挥成员单位职能作用问题，促进了双拥工作在各部门、各系统、各行业的落实，推进双拥工作改革创新持续深入发展。

社会救助 各级民政部门贯彻党中央、国务院关于加快城乡社会救助体系建设工作的要求，按照年初厅局长会议的部署，加快城市低保、农村五保、农村特困户救助(农村低保)、城市医疗救助、农村医疗救助等重要的社会救助工作力度，大力推进城乡社会救助体系建设。截至2004年底，以保障困难群众的基本生活为目标，覆盖城乡、城乡有别的社会救助体系框架已经初步形成。北京、辽宁、吉林、黑龙江、上海、江苏、浙江、山东、江西、湖北、湖南、广东、宁夏、青海等14个省份，建立了覆盖城乡的多项目、多功能的社会救助体系，统筹考虑社会救助工作的协调发展和整体推进，取得了很好的效果。

——救灾工作 在进一步完善救灾工作分级管理，救灾资金分级负担，救灾款专户管理制度的同时，重点提高了灾害应急处置能力和综合协调能力，中央和各省(市、区)都基本建立和规范了自然灾害应急预案、响应程序和灾情会商机制，初步做到大灾3天内中央资金到位、24小时内救灾物资到位。全年共下拨中央级救灾补助资金32亿元、救灾捐赠款489万元，调拨救灾帐篷33900顶，转移安置群众611万人，救助人数达9000万人(次)，保证了受灾群众的衣、食、住、水、医等基本需求，灾区人心安定、社会稳定。

——城市低保工作 在基本做到动态管理下应保尽保的同时，及时采取措施缓解了物价上涨给低保家庭生活带来的影响。积极推行“分类施保”，对重病、重残和无经济收入等低保家庭给予了重点救助。规范了低保工作程序，确保低保制度有效实施和低保金按时足额发放。2004年中央下拨低保补助资金102亿元，地方财政预算支出88.90亿元，全国有2200多万人享受低保，低保补差人均每月62元。

——农村五保供养和特困户救助工作 协调财政部、国家发改委联合下发《关于进一步做好农村五保供养工作的通知》，规范了五保供养工作，明确了五保供养资金来源渠道，总结推广了“福星工程”、“五保村”、“中心敬老院”等多种五保供养方式和改扩建经验。对农村特困户实行建帐发证制度，今年已领取特困证(实行农村低保的地方为低保证)的人数达1257万，占整个农村贫困人口的64%。有条件的地方积极探索建立了农村低保制度。目前，全国有8省(市)全面建立了农村低保制度，其他省(直辖市、自治区)也在部分地区进行了探索，全国共有1206个县(市)建立了农村低保制度，享受农村低保人数455万人。

——医疗救助工作 在农村，有30个省份已经展开试点，26个省(市、区)颁发了实施方案，943个县(市、区)实施了救助，共救助492万人。城市医疗救助试点方案已报国务院待批。其他如教育、司法、住房等专项救助制度也相继出台。配合艾滋病、血吸虫病、特种传染病的防治，提出相应的救助办法，今年从部本级彩票公益金中列出专款，用于艾滋病孤儿救助和安置。

——城市生活无着的流浪乞讨人员救助管理《城市生活无着流浪乞讨人员救助管理办法》实施一年多来，各级民政部门和救助管理站的干部职工认真贯彻《救助管理办法》，采取了一些行之有效的措施，推动救助管理工作稳步开展，实现了由强制性收容遣送到关爱性救助管理的顺利过渡。在调查研究基础上，协调财政部联合下发了《关于做好城市生活无着的流浪乞讨人员中特殊困难对象跨省返乡工作的通知》，为顺利开展跨省接送工作提供了重要的政策依据。指导基层民政部门加强政策研究，目前，已有近20个省(自治区、直辖市)政府或民政厅依据《救助管理办法》和《实施细则》，制定了适合本地实际需要的救助管理工作实施意见。指导基层建设完善工作机制问题，及时推广救助工作中的先进经验和工作方法，加强救助管理站机构建设。截至2004年底，全国目前共有救助管理站909个。各地通过街头救助、设立救助管理站引导牌等积极主动实施救助，树立了民政部门和救助管理站在社会上的良好形象。进一步加强流浪儿童救助保护。用本级福利金资助了84个城市的流浪儿童救助保护中心建设，推动流浪儿童救助保护工作的开展。据统计，从2003年8月1日截至2004年底，全国共救助城市生活无着的流浪乞讨人员67万人。救助管理工作的开展切实维护了城市生活无着的流浪乞讨人员的合法权益，体现了党和政府对特殊困难群众的重视和关怀，体现了社会主义制度的优越性，为维护城市的社会稳定做出了重要贡献。

——社会捐助工作 着重推进社会捐助经常化、规范化和捐助形式多样化。全年民政系统接受捐赠款9.1亿元，衣被4278万件。在全国已建立2.3万个捐助接收站、点，基本形成覆盖全国城市的社会捐助网。创建了“慈善超市”、“爱心超市”、“扶贫超市”、“爱心捐助家园”等捐助新模式和对口支援活动。开展“爱心捐助奖”评选表彰活动，褒扬年度捐赠的先进集体和个人，推动了社会捐助活动的深入开展。新型城乡社会救助体系正在形成，循着“单项突破、系统完善，点上突破、面上扩展”的思路，以最低生活保障、自然灾害紧急救助、农村五保供养、农村特困户救助和医疗救助等制度为重点，注重制度间的互通、互联、互补，全国已有14个省份初步形成了社会救助体系框架，为建立形式有别、覆盖城乡的社会救助体系打下了基础。

村民自治工作 广泛开展村务公开、民主管理工作，建立了推进村民自治工作机制。中共中央办公厅、国务院办公厅下发的《关于健全和完善村务公开和民主管理制度的意见》，标志着以村务公开和民主管理为核心的村民自治工作进入新阶段。各地认真贯彻落实文件精神，普遍建立了党委和政府统一领导、有关部门共同参与、民政部门组织协调的领导体制和工作机制，总结推广了一批村务公开和民主管理的典型经验，以制度建设为重点，把学习贯彻17号文件与贯彻执行党和国家现行政策法规相结合，积极组织农村干部群众参与村级事务管理活动，初步形成了事前共决策、事中听意见、事后有监督，村级民主管理有序运行的局面。在巩固和完善村级民主选举制度的同时，更加注重建设和实践活动，涌现出一大批很有特色的经验和做法。继续加大对村委会换届选举工作的指导力度，选举的制度化、程序化、规范化水平进一步提高。2004年，北京、吉林等13个省份进行了村委会换届选举工作。各地普遍重视农村妇女参与村委会选举工作。会同司法部开展了“民主法治示范村”创建活动，通报表彰了第一批299个“全国民主法治示范村”。截至2004年底，全国已有10%左右的村跨入了“民主法治示范村”行列，并呈现出良好的发展趋势。

城市社区建设 2004年，城市社区建设按照党的十六大“完善居民自治，建设管理有序、文明祥和的新型社区”的总体要求，本着“立足服务，完善自治，提升水平，健全法制”的工作思路，全国城市社区建设呈现出持续、快速、健康、深入的发展态势。部分地方推进城市管理体制改革，建立健全城市基层社会管理和公共服务体系。继续推进街道管理体制改革，增强其统筹协调和综合管理能力。完善新型社区管理体制，探索多样化的社区建设途径。各地不断创新服务手段和方式，进行了社区服务项目管理的试点，部分地区开展了组建社区公共服务委员会、社区公共服务协会和社区公共服务社的试点工作，社区服务整体水平有新的提升。继续深入推进社区建设示范活动，城市社区基础设施建设得到加强，“万家社区图书援建活动”和“万家社区读书活动”成效显著。加强居民委员会换届选举的指导工作，有13个省份村委会和14个省份居委会进行了换届选举。

行政区划 着力于行政区划规划和调研工作，取得了重要进展，部本级规划和各省、自治区、直辖市的行政区划规划工作同步推进。各地成立了以分管副省长或省长牵头、有关部门参加的领导小组，民政部门充分发挥行政区划主管部门的职能作用，积极与相关部门和科研单位配合，全面总结分析本地区行政区划调整的情况、经验和问题。目前多数省份已完成行政区划规划的文本草案，待省级人民政府审定后上报。深入扎实地开展行政区划调研工作，形成一批有一定质量的调查研究报告。成功地指导撤并了864个乡镇，慎重稳妥地审核报批部分县以上区划调整变更事项，重点解决了一些地方区划中的突出矛盾和问题。完成了《行政区划管理条例》的起草论证，完成了完成了设镇标准的修订、论证工作。

勘界及边界管理 协助筹备召开了全国勘界和界线管理工作电视电话会议。国务院副秘书长张勇主持会议，回良玉副总理、李学举部长出席会议并作了重要讲话。会议总结了全面勘界工作的历史经验，表彰了勘界先进集体和先进个人，安排部署了今后的界线管理工作。各地及时做好会议精神贯彻落实工作。组织开展了《行政区域界线管理条例》专项执法检查，全面加强了边界管理工作。2004年，根据全国界线联检总体安排，安排蒙辽、沪苏、沪浙、皖豫、鄂渝、湘黔、粤桂、渝陕、川黔、滇藏、藏新等11条、长约8484.49公里的省级界线联检任务，截至12月上旬，除个别界线外，其他界线的外业联合检查、室内资料汇总、文件起草工作已经完成，沪苏线联合检查报告已经由两省（市）人民政府上报国务院备案，其他界线联检报告上报备案工作正在进行。各省、自治区、直辖市结合当地情况开展了1646条、长约15万公里的县级界线联检工作，目前各项收尾工作正在进行。通过省、县界线联检，发现了界线管理存在的问题，修复了损毁界桩，解决了新发边界纠纷，消除了界线纠纷隐患，巩固了勘界成果，维护了边界地区的稳定。据不完全统计，11条联检省界上，通过联检，解决纠纷问题6处，修复界桩40余颗。进一步推进了省、县两级界线信息系统建设，编制出版系列标准行政区划地图工作取得重要成果。

地名管理　国家、省、地县四级地名数据库建设工作全面启动，《地名管理条例》的修订步伐加快。成功召开了全国地名工作会议，总结了1991年全国地名管理工作会议以来13年地名工作的巨大成绩、成功经验和主要问题，研究提出了新时期地名工作的新思路，明确了当前和今后一个时期地名工作的主要任务。各地以贯彻这次会议精神为契机，研究部署了本省（区、市）地名工作。城市地名设标工作取得了重大进展。截至2004年10月底，全国城市设标工作已经完成了90%以上。各地大力推进了地名数据库建设，地名信息化服务取得了新的突破。加快《地名管理条例》修订工作，印发了关于城镇建筑物名称管理、加强地名标志产品质量监督管理等有关问题的意见，确保地名管理工作在新的条件下稳妥有序进行。

社会福利　“社区老年福利服务星光计划”顺利完成。为期三年的“社区老年福利服务星光计划”取得丰硕成果，全国共新建改造各类“星光老年之家”3.25万个，投入资金134.86亿元。启动了为孤残儿童手术康复的“明天计划”，开局良好，已成功实施手术1500多例。艾滋孤儿安置和救助取得成效。5月份下发了《关于加强对生活困难的艾滋病患者、患者家属和患者遗孤救助工作的通知》，提出对生活困难的艾滋病患者、患者家属和患者遗孤实施生活救助、医疗救助、抚养安置和社会关爱的具体政策和措施。在河南省驻马店市和云南省德宏州开展试点工作，通过逐级建立艾滋孤儿救助安置中心（站），逐步探索建立艾滋孤儿救助安置工作的层级网络。进一步推进社会福利社会化，成功召开发展养老产业工作会议。以养老服务的社会化为切入点和突破口，推动社会福利社会化向前发展。社会福利机构改革稳步推进，福利企业改制有所进展，深入调研“民办公助”、“公办民营”办法，社会力量、社会资金越来越多地进入社会福利领域。

婚姻登记　各级民政部门积极贯彻执行《婚姻登记条例》，贯彻落实全国婚姻登记工作会议精神，突破难点，解决编制和经费问题。召开全国婚姻登记工作会议，会议全面总结了过去十年的婚姻登记工作，分析了新时期婚姻登记工作面临的形势，提出了今后一段时间婚姻登记工作的基本思路和目标任务，表彰了200个全国先进婚姻登记机关和300名全国优秀婚姻登记员。各地民政部门以贯彻落实会议精神为契机，着力解决婚姻登记机关编制和婚姻登记工作经费问题。同时，加大婚姻登记体制改革的工作力度，各地加强组织培训考核，提高婚姻登记员专职队伍的素质。民政部组成调查组，进行婚姻登记行政执法检查，进一步规范婚姻登记和婚姻服务，治理婚姻登记乱收费。

殡葬管理　着力于调查研究，《殡葬管理条例》修订工作取得较大进展。形成《殡葬工作调研情况报告》，对前两年调研工作情况进行了总结，并提出一些重要意见，对后续工作尤其是《殡葬管理条例》的修订工作有指导意义。在深入调研论证的基础上不断修改完善，形成了《殡葬管理条例（修订稿）》初稿。加强了殡葬宣传工作，加强了殡葬理论和学术研究工作，出版《国外殡葬法规汇编》，为殡葬管理工作提供了大量珍贵的参考资料。加强了对地方殡葬工作的指导，妥善处理了一些违法违规问题；殡葬服务业的层次和整体水平不断提高。

收养　总结各地贯彻《关于社会福利机构涉外送养工作的若干规定》的情况，召开了涉外收养工作交流会，明确了下一阶段的工作任务。与国务院法制办、外交部进一步研究论证我国加入跨国收养公约的有关问题。同一些国家和地区就有关收养问题进行谈判和协商。进一步加强对收养登记工作的指导。探索、研究、解决收养登记工作中的新情况、新问题，增强指导的针对性。根据收养工作的实际，指导各地妥善处理了大量中国公民（包括港、澳、台、华侨）和涉外收养登记的疑难案件。做好与新加坡、法国、越南等国家的交流与合作，解决了法国增加收养机构的问题。

福利彩票　按照一手抓发行，一手抓管理，拓展彩票市场，打造彩票形象，加强服务意识，培养核心竞争力的总体工作思路，优化电脑彩票玩法，树立联合销售品牌，新票种开发基础扎实，进一步加强和规范地市级机构的管理，加强系统建设，建立健全监察审计制度，加强福彩资金的安全性。2004年，全国共发行福利彩票226.38亿元，比2003年增长13%，其中，电脑型彩票218.44亿元，即开型彩票7.93亿元，销量连续四年创历史新高。筹集公益金79.23亿元。电脑型福利彩票占全国彩票市场的份额继续扩大，市场占有率由去年同期的44.85%上升至59.34%，增长14.49%，在中国彩票市场上逐步占主导地位。

民政信息化　一是顺利完成民政广域网扩容及应用升级，成功召开了两次全国性视频会议，视频质量得到极大改善，整体效果达到了预期目标。民政广域网正逐步向下延伸。全国已有北京、上海、山东、广东、浙江、广西、青海等省市实现了向下二级或三级联网，其余省（区、市）也正在积极推进中。二是不断提高网络安全和管理的水平。通过培训和安全措施的应用，广大公务员的计算机网络应用技能和安全意识有了显著提高，实现了局域网内微机上网的统一管理，成功抵御了几次大规模病毒泛滥和黑客入侵，保证了部机关局域网的安全运行。三是出台《民政业务数据共享与交换标准》。推动民政业务数据的标准化和民政业务软件开发工作的规范化。四是推进民政公用政务平台的应用。五是开发以国家信息化建设重点项目为龙头的多软件。社会保障工程"低保信息系统"子项目，完成了立项、部级可行性研究和对地方可行性研究的指导工作。国家重点数据库之一的"法人库"立项和前期工作逐步推进。"流浪乞讨人员救助管理信息系统"完成前期需求调研。"全国优抚安置管理信息系统"。"全国涉外婚姻登记管理信息系统"、"行政区域界线信息管理系统"等运行和维护工作得到加强。六是充分发挥互联网站的功能作用。完成部网站的升级改版，紧紧围绕重点业务工作，组织专题，增设栏目，开设了"在线交流"，进行工作研讨。一年来，部网站访问点击量日均超过万次，11个月的访问量达360余万次，在社会上产生了一定的影响。在第三届"中国电子政务技术及应用大会"上，部网站以中央政府部门网站排名第11位获"中国政府优秀网站奖"；根据《计算机世界》按照国信办"政府网站评估指标体系"评价，我部网站已跃居政府部门网站排名第6位。

老龄工作　一是全国老龄办切实发挥职能作用，协调推动各成员单位，对《中共中央、国务院关于加强老龄工作的决定》和《中国老龄事业"十五"计划纲要》执行情况进行认真检查督促。加大综合协调力度，深入基层调查研究，继续组织开展了"银龄行动"。2004年，"银龄行动"的试点范围从5个省市扩大到20个。二是通过认真开展创建"全国老龄工作先进县（市、区）和先进单位"活动，整体推动老龄事业发展，加强了城乡基层老龄工作。三是加大资金投入，加快为老服务设施建设。各地普遍加大财政资金投入，新建改建了一批适合老年人需求、功能比较完善的老年公寓、老年活动中心、老年学校、文化健身广场等设施。各地在不同程度地加大资金投入的同时，还采取积极措施，鼓励和吸引社会力量投资建设为老服务设施。四是积极协调有关部门，依法维护老年人合法权益。为2004年前办理手续的企业退休人员增加基本养老金人均每月40元。推进城镇医疗保险制度改革，全国参保人数达到12074万人，企业退休人员社会化管理率达到91.3%。在全国农村建立医疗救助制度，努力解决"五保"老人和贫困老人的基本医疗问题。在9省9市农村开展试点，建立制度，奖励扶助农村计划生育家庭满60周岁以上的夫妇。民政部用三年时间投入39.86亿元、地方财政配套43.36亿元、社会力量投资51.63亿元，新建和改扩建城乡社区"星光老年之家"32490个。2004年又安排6000万元用于城乡老年社会福利机构建设。五是重视农村老龄工作，加强农村老龄问题研究。各地继续推行签订家庭赡养协议书，明确赡养责任，巩固家庭保障功能。建立农村特困户救助制度，采取措施落实农村"五保"政策，有条件的地方建立了农村最低生活保障制度，使"五保"和特困老人基本生活困难基本得到解决。通过建立老年人协会或村老龄工作委员会，培育和发展农村基层老年群众组织，解决农村老龄工作的载体问题。六是组织开展多种形式的文体活动，不断丰富老年人精神文化生活。按照回良玉副总理关于开展老年文化活动"应从实际出发，以多样化为宜"的指示精神，各地充分发挥基层老年群众组织的作用，以老年群众文体组织为依托，开展了许多丰富多彩的老年文化体育娱乐活动。七是发挥老年知识分子自身优势支援贫困地区开发，取得很好的社会效果。八是加强老龄项目国际合作，不断拓宽对外交流渠道。

民政法制建设 一是民政立法工作取得了重大进展。《军人抚恤优待条例》、《基金会管理条例》和《基金会名称管理规定》已经于今年出台，《城市居民委员会组织法》、《行政区划管理条例》和《地名管理条例》的修订工作也进入提交部务会议审议阶段；《农村五保供养工作条例》和《殡葬管理条例》正在抓紧修订；列入二类项目的《革命烈士褒扬条例》的修改工作和《民办非企业单位年度检查办法》的制订工作都已经启动。同时，配合国务院法制办对已上报的《社会团体登记管理条例》和《民办事业单位登记管理条例》进行了修改。根据2004年5月出台的《民政部听证办法》，全面引入立法听证程序，《民办非企业单位年度检查办法》、《城市居民委员会组织法》等在制订或修订过程中已经采取了召开听证会的形式，全面听取专家学者和行政相对人的意见。二是认真做好普法工作。组织编写了《民政部门工作人员实施行政许可必备》等书，进行《行政许可法》和依法行政培训。三是加强民政执法工作。加强对业务司局的执法指导，并按照《行政许可法》的有关规定，起草了《民政部门实施行政许可办法》，将《行政许可法》规定的"统一受理行政许可申请、统一送达行政许可决定"，"实施行政许可程序"，"实施行政许可监督检查"，"实施行政许可责任追究"等四项制度进行规范，制作了民政部门实施行政许可的23个文书格式，如《行政许可申请材料补正通知书》、《行政许可申请处理审批表》、《现场检查笔录》等。四是认真做好行政复议与行政应诉工作。2004年，民政部就受理复议案件13件。从业务范围来说，涉及到抚恤优待、批烈调残，民间组织管理和社会福利企业审批等方面。严格按照《行政复议法》和《民政部行政复议与应诉办法》的规定，做好行政复议的受理、审查工作，依法做出了相应处理，保证了行政执法的严肃性，有力地监督了下级民政部门的行政执法，维护了民政工作对象的合法权益。五是做好行政审批制度改革及贯彻行政许可法工作。召开了全国民政系统贯彻实施《行政许可法》工作会议，部署全国民政系统做好行政许可事项、行政许可设定、实施行政许可主体的清理工作，做好建立实施行政许可相关配套制度的工作。召开有地方民政部门参加的研讨会，研究民政业务中的许可和非许可项目划分标准，研究民政部门实施行政许可相关配套制度的内容。在清理行政许可事项和非许可的行政审批事项过程中，严格按照《行政许可法》的规定和国务院审改办确立的行政审批项目清理原则，明确民政业务中行政许可事项与非行政许可的行政审批事项的区别，外部行政管理事项与内部审批事项、部门承办事项的区别，审批后从事特定活动需要加强监管的事项与审批后确认法律关系、法律事实及需要给付事项的区别。目前共有行政审批项目 71 项，其中行政许可项目 24 项，非许可的行政审批项目 47 项，已经行文上报国务院审改办。

民政事业“十一五”发展规划思路

根据《国家发展改革委关于做好 2004 年“十一五”规划工作的通知》，制定《民政事业“十一五”发展规划思路》。

一、民政事业“十五”计划实施情况

“十五”期间，在党中央、国务院领导下，各地认真贯彻落实《国民经济和社会发展第十个五年计划纲要》和《民政事业发展“十五”计划纲要》，民政事业取得了新的进展。

有效实施了灾害紧急救助，年均紧急转移安置灾民 300 多万人次，救助灾民近 2 亿人次。城市居民最低生活保障基本实现了动态管理下的应保尽保，目前共有 2246.8 万城镇居民得到了这项保障。农村五保供养和农村特困户生活救助制度进一步规范，目前共救济农村困难群众 1160.5 万人。已在 20 个省市的 943 个县（区）实施了农村医疗救助，救助人口 492 万人。实现了城市生活无着的流浪乞讨人员从强制性收容遣送到自愿受助、无偿救助的重大变革。

加强了村级自治组织建设，规范了民主选举，加强了村务公开和民主管理，完善了民主决策和监督，朝着“健全村党组织领导的充满活力的村民自治机制”迈出了重要步伐。社区建设由中心城市向中小城市推进，加强了居委会建设，开展了示范创建活动，发展了社区服务业，基本形成了与社会主义市场经济体制相适应的社区管理体制和运行机制。

民间组织得到了较快发展，目前全国有 14 万个社团、12 万个民办非企业单位以及 1200 个基金会。重点发展了行业协会、农村专业经济协会和公益性组织，开始了基金会登记工作，民间组织从单纯的数量增长转向合理布局、优化结构、提高质量的协调发展，成为促进经济社会建设和管理的一支重要力量。

广泛深入开展了拥军优属活动，推行了优抚经费自然增长机制、政府安排就业与市场自谋职业相结合的退役士兵安置办法和军休干部服务管理社会化，有效保障了优抚安置对象生活权益和政治待遇。目前有优抚安置事业单位 2927 个，享受国家抚恤补助的重点优抚对象 468 万人，军休干部 11 万人，无军籍职工 5 万多人，每年约有 30 万退役士兵需要安置。

大力推进了社会福利社会化，兴办各类福利服务机构，拓展服务领域，扩大服务对象，完成了“社区老年福利服务星光计划”，共建成“星光老年之家”3 万多个，启动了“残疾孤儿手术康复明天计划”，每年为 1 万名残疾孤儿实施手术矫治和康复。目前各类社会福利机构 3.9万个，收养 97.6 万人（其中有 5.4 万为孤儿），初步建立了以供养机构为载体、以社区为依托、以老年人为重点的社会福利服务体系。

积极稳妥调整了行政区划，在我国历史上首次完成了省县两级 48 万多公里行政区域界线的勘定任务，实施依法管界。实现了婚姻登记管理向登记服务的转变。殡葬改革取得了一定进展。

经过 50 多年，特别是“十五”期间的发展，民政事业已经形成了覆盖全体人民群众的工作体系(重点对象是6000万城乡贫困人口、年均1亿多灾民、400多万优抚安置对象、1.3亿老年人、6000多万残疾人、5万多收养孤儿)。形成了由多项法律、条例及部门行政规章等构成的、相对齐备的民政法制体系。形成了由中央、省、市、县、乡镇五级民政部门构成的民政行政管理体系,以及由公务员、专业技术人才、经营管理人才和志愿者构成的民政事业队伍。形成了以财政投入为主、社会筹集为辅的民政事业资金投入机制,由福利院、敬老院、光荣院、优抚医院、社会捐助站、殡仪馆等构成的比较系统的民政基础设施服务网络。从民政工作内容的厚重性、对象覆盖的普遍性、法律法规的齐整性、基础设施的规模性以及人力、物力支撑度来看,民政事业已经成为一项独立门类、不可或缺的重要社会事业。

民政事业在"十五"期间取得了长足发展,但是也存在困难和问题,主要是:1.国家对民政事业投入不足,只占国家财政支出的1.59%,不能满足民政事业发展的需要,致使民政保障对象覆盖面窄,保障标准偏低,部分救济对象、优抚对象生活相对困难;2.国家对民政基础设施建设投入偏低,只占国家基建投入的0.17%,基础设施建设严重滞后,致使福利院、敬老院、光荣院、优抚医院等服务设施、设备不能满足民政服务对象的基本需求。城乡社区基础设施建设薄弱,不能满足城乡居民日益增长的物质文化生活需求;3.民政事业的法制建设相对滞后,执法手段尚不健全,与依法治国、依法行政的要求不相适应;4.基层民政部门普遍存在人手少、工作条件差、力量薄弱等问题,工作手段的现代化水平不高。以上困难和问题严重制约了民政事业的进一步发展。

二、"十一五"期间民政事业面临的形势、指导思想和奋斗目标

目前,我国已经进入了全面建设小康社会、加快推进社会主义现代化建设新的发展阶段。加强社会主义物质文明、政治文明和精神文明建设,构建社会主义和谐社会,对民政工作提出了新的更高要求。

完善社会主义市场经济体制,需要健全社会保障体系,保障困难群众基本生活权益。民政工作在"健全社会保险、社会救助、社会福利和慈善事业相衔接的社会保障体系"中占有很重要的地位,必须站在维护改革发展稳定大局的高度,切实履行职责。通过灾害救助解决群众因灾造成生活、生产的应急困难;通过最低生活保障、五保供养、农村特困户救济解决困难群众衣食等基本生活方面的困难;通过医疗救助解决因病致贫、因贫致病群众的困难;通过救助管理解决流浪乞讨人员临时生活困难;通过社会福利保障老年人、残疾人、孤儿的合法权益。在新形势下,民政工作需要充分发挥调节社会利益、化解社会矛盾、维护社会公平的作用,进一步为经济体制改革和经济发展创造有利条件。

保持经济社会协调发展,构建社会主义和谐社会,需要加强社会建设和管理、推进社会管理体制创新。民政部门是管理社会行政事务的职能部门,社会建设和管理工作比较集中,在加强社会建设和管理、推进社会管理体制创新中发挥着重要作用。通过推进村民自治和社区建设,组织基层群众依法管理自治范围内的社会事务,发挥村委会、居委会在基层民主政治建设中的作用,调动和凝聚城乡人民群众的积极性、创造性,建设美好家园,创造幸福生活;通过培育、发展民间组织,承接政府转移出来的社会可以自我调节、自我管理的职能,发挥其提供服务、反映诉求、规范行为的作用,满足人民群众参与社会公共事务管理的愿望;通过健全社会救助、社会福利、社会慈善等社会保障工作以及拥军优抚安置工作,妥善解决困难群众和特殊群体的切身利益问题,在全社会形成团结互助、扶贫济困的良好风尚和平等友爱、融洽和谐的人际环境;通过加强行政区划工作,推进行政管理体制改革,促进城镇化和区域经济社会发展;通过加强婚姻、殡葬和地名等社会事务工作,方便群众、服务群众,体现人文关怀。民政事业发展水平在一定程度上体现了我国社会建设和管理的水平,民政工作在建立"小政府、

大社会”的社会管理结构、创新社会治理方式上承担重要的职责。

经济社会发展归根结底是为了人，最终目的是为了实现人的全面发展，必须把人民群众各项利益实现好、维护好、发展好。民政工作与人民群众根本利益紧密相连、息息相关，其中不少工作是直接为需要帮助的困难群众服务的，社会救助保障困难群众生存权，基层民主政治建设保障人民群众选举权、知情权、参与权和监督权，民间组织保障人民群众结社自由权，社会福利保障老年人受赡养权、残疾人受助权和孤儿受抚养权，婚姻登记保障公民婚姻自主权，退役士兵安置和福利企业保障特殊群体的劳动权等。实际情况和社会发展的趋势充分表明，民政是保障群众权益、实现人的全面发展最广泛、最集中、最直接的一项社会事业，其面临的任务更加艰巨。

以上所述可见：“十一五”期间民政事业的任务更加繁重，作用更加显现，地位更加重要。加快民政事业发展，是坚持“三个代表”重要思想和立党为公、执政为民的具体体现，是坚持以人为本、全面协调可持续科学发展观的客观需要，是发展社会主义市场经济、建设民主政治和先进文化的必然要求，是应对社会结构变迁、加快构建社会主义和谐社会的战略抉择，是实现国家长治久安的重要保证。

根据民政事业面临的形势和民政工作的职责，“十一五”期间民政事业发展的指导思想是：以邓小平理论和“三个代表”重要思想为指导，坚持以人为本、全面协调可持续的科学发展观，紧紧围绕改革发展稳定的大局，与时俱进、求真务实、开拓创新，不断提高民政行政管理和社会服务能力，加快民政事业发展，维护民利、解决民生、落实民权，为全面建设小康社会做出积极贡献。

“十一五”期间民政事业发展的奋斗目标：进一步改革和完善民政事业发展的工作机制和管理体制，使民政法制建设更加健全、财力保障更加有力、基础设施更加完善、人才队伍素质不断提高，形成与国家经济社会发展相适应的民政事业发展新格局，更好地保障广大人民群众的基本权益，特别是保障困难群众的基本生活权益。

——构建和完善以灾害紧急救援、社会救助、社会福利和社会慈善事业为重点，城乡一体、标准有别、分类施保的社会保障体系，有效保障灾民、贫困人口、老年人、残疾人、孤儿和流浪乞讨人员的生活权益。

——大力推进村（居）民自治和社区建设，不断扩大基层民主，充分发挥基层自治组织作用，健全管理有序、人民群众广泛参与的城乡基层民主政治建设制度。

——积极发展各类民间组织，形成布局合理、结构优化、种类齐全、民主自律的民间组织发展格局，不断提高民间组织的社会参与和社会服务水平。

——加大抚恤优待、退役士兵安置、军休服务管理的改革创新力度，建立与市场经济相适应、有利于国防和军队现代化建设的拥军优抚安置制度。

——巩固行政区域调整、行政区域界线管理和地名管理服务的成果，形成法制健全、管理科学、有利于经济发展和社会安定的区划地名工作体系。

三、“十一五”期间民政事业发展的基本任务

根据上述指导思想和奋斗目标，“十一五”期间民政事业发展的基本任务如下：

（一）提高灾害紧急救援能力。

完善国家灾害救援机制，提高灾害应急资金保障能力和灾害救援保障水平，保证灾民得到及时、妥善安置，保障灾民基本生活，并使灾民生活救助标准与国民经济发展水平相适应。

完善全国抗灾救灾和减灾综合协调管理体制，形成统一指挥、反应灵敏、运转高效的灾害应急机制，提高对重大灾害的应急救援能力。

建立健全覆盖至县的灾情监测体系，提高灾情信息管理水平。建设和完善中央级、省级和多灾地区救灾物资储备库，形成布局合理、保障有力的救灾物资储备网络，保证救灾物资及时到位。

建成覆盖全国的环境与灾

害监测预报小卫星星座地面应用系统，形成布局合理的区域卫星地面应用分中心和省级应用中心。开展全国灾害普查、灾害风险评估和灾害风险制图，提高灾害监测、预报和评估能力，为减灾救灾工作提供科学依据。

实施以减灾进社区、进学校、进乡村为重点的减灾宣传教育计划，提高全民防灾减灾意识。

（二）加快推进城乡社会救助体系建设。

城市居民最低生活保障要贯彻按“实际收入”计算的政策，将符合条件的困难家庭全部纳入低保，加强动态管理，做到“应保尽保”。抓好农垦、森工和资源枯竭矿山等特殊困难行业和企业困难职工家庭的低保工作。制定城市有特殊困难的低保家庭“分类施保”的具体政策措施。建立健全低保资金投入机制，并根据物价指数的波动适时调整补助标准。强化民主监督，完成统一标准的全国最低生活保障信息系统建设任务，使城市最低生活保障制度更加规范。

农村特困户生活救助要规范救助程序，明确救助资金渠道，整合救助资源，完善救助办法，加强规范化管理。在有条件的地方，积极推进农村居民最低生活保障制度建设。

对农村五保对象要建立以财政资金为主要经费渠道的供养方式，因地制宜，从实际出发，集中供养与分散供养相结合，将符合条件的对象全部纳入供养范围，做到“应保尽保”，并达到当地村民的一般水平。

流浪乞讨人员救助管理坚持“自愿求助、无偿救助”的原则，创新救助管理方式，体现人文关怀。建立方便、安全的救助管理网络，探索多形式、社会广泛参与的救助管理模式。

建立和完善医疗救助制度，落实资金，积极推进，并做好与农村新型合作医疗、城镇职工医疗保险制度的衔接。积极推进教育救助、住房救助和法律援助。

（三）发展壮大社会福利事业。

适应经济社会发展水平，切实加大政府对社会福利事业的支持力度。同时，积极引导和鼓励社会力量参与社会福利事业，完善各类所有制福利机构在土地使用、税收减免和水电等方面享受的优惠政策，实行民办福利企业享受政府资金和彩票公益金资助的“民办公助”政策，通过联合、兼并、托管、合资合作和股份制改造等形式，推行“公办民营”政策，使福利机构真正成为自主经营、自负盈亏的法人实体，逐步实现社会福利事业投资主体多元化、服务对象公众化、运营机制市场化、服务方式多样化和服务队伍专业化与志愿者相结合。

大力发展老年福利服务，形成以家庭为基础、社区为依托、机构为骨干、多种形式相结合的老年福利服务体系，基本满足老年人的养老需求，保障其合法权益。

健全集中与分散相结合的残疾人安置就业制度，完善福利企业减免税等扶持政策，促进有劳动能力的残疾人就业。建立国家级的康复工程研究中心，加强辅助器具研究开发。加大对经济困难残疾人的治疗、康复和救助力度，保障残疾人合法权益。

完善集中供养、家庭领养和社会助养、代养、寄养等孤儿收养政策，加强对残疾孤儿手术治疗和康复工作，做好艾滋病患者遗孤的救助安置工作，保障儿童合法权益。

（四）大力兴办社会慈善事业。

建立以民政部门为主的社会慈善事业管理体制，形成政府大力倡导、社会广泛支持、群众踊跃参与的社会慈善事业发展机制。培育团结互助、和衷共济的现代慈善意识，营造扶贫济困、平等友爱的良好社会风尚。

创新社会慈善组织形式，大力发展慈善基金会、救济会等各类社会慈善机构，推广“慈善超市”，健全覆盖全国县（市）街道和社区的社会捐助接受站点，开展经常性社会捐赠活动，形成多层次的社会慈善事业组织网络。

完善社会慈善事业优惠政策。国内企业、事业单位和个人捐赠财产用于社会慈善事业，享受所得税方面的减免政策，并在税前列支。境外向国内社会慈善事业捐赠的物资，免征进口关税和进口环节的增值税。对于捐赠的社会慈善事业工程项目，当地政府给予优惠政策。

完善慈善资金募集方法和途径，引导和聚集国内外各种社会资金投入慈善事业。坚持福利彩票“扶老、助残、救孤、济困”的性质，根据经济社会发展水平扩大福利彩票发行规模，为社会福利、社会救助及其他社会慈善事业筹集更多资金。

探索建立志愿者劳动储备制度，在大中学生、党政干部、各类所有制企事业单位职员和民间组织工作人员中倡导开展义工活动。

（五）全面推进城乡基层民主政治建设。

1. 全面推进社区建设。

切实加强社区居委会建设，理顺政府与社区居委会、社区居委会与其他社区组织的关系，充实居委会工作力量，改善工作条件，积极推进居委会直接选举，扩大居民参与度，全面提高居民自治能力。

整合社区资源，鼓励和引导卫生、科技、劳动、教育、法律等服务进社区，大力发展社区服务，提高服务水平，提高社区居民生活质量。努力开发社区就业岗位，提供就业服务，促进下岗失业人员尤其是困难家庭人员在社区实现就业再就业。

广泛深入开展社区建设示范活动，总结推广城市社区建设的经验，促进社区建设不断向广度和深度发展。

2. 进一步完善村民自治。

健全以村委会、村民会议、村民代表会议、村民小组为主体的村民自治组织体系，明确村干部、村民、村级各类组织的权利、义务和职责，正确处理村委会与乡镇政府、村党组织之间的关系。

健全村级民主选举制度，严格执行法律政策规定的选举程序，保障村民在选举各环节中的权利，纠正和查处选举中的违法违规行为。

健全村级事务民主决策制度，完善村民会议和村民代表会议议事规则，规范村级民主决策程序，与农民群众利益相关的重大事项均需民主讨论决定。

健全村务公开和村级民主管理制度，制订村民自治章程和村规民约，丰富和拓展村务公开内容，规范村务公开程序，开展民主评议村干部工作，建立农村集体财务收支审批和审计制度，加强对村干部的监督和检查。

（六）积极培育发展民间组织。

采取扶持政策，重点发展行业协会、农村专业经济协会、慈善性民间组织和社区民间组织，加快培育扶贫开发、环境保护、法律援助等领域的民间组织。

适应政社分开的要求，指导民间组织健全组织机构，改进工作方式，增强管理和创新能力，依照章程独立自主地开展工作，充分发挥民间组织的职能和作用，提高服务社会的水平。

通过政府直接资助、减免税收等方式帮助民间组织解决资金问题，完善民间组织人事、工资、税收、财务、社会保障等方面的政策，促进民间组织持续、健康、有序发展。

建立民间组织评估和社会监督体系，加强对民间组织的社会监督，强化制度和道德约束，建立各具特色的信息披露制度，提高民间组织社会公信力。及时有效查处非法和违法民间组织，确保社会稳定和国家安全。

（七）完善拥军优抚安置制度。

普遍建立优抚对象抚恤补助经费自然增长机制，把义务兵家属和重点优抚对象优待金列入各级财政预算，将不同类别的优抚对象分别纳入相应的医疗保障体系。通过多种途径改善优抚对象的住房条件，使优抚对象生活水平达到当地居民的平均生活水平。认真做好烈士褒扬工作。

增加军休人员生活待遇经费，完善军休干部医疗保障政策，改善服务设施，规范服务管理。推进军队退休干部住房制度改革。积极配合部队调整改革，确保军队离退休干部和无军籍职工的接收安置任务完成。

深化退役士兵安置改革，健全退役士兵在就业、培训、就学等方面的扶持政策，建立以中央为主、地方为辅的退役士兵安置财政经费保障机制。积极适应户籍制度改革，实行城乡一体化的退役士兵安置政策，一般安置对象实行政府扶持的办法实现就业，重点安置对象通过政府预留岗位及相应补贴的形式实现就业。

把支持军事斗争准备作为新时期拥军重点，配合部队完成军事训练任务，支援重点军事工程建设，做好人民群众参战支前的准备。广泛开展创建双拥模范城(县)、拥军优属模范单位等活动，推动群众性拥军优属活动的深入开展。

(八)规范区划地名管理。

修订和完善各级行政区划设置标准，探索行政区划体制创新，科学合理地调整市镇建制，做好乡镇村撤并工作，促进大中小城市与小城镇协调发展。

健全和完善地名管理和服务体系，重点抓好地名普查和地名标志设置工作，加强地名导向系统建设，开展地名信息化服务。

依法管理行政区域界线，编制各类行政区域界线详图，开展行政区域边界检查，解决边界纠纷，巩固勘界成果。

(九)加强婚姻、殡葬管理和服务。

健全婚姻登记管理制度，规范婚姻登记程序，提高婚姻服务质量，依法保障公民婚姻自主权利。继续推进殡葬管理体制和经营机制改革，倡导文明节俭办丧事，加大殡葬科研开发力度，提高殡仪服务质量。

四、"十一五"期间民政事业发展的保障措施

(一)提高民政事业费在国家财政预算中的比例，为民政事业发展提供经费保障。

建立健全以国家财政为主的民政事业发展投入机制。根据经济社会发展水平，提高民政事业费在国家财政预算中的比例(3%—4%)。调整民政事业预算科目体系，在国家预算科目中设立"民政事业费"一级预算支出科目。加大政府对灾害救助、城乡低保、农村五保供养和特困户救济、优抚安置、社会福利投入力度，提高民政对象的救济标准，建立退役士兵补偿金，切实保障困难群众和特殊群体的基本生活。对社区建设、区划地名、婚姻登记、儿童收养、民间组织登记等事业设立专项资金给予保障。

改革福利彩票资金分配体制，把超基数发行所筹的其余80%的彩票公益金由社会保障基金纳入民政事业费。鼓励和支持民间资本依法进入社会福利和社会服务领域，募集社会资金，建立救灾、慈善等基金，完善社会互助的动员机制。

(二)加强民政基础设施和社区公共设施建设，为民政事业发展提供物质保障。

加快综合性社会福利院、老年福利院、农村敬老院、儿童福利院、优抚医院、光荣院、军供站、救灾物资储备库、社会捐助站、流浪乞讨人员救助管理站等民政基础设施的建设，加大对现有基础设施的更新改造力度，提高对各类民政对象的保障和服务能力。

加快民政信息化建设进程，实施"一网一台多软件"为主要内容的"数字民政"和以为群众提供服务为主要内容的便民工程。重点建设全国最低生活保障信息系统、减灾信息技术系统、国家灾害监测预报小卫星星座地面应用系统、婚姻管理信息系统、民间组织管理信息系统、流浪乞讨人员救助管理系统、全国四级地名数据库、行政区域界线信息系统等各专业系统，提高各系统的综合服务能力。

全面统筹规划城乡社区福利服务设施建设，不断满足人民群众日益增长的物质文化需求。

(三)加快民政法制建设，为民政事业发展提供法律保障。

制订救灾法、社会救助法、村民委员会选举法、民间组织促进法等法律草案，加快修订城市居民委员会组织法、村民委员会组织法等法律。

制订和修订农村五保供养、社会捐助、社会福利机构管理、流浪儿童救助管理、社会工作者、社会团体登记管理、行政区划管理、地名管理、殡葬管理等法规。

(四)加强民政队伍建设，为民政事业发展提供人才保障。

加强各级民政机关公务员队伍建设，努力提高广大民政干部开拓创新能力、依法行政能力、协调配合能力、做群众工作能力，特别是要注意提高民政部门领导班子用干部、带队伍能力和科学决策、民主决策、依法决策水平，形成一支政治坚定、道德高尚、业务精通、作风优良的民政干部队伍。

加强民政专业技术人才队

伍建设，制订各类民政专业技术人才评价标准，实施民政特殊专业技术人员职业资格制度。

加强民政管理人才队伍建设，建立经营管理人资质评估制度，全面推行聘任制，实行任期目标制和业绩考核制。

建立民政干部培训制度，实行各类民政工作人员上岗培训和定期轮训制，建立和落实学习考核和激励机制，不断提高民政队伍知识水平和职业能力。加强民政部培训中心建设，通过多种形式和渠道，创新培训方法，提高培训质量。

切实加强民政组织机构尤其是基层组织机构建设，在人员编制、经费及办公设施等方面加大保障力度，关心基层民政干部的生活和成长，确保各项民政工作任务在基层得到全面落实。

社会救助与社会福利

自然灾害救助

【2004 年自然灾害情况】 2004 年，全国气候基本正常，未发生大的流域性洪涝灾害，但局部地区暴雨洪涝、冰雹、雷击及滑坡、泥石流等灾害频繁发生，造成严重人员伤亡和经济损失。经民政部会同水利部、农业部、国家统计局、中国气象局等部门共同核定，2004 年全国因洪涝、干旱、台风、风雹、地震、雪灾、低温冷冻、山体滑坡和泥石流等自然灾害，造成约 3.3 亿人(次)受灾，因灾死亡人口 2250 人，因灾伤病人口 96.6 万人，紧急转移安置 563.3 万人；倒塌房屋 155 万间，损坏房屋 550.9 万间；农作物受灾面积 3710.6 万公顷，绝收面积 431.2 万公顷；因灾直接经济损失 1602.3 亿元。

综合分析，2004 年我国自然灾害发生情况主要有以下特点：

第一，整体呈现“种类多、频率高、来得早、走得晚、多点散发、影响大”的特点，而且多发生在经济水平相对落后的边远贫困地区，部分地区重复受灾，给当地群众造成严重生命财产损失。

第二，造成损失较为严重的灾害主要是干旱、洪涝、风雹和台风灾。旱灾较前两年偏重，主要集中于东北春夏连旱区和南方秋旱区两个区域。全年虽没有发生大的流域性洪涝灾害，但局部地区灾情严重，主要集中于西南地区以及两湖、广西、河南等地。

第三，从地域分布情况看，内蒙古、吉林、黑龙江、浙江、福建、河南、湖北、湖南、广东、广西、重庆、四川、贵州、云南、等省(自治区、直辖市)出现了较强灾害过程，全国重灾区域主要集中在西南洪涝区、河南洪涝区、两湖广西洪涝区、东北旱灾区、南方旱灾区以及浙闽台风区等六个区域。因灾死亡人数较多的主要有华东地区的浙江省，华中地区的湖北、湖南，西南地区的重庆、四川、贵州、云南等省(市)，以上 7 省(市)因灾死亡人口占全国 67.2%。

与 2003 年相比，2004 年农作物受灾、人口受灾、经济损失等各项指标均有所下降，其主要原因是：汛期未发生大的流域性洪涝灾害。除东北西部、内蒙古东部的春夏连旱及华南、长江中下游地区的秋旱，其余大部地区未发生大范围持续性干旱。2004 年因灾死亡人数与 2003 年基本持平，主要原因是：部分地区强降雨造成严重洪涝、滑坡、泥石流灾害；第 14 号强台风登陆浙江造成严重人员伤亡；全年雷雨大风、冰雹、雷击等灾害频繁发生，较常年偏重。

【救灾工作情况】 面对严重的自然灾害，党中央、国务院高度重视，胡锦涛、温家宝、回良玉等中央领导同志多次作出重要批示，对抗灾救灾工作提出了明确要求。民政部积极发挥抗灾救灾综合协调职能，中央有关部门密切配合，通力合作，全力以赴帮助灾区做好抗灾救灾工作。2004 年中央投入特大自然灾害救济补助费 40 亿元。

灾区各级党委、政府把抗

灾救灾工作作为压倒一切的工作重点，精心组织，周密安排，果断决策，靠前指挥。地方各级也相应增加了救灾投入。各级民政部门在党委、政府的领导下，以实际行动践行“三个代表”重要思想，不畏艰险，恪尽职守，始终战斗在抗灾救灾的第一线，在抢救转移安置被困群众、查灾报灾、发放救灾款物、安排灾民生活、倒房恢复重建等方面做了大量工作，最大限度地减少了灾害造成的损失，确保了受灾群众有饭吃、有衣穿、有房住、有病能医，灾区人心安定，社会秩序良好。2004年，围绕灾害应急救助、灾后恢复重建和春荒冬令灾民救助等工作内容，救灾制度建设取得很大成绩。

1.根据《民政部应对突发性自然灾害工作规程》和《灾害应急救助工作规程》，民政部和地方民政部门建立了灾害应急机制，每当重大自然灾害发生，民政部和地方各级民政部门迅速启动救灾应急预案，及时掌握报告灾情信息，第一时间派出工作组，及时下拨救灾应急资金，紧急调拨救灾物资。去年民政部共向灾区派出64个工作组，下拨中央救灾应急资金2.14亿元，紧急向灾区调运救灾专用帐篷17批、30900顶。灾区各级政府也及时下拨了救灾资金，调拨了大量的帐篷、衣被、食品等救灾物资，有效保障了受灾群众应急期间的基本生活。

2.制定实施了《灾区民房恢复重建管理工作规程》，灾后恢复重建进度加快；恢复重建管理更加规范。2004年，全国各地灾区倒塌民房155万间，内蒙古、河南等13个重灾省区需恢复重建民房134.27万间。通过统一规范恢复重建工作程序，推广河南、内蒙古、宁夏和湖北等地重建工作经验，建立灾区倒房重建工作监督制度，每10天通报一次重建进展情况，促进地方加快重建工作进度。截至目前，13个重灾省份恢复重建灾民住房124.88万间，大部分受灾群众在春节前已经搬入新屋，因天气、建材等原因暂时没有恢复住房的群众也得到妥善安置。

3.推动实施了《春荒冬令灾民救助工作规程》，灾民生活救助更加扎实有效。目前，春荒冬令救助工作已经形成了比较规范的工作制度和工作程序。2004年春荒期间，全国首次推行《灾民救助卡》管理制度，民政部对全国春荒救济管理到户，全国共发放灾民救济卡1540万张，救济灾民4736万人；冬令期间发放灾民救助卡1604万张，救济灾民4701万人。各地加大对灾民生活救助的投入，落实春荒配套资金7.63亿元，落实冬令配套资金8.1亿元，为历年来最高。通过确定重点救助区域、加大公开通报和督促检查工作力度、派出督查工作组到地方督导工作等措施，提高了荒情救助实效。2004年，中央对灾民荒情救助更加重视，全年投入救助资金26.2亿元。

【印度洋海啸捐赠】 2004年12月26日，印度洋海啸发生后，按照国务院的统一部署，民政部立即成立了“全国民间援助印度洋海啸灾区协调办公室”，负责全国民间援助的组织、指导、协调、信息汇总及发布工作。各地民政部门认真履行职责，立即启动应急预案，成立了相应机构，加班加点，指导红十字会和慈善会两大系统，开展捐款接收工作。短短的一个月里就接收到民间捐款5亿元，其中广东、上海、北京、浙江、辽宁等省市捐款超过千万元。此次捐款活动，树立了我国负责任的大国形象，体现了中国人民跨越国界的人道主义精神和对海啸灾区群众的关爱，在国际上产生了良好的影响。

【社会捐助工作】 社会捐助工作得到党和国家领导人的高度重视。2004年8月10日，胡锦涛总书记就辽宁省“扶贫超市”的做法作出重要批示，肯定这是城市扶贫的新事物，要求做好试点工作，总结经验，不断完善。回良玉副总理要求民政部门以此为契机，积极探索和完善城市扶贫的长效机制。11月17日，温家宝总理在我部专报的“社会捐助工作现状、问题及建议”上批示，搞好社会捐助工作十分必要，也大有可为。要求民政部就提出的问题和建议，会同有关部门抓紧研究解决。为了贯彻落实中央领导指示精神，各级民政部门积极探索，探索出了一些新路子，积累了好经验。经常性社会捐助工作进一步规范。通过健全社会捐助制度、创新捐助形式、推广“慈善超市”、“扶贫超市”、“爱心家园”、优化捐助对口支援，不断完善了社会捐助的运行机制；截至12月底，全国建立社会捐助接收站点共计2.8万个，建立“慈善超市”、“扶贫超市”、“爱心家园”等4000多个，全国共计接收社会捐款16.17亿元，接收衣被8169万件。

减灾工作

【中国国际减灾委员会】 向国务院提出将“中国国际减灾委员会”更名为“国家减灾委员会”的建议，以推进国内减灾事业的深入发展。考虑到减灾委员会的工作职能是研究制定国家减灾工作的方针、政策和规划，协调开展重大减灾活动，指导地方开展减灾工作，推进减灾国际交流与合作，因此，为了推动我国的减灾工作，向国务院提出了更名的建议。此项工作得到了国务院领导的肯定，在按照国务院领导的指示征求有关部门同意的基础上，已正式上报国务院。

【国家减灾委的专家委员会】 组建新的国家减灾委的专家委员会。委员会由18名院士、著名学者和34位研究员、高级工程师组成。专家委员会为减灾委的重大科学技术问题提供咨询和建议，使国家减灾决策更符合科学规律；整合目前各部门管理单一灾种的数据、信息资源，从国家层面上支持各部门，从而更好地整合我国的减灾资源，整体推动我国的减灾工作。此项工作已经得到国务院领导的批准，将于近期正式召开成立大会。

【减灾宣传】 2004年，减灾工作开展了一系列的宣传工作，启动了“社区减灾”活动，要在全国所有的社区逐步推开；组织拍摄了26集的减灾专题宣传片《紧急救援》，目前拍摄工作已经完成，正在进入后期制作，将于2005年1月下旬在全国100家电视台播放；“国际减灾日”期间，也举行了形式多样的宣传活动；此外，还积极利用各种媒体，开展减灾宣传。

【减灾卫星立项工作】 民政部成立了部卫星工作领导小组，充实了减灾卫星工作办公室，成立了由各方面著名专家组成的卫星专家组，围绕减灾卫星开展工作，定期编写《工作简报》。完善减灾卫星地面系统建设《项目建议书》，撰写并多次修改减灾卫星地面系统建设《可行性研究报告》。与国家环保总局、国家发改委、国防科工委、科技部、中国科学院、航天科技集团公司、东方红卫星公司等单位就减灾卫星相关工作进行协调，促进减灾卫星地面系统建设的立项及其前后期准备工作。此外，为了确保地面应用系统建设后的正常运行，我们还积极向有关部门争取先期预研经费，近日，国防科工委已经同意下达500万元的预研经费。

【减灾国际交流与合作】 与联合国减灾战略秘书处联合在北京举办了区域国际减灾会议，来自18个国家和6个国际组织参加会议，对灾害管理体制、提高公众减灾意识和建立区域减灾机制等方面的议题进行了广泛的交流，并通过了在国际社会引起广泛影响的《北京宣言》。

此外，还与联合国粮食计划署合作编写和出版《中国自然灾害紧急救助手册》；与联合国开发计划署、联合国儿童基金会、法国政府合作项目也顺利开展，正在研究提出下一阶段的合作框架。与此同时，还加强了与国际组织、外国减灾专业机构的沟通和了解，接待了大批的来访，也组织有关人员出国访问、交流和考察。

【筹备出席世界减灾大会】 联合国决定2005年1月18日至22日在日本神户举办第二届世界减灾大会，要求各国政府提供10年来减灾工作的报告。为了充分展示我国减灾工作，总结我国10年来减灾工作的经验，也为了研究我国下一步的减灾工作战略，我们在积极参与联合国系统的减灾会议并促成了有关的合作的同时，组织有关人员和专家一起对10年来的减灾工作进行了总结，编写了《国家十年减灾报告》，组织对《中华人民共和国减灾规划（1998－2010年）》进行了中期评估，完成了《减灾规划中期评估报告》。此外，还组织编写了《2003年中国减灾白皮书》、组织拍摄了《中国减灾十年》宣传片和编写有关宣传资料，为参加世界减灾大会作好了充分的准备。

【减灾项目】 2004年，减灾委员会组织实施了一批减灾项目。目前，与北京师范大学合作的《中国灾害风险区划》、与中国科学院减灾中心合作的《水旱灾害评估方法及其应用》等研究工已经完成；在宁夏回族自治区召开了国际研讨会，推广了宁夏种植紫花苜蓿的做法，都取得了很好的效果。

城市居民最低生活保障制度

【2004年城市居民最低生活保障工作概况】 2004年，各级党委和政府以邓小平理论和“三个代表”重要思想为指导，从构建和谐社会和落实科学发展观的高度出发，把城市低保工作做为执政为民、解决民生的一项重要职责，加大资金投入，加强规范管理，使这项工作稳步发展。全年全国城市低保人数稳定在2200多万人，基本形成了“低保对象有进有出，补助标准有高有低”的动态管理机制，“应保尽保”成果得到巩固。在做好低保工作基础上，各地大力推进了城市社会救助体系的建设，努力完善配套优惠政策和临时救助，积极探索医疗救助、住房救助、教育救助等专项救助措施，为保障城市贫困人员尤其是特困职工、失业人员家庭的基本生活，促进国有企业改革和经济结构调整，维护社会稳定发挥了重要作用。

一、基本情况

据民政事业统计，截至2004年底，全国城市低保对象总人数已达到2205万人，全年全国累计支出低保金172.7亿元，其中中央财政102亿元，地方财政70.7亿元。全国平均城市低保标准为159元，全国平均补差水平为月人均65元。

从低保对象的构成情况看，传统民政“三无”对象仅占4%，特困职工、失业人员及其家属占95%以上，仍是城市贫困人员的主体；中西部地区、老工业基地和资源枯竭矿山集中地区低保人数相对较多，如辽宁、吉林、黑龙江、江西、河南、湖北、湖南、四川等省低保人数都超过100万人，河北、山西、内蒙古、安徽、山东、广西、重庆、云南、陕西、甘肃、新疆等省区市低保人数超过50万人。

根据民政部2004年11月的检查了解，全国绝大多数低保对象能够按月足额领到低保金，最基本的生活开支有保证。针对城市低保对象中“三无”对象、残疾人重病人及老年人等特殊困难群体，部分地方通过实施分类救助，发放低保金时给予重点照顾，给予他们更多的关心和特殊的照顾。各地进一步加强了城市低保的规范管理，形成了比较完善的政策法规体系和较为规范的管理运行机制。不少地方制定了与城市低保制度相配套的优惠政策和临时救助措施，对低保对象家庭在水、电、取暖费用以及看病、子女上学等方面给予一定的优惠、减免或临时帮扶，部分地方还建立了包括大病救助、廉租住房救助、教育救助、司法救助等专项社会救助制度。

二、主要工作措施

党中央、国务院高度重视城市低保工作，对低保工作提出了更高的要求。温家宝总理在2004年政府工作报告中明确指出，要“进一步做好城市‘低保’工作，规范‘低保’标准和范围。”“对城乡特殊困难群众，要给予更多的关爱。继续完善社会救助制度。切实帮助特殊困难家庭解决就医看病、子女上学、住房、冬季取暖等实际困难。”回良玉副总理非常关心城市低保工作，并多次做出重要批示。2004年9月，国务院第65次常务会议重点研究部署了城市低保和社会救助体系建设等工作。会议强调要完善城市低保制度，进一步规范城市低保范围和低保标准，切实做到应保尽保。会议要求建立健全城乡社会救助体系，努力帮助城乡特殊困难群众解决看病难、子女上学难等问题。为解决粮食和副食品价格上涨对低保对象生活造成的影响，会议决定中央财政对地方低保补助资金在2004年初预算92亿的基础上再增加10亿元。根据党中央、国务院的要求，为进一步推进城市低保制度的规范化建设，民政部主要采取了以下工作措施：

（一）确保党中央、国务院各项政策落到实处。为落实国务院要求，将农垦、森工企业困难职工纳入低保，民政部专门发出《关于按照国务院要求在春节前将农垦森工企业困难职工家庭全部纳入城市低保范围的紧急通知》（民电［2004］2号），要求各地将农垦、森工企业符合城市低保条件的特困职工家庭纳入保障范围。据2004年2月统计，全国共有118.9万农垦、森工企业困难职工纳入了低保，有力地保障了他们的基本生活。对于不在政策规定范围之内的农垦、森工企业特殊困难人员，各地通过临时救济等措施帮助他们解决生活困难。此外，有关省市还及时将符合低保条件的三峡库区农转非移民纳入了低保范围。为贯彻落实国务院第65次常务会议精神，切实保障好困难群众的生产生活，2004年11月，民政部组成了9个工作组，分赴全国17个省、市、区对城市低保对象在内的困难群众的生活安排情况进行了重点检查，各级地方民政部门也广泛开展了自查活动。

（二）采取切实措施，确保低保对象基本生活。民政部采取按月通报、召开会议、下发通知等办法，督促各地加大地方财政投入，采取切实措施保证按时、足额发放低保金。2003年下半年以来，全国粮食市场出现价格波动，粮价有较大幅度的上涨。由于低保户的低保金主要用于基本生活，粮食和副食品价格的上涨对低保对象生活造成较大影响。针对这一新情况，民政部及时召开了城市低保工作会议，部署安排紧急应对措施。经过各级民政部门的努力，提高了低保补助水平，全国人均月补助金由2003年的58元提高到2004年的65元，部分缓解了低保对象的困难。

（三）加强规范管理，确保低保工作的公开、公平和公正。年初以来，针对一些地方管理上出现的问题，民政部专门下发《关于严格规范低保管理工作的紧急通知》（民电［2004］95号），进一步规范了低保管理工作。根据规范化管理工作的需要，相当部分的省份相继出台了操作规程，对城市低保的申请、审核、审批以及资金发放等做出严格规定，强化了群众的监督和参与，提高了低保工作的透明度，确保低保工作公开、公平、公正。一些省还组织开展了低保工作“规范管理年”、实施低保“阳光工程”、低保管理工作先进单位评比等活动，有力地促进了低保工作的规范化建设。

（四）推进“分类施保”，提高救助的科学性和针对性。各地根据低保对象家庭的不同情况进行科学分类，推进“分类施保”，初步形成了有针对性的低保标准和补差标准体系，提高了低保救助的科学性，真正把低保金重点用到最困难、最需要救助的人身上。对“三无”对象、残疾人、重病人及老年人家庭等，普遍给予了更多的关心和照顾。同时，各地还根据当地实际，采取了灵活多样的救助方式，将现金救助与粮油帮困等实物救助，以及提供照料服务等救助方式结合起来，尽最大努力为特殊困难对象排忧解难，确实保障好困难群众的基本生活。

（五）大力推进城乡社会救助体系建设。为切实解决困难群众看病难、子女上学难、打官司难、住房条件差，民政部积极协调、配合相关部门，大力推进城乡社会救助体系建设，先后出台了《城镇最低收入家庭廉租住房管理办法》、《关于进一步做好城乡特殊困难未成年人教育救助工作的通知》、《关于贯彻落实〈法律援助条例〉切实解决困难群众打官司难问题的意见》等一系列文件，初步奠定了城乡社会救助体系建设的政策基础。在财政部、卫生部、劳动保障部的大力支持、配合下，民政部牵头起草的《建立城市医疗救助制度试点方案》，已经国务院批准，决定自2005年起展开试点工作。民政部还于2004年9月在青岛召开了“全国推进城乡社会救助体系建设工作会议”，专门部署推进城乡社会救助体系建设工作。各地在贯彻落实这些政策的同时，结合当地困难群众的实际情况，建立了相关的救助制度，充实了城乡社会救助体系的内容，使广大困难群众得到了更多实惠。上海、浙江、北京、福建、江西、山东、宁夏等省、自治区、直辖市结合本地实际，先后出台相关文件和政策，要求建立以低保、救灾、五保和特困户救助为基础，以医疗救助、住房救助、教育救助、司法救助、临时救助和社会帮扶等为辅助的城乡社会救助体系。

（六）积极鼓励低保对象再就业。为了鼓励再就业，对于有劳动能力的低保对象，各地民政部门积极组织低保对象参加当地再就业培训或社区公益劳动，有些省市还建立了“低保和再就业联动机制”，除对低保对象进行培训、推荐工作岗位外，还按低保标准对自谋职业的低保对象一次性发给数量不等的补助。有些省市还建立了“低保渐退”机制，对再就业的低保对象先给低保金，后逐渐退出，以鼓励低保对象再就业。

三、面临的困难和问题

2002年实现“应保尽保”以来，城市低保工作稳步推进。但随着经济体制改革的不断深化，出现一些新情况、新问题；同时，城市低保工作有些环节仍比较薄弱，存在一些难点、热点问题。主要表现在以下几方面：

（一）城市贫困人口数量较大，低保工作仍面临压力。一是随着户籍制度改革的推进，相当多农村人口将转为城镇人口，其中的部分困难群众需要纳入城市低保。二是农垦、森工等特殊行业和企业还有一部分特困职工需要纳入低保范围。三是失地农民的保障问题正在提上各地工作日程，浙江、四川、湖北等地已着手将部分失地农民纳入城市低保，这也将使低保对象人数增加。四是下岗职工基本生活保障与失业保险并轨中，有部分人员会直接进入低保。五是一些地区仍在进行企业改制工作，破产倒闭企业职工部分也将进入低保。

（二）低保补助水平偏低，部分地方资金供需矛盾依然存在。虽然全国低保平均标准是159元/人、月，但就低保的实际补助水平而言，每人每月仅65元，少数省份补差仅有四、五十元，补差标准仍然偏低。加之一些贫困家庭中有危重病人或子女上学，以及较高的水电费、房租以及北方地区的冬季取暖费等，补差水平偏低的问题显得更为突出。中西部地区经济欠发达，地方财政特别是市、县两级财政落实低保资金的难度较大。另外，根据黑、吉、辽三省社会保障体系试点方案，未参保的困难城镇集体企业退休人员要按企业所在地低保标准发放生活费。由于三省符合上述条件的人员较多，地方财政承受的资金压力加大。

（三）社会救助体系在各地的开展不平衡。城乡社会救助体系内容丰富，涉及面广，政策性强，推进这项工作的力度需要加大。北京、辽宁、浙江等省市已成立了省（市）委或省（市）政府领导牵头的社会救助工作领导小组或建立了由民政厅（局）牵头的部门联席会议制度，出台了相关政策规定，初步建立了社会救助体系框架。但仍有一些地区领导不够重视，存在畏难情绪，尚没有出台相关政策文件，配套资金也有待进一步落实，需要进一步统一思想，提高认识，加大工作力度，抓紧构建城乡社会救助体系。

（四）基层工作力量不足，救助管理水平有待进一步提高。城市低保对象2200多万人，对每一个人的情况都需要进行认真细致的核查，工作量十分巨大。目前一些地区的基层民政部门，特别是街道、社区，救助工作机构不健全、缺少专职工作人员和工作经费，工作管理手段落后，信息化覆盖面小，造成基层工作力量薄弱，影响了救助工作规范化、动态化管理水平的提高，并且成为基层救助工作出现一些问题的重要原因。

四、下一步工作任务

根据党中央、国务院的指示精神，针对目前城市低保工作中出现的新情况、新问题，在深入调研、认真研究的基础上，下一步将重点做好以下工作：

（一）认真研究城市低保工作出现的新情况和新问题，进一步巩固“应保尽保”的成果。针对低保工作中的重点难点问题，在认真做好调查研究的基础上，提出政策性意见。按照党中央和国务院要求，进一步加大工作力度，做好农垦、森工等特殊行业和企业特困职工家庭生活保障工作，确保他们的基本生活。各级民政部门要注意加强低保与其他社会保障制度以及再就业工作的衔接，鼓励低保对象自谋生活出路，努力帮助他们实现再就业。

（二）积极推进分类施保，提高救助的科学性和准确性，真正把低保资金用到最需要救助的人身上。要求各地根据低保对象的家庭情况进行科学分类，尽快形成有针对性的低保标准和补差标准体系。有特殊困难的低保对象，其低保补差水平要与一般低保对象有所区别，以提高低保救助的科学性，真正把低保金重点用到最困难、最需要救助的人身上。采取灵活多样的救助方式，将现金救助与粮油帮困等实物救助，以及提供照料服务等救助方式结合起来，尽最大努力为特殊困难群体排忧解难，切实把困难群众的基本生活保障好。

（三）督促地方加大投入力度，努力探索建立稳定的低保资金投入机制，确保低保金按期足额发放。为确保2005年春节期间低保金发放，财政部、民政部提前预拨了中央财政低保补助资金51亿元。下一步，民政部将协助财政部督促各地加大地方财政投入，尤其是省级财政加大投入力度，确保低保资金的落实。继续采取按月通报县级以上的低保金发放情况等措施，加强监督检查力度。民政部门将联合财政部门加强调查研究，努力探索建立稳定的低保资金投入机制。

（四）加强对全国城市低保实施情况的监督管理。各级民政部门要加大工作力度，强化规范管理工作，进一步规范低保操作程序，强化群众的监督和参与，提高低保工作的透明度，确保公平、公正、公开。加快低保信息化建设，积极推行通过银行、邮局发放低保金的办法。

（五）全面推进城市医疗救助试点工作。民政部、卫生部、劳动和社会保障部、财政部《关于建立城市医疗救助制度试点工作的意见》已经国务院批准，下一步将重点抓好试点工作。要通过多渠道筹集资金建立救助基金，科学合理地制定与当地经济社会发展水平相适应的救助标准，并做好与相关的城市医疗保障制度的衔接。

（六）大力推进社会救助体系建设。为切实解决困难群众看病难、子女上学难、打官司难、住房条件差，各地要在已有工作基础上，继续加大工作力度，积极协调相关部门，大力推进社会救助体系建设，探索建立城乡社会救助体系，帮助解决困难群众的实际困难。

（武增锋）

农村社会救助

【社会救助体系】 社会救助体系是指国家为保障困难群众的基本生活而建立的一系列制度以及为保证这些制度的实施而形成的体制、机制、组织网络、物质技术条件等因素结合而成的有机整体。社会救助体系是有中国特色的社会保障制度的主要组成部分，是进一步建立和完善各项社会救助制度，并使其相互衔接，形成解决困难群众生活问题的长效机制的重要途径，是解决社会救助工作迅速发展所面临的新情况、新问题，实现社会救助工作全面、协调、可持续发展的有效举措。

2001年民政部提出，要全面调动各方面的积极因素参与社会救助工作，加强各类社会救助设施建设，科学划分各类救助对象，针对不同的救助对象采用相应的救助方式，使各类贫困人口各得其所，从而形成系统而严密的社会救助体系。2004年9月，民政部在青岛召开“全国推进城乡社会救助体系建设工作会议”，对我国城乡社会救助工作进行全面部署，提出今后城乡社会救助体系建设的目标任务。2005年全国民政工作会议提出，2005年民政工作的首要目标是力争90%的省份、70%的县(市)初步建立起城乡社会救助体系。

推进城乡社会救助体系建设的总体目标任务是：到2010年，即“十一五”规划末，在全国基本建立以最低生活保障、灾民救助和五保供养制度为基础，以医疗、教育、住房、司法等专项救助为辅助，以优惠政策相配套，以社会互助为补充，责任明确、资金落实、管理规范、网络健全、运转协调，与经济社会发展水平相适应、覆盖城乡的社会救助体系，更好地维护困难群众的基本生活权益，促进社会稳定和协调发展。

推进城乡社会救助体系建设的总体思路是：坚持以邓小平理论、“三个代表”重要思想和科学发展观为指导，以各项社会救助制度的建立、完善为重点，以救助体制和机制创新为动力，以服务网络和信息化建设为手段，单项突破，系统完善，点上突破，面上扩展，大力推进城乡社会救助体系建设，全面提高社会救助工作水平，切实保障困难群众的基本生活，为维护社会稳定，促进经济社会协调发展做出新贡献。

经过一年多的努力，我国社会救助事业蓬勃发展，社会救助体系建设取得积极成效。

一是初步建立了社会救助法规政策框架。近年来，国家相继颁布《城市生活无着的流浪乞讨人员救助管理办法》、《法律援助条例》；修订《农村五保供养工作条例》，出台了一系列有关社会救助的规章和规范性文件。各地结合本地实际出台了大量的地方性法规、规章和规范性文件。社会救助的法规和政策体系逐步完善，为困难群众获得救助提供了法律依据和制度保障。

二是扩大了社会救助覆盖面。我国社会救助事业发展迅速，救助覆盖面不断扩大。除传统的农村五保户、灾民、城镇“三无”对象之外，城镇的企业人员、失业人员、离退休人员等生活困难的、以及农村居民中因病、因灾、因残、丧失劳动能力等致生活困难的群体都纳入了社会救助范围。

三是初步建立了救助资金增长机制。社会救助资金占全年国家财政支出的比例逐年提高，社会救助资金总量不断增大，保证了纳入救助范围的救助对象都能够获得必要的社会救助。大部分救助资金纳入财政预算，做到专款专用，专项管理。

四是初步建立社会救助管理工作机制。从中央到地方建立了专门的社会救助工作机构，配备了相应的工作人员。各有关部门之间社会救助管理的协调和合作得到进一步加强。许多地方政府建立了由政府主要领导为负责人的社会救助综合协调机构，确保社会救助工作顺利开展。

五是提高了社会救助整体水平。国务院有关部门和各地举办大量社会救助管理干部，尤其是基层干部的培训；组织社会救助现场观摩和经验交流；开展社会救助理论研究和国际交流与合作，提高了我国社会救助的决策水平和政策执行水平。

【农村五保供养】 农村五保供养始于20世纪50年代，是一项传统的社会救助工作。1994年国务院颁布《农村五保供养工作条例》，为五保供养工作提供了法律依据。农村税费改革前，五保供养经费从“村提留、乡统筹”中支出。2003年农村税费改革在全国所有省份推开，取消“村提留、乡统筹”，农村五保供养面临资金短缺、应保未保、敬老院建设滞后和集中供养率低等问题。对此，各地采取有效措施，确保五保对象的生活。

一是确保五保供养资金。民政部与有关部委联合下发了《关于进一步做好农村五保供养工作的通知》(民发〔2004〕145号)(以下简称《通知》)，针对税费改革后五保供养出现的新情况新问题，提出了过渡性办法。《通知》规定，农村税费改革后，农村五保供养资金除保留原由集体经营收入开支的以外，从农业税附加收入中列支，村级开支有困难的，乡镇财政给予适当补助。免征、减征农业税及其附加后，原从农业税附加中列支的五保供养资金，列入县乡财政预算，地方在安排使用农村税费改革转移支付资金时，应确保五保供养资金的落实。各地结合本地实际，采取了一些切实可行的办法。有的省市将五保供养纳入财政预算，上海、北京、安徽等地，还在县级财政部门设立专户，对五保供养资金实行专户管理，专款专用。一些建立了农村最低生活保障制度的省份，将农村五保对象纳入农村低保。上述措施较好地缓解了五保对象应保未保的问题。截至2004年底，全国已享受农村五保供养的人数为328万人。

二是加强农村敬老院建设。针对全国敬老院数量偏少，集中供养比例偏低，而且相当一部分敬老院设施破旧的实际，民政部从2004年部本级福利彩票公益金中拿出3000万元，作为引导资金专项资助各省（自治区、直辖市）的农村敬老院建设。各地把敬老院建设纳入当地经济社会发展总体规划，充分利用乡镇合并后的闲置资源，加快敬老院建设和改造步伐。湖北“福星工程”、广西“五保村”建设、吉林“农村福利中心”建设、湖南的“五保之家”、河北“创建甲级敬老院”活动和辽宁“中心敬老院”建设等取得了良好的效果。各地还健全敬老院内部管理制度，提高敬老院的管理和服务水平。

三是完善五保供养政策。为适应农村税费改革的趋势，切实解决好农村税费改革后五保对象的基本生活问题，民政部会同国务院有关部门对《农村五保供养工作条例》进行修订，对税费改革后五保供养的性质、资金来源渠道、资金监管、五保供养方式、敬老院建设和管理、五保供养相关法律责任等进行规范和完善。目前，《农村五保供养工作条例》修订工作基本完成。

【农村居民最低生活保障和特困户生活救助】 农村低保同农村特困户生活救助主要是对因大病、重残、缺少劳动能力，常年生活困难的农村特困人口进行定期、定量救助。农村低保制度比特困户基本生活救助制度更为规范，突出表现在农村低保具有一个较为稳定的保障标准，对家庭人均收入低于低保标准的农村困难人口，按低保标准实行差额补助。截至2004年底，地方各级政府共筹集农村低保和特困户救助资金30多亿元；全国有1206个县（市）建立了农村最低生活保障制度，有235.9万户家庭、488万村民得到了农村最低生活保障；有545.7万户家庭、914.1万人得到了农村特困户生活救助。

一是探索建立农村低保制度。20世纪90年代以来，各级民政部门就开始探索建立农村最低生活保障制度，1996年民政部下发《关于加快农村社会保障体系建设的意见》（民办发[1996]28号），提出积极稳妥地建立农村最低生活保障制度。各地根据当地经济和社会发展水平、财政承担能力和农民的实际生活需要，本着“低标准、广覆盖”的原则制定农村低保标准，一般按年计算，由县级民政部门会同有关部门制定，同级人民政府颁布实施。农村低保大部分救助资金来源于“村提留、乡统筹”。救助方式一般分为全额补助和差额补助。一些地方规定，农村“三无”人员全额享受低保，其他困难人员则采取补差的方式发放救济金，即对当地低保标准线减去低保对象的收入的差额进行补助。

农村税费改革后，取消“村提留、乡统筹”，各地对农村低保制度进行了调整，加大财政投入，确保低保资金渠道通畅。大部分地区取消了原来村级承担低保金的责任。建立低保制度的地区，将低保资金纳入财政预算，设立专项，专款专用。截至目前，全国已有北京、天津、河北、江苏、浙江、上海、广东、福建、吉林、海南、山东等12个省（直辖市）和其他省（自治区、直辖市）的一部分县（市、区）建立了农村低保制度。农村困难群众凭《低保证》领取救济金。

二是调整救助政策，建立农村特困户生活救助制度。根据党中央、国务院有关要求和农村税费改革的形势，2003年民政部提出，没有开展农村居民最低生活保障工作的地区，按照“政府救济、社会互助、子女赡养、稳定土地政策”的原则，建立农村特困户生活救助制度，对农村特困群众实行定期定量救济。同年，民政部组织全国民政系统对农村困难群众进行了全面的调查摸底，要求各地对常年生活困难的特困人口，分门别类登记造册。各地普遍建立起了救助对象的数据库或花名册，并将应纳入救助范围的特困户基本情况，制作成光盘，逐级汇总上报。

民政部 2003 年 5 月 22 日下发了《关于进一步做好农村特困户救济工作的通知》，要求各地困户救济要明确救济重点，确保农村特困户的基本生活。各地要对农村特困家庭进行认真分析，切实掌握农村各类特困人员的基本情况，做好救济工作，确保他们的基本生活。对“五保户”，要按照国务院《农村五保供养工作条例》规定，符合条件的及时纳入五保供养范围，在税费改革中进一步落实五保供养资金，确保五保人员的供养标准不低于当地一般生活水平。要建立健全农村特困户救济的审核、审批制度，将特困户全部纳入救济范围。特困户的认定要按照村民代表会评议、村民委员会申报、乡镇政府审核、县级民政部门核准的程序进行。经县级民政部门核准的救济对象，要在其所在村委会张榜公布。特困户的救济工作要公平、公正、公开，接受群众监督，切实将所有特困户纳入救济范围。

通知强调，要发放《农村特困户救助证》，加强特困户救济的规范化管理。《农村特困户救助证》由县级民政部门统一印制，统一编号。特困户凭证领取政府救济和享受其他社会救助。发放单位要如实记录所发放的救助款物并由领取人签字。加大政府投入，落实特困户救济经费。做好农村特困户救济工作的主要责任在地方政府。各级民政部门要将特困户情况如实向政府汇报，争取财政支持，加大资金投入，保证救济工作有稳定的经费来源。同时，要充分调动社会各方面的积极性，多方筹措资金，开展社会互助，对特困户进行医疗、子女就学等救助，切实保障农村特困户的基本生活。

【农村医疗救助】 农村医疗救助是通过政府拨款和社会捐助等渠道筹资，对患大病的农村五保对象和其他贫困农民进行现金、物质和服务等方面帮扶的制度。从反贫困的长远性与艰巨性看，医疗救助是一个世界性的话题。只要贫困存在，医疗救助就必然存在。《民政部、卫生部、财政部关于实施农村医疗救助的意见》民发〔2003〕158 号）和《农村医疗救助基金管理暂行办法》（财社〔2004〕1 号）颁布后，民政部要求各地结合本地实际情况制订农村医疗救助工作方案、实施细则，落实地方配套资金，启动农村医疗救助工作。

1. 规划部署。在 2004 年初民政厅局长会、7 月份民政厅局长年中分析会、9 月份全国推进城乡社会救助体系建设工作会议等一系列会议上，民政部都对农村医疗救助制度建设做出了专门的部署。2005 年全国民政工作会议要求在县级普遍建立农村医疗救助制度。李学举部长在民政部举行城乡困难群众生活安排视频会议的讲话中指出，看病就医难是城乡困难群众在解决温饱以后面临的最大的困难和疾苦，各级民政部门要怀着对困难群众的深切关爱之情，积极推进医疗救助工作。

2. 调查研究。一是艾滋病情况调研。今年三月至五月在对全国艾滋病患者、患者家属及遗孤摸底调查的基础上对河南、云南进行了专题调研；二是与卫生部等部门检查了甘肃、陕西农村新型合作医疗和医疗救助进展情况；三是 10 月，民政部组成 9 个工作组，赴河南、江西、湖南、湖北、广西、云南、陕西、新疆等 17 个省区进行对城乡困难群众生活安排情况进行检查。其中，农村医疗救助的检查重点是制度建设、农村医疗进展救助情况、农村医疗救助基金的筹集和管理、医疗救助服务情况以及信息公开和督查情况等。四是对江西、湖南的部分县市进行了农村卫生情况、尤其是税费改革对农村医疗救助的影响进行专题调研。

3. 建章立制。各地根据民政部、财政部、卫生部《关于实施农村医疗救助的意见》和财政部、民政部《农村医疗救助基金管理试行办法》要求，结合当地实际，摸清底数，科学确定救助标准，出台了农村医疗救助政策。截至 2004 年年底，全国有 30 个省（自治区、直辖市）出台了农村医疗救助政策，1535 个县（市、区）出台了具体的操作办法，开展了农村医疗救助工作。

4. 规范管理。一是在贯彻落实《农村医疗救助基金管理试行办法》的基础上，进一步制定切实可行、科学规范的资金筹集、使用和管理办法，拓展基金筹集渠道，扩大基金规模，加强资金管理，实行专户储存、专账管理、专款专用。二是建立农村医疗救助统计指标体系。为规范农村医疗救助工作，要求各地将已救助人数、已发放救助金额纳入民政统计指标体系。三是建立农村医疗救助情况通报制度。对各省（自治区、直辖市）的工作进展情况予以通报。四是加强医疗救助政策执行过程的监督，严格按照相关政策规定和程序实施救助。

5.推进工作。第一，组织召开了全国农村医疗救助工作现场会。为总结农村医疗救助工作进展情况，交流经验，于11月26日至12月1日在湖南常德举办"全国农村医疗救助工作现场会"，听取有关示范县市的经验介绍，参观常德市农村医疗救助工作现场，探讨了下一步工作思路。第二，督促落实农村医疗救助政策。一是与财政部门协商，根据各地医疗救助工作开展情况、已救助人数、资金配套情况和各地财政状况等因素，确定中央补助资金分配办法并及时下拨资金。二是指导各地开展农村医疗救助工作。针对民政系统内部缺乏医疗救助工作经验的实际情况，督促、指导各地先行做好示范点建设，以点带面，推动农村医疗救助全面展开，在救助程序、救助标准、基金管理、救助方式、制度建设等方面，创造许多工作经验。

【其他农村社会救助】 为解决农村困难群众子女上学难问题，民政部会同教育部于2004年出台了《关于进一步做好城乡特殊困难未成年人教育救助工作的通知》，要求对贫困家庭子女进行教育救助。具体对象为：持有农村五保供养证的未成年人，属于城市"三无"对象的未成年人，持有城乡最低生活保障证和农村特困户救助证家庭的未成年子女，当地政府规定的其他需要教育救助的对象。通知要求各地到2007年要实现以下目标：一是对持有农村五保供养证和属于城市"三无"对象的未成年人，基本实现普通中小学免费教育；二是对持有城乡最低生活保障证和农村特困户救助证家庭的子女在义务教育阶段基本实现"两免一补"（免杂费、免书本费、补助寄宿生活费），高中教育阶段要提供必要的学习和生活补助。

为解决农村困难群众打官司难问题，2003年7月国务院颁布《法律援助条例》，以保障经济困难的公民获得必要的法律服务。条例规定，经济困难的公民可以依照本条例获得法律咨询、代理、刑事辩护等无偿法律服务。法律援助的范围包括依法请求国家赔偿；请求给予社会保险待遇或者最低生活保障待遇；请求发给抚恤金、救济金；请求给付赡养费、抚养费、扶养费等，以及有关的刑事诉讼案件。2004年9月，民政部会同司法部等部门联合下发《关于贯彻落实〈法律援助条例〉切实解决困难群众打官司难问题的意见》，规定相关部门对法律援助案件办理中对档案资料查询费、咨询服务费、调阅档案（资料）保护费、证明费予以免收；对相关材料复制费，包括原件复印、缩微胶片复印、翻拍、扫描费给予减、免；减免收取或缓收法律援助案件的相关鉴定费用。这些规定切实保障贫困群众的合法权益，使符合条件的困难群众都能获得法律援助。

为解决一些艾滋病患者、患者家属和患者遗孤的生活困难问题，民政部还于2004年5月15日出台了《关于加强对生活困难的艾滋病患者、患者家属和患者遗孤救助工作的通知》，要求对城镇居民家庭中因患艾滋病导致家庭人均收入低于当地低保标准的，要将该家庭纳入城镇低保范围。在已经建立农村低保制度的地区，要将符合条件的艾滋病患者家庭纳入农村低保范围；尚未建立农村低保制度的地区，要将生活困难的艾滋病患者、患者家属列为特困户基本生活救助对象，给予定期定量生活救济。同时，给予经济困难的艾滋病患者必要的医疗救助。同时还要求各地要广泛动员社会力量，采取灵活多样的方式对孤儿进行救助安置。这是新中国成立以来第一次将生活困难的艾滋病患者、患者家属和患者遗孤纳入了生活救助、医疗救助、抚养安置范围并推动这项工作有序开展。

（朱勋克）

社会福利

【2004年民政部本级福利彩票公益金使用情况】 发行福利彩票,筹集福利彩票公益金,是国家为发展社会福利事业制定的一个特殊政策,也是国务院赋予民政部门的一项重要职责。2004年,遵循福利彩票"扶老、助残、救孤、济困"的发行宗旨,民政部本级彩票公益金继续对为老年人、残疾人、孤儿和弃婴等特殊困难群体服务的社会福利事业进行了资助。具体项目是:用于资助"残疾孤儿手术康复明天计划"项目1亿元;用于资助"社区老年福利服务星光计划"项目3631.867347万元;用于资助北京市丰台区儿童院、河北省石家庄市社会福利院等273所儿童福利机构设施改造和设备更新项目5020万元;用于资助天津市鹤童养老院、浙江省舟山市海晶福乐院等474所社会力量举办的城市福利机构新建和改造项目3610万元;用于资助内蒙古自治区呼和浩特市、黑龙江省哈尔滨市等地84所流浪儿童救助保护中心新建和改造项目3000万元;用于资助吉林省长春市二道区劝农山镇敬老院、上海市杨浦区惠仁养老院等440所农村乡镇敬老院新建和改造项目3000万元;用于资助河南省驻马店市上蔡县、确山县、新蔡县和商丘市柘城县艾滋病孤儿救助中心、广西壮族自治区艾滋孤儿救助安置指导中心等105个艾滋孤儿救助安置项目2000万元;用于资助重庆市涪陵区社会福利院暨儿童保育康复中心、湖北省兴山县社区中心等9个三峡库区社会福利机构搬迁项目1500万元;用于资助西藏自治区建设全区范围综合性老年活动和社区服务中心项目800万元;用于资助吉林省孤儿学校、江苏省南京市儿童福利院等11所福利机构特殊教育项目600万元。用于资助湖南省、福建省天年关怀医院等7所老年人临终关怀医院项目350万元。

（李浩）

【"星光计划"三年来的实施情况】 2001年至2004年,"社区老年福利服务星光计划"这一惠及老人、造福社区的民心工程,在国务院领导的关怀下,在各级党委、政府的重视和相关部门的支持和配合下,通过各级民政部门的不懈努力,已经在我国广大城乡的社区中深深扎根,结出了丰硕的果实。

一、三年来实施"星光计划"取得的主要成绩

从2001年开始实施"社区老年福利服务星光计划",到2004年,全国已经分三批超计划完成了32000多个"星光老年之家"的建设项目。2001年,主要在省会城市的社区中建成了7278个"星光老年之家",共投入了30.77亿元;2002年,主要在全国地级城市的社区中建成了14943个"星光老年之家",共投资52.56亿元;2003年,主要在县城镇和农村乡镇建起了10269个"星光老年之家",共投资51.52亿元。在"社区老年福利服务星光计划"三年总投入的134.85亿元中,其中各级民政部门投入福利彩票公益金39.86亿元,地方财政投入43.36亿元,项目单位自筹和社会力量投入51.63亿元。总体说来,三年"星光计划"的实施情况是令人满意的,投资规模比预计的要大,项目建设数量比预期的要多,建设速度也比预想的要快,社会反响比预想的要好,比较圆满地完成了预定的目标任务。如今,3万多个"星光老年之家"如繁星一样遍布祖国大江南北,星罗棋布,熠熠生辉,为千千万万的老年人带来了欢声笑语,送去了幸福安康。它所引起的社会关注和反响很好,被人民群众盛赞为体现以人为本的"民心工程"和"德政工程"。原国务院副总理李岚清同志曾在国办对江苏省实施"星光计划"的督察报告上批示:"江苏实施'星光计划'的做法很好,请国办用适当方式予以推介。加强对老年福利设施的建设和管理,不但能使老年人安度晚年,也有利于他们的身心健康,同时为国家节约大量的医疗费用。各级政府在这方面多花些

钱是值得的。”胡锦涛总书记在陕西考察指导工作时视察了西安市新城区的“星光老年公寓”，也对“星光计划”给予了很高的评价。实践证明，“星光计划”的实施，合国情，得民心，顺民意。它集中体现了“三个代表”重要思想的精髓和我党立党为公、执政为民的宗旨，较好地缓解了城乡老年福利服务设施严重匮乏的矛盾，为全社会的老年人办了一件实实在在的好事和实事。

“星光计划”的成功实施，为初步建立老年人福利服务体系奠定了基础。根据国务院办公厅转发民政部等11个部委的《关于加快实现社会福利社会化的意见》，今后一段时期我国老年人福利事业发展的目标框架是坚持以居家养老为基础、以社区照料为依托、以社会福利机构集中供养为补充，建立与我国社会主义初级阶段基本国情相适应的老年人福利服务体系。随着我国家庭结构的日益小型化，传统的家庭养老模式必然发生变化，发展社区照料和社会化服务对家庭养老的支持就变得十分重要。广大社区日益成为连接社会与家庭的桥梁与纽带。根据在实施“星光计划”前的调查统计，我国社区老年福利服务设施总体上是十分匮乏的：2000年底，全国城市的街道，已建老年福利设施的占76.82%；社区居委会已建老年福利设施的占32.91%；农村乡镇已建敬老院的占85.83%。这表明，社区为老服务的福利设施缺口最大，而最贴近老年人生活、需求最大的又恰恰是社区中的这些福利设施。“星光计划”在全国城乡建成3万多个“星光老年之家”并投入使用，其中街道和社区项目占总数的83%，贯彻了“星光计划”实施方案提出的“立足社区、面向老人、方便实用、小型分散、星罗棋布”的原则，达到了老年人在自己的家门口就能够享受到方便、快捷、实惠服务的目的。如今，“星光计划”建设起来的社区为老服务设施，在很大程度上改善了老年人的生活娱乐条件，美化了社区环境，活跃了社区气氛，提高了社区居民的生活质量，受到广大老年人和社区居民的热烈欢迎，初步为构建中国特色的养老福利服务体系奠定了基础。

“星光计划”的成功实施，推动了包括老龄工作在内的社区建设的深入开展。许多地区以实施“星光计划”为契机，实行社区建设与“星光计划”同步规划、同步设计、同步建设，把开展社区建设示范区活动与实施“星光计划”紧密结合起来，将“星光计划”的实施作为社区建设示范区的一项重要内容。特别是四平现场会议之后，各地进一步加大了“星光计划”的实施力度，加快了建设速度。通过“星光计划”建设起来的“星光老年之家”，不仅深受广大老年人的欢迎，成为“老有所养、老有所医、老有所教、老有所学、老有所为、老有所乐”的载体，而且也深受社区广大居民群众的热烈欢迎，成为发展社区公益事业的重要载体。社区老年人对这个“家”的认同感和归属感日益增强，许多老人在积极参与活动的同时，还主动参与“星光老年之家”的管理与服务，积极发挥余热，贡献力量。社区居民也把它做为社区建设的重要平台，在这里得到社区康复、养老和低保金发放、再就业介绍、家政服务等多方面的服务，从而增加了社区的凝聚力和向心力。可以毫不夸张地说，“星光计划”的成功实施，以及它与基层组织建设、社区老龄工作、基层社会保障工作的紧密结合，为社区建设注入了新的活力，有力地推动了社区建设工作的深入开展，也有力地推动了各项民政工作在基层的落实。

“星光计划”的成功实施，为社会主义精神文明在基层社区的广泛深入传播提供了阵地。各地都以“星光老年之家”为载体，把先进文化和文明健康的文体活动引入社区，广泛开展诸如歌曲合唱、戏剧表演、舞蹈、秧歌、腰鼓、时装表演、书画、健身、知识讲座等多种形式的群众活动，丰富了老年人的日常生活，激发和展示了老年人热爱祖国、热爱生活、健康向上的精神风貌。许多“星光老年之家”都设立了社区老年学校，定期举办各类知识讲座，如“法轮功”邪教反动本质、老年人保健、老人常见病预防、花草种养基本常识、如何处理好家庭矛盾、WTO知识、英语会话等，不仅满足了社区老人对时事政治、科学文化和生活常识的渴求，而且为传播社会主义精神文明作出了贡献。

“星光计划”的成功实施，有效地推进了社会福利社会化的进程。国办转发的11个部委《关于加快实现社会福利社会化的意见》，明确了社会福利社会化是现阶段发展我国社会福利事业的重要举措，是社会主义市场经济条件下加快发展我国社会福利事业的必由之路。推进社会福利社会化，当前就是要以老年人社会福利服务为重点，坚持投资主体多元化、服务对象公众化、运行机制市场化、服务方式多样化和服务队伍的专业化与志愿者相结合的方向，努力建设居家为基础、社区为依托、福利机构为补充的老年人福利服务体系，把社区做为发展老年福利事业的着力点。“星光计划”的实施，坚持政府主导、部门协作、社会参与的工作机制，深入挖掘、广泛动员和集中社区资源，大力吸引社会力量参与，在社区建设了一大批小型分散、方便适用的为老福利服务设施，为广大老年人乃至社区居民提供了文化娱乐、生活照料、康复医疗、体育健身等多个方面的服务，也培养建立了一支社区服务的专职队伍和志愿者队伍。可以说，“星光计划”的实施过程，就是认真实践社会福利社会化的过程。

二、实施“星光计划”的成功经验和做法

在实施“星光计划”的过程中，各级民政部门和街居、乡镇结合本地区的实际情况，做了大量卓有成效的工作，创造出了许多好的做法，积累了丰富的经验，为我们今后继续推动社会福利事业的发展提供了宝贵的精神财富。

领导重视，部门配合，齐抓共建。各地在实施“星光计划”过程中，积极争取政府领导的重视，将其列入政府的重要议事日程，并积极协调相关部门予以配合。“星光计划”伊始，绝大多数地方都成立了领导小组，由党政领导任组长，相关部门负责人为成员，为“星光计划”的有效实施提供了组织保证。各地民政部门及时将“星光计划”向党委和政府领导汇报，被纳入各地为民办实事工程，摆在显著位置。河北省原省长钮茂生、常务副省长郭庚茂同志对“星光计划”的实施高度重视，多次做出指示，明确要求全省要集中人力、物力、财力打歼灭战，提出“三年任务两年完成”，要求各级财政要投入资金给予支持和奖励，以奖代补，同时动员社会力量积极参与。重庆市委、市政府从2001年起，连续三年将“星光计划”纳入为民办实事的民心工程，2003年还做为市委、市政府实施西部大开发十件大事之一，加大推进力度。四平市政府为了落实“星光计划”的规划、用地和配套资金等事项，一把手亲自挂帅，主持相关部门的协调会议，经常深入社区，现场解决问题，有力地推动了“星光计划”的全面落实。湖南衡阳等地党政领导分别联系若干“星光计划”项目点，为项目的建设当“开路先锋”。总的看，各地在实施“星光计划”中，都能积极协调计划、土地、财政、城建等相关部门给予支持和帮助，很多地方出现了部门包点、齐抓共建的喜人景象。可以说，“星光计划”受到党政领导高度重视的程度，是社会福利工作历史上少有的，超过了预期。这固然是“星光计划”本身的重大意义和作用使然，也是各级民政部门努力工作、积极争取的结果。

精心策划，周密部署，合理布局。民政部从开始创意实施“星光计划”，到制订《实施方案》，再到部署启动，整整用了4个月时间。为了制定好实施方案，负责这项工作的同志们做了大量基础性工作。他们深入各地对全国社区老年福利服务现状、老年人的需求，做了全面的摸底调查，对实施“星光计划”的可行性和成本效益做了充分的研究和评估，对实施过程中的各个重要环节做出尽可能细致周到的考虑。在此基础上，实施方案几易其稿，字斟句酌，力求决策科学，表达准确，切实可行。方案公布后，普遍反映：“星光计划”名称起得好，新鲜而富有寓义；实施方案指导思想明确，目标定位准确，可操作性强。这些都归功于计划实施前大量细致而有效的酝酿、策划和周密的安排部署。各地在部署实施本地“星光计划”的过程中，也是从本地区经济发展现状和老年人的迫切需求和社会福利事业发展战略出发，精心安排，稳步推进。青岛市为了作出切实可行的项目规划和实施计划，聘请专家和协调有关部门，一道进行调查研究和实地考察，组织严密科学的论证和专家评审，以市政府的名义颁布实施了《青岛市城市社会福利设施设置专项规划》。这是全国第一部真正意义上的社会福利设施设置专项规划，它为青岛加快养老服务设施建设和顺利实施“星光计划”提供了政策依据和保障，也为全国提供了经验。宁夏自治区石嘴山市结合城市改造的机遇，把“星光计划”的实施纳入到城市改造总体规划，反复论证，使项目合理布局，统筹兼顾，突出重点。内蒙古自治区在“星光计划”布点立项工作中，做好同城市建设总体规划、老年人分布与需求、地区间经济差异、社区建设与老龄工作、市区领导重视程度等五个方面的结合，层层抓落实，既做到了“雪中送炭”，也兼顾了“锦上添花”。山东省在项目选择上，坚持以扶持街道和社区有一定基础的项目为主，以扶持实用、分散、小型的项目为主，以扶持具有示范性、影响力大的项目为主的原则，也收到了很好的效果。

建章立制，把关定向，规范运作。各地在实施“星光计划”过程中，按照部里的要求，制定了本地的实施计划和操作管理办法，使“星光计划”的项目运作一开始就走上规范化管理的轨道。湖北、湖南、山西、青海、内蒙古、河南、四川等地都以民政厅的名义下发了“星光计划”项目管理办法，对项目申报、审批、建设、验收、资金使用等一系列环节提出明确要求，对“星光老年之家”建设全过程实施严格管理，确保工程质量和资金的使用效益。许多省份还结合实施“星光计划”的实践，摸索并形成了一套行之有效的工作制度，确保“星光计划”的顺利实施和高效运转。黑龙江省哈尔滨市层层落实领导负责的责任制，从市到区到街居，层层具签责任状，增强领导干部的责任感，保证了项目建设任务落到实处。甘肃省通过摸索逐步建立了省厅的宏观指导和资金调控、地（市）民政部门督办、区（县）政府组织实施、街居主办的工作机制。许多地方还建立起党委政府直接领导、社区办公室总协调、民政部门牵头、相关部门配合、区为责任主体、街居落实、社会力量参与支持的工作机制，有力地保证了“星光计划”的顺利实施。为打造精品，确保质量，各地加强了对建设项目的监督检查和验收工作。浙江的许多地市均制定了检查验收内容、评定方法、步骤和要求，对验收工作作出严格、详尽的说明。温州市对示范型、标准型的“星光老年之家”制定并完善了100分制的考核内容。正是这一系列政策规定和规章制度的颁布与执行，确保了“星光计划”建设任务的顺利完成，上百亿的资金运作、数万个项目的落实，没有发现违规违纪现象。

试点探索，典型引路，全面推进。“星光计划”作为一项全新的工作，没有现成的路子可走，没有成功的经验可借鉴，要解除实施初期的各种疑问，消除等待观望现象，必须捕捉典型，以点带面。在这种情况下，福事司的同志深入调研，发现了河北省保定市这个典型。这个市两个月建了100个点（简称“两月百点”），这在当时确实是惊人之举。部里及时召开了现场会议，推广他们的经验，为全国“星光计划”的普遍实施打开了通道。各地同志不仅实地参观学习到了保定实施“星光计划”的做法和经验，而且学到了保定不等不靠、动员社会力量打歼灭战的奋斗精神，拓展了思路，看清了目标，增强了信心。保定经验在“星光计划”实施之初，的确发挥了很好的示范带头作用。之后，吉林四平市以实施“星光计划”和加强城市基层政权建设相结合，高质量、快速度、大面积推进的经验，又引起了人们的注意。部里在那里召开了专门会议，才让部长、李学举部长到会作重要讲话。四平会议又把“星光计划”的实施向前大大推进了一步。与此同时，结合二批、三批“星光计划”的实施重点和总体要求，推广了重庆、青岛等地的经验，为“星光计划”的分步顺利实施提供了有力的帮助。

牢记宗旨，一心为民，甘于奉献。“星光计划”所取得的成就，是各级党政领导、民政部门和基层社区的干部职工践行“三个代表”重要思想，勤奋工作、甘于奉献的生动写照。许多地方的党政领导亲自担任

"星光计划"领导小组的负责人,坚持靠前指挥,率先垂范,战斗在实施"星光计划"的第一线,用自己深入细致的工作作风和扎实肯干的拼搏精神,为广大干部职工做出了榜样。保定市委副书记武国堂同志,用很大精力抓"星光计划"的实施,不仅积极参与全局谋划,而且坚守在社区第一线,不辞劳苦,调解矛盾,排解难题,使全市从事"星光计划"的干部职工深受教育和鼓舞,激发出巨大的工作热情,两个月内就完成了上百个点的建设任务。"星光计划"作为民政系统的一项重点工作,广大民政干部更是投入了火一样的热情和忘我的工作精神,全系统上下思想一致,步调一致,为"星光计划"献计献策,出力流汗,真正起到了中流砥柱的作用。黑龙江、河北、内蒙古、湖北、新疆生产建设兵团等地民政部门的负责同志,不辞辛苦,对本地区所有申报项目逐一进行实地考察,掌握了翔实的第一手材料,精心选定每个项目点,保证了"星光计划"扎扎实实地推进。许多民政厅局的负责同志对本地"星光计划"的实施状况了然于胸,说起"星光老年之家"的布局如数家珍,令人赞叹。广大街居和乡镇的同志作为实施"星光计划"的直接落实者,也以自己辛勤、高效的工作为整个计划的成功实施作出了重要贡献。

(陈建军)

【民政部表彰全国"星光老年之家"先进单位和个人】 从2001年起开始在全国实施的"社区老年福利服务星光计划"(以下简称"星光计划")三年来取得了令人瞩目的成绩。通过"星光计划"的有效实施,全国新建和改造了3万多个"星光老年之家",这些项目基本做到了立足社区、面向老年人、方便适用和功能配套,发挥了"星光计划"为居家养老提供支持的作用,受到了社会各界特别是老年人的普遍欢迎,涌现出一大批先进单位和先进个人。

为表彰先进,推动"星光计划"工作在各地继续深入开展,2004年民政部决定授予北京市东城区北新桥街道海运仓社区"星光老年之家"等97个单位为全国"星光老年之家"先进单位,北京市丰台区民政局李岚等97名同志为全国实施"星光计划"先进个人。

这次受表彰的单位,是全国3万多个"星光老年之家"的先进典型;受表彰的个人,是所有参与"星光计划"实施的干部职工的优秀代表。

获得全国"星光老年之家"先进单位的有:

北京市

东城区北新桥街道海运仓社区"星光老年之家"

石景山区五里坨街道军区联勤部大院社区"星光老年之家"

海淀区北太平庄街道志强园社区"星光老年之家"

天津市

塘沽区杭州道街道文安里社区"星光老年之家"

和平区南营门街道世昌里社区"星光老年之家"

河西区柳林街道风景雅社区"星光老年之家"

河北省

保定市新市区新市场街道向阳北社区"星光老年之家"

石家庄市裕华区石门社区"星光老年之家"

魏县老年福利综合服务中心

山西省

太原市迎泽区文庙街道双塔寺一社区"星光老年之家"

晋城市城区西街街道泰森社区"星光老年之家"

晋中市榆次区晋华街道晋华社区"星光老年之家"

内蒙古自治区

呼和浩特市新城区海拉尔东路街道长海社区"星光老年之家"

锡林浩特市杭盖街青格勒社区"星光老年之家"

通辽市科尔沁区施介街社区"星光老年之家"

辽宁省

抚顺市顺城区抚顺城街道盛隆社区"星光老年之家"

辽阳市宏伟区新村街道鹏程园社区"星光老年之家"

丹东市元宝区九道街道东尧社区"星光老年之家"

大连市

沙河口区中山公园街道家庭养老服务中心

吉林省

长春市朝阳区南湖街道湖东社区"星光老年之家"

四平市铁西区站前街道新铁社

区"星光老年之家"
通化市东昌区龙泉街道龙水社区"星光老年之家"
黑龙江省
哈尔滨市道里区抚顺街道星光老年活动中心
牡丹江市社会福利院
大庆市福利家园
上海市
浦东新区高桥镇潼港二村星光老年活动室
卢湾区金色港湾老年公寓
嘉定区嘉定镇街道老年人日间服务中心
江苏省
南京市建邺区南苑街道兴达社区"星光老年之家"
丰县老年公寓
苏州市沧浪区葑门街道老年活动中心
浙江省
兰溪市兰江街道青松社区"星光老年之家"
舟山市普陀区沈家门街道新街社区"星光老年之家"
杭州市西湖区文新街道德加社区"星光老年之家"
宁波市
镇海区骆驼街道贵驷社区"星光老年之家"
安徽省
马鞍山市雨山区平湖街道一村社区"星光老年之家"
合肥市蜀山区西园新村街道竹荫里社区"星光老年之家"
淮北市杜集区矿山集镇"星光老年之家"
福建省
福州市鼓楼区洪山镇福屿社区老年活动中心
泉州市鲤城区海滨街道金山社区老年活动中心
永安市燕南街道龙岭社区老年活动中心
厦门市
湖里区老人活动中心
江西省
九江市浔阳区白水湖街道余家垅社区"星光老年之家"
吉安县永阳街道"星光老年之家"
南昌市西湖区社会福利院"星光老年之家"
山东省
济南市市中区舜玉路街道老年人福利服务中心
淄博市周村区大街街道元宝湾社区"星光老年之家"
泰安市泰山区岱庙街道市场社区"星光老年之家"
青岛市
市北区泰山路街道大港路社区"星光老年之家"
河南省
洛阳市西工区道北路街道春都社区"星光老年之家"
平顶山市湛河区姚孟街道阳光苑社区"星光老年之家"
新乡市牧野区天太社区"星光老年之家"
湖北省
武汉市硚口区宗关街道发展社区老年公寓
黄石市黄石港区沈家营街道覆盆山社区"星光老年之家"
赤壁市赤马港街道砂子岭社区"星光老年之家"
湖南省
长沙市岳麓区咸嘉湖街道"星光老年之家"
株洲市石峰区田心街道"星光老年之家"
衡阳市蒸湘区蒸湘街道太平一社区"星光老年之家"
广东省
广州市芳村区花地街"星光老年之家"
佛山市禅城区石湾街道"星光老年之家"
汕头市龙湖区金霞街道"星光老年之家"
深圳市
福田区福田街道水围社区"星光老年之家"
广西壮族自治区
桂林市秀峰区长海社区"星光老年之家"
梧州市蝶山区东兴街道步埠社区"星光老年之家"
北海市银海区侨港镇"星光老年之家"
海南省
海口市秀英区海口港社区"星光老年之家"
三亚市老年人服务中心
琼海市老年人活动中心
重庆市
南岸区南坪花园路街道南湖社区老年服务站
渝北区回兴街道双湖路社区老年服务站
沙坪坝区天兴桥街道社区服务中心
四川省
成都市武侯区火车南站街道社区服务中心
绵阳市涪城区御营二社区幸福老托所
南充市顺庆区东南街道学院街社区"星光老年之家"
贵州省
六盘水市钟山区荷城街道动力社区"星光老年之家"

兴义市黄草街道胜利社区“星光老年之家”
铜仁地区万山特区解放街社区“星光老年之家”
云南省
昆明市西山区马街社区“星光老年之家”
曲靖市麒麟区白石江街道丰登社区“星光老年之家”
丽江市古城区西安街道义正社区“星光老年之家”
西藏自治区
拉萨市城关区嘎玛贡桑街道俄杰塘社区“星光老年之家”
陕西省
西安市新城区“星光老年之家”
西安市碑林区文艺路街道“星光老年之家”
宝鸡市渭滨区经二路街道新建路社区星光老年活动之家
甘肃省
金昌市金川区桂林路街道宝运里社区老年福利服务站
兰州市七里河区土门墩街道兰通厂社区老年福利服务站
白银市白银区四龙路街道老年福利服务中心
青海省
西宁市城西区兴海路街道中华巷社区“星光老年之家”
格尔木市昆仑路街道青钾社区“星光老年之家”
称多县县城社区“星光老年之家”
宁夏回族自治区
银川市兴庆区前进街三林社区“星光老年之家”
石嘴山市大武口区朝阳街道胜利社区“星光老年之家”
吴忠市夕阳乐园
新疆维吾尔自治区
乌鲁木齐市沙依巴克区友好南路街道明园有色社区老年活动之家
昌吉市延安北路街道红星路社区老年活动中心
尼勒克县星光老年活动中心
新疆生产建设兵团
农九师朝阳区“星光老年之家”

获得全国“星光老年之家”先进个人的有：

北京市
李　岚　丰台区民政局副局长
王进亮　门头沟区老龄工作委员会办公室主任
陈有为　朝阳区民政局社会福利救济科科员
天津市
吕强民　南开区民政局局长
白义格　大港区古林街道社区服务中心科长
范　勇　天津市民政局社会福利和社会事务处主任科员
河北省
吴振生　民政厅社会福利和社会事务处处长
马秀芳　唐山市民政局社会福利和社会事务处处长
董天伟　秦皇岛市海港区民政局局长
山西省
宁庚元　运城市民政局副局长
李驻洲　长治市民政局社会福利和社会事务科科长
张娟丽　忻州市忻府区新建路办事处民政助理员
内蒙古自治区
任婉如　包头市民政局副局长
马旭从　赤峰市红山区民政局副局长
肖东伟　呼伦贝尔市海拉尔区民政局局长
辽宁省
常美云　抚顺市民政局社会福利和社会事务处处长
潘明喜　辽阳市民政局社会福利和社会事务科科长
郝玉清　阜新市民政局社会福利和社会事务科科长
大连市
安　军　金州区民政局副局长
吉林省
宋永义　四平市民政局副局长
梁翠霞　长春市二道区民政局局长
白福祯　白城市洮北区民政局副局长
黑龙江省
张延军　民政厅社会福利处主任科员
徐振湖　哈尔滨市民政局局长
孙明义　省农垦总局民政局局长
上海市
冯玉萍　杨浦区民政局局长
袁仁发　宝山区民政局副局长
唐德明　南汇区民政局社会科科长
江苏省
徐　鸿　南京市秦淮区民政局局长
费德炎　无锡市民政局社会福利和社会事务处处长
徐卫国　镇江市民政局副局长
浙江省
孙晓明　杭州市江干区老龄办副主任
张美娟　绍兴市越城区塔山街道罗门社区党总支书记
裘明珠　湖州市民政局副局长
宁波市
崔德海　海曙区星光敬老协会

会长
安徽省
何宏葆　民政厅社会福利处主任科员
胡小妹　泗县民政局民政股副股长
唐世定　中共铜陵市市委副书记
福建省
李艳琴　福州市晋安区民政局副局长
李保强　漳州市民政局福利事务科科长
李长青　南平市民政局福利事务科科长
厦门市
庄美珍　思明区民政局社会事务科副科长
江西省
黄福英　赣州市章贡区民政局局长
吴细保　抚州市民政局社会福利科科长
陈福长　上高县民政局局长
山东省
任庆镁　烟台市民政局福利科科长
魏　明　潍坊市民政局副局长
邢东月　威海市民政局副局长
青岛市
张善斌　民政局社会福利处处长
河南省
韩树田　民政厅社会福利处调研员
王　林　郑州市民政局社会福利处处长
白建周　西平县民政局局长
湖北省
何定国　武汉市江岸区民政局社会福利科科长
陈持强　黄石市民政局副局长
冯晓光　赤壁市民政局老龄委主任
湖南省
伏　伟　岳阳市岳阳楼区吕仙亭街道吕仙亭社区居委会主任
欧志成　益阳市资阳区大水坪街道金花湖社区党支部书记
谭耀庚　临武县民政局局长
广东省
陈　平　湛江市民政局副局长
温志雄　茂名市茂南区民政局局长
黄友良　惠州市惠城区桥东街道办事处副主任
深圳市
李先锋　深圳市民政局副局长
广西壮族自治区
徐邦兴　南宁市民政局局长
周桂玉　桂林市民政局社会福利和社会事务科科长
孟光明　民政厅社会福利和社会事务处主任科员
海南省
庄淑女　文昌市民政局局长
曾令禄　屯昌县民政局局长
林　强　陵水县民政局局长
重庆市
陈以默　民政局社会福利和社会事务处主任科员
陈光华　九龙坡区民政局局长
黄安会　江北区民政局副局长
四川省
康金河　民政厅社会福利处副处长
林　敏　绵阳市民政局救灾救济福利科副科长
王琼芳　自贡市民政局政权区划地名管理科科长
贵州省
肖　进　贵阳市民政局副局长
黄建英　榕江县民政局局长
郑达坤　都匀市新华街道办事处主任
云南省
唐尚林　民政厅副厅长
武　进　大理州民政局社会福利和社会事务科副科长
杨丽霞　保山市民政局区划地名科科长
西藏自治区
强巴绕杰　拉萨市城关区嘎玛贡桑街道俄杰塘社区居委会党支部书记
陕西省
雷　波　西安市雁塔区民政局局长
耿前伟　咸阳市民政局社会福利与社会事务科科长
张战军　渭南市双拥办副主任
甘肃省
赵明亮　张掖市双拥办副主任
马勤学　天水市民政局副局长
李　刚　兰州市安宁区民政局局长
青海省
苏卫宏　民政厅社会福利和社会事务处处长
常　健　海西蒙古族藏族自治州民政局局长
赛阿宝　玉树藏族自治州民政局局长
宁夏回族自治区
王立新　银川市民政局局长
曲显普　石嘴山市惠农区民政局局长
梁旭雄　隆德县民政局副局长
新疆维吾尔自治区
玛合穆提·海吾尔　吐鲁番市民政局局长
钟安军　克拉玛依市民政局局长

阿不力克木·达吾提　温宿县民政局局长

新疆生产建设兵团

徐仁堂　石河子大学民政科科长

（陈建军）

【关于加强“星光计划”项目管理的意见】　“社区老年福利服务星光计划”（以下简称“星光计划”）自2001年实施以来，在各级党委、政府的关怀重视和民政部门的共同努力下，取得了令人瞩目的成绩。“星光计划”项目的建成和投入使用，发挥了为居家养老提供支持、为社区照料提供载体、为老年人活动提供场所的作用，为建立和完善社区老年福利服务网络奠定了基础，受到了社区广大居民尤其是老年人的欢迎。为确保建成的“星光计划”项目能够为老年人提供优质、高效、规范的服务，确保“星光计划”设施能够科学运营和持久发展，2004年民政部就“星光计划”项目管理提出意见，要求：

一、明确产权归属

“星光计划”项目的产权归属是关系到项目能否长期健康发展的根本，是各级民政部门对“星光计划”项目实施有效监督指导的前提。各地要根据项目类型、投资主体和投资份额的不同情况，采取不同的方式明确产权归属。一般说来，应该实行产权划归主要投资方的单一归属方式，比如将产权划归街道、社区居委会、社会团体、企业、私人业主或当地的民政部门等。如果争议较大，也可按照投资份额实行股份制的产权归属方式。所有“星光计划”项目产权均应以书面形式（如办理土地证、房产证、协议书、公证书等）予以确定，对土地、房屋、设施、设备、投资等逐一登记建档，报上级民政部门备案。对于产权不属于街道、居委会或民政部门所有的项目，必须通过制定使用协议的方式对项目的使用或经营作出明确规定，确保“星光计划”项目为老年人服务的方向不变。协议中应当含有项目单位在协议有效期内出现不能有效开展活动、改变用途等情况的违约责任条款。

二、坚持为老年人服务的宗旨

“星光计划”实施的目的是为家庭养老提供帮助，为社区照顾提供依托，为老年人活动提供场所。为老年人服务是“星光计划”必须坚持的宗旨。各地要在今后的工作中对项目的实际用途进行严格管理，将建成的“星光计划”项目主体功能定位在为社区老年人提供福利服务上，至少要确保80%以上的建筑面积用于为老服务，有条件的可以兼顾儿童、残疾人等群体的需要。要尽可能保持“星光计划”项目同社区办公等管理功能和设施之间的相对独立性，尤其是不能将为老年人服务的“儿室一校”同街道、社区居委会的办公室混在一起。在“星光计划”项目的设施建设上要力求方便老年人使用，同时符合《老年人建筑设计规范》；在服务方式上要坚持无偿、低偿和有偿服务相结合的原则；在时间安排上要符合老年人的生活规律并严格执行时间安排，不得随意更改、缩短服务时间。各地要在“星光计划”实施过程中坚决杜绝把项目建设资金挪作他用、把以“星光计划”项目名义建成房子用于居委会办公和其他用途等错误做法。

三、设置和完善符合老年人实际需求的服务功能

在“星光计划”项目服务功能的设置上，一定要坚持实事求是、因地制宜的原则，以社区广大老年人的福利服务需求为依据，既要设置和开展好满足老年人需求的室内服务项目，又要特别注意设置好深受老年人和社区群众普遍欢迎的室外活动场所和设施。“星光计划”项目必须要设置文化娱乐、健身康复、图书阅览和老年课堂等基本服务项目，有条件的地方应逐步扩展社区医疗服务、院舍住养、日间照料、入户服务、紧急援助、信息咨询、心理慰藉等多种内容。其中，入户服务要逐步覆盖家务整理、生活照料、送餐购物、陪护服务等方面。所有的社区“星光计划”项目要尽快地为本社区的老年人建立起福利服务档案，为有需求的老年人提供方便快捷的服务，同时还要适当兼顾社区残疾人和孤残儿童的服务内容。社区居委会的为老服务站点和街道的老年福利中心要相辅相成，形成网络。要通过开展“星光计划”项目的多种服

务，正确引导老年人的消费需求，倡导健康、文明、科学的生活方式。

四、建立科学、有效的管理运营模式

各地要对“星光计划”项目实行分级管理。“星光计划”项目要接受街道办事处（乡镇）、社区居委会的直接领导，同时接受各级民政部门和老龄工作委员会的指导。街道、社区居委会负责“星光计划”项目的管理监督。街道（乡镇）要指定有关部门或专人负责辖区内“星光计划”项目的建设和管理，社区居委会也应指定专门人员负责本社区“星光计划”项目的管理。

各地要努力争取将“星光计划”项目的设备维护费用和日常运作开支列入县（区）以上财政的福利事业和老龄事业预算，难以列入预算的地方可由各级福利金给予适当补贴。“星光计划”项目应当适应市场经济的要求，按照无偿、低偿和有偿相结合的原则，尽可能为社区老年群体提供多种形式的福利服务。对于支付能力不足或完全没有支付能力的老年人，要适当减少乃至免除服务费用；对于有支付能力的老年人可以收取一定的费用，用于补偿“星光计划”项目日常运转的开支。

“星光计划”项目获得的政府投入、社会福利金资助、社会捐赠等各项资金，必须按照指定用途专款专用，自觉接受有关部门的监查审计并向社会公布。对出现项目建成后半年内没有正常开展活动，服务单一，管理混乱，存在违法、违纪、违规行为经整改无效，建成后改变用途或主体没有用于为老服务等情形的，须按照协议履行违约责任。项目通过服务收费所得的盈余部分，由负责管理的组织、单位或个人自行决定分配，但应首先保证为老服务事业的发展需要。街道、社区居委会应当对辖区内的“星光计划”项目服务经营状况建立年报制度。

建成的社区“星光计划”项目可以根据社区情况，采取适应“星光计划”项目长期发挥作用的方式运营。既可以由街道、社区居委会直接运营，也可以委托老龄协会等社会团体和服务组织去运营，还可以采取承包、租赁等方式交由民间力量进行管理和运作，还可以吸收社区志愿者参与管理。对于已经成立老年人协会的社区，应提倡按照政事分开的原则，尽可能地将“星光计划”项目委托或交付给老年人协会负责日常管理和服务运作，这样，既可以推动老年人自我管理和自我服务意识的提高，又能有力地保证为老服务宗旨的贯彻落实。此外，也可以委托具备相应条件、依法成立的民间组织、企事业单位以及具有完全民事行为能力的个人进行项目的日常管理和服务。无论采取何种形式运作，都必须签订协议，确保为老服务宗旨不变。

（陈建军）

【“残疾孤儿手术康复明天计划”】 据统计，我国生活在儿童福利院、社会福利院、乡镇敬老院等各类福利机构中的孤儿、弃婴有5.4万多名，其中残疾孤儿为2.7万多名，占福利机构收养儿童总数的49.6%。这是由于在福利机构中的孤儿、弃婴，身体健康正常的，大多通过国内外收养和开展家庭寄养回归了家庭，而身体残疾和患有各种疾病的儿童，则只能在福利机构中长期生活。同生活在家庭的儿童相比，这些长期生活在福利机构中的儿童身体发育、精神和心理发育及人格健全发展都存在较大差距，就学和长大后就业、婚姻等方面也将面临更大困难。残疾孤儿应当同正常儿童一样拥有受保护和被照料的权利，拥有享受现代社会文明成果的权利。为此，民政部决定从2004年5月开始，在全国实施“残疾孤儿手术康复明天计划”（简称“明天计划”），为我国城乡各类社会福利机构中0至18岁具有手术适应症的残疾孤儿进行手术矫治和康复。“明天计划”是民政部继“社区老年福利服务星光计划”取得成功后推出的又一重大举措，是践行“三个代表”重要思想、贯彻落实“以人为本”科学发展观的具体体现，是推动儿童福利事业发展、创造残疾孤儿美好明天的实际行动。

实施“明天计划”，以“三个代表”重要思想为指导，立足社会主义初级阶段基本国情，以中国福利彩票募集资金资助为主要手段，充分发挥地方积极性，广泛动员社会参与，争取利用国内外相关资源，使社会福利机构中所有具有手术适应症的残疾孤儿都能得到矫治康复，为他们回归家庭、回归社会创造条件。计划目标是：从2004年至2006年的3年期间，确保为2.8万名，力争为3万名残疾孤儿有效实施手术矫治和康复。实现这一目标，可以使全国各级各类福利机构中1.4万名具有手术适应症的残疾孤儿都能够得到手术治疗，还可以使三年内预期新增的约1.4万名需要手术的残疾孤儿也得到手术。同时，“明天计划”还覆盖了应进入福利机构供养，但因当地未建福利机构而散居社会、由民政部门资助供养的残疾孤儿。

从2004年起，民政部每年从部本级彩票公益金中拿出1亿元，省、市、自治区从省级留用彩票公益金、地方财政和社会捐赠筹集1亿元，3年共筹措6亿元，用于实施“明天计划”所需的手术经费和相关费用。

为保证“明天计划”的顺利实施，民政部成立了“明天计划”领导小组，下设办公室。各省、自治区、直辖市民政部门也成立了相应的领导和办事机构，负责制定本地区实施“明天计划”的3年规划和年度计划，筹集配套资金，协调与卫生部门和医疗机构之间的关系，审核、上报本地区手术康复申请，督促、检查手术执行情况，落实年度计划并向社会公布实施进度和结果。

为加强对“明天计划”的指导，民政部在向社会公布了《“明天计划”实施方案》之后，又认真研究制定了《“明天计划”项目管理暂行规定》，还与卫生部联合下发了《关于做好“明天计划”实施工作的通知》。

“明天计划”启动以后，得到了党委、政府的高度重视和社会各界的热烈响应。各级民政部门深入贯彻落实“明天计划”启动工作会议的部署，按照项目管理的要求，认真做好体检筛查工作，精心选择定点医院，积极组织残疾孤儿进行手术康复。截止2004年11月中旬，已有1507名残疾孤儿接受手术矫治，有200多家新闻媒体对“明天计划”作了深入的报道，接收到600多万元人民币和30多万美元的捐款，实施“明天计划”的意义初步显现。预计到2005年5月，可基本完成第一个计划年度的任务目标。

（安宁）

【艾滋孤儿救助安置工作情况】 艾滋病是全世界面临的重大公共卫生问题和社会问题，艾滋病对我国人民身体健康和生命安全，以及经济社会发展带来了严重影响。与艾滋病伴生的艾滋孤儿来势快、增长迅速，既是一个新问题，又是一个刻不容缓的问题。民政部认真学习领会胡锦涛总书记、温家宝总理等党和国家领导同志关于防治艾滋病工作的重要批示精神，深入贯彻吴仪副总理的指示，并根据国务院防艾办关于民政部、卫生部和全国妇联制订艾滋孤儿救助安置政策的部署，积极开展工作，通过资金资助、政策引导等方式，探索建立艾滋孤儿救助长效机制和适应艾滋孤儿身心健康的安置模式，取得了初步效果。

一是深入调研，制定政策，加强对艾滋孤儿救助安置的指导。2004年3月初，民政部下发通知，对重点省区的艾滋孤儿情况进行摸底调查。随后，民政部和全国妇联组成联合调研组，分别到河南省驻马店市的上蔡县、新蔡县和商丘的柘城县以及云南省德宏州的盈江县进行调研。在此基础上，于5月份下发了《关于加强对生活困难的艾滋病患者、患者家属和患者遗孤救助工作的通知》（民函〔2004〕111号）。通知要求，要将符合救助条件的艾滋病患者、患者家属全部纳入救助范围。对于城镇居民家庭中因患艾滋病导致家庭人均收入低于当地最低生活保障（以下简称低保）标准的，要将该家庭纳入城镇低保范围。在已经建立农村低保制度的地区，要将符合条件的艾滋病患者家庭纳入农村低保范围；尚未建立农村低保制度的地区，要将生活困难的艾滋病患者、患者家属列为特困户基本生活救助对象，给予定期定量生活救济。同时，给予经济困难的艾滋病患者必要的医疗救助。

二是筹集资金，开展试点，探索救助安置的工作体系。为推动救助安置工作的开展，同时也为了引导各级政府和社会各界都来关心艾滋孤儿这个弱势群体，民政部部长办公会议决定，2004 年从部本级彩票公益金中拿出 2000 万元，用于资助艾滋孤儿救助安置。这笔资金首先用于直接资助艾滋孤儿基本生活；其次为艾滋病发病较多的河南、云南、广东、广西、新疆、湖北、四川、山西、安徽等 9 个省（自治区）提供基础建设资助，通过建立艾滋孤儿救助安置指导中心，开展救助安置的基础性服务工作；第三是按照国务院防治艾滋病工作委员会第一次会议的要求，在河南省驻马店市和云南省德宏州开展试点工作，通过逐级建立艾滋孤儿救助安置中心（站），逐步探索建立起艾滋孤儿救助安置工作的层级网络：省、市建立起艾滋孤儿救助安置的调控中心，承担调查摸底、宏观调控、政策指导和管理培训等方面的事务；县一级建立起艾滋孤儿救助安置的指导中心，负责统计掌握本地艾滋孤儿状况、落实不同安置救助途径、指导监督救助服务等项工作；乡镇一级建立安置中心，具体负责落实家庭寄养或集中供养的安置救助任务，并提供具体的服务；村级救助则主要针对艾滋高发村，建立救助服务站，负责艾滋孤儿安置经费发放、数据摸底上报、对家庭寄养提供支持和管理等具体事务。

三是从孤儿身心健康成长出发，采取多种形式安置艾滋孤儿。根据国际社会救助孤残儿童的理念和多年来民政部门的实践经验，在艾滋孤儿的安置上采取了灵活多样的方式。首先，鼓励亲属和社会收养孤儿，为孤儿的成长创造健康的家庭环境。其次，大力弘扬中华民族尊老爱幼、邻里互助的传统美德，积极推广家庭寄养。实践证明，家庭寄养符合目前艾滋孤儿的实际，是最有效的安置模式。第三，对于无法收养和寄养的儿童，由当地政府在社区中建立单元式儿童之家，采取小家庭式照料模式，为孤儿提供必要的生活、教育条件。对于已被艾滋病毒感染的孤儿，也可通过小家庭式的家庭照顾模式进行相对集中的安置。第四，在确有需要和可能的地方，对于不能实行收养和家庭寄养的儿童，要在充分利用原有福利机构的基础上，结合农村敬老院和城市社区服务机构建设情况，改建或新建符合当地实际需要的收养性服务机构，对部分孤儿进行相对集中的安置。

四是加强合作，形成救助安置工作的合力。在救助安置艾滋孤儿工作中，民政部始终坚持“政府主导、部门协作、社会参与”的工作机制，力求形成合力解决工作中的难点问题。根据国务院防艾办的统一部署，民政部与卫生部、教育部、全国妇联积极沟通，加强协作。同时，还与联合国儿童基金会、英国救助儿童会开展项目合作，利用他们的资金、技术优势，借鉴国际社会救助安置艾滋孤儿的经验，不断提高救助安置的工作水平。

与此同时，一些重点省区的民政部门在当地党委、政府的重视支持下，积极开展工作，取得了一些突破性的进展。河南省的艾滋孤儿、孤老每人每月可获得 160 元的救助（其中基本生活费 130 元，寄养服务费 30 元）；单亲家庭的未成年子女每人每月可获得 50 元的救助。上述经费 80%由省级财政负担，市县两级财政负担 20%。艾滋孤儿的教育费用由各级教育部门负责，医疗费用从省艾滋病防治专项经费中支出。艾滋病困难家庭的分类救助制度基本建立。同时，河南省还制订了多方面的优惠政策来鼓励多种形式安置艾滋孤儿，形成了初步的政策体系和工作体系框架。省民政厅已投入 520 万元资金，资助建设了 20 个孤儿孤老集中养育机构。由于措施得力，河南省未发生一例因救助工作不到位而出现的上访事件。湖北省人民政府下发了《省人民政府关于加强艾滋病防治工作的意见》，省民政厅下发《贯彻落实〈省政府关于加强艾滋病防治工作意见〉的通知》。这两个通知规定，免除艾滋病患者子女、艾滋孤儿九年义务教育期间的杂费和课本费，对符合高中、普通高校入校条件者，实行统一建档，跟踪救助，资助其完成学业。同时将农村艾滋病毒感染者困难家庭纳入全省农村特困人口救助范围，落实国家和省制定的农村特困人员生活救助及医疗救助政策；将城市贫困艾滋病感染者家庭纳入低保范围，落实国家和省制定的城市居民最低生活保障对象生活补助及医疗政策。

总结各地的经验，艾滋孤儿救助安置必须坚持“政府主导、部门协作、社会参与”的工作机制。国务院有关部门要按照国务院防治艾滋病工作委员会的统一部署，加强部门间的协调，尽快出台涵盖艾滋孤儿生活、教育、医疗和社会关怀等方面的综合政策。地方政府做为公共服务的提供者，要积极筹措资金采取多种形式救助安置艾滋孤儿。基层、社区是救助安置工作的实现载体，要高度重视在基层、社区的资源整合，努力构建以家庭收养、寄养为主，以社区为依托的、部门各负其责的工作网络。同时也要充分发挥民间组织和志愿者的作用，他们既是救助安置的有益补充，也是消除歧视、提供相关技术支持的必不可少的力量。

（安宁）

【无障碍设施建设】 无障碍设施，是指为保障残疾人、老年人、伤病人、儿童和其他社会成员的通行安全和使用便利，在道路、公共建筑、居住建筑和居住区等建设工程中配套建设的服务设施。无障碍设施建设体现了以人为本的现代文明理念，体现了党和政府对有特殊困难和特别需求群众的关怀，是实践“三个代表”重要思想的一项民心工程，是物质文明和精神文明的集中体现，是社会进步的重要标志。

1989年4月，建设部、民政部、中国残联联合颁布了《方便残疾人使用的城市道路和建筑物设计规范（试行）》。该设计规范实施十年来，部分大中城市的无障碍设施建设取得了一定成绩，不仅在旧城改造和新区建设中比较普遍地贯彻了无障碍设施的建设，而且各地都建起了一批高水平、高质量的无障碍设施。据建设部和中国残联提供的情况，我国有些城市按照联合国亚太经社会“亚太残疾人十年”的有关指标衡量，其无障碍设施建设已经走在了发展中国家大城市的前列，某些方面还达到了发达国家同类城市的水平。

在城市道路无障碍设施建设和改造方面，截至到2004年底，城市建城区的主干道、市区级商业街、人行道，城市公园、广场、商业区、重点公共建筑的人行道口，公交车站的等候区共设置盲道3200多条，总长度3980公里，占道路总长度的24%。建城区新建和改扩建道路人行道在交叉路口、街坊路口、单位出入口、人行横道，城市主干道、次干道、支路、街道的人行道设置缘石坡道和进行坡化改造56420处，改造率达67%。在1159处主要路口设置盲人过街提示音响装置。

在建筑物无障碍设施建设和改造方面，部分大城市自2002年1月1日起新建的办公科研建筑、商业服务建筑、文化纪念建筑、观演体育建筑、医疗与交通建筑、学校与园林建筑、为残疾人和老年人服务的福利院所、室外公共厕所等各类公共建筑按要求建设了无障碍设施。政府及司法部门办公建筑，综合（专科）医院，航空港及火车、地铁、城铁、码头、汽车客运，城市广场、城市公园无障碍设施改造率高；大中型商场、购物中心、星级宾馆邮局银行室外公共厕所无障碍设施改造率较高；文化馆、图书馆、科技馆、展览馆、博物馆、纪念馆、影剧院、体育场馆、高等院校、中小学、托幼建筑无障碍设施改造速度较快；民航机场基本上都按无障碍要求进行了改造。

在居住区、居住小区和居住建筑无障碍设施建设与改造方面，有些城市建城区新建居住区、居住小区全部建设了无障碍设施；已建居住区、居住小区的无障碍改造率达37%；已建高层和中高层住宅、公寓入口无障碍改造率达35%。

在认真抓好城市道路和建筑无障碍设施建设工作的同时，有些城市还注重开拓创新，建设了一批高水平、有特色的无障碍设施。如南京、苏州的盲人植物园，大连的野生动物园，西安的秦始皇兵马俑博物馆，北京西城区的银龄中心，青岛市的环海步行道，秦皇岛的市区道路无障碍设施等。

2002年，根据国务院批转的《中国残疾人事业“十五”计划纲要》的要求，建设部、民政部、全国老龄工作委员会办公室、中国残疾人联合会决定联合开展创建全国无障碍设施建设示范城（区）活动。创建示范城（区）实行申报制度，申报每两年一次，申报时间为每申报年的7月份。对考核合格的城市由建设部、民政部、老龄工作委员会办公室、残疾人联合会联合命名为“全国无障碍设施建设示范城(区)”。对已命名为“全国无障碍设施建设示范城(区)”实行复查制,每五年复查一次。复查合格的,保留“全国无障碍设施建设示范城(区)”称号;对复查不合格的,给予警告,限期整改;整改不合格的,撤消“全国无障碍设施建设示范城(区)”称号。开展全国无障碍设施建设示范城(区)活动,是一项全社会的系统工程,是符合当前社会进步、经济发展和精神文明建设需要的文明工程,是造福后代、方便残疾人和老年人,服务于社会的爱心工程。2004 年,已有北京等 12 个城市申报“全国无障碍设施建设示范城”,经过严格考核,这 12 个城市全部达标。建设部、民政部、全国老龄工作委员会办公室、中国残疾人联合会将在大会堂联合召开创建全国无障碍设施建设示范城总结会议,对获得全国无障碍设施建设示范城市称号的北京等 12 个城市进行命名,并表彰在创建全国无障碍设施建设示范城工作中做出突出成绩的区。

下一步,我国无障碍设施建设工作总的指导思想和目标是:高举邓小平理论伟大旗帜,全面贯彻“三个代表”的重要思想,以人为本,统筹规划,建管齐举,推进我国无障碍设施建设健康发展。争取五年内全国特大城市的无障碍设施建设要力争有较大突破,其他城市都要把无障碍设施建设纳入城市总体规划,加大建设力度;十年内全国大中城市的无障碍建设要逐步完善,小城市的无障碍设施建设要上一个新的台阶,并涌现出一批无障碍城市,将这项造福全社会和每个人的民心工程做好。

【精神卫生福利事业】 民政部门是全国精神卫生福利工作的主管部门,主要负责对城镇无劳动能力、无法定义务扶养人、无生活来源的“三无”对象中的精神病人,复员退伍军人中的精神病人和特困精神疾病患者的收治工作。民政精神卫生工作是具有社会福利和社会救济性质的精神卫生工作,是我国整个精神卫生工作不可缺少的一个组成部分。改革开放以来,民政精神卫生福利工作解放思想,深化改革,扩大开放,取得了很大的成绩,已经基本形成了以精神病人福利院、复退军人精神病院、康复医院为资源核心,社区康复站点为依托,家庭康复为基础的精神卫生预防、治疗、康复网络。截至目前,全国共有精神卫生福利院 129 家,复退军人精神病院、疗养院 122 家,共收养各类精神病人 3.1 万多人,此外,还建立了精神病人工疗站 1275 个,家庭康复病床 16111 个,为维护社会稳定做出了应有的贡献。

目前,受经济发展和财力的限制,我国精神卫生福利机构还存在布局不尽合理,经费短缺,设备落后,人员素质不高等问题,现有的精神卫生福利防治服务还不能满足社会的需求。面对这种局面,当前和今后一个时期,要开创我国精神卫生福利工作的新局面,就必须要适应社会主义市场经济发展的客观要求,建立社会化的精神卫生防治康复工作体系,走出一条国家倡导扶持,社会力量共同参与精神卫生福利事业发展的新路子。

首先,大力开展社区康复,以此作为加强精神卫生工作的主要途径。社区康复符合中国的国情,也是国际精神卫生的发展方向。只有立足社区,才能真正促进精神卫生福利事业的发展,才能充分发挥资源优势。将精神病防治工作纳入社区发展规划,大力加强社区康复站点的建设,扩大覆盖范围,真正把精神卫生防治工作的重心放到基层,放到社区。

第二,制定政策和措施,鼓励和扶持社会力量参与我国的精神卫生预防和治疗体系建设。在当前国家投入不足,还不能完全担负起各种精神疾病及各种心理障碍防治任务的情况下,国家制定相应的政策,积极鼓励社会力量多方投资,参与精神疾病的防治和康复,建立起投资主体多元化,运营方式市场化,服务方式多样化的精神卫生防治网络。同时,加强对精神卫生机构和从业人员的管理,规范医疗服务市场,使精神卫生预防、治疗工作健康有序地发展。

第三,深化精神卫生福利机构的改革,充分发挥资源中心的作用。现有的精神卫生福利机构要继续加强管理体制、用人用工制度及分配制度的改革，引入市场竞争机制，实现自我生存和自我发展。同时，发挥专业优势，挖掘潜力，拓宽服务领域，充分发挥自身的示范、指导、辐射和培训的作用，逐步形成以精神卫生机构为依托的社会化、开放式的精神病人防治康复体系。

第四，要加强合作，协调一致，建立高效统一的精神卫生防治网络。民政精神病院与卫生、公安部门所属的精神卫生医疗康复机构密切配合，互相支持，齐心协力，协调安排和解决精神卫生事业发展、精神病人防治、治疗、康复、收养和社会福利等实际问题。

2004 年 12 月，民政部出台《关于加强精神卫生工作的意见》，对下一步工作提出几点意见：加强贫困群体心理指导，控制精神病人扩大化趋势；加快民政精神病院建设；进一步完善相关法规。希望通过各级民政部门的努力工作，克服困难，进一步做好精神卫生工作。

【残疾人康复工作】 残疾人康复工作是帮助残疾人改变生存状态、提高生活质量的有效方法，也是帮助残疾人重新回归社会生活主流的有效途径。2004 年的残疾人康复工作，主要由两部分组成。

一是各项重点康复工程的实施，为残疾患者解除病痛。中国残联、卫生部与国际狮子会合作开展的“视觉第一中国行动”二期项目完成白内障复明手术 58 万余例，其中为贫困白内障患者免费施行复明手术 10 万余例。近 3 万名低视力者配用了助视器。2.4 万名聋儿接受听力语言康复训练。为麻风畸残者施行矫治手术 3900 余例。为肢体残疾者安装普及型小腿假肢 1.5 万例，大腿假肢 2800 余例。发放百余种残疾人辅助用具 110 多万件。对 8 万余名肢体残疾人、智力残疾儿童和脑瘫儿童进行系统康复训练。康复工作的顺利实施，有效改善了残疾人的生存状况，增强了他们参与社会生活的能力，减轻了家庭和社会负担。

二是大力开展社区康复工作，利用社区医疗机构、“星光老年之家”等已有设备、设施进行矫治康复。民政部将进一步协调政府有关部门，采取树立典型、以点带面方法，逐步积累经验，探索形成整合推进的工作模式和可持续发展的工作机制，共同推进残疾人社区康复工作。

【残疾人就业】 党和国家历来十分重视残疾人的劳动就业工作，先后制定并实施了一系列法律、法规和政策，有力地推动了残疾人劳动就业工作的开展。国务院颁布了《关于残疾人个体开业给予免征税照顾的通知》等法规性文件，规定对符合条件的残疾人就业单位予以免税的优惠。许多地方也相应地制定了地方性法规，保障了残疾人劳动的权利，并给予残疾人优惠、扶助和照顾的政策。国家还积极创造就业条件，设立了社会福利企业、精神残疾人工闻机构、盲人保健按摩机构、智力残疾人庇护性工场等残疾人集中就业单位。但是，由于自身障碍和环境的影响，残疾人就业仍滞后于我国劳动就业的总体水平。近年来，随着我国经济体制改革的不断深化和社会主义市场经济的发展，残疾人就业既出现了新的活力和机遇，也面临着不少新情况和新问题。

为切实保障残疾人的劳动权利、促进残疾人就业，2004 年，中国残联、劳动和社会保障部、民政部联合起草了《残疾人就业条例》，对残疾人就业保护、残疾人就业服务、残疾人就业优惠扶持措施等几方面进行了规定。此条例还将继续征求各单位及残疾人意见，并于 2005 年上报国务院法制办。

【残疾人保障法的修改】 十多年来，随着我国经济社会的快速发展，《残疾人保障法》立法之初的经济社会条件已经发生了很大变化，《残疾人保障法》的有关条文规定已不能适应形势发展的需要。而且，随着残疾人事业的发展，一些在实践中被证明行之有效的具有普遍意义的经验和做法需要在法律中得以体现和明确。为进一步促进我国残疾人事业的发展和保障残疾人权益的需要，民政部和中国残联积极向全国人大、国务院法制办进行汇报，启动了《残疾人保障法》的修改程序。民政部、中国残联、国务院法制办、最高人民法院、卫生部、教育部、劳动和社会保障部、财政部、公安部和国家税务总局联合成立了修法工作领导小组，于 11 月 9 日召开领导小组第一次会议。11 月 19 日，民政部社会福利和社会事务司在上海召开了修订《残疾人保障法》的座谈会，上海市民政系统各级代表参加了会议，从不同角度、不同层次探讨当前残疾人福利保障工作中存在的困难和问题，并对修改《残疾人保障法》提出了建议。

【假肢矫形器】 2004 年 4 月，根据《中华人民共和国行政许可法》，在杭州召开了中国假肢协会四届六次理事会议，讨论了《辅助器具监督管理条例》(草案)，讨论并通过了《辅助器具产品分类目录》，以行业自律的形式予以发布。民政部会同国家税务局、财政部下发了《关于生产和装配伤残人员专门用品企业免征所得税有关问题的通知》，再一次明确生产和装配伤残人员专门用品的企业免征企业所得税问题。温家宝总理签发的中华人民共和国国务院令第 412 号《国务院对确需保留的行政审批项目设定行政许可的决定》中，把“假肢和矫形器(辅助器具)生产装配企业资格认定”和“假肢与矫形器(辅助器具)制作师执业资格注册”，列入予以保留并设定行政许可。根据国务院对假肢行业的行政许可，民政部起草了《关于国务院对假肢行业保留行政审批项目设定行政许可有关事宜的通知》，并着手论证和起草《假肢和矫形器(辅助器具)生产装配企业资格认定办法》与《假肢和矫形器(辅助器具)制作师执业资格注册办法》等文件。

2004 年，中国假肢协会组织国内 100 多个厂家，360 多人，赴香港参加了国际假肢及矫形器第十一次大会。这是一次空前的盛会，是国际假肢大会第一次在中国大地上由中国人举办的会议，具有划时代的意义。民政部社会福利和社会事务司阎青春副司长代表民政部出席大会并作讲话。内地有 14 个展位，推出了最新科技产品，得到了国际上众多专家的好评。

(王萍)

中国社会福利彩票

【2004 年中国福利彩票职业发展概况】 2004 年，是我国彩票历史上非同寻常的一年。全国福利彩票系统在各级民政部门的正确领导和财政部门的大力支持下，狠抓规范管理，重塑福彩形象，采取各种积极措施培育彩票市场，有效地降低了彩市风波的消极影响，超额完成了年度发行任务。截止 12 月 31 日，全国福利彩票共发行 226.36 亿元，同比增长13.2%；筹集公益金79.23亿元，同比增长 13.2%；代征奖金所得税 9.88亿元，同比增长13.8%；全国福利彩票系统发行费收支状况好于往年，主要指标创历史新高。

管理工作得到了全面加强。2004 年上半年，是中国彩票的多事之秋。双色球补制画面、体彩宝马案等一连串问题被媒体热炒，引起了社会各界对彩票公信力的强烈质疑，导致了全国暂停即开型彩票集中销售。这一场风波对彩票市场的冲击是无情的，对彩票从业人员的教育是深刻的，对彩票管理工作的促进也是巨大的。全国福利彩票系统从双色球补制画面引起的轩然大波中，认识到了彩票问题的敏感性；从体彩宝马彩票案的严重后果中，体会到了规范管理的迫切性；从彩世塔公司作弊的手段中，领悟到了坚持彩票专营专卖的必要性；从贵阳彩票现场爆炸案的影响中，感受到了加强彩票安全管理的极端重要性。在民政部领导的关心下，福利彩票系统及时召开全国会议统一思想，坦诚面对社会舆论的批评和质疑，深刻检查彩票发行工作中的问题及根源，进一步确定了把工作重点转移到管理方面来，狠抓规范操作，以管理促发行的工作方针，主动采取了双色球电视直播开奖等改进发行工作的措施，认真开展了 ISO9000 质量认证等加强规范管理的活动，促进了福利彩票发行标准化、制度化、规范化、程序化建设，提升了福利彩票的公信力，保证了发行量持续增长。

电脑乐透彩票跨越发展。2004年，即开型彩票开局不错，但因政策原因中途停销，年发行量仅7.9亿元，同比减少26亿元，下降77%。电脑福利彩票是全国彩票市场的闪光点，年销售量达到218.44亿元，同比增长了32%，占据了全国彩票市场份额的57%，为福利彩票圆满完成发行任务、恢复市场主导地位发挥了决定性作用。全国联销的双色球彩票年发行量达到了93亿元，特别是改为3次开奖以后，每周销量均在2亿元以上，成为享誉中外的知名品牌。全国统一开奖的3D彩票，自上市以来，坚持规范操作，每周销量已经攀升到了1亿元以上。各地风采系列彩票依然充满活力，2004年的销量达到了120亿元，基本保持了双色球上市以前的水平。全国电脑福利彩票统分结合的发行模式基本形成，每周销量达到了5亿元左右，以较大优势占领市场。

市场占有率提高到60%。福利彩票18年的历史进程中，有辉煌时的喜悦，也有落后时的悲壮。进入新世纪以来，全国福利彩票系统奋发图强，苦练内功，扎扎实实地推进彩票发行管理工作，年发行量由当初的89亿元上升到了2004年的226亿元，市场份额由44%提高到了60%，终于实现了市场翻身仗目标。

网点建设成绩斐然。在电脑彩票历史性飞跃的过程中，“决胜终端”战略发挥了重要作用。近几年来，各级彩票机构始终把销售站点建设作为重点工作来抓，站点规模不断扩大，站点质量迅速提高。本年度新建销售站点9500多个，培训员工59000人次，站点总量已达61600多个，大大增强了福利彩票的核心竞争力。

彩票研发工作取得重大突破。北京、广西、上海、湖北等彩票中心在新游戏开发方面做出了重要贡献，3D、快乐8、好运彩及网点即开票等新游戏在全国推广，为福利彩票的持续发展注入了活力。在线即开票试点工作取得初步经验，在新开辟的试点中表现出较大潜力，初步具备了扩大试点范围的基本条件。各省市技术系统热线改造已经全部完成，全国主干网建设正在进行中，统一系统软件工作业已起步，为福利彩票再上新台阶储备了发展力量。

全国31个省份中，发行总量名列前茅的仍然是广东和山东，分别达到30.6亿元和29亿元。发行量超过15亿元的有北京和辽宁，超过10亿元的有湖北、广西和上海，超过8亿元的有黑龙江、河南、浙江和河北。人均销量超过全国平均水平的有北京、新疆、广西、辽宁、山东、黑龙江、湖北、宁夏、青海、西藏、广东、云南、上海和海南。增长幅度超过全国平均水平的有海南、西藏、云南、天津、四川、湖北、北京、安徽、内蒙古、河北、山西、青海、贵州、河南、重庆、辽宁和黑龙江。市场份额超过50%的已达25个，其中，山东、广西、青海、新疆、西藏、湖南、辽宁、山西、海南和重庆超过了70%。市场份额不足50%的有6个省市。

（钟　彩）

【电脑彩票】 概况：截止到2004年12月31日，全国共销售电脑福利彩票218.44亿元，同比增长30%。全年平均周销量4.2亿元，其中最高的第51周为5.09亿元，最低的是第4周1.18亿元。

全国销售量居前十位的省份是：广东（含深圳）29.3亿元、山东27.03亿元、北京15.51亿元、辽宁14.95亿元、湖北12.39亿元、广西10.9亿元、上海9.65亿元、黑龙江9.49亿元、河南8.97亿元、浙江7.76亿元。其中北京第一次夺得“探花”，湖北由前年的第九晋升到去年的第五，河北则是首次跻身十强行列。

市场份额居前十位的省份是：新疆、广西、山东、陕西、山西、湖南、西藏、贵州、重庆、海南。其中新疆、广西、山东的市场老大地位依然稳固，山西、贵州和海南的进步非常明显。

人均购票（不加权）居前十位的省市是：深圳326.55元、北京108.96元、上海59.43元、辽宁35.56元、新疆32.90元、广东31.56元、山东29.77元、黑龙江24.95元、广西22.59元、湖北20.69元。

销售：再攀新高峰。2004年，电脑福利彩票销售的各项纪录均被刷新，如果考虑到2003年的较高水平，这批崭新的纪录就显得难能可贵。2003年电脑福利彩票销售了166.45亿元，2004年一举突破200亿元大关，完成218.43亿元，净增52亿元，增幅高达30%。

全年销售额超过20亿元的省份有2个，即山东和广东；超过10亿元的有4个，即北京、辽宁、湖北和广西；超过5亿元的有9个，它们是上海、黑龙江、河南、河北、浙江、江苏、新疆、湖南和云南；超过1亿元的有14个。29个省份与上年相比实现了不同程度的增长，其中有17个省份的增幅超过了全国增长30%的平均水平。

2003年，电脑福利彩票的最高周销量是4.11亿元，而2004年有28周的销量超过了这一纪录，最高的周销量更突破了5亿元关口，分别是第50周的5.02亿元、第51周的5.09亿元、第52周的5.02亿元。2003年的周均销量是3.25亿元，2004年首次突破4亿元，达到了4.2亿元，平均每周增加近一个亿。去年销售在5亿元以上的15个省份的周均销量都超过了1000万元，他们的销量之和占到全国总销量的79.32%。

市场：打了翻身仗。在2003年的电脑彩票市场中，体彩销售了193.56亿元，福彩销售了166.45亿元，两者的市场份额为53.77%比46.23%。2004年，体彩销售了152.12亿元，福彩销售了218.43亿元，两者的市场份额为41.05%比58.95%，两者相差近18个百分点，彻底扭转了电脑福利彩票市场份额长期落后的被动局面。

2003年在不包括足彩的情况下，电脑福利彩票占优势的省份是20家，而2004年在包括足彩的情况下，占优势的省份达到27家，去年打了翻身仗的省份是湖北、河南、河北、海南、四川、安徽和云南。还不占优势的浙江、江苏也已经大大缩小了与电脑体育彩票的差距。正是由于我们老“根据地”的依然稳固和新“根据地”的不断拓展，造就了电脑福利彩票在市场份额中由弱转强，并确立了优势地位。

玩法：3D成功上市。2004年10月18日在全国十几个省份推出的中国福利彩票3D游戏，克服了种种干扰，仅运行了两个多月就初露锋芒，日销量从300多万元迅速突破了1000万元大关，成为电脑福利彩票销量的又一个增长点。

双色球和3D作为中国电脑福利彩票奇葩中的姊妹花，一个是已经形成的著名品牌，一个是正在打造的著名品牌，是中国福利彩票品牌战略的经典之作。其成功之处在于，她们顺应了彩票市场发展的内在规律，在满足不同购买需求的同时，以统一、联合的形象出现在世人面前，把彩票的规模效应发挥到极致。双色球和3D的优异表现，已经并继续为塑造中国福利彩票的品牌形象做出积极的贡献，为电脑福利彩票的可持续发展及销量的稳步提高奠定坚实的基础。

（唐启伟）

【全国联销双色球】 截至12月31日，2004年全国联销双色球共计122期，总销量达到93.09亿元，占福彩份额42%，占全国彩票份额25%。平均期销量达到7631万元，最高期销量曾达到9688万元。周销量从年初的1.34亿元逐步攀升至年底的2.4亿元，最高时曾达到2.44亿元。

在联销的31个省份中，北京、广东、湖北和辽宁位居前4名，年销量均超过5亿元，分别为8.36亿元、6.72亿元、5.82亿元和5.30亿元。其中，3月份才上市销售的广东，销量提升很快，不仅总销量位列榜眼，期销量亦表现不凡。销量在4—5亿元的有浙江、上海、河北和四川；销量在2亿至4亿元的有云南、江苏、山东、黑龙江、河南、吉林、重庆、安徽、深圳、陕西、湖南和江西。

在2004年的销售中，双色球奖池有86次超过1亿元，其中有56次连续超过1亿元，最高时曾创造了2.01亿元的中国彩市奖池的最高纪录。在超大奖池的支持下，双色球推出了“倒三七”、“全派彩”等派奖方式，大大增强了品牌形象。

在2004年的开奖中，双色球除体现了“大奖大、小奖多”的特点外，还体现了“大奖群、大奖池”的新特点。2004年，双色球共中出一等奖190注、二等奖 3779 注、固定奖 3 亿注、快乐星期天特别奖 16257 注。其中，一等奖的单注奖金均为 500 万元，二等奖单注最高奖金达到 419 万元（第 24 期）；一等奖最多时，单期中出 17 注（第 104 期），二等奖最多时，单期中出 360 注（第 104 期），固定奖最多时，单期中出 600 多万注（第 65 期）；快乐星期天特别奖最多时，单期中出 1254 注（第 108 期）。

实现了摇奖过程现场直播。为了进一步增强摇奖过程的透明度，更好地体现开奖过程的公开性和公正性，更好地接受社会各界的监督，中彩中心从 2004 年 4 月 1 日起，将双色球开奖节目由录播改为现场直播，并制定了《中国福利彩票“双色球”摇奖直播紧急情况处理预案》，为直播摇奖节目的顺利开通和紧急情况的处理提供了有力保障。截至 12 月 31 日，双色球已经成功地完成了 8 个月的直播实践，积累了经验并完成了现场直播的各项制度建设。

销量创新高接近亿元。第 23 期开奖后，双色球的奖池累积资金首次超过 1 亿元，“倒三七”的再次实施，大大地拉动了销量，第 24 期期销量达到了 8600 万元，增幅达 10.2%，第 25 期（双色球首期直播的当期）期销量达到了 9688 万元，增幅达 12.6%。

一周三开拉动销量。随着双色球玩法的逐步成熟，为进一步提高双色球的销量，增强其市场竞争力，2004 年 8 月，中彩中心果断地实施双色球“一周三开”，其后双色球周销量增长态势明显，第一周周销量就从原先的 1.61 亿元左右升至 1.93 亿元，周销量增长了 3200 多万元，涨幅近 20%，第二周销量就突破了 2 亿元！以后，双色球周销量更是稳步攀升，至第 52 周，已连续 17 周超过 2 亿元（最高达到 2.44 亿元）。

推出“全派彩”政策，全新加厚二等奖。11 月 11 日，双色球奖池资金首次超过 2 亿元。为进一步调动彩民的积极性，促进双色球的销售，经批准，中彩中心推出了“全派彩”政策，即在奖池资金高于 2 亿元时，当期高等奖不再向一等奖派发，一等奖奖金总额为奖池金额，二等奖奖金总额为当期高等奖奖金的 100%。

“全派彩”的推出，大大提高了双色球的销量，在实施“全派彩”的第一期（第 102 期），双色球的期销量达到了“一周三开”以来的最高点——9400 多万元。“全派彩”的推出也进一步完善了双色球的规则，提高了双色球的影响力，稳定并进一步扩大了彩民队伍，提高了销量。

成为绝大多数省份的主流玩法。在联销各省份中，双色球约占本省福彩电脑票周销量 50% 以上份额的达到了 24 个省份（其中周销量占 80% 以上的达到 7 个省份），在余下的 7 个省份中有 6 个市场份额虽然不足 50%，但却属于该省主流玩法。可以看出，“三开”后，各省双色球周销量明显提高，进一步巩固了其主流玩法的地位。

占中国彩市份额进一步增加。一年来，双色球凭借“全国年销量最大的票”、“全国第一个全国联合销售的乐透型彩票”、“全国第一个中一个号码就有奖的彩票”、“全国第一个奖池资金累计上亿元的彩票”、“全国第一个在国家级电视台直播开奖的彩票”、“全国第一个每周都有促销的彩票”等数个“第一”，在提供“超级幸运游戏”、不断为中国彩市制造惊喜、演绎传奇的同时，也为中国福利彩票打造了一个著名的品牌玩法，确立了彩市“第一品牌”的地位，并引领着 2004 年的彩票市场！

（朱子正）

【即开型彩票】 2004 年，在全国福彩系统的艰辛努力下，共销售即开型福利彩票 7.93亿元。销售过亿的省有两个，山东省销售 1.45 亿元，广东省销售 1.28 亿元。销售五千万以上的省有两个，山西省销售 9840 万元，江苏省销售 8440 万元。销售上千万元的省、市有十二个，其中，浙江省 4570 万元，上海市 3730 万元，辽宁省 3140 万元，北京市 2940 万元，广西壮族自治区 2530 万元，湖南省 2130 万元，河南省 1890 万元，新疆维吾尔自治区 1700 万元，天津市 1420 万元，吉林省 1400 万元，内蒙古自治区 1330 万元，宁夏回族自治区 1080 万元。即开型彩票作为福彩的一个类型，为完成国务院下达的2004年福利彩票销售220亿元的目标做出了应有的贡献。

2003年，福利彩票销售实现了200亿元的历史性突破，令福彩人精神振奋。在财政部的大力支持下，恢复了即开型彩票大奖组销售可以采用实物设奖的政策，这是福彩人盼望已久的利好政策，预示着猴年即开型彩票销售将再创佳绩。1－2月份有9个省市组织了32个大奖组，销售即开型彩票1.4亿元，超过了上年同期。尤其是北京春节庙会大奖组一举销售2450万元；山西组织了9个大奖组，销售4500万元，显示了即开型彩票实物设奖的魅力，震撼了全国。至5月份，有30个省、市参与大奖组销售活动，组织大奖组399个，销售即开型彩票7.8亿元，比上年同期多销6000万元。其中，山东组织59个大奖组，销售1.4亿元；广东组织15个大奖组，销售1.1亿元；山西组织24个大奖组，销售9700万元；江苏组织17个大奖组，销售8000万元；浙江组织9个大奖组，销售4500万元……这一大好局面，大大振奋了福彩人，各省市积极组织大奖组，准备大干一场。然而好景不长，3月西安体育彩票销售惊爆“宝马”事件；5月贵阳福彩大奖组现场爆炸案等多起涉及即开型彩票的案件震惊全国。中国彩票的公信力受到严峻的挑战。彩票管理部门及彩票监管部门对即开型彩票大奖组销售活动紧急叫停，刚刚热乎起来的即开型彩票大奖组实物设奖销售活动，又一次进入冰冻期。这又一次引起了福彩人对即开型彩票向何处去的思考，也无形中为促动各省市彩票发行机构的领导们下决心开发推广网点即开型彩票市场带来了机遇。

鉴于即开型彩票集中销售的风险，即开型彩票由集中销售方式向分散销售方式转变是即开型彩票发展的必由之路，网点即开型彩票的开发推广是即开型彩票的第二次创业。为抓住这一契机，在中彩中心统一部署下，市场一部组织了四次有部分省市参加的网点即开票业务推广研讨会，加快了网点即开票技术系统改造、市场推广及新彩票研制工作。

网点即开票技术系统经过一年多的运行，基本稳定，没有出现问题，系统便于操作、查询，体现了人性化的设计需求，为今后即开型彩票向大范围分散销售发展打开了空间。虽然网点即开型彩票尚处于开发阶段，网点数量还未形成一定的市场规模，销售量也不尽如人意，但有很多省市已意识到发展网点即开票是今后即开型彩票生存发展的出路。中彩中心也在技术、管理、彩票、市场营销等方面作了大量准备工作，已印制了10种印有二维条码的网点即开型彩票。为迎接鸡年的到来，还特地制作了首批鸡属相画面的网点即开票，以满足市场销售的需求。

（石永建）

【中福在线即开型彩票】

中福在线玩法是在先确定销售模式的前提下进行开发的，如何开发使用这一模式的彩票玩法就显得尤为突出。调研中发现，过去的玩法不能吸引彩民的原因是玩法不对路，大奖组的设计思路针对的是集中时间内数以万计的彩民同时参与，在时间和空间上创造出销售的氛围并配以大声势的宣传炒作来实现的，大厅式的销售显然不具备这样的条件。而网点式的设奖设计思路，适应的是日常性的散客的购买习惯，大厅高成本的营销模式必然导致入不敷出、难以为继的结果。在汲取过去经验的基础上，中彩中心重新调整设奖思路，努力开发与市场对路的游戏玩法，寻找市场。结果显示，去年11、12不足两个月的日均销量明显好于1－10月，中福在线即开型彩票的玩法问题基本得以解决。

中福在线即开票是中国福利彩票的一项新尝试，没有现成的经验，无论是管理者还是购买者都处在实践和认识阶段，市场还处在培育期，法制建设也在逐步完善之中。在这样的情况下如何确定专业销售大厅的市场定位问题，也就不那么简单。前期建设的大厅由于成本过高，加上管理、运作等问题没有很好解决和落实，惨淡经营、难以为继。因此解决这一问题是2004年的一项不可回避的主要工作。在调研中发现，大厅的设计理念不够切合实际，没有迎来理想的顾客流，开机率很低，成本被房租大量吞噬。降低成本、良性运转是急需解决的问题。于是，按照市场规律，重新调整了销售厅的模式，从技术上改用VPDN，压缩大厅经营面积，强化管理。目前这一工作已经初见成效。

（张清海）

【福利彩票印制】 2004年，由于即开型彩票集中销售方式暂停，彩票的印制量大幅减少。2004年，中彩中心印制部全年印制各类即开型彩票87376万张，只及前年的一半，其中印制一元票800万张，两元票85476万张，五元票1100万张。到去年下半年，三家定点生产工厂只剩下中彩印制公司小批量生产一些网点即开票，其他两家工厂已停止生产即开型彩票。虽然去年总的印票量大幅减少，但是所生产的彩票有一些新特点。

首先，即开型彩票的玩法设计从大奖组灵活设奖逐渐向固定设奖网点票过渡。如去年设计印制的“勇士闯关”、“请您开奖”及主动型网点票“财源到”、“顺顺久久”、“幸运八”、“五子登科”、“幸运星”及“福彩”、“猜大小”、“一条龙”等，虽然总印制量不大，但由于品种多，趣味性强，安全性较好，受到彩民的普遍认同及欢迎。在福建、湖北、上海及江苏等地试销，反映良好。另外，还为地方福彩中心设计印制了一些有地方特色的彩票，比如为上海设计生产的两元票“同三彩”，三元票“多盒彩”及五元票“彩运888”，票面设计大方，色彩艳丽，票面尺寸大，玩法简单、直观，与国际上通用玩法接轨，市场反映热烈。

其次，在网点票上大都印上了二维条码。目前，只有少数国家使用了该技术。应用该技术可以更加方便、快捷、准确、安全地对中、高等奖彩票进行验证，对销售量及时进行统计，为发行部门实行有效管理及全局掌控提供了保障。

电脑预制票据的监制成重点。由于大奖组即开票的停售导致工厂基本停产，印制工作在去年下半年逐渐做出战略调整，把工作重点转移到电脑预制票据的监制工作上。电脑预制票据随着电脑彩票销量的不断攀升用量大增。印制部通过招标选定了六家定点厂，这6家厂分布较广，印制能力强，设备先进，基本可以做到保质保量供货，使全国福彩系统在去年的销售中，没有出现质量事故。

电脑彩票打印纸质量的好坏，直接影响到彩民与销售者之间的关系，如打印不清楚、出纸不流畅、兑奖时字迹模糊等都可能导致纠纷，因此，国际上对电脑彩票热敏纸的质量要求非常高，目前只有美、日、德等少数国家能生产防水、防油、防摩擦“三防”功能的高品质热敏纸。印制部对电脑彩票打印纸的供应在全球进行了调查，基本确立了三家供应商，即：日本王子制纸公司、日本三菱制纸公司、澳大利亚马克纸业公司。由于对技术的垄断，国际热敏纸价格居高不下。印制部立足国内做后期加工，即印刷、分切、包装等工作，综合成本已比发行初期下降了约40%。

（路　敏）

慈善事业

【2004年慈善事业概况】 2004年，中华慈善总会着力加强慈善宣传工作，不断深化和完善内部改革和制度建设，从把慈善事业为全面建设小康社会服务、为构建和谐社会服务的高度，锐意进取、扎实工作，各项业务工作稳步发展。在全年没有重大灾害的情况下，据初步统计，全年共募集社会善款7390万元，捐赠物资1.599亿元，款物合计2.338亿元。

以纪念总会成立10周年为契机，大力宣传慈善事业。首先，总会成立了由会长为主任的宣传委员会，进一步加强宣传工作的领导，并且建立了宣传办公室，逐步加强宣传工作的力量。总会领导在年初举行的全国宣传工作会议上就加强慈善宣传工作做出动员部署，年中召开了全国宣传工作经验交流会，进一步推动慈善宣传工作。其次，总会推出了中华慈善宣传年活动，使纪念总会成立10周年各项宣传活动更为规范有效。第三，《慈善周刊》、《慈善》杂志、《中华慈善年鉴》和中华慈善网等总会宣传阵地继续巩固，工作质量不断提高。第四，总会编辑出版了《中华慈善十年》大型纪念画册和《中华慈善人物》图书，全面反映10年来我国慈善事业的发展历程。

加强慈善理论、政策和法律的研究交流。2004年，总会在北京召开了"国际慈善法律比较研讨会"，来自十几个国家的慈善法律专家、国内法律专家学者以及我国部分地方慈善工作者与会，为促进我国慈善法律建设作出了贡献。总会还举办了"中国首届企业公民及公益事业论坛"，许多在华跨国公司高层领导、我国大型国有企业负责人和民营企业家与有关专家汇聚一堂，对推广传播企业公民理念、促进企业参与慈善事业发挥了积极作用。为了推动我国各地慈善事业的发展，总会从2003年开始坚持每年选择慈善工作有特点的地方展开一次经验交流会。2004年，总会在新疆克拉玛依召开了全国慈善工作现场经验交流会，来自部分地方慈善机构的100多人参加会议，总结工作，交流经验，促进了各地慈善事业的发展。

对外合作领域不断扩大，外事工作为慈善事业服务有新的发展。经过前两年的不断努力和探索，总会的外事工作进入了巩固和加强原有的交流渠道和合作领域，拓展新的交流渠道和合作领域的新阶段。去年，总会接待了国际联合劝募协会主席霍华德先生等一行，并组织国内慈善组织参加了国际联合劝募协会在波多黎各举行的世界劝募大会。总会与国际联合劝募协会、美国"微笑列车"、福特基金会等国际性组织的交流与合作不断加强。同时，总会还与法国阿克汗发展网络建立了合作关系，与意大利华侨组织达成了合作共识，使总会对外合作领域不断拓展。总会的外事工作坚持为慈善事业发展服务的观念，先后与美国菲利普海德基金会共同举办了张德培慈善晚宴，与美国视博恩基金会北京代表处共同举办慈善晚宴等活动。通过这些活动，为慈善事业募集大量的资金和物资。

筹募工作稳步发展并有所创新。2004年，总会的筹募工作稳步发展。以"慈爱孤儿工程"、"雨水积蓄工程"等为代表的项目募捐工作进展顺利，"慈爱孤儿工程"累计接受国内外捐款(物)900多万元，资助儿重福利院、孤儿院(学校)100多所，救助孤儿3万多名。经常性小额募捐项目"慈善一元捐行动"也取得了良好的效果，目前，已经在北京、天津、广州、深圳等地实施，共设置募捐箱近2000个。总会还推出了"慈善一元捐"爱心购买行动。参加了民政部在全国启动的"残疾孤儿手术康复明天计划"，负责起草了《残疾孤儿手术康复明天计划捐款接受及管理办法》，参加了"明天计划"标识的设计策划工作。

坚持品牌观念不断提高项目管理和运作水平。2004年，项目工作的重点是进一步坚持和树立品牌观念，着力提高慈善项目的管理和运作水平。一年来，总会各主要品牌项目工作情况良好，"微笑列车"截止到11月底结算金额3300万元人民币，完成手术1万多例。"格列卫"项目截止到11月底完成药品价值人民币1.1亿多元，救助工作覆盖28个省、市、自治区。"慈善情暖万家"活动受到各地政府的大力支持，地方慈善机构认真组织落实，贫困群众非常欢迎。"慈善阳光医疗工程"稳步发展，项目覆盖面不断扩大。汇丰慈善项目举办了老人院长培训班4期、下岗职工再就业培训班10多期和残疾儿童艺术展。

深化和完善内部改革，不断加强制度建设。2004年是总会自身建设力度较大的一年。内部建设是一个长期的任务，必须把握循序渐进的规律，才能既不造成大的动荡而影响工作，又能够逐步完善提高管理水平和提高工作效率。2002年，总会按照精简、高效的原则对机构进行了调整、精简，推行了总会机关工作人员聘任制度。2003年，总会重点抓了聘任制的落实和各项规章制度的健全完善工作。在前两年工作的基础上，2004年进一步加大力度，在对工作人员进行考核评议的基础上严格按照民政部核定的编制和岗位的需要完成了本年度的人员聘用工作。基本上实现了工作人员全员聘用，各项管理制度进一步得到落实，使内部管理工作向制度化、规范化、科学化迈进了一步，为总会的长远发展奠定了良好的基础。

基层民主政治建设

基层政权建设

【乡镇改革】 2004年，中共中央国务院《关于促进农民增加收入若干政策的意见》(即中央一号文件)明确提出："要巩固和发展税费改革的成果，进一步减轻农民的税费负担，为最终实现城乡税制的统一创造条件。逐步降低农业税税率，2004年农业税税率总体上降低1个百分点，同时取消除烟叶外的农业特产税。降低税率后减少的地方财政收入，沿海发达地区原则上由自己消化，粮食主产区和中西部地区由中央财政通过转移支付解决。有条件的地方，可以进一步降低农业税税率或免征农业税。各地要严格按照减税比例调减到户，真正让农民得到实惠；确保各级转移支付资金专款专用，及时足额下拨到位。要据实核减合法征占耕地而减少的计税面积。要加快推进配套改革，继续加强农民负担监督管理，防止农民负担反弹，巩固农村税费改革成果。进一步精简乡镇机构和财政供养人员，积极稳妥地调整乡镇建制，有条件的可实行并村，提倡干部交叉任职。"根据中央一号文件的要求，配合农村税费改革，各地普遍开展了乡镇机构改革、乡镇撤并等内容的改革，使乡镇政权更加适应农村经济发展和农民群众的需要。

乡镇数量多、规模小，区域划分不合理，两个乡镇政府同驻一城或相距很近，给资源配置、城市规划建设、社会行政管理都带来诸多不利影响。一是影响区域资源的优化配置和整合，制约了乡镇经济的规模化、产业化发展。二是影响城镇特别是县(市)政府驻地镇的统一规划管理和建设发展，制约了县城镇功能的形成和辐射带动作用的发挥。三是影响社会行政管理的有效实施，制约了行政效能的提高。乡镇数量多还导致机构人员多、非生产性支出大、财政和农民负担加重，影响行政效能的提高，影响农村税费改革成果的巩固和发展。因此，继2003年底全国已有部分省区市完成了乡镇撤并工作后，广东、福建、河南、甘肃、新疆、广西等省区市则相继展开试点，逐步推行乡镇撤并工作。

乡镇撤并的目的主要有两个：一是精简机构，减少乡镇行政人员和开支，为农民减负；二是加快城市化进程。对于落后地区来说，主要是为了减轻农民负担；对于经济发达地区来说，则主要是为了推进农村城市化、产业化。据广东省民政厅统计，广东省原有乡镇1588个，平均规模102平方公里，平均人口3.8万人，其中3万人以下的乡镇有754个，占全省乡镇总数的47.5%；有153个乡镇的人口不足1万人。由于规模小、布局不合理，既影响了该省的城市化进程，阻碍了乡镇经济发展，也加大了行政管理成本，增加了农民负担。

各地撤并乡镇的主要做法：一是成立组织领导机构。各地普遍以县(市)为单位成立乡镇撤并领导小组，或结合乡级机构改革成立机构改革领导小组，由党政主要领导任组长，人大、政协主要领导任副组长，各大机关副职和相关部门主要领导为成员，并设办公室负责日常工作。二是深入调查研究，广泛听取意见，科学拟定乡镇调整撤并方案。各地根据当地乡镇的数量、辖区面积、人口规模、相邻乡镇政府驻地远近、自然条件、经济联系、交通状况、民族分布、风俗习惯、历史沿革等方面的实际情况，深入调查研究，广泛听取干部群众和各方面的意见，反复分析论证，提出撤并方案。乡镇调整撤并方案确定后，由县（市）政府按行政区划审批程序逐级上报省政府审批。从实施情况看，整建制撤并的多，部分调整辖区范围的少。三是建章立制，制定了各项政策规定。各地对乡镇撤并所涉及到的机构设置、编制核定、人员分流安置、债权债务与物资财务的清理登记和移交、被撤并乡镇政府驻地固定资产的处理、文教卫生设施的调整处理、工作交接、调整撤并后新的乡镇发展思路和工作重点的确定、相关纪律规定以及工作方法步骤等都作了比较具体的规定，制定和采取了相应的配套政策措施。四是精心组织，分步实施。各地在实施过程中，首先是召开范围不同的宣传动员会议，统一对乡镇撤并重要性和必要性的认识，明确政策纪律规定，并分组分片、有针对性地做好思想政治工作。其次是做好人员归并和财物、档案资料以及相关工作的清理登记与交接工作。除由县（市）统一调配的乡镇正副职领导干部外，其余公务员和事业编制人员统一归并；财务、债权债务、资产和档案资料等统一造册登记移交给新设立的乡镇；正在进行的工作、在建项目和即将实施的重点工作都按目标、任务、进度和责任人等情况认真进行交接。第三是按照机构改革的要求和乡镇撤并的政策规定，合理核定人员编制，科学、妥善安置富余人员。撤并后新设立的乡镇的内设机构和事业单位进行综合设置；对乡镇领导干部采取县（市）统一调配、留用、高职低配、实改虚和提前退休等渠道分流安置；对一般干部先并拢或竞争上岗，然后逐步分流安置，分流安置采取领办创办经济实体、到农村中介组织任职、带薪选派到村委会任书记、主任助理或科技培训员、提前退休等措施；对债权债务实行统一划转，固定资产统一整合调配使用或逐步变现。第四是乡镇撤并后，及时召开乡镇党代会、人代会，选举产生新的领导班子，研究确定新的发展思路、发展目标和工作重点。

截止到2004年底，全国乡镇总数37334个，其中：镇19883个，比上年减少343个；乡17451个，比上年减少613个，全年撤并乡镇956个。而街道办事处共有5904个，比上年增加153个。乡镇撤并进一步减轻了农民负担，推进了城市化进程，促进了农村经济的发展。

乡镇改革的另一项重要内容是乡镇机构改革。乡镇机构改革也是农村税费改革的关键。按照中央的要求，这次乡镇机构改革的指导思想是：适应社会主义市场经济发展的需要，有利于加强党的领导和加强基层政权建设，通过改革和精简，逐步建立廉洁高效、运转协调、行为规范的行政管理体制。

乡镇机构改革最关键的就是要摘“官帽”、断“皇粮”、拆“衙门”。只有三管齐下，乡镇机构改革才真正取得突破，而非虚晃一枪、玩数字游戏。各地在推进乡镇机构改革中，进行了卓有成效的制度性创新，较为普遍的做法是：一是减少乡镇机构设置。统一设党委、人大、政府3个领导机构，不再设政协机构。二是减少领导职数。党委书记原则上兼任乡镇长，3名党委副书记分别兼任人大主席、纪委书记、常务副乡镇长，其他党委委员兼任副乡镇长、武装部部长、组织宣传委员等职务。三是撤销原内设机构。按职能合并为党政综合办公室、经济发展办公室、社会事务办公室三大办。四是严格控制行政编制。按照乡镇大小和类别划分，在编人员一般不能超过45名、40名、35名。五是对事业单位进行实质性改革。除中小学生、卫生院、财政所外，其他事业单位逐步转为企业或中介服务机构，人员退出事业编制，实行合同化管理。县（市、区）法院、公安、司法、国土资源管理、交通等机构延伸派驻到乡镇，原则上实行区域性设置，实行编制总量控制。

各地在推进乡镇机构改革中，突出抓了以下几个关键环节：一是抓住“食之者众”和转变乡镇政府职能这两个根本问题，把人员分流和转变职能作为乡镇机构改革的重中之重。通过提前退休、离岗发放基本生活费、调整岗位、纳入养老保险体系和鼓励分流人员辞职到经济建设第一线创业等多种办法，多策并举、广开渠道，确保完成人员分流任务；按照“有所为有所不为”的原则，适当调整乡镇在经济管理上的职能，把工作重点从直接抓招商引资、生产经营、催收催种等具体事务，转到对农户和各类经济主体进行示范引导、提供政策服务以及营造发展环境上来，充分发挥乡镇基层政权的功能和作用。二是严守机构编制只减不增和确保社会稳定这两条“底线”，建立健全控制机构编制和人员反弹的长效机制，完善相关的管理制度。各地把各种财政补助政策和社会保障措施真正落实到位、落实到每位分流人员，耐心细致地做好分流人员的思想工作，动之以情、晓之以理，帮助解决他们的实际困难，确保社会大局稳定。在明确核定乡镇编制、确定岗位的基础上，按照公开、公平、公正原则，竞争择优上岗，防止暗箱操作。三是把握好衡量乡镇机构改革成效的标准。各地普遍以是否有利于巩固农村税费改革成果，确保农民负担不反弹；是否有利于提高工作效率，降低行政成本；是否增强了为“三农”服务的功能，促进农村经济社会发展；是否提高了依法行政的能力，促进农村社会稳定四条标准，作为衡量乡镇机构改革成功与否的根本标准。通过乡镇机构改革，实现机构职能和工作重点有新变化，领导方式和工作方法有新变化，人员结构和人员素质、乡镇领导班子和干部队伍结构得到优化，机构编制和人员管理方式有新变化。同时抓好督促检查，促进党和国家各项农村政策的实施，确保乡镇机构改革取得成功，确保农民减负增收，加快农村经济社会的发展繁荣。

乡镇机构改革在一些地方取得一些积极成效，较为明显的效果是精简了机构，减少分流了部分富余人员。如湖北省襄樊市改革前全市乡镇共有行政编制4143名，实有人员7167人。改革后，行政编制核减为3380名，编制精简幅度18.4%，实有人员精简幅度52.8%。乡镇内设机构由527个减为255个，减幅达51.6%。四川省平昌县先后撤销了13个片区工委、办事处和街道办事处，将全县61个乡镇撤并为27个，精简55.7%；乡镇内设机构由366个减少为189个，精简48%；乡镇领导职数由473个裁减为243个，精简48%；乡镇事业单位由630个缩减为297个，精简53%，全县乡镇机关及事业单位分流1100多人、清退各类临时人员2700多人。平昌县乡镇机构调整后，仅撤乡并镇、分流干部、清退临时人员三项改革，每年就减少财政支出4000万元，全县财政供养人员与农民之比由原来的1∶42变为1∶225，农民人均税费由原来的162.8元骤降为24.3元。改革当年，平昌县乡镇巨额债务停止“滚雪球”，改革第二年成功化解债务超过1亿元。

但也有专家学者通过调查分析认为乡镇机构改革并未取得预想的效果。国务院发展研究中心农村部组织研究室主任赵树凯在对河北、山西、山东、浙江、安徽、湖南、四川、甘肃、宁夏、陕西等10个省区的20个乡镇进行实地调查指出：“乡镇改革是一个持续但却无法深入的工作，从表面上看乡镇机构是减少了，但精简的目标并没有达到，财政开支也并未减少。”“人浮于事的状况并未改变，原来的问题依然存在。在有些地方，这种改革没有任何真动作，基本上是‘文字游戏’，精简工作都落实在给上级的汇报材料中。表面上看起来人员也有所精简，但财政开支并没有减少。”以河北省为例，1995—2003年期间财政供养人员从157万人增加到219万人，8年增加了52万人。而增加的人员主要集中在县乡两级，在219万财政供养人员中，县乡占167万人。

【乡镇选举】 乡镇选举是我国农村基层民主的重要制度，既包括选民直接选举乡镇人大代表，也包括乡镇人大代表选举乡镇人民代表大会负责人和乡镇人民政府领导人。

2004年，乡镇选举呈现出两个显著的特点：

一是国家立法机关对有关县乡人大代表选举的法律作出新的修订。2004 年 3 月 14 日，第十届全国人民代表大会第二次会议审议通过了《中华人民共和国宪法修正案》，把第九十八条“省、直辖市、县、市、市辖区的人民代表大会每届任期五年。乡、民族乡、镇的人民代表大会每届任期三年”，修改为“地方各级人民代表大会每届任期五年。”根据宪法的这一规定，原来乡镇人大和政府每届任期为三年，而县以上人大每届任期为五年，现在则统一修改为五年。2004 年 10 月 27 日，十届全国人大常委会第十二次会议通过了关于修改《全国人民代表大会和地方各级人民代表大会选举法》的决定、关于修改《地方各级人民代表大会和地方各级人民政府组织法》的决定，对选举法和组织法作出了九条(处)的修改，这些修改都与人民群众的政治生活密切相关。同时还作出《关于县、乡两级人民代表大会代表选举时间的决定》。三个决定的出台，为基层民主政治生活注入新的活力。

两部法律九条(处)的修订，最突出的一点就是体现了加强民主政治建设，推进公民政治生活的有序参与。选举法第三十一条第一款修订增加了“预选”规定，去掉“反复酝酿”“讨论”“协商”的提法，更加尊重民意。原来选举出现候选人过多的情况时，往往在酝酿协商过程中，把一些选民联名提出的候选人协商掉，造成实际上的党派、团体推荐候选人与选民联名提出的候选人的不平等。增加“预选”规定，则让不同渠道提出的候选人完全处于平等的竞争地位，通过预选进入下一轮正式选举。新选举法第三十三条规定，选举委员会可以组织代表候选人与选民见面，回答选民问题。这项规定既可让候选人消除顾虑，鼓励竞争，又保障选民充分的知情权，很好地解决选民要选谁、该选谁的问题。新修订的组织法第四十一条第四款，增加了人大常委会组成人员的基数，这也意味着将有更多更优秀的专职委员，参与到人大及其常委会的日常工作中，有助于提高民主的参与度，增强人大及其常委会民主决策、科学决策和依法监督的能力。新修订的选举法第五十二条第一款专门定义“贿选”为：以金钱或者其他财物贿赂选民或者代表，妨害选民和代表自由行使选举权和被选举权的；同时规定“以本条第一款所列违法行为当选的，其当选无效。”这是第一次以法的形式，对“贿选”作出明确界定。。《关于县、乡两级人民代表大会代表选举时间的决定》，确定了县、乡两级人民代表大会换届选举同步进行的原则，要求在 2006 年 7 月 1 日至 2007 年 12 月 31 日期间，安排本行政区域内的县、乡两级人民代表大会代表换届选举工作。

二是一些地方对乡镇党委书记和乡镇长的选举做了许多积极有益的探索。1998 年，四川省步云乡进行了迄今为止第一次真正意义上的直选乡镇长试验。这一做法一经媒体披露，立即在国内外引起巨大反响。在国内，出现了两种截然相反的意见：一种意见是充分肯定这一试验，认为它把中国基层民主建设推进到了乡镇层次，其精神和做法值得肯定；一种意见是反对，认为步云乡的试验超出了宪法、法律的规定，是违法操作选举乡镇长，不能肯定和推广。在此后的一段时间，后一种意见似乎占了上风，再也没有出现类似的试验。党的十六大以后，基层民主试验的冲动似乎越来越强烈。2003 年，云南省红河州的泸西县 10 个乡镇党委、纪委班子也已经推行了直选。进入 2004 年，乡镇民主试验再一次涌现，见诸报端的就有多起选举乡镇党委负责人和乡镇长负责人的试验。

在江苏，在 2003 年公推公选领导干部的基础上，2004 年又在更大范围内进行了公推公选乡镇领导干部的试验。4 月 20 日至 22 日，泗洪县以公推公选的方式，选举出刘进军、陈太榕、呼万良三同志任归仁、龙集、界集三镇党委书记和临淮镇镇长。这是该县历史上首批通过公推公选选举产生的乡镇党委领导人和乡镇长。

在四川，经过多年的积极探索，目前已形成遂宁市的“混合投票”公选、巴中和南充市的“量化淘汰”公选、绵阳市的“代表直接投票选举”、眉山市青神县南城乡的党政领导班子“全职公推直选”、遂宁市市中区的步云乡“直选”、成都市新都区木兰镇的“公推直选”镇党委书记等多种模式。

在湖北，2002年，在乡镇党委换届中，确定了11个乡镇进行“两推一选”乡镇党委书记和党委委员试点工作。2004年，襄樊市又将“公推公选”的职级扩大到了县(区)级。经过两轮民主推荐、实地调研、演讲答辩、组织考察、酝酿初步人选、市委常委会票决、市委全委会票决和人大选举等“关口”，公选产生了樊城区区长和老河口市市长，襄樊市成为湖北省第一个公推公选市(县)区行政一把手推荐人选工作的试点。

在江苏、四川、湖北的示范效应下，浙江、山东、广西、重庆、云南、青海等地也进行了各种形式的公推公选探索。实行“公推公选”或“公推直选”，提高了干部素质，加强了执政能力建设，完善了选人用人机制，变“少数人在少数人中挑人”为“多数人在多数人中选人”，落实了人民群众对干部任用的知情权、参与权、选择权和监督权，当选干部不仅要对上负责，更重要的是对下负责，体现了干部选拔任用的民主性，使“政治上靠得住、工作上有本事、人民群众信得过”的优秀人才脱颖而出，同时提高了买官卖官的成本，从技术层面上讲，有利于消除买官卖官现象。

村民自治工作

【村委会选举】 2004年，全国有13个省份(北京、吉林、辽宁、江苏、浙江、海南、重庆、四川、贵州、云南、甘肃、宁夏、新疆)陆续进行了村委会换届选举工作。为全面贯彻党的十六大、十六届三中全会精神、贯彻落实好中央一号文件精神，指导各地搞好换届选举工作，为完善村民自治、促进农民增收提供有力的组织保障和安定的社会环境，民政部在年初下发了《关于做好2004年村民委员会换届选举工作的通知》(民发[2004]35号)。通知下发后，引起积极的社会反响。人民日报、新华社、中央电视台等国内重要媒体都进行了报道，对指导各地搞好村委会换届选举工作发挥了重要作用。同时，民政部还在云南省召开了由省级民政部门政权处处长参加的工作情况分析会，分析了形势，交流了情况，总结了经验，进一步统一了大家的思想认识，树立了搞好换届选举工作的信心和决心。在工作过程中，各地认真做好群众来信来访工作，对工作中遇到的新情况、新问题及时研究对策，寻找解决办法，对拿不准的法律问题及时向人大等部门请示。为了搞好换届选举工作，各地党委、政府高度重视，从上到下普遍建立了换届选举工作领导小组，县乡还派出工作组包乡包村指导选举工作，新闻媒体也普遍加大了报道力度，舆论引导和监督作用明显。

从各地情况看，2004年农村村委会选举呈现出以下几个明显的特点：一是各级党委、政府及有关部门领导和指导村委会选举的能力逐渐提高，广大干部群众依法依规进行村委会选举的民主法制意识不断增强。经过多年实践，各级党委、政府及有关部门对于村委会选举的意义有了更深的认识，党委领导、人大监督、民政实施、各相关部门密切配合的工作机制初步形成，选举经费得到进一步落实；村委会选举的宣传、培训工作进一步加强，村委会选举的信访工作机制逐步完善，选举中的违法违纪问题得到及时督查解决，保障了对选举进程的有效监控；各级干部特别是乡镇干部在组织指导村委会选举工作中，依法办事、依法行政的意识得到明显增强；广大村民群众在选举实践中，运用法律武器维护自己民主权利的意识进一步提高。二是农民群众的参选热情高涨，村委会选举的竞争性逐渐加大。随着农村近年来各项改革的深化，国家逐步取消农业税及农业税附加，同时增加了对“三农”的直接补贴扶助费用，村民群众的利益需求多元化日渐凸显。这些因素使得农民群众的参选热情高涨，候选人之间的竞争日趋激烈,竞选形式呈现出多样化。有的地方实行了"无候选人的选举"(有的地方称之为"一票直选"),有的地方创立了"自荐海选模式",许多地方针对村委会选举竞选的现实,制定了竞选规则和候选人竞职演说制度等,从程序上进行规范引导,保证了广大村民的推选权、提名权、选举权、投票权、罢免权得到切实落实,选举的程序化、规范化水平有新的提高。通过选举,一大批德才兼备、能力较强、能够带领农民致富的优秀人才进入村委会班子。农村基层干部结构有新的改善,全国村委会成员中普遍呈现党员比例高、村委会主任和村党组织书记"一肩挑"比例高、文化程度高、年龄低的"三高一低"现象。三是各地在现有政策法规的框架内进行了大量的制度创新。一些地方为及时掌握选情动态,督促各地严格依法组织选举,在全省范围内全面实施村委会换届选举观察员制度;一些地方为保证村委会选举公平、公正,在村委会选举中引进司法公证程序,对委托投票、候选人提名、竞选演讲、投票过程等进行公证,实行全程监督;一些地方把村"两委"换届选举同时部署进行,要求村党支部领导班子成员先参加村委会的选举,获得群众承认以后,再参加党支部的选举;一些地方采取了村党组织、村委会、村民代表会议"三体联动"的换届选举工作新模式,由村民群众统筹考虑三者的人选,优化了村干部结构;一些地方在选举之前对村干部进行民主评议,清理村级财务,组织村干部向村民或村民代表述职,帮助引导村民在选举时作出正确的选择;一些地方开发出电子计票系统,利用现代信息技术改进选举效率;一些地方积极制定政策,通过制度创新鼓励农村妇女参与村委会选举,努力提高其当选村委会成员的比例。这些尝试和创新进一步完善了村委会选举制度,具有较高的实践价值

各地普遍反映,村委会换届选举也面临着一些新的情况和问题,必须根据新的形势和要求,认真研究解决,全面提升村委会选举的质量和水平。一是农村税费改革对村委会选举影响深远。农村税费改革逐步深化,农业税和农业特产税将逐步取消,村干部报酬以及维持村级组织运转的费用已不能再继续由两税附加来解决,原来依靠村提留和乡统筹解决的农村公益事业建设费用改由"一事一议"方式解决,村委会与村民之间的利益联系有所弱化,乡村债务将凸现出来,村干部报酬和村级组织运转将面临新的困难,这些问题将或多或少地削弱村民参与村委会选举的积极性。二是农村社会发展中出现的新问题亟待规范。随着我国农村经济的发展及社会结构的重大变化,城乡居民的身份界限在一些地方已被取消,村委会选举中遇到的选民资格纠纷逐渐增多;大量农民外出务工经商,其中大多数不能参与村委会选举,既影响了村委会选举的质量,也使这部分村民通过选举保障其合法的经济权益变得非常困难;乡镇综合改革后,指导村委会换届选举的工作力量减少,增加了组织指导选举工作的难度。此外,土地延包、村组撤并和土地征用过程中积累的社会矛盾对村委会选举也将造成直接或间接的影响,对这些问题,都需要认真研究,找出切实可行的解决办法。三是村委会选举中违法纠错机制急需建立。由于当前村委会选举中对违法行为的查处机构和工作程序的法律规定比较原则,致使在实际工作中,解决选举违法问题的渠道单一,部门之间职责不清,对一些违法行为的处理难以执行。村委会选举实践的发展迫切需要对选举程序和一些容易引发纠纷的重要环节作出明确规定,以利于规范村民的行为,化解选举中的矛盾,建设农村和谐社会。各地和许多专家学者呼吁应尽快修改《村委会组织法》,或者单独制定《村委会选举法》,从法律制度上进一步健全和完善村委会选举程序和选举保障机制。

【村务公开民主管理】 这是2004年全面推进村民自治过程中呈现出的一个最大的"亮点"。在这一年,全国村务公开协调小组及各地村务公开协调机构认真落实全国村务公开工作电视电话会议精神,继续全力推进村务公开和民主管理工作。中央政治局常委会、中央政治局会议专题研究部署

村务公开和民主管理工作，并以中共中央办公厅、国务院办公厅名义联合下发文件，全面规范村级民主决策、民主管理、民主监督工作。

根据全国村务公开工作电视电话会议精神，全国村务公开协调小组年初及时下发了《全国村务公开协调小组2003年工作总结和2004年工作要点》，牵头起草了《中共中央办公厅国务院办公厅关于健全和完善村务公开和民主管理制度的意见（代拟稿）》，在书面征求中央19个部委意见，与16个部（委）的同志和8个省（区、市）的同志分别座谈后，对代拟稿进行了修改、补充。2月11日，民政部李学举部长主持召开全国村务公开协调小组第二次联席会议。中央书记处书记、中纪委副书记何勇同志出席，并作重要讲话。会议充分肯定了文件（代拟稿）基本内容，同时要求将文件（代拟稿）发送各省、自治区、直辖市党委、政府征求意见。在征求各地党委、政府意见的基础上，2004年3月22日，全国村务公开协调小组将修改后的文件（代拟稿）及时上报了中央办公厅，请党中央、国务院批准下发。5月20日，中央政治局常委会召开会议，讨论修改并原则同意该意见，考虑到此事重大，常委会同时决定提交政治局全体会议进一步研究讨论。5月28日，胡锦涛总书记主持召开政治局会议，审议通过了这个意见。会后发表的公报指出，在经济上保障农民的物质利益，在政治上尊重农民的民主权利，是十一届三中全会以来我们党领导我国亿万农民建设社会主义新农村的一条重要经验，必须长期坚持。当前，我国农村正处在全面建设小康社会的新的发展阶段，改革发展稳定的任务十分繁重。进一步健全和完善村务公开和民主管理制度，维护广大农民的根本利益，是实践“三个代表”重要思想的重要体现，是完善村民自治、发展社会主义民主的重要内容，是促进农村党风廉政建设、密切党群干群关系的有效途径，是进一步推进农村改革和发展、加快农村全面建设小康社会进程的必然要求。会议强调，要进一步健全村务公开制度、规范民主决策机制、完善民主管理制度、强化村务管理的监督制约机制，保障农民群众的知情权、决策权、参与权和监督权，努力推进农村基层民主的制度化、规范化、程序化。会议要求各级党委和政府切实加强领导，把坚持党的领导、人民当家作主和依法治国有机统一于农村社会主义民主建设的实践之中，切实把村务公开和民主管理这一关系亿万农民切身利益的大事抓紧抓好，努力实现好、维护好、发展好广大农民群众的根本利益。

6月25日，中央办公厅印发了《关于健全和完善村务公开和民主管理制度的意见》（中办发［2004］17号）。这是继2002年中共中央办公厅、国务院办公厅下发《关于进一步做好村委会换届选举工作的通知》（中办发［2002］14号）之后，中央下发的又一份指导、规范村民自治工作的纲领性文献，使村级“四个民主”有了充分的政策依据，确保了《村委会组织法》等法律法规在广大农村能够落到实处。

文件下发后，民政部在第一时间内向全国民政系统发出了学习贯彻中办17号文件的通知（民函［2004］159号），提出了学习贯彻的五项任务，号召各级民政部门要学得更多些、更好些。同时向中央办公厅报送了《关于请中央有关新闻媒体播发中办发［2004］17号文件的请示》。中央办公厅批准了民政部的请示。7月11日，中央电视台在“新闻联播”节目的头条播报了17号文件下发的消息及主要内容，7月12日，中央各大新闻媒体全文播发了中办发［2004］17号文件，并配发了社论或评论员文章，李学举部长在人民日报发表了长篇文章——《一篇指导农村基层民主的重要文献》。协调小组办公室组织人员编辑整理了《村务公开民主管理政策实务》和《健全和完善村务公开和民主管理制度学习读本》等辅导性材料。中纪委还组织编写了10多万字的《村务公开》小册子。分别于2004年7月和9月在北京和海南举办了两期“学习中办17号文件讲习班”，培训了450多名工作骨干。中农办主任陈锡文、民政部副部长陈杰昌以及村务公开协调小组办公室的有关负责同志亲自到讲习班授课。

为把17号文件落到实处，充分发挥各有关部门的职能作用，协调小组办公室制定下发了《全国村务公开协调小组关于落实〈中共中央办公厅、国务院办公厅关于健全和完善村务公开民主管理制度的意见〉的目标任务分工》，将文件内容逐一分解，明确每一具体任务的牵头单位和责任单位，印发各地、各部门参照执行。利用《村务公开信息》这一阵地，对一些各具特色的先进典型经验及时进行了总结、宣传和推广。对一些带有普遍性的问题进行通报，督促地方共同研究解决。10月中下旬，又从有关单位抽调人员，组成四个督查调研组，分赴河北、辽宁、山西、陕西、福建、广东、江西、湖北8省，就各地学习贯彻17号文件情况以及村务公开协调机构的成立和工作运转情况，进行督察调研活动。并要求各地自行组织督查调研，督查调研情况及时向协调小组办公室报告。12月11日至12日，以全国村务公开协调小组名义在江苏太仓市隆重召开了全国村务公开民主管理工作经验交流会，中央书记处书记、中央纪委副书记何勇同志出席了会议，并发表了重要讲话。李学举部长代表协调小组作了工作报告，陈杰昌副部长作了总结讲话。全国村务公开协调小组领导成员及办公室成员、联络员，中央有关部门负责人；各省、自治区、直辖市以及计划单列市村务公开协调机构主要负责同志、协调机构办公室人员，以及典型经验发言单位的同志约200多人参加了会议。这次会议是继去年全国村务公开电视电话会议之后又一次高规格的会议，仅到会的省部级领导就有30多人，江苏省委书记、省长等六个常委参加了会议，厅级干部100多人。这次会议之后，全国各地又掀起了一个学习贯彻17号文件的新高潮。

17号文件下发后，各级党委、政府从实践“三个代表”重要思想和解决“三农”问题的高度出发，采取一系列有效措施，迅速作出部署，思想认识有了新的提高。中共中央政治局委员、上海市委书记陈良宇、湖北省委书记俞正声、广东省委书记张德江分别作出重要批示，河北、重庆、宁夏、河南、江西、辽宁、海南、江苏、吉林等省（区）委主要领导以及山东、天津、陕西、黑龙江、安徽、福建、西藏、青海、甘肃等一些省（市、区）委、省（市、区）政府分管领导也作出批示。山东、天津、河北、湖北、四川、吉林等地还以省（市）委、省（市）政府的名义召开了全省（市）村务公开和民主管理工作会议，部署贯彻17号文件精神。上海、湖北、河南、安徽、黑龙江、辽宁、宁夏等地或召开省（市、区）委常委会议，或召开村务公开协调机构领导成员会议，专题研究部署17号文件的学习贯彻。山东、河北、湖北、青海、福建、江苏、内蒙古、海南、四川等地还及时以省委“两办”名义制发了学习贯彻的文件。各地通过召开不同层次的动员会、座谈会、电视电话会等形式，利用新闻媒体、宣传栏、公开信、小册子等方式，及时传达和广泛宣传文件精神。各地投入了大量人力物力，通过举办培训班、讲习班等方式，加大对乡村干部的教育培训力度，收到了良好效果。如河北省采取分级负责、分批分期的办法对农村基层干部开展专题培训工作，已培训农村乡村干部、村民代表和村民理财小组成员等55万人次。河南邓州市把全市578个乡村组织的干部全部培训一遍，市乡两级督导，让农民掌握政策，让村干部学会方法，受到农村干部群众的广泛欢迎。广大干部群众普遍认为，健全和完善村务公开和民主管理制度，既是加强和改进党对农村工作领导的重大举措，也是凝聚民心、汇集民智、调动民力，促进农村稳定，加快农村发展的重要措施。

各地按照全国村务公开工作电视电话会议和17号文件的要求，建立完善工作机构，加强工作指导，落实人员经费，初步形成了党委政府统一领导、有关部门共同参与、民政部门组织协调的领导体制和工作机制。截至2004年底，北京、天津、河北、山西、内蒙古、辽宁、黑龙江、安徽、福建、江西、山东、河南、湖北、湖南、广东、海南、重庆、广西、四川、贵州、云南、西藏、陕西、甘肃、青海、新疆等26个省、自治区、直辖市和大连、青岛、宁波、厦门4个计划单列市建立或调整了村务公开协调机构，绝大多数协调机构都由党委政府的分管领导担任组长、副组长，纪委、组织、宣传、监察、民政、财政、农业、司法行政、人口计生、国土等涉农部门都参加了协调机构，各部门的职能作用得到有效发挥。在工作中，各部门密切配合，各司其职，形成了推进村务公开和民主管理工作的合力。如纪检监察部门成立了专门的办事机构，统筹协调政务公开、厂务公开和村务公开工作，制定了许多从源头上预防遏制腐败、充分发挥村务公开和民主管理作用的政策措施；组织部门及时把村务公开和民主管理工作纳入农村党员干部现代远程教育试点工作教学内容和农村党建“三级联创”活动；民政、司法行政部门提出了推进农村民主法制建设的意见，联合开展了“民主法治示范村”创建活动，并命名表彰了首批全国民主法治示范村；农业部门部署开展了农村集体财务管理规范化试点示范活动，认真履行农村集体经济审计职责，积极探索财务管理新机制；人口计生部门把村民自治理念、方法引入农村计划生育工作，积极推进村级计划生育民主管理和民主监督工作；财政部门积极帮助落实村务公开专项经费，为推进村务公开和民主管理工作提供经费保障；档案部门建立了村务公开和民主管理档案工作联系点和档案督查工作网络，加大了对村务公开和民主管理档案工作的监督、检查和业务指导力度。

各地把学习贯彻17号文件与贯彻执行党和国家现行政策法规相结合，积极组织农村干部群众参与村级事务管理活动，初步形成了事前共决策、事中听意见、事后有监督，村级民主管理有序运行的局面，村党组织领导的充满活力的村民自治机制初步建立。在村组干部、村民代表产生方面，普遍做到了依法办事，尊重民意。在民主决策方面，大多数农村逐步建立起两委联席会议、村民会议、村民代表会议等制度，从议案的提出、受理，到议定和实施，开始纳入了规范化、程序化的轨道。在民主管理方面，各地进一步更新管理理念，创新管理方式，依法建制、以制治村，村民自治章程、村规民约得到完善，村民民主理财、村干部工作移交制度得到巩固，财务收支审批程序得到规范。在民主监督方面，许多地方注重发挥村务公开监督小组、民主理财小组的作用，村务公开、财务公开得到普遍推行，民主评议、离任审计等制度建设进一步受到重视。在村级事务管理中，村党组织的领导核心作用得到充分发挥，村民群众当家作主的民主权利得到落实，村干部和村民的法制观念明显增强，村级法治化管理水平不断提高，党的领导、依法办事、发扬民主在实践中实现了进一步的有机统一。

各地在巩固和完善村级民主选举制度的同时，更加注重民主决策、民主管理、民主监督制度的建设和实践活动，涌现出一大批很有特色的经验和做法，丰富了民主形式，扩大了农民群众的有序参与，有力推动了农村民主法制建设。如一些农村开展的“民主日”、“民主议事日”、“村情民意恳谈会”等活动，开展的重大村务民主听证活动，实现了干群面对面接触，增加了干群平等对话、交流的渠道，加深了干群之间的理解。有的地方通过建立两委联席会议制度，明确村党组织和村委会职责权限、议事程序，较好理顺了村两委关系。有的地方探索总结了“干部问事、群众说事、集中议事、及时办事、定期评事”等议事管理制度，把村务决策、管理、监督民主化、规范化。有的地方适应农村税费改革，解决“一事一议”难的问题，创立了“八步工作法”，通过八步流程，逐步形成了一整套“一事一议”村民公决制度。有的地方针对农民群众反映强烈的村级财务管理问题，积极探索加强村民民主理财和乡镇审计监督相结合的财务管理新形式，有效解决了财务管理混乱问题。有的地方结合开展民主法治示范村创建活动，实行“点题公开”，群众关心什么就公开什么，群众要求公开什么就及时公开什么。有的地方实行“双向承诺”，村干部既与乡级人民政府签订责任书，又与村民群众签订责任书，对任期间的工作目标作出承诺。有的地方实行由村民群众民主评议村干部，评议结果与村干部报酬直接挂钩，从而加强了对村干部的监督和约束。

【民主法治示范村】 为了深入贯彻落实我部与司法部下发的《关于进一步加强农村基层民主法制建设的意见》，年初，民政部与司法部联合开展了“民主法治示范村”创建活动专项检查调研工作，共组成15个检查调研组，对全国30个省、自治区、直辖市开展创建活动的情况进行了检查调研。出发前，司法部副部长胡泽军代表民政部、司法部进行了动员讲话。调研组对各地农村村级自治组织建设、村级民主选举、民主决策、民主管理、民主监督、法制宣传教育、法律服务、治保和人民调解、农村三个文明建设等工作进行全面检查调研。调研完毕后，各调研组形成了调研报告，在综合分析调研情况的基础上，形成了总报告，以两部党组名义向党中央、国务院报送了《关于开展创建“民主法治示范村”活动的情况》。2004年4月20日，民政部与司法部联合下发了《关于做好全国民主法治示范村申报表彰工作的通知》，就命名表彰事宜提出了要求。7月23日，民政部与司法部通报表彰了第一批299个“全国民主法治示范村”，授予了奖牌证书。各地也按照民政部、司法部的要求，开展“民主法治示范村”督查调研和命名表彰活动。

【农村妇女参与村民自治】 据不完全统计，在村委会成员中，女性的比例全国平均仅为16%，女村委会主任的比例更低，仅为1%左右。女村干部不仅比例低、正职少，而且承担的多为计划生育、妇女工作等按性别分工的工作。为落实农村妇女的民主权利，为她们参与村民自治创造更好的环境，民政部和各地民政部门进行了积极的探索和尝试。湖南、河南、甘肃、西藏在地方法规中规定，村委会成员中，至少要有一名以上的妇女成员，重庆市村委会选举办法要求，村委会成员中，妇女必须有适当名额。浙江省人大常委会在今年新修订的村委会选举办法中明确要求，“村民委员会中，应当有妇女成员”。这些努力取得了一定成效。比如，北京市在今年进行的第六届村民委员会选举中，女村委会成员有所增加，新当选的2766名村委会成员中，女性占21.6%。辽宁省在今年进行的第八届村委会换届选举中，所当选的女村委会成员10428人，占村委会总数的23.9%。湖南省妇女人数占村委会成员总数的29.38%，比上届增长4.1%。民政部制作了号召妇女主动参加村委会选举的宣传画，免费赠送给基层；编写了以农村妇女为阅读对象的《农村妇女参与村委会选举实用手册》一书，鼓励妇女积极参选，争取当选，制作了一些相关的宣传小册子分发给有关人员。2004年4月25日至29日，在北京举办了“京津女村官互动交流会”，30名来自北京、天津的女村干部参加了活动。活动期间，女村官们围绕如何成为称职的村干部进行了交流探讨，参观学习了河北满城龙居村、北京昌平回龙观乡三合庄村贾俊桥、孙书波等优秀女村官的先进事迹，还通过参与式讨论和生动的小品表演，展示了女村官在工作中遇到的障碍困难以及她们认真敬业、勇于进取的风采。

2004年8月13日，民政部在北京组织召开了“促进农村妇女参与村民自治论坛”。来自民政部门、妇联、村委会成员、学术研究机构以及新闻媒体的100多人参加了论坛。参会者从不同角度，就农村妇女参与村民自治的现状和问题等进行了广泛的交流讨论，形成了促进农村妇女参与村民自治的总体建议，为农村妇女积极参与村民自治创造了良好的思想基础和舆论氛围。民政部副部长陈杰昌出席会议并发表了讲话。论坛期间，还举行了《农村妇女参与村委会选举实用手册》一书首发式，民政部、全国妇联的领导通知向基层妇女赠送了样书。

【乡村干部培训】 多渠道筹集资金，利用国内外一些组织和机构的资助，加强乡村干部培训，提高乡村干部素质，普及法律知识，是各地推进村民自治的一条重要经验和有效措施。一是中欧村务管理培训项目。今年是该项目的第四个年头。项目依托民政部培训中心和中欧项目办公室开展了卓有成效的工作。重点做了四项工作：一是大规模开展培训，为13个有选举的省份分别举办了一期选举骨干培训班（四川两期)，17号文件下发后，又连续举办了15期17号文件培训班，培训学员2369人(其中培训选举骨干1235人)。这个数字还不包括7个试点省培训的人数。二是开展村民自治应用课题招标，先后两次向社会公开招标，共收到投票课题60多个，实际招标八个大的课题，全部研究经费达到500多万人民币。三是开发村务公开、村务管理等互动式培训教材。四是派人到欧洲考察访问，先后派出3个考察团，赴德国、法国、比利时等欧洲国家，专题考察基层管理、培训机构、培训方法等内容，写出了多篇考察报告。

从今年开始，民政部与美国卡特中心又签署了一份新的三年合作协议。今年是第一年。重点做了以下几项工作：一是继续办好“中国农村村民自治信息网”，目前该网的信息量已超过4000万字，点击人数越来越多，影响越来越大。二是相互派出人员观摩考察选举。今年11月我部派出了10多人的考察团，观摩了美国总统大选。美国卡特中心也应我部邀请到北京、吉林现场观摩了村委会换届选举，给予了较高的评价。卡特中心还邀请我部人员赴尼日利亚、印度呢西亚观摩考察这些地方的选举活动。三是为重庆配备了34多台电脑，用于统计村委会选举数据，举办了计算机操作员培训班，卡特中心12月派人前往重庆实际考察了计算机使用情况。

城市社区建设

【2004年城市社区建设工作及成效】 2004年，按照党的十六大“完善居民自治，建设管理有序、文明祥和的新型社区”的总体要求，本着“立足服务，完善自治，提升水平，健全法制”的工作思路，全国城市社区建设呈现出持续、快速、健康、深入的发展态势。

一、创新城市基层管理体制和运行机制取得进展

(一)推进城市管理体制改革，建立健全城市基层社会管理和公共服务体系。进入2004年，全国不少地方着眼政府转变职能、强化服务、理顺关系、整合资源，构建小政府、大社会、多中介、强自治的城市基层社会管理模式。青岛市市南区、市北区，南京市白下区，武汉市江岸区，贵阳市小河区，北京市石景山区等城区的一些街道，在原有工作基础上，进行组织再造和体制创新，改造原街道办事处的功能属性、组织结构和工作机制，使政府的公共资源与公共服务、居民自治组织的自我管理、自我服务，中介组织的社会化服务，在一个崭新的平台上实施有效地交汇与对接。这些城区的改革试点工作，都已召开专家论证会进行论证，得到了社会的好评。

(二)继续推进街道管理体制改革，增强其统筹协调和综合管理能力。北京等地以增强街道社会管理、公共服务职能为重点，有针对性地对街道的组织结构、职责任务、制度框架、运行机制、财力保障等方面进行改革，强化街道对专业部门派出机构的统筹协调能力，实现专业管理和综合管理的有机结合。上海、武汉、沈阳、大连、南京、苏州、杭州、广州、深圳、成都等城市，强化基层民主制度建设，建立“下评上”的民主监督和评价机制，进一步理顺了街道依法指导、社区依法自治的良性互动关系。

(三)完善新型社区管理体制，探索多样化的社区建设途径。为进一步加强社区组织建设，上海、宁波、广州、深圳、厦门等城市，开展了建立社区工作者执业资格认定和专业技术职称评定的试点工作。南京、苏州、青岛、青州等一些城市，在加强社区民间组织的发展培育和规范管理，夯实社区居民自治的基础上取得了进展。民政部与建设部联合发文，将物业管理纳入社区管理体系，并采取具体措施，加强社区居委会对物业管理企业的指导和监督。要求新建小区全部建立居委会，纳入社区管理。北京、南京等地，还进行了设立社区独立银行账户的试点，研究制定财务管理和监督的具体制度和措施，培育和发展城乡结合部

的社区建设，树立老小区、新建小区、危改回迁小区、农居共住小区的不同典型。

二、创新服务手段和方式，社区服务整体水平有新的提升

（一）进行社区服务项目管理的试点。探索公共服务项目社会化运作的方式，进一步推进政府职能转变和行政资源、社会资源以及市场资源的整合。2004年，北京、青岛等地，明确要求政府职能部门以及派出机构和街道办事处将可以社会化、市场化运作的公共服务事项，以项目管理的方式交由社区组织、社会组织、企事业单位承担，并明确服务对象、目标任务、权利责任、管理方式、资金保障以及监督机构等项目运作方式，形成可操作的运行管理规范，并要求纳入各城区公共服务的财政预算。同时提出，街道办事处承担政府和部门发布项目的组织和发包工作，公开招投标，选择实施单位，并指定监督机构，定期公布运营情况。北京等一些城市还进行了社区服务中心项目式管理的探索，研究建立社区服务发展基金，更好地促进社区服务的发展。

（二）开展了组建社区公共服务委员会、社区公共服务协会和社区公共服务社的试点。为探索社区公共服务管理办法，北京、青岛、大连等城市，选择了部分街道和社区，进行社区公共服务管理的探索，按照“项目指导、项目管理”的原则进行管理。这项工作的开展，在地方和专家中引起强烈反响，认为是基层社会管理的一个模式。

三、社区建设示范活动取得新成效

社区建设示范活动，是把社区建设不断引向深入的重要措施。今年的重点是有计划、有步骤地推广业已建成的社区建设示范单位的经验，充分发挥示范单位的引路、带头、辐射作用，并逐渐增加示范的内容。一是制定政策，抓好社区基础建设工作。我部与建设部联合下发了《关于加强和改进社区未成年人公益性服务设施建设和管理工作的意见》；初步研究了《关于加强和改进社区组织办公用房、居民公益性服务设施建设和管理工作的意见》。2004年，地方各级政府加大了社区基础建设的投入，通过政策扶持、多渠道筹措资金、资源共享、共驻共建等多种办法，解决社区居委会办公用房、办公经费、工作人员补贴等问题。据统计，辽宁省2004年全省用于社区建设总资金达3.5亿元，比上年增加了11%，其中各级政府财政投入2.97亿元，比上年增加23%，新增社区用房面积21万平方米。广西壮族自治区南宁市投入资金960多万元，用于解决全市社区居委会公用房建设。安徽省加快社区建设步伐，到2005年，市辖区的社区办公用房和活动用房要达到300平方米，县级市和县城及主要集镇的社区要达到200平方米。黑龙江省增加社区办公用房面积22多万平方米，平均每个社区达到136平方米。吉林省2003－2004年全省共建设社区用房1381个，占应建设用房总数的98.7%。三是对选举工作的指导力度加大。针对居委会选举的现状及存在的问题，加大了指导力度。目前，各地居委会的直选面正在稳步扩大，进行居委会直选试点的城市逐渐增多。现已有北京、辽宁、黑龙江、上海、江苏、山东、安徽、湖北、湖南、广东、广西、新疆等省（区、市）开展了直接选举居委会干部的试点工作。引导各地利用多种形式，采取多种措施，积极推进居委会的民主选举，动员更多的社区居民关心社区，参与社区建设，扩大居民参与的覆盖面。上海市已有30%以上的居委会进行了直接选举。

四、居委会组织法立法调研工作已经完成

为加快社区建设配套法律、法规和制度建设，今年先后在北京、河北、浙江和广西等地，配合全国人大内司委进行了居委会组织法的立法调研；并于9月下旬召开专家论证会；12月，召开立法听证会。近期，将居委会组织法修订草案报国务院法制办。修订稿认真贯彻落实党的十六大和十六届四中全会精神，在坚持组织法的前提下，适当充实一些程序法的内容；坚持在继承基础上的创新；不与现行宪法、行政法规相冲突的修订工作指导方针。对有些分歧较大的问题，采取由地方立法去解决。修订稿修订、完善的内容，一是明确了民主选举的主要程序；二是

明确了民主决策的基本内容，进一步完善了居民会议的制度；三是明确了居务公开的内容及责任，进一步完善了居民自治制度；四是明确了居委会与有关组织（单位）的关系。同时，进一步规范了居委会与城市基层政府及其派出机关的关系，增补了居委会与社区单位建立协商议事制度的内容，明确了居委会与民间公益组织、志愿者组织、物业管理组织等的关系。

五、社区服务的改革进一步深化

面对我国社会和经济发展的新形势，如何加快发展社区服务，推动社区建设的深入发展，已经成为越来越紧迫的任务。今年，民政部组织力量，先后在长沙、武汉、杭州、宁波、上海、南京等城市，对社区服务进行了专题调研，总结了各地加强社区服务好的经验，初步形成了加快社区服务发展的改革意见，对社区服务的内容、目标任务、指导原则、职能定位、行业管理、机制改革等方面，作了明确规定。总的原则是：进一步突出社区服务公益性、福利性和福利经营的性质。并以此为框架，统揽政府各部门和社会各组织在社区内的服务项目，加强规范化管理。明确政府、部门、社区在社区服务中应承担的责任，大力支持居委会发展社区服务，大力扶持非营利组织兴办社区服务，进一步深化社区服务管理体制和运行机制的改革，加快实现社区服务机构的体制和功能转换。动员和鼓励社会力量建立投资机制，引进项目管理方法和引入市场运作机制，切实加强社区服务的网络化、社会化、规范化建设，保证社区服务业的快速、有序和健康发展，真正实现社区服务维护居民利益、促进社会公平的重要作用。北京的96156热线拓展服务能力，目前已开展服务近300项，提供办事指南信息3000多条，截至今年10月底，累计为居民提供各种服务33万人次。同时，创新社区服务形式，开发社区就业岗位，指导各地帮助下岗失业人员和困难群众在社区就业和再就业。新疆维吾尔自治区通过开发社区就业岗位就业的达15432人，社区公益性岗位就业的14608人，通过就业培训和就业信息服务实现就业的37532人，自谋职业和非正规渠道就业的36500人。

六、社会各界广泛参与，共同推动社区建设的氛围进一步形成

社区建设得到了社会各界的广泛关注。各地人大和政协的议案、提案显著增多。政府各有关部门结合各自职能，积极开展工作。其中，社区文化、社区医疗、社区计划生育、社区教育、社区就业、社区物业管理、社区治安等工作，制订了相应管理措施。各地充分利用各种新闻媒体，采取多种形式加强对社区建设的宣传。现在，许多城市从市政府到居委会，从领导干部到普通群众，都对社区和社区建设有了较多的了解和熟悉，对搞好社区建设有了共识，许多同志还对社区建设的深层次问题有所研究。有的城市上上下下已形成了一股“社区热”，社区建设正在成为当前城市工作的重点，群众关心的热点，新闻媒体关注的焦点，第三产业新的增长点，已形成了全面推进社区建设的浓厚氛围。

一年来，全国城市社区建设在实践中创造了许多好的经验，取得了明显效果。一是增强了社区服务功能，提高了居民群众的生活质量。二是扩大了基层民主，增强了社区居委会的自治能力和凝聚力。三是加强了基层基础工作，维护了城市社会稳定。四是提高了居民的文明程度，促进了精神文明和道德建设。五是转变了工作作风，密切了党群关系。

（汤晋苏）

【2004年社区建设工作存在的问题】 从全国总的情况看，社区建设在推进的过程当中，存在着发展不平衡，也存在一些需要研究和解决的问题。主要有以下几个方面：一是社区凝聚力不够，社区的自治功能有待完善。现在，尽管许多地方已经进行了社区体制改革，调整了社区居委会的辖区规模，建立了新的社区组织，但社区居民的自治意识、参与意识不强，社区志愿者人数少，中介组织不健全，居民和驻区单位参与社区管理的积极性不高，社区凝聚力不够等问题在一些地方较为突出。因此，社区还没有真正实现居民自治。

二是社区关系不顺，部门之间缺乏合力。在推进社区建设中，包括政府与社区的关系，部门与部门的关系，社区内部各种组织的相互关系都有待理顺。在一些地方，城市基层政府对社区居委会不是给予“指导、帮助和支持”，而是把社区居委会当作街道办事处的下属机构，经常下达指令性行政任务。有的地方把社区物业管理与社区居委会混为一体，或者用物业管理机构替代社区居委会，造成经常扯皮或引发冲突。一些地方政府部门职责交叉、重复，对社区建设各自为政、推诿、扯皮，部门与部门之间缺乏沟通，不能做到统筹兼顾，形成合力。三是政府转变职能不到位，社区行政化倾向严重。一些地方在转变政府职能上做了许多探索，取得了一定成效，一些城市的市、区政府转变职能，权随责走，费随事转的思路也很明确，但因涉及部门利益，在实际工作中遇到较大阻力，很难见效。目前，有一种值得注意的倾向，就是一些政府部门把本属于自身的工作任务压给了社区居委会，还热衷于到社区设机构、挂牌子。这种行政化倾向，使社区居委会不堪重负。很多居委会反映，其工作任务80%以上是政府及其部门交办的，有的多达100多项，而社区居民自己的事项，却没有时间办，没有精力管，群众中也普遍将居委会视为政府性组织。四是工作不实，少数地方流于形式。虽然目前社区建设正处于热潮，但仍有的市区行动迟缓，工作滞后。个别地方在工作中形式主义的事情还不少，“以会议来落实会议，以文件来落实文件”的现象仍然存在。有的地方急于出政绩，搞一些形象工程、参观工程，重视场面上的活动，满足于表面化；有的地方不在服务上下功夫，不能满足社区居民的实际需求，群众对此并不满意。五是一些地方社区工作基础设施差，不能满足居民的基本需求，居民对社区服务很不满意。

（汤晋苏）

服务军队和国防建设

双拥工作

【2004年双拥工作概况】 2004年，全国双拥工作坚持以邓小平理论和“三个代表”重要思想为指导，树立和落实科学发展观，认真贯彻党的十六大和十六届三中、四中全会精神，按照全国双拥工作会议的要求，坚持围绕发展抓双拥，抓好双拥促发展，为国家和军队改革建设做出了新的贡献。

*一、认真贯彻全国双拥工作会议精神，拥军优属、拥政爱民再掀新高潮。*1月召开的全国双拥工作会议，是新时期具有里程碑意义的双拥盛会。会议系统总结了13年来双拥工作的基本经验，研究部署了新世纪新阶段双拥工作的任务，命名表彰了309个全国双拥模范城(县)、206个双拥模范单位和99名双拥模范个人。党中央、国务院、中央军委对这次会议十分重视，江泽民同志为双拥模范单位和个人题词，温家宝同志作了重要讲话，回良玉同志作了工作报告。国务院、中央军委批转全国双拥工作会议纪要，对新形势下开展双拥工作的指导思想、基本任务、创新发展和组织领导提出明确要求，为做好当前和今后一个时期的双拥工作提供了基本依据。各地各部队各部门从践行“三个代表”重要思想、服务全面建设小康社会、推进中国特色军事变革的战略高度，把学习贯彻会议精神作为双拥工作的大事来抓。北京、吉林、山东、湖北、西藏、陕西等20多个省区市召开双拥工作会议，传达学习中央领导同志讲话和有关文件，对双拥工作进行部署。国家民委、司法部、文化部、团中央、全国总工会、全国妇联和全国工商联等成员单位，及时召开会议，结合本部门本行业实际，研究制定贯彻会议精神的规划措施。中宣部、广电总局指导中央电视台、中央人民广播电台播报双拥消息、专稿等460多篇。国资委对本系统受表彰的爱国拥军模范单位和个人，采取多种形式进行广泛宣传。贵州省委常委专门建立双拥工作联系点，山东省修订颁发《基层双拥工作纲要》，指导基层贯彻会议精神。全国双拥办在抓好普遍指导的同时，组织对部分单位进行抽查，召开省区市双拥办主任会议，研究把贯彻会议精神引向深入的措施和办法。为使会议纪要明确的任务要求转化为做好工作的思路，吉林、上海、河南等地在总结近年来成功经验的基础上，提出以深化科技拥军、智力拥军支持部队信息化建设，开创拥军优属工作新局面。江苏、浙江、广东等地着眼复杂严峻的台海局势，把双拥工作重心转到推进军事斗争准备上来，形成军地协调行动、共谋打赢的局面。兰州、成都和沈阳军区按照统筹区域发展要求确立援建工作重点，加大支持西部大开发和振兴东北老工业基地力度。通过军地深入学习贯彻会议精神，广大军民积极参与双拥、推动双拥，掀起了拥军优属、拥政爱民的新高潮。

二、着眼推进中国特色军事变革，各地各部门支持军事斗争准备力度不断加大。各地各部门把关心国防和军队建设，推进中国特色军事变革作为重要政治任务，围绕军事斗争准备需要做好各项拥军工作。去年，我军相继在东南沿海、山东半岛、西北高原等地进行野外驻训和演习，江苏、浙江、广东、山东、新疆等地积极开展拥军活动，及时提供电力、通信、生活物资等服务，做好场地征用、民船征集、卫生防疫、群众损失赔偿等工作，保障部队圆满完成任务。铁道部、交通部建立军事运输保障机制，加强运力组织、通道保障、桥梁架设、道路复救等战备演练，优先保证部队训练演习、科研试验的运输需求。国防科工委严把科研生产质量关，确保武器装备的生产供应。为支持部队信息化建设，福建省拨出500万元专款，帮助驻闽旅团单位改善作战、通信、机要等基础设施；辽宁、上海、湖北、海南、四川、陕西等地和科技部、信息产业部等部门，充分挖掘科技、信息、教育资源潜力，深入开展各种形式的拥军活动，组织大专院校和科研机构与部队进行共建，签订人才培养、技术服务协议，帮助培养高素质新型军事人才10万余名，解决训练演习中的科技难题3000多个，技术革新600多项。据不完全统计，东部发达地区去年用于国防和军队建设的经费达3亿元左右，中西部地区也有8000多万元。东南沿海省份和新疆、西藏等边疆少数民族地区，还积极配合部队对战略资源、物资储备、科技人才分布等20类、38个方面的支前潜力情况进行调查，修改完善支前保障、处置突发事件预案，为组织人民群众参战支前和维护社会政治稳定奠定了基础。福建、浙江、江西等地把战场建设纳入地方建设规划，已建和在建入闽通道20多条，新建、改建交通战备公路6000余公里，修建人防工程200多万平方米，积极为军事斗争准备创造条件。在部队体制编制调整改革中，河北、山西、内蒙古、黑龙江等地按照特事特办的原则，协助做好单位交接、营房换建、人员安置和军事设施保护等工作，解决涉及房地产、债权债务等问题。水利部采取措施优先满足部队战备、训练和生活用水需求，农业部支持部队发展农副业生产和"菜篮子"工程，为加强部队全面建设提供了有力保障。

三、围绕实施经济社会发展战略，军队支援国家建设的成效更加明显。全军和武警部队着眼统筹经济社会可持续发展，积极参加和支援小康社会各项建设事业。按照军委、总部的统一部署和推进区域协调发展要求，驻西部和东北地区部队研究制定具有综合效益的援建规划，支持西部大开发和东北老工业基地振兴发展。兰州、成都、广州军区和驻西部地区武警部队先后出动官兵5万多人次，投入劳动日80多万个，机械车辆上万台次，援建青藏铁路、西气东输、西电东送、长江和黄河中上游生态环境治理等重点工程建设项目100多项。总参谋部协调军地有关单位，形成西气东输可行性工程建设的有关意见，使管道缩短施工60多公里，为国家节省了大量资金。空军部队利用航空技术，出动飞机200多架次，飞播造林、人工降雨面积达170多万亩。总后勤部拓展医疗卫生帮扶的范围和方式，推动百家部队医院对口支援西部地区向纵深发展。陕西省军区组织部队和民兵预备役人员承建106条小流域综合治理，有效促进了驻地自然资源利用和生态环境保护。沈阳军区发挥部队组织严密、突击力强的优势，参加和支援驻地企业改造、水利工程等200多项基础建设项目，积极为东北老工业基地振兴做贡献。各部队按照城乡统筹发展的要求，认真做好以支援"三农"为重点的扶贫帮困工作。北京、济南、南京军区和海军、总参、总装部队采取定点、挂钩、对口扶贫等形式，巩固和新建扶贫点1.9万多个，转让技术项目1200多个，帮助10万多名群众脱贫致富。驻老、少、边、穷地区的二炮部队，配合当地政府推进节水灌溉、人畜饮水、乡村道路等"六小"工程，扶持集体经济2800多个，带动农村经济快速发展。全军官兵心系贫困群众，踊跃开展捐款助学和筹资济困活动，共捐款、筹资6000多万元，新建、援建希望小学250多所，帮助近7万名失学儿童重返校园，解决5万多名贫困和受灾群众的生产、生活困难。武警部队抽调精干警力配合公安执勤，对公共场所、重点目标实施昼夜武装巡逻，为维护社会政治稳定发挥了重要作用。特别是在云南、河南、四川、广西、内蒙古等地抗洪、扑火，东南沿海抗台风和新疆“八一”水库跨坝、重庆氯气泄露等抢险救灾中，部队官兵当先锋、打头阵，为保护国家财产和人民群众生命安全做出了贡献。

四、建立完善政策法规体系，双拥工作法制化建设迈出新步伐。依法双拥是适应国家法制化建设、保证双拥工作落实的根本措施。一年来，从中央到部门，从地方到军队，围绕解决广大军民普遍关心和影响军政军民关系的突出问题，进一步加大了双拥政策法规建设力度。国家相继发布《军人抚恤优待条例》、《关于做好2004－2006年军队体制编制调整改革期间转业干部安置工作的通知》，批转中组部、发改委、教育部、公安部、民政部、国土资源部、建设部、卫生部等16个部门《关于进一步做好军队离休退休干部移交政府安置管理工作的意见》，转发民政部、劳动和社会保障部、税务总局、工商总局等9个部门《关于扶持城镇退役士兵自谋职业优惠政策的意见》；民政、财政、教育、总政、总后等部门，联合出台优抚对象及其子女教育优待、军人残疾等级评定、移交政府安置的军队离退休干部及其无经济收入家属和遗属医疗保障等7个配套政策，初步形成了与市场经济和双拥工作发展相适应的政策法规体系。各省区市和军队各大单位本着“落实已有的、完善不足的、填补空缺的”原则，从推进军事斗争准备、支援国家经济建设、维护社会政治稳定等方面，制定出台或修改完善战时支前保障、重点优抚对象医疗待遇、退役士兵安置改革、随军家属就业、做好支援西部大开发工作、预防和处理军民纠纷等政策法规，20个省区市建立重点优抚对象抚恤补助标准自然增长机制，进一步推动了双拥工作规范化、法制化。各级各部门还采取有力措施，抓好双拥政策法规的落实。财政部继续加大投入，较大幅度增加了优抚安置经费。人事部针对转业干部安置任务重的实际，组织开展深化军转安置制度改革专题调研，召开人事部门协调会、用人单位招聘会、待安待分人员推荐会，为转业干部安置就业搭建平台、创造条件。司法部以举办法制讲座、开展法律咨询、实施法律援助为基本形式，维护官兵及其家属的合法权益。天津、安徽、湖北、湖南、云南、青海、宁夏等地拓宽退役士兵安置渠道，在就业培训、接受高等教育、从事个体经营等方面提供优惠政策，鼓励退役士兵自谋职业。沈阳军区会同东北三省，用制度规范双拥工作的内容和方式，初步探索出一条以情双拥与依法双拥相结合的工作路子。

五、注重研究新情况解决新问题，双拥工作改革创新持续深入发展。以研究新情况、解决新问题为突破口，推动双拥工作的创新和发展，是去年双拥工作的鲜明特色。全国双拥工作领导小组根据面临的新任务新要求，研究修订工作规则，调整充实成员单位，颁布《领导小组成员单位双拥工作职责》，建立年度双拥工作汇报制度，为双拥工作深入发展提供制度依据和保障。召开领导小组成员单位联络员会议，专题研究发挥成员单位职能作用问题，促进双拥工作在各部门、各系统、各行业的落实。全国双拥办结合实际修订工作规则，完善军地合署办公的程序规定，保证各项工作有序运转。许多地区和部队还把加强机制建设作为重要途径，推动双拥工作的创新和发展。山东省双拥办从完善工作机制入手抓好自身建设，指导和开展双拥工作取得显著成效，被省委、省政府荣记集体一等功。重庆、湖北等地通过健全军地关系协调机制，较好解决了部队建设和军民关系中的重大问题。内蒙古、江西等地与驻军部队建立完善信息通报、定期走访等制度，在国防教育、军民共建、抢险救灾等方面，形成了齐抓共管的整体合力。为把群众性双拥活动引向深入，各地各部队积极探索富有时代特色的活动方式和载体。上海、江苏、广东等地采取教育引导、政策保障、典型激励等方式，指导“两新组织”与部队开展双拥活动，进一步扩大双拥工作的社会基础。沈阳、济南、成都、南宁等市充分利用和依托社区，组织军民开展生动活泼的共建活动，推动了基层双拥工作发展。天津、河北、安徽、河南、广西、四川等地3000多个军民共建点，把加强未成年人思想道德建设作为共建的重要内容，在群众性精神文明创建活动中发挥了示范带头作用。华北五省（区、市）与北京军区拓展"双三好"活动的领域和内容，铁道部与武警部队共建京九、京广、南疆铁路文明站区，北京市军地联手创建军营社区，云南军民共建"八千里文明边防线"，甘肃省开展"河西千里双拥模范走廊"联片创建活动，促进了三个文明建设协调发展。

优抚工作

【2004年优抚工作概况】 2004年，在部党组的高度重视、关心和支持下，优抚工作在完善政策法规体系方面有了新突破，在保障优抚对象基本生活方面有了新举措、在解决优抚对象的医疗困难方面有了新探索、在维护优抚对象合法权益方面有了新发展，为巩固国防、维护社会稳定、实现小康社会和军队现代化建设目标做出了重要贡献。

截止2003年底，我国共有享受国家抚恤补助的重点优抚对象446.8万人。其中，残疾人员85.6万人，享受定期抚恤的烈属（含因公牺牲、病故军人遗属）49.4万人，享受定期补助的在乡退伍红军老战士（含在乡西路红军老战士、红军失散人员）87437人，享受定期补助的在乡复员军人225.4万人，享受定期补助的带病回乡退伍军人97.7万人。

*一、新的优抚政策法规体系框架基本建立。*出台新的《军人抚恤优待条例》。2004年8月1日，国务院、中央军委公布了新修订的《军人抚恤优待条例》，并于10月1日起正式施行。新《条例》涵盖了军人抚恤优待的各个方面，贯穿了"以人为本"的基本内涵，融会了"依法行政"的现代理念，是适应社会主义市场经济形势和中国特色军事变革的根本要求、加强军队建设和保障优抚对象权益的一项重大举措，是我国军人抚恤优待工作发展史上的重要里程碑，标志着我国社会主义市场经济条件下优抚保障体系框架的基本建立。与之相配套的三项政策经过协调，也正式执行：

一是制定下发《优抚对象及其子女教育优待暂行办法》。2004年10月21日，民政部、教育部、总政治部联合下发了《优抚对象及其子女教育优待暂行办法》（民发[2004]192号）。享受教育优待的对象主要是退役士兵；残疾军人、烈士子女、因公牺牲军人子女、一级至四级残疾军人子女、现役军人子女；优待的项目和幅度分别是优先接收、录取，优先享受国家和学校设立的奖学金、助学贷款、困难补助和困难救助，增加10—20分投档，降低10—20分录取，免交学杂费等。

二是制定下发《军人残疾等级评定标准（试行）》。2004年11月5日，民政部、劳动和社会保障部、卫生部、总后勤部联合下发了《军人残疾等级评定标准（试行）》（民发[2004]195号），标准依据残疾军人医疗期满后的器官缺损、功能障碍、心理障碍和对医疗护理依赖的程度，将现役军人因战、因公（含职业病）致残等级评定标准由重至轻分为1—10级，将因病致残的义务兵和初级士官的评定标准分为1—6级，并提出了《军人残疾等级评定标准（试行）》功能分级的判定依据和基准。

三是制定下发《军人新旧残疾等级套改办法》。2004年11月16日，民政部、总后勤部联合下发了《军人新旧残疾等级套改办法》（民发[2004]198号），办法从保障残疾军人的基本权益出发，实现了新旧残疾等级的合理衔接，办法还规定了套改对象、套改原则、新旧残疾等级的对应关系等。

此外，我们还就出台《一级至六级残疾军人的医疗保障办法》开展了前期准备工作，有望在 2005 年上半年出台。

二、全国优抚工作会议。2004 年 9 月 24 日至 26 日，全国优抚工作会议在吉林延边召开。各省(市)民政厅(局)分管优抚工作的厅局长和优抚处长等 100 余人参加了会议。李学举部长、罗平飞副部长分别作了重要讲话。会议围绕全面贯彻落实新《条例》、开创优抚工作新局面，系统回顾了 6 年来优抚工作的主要成绩和基本经验，深刻分析了优抚工作面临的新情况和新问题，明确提出了今后一个时期优抚工作的总体思路、基本任务和目标措施，并对下一步贯彻条例和会议精神以及近期内的优抚工作做了具体部署。李学举部长就如何进一步做好新形势下优抚工作，讲了几点意见。他说，追溯历史，充分认识优抚工作的地位作用。促进了国防和军队建设；有利于维护改革发展稳定大局；推动了社会主义精神文明建设；带动了民政事业协调发展。抓住重点，不断推动优抚工作健康发展。一是维护权益，保障生活；二是制定政策，依法优抚；三是完善机制，形成合力。尽职尽责，切实保证优抚工作落到实处。一要讲感情；二要尽职责；三要抓落实。罗平飞副部长的讲话总结了 6 年来优抚工作取得的成绩，分析了新时期优抚工作面临的形势和任务，提出了当前和今后一个时期优抚工作的指导思想和工作思路。他说，做好新时期的优抚工作，必须以邓小平理论和“三个代表”重要思想为指导，认真贯彻“十六大”精神，以保障优抚对象基本权益为目标，以落实新的《军人抚恤优待条例》为载体，以完善政策法规体系为重点，以改革创新为手段，坚持以人为本，科学发展，与时俱进，更好地为广大优抚对象服务、为国防和军队建设服务、为改革发展稳定大局服务。当前和今后一个时期要着力抓好以下三方面工作：一是完善优抚政策法规体系；二是构建多元优抚保障模式；三是推进优抚事业单位可持续发展。在谈到如何从工作指导上推动优抚工作的创新发展，他说，要正确把握好以下五个关系：一是国家保障与社会优待的关系；二是以情优抚与依法优抚的关系；三是继承传统与创新发展的关系；四是重点突破与整体推进的关系；五是总体谋划与分类指导的关系。大会还交流各地多年来做好优抚工作的经验，12 个单位的代表在会上发了言。中央宣传部、劳动和社会保障部、卫生部、总参谋部、总政治部、总后勤部等军地有关部门的领导出席了会议。

三、启动《革命烈士褒扬条例》的修订工作。《革命烈士褒扬条例》是 1980 年颁布的，20 多年来，条例对褒扬先烈，教育后人起到了不可替代的作用。但是，随着形势的发展，条例显得过于原则和简单，不能完全适应新时期烈士褒扬工作的需要。为使烈士褒扬工作更加科学、合理，烈属的各项抚恤待遇更加规范，同时使烈士褒扬政策与《军人抚恤优待条例》有关政策相衔接，2004 年，我们完成了条例草案的修订初稿并征求了各地及有关部门的意见。

四、苏军在华烈士墓的普查维修工作。应俄罗斯方面的要求，我部和外交部、财政部以及军队有关部门一起，开展了苏军在华烈士墓的普查维修工作。在实地走访考察的基础上，于 4 月份在内蒙古呼伦贝尔市与俄方进行了第二轮磋商，就一些具体问题达成了共识。其后，我们又对全国苏军在华烈士墓进行了普查，并和俄方逐个审定了第一批维修改造和搬迁的烈士纪念设施。俄方的维修经费绝大部分都已经到位，待具体方案确定后马上实施。

五、伤残抚恤证件的换发工作全面铺开。2004 年 11 月 23 日，民政部发出通知，要求各地从 2004 年 12 月 1 日开始，对持有原伤残证件的 85.6 万各类伤残人员(含残疾军人、伤残人民警察、伤残国家工作人员、伤残民兵民工)换发新式证件，整个换证工作在 2005 年 6 月 30 日结束。在此之前，已将各式证件印制、发放完毕，并对有关人员进行了专业培训，目前，此项工作进展顺利。

六、《军人抚恤优待条例》培训班。2004 年 12 月 7 日至 11 日，优抚安置局在民政部培训中心举办了一期《军人抚恤优待条例》培训班。北京、天津、河北、内蒙、辽宁、吉林、黑龙江、青海、宁夏、甘肃、新疆等 11 个省、自治区、直辖市民政厅

(局)优抚处负责同志、业务骨干或地市优抚工作者共137人接受了培训。优抚安置局局长孙绍骋、副局长董华中、优抚处戴爱娇处长、国务院法制办姜秀元处长、中国政法大学解志勇教授分别在培训班上进行了讲课辅导。

七、完成2003年优抚数据更新工作。2004年4月中旬,优抚处组织各省、自治区、直辖市和新疆生产建设兵团共32名同志,在北京集中两天时间,对全国各类优抚对象数据进行了集中审定,为摸清各类优抚对象情况和编制2004年优抚对象抚恤补助经费提供了权威依据。

八、加强对优抚工作热点、难点问题的研究和探索。针对优抚对象治病难问题,在研究制定重点优抚对象医疗保障办法的基础上,积极协调中央财政加大医疗补助力度,2004年,中央财政首次安排1亿元资金用于重点优抚对象医疗补助,并作为基数列入每年财政预算;针对原8023部队退役军人、烈属、伤残军人和在乡复员军人反映的生活困难问题,按照中央领导同志和部领导的要求,积极协调有关部门,对原8023部队退役人员的评残问题进行了部署,向党中央、国务院上报了《关于烈士抚恤等有关情况的报告》,向国务院上报了《关于解决对越自卫反击作战伤残军人等优抚对象生活问题的意见》。

此外,全国29所荣誉军人康复医院、32所复员军人慢性病疗养院、73所复退军人精神病院全年共收治、供养特一等伤残军人、在乡复员军人、带病回乡退伍军人等优抚对象12079人;1298所光荣院集中供养着28393名孤老优抚对象和3656名“三无”对象。全国13552处烈士纪念建筑物和873个烈士纪念建筑物保护单位全年共接待参观群众3000余万人次,较好地发挥了褒扬烈士、教育群众的作用。全国和全军(含武警部队)共批准烈士300余人,为1000余名烈士遗属按照政策办理了定期抚恤。全国共接收部队残疾军人5000余名,全年以统筹和财政列支两种方式共筹集优待金65亿元,优待义务兵家属等优抚对象近400万户,户均优待标准达1200多元。

安置工作

【2004年军休安置工作概况】 一、移交政府安置的军队离休退休干部安置管理政策调整工作。为适应社会主义市场经济发展和军队现代化建设的需要,由民政部优抚安置局和总政干部部牵头、军地14个部门参与,历时3年调研论证协商提出的《关于进一步做好移交政府安置的军队离休退休干部安置管理工作的意见》,已于今年1月3日经党中央、国务院、中央军委批准,以中共中央办公厅、国务院办公厅、中央军委办公厅名义印发(即中办发〔2004〕2号,以下简称《意见》)。这是继《国务院中央军委批转民政部总政治部关于做好移交地方的军队离休退休干部安置管理工作报告的通知》(国发〔1984〕171号)之后,我国军休安置管理工作的又一个纲领性文件。一是适当放宽了军休干部尤其是在边远艰苦地区工作的到大中城市安置的职级和服役时间限制,统一制定并放宽了军休干部到北京、天津、上海市安置的条件,新增了军休干部配偶(子女)是现役军官的也可以按规定作为投靠对象、从事特殊工作的时间按在边远艰苦地区工作时间同样对待等优惠政策。二是规定了军休干部住房保障的原则、基本办法、管理制度和优惠政策,确定了新的住房保障制度。三是明确规定了军休干部政治待遇的具体内容。四是规范了落实军休干部及其家属(遗属)生活待遇政策的办文程序和具体办法。五是对军队离退休干部及其无经济收入家属、遗属的医疗待遇分别提出了不同的保障办法,理顺了关系,明确了责任,体现了属地管理的原则,实现了军休医疗保障制度的创新。六是改进了军休干部交接安置管理办法,为缩短待安置时间,实现

军休干部移交政府安置的良性循环创造了条件。七是第一次明确了服务管理机构的性质、经费保障责任和服务管理工作模式，调整了服务管理政策，指明了今后服务管理工作的改革方向。《意见》的颁布实施将有力地全面推动军休安置管理事业的改革和发展，使军休工作长期存在的政策制度建设滞后、经费投入不足、管理力量薄弱等问题基本得到解决。

《意见》颁布实施后，我们联合有关部门印发了宣传教育提纲，要求各地民政部门和广大工休人员深刻认识《意见》颁发实施的重大意义，准确把握《意见》的基本内容，认真落实各项政策规定。为贯彻落实《意见》精神，我们及时协调军地6部门制定下发了军休干部用车制度改革、军休干部及无经济收入家属(遗属)医疗保障和调整军队退休干部及随军家属(遗属)生活补助项目标准3个配套文件，规定了发放交通费和享受生活补助的条件和标准，制定了军休干部及其无经济收入家属(遗属)办理医疗保障手续的程序、享受医疗补助和医疗照顾的原则等，明确了所需经费的渠道，为推动各地军休干部服务用车制度、医疗保障制度改革和更好地落实军休干部及其家属、遗属的生活待遇提供了具体政策依据。

二、军队离退休人员接收安置工作。为贯彻落实国务院、中央军委有关要求，民政部联合军队有关部门审定了2004年2万名军休干部安置去向，下达了10661名第五批军休干部年度接收安置计划、887名伤病残军休干部安置计划、4所军队院校的837名离退休干部审定计划和116名无军籍退休职工一次性安置计划。今年是地方接收安置军休人员任务最重的一年。经军队有关部门同意，确定从今年开始通过全国民政系统局域网审定军休干部安置去向，实现了地方军休干部信息子系统与军队老干部信息系统的成功对接，及时完成了全国军休人员数据库的信息更新，进一步完善了全国优抚安置信息管理系统，提高了工作效率。经与军地有关部门协商，共同下达了2001—2003年度3102名全国军休服务管理机构工作人员专项指标，联合申请了明后两年服务管理机构用房保障经费21亿元，为各地完成军休干部接收安置任务创造了条件。同时，我们加大工作力度，联合军队有关部门派出4个工作组赴4个军区7个省市区现场指导军休人员接收安置工作，解决了很多军地反映的难点问题。各地已完成军休干部安置去向审定工作，各类军休人员接收安置工作进展顺利。据2004年民政事业发展统计公报显示，各地共接收安置军队离退休人员9682人。

三、军队离退休人员安置管理经费。经过我们反复协调争取，财政部下达了军休正常经费46.75亿元，专项安排军休干部及其家属、遗属医疗和生活补助经费3000万元，中央财政较去年共增加投入8.28亿元、增长了21.4%；联合军地有关部门下发了提高军休干部离退休费、公勤(护理)费和房租补贴标准3个文件，争取落实了由军队负担的军休干部新增离退休费、定期增加退休费和无军籍职工管理经费3.63亿元，有效地落实了军休人员的生活待遇，保证了各地安置管理工作的顺利开展。整理初审了各地服务管理机构维修改造项目2282个，争取财政部落实了今后3年全国维修改造项目经费4.5亿元，实现了中央财政大幅度安排专项经费的历史性突破。

【2004年退伍安置工作概况】 2004年是退役士兵安置工作和军供工作取得突出成效的一年，是各方面工作都有较大发展的一年。在往年工作的基础上，克服困难，围绕“深化改革、制定政策、维护稳定、落实任务”的思路，以落实中央领导关于安置工作的重要批示为契机，全面深化退役士兵安置改革；以妥善处理复员干部、转业志愿兵等集体上访有关问题，维护社会稳定为重点，努力完成年度接收安置任务；以制定下发扶持城镇退役士兵自谋职业优惠政策为主线，稳步推进城镇退役士兵安置改革；以开展军交工作正规化建设20周年活动为龙头，推动军供保障各项工作加快发展，完成了数百万人次的军供保障任务。

一、年度接收安置工作顺利完成。

(一)10月9日，国务院中

央军委印发《关于2004年冬季士兵退出现役工作的通知》(国发〔2004〕26号),对2004年冬季退出现役士兵的安置工作做出了部署,并在5个方面较往年提出新要求:一是首次提出各级政府要创造性地开展工作,确保完成年度安置任务。当前,由于国家安置法规滞后于形势的发展变化,为确保各地落实安置任务,国家在政策方面给各地以更大的空间。二是提出所有行业和单位,不得制定任何歧视或损害退役士兵权益的文件和规章,对经反复做工作,仍拒不接收退役士兵的行业、系统和单位,要依法追究责任。三是明确肯定扶持城镇退役士兵自谋职业是市场经济条件下安置城镇退役士兵的有效途径,并要求各地加大改革力度、更新观念、探索办法。四是明确自谋职业补助经费由当地财政解决,省级人民政府可根据情况对下级政府给予适当支持,拓宽了自谋职业补助经费的来源渠道。五是对农村退伍兵的培养、开发和使用,从建设现代化农业、繁荣农村经济,促进农村民主政治制度建设的高度予以强调。

(二)复员干部、转业士官、航天锻炼员、军队院校士官等退役军人的接收安置。

复员干部。2004年7月6日,民政部、总政治部下发了《关于做好2004年军队复员干部安置工作的通知》(民发〔2004〕102号),对全军(含武警部队)×名干部做出了复员安排。这批军队复员干部的安置去向、交接办法、就业后的待遇、住房保障及随调配偶等,仍按民发〔2003〕105号文件规定执行。

转业士官。2004年11月25日,民政部与总参谋部下发了《关于做好2004年冬季转业士官移交安置工作的通知》(民发〔2004〕200号),对全军×万余名转业士官的集中交接和安置工作做出部署,下达了《2004年冬季士官转业安置计划》。

航天锻炼员。从19××年开始,国家开始选拔个别士兵进行航天锻炼试验。这些航天锻炼员作为专门从事航天训练工作的士兵,为我国航天事业做出了非常重要的贡献,为载人航天飞行做了大量的前期准备工作。地方人民政府及时接收安置好航天锻炼员,对我国航天事业的发展和国防科技的提高都有着积极意义。2004年冬季共有××名航天锻炼员退出现役。民政部及时按照政策规定,下发通知,要求有关省份认真做好他们退役后的工作安排。

四所军队院校士官移交。2004年10月22日,民政部优抚安置局和总参谋部军务部做出了《关于整体移交地方的4所军队院校士官移交有关问题的通知》(优安函〔2004〕105号),根据国务院办公厅、中央军委办公厅《关于转发军队院校移交地方工作实施意见的通知》(国办发〔2004〕64号)要求,4所军队院校整体移交地方管理。这些院校的××名士官退出现役,列入移交范围,就地安排转业,留院校工作。

淘汰学员接收安置。2004年,民政部、总政治部等有关部门共同研究了有关军队院校淘汰学员的接收安置问题,就军队院校淘汰学员的接收安置办法,进行了认真研究与探讨,在对各类淘汰学员退役方式和接收安置政策上达成了共识。

精神病士兵移交。《军人抚恤优待条例》颁布后,患精神病的义务兵和初级士官可以评定病残,他们作为一个比较特殊的群体,移交接收安置过程有别于其他伤病残士兵。明确他们的移交安置问题,对于规范、指导工作很有必要。2004年,经民政部、总参谋部等部门反复磋商,初步形成了关于做好患精神病的义务兵和初级士官的退役移交工作的意见。

二、退役士兵安置改革工作。

(一)深化退役士兵安置改革进入攻坚阶段。

4月,中央领导同志就退役士兵安置工作做出重要批示,要求军地双方在调查研究的基础上提出解决的办法,以利国防建设。为落实中央领导同志的批示,军地有关部门成立了“深化退役士兵安置改革协调小组”,并展开工作。7—8月,军地有关部门进行了广泛调研,达成了初步共识:1.对退役士兵安置难的现状有了统一认识;2.安置难的根本性原因是现行安置法规与社会主义市场经济发展形势不适应;3.改革方向是顺应市场经济发展要求,走经济补助、政策扶持、加强服务与个别对象指令性安排相结合的路子。10月底开始，协调小组集中力量，抽调人员，集中办公，研究起草改革方案，12月初步形成方案初稿。

(二)城镇退役士兵自谋职业安置等多种改革创新。

出台自谋职业优惠政策。2004年1月21日，经国务院批准，国务院办公厅批转了民政部、教育部、公安部、财政部、人事部、劳动和社会保障部、人民银行、税务总局、工商总局《关于扶持城镇退役士兵自谋职业优惠政策的意见》(国办发〔2004〕10号)。《意见》从城镇退役士兵享受优惠政策的资格条件、就业服务、社会保障、学习进修、从事个体经济、税收、贷款、户籍等方面都做出了明确规定，标志着城镇退役士兵安置改革有了新的进展。《意见》作为推动退役士兵安置改革的重大举措，体现了国家对退役士兵这个特殊群体的重视和关怀，对退役士兵安置工作具有重要意义，社会各界予以了极大的关注和积极的评价。2004年，各省为贯彻落实国办发10号文件的精神，先后研究制定了配套措施。吉林、青海、安徽等省已经下发，云南、河北、湖北、浙江、辽宁、山东、福建、北京等大部分省市，已完成了起草工作，准备报批。从配套政策的内容看，除国家有严格限制的内容外，省级政府和部门制定的优惠政策比国家制定的政策更为优惠，如北京市成人继续教育采取“先上车，后买票”的办法，“宽进严出”，更有利于退役士兵接受学历教育。

自谋职业发展情况。2004年，是自谋职业安置改革全面发展，成效显著，又获新突破的一年。目前，在全国范围内全面推行了自谋职业安置改革，有近6万名城镇士兵退役后选择了自谋职业安置，约占城镇应安置总数的20%。其中，辽宁、福建、天津、四川、海南、广东、江苏、云南等省市，自谋职业率已达到50%以上。浙江省退役士兵安置工作已形成了以自谋职业为主、重点对象安排工作为辅的新格局，自谋职业率已达95%。自谋职业安置的开展，主要得益于政策的逐步完善。广东、浙江、云南、青海等省级财政列支了自谋职业补助专项经费。

各地安置改革创新情况。2003年湖北省民政厅与华中科大以助学方式安置退役士兵的经验，得到了国务院领导的充分肯定。2004年，北京、河北、江西等省市相继推行了这一做法。同时，青海省还对自谋职业退役士兵和复员干部纳入社区管理进行了有益探索和尝试，出台了退役士兵培训教育暂行办法；福建省泉州市实行了城乡一体化安置；云南省实行安置就业与自谋职业相结合办法的“双考办法”，自谋职业退伍兵实行人事代理制度办法，等等。这些办法对各省区市安置改革的多样化起到了积极的促进作用，对改革发展有着积极的借鉴作用，也为缓解退役士兵安置难的问题，发挥了积极作用。

研究户籍制度改革对退役士兵安置的影响及对策。2004年，收集整理了公安部《关于进一步改革户籍管理制度意见的报告》、《关于进一步改革户籍管理制度的意见及说明》、《有关部门对户籍制度改革意见的建议》、《部分地方深化户籍制度改革的综合情况》以及《有关户籍制度改革的党中央国务院文件和中央领导的讲话摘录》等重要资料。福建、广东等省应对户籍制度变化，调整了安置政策，并对此组织了专题调研，在起草深化退役士兵安置改革方案时吸收了调研成果。

三、军供工作正规化建设工作取得明显进展。

(一)正规化建设20周年活动基本情况。2004年是军事交通运输正规化建设20周年，民政、铁道、交通、民航、总后5部局联合开展了军交正规化建设活动。2月，联合起草下发了《关于广泛深入开展军交运输工作正规化建设活动的通知》；4月至6月，采取个别调研和集中联合检查调研两种形式，摸清了当前军供工作正规化建设存在的问题，为军供工作正规化建设和军供站的管理与发展奠定了基础；9月，完成了对1995年的《军供站正规化建设规定》的修订工作，下发了新的《军用饮食供应工作正规化建设规定》；10月9日至10日，民政、铁道、交通、民航、总后联合召开了军事交通运输正规化工作会议；12月，5部局联合下发了《关于加强新形势下交通沿线军事交通运输正规化建设的意见》。

（二）新修订的《军用饮食供应工作正规化建设规定》取得了多方面的突破。主要有：一是扩大了正规化建设范围，将各级民政部门与军交运输部门纳入了军供工作正规化建设之中，强化了军供领导小组的作用，明确民政和军交部门的职责，有利于加强对军供站工作的领导和军供工作的开展；二是增加了应急保障的内容，对应急快速供应的范围、软硬件建设、完成时限和标准等提出了具体要求，强化了应急保障的要求；三是明确了军供工作是“双拥”工作的内容；四是章节、词句都做了更加规范的调整。修订《规定》的工作是整个活动中，时间跨度最长，反复最多，沟通最难，也是最重要的工作，从2月至9月，多次逐字推敲，数次征求意见，关键问题反复讨论磋商，最终达成了一致。此次修订适应了当前军事斗争准备的要求，更加贴近现实，条文更加精练、准确，操作性更强，为下一步修改《军供站管理办法》奠定了基础。

（三）召开军事交通运输正规化建设工作会议。10月9日至10日，军地5部门在京召开了军事交通运输正规化建设工作会议。会上，国务院、中央军委及有关部门的领导同志就军交正规化暨军供工作正规化做了重要讲话；对20个“军供工作正规化建设成绩显著”的民政部门和78个“军供工作正规化建设先进单位”的军供站进行了表彰。受到表彰的20个民政部门有：北京市、河北省、内蒙古自治区、辽宁省、黑龙江省、上海市、江苏省、山东省、湖北省、广西自治区、四川省、云南省、甘肃省等省级民政厅（局）或安置处，还有长春市、青岛市、郑州市、芜湖市、贵阳市、银川市、哈密市等市级民政局。此次会议的成功召开，对推动全国军供工作的发展，做好新时期军事斗争准备，必将起到积极的指导作用。

（四）购置军用快餐保温供应车辆。为军供站配备军供快餐保温车，是提高军供站的快速反应和一定范围内的送餐保障能力，做好军事斗争军供保障准备的需要。各地民政部门和军供站也多次提出配置快速保温送餐车辆的需求。2004年，经民政部、总后勤部多次与财政部协商，争取到了中央财政的大力支持，决定在2004年中央财政预算经费中拿出3200万元，用于解决军供站购置快餐保温供应车辆经费问题。

四、维护稳定，促进发展。

2004年，由于各项改革的不断推进，原有的利益平衡被打破，部分复员退役军人上访情况增多，中央领导多次批示要求妥善处理。形成这些问题，有政策落实不到位或政策法规滞后，未能与经济社会同步发展，与国家各项改革协调的因素；有相关政策调整时缺乏整体考虑，而引发新的矛盾的因素。民政部与财政部、劳动和社会保障部等有关部门进行了认真商讨与研究。同时，积极配合军地有关部门，做好上访人员的接谈、劝返工作，妥善处理了多起集体性上访事件，避免了事态扩大。

专项社会事务管理

民间组织管理

【2004 年民间组织管理概况】 2004 年，民间组织管理局认真学习领会邓小平理论和“三个代表”重要思想，全面贯彻落实党的“十六届四中全会”精神，在部党组的领导下，锐意进取，扎实工作，依法行政，规范管理，不仅圆满完成工作计划，一些工作还取得了突破性进展。

一、民间组织法制建设取得重大突破

近几年，民间组织立法工作都是民政部工作重点之一。民政部配合国务院法制办，对民间组织管理法规进行了系统规划，投入非常大的力量修订三个条例。2004 年，多年的努力开始有了成果，法制建设取得重大突破。

首先，经过近 4 年努力，《基金会管理条例》终于在 2004 年 3 月 8 日颁布，并于 6 月 1 日正式实施。这是民间组织管理法制建设的重大成果。《条例》在内容上有很多新的突破。比如将基金会分成公募、非公募两类，进行分类指导；第一次允许外国人在华设立基金会和允许外国基金会在华设代表机构；按照发达国家较普遍的做法，将基金会保值增值的方式放开等等。国内外舆论对《条例》评价甚高。有的说“《条例》是中国社会领域改革与开放被提上日程的标志，是改革与开放向前迈进了重要一步”，有的说“《条例》打开了另一扇大门，推动了私域对公域的参与，民间与政府的互动”等。2004 年工作的一项重要任务就是学习贯彻实施《条例》，主要抓了以下三个环节：一是抓宣传。《条例》颁布第二天，民间组织管理局就筹备召开了中外记者新闻发布会，姜力副部长、李本公局长亲自就社会关心的问题回答记者提问，确定了宣传基调。而后，又统一起草了答复口径、宣传文章，多次接受中央电视台及有关媒体的采访，对《条例》进行了系统全面的宣传。国内各大报纸、期刊、电视、广播、网络均发布和转发了有关《条例》的新闻和评论，引起了广泛的社会关注，扩大了《条例》的社会影响。二是抓配套规章办法的制定。为便于各界全面了解《条例》的内容，《条例》一出台，民间组织管理局与国务院法制办合作，汇编出版了 40 多万字的《基金会指南》一书。同时，又以民政部的名义，制定下发了《基金会名称管理办法》、《基金会章程示范文本》、《基金会登记表格》、《基金会换发证书方案》、《关于国家现职工作人员不得兼任基金会负责人有关问题的通知》等配套规章及文件。针对涉外基金会的特殊情况，我们还征求了公安、安全、外交、宗教等部门意见，并报国务院同意，制定了《涉外基金会登记管理内部工作程序》，为受理基金会登记做准备。三是抓贯彻。《条例》出台后，民间组织管理局在广泛征求意见的基础上，迅速形成了贯彻方案，并于 4 月初在广东召开了“全国贯彻《基金会管理条例》工作会议”。李学举部长、姜力副部长亲自到会作了重要讲话，对《条例》的贯彻进行了全面部署。为了使各地深入领会《条例》精神，我们又多次举办各类培训班，对各省登记管理干部和全国性基金会秘书长进行培训，具体宣讲解读《条例》，为《条例》的贯彻创造了条件。由于准备工作充分，民政部和各省都在6月1日按期启动了登记。据不完全统计，截至11月底，民政部已批准和已报国务院的新成立基金会5家，地方新批准成立共30家，注册资金超过2亿元人民币。基金会的兴起，对于推动我国公益事业的发展将起到重要作用。《基金会管理条例》的修订、颁布和贯彻工作，也为社团条例和民非条例的修订提供和积累了经验。

其次，社团、民非两个条例修订工作进展顺利。按照民政部领导的指示，民间组织管理局配合国务院法制办、部法规办，做了大量调研、论证、协调工作，两个条例修订工作进展顺利。《社会团体登记管理条例》的修订已被国务院法制办列入2004年立法计划。2004年，我们积极配合国务院法制办到宁夏、山东、上海等地调研，广泛听取了各有关方面的意见，解决条例修订中的重点难点问题。10月下旬，根据民政部领导指示，我们从有代表性的7个省市抽调民间组织管理部门的负责同志到京，用近10天时间集中研究修订社团条例，在一些重大问题上逐步形成共识，完成了最新的条例修订稿并上报国务院法制办。同时，民间组织管理局还与国务院法制办在重庆召开了座谈会，对《民办非企业单位登记管理条例》作了进一步论证和修订。

第三，配套政策制定和调研工作成效显著。在修订条例的同时，民政部在深入调研，广泛听取意见的基础上，单独或与有关部门共同制订出台了一批政策性规章、文件。例如，配合财政部，起草并出台了《民间非营利组织会计制度》，填补了我国民间组织财务管理和会计制度方面的空白，两部还共同发文部署了学习贯彻事宜；与劳动部同志一起到辽宁、云南、北京等地，调研了民间组织从业人员的社会保险工作，拟定了《关于民间组织专职工作人员参加社会保险有关问题的通知》；为与《民办教育促进法》及其实施条例相衔接，到北京、西宁、重庆等地调研了民办学校登记工作，草拟了《民办学校登记办法(草案)》；与发改委共同调研，准备代国务院起草关于扶持行业协会发展的指导性意见；与卫生部就农村非营利性医疗机构的登记问题进行了沟通，达成初步共识，并到陕西等地进行了调研，为下一步出台有关文件做了准备；下发了《关于对北京广播学院南广学院登记有关问题请示的答复》，规范了普通高等学校举办独立学院登记时的业务主管单位和学院名称等带有普遍性的问题；修订了法人、合伙、个体三种形式的民办非企业单位章程示范文本，并征求了有关地方登记管理机关的意见，拟于年内下发；在重庆、西宁分别召开了部分省市座谈会，研究讨论了《民办非企业单位年度检查办法》(草案)，在北京召开了听证会，听取了民办非企业单位代表和有关专家学者的意见，民办非企业年检办法基本成熟，将以部长令的形式于年内发布。这次听政会是民政部的第一次立法听证会。它不仅使制定的年检办法切实可行、具有可操作性，而且彰显了民政部"开门立法"的精神，将在民政部的民主立法进程中起到良好的开拓作用。

第四，通过学习贯彻《行政许可法》，行政审批效率明显提高。认真组织了学习和培训，简化了工作程序，公开了办事指南，细化分解了内部工作流程，规范了行政许可文书，切实加强了作风建设，极大的提高了登记管理的服务水平和工作效率。《行政许可法》的实施，在审批时限、审批依据等方面给依法实施社团登记管理带来新问题。对此，民间组织管理局向国务院做了专题报告。

二、农村专业经济协会的培育发展开创了新局面

农村专业经济协会是我国经济社会发展到一定阶段的产物，是解决"三农"问题的重要途径之一。按照民政部领导指示，民间组织管理局非常重视农村专业经济协会的培育发展工作，及时把各类农村专业经济协会纳入了民间组织范畴。2003年11月，民政部出台了指

导意见，适当降低了准入条件，放宽了发展范围，简化了登记程序。2004 年，根据《指导意见》出台以来的执行情况，结合农村专业经济协会发展的新趋势，为交流信息，总结经验，研究下一步培育发展的新思路和新举措，民政部又在山东召开了“全国发展农村专业经济协会会议”。李学举部长、姜力副部长参加会议并做了重要讲话，中农办、国务院研究室、农业部、中国科协、团中央和全国供销总社与会并做了专题发言，有 12 个省市民政厅局和农村专业经济协会介绍了各自的做法和经验，实地考察了莱州市和青岛市崂山区的几个农村专业经济协会。这次会议在《指导意见》基础上，进一步统一了思想，提高了认识，树立了信心，确立了目标，推动了农村专业经济协会的进一步发展。

目前，全国有农村专业经济协会 10 万余个，已在各级民政部门注册登记的约有 1 万多个，农村专业经济协会的兴起与发展，给我国农村经济社会注入了新的活力，成为振兴农村经济、为农民生产服务的一支重要力量。

三、全国民间组织表彰大会暨全国行业协会成就汇报展览会成功召开

为了全面总结广大民间组织在经济和社会发展中创造出的有益经验，鼓励先进，树立典型，充分展示民间组织特别是行业协会在我国经济发展和社会进步中的重要作用，促进我国民间组织整体质量的提高，民间组织管理局筹备召开了全国民间组织表彰大会，并会同国家发改委和国资委共同举办了全国行业协会成就汇报展览会。

全国性表彰大会和行业协会成就汇报展都是建国以来的第一次，各地反响积极，高度重视。从 8 月开始，各地各部门依据评选标准，采取自下而上的办法，统一组织了评选和上报工作。经过网上公示和最后审定，确定表彰 540 个先进民间组织。受表彰的先进民间组织可以说是优中选优，既有典型性又有代表性，基本涵盖了我国社会生活的各个领域，将对广大民间组织的发展起到示范、导向和推动作用。同时，民间组织对参加全国行业协会成就汇报展览报名踊跃，来自全国各地、各行各业的 456 家行业协会参加了为期 3 天的展览会，其中全国性 229 家，地方性 227 家，占地 2 万平方米。这次展览为广大行业协会提供了交流经验、展示风采、加强合作的平台，是一次规模空前的行业组织展览盛会。

民政部对这两项活动非常重视，12 月 10 日上午，全国人大副委员长司马义·艾买提、何鲁丽和全国政协副主席罗豪才、阿不来提·阿不都热西提出席了会议并为获得全国先进民间组织的代表颁奖，有关部委 20 多位部级领导参加了表彰会。晚上，全国人大副委员长许嘉璐、蒋正华、顾秀莲、韩启德，全国政协副主席白立忱及民政部、发改委、国资委和各有关部委的领导、各地方代表团的领导专程应邀参观了展览。这充分体现了党中央、国务院对民间组织工作的关心和重视。召开表彰大会和举办汇报展览，是对我国民间组织发展成果的一次集中展示，是我国民间组织发展史上的一次盛事，将对我国民间组织的发展产生积极而深远的影响。

四、民间组织年检工作顺利开展

年检是登记管理机关的职责，也是监督管理不可缺少的重要手段。由于历史原因，民政部自 1989 年以来，社团年检工作一直未能正常开展，基本是以对全国性社团的清理整顿和复查登记工作代替了年检。2004 年，在第二次清理整顿和复查登记工作全面结束的情况下，民政部第一次对全国性社团实行了全面、正规的年检。

民间组织管理局对年检办法做了重大改进，调整了年检报告书，制定了年检内部工作流程，充分利用了网络资源，这些改进措施得到了社团好评。对少数无正当理由未参检社团，我们将名单在网上公布。年检之后，又进行了认真总结。大家反映，这次年检覆盖范围广、工作规范高效，强化了社团的法律观念，提高了社团的自律意识。

五、民间组织信息化建设成绩突出

中国民间组织网的开通有效地促进了民政部民间组织管理工作信息化建设的步伐。网站一直保持较高的点击率和更

新率，给广大社团提供了方便，提高了登记管理工作的效率。网站全年共发布新闻消息近2000多条，共采编各类信息一万多条，为民政部网站提供近千条新闻。同时，改版工作已经完成并投入使用。启动了基金会管理数据库建设，目前已完成项目设计和招标前期工作。“法人库”项目民间组织分项目正在实施。

六、理论研究成绩显著

根据国办有关领导的意见，我们集中力量给国务院起草了我国民间组织发展改革与管理工作的情况报告，系统总结了多年来我国民间组织发展的基本情况，分析了面临的形势和取得的主要成绩，指出了存在的主要困难和问题，并提出切实可行的建议。与世界银行合作开展的“非营利组织税收制度研究”项目基本完成，形成了总报告。财政部和国家税务总局也非常重视这项科研成果，采纳了报告中的政策建议，在修订的《企业所得税法》和其他涉及非营利组织税收的政策措施中写入了非营利组织税收优惠的内容。与中国科协合作完成了学术性社团的功能与设立标准研究项目，为制定学术性社团登记管理政策提供了理论支持。完成了国家软科学项目“中国新型农村经济技术合作组织研究”，提交了项目报告，通过了项目验收，为发展农村专业经济协会提供了政策建议。民办非企业单位法律政策研究课题顺利完成，课题组写出了20多篇研究论文，对民办非企业单位发展中的有关理论和实践问题，做了多方面、多视角的探讨，提出了许多解决难点问题的可行性对策，有些成果已经转化为管理政策，有些成果对下一步制定有关政策法规具有重要的指导意义。该成果已由中国社会出版社正式出版。与英国使馆合作的“中国民间组织评估机制和体系”研究课题进展顺利，并于12月中旬召开了中英国际研讨会。

七、登记管理工作得到加强

首先，登记工作有条不紊。截至11月底，共办理民间组织的各类登记、变更、备案等事项1147件，向国务院报送有关请示50件，国务院已批准37件，起草各类报告、讲话、给中央领导的信函共25件。顺利完成1700多个社团新版证书的制作、换发。接待办事、来访人员约6100余人次，平均每个工作日约25人次其中接待部级领导约120人次、司局级领导约1120人次。基本完成了社团分支机构复查登记的收尾工作。还妥善处理了狮子会、国情研究会等一批棘手问题。

其次，监督查处工作迅速有力。我们直接查处了中国医疗保健国际交流促进会等5个协会的违法违纪行为，转地方查处取缔了中国私人侦探协会、中国国防基金会等7个非法组织，督促业务主管单位查办了一批社团违法违纪案件。从而把不稳定因素消灭在萌芽状态，确保了社会稳定和国家安全。

第三，民间组织统计工作进一步规范。民间组织管理局与民政部财务司合作，进一步完善和规范了民间组织统计台账制度，并在厦门和牡丹江共同举办了两期统计台账培训班，共培训了200多名省一级和大中城市民间组织统计骨干，基本上解决了因口径不一而出现的各部门统计结果不一致的问题。

八、自身建设成绩喜人

按照李学举部长关于把自身建设作为落实工作任务的第一手段和建设学习型、专家型、务实型、奉献型干部队伍的要求，大力加强局内自身建设。一是大力加强作风建设，进一步树立执政为民的观念，树立服务意识，简化登记程序，提高工作效率；二是加大信息技术在工作中的运用，把信息化建设与工作的体制和积极创新结合起来，促进了政府职能和工作方式的转变，初步实现了民间组织管理和社会服务的规范化和科学化，提高民间组织管理工作的整体水平和工作效率；三是重视年轻干部的培训，针对局内年轻干部较多的特点，结合“五个一”青年干部培育计划的实施，组织了丰富多彩的活动，采取了切实有效的措施提高年轻干部的政治、业务素质和工作能力，取得了较好的效果；四是深入开展党风廉政教育，严格落实廉洁自律各项规定，并将2004年的党风廉政建设任务分解到每位领导班子成员身上，进一步明确分工，落实责任，细化措施。一年来，民间组织管理局在自身建设方面取得了丰硕的成果，先后获得民政部直属机关“三个创新”先进集体、培养青年干部先进集体、“五四”红旗团支部、全国民政政务信息先进单位等称号，《基金会管理条例》被评为民政部直属机关“三个创新”十大成果，1个处室获得宣传工作先进处室称号，6人11次获得中央国家机关或部直属机关的各种奖励。

总之，在民政部党组的正确领导和兄弟司局的支持下，全局同志共同努力，克服任务重、人手少的困难，同心同力，不仅圆满完成了工作任务，还充分发挥积极进取、开拓创新的精神，在基金会登记管理和农村专业经济协会培育发展方面开创了新局面。今后，我们要继续保持这种工作热情和工作势头，努力把民间组织工作推上一个新台阶。

（刘振国）

【全国先进民间组织表彰大会在京召开】 12月10日，民政部在人民大会堂隆重举行全国先进民间组织表彰大会，表彰500多家全国先进民间组织。这是建国以来第一次在全国范围内表彰做出了优异成绩的先进民间组织。全国人大副委员长司马义·艾买提、何鲁丽，全国政协副主席罗豪才、阿不来提·阿不都热西提出席了会议，并为获奖代表颁奖。民政部部长李学举在表彰会上做了讲话。李学举部长在讲话中充分肯定了民间组织所发挥的积极作用，深刻阐述了民间组织发展所面临的问题和机遇、指导方针及发展重点，并对全国民间组织和各级民政部门提出了明确要求和希望。表彰会上，上海市慈善基金会理事长陈铁迪、中国船东协会会长魏家福、中国机械工程学会理事长陈蕴博代表获奖民间组织作了发言。民政部副部长姜力主持了会议并宣读了表彰决定。全国性先进民间组织业务主管单位的负责同志，各省、自治区、直辖市民政部门和受表彰的先进民间组织代表共700多人出席了会议。

附录：

全国先进民间组织名单
（排名不分先后）

一、全国性民间组织

中国钢铁工业协会
中国企业联合会
中国煤炭工业协会
中国电力企业联合会
中国质量协会
中国机械工业联合会
中国物流与采购联合会
中国缝制机械协会
中国棉纺织行业协会
中国工业经济联合会
中国行政管理学会
中国物理学会
中国力学学会
中国机械工程学会
中国电子学会
中国农学会
中国女法官协会
中国女检察官协会
中国消防协会
中国安全防范产品行业协会
中国矿业联合会
中国出租汽车暨汽车租赁协会
中国建筑金属结构协会
中国船东协会
中国道路运输协会
中国教育学会
中国老教授协会
北京师范大学校友会
中国发明协会
中国职工教育和职业培训协会
中国社会工作协会
中华慈善总会
中国奶业协会
中国农民体育协会
中国畜牧业协会
中华全国律师协会
中华医院管理学会
中国传统文化促进会
中华民族文化促进会
中国电子音响工业协会
中国互联网协会
中国国际公共关系协会
中国和平利用军工技术协会
中国同位素与辐射行业协会
中国民族建筑研究会
中国人口福利基金会
中国海关学会
中国音乐著作权协会
中国消费者协会
中国广播电视协会
中国环境新闻工作者协会
中国网球协会
中国大学生体育协会
中国测绘学会
中国海洋学会

中国花卉协会
中国旅游协会
中国执业药师协会
中国统计学会
中国同泽书画研究院
中国伊斯兰教协会
全国机关事务工作协会
中国军事科学学会
中国职工技术协会
中国青少年发展基金会
中国青年志愿者协会
中国妇女发展基金会
中国儿童少年基金会
中国华侨经济文化基金会
中国棉花协会
中国外国文学学会
中国史学会
孙冶方经济科学基金会
中国诗歌学会
中国延安精神研究会
中国水利学会
中国水利企业协会
中国珠算协会
中国食品土畜进出口商会
中国证券业协会
援助西藏发展基金会
铁路青少年发展捐助中心
爱之桥服务社
历道证券博物馆

二、地方民间组织

北京市：

北京注册会计师协会
北京市旅游行业协会
北京市律师协会
北京志愿者协会
北京市书刊发行业协会
北京市西城区什刹海研究会
北京市海淀区饮食服务行业协会
北京市大兴区庞各庄西瓜产销联合会
延庆县八达岭长城文化艺术协会
北京市石景山区金顶街社区服务者协会
北京国际城市发展研究院
北京汇佳职业学院
北京创新科技研究所
北京市丰台区 ABC 外语培训学校

天津市：

天津市自行车行业协会
天津市华夏未来少年儿童文化艺术基金会
天津市企业联合会
天津市电力学会
天津市建材业协会
天津市医药质量管理协会
天津市华夏未来少儿艺术团
天津市耀华嘉诚国际中学
天津卫协医院
天津中体体育俱乐部

河北省：

河北省铁道学会
河北省企业家协会
河北省建设监理协会
河北省体育总会
河北省民用品维修行业协会
河北省老年文化促进会
河北省医院管理学会
河北省注册会计师协会
河北省果品流通协会
河北省水利行业协会
沧州市棉花协会
承德市影视艺术家协会
廊坊市博惠中医药研究所
石家庄白求恩医学专修学院
邢台市私立英华学校
河北航天金穗技能培训学校
保定东方双语学校

山西省：

山西省建筑业协会
山西省电力行业协会
山西省梓豪股骨头坏死研究院
山西省太原市见义勇为协会
山西省长治市机动车驾驶员安全协会
山西省农业产业化协会
山西省教育家、科学家、企业家交流协会
山西省临汾市铸造业协会
山西省晋中市民间组织联合会
山西省运城育博中学
山西省大同市新火职业学校

内蒙古自治区：

内蒙古自治区品牌协会
内蒙古自治区人民教育基金会
内蒙古自治区温州商会
内蒙古杨氏国际发型美容技术学校
内蒙古自治区特种设备协会
包头市计算机公共网络安全协会
内蒙古通辽市化肥经营管理协会
呼伦贝尔市计划生育协会
赤峰市昭乌达妇女可持续发展协会
呼和浩特市室内装饰协会

辽宁省：

辽宁省家具协会
辽宁省企业联合会

辽宁省清真商业食品管理协会
沈阳市个体劳动者协会
沈阳市盖伦文化进修学校
大连稻草输出协会
大连普兰店市特种粮研究会
鞍山市工业经济联合会
抚顺市供热协会
本溪市建筑业联合会
丹东市电力行业协会
锦州市科雨教育中心
营口市耐火材料行业协会
阜新市乡镇企业协会
辽阳市保险行业协会
铁岭市道路运输行业协会
朝阳市建平县小杂粮协会
盘锦市私营企业协会
葫芦岛薇薇剑桥少儿英语学校
吉林省：
长春市见义勇为基金会
吉林省华桥外国语学院
延吉市优抚医院
吉林省银行同业协会
吉林省反邪教协会
吉林省医学会
吉林省慈善总会
吉林省体育总会
吉林省农村合作经济组织协会
延边朝鲜族自治州建筑业协会
长岭县三青山马铃薯粉条研究会
双辽市茂林永超牧业协会
长春市慈善会
黑龙江省：
黑龙江省房地产业协会
黑龙江省银行业协会
黑龙江省证券业协会
黑龙江省家用电器协会
哈尔滨新世纪计算机学院
黑龙江中乔职业技能培训学校
哈尔滨市搬家服务业协会
哈尔滨工业大学实验中学
黑龙江省农村合作经济组织协会
佳木斯博伦外国语培训学校
大庆市中药材产业协会
牡丹江市渤海文化研究会
黑龙江省地方石油协会
上海市：
上海市慈善基金会
上海市造船工程学会
上海市信息服务业行业协会
上海杉达学院
上海市房产经济学会
上海市生物医药行业协会
上海市青少年发展基金会
上海市建筑材料行业协会
上海市台湾同胞投资企业协会
上海市普陀区长寿路街道民间组织服务中心
上海卢湾区金色港湾老年公寓
上海对外经济贸易企业协会
上海计算机用户协会
上海市计划生育协会
江苏省：
江苏省电力行业协会
江苏省建筑业协会
江苏省进出口商会
江苏省质量协会
三江学院
正德职业技术学院
江苏省见义勇为基金会
南京民办二十一世纪双语学校
南京汽车运输协会
无锡市慈善会
徐州市电力行业协会
常州市交通运输协会
苏州市模具工业协会
南通市慈善会
连云港市法院离退休工作者协会
江苏省淮安军星科技学校
东台市西瓜产销协会
扬州市慈善总会
镇江市私营个体经济协会
泰兴市黄桥生猪经济协会
宿迁市红十字眼科医院
浙江省：
浙江省医学会
浙江省建筑业行业协会
浙江省保险行业协会
浙江省自行车行业协会
浙江省皮革行业协会
浙江省花卉协会
浙江省青年志愿者协会
浙江省慈善总会
浙江省农业技术推广基金会
杭州市食品工业协会
杭州市萧山区社区卫生服务爱心连锁站
宁波经济建设促进协会
宁波市教育学会
宁波华慈医院
温州市电气行业协会
苍南县建设商会
嘉兴市机械工程学会
湖州市旅游协会
新昌县轴承行业协会
金华市建筑业协会
江山市养蜂产业化协会
舟山市出口水产行业协会

天台县青梅中学
龙泉市香菇协会
安徽省：
安徽省企业联合会
安徽省汽车工业协会
安徽省电力行业协会
安徽省医学会
安徽省外商投资企业协会
安徽省粮食行业协会
安徽省种子协会
安徽省房地产业协会
中国计算机函授学院
安庆市建筑业协会
宁国市汽车维修行业协会
淮北市杜集区段园镇葡萄协会
福建省：
福建省煤炭工业协会
福建省经济社团联合会
福建省企业与企业家联合会
福建省税务学会
福建省医学会
福建华南女子职业学院
福建省运盛青年基金会
福州市港口协会
厦门市对外经贸企业协会
厦门市建筑行业协会
泉州市泉台民间交流协会
漳州市烹饪协会
龙岩市会计学会
宁德市渔业协会
莆田市集邮协会
建瓯市竹业协会
江西省：
江西省企业联合会
江西省浙江企业联合会
江西省工业经济联合会
江西省房地产业协会
江西省市政公用业协会
江西省福建商会
江西省公路学会
江西省城市金融学会
江西省医学会
江西省青少年发展基金会
蓝天职业技术学院
江西航天科技职业学院
江西服装职业技术学院
山东省：
山东出入境检验检疫协会
山东省道路运输协会
山东省拍卖行业协会
山东省银行业协会
山东石油学会
山东篮翔高级技工学校
山东英才职业技术学院
山东鲁冠戏剧影视制作中心
济南市保险行业协会
青岛市勘察设计协会
淄博市临淄区皇城镇西红柿协会
枣庄市民营企业协会
东营英华园学校
烟台市房地产开发投资企业协会
潍坊市建筑业协会
曲阜市中药材协会
泰安市企业联合会
荣成市渔业协会
莒县西瓜协会
莱芜养猪协会
沂水县畜牧养殖协会
德州市道路运输协会
滨州华海白癜风医院
菏泽市保险行业协会
聊城服装成人中等专业学校
青岛黄海家畜推广中心
潍坊市书画家联谊会
济南大家园家政服务中心
山东省企业经营管理学会
河南省：
河南省工业经济联合会
河南省民营经济维权发展促进会
河南省客家联谊会
河南省银行业协会
河南省电力行业协会
河南省建筑业协会
河南省企业形象发展协会
河南省家禽业协会
河南省工艺美术行业协会
河南省宋庆龄基金会
河南省华侨书画院
郑州市家政服务业协会
周口市慈善总会
焦作市道路运输协会
鹤壁市煤炭运输协会
南阳市宝玉石协会
义马市永乐公寓
上蔡县养猪协会
湖北省：
湖北省室内装饰协会
湖北省道路运输协会
湖北省美发美容协会
湖北省电线电缆行业协会
湖北省科学技术期刊编辑学会
湖北省医学会
湖北省银行同业公会
湖北省青少年发展基金会
湖北文达电脑培训学校
湖北武汉企业联合会
湖北武汉商业总会
湖北武汉新洲区双柳蔬菜协会
湖北长阳清江康华扶贫助学促进会
湖北襄樊市机动车驾驶员协会
湖北老河口市果蔬专业技术研究会

湖北荆门市公共关系协会
湖北孝感市消费者委员会
湖北随州市曾都区食用菌技术协会
湖南省：
湖南省电力行业协会
湖南省医学会
湖南省岳麓山大学城家政服务中心
湖南省科技咨询业协会
长沙市教育基金会
长沙市个体劳动者私营企业协会
浏阳市烟花鞭炮总会
祁东县养猪协会
湖南涉外经济职业学院
湖南省证券市场法制研究会
湖南省酒业协会
湖南省企业家协会
湘潭市保险行业协会
长沙县茶叶产业协会
麻阳苗族自治县柑桔协会
吉首市个体劳动者私营企业协会
广东省：
广东省行政管理学会
广东省医学会
广东省企业联合会
广东省服装服饰行业协会
广东省美容美发行业协会
广东省食品行业协会
广东省拍卖业协会
广东渔船船东互保协会
广东省税务学会
广东省乒乓球协会
广州注册会计师协会
深圳外商投资企业协会
深圳市家具行业协会
深圳市服装行业协会
汕头市塑胶商会
东莞市印刷业协会
从化市清丰蔬菜加工协会
梅县松口沙田柚协会
广东省见义勇为基金会
东莞市医疗救济基金会
广东白云职业技术学院
广州市田园农业科技研究中心
肇庆市科技学校
中山市华宇乐颐老院
广西壮族自治区：
广西建筑业联合会
广西电力行业协会
广西保险行业协会
广西拍卖行业协会
广西水产畜牧业协会
广西钱币学会
广西公路学会
广西水利学会
玉林市林业产业协会
北海市兰花协会
灵山县文利镇奶水牛养殖协会
广西希望高中
北京大学南宁附属实验学校
广西青少年发展基金会
海南省：
海南省医药行业协会
海南省企业家协会
海南省房地产业协会
海南省香蕉协会
海南省公路学会
琼海市长坡镇农民运销协会
儋州市军屯儿童文化学园
海南省民族发展促进会
海南省职业经理人协会
重庆市：
重庆服装(服饰)行业协会
重庆市建筑业协会
重庆市反邪教协会
重庆摩托车行业协会
重庆市福建商会
重庆市火锅协会
重庆市预防医学会
四川外语学院重庆南方翻译学院
重庆市西南机动车驾驶员培训中心
重庆市彭水王应田教育基金会
四川省：
四川“扁月亮”少儿语言表演影视培训基地
四川省教育基金会
四川海洋特种技术研究所
四川省宜宾珍稀水陆生动物研究所
绵阳金融学校
德阳城房艺术培训学校
四川省达州巨全双语学校
成都市西区医院
遂宁市建筑业协会
内江市法医学会
名山县茅河乡茶叶协会
乐山市电力行业协会
广元市药学会
富顺县辣椒协会
巴中市巴州区甘泉乡优质水果产销协会
成都市建筑装饰协会
四川咨询业协会
四川省医学会
四川省畜牧兽医学会
四川省律师协会
四川省旅游协会
四川省房地产业协会
四川省饭店与餐饮娱乐行业协会
贵州省：
贵州省城市公共交通协会

贵州省毕节地区纳雍县老凹坝乡畜牧专业经济协会

贵州省贵阳中天中医药职业学校

贵州省遵义市个体劳动者协会

贵州省六盘水市六枝特区岩脚镇冬瓜协会

贵州省安顺市建筑装饰协会

贵州省铜仁地区教育学会

贵州省黔东南州个体私营经济协会

贵州省黔西南州兴义市个体劳动者协会

贵州省化学工业协会

云南省：

云南省演讲学会

云南省食品协会

云南省烟草学会

云南省道路交通安全协会

云南省民间组织促进会

云南省昭通市昭通黑颈鹤保护志愿者协会

云南省昆明市嵩明县蔬菜协会

云南省玉溪市峨山民族电影电视评论学会

云南省农村致富技术函授大学

云南省曲靖市石林育才学校

云南省中小学幼儿教师奖励基金会

云南省延安精神研究会

西藏自治区：

西藏自治区青少年发展基金会

西藏自治区藏医药学会

西藏自治区公路学会

西藏自治区个体私营经济协会

西藏自治区登山协会

陕西省：

陕西省宋庆龄基金会

陕西省慈善协会

陕西省工业经济联合会

陕西省电子学会

西安翻译职业学院

西安市个体劳动者协会

西安星月医院

宝鸡烹饪专科培训学校

咸阳市足疗保健协会

陕西省渭南市中小企业协会

延安育英中学

铜川市耀州区王家砭奶牛专业协会

旬阳县农机汽车驾驶培训学校

甘肃省：

兰州市出租汽车行业协会

定西市渭源县五竹良种洋芋繁育协会

甘肃省天水市民间组织联合会

甘肃省酒泉市养殖业协会

平凉市果业协会

金昌市金川区双湾镇农产品营销协会

甘肃省饭店协会

甘肃省电力行业协会

甘肃省建筑业联合会

甘肃省慈善总会

兰州童鹤赡养院

甘肃省医学会

兰州铁路法学会

青海省：

青海省电力行业协会

青海省音协爱乐艺术培训学校

青海省医学会

西宁市西建中英文学校

青海省延安精神研究会

青海省海东地区建筑业协会

青海省注册税务师协会

西宁市个体劳动者协会

宁夏回族自治区：

宁夏电力行业协会

宁夏扶贫基金会

宁夏中华爱国工程联合会

宁夏东西部合作促进会

宁夏银川企业家协会

宁夏石嘴山市机动车驾驶员协会

宁夏吴忠市个体私营企业协会

宁夏固原市税务学会

宁夏中卫市城区文昌镇蔡桥村果菜协会

新疆维吾尔自治区：

新疆慈善总会

新疆医学会

新疆建筑业协会

新疆地质学会

新疆私营个体企业协会

新疆博乐市小营盘镇养鸡协会

新疆天山职业技术学院

新疆私立光华学校

新疆劳动教养职业技能培训中心

新疆生产建设兵团：

新疆生产建设兵团工程咨询协会

新疆生产建设兵团护理学会

新疆生产建设兵团农二师二十四团养猪协会

新疆生产建设兵团农四师计划生育协会

新疆生产建设兵团农五师

党建研究会

新疆生产建设兵团农八师石河子焊接学会

新疆生产建设兵团农十二师三坪家园敬老院

（刘振国）

【民间组织统计台账培训工作】 按照2004年初部长办公会议批准的民间组织统计台账培训计划，6月15日—18日、7月28日—30日，民政部财务和机关事务司与民间组织管理局在厦门和牡丹江市共同举办了两期民间组织统计台账培训班。全国各省、自治区、直辖市民政厅（局）的300多名财务统计和民间组织管理干部参加了会议。民政部财务和机关事务司宋志强司长、民间组织管理局孙伟林局长出席会议并作了讲话，刘福清副司长主持了会议。宋志强司长在讲话中强调，要充分认识民政统计工作的重要性，切实加强民间组织统计工作；加大经费投入，不断适应民政信息化建设新形势的要求；加强统计分析，为领导和有关部门的决策提供依据。孙伟林局长在讲话中强调，做好民间组织统计工作是落实科学发展观的客观要求，也是民间组织管理工作深入发展的迫切需要。要积极探索，不断改进和加强民间组织统计工作；民间组织登记管理机关要与民政财务统计部门紧密配合，上下努力，确保民间组织统计任务落实到位。

会上，财务和机关事务司何珊珊处长讲解了民政统计管理信息系统、民间组织管理局潘继生处长解释了民间组织统计台账指标、久其软件工程师介绍了民间组织统计台账操作流程。参加培训的同志经过上机操作，初步掌握了基本技能，全部通过了考试验收，培训工作达到了预期的目的。通过培训，与会同志进一步提高了对开展民间组织统计台账重要性的认识，掌握了操作技能，规范了统计指标。大家反映部里两个司局联合开展民间组织统计工作培训，充分发挥了整体效能，既明确了双方各自的职责，又密切了合作，为全面、及时、准确地做好民间组织统计台账工作奠定了良好基础。

目前，各地正在结合实际，研究贯彻培训工作精神，采取切实可行措施，认真抓好落实工作。

（董　红）

【“全国行业协会成就汇报展览会”在北京展览馆隆重开幕】 2004年12月9日，由民政部、发改委和国资委共同主办、教育部、科技部等28家全国性社会团体的业务主管单位和各省级民政厅（局）、计划单列市民政局、新疆生产建设兵团民政局协办的“全国行业协会成就汇报展览会”在北京展览馆隆重开幕，为期三天的展览会有来自全国各地的456家行业协会参加展览，围绕“展示、促进、发展、成就”的主题，全面系统地展示了改革开放以来我国广大行业协会的发展历程和经验成就，全方位、多层次的交流和探讨了新形势下行业协会的发展方向。本次展览会是贯彻国务院确定的“培育发展与监督管理并重”的民间组织工作方针和落实本年度民间组织管理的重点工作之一。

全国人大副委员长许嘉璐、蒋正华、顾秀莲、韩启德，全国政协副主席白立忱及民政部、发改委、国资委和各有关部委的领导、各地方代表团的领导专程应邀参观了展览，与会领导对我国行业协会的发展和本次展览会给予高度评价。

展览会共有33家全国性社会团体的业务主管单位和30个省市自治区、计划单列市民政厅（局）组团参展，展览总面积近2万平方米，与会观众逾3万人次，是一次规模空前的行业组织盛会。

（马　静）

【开展全国性社会团体2003年度年检工作】 2004年3月开展了自1998年《社会团体登记管理条例》颁布后的第一次全国性社会团体的年检工作，其间以民政部的名义分别发布了“关于开展2003年度全国性社会团体年度检查工作的通知”、“关于基金会不参加2003年度全国性社会团体年度检查有关问题的通知”、“关于中国延安鲁艺校友会2003年度检查不合格的公告”、“关于中国民间商会等82个全国性社会团体未参加2003年度检查的公告”。此项工作于2004年9月基本结束。至此，共参加2003年度社团年检的全国性社团1438个，占应参检社团的95%。年检工作结束后，进行了认真的总结，并写出了题为“2003年度全国性社会团体年检工作总结报告”，分析了年检工作的情况，找出工作中的不足，同时提出2005年年检工作的改进措施。由于这次年检工作从方便社团、提高工作效率出发，对年检报告书和年检的方式都做了重大的改进，同时充分利用中国民间组织网站，发布相关信息，使社团少跑路、简化手续，受到了社团的表扬和肯定。

（王　文）

【召开“全国发展农村专业经济协会会议”】 2004年9月在山东烟台召开“全国发展农村专业经济协会会议”，民政部部长李学举、副部长姜力都作了重要讲话，农业部、中国科协、供销总社、团中央、国务院研究室、中农办的有关部门的领导参加会议并讲话。会上十二个省市的代表以演示的方式做了农村专业经济协会经验的介绍。实地考察了山东莱州6个农村专业经济协会，各省市100多名代表参加了会议。会议统一思想，明确下一步工作思路，各级民政部门要继续对农村专业经济协会予以重视，切实将这一基层民间组织培育好、规范好、发展好，使其积极作用得到充分有效发挥。同时就农村专业经济协会的有关情况给中办报材料，中办作为参阅资料刊出。并到湖南、贵州、江西等地进行专项调研并写出调查报告。

（王　文）

【和世界银行合作开展“中国非营利组织适用税法研究”项目】 2004年民政部委托世界银行关于《中国非营利组织适用税法研究》项目完成。受到了社会及专家、学者的好评，课题成果已被国家税务总局在制定非营利组织税收规定中运用。

（王　文）

【与国家发改委、商务部、国资委共同调研，起草“关于促进行业协会商会改革与发展若干意见”征求意见稿】 就行业协会的有关问题与国家发改委、商务部、国资委等部门到广东、上海、深圳调研，并起草了“关于促进行业协会商会改革与发展的若干意见”初稿。

（王　文）

【配合中纪委开展制定关于社会团体反腐败源头工作思路及相关问题的研究与调研】 配合中纪委关于社会团体2004年反腐败源头工作思路，对行业协会进行摸底调查配合国务院纠风办就制止社团违规办班等问题研究和共同调研。

（王　文）

【民办非企业单位有关问题座谈会】 2004年3月、8月，民政部民间组织管理局分别在重庆、西宁召开民办非企业单位有关问题座谈会，就《民办非企业单位登记管理暂行条例》修改、民办学校登记等管理工作中的重要问题进行了研究讨论。会议对《民办非企业单位登记管理暂行条例》的修订等问题，提出了许多很好的意见和建议，部分省市登记管理机关的代表，出席了会议。民政部党组成员、部民间组织管理局局长李本公、国务院法制办政法司司长李建出席了在重庆的座谈会。

（赵　泳）

【《民办非企业单位年度检查办法》（草案）听证会】 2004年9月10日，民政部举行了《民办非企业单位年度检查办法》（草案）的立法听证。参加这次听证会的人员具有广泛的代表性，其中有民办非企业单位的代表10名，有国务院法制办、其他有关国家机关、教学科研机构的专家代表10名。听证会代表有京内的，也有京外的。参加听证会的代表紧紧围绕民办非企业单位年检应当审查的内容和年检方式与程序等问题，畅所欲言，提出了许多富有建设性的意见。

这次听证是民政部第一次举行立法听证会。它不仅使制订出台的年检办法切实可行、具有可操作性，而且彰显了民政部“开门立法”的精神。在其他法规草案的修订过程中，民政部还要举行立法听证会；这次听证会将在民政部的民主立法进程中起到良好的开拓作用。

《民办非企业单位年度检查办法》将以民政部令的形式公布。

（赵　泳）

【《民办非企业单位问题研究》出版】 为了更好地研究民办非企业单位的有关问题，进一步推进民办非企业单位的登记管理工作，民政部民间组织管理局组织有关部委的专家、部分高校与研究机构的学者以及从事民间组织登记管理工作的同志，共同研究编写了《民办非企业单位问题研究》一书。该书内容可分为三部分，一是关于公民社会、民办教育、非营利组织的价值理念、科学发展观与民间组织管理等理论文章，二是关于民办非企业单位的政策法规、管理体制、地位作用、票据使用、年检、名称问题以及社会保险等方面的研究论文和调研报告，三是地方登记管理机关对推进管理工作的思考和研究报告等，共20余篇，对于了解民办非企业单位发展和管理的规律性问题，总结实践经验，具有重要的指导作用和很强的参考价值。本书是民办非企业单位法律政策研究课题的阶段成果，有的论文获得了民政部的民政理论研究成果奖，有的论文还以不同形式报送国务院领导参阅。很多专家学者和从事管理工作的同志，都给课题成果以较高评价。本书内容详实、实用性强，是第一本专门研究民办非企业单位的论文集。

（赵　泳）

【中英民间组织评估问题研讨会】 2004年12月15日至16日，中英民间组织评估问题研讨会在北京召开。参加会议的有中英双方民间组织方面的专家学者、部分地方民政部门的管理人士、民间组织代表、国际组织和外国非政府组织代表及英国使馆的有关人士，共40余人。民政部姜力副部长发表了题为《加强国际交流推进中国民间组织评估体系建设》的书面讲话，民政部民间组织管理局孙伟林局长做了题为《做好评估体系建设 推进民间组织管理工作》的主旨演讲，中英双方的专家围绕民间组织年度检查、民间组织评估体系和机制建设等议题，做了专题演讲。会议探讨了国际社会在民间组织评估体系建设方面的困难和问题，交流了最新理论成果、做法和经验。中外专家的大会发言和3个小组会上的分组交流发言所提出的措施和建设性意见，对中国民间组织的发展和管理起到了极大的启迪作用，对促进中国民间组织健康发展、形成科学的民间组织评估体系，必将产生积极的影响。

（赵　泳）

行政区划管理

【2004年行政区划规划工作概述】 为加强行政区划调整工作的宏观指导，按照民政部领导的指示精神，2003年民政部下发了《关于加强行政区划调整的科学论证和规划工作的通知》，2004年2月，民政部又发出了《关于切实做好行政区划规划工作的通知》，从总的指导思想、主体内容到具体的文本格式、规划进度等都提出了明确的要求。2004年7月，李学举部长在全国民政工作年中分析会上的讲话中明确指出："要坚持不懈抓好行政区划规划。要坚持全面、协调、可持续的发展观，与城镇化发展紧密结合，有利于降低行政管理成本、提高行政效率、解放生产力、促进区域经济社会发展。省级层面尚未完成编制任务的要加快步伐，按时保质完成并报送部里。全国层面要认真总结建国以来特别是改革开放以来的经验，分析我国行政区划设置现状，研究存在问题，把握发展趋势，在深入调研、充分论证基础上，编制《中华人民共和国行政区划调整总体规划》。"行政区划规划工作已成为当前区划工作的重中之重。目前，经过深入调研，统筹兼顾，科学论证，集中民智，充分听取专家学者和基层群众的意见，基本完成了全国层面的行政区划规划文本初稿。多数省份已完成行政区划规划的文本草案，待省级人民政府审定后上报。

（黄　茹）

【行政区划调研工作】 为贯彻落实2004年全国民政厅

局长会议关于加强政策理论研究，围绕重点工作深入调查研究的要求，进一步加大了行政区划问题调研的力度。行政区划工作围绕如何把行政区划调整得更为科学合理，使之更有利于提高我们党的执政能力，更有利于贯彻落实科学发展观，更有利于解放和发展生产力，重点对设市模式问题、城区内部行政层次问题以及市县区规模问题等进行了专题调研，全面推进了行政区划体制创新研究和对行政区划中突出问题的专题研究。一手抓部本级调研，一手抓地方调研，取得了较显著的调研成果，形成一批有一定质量的调查研究报告。部本级调研在李学举部长和罗平飞副部长的亲自率领下，先后对广东、上海、江苏、浙江、安徽、福建、广西、四川、陕西等省(自治区、直辖市)进行了实地调研，组织召开了四次调研座谈会，总结分析了近年来全国行政区划调整的情况、经验、问题，听取了有关部门、专家学者和地方政府对行政区划工作的意见和建议，向国务院上报了《关于行政区划调整工作有关情况的报告》，撰写了《厦门市行政区划调整与体制创新的成功实践》、《珠三角城市群全面、协调、可持续发展的思考—广东省广州、深圳、惠州、东莞行政区划体制调研报告》、《撤县设市促进经济社会全面发展—陕西省县改市的调研报告》、《城市群地区行政管理体制调研报告》等调查研究报告，汇集了部机关、地方民政部门和有关专家的调研报告和论文，编印了《行政区划问题调查研究报告汇编》(分上下两册，共50多万字)，供进一步研究行政区划问题参考。

(黄　茹)

【《行政区划管理条例》起草论证】 我国现行的《国务院关于行政区划管理的规定》是1985年1月15日颁布的。从执行的情况看，该法规进一步完善了我国行政区划管理体制，对加强行政区划管理发挥了积极作用。但随着我国社会和经济的发展，特别是随着社会主义市场经济体制的建立和逐步完善，我国经济社会等各个领域都发生了深刻的变革。行政区划作为国家上层建筑重要组成部分，也出现了不少新的情况。《国务院关于行政区划管理的规定》在审批权限、审批内容、审批程序等方面的许多不完善、不适应日益显现。为进一步加强我国行政区划管理工作的法制化，真正做到依法管理，依法行政，迫切需要在总结建国以来特别是改革开放以来我国行政区划管理工作的经验教训，修订《国务院关于行政区划管理的规定》。

按照2004年的立法计划，区划地名司会同民政部法制办就《行政区划管理条例》(草案)征求了各省、自治区、直辖市民政厅和地方法制部门的意见，并赴黑龙江、广东等部分省份开展了实地调研，进行了实例解剖。同时还召开了全国人大、社科院法学所、北京大学、清华大学、国家行政学院等专家、学者参加的专家论证座谈会，听取了区划专家和法律专家的意见和建议，基本完成了《行政区划管理条例》的起草和报批工作，将提交部务会讨论审定上报。

(黄　茹)

【区划调整变更】 为贯彻国家宏观调控的精神，2004年行政区划调整变更总体上坚持了从严控制、审慎审批的方针，共计审核上报了18件行政区划调整事项，其中撤地设市1件，市辖区调整11件，政府驻地迁移4件，行政区域更名1件，其他调整1件。在这些调整事项中大中城市市辖区调整是行政区划调整的主要内容和重要事项，占调整总数的60%以上。大中城市市辖区调整重点解决了一些地方郊区包围城区、县包围市和中心城区布局不合理等突出问题。调整的城市主要集中在东中部地区，调整形式主要有四种类型：一是打破郊区包围城区格局的调整，如安徽蚌埠，江西南昌；二是解决县包围市的调整，江苏宿迁，广东韶关，广西南宁；三是解决市辖区结构划分不合理的调整，如辽宁营口，黑龙江哈尔滨，安徽淮南，云南昆明；四是解决一市一区、开发区与行政区体制不顺而增设市辖区的调整，如山东日照，河南漯河。

为保证行政区划调整变更方案的科学性，2004年进一步加大了研究论证力度，对一些重大行政区划调整事项，加强了上下沟通和协调，对少数重大敏感调整变更事项还进行了实地调研，听取多方面的意见，确保每一件区划调整变更科学合理。如对广东省韶关市、广西南宁市、云南省昆明市的区划调整，经同省民政厅及相关市的领导同志进行多次沟通磋商，最终形成了既调整优化区划结构、又减少或不增加机构编制的调整方案。调整方案批准实施后，相关地方政府认真组织落实，及时勘定了行政区域界线，保证了区划调整过程中平稳过渡，社会反响良好。

（黄　茹）

【撤并乡镇村工作】 2004年1月，中共中央、国务院下发的《关于促进农民增加收入若干政策意见》（中发[2004]1号）指出，要"进一步精简乡镇机构和财政供养人员，积极稳妥地调整乡镇建制，有条件的可实行并村"。为贯彻中央1号文件精神，2004年3月，区划地名司下发通知提出了继续做好乡镇撤并工作的意见，要求地方继续做好乡镇行政区划调整和并村工作，从实际出发进一步调整乡镇村的规模。要从有利于加强和改善农村行政管理、解放和发展农村生产力，有利于减轻农民负担、增加农民收入，有利于加快小城镇建设、改变农村面貌和促进农村现代化建设的目标出发，坚持实事求是，因地制宜，分类指导的原则，按照科学规划、合理布局、突出重点、适度调整、确保稳定的要求，对本地区乡镇村规模进行调研和评估。已经开展乡镇行政区划调整工作并已基本调整到位的地方，要认真总结经验，巩固乡镇规模调整成果，不断完善乡镇管理体制和运行机制。部分省区的乡镇规模调整是20世纪90年代初期完成的，有条件、有必要的还可以继续调整。尚未全面开展乡镇行政区划调整工作和调整尚未到位的地方，要在学习借鉴其他地方成功经验的基础上，加大工作力度，积极稳妥地推动乡镇行政区划调整工作。在条件还不完全具备的地方，可以加强试点，在日常行政区划管理工作中办理好乡镇区划调整事项。在实际工作中，对2004年撤并力度较大的省份进行了调研指导。各地认真贯彻中央1号文件精神，2004年有20个省（自治区、直辖市）不同程度地开展了撤并乡镇工作，总计撤并乡镇864个，其中撤并力度较大的有安徽（撤并101个）、广东（撤并104个）、重庆（撤并105个）、四川（撤并142个）、甘肃（撤并222个）五省（市），共撤并了674个乡镇，占撤并总数的78%。目前我国还有乡镇37426个。

（黄　茹）

【撤地设市】 2004年1月11日，经国务院批准，甘肃省撤销陇南地区和武都县，设立地级陇南市。市人民政府驻新设立的武都区城关镇。陇南市设立武都区，以原武都县的行政区域为武都区的行政区域。区人民政府驻城关镇。陇南市辖原陇南地区的成县、文县、宕昌县、康县、西和县、礼县、徽县、两当县和新设立的武都区（国函[2004]1号）。

（黄　茹）

【市辖区行政区划调整】 2004年1月8日，经国务院批准，辽宁省调整营口市部分行政区划，将县级盖州市的熊岳镇、芦屯镇、红旗镇划归营口市鲅鱼圈区管辖（国函[2004]2号）。

2004年1月10日，经国务院批准，安徽省调整蚌埠市部分行政区划（国函[2004]4号）。蚌埠市东市区更名为龙子湖区，中市区更名为蚌山区，西市区更名为禹会区，郊区更名为淮上区；调整蚌埠市龙子湖区、蚌山区、禹会区、淮上区的行政区划。市人民政府驻蚌山区东海大道；龙子湖区辖原东市区的东风、治淮、东升、解放和曹山5个街道；原中市区的延安街道；原郊区的李楼乡、长淮卫镇，雪华乡的曹彭、仇岗、孙郢、山南4个村。区人民政府驻解放路；蚌山区辖原中市区的天桥、青年、纬二路、胜利和黄庄5个街道；原东市区的宏业村、龙湖新村2个街道及烟墩村；原西市区朝阳街道的新建、东方红2个居委会，钓鱼台街道的友谊、雅郢2个居委会和施徐村；原郊区的燕山乡，雪华乡的邱桥、纪郭、沈圩3个村，长青乡的陶店、金圩2个村，秦集镇的仲集村。区人民政府驻南山路；禹会区辖原西市区的大庆、张公山、纬四3个街道，朝阳街道的红旗里、平安里、新风、创新、新村5个居委会，钓鱼台街道的继红、钓鱼台、安平、燕山路、迎河桥5个居委会；原郊区长青乡的许庄、九龙、山香、黄山、王岗、石巷6个村，秦集镇的秦集、九塘、河北、东周、姜顾、花郢、西朱、禹会、大徐、高埂、前郢、冯东、冯西、宗洼、草寺、大孔、老贯徐、三尖塘、彭巷、仁和、枣林、周蔡、杭刘、广德24个村。区人民政府驻红旗一路；淮上区辖原郊区的小蚌埠镇、吴小街镇，原中市区的淮滨街道，原属怀远县的梅桥乡，原属固镇县的曹老集镇。区人民政府驻小蚌埠镇。

2004年1月15日，经国务院批准，江苏省调整宿迁市部分行政区划（国函[2004]6号）。撤销宿豫县，设立宿迁市宿豫区。宿豫区辖原宿豫县的顺河、皂河、大兴、来龙、蔡集、王官集、黄墩、晓店、陆集、仰化、丁咀、关庙、新庄、侍岭14个镇和曹集、保安2个乡以及宿城区的井头乡。区人民政府驻顺河镇；将原宿豫县的耿车镇、埠子镇、洋北镇、龙河镇、罗圩乡、南蔡乡、三棵树乡和泗阳县的洋河镇、郑楼镇、中扬镇、仓集镇、屠园乡以及泗洪县的陈集镇划归宿城区管辖。调整后，宿城区辖幸福、项里、河滨、古城4个街道和双庄、耿车、埠子、洋北、龙河、洋河、郑楼、中扬、仓集、陈集10个镇以及罗圩、南蔡、三棵树、屠园4个乡。区人民政府驻中山路。

2004年2月4日，经国务院批准，黑龙江省调整哈尔滨市部分行政区划 国函[2004]10号）。撤销哈尔滨市太平区，将其行政区域划归哈尔滨市道外区管辖。道外区人民政府驻北十四道街；哈尔滨市设立松北区，辖原属道外区的松北、松浦、万宝3个镇，太阳岛、三电2个街道以及原属呼兰县的乐业、对青山2个镇。松北区人民政府驻松北镇松北一路；撤销呼兰县，设立哈尔滨市呼兰区，以原呼兰县的行政区域（不含乐业、对青山2个镇）为呼兰区的行政区域。区人民政府驻呼兰镇南京路。

2004年5月29日，经国务院批准，安徽省调整淮南市和长丰县部分行政区划（国函[2004]39号）。将长丰县的孔店乡划归淮南市大通区管辖，史院乡、三和乡、曹庵镇划归淮南市田家庵区管辖，孙庙乡、孤堆回族乡、杨公镇划归淮南市谢家集区管辖。

2004年5月29日，经国务院批准，广东省调整韶关市部分行政区划（国函[2004]40号）。撤销韶关市北江区、曲江县，设立韶关市曲江区，调整韶关市浈江区、武江区和仁化县的行政区划；将原北江区的行政区域和原曲江县的花坪镇、犁市镇划归浈江区管辖；将原曲江县的重阳镇、龙归镇、江湾镇划归武江区管辖；将原曲江县的黄坑镇、周田镇、大桥镇划归仁化县管辖；曲江区辖原曲江县的马坝镇、罗坑镇、樟市镇、大坑口镇、乌石镇、沙溪镇、大塘镇、小坑镇、枫湾镇、白土镇，区人民政府驻马坝镇。

2004年6月3日，经国务院批准，云南省调整昆明市五华区、盘龙区、官渡区、西山区的行政区划（国函[2004]42号）。五华区辖北门、虹山、西站、华山、武成、西坝、大观、崇仁、莲华、新村、长春、小南、南强、黑林铺14个街道和厂口乡、沙朗白族乡；盘龙区辖环城、珠玑、东华、董家湾、拓东、联盟、茨坝、龙泉8个街道和小河、双龙、双哨3个乡；官渡区辖关上、金马、东站、太和4个街道，大板桥、小板桥、官渡3个镇，小哨、矣六、六甲3个乡和阿拉彝族乡；西山区辖棕树营、马街、金碧、土桥、永昌、福海、前卫7个街道，碧鸡、海口2个镇，团结彝族白族乡、谷律彝族白族乡。

2004年9月7日，经国务院批准，河南省调整漯河市部分行政区划（国函[2004]69号）。撤销郾城县，设立漯河市郾城区、召陵区；将原郾城县的城关镇、孟庙镇、商桥镇、裴城镇、新店镇、龙城镇、黑龙潭乡、李集乡和源汇区的孙庄乡划归郾城区管辖，郾城区人民政府驻海河路；将原郾城县的老窝镇、召陵镇、万金镇、邓襄镇、姬石乡、青年村乡和源汇区的天桥街街道、翟庄乡、后谢乡划归召陵区管辖，召陵区人民政府驻人民东路；将原郾城县的大刘镇、阴阳赵乡、问十乡、空冢郭乡划归源汇区管辖，源汇区人民政府驻老街。

2004年9月7日，经国务院批准，江西省调整南昌市部分行政区划（国函[2004]70

号)。将西湖区朝阳洲街道的西船居委会,青山湖区塘山镇的永和、公园、贤湖、永溪、长巷、七里6个村划归东湖区管辖;将青山湖区的桃花镇和湖坊镇的同盟村划归西湖区管辖;将西湖区十字街街道的谷市街、洪城路、南关口、九四、新丰5个居委会,上海路街道的草珊瑚集团、南昌肠衣厂、电子计算机厂、江西涤纶厂、江地基础公司、曙光、商标彩印厂、南昌市染整厂、江南蓄电池厂、四机床厂、二进、国乐新村12个居委会,南站街道的解放西路东居委会,青山湖区湖坊镇的塄上、太和、热心3个村划归青云谱区管辖;将东湖区彭家桥街道的187、高新、南大北院、青山湖、谢家村、星光、上坊路、江大南路、南大南院、南昌水专、北京东路11个居委会,青山路街道的潘坊、电化、塘山北、塘山南、纺园一、纺园二、纺园三7个居委会,西湖区上海路街道的轻化所、洪钢、省人民检察院、电信城东分局、安康、省机械施工公司、省水利设计院、省安装公司、南方电动工具厂、江西橡胶厂、上海路北、南昌电池厂、东华计量所、南昌搪瓷厂、上海路新村、华安针织总厂、江西五金厂、三波电机厂、水文地质大队、二六〇厂、省卫生学校、新世纪、上海路住宅区北、塔子桥北、南航、上海路住宅区南、沿河、南昌阀门厂28个居委会,西湖区丁公路街道的新魏路、半边街、师大南路、顺化门、岔道口东路、师大、广电厅、手表厂、鸿顺9个居委会,南站街道的工人新村北、工人新村南、商苑、洪都中大道、铁路第三、铁路第四、铁路第六7个居委会划归青山湖区管辖;调整后,东湖区辖董家窑、大院、公园、百花洲、墩子塘、豫章、八一桥、滕王阁、沙井、青山路、彭家桥11个街道,区人民政府驻叠山路;西湖区辖绳金塔、桃源、朝阳洲、广润门、南浦、西湖、系马桩、十字街、丁公路、南站10个街道和桃花镇,区人民政府驻孺子路;青云谱区辖三家店、洪都、京山、徐家坊、岱山5个街道和青云谱镇,区人民政府驻井冈山大道;青山湖区辖湖坊、京东、罗家、塘山、蛟桥5个镇和上海路街道、扬子洲乡,区人民政府驻南京东路。

2004年9月9日,经国务院批准,山东省设立日照市岚山区(国函[2004]71号)。将日照市东港区的岚山头、安东卫2个街道和虎山、碑廓、黄墩、后村、高兴、巨峰6个镇划归岚山区管辖。岚山区人民政府驻岚山路。

2004年9月11日,经国务院批准,辽宁省调整大连市长海县和庄河市部分行政区划(国函[2004]72号),将长海县的石城乡和王家镇划归庄河市管辖。

2004年9月15日,经国务院批准,广西壮族自治区调整南宁市部分行政区划(国函[2004]79号)。撤销南宁市城北区、永新区和邕宁县,设立南宁市西乡塘区、良庆区、邕宁区;将原邕宁县的四塘、五塘、昆仑3个镇划归兴宁区管辖,兴宁区人民政府驻厢竹大道;新城区更名为青秀区,将原邕宁县的长塘、伶俐、刘圩、南阳4个镇和蒲庙镇的莫村划归青秀区管辖,青秀区人民政府驻仙葫大道;将原邕宁县的吴圩、苏圩、延安3个镇和原永新区江西镇的同新、同华、锦江、安平、同良、同宁、同江、那廊、智信、扬美10个村划归江南区管辖,江南区人民政府驻壮锦大道;将原永新区和城北区(不含原永新区江西镇的同新等10个村)划归西乡塘区管辖,西乡塘区人民政府驻大学路;将原邕宁县的良庆、那马、那陈、大塘、南晓5个镇划归良庆区管辖,良庆区人民政府驻良庆镇;将原邕宁县的蒲庙(不含莫村)、新江、那楼、镇龙、百济、中和6个乡镇划归邕宁区管辖,邕宁区人民政府驻蒲庙镇。

(黄　茹)

【政府驻地迁移】　2004年1月5日,经国务院批准,泸水县人民政府驻地由鲁掌镇迁至六库镇(民函[2004]1号)。

2004年1月19日,经国务院批准,衡南县人民政府驻地由衡阳市石鼓区中山北路迁至衡南县云集镇(民函[2004]11号)。

2004年8月13日,经国务院批准,湖南省人民政府驻地由长沙市芙蓉区五一中路迁移至长沙市天心区湘府路(国函[2004]63号)。

2004年9月23日,经国务院批准,哈尔滨市人民政府驻地由道里区石头道街迁至松北区世纪大道（国函[2004]80号）。

（黄　茹）

【中华人民共和国行政区划图集】　2003年9月，民政部区划地名司与国家测绘局国土测绘司、中国地图出版社协商，决定联合组织编制《中华人民共和国行政区划图集》(以下简称《图集》)。

《图集》为大8开本，由序图、分省政区图、附录三大部分组成。序图包括中国的地理位置、中国地势、中国政区、中国政区沿革、中国民族自治地方、中国建制市分布等专题地图；分省政区图是《图集》的主体，以省级行政区域为单元，反映我国行政区划的现状。每一单元包括省级政区图、省会城市辖区图、部分地级城市辖区图及介绍省级行政区域的概况、政区沿革等的文字说明；附录包括政区地名索引、全国政区名称生僻用字及地方读音等。民政部区划地名司负责组织协调《图集》中各行政区域文字说明、附录、行政区域界线及乡镇级以上地名的审定。国家测绘局国土测绘司负责编制《图集》所需的基础测绘资料的提供、技术协调和公开出版地图上国界及地图各要素的审核。中国地图出版社负责编制《图集》总体设计书，及各种编图资料的分析和处理，图集的编辑设计、制作、内容的审定、报审、印刷出版等工作。

在《图集》编制过程中，充分利用了全国行政区划、勘界、地名普查、政区名称用字读音审定、各省(自治区、直辖市)新编行政区划图等成果以及国家基础测绘资料、已有的地图数据资料等相关基础资料。至2004年底，已完成了《图集》样图的编制工作。《图集》计划于2005年6月出版。

《中华人民共和国行政区划图集》是我国有史以来第一部标准的行政区划专题图集，是全国行政区划、地名和勘界管理工作成果的体现。《图集》的出版，将满足行政管理、经济建设、社会发展和国际交往的需要。

（胡小勇）

地名管理

【2004年地名工作概述】　2004年，是地名工作任务比较繁重的一年，历时五年的全国城市设标工作面临收尾，四级地名数据库建设工作要全面启动，《地名管理条例》的修订步伐必须加快等；同时，2004年又是地名工作有所突破的一年，在经历了整整13年后，全国地名工作会议终于在山东省济南市召开，会议对过去13年地名工作进行了认真总结，明确今后一个时期地名工作指导思想和主要任务，辽宁省地名信息电话咨询系统的开通，标志着我国地名信息化建设和服务水平已经迈出了坚实的卓有成效的一步，继全国城市设标工作之后，我们又在设置政区地名标志方面进行了有益的探索。2004年年度，地名工作是卓有成效的。

（陈德彧）

【全国地名工作会议】　2004年4月9－11日，全国地名工作会议在山东省济南市召开，各省、自治区、直辖市主管民政厅(局)长和区划管理处长参加了会议，民政部副部长罗平飞在会上发表了重要讲话。会议总结了在过去十三年在全国地名系统广大干部职工的共同努力下地名工作所取得的巨大成绩，指出了当前地名工作所面临的主要困难和亟须解决的主要问题，指出今后一个时期地名工作的指导方针是“坚持全面、协调、可持续的科学发展观，以人为本，立足服务，强化规划，规范管理，不断提高地名工作法制化、规范化、标准化、信息化水平，逐步建立健全完善规范的地名管理服务体系”。会议要求，各级民政部门要提高对地名工作的思想认识，强化组织领导，以求真务实的态度，正确对待地名工作存在的一些与新形势不相适应的法制建设滞后、管理体制不畅、经费人员匮乏、宣传教育力度不够等实际问题，抓住城镇化快速推进给地名工作带来的新机遇，积极应对信息化、全球化对传统地名管理模式的冲击，正确把握地名工作的内在规律，解放思想，开拓创新，高举服务大旗，扎实工作，积极进取，全力推动地名工作发展。

全国地名工作会议以后，各省区民政厅对如何贯彻会议精神十分重视。河北、山西、内蒙古、辽宁、浙江、江西、河南、湖北、广西、海南、贵州、云南、甘肃、青海等14个省区专门召开会议，贯彻落实全国地名工作会议精神。湖南、山东、陕西、宁夏、新疆5省区分别以举办培训班、召开座谈会名义将全国地名工作会议精神进行传达贯彻。其他省区也以民政厅名义将全国地名工作会议文件转发下去。需要特别指出的是，西北部分省区借贯彻全国地名会议精神之机，先后出台了一些加强地名工作管理的政策法规，如甘肃省民政厅以甘肃省人民政府办公厅名义下发了“关于实施甘肃省地名管理办法意见的通知”，青海省民政厅以省政府办公厅名义出台了“关于使用标准地名使用证的通知”，宁夏民政厅出台了《宁夏回族自治区城市建筑物名称管理暂行规定》、《宁夏回族自治区楼门牌管理暂行规定》。全国地名工作会议以后，各地地名工作出现了少有的新气象，以往被动的工作局面有了一定改变。

（陈德彧）

【全国城市设标工作】 2004年是全国城市设置标准地名标志工作的最后一年。为确保如期完成任务，在年初召开的全国地名工作会议上，罗平飞副部长亲自做了动员报告，戴均良司长就如何如期完成城市设标工作做了具体安排。6—8月，区划地名司先后派出4个工作组，由司领导带队分赴城市设标工作进展较为缓慢的省份现场督促指导。区划地名司还通过定期统计和通报各地城市设标进展情况，激励推动全国城市设标工作。截止到2004年年底，全国661个设市城市中，95%以上完成了设标任务。山西、内蒙古、辽宁、浙江、安徽、福建、湖北、湖南、云南、贵州、新疆等省区还对全省（区）城市地名标志设置情况进行了检查验收。各地在积极推进城市设标工作的同时，浙江、吉林、山西、内蒙古等省区结合本地实际，开展了县政府所在地城镇设标工作。

（陈德彧）

【地名数据库建设】 建立地名数据库，加快地名信息化建设对于实现地名工作与国际接轨，服务经济、服务社会、服务群众将发挥重要作用。2003年民政部部署了建立国家、省、市、县四级地名数据库的任务，在2004年年中民政厅局长会议上，李学举部长把地名数据库建设作为民政部五个重点信息化工程之一。为落实部里要求，推进地名数据建设，区划地名司加大了督促指导力度，民政部地名研究所也加强了技术指导。目前全国各地数据库建库工作在绝大多数省区已经逐步启动，其中北京、天津、上海、山东、贵州、浙江、山西、河北等省市三级地名数据库已基本建立。但由于受经费、人员等因素的制约，还有部分省区三级地名数据库建设工作还没有启动。

各地在进行数据库建设的同时，积极开发地名信息化服务产品。辽宁、江苏率先在全省开通了地名信息电话咨询系统，天津、辽宁、湖南、江苏、浙江等省（市）先后建立了全省或省会城市地名网站，有的城市还在市区繁华地段设立了地名信息查询触摸屏。这些地名信息化服务项目产生了良好的社会效益，得到了城市居民的充分肯定，成为地名工作服务社会、服务群众的一个新的亮点。

（陈德彧）

【《地名管理条例》修订工作】 修订《地名管理条例》是2004年区划地名司工作的重点。在2003年完成的《地名管理条例》修订稿的基础上，2004年4月在全国地名工作会议上，就修订《地名管理条例》进行了专题讨论。9月中旬，区划地名司又与民政部法制办一道在新疆召开座谈会，再次就《地名管理条例》（征求意见稿）进行了座谈，国务院法制办派员进行了指导。根据各地所提的修改意见，司里多次召开司务会议，专题研究讨论《地名管理条例》修订问题，先后数易其稿，10月8日正式上报民政部法制办。民政部法制办对《地名管理条例》的修订工作十分重视，指派专人负责。在民政部法制办的协助下，12月就《地名管理条例》（修订草案）分别征求了外交部、国家民委、教育部、公安部、国土资源部、建设部、铁道部、交通部、信息产业部、水利部、国家工商行政管理总局、中国民用航空总局、国家旅游局、国家海洋局等有关部委的意见，并召开了专家座谈会。我们将在充分吸收有关部委和专家学者的意见基础上，进一步完善《地名管理条例》（修订草案），争取尽快提交部长办公会讨论，及早上报国务院法制办。

（陈德彧）

【政区名称命名更名】 2004年，我们先后对国务院转来的10件政区名称命名更名申请进行了论证审核，其中附属于区划调整的8件，单纯政区更名的有2件。对附属于强化调整的8件更名，我们经慎重研究提出了审核意见。对单纯政区更名的甘肃省天水市秦城区、北道区更名为秦州区、麦积区和四川省屏山县更名为向家坝县的申请，我们会同中国行政区划与地名学会一道组织有关专家进行充分论证，论证结论是建议同意甘肃省天水市市辖区更名申请。

2004年9月30日，经国务院批准，将天水市秦城区更名为秦州区、北道区更名为麦积区。

（陈德彧）

【城镇建筑物名称管理工作】 2004年5月19日，国务院审改办将城镇建筑物名称审核和生产标准地名标志产品的企业资质认定作为行政审批项目予以取消。此举在地方地名管理部门引起一定波动。建筑物名称尤其是大型建筑物名称要不要管、如何管，全国城市标准地名标志设置还要不要执行GB17733.1－1999《地名标牌城乡》国家标准，方方面面的疑问和质询纷至沓来。民政部在认真分析国务院审改办文件下发后对整个地名工作所产生的影响、充分听取各方意见的基础上，就如何正确贯彻落实国务院审改办文件精神，确保地名管理工作稳妥有序进行问题，先后以民政部办公厅名义下发了《关于城镇建筑物名称管理有关问题的复函》和《关于加强地名标志产品质量监督管理的通知》。民政部办公厅《关于城镇建筑物名称管理有关问题的复函》强调，对具有地名意义的城镇建筑物名称管理，依然是各级地名主管部门的重要业务之一，各地可根据自己的实际情况，探索新的对城镇建筑物名称的管理办法；同时明确指出住宅小区名称属于国务院《地名管理条例》中规定的“居民地”名称，不属于此次行政审批取消项目之列，可以继续进行审批。民政部办公厅《关于加强地名标志产品质量监督管理的通知》指出，取消《生产资质证书》并不意味着可以放松对地名标牌生产质量的监督与管理，强调各级地名行政主管部门要一如既往地重视地名标志产品质量，把地名标志产品质量放在城市设标工作的首要位置，积极采取切实有效措施，加强对地名标志产品质量的管理和监督，确保各类地名标志产品质量都能达到GB17733.1－1999《地名标牌城乡》强制性国家标准的有关技术要求，真正把设标工作做成利国利民的民心工程。这些文件的出台，为各地加强对城镇建筑物名称和全国城市设标工作的管理提供了政策依据。

（陈德彧）

【地名宣传工作】 2004年地名宣传工作出现了可喜的变化，有了长足的进步。中央电视台新闻频道、中央电视台一套、二套、四套节目先后近10次宣传地名工作，有专题采访、有新闻报道。上海东方卫视、山东电视台、济南电视台、辽宁电视台、沈阳电视台、重庆电视台，湖南电视台、长沙电视台也多次围绕全国城市地名设标、开通地名信息咨询系统、政区地名设标等方面进行深入细致的报道。新华社和中国社会报多次以会议新闻、专访、长篇报道等形式，对地名工作进行宣传报道，中国社会报还专门开辟了“地名·地理”栏目，对地名工作做深入细致的宣传报道。中央电视台、新华社、中国社会报等各大主流媒体对地名工作的关注和报道，在社会上引起的反响较为强烈，地名工作被关注和重视的程度有了一定的增强，地名工作的外部环境有了一定的改善。

（陈德彧）

行政区域界线管理

【全国勘界和界线管理工作电视电话会议】 为全面总结勘界工作取得的成绩，表彰全国勘界工作先进集体和先进个人，贯彻《行政区域界线管理条例》，部署行政区域界线管理工作，2004 年 5 月 18 日下午，国务院召开全国勘界和界线管理工作电视电话会议。中共中央政治局委员、国务院副总理回良玉出席会议并作重要讲话。回良玉充分肯定了全面勘界的巨大成就和重大意义，深刻阐述了加强行政区域界线管理的重要性和紧迫性，进一步明确贯彻国务院《行政区域界线管理条例》、加强界线管理的目标、任务和要求，代表国务院向受到表彰的全国勘界工作先进集体和个人表示热烈祝贺，向辛勤工作的广大勘界工作者致以亲切问候。

全国勘界工作历时 14 年，勘定省界 6.2 万多公里，县界 41.6 万多公里，完成了全国省、县两级陆地行政区域界线勘定任务。回良玉说，我国行政区划具有悠久的历史，但全面勘界在我国行政区划管理史上还是第一次。通过这次全面勘界，解决了一大批老大难边界争议问题，消除了引发新的边界争议的隐患，维护了边界地区群众的切身利益，促进了改革发展稳定的大局，功在当代，利在千秋。回良玉指出，做好界线管理工作，事关勘界成果的巩固，事关边界地区的社会稳定和民族团结，事关边界地区的经济发展和社会进步。各地区、各有关部门要以“三个代表”重要思想统领界线管理工作，克服重勘界、轻管理的思想，切实加强领导，团结协作，开拓创新，扎实推进。回良玉强调，各地区、各有关部门要全面贯彻实施《行政区域界线管理条例》，坚持依法治界，遵循实事求是、顾全大局、互谅互让的原则，切实维护法定行政区域界线的严肃性、稳定性，努力实现界线管理工作的法制化、规范化和科学化。要把开展界线联合检查、消除边界争议隐患作为当前界线管理的重点，开展界线管理信息化建设，推动界线管理工作上水平、上台阶，为边界地区群众的生产生活创造一个安定的社会环境，促进边界地区经济社会的全面、协调、可持续发展。

民政部部长李学举代表国务院勘界工作联席会议向大会作了勘界工作报告，人事部副部长尹蔚民代表人事部、民政部宣读了表彰全国勘界工作先进集体和给予个人记一等功奖励的决定。会议由国务院副秘书长张勇主持。国务院办公厅、科技部、国家民委、公安部、监察部、民政部、财政部、人事部、国土资源部、水利部、农业部、林业局、海洋局、测绘局等单位的负责人及勘界工作联络员，北京市政府分管勘界工作的副市长及有关部门的负责人，中央国家机关和北京市的全国勘界工作先进集体和先进个人在国务院主会场参加会议。各省（自治区、直辖市）人民政府分管勘界工作的副省长（副主席、副市长）、副秘书长，民政厅（局）、勘界办公室及相关部门负责人，各市（地、州、盟）人民政府分管勘界工作的负责人及勘界办公室负责人，以及全国勘界工作先进集体和先进个人在各自分会场参加会议。

全国勘界和界线管理工作电视电话会议的成功召开，极大地推动了全面勘界以后的界线管理工作，标志着我国行政区域界线管理工作由全面勘界进入了依法治界的新阶段。2004 年 5 月 25 日，民政部下发《关于深入贯彻全国勘界和界线管理工作电视电话会议精神，切实加强行政区域界线管理工作的通知》（民函[2004]115 号），要求从践行“三个代表”重要思想的高度，认真传达贯彻好会议精神；各级民政部门要切实履行职责，发挥好职能部门作用；坚持依法治界，扎实推进界线管理工作。

（陈克相）

【行政区域界线联合检查】 行政区域界线联合检查，简称“联检”，是指毗邻方人民政府联合组织对已勘定的行政区域界线实地管理情况进行检查，并对发现问题予以解决的过程。由毗邻的县级以上地方人民政府对已勘定的行政区域界线每五年联合检查一次，是国务院《行政区域界线管理条例》的要求，是巩固勘界成果，解决边界矛盾，维护行政区域界线附近地区稳定的重要措施，也是行政区域界线管理的重要日常工作。我国省、县两级界线联检工作于2003年正式开展。根据《关于开展省级行政区域界线联合检查，加强行政区域界线管理工作的通知》（民勘办发［2003］5号）和《关于做好2004年行政区域界线联检工作有关问题的通知》以及各省（自治区、直辖市）内界线联检工作安排，2004年，全国开展了蒙辽、沪苏、沪浙、皖豫、鄂渝、湘黔、粤桂、渝陕、川黔、滇藏、藏新等11条省级界线和1650余条县级界线联检工作。3月底前，11条省级联检界线的双方民政厅（局）联合向民政部上报了联检实施方案；11月底前，各地完成了省界联检外业检查和资料整理工作；至2005年1月中旬，除皖豫线、鄂渝线外，其他9条省级联检界线涉及的省级人民政府联合向国务院报送了联检工作情况报告。据不完全统计，2004年度共检查省级界线8484.49公里、界桩267颗，发现问题并修复界桩34颗，解决纠纷3起。截至2004年底，全国68条省级界线、6400多条县级界线已经有33条省级界线和2700多条县级界线开展了联检。全国第一轮省、县两级界线联检工作将于2007年完成。

（陈克相）

【《行政区域界线管理条例》贯彻执行情况专项检查】 2002年7月1日，国务院《行政区域界线管理条例》开始实施，标志着我国行政区域界线管理工作的重点由全面勘界转向依法管界。为进一步抓好条例的贯彻落实工作，切实解决当前行政区域界线管理工作中存在的突出问题，2004年3月3日，民政部下发了《关于开展〈行政区域界线管理条例〉贯彻执行情况专项检查的通知》（民函［2004］44号），决定在条例实施两周年之际，对各地贯彻执行条例的情况进行专项检查。整个专项检查工作分三个阶段进行。第一阶段为地方自查整改阶段。3月至6月，各省（自治区、直辖市）民政厅（局）组织自查整改。自查整改结束后，各省（自治区、直辖市）民政厅（局）向民政部上报了自查整改报告。第二阶段为抽查阶段。7月底至8月初，民政部派出四个检查组，对吉林、黑龙江、福建、四川、贵州、云南等6个省贯彻执行条例情况进行了抽查。第三阶段为总结阶段。10月12日，民政部全国勘界工作办公室在广西南宁召开贯彻条例情况座谈会，通报了条例专项检查情况。与会代表座谈了当前行政区域界线管理工作中存在的问题以及下一步加强和改进行政区域界线管理工作的意见；12月初，民政部办公厅向国务院办公厅报送了《当前边界纠纷情况、原因分析及对策》信息；2005年1月12日，民政部向国务院上报了《关于行政区域界线管理工作情况的报告》（民发［2005］2号），汇报了行政区域界线管理工作现状，反映了行政区域界线管理工作中存在的主要问题，提出了关于加强行政区域界线管理工作的意见。从条例专项检查情况看，各地深入开展了形式多样的学习宣传条例活动，逐步公布了法定的行政区域界线，努力推进行政区域界线管理信息化和勘界档案管理的规范化，初步探索建立了界线管理的长效机制，有效开展了一系列行政区域界线管理活动。条例的宣传贯彻工作总体上是好的，界线管理工作开始逐步进入了法制化、规范化轨道。

（陈克相）

【贯彻《行政区域界线管理条例》情况座谈会】 为深入贯彻国务院全国勘界和界线管理工作电视电话会议精神，检查《行政区域界线管理条例》贯彻执行情况，10月12日，民政部全国勘界工作办公室在广西南宁主持召开贯彻《行政区域界线管理条例》情况座谈会。会议听取了有关省（自治区、直辖市）关于贯彻执行条例的情况介绍，与会代表座谈了当前行政区域界线管理工作中存在的主要问题以及下一步加强和改进管理工作的意见。民政部全国勘界工作办公室主任、副部长罗平飞出席会议并作重要讲话，全国勘界工作办公室副主任、区划地名司司长戴均良主持会议并作了总结讲话。来自天津、河北、内蒙古、吉林、上海、江苏、福建、江西、湖北、广西、西藏、甘肃等12个省(自治区、直辖市)民政厅(局)主管行政区域界线管理工作的厅长、处长参加了会议。

罗平飞副部长在座谈会上作了重要讲话，从维护稳定、坚持科学发展观的高度论述了加强行政区域界线管理工作的重要性和紧迫性，从建设法制国家的高度强调了界线管理工作中建章立制的重要意义，从加强党的执政能力的高度要求各级界线管理部分和广大界线管理工作者要提高管界的水平和能力，从客观形势对界线管理的要求出发，明确了今后一个时期界线管理工作的目标任务和具体思路。根据罗部长讲话精神，会议认为，当前和今后一个时期界线管理工作的总体思路和根本要求是：以邓小平理论、“三个代表”重要思想为指导，深入学习贯彻党的十六大和十六届三中、四中全会精神，坚持科学发展观，全面履行《行政区域界线管理条例》规定的职责，扎实完成全国勘界和界线管理电视电话会议安排部署的任务，夯实基础，建章立制，依法治界，规范管理，切实维护法定界线的严肃性、稳定性，不断提高界线管理工作的法制化、规范化和科学化水平，维护边界地区稳定，促进边界地区全面协调可持续发展。当前在界线管理方面要重点把握和抓好以下几个方面的工作，一是要进一步争取党政领导的重视和支持，逐步解决行政区域界线管理工作的人财物问题。二是要进一步加大宣传工作力度，让全社会都了解全面勘定行政区域界线的意义。三是要建章立制，依法治界，不断提高行政区域界线管理的规范化法制化水平。四是要突出工作重点，按期完成制图、联检等硬任务。五是要及时妥善处理纠纷，维护行政区域界线附近地区的稳定。

(陈克相)

【省级行政区域界线联合检查实施办法(试行)】 开展行政区域界线联合检查是全面勘界后行政区域界线管理的重要日常工作。为了加强对行政区域界线联合检查工作的管理，根据《行政区域界线管理条例》的有关规定，民政部全国勘界工作办公室于2004年4月制定印发了《省级行政区域界线联合检查实施办法(试行)》，要求各地在行政区域界线联合检查中遵照执行。

《省级行政区域界线联合检查实施办法(试行)》共5章25条。第一章总则，主要从制定本办法的依据和目的、联检工作的定义、联检工作的主要内容、联检工作应坚持的原则、联检工作的主要依据、联检工作的周期和联检工作的部署、领导、实施部门等方面做出了规定。第二章联检准备，主要从成立联检领导机构、制定联检工作实施方案、部署联检工作任务等方面做出了规定。第三章联合检查，主要从联检工作中法定行政区域界线及各级政府管理行政区域界线的职责的宣传和落实、界桩的检查和维护、界桩变动后如何处理、行政区域界线其他标志物的检查及变化后的处理、单方设立的界线标志的处理、越界开发建设或从事生产经营活动的处理、行政区域界线变更及变更后应履行的手续等方面做出了规定。第四章资料整理与成果上报，主要从资料整理与成果上报的组织、界桩检查结果的整理、调整界线协议书、联检工作报告、联检工作档案等方面做出了规定。第五章附则，对县级行政区域界线联检实施办法的制定、办法的解释权、施行日期等方面做出了规定。

《省级行政区域界线联合检查实施办法(试行)》的发布实施，对贯彻《行政区域界线管理条例》，加强行政区域界线联检工作的管理，规范联检工作内容、程序和成果，发挥了重要作用，使行政区域界线联合检查工作逐步走上制度化和规范化的轨道。

(尹庆月)

【行政区域界线信息管理系统】 省级行政区域界线信息管理系统是运用计算机技术，实现行政区域界线勘界成果的数字化管理，通过网络化运作，满足日常省级行政区域界线管理和辅助决策的需要，并为相关政府部门和单位提供便捷的行政区域界线信息服务。

2004年，省级行政区域界线信息管理系统经过进一步完善和修改，正式投入运行，在行政区域界线管理和开发利用勘界成果中发挥了重要作用。一是完成了2003年省级行政区域界线联合检查等界线管理文档的上载和信息处理工作，及时充实更新了系统数据库，实现了行政区域界线管理工作的信息化。二是综合利用系统查询、浏览、分析、输出等功能，满足了日常行政区域界线管理工作的需要，提高了工作效率。三是利用系统数据完成《1∶100万中华人民共和国省级行政区域界线标准画法图集》、《1∶400万中华人民共和国省级行政区域界线标准画法图》和电子地图的编制工作。四是利用系统向省级民政部门提供省界勘界数字化成果，协助建立县级行政区域界线信息管理系统，为各级政府和有关部门实施有效行政管理、进行科学宏观决策和社会公益事业提供服务。五是利用系统数据向国土资源部、国家测绘局、中国地图出版社等有关部门和单位提供省级行政区域界线数据，协助开展省级行政区域界线附近地区的资源管理工作、更新国家基础地理信息数据库中的省界要素、编制出版反映法定行政区域界线的各类地图等。推进了勘界成果信息资源社会共享，使勘界成果在其他行业中发挥了应有的作用，从而进一步巩固了勘界成果，维护了省级行政区域界线附近地区的社会稳定。省级行政区域界线信息管理系统被中国地理信息系统协会评为2004年度优秀应用金奖工程。

与此同时，民政部全国勘界工作办公室积极推动县级行政区域界线信息管理系统建设工作。一是配合各地做好县级行政区域界线信息管理系统项目建设，组织编制并印发了《县级行政区域界线信息管理系统项目申报书（范本）》，要求各地结合实际情况，认真做好申报立项工作。二是6月中旬，召集天津、山西、辽宁、江苏、浙江、福建、江西、山东、河南、湖南、广东、广西、云南等13个省（自治区、直辖市）民政厅（局）的负责同志，在广东就县级行政区域界线详图编制和信息管理系统建设工作进行了调研座谈。期间，福建省民政厅介绍了福建省县级行政区域界线详图编制和信息管理系统建设工作的经验和做法，展示了福建省县级行政区域界线详图成果，演示了福建省县级行政区域界线信息管理系统的功能。有关省（自治区、直辖市）介绍了县级行政区域界线详图编制和信息管理系统建设进展情况及存在的问题。会上，区划地名司司长戴均良就深入宣传贯彻全国勘界和界线管理工作电视电话会议精神、加快界线管理信息化建设、编制出版标示法定界线的系列行政区划图、切实做好行政区域界线联检等工作提出了要求。

2004年，各省、自治区、直辖市民政厅（局）完成了勘界档案电子版的录制、整理工作，为县级行政区域界线信息管理系统的建立奠定了基础。北京、天津、河北、山西、辽宁、吉林、上海、浙江、安徽、福建、山东、湖北、湖南、广东、四川、贵州等省（直辖市）已经启动县级行政区域界线信息管理系统建设。其中浙江、福建、湖南、四川、贵州等省已经完成，进入调试和完善阶段。

（尹庆月）

【1∶100万、1∶400万中华人民共和国省级行政区域界线标准画法图（图集）】 根据《中华人民共和国测绘法》和《行政区域界线管理条例》的有关规定，民政部、国家测绘局利用勘界成果共同组织完成了1∶100万和1∶400万中华人民共和国省级行政区域界线标准画法图的编制、报批和公布工作，并以此为基础研发了1∶100万、1∶400万省级行政区域界线标准画法电子版。

《1∶100万中华人民共和国省级行政区域界线标准画法图集》和《1∶400万中华人民共和国省级行政区域界线标准画法图》上的省级陆地行政区域界线是依据国务院批准的省、自治区、直辖市人民政府联合勘定的行政区域界线编制而成。其中，内蒙古自治区与吉林省、甘肃省接壤和江苏省与山东省接壤的未勘定地段，仍采用1984年民政部、国家测绘局《印发关于在〈中国百万分之一地图〉上省、自治区、直辖市行政区域界线画法的通知》([84]测发字第093号)确定的权宜画法。

经国务院批准,民政部、国家测绘局于2004年6月3日发出了《关于公布1∶100万中华人民共和国省级行政区域界线标准画法图集和1∶400万中华人民共和国省级行政区域界线标准画法图的通知》(民发[2004]78号),明确《1∶100万中华人民共和国省级行政区域界线标准画法图集》和《1∶400万中华人民共和国省级行政区域界线标准画法图》是各种地图上省级行政区域界线画法的标准。《1∶100万中华人民共和国省级行政区域界线标准画法图集》适用于比例尺等于或小于1∶100万、大于1∶400万的各种地图,《1∶400万中华人民共和国省级行政区域界线标准画法图》适用于比例尺等于或小于1∶400万的各种地图。《1∶100万中华人民共和国省级行政区域界线标准画法图集》和《1∶400万中华人民共和国省级行政区域界线标准画法图》不作为解决行政区域界线纠纷问题的依据。

中华人民共和国省级行政区域界线标准画法图电子版是以《1∶100万中华人民共和国省级行政区域界线标准画法图集》和《1∶400万中华人民共和国省级行政区域界线标准画法图》的电子数据为基础,通过软件开发和数据集成完成的,可供行政区域界线管理、地图编制、出版和审查等部门使用。

(尹庆月)

【涉及行政区域界线的资源纠纷调处】 按照《行政区域界线管理条例》的有关规定,民政部门负责对行政区域界线实地位置认定不一致引发争议的调处。与此同时,为切实维护行政区域界线附近地区的社会稳定,民政部门有义务协助有关部门做好涉及行政区域界线的资源纠纷问题的调处工作。根据国务院办公厅秘书局的意见,2004年4月至12月,民政部与水利部、国土资源部共同协助建设部协调处理山西省陵川县与河南省修武县接壤地区的云台山国家重点风景名胜区开发、建设及管理权的纠纷问题。

4月16日,建设部、民政部、水利部、国土资源部向两省人民政府发出了《关于请暂停在云台山风景名胜区规划区开发建设活动的紧急通知》(建城电[2004]14号),并随后组成调查组分别与两省有关部门赴实地进行调查,听取两省及有关方面的情况反映和意见。在此基础上,经过反复与两省人民政府和有关部门协商、协调,建设部、民政部、水利部、国土资源部于12月31日向国务院呈报了《关于解决山西、河南两省交界处云台山国家重点风景名胜区开发、建设纠纷的处理意见的请示》(建城[2004]232号),就有关风景名胜区的范围、总体规划、开发建设项目的实施以及省际河道上拟建项目的报批、有关设施的修复和保护、贯彻落实两省勘界协议书有关规定等问题提出了处理意见和建议。对此,国务院要求由建设部牵头,继续协调两省人民政府,妥善解决云台山国家重点风景名胜区管理权限、资源利用和收益分配等问题,同时要求两省要从维护稳定、保护国家风景名胜资源的高度加强配合,切实解决争议问题。

(尹庆月)

【勘界及界线管理档案】 勘界及界线管理档案是在勘界和行政区域界线联合检查等界线管理工作中形成的档案,是依法管界的依据。2004年,勘界及界线管理档案工作的重点是继续抓好全国县级界线勘界档案的整理归档及上报备案的接收,做好省级界线联合检查成果及界线管理有关文件的立卷归档。

本年度民政部全国勘界工作办公室共接收了12个省(自治区、直辖市)近2500条县级界线的勘界纸质档案,并对档案进行了核查、登记,对检查中发现的不规范等问题进行了处理。在此基础上,完成了全国县级界线勘界纸制档案上报民政部备案的接收工作。县级勘界档案的扫描录入工作全部启动,26个省(自治区、直辖市)的950盘电子光盘档案已上报备案。与此同时,各级民政部门结合《行政区域界线管理条例》贯彻执行情况的专项检查工作,对本级留存的县级勘界档案加强了检查指导,并全部完成了档案整理入库工作,基本实现了勘界档案的标准化、规范化管理。行政区域界线联合检查等界线管理档案纳入日常管理工作，并逐步得以规范。

（乐　燕）

婚姻登记管理

【2004 年婚姻登记概况】 2004 年是《婚姻登记条例》实施的第一年，各级民政部门认真贯彻执行《中华人民共和国婚姻法》和《婚姻登记条例》，积极推进婚姻登记体制改革，落实婚姻登记工作编制和经费，婚姻登记工作进一步规范，信息化建设取得新进展，服务水平得到提升。

2004 年全国共办理结婚登记 867.2 万对，其中，办理内地居民之间的结婚登记 860.8 万对，比 2003 年增加 7.1％；办理涉外、涉港澳台居民及华侨结婚登记 63544 对，比 2003 年减少 18.8％。

2004 年全国共办理离婚登记 104.6 万对，其中，办理内地居民之间的离婚登记 104 万对，比 2003 年增加 51.3％；办理涉外、涉港澳台居民及华侨离婚登记 5843 对，比 2003 年增加 75.3％。

2004 年中国驻外使领馆共办理婚姻登记 4731 对，其中办理结婚登记 4493 对，办理离婚登记 238 对。登记量较大的驻日本大使馆办理结婚登记 1524 对，办理离婚登记 132 对；驻米兰领事馆办理结婚登记 661 对，办理离婚登记 17 对；驻大阪总领馆办理结婚登记393 对，办理离婚登记 29 对。

（王宏丽）

【全国婚姻登记工作会议】 为深入贯彻《婚姻登记条例》，2004 年 5 月 17—18 日，民政部在上海召开了全国婚姻登记工作会议，李学举部长做了题为《深入贯彻〈婚姻登记条例〉，开创婚姻登记工作新局面》的报告，陈杰昌副部长在会议结束时做了总结讲话。会议全面总结回顾了过去十年的婚姻登记工作，分析了新时期婚姻登记工作面临的形势，提出了今后一段时间婚姻登记工作的基本思路和目标任务，强调了当前和今后一个时期婚姻登记工作需要重点抓好的几项工作，对婚姻登记工作具有重要的指导意义。

会议明确，当前和今后一个时期婚姻登记工作的基本思路是：以邓小平理论和“三个代表”重要思想为指导，以为民服务为宗旨，以贯彻条例为契机，以信息化为手段，一手抓宣传，一手抓规范，以民为本，依法行政，维护公民婚姻自主权益，促进人的全面发展，努力开创婚姻登记工作的新局面。

会议指出，婚姻登记工作必须遵循以下主要原则：一是坚持婚姻自由的原则。婚姻自由是我国婚姻家庭制度的基本原则，是公民的基本民事权利。维护婚姻自由，是婚姻登记工作的基本指导原则。二是坚持以民为本的原则。以民为本是民政工作的本质特征，也是新一届政府执政为民的要求。三是坚持依法行政的原则。婚姻法和《婚姻登记条例》是婚姻登记工作必须遵循的法律法规。四是坚持求真务实的原则。婚姻登记工作面对的是千差万别的婚姻登记当事人，新情况和新问题会不断出现，在严格依法办事的前提下，必须以实事求是的态度去解决法律未明确规定或法律法规难以界定的新情况新问题，正确处理好普遍性与特殊性、原则性与灵活性之间的关系。

会议确定，当前和今后一个时期全国婚姻登记工作的目标和主要任务是：（一）建立与社会主义市场经济体制相适应的婚姻登记制度。建立和完善婚姻登记制度，是依法行政的重要目标。（二）建立便民利民的婚姻登记管理体制。要按照条例的规定，建立集中与相对集中并举、城市与农村区别对待的新的婚姻登记管理体制。（三）建立高素质的婚姻登记员专职队伍。婚姻登记管理体制的改革，迫切要求建立一支高素质的婚姻登记员专职队伍，以适应新时期婚姻登记工作的需要。（四）建立科学合理的婚姻登记信息网络系统。婚姻登记手段的信息化，是提高婚姻登记工作效率和质量的根本保证，是国家机关推进电子政务的要求。

此外，在全国婚姻登记工作会议上，表彰了200个全国先进婚姻登记机关和300名全国优秀婚姻登记员，极大的鼓舞了婚姻登记工作岗位上的广大同志，对开创婚姻登记工作新局面具有重要意义。

（王宏丽）

【婚姻登记机关设置情况】 2004年，各地民政部门按照《婚姻登记条例》关于登记机关设置的规定和全国婚姻登记工作会议"建立便民利民的婚姻登记管理体制"的要求，加大婚姻登记体制改革的工作力度。北京、天津、河北、辽宁、上海、山东、河南、西藏完成了体制改革。内蒙古以相对集中为主，部分边远可设点的原则，在各级地方政府的支持下，全区由1041个婚姻登记处调整为495个，并在自治区民政厅网站对社会公布。吉林省成立集中婚姻登记处65个，取消了38个街道办事处和619个农村乡（镇）婚姻登记机关。江西经省人民政府批准，将全省交通尚不便利的43个乡（镇）确定为婚姻登记机关，其他基本完成体制改革。湖北102个县（市、区）已全部实行婚姻集中登记，登记机构由2003年底的523个减至308个，其中，县级民政部门设置婚姻登记处116个（含开发区），委托乡镇设置婚姻登记处192个，减幅达41%；工作人员由原来的2000多人，减至699人，减幅达65%。湖南已有105个县（市、区）实行了集中登记，占全省县总数的86.1%；在边远乡镇设立婚姻登记点219个。广西全区已集中登记的县（市、区）72个，占全区109个县（市、区）的66%。海南全省婚姻登记处从240多个减少到65个，有14个县（市、区）实行了全部集中登记，占全省22个县（市、区）的63.6%。陕西有92个县（市、区）实行了婚姻集中登记，占全省107个县（市、区）的86%。宁夏除山区的8县在乡镇办理婚姻登记外，川区的14个县（市、区）包括红寺堡开发区全部集中在民政局办理婚姻登记，占县（市、区）总数的63.6%。云南省政府批准了950个省、县、乡三级婚姻登记机关，其中省民政厅婚姻登记机关1个，县（市、区）民政局婚姻登记机关129个，乡镇人民政府婚姻登记机关820个；全省有32个县（市、区）实行全县集中登记，占总数的24.8%。甘肃省采取由省人民政府授权，省民政厅审批的办法，对全省婚姻登记管理体制进行了改革，重新审批设置1005个婚姻登记机关。

2004年各地新旧体制转换过渡平稳，初步建立了集中与相对集中并举、城市与农村区别对待的新的婚姻登记管理体制，婚姻登记机关设置更加合理，极大地方便了人民群众办理婚姻登记，保证了婚姻登记工作的正常进行。

截止到2004年底，全国共有婚姻登记机关13743个。其中办理涉外、涉港澳台居民和华侨婚姻登记的机关229个，办理内地居民之间婚姻登记的机关13514个。

（王宏丽）

【婚姻登记员队伍建设】《婚姻登记条例》实施一年来，各地民政厅（局）为贯彻执行条例，积极落实全国婚姻登记工作会议精神，主动争取当地编制和财政部门以及政府的支持，北京、河北、辽宁、吉林、内蒙古、上海、浙江、湖北、广西、重庆、陕西11个省（自治区、直辖市）以民政厅（局）、机构编制委员会办公室和财政厅（局）三部门联合发文或省（自治区、直辖市）政府文件方式解决婚姻登记机关编制和婚姻登记工作经费问题。各省还积极推动县（区）民政部门与编办协调，抓好编制的落实。编制、经费的落实为体制改革提供了人、财、物保证，为体制改革、信息化建设奠定了基础。

截止到2004年底，全国共有婚姻登记员22219人。其中，从事涉外、涉港澳台居民及华侨婚姻登记工作的467人，从事内地居民之间婚姻登记工作的21752人。

为了进一步做好《婚姻登记条例》的贯彻执行，培养高素质的婚姻登记员专职队伍，各地采取举办业务培训班、以会代训、考核等方式，对婚姻登记员进行培训，各地还普遍建立了定期培训、资格考核和持证上岗制度。北京市民政局印发了《关于加强婚姻登记收养登记培训考核和资格认证工作的通知》，对140余名人员进行了培训考核，内容包括民法、婚姻法、行政复议法、行政许可法、行政礼仪等，122人取得婚姻登记资格。天津108名婚姻登记员接受培训，并取得上岗证书。内蒙古各盟市400余人经培训考核取得婚姻登记员资格证书。辽宁省、市、县(市、区)共办培训班123次，全省婚姻登记员全部参加了轮训。吉林九个市(州)举办培训班10期，420人参加了培训和考试，有402人通过了考试，获得省民政厅颁发的《婚姻登记员证》。黑龙江省婚姻登记员持证上岗率达100%。福建各地市对新交流到婚姻登记岗位上的85名人员进行了培训、考核。江西对99个县(市、区)民政局和43个乡镇人民政府婚姻登记机关的300多名婚姻登记员全部进行了培训、考核，并颁发了婚姻登记员证书。山东省成立了由分管厅长任组长，人事教育处、社会事务处处长任副组长，省厅有关人员和各市社会事务科(处)长为成员的婚姻登记员培训和资格考核领导小组，统一编写了《婚姻登记员资格考试培训教材》，分8期对全省890名婚姻登记员进行培训和统一命题闭卷考试，平均得分90分，合格率96%。甘肃省厅对市、县以上的200多名婚姻登记员进行了培训，全省14个市、州分期分批对80%的婚姻登记员进行了培训、考核，并对考试合格者颁发了资格证书。宁夏对全区分管婚姻登记的民政局长、主管婚姻登记的干部和全区婚姻登记员轮训了一遍，参训人员230名。

通过培训、考核，婚姻登记员熟练掌握了婚姻登记基本理论和有关法律法规，转变观念，树立服务意识，职业道德水平和理论素养进一步提高，业务能力明显增强，极大地促进了依法行政和《婚姻登记条例》的贯彻执行。

（王宏丽）

【婚姻登记信息化建设】婚姻登记手段的信息化，是提高婚姻登记工作效率和质量的根本保证，是国家机关推进电子政务的要求。按照全国婚姻登记工作会议提出的“建立科学合理的婚姻登记信息网络系统”的要求，民政部基层政权和社区建设司与部信息中心合作，开发了涉外、涉港澳台和华侨婚姻登记信息系统，五月初在全国正式推广使用，全国近二十个省市的涉外、涉港澳台和华侨婚姻登记已经实现了全国联网，数据库中有近一万六千条婚姻登记数据。内地居民婚姻登记信息系统已经正式推广使用，河北、山西、内蒙古、辽宁、吉林、黑龙江、江苏、江西、河南、湖南、广东、广西、海南、四川、贵州、云南、陕西、宁夏18个省的一千多个婚姻登记机关使用该系统。

各地民政部门投入大量人力物力财力，开发信息系统，购置更新设备，补录婚姻登记数据，加快婚姻登记信息化建设进程。北京市2000年以来的婚姻登记信息已全部录入市民政局信息库，为查询婚姻登记记录提供了数据支持，大大提高了工作效率。河北全省198个登记处全部使用了婚姻登记信息系统。内蒙全区有三分之一的婚姻登记机关配备了电脑和打印机。天津、辽宁、浙江、山东、湖北、重庆、陕西自行开发婚姻登记系统，已在全省(市)各婚姻登记机关普及应用。山东省将规范化和信息化相结合，对系统运行和数据安全做出了明确规定，建立了“婚姻登记网站”，宣传婚姻法律法规和有关文件规定，公布婚姻登记机关、婚姻登记员和婚姻登记信息，提高了工作透明度，促进了政务公开和依法行政。上海在原有信息化的基础上进一步完善电脑联网，全面推进网上预约登记。福建引进山东省婚姻登记系统，实行集中登记的县(区)婚姻登记处已全部安装使用。

信息化建设已被各地列入议事日程，在明后两年将有更大进展。

（王宏丽）

【婚姻登记行政执法检查】为切实保证《婚姻登记条例》的贯彻实施，落实全国婚姻登记工作会议精神，2004年6－8月，民政部组成四个调查组，对江苏、浙江、山东、四川、重庆、广西、陕西、宁夏八个省(自治区、直辖市)进行了婚姻登记行政执法检查，内容包括登记机关的场地设置、政务公开、登记程序、使用的表格、婚姻证书、登记员行政行为、信息化程度、收费情况等多个方面，并抽查了大量的婚姻登记档案。对严格执行《婚姻法》和《婚姻登记条例》，符合《民政部婚姻登记工作暂行规范》要求的给予肯定；对存在问题的，及时指出并给予指导。检查期间，还随机对一些登记机关进行了暗访，了解作为基层民政工作的窗口，婚姻登记工作是否规范，群众是否满意，工作人员态度是否和蔼，以人为本的服务理念是否在工作中展示。

天津、河北、辽宁、黑龙江、上海、安徽、山东、河南、湖南、海南、四川、贵州、西藏、陕西、青海、宁夏16个省（自治区、直辖市）民政厅（局）对本省（自治区、直辖市）婚姻登记工作进行了行政执法检查。

通过执法检查，一方面发现问题及时纠正，促进婚姻登记依法行政和规范化建设；另一方面引起了地方党委和政府对婚姻登记工作的重视，帮助民政部门协调解决婚姻登记工作的人、财、物问题，提升了婚姻登记工作的地位，促进了婚姻登记体制改革和信息化建设。

（王宏丽）

【治理婚姻登记乱收费】 多年来，各级民政部门始终将预防和治理借婚姻登记乱收费作为一项重要任务，常抓不懈。《婚姻登记条例》实施后，婚姻登记机关乱收费的现象成为群众投诉的热点和媒体关注的焦点，为切实保障《婚姻登记条例》的贯彻实施，杜绝婚姻登记工作中乱收费的现象，民政部印发了《关于严格制止借婚姻登记乱收费的通知》（民函[2004]83号），对治理整顿提出五项要求，一是各级民政部门必须从贯彻"三个代表"重要思想的高度，充分认识治理婚姻登记乱收费的必要性和紧迫性；二是采取必要措施，积极解决婚姻登记工作的编制和经费问题；三是要严格区分婚姻登记与婚姻服务的界限，做到婚姻登记与婚姻服务的人员、场地及收费三分开，禁止人员混用、场地交叉、收费混合的现象发生；四是各级民政部门的婚姻服务机构在开展婚姻服务中，必须坚持当事人自愿的原则；五是要将治理婚姻登记搭车收费和乱收费问题作为开展执法检查的工作重点。民政部基层政权和社区建设司在安排婚姻登记行政执法工作时，会同纪检监察部门一同进行，并将收费情况作为检查的重要内容。

各地民政部门认真抓好婚姻登记规范和婚姻服务规范，从源头遏制乱收费。各省除转发民政部文件还提出了自己的要求。天津市民政局下发了《关于加强婚姻登记收费管理问题的通知》，辽宁省民政厅下发了《婚姻登记机关规范化管理标准》。湖南省民政厅下发了《关于严格制止借婚姻登记乱收费的实施意见》。重庆市民政局物价局出台了《关于规范婚姻服务、严禁借婚姻登记搭车收费的通知》。上海市进一步推动婚姻登记政事分开、管办分离的管理体制，确保监督有力、行政执法有序高效开展。各地还结合廉政建设和行风评议，对婚姻登记乱收费进行专项检查和治理，河北查处婚姻登记乱收费8起，并给予了严肃处理，有效遏制了乱收费。湖北省改进婚姻登记证件传统的发放管理方式，减少环节，降低运行成本，让利基层，省、市（州）两级不再从婚姻证件收费中提留溢余款，经费留给县级登记处，用于基础设施建设。此外，各地按照婚姻登记和婚姻服务规范化要求，在做好服务、方便婚姻当事人，满足当事人需求的同时，实行场地、人员、收费"三分开"和坚持自愿的原则。同时，各婚姻登记机关普遍实行政务公开，公布登记程序、收费项目和收费标准；服务机构实行服务透明，公布服务项目和收费标准。治理乱收费初见成效。

（王宏丽）

【《婚姻登记条例》配套政策】 针对《婚姻登记条例》实施后出现的一些问题，经过反复梳理和研究，并征求全国人大、最高人民法院、外交部、公安部、国务院法制办及解放军总政治部等部门意见，印发了《关于退伍军人待安置期间办理结婚登记问题的答复》（民办函[2004]17号）、《关于出具无婚姻登记记录证明的答复》（民办函[2004]32号）、《关于贯彻执行〈婚姻登记条例〉若干问题的意见》（民函[2004]76号）、《关于华侨、港澳台居民提交婚姻状况证明问题的复函》(民办函[2004]246号),明确了以下情形:(1)退伍军人待安置期间暂时没有身份证和户口簿,可由该退伍军人入伍前常住户口所在地的公安部门出具其身份、户籍证明,替代普通居民的身份证和户口簿办理婚姻登记。(2)因受父母干涉等原因取不到户口簿的,可凭公安部门或有关户籍管理机构出具的加盖印章的户籍证明办理婚姻登记。(3)当事人声明的婚姻状况与户口簿"婚姻状况"的记载与事实内容不一致的,婚姻登记机关对当事人婚姻状况的审查主要依据其本人书面声明。(4)双方均为外国人,要求在内地办理结婚登记的,如果当事人能够出具《婚姻登记条例》规定的相应证件和证明材料以及当事人本国承认其居民在国外办理结婚登记效力的证明,当事人工作或生活所在地具有办理涉外婚姻登记权限的登记机关应予受理。双方均非内地居民的港澳台居民、华侨等人员,要求在内地办理结婚登记的,如果当事人能够出具《婚姻登记条例》规定的相应证件和证明材料,当事人工作或生活所在地具有办理相应婚姻登记权限的登记机关应予受理。(5)服刑人员申请办理婚姻登记,应当亲自到婚姻登记机关提出申请并出具有效的身份证件;服刑人员无法出具身份证件的,可由监狱管理部门出具有关证明材料。办理服刑人员婚姻登记的机关可以是一方当事人常住户口所在地或服刑监狱所在地的婚姻登记机关。(6)民政部门可以根据所掌握的婚姻登记档案为当事人出具在本辖区域内"无婚姻登记记录证明",并须备注不包括在本辖区域外的其他地方的婚姻登记。上述配套政策及时解决了条例执行过程中遇到的问题,进一步完善了《婚姻登记条例》的改革内容,保证了《婚姻登记条例》的顺利实施。

(王宏丽)

【新版证书启用】 2004年1月1日,北京市率先启用新版婚姻登记证书,至7月1日全国各地均按照民政部通知的要求使用新版婚姻登记证书,社会反映良好。

(王宏丽)

【两岸婚姻工作交流】 自1987年两岸恢复民间交流以来,两岸婚姻迅速增长。至2003年底,仅在大陆办理结婚登记的两岸婚姻已达20万对。与此同时,两岸婚姻家庭也遇到了一些困难,为此,加强两岸有关人员交流,帮助两岸婚姻家庭成为两岸人民的共同愿望。2004年两岸有关人员交流取得突破性进展。

(一)2月23日至3月3日,应台湾"中国社会工作协会"邀请,由民政部基层政权和社区建设司组团,民政部台办、河北、浙江、福建、海南、重庆、南京民政厅(局)共8人组成考察团,到台湾进行交流考查。在台期间,考察团参访了台湾中华文化社会福利事业基金会、台北大学、东吴大学等9家单位,了解了台湾婚姻家庭制度、大陆配偶及两岸婚姻家庭在台湾生活状况,宣传了大陆婚姻家庭法律制度以及大陆妇女自立、自信、自强的精神风貌。

(二)10月24日至11月4日,台湾中华文化社会福利事业基金会"关怀两岸婚姻"参访团一行12人应邀来访。参访团在大陆期间,参加了在福州、上海、长沙三地召开的以"关怀两岸婚姻家庭"为主题的研讨会,辽宁、吉林、山东、广东、广西省(自治区)民政厅派人参加了研讨会。

参访团还参观了上海市婚姻登记处、上海市徐汇区婚姻登记处、上海市第一福利院、上海市儿童福利院以及武汉市江汉区香江社区、武汉市峤口区发展社区。

台湾方面评价这次参访活动"超过预期成效,可说是开启良性互动之肇始,并深盼日后能常保持彼此密切联系及畅通交流管道,以促进两岸婚姻事务处理及做法更臻完备"。

(王宏丽)

殡葬管理

【第三次全国殡葬工作会议以来殡葬工作的主要成绩】在党和政府的领导下，全国的殡葬改革和殡葬事业发展取得了令人瞩目的成就，为移风易俗、改造社会，促进社会主义精神文明和物质文明建设做出了重要贡献。近年来，各级人民政府各有关部门大力开展各种形式的宣传教育活动，努力营造全社会及广大群众理解、支持和积极参与殡葬改革的氛围，进一步维护、巩固已取得的殡葬改革成果，各级民政部门通过加强殡葬管理，推进殡葬改革，促进殡葬服务业健康发展，积极为推进人与自然和谐进步和协调发展，为全面建设小康社会、构建和谐社会努力工作。

一、殡葬工作步入了法制化、规范化管理的轨道

1997年6月，民政部召开了第三次全国殡葬工作会议，进一步明确了殡葬工作的指导思想、奋斗目标和主要任务，为当时及以后一个时期殡葬改革和殡葬事业指明了发展方向。1997年7月，国务院颁布了《殡葬管理条例》，使我国殡葬管理法规建设上了一个新台阶。1998年5月，国务院办公厅转发了《民政部关于进一步加强公墓管理的意见》，使加强公墓管理工作有了进一步具体的政策依据。到2004年底，已有20多个省、市发布了殡葬管理条例或办法，大部分地（市）、县（市）和乡（镇）制定了殡葬管理的有关规章。全国的殡葬管理工作初步纳入了法制化轨道。各地还认真贯彻落实第三次殡葬工作会议精神，进一步建立健全了殡葬管理机构，加强了殡葬管理队伍建设，加大了殡葬管理的执法力度，使殡葬工作出现了前所未有的发展势头。

二、推行火葬、改革土葬取得了突破性进展

各地采取有力措施，推动了火葬的普遍开展，促进了火化率的提高。北京、天津、上海、山东、江苏、辽宁、吉林、黑龙江等省、市就率先实现了火葬的普及，火化率接近100%。过去在殡葬改革方面工作较落后的一些地区，这几年也取得了可喜的成绩，例如，浙江、广东等省近年来殡葬改革工作成效显著，火化率达到95%以上；浙江省火化率由1996年的26%提高到2003年的96%以上，火化殡仪馆的数量比1996年的31个增加了1.2倍，殡葬基础设施面貌得到彻底改变，基本上消除了因乱埋滥葬造成的青山白化现象，骨灰撒海、植树活动蓬勃开展，文明节俭办丧事蔚然成风。

1996年，全国有殡仪馆（火葬场）1283个，全年火化遗体283万具，火化率36%；2000年，全国有殡仪馆近1400个，火化遗体333.3万具，火化率44.8%。1999年全国的火化率就达到了41.5%，提前实现了民政部确定的2000年全国火化率达到40%的目标；2004年，全国有殡仪馆1560个，火化遗体427万具，火化率达51.3%。在骨灰处理方面，提倡少占和不占地的处理方式，实现了骨灰处理多样化，除了寄存在骨灰堂和公墓外，骨灰撒海、骨灰深埋植树等少占地或不占地的方式已被越来越多的群众所接受。

在土葬区，殡葬改革的主要任务是治理乱埋乱葬，将遗体深埋地下不留标志或集中安葬在公墓内。一些地方以村为单位利用荒山脊地建立公墓，并植树造林，这样既克服了乱埋乱葬现象，又绿化美化了大好河山。全国兴办了近10万个农村公益性遗体公墓和近200个城镇遗体公墓，一些地方因地制宜推行了平地深埋、不留坟头的文明葬法，改变了千百年来乱埋乱葬的旧的土葬形式，节约了大量的土地资源。近年来，全国各地共平掉耕地内和铁路两侧等地的旧坟墓一亿多座，扩耕还田100多万亩。

土葬改革日益得到重视，土葬服务设施的建设得到了加强，一些地方还因地制宜地推行了平地深埋、不留坟头等少占土地的土葬形式，节约了大量的土地资源。

近几年，针对火葬区乱批乱建公墓以及对骨灰存放格位进行传销和炒买炒卖现象，在全国范围内部署和开展了清理整顿公墓工作，取得了初步成效；针对乱埋乱葬问题，一些地区还开展了平坟还田活动。

三、殡葬事业蓬勃发展，管理和服务水平显著提高

为进一步推进殡葬改革，各地加大了殡葬服务基础设施建设的步伐，出现了一大批环境公园化、设施现代化、管理规范化、服务优质化的殡仪馆。上个世纪90年代在殡葬行业开展的等级殡仪馆评定工作，极大地促进了殡葬事业的发展。2000年初开始实施的《殡仪馆建筑设计规范》，使殡仪馆的整体功能和服务能力提高到一个新水平。通过加强行风建设、开展岗位培训和职业道德教育，通过实施《殡仪工人技术等级标准》，引进人才，提高了殡葬职工的素质和服务技能，涌现出了一大批为殡葬事业发展做出突出贡献的先进模范人物，全国有三分之一以上的殡葬服务单位被授予过先进或文明单位称号。

四、丧俗改革不断深化，文明节俭办丧事已成为社会风尚

各地采取有力措施，宣传推行殡葬改革的深远意义，使人民群众认识到殡葬改革有利于促进社会全面发展和进步，有利于保护我们生存的环境和条件，有利于促进人与自然协调发展，提高了人民群众实行殡葬改革的自觉性，树立健康、文明、科学的新风尚。

各地不断加大丧俗改革的力度，制止丧事活动中封建迷信活动和大操大办现象，破除丧俗中的陈规陋习，引导人民群众文明节俭办丧事。在城市以殡仪馆为阵地，在农村以红白事理事会为依托，为群众提供多种服务，满足人们正当的需要，并用服务引导群众更新观念，使厚养薄葬、文明节俭办丧事成为一种新的社会风尚。用遗体告别代替发丧送葬，用献花圈、花篮代替焚香摆供，用戴黑纱白花代替披麻戴孝，用鞠躬默哀代替磕头跪拜，用播放哀乐代替吹吹打打、鸣放鞭炮，这些在城市被普遍接受的丧葬形式，正在广大农村逐步推开。现在全国城乡基层红白事理事会一类群众组织约40万个，为推进殡葬改革发挥了积极作用。

（李　健）

【目前殡葬工作的基本情况】 殡葬管理工作是政府行政管理工作的组成部分之一。殡葬管理的方针是：积极地、有步骤地实行火葬，改革土葬，节约殡葬用地，革除丧葬陋俗，提倡文明节俭办丧事。

我国目前已有三分之一的省（自治区、直辖市）普及了火葬。在大中城市，实行火葬已经成为广大群众的自觉行动。

我国在死亡遗体处理方面主要有火葬和土葬两种。自1956年政府倡导火葬以来，各地采取有力措施推动了火葬的普遍开展，火化量逐年提高，最近几年全国平均火化率保持在50%以上（1998年火化遗体320万具，火化率达39.6%；2003年火化遗体455万具，火化率达52.7%；2004年火化遗体427万具，火化率达51.3%），丧俗改革日益深入人心。与传统的旧的土葬相比，节约了大量的土地和木材资源，缓解了我国人口多土地少的矛盾，促进了经济的发展。通过提倡文明节俭办丧事，减轻了老百姓的消费支出。

为了适应推行殡葬改革的需要，各地加快了殡葬服务单位建设的步伐。目前，我国共有殡仪馆和火葬场1560个，经营性公墓1500多个，殡仪职工6万多人，各类从业人员达十万人。

我国殡葬改革的内容之一是推行火葬，与传统土葬一次性完成遗体处理方式不同，它包括遗体火化和骨灰处理两个步骤。在骨灰处理方面，通过殡葬改革，倡导骨灰处理多样化，大力推行少占或不占土地的骨灰处理方式，坚决制止骨灰装棺土葬，引导人们由保留骨灰到不保留骨灰的转变。

在已经普及火葬的地区，倡导骨灰处理多样化将是今后殡葬改革工作的方向和重点。目前，在城市，大多是把骨灰存放在殡仪馆的骨灰堂（墙、塔），也有一部分安葬在骨灰安置处或者安葬在公墓内，有些公墓提供草坪葬、花坛葬等生态型、环保型占地少的骨灰安葬形式；还有少部分人采取将亲人的骨灰存放在家中。在政府的倡导下，近年来已有不少人选

择不保留骨灰，有的将亲人的骨灰撒向江河湖海或以树代墓。在农村主要是将骨灰存放在乡村自行修建的骨灰堂（室）内。

殡葬管理是民政部主管的一项传统业务工作，改革开放以后我国殡仪服务业逐步得到发展，但是服务和管理水平及从业人员的专业化程度都较低，不仅落后于国外同行业，也落后于社会文明发展进步和人民群众的实际需要。

基于国情，我国政府对殡葬事务的管理，一直围绕“殡葬改革”这一国家战略决策进行。在近50多年的实践过程中，各级民政部门从接受旧社会的“杠业”、“棺材铺”，到培育、创建新中国的殡葬服务业，从建立殡葬法律制度，到构筑我国殡葬管理工作体系，引导人们接受火葬，革除丧葬陋俗等方面，都付出了艰苦不懈的努力，应当说新中国的殡葬管理工作是成功的，符合国家国情实际。但是，由于近年来改革开放步伐的加大和我国社会主义市场经济体制的建立，殡葬行业的实际发展水平还不能满足社会的需求。我国每年死亡人口达800多万，目前全国现有殡仪馆（火葬场）1515个，平均每100万人口才有一个殡仪馆，甚至在一些大城市每200万人口才有一个殡仪馆。按照我国行政区划设置，尚有1500个县（市，市辖区）没有殡仪馆（火葬场）。服务设施少、设备档次低，服务的专业化程度不高，殡葬管理的法律法规滞后等问题比较突出。

我国殡葬业发展落后的主要原因之一就是相关的法律制度落后于殡葬业发展的客观需要。国外的殡葬立法和殡葬管理工作经验很丰富，有很多方面值得我们学习和借鉴。

（李　健）

【《殡葬管理条例》修订工作的情况介绍】《殡葬管理条例》修订工作是2004年殡葬管理工作的一项中心任务。

一、关于修订《殡葬管理条例》的背景情况

1997年国务院颁布实施的《殡葬管理条例》，是建国以来我国首部效力最高的殡葬管理行政法规。《条例》实施八年来，为推行殡葬改革，促进殡葬服务业发展，发挥了重要作用，为规范殡葬管理，提供了一定的法律保障。

但是，随着我国社会主义市场经济体制的建立和完善，我国的殡葬领域也出现了一些新情况和新问题。由于现行《殡葬管理条例》内容简单、抽象、过于原则，有一些应由法律调整的殡葬活动内容没有涉及，实施过程中常常出现无法可依、有法难依的情况。基本的殡葬法律制度和规范缺位的情况较多，各地一直反映难以满足现实发展的需要。同时，作为世界上人口最多、资源相对匮乏的国家，建国50多年，没有一部规范公民殡葬行为、维护社会殡葬秩序的《殡葬法》，不能满足政府管理殡葬事务的需要。

目前，由于国家《立法法》规定的立法程序比较复杂，周期较长，为满足工作需要，可以采取边修订国务院《殡葬管理条例》，边做《殡葬法》立法准备的方式。首先按照法律的框架修订《殡葬管理条例》，力争使修订后的《殡葬管理条例》成为《殡葬法》的雏形，经过一段时间的实践后，再按立法程序报请全国人大立法。

从实践情况看，现行《殡葬管理条例》的主要问题是：内容过于原则，可操作性比较差。表现在：一是缺乏对殡葬服务机构经营主体的资质、从业人员的执业资格、经营行为以及竞争规则等方面的基本规范；二是缺乏具体的监督管理措施；三是对殡葬设施的分类以及设置审批权的设定已不适宜实际的变化，特别是殡仪馆和公益性公墓的设置审批权下放到县级政府后，滥用审批权、重复设置、区域利益争端等问题不断发生；四是《殡葬管理条例》对殡葬活动中的公民权利和义务未作规定，忽视了对消费者权益的保护；五是《殡葬管理条例》对少数民族、宗教人士、华侨以及港澳台胞等丧葬事宜未作规定；六是《殡葬管理条例》缺少尸体处理过程中有关安全、卫生的原则和规范，缺少对传染病死亡尸体处置和突发事件殡葬事宜的相关内容；七是《殡葬管理条例》没有对设立殡葬服务机构的审批条件、程序和期限做出规定，不符合《行政许可法》关于完善审批制度的要求。

对《殡葬管理条例》予以修改和完善，势在必行。在广泛深入调研论证的基础上，通过吸收借鉴国外殡葬法规中科学合理的内容和完善的法律制度，结合我国殡葬业发展的实际和客观需要，经过反复研究论证，已形成《殡葬管理条例》修订稿的初稿。

二、关于《殡葬管理条例》应修订的主要内容介绍

（一）应将殡葬设施设置管理改为殡葬服务机构管理。

将现行条例对殡葬设施设置的管理，改为对殡葬服务机构的管理，过去只是对殡葬设施建设的审批管辖权做了规定，现在不仅应调整审批管辖权，而且应增加殡葬服务机构设立的条件、程序和期限规定。

（二）进一步强调规划的法律地位和作用。

将符合《殡葬服务设施数量、布局和规模规划》，作为审查批准设立殡葬服务机构的重要条件。可单独设一章"殡葬服务设施规划管理"，增加条款篇幅。

（三）关于殡葬服务机构分类的调整。

应对殡葬服务机构的概念和分类加以明确，殡葬服务机构是指公民、法人和其他组织举办的为公众提供尸体运输、防腐、整容、冷藏、悼念、火化以及尸体或骨灰安葬服务的殡仪馆、火葬场、公墓、骨灰安置处等机构。从这一概念可以看出，殡葬服务机构包括殡仪馆、火葬场、公墓、骨灰安置处四类，将现行条例中的殡仪服务站排除了。殡仪服务站实际上就是小型殡仪馆，统一使用殡仪馆的概念即可。还有，在实践中，也有一些殡仪馆使用"殡仪服务中心"的名称，在法规中不再加以列举。

条例修改稿应排除原来公益性公墓的分类，而是以农村村民墓地取代了，实际上是取消了公墓的公益性和经营性划分，这是一个进步。关于殡葬业的性质即所谓公益性还是经营性问题，包括火葬场要不要"放开"的问题，在今天已没有讨论的意义和价值。不论火葬场由谁出资办，是国家还是个人，都要经过行政许可，这一点是肯定的。殡葬业作为社会公共服务业，随着适应社会主义市场经济体制的完善而不断走向成熟，随着殡葬法制建设的不断完善而步入健康科学发展的轨道，她不以人们的主观想象为依据。

殡葬服务机构的概念和分类是一个基本的核心的问题，也是修改过程中反复研究论证的问题，它直接涉及殡葬服务机构的性质和定位。如尸体运送服务公司、殡葬业务代理公司等中介服务机构的法律地位问题，经反复研究论证，认为尸体运送服务是殡仪服务的重要内容，涉及公共卫生、环境保护等与人民群众利益关系密切的领域，认为应该严格管理，从我国目前殡葬业发展的实际出发，认为目前将尸体运送服务仍然作为殡仪馆、火葬场承担的业务项目，不再单独设立尸体运送服务公司。至于殡葬业务代理公司等中介服务机构，只要其业务不涉及尸体运输、防腐、整容、冷藏、悼念、火化以及尸体或骨灰安葬服务的内容，而仅仅是一般的咨询服务，只需到工商部门登记注册即可。

（四）应调整行政审批的管辖职能。

将原来利用外资兴建殡葬设施的审批职能由国务院民政部门负责下放至省级民政部门；将原来由基层民政部门负责审批兴建各类殡葬设施的职能调整为由地（市、州）一级民政部门负责受理申请并进行初审，然后在法定期限内报省级民政部门负责审批，实际的最终的审批权在省级民政部门。这主要是考虑到殡葬服务机构的设立是受《殡葬服务设施的数量、布局和规模规划》限制的，涉及有限资源利用、公共资源配置，直接关系公共利益的公共服务基础设施的特定行业的市场准入，应严格依法审批，注意统筹规划，合理安排。而各地的数量、布局规划是由省级人民政府根据本行政区域殡葬服务业的实际需要制定。

（五）关于对殡葬设备和殡葬用品管理的调整。

应将现行条例第四章对殡葬设备和殡葬用品管理的两条规定进行了修改，只是在第二十九条对殡葬服务机构提出了要求，即"殡葬服务机构应当使用符合国家标准的火化机、运尸车、尸体冷藏柜、骨灰再处理设备等殡葬设备，应当及时更新、改造陈旧的火化设备，防止

污染环境。”“殡葬服务机构不得向消费者提供不符合国家标准以及封建迷信的殡葬用品。”而对殡葬设备和殡葬用品的生产销售环节不再规定，认为这属于工商行政管理的范围（如生产销售假冒伪劣产品）。但对此也有不同意见。

（六）修改稿将现行条例第二十条规定的“将应当火化的遗体土葬，或者在公墓和农村的公益性墓地以外的其他地方埋葬遗体、建造坟墓的，由民政部门责令限期改正；拒不改正的，可以强制执行。”改为“将应当火化的尸体土葬，或者在公墓和农村村民墓地以外的其他地方埋葬尸体、建造坟墓，造成资源或环境破坏或者损害公共安全、公共利益的，由民政部门会同国土资源管理部门责令限期改正；拒不改正的，由民政部门会同国土资源管理部门申请人民法院强制执行。”

这是一个重要修改，这里有两层意思：一是“将应当火化的尸体土葬，或者在公墓和农村村民墓地以外的其他地方埋葬尸体、建造坟墓”，虽然违法了，但如果没有造成资源或环境破坏或者损害公共安全、公共利益，就不能强制执行。二是如果造成资源或环境破坏或者损害公共安全、公共利益的后果，由处罚机关责令限期改正；拒不改正的，由处罚机关申请人民法院强制执行。这样修改也符合《行政处罚法》的有关规定。

近年来，各地对强制起尸火化带来的问题普遍反映强烈。在基层，尤其是广大农村，政府在推行殡葬改革工作的过程中，由于宣传工作不到位，工作方式简单甚至粗暴，与老百姓发生矛盾和纠纷的情况时有发生，强制掘尸火化、高额罚款、鼓励奖励举报人造成群众之间的矛盾激化等等问题在一些地方一直没有得到妥善处理。推行殡葬改革应该是一个循序渐进的过程，应该侧重于宣传教育和鼓励奖励，使之变成老百姓的自觉行动，在这一点上，政府的任务长期而艰巨，不应该仅仅靠强制命令。这也是政府行政管理职能由传统官僚制向以提供公共服务的公共管理型政府转变的体现，传统官僚制的政府行政行为是一种单方的强制性的行为，现代政府管理是以提供公共服务的公共管理型政府，政府的行政行为应更多地体现公民参与和非强制性的行政方式。强调以人为本、坚持科学发展观，正是计划经济时期的全能政府、管制政府与市场经济时期的服务型政府的重要区别。

三、修订《条例》应增加的主要内容

条例修改稿总则部分在指导思想上应体现以人为本、体现人性化、体现对死者尊严的维护，应体现科学发展观、体现人与自然和谐发展；条例修改稿具体章节部分，例如在尸体运送、尸体保存、遗体告别等环节上的管理以及规范公民个人在殡葬活动的管理，要体现维护公共卫生、公共秩序、公共安全的原则。

条例修改稿应在具体条款中体现政府在推行殡葬改革中的职责、应采取的措施包括鼓励措施以及政府宣传经费投入的保障，应体现加大政府监督管理殡葬业的力度，应明确殡葬服务机构的性质、设立殡葬服务机构的行政许可条件和程序，应对殡葬服务机构经营管理、从业人员执业资格、违法处罚等必要的基本制度等方面做出补充和完善。

（一）应强调政府在推行殡葬改革的职责。

从我国推行殡葬改革多年来的实践情况看，殡葬改革本来是政府殡葬管理工作的重要内容之一，但由于政府财政一直没有殡葬改革专项工作经费支出，基于殡葬改革任务的艰巨和复杂，各地政府在殡葬服务机构的设置上，基本采取的是殡葬管理处（所）与殡葬服务机构合一的由国家投资兴办的事业单位、两块牌子、甚至是馆、墓、处（所）三块牌子，一套人马的体制。殡葬管理部门既是政府管理机构，又是经营服务实体，殡葬服务单位成为推行殡葬改革的载体。这种民政部门既是执法监管者，又是殡葬服务机构产权所有者，集管理权与经营权于一身的做法，在计划体制下的殡葬行业初创时期和推行殡葬改革过程中，确实发挥了有力的作用，但随着改革开放的不断深入，随着我国社会主义市场经济体制的建立和完善，这种体制已不适应客观发展的实际，不可避免的酿成一些“不正当竞争”、“强迫消费”、“暴利”和“局部垄断”等现象，引起社会反感。因此，为加快殡葬服务单位体制改革的步伐，实现政事分离、政企分离，各级民政部门在推行和宣传殡葬改革工作中，虽然需要殡葬服务单位的参与和支持，但不能再将推行殡葬改革的工作职能转嫁给殡葬服务经营者。

通过法规明确政府推行殡葬改革的职责以及加大工作经费的预算和投入，是促进殡葬改革深入发展的重要保证。

（二）应增加规范殡葬服务机构经营管理的规定。

为了对殡葬服务机构的经营活动进行规范和调整，应设定殡葬服务机构经营者和服务人员从业资格制度、经营保证金制度、档案管理制度，明确有关尸体处理的原则，同时对殡葬服务机构应遵守的服务规则也提出了规范要求。

（三）应增加建立殡葬服务机构实施行政许可的条件、程序和期限。

现行《条例》虽然设定了兴建殡葬设施的行政审批，但没有规定实施行政审批的具体条件、程序和期限，《行政许可法》实施后将会遇到申请兴建殡葬设施，政府难以受理以及因不受理发生诉讼的问题。殡葬设施的兴建与有限自然资源的开发利用、有限公共资源的配置和环境保护有关，关系到公共利益的垄断性企业的准入，有数量、布局和规模的限制，因此使得设立殡葬服务机构的行政许可不仅具有普通许可的特点，也具有特别许可的特点。

条例修改稿应明确规定殡葬服务机构设立的条件、程序和期限。这是对现行条例的重要补充，也是贯彻落实《行政许可法》的客观要求，即对殡葬管理行政审批制度进行补充和完善。

（四）应明确殡葬活动当事人的权利和义务，明确殡葬义务人的概念，以及政府承担殡葬义务的情况。

现行条例中没有涉及殡葬活动当事人的权利义务关系问题，这个问题需要通过法规明确。实际生活中，由于权利义务关系不明，发生纠纷的问题很多，不仅不利于保障当事人的合法权益，也会对公共利益和公共安全造成损害。在修改稿殡葬活动管理这一章中，应明确殡葬活动当事人的权利和义务，明确增加殡葬义务人的概念、责任和履行义务的顺序，规定政府担当殡葬义务人的法定情形。这样可以充分体现以人为本的服务理念，可以保障公民享有的死亡后遗体得到妥善安置的殡葬权利以及保障公民在殡葬活动中的合法权益。

（五）应增加对殡葬服务机构经营行为监督管理的规定，加强监督管理的力度。

为了更好地维护广大消费者的利益和公共安全，维护殡葬服务市场秩序，规定了设立殡葬监察室并明确其职责。此外条例修改稿对殡葬服务机构的设立实行审批制度、对殡葬服务机构的经营管理实行经营保证金制度，对殡葬服务从业人员实行执业资格制度，对殡葬服务机构的经营行为以及对殡葬活动当事人的行为进行规范管理，强调政府的管理权限和监督管理职责，这些内容都是对现行条例的重要补充和完善。

（六）进一步明确法律责任。

为了进一步规范殡葬市场秩序，保证殡葬管理监督职责的履行，条例修改稿进一步明确了相关法律责任。明确了政府主管部门违反了条例关于履行行政审批职责的法律责任；明确了殡葬服务经营者的违法行为的处罚，条例修改稿对此做了补充，同时加大了处罚的力度，体现了法律法规的权威性。

（七）应注重发挥行业协会作用。

在强调各部门协同做好殡葬管理工作的同时，强调积极培育行业协会组织，发挥行业协会作用是加快政府职能转变的要求，也是市场经济规律的客观要求。行业协会组织在市场经济中具有服务、沟通、协调监督等重要职能，可以充当政府与市场的桥梁和纽带。因此，在修改时应增加关于发挥殡葬行业协会的作用的规定。这对发展我国的殡葬业关系重大，通过对行业协会的扶持和引导，维护殡葬市场秩序，加强行业自律，培育良好的殡葬市场竞争环境。

（李　健）

【围绕《殡葬管理条例》修订开展系列调查研究工作】

一、十五省市修订《殡葬管理条例》座谈会在上海召开

2004 年 11 月 18 日，民政部社会福利和社会事务司在上海召开了有北京、上海、辽宁、浙江等十五个省市社会事务处、殡葬管理处的负责同志参加的座谈会，广泛听取各地关于修订《殡葬管理条例》的意见。

与会人员围绕殡葬管理和条例修订工作中的难点、热点问题展开深入的思考和探讨，为条例的修订提出建设性的意见。张明亮司长在会上发表重要讲话，提出条例修订的指导思想、指导原则以及条例修订内容的重点，提出要以修订《殡葬管理条例》为契机，开创新的工作局面。张司长的讲话为下一步条例修订工作理清了思路、指明了方向。

修订《殡葬管理条例》的指导思想应该是：要体现科学的发展观、体现市场经济要求、体现先进的殡葬文化、体现十六届四中全会提出的强化社会管理和公共服务职能，政府主管部门应将该管的管好，该放的放开。

修订《殡葬管理条例》的指导原则应该是：前瞻性与现实性相结合；继承性与创新性相结合；原则性与灵活性相结合，体现分类指导；宏观与微观相结合。

修订工作过程中应注意：根据推行殡葬改革的需要划分火葬区和土葬区；应立足于做好规划，殡葬服务设施建设要有数量和布局规划；对殡葬服务机构设置的行政许可（前置审批、准人制度）有关的条件、资格、程序等问题在法规中应明确；规范管理、执法监督、各部门职责、处罚措施应进一步明确。

二、社会福利和社会事务司赴江苏、福建两省专题调研

为修订《殡葬管理条例》，广泛听取各地意见，2004 年 11 月 2 日至 18 日社会福利和社会事务司司长张明亮带领张世峰副司长及事务处同志一行五人，历时十六天，先后对江苏、福建两省九个地、市、县的殡葬工作进行调研。调研组围绕殡葬工作中的难点以及条例修订过程中争议的热点问题进行了专题调研，力求做到有的放矢、集思广益。

调研组实地考察了 12 个殡仪馆和公墓，召开 13 次不同形式的座谈会，参加座谈会的不仅有各级民政系统分管殡葬工作的领导、行业协会负责人，还包括部分殡葬服务机构的管理者、一线职工等。他们来自殡葬工作的各个层次，从不同方面、不同角度反映了目前殡葬工作中存在的问题，并对《殡葬管理条例》的修订提出许多建设性的意见。各地一些成功的做法和经验，也值得进一步总结和提炼，这些都为下一步修订条例提供了基础和依据

三、将修订《殡葬管理条例》作为 2005 年的重点工作

2004 年 11 月 24 日至 25 日，“研究 2005 年社会福利和社会事务工作暨宣传工作座谈会”在北京召开。来自全国各省、市民政厅局社会福利和社会事务处、救助管理站、殡葬管理处的负责同志以及民政干部管理学院的有关领导近 80 人参加了会议。

民政部社会福利和社会事务司张明亮司长在通报 2005 年的工作安排时指出，社会事务制度化是今后工作的指导方针之一，社会事务工作要遵循十五届四中全会提出的“加快社会建设和管理、推进社会管理制度创新”的精神，在完善法律法规、改革管理体制和建立运行机制三个方面下功夫。随着社会经济的发展和社会主义市场经济体制的建立，1997 年实施的《殡葬管理条例》已不能适应客观形势发展的要求，法规滞后的问题比较突出。民政部已请示国务院，把修订《殡葬管理条例》列入 2005 年立法计划。条例修订是社会事务工作的重点，是殡葬改革与管理工作的突破口，未来一年将要加大力度、加快进程，力争早日出台新的《殡葬管理条例》。

（李　健）

【2004 年殡葬理论和学术研究工作取得可喜成果】

一、首先是对 2002—2003 年度开展并取得的殡葬工作调研成果进行整理、分析，为研究解决实际问题和修订完善殡葬法律体系提供了重要依据

2002 年 4 月，民政部向全国各级民政部门发出了“关于全面开展殡葬工作调研的通

知”。要求对我国殡葬管理工作进行一次全面调查研究，提出调整、修订殡葬管理法规政策的意见。根据民政部的部署，2002－2003年间，民政部社会福利和社会事务司进行了大量艰苦细致的组织实施工作，确定了“我国殡葬改革的历史和经验”、“国外殡葬法规研究综述”、“我国殡葬业的行政管理”、“殡仪服务机构的改革和发展”等十个方面的调研专题，每个专题都确定了责任人。经过了近两年的努力，调研工作取得了一定成果。各个专题（如《我国殡葬改革的历史和经验》、《我国殡葬业的行政管理》、《殡葬服务机构的改革和发展》、《现有公墓的整顿和发展》、《殡葬服务市场秩序的规范》、《少数民族、宗教人士、华侨及港澳台同胞的殡葬管理》等）的研究报告都对我国殡葬管理工作提出了鲜明的观点和基本主张。特别是国外殡葬法规研究课题，取得了可喜成绩，获得了大量珍贵的参考资料。

在2002－2003年各个课题调研组调研报告的基础上，社会事务处反复研究论证又综合而成《殡葬工作调研情况报告》。报告虽然没有按原计划提交给部长办公会议，但是因为是对前两年调研工作的总结，并提出一些重要主张，对后续工作尤其是《殡葬管理条例》的修订工作有指导意义。

国外殡葬法规研究专题，作为整个调研活动的基础工作和重中之重，取得了丰硕成果。该课题组通过驻外使领馆和其他途径，陆续收集了英国、美国、加拿大、澳大利亚、俄罗斯、德国、法国、荷兰、日本、新加坡、韩国、瑞典等十几个国家的殡葬法规资料，共计100万字，获得了大量珍贵的参考资料。

该课题组在社会福利和社会事务司陈群林司长的组织指导下，对这些资料进行了精心整理、研究、分析、概括的基础上，撰写出了六个专题报告和一个综合报告，共计5万字；随后编辑出版了七十余万字的《国外殡葬法规汇编》一书。每一专题报告研究的是一些国家殡葬服务业运行和管理的基本法律制度，既有大陆法系国家的代表德国、法国，也有英美法系的美国、英国、加拿大；既有与我国存在很大文化差异的西方国家，也有与我国具有相同文化和法律渊源的日本、韩国和新加坡等，因此极具代表性和参考价值。这六个专题报告是：《国外殡葬服务经营许可制度》《国外殡葬从业人员执业资格制度》《国外殡葬服务基金制度》《国外生前预约殡葬服务合同制度》《国外殡葬服务设施标准》《国外殡葬法规处罚制度》。

国外殡葬法规研究项目的成果，包括2003年8月出版的《国外殡葬法规汇编》一书，不仅填补了我国殡葬理论研究的一项空白，也填补了我国殡葬管理基础工作的一项空白，不仅对目前调整、修订殡葬法规、政策具有积极的启发指导作用，而且对我国殡葬行业的专业教育和殡葬服务业发展具有一定的积极意义。学习借鉴国外殡葬法规中先进、科学、合理的方面，有助于我们在立法工作中少走弯路，有助于促进我国的法制建设。

外国殡葬法规资料的翻译、整理以及《国外殡葬法规汇编》一书的出版，对《殡葬管理条例》的修订工作具有启迪性的参考和借鉴价值，也在一定方面填补了我国殡葬理论研究的空白，得到了地方有关同志和部领导的高度评价和赞扬。附在书中的《国外殡葬服务经营许可》、《国外殡葬从业人员执业资格制度》、《国外殡葬服务基金制度》、《国外生前预约殡葬服务合同制度》、《国外殡葬服务设施标准》、《国外殡葬法规中的处罚制度》等六个专题研究报告，都具有较强的学术价值。

二、殡葬理论学术研究成果在2004年“民政论坛”上得到展示和宣传

在2002－2003年度调研成果的基础上，社会福利和社会事务司积极组织推荐殡葬工作调研报告、理论文章共计40篇参加民政理论研究征文活动，有六篇文章在2004年“民政论坛”上获奖。

继2003年成功举办首届“民政论坛”后，2004年民政部又向社会公布了政策理论研究课题指南，党政机关、高等学校、科研院所、民间组织尤其是全国民政系统积极响应，踊跃参与，提交论文600多篇，其中殡葬方面的论文共计50篇，论坛评选出优秀论文60篇，其中，二等奖19篇，三等奖41

篇。民政部社会福利社会事务司课题组的《我国殡葬改革的历史和经验》一文获二等奖；上海市殡葬服务中心朱金龙的《我国殡葬服务市场秩序的规范问题》、湖北省武汉市民政局陈昌毅的《殡葬管理实践与思考》、民政管理干部学院杨根来的《中国殡葬业走可持续发展道路的几点思考》、民政部社会福利和社会事务司张洪昌、李健、谯喜斌的《我国殡葬事务的行政管理》、浙江省民政厅社会事务处课题组的《关于殡葬服务产业化问题的探讨》等五篇文章获得三等奖。其中《殡葬服务市场秩序的规范》的作者朱金龙同志还作为获奖论文代表在民政部2004年12月举办的"2004民政论坛"大会上发言，获得专家好评。

三、上海第二届国际殡葬论坛暨殡葬设备用品交易会成果显著

2004年11月16—19日，上海第二届国际殡葬论坛暨殡葬设备用品交易会隆重开幕。民政部副部长李立国、上海市副市长周太彤出席会议并致辞，民政部社会福利和社会事务司张明亮司长出席开幕式剪彩仪式，张世峰副司长出席嘉宾论坛。

本次论坛以"殡葬与环保"为主题，围绕对"殡葬业的可持续发展、清洁生产、循环经济、突发性公共卫生事件的遗体处理、殡葬环保的法律法规研究等内容展开交流和研讨。来自国际殡葬协会、国际火葬协会、欧洲联盟殡葬行业服务协会、意大利国家殡葬协会等机构以及中国殡葬协会和各省厅殡葬协会有关领导、各地主要殡葬服务机构负责人等近500人参加了大会。

本次论坛共收到论文110篇，上一届上海国际殡葬论坛研讨会收到71篇论文。从会上获悉，上海将在全市范围内推行使用遗体卫生盒，改良防腐液，提倡用紫外线消毒和二氧化氯消毒方式，大力研究和推广绿色火化炉和使用绿色垃圾焚烧炉。力图将绿色殡葬的思想贯穿到整个殡葬服务过程、材料消耗、产品生产、技术研究等各个领域，努力构建与上海城市社会经济环境协调发展以及市民消费需求相适应的"绿色殡葬"。

救助管理

【全国部分省市救助管理工作座谈会】 2004年2月17日至19日，全国部分省市救助管理工作座谈会在广东佛山举行。会议就制定城市生活无着的流浪乞讨人员中特殊困难救助对象的跨省返乡文件和"全国流浪乞讨人员救助管理信息系统"的需求分析进行了研讨。20个省（区、市）的救助管理工作主管处长和救助管理站站长参加了座谈会。

（李永新）

【特殊困难救助对象跨省返乡工作】 2004年5月28日，民政部、财政部联合下发了《关于做好城市生活无着的流浪乞讨人员中特殊困难救助对象的跨省返乡工作的通知》（民函［2004］128号），对受助人员中没有自主返乡能力的残疾人、未成年人和其他行动不便者等特殊困难救助对象跨省返乡问题做出了专门规定。

通知规定，各地要严格按照《救助管理办法》和《实施细则》的有关规定，积极采取措施，完善救助管理制度，切实履行跨省接回特殊困难救助对象的责任。流入地救助管理站要在查明特殊困难救助对象户口所在地、住所地同时，通知其亲属、单位接回；在其亲属、单位不肯将其接回的情况下，将他们送到本省承担特殊困难救助对象跨省返乡工作的救助管理站（简称"跨省救助管理站"），并由省级民政部门通知流出地省级民政部门将其接回。

流出地省级民政部门在接到流入地省级民政部门的通知后，要尽快通知本省相关跨省救助管理站将特殊困难救助对象从流入地的跨省救助管理站接回，时间一般不超过7天。因特殊情况需要延长时间的，流出省跨省救助管理站应报省级民政部门批准。

对流出地因特殊原因不能

接回的，流出地、流入地省级民政部门就其返乡方式和经费问题进行协商，可采取协议的方式，由流入省护送返乡。

为了保证特殊困难救助对象及时顺利返乡，流出地省级民政部门应根据需要，在现有救助管理机构中确定跨省救助管理站，并报民政部备案。跨省救助管理站除承担本地区救助管理工作外，还负责接回、接收本省（自治区、直辖市）流出的特殊困难救助对象并将其护送返乡；接收省内其他救助管理站移送的跨省特殊困难救助对象，并可根据流出省、流入省双方协议护送返乡。跨省救助管理站接送特殊困难救助对象，需要在第三省转换交通工具的，当地救助管理站要予以协助。流入地和流出地毗连的，为减少路程和环节，省级民政部门之间可以相互协调，就近就便解决跨省接送事宜。流入地、流出地交接跨省特殊困难救助对象时，应办理交接手续。

各级民政部门要认真履行工作职责，规范特殊困难救助对象跨省返乡工作程序，加强指导、监督、检查，切实维护特殊困难救助对象合法权益。跨省救助管理站要严格执行相关政策规定，根据特殊困难救助对象的不同特点，实行文明管理，并采取必要的保护措施。接送特殊困难救助对象应实行一站式，中途不得转交、遗弃。要建立跨省接送安全责任制，制定突发性事件处置预案，并认真落实。一旦遇到突发性事件，必须把特殊困难救助对象的生命安全放在首位，果断处理，确保跨省接送工作顺利进行。

地方各级财政部门要按照《财政部、民政部、中央机构编制委员会办公室关于实施城市生活无着的流浪乞讨人员救助管理办法有关机构编制和经费问题的通知》（财社［2003］83号）要求，落实救助管理工作经费，省级财政部门应根据跨省救助任务量对跨省救助管理站予以补助。财政部督促省级财政部门落实救助管理工作经费。中央财政通过一般转移支付对中西部救助管理工作予以补助。

（李永新）

【跨省救助管理站】 跨省救助管理站是指各省（自治区、直辖市）承担城市生活无着的流浪乞讨人员中特殊困难救助对象跨省返乡工作的救助管理站。跨省救助管理站由省级民政部门根据需要在现有救助管理机构中确定，并报民政部备案。跨省救助管理站的主要职责是：一、承担本地区救助管理工作；二、负责接回、接收本省（自治区、直辖市）流出的特殊困难救助对象并将其护送返乡；三、接收省内其他救助管理站移送的跨省特殊困难救助对象，并可根据流出省、流入省双方协议护送返乡。根据跨省救助管理站的跨省救助任务量，省级财政部门对跨省救助管理站予以补助。

（李永新）

【全国救助管理工作经验交流视频会议】 2004年12月22日，全国救助管理工作经验交流视频会议在北京举行。会议由贾治邦副部长主持，李立国副部长出席会议并讲话。

李立国副部长在会上总结了一年来救助管理工作情况，指出各地在贯彻《救助管理办法》的过程中思想认识不断提高，救助管理政策体系逐步建立，救助管理工作机制正在形成，救助管理服务体系初步建立，救助管理工作方式不断创新，流浪儿童救助保护得到了进一步加强，救助管理站的服务功能进一步拓展；结合救助管理工作面临的形势，提出了今后一个时期救助管理工作的总体思路是：以“三个代表”重要思想和科学发展观为指导，以“以民为本、为民解困”为宗旨，以创新工作方式为动力，以加强救助管理基础建设、建立健全救助管理工作管理体制和运行机制、积极主动开展救助管理工作为任务，全面提高救助管理工作水平，切实保障特殊困难群众的基本生活权益；2005年的救助管理工作重点做好六个方面的工作：一是围绕社会关注的焦点问题，立足民政职责，充分发挥社会稳定机制的作用；二是建立新型的流浪儿童救助保护工作机制；三是切实做好特殊困难救助对象跨省返乡工作；四是妥善解决危重病人、精神病人的救治问题；五是做好救助管理信息系统部署工作；六是积极探索救助管理工作的社会化发展途径。

会上，辽宁省民政厅、广东省民政厅、江苏省民政厅、四川省成都市民政局、黑龙江省哈尔滨市救助管理站、河南省郑州市救助保护流浪少年儿童中心六个典型单位代表从不同角度介绍了一年多来做好救助管理工作的经验。各省、自治区、直辖市民政厅(局)，计划单列市民政局，新疆生产建设兵团民政局有关负责人及救助管理处同志在各分会场参加了会议。

（李永新）

【流浪儿童救助保护国际合作项目】 2004年，民政部继续推进与联合国儿童基金会、英国救助儿童会的合作项目。民政部与联合国儿童基金会合作在河南省郑州市流浪儿童救助保护中心进行“类家庭”救助保护模式实验，同时开展了全天候救助点、街头流动救助、家庭寄养、职业技能培训等项目；在湖南省长沙市流浪儿童救助保护中心进行“大房子”救助保护模式实验。民政部与联合国儿童基金会、英国救助儿童会合作进行了流浪儿童救助保护工作状况调研，调研人员分成两组，分别对广东、广西、云南和辽宁、吉林、黑龙江进行了调研，初步掌握了流浪儿童救助保护工作的基本情况和存在的问题，有针对性地提出了流浪儿童救助保护立法的政策建议。民政部与联合国儿童基金会合作，组织部分省市的流浪儿童救助保护一线工作人员到美国考察学习；与英国救助儿童会合作，组织部分省市的流浪儿童救助保护一线工作人员到印度、澳大利亚考察学习，通过对发达国家和发展中国家流浪儿童救助保护工作情况的考察学习，对于全面了解这些国家的救助法规政策和制度，提高实际工作者的专业素质和工作能力，进一步研究制定符合中国国情的流浪儿童救助保护法规政策，都具有重要的推动作用。

（李永新）

【流浪儿童救助保护的创新形式】 1992年以来，民政部先后与联合国儿童基金会、英国救助儿童会开展流浪儿童项目合作，学习国外先进经验，探索适合中国国情的救助保护模式。目前，合作项目执行单位采用的流浪儿童救助保护的形式有：

一、“类家庭”救助保护模式

“类家庭”救助保护模式主要在河南省郑州市流浪儿童救助保护中心进行实验。类家庭是指为年龄在8－14岁之间的智力正常、身体健康的屡送屡返的或无“家”可归的流浪儿童在社区中建立住所，使他们得到寄养、看护和教育。

“类家庭”的目的：对屡送屡返流浪儿童行为与思维方式的改变起到影响和干预。培养流浪儿童独立的生活能力，学会合作、协作精神，养成良好的生活习惯，为今后融入主流社会独立生活做准备。

“类家庭”的干预机制：短期过渡性的，不是永久性的。

“类家庭”的规模：每个“类家庭”流浪儿童的数量不超过10个，年龄不等，有2名辅导员。

“类家庭”的运作：“类家庭”的儿童必须来源于流浪儿童救助保护中心，以本省的流浪儿童为主，经过中心老师的详细询问、落实情况、疏导教育、双向选择(儿童要自愿到“类家庭”生活)、条件具备后，即可进入“类家庭”生活。进入“类家庭”的儿童，可以就近入学，可以安排接受职业技术培训，如：送到正规的专业技术培训学校学习，使他们能够掌握一技之长，提高自食其力、自谋生路的能力，为很好地融入主流社会做准备。

“类家庭”的管理：由流浪儿童救助保护中心负责，中心的管理人员定期检查、指导工作，随时解决工作中遇到的问题。

二、“大房子”救助保护模式

“大房子”救助保护模式主要在湖南省长沙市流浪儿童救助保护中心进行实验。“大房子”主要是为7－15岁孤儿和无家可归的流浪儿童提供一套住所，配备相应的生活设施和专职的保育员，实行开放式管理，根据儿童的特点开展简单的劳动技能培训和文化知识学习。对特殊的儿童可以安置在附近的社区就读。

“大房子”的宗旨：为流浪

儿童提供一个相对稳定和温暖的庇护场所，接受正规的普及教育和劳动技能培训，使他们的心灵得到净化、感化，帮助他们树立正确的世界观、人生观、价值观，提高他们的自信心和独立生活能力，唤起他们回归主流社会的强烈愿望，为他们脱离街头生活，培养健康的心理奠定基础。

"大房子"的管理：实行全开放式管理。"大房子"紧邻社区，由专职的保育员全日制负责日常生活管理。社会工作者定期来"大房子"对流浪儿童开展心理咨询和各种各样的社工活动。

"大房子"的资金支持：来源于政府、合作单位、社会捐赠等。

三、全天候救助点

郑州市流浪儿童救助保护中心在流浪儿童较为集中出没的郑州火车站附近建立了全国第一家流浪儿童"全天候救助点"。流浪儿童"全天候救助点"是完全开放式的，有 2 名辅导员，它不仅为流浪儿童提供饮食、休息、洗澡等服务，而且有电视、电脑、儿童读物等多项娱乐活动。全天候救助点的建立使流浪儿童得到了及时有效的救助保护。

四、家庭寄养

民政部于 2003 年 10 月 29 日颁布的《家庭寄养管理暂行办法》规定，儿童家庭寄养是指经过规定的程序，将民政部门监护的儿童委托在家庭中养育的照料模式。寄养儿童是指监护权在县级以上地方人民政府民政部门，被民政部门或者民政部门批准的家庭寄养服务机构委托在符合条件的家庭中养育的、不满十八周岁的孤儿、查找不到生父母的弃婴和儿童。郑州市流浪儿童救助保护中心对被遗弃并且无家可归的年龄较小的流浪儿童实施了家庭寄养。目的是利用家庭寄养工作方法，探索流浪儿童回归社会的一条新路。

五、职业技能培训

通过对流浪儿童进行职业技术教育和培训，使其掌握一技之长，培养自食其力、自谋职业的能力，为成功融入主流社会做准备。郑州市流浪儿童救助保护中心在这一方面进行了探索，目前已经开展的技能培训有：汽车修理、缝纫技术、电脑培训、无线电修理等。

六、街头流动救助

郑州市流浪儿童救助保护中心针对出现在郑州街头的流浪儿童，与郑州大学社会工作系师生合作，以流动救助车作为载体，利用外展社会工作的专业方法，与流浪儿童进行交流沟通，从而劝导更多的流浪儿童进入中心接受救助，收到了良好的效果。

（李永新）

涉外收养

【2004 年涉外收养工作发展概况】 2004 年，涉外收养工作以"三个代表"重要思想为指引，落实"以人为本"科学发展观，围绕贯彻全国涉外收养工作会议（以下简称南昌会议）精神和落实"对外国收养组织实施评估制度"（以下简称评估制度）两大核心任务，统一思想认识，规范整体工作环境，开创了管理与发展并重的新局面。

一、贯彻南昌会议精神

南昌会议立足于涉外收养工作全局，明确了加强规范化管理的发展思路。会上下发的《关于社会福利机构涉外送养工作的若干规定》（以下简称《若干规定》），对全国涉外送养工作的基础性环节提出了具体的标准和要求，以规范程序来促进整体工作的良性发展。为全面贯彻南昌会议精神，推动《若干规定》顺利执行，中国收养中心组织全体工作人员开展了业务学习，重点学习《若干规定》。通过学习，工作人员不仅系统掌握了文件的内容，而且对文件出台的背景和重要意义有了更深入的理解，达到了统一思想、明确任务的目的。

为推动《若干规定》在全国范围内的落实，2004 年 5、6 月间，中国收养中心组织了对广东、广西、云南、湖南、湖北、安徽、江苏、江西、福建、四川、陕西、山西、黑龙江、辽宁、吉林 15 个省的调查研究。调查针对《若干规定》执行情况，并紧紧围绕规范化管理这一核心思路，根据各地不同的工作特点，总结经验，找出问题，研究对策，对进一步促进《若干规定》的落实，起到了积极作用，也为召开全国涉外收养工作交流会奠定了基础。

针对实际工作中因儿童体检不准确、不全面影响涉外送养的问题，按照南昌会议的要求，在对全国18个省、市、自治区开展涉外送养的社会福利机构定点体检医院的选择情况进行调查分析的基础上，民政部下发了《关于涉外送养儿童体检定点医院有关问题的通知》，进一步明确了定点体检医院的选择标准。为配合《若干规定》的执行，指导社会福利机构做好儿童计划免疫接种工作，民政部下发了《关于切实做好社会福利机构儿童计划免疫工作的紧急通知》，要求各地对在院儿童计划免疫情况进行普查，建立健全计划免疫制度，规范计划免疫程序。

为帮助社会福利机构解决因集中供养可能给在院儿童带来的情感发育问题，中国收养中心联合华东师范大学从事儿童心理研究的专家，共同编写、制作了《弃、孤(残)儿童的情绪发展与收养准备》培训教材及配套光盘，发给所有开展涉外送养的福利院，帮助福利院保育人员关注弃、孤(残)儿童的心理健康，及早发现在院儿童的情感问题，指导工作人员进行有针对性的矫正，为促进弃孤儿童科学抚育、情感健康发展、顺利融入收养家庭提供实际操作方面的有益指导。

二、落实评估制度

评估制度是对外国收养组织来华收养行为的规范，是优化我国涉外收养整体工作环境的一个重要组成部分。2004年度落实评估制度，主要是审核外国收养组织的资质和规范外国收养组织在华联系人的行为两个方面。

根据评估制度的要求，中国收养中心对137个外国收养组织递交的资质证明文件进行了审核，从基本情况、工作流程、服务内容、收养经验、人员情况、组织结构等6个方面全面掌握了收养组织的情况，找出了收养组织存在的主要问题，终止了与三家资质条件不符合要求的收养组织的合作。在资质审核的基础上，将有关数据录入计算机管理系统，将资质证明文件立卷归档，建立了收养组织信息库，为今后的查询、统计工作提供了必要条件，有力地保障了评估制度的顺利实施。

评估的另一项主要工作是规范外国收养组织在华联系人的行为。为确保我国涉外收养工作安全稳妥地开展，按照评估制度的要求，中国收养中心对确因跨国收养工作需要而在华设立联系人的收养组织，登记备案了其在华工作人员情况，没有备案的联系人不准再参与在华的跨国收养工作。通过清理备案，为规范收养组织在华联系人的行为创造了良好的条件，也为举办在华联系人情况通报会做了必要的准备。

三、提高涉外收养信息化水平

为提高工作效率，实现南昌会议提出的年送养量百名以上的省份2004年实现跨地区网络数据报送的要求，涉外收养信息系统计算机操作培训班于2004年3月在京举办，来自16个省、市、自治区的26名负责被送养儿童材料报送和信息录入的工作人员参加了培训。目前，已有85%的被送养儿童信息和收养家庭信息通过网络传输，减少了重复劳动，增加了数据的准确性，提高了工作效率，为下一步建立覆盖全国的涉外收养计算机信息网络打下了坚实的基础。

四、加强对外沟通、交流

涉外收养工作受文化差异影响很大，需要通过交流，宣传我国的政策和做法，并及时了解对方的新情况、新动向，妥善解决合作中存在的问题。2004年涉外收养工作注重了与外国使领馆、政府主管部门、收养组织的沟通，如就收养个案问题与美国驻广州领事馆会谈，就新增合作组织问题与法国卫生、家庭及残疾人事务部会谈，就改进工作方法问题与西班牙驻华大使会谈等。还通过出访，重点解决了澳大利亚指定体检医生为被收养儿童体检的问题，英国调整政府主管部门后的工作协调问题和英国在华工作人员领养儿童的政府批准书问题，法国拟新设国家收养工作机构及新增机构来华收养合作问题，与韩国、越南两个送养国建立沟通渠道等事宜。这些积极主动的沟通加深了相互间的了解，增进了与各方的友谊，赢得了广泛的支持，推动了与国外收养合作关系的良性发展，保证了我国涉外收养工作顺利进行。

为帮助中国被收养的孩子了解中华民族孝亲敬老的传统美德，领会父母关爱子女、子女孝敬父母的至情至爱，保有和升华对祖国的感情，中国收养中心组织出版了《中华敬老故事精选》一书，作为礼物赠送给每一个来华领养的外国家庭，以更好地体现祖国亲情和人文关怀。

【全国涉外收养工作交流会】 2004年10月18日至19日，全国涉外收养工作交流会在广东召开。民政部李立国副部长、社会福利和社会事务司张明亮司长、中国收养中心陆颖主任出席会议，并做重要讲话。全国30个省、自治区、直辖市的78名代表参加了会议，其中，广东、湖北、广西、安徽等省的代表就本省贯彻南昌会议、执行《若干规定》的情况做了典型发言。

与会代表交流了一年来各地贯彻执行南昌会议和《若干规定》的情况，肯定成绩，总结经验，并研究解决问题。李立国副部长就完善涉外收养工作体系机制、保证涉外收养工作健康发展做了重要讲话。讲话总结了贯彻南昌会议精神和《若干规定》的成绩和主要经验，提出要巩固涉外收养工作的良好局面、进一步加强涉外收养工作的规范化管理、继续完善涉外收养工作的体系机制，同时明确了下一阶段涉外收养工作的主要任务。陆颖主任重点介绍了各地贯彻落实《若干规定》的基本情况，对执行《若干规定》过程中存在的主要问题提出了解决意见，并以贯彻落实《若干规定》为契机，明确了加强规范化管理的工作方向。此次会议达到了统一思想、明确任务、相互学习、相互借鉴的目的。

【在华联系人工作情况通报会】 2004年12月9日，收养组织在华联系人工作情况通报会召开，72个收养组织的69名在华联系人参加了通报会。会上，中国收养中心陆颖主任发表了题为《精诚合作，共献爱心》的重要讲话，就涉外收养工作的原则、近年来涉外收养工作的主要进展、对收养组织在华联系人的要求和工作中的难点热点话题进行了深入细致的分析和阐述。中国收养中心各业务部门针对工作中经常遇到的问题，从文件递交、暂停办理、特殊需要儿童安置、安置后报告制作、"明天计划"的实施等不同角度，宣传有关法律法规，介绍涉外收养工作的程序、需要特别注意的事项等内容，帮助在华联系人更好地了解情况，加强合作。这是涉外收养工作开展以来第一次举办对外国收养组织在华联系人的交流活动，取得了通报、沟通和交流的效果。今后，这样的会议每年举办一次。

老龄事业

老龄工作概况

【各成员单位积极发挥职能作用】 在保障老年人基本生活方面，劳动和社会保障部在全国实现了企业离退休人员基本养老金无当期拖欠。为2004年前办理手续的企业退休人员增加基本养老金人均每月40元。推进城镇医疗保险制度改革，全国参保人数达到12074万人，企业退休人员社会化管理率达到91.3%。民政部协调发改委、财政部联合发文，要求各地切实采取措施，保障农村"五保"老人的生活。会同财政部在全国农村建立医疗救助制度，努力解决"五保"老人和贫困老人的基本医疗问题。人事部认真研究完善退休人员退休费计发办法和调整机制的意见，积极探索事业单位养老保险制度改革。人口和计生委在9省9市农村开展试点，建立制度，奖励扶助农村计划生育家庭满60周岁以上的夫妇。

在推动老年福利事业发展方面，民政部用三年时间投入39.86亿元、地方财政配套43.36亿元、社会力量投资51.63亿元，新建和改扩建城乡社区"星光老年之家"32490个。2004年又安排6000万元用于城乡老年社会福利机构建设。发改委在社区国债项目试点工作中，安排了一批以老年人为主要对象的社区福利和服务设施建设项目。国家体育总局继续实施"雪炭工程"，拨款300万元资助10个省(区、市)老年人体育场地设施建设。建设部进一步完善养老设施的规范标准，并会同有关部委加强对全国无障碍设施建设工作的督促检查。卫生部组织实施"光明行动"，积极开展老年白内障治疗工作，全年完成7000多例。团中央通过开展"金晖行动"、"青春辉映夕阳红"、"红领巾为老送温暖"等活动，拓展志愿者服务范围。

在强化舆论宣传方面，中宣部将老龄工作作为检验精神文明创建成果的一项重要内容，纳入全国精神文明建设总体规划，宣传了一批先进典型。广电总局采取多种形式，报道老龄重要活动，宣传老龄工作，为促进老龄事业发展营造了良好的社会舆论氛围。

在丰富老年人精神文化生活方面，中组部和解放军总政治部分别召开了"全国老干部先进个人和先进离退休干部党支部表彰大会"和"全军老干部工作暨先进干休所、先进离退休干部、先进老干部工作者表彰电视电话会议"，为做好老年思想政治工作树立了先进典型，提供了新鲜经验。教育部与有关部门共同组织开展"银色之光"思想道德教育活动，充分发挥老干部做思想政治工作的优势和在关心教育下一代方面的作用。文化部为推进基层老年大学建设，在制定全国文化先进县标准时，明确要求每个先进县必须有一所老年大学。在全国群众文化的最高奖项"群星奖"评选工作中，首次增设了老年组。国家体育总局再次举办了"全国亿万老年人健身活动展示大会"。中直机关工委、中央国家机关工委围绕庆祝建国55周年，组织开展了许多适合老同志特点的活动。新闻出版总署加大扶持老年报刊和出版社的力度，安排出版、发行了大量老年人喜爱的好读物。

在维护老年人合法权益方面，文化部下发《关于公共文化设施向未成年人等社会群体免费开放的通知》，对参观文化系统各级博物馆、纪念馆、美术馆的老年人实行门票减免或优惠待遇。公安部在制定法规制度、加强派出所建设、办理涉老案件等方面，注重维护老年人的合法权益。司法部要求各级司法行政机关、公证管理等部门，积极开展对老年人的各项法律服务。国家民委加强少数民族老年人的法制宣传教育工作，努力为少数民族老年人提供法律和政策咨询。国家旅游局加强对开办老年旅游业务旅行社的规范化管理，切实保护老年人合法消费权益不受侵犯。全国总工会针对退休人员关注的热点难点问题，积极向有关部门反映情况、提出建议。全国妇联注意协调政府有关部门，在立法和制定政策的过程中，反映和体现老年妇女的合理要求。

【各地创造性开展工作】 着力抓好"创建工作"，推动基层老龄工作卓有成效地开展。为了切实加强基层老龄工作，自2003年开始，各地按照全国老龄委的安排部署，认真开展了"创建全国老龄工作先进县(市、区)和评选全国老龄工作先进单位活动"(以下简称"创建工作")，使基层老龄工作出现了可喜的局面，取得明显成效。各级党政领导对老龄工作重要性的认识进一步提高，许多地方把老龄工作摆上党委和政府的工作议程，列进政府年度工作计划，纳入部门工作目标考核内容。在落实老龄政策、建设为老服务设施和丰富老年人精神文化生活等方面，精心组织，加大投入，实实在在地为老年人办了许多好事、实事。总之，"创建工作"提升了老龄工作的整体水平和社会地位，促进了基层老龄事业的全面发展。目前，经过层层推荐、严格评选、认真审核，确定了150个先进县(市、区)和240个先进单位，已经全国老龄委审定并印发决定予以表彰。

积极理顺工作体制，解决地方老龄工作机构面临的实际问题。按照回良玉副总理关于"要从有利于工作出发，切实加强机构建设，形成上下贯通、管理有序的老龄工作体制"的要求，各地着重解决机构建设中存在的规格不明确、编制经费不到位、职责任务不清晰等突出问题。目前，省、地两级老龄工作机构大多数得到理顺，县级及县级以下机构理顺工作有了较大进展。山东全省139个县(市、区)和1953个乡镇(街道办事处)全部成立了老龄工作委员会并设立了办事机构；乡镇级老龄办配备专职老龄工作干部1121人，兼职老龄工作干部3063人。天津市、江苏省把老龄办的机构建设和工作经费落实情况作为工作考核的重要内容。重庆等地建立了老龄工作经费随财政收入及老年人口增长而同步增长的机制。

加大资金投入，加快为老服务设施建设。各地普遍加大财政资金投入，新建改建了一批适合老年人需求、功能比较完善的老年公寓、老年活动中心、老年学校、文化健身广场等设施。西藏自治区安排1.2亿元专项经费建设34处老年活动场所。山东省大力兴办"双百工程"，对100处县级老年福利服务中心和100处乡镇敬老院予以重点扶持。各地在不同程度地加大资金投入的同时，还采取积极措施，鼓励和吸引社会力量投资建设为老服务设施。

探索有效途径，推动农村老龄工作。面对农村老龄工作出现的诸多新情况、新问题，各地积极开展工作。继续推行签订家庭赡养协议书，明确赡养责任，巩固家庭保障功能。建立农村特困户救助制度，采取措施落实农村"五保"政策，有条件的地方建立了农村最低生活保障制度，使"五保"和特困老人基本生活困难基本得到解决。通过建立老年人协会或村老龄工作委员会，培育和发展农村基层老年群众组织，解决农村老龄工作的载体问题。云南省民政厅、财政厅联合实施"百村建设"三年规划，有效促进了老年人协会的发展。

加强舆论宣传，营造敬老爱老助老的良好社会氛围。各地老龄办通过开展“老龄新闻奖”评选活动，加强了对老年报刊的指导，充分发挥新闻媒体的作用，宣传党和政府关于老龄工作的方针政策，普及老年法律法规知识，提高全社会的老龄意识和敬老意识。福建、陕西、宁夏开展敬老模范村（居）评选，北京、广西、深圳、厦门、大连等许多地方表彰敬老模范人物、家庭、单位，树立宣传先进典型，弘扬了中华民族的传统美德。

开展多种形式的文体活动，丰富老年人精神文化生活。按照回良玉副总理关于开展老年文化活动“应从实际出发，以多样化为宜”的指示精神，各地充分发挥基层老年群众组织的作用，以老年群众文体组织为依托，开展了许多丰富多彩的老年文化体育娱乐活动。河北、云南、湖北、贵州等地组建了老年艺术团，带动老年文化活动深入持久地开展。陕西、浙江、宁夏、宁波等地举办老年艺术节，各地普遍在“重阳节”期间开展了系列活动，将老年文体活动推向高潮。

【全国老龄办重要业务工作取得新进展】 全国老龄委办公室在全国老龄工作委员会直接领导下，在各成员单位大力支持和各地老龄工作机构密切配合下，认真开展工作，切实发挥作用。

一是加大了综合协调力度。按照全国老龄委第六次全体会议精神，协调督促各成员单位研究制定2004年为老服务计划，检查评估《中共中央、国务院关于加强老龄工作的决定》和《中国老龄事业发展“十五”计划纲要》的贯彻落实情况。

二是继续组织开展了“银龄行动”。2004年，“银龄行动”的试点范围从5个省市扩大到20个。通过扩大试点，不仅提高了老龄工作的影响力，也为将来更大范围地推动“银龄行动”积累了经验。其中，北京、上海、江苏、广东等经济发达地区，在医疗、教育、文化、科技等许多领域为对口支援的西部省份提供智力援助，为西部地区的发展做出了贡献。吉林、辽宁、黑龙江等地结合振兴东北老工业基地的实际，安排“银龄行动”的援助项目，利用老学者、老专家和广大老同志的丰富经验和知识，就东北振兴提出了许多建设性意见，解决了一些企业和地区发展的关键性难题。山东、甘肃、安徽、四川等省也都开展了卓有成效的省内援助行动，反响良好。实践证明，“银龄行动”是实现老年知识分子老有所为的重要平台，应不断总结试点经验，在全国推广。

三是深入基层调查研究。重点围绕加强基层老龄工作、发展老龄产业、农村老龄工作等问题，开展深入细致的专题调查研究。进一步了解掌握了基层老龄工作的实际情况，分析研究了老龄事业发展中存在的突出问题，提出了一些切实可行的对策建议。

四是联合有关部门组织开展了相关活动。会同民政部、文化部、广电总局在“重阳节”期间，举办了中国老年艺术团《红叶风采》大型文艺晚会，回良玉副总理、顾秀莲副委员长及有关方面领导同志出席观看节目，充分体现了党和国家对老龄事业的高度重视，对亿万老年人的亲切关怀。与中宣部和中央电视台联合摄制完成了我国第一部全面反映国际老龄化背景下中国老龄问题的电视纪录片《无声的革命——中国老龄行动报告》，生动形象地介绍了我国人口老龄化的发展趋势，全面真实地反映了我国老年人的物质和精神文化生活，客观详实地记录了我国老龄事业的发展历程，对引导全社会高度关注老龄问题、大力支持老龄工作起到了很好的启示作用。会同中宣部、教育部、团中央、全国妇联继续深入推动敬老爱老助老主题教育活动，组织开展了“中华孝亲敬老楷模”等四项评选活动，受到社会各界特别是老年人的普遍欢迎。

五是加强自身建设，提高整体水平。2004年，全国老龄办注重提高老龄工作系统自身建设的整体水平，举办了全国老龄统计工作培训班和第二期全国老龄工作干部培训班，目前地方处以上老龄干部已有三分之二接受了培训；正式启动了全国老龄事业统计工作，为全面了解掌握老龄事业的发展状况、进一步推动老龄工作奠定了良好基础。

（曾琦、王绍忠、张忆群）

老年维权工作

【扎实开展老年维权工作】 各地将《中华人民共和国老年人权益保障法》(以下简称《老年法》)列入"四五"普法内容,采取多种形式广泛宣传,强化全社会维护老年人合法权益的法制观念。重庆、辽宁、福建、青岛等地老龄办配合人大对《老年法》执法情况进行调研,推动和促进老年法律法规政策的贯彻落实。

【推动老年人优待政策的完善和落实】 宁夏出台了《老年人合法权益保障条例》,山东将制定《家庭赡养与扶养条例》列入省人大立法计划,河北、海南等省也正在抓紧起草老年人权益保障的地方性法规,四川等省修改和完善了老年人优待政策,增加了优待内容,提高了优待标准。陕西、甘肃、安徽、青海等地针对一些家庭存在赡养纠纷的现象,通过签订《家庭赡养协议书》,使老年人的被赡养权得到了有力保护。湖北、陕西等省还实行了老年人优待全省一证通,使持证老人在省内各城市都能够享受优待。吉林、安徽、陕西、浙江等地积极筹措资金,加大对特困老年人的救助力度。

【高度重视老龄信访工作】 2004 年共接处群众来信、来访 662 件(次),来访 107 人次,来电上千个。从来信、来访中反映的问题看,居前三位的有政策待遇方面,共 181 件,占总数的 36%;养老金方面,126 件,占总数的 25%;医疗方面,39 件,占总数的 8%。从来信、来访的区域来看,居前三位的分别是华东地区,132 件,占总数的 26%;其次是中南地区,124 件,占总数的 24%;再次是东北地区,81 件,占总数的 16%。全国老龄办高度重视信访工作,一是把信访工作作为评选全国老龄工作先进县(市、区)的条件之一。二是对重点疑难问题领导亲自接待。三是改善上访老年人进机关不方便的问题。四是对明显侵权行为进行认真督察、督办。

(庞涛)

老龄科研工作

【基本情况】 分析了当前老龄社会的衰老问题和老年人问题,考察了关于人口老龄化现象的认识过程,讨论了对待老年人问题的不同文化价值观念,研究了老龄社会的基本矛盾、基本特点、发展阶段和两类不同类型的老龄社会,考察了发达国家和发展中国家两类不同类型的老龄社会的主要差异,为认识老龄社会确立了初步的理论框架。

当前的研究从老龄社会的大视野入手,强调包括老年人问题在内的所有人群的问题都需要重新反思和重新认识,分析了人们对老年人问题在认识上的误区,论证了认识老年人问题的理论取向,重点考察了老龄社会条件下老年人问题的特点、内容和本质,并对深化老年人问题研究提出了思路,为理论老年学增添了一些新的内容。

【基础研究】 《老龄科学研究基础数据库》。本项目是中国老龄科学研究中心向科技部申报的科学基础性研究项目,在通过科技部组织专家评审后,立项为国家科技基础性工作专项项目,投入专项资金 100 万元。《老龄科学研究基础数据库》,是采用 B/S 集成结构,在 ORACLE 8i 系列数据库软件平台的基础上完成的,具有较强的管理和查询功能,运行环境安全、稳定,实现了网络环境下老龄科学调查数据和信息的查询与发布。相关人员只要登录中国老龄科学研究中心网站,就可在相应权限内对数据库所收集的原始调查数据和相关文献资料进行查询和调用。系统管理员对整个数据库的原始调查数据和文献资料进行管理和维护。系统支持多用户在线访问、调用。老龄科学研究基础数据库已初步形成较系统、完整的老龄科学研究指标体系；标准、规范、全面的涉及老龄问题研究的国内调查数据库；老龄科学专业文献库及其管理信息系统等成果。该数据库已为全国老龄工作委员会、民政部、建设部等部门提供服务，并向十余个省的老龄工作部门和科研机构及有关单位提供了基础数据分析和信息咨询服务，取得了较好的应用效果。《老龄科学研究基础数据库》是由国家科技基础性专项支持建设的我国第一个全国性老龄科学研究数据库，填补了该领域的国内空白。该数据库内容丰富，包括大量的全国性、区域性老龄调查数据和国内外老龄研究文献资料。其中调查原始数据集 61 个，一次文献 16583 篇，二次文献 30229 条。

《促进老龄产业发展的机制和政策研究》。2003 年 11 月，中国老龄科学研究中心申请的国家科技部 2003 年度国家软科学研究项目“促进老龄产业发展的机制与政策研究”正式批准下达。一年多来，课题组分别赴北京、上海、黑龙江、山东、浙江、江苏、河南、湖北、湖南、广东、云南、贵州、四川等 13 个省市，与当地老龄委、科研部门的同志一起，就老龄产业的发展状况进行调查研究。并于 2004 年 5 月底和 10 月下旬，分别在北京和大连召开了全国老龄产业理论和实践研讨会。课题组在全国的大型调查和专题会议交流的基础上，结合中国老龄科学研究中心 2000 年在全国 20 个省、自治区、直辖市开展的“中国老年人口状况一次性抽样调查”和我国第五次人口普查的相关数据分析，最终完成了《促进老龄产业发展的机制和政策研究报告》。此研究报告详实地、系统地分析了我国人口老龄化发展状况，老龄产业产生的背景、老年人的消费水平和购买力状况，同时还详细分析了我国老龄产业发展中存在的问题及政策评估以及影响我国老龄产业发展缓慢的主要原因，还提出了未来我国老龄产业发展领域的基本设想和优先发展的产业。报告最后还提出发展老龄产业对策和建议，这些对策包括重视老龄产业的发展，切实加强对老龄产业的领导；建立健全社会保障、社会福利体系，促进老龄基础产业发展；制定和完善扶持老龄产业发展的优惠政策；走“政府主导、社会支持、企业参与、市场推动”的老龄产业发展之路；重点做好老龄产业中优先发展的产业，制定统一标准，强化服务意识；培育老年产品市场，加强宣传，转变观念，引导老年人合理消费；建立健全法律法规体系，保护企业利益和老年人消费权益；大力发展经济，加强老龄产业的国际合作，提高老年人的生活水平和质量；积极吸引外资，建立市场信息系统，为老龄产业的发展提供服务；加强老龄产业决策和管理的科学研究。这些对策为国家制定发展老龄产业政策提供了科学的依据。

【项目合作】《中国老年人口健康状况研究》。根据中国老龄科学研究中心与美国普查局国际项目中心正式签署《中国老年人口健康状况研究》的合作项目备忘录，中国老龄科研中心与 2004 年 3 月 16 日至 4 月 23 日派遣两位科研人员到美国普查局国际项目中心，进行了为期五周的工作访问。这标志着该合作项目已经正式启动。据美方项目负责人介绍，此次合作得到美国普查局高层的充分肯定，他们认为这是中美在人口老龄化研究的一个新起点。

《中澳两国老年人社会保障制度对比研究》。通过与澳大利亚新南威尔士大学社会政策研究中心的合作研究，不仅了解国际、国内相关学术研究动态，而且自身的科研水平有了明显提高，本项目涉及老年经济、老年医疗和照料、老年精神文化生活、老年社会参与等内容，澳方专家对中方课题组的工作给予了充分的肯定。课题组成员与澳方专家共同撰写了“中国的退休金制度改革”、“中国老龄化与社会保障”、“中国老年人口贫困状况”等论文。

《艾滋病对老年人的影响》。中国老龄科研中心与中国性病艾滋病预防控制中心共同承担的联合国人口基金第五周期项目“艾滋病对老年人的影响”于2004年11月顺利完成。本报告在利用全国艾滋病监测数据的基础上结合个案调查，第一次揭示了中国老年人中艾滋病的流行状况、受艾滋病影响的老年人的生活现况、面临的问题和需求。这为今后向受艾滋病影响的老年人实施关怀政策奠定了理论基础，也在学术上为艾滋病研究开辟了新的领域。

《北京市社区福利服务调查项目》。经国家统计局和北京市统计局批准，2004年8月17日—20日，中国老龄科学研究中心与日本松阪大学横滨勇树副教授合作进行了“北京市社区福利服务调查项目”，旨在了解目前北京市的社区福利服务状况，并进一步分析入住福利机构的老年人口状况。此次调查由老龄社会保障和产业研究室负责全面实施。调查共选取了北京市东城区和平里街道敬老院、东城区东直门街道敬老院、海淀区四季青乡敬老院三所老年服务机构进行入院调查。具体调查内容共分为两大部分：第一部分为社区福利服务机构状况调查，包括机构名称、所有制形式、机构人员构成状况等；第二部分为社区福利服务机构内的老年人口状况调查，包括老人的家庭状况、身体状况、经济状况以及对福利服务机构的评价等。通过调查，撰写了工作报告和调查报告，进一步了解了目前北京市社区福利服务机构的基本状况，及其所面临的问题。对社区福利机构的所有制形式、服务项目、收费标准、人员配备等情况以及入住老人的特征和需求进行了详细分析；并针对目前社区福利服务机构存在的一些问题，如缺乏具体政策支持，政策落实难；资金来源少，资金总量少；服务项目单一；医护人员少等，提出了相应的对策建议。

《中国长寿城项目》。彭山县每十万人口中拥有百岁老人人数超过7名，老人不仅活得长，而且活得健康，属健康长寿型模式。很早就被誉为中国长寿城，2004年被四川省人民政府命名为省长寿之乡。为更好地确定中国长寿城基地主题，突出科学性和针对性，特委托中国老龄科学研究中心课题组进行相关研究。研究报告包括我国总体以及四川省老龄化、高龄化形势，区域长寿特点，老年需求，老龄产业发展特点，老年居住及环境设计要求和标准等。

《北京一体化养老可行性研究项目》。中国老龄科学研究中心对北京市的老年需求数据进行了汇总整理，对现有的307家养老机构进行了调查，撰写了研究报告和投资可行性项目建议。

（张恺悌、庞涛）

老龄领域项目合作和对外交流

中国老龄协会积极落实第二届世界老龄大会决议及国际老龄行动计划，成功主办了东亚及东南亚地区老龄研讨会、国际第三年龄大学协会第22届代表大会和国际老龄协会第16届代表大会，加强了与联合国有关机构以及相关国际老龄组织的合作，增强了与发展中国家的交流，促进了我国老龄领域与国际老龄领域的交往。按计划继续执行联合国人口基金老龄政策研究项目、欧盟中国中西部地区老年扶贫项目及香港大学为老服务机构专业人员培训项目，完成了联合国人口基金第五周期援华项目子课题“贫困老年人救助模式研究”。同时，开展了与台湾地区有关民间组织的合作与交流。

（苏京华）

综合性民政工作

民政教育与科技工作

【2004年培训计划通报会】 为做好今年干部培训工作，规范培训管理，年初在部机关召开了2004年培训计划通报会。部机关各司局、直属事业单位、部管社团、老龄协会等单位的培训负责人参加了会议。会上，人事教育司包丰宇副司长通报了2003年培训工作的总体情况和2004年的培训工作方案、培训工作计划。孙建春司长发表了讲话，传达了部长办公会关于培训工作的指示，并就如何贯彻有关精神讲了几点意见。孙建春司长在讲话中指出，要从全局和战略的高度，充分认识开展培训工作是贯彻落实中央有关精神的客观要求，是新时期民政事业发展的必然需要，是加强部门自身建设的重要渠道；要进一步突出培训重点，完善民政部门培训体系建设。既要面向部机关又要面向民政系统开展培训，培训一定要务实，要见成效；要严格执行部培训规定，规范培训管理，增强服务意识，树立培训形象，充分利用资源，切实发挥部培训中心的作用。

【全国民政干部教育培训工作会】 2004年11月，民政部在山东青岛召开了全国民政干部教育培训工作会。各省（直辖市、自治区）民政厅（局）、计划单列市民政局人教处长，培训中心、民政院（学、干）校负责人参加了会议。会上，人教司孙建春司长作了《贯彻落实十六届四中全会精神 全面加强民政干部队伍能力建设》的工作报告。王建军副司长做了总结讲话。会议总结了一年来的民政干部教育培训工作，交流了工作经验和体会，指明了今后培训的发展方向，部署了2005年民政干部教育培训工作。在这次会议中，还针对民政系统人教处长的工作需求，特别举办了“公务员能力建设和事业单位改革”培训。

【直属机关干部培训概况】 2004年，针对部机关全体公务员和事业单位领导班子，举办了网络安全知识培训班、标准化知识培训班、依法行政更新知识轮训班、公用政务平台试点单位骨干培训班及各司局开展的适应自身业务需求的个性化培训班等20多个面向直属机关干部的培训班。

【网络安全知识培训班】 2004年2月26日至3月4日，针对机关公务员和部内事业单位上网用户，举办了5期网络安全知识培训班，参训人数89人。此次培训针对部机关公务员在工作中经常遇到的问题，安排了以下培训内容：一是计算机加入域的重要性及加入域的方法；二是病毒和黑客攻击的常用方法及危害；三是部机关联网计算机在日常使用中遇到的一些问题及解决方法。通过培训，公务员了解了网络安全和病毒防护的基本常识，增强了网络安全和病毒防护意识，提高了安全意识和防黑、防病毒能力，具备了处理计算机及网络使用中常见问题的能力。

【标准化知识培训班】 2004年5月27日—28日在民政部培训中心举行民政部标准化知识培训班，有关司局和事业单位人员32人参加了培训。此次培训由人教司教育科技处甄炳亮处长主持，人教司包丰宇副司长在培训班开班典礼上作了《与时俱进 不断创新 努力开创我部标准化工作新局面》的工作报告，国家标准研究院国家标准审查部王长林作了《标准化基础知识》讲座，其中国家标准研究院白殿一的《标准编写》精彩讲座，给大家留下深刻印象。

【依法行政更新知识轮训班】 2004年7月19日—8月13日，针对部机关全体公务员，在南戴河开展了4期依法行政更新知识轮训班，每期5天。培训的主要内容是行政法基础知识、立法法、依法行政实施纲要和民政行政执法知识。考虑到机关公务员的实际需要，培训内容分为理论和实务两个层面。理论层面主要采取播放讲课录像形式，集中收看国家行政学院副院长袁曙宏教授、法学部主任应松年教授以及国务院法制办公室主任曹康泰同志等专家学者的授课录像。实务层面主要由部办公厅领导、法制办领导主讲，结合民政法制工作的实际，重点介绍民政法制工作的现状、内容、特点和存在问题，民政部门在推动依法行政方面所采取的对策和措施，探讨下一步民政法制建设的发展思路。

【政务平台试点单位骨干培训班】 2004年10月25日至27日在民政部培训中心举办了为期3天的政务平台试点单位骨干培训班，来自办公厅、民间局和人教司的8位同志参加了培训。这次培训主要讲授了政务平台综合办公系统、个性化定制、综合办公子系统应用、针对司局专门开发的业务系统（如人事管理系统）的管理维护工作等内容。培训采取集中学习方式，取得了良好的效果，学员们也为今后平台的推广工作提出了许多好建议。

【处级领导任职培训班】 2004年5月31日—6月4日，在民政部培训中心，部人教司和部培训中心联合举办了“2004年民政部处级领导任职培训班”。培训对象是部机关任职不满一年的处级领导职务中尚未参加过任职培训的公务员。共25名处级领导参加了培训班。培训班得到了部领导的高度重视，民政部人教司司长、机关党委书记孙建春等领导出席开班典礼并作了重要讲话。并邀请了民政部办公厅窦玉沛主任、民政部基层政权和社区建设司詹成付副司长、民政部管理干部学院戚学森院长、中国管理科学院常务副院长孙钱章教授、国家行政学院公共管理教研部汪玉凯教授、北京大学政府行政管理学系主任肖鸣政教授、中央党校党建教研部冯秋婷教授等专家学者进行授课。课程设置上分别从不同的角度、不同的层次就领导者的权力、能力与魅力，提高综合素质，实施科学领导，行政领导者的素质能力与工作方法，案例教学与分析课程，领导者的创新思维与决策等多方面内容进行了讲授。同时还邀请了中国教育电视台的专业人士就谈话与表达艺术做了精彩的讲解。通过此次培训，对于新晋升处级领导职务的学员来说，达到了以下目的：提高了学员的思想政治水平，政策理论水平，业务知识水平，依法行政水平；培养和提高了学员的组织领导能力、科学决策能力、综合协调能力和开拓创新能力；增强了学员的现代行政管理意识、全心全意为人民服务的宗旨意识及新任职务的适应能力。

【民政厅（局）长培训概况】

2004年，民政部共举办了天津、安徽、河北、内蒙古、河南等5个省市的民政厅局长培训班。

3月22日—27日，来自天津市各区县43名民政局长、副局长在民政部培训中心参加了天津市民政局长研修班培训。李学举部长出席开学典礼并作重要讲话。讲话对新时期民政工作作了高度的概括，主要集中在以下8个方面，即民政工作主线在“为民”、创新在“机制”、开展在“依法”、发展在“改革”、根基在“基层”、绩效在“务实”、决策在“科学”、关键在“人才"等 8 个方面。培训中心圆满完成了课程设置、教师安排、会务组织和后勤协调服务，实现了培训班的预期目标。

3 月 28 日—4 月 2 日，安徽省民政局长研修班在民政部培训中心举行。李学举部长出席开学典礼并作了重要讲话。

4 月 11 日—16 日，举办了河北省民政局长研修班。122 名民政局长参加了培训班。民政部李学举部长、河北省民政厅夏玉祥厅长、民政部人教司孙建春司长、民政部培训中心戚学森主任等领导出席了开学典礼，李学举部长作重要讲话。

6 月 10 日—16 日，举办了内蒙古自治区民政干部业务培训班。来自内蒙古自治区的 104 名民政局长、办公室主任参加了培训。民政部副部长李立国、民政部人教司司长孙建春、内蒙古自治区民政厅厅长庞启、内蒙古自治区民政厅助理巡视员刘玉英、民政部培训中心主任戚学森等领导出席了开学典礼。李立国副部长作重要讲话。在各级领导的支持下，培训中心圆满完成了课程设置、教师安排、会务组织和后勤协调服务，为实现培训班的的预期目标提供了保证，最终取得了较好的培训效果。

9 月 23 日— 29 日，举办了河南省民政局长研修班。河南省省辖市、部分市(区、县)民政局长、民政厅机关部分处长、部分事业单位领导，共计 80 人参加此次培训。此次培训在培训方式上，针对河南省民政系统领导人员变化情况，结合当前河南省民政工作的实际要求，采取领导和专家集中讲授与案例分析、实务讨论相结合的培训方式，适应了新时期民政事业发展的需要，提高了民政干部的业务水平和业务素质，促进了观念转变和工作创新。

【面向民政系统的业务培训概况】 2004 年，民政部面向民政系统人员开展了换发伤残证培训班、民政事业统计台账软件培训班、民间组织统计台账培训班、优抚安置条例培训班等 20 多批次民政业务培训。

4 月 17 日—18 日，换发伤残证培训班在民政部培训中心举行，来自各级民政部门负责优抚安置工作的 46 名同志参加了培训。培训期间，民政部培训中心工作人员表现突出，对工作认真负责，做好了后勤、机房及技术指导工作，保证了培训任务顺利完成。

4 月 18 日—22 日，民政事业统计台账软件培训班在民政部培训中心举行，来自地方民政部门的 212 名同志参加了培训。民政部财务和机关事务司副司长刘福清、民政部培训中心主任戚学森、副主任吴玉韶等领导出席了开学典礼。刘福清副司长作了重要讲话。

6 月 15 日—18 日、7 月 28 日—30 日，部财务和机关事务司与民间组织管理局在厦门和牡丹江市共同举办了两期民间组织统计台账培训班。全国各省、自治区、直辖市民政厅(局)的 300 多名财务统计和民间组织管理干部参加了会议。部财务和机关事务司宋志强司长、民间组织管理局孙伟林局长出席会议并作了讲话，财务和机关事务司刘福清副司长主持会议。

12 月 7 日—11 日，在民政部培训中心举办了"2004 年优抚安置条例培训班"，121 人参加培训。民政部优抚安置局孙绍骋局长就《军人抚恤优待条例》的修订情况作了介绍；国务院法制办政法司姜秀元同志就军人抚恤优待工作的法制化进行了讲授；民政部优抚安置局副局长董华中讲解了新时期优抚工作的前景、思路和基本要求等问题；民政部优抚安置处副处长李桂广等同志就《军人抚恤优待条例》条文及相关的配套政策作了解释；培训期间组织了小组讨论、疑难解答等互动活动，都取得较好的培训效果。

【出国培训】 2004 年，我部开通了与美国路易斯维尔大学合作的社会工作培训渠道并顺利完成第一期培训；继续组织实施了赴英国的流浪儿童救助管理培训、赴美国社会工作职业制度考察团、赴美国的紧急救援管理培训等机关公务员和系统民政干部组合出国培训。

7 月 10 日—9 月 10 日，根据民政部与美国路易斯维尔大学的项目合作协议，在人教司的安排下，民政部一行 4 人赴美国肯塔基州路易斯维尔大学肯特社会工作学院进行了两个月的培训。路易斯维尔大学成立于1798年，是美国历史最悠久的大学之一。路易斯维尔大学肯特学院对这次培训非常重视，在培训学习、生活上给予了很多关照。本次培训采取单独授课、互动交流与实地考察相结合的形式，并邀请了肯塔基州、市政府社会福利服务部门官员作了讲座。主要培训内容有：社会保障和社会福利制度，社会工作与社会工作教育，美国的民间组织（NPO）情况，政策制定、执行，对无家可归者的救助，家庭寄养，志愿者，退役军人的福利制度等内容。培训期间，学员与肯特学院教学人员进行了多次沟通、交流，在培训内容、方式等方面进行了许多探索和尝试。总的看来，虽然这次培训准备时间很短，比较匆忙，但通过肯特学院与学员双方的共同努力，取得较好的培训效果。学员经过此次培训，均表示有较大的收获，归纳起来主要有以下几点：一是学到了先进知识和理念，通过培训，更多、更深地了解了美国的社会体制、社会福利、社会保障、社会工作、社会工作教育、民间组织管理等方面知识；二是提高了跨文化交流能力；三是增进了友谊，促进了合作；四是升华了爱国主义情感，提升了对工作岗位职责的认识；五是磨练了性格，丰富了经历。

2004年12月，民政部赴美国社会工作职业制度考察团一行10人赴美国加利福尼亚州对美国社会工作职业制度进行考察。考察团听取了《美国现代化建设与社会工作发展》、《美国社会工作相关法规及社会工作者在法院中的作用》等专题讲座，会见了加州州议会议长于胤良博士、加州阿拉米达郡社会工作部、旧金山美中交流协会、美国社会工作教育协会、全美社会工作协会旧金山分部等单位的专家，并参观了帕拉梅山庄、旧金山湾区等中产阶级社区。通过短短10天的考察、交流和访问，考察团深感收获颇丰，尤其是对美国社会工作的历史、现状及职业制度有了进一步的认识和了解。使学员深刻认识到有必要充分学习和借鉴美国社会工作职业制度的有关经验和做法，使我国社会工作职业制度建设得以健康稳步发展。

【教材编写】 按照民政教育科技工作年度计划和教材编写要求，2004年逐步落实《基层民政工作全书》的具体编写工作。确定了《基层民政工作全书》教材编写大纲，组织了《基层民政工作全书》的编写工作。截至年底，该书的初稿已基本完成。

【民政科技工作简况】 2004年，民政科技工作的总体目标是：贯彻落实科教兴业战略，深化科技体制改革，根据有所为、有所不为的指导方针，加快民政业务理论研究，促进民政工作决策的科学化、民主化，推进民政工作手段的现代化和服务方式的信息化，加强民政特殊行业技术研究与开发，为民政事业持续发展提供强有力的技术支撑。围绕这个目标，重点作了以下几方面的工作：

一、增强了民政领域重点课题研究和关键技术研究的规划力度

根据科技部有关要求，紧紧围绕新时期民政事业发展需要，研究并提出了今后几年内软科学研究专项、社会公益性研究专项、科技基础条件平台专项、重点新产品推广计划项目等的研究重点。一方面，加强民政基础理论研究，重点攻克社会福利与社会救助、基层民主政治建设、服务军队与国防现代化建设、专项社会事务管理等方面的基础理论课题及重点、难点和前沿课题，为民政事业快速发展提供强有力的理论指导。另一方面，加强民政相关领域关键技术研究，促进民政特殊行业高新技术产业化发展，主要体现在：一是加强减灾救灾关键技术和应急系统研究，重点研究开发灾害损失评估方法、灾害背景数据库、灾害预警与应急决策支持系统、救助技术系统、救灾物资储备技术、灾后重建决策技术和软件，开展紧急救助装备、特殊保护装备与智能型探测设备的研制与开发，拓展空间技术和信息通信技术在灾情获取与指挥行动中的应用。二是加强殡葬科技基础条件平台建设，成立国家火化机综合模拟重点实验室、国家遗体防腐整容重点实验室，提高殡葬设备设施的科技含量，加速殡葬科技成果的产业化转化，从整体上改变我国殡葬基础研究和应用技术研究薄弱的状况，全面提高创新能力，加速科技成果的转化能力，实现殡葬科技发展的战略性转变，改变以前以跟踪模仿为主向以自主创新为主的转变，从注重单项技术突破向注重集成创新的转变，实现殡葬科技的跨越式发展。三是以建立中国康复工程研究中心为核心，集中全国假肢与矫形器研究机构力量，整合全国假肢科技资源，加强康复高新技术产品研究与开发，促进康复产品行业高新技术产业化快速发展。

二、加大了科研投入，增强了科研实力

2004年部里组织各科研单位通过项目形式争取到科研经费225万元，共申请到国家社会公益性研究项目3项，分别是中国社会福利与社会进步研究所申报的《建立和完善中国社会救助体系研究》，民政部假肢科学研究所申报的《中国残疾人标准发展战略研究和体系的建立》；民政部一零一研究所申报的《殡葬行业预防与控制传染性疾病技术研究》。同时，民政部一零一研究所研究开发的《BFL－100型遗物祭品焚烧炉的推广》被科技部列为2004－2006年国家重点新产品推广项目。

三、推出了一批科研成果

2004年民政部组织验收了5项科研成果，分别是：河南省针灸推拿学校研制的《四步疏经平调法推拿治疗偏头疼临床研究》，民政部一零一研究所研制的《火化过程中主要污染物生成研究》，民政部假肢科学研究所研究的《残疾人辅助器具：分类与术语》、《足部矫形器辅助设计与制造》、《肢体残疾人、老年人康复服务信息系统》。这些科研成果的组织验收和推广应用，促进了民政相关行业的发展。

【民政标准化工作】 2004年，民政标准化事业取得了一些新突破，主要体现在：

一、加强了民政行业标准体系的研究力度

民政标准体系是大体系，民政的每项业务都可以作为该体系的一个分支。如何构成和实施科学、合理的民政标准体系，以满足社会发展需要，获得最佳社会经济效益，需要进行科学研究论证。2004年对民政标准化工作进行了全面系统的分析总结，对标准化工作现状、存在问题，开展标准化工作的重要性、紧迫性及下一步发展思路进行了研究探讨。在此基础上，提出了标准体系的基本框架：一是民间组织管理与服务标准体系。主要包括基金会、研究会、协会、商会、民办非企业等民间机构的登记注册、年检、评估、专业人员资质等方面的标准以及民间组织机构与代码、民间组织分类与术语等标准；二是优抚安置标准体系。主要包括伤残军人等级评定标准，军供站、军休所、优抚医院的建设标准、服务基础标准、服务质量标准、服务资质标准、服务安全卫生标准等；三是减灾救灾标准体系。主要是包括灾害预警标准、灾害统计标准、灾害救助标准、灾情评估规范、救灾产品技术标准等方面内容；四是社会救助标准体系。主要包括流浪乞讨人员机构救助服务标准、城市低保统计标准、城市医疗救助标准、农村低保统计标准、农村社会救助管理信息系统术语与代码、社会捐赠标准等；五是社区建设标准体系。主要是对社区建设、服务设施、社区建设服务术语、流程规范、质量等级评价、社区服务安全卫生要求及社区建设管理规范等技术性、服务性、管理性内容进行统一规定；六是村民自治建设标准体系。主要包括村民自治基本术语与分类、村委会选举工作流程、村务公开基本流程等；七是婚姻登记标准体系。主要包括婚姻登记基本术语、服务流程、服务资质、服务设施、服务信息、服务安全卫生、服务工作对象权益保护、婚介机构管理等方面的标准；八是社会福利服务标准体系。主要对老年人服务、残疾人服务、孤残儿童服务的服务质量、服务资质、服务设施、服务信息、服务安全卫生、服务环境监测、消费者权益保护等方面进行具体规范；九是福利彩票标准体系。主要包括福利彩票术语与代码、销售网点设置标准、福利彩票品种技术要求及玩法标准、福利彩票发行流程规范等内容；十是假肢与矫形器标准体系。主要是假肢、矫形器、辅助器具等方面的产品、技术标准；十一是殡葬标准体系。主要包括殡葬产品、殡仪服务、殡仪馆和公墓建设等方面的标准；十二是行政区划标准体系。主要包括行政区划代码，镇(乡)、县、市设置标准等；十三是地名标准体系。主要包括地名术语、地名书写、地名译写、地名代码、地名标志、地名信息管理等与地名公共服务工程建设密切相关的标准；十四是民政行业职业资质标准体系。主要是对低保从业人员、婚姻登记人员、养老护理人员、孤残儿童护理人员、社区工作者、救助站从业人员、殡葬从业人员、紧急救援人员等民政行业专业人员的专业资质、职业要求进行规范；十五是民政业务数据统计标准体系。主要是对民政各业务领域的统计指标、范围、术语等进行规范。总体上，民政标准体系建设的前期研究论证为今后民政标准化工作的开展奠定了良好基础。

二、组织了大规模的国家标准清理评价

根据国家标准化管理委员会要求，从2004年7月中旬开始，对民政领域现有的91项国家标准和标准计划项目分三阶段进行了全面清理评价，明确了需要继续保留、修订、整合或废除的标准和标准计划，使民政标准更加适应和推动民政事业发展。具体评价结果如下：一是推荐性国家标准，共计59项，其中，继续有效的标准有19项，继续有效但需做少量修改的标准为24项，需修订的标准为10项，需整合修订的标准为3项，废止的标准为3项；二是强制性国家标准，共计8项，其中，3项继续有效，5项需要修订；三是国家标准计划项目，共计24项，其中，21项继续执行，3项废止。

三、发布了一批国家标准和行业标准

2004年，民政部经国家标准化管理委员会批准发布的国家标准有10项，分别是：《假肢—下肢假肢的结构检验第5部分：辅助结构检验》、《假肢—下肢假肢的结构检验第6部分：辅助结构检验中的加载参数》、《假肢—下肢假肢的结构检验第7部分：试验呈交文件》、《假肢—下肢假肢的结构检验第8部分：检验报告》、《残疾人站式排球运动员医学和功能分级标准》、《残疾人辅助器具：分类与术语》、《脊柱矫形器》、《假肢—髋关节结构检验》、《单臂操作助行器技术要求和试验方法—第1部分：肘拐杖》等9项推荐性国家标准，以及《机动轮椅车》强制性国家标准。同时，民政部批准发布了《民政业务软件数据共享与交换》行业标准，为民政政务平台建设提供了有力的技术支持。

民政法制建设

【立法工作】 按照《民政部2004年度立法工作计划》的安排，经过大量艰苦的起草、研究、论证、修改等工作，《军人抚恤优待条例》、《基金会管理条例》和《基金会名称管理规定》已经于2004年出台，《城市居民委员会组织法》、《行政区划管理条例》和《地名管理条例》的修订工作也进入即将提交部务会议审议阶段；《农村五保供养工作条例》和《殡葬管理条例》正在抓紧修订；列入二类项目的《革命烈士褒扬条例》的修改工作和《民办非企业单位年度检查办法》的制订工作都已经启动。同时，法规办还配合国务院法制办对已上报的《社会团体登记管理条例》和《民办事业单位登记管理条例》进行了修改。对以民政部名义制发的有关规范性文件进行了认真、反复的修改，提出了意见。2004年立法工作的一大亮点是全面引入立法听证程序。根据2004年5月出台的《民政部听证办法》，《民办非企业单位年度检查办法》、《城市居民委员会组织法》等在制订或修订过程中已经采取了召开听证会的形式，全面听取专家学者和管理相对人的意见。

【普法工作】 2004年的工作重点是贯彻实施行政许可法，法规办在开展普法工作时也结合这一重点，组织编写了《民政部门工作人员实施行政许可必备》等书，既加强了民政法制工作的系统宣传，又指导了民政系统贯彻实施行政许可法工作。2004年年初,法规办还邀请国务院法制办的领导,为部机关全体公务员、全国民政厅局长会议作了《行政许可法》的专题讲座。2004年上半年,部办公厅法规办公室结合民政业务到部分省市厅(局)宣讲《行政许可法》。2004年7—8月份,我部分四期对部机关全体公务员进行了依法行政培训,重点培训了行政许可法方面的规定。通过学习,各级民政部门进一步认识到:贯彻实施《行政许可法》,搞好行政审批制度改革工作,对促进民政部门依法行政,转变政府职能,深化行政管理体制改革,从源头上防止腐败都具有重要意义,由此增强了做好这方面工作的自觉性。

【执法工作】 在贯彻实施行政许可法工作中,法规办加强了对业务司局的执法指导,并按照《行政许可法》的有关规定,起草了《民政部门实施行政许可办法》,将《行政许可法》规定的"统一受理行政许可申请、统一送达行政许可决定","实施行政许可程序","实施行政许可监督检查","实施行政许可责任追究"等四项制度进行规范,制作了民政部门实施行政许可的23个文书格式,如《行政许可申请材料补正通知书》、《行政许可申请处理审批表》、《现场检查笔录》等。这些制度的建立,严格规范了执法程序,进一步规范了执法工作。

【民政行政复议与行政应诉】 截止到2004年11月底,处理了9起行政复议案件,在数量上超过了去年的7起。从业务范围来说,这些案件不仅涉及到抚恤优待、批烈调残,还涉及到民间组织管理和社会福利企业审批,比以往的范围要宽得多。对每一起案件,法规办都严格按照《行政复议法》和《民政部行政复议与应诉办法》的规定,做好行政复议的受理、审查工作,依法做出了相应处理,保证了行政执法的严肃性。

【行政审批制度改革及贯彻行政许可法工作】 2004年5月中旬,法规办在成都召开了全国民政系统贯彻实施《行政许可法》工作会议,部署全国民政系统做好行政许可事项、行政许可设定、实施行政许可主体的清理工作,做好建立实施行政许可相关配套制度的工作。会后,部办公厅法规办公室多次召开有地方民政部门参加的研讨会,研究民政业务中的许可和非许可项目划分标准,研究民政部门实施行政许可相关配套制度的内容。同时,法规办还及时布置各业务司局对上报的行政审批项目采取"回头看"的方式,认真研究鉴别,与《行政许可法》的有关规定对号入座,将不属于行政许可、非许可审批的业务拿出来,将国务院审改办提出需要合并的行政审批项目进行合并。通过部署安排,我部行政审批制度改革工作落到了实处,综合部门与业务司局及地方民政部门形成合力,各项工作基本按计划进行。

在清理行政许可事项和非许可的行政审批事项过程中,法规办重点抓了以下工作:一是严格按照《行政许可法》的规定和国务院审改办确立的行政审批项目清理原则,明确民政业务中行政许可事项与非行政许可的行政审批事项的区别,外部行政管理事项与内部审批事项、部门承办事项的区别,审批后从事特定活动需要加强监管的事项与审批后确认法律关系、法律事实及需要给付事项的区别,使清理工作做到心中有数。二是根据立法进程,及时将新出台法规的行政许可事项上报。如国务院发布《基金会管理条例》后,我部按照国务院审改办的要求,及时将基金会设立分支机构、代表机构的行政许可事项上报。三是做好"回头看"工作,将漏报的行政许可事项、审批事项上报。如随着工作的不断深入,我部于去年底将"生产标准地名标志产品的企业资质认定"、"地名标志生产企业指定"、"批准公墓单位跨省设立销售机构"、"审查批准销售丧葬用品"等四项行政许可事项,"城镇建筑物名称管理"非许可的审批事项,向国务院审改办补报。四是将清理工作与转变政府职能、深化行政管理体制改革等结合,做好与业务司局的协调工作。如"全国性社会团体编制数额核定"项目取消,我部及时与国务院审改办联系,注意听取国务院编制部门、劳动和社会保障部门的意见，并做好协调工作。五是对需保留的行政许可项目加强论证工作。如假肢和矫形器（辅助器具）生产企业资格认定、假肢和矫形器（辅助器具）制作师资格审查，因关系装配假肢和矫形器残疾人的人身健康，重点进行论证，提出了需要保留的具体意见。经过认真清理，我部对最初上报的424项行政审批项目进行了整理，按照国务院审改办的要求归并为105项，最后，去掉国务院已经公布取消和因法规的修改废止的，目前我部共有行政审批项目71项，其中行政许可项目24项，非许可的行政审批项目47项，这些已经行文上报国务院审改办。

在做好部机关工作的同时，法规办还加强了对系统的指导。在这方面，2004年以来，除了通过开会部署和制定系统通行的制度外，法规办还对地方民政部门工作人员进行了行政许可法的培训，并指导大部分基层民政部门完成了有关行政许可规定“上墙”公示等工作，有的地方民政部门还在当地政府审批大厅进行“上墙”公示或在互联网上公示有关内容，个别地方民政部门还实现了“网上审批”。2004年10月，我部下发了《民政部关于国务院保留、调整、取消民政部门实施的行政许可、非行政许可审批项目及贯彻落实意见的通知》一文，对民政部门实施行政许可、非行政许可审批项目以及落实国务院调整、取消民政部门行政审批项目精神提出了要求。并于10月底在深圳召开了部分省市实施行政许可情况座谈会，对行政许可法实施后，地方民政部门实施行政许可中遇到的问题进行了研讨，对好的做法和经验进行了总结交流。

民政信访工作

【2004年信访工作基本情况】 2004年民政部信访总量持续攀升，群众上访数量居高不下，集体上访大幅增加。部信访办全年共办理来信11874件次，解答电话访10000余次，办理网上信访2500余次，接待来访10189人次（不含三河灵泉灵塔公墓骨灰格位购买者聚集上访）。来信比上年同期10498件次上升了13%，来访比上年同期4923人次上升了107%。其中集体访共272批3277人次，分别比上年同期73批1062人次上升了273%和209%。来访中，属于民政业务的5051人次，占来访总量的49.6%。其中村民自治方面1754人次，占民政业务来访量的35%，比上年同期502人次上升250%；优抚方面1667人次，占民政来访量的33%，比上年同期1120人次上升49%；城乡救济方面807人次，占民政业务来访量的16%，比上年同期540人次上升49%，其中城市低保501人次，占城乡救济问题的62%，比上年同期316人次上升59%；退伍安置方面485人次，占民政业务来访量的10%，比上年同期165人次上升171%；其他方面占民政业务来访量的6%。来信反映问题的分布与来访基本一致。2004年到部上访人次较多的省区是：辽宁省781人次，河北省666人次，河南省380人次，吉林省379人次，湖南省281人次，天津市258人次。其中属于民政业务集体访批次较多的省区是：辽宁省30批543人次，河北省18批158人次，河南省13批89人次，湖南省12批89人次，天津市9批160人次，山西省9批101人次。来信量较多的省区依次是：四川省893件，湖南省794件，江苏省757件，河南省687件，山东省673件。2004年群众信访反映的问题主要有以下方面：

优抚方面：在乡老复员军人的“三难”问题；伤残军人、老复员军人的抚恤金或定期补助不能按时足额发放问题；实行义务兵役制初期的退伍军人（如参加过抗美援越、中印反击战）、参加过对越自卫还击作战的退伍军人、带病退伍军人要求享受和提高定期定量补助问题；曾参加过核试验的退伍军人要求安置工作，解决生活和治病问题。

退伍安置方面：单位拒绝接收退伍兵问题；已安置退伍兵的合法权益得不到保障问题；待安置时间过长、待安置期间无生活保障问题；强制推行自谋职业问题。

村（居）民自治方面：村（居）委会选举过程中违法、违规问题；村（居）务不公开或公开不到位问题；贿选问题；村改居过程中的集体资产流失问题。

城乡社会救助方面：城市低保过程中搞虚拟家庭收入问题；20世纪60年代精简下放职工救济标准偏低问题；农村五保户的待遇得不到落实、应保不保问题。

非民政业务问题：主要是单位倒闭的伤残军人、退伍军人要求解决生活、医疗、住房、子女上学等问题；社会残疾人、重病或遭天灾人祸的特殊困难群体，或者到其他部门上访的人，要求民政部解决吃住、看病、抚养子女及回家路费问题。

2004年群众信访活动呈现四个明显特点：一是上访量增势迅猛，群众来京重复访、集体访居高不下；二是集体上访活动组织化倾向明显。如城镇退伍兵、下岗失业伤残军人、参加过对越自卫还击战、参加过核试验的退伍军人等。三是非民政业务访较多，达到了总量的一半以上；四是群众反映问题的重心逐渐由落实现有政策变为要求制定新的政策。

【2004年重点集体访】 5月25日上午，湖北省黄冈市87名下岗、失业的伤残军人，身着军便装（迷彩服）、胸前佩带统一印制的“湖北省黄冈市下岗失业革命伤残军人”的红牌，聚集在部大门口，要求重新安排就业，享受与机关事业单位伤残军人相同待遇或每月发给固定的生活费；要求享受所在单位因工致残人员的待遇。

6月3日，内蒙古通辽市科尔沁区12名转业士官、城镇退伍义务兵（代表科尔沁区44名退伍军人）到我部上访。反映他们2002年退伍后一直没有给予安置工作，待安置期间生活费只发了9个月，当地政府要对他们强制实行货币安置。

6月11日，吉林省长春市绿园区西新乡东岗村柏家屯210名村民到我部上访。反映该村在3月13日的第五届换届选举中，选委会由任命产生，私设秘密写票间，凭选民证办委托书等违法行为，要求重新选举。

6月23日，湖南省常德、永州市等几个地区的80多名曾参加对越自卫反击战的伤残军人到我部上访，反映1990年以后，他们所在单位陆续破产倒闭，一直靠在外打零工维持生活，因伤残引发的并发症无钱治疗，要求享受企业军转干部的同等待遇。

10月18日上午，山西省大同40名原8023部队人员反映，省里组织对他们进行了体检，但一直没有给予任何答复。要求解决他们的生活、医疗和退休问题，以及补偿过去的经济损失。

【民政信访工作会议】 6月22日至24日，部信访办在长沙市召开了部分省区市民政信访工作情况分析暨经验交流会。会议通报了上半年各地到部上访情况，分析了当前民政信访工作存在的主要问题，提出了下半年的工作要求。民政部办公厅副主任李进国参加了会议并讲话，要求信访干部对当前的信访形势要有正确的认识；信访干部要在时代变革中有所作为；民政部门信访机构要成为机关领导处理关系群众切身利益问题的办事机构。湖南省民政厅、黑龙江省民政厅、山东省滕州市民政局分别就如何做好民政信访工作介绍了经验。

【先进表彰】 通过对2004年各省民政信访工作情况的综合对比，民政部对北京市民政局办公室、黑龙江省民政厅办公室、山东省民政厅办公室、江苏省民政厅优抚安置局、河南省民政厅办公室、湖南省民政厅办公室、贵州省民政厅办公室、宁夏回族自治区民政厅纪检室8个信访工作先进单位进行了通报表彰。

民政信息化建设

【2004年民政信息化建设概述】 2004年各项民政信息化建设工作有条不紊进行，成果丰硕：全国最低生活保障信息系统项目进展顺利；民政信息化"十一五"规划编制取得阶段性成果；民政信息化标准制定与贯彻取得突破；民政公用政务平台进一步完善，全国流浪乞讨人员救助管理信息系统等多个业务软件研发齐头并进；民政部网站在参与周国知先进事迹宣传工作中表现突出；民政广域网扩容和视频会议系统升级改造顺利实施。

一、重大信息化项目稳步推进

全国最低生活保障信息系统是国家发改委立项的国家级重大信息化建设项目，也是民政部有史以来第一个重大信息化项目。项目计划用四年时间，依托国家电子政务网和公网，建成由部、省、地市、县区、街道(乡镇)、社区居委会六级构成，覆盖全国80%低保业务管理单位的互联互通、资源共享、标准统一的网络信息系统，实现低保基础数据的信息化，业务处理的网络化，低保服务的便民化，统计分析和决策的科学化，业务监管的智能化，低保资金发放的社会化，资金管理的透明化，保证低保业务管理的透明、公开、公正和高效，为低保工作信息化管理提供全方位的技术支持，将低保资金的按时足额发放率从目前的90%提高到99.8%，使低保制度切实成为国家社会保障体系的"最后一道社会安全网"。

加快该信息管理系统建设，可以健全和完善社会保障工程，实现低保管理的信息化、网络化和现代化，大大提高宏观管理的科学决策水平，克服决策的盲目性、随意性和局限性；有效增强政府部门的监管能力，防止工作中的弄虚作假；进一步提高工作效率，切实解决数据运行时效性差和服务效率低等问题；不断提高管理和公共服务水平，改变封闭式的管理和服务模式，推进政务公开，增加管理的透明度，形成科学、规范、公开、高效的运行机制，改善和加强政府部门的管理能力、决策能力、公共服务能力。

2004年，在项目领导小组的领导下，项目办公室团结奋进，克服困难，努力工作，先后完成部级可行性研究报告编写、省级可行性研究报告范本编写等主要工作，为顺利通过国家发改委评审和资金批复奠定了基础，项目办创造性提出并编写的省级可行性研究范本为各省级民政厅(局)向同级发改委申请资金批复起到了关键作用，2004年，全国三分之二的省级民政部门完成了可行性研究报告的编写。

项目初步设计是发改委项目审批的重要环节，也是项目实施的基础环节，是整个项目能够成功的关键。为了保证初步设计工作能够顺利开展，项目办决定采用公开招标的形式选定一家咨询公司协助项目信息系统组完成初步设计工作。2004年，部分完成了初步设计的标书编制。

二、规划编制与标准制定有所突破

随着国家电子政务建设的逐步深化和民政信息化建设的不断推进，在经历了信息化基础设施建设阶段之后，信息化缺乏具有可操作性的规划，缺少对各部门各级信息化建设的标准化指导和管理等矛盾凸显出来。2004年9月以来，民政信息化在新任领导班子带领下，承前启后、继往开来，高度重视规划编制与标准制定工作，并已有所突破。

规划是方向，是标准，也是法规。将于2006年全面出台的"十一五规划"首次把国民经济和社会发展的"五年计划"变为"五年规划"。从计划到规划，一字之差，体现了国家从以往偏重于发展经济，转而向发挥政府服务职能、促进经济与社会均衡发展上侧重。

2004年，民政部高度重视规划编制工作，按国家发改委有关通知要求，部信息中心首次将信息化规划列为核心工作重点落实，通过协调各方、组织力量，广泛研讨、多方论证，集思广益，提出了“十一五”期间民政信息化自身建设的重点任务和基本思路，为2005年制定切实可行、较为详细的规划奠定了基础。

2004年，民政信息化标准制定取得突破。由信息中心提出并负责起草、人事教育司归口管理、民政部各业务司局参加起草的《民政业务数据共享与交换》(MZ/T012－2004)作为民政部行业标准于2004年6月18日发布，并于2004年7月1日开始实施。这是信息化方面的第一部正式标准，该标准的制定和实施，为实现横向、纵向的数据共享做好了准备，对于落实国家电子政务建设任务，实现各类民政业务系统的整合，指导民政数据中心建设，规范民政业务软件的开发和数据交换均有着划时代的意义，并为信息中心自身实现开发和管理模式的转变起了个好头，将有力地推动民政业务数据的标准化和民政业务软件开发工作的规范化。

三、软件研发与推广较为顺利

平台建设逐步推进：民政公用政务平台是实现民政系统行政管理现代化的重要环节和基础性工作之一。民政公用政务平台是构建在民政广域网之上，独立于计算机硬件和操作系统的支持政务管理、应用软件开发运行的系统软件，为日常办公、数据分析、大型分布式计算和各项业务应用的整合提供依托。它是“数字民政”工程的重要组成部分，是“数字民政”工程的软件基础和核心，是一项涉及全民政系统管理机关和基层业务人员的系统工程。经过深入调研、多方论证和广泛征求意见，以“充分体现民政工作特色，基本满足民政工作需要”为原则，民政公用政务平台建设工作于2002年7月全面启动。2003年底完成了平台的整体设计和建设，开始在试点单位征求意见。

由于平台的建设是一项基础性的工作，又是专为民政打造的，需要了解民政业务的各个方面，建设难度很大。信息中心对平台建设高度重视、审慎实施、精益求精，努力做到技术先进、功能强大、运行稳定、使用方便，经得起时间的考验。

经过反复试用、征求意见和不断修改完善，2004年民政公用政务平台的应用得到进一步推进。7月在青海举办了省级公用政务平台培训班，对省级民政公用政务平台综合办公平台进行了系统培训。全国35个省级民政部门的49名从事信息化建设的同志参加了培训。目前，四川省已经在厅机关试用，湖北、湖南、贵州、吉林等省都在年内进行了培训、试用。10月举办了部机关公用政务平台试点单位骨干培训，办公厅、人教司、民间局作为试点单位参加了培训。

与此同时，民政业务软件的研制开发工作也在有条不紊地进行之中。按照部领导信息化建设“以应用促发展，使信息化建设与业务工作的改革和发展紧密相联”的要求，2004年重点是加强对已开发使用的业务软件的运行和维护工作。“全国优抚安置管理信息系统”进行了升级，开发了“军休干部审档子系统”，完成了军队退休干部管理信息系统与部优抚安置管理信息系统的对接，实现了信息共享。开发了优抚伤残证书打印模块，并进行了省级培训，年底开始投入使用。开发了“全国涉外婚姻登记管理信息系统”，并配合政权司举办应用培训班，目前该系统已正式上线运行。“行政区域界线信息管理系统”已开始面向社会提供数据服务。和低保司共同组织了最低生活保障业务软件的测试和验收工作。

2004年底至2005年初，和福事司、财务司共同组织了“流浪乞讨人员救助管理信息系统”的前期需求调研。经过多方努力，争取到了200多万元的追加项目资金，有力地保障了项目的实施。在调研和需求分析的基础上，制定了系统技术方案，编写了招标文件，参与了政府采购工作。目前该项目政府采购工作已经完成，系统将于明年投入运行，将大大提升救助管理业务的现代化和规范化水平。与民间组织管理局共同组织了“基金会管理信息系统”的需求调研和申请预算工作。

四、网站建设与应用成效显著

民政部网站“政务公开的窗口、服务公众的桥梁、交流互动的平台”的作用日益显现。网站建设是电子政务的重要组成部分，必须与政府的职能紧密结合，体现政府在政治、经济、社会、生活等诸多领域中的管理和服务职能，促进政务公开，提高政府工作的透明度，降低办公费用，提高办事效率，同时，要使网站成为联系人民群众的桥梁和纽带，成为便民服务的窗口。

2004年1月6日，新版民政部网站在全国民政厅局长会议上推出。

升级改版后的民政部网站，从功能到形式都有了大幅度的提升。在技术上，信息维护发布更加简便，栏目调整设置更加灵活，增设了站内全文检索系统和访问统计系统。在信息发布管理上，出台了《民政部网站信息维护试行办法》(民函〔2004〕79号)，与新闻办和部办公厅综合处等有关单位的合作沟通协调机制初步建立；根据“统一管理，分工负责，自主更新”的原则，实行部分栏目信息采编和发布维护版主制。

一年来，部网站紧紧围绕重点业务工作，努力遵循网站建设的基本原则，通过设置专题和调整栏目，实现了重大信息和重点业务的集中、全面、连续的宣传报道和网站的常变常新，尤其在2004年9月以来的周国知先进事迹宣传活动中表现突出。

部网站访问点击量持续稳定增长，2004年8月举行的第三届“中国电子政务技术及应用大会”，部网站以中央政府部门网站排名第11位获“中国政府优秀网站奖”；11月，根据《计算机世界》按照国信办“政府网站评估指标体系”评价，我部网站已跃居政府部门网站第6位。李学举部长先后两次就部网站取得的成绩做出批示，充分肯定了部网站的创新举措，并对进一步建设好民政部网站提出要求。陈杰昌副部长也就网站信息发布工作作出批示，充分肯定了网站取得的进步。

五、视频应用与网络改造继续加强

2004年，民政部贯彻落实李学举部长指示，加大了以视频会议形式召开全国性会议的力度，利用视频会议系统召开各类全国性会议4次：3月25日召开的城市居民最低生活保障会议、6月8日召开的春夏救灾救济情况通报会、11月23日召开的城乡困难群众生活安排会议和12月22日召开的全国救助管理工作经验交流会等。

为了优化网络环境，提高网络速度，2004年完成了民政广域网由512K帧中继向2M SDH线路的扩容、升级，网络基础条件得到很大改善。同时对部机关局域网实施了安全管理项目，对各地民政厅局局域网也提出了规范、优化的要求。

六、各地高度重视信息化建设

一年来，各地民政部门对信息化建设工作认识到位，高度重视，站在战略的高度对本地信息化建设工作提出具体要求。很多地方多次召开党组会和办公会专题研究信息化建设工作，绝大多数民政厅局一把手亲自抓信息化建设。此外，很多厅局长还为信息化建设工作解决了大量具体问题。为解决信息化建设资金短缺、经费紧张问题，尤其是在全国最低生活保障信息系统省级配套资金工作中，各地厅局长积极争取当地财政的支持。2004年，一些地方部署了民政广域网向下延伸的工作，目前已有湖南等省将民政广域网建到了地市一级。

(陈　勇)

【全国最低生活保障信息系统项目进展】 全国最低生活保障信息系统建设是国家电子政务建设的重要内容之一，是社会保障工程的重要组成部分，也是保障社会稳定的重要基础性业务，已列为国家“十五”期间重点业务系统工程项目。

2004年，在民政部低保项目领导小组的直接领导下，项目办公室完成了大量工作：

一、编写部级可研报告，并通过了国家发改委的评审

2004年4月12日，部级可研报告评审会上指出该项目总体框架和思路是合适的，先试点后推广的方案基本可行，业务分类合理。但是仍有一些问题需要在报告中进一步完善和明确。

会上评审专家组就项目目标和功能定位、信息量测算以及培训安排情况等若干方面提出了宝贵的修改意见。

二、编写省级可研报告的范本

在项目办成员的共同努力下，完成了省级可研报告的编写。该范本对全国各省级可研报告的编写提供了很好的指导和参考价值。2004 年全国 22 个省完成了可研报告的编写工作。

三、完成部分初步设计招标书

项目初步设计是发展改革委项目审批的重要环节，也是项目实施的基础环节，是整个项目能够成功的关键。为了保证初步设计工作能够顺利开展，项目办决定采用公开招标的形式选定一家咨询公司协助项目信息系统组完成初步设计工作。

该信息系统建设的总体目标是：用四年时间，依托国家电子政务网和公网，建成由部、省、地市、县区、街道（乡镇）、社区居委会六级构成，覆盖全国 80％低保业务管理单位的互联互通、资源共享、标准统一的网络信息系统，实现低保基础数据的信息化，业务处理的网络化，低保服务的便民化，统计分析和决策的科学化，业务监管的智能化，低保资金发放的社会化，资金管理的透明化，保证低保业务管理的透明、公开、公正和高效，为低保工作信息化管理提供全方位的技术支持，使低保资金的按时足额发放率从目前的 90％提高到 99.8％，使低保制度切实成为国家社会保障体系的“最后一道社会安全网”。

加快该信息管理系统建设，可以健全和完善社会保障工程，实现低保管理的信息化、网络化和现代化，大大提高宏观管理的科学决策水平，克服决策的盲目性、随意性和局限性；有效增强政府部门的监管能力，防止工作中的弄虚作假；进一步提高工作效率，切实解决数据运行时效性差和服务效率低等问题；不断提高管理和公共服务水平，改变封闭式的管理和服务模式，推进政务公开，增加管理的透明度，形成科学、规范、公开、高效的运行机制，改善和加强政府部门的管理能力、决策能力、公共服务能力。

（栗演兵　龚　丽）

【民政信息化“十一五”规划编制情况】 2004 年，按国家有关进行信息化规划的文件精神，部信息中心将信息化规划列为重点工作重点落实，通过协调有关各方，组织强大力量，发动各部门集思广益，广泛组织研讨，审慎研究，多方论证，初步架构出民政信息化“十一五”规划框架。

信息化专项规划是国家专项规划的重点之一，有关领导高度重视此项工作。按照《国家发展改革委办公厅关于开展国民经济和社会发展信息化“十一五”专项规划编制工作的通知》（发改办高技〔2004〕1784 号）文件要求，部信息中心成立了由俞建良主任担任组长的编写小组，并于 2004 年 10 月下发文件《关于提供“十一五”信息化规划重点和发展思路的通知》（民办函〔2004〕210 号），转发了发改委有关文件，向部机关各司（局）、部直属事业单位征集建议。

2004 年 11 月，征集建议工作结束，十余个业务司局和部属事业单位总共反馈了数十条信息化建设的意见和建议，随后，编写小组汇总建议、组织了专家研讨会，并在此基础上形成了规划草稿。2004 年 12 月，部信息中心召开了征求意见会，就规划文稿专题听取各司（局）、部直属事业单位意见，有关人员参加会议，并对文稿进行了审查修改，12 月底成文，送财务和机关事务司。

民政信息化“十一五”规划是一项跨年度的工作，2004 年主要转发了有关文件，征集了各司（局）、部直属事业单位提出的信息化重点和思路，提出“十一五”期间民政信息化的重点任务和基本思路，真正切实可行、较为详细的规划在 2005 年制定。

（陈　勇）

【民政信息化标准制定与贯彻情况】 2004 年，民政信息化标准制定取得突破。由信息中心提出并负责起草、人事教育司归口管理、民政部各业务司局参加起草的《民政业务数据共享与交换》（MZ/T012－2004）作为民政部行业标准于 2004 年 6 月 18 日发布，并于 2004 年 7 月 1 日开始实施。这是民政信息化的第一部正式标准，这部标准对于落实国家电子政务建设任务，实现各类民政业务系统的整合，指导民政数据中心建设，规范民政业务软件的开发和数据交换均有着划时代的意义。

经过《数据标准》编写组的艰苦努力、细致工作，在民政部各业务司局以及部分地方民政厅局的大力支持下，《民政业务数据共享与交换标准》于03年底04年初编制完成。2004年2月18日，办公厅主任窦玉沛主持召开《民政业务数据共享与交换标准》评审会，邀请国家税务总局、劳动和社会保障部、国家工商总局和中国电子技术标准化研究所的有关专家对信息中心主持编写的《民政业务数据共享与交换标准》进行了评审。专家组一致同意通过评审。通过评审后，本着精益求精的态度，信息中心对标准进行了文字雕琢，并于4月报请人事教育司同意。6月，部长办公会审议通过并下发了《关于批准发布〈民政业务数据共享与交换〉行业标准的通知》（民发[2004]92号），7月1日正式实施。标准以文本和软件两种形式颁布，对全国民政业务软件设计与开发过程中所涉及的业务数据元、信息分类编码和信息交换数据结构做了规定，对民政业务软件数据进行了抽象提取，定义了“行政区划基本表”、“单位基本表”和“人员基本表”，严格规定所有民政业务软件设计与开发过程涉及此三类基本库表的必须严格遵循标准，为数据中心的数据汇集做好了制度准备。

《民政业务数据共享与交换标准》颁布后，信息中心着手对标准进行宣传和推广，并督促正在开发的“民政公用政务平台”、“全国流浪乞讨人员救助管理信息系统”按照标准进行相关设计。2004年，数据标准的制定和实施，为信息中心自身实现开发和管理模式的转变起了个好头，有力地推动了民政业务数据的标准化和民政业务软件开发工作的规范化。

（陈　勇）

【民政公用政务平台及其他软件开发情况】 民政公用政务平台进展情况：在2003年民政公用政务平台研制基础上，部信息中心对综合办公、区划管理、人事管理、涉外婚姻管理、信访管理等业务系统进行了修改完善，下半年对部省两级进行了试点培训。7月中旬，部信息中心在青海省西宁市举办了省级公用政务平台培训班，全国35个省级民政部门的49名从事信息化建设的工作人员参加了培训。10月下旬举办了由办公厅、民间局和人教司三个司局相关人员参加的平台试点单位骨干培训。年底对试点单位民间局进行了全员培训。通过培训，部级平台开始进入试用阶段，四川省厅已在厅机关全面试用，湖南、湖北、贵州、吉林等省也陆续展开培训。

业务软件开发应用情况：在软件开发方面，2004年4月，基层政权和社区建设司与信息中心在民政管理干部培训中心举办了全国“涉外婚姻登记管理信息系统”培训班，成功推广该业务软件并对全国100多个涉港澳台外侨婚姻登记处业务人员进行了培训。完成了流浪乞讨人员救助管理信息系统的需求调研、标书编制等工作，11月完成了系统的招投标工作。对原“全国优抚安置管理信息系统”进行了升级，开发完成了“军休干部审档子系统”和优抚伤残证书打印模块，并对省级部门进行了培训，年底已正式投入使用。在软件推广应用方面，利用全国行政区域界线信息管理系统向中国土地勘测规划院、国家减灾中心、河南、湖北、湖南和甘肃等省民政厅提供了协议书附图、工作用图数据、省界矢量数据、界桩成果表等多种数据服务。

（夏洪畅）

【民政部网站参与周国知先进事迹宣传】 按照民政部的统一部署，部信息中心将宣传周国知先进事迹作为一项重点工作，精心策划、周密组织，充分发挥网络“快捷、海量、互动、不受时空限制”的优势，在民政部网站上对周国知先进事迹进行了全方位的宣传报道，取得了良好的效果，得到了部领导、民政系统及公众的广泛认可。

本着“快、新、全”的原则，全方位、多角度立体地宣传周国知事迹。民政部网站于2004年10月10日推出了“为民模范周国知”专题，开设了“学习周国知”、“感动周国知”、“讲述周国知”、“评说周国知”、“回忆周国知”、“歌颂周国知”、“思念周国知”、“聚焦周国知”等板块,多角度、系统全面地宣传报道周国知的先进事迹。网站一方面充分利用自身的信息资源,编辑背景资料,发布权威信息,追踪重大活动,在“快”字上下功夫,努力做到第一时间实地采访、第一时间组稿、第一时间发布,保证公众可以第一时间从网站获得最新信息。另一方面搜集、整理各大媒体对周国知事迹的相关报道、评论,努力把专题办成一个周国知事迹资料库,尽可能为公众提供全面、翔实的资料。专题的设立和更新让公众从不同的角度认识了周国知,感受到国知精神和基层民政干部的为民之心,爱民之情。

搜集、整理、发布音频、视频信息,实现了宣传的多媒体化。网站将中央电视台《新闻联播》、《焦点访谈》和中央人民广播电台《全国新闻联播》、《新闻和报纸摘要》、《新闻纵横》、《人物春秋》等栏目关于周国知的相关报道整理加工成视频、音频文件,在网站上提供在线收听、收看,从而使公众摆脱了收听收看广播电视节目的时空限制。另外,网站还将当地老百姓及文艺工作者创作的歌颂周国知的歌曲放在网上,提供在线收听和下载。这些创意在参与报道周国知事迹的网络媒体中是别具一格的。

开设互动式栏目,变单向宣传为双向交流,与网民形成良性互动。为了与网民形成良性互动,了解群众反应,倾听群众呼声,网站开设了“网上调查”、“肺腑之言”、“在线交流”等互动式栏目,拉近了政府与公众的距离。

主动与各大媒体沟通,扩大民政部网站的影响力。政府网站的点击率与影响力相对小于专业新闻网站,为增加网站的点击率,扩大网站的影响力,加强了与各大媒体的沟通。与新华网、人民网、央视国际、中国网、中国广播网等大型网站建立了友情链接;在网站重要栏目(如在线交流)推出前,在新华网“政府在线”版块提前发布预告;与中央电视台、中央人民广播电台及时沟通,提前了解其周国知专题节目的播出计划,安排录音、录像,及时整理出音频、视频信息,提供网上收听收看服务;与人民日报、新华社及时沟通,提前了解人民日报评论员文章的发表时间和新华社通稿的发布时间,以保证在第一时间转载。

(张　军)

【视频会议系统的使用和升级改造情况】 视频会议系统是信息化建设中的高级应用,是网络、线路质量、系统构架等基础建设效能的直观反映,以方便、快捷的独特优势为民政工作提供优质的服务,已经成为民政系统远程办公的日常工具。

2004年中,民政部贯彻落实李学举部长指示,加大了以视频会议形式召开全国性会议的力度:3月25日召开的城市居民最低生活保障会议、6月8日召开的春夏救灾救济情况通报会、11月23日召开的城乡困难群众生活安排会议和12月22日召开的全国救助管理工作经验交流会等。

2004年,视频会议不断创新,加强了规范管理:逐步调试出主、分会场分别发言和主、分会场讨论会等多种会议形式,制定了细致可行、严格规范的视频会议操作流程。

随着视频会议的广泛应用,各业务部门对视频会议的效果提出了更高的要求。2004年,在民政广域网线路扩容的基础上,视频会议系统适时进行了升级改造。

升级改造后视频系统的基础设施大为改善:随着民政广域网扩容项目的实施,民政部到各省、自治区和直辖市以及计划单列市的带宽由512K的FR(帧中继)链路升级到2M的SDH(同步数字电路)链路。新购置了3块用于MGC—100上的IP48 H. 323(LAN)网络接口卡和1个冗余备份AC电源模块,提高了视频会议的效果和质量,同时为节点的扩展预留了空间。

升级改造后,理论上视频会议召开的带宽可由先前的384K提升至1M。但在实际调试中,因为部分地方节点使用的视频终端为其他厂家的产品,需要与视频系统的核心控制单元MCU在部分技术指标进行匹配。为了使视频会议的整体效果达到最佳,经多次测试,最终确定视频系统的带宽

768K。在此带宽下，视频会议的声音清晰、层次感强，视频效果流畅，画面无马赛克现象，整体效果得到了很大的改善，视频会议质量大幅提升。

（李　杰）

外事工作

【国际交流简况】 国际交流是国家外交工作的重要组成部分，也是民政外事工作的立足点。民政国际交流指与有关国家政府部门、非政府组织、联合国机构和其他国际组织以及外国驻华机构在民政工作领域内进行的双边、多边交往活动。民政国际交流工作，基本上可分为三种形式：一是出国交流。即派遣团组赴国外进行业务交流考察、参加国际会议和接受专业技术培训。二是在华交流。即邀请外国代表团来访进行相关业务的交流考察、参加国际会议以及与有关国家使馆和国际组织在华机构的交流。三是参加我部已加入的国际组织或涉及民政业务的联合国组织和其他国际组织的活动。

（柴　梅）

【2004年国际交流概要】 2004年民政系统与有关国家政府部门、非政府组织、联合国机构和其他国际组织以及外国驻华机构交流活动比较活跃频繁。民政部组出访团组共142个，917人次。民政部团组中副部级（含）以上高级代表团16个，司局级58个，处以下团组68个。出访交流涉及五大洲的41个国家和我国港澳台地区。全年接待来访团组57个，其中高级代表团16个，司局级以下团组41个。

（刘　泉）

【民政业务境外考察和交流】 2004年，民政系统高层出访团组较2003年有较大增加，对外交往积极活跃，成效显著。民政部李学举部长率团访问了新加坡，并赴越南出席了“东亚家庭事务部长级论坛”、赴泰国出席了东盟10＋3“社会福利部长会议”。副部长李立国、罗平飞、姜力、和其他几位部级领导也应国外相关机构邀请率团访问了古巴、巴西、挪威、德国、约旦、南非、毛里求斯、澳大利亚等国。高级代表团在深入考察国外民政业务的同时，会见一些国家的总理、部长等高级政要。高级代表团的出访，促进了民政事业的改革与发展，广泛宣传了中国民政事业近年来取得的成绩，增进了各国相关部门之间的相互了解，有助于我国对外双边和多边外交关系的拓展。

（刘　泉）

【在华交流】 2004年民政外事接待工作更加规范、稳妥、有序，在华对外交流工作取得显著成绩。2004年我部先后接待外国部长级以上代表团12个。接待的重要来宾包括与民政部对应的政府部门：马来西亚总理府部长、保加利亚劳动和社会政策部长、南非社会福利部长、墨西哥社会发展部长、巴勒斯坦社会事务部长等，以及联合国粮食计划署署长、联合国副秘书长、联合国儿童基金会执行主任等国际组织的主要负责人。还接待了其他部委安排拜访民政部的团组、国际机构和外国驻华新闻机构拜访等，共计近60个团组。此外，日常外事活动还涉及大量的与有关国家驻华使馆和国际组织在华机构举行的交流活动。2004年5月25日至27日在北京与联合国减灾战略秘书处共同承办了国际减灾会议。来自18个亚洲国家和6个国际组织的100多位代表应邀参加了此次会议。此外，为推进《中俄政府关于预防和消除紧急情况合作协定》的签署进程，我部还在京举办了中俄第二次专家会议。为体现我部对国际交流工作的高度重视并加强成果性，所有来访团组都受到了规格对等、业务对口的热情接待。一些较高级别的团组受到了党和国家领导人及我部领导的亲切会见。接待工作严密有序，细致周到，热情规范，各种软、硬件配套设施齐全，受到了来访团组和各方的好评。

（刘　泉）

【建章立制】 2004年，民政外事工作本着“为民政事业服务，为国家外交服务”的原则，按照部党组关于民政外事工作“要突出加强交流，扩大合作，着力提高质量和效益”的总体要求，外事司全体同志团结一致，奋发工作，圆满完成了各项预定任务，为加大民政工作的社会开放度作出了积极的贡献。逐步完善民政外事工作的规范化管理。2004年，我司先后起草了并以部名义下发了《民政部国际合作项目管理规定》，明确了国际合作项目的管理程序；以部办公厅名义下发了《关于邀请基层民政部门参团出访不得指定人员的通知》，明确了邀请基层民政部门人员出访的程序；与机关服务局联合下发了《关于外宾来访接待工作的通知》，对外宾到部机关访问的办理程序进行了进一步规范；进行了工作程序化和规范化管理，例如设计了《部领导接待来信、来访人员登记表》、《部领导出访登记表》等EXCEL登记表，及时登记重要外事活动，做到对来访、出访工作的细节心中有数，便于将来开展工作。同时，召开了民政部首次“民政部国际合作项目工作会议”。李立国、姜力、张印忠、李本公等部领导出席了此次会议。会议总结和交流了各司局、各直属事业单位开展国际合作项目的经验，以及建立国际合作项目管理和拓展机制的方法。李立国副部长代表部党组发表重要讲话，对开展国际合作项目工作的目的、内容、方式和原则提出了明确要求。此外，还进一步完善了年度外事工作计划申报审批制度。部属各单位年初根据工作需求递交了各自年度出访计划，外事司根据外事有关规定对各单位的出访计划进行了认真研究和审核，制定《民政部2004年外事出访计划》并报部领导批准。这一制度的实施对加强外事为民政中心工作服务，有计划、有步骤、有重点地开展民政对外交流与合作起到了很好的指导作用。

（柴　梅）

【2004年国际合作项目简况】 民政外事工作本着“以我为主，为我所用”，并坚持民政外事为民政服务的原则，在开展对外交流的基础上，积极主动地开展国际合作，开拓新的国际合作项目，努力做到交流与项目并重。2004年民政部正在开展的国际合作项目20余个，项目合作领域涉及民政业务的各个方面。在各司局的努力下，所有项目进展顺利，收到了良好的效果。国际合作项目的开展，利用外资和借鉴国际经验，有力地配合了民政重点工作，为促进民政事业的改革与发展做出了积极贡献。积极开拓新的合作项目。开拓新的合作项目一直是今年外事工作的重点。在部领导的直接指导和参与下，我司与各业务单位密切配合，充分利用各种机会开拓新的项目。2004年已确定新的合作和捐助项目约10个，涉及境外投入资金4500万元人民币。已分别与欧盟、世界银行、联合国开发计划署、联合国儿童基金会、国际狮子会、阿可汗发展网络、世健会、亚洲基金会、世界轮椅协会、英国救助儿童会、澳大利亚家庭与社会发展部、世界宣明会、扶轮社、国际民防组织、美国卡特中心等组织分别进行了项目会谈。

（柴　梅）

【民政部—联合国儿童基金会自然灾害备灾项目】 自然灾害备灾项目2001年—2005年项目周期的项目经费为20.2万美元（约合167万元人民币）。2004年联合国儿童基金会为该项目投入了12.9万美元（约合107万元人民币）。该项目的目标是减少灾害对妇女、儿童的影响以及加强地方备灾能力建设。2004年自然灾害备灾项目在内蒙古自治区伊金霍洛旗、湖南省湘阴县、四川省古蔺县、云南省漾濞彝族自治县和陕西省大荔县5个项目县项目区开展了广泛的减灾宣传。项目取得的经验将运用于中国国际减灾委员会和民政部正在全国范围内开展“减灾进社区”活动，在各地开展民众的灾害知识教育。2004年6月在湖南长沙举办了灾害心理社会干预骨干培训班，使地方政府更加重视对儿童、妇女进行灾害心理社会干预。培训班学员在“云娜”台风期间，开展了国内首次灾害心理社会干预活动。2004年，项目针对儿童的特点开发了一套70张卡通式备灾知识宣传画。

（从飞军）

【中欧村务管理培训项目】

中欧村务管理培训项目为期5年，2001年6月正式启动，2006年6月结束，将由欧方出资1067万欧元（约1.599381亿元人民币），中方以实物和资金形式配套投入405.7万欧元。2004年项目支出总计约2890万元人民币。2004年项目通过培训中央级培训基地与试点省培训中心的专职教师、地方民政部门的工作骨干与兼职师资，层层辐射，最后培训到村委会成员，并且通过指导和资助民政部培训中心面向非试点省举办培训班，项目培训面覆盖全国。培训方式主要是项目办直接举办师资培训和各合作伙伴举办兼职师资和村务管理骨干培训。项目在2004年开发了“村务公开”、“村务管理”两套教材，在民政部培训中心和江西、云南、黑龙江、辽宁、山东、河南、甘肃7个试点省培训中心举办了“村委会换届选举培训”、“村务公开培训”、“村务管理培训”、“互动式培训方法培训”等各类培训班86期，共培训9538人次，师资水平大大提高，推动了村民自治实际工作的开展。项目为云南、甘肃的选举和面向7个试点省的村务管理制作了一批宣传品，包括项目通讯、项目简介、“村民委员会选举大会实用手册”、“村委会选举宣传海报”、“选举通讯”、村委会选举主持词磁带、选举歌曲《选好人》、《村民委员会选举之歌》、村委会选举电视光盘、选举年历、选举周历、村委会选举流程图、选举知识手册等10多种近10万份宣传品。项目在2003年12月至2004年11月先后为项目办自身、民政部培训中心、全国村务公开协调小组办公室、有关试点省采购了一批总计300多万元人民币的培训、教学、办公、车辆等设备和办公家具，各试点省和培训基地的条件得到了较大的改善。

（从飞军）

【人口老龄化政策研究项目】 联合国人口基金2003—2005周期国别合作方案为我部人口老龄化政策研究项目提供了共50万美元的资助。2004年项目进入后期，主要开展了3个老龄干预活动、编辑和出版前期老龄研究成果论文集以及召开老龄高层研讨会等。2004年外方向该项目投入12.6万美元（约134万元人民币）。2004年该项目完成老龄政策研究论文共计14个，在研究成果的基础上进行了老年协会建设、老年人艾滋病防治和老年妇女社会支持干预活动。翻译出版《积极老龄化政策框架》、《推进“关爱老年”初级医疗卫生》两书，提高了老龄干部对国际老龄动态和中国老龄现状、问题及对策的了解和对《马德里国际老龄行动计划》、《上海实施战略》等国际老龄纲领性文件的认识和理解。

（从飞军）

【中国中西部贫困老年人口及其社区扶贫项目】 国际助老会为与我部合作开展的中国中西部贫困老年人口及其社区扶贫项目2003年—2005年周期投入100万欧元。2004年项目进入中后期，对扶贫投入的初步效果进行评估和总结的同时，进一步加强各项扶贫和健康活动的开展，并探索如何总结项目所采用的治理老年贫困的模式及今后的经验推广活动。2004年外方向该项目投入201万元人民币。2004年，位于湖南、陕西、四川3省的项目点共9个乡的老年人广泛参与到扶贫项目的开展中，前期接受小额贷款的贫困老年人共3000名取得不同程度经济效益，项目健康活动的开展促进了老年人健康意识和健康知识的提高，从中央到地方的各涉老系统增强了对老年贫困问题的认识，通过国际组织的支持和参与式扶贫模式的运用，为老龄干部、扶贫干部、地方政府以及老年人自身和家庭对老年人和老年问题的解决方式提供了新的思路。

（从飞军）

【民政部—联合国世界粮食计划署的合作项目】 2004年，世界粮食计划署资助民政部1万美元（约合8.28万元人民币）用于《世界粮食计划署应急救援操作指南》的翻译和《中国灾害应急救援操作指南》的编写和印刷工作。联合国世界粮食计划署作为世界最主要的粮食援助组织，在为灾民和困难群体提供粮食援助、筹集资金和提升发展能力方面具有十分丰富的经验。世界粮食计划署在应急救援工作中实际应用的《应急操作指南》是一本操作性很强、很规范的应急救援操作手册。为在我国救灾工作灾情调查、评估和救援等方面进一步建立规范的工作程序，提高各级灾害管理人员的灾害管理水平，我部与联合国世界粮食计划署翻译、出版了《世界粮食计划署应急操作指南》并共同编写了《中国灾害应急救援操作指南》。

（从飞军）

【民政部—美国全国国际事务民主协会合作项目】 2004年，美国全国国际事务民主协会投入22000美元与我部共同于3月下旬在福州为45位社区居委会主任举办了为期2天的促进社区居民参与的培训班，并于10月上旬在南京为40位地方民政局分管社区建设工作的副局长举办另外一个相同内容的培训班，推动了城市基层官员管理和建设社区的能力。

（从飞军）

【民政部—美国福特基金会提高农村妇女当选村委会成员比例政策创新示范项目】 本项目以制定与实施保证妇女当选比例的积极政策为核心，通过政治运作来改变文化，通过文化的变迁来保证提高妇女当选比例政策的长远效果，使更多的妇女进入村庄的管理与决策机构，促进农村性别平等，推动村民自治。项目期为2003年6月至2004年6月。美国福特基金会为本项目提供了9.2万美元（约76.08万元人民币）的资金支持。项目在充分调研的基础上，进行了一系列政策创新，特别注重将社会性别意识纳入政府政策，特别突出了政策的可操作性和约束力。在项目的推动下，天津市塘沽区民政局下发了两部用于指导塘沽区村委会换届选举的规范性文件：《关于在村民委员会换届选举中保障班子成员有适当女性的意见》和《天津市塘沽区第五届村委会选举规程》。前者提出了原则性的意见，后者规定了选举中各个阶段的程序和规范，特别将《村委会组织法》中村委会中妇女应有“适当名额”的原则，具体明确为“至少要保证1名以上妇女进入村民选举委员会”，表明了塘沽区政府在村民委员会选举中，努力实现性别公正这个问题上毫不含糊的政策立场，是一部特别值得向全国推广的、具有政策创新意义的选举规程，为妇女选举权益的保护和妇女当选村委会成员的制度化、程序化进行了有益的探索。

（从飞军）

【民政部—美国卡特中心合作项目】 2004年度项目共投入1272090元人民币，其中卡特中心投入418480元，约占总数的33%。民政部门投入853610元，约占67%。

2004年，在戴尔公司的资助下，项目向重庆市民政系统资助了44台戴尔品牌的台式电脑。2004年8月6日—7日，重庆市民政局举办了60余人参加的全市村委会选举信息系统项目培训班，切实提高了重庆市村委会选举信息的技术水平。

根据项目年度计划，6月3日—12日，美国卡特中心执行董事约翰·哈德曼博士率13人代表团访华，先后到北京、吉林、河北等地观摩了村委会选举情况。10月25日至11月4日，民政部基层政权和社区建设司助理巡视员曹国英率团（8人）赴美观摩总统大选，引起国内外媒体广泛关注。通过人员互访，双方进一步增进了理解，密切了合作，为项目活动的顺利开展奠定了基础。

“中国农村村民自治信息网”运行良好，信息量稳步上升，“品牌效应”开始彰显。作为项目合作成果，“中国村民自治信息网”目前信息量已达4000万字，在交流信息、传播村民自治知识方面发挥着越来越重要的作用。

（从飞军）

【民政部—联合国儿童基金会困境儿童保护项目】 2001—2005年民政部与联合国儿基会在新周期的困境儿童保护领域的合作确定为三个分项目：1.流浪儿童救助保护项目；2.孤儿家庭寄养和助养项目；3.艾滋孤儿救助项目。

本周期流浪儿童救助保护项目资金约25万美元（约合207万元人民币）。2004年联合国儿童基金会为该项目投入了近12万美元。本项目的目的是通过项目单位对流浪儿童产生的根源，探索教育手段，促进流浪儿童回归主流社会。2004年主要开展了流浪儿童救助保护政策调研和流浪儿童救助保护工作人员培训等活动，并与联合国儿童基金会和英国救助儿童会联合举办“全国流浪儿童救助保护工作研讨会”，会议十分成功，得到良好反响。在郑州和长沙流浪儿童救助中心实施了项目活动。

孤儿家庭寄养和助养项目的主要目的是形成对困境儿童救助保护的政策支持体系，更好地维护孤残儿童的权益，探索推进社会福利社会化进程中孤残儿童养育方式的改革。2001—2005年联合国儿童基金会将投入项目经费84万美元(约合695万元人民币)。2004年联合国儿童基金会为该项目投入了约10万美元。与联合国儿童基金会合作的“孤儿、弃婴家庭寄养”项目主要活动有：(1)利用大众媒体进行反弃婴的社会宣传，印制宣传画页和折页等；(2)举办“家庭寄养管理暂行办法”培训；艾滋孤儿救助项目是2004年新建立的项目，主要活动是艾滋孤儿救助安置政策调研，2004年召开了艾滋孤儿救助安置政策研讨会。儿基会投入10余万美元。

(柴　梅)

【与世界银行合作的非营利组织税收研究项目】　我国目前对非营利组织的税收管理还没有专门规范，仅有的是散见于法律法规或部门规章，而其中又以规章为主，税收规定层次低，约束力差，同时没有突显非营利组织的应有地位，没有区分组织的营利性与非营利性。鉴此，民政部2003年初与世界银行就加强我国非营利组织税收制度研究，分析现状，发现问题，提出解决方案达成共识，同意共同开展非营利组织税收研究项目。项目自2003年3月正式启动，历时两年，2004年完成。世界银行将为本项目提供4万美元(约合33.11万元人民币)的资金投入。

本项目由我国非营利组织税收制度研究、国外非营利组织税收制度研究以及政策建议三部分组成。2004年主要活动为课题调研、项目评估和举办研讨会等。完成了项目调研报告，课题研究成果已提交给我国税收主管部门，为有关政策的制定、促进我国非营利组织税收制度的完善起到了积极的政策参考作用。

(柴　梅)

【中英民间组织评估机制及体系合作研究项目】　民政部与英国使馆开展的民间组织评估机制及体系合作研究项目于2003年4月启动，为期3年，英国使馆文化教育处将资助62600英镑(约合93.85万元人民币)。项目的主要目标是，在调研国内民间组织评估制度，系统收集国内外有关民间组织评估制度的资料，学习国外民间组织评估体系的先进经验的基础上，研究建立我国民间组织评估体系，分别制定社会团体、基金会和民办非企业单位年检办法等相关政策法规。2004年，与英国使馆文化处合作进行了项目调研并召开两个研讨会。

(柴　梅)

【民政部—国际SOS儿童村组织合作项目】　2004年国际SOS儿童村组织向民政部提供了394万美元的援助资金，用于抚养天津SOS儿童村等9个儿童村1100名孤儿的工作运转开支和儿童村设施的建设与维护，两所格迈纳尔中学的奖教经费以及中国SOS儿童村协会的工作开支。2004年，国际SOS儿童村组织和中国儿童村的合作得到进一步发展，批准2004年8月开始筹建拉萨格迈纳尔学校；批准为烟台格迈纳尔中学修建一座新教学楼；批准筹建天津儿童村退休妈妈公寓；为烟台儿童村和天津儿童村各捐助一部轿车。北京儿童村的项目已开始实施。国际儿童村同意支付先期费用。

(柴　梅)

【民政部—英国救助儿童会合作项目】　2004年英国救助儿童会继续在困境儿童救助领域与社会福利和社会事务司进行合作。在孤儿家庭寄养项目中，主要开展了项目评估和调研，并开展了寄养家庭管理人员的培训。在流浪儿童救助项目中，英国救助儿童会主要资助了国外考察项目和“全国流浪儿童救助保护工作研讨会”项目。

（柴　梅）

【民政部—美国“世界轮椅基金会”合作项目】 2003年7月30日民政部与世界轮椅基金会签署的《合作备忘录》，规定双方各提供5万美元（人民币41.35万元），共同为优抚对象购买2000辆轮椅。根据备忘录，2004年双方对项目进行了评估和调整，并制定了2005年项目计划。此外，国际扶轮社通过世界轮椅基金会向民政部捐赠了2000辆轮椅分配各省民政厅所属38个单位。

【民政部港澳台工作概述】 民政部涉及香港特别行政区、澳门特别行政区和台湾地区的工作，由港澳台事务办公室（设在民政部外事司）具体承担。2004年，根据中央有关涉港澳台工作的指示精神，在国务院港澳办、国务院台办、中共中央统战部、中央政府驻港、澳联络办的支持和指导下，民政部进一步加强了与港澳台地区的交流力度，拓宽了合作领域，在社会福利、民间组织、救灾救济、社区服务、军烈优抚等方面的交流与合作都取得了长足进展。针对香港方面提出的扩展“综援计划”，即让更多的香港老人来大陆养老问题，我们配合社会福利和社会事务司多次与港方会谈，协调广东、福建等省份积极考虑港方建议。针对港澳地区社团和基金会来大陆设立办事处和开展活动的问题，我们配合民间组织管理局耐心解答各种咨询，多次协调有关方面会谈。

（周淑梅）

【与港澳台地区的交流概述】 2004年度，民政部港澳台事务办公室圆满完成了民政部机关各司局及部直属事业单位和社团赴港澳台地区的任务审批和港澳台三地的来访接待工作。共派出15个团组赴港澳台地区参观访问、参加有关会议；接待了17个来访团组，计250人次。重要团组如下：

2004年2月，澳门特区政府社会文化司崔世安司长率13人代表团访京；

2004年3月，香港路德会社会服务处行政总监陈圣光、香港康复会行政总监周敏姬一行到访民政部，双方就加强香港有关社会服务机构与内地民政部门在社会服务领域的合作问题交换了意见；

2004年3月，香港非官守太平绅士、国际扶轮社香港区主任郑恩基先生到访民政部，就该社捐赠我部1800台轮椅的分配方案、交接手续事宜与外事司司长进行了会谈；

2004年9月，以张伍翠瑶主席为团长的香港博爱医院董事局代表团和以陈耀庄主席为团长的香港东华三院代表团先后到访民政部，李立国副部长分别会见并宴请了香港客人；

2004年10月，应中国社会工作协会婚姻家庭工作委员会邀请，台湾中华文化社会福利事业基金会“关怀两岸婚姻家庭”参访团一行12人，在福建、上海、湖南、湖北进行了为期12天的参观访问活动；

2004年11月，应香港特别行政区卫生福利及食物局邀请，姜力副部长赴香港访问。此访是香港特区政府举办的“内地贵宾访港赞助计划”的一部分，旨在安排内地官员访港，参观一些设施并与特区政府部门和私人机构的高层人员会晤，加深对香港的政治、社会、经贸等各方面的了解；

2004年12月，澳门特别行政区社工局局长叶炳权一行到访民政部，与公安部、国务院港澳办及民政部有关方面就澳门中国公民收养内地儿童以及内地访澳游客因赌博和被盗请求特区政府资助事交换了意见，初步达成了合作意向。

（周淑梅）

【与港澳台地区的项目合作】 2004年，民政部港澳台事务办公室从扩展原有项目与开拓新项目两方面，加强了项目工作。主要合作项目有：

扩展与香港东华三院定期培训福利机构专业人员项目。2004年12月，外事司组团赴香港执行与香港东华三院的年度业务考察计划，与港方探讨了扩展人员培训事宜，并初步达成共识，即在原来每年派2名内地福利机构工作人员赴港接受为期一个月的实习培训的基础上，增加到每期6名，为期半个月，以扩大受益面；

2004年3月，经我部批准，“中国社会工作协会成龙、杨受成公益慈善基金”正式登记注册。5月11日，成龙、杨受成先生将注册资金人民币1200万元汇入基金专用银行账户。8月21日，在人民大会堂举行新闻发布会。该基金主要用于支持和帮助中国有关老人、妇女、儿童、贫困人员等需要帮助的人群，开展多种爱心救助计划，建立和改善中国社会福利和公益设施，吸引更多的人来关心慈善事业，促进公益慈善事业的发展。6月，该基金拨付47万元人民币为来自河北、河南、山西、贵州等省市儿童福利院的16名孤儿成功地进行了手术。近期，该基金已确定捐赠100万元人民币用于资助河北省保定市儿童福利院；

2004年9月，香港博爱医院董事局代表团在访问我部时，向大陆受灾地区捐款20万港元；

2004年3月，国际扶轮社3450区(香港、澳门、蒙古区)向我部捐赠1800台轮椅。

香港华懋集团董事长龚如心女士为中国社工协会孤残儿童救助基金捐赠1000万港币。

从2002年起，澳门特区政府社会文化司所属社会工作局开始与我部接触，商谈关于澳门居民收养内地儿童事宜。经过多次协商，已初步确定《关于澳门特别行政区居民中的中国公民前往内地收养子女的合作安排》的法律文本。

（周淑梅）

【在华印支难民工作取得突破性进展】 针对部分在华印支难民没有取得中国居民身份证的历史遗留问题，我司协调公安部、外交部、云南省政府提出了处理意见，经国务院批准后妥善解决了问题。此举受到了联合国难民署的高度评价，既兑现了中国政府向国际社会作出的认真履行《难民地位公约》的承诺，也为将来解决类似问题积累了经验。在我司的积极争取下，最终达成了联合国难民署继续关注在华难民问题的协议，并获得了联合国难民署41万元的培训经费，用于难民的职业技术培训。进一步加强了对难民安置周转金项目的指导、监督和立项评估力度，使今年的周转金回收率达到76.42%。

（蔡　捷）

新闻宣传工作

【重大典型宣传工作】 典型宣传取得突破性进展，树立了民政史上第一个全国重大典型——周国知，并取得很好的宣传效果。中共中央总书记胡锦涛、国务院总理温家宝等中央领导同志纷纷题词，号召广大基层干部向周国知同志学习。从4月遵照部领导批示介入周国知先进事迹的调查核实开始，到10月在中央各主要媒体展开集中、持续的宣传，其间经历了很多的困难与挫折，从普通典型到重要典型，以至重大典型，每个环节都经过多次的磨合。在部领导的直接领导和鼎力支持下，在各有关部门的大力配合下，在办公厅全体锲而不舍和集体智慧的努力下，中宣部将周国知列入全国重大典型宣传名单，中组部、民政部、人事部下发了在全体党员、全体公务员中开展学习周国知先进事迹的通知，民政部、人事部一起命名周国知为“为民模范”。各媒体从10月10日到10月底，对周国知的先进事迹进行了大规模、持久的报道，周国知的名字从大山走进千家万户，取得了很好的社会效果。周国知典型宣传规格之高，规模之大，影响之广，效果之好，在民政宣传史上前所未有，填补了民政历史上的一项项空白。

【日常新闻宣传工作】 组织民政常规工作的宣传报道。元旦春节期间走访慰问城乡困难群众、慰问五总部、驻京部队；灾情发布和救灾工作情况的新闻发布、殡葬改革、国际减灾日及经常性社会捐助等是每年都要进行的常规工作，但每一次新闻办都认真对待，积极协调新闻单位研究新闻点，争取版面和宣传效果。8月民政部与陕西共同举办救灾演练，新闻办协调中央电视台在新闻频道进行了现场直播，取得很好的宣传效果。今年的减灾日和扶贫济困送温暖捐助活动高潮日正值周国知典型宣传启动，新闻办全力以赴，加班加点，典型宣传和业务工作报道两不误，不但做好了周国知典型宣传工作，还圆满地完成了减灾日及捐助活动的新闻发布会和活动报道。

配合部里工作制度改革进程，加大对媒体的开放度，规范新闻采访与新闻发布工作。根据部领导关于扩大民政工作开放度，增加民政工作透明度，加强民政工作社会参与度的工作思路，制定民政部新闻舆论监督办法，邀请新闻媒体参加部务会议、部长办公会及立法听证会，并协调报道事宜。制定接待记者采访流程、新闻发布工作流程、工作会议及重要法规文件宣传流程等，规范新闻宣传各项工作。

配合部里主要工作、重大活动、重要会议，积极周密做好新闻发布与新闻协调工作。2004 年，围绕孤残儿童手术康复明天计划、城乡困难群众生活救助工作、村务公开与村民自治工作，及《军人优待抚恤条例》、《婚姻登记条例》、《基金会管理条例》、《民政部门行政许可办法》等法规出台，召开多次新闻发布会与新闻协调会，并协调新华社、人民日报、中央人民广播电台、中央电视台多个频道多个栏目进行了充分报道，扩大民政工作影响，树立民政良好形象。

【舆情信息收集与处理制度】 为民政工作提供及时参考，调查核实，采取措施，消除影响。为了充分了解各网站、报刊对民政工作正反两方面的报道情况，并通过这些报道了解社会各界和广大人民群众对民政工作的各种反映，为领导实施正确决策提供信息参考，3 月 8 日，新闻办创办了《民政宣传动态》，到 11 月底，共编发 133 期。通过摘编媒体报道、配发编者按、评论以及新闻链接等方式，将媒体与社会比较关注的民政工作敏感问题、热点问题及时、醒目、详细地呈送给部领导及各司局参考。期间关于重庆綦江千人骗保、双色球摇奖风波等网摘引起部领导和有关司局的重视，李学举部长、陈杰昌副部长分别做出批示，要求有关司局切实做好相关工作，真正从制度等方面杜绝问题。年初双色球摇奖事件曝光后，新闻办会同有关部门一起研究公关对策，从侧面通过刊发福利金在社会福利事业中的作用清除负面影响，有关部门也藉此改进了工作。

【网上评论制度】 2004 年 2 月，针对网上广为流传的安徽金寨志愿军老战士流落街头乞讨为生的消息，李学举部长批示优安局进行调查核实，此后在民政部网站全文刊发调查报告，很快平息了对民政部及民政系统的不公指责，消除了影响。因此，针对网络传媒对传统媒体及社会公众交互影响的特点，以及互联网上复杂、尖锐的斗争形势，为加强网上正面宣传，紧密围绕民政业务工作，主动开展热点问题的引导，正面引导网民讨论，及时批驳有关谣言，为民政工作的开展创造良好的网上舆论环境，遵照中央领导的指示精神，按照中央外宣办的统一部署，在部、厅领导的重视和指导下，新闻办研究并制定了网上评论制度框架，组建了两支网上评论员队伍，9 月正式启动网上评论工作，并在 10 月的典型宣传中发挥了网评员的舆论引导作用，取得了很好的效果。如，针对网上有些人认为宣传周国知是否有造势之嫌等议论，评论员以网友的身份参与讨论，跟了“周国知是老百姓哭出来的典型，是鄂西大山发出的时代强音，如果说造势，那也是群众造的势，是紧贴百姓心头的造势”帖子，很好地引导了网民的认识。此外，在日常新闻发布中，也注重通过网络发布新闻，并增加新闻发布数量，从正面满足网民对民政工作多方面了解的需求，积极主动创造一个良性的舆论环境。

【新闻出版管理方面】 2004 年，在部、厅领导重视和正确领导下，民政部新闻出版管理工作做得扎扎实实。敦促部属各新闻出版单位切实学习领会中央有关通知精神，遵守国家出版工作大政方针、法律法规及民政部有关新闻出版工作的具体要求，严格出版工作程序，守土有则，杜绝了新闻出版工作中利用职权搞征订发行、乱拉广告和搞有偿新闻等违规行为，社会效益和经济效益都获得大幅度的提升，使民政部所属各个报刊社在激烈的市场竞争中获得生存和良性发展。

（一）继续进行报刊散滥和利用职权发行专项治理工作

在党中央的坚强领导下，从2003年下半年开始，集中对党政部门报刊散滥和利用职权发行问题进行了专项治理。今年以来，民政部新闻出版管理工作继续以此项工作为重点，多次召开会议传达部署中央治理党政部门报刊散滥和利用职权发行工作协调领导小组所发文件和通知，要求部属新闻出版单位自查自纠，改正或防止在报刊征订工作中的违规行为。特别是对2005年报刊发行工作写出总结报告，明确提出是否存在违规行为和为防止违规行为制定的具体措施和办法。规范报刊发行方式，严格问责制度，明确责任主体，追究失职行为，有效地杜绝了民政部所管报刊征订发行工作中不正当行为的发生。

（二）开展“三项学习教育”活动，加强新闻出版单位队伍建设

根据中央宣传部和新闻出版总署关于在全国新闻战线和出版行业深入开展“三个代表”重要思想、马克思主义新闻出版观、职业精神职业道德学习教育活动的通知。我办起草制定《三项学习教育活动实施方案》，召开部署新闻出版单位全体人员参加的动员大会，邀请主管部领导作报告，积极安排部署民政部新闻出版单位三项学习教育活动。民政部开展三项教育学习活动旨在用“三个代表”重要思想武装全体新闻出版工作者的头脑，牢固树立马克思主义新闻出版观，弘扬职业精神，恪守职业道德，进一步加强领导班子和队伍建设，以及巩固民政部报刊治理散滥和利用职权摊派发行工作所取得的成果，具有重要和深远的意义。目前此项学习活动仍在进行中。

（三）解决部分刊社存在问题，顺利完成报刊年度核验

由于主办单位变更以及管理上的漏洞，民政部所属部分报刊社存在实际法人与登记法人不符、实际主办单位与登记单位不符、实际刊物名称与登记名称不符、实际刊物开本与登记开本不符及不经请示和批准，擅自变更登记项目等问题。我办及时召开有各报刊社具体负责同志参加的工作会议，详细布置了今年的报刊年度核验工作，提出具体要求，并帮助存在问题的刊社补办各种手续。经不懈努力，终于解决学院学报刊名变更、中国减灾补办出版许可证正本遗失补办、中国民康医学杂志和中华慈善年鉴法人变更等实际问题，一次顺利通过2003年度报刊核验。

（四）加强管理妥善处置上级单位交办事宜和报刊治理遗留问题

2003年12月23日部纪检监察局转来反映《中国社会报社》主要领导违规出让《中国社会导刊》主办权的群众来信，经调查核实，确有此事。我办提出具体意见，积极稳妥进行处理。又，接新闻出版总署转来“核查举报《中国社会报》买卖记者证的函”，我办认真核查，弄清事实真相，专文回复新闻出版总署，挽回不良影响。并向《中国社会报》社发出通知，立即终止与其他单位私自签定合作办刊协议，停止出版各种违规专刊，避免了更大问题的发生。

4月26日，国务院纠风办来员到民政部，要求调查了解去年中宣部《舆情摘报》第263期反映民政部《中国社会报》有强行摊派征订报刊问题。虽然是去年问题，我办仍认真复函，详细说明部党组已及时果断彻底改组《中国社会报》社，以及在今后制止报刊征订工作中为防止出现违规行为采取的积极的措施和做法。

为亡羊补牢，我办以此为例，通报部属各新闻出版单位，再次为违规发行敲了警钟。

（五）强化监管职能突出服务意识努力作好新闻出版日常管理工作

为强化我办承担的部新闻出版单位管理职能，我办还多次组织召开由各新闻出版单位领导参加的会议，学习传达中央和国家出版行政管理部门所发文件、函件、简报，强调样报、样书、样刊的缴送和审读，重申有关新闻出版管理的法令法规，积极组织报刊社领导和各岗位人员培训，加强内部资料管理。为突出服务意识，主动为各新闻出版单位解释提供有

关报刊管理规定，解决报刊社实际问题，不推不拖，及时准确。帮助出版社制定报送年度出书方案计划，审读专项报批图书并写出意见向上级主管部门报送，以及协助刊社解决广告发行资质、参加优秀期刊评选等具体工作。总之，为报刊社的良性发展，努力创造一切有利条件。

民政法律法规

2004年颁布的民政法规及规范性文件

基金会管理条例

（2004年3月8日国务院令第400号公布自2004年6月1日起施行）

第一章

第一条 为了规范基金会的组织和活动，维护基金会、捐赠人和受益人的合法权益，促进社会力量参与公益事业，制定本条例。

第二条 本条例所称基金会，是指利用自然人、法人或者其他组织捐赠的财产，以从事公益事业为目的，按照本条例的规定成立的非营利性法人。

第三条 基金会分为面向公众募捐的基金会（以下简称公募基金会）和不得面向公众募捐的基金会（以下简称非公募基金会）。公募基金会按照募捐的地域范围，分为全国性公募基金会和地方性公募基金会。

第四条 基金会必须遵守宪法、法律、法规、规章和国家政策，不得危害国家安全、统一和民族团结，不得违背社会公德。

第五条 基金会依照章程从事公益活动，应当遵循公开、透明的原则。

第六条 国务院民政部门和省、自治区、直辖市人民政府民政部门是基金会的登记管理机关。

国务院民政部门负责下列基金会、基金会代表机构的登记管理工作：

（一）全国性公募基金会；

（二）拟由非内地居民担任法定代表人的基金会；

（三）原始基金超过2000万元，发起人向国务院民政部门提出设立申请的非公募基金会；

（四）境外基金会在中国内地设立的代表机构。

省、自治区、直辖市人民政府民政部门负责本行政区域内地方性公募基金会和不属于前款规定情况的非公募基金会的登记管理工作。

第七条 国务院有关部门或者国务院授权的组织，是国务院民政部门登记的基金会、境外基金会代表机构的业务主管单位。

省、自治区、直辖市人民政府有关部门或者省、自治区、直辖市人民政府授权的组织，是省、自治区、直辖市人民政府民政部门登记的基金会的业务主管单位。

第二章　设立、变更和注销

第八条　设立基金会，应当具备下列条件：

（一）为特定的公益目的而设立；

（二）全国性公募基金会的原始基金不低于 800 万元人民币，地方性公募基金会的原始基金不低于 400 万元人民币，非公募基金会的原始基金不低于 200 万元人民币；原始基金必须为到账货币资金；

（三）有规范的名称、章程、组织机构以及与其开展活动相适应的专职工作人员；

（四）有固定的住所；

（五）能够独立承担民事责任。

第九条　申请设立基金会，申请人应当向登记管理机关提交下列文件：

（一）申请书；

（二）章程草案；

（三）验资证明和住所证明；

（四）理事名单、身份证明以及拟任理事长、副理事长、秘书长简历；

（五）业务主管单位同意设立的文件。

第十条　基金会章程必须明确基金会的公益性质，不得规定使特定自然人、法人或者其他组织受益的内容。

基金会章程应当载明下列事项：

（一）名称及住所；

（二）设立宗旨和公益活动的业务范围；

（三）原始基金数额；

（四）理事会的组成、职权和议事规则，理事的资格、产生程序和任期；

（五）法定代表人的职责；

（六）监事的职责、资格、产生程序和任期；

（七）财务会计报告的编制、审定制度；

（八）财产的管理、使用制度；

（九）基金会的终止条件、程序和终止后财产的处理。

第十一条　登记管理机关应当自收到本条例第九条所列全部有效文件之日起 60 日内，作出准予或者不予登记的决定。准予登记的，发给《基金会法人登记证书》；不予登记的，应当书面说明理由。

基金会设立登记的事项包括：名称、住所、类型、宗旨、公益活动的业务范围、原始基金数额和法定代表人。

第十二条　基金会拟设立分支机构、代表机构的，应当向原登记管理机关提出登记申请，并提交拟设机构的名称、住所和负责人等情况的文件。

登记管理机关应当自收到前款所列全部有效文件之日起 60 日内作出准予或者不予登记的决定。准予登记的，发给《基金会分支（代表）机构登记证书》；不予登记的，应当书面说明理由。

基金会分支机构、基金会代表机构设立登记的事项包括：名称、住所、公益活动的业务范围和负责人。

基金会分支机构、基金会代表机构依据基金会的授权开展活动，不具有法人资格。

第十三条　境外基金会在中国内地设立代表机构，应当经有关业务主管单位同意后，向登记管理机关提交下列文件：

（一）申请书；

（二）基金会在境外依法登记成立的证明和基金会章程；

（三）拟设代表机构负责人身份证明及简历；

（四）住所证明；

（五）业务主管单位同意在中国内地设立代表机构的文件。

登记管理机关应当自收到前款所列全部有效文件之日起 60 日内，作出准予或者不予登记的决定。准予登记的，发给《境外基金会代表机构登记证书》；不予登记的，应当书面说明理由。

境外基金会代表机构设立登记的事项包括：名称、住所、公益活动的业务范围和负责人。

境外基金会代表机构应当从事符合中国公益事业性质的公益活动。境外基金会对其在中国内地代表机构的民事行为，依照中国法律承担民事责任。

第十四条　基金会、境外基金会代表机构依照本条例登记后，应当依法办理税务登记。

基金会、境外基金会代表机构，凭登记证书依法申请组织机构代码、刻制印章、开立银行账户。

基金会、境外基金会代表机构应当将组织机构代码、印章式样、银行账号以及税务登记证件复印件报登记管理机关备案。

第十五条 基金会、基金会分支机构、基金会代表机构和境外基金会代表机构的登记事项需要变更的，应当向登记管理机关申请变更登记。

基金会修改章程，应当征得其业务主管单位的同意，并报登记管理机关核准。

第十六条 基金会、境外基金会代表机构有下列情形之一的，应当向登记管理机关申请注销登记：

（一）按照章程规定终止的；

（二）无法按照章程规定的宗旨继续从事公益活动的；

（三）由于其他原因终止的。

第十七条 基金会撤销其分支机构、代表机构的，应当向登记管理机关办理分支机构、代表机构的注销登记。

基金会注销的，其分支机构、代表机构同时注销。

第十八条 基金会在办理注销登记前，应当在登记管理机关、业务主管单位的指导下成立清算组织，完成清算工作。

基金会应当自清算结束之日起15日内向登记管理机关办理注销登记；在清算期间不得开展清算以外的活动。

第十九条 基金会、基金会分支机构、基金会代表机构以及境外基金会代表机构的设立、变更、注销登记，由登记管理机关向社会公告。

第三章 组织机构

第二十条 基金会设理事会，理事为5人至25人，理事任期由章程规定，但每届任期不得超过5年。理事任期届满，连选可以连任。

用私人财产设立的非公募基金会，相互间有近亲属关系的基金会理事，总数不得超过理事总人数的三分之一；其他基金会，具有近亲属关系的不得同时在理事会任职。

在基金会领取报酬的理事不得超过理事总人数的三分之一。

理事会设理事长、副理事长和秘书长，从理事中选举产生，理事长是基金会的法定代表人。

第二十一条 理事会是基金会的决策机构，依法行使章程规定的职权。

理事会每年至少召开2次会议。理事会会议须有三分之二以上理事出席方能召开；理事会决议须经出席理事过半数通过方为有效。

下列重要事项的决议，须经出席理事表决，三分之二以上通过方为有效：

（一）章程的修改；

（二）选举或者罢免理事长、副理事长、秘书长；

（三）章程规定的重大募捐、投资活动；

（四）基金会的分立、合并。

理事会会议应当制作会议记录，并由出席理事审阅、签名。

第二十二条 基金会设监事。监事任期与理事任期相同。理事、理事的近亲属和基金会财会人员不得兼任监事。

监事依照章程规定的程序检查基金会财务和会计资料，监督理事会遵守法律和章程的情况。

监事列席理事会会议，有权向理事会提出质询和建议，并应当向登记管理机关、业务主管单位以及税务、会计主管部门反映情况。

第二十三条 基金会理事长、副理事长和秘书长不得由现职国家工作人员兼任。基金会的法定代表人，不得同时担任其他组织的法定代表人。公募基金会和原始基金来自中国内地的非公募基金会的法定代表人，应当由内地居民担任。

因犯罪被判处管制、拘役或者有期徒刑，刑期执行完毕之日起未逾5年的，因犯罪被判处剥夺政治权利正在执行期间或者曾经被判处剥夺政治权利的，以及曾在因违法被撤销登记的基金会担任理事长、副理事长或者秘书长，且对该基金会的违法行为负有个人责任，自该基金会被撤销之日起未逾5年的，不得担任基金会的理事长、副理事长或者秘书长。

基金会理事遇有个人利益与基金会利益关联时，不得参与相关事宜的决策；基金会理事、监事及其近亲属不得与其所在的基金会有任何交易行为。

监事和未在基金会担任专职工作的理事不得从基金会获取报酬。

第二十四条　担任基金会理事长、副理事长或者秘书长的香港居民、澳门居民、台湾居民、外国人以及境外基金会代表机构的负责人，每年在中国内地居留时间不得少于3个月。

第四章　财产的管理和使用

第二十五条　基金会组织募捐、接受捐赠，应当符合章程规定的宗旨和公益活动的业务范围。境外基金会代表机构不得在中国境内组织募捐、接受捐赠。

公募基金会组织募捐，应当向社会公布募得资金后拟开展的公益活动和资金的详细使用计划。

第二十六条　基金会及其捐赠人、受益人依照法律、行政法规的规定享受税收优惠。

第二十七条　基金会的财产及其他收入受法律保护，任何单位和个人不得私分、侵占、挪用。

基金会应当根据章程规定的宗旨和公益活动的业务范围使用其财产；捐赠协议明确了具体使用方式的捐赠，根据捐赠协议的约定使用。

接受捐赠的物资无法用于符合其宗旨的用途时，基金会可以依法拍卖或者变卖，所得收入用于捐赠目的。

第二十八条　基金会应当按照合法、安全、有效的原则实现基金的保值、增值。

第二十九条　公募基金会每年用于从事章程规定的公益事业支出，不得低于上一年总收入的70%；非公募基金会每年用于从事章程规定的公益事业支出，不得低于上一年基金余额的8%。

基金会工作人员工资福利和行政办公支出不得超过当年总支出的10%。

第三十条　基金会开展公益资助项目，应当向社会公布所开展的公益资助项目种类以及申请、评审程序。

第三十一条　基金会可以与受助人签订协议，约定资助方式、资助数额以及资金用途和使用方式。

基金会有权对资助的使用情况进行监督。受助人未按协议约定使用资助或者有其他违反协议情形的，基金会有权解除资助协议。

第三十二条　基金会应当执行国家统一的会计制度，依法进行会计核算、建立健全内部会计监督制度。

第三十三条　基金会注销后的剩余财产应当按照章程的规定用于公益目的；无法按照章程规定处理的，由登记管理机关组织捐赠给与该基金会性质、宗旨相同的社会公益组织，并向社会公告。

第五章　监督管理

第三十四条　基金会登记管理机关履行下列监督管理职责：

（一）对基金会、境外基金会代表机构实施年度检查；

（二）对基金会、境外基金会代表机构依照本条例及其章程开展活动的情况进行日常监督管理；

（三）对基金会、境外基金会代表机构违反本条例的行为依法进行处罚。

第三十五条　基金会业务主管单位履行下列监督管理职责：

（一）指导、监督基金会、境外基金会代表机构依据法律和章程开展公益活动；

（二）负责基金会、境外基金会代表机构年度检查的初审；

（三）配合登记管理机关、其他执法部门查处基金会、境外基金会代表机构的违法行为。

第三十六条　基金会、境外基金会代表机构应当于每年3月31日前向登记管理机关报送上一年度工作报告，接受年度检查。年度工作报告在报送登记管理机关前应当经业务主管单位审查同意。

年度工作报告应当包括：财务会计报告、注册会计师审计报告，开展募捐、接受捐赠、提供资助等活动的情况以及人员和机构的变动情况等。

第三十七条　基金会应当接受税务、会计主管部门依法实施的税务监督和会计监督。

基金会在换届和更换法定代表人之前，应当进行财务审计。

第三十八条　基金会、境

外基金会代表机构应当在通过登记管理机关的年度检查后，将年度工作报告在登记管理机关指定的媒体上公布，接受社会公众的查询、监督。

第三十九条 捐赠人有权向基金会查询捐赠财产的使用、管理情况，并提出意见和建议。对于捐赠人的查询，基金会应当及时如实答复。

基金会违反捐赠协议使用捐赠财产的，捐赠人有权要求基金会遵守捐赠协议或者向人民法院申请撤销捐赠行为、解除捐赠协议。

第六章 法律责任

第四十条 未经登记或者被撤销登记后以基金会、基金会分支机构、基金会代表机构或者境外基金会代表机构名义开展活动的，由登记管理机关予以取缔，没收非法财产并向社会公告。

第四十一条 基金会、基金会分支机构、基金会代表机构或者境外基金会代表机构有下列情形之一的，登记管理机关应当撤销登记：

（一）在申请登记时弄虚作假骗取登记的，或者自取得登记证书之日起12个月内未按章程规定开展活动的；

（二）符合注销条件，不按照本条例的规定办理注销登记仍继续开展活动的。

第四十二条 基金会、基金会分支机构、基金会代表机构或者境外基金会代表机构有下列情形之一的，由登记管理机关给予警告、责令停止活动；情节严重的，可以撤销登记：

（一）未按照章程规定的宗旨和公益活动的业务范围进行活动的；

（二）在填制会计凭证、登记会计账簿、编制财务会计报告中弄虚作假的；

（三）不按照规定办理变更登记的；

（四）未按照本条例的规定完成公益事业支出额度的；

（五）未按照本条例的规定接受年度检查，或者年度检查不合格的；

（六）不履行信息公布义务或者公布虚假信息的。

基金会、境外基金会代表机构有前款所列行为的，登记管理机关应当提请税务机关责令补交违法行为存续期间所享受的税收减免。

第四十三条 基金会理事会违反本条例和章程规定决策不当，致使基金会遭受财产损失的，参与决策的理事应当承担相应的赔偿责任。

基金会理事、监事以及专职工作人员私分、侵占、挪用基金会财产的，应当退还非法占用的财产；构成犯罪的，依法追究刑事责任。

第四十四条 基金会、境外基金会代表机构被责令停止活动的，由登记管理机关封存其登记证书、印章和财务凭证。

第四十五条 登记管理机关、业务主管单位工作人员滥用职权、玩忽职守、徇私舞弊，构成犯罪的，依法追究刑事责任；尚不构成犯罪的，依法给予行政处分或者纪律处分。

第七章 附 则

第四十六条 本条例所称境外基金会，是指在外国以及中华人民共和国香港特别行政区、澳门特别行政区和台湾地区合法成立的基金会。

第四十七条 基金会设立申请书、基金会年度工作报告的格式以及基金会章程范本，由国务院民政部门制订。

第四十八条 本条例自2004年6月1日起施行，1988年9月27日国务院发布的《基金会管理办法》同时废止。

本条例施行前已经设立的基金会、境外基金会代表机构，应当自本条例施行之日起6个月内，按照本条例的规定申请换发登记证书。

军人抚恤优待条例

（2004 年 8 月 1 日中华人民共和国国务院、中华人民共和国
中央军事委员会令第 413 号公布　自 2004 年 10 月 1 日起施行）

第一章　总　　则

第一条　为保障国家对军人的抚恤和优待，激励军人保卫祖国、建设祖国的献身精神，加强国防和军队建设，根据《中华人民共和国国防法》、《中华人民共和国兵役法》等有关法律，制定本条例。

第二条　中国人民解放军现役军人（以下简称现役军人）、服现役或者退出现役的残疾军人以及复员军人、退伍军人、烈士遗属、因公牺牲军人遗属、病故军人遗属、现役军人家属，是本条例规定的抚恤优待对象，依照本条例的规定享受抚恤优待。

第三条　军人的抚恤优待，实行国家和社会相结合的方针，保障军人的抚恤优待与国民经济和社会发展相适应，保障抚恤优待对象的生活不低于当地的平均生活水平。

全社会应当关怀、尊重抚恤优待对象，开展各种形式的拥军优属活动。

国家鼓励社会组织和个人对军人抚恤优待事业提供捐助。

第四条　国家和社会应当重视和加强军人抚恤优待工作。

军人抚恤优待所需经费由国务院和地方各级人民政府分级负担。中央和地方财政安排的军人抚恤优待经费，专款专用，并接受财政、审计部门的监督。

第五条　国务院民政部门主管全国的军人抚恤优待工作；县级以上地方人民政府民政部门主管本行政区域内的军人抚恤优待工作。

国家机关、社会团体、企业事业单位应当依法履行各自的军人抚恤优待责任和义务。

第六条　各级人民政府对在军人抚恤优待工作中作出显著成绩的单位和个人，给予表彰和奖励。

第二章　死亡抚恤

第七条　现役军人死亡被批准为烈士、被确认为因公牺牲或者病故的，其遗属依照本条例的规定享受抚恤。

第八条　现役军人死亡，符合下列情形之一的，批准为烈士：

（一）对敌作战死亡，或者对敌作战负伤在医疗终结前因伤死亡的；

（二）因执行任务遭敌人或者犯罪分子杀害，或者被俘、被捕后不屈遭敌人杀害或者被折磨致死的；

（三）为抢救和保护国家财产、人民生命财产或者参加处置突发事件死亡的；

（四）因执行军事演习、战备航行飞行、空降和导弹发射训练、试航试飞任务以及参加武器装备科研实验死亡的；

（五）其他死难情节特别突出，堪为后人楷模的。

现役军人在执行对敌作战、边海防执勤或者抢险救灾任务中失踪，经法定程序宣告死亡的，按照烈士对待。

批准烈士，属于因战死亡的，由军队团级以上单位政治机关批准；属于非因战死亡的，由军队军级以上单位政治机关批准；属于本条第一款第（五）项规定情形的，由中国人民解放军总政治部批准。

第九条　现役军人死亡，符合下列情形之一的，确认为因公牺牲：

（一）在执行任务中或者在上下班途中，由于意外事件死亡的；

（二）被认定为因战、因公

致残后因旧伤复发死亡的；

（三）因患职业病死亡的；

（四）在执行任务中或者在工作岗位上因病猝然死亡，或者因医疗事故死亡的；

（五）其他因公死亡的。

现役军人在执行对敌作战、边海防执勤或者抢险救灾以外的其他任务中失踪，经法定程序宣告死亡的，按照因公牺牲对待。

现役军人因公牺牲，由军队团级以上单位政治机关确认；属于本条第一款第（五）项规定情形的，由军队军级以上单位政治机关确认。

第十条 现役军人除第九条第一款第（三）项、第（四）项规定情形以外，因其他疾病死亡的，确认为病故。

现役军人非执行任务死亡或者失踪，经法定程序宣告死亡的，按照病故对待。

现役军人病故，由军队团级以上单位政治机关确认。

第十一条 对烈士遗属、因公牺牲军人遗属、病故军人遗属，由县级人民政府民政部门分别发给《中华人民共和国烈士证明书》、《中华人民共和国军人因公牺牲证明书》、《中华人民共和国军人病故证明书》。

第十二条 现役军人死亡，根据其死亡性质和死亡时的月工资标准，由县级人民政府民政部门发给其遗属一次性抚恤金，标准是：烈士，80个月工资；因公牺牲，40个月工资；病故，20个月工资。有工资或者津贴低于排职少尉军官工资标准的，按照排职少尉军官工资标准发给其遗属一次性抚恤金。

获得荣誉称号或者立功的烈士、因公牺牲军人、病故军人，其遗属在应当享受的一次性抚恤金的基础上，由县级人民政府民政部门按照下列比例增发一次性抚恤金：

（一）获得中央军事委员会授予荣誉称号的，增发35%；

（二）获得军队军区级单位授予荣誉称号的，增发30%；

（三）立一等功的，增发25%；

（四）立二等功的，增发15%；

（五）立三等功的，增发5%。

多次获得荣誉称号或者立功的烈士、因公牺牲军人、病故军人，其遗属由县级人民政府民政部门按照其中最高等级奖励的增发比例，增发一次性抚恤金。

第十三条 对生前作出特殊贡献的烈士、因公牺牲军人、病故军人，除按照本条例规定发给其遗属一次性抚恤金外，军队可以按照有关规定发给其遗属一次性特别抚恤金。

第十四条 一次性抚恤金发给烈士、因公牺牲军人、病故军人的父母（抚养人）、配偶、子女；没有父母（抚养人）、配偶、子女的，发给未满18周岁的兄弟姐妹和已满18周岁的但无生活费来源且由该军人生前供养的兄弟姐妹。

第十五条 对符合下列条件之一的烈士遗属、因公牺牲军人遗属、病故军人遗属，发给定期抚恤金：

（一）父母（抚养人）、配偶无劳动能力、无生活费来源，或者收入水平低于当地居民平均生活水平的；

（二）子女未满18周岁或者已满18周岁但因上学或者残疾无生活费来源的；

（三）兄弟姐妹未满18周岁或者已满18周岁但因上学无生活费来源且由该军人生前供养的。

对符合享受定期抚恤金条件的遗属，由县级人民政府民政部门发给《定期抚恤金领取证》。

第十六条 定期抚恤金标准应当参照全国城乡居民家庭人均收入水平确定。定期抚恤金的标准及其调整办法，由国务院民政部门会同国务院财政部门规定。

第十七条 县级以上地方人民政府对依靠定期抚恤金生活仍有困难的烈士遗属、因公牺牲军人遗属、病故军人遗属，可以增发抚恤金或者采取其他方式予以补助，保障其生活不低于当地的平均生活水平。

第十八条 享受定期抚恤金的烈士遗属、因公牺牲军人遗属、病故军人遗属死亡的，增发6个月其原享受的定期抚恤金，作为丧葬补助费，同时注销其领取定期抚恤金的证件。

第十九条 现役军人失踪，经法定程序宣告死亡的，在其被批准为烈士、确认为因公牺牲或者病故后，又经法定程序撤销对其死亡宣告的，由原批准或者确认机关取消其烈士、因公牺牲军人或者病故军人资格，并由发证机关收回有关证件，终止其家属原享受的抚恤待遇。

第三章　残疾抚恤

第二十条　现役军人残疾被认定为因战致残、因公致残或者因病致残的，依照本条例的规定享受抚恤。

因第八条第一款规定的情形之一导致残疾的，认定为因战致残；因第九条第一款规定的情形之一导致残疾的，认定为因公致残；义务兵和初级士官因第九条第一款第（三）项、第（四）项规定情形以外的疾病导致残疾的，认定为因病致残。

第二十一条　残疾的等级，根据劳动功能障碍程度和生活自理障碍程度确定，由重到轻分为一级至十级。

残疾等级的具体评定标准由国务院民政部门、劳动保障部门、卫生部门会同军队有关部门规定。

第二十二条　现役军人因战、因公致残，医疗终结后符合评定残疾等级条件的，应当评定残疾等级。义务兵和初级士官因病致残符合评定残疾等级条件，本人（精神病患者由其利害关系人）提出申请的，也应当评定残疾等级。

因战、因公致残，残疾等级被评定为一级至十级的，享受抚恤；因病致残，残疾等级被评定为一级至六级的，享受抚恤。

第二十三条　因战、因公、因病致残性质的认定和残疾等级的评定权限是：

（一）义务兵和初级士官的残疾，由军队军级以上单位卫生部门认定和评定；

（二）现役军官、文职干部和中级以上士官的残疾，由军队军区级以上单位卫生部门认定和评定；

（三）退出现役的军人和移交政府安置的军队离休、退休干部需要认定残疾性质和评定残疾等级的，由省级人民政府民政部门认定和评定。

评定残疾等级，应当依据医疗卫生专家小组出具的残疾等级医学鉴定意见。

残疾军人由认定残疾性质和评定残疾等级的机关发给《中华人民共和国残疾军人证》。

第二十四条　现役军人因战、因公致残，未及时评定残疾等级，退出现役后或者医疗终结满3年后，本人（精神病患者由其利害关系人）申请补办评定残疾等级，有档案记载或者有原始医疗证明的，可以评定残疾等级。

现役军人被评定残疾等级后，在服现役期间或者退出现役后残疾情况发生严重恶化，原定残疾等级与残疾情况明显不符，本人（精神病患者由其利害关系人）申请调整残疾等级的，可以重新评定残疾等级。

第二十五条　退出现役的残疾军人，按照残疾等级享受残疾抚恤金。残疾抚恤金由县级人民政府民政部门发给。

因工作需要继续服现役的残疾军人，经军队军级以上单位批准，由所在部队按照规定发给残疾抚恤金。

第二十六条　残疾军人的抚恤金标准应当参照全国职工平均工资水平确定。残疾抚恤金的标准以及一级至十级残疾军人享受残疾抚恤金的具体办法，由国务院民政部门会同国务院财政部门规定。

县级以上地方人民政府对依靠残疾抚恤金生活仍有困难的残疾军人，可以增发残疾抚恤金或者采取其他方式予以补助，保障其生活不低于当地的平均生活水平。

第二十七条　退出现役的因战、因公致残的残疾军人因旧伤复发死亡的，由县级人民政府民政部门按照因公牺牲军人的抚恤金标准发给其遗属一次性抚恤金，其遗属享受因公牺牲军人遗属抚恤待遇。

退出现役的因战、因公、因病致残的残疾军人因病死亡的，对其遗属增发12个月的残疾抚恤金，作为丧葬补助费；其中，因战、因公致残的一级至四级残疾军人因病死亡的，其遗属享受病故军人遗属抚恤待遇。

第二十八条　退出现役的一级至四级残疾军人，由国家供养终身；其中，对需要长年医疗或者独身一人不便分散安置的，经省级人民政府民政部门批准，可以集中供养。

第二十九条　对分散安置的一级至四级残疾军人发给护理费，护理费的标准为：

（一）因战、因公一级和二级残疾的，为当地职工月平均工资的50%；

（二）因战、因公三级和四级残疾的，为当地职工月平均工资的40%；

（三）因病一级至四级残疾的，为当地职工月平均工资的30%。

退出现役的残疾军人的护理费，由县级以上地方人民政府民政部门发给；未退出现役的残疾军人的护理费，经军队军级以上单位批准，由所在部队发给。

第三十条 残疾军人需要配制假肢、代步三轮车等辅助器械，正在服现役的，由军队军级以上单位负责解决；退出现役的，由省级人民政府民政部门负责解决。

第四章 优　　待

第三十一条 义务兵服现役期间，其家庭由当地人民政府发给优待金或者给予其他优待，优待标准不低于当地平均生活水平。

义务兵和初级士官入伍前是国家机关、社会团体、企业事业单位职工（含合同制人员）的，退出现役后，允许复工复职，并享受不低于本单位同岗位（工种）、同工龄职工的各项待遇；服现役期间，其家属继续享受该单位职工家属的有关福利待遇。

义务兵和初级士官入伍前的承包地（山、林）等，应当保留；服现役期间，除依照国家有关规定和承包合同的约定缴纳有关税费外，免除其他负担。

义务兵从部队发出的平信，免费邮递。

第三十二条 国家对一级至六级残疾军人的医疗费用按照规定予以保障，由所在医疗保险统筹地区社会保险经办机构单独列账管理。具体办法由国务院民政部门会同国务院劳动保障部门、财政部门规定。

七级至十级残疾军人旧伤复发的医疗费用，已经参加工伤保险的，由工伤保险基金支付，未参加工伤保险，有工作的由工作单位解决，没有工作的由当地县级以上地方人民政府负责解决；七级至十级残疾军人旧伤复发以外的医疗费用，未参加医疗保险且本人支付有困难的，由当地县级以上地方人民政府酌情给予补助。

残疾军人、复员军人、带病回乡退伍军人以及烈士遗属、因公牺牲军人遗属、病故军人遗属享受医疗优惠待遇。具体办法由省、自治区、直辖市人民政府规定。

中央财政对抚恤优待对象人数较多的困难地区给予适当补助，用于帮助解决抚恤优待对象的医疗费用困难问题。

第三十三条 在国家机关、社会团体、企业事业单位工作的残疾军人，享受与所在单位工伤人员同等的生活福利和医疗待遇。所在单位不得因其残疾将其辞退、解聘或者解除劳动关系。

第三十四条 现役军人凭有效证件、残疾军人凭《中华人民共和国残疾军人证》优先购票乘坐境内运行的火车、轮船、长途公共汽车以及民航班机；残疾军人享受减收正常票价50%的优待。

现役军人凭有效证件乘坐市内公共汽车、电车和轨道交通工具享受优待，具体办法由有关城市人民政府规定。残疾军人凭《中华人民共和国残疾军人证》免费乘坐市内公共汽车、电车和轨道交通工具。

第三十五条 现役军人、残疾军人凭有效证件参观游览公园、博物馆、名胜古迹享受优待，具体办法由公园、博物馆、名胜古迹管理单位所在地的县级以上地方人民政府规定。

第三十六条 烈士、因公牺牲军人、病故军人的子女、兄弟姐妹，本人自愿应征并且符合征兵条件的，优先批准服现役。

第三十七条 义务兵和初级士官退出现役后，报考国家公务员、高等学校和中等职业学校，在与其他考生同等条件下优先录取。

残疾军人、烈士子女、因公牺牲军人子女、一级至四级残疾军人的子女，驻边疆国境的县（市）沙漠区、国家确定的边远地区中的三类地区和军队确定的特、一、二类岛屿部队现役军人的子女报考普通高中、中等职业学校、高等学校，在与其他考生同等条件下优先录取；接受学历教育的，在同等条件下优先享受国家规定的各项助学政策。现役军人子女的入学、入托，在同等条件下优先接收。具体办法由国务院民政部门会同国务院教育部门规定。

第三十八条 残疾军人、复员军人、带病回乡退伍军人、烈士遗属、因公牺牲军人遗属、病故军人遗属承租、购买住房依照有关规定享受优先、优惠待遇。居住农村的抚恤优待对象住房困难的，由地方人民政府帮助解决。具体办法由省、自治区、直辖市人民政府规定。

第三十九条 经军队师(旅)级以上单位政治机关批准随军的现役军官家属、文职干部家属、士官家属，由驻军所在地的公安机关办理落户手续。随军前是国家机关、社会团体、企业事业单位职工的，驻军所在地人民政府劳动保障部门、人事部门应当接收和妥善安置；随军前没有工作单位的，驻军所在地人民政府应当根据本人的实际情况作出相应安置；对自谋职业的，按照国家有关规定减免有关费用。

第四十条 驻边疆国境的县(市)、沙漠区、国家确定的边远地区中的三类地区和军队确定的特、一、二类岛屿部队的现役军官、文职干部、士官，其符合随军条件无法随军的家属，所在地人民政府应当妥善安置，保障其生活不低于当地的平均生活水平。

第四十一条 随军的烈士遗属、因公牺牲军人遗属和病故军人遗属移交地方人民政府安置的，享受本条例和当地人民政府规定的抚恤优待。

第四十二条 复员军人生活困难的，按照规定的条件，由当地人民政府民政部门给予定期定量补助，逐步改善其生活条件。

第四十三条 国家兴办优抚医院、光荣院，治疗或者集中供养孤老和生活不能自理的抚恤优待对象。

各类社会福利机构应当优先接收抚恤优待对象。

第五章　法律责任

第四十四条 军人抚恤优待管理单位及其工作人员挪用、截留、私分军人抚恤优待经费，构成犯罪的，依法追究相关责任人员的刑事责任；尚不构成犯罪的，对相关责任人员依法给予行政处分或者纪律处分。被挪用、截留、私分的军人抚恤优待经费，由上一级人民政府民政部门、军队有关部门责令追回。

第四十五条 军人抚恤优待管理单位及其工作人员、参与军人抚恤优待工作的单位及工作人员有下列行为之一的，由其上级主管部门责令改正；情节严重，构成犯罪的，依法追究相关责任人员的刑事责任；尚不构成犯罪的，对相关责任人员依法给予行政处分或者纪律处分：

(一)违反规定审批军人抚恤待遇的；

(二)在审批军人抚恤待遇工作中出具虚假诊断、鉴定、证明的；

(三)不按规定的标准、数额、对象审批或者发放抚恤金、补助金、优待金的；

(四)在军人抚恤优待工作中利用职权谋取私利的。

第四十六条 负有军人优待义务的单位不履行优待义务的，由县级人民政府民政部门责令限期履行义务；逾期仍未履行的，处以2000元以上1万元以下罚款。对直接负责的主管人员和其他直接责任人员依法给予行政处分、纪律处分。因不履行优待义务使抚恤优待对象受到损失的，应当依法承担赔偿责任。

第四十七条 抚恤优待对象有下列行为之一的，由县级人民政府民政部门给予警告，限期退回非法所得；情节严重的，停止其享受的抚恤、优待；构成犯罪的，依法追究刑事责任：

(一)冒领抚恤金、优待金、补助金的；

(二)虚报病情骗取医药费的；

(三)出具假证明，伪造证件、印章骗取抚恤金、优待金、补助金的。

第四十八条 抚恤优待对象被判处有期徒刑、剥夺政治权利或者被通缉期间，中止其抚恤优待；被判处死刑、无期徒刑的，取消其抚恤优待资格。

第六章　附　　则

第四十九条 本条例适用于中国人民武装警察部队。

第五十条 军队离休、退休干部的抚恤优待，按照本条例有关现役军人抚恤优待的规定执行。

因参战伤亡的民兵、民工的抚恤，因参加军事演习、军事训练和执行军事勤务伤亡的预备役人员、民兵、民工以及其他人员的抚恤，参照本条例的有关规定办理。

第五十一条 本条例所称的复员军人，是指在1954年10月31日之前入伍、后经批准从部队复员的人员；带病回乡退伍军人，是指在服现役期间患病，尚未达到评定残疾等级条件并有军队医院证明，从部队退伍的人员。

第五十二条 本条例自2004年10月1日起施行。1988年7月18日国务院发布的《军人抚恤优待条例》同时废止。

基金会名称管理规定

（2004年6月21日中华人民共和国民政部令第26号公布 自公布之日起施行）

第一条 为了规范对基金会名称的管理，保护基金会的合法权益，根据《基金会管理条例》及有关法律、法规，制定本规定。

第二条 本规定适用于按照《基金会管理条例》设立的基金会。

第三条 基金会名称应当反映公益活动的业务范围。

基金会的名称应当依次包括字号、公益活动的业务范围，并以“基金会”字样结束。

公募基金会的名称可以不使用字号。

第四条 全国性公募基金会应当在名称中使用“中国”、“中华”、“全国”、“国家”等字样。非公募基金会不得使用上述字样。

地方性公募基金会和省、自治区、直辖市人民政府民政部门登记的非公募基金会应当冠以所在地的县级或县级以上行政区划名称。冠以省级以下行政区划名称的，可以同时冠以所在省、自治区、直辖市的名称。冠以市辖区名称的，应当同时冠以市的名称。

第五条 基金会的字号应当由2个以上的字组成。

基金会不得使用姓氏、县或县以上行政区划名称作为字号。

第六条 公募基金会的字号不得使用自然人姓名、法人或者其他组织的名称或者字号。

第七条 非公募基金会的字号可以使用自然人姓名、法人或其他组织的名称或者字号，但应当符合以下规定：

（一）使用自然人姓名、法人或者其他组织的名称或者字号，需经该自然人、法人或其他组织同意；

（二）不得使用曾因犯罪被判处剥夺政治权利的自然人的姓名；

（三）一般不使用党和国家领导人、老一辈革命家的姓名。

第八条 基金会使用已故名人的姓名作为字号，该名人必须是在相关公益领域内有重大贡献、在国际国内享有盛誉的杰出人物。

第九条 基金会名称应当使用符合国家规范的汉字。

在自治区人民政府民政部门登记的基金会，其名称可以同时使用本民族自治地方通用的民族文字。

基金会名称需译成外文使用的，应当按照文字翻译的原则翻译使用，不需报登记管理机关核准。

第十条 基金会名称不得含有下列内容和文字：

（一）有损于国家、社会公共利益的；

（二）可能对公众造成欺骗或者引起公众误解的；

（三）有迷信色彩的；

（四）外国国家（地区）名称、国际组织名称；

（五）政党名称、国家机关名称及部队番号；

（六）其他基金会的名称；

（七）外国文字、汉语拼音字母、数字；

（八）其他法律、行政法规

规定禁止的。

第十一条　基金会不得使用下列名称：

（一）已被登记管理机关撤销登记，自撤销登记之日起未满3年的基金会的名称；

（二）已注销登记，自注销登记之日起未满3年的基金会的名称；

（三）已变更名称，自变更登记之日起未满1年的基金会的原名称。

第十二条　登记管理机关可以纠正已登记的不适宜的基金会名称。

第十三条　两个及两个以上申请人向同一登记管理机关申请登记相同的基金会名称，登记管理机关依照申请在先原则核定。

第十四条　基金会的分支机构、代表机构的名称应当冠以其所从属的基金会名称。

第十五条　境外基金会代表机构的名称应当依次由“基金会名称”、“驻在地名称”、“代表处（或办事处、联络处等）”组成。

“驻在地名称”是指境外基金会代表机构驻在地的县或县以上行政区划名称。

境外基金会名称中未表明其原始登记地（国家或地区）的，应在其代表机构名称前冠以原始登记地（国家或地区）的名称。

第十六条　本规定自发布之日起施行。

民政部门实施行政许可办法

（2004年6月8日中华人民共和国民政部令第25号公布　自2004年7月1日起施行）

第一章　总　　则

第一条　为了规范民政部门行政许可实施行为，根据《中华人民共和国行政许可法》及有关法律、法规，结合民政部门实际，制定本办法。

第二条　民政部门实施行政许可，应当遵守《中华人民共和国行政许可法》及有关法律、法规和本办法的规定。

第三条　民政部门实施行政许可，应当按照法定的权限、范围、条件和程序，遵循公开、公平、公正、便民、高效和监督检查的原则。

第四条　民政部门应当在法定职权范围内实施行政许可，也可以依照法律、法规、规章的规定委托其他行政机关实施行政许可；除此之外，不得委托其他组织、法人或公民实施行政许可。

第五条　民政部门实施行政许可，不得在法定条件之外附加任何不正当要求。

第六条　涉及公共利益的重大许可事项，行政许可申请人及利害关系人认为办理行政许可的审查人员或者听证主持人员与行政许可事项有直接利害关系的，有权申请其回避。

办理行政许可的审查人员或者听证主持人员是否回避，由相应民政部门负责人决定。

第二章　申请与受理

第七条　民政部门应当将法律、法规、规章规定的有关本部门办理的行政许可事项、依据、条件、数量、程序、期限、收取费用的法定项目和标准，以及需要提交的全部材料的目录和申请书格式文本、示范文本等在办公场所公示。

有条件的民政部门应当通过机关网站或者其他适当方式将前款内容向社会公开，便于申请人查询和办理。

申请人要求对公示或者公开内容予以说明、解释的，办理行政许可事项的工作人员应当说明、解释，提供准确、可靠的信息。

民政部门应当为申请人通过信函、电报、电传、电子数据交换和电子邮件等方式提出行政许可申请提供便利。

第八条 建立服务窗口的民政部门，由该服务窗口负责统一受理行政许可申请，统一送达行政许可决定；没有服务窗口的，具体办理某项行政许可的有关业务机构应当设立专门岗位，负责统一受理行政许可申请，统一送达行政许可决定。

第九条 行政许可申请人依法向民政部门提出行政许可申请，申请书需要采用格式文本的，民政部门应当免费提供申请书格式文本。申请书格式文本中不得包含与申请行政许可事项没有直接关系的内容。

民政部门不得要求申请人提交与其申请的行政许可事项无关的材料。

申请人依法委托代理人提出行政许可申请的，应当提交授权委托书。授权委托书应当载明授权委托事项和授权范围。

第十条 办理行政许可工作人员在收到申请人递交的申请材料后，除依法可以当场作出不予受理决定外，应当即时填写《行政许可申请材料登记表》，将收到行政许可申请时间、申请人、申请事项、提交材料情况等记录在案。

《行政许可申请材料登记表》一式两份，在申请人和承办人签字后，一份交申请人，一份留民政部门存档备查。

第十一条 民政部门对申请人提出的行政许可申请，应当根据下列情况分别作出处理：

（一）申请事项依法不需要取得行政许可的，应当即时告知申请人不受理，并向其出具《行政许可申请不予受理决定书》；

（二）申请事项依法不属于本部门职权范围的，应当即时作出不予受理的决定，向申请人出具《行政许可申请不予受理决定书》，并告知其向有关行政机关申请；

（三）申请材料存在文字、计算等可以当场更正的错误的，应当告知申请人当场更正，并让其在修改处确认；

（四）申请材料不齐全或者不符合法定形式的，应当场或者在五日内作出《行政许可申请材料补正通知书》，一次告知申请人需要补正的全部内容。逾期不告知，自收到申请材料之日起即为受理；

（五）申请事项属于本部门职权范围，申请材料齐全、符合法定形式或者申请人依照本部门要求提交补正材料的，应当受理行政许可申请，并向申请人出具《行政许可申请受理决定书》。

民政部门出具的上述书面凭证，应当加盖本部门专用印章，并注明日期。

第十二条 对民政部门收到的行政许可申请，承办人员应当在《行政许可申请处理审批表》中写明处理情况，并归档备查。

第三章 审　　查

第十三条 申请人对提交申请材料的真实性负责。民政部门一般采取书面审查的办法对申请人提交的申请材料进行审查。

依法需要对申请材料的实质内容进行核实的，民政部门应当派两名以上工作人员进行核查，并制作现场检查笔录或者询问笔录。

现场检查笔录应当如实记载核查情况，并由核查人员签字。

核查中需要询问当事人或者有关人员时，核查人员应当出示执法证件，表明身份，询问笔录应当经被询问人核对无误后签名或者盖章。

第十四条 民政部门实施行政许可应当注意听取公民、法人或者其他组织的陈述和申辩。对行政许可申请进行审查时，发现该行政许可事项直接关系他人重大利益的，应当在决定前告知利害关系人。申请人、利害关系人有权进行陈述和申辩。行政许可办理工作人员对申请人、利害关系人的口头陈述和申辩，应当制作陈述、申辩笔录。民政部门应当对申请人、利害关系人提出的事实、理由进行复核。事实、理由成立的，应当采纳。

第十五条 依法应当先经下级民政部门审查后报上级民政部门决定的行政许可，下级民政部门应当依法接受申请人的申请，并进行初步审查。申请人提交材料齐全，符合法定形式的，应在法定期限内审查完毕并将初步审查意见和全部申请材料直接报送上级民政部门。上级民政部门不得要求申请人重复提供申请材料。

申请人直接向上级民政部门提出申请前款规定的行政许可事项，上级民政部门不得受理，并告知申请人通过下级民政部门提出申请。

第四章　听　　证

第十六条　法律、法规、规章规定实施行政许可应当听证的事项，或者民政部门认为需要听证的涉及公共利益的重大行政许可事项，民政部门应当在行政许可事项涉及的区域内发布听证公告，并举行听证。听证公告应当明确听证事项、听证举行的时间、地点、参加人员要求及提出申请的时间和方式等。

第十七条　行政许可直接涉及申请人与他人之间重大利益关系，民政部门应当发出《行政许可听证告知书》，告知申请人、利害关系人有要求听证的权利。

第十八条　申请人、利害关系人要求听证的，应当在收到民政部门《行政许可听证告知书》后五日内提交申请听证的书面材料；逾期不提交的，视为放弃听证的权利。

第十九条　民政部门应当在接到申请人、利害关系人申请听证的书面材料二十日内组织听证，并且在举行听证的七日前，发出《行政许可听证通知书》，将听证的事项、时间、地点通知申请人、利害关系人。

第二十条　申请人、利害关系人在举行听证之前，撤回听证申请的，应当准许，并记录在案。

第二十一条　申请人、利害关系人可以亲自参加听证，也可以委托一至二名代理人参加听证。委托代理人参加听证的，应当提交书面授权委托书。

第二十二条　听证主持人由民政部门负责人从本机关行政许可审查工作人员以外的国家公务员中指定。

第二十三条　行政许可审查工作人员应当在举行听证五日前，向听证主持人提交行政许可审查意见的证据、理由等全部材料。

第二十四条　听证会按照以下程序公开进行：

（一）主持人宣布会场纪律；

（二）核对听证参加人姓名、年龄、身份，告知听证参加人权利、义务；

（三）行政许可审查人提出许可审查意见的证据、理由；

（四）申请人、利害关系人进行申辩和质证；

（五）许可审查人与申请人、利害关系人就有争议的事实进行辩论；

（六）许可审查人与申请人、利害关系人作最后陈述；

（七）主持人宣布听证会中止、延期或者结束。

第二十五条　对于申请人、利害关系人或者其委托的代理人无正当理由不出席听证或者放弃申辩和质证权利退出听证会的，主持人可以宣布听证取消或者听证终止。

第二十六条　听证记录员应当将听证的全部活动制作笔录，由听证主持人和记录员签名。听证笔录应当经听证参加人确认无误或者补正后，由听证参加人当场签名或者盖章。听证参加人拒绝签名或者盖章的，由听证主持人记明情况，在听证笔录中予以载明。

第二十七条　民政部门应当根据听证笔录，作出行政许可决定。对听证笔录中没有认证、记载的事实依据，或者申请人听证后提交的证据，民政部门可以不予采信。

第二十八条　依法应当举行听证而不举行听证的，根据利害关系人的请求或者依据职权，可以撤销行政许可，由此给当事人的合法权益造成损害的，应当给予赔偿；撤销行政许可可能对公共利益造成重大损害的，不予撤销。

第五章　决　　定

第二十九条　民政部门对行政许可申请进行审查后，对申请人提交的申请材料齐全，符合法定形式，能够当场作出决定的，应当场作出书面的行政许可决定；对不能当场作出决定的，应当在法定期限内按照规定程序作出行政许可决定。

第三十条　申请人的申请符合法定条件、标准的，民政部门应当依法作出准予行政许可的书面决定；申请人的申请不符合法定条件、标准的，民政部门应当依法作出不予行政许可的书面决定。

民政部门依法作出不予行政许可书面决定的，应当说明理由，并告知申请人享有依法申请行政复议或者提起行政诉讼的权利。

行政许可书面决定应当载明作出决定的时间，并加盖作出决定的民政部门的印章。

第三十一条 民政部门作出准予行政许可的决定，依法需要颁发行政许可证件的，应当向申请人颁发加盖本部门印章的下列行政许可证件：

（一）许可证、执照或者其他许可证书；

（二）资格证、资质证或者其他合格证书；

（三）批准文件或者证明文件；

（四）法律、法规规定的其他行政许可证件。

民政部门依法实施检验、检测的，可以在检验、检测合格的设备、设施、产品上加贴标签或者加盖检验、检测印章。

第三十二条 行政许可证件一般应当载明证件名称、发证机关名称、持证人名称、行政许可事项、证件编号、发证日期、证件有效期等事项。

第三十三条 行政许可决定依法作出即具有法律效力，民政部门不得擅自改变已经生效的行政许可。

行政许可所依据的法律、法规、规章修改或者废止，或者准予行政许可所依据的客观情况发生重大变化的，为了公共利益的需要，民政部门可以依法变更或者撤销已经生效的行政许可。由此给公民、法人或者其他组织造成财产损失的，应当依法给予补偿。

第三十四条 民政部门作出的准予行政许可决定，应当根据行政许可事项的不同情况，以不同形式予以公开，并允许公众查阅。

第六章 期限与送达

第三十五条 除当场作出行政许可决定的外，民政部门应当自受理行政许可申请之日起二十日内作出行政许可决定。二十日内不能作出决定的，经本部门负责人批准，可以延长十日，并向申请人出具《行政许可决定延期通知书》，告知延长期限的理由。法律、法规对作出行政许可决定的期限另有规定的，依照其规定。

第三十六条 民政部门作出行政许可决定，依法需要听证、检验、检测、鉴定和专家评审的，所需时间不计算在本章规定的期限内，但应当将所需时间书面告知申请人。

第三十七条 民政部门作出准予行政许可的决定，应当自作出决定之日起十日内向申请人颁发、送达行政许可证件，或者加贴标签。

第三十八条 民政部门送达行政许可决定以及其他行政许可文书，一般应当由受送达人到民政部门办公场所直接领取。

受送达人直接领取行政许可决定以及其他行政许可文书时，一般应当在送达回证上注明收到日期，并签名或者盖章。

第三十九条 受送达人不直接领取行政许可决定以及其他行政许可文书时，民政部门可以采取以下方式送达：

（一）受送达人是法人或者其他组织的，应当由法人的法定代表人、该组织的主要负责人或者办公室、收发室、值班室等负责收件人在送达回证上签收或者盖章。

（二）受送达人拒绝接收行政许可文书的，送达人应当在送达回证上记明拒收的事由和日期，由送达人、有关基层组织或者所在单位的代表及其他见证人签名或者盖章，把行政许可文书留在受送达人的收发部门或者住所，视为送达；见证人不愿在送达回证上签字或者盖章的，送达人在送达回证上记明情况，把送达文书留在受送达人住所，视为送达。

（三）直接送达有困难的，可以委托当地民政部门送达，也可以邮寄送达。

邮寄送达的，以邮局回执上注明的收件日期为送达日期。

（四）无法采取上述方式送达，或者同一送达事项的受送达人众多的，可以在公告栏、受送达人住所地张贴公告，也可以在报刊上刊登公告。自公告发布之日起经过六十日，即视为送达。

第七章 变更与延续

第四十条 被许可人要求变更行政许可事项，符合法定条件、标准的，作出行政许可决定的民政部门应当在受理申请之日起二十日内依法办理变更手续，并作出《准予变更行政许可决定书》；不符合法定条件、标准的，作出行政许可决定的民政部门应当作出《不予变更行政许可决定书》。法律、法规、规章另有规定的，依照其规定。

第四十一条　被许可人需要延续行政许可有效期的，应当在该行政许可有效期届满三十日前向作出行政许可决定的民政部门提出。民政部门应当根据被许可人的申请，在该行政许可有效期届满前作出是否准予延续的决定，并作出《准予延续行政许可决定书》或者《不予延续行政许可决定书》；逾期未作出决定的，视为准予延续。法律、法规、规章另有规定的，依照其规定。

第八章　监督检查

第四十二条　实施行政许可的民政部门应当依法对被许可人从事行政许可事项的活动进行监督检查。

上级民政部门应当加强对下级民政部门实施行政许可的监督检查。

各级民政部门内设机构承担具体业务范围内行政许可的监督检查工作，并以本民政部门名义开展监督检查。

第四十三条　县级以上民政部门应当建立健全法制工作机构，加强监督检查的协调工作、开展行政复议工作，实施国家赔偿制度和补偿制度，依法保障当事人获得行政许可的合法权益。

第四十四条　监督检查不得妨碍被许可人正常的生产经营活动。

第四十五条　民政部门应当将监督检查的情况和处理结果予以记录，由监督检查人员签字后归档。公众有权查阅监督检查记录。

第四十六条　被许可人在作出行政许可决定的民政部门管辖区域内违法从事行政许可事项活动的，由作出该行政许可决定的民政部门依法进行处理。

被许可人在作出行政许可决定的民政部门管辖区域外违法从事行政许可事项活动的，由违法行为发生地的民政部门依法进行处理。

违法行为发生地的民政部门对违法的被许可人作出处理后，应当于十日内将违法事实、相关证据材料和处理结果等抄告作出行政许可决定的民政部门。

第四十七条　民政部门应当建立对被许可人监督检查制度，依法对被许可人实施定期检查、实地检查。

第四十八条　民政部门应当指导被许可人建立自查制度，并监督被许可人依照制度进行自查，督促被许可人将重要工作自查情况报民政部门备案。

第四十九条　有行政许可法第六十九条第一款所列情形之一的，作出行政许可决定的民政部门或者其上级民政部门，根据利害关系人的请求或者依据职权，可以撤销行政许可。

被许可人以欺骗、贿赂等不正当手段取得行政许可的，应当予以撤销。

依照前两款的规定撤销行政许可，可能对公共利益造成重大损害的，不予撤销。

依照本条第一款的规定撤销行政许可，被许可人的合法权益受到损害的，民政部门应当依法给予赔偿。依照本条第二款的规定撤销行政许可的，被许可人基于行政许可取得的利益不受保护。

第五十条　有行政许可法第七十条所列情形之一的，作出行政许可决定的民政部门应当依法办理行政许可的注销手续。

第九章　法律责任

第五十一条　各级民政部门必须建立行政执法责任制，定岗、定责、定人，及时纠正承办人员的违法、违纪行为。

第五十二条　民政部门及其工作人员有以下违反行政许可法规定，应当承担法律责任情形的，依法由上级行政机关或者监察机关责令改正；情节严重的，对直接负责的主管人员和其他直接责任人员给予行政处分：

（一）对符合法定条件的行政许可申请不予受理的；

（二）不在办公场所公示依法应当公示的材料的；

（三）在受理、审查、决定行

政许可过程中，未向申请人、利害关系人履行法定告知义务的；

（四）申请人提交的申请材料不齐全、不符合法定形式，不一次告知申请人必须补正的全部内容的；

（五）未依法说明不受理行政许可申请或者不予行政许可的理由的；

（六）依法应当举行听证而不举行听证的。

第五十三条 民政部门工作人员在办理行政许可、实施监督检查中，索取或者收受他人财物及谋取其他利益，尚不构成犯罪的，依法给予行政处分；构成犯罪的，移送司法机关追究刑事责任。

第五十四条 民政部门实施行政许可，对不符合法定条件的申请人准予行政许可、对符合法定条件的申请人不予行政许可、超越法定职权或者不在法定期限内作出准予行政许可决定的，依法由上级行政机关或者监察机关责令改正，对直接负责的主管人员和其他直接责任人员给予行政处分；构成犯罪的，移送司法机关追究刑事责任。

第五十五条 民政部门违法实施行政许可，给当事人的合法权益造成损害的，在机关对外承担赔偿责任后，责令有故意或者重大过失的承办人员承担部分或者全部赔偿费用，并作出相应的处理决定。

第五十六条 被许可人有违反行政许可法规定情形的，由作出行政许可的民政部门依法给予行政处罚；构成犯罪的，移送司法机关追究刑事责任。

第十章 附 则

第五十七条 民政部门实施非行政许可的行政审批，可参照本办法。

第五十八条 本办法自2004年7月1日起施行。

附件：

民政部门实施行政许可通用文书

1. 行政许可申请材料登记表
2. 行政许可申请不予受理决定书
3. 行政许可申请材料补正通知书
4. 行政许可申请受理决定书
5. 行政许可申请处理审批表
6. 现场检查笔录
7. 询问笔录
8. 陈述、申辩告知书
9. 陈述、申辩笔录
10. 行政许可听证公告
11. 行政许可听证告知书
12. 行政许可听证通知书
13. 授权委托书
14. 听证笔录
15. 听证报告
16. 准予行政许可决定书
17. 不予行政许可决定书
18. 行政许可决定延期通知书
19. 送达回证
20. 准予变更行政许可决定书
21. 不予变更行政许可决定书
22. 准予延续行政许可决定书
23. 不予延续行政许可决定书

行政许可申请材料登记表

序号：

收到申请时间：　　年　　月　　日　　时　　分

申请人：

申请事项：

提交材料情况：

序号	材料名称	原材或复制件	份数
1			
2			
3			
4			
5			
6			
7			
8			
9			
10			
承办人签字：　　申请人签字：　　年　　月　　日			

行政许可申请处理审批表

民许审字[　　]第　号

<table>
<tr><td>申请人</td><td></td><td>住所</td><td></td><td>邮编</td><td></td><td>电话</td><td></td></tr>
<tr><td>申请事项</td><td colspan="3"></td><td>收到申请日期</td><td colspan="3"></td></tr>
<tr><td colspan="8">承办人意见：

签名：
年　月　日</td></tr>
<tr><td colspan="8">承办机构负责人意见：

签名：
年　月　日</td></tr>
<tr><td colspan="8">本部门负责人意见：

签名：
年　月　日</td></tr>
<tr><td>备注</td><td colspan="7"></td></tr>
</table>

现场检查笔录

（首页）　　共　　页

检查时间：________年____月____日________时至________时

检查地点：____

检查人：____

被检查人：____

见证人：__________单位或住所：________________________

检查项目：____

检查情况：____

____

____

____

____

____

____

____

____

______________________(可续页)_________________________

检查人及执法证号码：　　年　　月　　日

检查人及执法证号码：　　年　　月　　日

被检查人对本笔录共　　页签名：　　年　　月　　日

见证人对本笔录共　　页签名：　　年　　月　　日

询 问 笔 录

（第　页）

共　　页

申请行政许可事项：________________________________

询问时间：____年___月___日___时至____年____月___日___时

询问地点：________________________________

询问人：________________________执法证号码：________

询问人：________________________执法证号码：________

记录人：________________

被询问人姓名：________性别：____年龄：____职业：________

被询问人住址：________________________________

询问记录：________________________________

____

____

____

____

____

____

____

____

____

________________________（可续页）________

（被询问人须在笔录每页尾部注明“以上阅过无误”并签名）

陈述、申辩告知书

________________：

我机关受理的________________________提出的__________________ 申请，按照《中华人民共和国行政许可法》第三十六条的规定，你（你们）有权进行陈述和申辩，请将陈述和申辩的书面材料于________年____月____日前送交本机关。

________________民政部（厅、局）

年　　月　　日

陈述、申辩笔录

（第　页）

共　页

案由：____

当事人(单位)名称：______________法定代表人：__________

当事人(个人)姓名：________性别：____年龄：____职业：________

时间：________年____月____日____时______分至____时____分

陈述、申辩地点：______________　　　　　记录人：________

执法人员所在单位：__________________________________

陈述、申辩笔录：____________________________________

____

____

____

____

____

____________________(可续页)____________________________

执法人员签名及执法证件号码：　　　　　　　　　　年　　月　　日

执法人员签名及执法证件号码：　　　　　　　　　　年　　月　　日

当事人对本笔录共　　页签名：　　　　　　　　　　年　　月　　日

行政许可听证公告

[　]第　号

我机关________年____月____日受理____________________提出的____________________________________申请，按照《中华人民共和国行政许可法》第46条和《________________》第________条的规定，本机关决定于________年____月____日在________________________举行听证。本次听证的范围是______________________。请参加本次听证的单位和个人于____日前向本机关提出申请，经获准后参加听证。

联系电话：____________

联系人：______________

____________民政部(厅、局)

年　　月　　日

授权委托书

______________________________：

现委托以下人员作为我方____________________一案代理人，代理我（单位）办理____________________________或参加_________________________听证：

1. 姓名：__________________性别：________年龄：________

工作单位：____

职务：____________________电话：___________________

委托权限：____

2. 姓名：__________________性别：________年龄：________

工作单位：____

职务：____________________电话：___________________

委托权限：____

委　托　人：

法定代表人：

年　　月　　日

听　证　笔　录

（首页）

共　　页

申请人：__________住所：________________________

联系电话：________

法定代表人（负责人）：__________职务：______________

代理人：______________性别：_____年龄：________

工作单位：__________________联系电话：__________

行政许可审查人员：____________________________

主持人：________________记录人：______________

其他人员：__________________________________

时间：__________________地点：__________________

案由：______________________________________

听证记录：__________________________________

__________________（可续页）__________________

申请人签章：__________行政许可审查人员签章：________

主持人签字：_____________书记员签字：_____________

听 证 报 告

行政许可申请人：____________利害关系人：____________

案由：________________________

听证主持人：________________________

听证时间：____________地点：____________

听证简要情况：________________________

处理意见和建议：________________________

准予行政许可决定书

民许准字〔　　〕第　　号

_________________：

你(单位)________年____月____日向本机关提出的申请，经审查，符合法律规定的条件，根据《_________________》第____条和《中华人民共和国行政许可法》第三十八条的规定，决定_________________。

__________民政部(厅、局)

年　　月　　日

不予行政许可决定书

民许不准字〔　　〕第　　号

申请人：姓名，性别，年龄，民族，职业，住址。

（法人或组织的名称、地址，法定代表人的姓名、职务）

事实和依据：经查实，____________________________________

____

不符合____

的规定。为此，依据____

的规定，决定如下：____

____

如不服本决定，可在接到本决定书之日起______日内，向___________________申请行政复议。或在接到本决定书之日起____日内，直接向________ 人民法院起诉。

__________民政部（厅、局）

年　　月　　日

行政许可决定延期通知书

民许延字〔　　〕第　　号

________________：

你(你单位)提出的__________________申请,我们已于________年____月____日依法受理。因____________________________________,不能在法定期限内作出决定。根据《中华人民共和国行政许可法》第______条的规定,行政许可决定延期至________年______年______日前作出。

特此通知

__________民政部(厅、局)

年　　月　　日

送 达 回 证

受送达人		案由		
送达单位				
送达地址				
送达文书		送达人	收到日期	收件人签字
备注				

准予变更行政许可决定书

民许准变字〔　　〕第　　号

________________：

你(单位)__________年________月________日向本机关提出的________________变更申请，经审查，决定同意变更为______________。

__________民政部(厅、局)

年　　月　　日

不予变更行政许可决定书

民许不准变字〔　　〕第　　号

________________：

你(单位)________年________月________日向本机关提出的________________变更申请，经审查，决定不同意变更。

__________民政部(厅、局)

年　　月　　日

准予延续行政许可决定书

民许准延字〔　　〕第　　号

________________：

你(单位)________年______月______日向本机关提出的________________________________延续申请,经审查,决定同意延期。延长期限为________年______月______日至________年______月______日。

__________民政部(厅、局)

年　　月　　日

不予延续行政许可决定书

民许不准延字〔　　〕第　　号

__________：

你(单位)__________年________月________日向本机关提出的__________________________延续申请,经审查,决定不同意延期。

__________民政部(厅、局)

年　　月　　日

民政部关于印发《民政部听证办法》等五个办法的通知

民发〔2004〕71号　2004年5月13日

各司(局),直属单位:

4月19日,部务会议讨论通过了《民政部听证办法》、《民政部专家咨询办法》、《民政部公告发布办法》、《民政部促进新闻舆论监督办法》和《民政部关于通过因特网网站促进公众参与民政工作的办法》等五个办法,现印发给你们,请认真执行。

民政部听证办法

第一条　为了正确实施行政处罚、行政许可,提高立法和决策质量,根据有关法律,结合我部实际情况,制定本办法。

第二条　本办法规定的听证,包括行政处罚听证、行政许可听证和立法听证。

第三条　听证应当遵循公正、公开、及时和便民的原则。

听证一般公开进行,允许旁听。

涉及国家秘密、商业秘密和个人隐私的,听证不公开进行。

第四条　听证由部法规办公室具体组织。

第五条　听证主持人由民政部负责人从行政处罚案件承办人、行政许可审查人以外的部机关公务员中指定。

第六条　听证主持人认为自己与行政处罚案件或者行政许可事项有直接利害关系的,应当申请回避;行政处罚相对人、行政许可申请人及利害关系人认为听证主持人与行政处罚案件或者行政许可事项有直接利害关系的,有权申请其回避。听证主持人是否回避,由民政部负责人决定。

听证记录员的回避适用前款规定。

行政处罚听证

第七条　民政部拟作出下列行政处罚决定之一的,行政处罚案件承办人应当告知行政相对人有要求听证的权利;行政相对人是否要求听证,应当记录在案:

(一)撤销民间组织登记;

(二)责令民间组织限期停止活动;

(三)实施较大数额罚款。

实施上述行政处罚,行政相对人要求听证而未组织听证的,行政处罚无效。

第八条　行政相对人要求听证的,应当在收到行政处罚听证告知书后3日内提交申请听证的书面材料;逾期不提交的,视为放弃听证的权利。

第九条　民政部应当在接到行政相对人申请听证的书面材料15日内组织听证。

部法规办公室在举行听证的7日前,将听证的时间、地点通知行政相对人。

第十条　行政相对人在举行听证之前,撤回听证申请的,应当准许,并记录在案。

行政相对人无正当理由不出席听证的,视为撤回听证申请。

第十一条　行政相对人可以亲自参加听证,也可以委托一至两名代理人参加听证。委托代理人参加听证的,应当提交书面委托书。

第十二条　行政处罚案件承办人员应当在举行听证前2天,向听证主持人提交认定行政相对人违法事实、有关证据以及处理意见等全部材料。

第十三条　听证会按照下列程序进行:

(一)主持人宣布会场规则;

(二)核对听证参加人,告知听证参加人权利、义务;

(三)案件承办人提出行政相对人违法的事实、证据以及行政处罚建议;

(四)行政相对人进行申辩和质证;

（五）案件承办人、行政相对人就有争议的事实进行辩论；

（六）案件承办人、行政相对人作最后陈述；

（七）主持人宣布听证会中止、延期或者结束。

第十四条 对于行政相对人或者其委托的代理人无正当理由不出席听证或者放弃申辩和质证权利退出听证会的，主持人可以宣布听证取消或者听证终止。因行政相对人放弃权利，使听证取消或者听证终止的，不影响行政处罚决定的效力。

第十五条 案件承办人依据听证笔录中确认的事实和证据提出行政处罚建议，民政部作出行政处罚决定。

行政许可听证

第十六条 法律、法规、规章规定实施行政许可应当听证的事项，或者涉及公共利益的重大行政许可事项，或者行政许可直接涉及申请人与他人之间重大利益关系，行政许可审查人应当告知申请人、利害关系人有要求听证的权利；申请人、利害关系人是否要求听证，应当记录在案。

依法应当举行听证而不举行听证的，根据利害关系人的请求或者依据职权，可以撤销行政许可；撤销行政许可可能对公共利益造成重大损害的，不予撤销。

第十七条 申请人、利害关系人要求听证的，应当在收到行政许可听证告知书后5日内提交申请听证的书面材料；逾期不提交的，视为放弃听证的权利。

第十八条 民政部应当在接到申请人、利害关系人申请听证的书面材料20日内组织听证。

法规办公室在举行听证的7日前，将听证的事项、时间、地点通知申请人、利害关系人。

利害关系人不明确的，部法规办公室应当在民政部网站和《中国社会报》上公告听证的事项、时间和地点。

第十九条 申请人、利害关系人在举行听证之前，撤回听证申请的，应当准许，并记录在案。

第二十条 申请人、利害关系人可以亲自参加听证，也可以委托一至两名代理人参加听证。委托代理人参加听证的，应当提交书面委托书。

第二十一条 行政许可审查人应当在举行听证前2天，向听证主持人提交行政许可审查意见的证据、理由等全部材料。

第二十二条 听证会按照以下程序进行：

（一）主持人宣布会场规则；

（二）核对听证参加人，告知听证参加人权利、义务；

（三）行政许可审查人提出许可审查意见的证据、理由；

（四）申请人、利害关系人进行申辩和质证；

（五）许可审查人与申请人、利害关系人就有争议的事实进行辩论；

（六）许可审查人与申请人、利害关系人作最后陈述；

（七）主持人宣布听证会中止、延期或者结束。

第二十三条 对于申请人、利害关系人或者其委托的代理人无正当理由不出席听证或者放弃申辩和质证权利退出听证会的，主持人可以宣布听证取消或者听证终止。

第二十四条 许可审查人根据听证笔录提出行政许可建议，民政部作出行政许可决定。

立法听证

第二十五条 民政部起草法律、行政法规草案，制定部门规章，法规草案起草司（局）根据需要可以提出举行听证的建议，经办公厅审核，报主管部长批准后举行听证会。

第二十六条 民政部组织立法听证，选取的听证会代表应当具有一定的广泛性、代表性。

听证会代表由办公厅商相关业务司（局）聘请。

代表的产生也可以采取自愿报名、单位推荐、委托社会团体选拔等方式。

第二十七条 听证会代表应当亲自参加听证，如实反映社会各方面对法规草案内容的意见，遵守听证规则，保守国家秘密。

第二十八条 民政部应当在举行听证会30日前公布听证会的时间、地点和内容。一般情况下，应当在举行听证会

10日前将聘请书和听证材料送达听证会代表。

第二十九条　听证会按照以下程序进行：

（一）主持人宣布会场规则；

（二）法规草案起草司（局）说明法规草案的内容、背景；

（三）听证会代表对法规草案内容进行质证和辩论；

（四）听证会代表对听证会笔录进行审阅并签名；

（五）主持人宣布听证会中止、延期或者结束。

第三十条　法规草案起草司（局）应当认真研究听证会反映的各种意见，法规草案报送审批时，应当说明对听证会意见的处理情况及其理由。

附　　则

第三十一条　举行行政处罚听证、行政许可听证，听证记录员应当将听证的全部活动制作笔录，由听证主持人和记录员签名。听证笔录应当经听证参加人确认无误或者补正后，由听证参加人当场签名或者盖章。拒绝签名或者盖章的，由听证主持人记明情况，在听证笔录中予以载明。

第三十二条　听证结束后，听证主持人应当写出听证报告。

第三十三条　民政部对涉及群众切身利益的现行政策进行重大调整，可以参照立法听证的有关规定，举行听证。

第三十四条　听证费用从法制工作经费列支。

第三十五条　本办法自发布之日起实行。

民政部专家咨询办法

第一条　为切实推进民政工作决策的科学化、民主化、规范化，提高决策质量，进一步完善民政工作的社会参与机制，发挥民政部专家咨询委员会的作用，制定本办法。

第二条　有关民政法律法规的起草、修订，民政事业发展规划，重大行政决策特别是涉及公众利益的重大政策调整和政策措施制定等要听取专家意见，经过专家论证。

第三条　民政部组建专家咨询委员会，作为民政部决策咨询服务的智囊团。其主要任务为：

（一）理论研究。从理论的高度，对民政工作发展战略、宏观思路、政策措施给予指导；指导民政论坛，参与民政理论研究课题和论文的评审。

（二）政策咨询。对民政重大政策调整，重点业务改革，重要法规的起草、修订提出意见和建议；对新出台的政策法规实施效果进行分析研究，提出优化方案和改进建议。

（三）出谋划策。根据国际、国内经济社会发展形势，分析预测民政工作发展的基本趋势，对民政工作近期规划和长远目标提出意见和建议；抓住机遇，为推进民政工作改革发展献计献策。

（四）评估论证。对涉及民政工作的重要审批项目进行论证、对重大业务项目立项进行评估。

第四条　民政部专家咨询委员会的组成人员为国内外知名专家、科研机构的学科带头人，专业领域涉及与民政工作有关的各学科。

民政部专家咨询委员会成员由办公厅、政策研究中心商各司局提出建议，报部长办公会议审定后，以民政部名义发给聘书，每届聘期为二年。

第五条　专家咨询活动根据实际需要，采取分散与集中相结合的方式。一般每年举行1—2次全体会议，交流信息、沟通情况，总结工作，研究下一年度工作计划。全体会议由部领导主持，部政策研究中心召集。专题业务咨询，采取一事一议的办法，通过召集相关领域专家会议征求意见，或通过通讯方式进行联络，个别收集专家的意见。

第六条 部政策研究中心负责专家咨询委员会的日常工作，制订专家咨询活动计划和方案。各业务司局负责拟订需要咨询的问题，经部政策研究中心汇总后列入咨询计划，安排咨询活动日期。根据咨询的项目，由相关司局领导参加咨询会议，并派人协助组织会议和整理咨询记录。

第七条 部政策研究中心负责建立咨询专家数据库，以便根据咨询内容，快速组织适应具体工作需要的专家咨询。

第八条 办公厅定期为专家送阅民政部重要文件、简报，必要时邀请专家参与重要业务调研；部属新闻出版单位向专家免费赠阅有关报纸、杂志。民政部对参与咨询活动的专家发放误餐补助和交通补助；对在咨询服务中为民政工作的改革与发展作出突出贡献的，给予奖励。

第九条 部专家咨询活动所需经费由财务和机关事务司预算解决。

第十条 各司局根据本单位工作实际，聘请专家，成立咨询小组，开展咨询论证活动。各咨询小组活动情况，送政策研究中心备案，进入咨询专家数据库。

第十一条 本办法自发布之日起实行。

民政部公告发布办法

第一条 为推进政务公开，增强民政工作透明度，规范民政部公告的发布，制定本办法。

第二条 民政部公告是指以民政部名义向社会公布重要事项或法定事项的规范体式文书。

第三条 民政部办公厅负责民政部公告发布的具体事宜。

第四条 民政部公告的内容

（一）全国性社会团体及分支机构的成立、变更、注销；

（二）全国性基金会的设立、变更、注销；

（三）在民政部登记的民办非企业单位的成立、变更、注销；

（四）外国民间组织（社团、基金会、民办非企业单位）在华代表机构的成立、变更、注销；

（五）全国救灾捐赠款物的分配、使用情况；

（六）全国县级以上行政区划的变更、命名、更名，重大自然、人文地理实体的命名、更名；

（七）全国县级以上人民政府驻地的迁移；

（八）民政部本级福利彩票公益金的分配、使用情况；

（九）需要发布的其他事项。

第五条 民政部公告的发布

民政部业务司（局）按照职责范围提出并草拟公告；办公厅审核；分管业务的副部长签发，重大公告事项由部长签发；办公厅按照以下一种或多种形式组织发布：

（一）以纸质文件形式发布；

（二）在民政部网站上发布；

（三）在指定的报纸上发布；

（四）举行新闻发布会发布。

第六条 民政部公告发布所需费用，从相关业务经费中列支。

第七条 本办法自发布之日起实行。

民政部促进新闻舆论监督办法

第一条　为了加大民政工作社会开放度，增强社会透明度，扩大社会参与度，促进新闻舆论对民政工作实施全面有力的监督，制定本办法。

第二条　各司(局)要按照民政部新闻宣传的有关规定，认真接待记者采访，尽可能地为记者采访提供便利条件。

第三条　新闻发布，内容：

1. 有关民政工作的重大的方针政策、法律法规；

2. 民政工作的年度计划及其实施方案、执行情况；

3. 自然灾害救助、城乡社会救助、困难群众生活安排、基层民主政治建设、社区建设、社会福利等事关群众切身利益和权益的民政工作的开展情况；

4. 有关行政审批、行政处罚、行政许可的事项和专家论证、社会听证的情况；

5. 救灾资金、低保资金、福利彩票公益金、社会捐助款物等管理和使用情况；

6. 民政工作统计数据。

第四条　新闻发布形式：

1. 举办新闻发布会；

2. 通过新华社发通稿；

3. 接受媒体采访；

4. 通过民政部网站发布。

第五条　凡不涉及国家秘密、工作秘密的民政部党组会、部务会、部长办公会和各类工作会议及座谈会、研讨会，邀请新闻记者旁听。

第六条　民政部组织工作组检查困难群众生活、查灾救灾、组织社会捐赠、组织城乡基层民主选举等重要活动，邀请新闻记者参加。

第七条　民政部办公厅要及时收集整理新闻媒体对民政工作的意见、建议，送部领导和业务主管部门认真研究，对有益的意见和建议，要积极采纳。

第八条　对媒体的批评报道，有关业务司局要认真调查核实。如批评属实或基本属实，要有针对性地制定切实可行的措施，加以改进。

第九条　对媒体反映确有严重问题的干部职工，要按照法律法规党纪政纪规定和干部管理权限，督促有关地区严肃处理，并通过媒体向社会公布查处结果。

第十条　对批评属实或对民政工作起到积极明显促进作用的报道，予以适当奖励。

第十一条　民政部新闻办公室是民政部新闻宣传的职能部门，负责新闻发布的组织和记者采访的联络协调工作，负责对新闻舆论监督结果的信息反馈。

第十二条　本办法自发布之日起实行。

民政部关于通过因特网网站促进公众参与民政工作的办法

第一条　为了促进公众参与民政工作，充分发挥民政部网站的作用，制定本办法。

第二条　民政部网站以“公开透明、鼓励参与、正确引导、双向互动”为原则实现公众参与。

第三条　公众参与的内容可分为：了解情况、反映问题、发表意见、提出建议等类型。

第四条 民政部网站通过设立“政策法规”、“网上信访”、“网上调查”、“公告板”、“征求意见”、“公众留言”、“网上访谈”、“在线交流”等栏目，为公众提供平台，实现参与。

第五条 设立“政策法规”栏目，满足公众对现行的不涉密的民政法律、法规、政策文件的查询需要。

第六条 设立“网上信访”栏目，满足公众反映问题的需要。此栏目获得的公众来信，由办公厅获取并转发给部信访办，同时告知来信者。

第七条 设立“网上调查”栏目，了解公众对重点、热点、难点问题的认识和看法。“网上调查”的题目，由相关单位根据工作重点和公众关心的热点拟定，办公厅负责征集，每月更新、统计一次，并将调查结果反馈相关单位，同时在网站公布。

第八条 “公告板”发布公告及需要公示的信息。公示信息附公众反馈表单，公示期满后，由发布公示的单位负责，及时对公示结果进行公告。

第九条 设立“征求意见”栏目，征求公众对草拟的有关法律法规的意见，该栏目由部法规办负责，收集网上提交的修改意见，并将采用情况以适当方式告知公众。

第十条 设立“公众留言”栏目，满足公众对民政工作提出意见和建议的需要，由办公厅负责对留言进行分类，并分送相关单位，由相关单位及时做出答复。

第十一条 设立“网上访谈”栏目，及时传达政策信息，沟通情况，由相关单位领导对每年的重点业务工作进行时段性的在线问答，由部办公厅负责安排问答次序，并在网站公布时间表。

第十二条 设立“在线交流”栏目，实现政府及社会各界的互动。由部办公厅选取公众关心的热点问题，请部领导或有关负责人与公众进行在线实时交流。在线交流时间和题目确定后，需提前在网站上发布通知，便于公众了解和参与。

第十三条 公众在反映问题、发表意见时有下列情况的，网站有权删除其以任何形式形成的信息，并对其实行禁入，发布信息者承担一切因此而直接或间接引起的法律责任：

1.发表违反中华人民共和国宪法和法律的言论；

2.发表造谣、诽谤、漫骂他人的言论；

3.发表虚假、不实的消息。

第十四条 本办法自发布之日起实行。

民政部办公厅关于印发《民政部2004年度立法工作计划》的通知

民办发〔2004〕2号　2004年3月11日

各司局：

《民政部2004年度立法工作计划》已经部长办公会议审议通过，现印发给你们，请认真执行。

民政部2004年度立法工作计划

（2004年3月—2005年2月）

根据全国民政厅(局)长会议关于2004年民政工作的总体部署，考虑现行民政法规的状况，对民政部2004年度立法工作作如下安排：

一、拟在本年度内按程序提请部务会议审议的法律、行政法规草案和规章(9件)

(一)法律草案(1件)

根据十届全国人大常委会立法规划和形势需要，修订城市居民委员会组织法(基层政权和社区建设司起草)。

(二)行政法规草案(5件)

1. 为了规范灾民救助工作，切实保障灾民基本生活，维护灾区社会稳定，制订灾民救助条例(救灾司起草)。

2. 为了解决农村税费体制改革后五保供养工作面临的新问题，修订农村五保供养工作条例(最低生活保障司起草)。

3. 为了进一步加强行政区划管理，在《国务院关于行政区划管理的规定》基础上，制订行政区划管理条例(区划地名司起草)。

4. 为了解决新形势下地名管理工作中存在的突出问题，修订地名管理条例(区划地名司起草)。

5. 为了解决殡葬管理，特别是公墓管理中存在的突出问题，修订殡葬管理条例，并将公墓管理暂行办法的内容纳入条例中(社会福利和社会事务司起草)。

(三)规章(3件)

1. 为了规范基金会命名，制定基金会名称管理规定(民间组织管理局起草)。

2. 为了适应社会福利社会化要求，鼓励、引导社会力量举办社会福利机构，制定民办社会福利机构资助办法(社会福利和社会事务司起草)。

3. 为了解决城市生活无着的流浪乞讨人员跨省接送难的问题，制定城市生活无着的流浪乞讨人员跨省接送办法(社会福利和社会事务司起草)。

二、抓紧调研论证，待条件成熟后适时提请部务会议审议的法律、行政法规草案和规章(7件)

(一)法律草案(2件)

社会救助法(最低生活保障司起草，救灾司配合)。

村民委员会选举法(基层政权和社区建设司起草)。

(二)行政法规草案(3件)

1. 修订烈士褒扬条例，并将烈士纪念建筑物管理办法的内容纳入条例中(优抚安置局起草)。

2. 制订假肢、矫形器生产经营管理条例(社会福利和社会事务司起草)。

3. 制订社会工作者职业资格认证办法(人事教育司起草)。

(三)规章(2件)

1. 制定社会团体年度检查办法(民间组织管理局起草)。

2. 制定民办事业单位年度检查办法(民间组织管理局起草)。

在本计划外，各司(局)要求增加立法项目的，由办公厅研究、提出意见，报主管部长批准。

民政部办公厅关于启用中华人民共和国民政部行政许可专用章的通知

民办函〔2004〕182号　2004年8月25日

国务院各部委、各直属机构，各省、自治区、直辖市民政厅(局)，计划单列市民政局，新疆生产建设兵团民政局，部机关各司(局)、各直属单位：

根据《中华人民共和国行政许可法》第三十二条第二款“行政机关受理或者不予受理行政许可申请，应当出具加盖本行政机关专用印章和注明日期的书面凭证”的规定，我部决定启用“中华人民共和国民政部行政许可专用章”。该章的使用范围是：行政许可申请不予受理决定书，行政许可申请材料补正通知书，行政许可申请受理决定书，陈述、申辩告知书，行政许可听证公告，行政许可听证告知书，行政许可听证通知书，行政许可决定延期通知书。

特此通知。

附件：中华人民共和国民政部行政许可专用章(式样)

附件：

中华人民共和国行政许可专用章(式样)(略)

民政部关于国务院确定民政部门保留、取消和调整的行政许可、非行政许可审批项目及贯彻落实意见的通知

民函〔2004〕255号　2004年10月11日

各省、自治区、直辖市民政厅(局)，计划单列市民政局：

现将国务院对民政部门实施的行政审批项目清理情况及贯彻实施意见通知如下：

一、依据《国务院对确需保留的行政审批项目设定行政许可的决定》(中华人民共和国国务院令第412号)决定，由法律、行政法规设定的民政部门实施的行政许可项目，依法继续实施。对法律、行政法规以外的规范性文件设定，国务院决定予以保留并设定由民政部门实施的行政许可项目(见附件1)，民政部将对所列各项行政许可的条件等作出具体规定，并予以公布。有关实施行政许可的程序和期限依照《中华人民共和国行政许可法》(以下简称《行政许可法》)的有关规定执行。

二、依据《国务院办公厅关于保留部分非行政许可审批项目的通知》(国办发〔2004〕62号)精神，对法律、行政法规以外的规范性文件设定，国务院同意保留由民政部门实施的非行政许可审批项目(见附件2)，各级民政部门要按照全面推进依法行政、建设法治政府的要求，建立健全监督制约机制和责任追究制度，进一步规范行

政行为，正确有效地履行管理职责。

三、国务院（国发〔2002〕24号、国发〔2003〕5号和国发〔2004〕16号）三个决定取消和调整了所属部门的行政审批项目，涉及民政部门实施的行政审批项目有22项（见附件3）。对国务院决定取消和调整的行政审批项目，各级民政部门要依照《行政许可法》和行政审批制度改革的有关规定，认真做好落实工作，切实加强后续监督和管理。适时，民政部将逐项提出具体落实意见。

四、对民政业务中既不属于行政许可，也不属于非行政许可审批项目的事项，如婚姻登记、收养登记、批烈评残等，各级民政部门要继续按照法律、行政法规、部门规章和规范性文件的规定实施。

五、社会福利机构前置审批，属于行政法规《民办非企业单位登记管理暂行条例》（中华人民共和国国务院令第251号）、《事业单位登记管理条例》（中华人民共和国国务院令第252号）设定的事项，各级民政部门应当依法实施，履行职责。

各级民政部门贯彻实施《行政许可法》和行政审批制度改革有关规定中遇到的问题，要及时向民政部有关业务司（局）和部办公厅法规办公室通报。

附件：

1.国务院对确需保留的行政审批项目设定行政许可的决定（中华人民共和国国务院令第412号）

2.国务院办公厅关于保留部分非行政许可审批项目的通知（国办发〔2004〕62号）

3.国务院取消的涉及民政部门实施的行政审批项目

附件 1

国务院对确需保留的行政审批项目设定行政许可的决定

（国务院令第412号）

国务院决定对确需保留的行政审批项目设定行政许可的目录（节录）

序号	项　目　名　称	实　施　机　关
67	假肢和矫形器（辅助器具）生产装配企业资格认定	省级人民政府民政部门
68	假肢和矫形器（辅助器具）制作师执业资格注册	民政部
69	与境外合资、合作举办社会福利机构审批	省级人民政府民政部门、商务行政主管部门

附件 2

国务院办公厅关于保留部分非行政许可审批项目的通知

（国办发〔2004〕62 号）

保留的非行政许可审批项目目录(节录)

序号	项目名称	实施机关
42	建立天主教区登记	省级人民政府民政部门
43	社会福利基金资助项目审批	地(市)级以上人民政府民政部门
139	民政福利企业享受税收优惠及民政福利工业企业生产增值税应税货物退税审批	省级人民政府民政部门、税务机关主管税务机关

附件 3

国务院取消的涉及民政部门实施的行政审批项目

一、《国务院关于取消第一批行政审批项目的决定》(国发〔2002〕24 号)

部门	序号	项目名称	设定依据
民政部	139	社会团体收取会费标准审批	《民政部、财政部关于社会团体收取会费的通知》(民社发〔1992〕27 号)
	140	向国际社会提供灾情审批	《民政部关于印发〈灾情统计、核定、报告暂行方法〉的通知》(民救发〔1997〕8 号)
	141	成立国内婚姻介绍机构审批	《国务院办公厅关于加强涉外婚姻介绍管理的通知》(国办发〔1994〕104 号)

二、《国务院关于取消第二批行政审批项目和改变一批行政审批项目管理方式的决定》(国发〔2003〕5 号)

部门	序号	项目名称	设定依据
民政部	46	代销中国福利彩票资格审批	《民政部关于印发中国福利彩票发行与销售管理暂行办法的通知》(民办发〔1998〕12 号)
	47	社会团体刻制印章审批	《社会团体印章管理规定》(民政部、公安部令 1993 年第 1 号)
	48	社会团体设立企业法人备案	《民政部、国家工商行政管理局关于社会团体开展经营活动有关问题的通知》(民社发〔1995〕14 号)
	49	外国商会聘请外籍工作人员审批	《劳动和社会保障部办公厅关于加强外国人在中国就业管理工作有关问题的通知》(劳社厅发〔1998〕19 号)

续表

部门	序号	项目名称	设定依据
民政部	50	民办非企业单位刻制印章审批	《民办非企业单位登记管理暂行条例》(国务院令第251号);《民办非企业单位登记暂行办法》(民政部令1999年第18号);《民办非企业单位印章管理规定》(民政部、公安部令2000年第20号)
	51	在地方各级革命烈士纪念建筑物保护单位范围内进行其他建设工作审批	《革命烈士纪念建筑物管理保护办法》(民政部令1995年第2号)
	52	社会福利企业因合并、分离、转让而终止的审批	《民政部、国家计委、财政部、劳动部、物资部、国家工商行政管理局、中国残疾人联合会关于发布〈社会福利企业管理暂行办法〉的通知》(民福发〔1990〕21号)
	53	社会福利企业法定代表人或主要负责人委任、选举、招聘或罢免的备案	《民政部、国家计委、财政部、劳动部、物资部、国家工商行政管理局、中国残疾人联合会关于发布〈社会福利企业管理暂行办法〉的通知》(民福发〔1990〕21号)
	54	社会福利企业招用残疾人员的残疾状况鉴定审核	《民政部、国家计委、财政部、劳动部、物资部、国家工商行政管理局、中国残疾人联合会关于发布〈社会福利企业管理暂行办法〉的通知》(民福发〔1990〕21号);《民政部、劳动部、卫生部、中国残疾人联合会关于发布〈社会福利企业招用残疾职工的暂行规定〉的通知》(民〔1989〕福字37号)
	55	社会福利企业辞退残疾职工备案	《民政部、劳动部、卫生部、中国残疾人联合会关于发布〈社会福利企业招用残疾职工的暂行规定〉的通知》(民〔1989〕福字37号)
	56	举办社会福利性募捐义演核准	《营业性演出管理条例》(国务院令第229号);《社会福利性募捐义演管理暂行办法》(民政部令1994年第2号)

三、《国务院关于第三批取消和调整行政审批项目的决定》(国发〔2004〕16号)

部门	序号	项目名称	设定依据
民政部	60	生产、销售丧葬用品审批	《民政部、公安部、国家工商行政管理局、国务院宗教事务局关于制止丧葬中的封建迷信活动的通知》(民〔1989〕事字27号)
	61	公墓单位跨省设立销售机构审批	《国务院办公厅转发民政部关于进一步加强公墓管理意见的通知》(国办发〔1998〕25号)
	62	生产标准地名标准产品的企业资质认定	《民政部办公厅关于认真做好地名标准设置管理工作的通知》(民办发〔2001〕4号)
	63	地名标准产品生产企业指定	《民政部全国地名标志设置管理工作办公室关于实行地名标志产品生产资质管理的通知》(民地标发〔2001〕1号)
	64	创办、撤销农村敬老院审批	《农村敬老院管理暂行办法》(民政部令第1号)
	65	全国性社会团体编制数额核定	《中央组织部、民政部、人事部、财政部、劳动部关于全国性的社会团体编制及其有关问题的暂行规定》(民社发〔1991〕8号)
	66	省级范围内福利彩票销售额度审批	《民政部关于印发中国福利彩票发行与销售管理暂行办法的通知》(民办发〔1998〕12号)
	67	城镇建筑物名称审核	《民政部关于加强城镇建筑物名称管理的通知》(民行函〔1996〕252号)

民政部办公厅关于了解地方民政部门法制建设状况的通知

民办函〔2004〕253 号　2004 年 12 月 1 日

各省、自治区、直辖市民政厅(局)：

近年来，《中华人民共和国行政诉讼法》、《中华人民共和国国家赔偿法》、《中华人民共和国行政处罚法》、《中华人民共和国行政复议法》、《中华人民共和国立法法》和《中华人民共和国行政许可法》等相继出台，这些法律对政府部门依法行政的要求不断提高。国务院多次发文要求县级以上地方人民政府和政府各部门都要适应全面推进依法行政的要求，采取切实有效的措施，进一步解决法制工作机构在机构、人员、经费方面的困难，充分发挥其协助本级政府或者本部门领导办理法制事项的参谋、助手作用，并为他们开展工作创造必要的条件。早在 1999 年 5 月 6 日，《国务院关于贯彻实施〈中华人民共和国行政复议法〉的通知》(国发〔1999〕10 号)中指出："行政复议工作是一项法律性、专业性都很强的工作，数量大、涉及面广，需要有一个熟悉法律和行政管理、又相对比较超脱的机构具体办理行政复议事项。行政复议法规定：'依照本法履行行政复议职责的行政机关是行政复议机关。行政复议机关负责法制工作的机构具体办理行政复议事项，履行下列职责：……'。按照这些规定，行政机关的法制工作机构在行政复议活动中承担着很重要的责任，能否全面、正确地履行行政复议法规定的职责，直接关系着行政复议制度的实施和行政机关的形象。……县级以上地方政府和政府各部门都要按照国务院这次机构改革中加强法制工作的精神，进一步加强法制工作机构建设，建设一支政治强、作风硬、业务精的法制工作队伍，使法制工作机构的设置和人员配备同本地方、本部门政府法制工作(包括行政复议工作)任务相适应，并为法制工作机构开展工作创造必要的条件，充分发挥其协助本级政府或者本部门的行政首长办理法制事项的参谋、助手作用。"今年 3 月 22 日，国务院在《关于印发〈全面推进依法行政实施纲要〉的通知》(国发〔2004〕10 号)中又强调："各级人民政府和政府各部门要切实加强政府法制机构和队伍建设，充分发挥政府法制机构在依法行政方面的参谋、助手和法律顾问的作用，并为他们开展工作创造必要的条件。"

为了更好地贯彻落实以上要求，全面掌握和了解各级地方民政部门法制工作的现状，进一步发挥法制机构为本部门充当参谋、助手和法律顾问的作用，请各厅(局)认真研究以下问题，形成文字材料，经单位领导审阅并加盖本单位印章后，于 2004 年 12 月 22 日前报部办公厅法规办公室。同时，请各厅(局)对本省(自治区、直辖市)的地(市、州)民政局和县(市、市辖区)民政局法制工作的现状进行详细了解，并将结果于 2005 年 3 月 20 日前报部办公厅法规办公室。

1. 本单位的立法任务有哪些。由哪个机构负责。

2. 本单位的普法任务有哪些。由哪个机构负责。

3. 本单位的执法任务有哪些。是否有专门的机构对执法工作进行规范和协调，如有，是哪个机构。

4. 对于《中华人民共和国行政诉讼法》、《中华人民共和国国家赔偿法》、《中华人民共和国行政处罚法》、《中华人民共和国行政复议法》、《中华人民共和国立法法》、《中华人民共和国行政许可法》和《全面推进依法行政实施纲要》等的贯彻实施，本单位都做了哪些工作。这些工作由哪个机构承担。

5.本单位由哪个机构承担行政审批制度改革工作。

6.本单位由哪个机构承担行政复议和应诉职能。

7.2003－2004年本单位作为行政复议机关受理行政复议案件有多少起(如有,请将具体案情一并寄来)。

8.2003－2004年本单位作为行政复议被申请人的案件有多少起,其中被撤销或变更的有多少起(如有,请将具体案情一并寄来)。

9.2003－2004年本单位作为行政诉讼被告的案件有多少起,其中败诉的有多少起(如有,请将具体案情一并寄来)。

10.2003－2004年本省(自治区、直辖市)出台有关民政业务的法规有多少件(如有,请将具体法规一并寄来)。

11.本单位法制机构是否独立设置,编制几人,受过系统法律教育的有几人(没有独立设置法制机构的请注明具体情况,包括法制工作由哪个机构承担,有几个专职工作人员负责,如果是兼职工作人员,他们都兼做哪些工作等)。

12.本单位法制机构状况与当前推进依法行政的工作要求相比存在的问题以及解决这些问题的建议。

13.民政法制工作面临的问题以及解决这些问题的建议。

14.本单位法制机构负责人或负责法制工作的同志的姓名及联系方式。

联系人:吴明　韩开创

联系电话:(010)85203026
(010)85203829

民政部关于印发《民政部网站信息维护试行办法》的通知

民函〔2004〕79号　2004年3月31日

各司局:

《民政部网站信息维护试行办法》在征求各司局意见的基础上,已经部领导同意,现印发你们,请遵照执行。

民政部网站信息维护试行办法

为进一步做好网站信息维护工作,对各司局信息维护进行年终评比和对提供信息者实行奖励,特制定本试行办法。

一、网站信息维护分工

民政部网站信息原则上由信息中心和各司局推荐的版主共同维护,同时,欢迎部机关其他人员提供信息。分工如下:

1.信息中心负责维护的栏目:民政部概览、机构设置、网上信访、站点导航、站内检索、民政黄页、地方民政网站、部属网站、友情链接、媒体关注。

2.版主负责维护的栏目:公告板、业务工作、为民服务、地方信息、民政业务软件下载专区。

3.版主提供信息、信息中心负责发布的栏目:图片信息、工作动态、法律法规、工作研究、民政书架、热点关注、网上调查。

4.为网站各栏目提供信息的其他人员,可直接将信息素材以电子邮件形式发给信息中心指定联系人,该联系人负责发布。

二、激励机制

网站信息维护采用激励机制,对版主和其他提供信息人员实行物质奖励和精神鼓励。物质奖励根据信息维护量进行计分统计,并以此为依据发放劳务费;精神鼓励采取每年年终评比,对成绩突出者进行通报表扬等形式。

(一)计分原则

1.网站信息维护对版主采用累积计分制,由基础分和条目分两部分组成。基础分根据版主参与程度,从信息发布、遵守网站有关规定、参与网站建设三方面计分,凡符合相应规定要求,即获相应的基础分;条目分根据版主发布和提供信息的数量累加计算;

2.提供信息的其他人员的分值参照版主条目分计算;

3.分值统计与劳务费发放每季度进行一次。

(二)计分方法

1.基础分(共10分)

(1)完成所负责栏目的信息维护计3分;

(2)组织和提供专题栏目信息计3分;

(3)组织和提供适宜在网站其他栏目发布的信息计2分;

(4)对网站栏目设置和网站建设的其他方面提出建议计2分。

2.条目分

(1)在"业务工作"和"为民服务"、"地方信息"、"公告板"、"民政业务软件下载专区"等栏目,每发布一条信息计1分;

(2)为"工作动态"、"网上调查"栏目提供信息并经审核发布的,每条计2分。为"图片信息"栏目提供信息并经审核发布的,每条计5分;

(3)在"热点关注"栏目组织并协助信息中心设立专题,且内容丰富的,每个专题计5分,专题内每条信息计1分,分值累加;

(4)为网站其他栏目提供信息,每条计1分。

3.信息中心负责统计、核算分值,并据此发放劳务费。

(三)劳务费标准

1.劳务费由基础劳务费和条目劳务费两部分组成。凡每月获基础分5分及以上者,可获基础劳务费,标准为每个版主每月50元;条目劳务费依所获分值而定,标准为每分5元。基础劳务费与条目劳务费之和每月不超过200元。

2.其他为网站提供信息并采用者,按照其所获分值取得相应劳务费。

(四)年终评比

每年对版主及为网站提供信息的其他人员按其所获分值进行评比。评比工作每年年终进行,对成绩突出者予以通报表扬,并推荐参加"全国民政政务信息工作先进个人"的评选。

三、相关责任

版主对网站负有下列责任:

1.严格按照保密规定和本单位确定的信息发布审核程序发布信息。发布的信息应与自身的业务工作密切相关,不得发布与业务工作无关、关系不大或其他不当信息。

2.民政部有关民政的政策、法规,重大活动信息的发布,应先征求部新闻办意见,凡新闻办统一组织宣传、发布的,可在同一时间上网发布;凡新闻办不统一组织宣传、发布的,则可在网上直接发布。

3.发布信息时应注意保持网页风格的一致性。

4.对发布系统的口令严格保密,不得向他人泄露。

凡因违反上述责任造成不良影响的,信息中心有权删除其所发布的信息,并做相应的分值处罚;对违反报送程序发布信息的,扣除其基础分,情况严重的,信息中心有权经必要程序撤销其版主资格;违反保密规定的,由部保密委员会依照保密法规作相应处理。

民政部关于印发《基金会章程示范文本》的通知

民函〔2004〕124号　2004年5月27日

各业务主管单位,各省、自治区、直辖市民政厅(局),新疆生产建设兵团民政局:

《基金会管理条例》已经国务院颁布,于6月1日起实施。根据《基金会管理条例》有关规定,我部制定了《基金会章程示范文本》,现印发给你们,并于6月1日起使用。

说　明

一、根据2004年3月8日国务院颁布的《基金会管理条例》和其他有关法律法规制定此章程示范文本。

二、基金会章程示范文本，旨在为基金会制定章程提供范例。

三、基金会制定的章程，应当包括章程示范文本中所列全部条款，可根据实际情况作适当补充。

四、“[ ]”内文字制定要求。

第一章 总 则

第一条 本基金会的名称是＿＿＿＿基金会。

[基金会命名应当符合《基金会名称管理规定》。]

第二条 本基金会属于＿＿＿＿（公募或非公募）基金会。

本基金会面向公众募捐的地域范围是：＿＿＿＿。[公募基金会]

第三条 本基金会的宗旨：＿＿＿＿。

第四条 本基金会的原始基金数额为人民币＿＿＿＿万元，来源于＿＿＿＿＿＿＿＿。

第五条 本基金会的登记管理机关是＿＿＿＿，业务主管单位是＿＿＿＿。

第六条 本基金会的住所＿＿＿＿＿＿＿＿。

第二章 业务范围

第七条 本基金会公益活动的业务范围[必须具体、明确]。

（一）＿＿＿＿；

（二）＿＿＿＿；

（三）＿＿＿＿；

……………………

第三章 组织机构、负责人

第八条 本基金会由＿＿＿名理事组成理事会。

本基金会理事每届任期为＿＿＿年，任期届满，连选可以连任。

[基金会理事人数不少于5人，且不多于25人。理事每届任期不得超过5年。]

第九条 理事的资格：

（一）＿＿＿＿；

（二）＿＿＿＿；

（三）＿＿＿＿；

……………………

第十条 理事的产生和罢免：

（一）第一届理事由业务主管单位、主要捐赠人、发起人分别提名并共同协商确定。

（二）理事会换届改选时，由业务主管单位、理事会、主要捐赠人共同提名候选人并组织换届领导小组，组织全部候选人共同选举产生新一届理事。

（三）罢免、增补理事应当经理事会表决通过，报业务主管单位审查同意；

（四）理事的选举和罢免结果报登记管理机关备案。

[用私人财产设立的非公募基金会应注明：相互间有近亲属关系的基金会理事，总数不得超过理事总人数的1/3；其他基金会应注明：具有近亲属关系的不得同时在理事会任职。]

第十一条 理事的权利和义务：

（一）＿＿＿＿；

（二）＿＿＿＿；

（三）＿＿＿＿；

……………………

第十二条 本基金会的决策机构是理事会。理事会行使下列职权：

（一）制定、修改章程；

（二）选举、罢免理事长、副理事长、秘书长；

（三）决定重大业务活动计划，包括资金的募集、管理和使用计划；

（四）年度收支预算及决算审定；

（五）制定内部管理制度；

（六）决定设立办事机构；分支机构、代表机构；

（七）决定由秘书长提名的副秘书长和各机构主要负责人的聘任；

（八）听取、审议秘书长的工作报告，检查秘书长的工作；

（九）决定基金会的分立、合并或终止；

（十）决定其他重大事项。

第十三条 理事会每年召开＿＿＿次[至少2次]会议。理事会会议由理事长负责召集和主持。

有1/3理事提议，必须召开理事会会议。如理事长不能召集，提议理事可推选召集人。

召开理事会会议，理事长或召集人需提前5日通知全体理事、监事。

第十四条 理事会会议须有2/3以上理事出席方能召

开;理事会决议须经出席理事过半数通过方为有效。

下列重要事项的决议,须经出席理事表决,2/3 以上通过方为有效:

(一)章程的修改;

(二)选举或者罢免理事长、副理事长、秘书长;

(三)章程规定的重大募捐、投资活动;

(四)基金会的分立、合并;

…………………。

第十五条　理事会会议应当制作会议记录。形成决议的,应当当场制作会议纪要,并由出席理事审阅、签名。理事会决议违反法律、法规或章程规定,致使基金会遭受损失的,参与决议的理事应当承担责任。但经证明在表决时反对并记载于会议记录的,该理事可免除责任。

第十六条　本基金会设监事______名。监事任期与理事任期相同,期满可以连任。[3 名以上监事可设监事会。]

第十七条　理事、理事的近亲属和基金会财会人员不得任监事。

第十八条　监事的产生和罢免:

(一)监事由主要捐赠人、业务主管单位分别选派;

(二)登记管理机关根据工作需要选派;

(三)监事的变更依照其产生程序。

第十九条　监事的权利和义务:

监事依照章程规定的程序检查基金会财务和会计资料,监督理事会遵守法律和章程的情况。

监事列席理事会会议,有权向理事会提出质询和建议,并应当向登记管理机关、业务主管单位以及税务、会计主管部门反映情况。

监事应当遵守有关法律法规和基金会章程,忠实履行职责。

第二十条　在本基金会领取报酬的理事不得超过理事总人数的 1/3。监事和未在基金会担任专职工作的理事不得从基金会获取报酬。

第二十一条　本基金会理事遇有个人利益与基金会利益关联时,不得参与相关事宜的决策;基金会理事、监事及其近亲属不得与基金会有任何交易行为。

第二十二条　理事会设理事长、副理事长和秘书长,从理事中选举产生。

第二十三条　本基金会理事长、副理事长、秘书长必须符合以下条件:

(一)在本基金会业务领域内有较大影响;

(二)理事长、副理事长、秘书长最高任职年龄不超过 70 周岁,秘书长为专职;

(三)身体健康,能坚持正常工作;

(四)具有完全民事行为能力。

第二十四条　有下列情形之一的人员,不能担任本基金会的理事长、副理事长、秘书长:

(一)属于现职国家工作人员的;

(二)因犯罪被判处管制、拘役或者有期徒刑,刑期执行完毕之日起未逾 5 年的;

(三)因犯罪被判处剥夺政治权利正在执行期间或者曾经被判处剥夺政治权利的;

(四)曾在因违法被撤销登记的基金会担任理事长、副理事长或者秘书长,且对该基金会的违法行为负有个人责任,自该基金会被撤销之日起未逾 5 年的。

第二十五条　担任本基金会理事长、副理事长或者秘书长的香港居民、澳门居民、台湾居民以及外国人,每年在中国内地居留时间不得少于 3 个月。

[本条适用于理事长、副理事长或者秘书长由境外人士担任的基金会。]

第二十六条　本基金会的理事长、副理事长、秘书长每届任期______年,连任不超过两届。因特殊情况需超届连任的,须经理事会特殊程序表决通过,报业务主管单位审查并经登记管理机关批准同意后,方可任职。

第二十七条　本基金会理事长为基金会法定代表人。本基金会法定代表人不兼任其他组织的法定代表人。

本基金会法定代表人应当由中国内地居民担任。[本款适用于公募基金会和原始基金来自中国内地的非公募基金会。]

本基金会法定代表人在任期间,基金会发生违反《基金会管理条例》和本章程的行为，法定代表人应当承担相关责任。因法定代表人失职，导致基金会发生违法行为或基金会财产损失的，法定代表人应当承担个人责任。

第二十八条 本基金会理事长行使下列职权：

(一)召集和主持理事会会议；

(二)检查理事会决议的落实情况；

(三)代表基金会签署重要文件；

…………………。

本基金会副理事长、秘书长在理事长领导下开展工作，秘书长行使下列职权：

(一)____________；

(二)____________；

(三)____________；

…………………。

[理事长的其他职权和秘书长的职权从以下选项中确定，理事长和秘书长的职权不能重叠，基金会可根据实际情况细化或进行补充：

①主持开展日常工作，组织实施理事会决议；

②组织实施基金会年度公益活动计划；

③拟订资金的筹集、管理和使用计划；

④拟订基金会的内部管理规章制度，报理事会审批；

⑤协调各机构开展工作；

⑥提议聘任或解聘副秘书长以及财务负责人，由理事会决定；

⑦提议聘任或解聘各机构主要负责人，由理事会决定；

⑧决定各机构专职工作人员聘用；

⑨章程和理事会赋予的其他职权；

⑩………………………………。]

第四章 财产的管理和使用

第二十九条 本基金会为公募(或非公募)基金会，本基金会的收入来源于：

(一)____________；

(二)____________；

(三)____________；

……………………。

[可选项：组织募捐的收入(公募基金会)；自然人、法人或其他组织自愿捐赠；投资收益；其他合法收入等。非公募基金会可以注明提供主要捐赠的自然人、法人或其他组织的具体姓名或名称。]

第三十条 本基金会组织募捐[非公募基金会无此项]、接受捐赠，应当遵守法律法规，符合章程规定的宗旨和公益活动的业务范围。

第三十一条 本基金会组织募捐时，应当向社会公布募得资金后拟开展的公益活动和资金的详细使用计划。重大募捐活动应当报业务主管单位和登记管理机关备案。

本基金会组织募捐，不得以任何形式进行摊派及变相摊派。

[本条适用于公募基金会。]

第三十二条 本基金会的财产及其他收入受法律保护，任何单位、个人不得侵占、私分、挪用。

第三十三条 本基金会根据章程规定的宗旨和公益活动的业务范围使用财产；捐赠协议明确了具体使用方式的捐赠，根据捐赠协议的约定使用。

接受捐赠的物资无法用于符合本基金会宗旨的用途时，基金会可以依法拍卖或者变卖，所得收入用于捐赠目的。

第三十四条 本基金会财产主要用于：

(一)____________；

(二)____________；

(三)____________；

……………………。

第三十五条 本基金会的重大募捐、投资活动是指：

(一)____________；

(二)____________；

(三)____________；

……………………。

第三十六条 本基金会按照合法、安全、有效的原则实现基金的保值、增值。

第三十七条 本基金会每年用于从事章程规定的公益事业支出，不得低于上一年总收入的70%。[公募基金会]

本基金会每年用于从事章程规定的公益事业支出，不得低于上一年基金余额的8%。[非公募基金会]

本基金会工作人员工资福利和行政办公支出不超过当年总支出的10%。

第三十八条 本基金会开展公益资助项目，应当向社会公开所开展的公益资助项目种类以及申请、评审程序。

第三十九条　捐赠人有权向本基金会查询捐赠财产的使用、管理情况，并提出意见和建议。对于捐赠人的查询，基金会应当及时如实答复。

本基金会违反捐赠协议使用捐赠财产的，捐赠人有权要求基金会遵守捐赠协议或者向人民法院申请撤销捐赠行为、解除捐赠协议。

第四十条　本基金会可以与受助人签订协议，约定资助方式、资助数额以及资金用途和使用方式。

本基金会有权对资助的使用情况进行监督。受助人未按协议约定使用资助或者有其他违反协议情形的，本基金会有权解除资助协议。

第四十一条　本基金会应当执行国家统一的会计制度，依法进行会计核算、建立健全内部会计监督制度，保证会计资料合法、真实、准确、完整。

本基金会接受税务、会计主管部门依法实施的税务监督和会计监督。

第四十二条　本基金会配备具有专业资格的会计人员。会计不得兼出纳。会计人员调动工作或离职时，必须与接管人员办清交接手续。

第四十三条　本基金会每年1月1日至12月31日为业务及会计年度，每年3月31日前，理事会对下列事项进行审定：

（一）上年度业务报告及经费收支决算；

（二）本年度业务计划及经费收支预算；

（三）财产清册[当年度捐赠者名册及有关资料]。

第四十四条　本基金会进行年检、换届、更换法定代表人以及清算，应当进行财务审计。

第四十五条　本基金会按照《基金会管理条例》规定接受登记管理机关组织的年度检查。

第四十六条　本基金会通过登记管理机关的年度检查后，将年度工作报告在登记管理机关指定的媒体上公布，接受社会公众的查询、监督。

第五章　终止和剩余财产处理

第四十七条　本基金会有以下情形之一，应当终止：

（一）完成章程规定的宗旨的；

（二）无法按照章程规定的宗旨继续从事公益活动的；

（三）基金会发生分立、合并的；

…… …… …… …… ……
……（其他情形）。

第四十八条　本基金会终止，应在理事会表决通过后15日内，报业务主管单位审查同意。经业务主管单位审查同意后15内，向登记管理机关申请注销登记。

第四十九条　本基金会办理注销登记前，应当在登记管理机关、业务主管单位的指导下成立清算组织，完成清算工作。

本基金会应当自清算结束之日起15日内向登记管理机关办理注销登记；在清算期间不开展清算以外的活动。

第五十条　本基金会注销后的剩余财产，应当在业务主管单位和登记管理机关的监督下，通过以下方式用于公益目的：

（一）______________；

（二）______________；

（三）______________；

……………………。

无法按照上述方式处理的，由登记管理机关组织捐赠给与本基金会性质、宗旨相同的社会公益组织，并向社会公告。

第六章　章程修改

第五十一条　本章程的修改，须经理事会表决通过后15日内，报业务主管单位审查同意。经业务主管单位审查同意后，报登记管理机关核准。

第七章　附　　则

第五十二条　本章程经×年×月×日理事会表决通过。

第五十三条　本章程的解释权属于理事会。

第五十四条　本章程自登记管理机关核准之日起生效。

民政部办公厅关于烈士家属定期抚恤金从何时计发问题的复函

民办函〔2004〕192号　2004年9月9日

江西省民政厅：

你厅《关于烈士家属定期抚恤金从何时计发问题的请示》（赣民字〔2004〕193号）收悉。经研究，答复如下：烈士家属定期抚恤金只能从批烈之日起发放，不能补发。

民政部、教育部、总政治部关于印发《优抚对象及其子女教育优待暂行办法》的通知

民发〔2004〕192号　2004年10月21日

各省、自治区、直辖市民政厅（局）、教育厅（教委），新疆生产建设兵团民政局、教育局，各军区、各军兵种、各总部、军事科学院、国防大学、国防科技大学、武警部队政治部：

现将《优抚对象及其子女教育优待暂行办法》印发给你们，请遵照执行。

优抚对象及其子女教育优待暂行办法

为体现国家和社会对优抚对象的关怀，保障优抚对象的合法权益，根据《军人抚恤优待条例》的规定，制定本办法。

一、本办法的优待对象包括：退役士兵；残疾军人、烈士子女、因公牺牲军人子女、一级至四级残疾军人子女、现役军人子女。

二、退役士兵报考普通高等学校，在同等条件下，优先录取；自谋职业的城镇退役士兵、在服役期间荣立三等功的退役士兵，可在其统考成绩总分的基础上增加10分投档；其中在服役期间荣立二等功（含）以上或被大军区以上单位授予荣誉称号的，可在其统考成绩总分的基础上增加20分投档。

自谋职业的城镇退役士兵报考成人高等学校可增加10分投档；在服役期间荣立三等功（含）以上的退役士兵，可在考生考试成绩基础上增加20分投档。

退役士兵报考研究生的，在同等条件下，可优先予以复试或录取。

三、烈士子女入学入托的，在同等条件下优先接收；烈士子女在公办学校学习期间免交学费、杂费，对其中寄宿学生酌情给予生活补助。报考普通高中、中等职业学校时降20分录取。

报考普通或成人高等学校

的，由省级招生委员会决定，可在高等学校调档分数线下适当降低分数要求投档，降分幅度不得超过20分。

四、残疾军人、因公牺牲军人子女、一级至四级残疾军人子女报考普通高中、中等职业学校的，招生时降10分录取。报考高等学校的，在同等条件下优先录取。残疾军人在校学习期间免交学杂费。

五、驻边疆国境的县(市)、沙漠区、国家确定的边远地区中的三类地区和军队确定的特、一、二类岛屿部队现役军人子女，在报考普通高中、中等职业学校招生时降20分录取，并不得收取省、自治区、直辖市规定收费标准以外的其他任何费用。

报考高等学校的，在同等条件下优先录取。

六、现役军人子女入公办中小学校和幼儿园、托儿所，在同等条件下优先接收；报考普通高等学校，在同等条件下优先录取。

七、凡是国家实施"西部开发助学工程"地区的优抚对象及其子女，在符合资助标准的前提下优先享受"西部开发助学工程"的相关政策。

八、各类优抚对象在同等条件下优先享受国家设立的各类奖学金、学校自行设立的奖学金以及社会各界出资设立的奖学金，优先享受国家提供的各项助学贷款，优先享受学校提供的困难补助和社会捐助，同时学校应优先为他们提供勤工助学岗位。

九、各地可依据此文件精神制定本地区的优待办法。

十、本办法由民政部、教育部、总政治部负责解释。

民政部、劳动和社会保障部、卫生部、总后勤部关于印发《军人残疾等级评定标准(试行)》的通知

民发〔2004〕195号　2004年11月5日

各省、自治区、直辖市民政、劳动保障、卫生厅(局)，新疆生产建设兵团民政、劳动保障、卫生局，各军区联勤部，各军兵种后勤部，总参三部、管理保障部，总政直工部，总装后勤部，军事科学院院务部，国防大学、国防科学技术大学校务部，武警部队后勤部，总后所属直供单位：

为贯彻国务院、中央军委2004年8月1日公布的《军人抚恤优待条例》，我们制定了《军人残疾等级评定标准(试行)》，现印发你们，请遵照执行。

军人残疾等级评定标准(试行)

依据《军人抚恤优待条例》，综合考虑残疾军人于医疗期满后的器官缺损、功能障碍、心理障碍和对医疗护理依赖的程度，将现役军人因战、因公(含职业病)致残等级评定标准由重至轻分为1—10级，其中，1—6级同时适用于因病致残的义务兵和初级士官。

(一)具有下列残情之一，器官缺失或功能完全丧失，其他器官不能代偿，存在特殊医疗依赖和完全护理依赖的，为一级：

1. 植物状态；

2. 极重度智能减退；

3. 四肢瘫肌力3级或三肢瘫肌力2级；

4. 重度运动障碍；

5. 双肘关节以上缺失或功能完全丧失；

6. 双下肢高位及一上肢高位缺失；

7. 肩、肘、髋、膝关节中5个以上关节功能完全丧失；

8. 全身瘢痕占体表面积>90%，四肢大关节中6个以上关节功能不全；

9. 双眼球摘除；

10. 双眼无光感或仅有光感但光定位不准；

11. 双侧上、下颌骨完全缺损；

12. 呼吸困难Ⅳ级，需终生依赖机械通气；

13. 小肠切除90%以上；

14. 慢性肾功能不全(尿毒症期)6个月以上需终生血液透析维持治疗。

(二)具有下列残情之一，器官严重缺损或畸形，有严重功能障碍或并发症，存在特殊医疗依赖和大部分护理依赖的，为二级：

1. 重度智能减退；

2. 后组颅神经双侧完全麻痹；

3. 三肢瘫肌力3级或截瘫、偏瘫肌力2级；

4. 器质性精神障碍、精神分裂症经系统治疗终结后，劳动、生活和社交能力仍基本丧失；

5. 双前臂缺失或双手功能完全丧失；

6. 双下肢高位缺失；

7. 双膝、双踝僵直于非功能位或功能完全丧失；

8. 肩、肘、髋、膝关节中4个关节功能完全丧失；

9. 全身瘢痕占体表面积>80%，四肢大关节中4个以上关节功能不全；

10. 全面部瘢痕并重度毁容；

11. 一眼有或无光感，另眼矫正视力≤0.02或双眼视野≤8%(或半径≤5)；

12. 双眼矫正视力<0.02或双眼视野≤8%(或半径≤5)；

13. 双侧上颌骨或双侧下颌骨完全缺损；

14. 一侧上颌骨并对侧下颌骨完全缺损；

15. 肺功能严重损害，呼吸困难Ⅳ级，需依赖氧疗维持生命；

16. 食管损伤后无法行食管重建术，依赖胃造瘘或空肠造瘘进食；

17. 双肺或心肺联合移植术后；

18. 慢性心功能Ⅳ级；

19. 恶性室性心动过速治疗无效；

20. 小肠移植术后；

21. 肝切除≥3/4或胆道损伤，并肝功能重度损害；

22. 肝切除后原位肝移植；

23. 肝硬化失代偿，肝功能重度损害；

24. 肝外伤后发生门脉高压三联症或布一加(Budd-chiari)综合征；

25. 全胰切除；

26. 慢性肾功能不全(肾功能衰竭期)6个月以上，终生依赖药物治疗或间断透析；

27. 尘肺Ⅲ期伴肺功能中度损害，或呼吸困难Ⅲ级；

28. 放射性肺炎后，两叶以上肺纤维化，伴肺功能中度损伤或呼吸困难Ⅲ级；

29. 急性白血病治疗后未缓解；

30. 重型再生障碍性贫血；

31. 骨髓增生异常综合征RAEB-T型；

32. 淋巴瘤Ⅲ-Ⅳ期，治疗后病情继续进展。

(三)具有下列残情之一，器官严重缺损或畸形，有严重功能障碍或并发症，存在特殊医疗依赖和部分护理依赖的，为三级：

1. 中度运动障碍；

2. 截瘫或偏瘫肌力3级；

3. 双手全肌瘫肌力3级；

4. 四肢深感觉丧失；

5. 后组颅神经双侧不完全麻痹，或单侧完全麻痹；

6. 器质性精神障碍、精神分裂症经系统治疗终结后，生活、劳动和社交能力大部分丧失或有危险、冲动行为；

7. 一手缺失(腕关节平面)，另一手拇指缺失(含掌骨)；

8. 双手拇、食指(含掌骨)缺失或功能完全丧失；

9. 利侧肘上缺失；

10. 利手腕关节平面缺失或利手功能完全丧失，另一手功能不全≥50%；

11. 双髋、双膝关节中，有一个关节缺失或无功能及另一关节功能不全≥50%；

12. 一侧髋、膝关节畸形，功能完全丧失；

13. 非同侧腕上、踝上缺

失；

14. 全身瘢痕占体表面积＞70%，四肢大关节中2个以上关节功能不全；

15. 面部瘢痕＞80%并中度毁容；

16. 一眼有或无光感，另眼矫正视力≤0.05或视野≤16%（或半径≤10）；

17. 双眼矫正视力＜0.05或双眼视野≤16%（或半径≤10）；

18. 一侧眼球摘除或眶内容剜出，另眼矫正视力＜0.3或视野≤24%（或半径≤15）；

19. 呼吸完全依赖气管套管或造口；

20. 无吞咽功能，完全依赖胃管进食；

21. 同侧上、下颌骨完全缺损；

22. 一侧上或下颌骨完全缺损，伴口腔、颜面软组织缺损＞30cm²；

23. 肺功能重度损害，呼吸困难Ⅲ级；

24. 一侧全肺切除并胸廓改形术后或一侧胸廓改形术后（切除肋骨≥6根）；

25. 慢性心功能Ⅲ级；

26. 心房室传导阻滞，未安装永久起搏器；

27. 主动脉夹层动脉瘤（未行手术者）；

28. 高血压3级伴心、脑、肾任一脏器严重损害；

29. 大面积心肌梗死，EF≤40%；

30. 肝切除≥2/3，中度肝功能损害；

31. 小肠切除≥3/4；

32. 慢性肾功能不全（肾功能失代偿期6个月以上）；

33. 肾移植术后，移植肾功能不全（肾功能不全代偿期）；

34. 永久性输尿管腹壁造瘘；

35. 膀胱全切除；

36. 肝硬化失代偿，肝功能重度损害；

37. 重度炎症性肠病；

38. 腹内结核广泛肠粘连，伴有反复发作的肠梗阻；

39. 尘肺Ⅲ期；

40. 尘肺Ⅱ期伴肺功能中度损害或呼吸困难Ⅲ级；

41. 尘肺Ⅰ、Ⅱ期伴活动性肺结核；

42. 放射性肺炎后两叶肺纤维化，伴肺功能中度损伤或呼吸困难Ⅲ级；

43. 粒细胞缺乏症，长期依赖药物治疗；

44. 淋巴瘤Ⅲ—Ⅳ期，需定期化疗；

45. 重度尿崩症伴一个以上垂体前叶靶腺轴功能重度损害；

46. 两个以上垂体前叶靶腺轴功能重度损害；

47. 胰岛细胞瘤（含增生）术后复发或不能手术；

48. 糖尿病出现下列并发症之一者：心功能Ⅲ级、肾功能不全失代偿、双眼增殖性视网膜病变、下肢坏疽致截肢。

（四）具有下列残情之一，器官严重缺损或畸形，有严重功能障碍或并发症，存在特殊医疗依赖和小部分护理依赖的，为四级：

1. 中度智能减退；

2. 重度癫痫；

3. 完全混合性失语或完全性感觉性失语；

4. 双手部分肌瘫肌力2级；

5. 单肢瘫肌力2级；

6. 双足全肌瘫肌力2级；

7. 脑脊液漏，不能修补；

8. 二肢深感觉丧失；

9. 器质性精神障碍、精神分裂症经系统治疗终结后，仍有突出的妄想，持久或反复出现的幻觉，思维贫乏、意志减退、情感淡漠等症状，生活、劳动和社交能力部分丧失；

10. 双拇指腕掌关节平面完全缺失或无功能；

11. 利手前臂缺失或利手功能完全丧失；

12. 非利侧肘上缺失，不能安装假肢；

13. 一侧膝以下小腿缺失，另一侧前足缺失；

14. 一侧下肢高位截肢，不能安装假肢；

15. 一足踝平面缺失，另一足畸形，行走困难；

16. 双膝以下缺失；

17. 脊柱骨折后遗30℃以上侧弯或后凸畸形，伴严重根性神经痛，或有椎管狭窄；

18. 全身瘢痕占体表面积＞60%，四肢大关节中一个关节功能不全；

19. 面部瘢痕＞60%并轻度毁容；

20. 一眼有或无光感，另眼矫正视力＜0.3或视野≤32%（或半径≤20）；

21. 一眼矫正视力＜0.05，另一眼矫正视力≤0.1；

22.双眼矫正视力<0.1或视野≤32%(或半径≤20);

23.双耳听力损失≥90dBHL;

24.吞咽障碍,仅能进流食;

25.一侧上颌骨部分缺损,伴口腔、颜面软组织缺损>$20cm^2$;

26.下颌骨缺损6cm以上,伴口腔、颜面软组织缺损>$20cm^2$;

27.双侧颞下颌关节强直,完全不能张口;

28.舌缺损>全舌2/3;

29.双侧完全性面瘫;

30.肺功能中度损害,呼吸困难Ⅱ级;

31.一侧全肺切除或双侧肺叶切除;

32.严重胸部外伤后伴有呼吸困难Ⅱ级;

33.食管重建术后狭窄,仅能进流食;

34.心脏移植术后;

35.单肺移植术后;

36.莫氏Ⅱ°Ⅱ型房室传导阻滞或病态窦房结综合征,需安装永久起搏器;

37.高血压3级伴心、脑、肾任一脏器中度损害;

38.心肌炎伴心室扩大并EF≤40%;

39.全胃切除;

40.小肠切除≥2/3,包括回盲部或右半结肠切除;

41.全结肠、直肠和肛门切除,回肠造瘘;

42.外伤后重度肛门排便失禁;

43.胆道损伤致中度肝功能损害;

44.胰次全切除合并有胰岛素依赖;

45.甲状旁腺功能重度低下;

46.肾移植术后;

47.永久性膀胱造瘘;

48.神经原性膀胱伴双肾积水;

49.尿道狭窄需定期行扩张术;

50.双侧肾上腺缺损;

51.阴茎缺失;

52.50岁以下未育妇女双侧卵巢切除或功能丧失;

53.阴道闭锁;

54.慢性胰腺炎伴胰腺功能损害;

55.尘肺Ⅱ期;

56.尘肺Ⅰ期伴肺功能中度损害或呼吸困难Ⅱ级;

57.肝硬化失代偿,肝功能中度损害;

58.重度外照射亚急性放射病;

59.慢性粒细胞白血病;

60.慢性再生障碍性贫血,血红蛋白持续低于60g/L,需长期治疗;

61.频繁发作的阵发性睡眠性血红蛋白尿,血红蛋白持续低于60g/L,需长期治疗;

62.骨髓增生异常综合征(除BAEB-T外),血红蛋白持续低于60g/L,需长期治疗;

63.两个以上垂体前叶靶腺轴功能中度受损;

64.功能性垂体瘤无法进行手术或术后复发;

65.肾上腺功能性肿瘤或增生(原发性醛固酮增多症、皮质醇增多症、嗜铬细胞瘤等)无法手术;

66.糖尿病合并神经、心血管、脑血管、肾脏、视网膜等两种以上器官明显损害或致严重体位性低血压。

(五)具有下列残情之一,器官大部缺损或明显畸形,有较重功能障碍或并发症,存在一般医疗依赖的,为五级:

1.完全运动性或不完全性感觉性失语;

2.完全性失用、失写、失读、失认;

3.四肢瘫肌力4级;

4.单肢瘫肌力3级;

5.利手全肌瘫肌力3级;

6.双足全肌瘫肌力3级;

7.后组颅神经单侧不完全麻痹;

8.双手部分肌瘫,肌力3级;

9.一肢深感觉丧失;

10.器质性精神障碍、精神分裂症经系统治疗终结后,残留部分幻觉、妄想、情感反应迟钝、意志减退等症状,劳动和社交能力小部分丧失;

11.脊柱骨折后遗小于30°畸形,伴根性神经痛(神经电生理检查异常);

12.非利手前臂缺失;

13.非利手功能完全丧失;

14.一手拇指缺失(含掌骨),另一手除拇指外三指缺失;

15.一手拇指无功能,另一手除拇指外三指功能丧失;

16.双前足缺失;

17.一髋(或一膝)功能完全丧失;

18. 全身瘢痕占体表面积＞50%；

19. 面部瘢痕＞40%并有毁容标准6项中之一；

20. 50岁以下未育妇女双侧乳房完全缺损或严重瘢痕畸形；

21. 50岁以下未育妇女双侧乳腺切除；

22. 会阴部瘢痕致阴道狭窄、尿道外口狭窄、肛门狭窄不能修复(达其中2项)；

23. 一眼矫正视力＜0.05，另眼矫正视力＜0.3或双眼视野≤40%(或半径≤25)；

24. 一眼矫正视力＜0.1，另眼矫正视力＜0.3；

25. 双眼矫正视力＜0.3或双眼视野≤40%(或半径≤25)；

26. 一侧眼球摘除，另眼矫正视力≥0.3—＜0.8；

27. 双耳听力损失≥80dBHL；

28. 鼻缺损＞1/3或双耳廓完全缺损；

29. 一侧上颌骨部分缺损，伴口腔、颜面软组织缺损＞$10cm^2$；

30. 下颌骨缺损长4cm以上，伴口腔、颜面软组织缺损＞$10cm^2$；

31. 上唇或下唇缺损＞1/2；

32. 面颊部洞穿性缺损＞$20cm^2$；

33. 舌缺损＞全舌1/3；

34. 心脏瓣膜置换或成形术后；

35. 冠状动脉旁路移植术和室壁瘤切除术；

36. 血管代用品重建胸主动脉，术后仍有其他胸主动脉夹层或动脉瘤；

37. 心脏穿透伤修补术后心肌缺血或心肌梗死；

38. 双侧肺叶切除术后或肺叶切除并胸廓改形术后，肺功能轻度损害；

39. 严重胸部外伤，并轻度肺功能损害；

40. 气管食管瘘；

41. 莫氏Ⅱ°Ⅱ型房室传导阻滞或病者窦房结综合征，无需安装永久起搏器；

42. 心功能Ⅱ级；

43. 高血压3级伴心、脑、肾任一脏器轻度损害；

44. 高原性心脏病；

45. 腹壁全层缺损≥1/2；

46. 肛门、直肠、结肠部分切除，结肠造瘘；

47. 小肠切除≥2/3(回盲部保留)；

48. 肝切除≥1/2并轻度肝功能损害；

49. 胰腺切除2/3；

50. 慢性肾功能不全(肾功能不全代偿期6个月以上)；

51. 肾病24小时尿蛋白定量＞2.0g，持续6个月以上，长期依赖药物治疗；

52. 原发性完全性肾小管酸中毒，终生依赖药物治疗；

53. 肝硬化失代偿，肝功能轻度损害；

54. 重度慢性活动性肝炎；

55. 中度炎症性肠病；

56. 反复急性发作的慢性胰腺炎；

57. 尿道瘘不能修复；

58. 两侧睾丸及附睾缺损，生殖功能重度损害；

59. 双侧输精管缺损，不能修复；

60. 双侧肾上腺皮质功能重度减退；

61. 50岁以下未育妇女子宫切除或次全切除；

62. 50岁以下未育妇女双侧输卵管切除；

63. 50岁以下已育妇女双侧卵巢切除或无功能；

64. 甲状腺功能重度低下；

65. 重度排尿障碍；

66. 淋巴瘤Ⅰ期、Ⅱ期，需要定期化疗；

67. 血小板持续减少(≤4010^9/L)伴反复出血倾向；

68. 重度尿崩症；

69. 中度尿崩症伴一个垂体前叶靶腺轴功能中度受损。

(六)具有下列残情之一，器官大部缺损或明显畸形，有中度功能障碍或并发症，存在一般医疗依赖的，为六级：

1. 轻度智能减退；

2. 中度癫痫；

3. 轻度运动障碍；

4. 三肢瘫肌力4级；

5. 非利手全肌瘫肌力2级；

6. 双足部分肌瘫肌力2级；

7. 单足全肌瘫肌力2级；

8. 脊髓空洞症；

9. 象限盲或偏盲；

10. 器质性精神障碍、精神分裂症，经系统治疗终结后，精神症状缓解但仍需维持治疗；

11. 情感性精神障碍、分裂情感性精神障碍、偏执性精神病经系统治疗终结后，仍需继续维持治疗；

12. 难治性强迫症；

13. 人格改变：表现为情绪不稳，缺乏自我控制能力，易激惹，反复的暴怒发作和攻击行为，行为不顾及后果，社会功能明显受损；

14. 一拇指掌骨以远缺失；

15. 一拇指无功能，另一手除拇指外有两指功能完全丧失；

16. 一手三指（含拇指）掌指关节以远缺失；

17. 除拇指外其余四指掌指关节以远缺失或功能完全丧失；

18. 肩、肘、腕关节之一功能完全丧失；

19. 一髋或一膝关节功能不全；

20. 一侧踝以下缺失；

21. 一侧踝关节畸形，功能完全丧失；

22. 下肢骨折成角畸形＞15°，并有肢体短缩＞4cm；

23. 四肢大关节人工关节置换术后；

24. 鼻缺损＞1/4或一侧耳廓全缺损；

25. 全身瘢痕占体表面积＞40％；

26. 面部瘢痕＞20％；

27. 女性双侧乳房完全缺损或严重瘢痕畸形；

28. 会阴部瘢痕导致阴道狭窄或尿道外口狭窄或肛门狭窄，不能修复；

29. 一眼矫正视力≤0.05，另眼矫正视力等于0.3或双眼视野≤48％（或半径≤30）；

30. 双眼矫正视力等于0.3或双眼视野≤48％（或半径≤30）；

31. 一侧眼球摘除另眼矫正视力≥0.8；

32. 双耳听力损失≥70dBHL；

33. 前庭功能障碍，睁眼行走困难，不能并足站立；

34. 双侧颞下颌关节强直，张口度（上、下中切牙切缘间距，下同）＜1cm；

35. 口腔、颜面软组织缺损＞20cm²；

36. 一侧完全性面瘫；

37. 肺爆震伤后肺功能轻度损害，呼吸困难Ⅰ级；

38. 气管成形术后气管狭窄；

39. 喉返神经损伤致饮食呛咳、误吸；

40. 吞咽障碍，仅能进半流食；

41. 食管重建术后狭窄，仅能进半流食；

42. 支气管胸膜瘘；

43. 心房纤颤；

44. 冠心病伴心绞痛；

45. 冠状动脉旁路移植术后；

46. 冠状动脉疾病介入治疗术后；

47. 胃切除≥2/3；

48. 小肠切除≥1/2，包括回盲部或右半结肠切除；

49. 胰腺切除≥1/2；

50. 腹壁缺损≥1/4，不能修复；

51. 甲状腺功能中度低下；

52. 甲状旁腺功能中度低下；

53. 内分泌浸润性突眼；

54. 原发性甲状旁腺功能亢进术后伴中度骨质疏松；

55. 肾损伤致高血压；

56. 一侧肾切除；

57. 双侧睾丸萎缩，血睾酮低于正常值；

58. 外伤后阴茎勃起功能障碍；

59. 50岁以下未育妇女单侧卵巢切除；

60. 尘肺Ⅰ期，肺功能轻度损害；

61. 肺纤维化，肺功能轻度损害；

62. 重度哮喘；

63. 支气管扩张症伴反复感染或咯血；

64. Ⅳ型肺结核（活动性）；

65. 高血压2级；

66. 肾脏疾病致24小时尿蛋白定量0.5g－1.9g达6个月以上，长期依赖药物治疗；

67. 原发性不完全性肾小管酸中毒，需终生依赖药物治疗；

68. 肝硬化；

69. 轻、中度慢性活动性肝炎；

70. 消化道息肉病；

71. 反复发生的不明原因的消化道出血并中度以上贫血；

72. 白血病完全缓解或造血干细胞移植术后；

73. 淋巴瘤完全缓解；

74. 外照射慢性放射病Ⅱ度；

75. 类风湿关节炎三个以上关节X线平片Ⅱ期改变；

76. 强直性脊柱炎或血清阴性脊柱关节病，X线平片或

CT片双骶髂关节Ⅱ期以上改变；

77. 中度尿崩症；

78. 一个垂体前叶靶腺轴功能中度受损；

79. 肾上腺皮质功能中度损害需依赖激素替代治疗；

80. 糖尿病需口服降糖药或需依赖胰岛素治疗；

81. 异物色素沉着或色素脱失超过颜面总面积的1/2。

（七）具有下列残情之一，器官大部分缺损或畸形，有轻度功能障碍或并发症，存在一般医疗依赖的，为七级：

1. 不完全性失用、失写、失读、失认或不完全性运动性失语；

2. 截瘫或偏瘫肌力4级；

3. 双手全肌瘫肌力4级；

4. 单手部分肌瘫肌力3级；

5. 双足部分肌瘫肌力3级；

6. 单足全肌瘫肌力3级；

7. 骨盆骨折致产道狭窄（50岁以下未育者）；

8. 骨盆骨折严重移位，影响功能；

9. 脊柱椎体骨折，前缘高度压缩1/2以上；

10. 一侧前足（跖骨以远）缺失，另一足仅残留拇趾；

11. 一侧前足（跖骨以远）缺失，另一足除拇趾外，2—5趾畸形，功能丧失；

12. 一侧全足功能丧失，另一足部分功能丧失；

13. 一拇指指间关节以远缺失或功能完全丧失；

14. 一手除拇指外，其他2—3指（含食指）近侧指间关节离断，或功能完全丧失；

15. 双足拇趾全失或一足拇趾全失兼有其他足趾失去两个以上；

16. 肩、肘、腕、踝关节之一功能不全；

17. 髂骨、跟骨骨髓炎，反复发作一年以上；

18. 肢体短缩>4cm；

19. 鼻缺损>1/5；

20. 一耳或双耳廓累计缺损>2/3；

21. 全身瘢痕占体表面积>30%；

22. 面部瘢痕>15%；

23. 女性一侧乳房缺损或严重瘢痕畸形，另一侧部分缺损或瘢痕畸形；

24. 一眼有或无光感，另眼矫正视力≥0.8；

25. 一眼矫正视力≤0.05，另眼矫正视力≥0.6；

26. 一眼矫正视力≤0.1，另眼矫正视力≥0.4；

27. 双眼矫正视力≤0.4或双眼视野≤64%（或半径≤40）；

28. 眼球内金属异物不宜取出；

29. 单眼第Ⅲ或第Ⅳ对颅神经完全性麻痹；

30. 双耳听力损失≥60dBHL；

31. 牙槽骨损伤长度>8cm，牙齿脱落10颗以上；

32. 双侧不完全性面瘫；

33. 肺叶切除术，并轻度肺功能损害；

34. 部分胸廓改形术后；

35. 食管重建术后合并返流性食管炎；

36. 气管成形术后气管狭窄，行腔内支架术；

37. 小肠切除≥1/2；

38. 左或右半结肠切除或结肠切除≥1/2；

39. 外伤后肛门排便轻度失禁；

40. 胆道损伤并肝功能轻度损害；

41. 脾切除；

42. 轻度排尿障碍伴膀胱容量缩小；

43. 男性生殖功能轻度损害；

44. 肾上腺皮质功能中度减退；

45. 50岁以下未育妇女单侧乳腺切除；

46. 女性双侧乳腺切除；

47. 已育女性子宫切除或部分切除；

48. 已育女性双侧输卵管切除；

49. 已育女性单侧卵巢切除；

50. 阴道狭窄；

51. 尘肺Ⅰ期，肺功能正常；

52. 放射性白细胞减少≤310/L；

53. 放射性血小板减少≤8010/L；

54. 外照射慢性放射病Ⅰ度；

55. 轻度外照射亚急性放射病。

（八）具有下列残情之一，器官部分缺损，形态明显异常，有轻度功能障碍，存在一般医疗依赖的，为八级：

1. 轻度癫痫；

2. 单肢瘫或单手全肌瘫肌力4级；

3. 双手部分肌瘫肌力4级；

4. 双足全肌瘫肌力4级；

5. 单足部分肌瘫肌力4级；

6. 颅骨缺损≥25cm^2；

7. 脑叶切除术后；

8. 三个节段脊柱内固定术后；

9. 一手除拇指、食指外，有两指近侧指间关节离断或功能完全丧失；

10. 一足拇趾缺失，另一足非拇趾一趾缺失或功能完全丧失；

11. 一足除拇趾外，其他三趾缺失或功能完全丧失；

12. 四肢骨折非关节活动方向成角畸形10啊15埃华？

13. 四肢长骨慢性骨髓炎，反复发作一年以上；

14. 关节创伤性滑膜炎，长期反复发作6个月以上；

15. 下肢短缩＞2cm；

16. 全身瘢痕占体表面积＞20％；

17. 面部瘢痕＞10％；

18. 女性一侧乳房完全缺损或严重瘢痕畸形；

19. 一眼矫正视力≤0.2，另眼矫正视力≥0.5；

20. 双眼矫正视力≤0.5或双眼视野≤80％（或半径≤50）；

21. 双侧睑外翻合并睑闭合不全；

22. 外伤性青光眼；

23. 双耳听力损失≥50dBHL或一耳听力损失≥90dBHL；

24. 发声及构音困难；

25. 一耳或双耳廓缺损累计＞1/3；

26. 双侧鼻腔或鼻咽部闭锁；

27. 牙槽骨损伤长度＞6cm，牙齿脱落8颗以上；

28. 舌缺损小于全舌1/3；

29. 双侧颞下颌关节强直，张口度＜2cm；

30. 肺叶切除术后；

31. 双侧多根多处肋骨骨折伴胸廓畸形；

32. 血管代用品重建胸主动脉术后（其余胸主动脉无夹层或动脉瘤）；

33. 食管外伤或成形术后咽下运动不正常；

34. 膈肌破裂修补术后伴膈神经麻痹；

35. 肺内多处异物存留；

36. 气管损伤成形术后；

37. 胃部分切除；

38. 小肠部分切除；

39. 肝部分切除；

40. 胆道修补或胆肠吻合术后；

41. 胰腺部分切除；

42. 甲状腺功能轻度低下；

43. 甲状旁腺功能轻度低下；

44. 女性单侧乳腺切除；

45. 一侧睾丸、附睾切除；

46. 一侧输精管缺损，不能修复；

47. 一侧肾上腺缺损；

48. 单侧输卵管切除；

49. 异物色素沉着或色素脱失超过颜面总面积1/3。

（九）具有下列残情之一，器官部分缺损，形态明显异常，有轻度功能障碍的，为九级：

1. 颅骨缺损9cm^2－24cm^2；

2. 一手食指两节缺失；

3. 一拇指指间关节功能不全；

4. 一手食、中指两指末节缺失；

5. 一足拇趾末节缺失；

6. 跗骨骨折影响足弓；

7. 跟骨、距骨骨折；

8. 指（趾）骨慢性骨髓炎，反复发作一年以上；

9. 脊椎滑脱、椎间盘、髌骨、半月板切除术后；

10. 膝关节交叉韧带修复重建术后；

11. 陈旧性肩关节脱位肩关节成形术后、肩袖损伤修复术后；

12. 关节外伤或因伤手术后，残留创伤性关节炎，无积液；

13. 脊柱椎体骨折，前缘高度压缩＜1/2；

14. 全身瘢痕占体表面积＞10％；

15. 面部瘢痕＞5％；

16. 女性一侧乳房部分缺损或瘢痕畸形；

17. 一眼矫正视力≤0.3，另眼矫正视力＞0.6；

18. 双眼矫正视力≤0.6；

19. 放射性及外伤性白内障Ⅲ期；

20. 眼球内非金属异物不宜取出；

21. 泪器损伤，手术无效；

22. 一侧睑外翻合并睑闭

合不全；

23.睑球粘连影响眼球转动；

24.双耳听力损失≥40dBHL或一耳听力损失≥80dBHL；

25.发声及构音不清；

26.一耳或双耳廓缺损累计>1/5；

27.牙槽骨损伤长度>4cm,牙脱落4颗以上；

28.食管切除重建术后；

29.心脏异物滞留或异物摘除术后；

30.心脏、大血管损伤修补术后；

31.肺段切除或修补术后；

32.支气管成形术后；

33.阴茎部分切除术后；

34.肾部分切除术后；

35.脾部分切除术后；

36.子宫修补术后；

37.一侧卵巢部分切除；

38.阴道修补或成形术后。

(十)具有下列残情之一，器官部分缺损，形态异常，有轻度功能障碍的，为十级：

1.脑外伤半年后有发作性头痛伴脑电图异常(3次以上)；

2.脑外伤后，边缘智能；

3.脑外伤后颅骨缺损$3cm^2-9cm^2$或颅骨缺损≥$9cm^2$行颅骨修补术后；

4.颅内异物；

5.全身瘢痕占体表面积>5%；

6.面部瘢痕>2%；

7.一眼矫正视力≤0.5,另眼矫正视力≥0.8；

8.双眼矫正视力<0.8；

9.放射性或外伤性白内障Ⅰ—Ⅱ期；

10.眶内异物未取出；

11.第Ⅴ对颅神经眼支麻痹；

12.外伤性瞳孔散大；

13.双耳听力损失≥30dBHL或一耳听力损失≥70dBHL；

14.前庭功能障碍，闭眼不能并足站立；

15.严重声音嘶哑；

16.一耳或双耳再造术后；

17.嗅觉完全丧失；

18.单侧鼻腔或鼻孔闭锁；

19.一侧颞下颌关节强直，张口度<2.5cm；

20.颌面部有异物存留；

21.一侧不完全性面瘫；

22.肋骨骨折>3根并胸廓畸形；

23.肺内异物存留；

24.腹腔脏器损伤修补术后；

25.异物色素沉着或色素脱失超过颜面总面积1/4。

注：

1.医疗期满系指经过“系统治疗”,即住院治疗，或每月2次(含)以上到医院进行门诊治疗并坚持服药一个疗程(精神病人一般为三个月)以上，以及恶性肿瘤在门诊进行放射或化学治疗。

2.航空病、减压病、放射性疾病、火箭推进剂中毒、尘肺等特殊行业现役军人易患的职业病，引起器官损伤、功能障碍、心理障碍及对医疗护理依赖的，依据本标准相关残情进行等级评定。

3.本标准未列载的各种恶性肿瘤及其他伤、病致残情况，可参照相应残情进行等级评定。

4.对于同一器官或系统多处损伤，或一个以上器官同时受到损伤者，应先对单项伤残程度进行鉴定。如几项伤残等级不同，以重者定级；两项以上等级相同，最多晋升一级。

附：《军人残疾等级评定标准(试行)》功能分级判定依据及基准

附件：

《军人残疾等级评定标准(试行)》功能分级判定依据及基准

1.医疗依赖分级：

(1)特殊医疗依赖：伤、病致残于医疗期满后，仍需终身接受特殊药物(如：免疫抑制剂)或特殊医疗器械(如：呼吸机、血液透析)治疗。

（2）一般医疗依赖：伤、病致残于医疗期满后，仍需终身接受一般药物（如：降压药、抗凝药）治疗。

2.护理依赖分级：

（1）完全护理依赖：伤、病致残于医疗期满后，生活完全不能自理，进食、翻身、大小便、穿衣洗漱、自我移动5项均需依赖他人护理。

（2）大部分护理依赖：伤、病致残于医疗期满后，生活大部不能自理，进食、翻身、大小便、穿衣洗漱、自我移动5项中有3—4项需依赖他人护理。

（3）部分护理依赖：伤、病致残于医疗期满后，生活部分不能自理，进食、翻身、大小便、穿衣洗漱、自我移动5项中有2项需依赖他人护理。

（4）小部分护理依赖：伤、病致残于医疗期满后，生活小部分不能自理，进食、翻身、大小便、穿衣洗漱、自我移动5项中有1项需依赖他人护理。

3.智能减退分级：

（1）极重度智能减退：①ⅠQ＜20；②语言功能缺失；③生活完全不能自理。

（2）重度智能减退：①ⅠQ20—34；②语言功能严重受损，不能进行有效的语言交流；③生活大部不能自理。

（3）中度智能减退：①ⅠQ35—49；②生活能部分自理，能做简单劳动；③能掌握日常生活用语，但词汇贫乏；对周围环境辨别能力差，只能以简单的方式与人交往。

（4）轻度智能减退：①ⅠQ50—69；②生活能自理，能做一般非技术性工作；③无明显语言障碍；对周围环境有较好的辨别能力，能比较恰当地与人交往。

（5）边缘智能：①ⅠQ70—86；②抽象思维能力或思维的广度、深度、机敏性显示不良；③不能完成高级复杂的脑力劳动。

4.癫痫分级：

（1）重度癫痫：各种类型的癫痫发作，经系统服药治疗两年后，全身性强直——阵挛发作、单纯或复杂部分发作，伴自动症或精神症状（相当于大发作、精神运动性发作）平均每月3次以上。

（2）中度癫痫：各种类型的癫痫发作，经系统服药治疗两年后，全身性强直——阵挛发作、单纯或复杂部分发作，伴自动症或精神症状（相当于大发作、精神运动性发作）平均每月1—2次或每日均有失神发作和其他类型发作。

（3）轻度癫痫：需系统服药治疗方能控制的各种类型癫痫发作，偶有各种类型癫痫发作。

5.颜面毁容分级：

（1）重度：具有下述6项中4项者；

（2）中度：具有下述6项中3项者；

（3）轻度：具有下述6项中2项者。

①双侧眉毛缺失；②双睑外翻或缺失；③耳廓部分缺失；④鼻翼部分缺失；⑤唇外翻或小口畸形；⑥颈部瘢痕畸形。

6.非肢体瘫性运动障碍分级：

（1）重度运动障碍：不能自行进食、大小便、洗漱、翻身和穿衣。

（2）中度运动障碍：上述动作困难，但在他人帮助下可以完成。

（3）轻度运动障碍：完成上述运动虽有一些困难，但基本可以自理。

7.肢体瘫性运动障碍肌力分级：

（1）0级：肌肉完全瘫痪，毫无收缩。

（2）1级：可看到或触及肌肉轻微收缩，但不能产生动作。

（3）2级：肌肉在不受重力影响下，可进行运动，即肢体能在平面上移动，但不能抬离平面。

（4）3级：在和地心引力相反的方向中尚能完成其动作，但不能对抗外加的阻力。

（5）4级：能对抗一定的阻力，但较正常人为低。

（6）5级：正常肌力。

8.关节功能分级：

（1）功能完全丧失（无功能）：指关节僵硬（或挛缩）固定于非功能位，或关节周围肌肉韧带缺失或麻痹松弛，关节呈连枷状或严重不稳，无法完成其功能。

（2）功能部分丧失（功能不全）：指残留功能，影响日常生活和工作。

9.吞咽障碍分级：

（1）极重度吞咽障碍：因鼻咽返流、呛咳、误咽、颈部咽漏、下咽部狭窄等造成的吞咽困难，只能依赖胃管或胃造瘘。

（2）重度吞咽障碍：因鼻咽

返流、呛咳、误咽、颈部咽漏、下咽部狭窄等造成的吞咽困难，只能进流食。

（3）中度吞咽障碍：因鼻咽返流、呛咳、误咽、颈部咽漏、下咽部狭窄造等成的吞咽困难，只能进半流食。

10. 发声及构音障碍分级：

（1）发声及构音困难：呼吸通道虽无障碍，但有失声、构音不全等明显言语发音障碍。

（2）发声及构音不清：发声不畅、构音含混等言语发音障碍。

（3）严重声音嘶哑：声带损伤、小结等器质性损害致不能胜任原来的嗓音职业工作。

11. 肝功能损害分级：

（1）肝功能重度损害：①血浆白蛋白＜2.5g％；②血清胆红质＞10mg％；③顽固性腹水；④明显脑症；⑤凝血酶原时间较对照组＞9s。

（2）肝功能中度损害：①血浆白蛋白 2.5g％－3.0g％；②血清胆红质 5g％－10mg％；③无或少量腹水，治疗后消失；④无或轻度脑症；⑤凝血酶原时间较对照组＞6s。

（3）肝功能轻度损害：①血浆白蛋白 3.1g％－3.5g％；②血清胆红质 1.5g％－5mg％；③无腹水；④无脑症；⑤凝血酶原时间较对照组＞3s。

12. 炎症性肠病分级：

（1）重型：腹泻每日 6 次以上，有明显黏液脓血便，体温＞37.5℃，脉搏＞90/min、血红蛋白＜100g/L、血沉＞30mm/L。

（2）中型：症状介于轻型和重型之间。

（3）轻型：腹泻每日 3 次以下，便血轻或无，无发热，脉速和贫血、血沉正常。

13. 甲状腺功能低下分级：

（1）甲状腺功能重度低下：①临床症状严重；②T3、T4 或 FT3、FT4 低于正常值，TSH＞$50\mu^{u}$/L。

（2）甲状腺功能中度低下：①临床症状较重；②T3、T4 或 FT5、FT4 正常，TSH＞$50\mu^{u}$/L。

（3）甲状腺功能轻度低下：①临床症状较轻；②T3、T4 或 FT3、FT4 正常，TSH 轻度增高但小于 $50\mu^{u}$/L。

14. 甲状旁腺功能低下分级：

（1）甲状旁腺功能重度低下：空腹血钙＜6mg％。

（2）甲状旁腺功能中度低下：空腹血钙 6mg％－7mg％。

（3）甲状旁腺功能轻度低下：空腹血钙 7.1mg％－8mg％。

15. 慢性肾上腺皮质功能减退分级：

（1）慢性肾上腺皮质功能重度减退：血皮质醇基础值低于正常参考值下限＜$5\mu^{u}$/dL，日常生活依赖糖皮质激素替代治疗，常规替代治疗不能耐受一般应激。

（2）慢性肾上腺皮质功能中度减退：血皮质醇基础值在正常参考值低限＜$5\mu^{u}$/dL－$10\mu^{u}$U/dL，日常生活部分依赖糖皮质激素替代治疗，常规替代治疗能耐受一般应激，但不能耐受严重应激。

（3）慢性肾上腺皮质功能轻度减退：血皮质醇基础值在正常参考值范围内，日常生活能脱离糖皮质激素替代治疗，不能耐受严重应激。

16. 排尿障碍分级：

（1）重度排尿障碍：真性重度尿失禁或排尿困难（残余尿≥50mL）。

（2）轻度排尿障碍：真性轻度尿失禁或排尿困难（残余尿＜50mL）。

17. 生殖功能损害分级：

（1）生殖功能重度损害：精液中精子缺如。

（2）生殖功能轻度损害：精液中精子数＜500 万/mL 或异常精子、死精子、运动能力很弱精子任何一项＞30％。

18. 肛门失禁分级：

（1）重度：①大便不能控制；②肛门括约肌收缩力很弱或丧失；③肛门括约肌收缩反射很弱或消失；④直肠内压测定，肛门注水法＜20cmH_2O。

（2）轻度：a）稀便不能控制；b）肛门括约肌收缩力较弱；c）肛门括约肌收缩反射较弱；d）直肠内压测定，肛门注水法 20－30cmH_2O。

19. 心功能分级：

（1）Ⅳ级：任何体力活动均引起症状，休息时亦可有心力衰竭或心绞痛。

（2）Ⅲ级：体力活动明显受限，静息无不适，低于日常活动量即乏力、心悸、气促或心绞痛。

（3）Ⅱ级：静息时无不适，但稍重于日常生活活动量即致乏力、心悸、气促或心绞痛。

（4）Ⅰ级：体力活动不受限

制。

20.高血压分级：

(1)高血压3级：在未服药情况下，不同时间3次所测平均血压，收缩压≥180mmHg和/或舒张压≥110mmHg。

(2)高血压2级：在未服药情况下，不同时间3次所测平均血压，收缩压160mmHg－179mmHg 和/或舒张压100mmHg－109mmHg。

(3)高血压Ⅰ级：在未服药情况下，不同时间3次所测平均血压，收缩压140mmHg－159mmHg 和/或舒张压90mmHg－99mmHg。

21.高血压致脏器损害程度分级：

(1)严重损害：有器质性的损害，并有器官的功能衰竭，如：偏瘫、失语或语言困难、认知障碍、痴呆、心力衰竭、肾功能衰竭、糖尿病并发症、夹层动脉瘤、视力障碍、失明等。

(2)中度损害：有器质性的损害，但功能代偿，如：左心室肥厚、血清肌酐轻度升高、微量白蛋白尿等。

22.肾损伤性高血压判定：

肾损伤所致高血压系指血压的两项指标(收缩压≥21.3kPa，舒张压≥12.7kPa)只须具备一项即可成立。

23.呼吸困难分级：

(1)呼吸困难Ⅳ级：①静息时气短；②阻塞性通气功能减退，一秒钟用力呼气量占预计值＜30％；③限制性通气功能减退，肺活量＜50％；④动脉血氧分压＜60mmHg。

(2)呼吸困难Ⅲ级：①稍活动(穿衣，谈话)即气短；②阻塞性通气功能减退，一秒钟用力呼气量占预计值30－49％；③限制性通气功能减退，肺活量50－59％；④动脉血氧分压60－69mmHg。

(3)呼吸困难Ⅱ级：①平路步行100米即气短；②阻塞性通气功能减退，一秒钟用力呼气量占预计值50－79％；③限制性通气功能减退，肺活量60－69％；④动脉血氧分压70mmHg－79mmHg。

(4)呼吸困难Ⅰ级：①平路快步或登山、上楼时气短明显；②阻塞性通气功能减退，一秒钟用力呼气量占预计值80－90％；③限制性通气功能减退，肺活量70－80％；④动脉血氧分压80mmHg－90mmHg。

24.非急性发作期哮喘重度：

症状平凡发作，夜间哮喘平凡发作，严重影响睡眠，体力活动受限，PEF或FEV1＜60％预计值，PEF变异率＞30％。

25.慢性肾功能不全分期：

(1)尿毒症期：①尿素氮＞28.6mmol/L；②肌酐≥707 嶉ol/L；③GFR＜10ml/min。

(2)肾功能衰竭期：①尿素氮17.9－28.6mmol/L；②肌酐443－707 嶉ol/L；③GFR10－20ml/min。

(3)肾功能不全失代偿期：①尿素氮7.1mmol/L－17.9mmol/L；②肌酐178 嶉ol/L－442 嶉ol/L；③GFR 20ml/min－50ml/min。

(4)肾功能不全代偿期：①尿素氮正常；②肌酐133 嶉ol/L－177 嶉ol/L；③GFR 50ml/min－80ml/min。

注：

各种实验室检查结果必须取近半年内三次检查结果的平均值，并结合临床症状判断分级。

民政部、总后勤部关于印发《军人新旧残疾等级套改办法》的通知

民发〔2004〕198号　2004年11月16日

各省、自治区、直辖市民政厅(局)，新疆生产建设兵团民政局，各军区联勤部，各军兵种后勤部，总参三部、管理保障部，总政直工部，总装后勤部，军事科学院院务部，国防大学、国防科学技术大学校务部，武警部队后勤部，总后所属直供单位：

现将《军人新旧残疾等级

套改办法》印发你们，请遵照执行。

军人新旧残疾等级套改办法

为贯彻执行国务院、中央军委修订公布的《军人抚恤优待条例》，实现新旧残疾等级合理衔接，保障残疾军人的基本权益，制定本办法。

一、套改对象：按照《民政部关于颁发〈革命伤残军人评定伤残等级的条件〉的通知》（民〔1989〕优字第18号）的规定，已被军队卫生部门或地方民政部门评定为革命伤残军人并持有《革命伤残军人证》的人员。

二、套改原则：残情基本相当、套改后待遇基本不变。对少数套改后残情不符合新《军人残疾等级评定标准》的，进行个案调整。

三、新旧残疾等级对应关系：特等套改一级，一等套改三级，二等甲级套改五级，二等乙级套改六级，三等甲级套改七级，三等乙级套改八级。

四、被地方民政部门评定为伤残人民警察、伤残国家机关工作人员、伤残民兵民工并持有相应伤残证件的人员参照本套改办法执行。

民政部办公厅关于他人给烈士过继的子女能否持证的答复

民办函〔2004〕236号　2004年11月17日

山西省民政厅：

你厅《关于他人给烈士过继的子女能否持证的请示》（晋民字〔2004〕172号）收悉，经研究，现答复如下：

他人给烈士过继的子女，与烈士没有建立法律上的拟制血亲关系，不能作为烈士子女对待。根据当时适用的1988年《军人抚恤优待条例》（国务院令第8号）和民政部《关于贯彻执行〈军人抚恤优待条例〉若干具体问题的解释》（民〔1989〕优字19号）的有关规定，他人给烈士过继的子女不能作为革命烈士证明书的持证人。

民政部办公厅对《民政部关于贯彻执行军人抚恤优待条例若干具体问题的解释》有关问题的答复

民办函〔2004〕237号　2004年11月19日

中央军委法制局：

你局《关于〈民政部关于贯彻执行军人抚恤优待条例若干

具体问题的解释〉处理意见的函》(〔2004〕军法制函字第82号)收悉。现答复如下：

国务院、中央军委于2004年8月1日公布新的《军人抚恤优待条例》,已于10月1日起施行,1988年7月18日国务院发布的《军人抚恤优待条例》同时废止。我们认为,民政部1989年4月17日颁发的《关于贯彻执行军人抚恤优待条例若干具体问题的解释》(民〔1989〕优字19号)属于对已废止的法律法规的解释,因此,自10月1日起也失去法律效力,应予废止。但是,根据有关法律的规定,对于新的《军人抚恤优待条例》施行之前发生的实体行为,仍然适用于旧的法规及其解释。

此复。

民政部关于换发伤残人员证件的通知

民函〔2004〕305号　2004年11月23日

各省、自治区、直辖市民政厅(局),新疆生产建设兵团民政局：

新的《军人抚恤优待条例》已于2004年10月1日起施行,《军人新旧残疾等级套改办法》和新式伤残证件已下发各地,换证的培训工作也已完成。现决定,2004年12月1日至2005年6月30日,为伤残人员(含残疾军人、伤残人民警察、伤残国家机关工作人员、伤残民兵民工)换发新式证件。换证期间,新旧证件均有效。从2005年7月1日起,旧证停止使用。为做好换证工作,现将有关事项通知如下：

一、办证要求

核发新证时填写内容全部采用计算机打印。我部已编制了打印程序,各地可通过民政系统内部的网络访问部级服务器(http://xxzx.mca.gov/soft/yewu.htm)自行下载,并与现有的优抚安置数据库连接。寸丁印机可根据民政部推荐的型号自行购买。

编号按以下格式重新编制:编号共8位,前2位为汉字,第1位为各省简称(其中兵团为“兵”),第2位为伤残人员类别,残疾军人为“军”、伤残警察为“警”、伤残国家机关工作人员为“工”、伤残民兵民工为“民”、非行政编制伤残警察为“非”。后6位数按顺序编号(由补丁程序自动编号。编号开始使用后,切忌再使用补丁程序中的patch1120.exe文件,以后新增的伤残人员需人工编号)。

证件使用近期半身免冠二寸彩色照片,由批准机关统一加盖钢印,并在“批准机关”处加盖与钢印相同的印章(优抚专用章)。“部别或户籍地”栏,仍服现役的残疾军人按军队的规定填写,退役的残疾军人和其他残疾人员填写户籍地。

新证不再下发基层,由批准机关统一保管、办理。换发新证后内容发生变化,可将变更内容在变更栏内手工填写。其中伤残人员跨批准机关迁移(如军队到地方,跨省调动),以及伤残性质、伤残等级发生变化的,可在变更栏中填写有关变更内容,并由迁入地的批准机关加盖印章;伤残人员在批准机关辖区内迁移,由迁入地的县级民政部门在变更栏中填写新地址,并加盖民政局印章。已变更的内容需加盖“变更”二字印章。每页变更栏可同时记载多项变更内容,但只能使用一次,必须一次性填写。

今后一般不再统一进行换证,按照证件的有效期,随时办理。有效期为:发证时年龄在16至25周岁的,有效期10年;26至45周岁的,有效期20年;46周岁以上的,为长期;未满16周岁的,有效期5年。

二、数据核对

换证工作应与数据库残疾人员信息核对和更新工作相结合。通过补丁程序的自动转换,将本省数据库内残疾人员的等级设置由四等六级调整为一至十级;对于本年度新增残疾人员,录入本人档案信息后,在“填表日期”一栏统一填写为“2005 年 5 月 1 日”；对于本年度去世的残疾人员，进入该对象个人的档案信息资料后，在优抚对象状态栏的下拉菜单中点击“去世”；残疾等级调整的人员在“伤残等级”的下拉菜单中将调整前等级修改为调整后的新等级。从其他县（县级市、市辖区）迁入本县（县级市、市辖区）的残疾人员按新增人员对待；从本县（县级市、市辖区）迁入其他县（县级市、市辖区）的残疾人员按减员人员对待；对不属新增、减员的残疾人员，请根据实际情况对数据库档案信息内容进行修改调整。其他有关问题按照《关于进行 2003 年全国重点优抚对象数据更新工作的通知》（优安函〔2004〕1 号）执行。残疾人员以外的其他对象，档案信息不作调整，待明年按部里要求统一进行数据更新。

三、非行政编制伤残人民警察的证件办理

（一）此文下发后，铁路、交通、民航、林业等行业，以及各级公安部门直属单位中，虽授予警衔，但未列入行政编制的人民警察因战、因公负伤致残，报民政部门办理评残的，可按行政编制人民警察的报批程序办理，即由本人户籍所在地的县级民政部门逐级上报省级民政部门审批。对符合条件的，可办理与行政编制人民警察相同的伤残证件。所需评残和抚恤费用，按原渠道解决。

（二）此文下发前，对上述系统现有的伤残警察要求民政部门办理伤残证的，按以下办法办理：

1. 对按照民政部《关于对未列入行政编制人民警察伤亡抚恤待遇有关问题的通知》（民优函〔1994〕57 号），已经省级民政部门审核或批准的，可按伤残军人伤残等级的套改办法，直接套改新的等级，换发新证；未经省级民政部门审核或批准的，由民政部门按《伤残抚恤管理暂行办法》（民政部 1997 第 2 号令）的有关规定进行评残。符合条件的，按上述办法办理新证。

2. 按照有关规定，部分原为非行政单位，后整体改制为行政单位。对改制前在该单位负伤致残、后转为行政编制的人民警察，由民政部门按有关规定予以评残、抚恤。

在将非行政编制伤残警察的有关资料输入信息系统时，其中“优抚对象类别”项，选择“非行政编制伤残警察”（新增栏目）。

换发新证是一项严肃的政治工作，各地民政部门应加强领导，精心组织实施。遵循套改原则，严格套改程序，不搞迁就照顾，不得弄虚作假，保质保量按时完成任务。对借换证之机搞不正之风或违规办理的，一经发现，要严肃查处。换证工作结束后，各省、自治区、直辖市民政厅（局）要写出书面总结，于 2005 年 8 月 1 日前报送民政部。

民政部办公厅关于印发《民政部应对自然灾害工作规程》的通知

民办函〔2004〕138 号　2004 年 6 月 23 日

部机关各司（局）、直属单位，部管社团，中国老龄协会：

现将修订后的《民政部应对自然灾害工作规程》印发你们，请遵照执行。

民政部应对自然灾害工作规程

为确保自然灾害发生后的紧急救援工作高效、有序进行，最大限度地减少人民群众的生命和财产损失，保障受灾群众基本生活，维护灾区社会稳定，根据国务院2004年审定的《自然灾害救助应急预案》，按照灾害损失情境，将民政部应对自然灾害工作设定为四个响应等级，明确工作规程如下：

一、四级响应

(一)灾害损失情境

某一省(自治区、直辖市)行政区域内，一次灾害过程出现下列情境之一的：

(1)死亡30人以上，小于50人；

(2)紧急转移安置10万人以上，小于30万人；

(3)倒塌房屋1万间以上，小于10万间。

或发生5级以上破坏性地震，出现下列情况之一的：

(1)死亡20人以上，小于50人；

(2)紧急转移安置10万人以上，小于30万人；

(3)倒塌和严重损坏房屋1万间以上，小于10万间。

或发生事故灾难、公共卫生事件、社会安全事件等其他突发公共事件造成大量人员伤亡，需要紧急转移安置或生活救助的。

(二)启动程序

按照以下工作流程，启动四级响应(见流程图1)：

(三)响应措施

1.人员值班保障

响应等级确定后，向分管副部长、部长报告，救灾处、备灾处24小时待班。

2.慰问电的发布

当因灾死亡人口超过30人时，视情况以民政部名义向灾区发慰问电(救灾处负责联系协调并报救灾救济司领导批准)。

3.灾情信息管理

由备灾处处长负责，具体工作是：

(1)从灾害发生开始，每日15时前要求灾区省级民政部门上报灾情动态信息，必要时可越级与受灾地级或县级民政救灾部门联系，直到灾害稳定。

(2)接到灾害信息后，迅即编发《重要灾情》，报送民政部部长、副部长、党组成员，向发展改革委、财政部、农业部、教育部、卫生部、地震局、水利部和气象局等部门通报；会同办公厅，编发《民政信息专报》上报中办、国办。

(3)当因灾死亡人口超过20人时，灾情发生后48小时内编发《中国灾情信息》，报救灾救济司领导签发，分送民政部新闻办、民政部外事司和联合国开发计划署驻京办事处以及外国驻华使领馆等机构，并在民政部网站发布。

4.开展紧急救助

由救灾处处长负责，具体工作是：

(1)灾情发生后24小时内，派出由民政部司(局)级领导带队的全国抗灾救灾综合协调办公室现场救灾工作组赶赴灾区慰问灾民，核查灾情，了解救灾工作情况，了解灾区政府的救助能力和灾区需求，指导地方开展救灾工作。

(2)根据灾区省级政府或民政和财政部门申请，在灾情发生后48小时内制定中央救灾应急资金补助方案并商财政部，按照拨款程序及时下拨到灾区。

(3)灾情发生后48小时内协调备灾处制定并完成向灾区紧急调拨中央救灾储备物资工作，协调落实有关救灾物资的调配和临时购置工作。

(4)监督基层救灾应急措施的落实和救灾款物的规范使用。

(5)灾情稳定后，根据受灾省份报告，结合灾情评估报告，制定中央恢复重建资金补助方案并商财政部，按照拨款程序及时下拨到灾区。

5.灾情评估

由救灾处处长负责，具体工作是：

（1）会同备灾处及时组织有关专家和工作人员赴灾区进行现场灾情和需求评估，必要时向国务院报告情况。

（2）灾情稳定后，会同备灾处组织召开灾情评估会，通报相关部门。

6.综合协调

由救灾处处长负责，具体工作是：

（1）及时与救灾相关部门联系，沟通灾害信息。

（2）视情况以全国抗灾救灾综合协调办公室名义向灾区派出工作组，指导地方开展救灾。

（3）根据国务院指示或受灾省份请求，通过召开抗灾救灾综合协调会或发函形式，商有关部门落实对灾区的抗灾救灾支持。

（4）及时协调有关部门解决支援灾区的抗灾救灾工作事宜。

7.实时工作报告

由救灾处处长负责，会同备灾处完成。

灾情相对稳定和救灾工作开展后，向国务院报告灾情和救灾工作开展情况。

（四）响应的终止

灾情和救灾工作稳定后，由救灾处提出建议，救灾救济司领导确定四级响应终止，并报告分管副部长、部长。

二、三级响应

（一）灾害损失情境

某一省（自治区、直辖市）行政区域内，一次灾害过程出现下列情境之一的：

（1）死亡50人以上，小于100人；

（2）紧急转移安置30万人以上，小于80万人；

（3）倒塌房屋10万间以上，小于15万间。

或发生5级以上破坏性地震，出现下列情况之一的：

（1）死亡50人以上，小于100人；

（2）紧急转移安置30万人以上，小于80万人；

（3）倒塌和严重损坏房屋10万间以上，小于15万间。

或发生事故灾难、公共卫生事件、社会安全事件等其他突发公共事件造成大量人员伤亡，需要紧急转移安置或生活救助的。

（二）启动程序

按照以下工作流程，启动三级响应（见流程图2）：

（三）响应措施

1.人员值班保障

响应等级确定后，向部长报告，救灾救济司取消休假，实行24小时值班，部视频通信系统保证与灾区省份的畅通，以备急需。

2.慰问电的发布

当因灾死亡人口超过30人时，以民政部名义向灾区发慰问电；灾情发生24小时内，视情况向国务院提出发慰问电的建议（救灾处负责代拟建议稿，报送救灾救济司领导审核后，送部领导签发）。

3.灾情信息管理

由备灾处处长负责，具体工作是：

（1）从灾害发生开始，每4小时与灾区省级民政救灾部门联系一次，每日15时前要求灾区省级民政救灾部门上报灾情和救灾工作动态信息，必要时可越级与受灾地级或县级民政救灾部门联系，直到灾害稳定。

（2）接到灾害信息后，迅即编发《重要灾情》，报送民政部部长、副部长、党组成员，向发展改革委、财政部、农业部、教育部、卫生部、地震局、水利部和气象局等部门通报；会同办公厅，编发《民政信息专报》上报中办、国办。

（3）当因灾死亡人口超过20人时，灾情发生后48小时内编发《中国灾情信息》，报救灾救济司领导签发，分送民政部新闻办、民政部外事司和联合国开发计划署驻京办事处以及外国驻华使领馆等机构，并在民政部网站发布。

（4）会同救灾处和部新闻办不定期组织召开新闻发布会，对外通报灾情和救灾信息。

（5）组织有关部门和专家，分析、评估灾害损失情况，对灾害的发展进行预测。

4.开展紧急救助

由救灾处处长负责，具体工作是：

（1）灾情发生后24小时内，建议派出由部级领导带队的全国抗灾救灾综合协调办公室现场工作组赶赴灾区慰问灾民，核查灾情，了解救灾工作情况，了解灾区政府的救助能力和灾区需求，指导地方开展救灾工作。

(2)根据灾区省级政府或民政和财政部门申请，在灾情发生后48小时内制定中央救灾应急资金补助方案并商财政部，按照拨款程序及时下拨到灾区。

(3)灾情发生后48小时内协调备灾处制定并完成向灾区紧急调拨中央救灾储备物资工作，协调落实有关救灾物资的调配和临时购置工作。

(4)监督基层救灾应急措施的落实和救灾款物的规范使用。

(5)灾情稳定后，根据受灾省份报告，结合灾情评估报告，制定中央恢复重建资金补助方案并商财政部，按照拨款程序及时下拨到灾区。

5.灾情评估

由救灾处处长负责，具体工作是：

(1)会同备灾处及时组织有关专家和工作人员赴灾区进行现场灾情和需求评估，必要时向国务院报告情况。

(2)灾情稳定后，会同备灾处组织召开灾情评估会，通报相关部门。

6.综合协调

由救灾处处长负责，具体工作是：

(1)当涉及其他部门的灾害损失较大时，视情况由减灾委秘书长率有关部门赴灾区，现场指挥抗灾救灾工作，或协调有关部门组成全国抗灾救灾综合协调工作组赴灾区，指导地方开展救灾工作。

(2)及时与救灾相关部门联系，沟通灾害信息。

(3)根据国务院指示或受灾省份请求，通过召开抗灾救灾综合协调会或发函形式，商有关部门落实对灾区的抗灾救灾支持。

(4)组织有关部门共同听取有关省(自治区、直辖市)的情况汇报。

(5)及时落实国务院有关抗灾救灾协调工作。

7.开展救灾捐赠

由社会捐助处处长负责，具体工作是：

(1)每2日向社会公布灾情和灾区需求情况。

(2)公布接受捐赠单位和账号，主动接受社会各界的救灾捐赠。

(3)必要时设立救灾捐赠热线电话，受理捐赠事宜。

(4)及时下拨捐赠款物，对全国救灾捐赠款物进行调剂。

(5)定期对救灾捐赠的接收和使用情况进行公告。

8.实时工作报告

由救灾处处长负责，会同备灾处完成：

(1)灾情发生后24小时内向国务院报告灾情，48小时内报告救灾工作开展的基本情况。

(2)按照国务院要求，定期向国务院报告救灾工作的开展情况。

(3)救灾工作结束后，向国务院报告灾害总体情况和救灾工作开展情况。

(四)响应的终止

灾情和救灾工作稳定后，由救灾救济司建议，分管副部长确定三级响应终止，报告部长。

三、二级响应

(一)灾害损失情境

某一省(自治区、直辖市)行政区域内，一次灾害过程出现下列情境之一的：

(1)死亡100人以上，小于200人；

(2)紧急转移安置80万人以上，小于100万人；

(3)倒塌房屋15万间以上，小于20万间。

或发生5级以上破坏性地震，出现下列情况之一的：

(1)死亡100人以上，小于200人；

(2)紧急转移安置80万人以上，小于100万人；

(3)倒塌和严重损坏房屋15万间以上，小于20万间。

或发生事故灾难、公共卫生事件、社会安全事件等其他突发公共事件造成大量人员伤亡，需要紧急转移安置或生活救助的。

(二)启动程序

按照以下工作流程，启动二级响应(见流程图3)：

(三)响应措施

1.人员值班保障

响应等级确定后，民政部有关司(局)取消休假和一般性出差，实行联合办公。民政部成立救灾应急指挥部，统一组织抗灾救灾工作。民政部视频通信系统保证与灾区省份24小时在线，专人值守。

2.慰问电的发布

灾情发生24小时内，以民政部名义向灾区发慰问电，并向国务院提出发慰问电的建议，由紧急救援（综合）组负责。

3. 灾情信息管理

由灾害信息组负责，具体工作是：

（1）从灾害发生开始，每2小时与灾区省级民政救灾部门联系一次，要求灾区省级民政救灾部门每日15时前上报灾情和救灾工作动态信息，必要时可越级与受灾地级或县级民政救灾部门联系，直到灾害稳定。

（2）接到灾害信息后，迅即编发《重要灾情》，报送民政部部长、副部长、党组成员；向发展改革委、财政部、农业部、教育部、卫生部、地震局、水利部和气象局等部门通报；会同办公厅，编发《民政信息专报》上报中办、国办。

（3）当因灾死亡人口超过20人时，灾情发生后48小时内编发《中国灾情信息》，报救灾救济司领导签发，分送民政部新闻办、民政部外事司和联合国开发计划署驻京办事处以及外国驻华使领馆等机构，并在民政部网站发布。

（4）会同救灾处和新闻办不定期组织召开新闻发布会，对外通报灾情和救灾信息。

（5）组织有关部门和专家，分析、评估灾害损失情况，对灾害的发展进行预测。

4. 开展紧急救助

由紧急救援（综合）组负责，具体工作是：

（1）组织协调向灾区派出救灾应急工作组（或救援队），协助灾区政府做好灾害抢险救援工作。

（2）根据灾区省级政府或民政和财政部门申请，在灾情发生后48小时内制定中央救灾应急资金补助方案并商财政部，按照拨款程序及时下拨到灾区。

（3）灾情发生后48小时内协调备灾处制定并完成向灾区紧急调拨中央救灾储备物资工作，协调落实有关救灾物资的调配和临时购置工作。

（4）监督基层救灾应急措施的落实和救灾款物的规范使用。

（5）灾情稳定后，根据受灾省份报告，结合灾情评估报告，制定中央恢复重建资金补助方案并商财政部，按照拨款程序及时下拨到灾区。

（6）及时落实国务院关于紧急救助方面的指示。

5. 灾情评估

由灾害信息组负责，具体工作是：

（1）及时组织有关专家赴灾区进行现场灾情和需求评估，向国务院报告评估结果，向有关部门通报评估情况。

（2）灾情稳定后，组织召开灾情评估会，通报相关部门。

6. 综合协调

由紧急救援（综合）组负责，具体工作是：

（1）灾情发生后24小时内，派出由民政部部级领导带队的抗灾救灾工作组赶赴灾区慰问灾民，核查灾情，了解救灾工作情况，了解灾区政府的救助能力和灾区需求，指导地方开展救灾工作。

（2）视情况建议国务院派出由国务院领导带队的全国抗灾救灾综合协调工作组或慰问团或由减灾委副主任率国务院有关部门赴灾区，现场指挥抗灾救灾工作。

（3）及时与国务院救灾相关部门联系，沟通灾害信息。

（4）根据国务院指示或受灾省份请求，通过召开抗灾救灾综合协调会，商国务院有关部门落实对灾区的抗灾救灾支持。

（5）组织国务院有关部门共同听取有关省（自治区、直辖市）的情况汇报。

（6）及时落实国务院有关抗灾救灾协调工作。

7. 开展救灾捐赠

由救灾捐赠组负责，具体工作是：

（1）向社会发布接受救灾捐赠的公告，组织开展跨省（自治区、直辖市）或全国性救灾捐赠活动。

（2）报国务院批准，向国际社会发出救灾援助呼吁。

（3）公布接受捐赠单位和账号，设立救灾捐赠热线电话，主动接受社会各界的救灾捐赠。

（4）每日向社会公布灾情和灾区需求情况。

（5）及时下拨捐赠款物，对全国救灾捐赠款物进行调剂。

（6）定期对救灾捐赠的接收和使用情况向社会公告。

8. 实时工作报告

由紧急救援（综合）组负责落实，具体工作是：

（1）灾情发生后24小时内向国务院报告灾情，48小时内报告救灾工作开展的基本情况。

（2）按照国务院要求，及时、定期向国务院报告救灾工作的开展情况。

（3）救灾工作结束后，向国务院报告灾害总体情况和救灾工作开展情况。

9. 新闻报道

由宣传报道组负责，具体工作是：

（1）与国内各大新闻媒体联系，进行灾情发布和救灾工作的宣传，对救灾相关报道进行审核。

（2）救灾捐赠宣传。

（3）有关防灾、抗灾、救灾的知识和灾后卫生防疫常识宣传。

10. 后勤保障

由后勤保障组负责，具体工作是：

（1）保障公文运转高效畅通。

（2）保障救灾工作用车、通讯畅通，以及救灾工作人员值班时的餐饮等服务工作。

（3）其他后勤保障工作。

（四）响应的终止

灾情和救灾工作稳定后，由救灾救济司建议，分管副部长审核，部长确定二级响应终止。

五、一级响应

（一）灾害损失情境

某一省（自治区、直辖市）行政区域内，一次灾害过程出现下列情境之一的：

（1）死亡 200 人以上；

（2）紧急转移安置 100 万人以上；

（3）倒塌房屋 20 万间以上。

或发生 5 级以上破坏性地震，出现下列情况之一的：

（1）死亡 200 人以上；

（2）紧急转移安置 100 万人以上；

（3）倒塌和严重损坏房屋 20 万间以上。

或发生事故灾难、公共卫生事件、社会安全事件等其他突发公共事件造成大量人员伤亡，需要紧急转移安置或生活救助的。

（二）启动程序

按照以下工作流程，启动一级响应（见流程图 4）：

（三）响应措施

1. 响应等级确定后，立即向国务院报告，建议国务院启动自然灾害救助应急预案。民政部成立救灾应急指挥部，统一组织抗灾救灾工作，民政部全员参加灾害救助工作。民政部视频通信系统保证与灾区省份 24 小时在线，专人值守。

2. 灾情发生 24 小时内，以民政部名义向灾区发慰问电，并向党中央、国务院提出发慰问电的建议。

3. 灾情发生后 24 小时内，派出由民政部部级领导带队的抗灾救灾联合工作组赶赴灾区慰问灾民，核查灾情，了解救灾工作情况，了解灾区政府的救助能力和灾区需求，指导地方开展救灾工作。建议国务院派出由国务院领导带队的全国抗灾救灾综合协调工作组或慰问团。

4. 灾害发生后 24 小时内商财政部下拨中央救灾应急资金，协调铁路、交通、民航等部门紧急调运救灾物资。

5. 建议减灾委主任或副主任率有关部门赴灾区，现场指挥抗灾救灾工作。

6. 建议由减灾委主任主持会商，减灾委成员单位参加，对灾区抗灾救灾的重大事项作出决定。

7. 及时收集、评估、报告灾情信息，每日向减灾委主任报告一次灾情和救灾工作动态信息，重大情况随时报告。

8. 每日 14 时前汇总减灾委成员单位提供的灾害信息，向国务院报告。

9. 组织开展跨省（自治区、直辖市）或者全国性救灾捐赠活动，统一接收、管理、分配国内、国际救灾捐赠款物。

10. 建议以减灾委名义对外通报灾情，呼吁国际救灾援助。

11. 协调发展改革、财政、金融等部门，确保抗灾救灾资金及时到位，协调气象、地震、海洋、水利、国土资源等部门负责灾害的监测、预报，协调发展改革、商务、粮食等部门协助做好灾区粮食、食品等救灾物资的筹措工作，协调铁路、民航、交通等部门负责抗灾救灾人员交通和物资运输，协调卫生部门负责灾区的防疫治病，协调解放军、武警部队等武装力量做好抢险救灾，协调信息产业部门提供通讯保障，协调外交、商务等部门协助做好对外通报信息和国际救灾援助工作，协调公安部门负责灾区社会治安，协调红十字会协助开展灾区医疗和生活救助工作。

12. 及时协调落实党中央、国务院关于抗灾救灾的指示。

（四）响应的终止

灾情和救灾工作稳定后，由救灾救济司建议，分管副部长审核，部长确定一级响应终止。

六、工作规程的修订和完善

本工作规程由救灾救济司根据实际工作开展和人员变动情况每年进行修订并报分管救灾工作的副部长审定，由部办公厅发布。

附件：民政部救灾应急指挥部职责、人员组成和联系电话（略）

民政部关于印发《春荒、冬令灾民生活救助工作规程》、《灾害应急救助工作规程》、《灾区民房恢复重建管理工作规程》的通知

民函〔2004〕282号　2004年11月8日

各省、自治区、直辖市民政厅（局），计划单列市民政局，新疆生产建设兵团民政局：

为进一步规范救灾工作，提高救灾工作水平，现将《春荒、冬令灾民生活救助工作规程》、《灾害应急救助工作规程》、《灾区民房恢复重建管理工作规程》印发给你们，请遵照执行。

附件：1.《春荒、冬令灾民生活救助工作规程》

2.《灾害应急救助工作规程》

3.《灾区民房恢复重建管理工作规程》

春荒、冬令灾民生活救助工作规程

春荒、冬令灾民生活救助的重点是解决因灾造成群众的吃饭、穿衣等方面的生活困难。春荒救助时段为每年的3月至5月，一季作物区为每年的3月至7月；冬令救助时段为每年的12月至下一年度的2月，大灾之年可根据情况适当延长救助时段。为规范春荒和冬令受灾群众的生活救助工作，特制定本规程。

一、调查

春荒和冬令救助工作实施前，各级民政部门应组织专门力量深入基层全面开展荒情调查。调查的主要内容包括：灾民和特困户的家庭基本情况、当年或上年灾害损失情况、灾民自救能力、春夏荒或冬令期间口粮、衣被、住房、治病等方面的困难情况及各级政府实施救助的工作情况等。县（市、区）、乡（镇）民政部门要会同其他部门逐村逐户调查、摸底，建立《需救济人口台帐》和调查档案。民政部和省级、地（市）级民政部门要会同其他有关部门组织力量抽样调查。

二、需救助情况的上报

县级民政部门：

春荒：根据调查，每年1月10日前填报《自然灾害情况统计表（春荒、冬令灾民生活救济

情况)》,并上报地(市)级民政部门。

冬令:根据调查,每年10月10日前填报《自然灾害情况统计表(春荒、冬令灾民生活救济情况)》,并上报地(市)级民政部门。

地级民政部门:

地(市)级民政部门在接到县级民政部门的春荒、冬令报表后,在5个工作日内汇总本行政区域内的数据,报省级民政部门。

省级民政部门:

省级民政部门在接到地级民政部门的报表后,在5个工作日内汇总本行政区域内的数据,分别于1月20日(冬令)和10月20日(春荒)前将《自然灾害情况统计表(春荒、冬令灾民生活救济情况)》(含分市、分县数据)上报民政部。

民政部:

在接到省级民政部门上报的统计报表后,在5个工作日内汇总数据。民政部掌握到分县的需救助人口数量。

三、核查、评估分析和救助计划的制定

县级民政部门:

根据调查摸底情况,制定本行政区域内的灾民生活救助计划,于每年10月15日(冬令)前和1月15日(春荒)前报地级民政部门备案。

地级民政部门:

1.根据县级民政部门上报的灾情和县级调查的灾民需救助情况进行核查。

2.会同财政、农业、水利、气象、统计等部门,对灾情和灾民需救助情况进行会商和评估。

3.根据统计、核查、评估的结果和县级灾民生活救助计划,制定地级灾民生活救助计划,连同灾情和灾民需救助情况的核查会商评估报告,于10月20日(冬令)和1月20日(春荒)前报省级民政部门备案。

省级民政部门:

1.对地级民政部门上报的灾情和全省灾民需救助情况进行核查。

2.会同财政、农业、水利、气象、统计等部门,对灾情和灾民需救助情况进行会商和评估。

3.根据统计上报、核查、评估的结果和地级灾民救助计划,制定省级灾民生活救助计划,连同灾情和灾民需救助情况的核查会商评估报告,于10月25日(冬令)和1月25日(春荒)前报民政部门备案。

县级、地(市)级、省级灾民生活救助计划的主要内容包括:

①本行政区域内的农业人口、财政收入、当年(春荒为上一年)自然灾害等情况;

②灾民需生活救助情况及分析;

③计划通过组织和引导群众开展生产自救、互助互济、社会捐助、开仓借粮及采取其他措施分别可解决多少灾民的生活问题;

④本级地方财政投入及可解决的问题;

⑤存在的资金缺口及对上一级政府的补助请求。

民政部:

1.对省级民政部门上报的灾情和全国需救助情况进行核查。

2.会同财政、农业、水利、气象、统计等部门,对灾情和灾民需救助情况进行会商和评估。

3.根据统计上报、核查、评估的结果和省级灾民救助计划,制定全国灾民生活救助计划,于11月5日(冬令)和2月5日(春荒)前报部领导审批。

民政部制定的全国灾民生活救助计划的主要内容包括:

①当年(春荒为上一年)自然灾害及区域分布情况;

②全国灾民需救助情况及需救助的重点区域分析;

③地方各级通过开展生产自救、互助互济、社会捐助、开仓借粮等措施解决部分灾民生活问题的分析;

④地方各级财政投入解决部分灾民生活问题的分析;

⑤需中央政府投入的资金总量。

四、救灾资金的申请、办理、拨付

(一)救灾资金的申请

县级、地级民政部门:

县级、地级民政部门对本行政区域内的春荒、冬令灾民需救助情况进行统计、评估后,如完成灾民救助任务确有困难的,可向上级政府或上级民政部门申请灾民生活救济补助资金。

省级民政部门:

省级民政部门对本行政区

域内的春荒、冬令灾民需政府救助情况进行统计、评估后，如完成灾民救助任务确有困难的，可向国务院申请灾民生活救济补助资金。省级政府春荒请款报告在每年1月底向国务院报告，冬令请款报告在每年10月底之前向国务院报告。

灾民生活救济补助资金申请报告必须包括以下内容：农作物受灾情况、需口粮救济人口数量、需救济粮数量，需衣被救济人口数量、需治病救济人口数量，地方各级政府计划安排的救济资金数量。

（二）救灾资金的办理

民政部：

民政部接到省级政府的春荒、冬令灾民生活救济补助资金申请报告后，根据全国灾情评估结果和全国春荒、冬令救助计划，按照中央救灾资金的补助标准，结合各地自然灾害情况、财力状况和救灾工作开展情况等因素综合分析测算，制定救灾资金分配方案于11月10日（冬令）和2月10日（春荒）前商财政部办理。

（三）救灾资金的拨付和使用

民政部：

在与财政部确定拨款方案后3个工作日内，由财政部、民政部联合发文将中央救灾资金下达有关省（市、自治区）财政部门和民政部门，同时报国务院办公厅，抄送国家审计署、省（市、自治区）人民政府办公厅和财政部驻该省（市、自治区）财政监察专员办事处。春荒救济资金在2月中旬前下拨，冬令救济资金在11月中旬以前下拨。

省级和地级民政部门：

接上一级财政和民政部门的拨款文件后，由民政部门提出分配方案，商同级财政部门确定后，由财政部门和民政部门联合下文拨付，同时将拨款文件报上一级财政和民政部门备案。春荒、冬令灾民生活救济资金须在30日内下达到县级。

县级民政部门：

接到上级财政和民政部门的拨款文件后，由民政部门提出拨款计划，并在15日内落实到灾民手中。

在中央救灾资金下拨到位之前，省、地、县级要先安排本级财政资金，解决灾区群众春荒冬令期间的生活困难。

五、救助工作的组织实施

县级民政部门：

1.根据上级下拨的实际救灾资金补助数量和本级配套资金情况等因素，在15个工作日内，对原灾民救助计划进行修改，确定实际的政府救助对象和救助款物。其程序是：由灾民所在行政村召开村民大会或村民代表会议进行民主评议；由村民委员会根据评议的结果报乡镇（街道办事处）审核，再报县级民政局审批、备案；经过救助对象所在村或村民小组进行公示；最后形成灾民救助方案。

2.将确定的政府救助对象的救助情况制成《灾民救助花名册》电子文本（见附表），连同灾民救助方案报上一级民政部门备案。

《灾民救助花名册》是在对《需救济人口台帐》上的救助对象的排查基础上建立的，是对需政府救助对象实施救助的主要依据。《灾民救助花名册》以户为单位建档，其主要包括：户主姓名、身份证号、需救济情况（人数、时段、总量）、救济款物发放情况。《灾民救助花名册》由县级以上民政部门根据当地实际情况统一印制，填报时一式两份，由乡镇和县级民政部门存档。县级民政部门负责将《灾民救助花名册》制成EXCEL电子表格，报上一级民政部门直至民政部，以备监督检查。

3.县级或乡级民政部门根据《灾民救助花名册》，以户为单位向政府救助对象发放《灾民救助卡》。

《灾民救助卡》是针对在特定的救助时段内，对需政府救助的灾民实施生活救助时向救助对象发放的凭证。其主要内容应包括：户主姓名、身份证号、需救济情况（人数、时段、总量）、实际救济款物的发放情况等。《灾民救助卡》由县级以上民政部门根据各地实际情况统一印制，由县级民政部门盖章后发放到户。

4.县级或乡级民政部门根据《灾民救助花名册》和救助时段向救助对象发放救灾款物。灾民生活救助实行实物救济时，要对采购的物资统一标识，以便监督检查。救助对象持《灾民救助卡》领取救灾款物。救助对象在领取救灾款物时，需在《灾民救助花名册》上签字捺印，民政部门需在救助对象持有的《灾民救助卡》上盖章。

省级和地级民政部门：

根据下级上报的《灾民救助花名册》（电子文本）和灾民救助实施方案，分别在10个工作日内进行汇总，形成本级灾民实际救助方案，连同本级《灾民救助花名册》电子文本报上一级民政部门备案，上报民政部的数据和情况要具体到县（市、区）。

六、监督、检查

民政部：

1.中央的救灾资金分配方案确定后向媒体公布。

2.汇总分县的全国救灾资金分配情况。

3.春荒灾民生活救济资金下拨25天后，冬令灾民生活救济资金下拨20天后，民政部会同财政部开始每隔7天向社会公布各地中央救灾资金的下拨进度，直至县级民政部门全部下拨。

4.会同财政部对各地中央救灾资金管理使用情况进行监督检查。对不及时下拨中央救灾资金的省份进行通报批评，并可酌情在下次中央下拨救灾补助资金时减少补助数额。

省、地、县级民政部门：

1.地方各级救灾资金下拨分配方案确定后都要向社会公布。省、地级民政部门配合民政部和财政部在本行政区域内会同财政部门对救灾资金的下拨进度每隔7天向社会通报一次，直至资金全部下拨。

2.地方各级民政部门根据县级民政部门上报的《灾民救助花名册》，对救助对象采取抽样调查的方式监督检查救济款物分配、落实情况。同时接受社会、新闻媒体及专家暗访等方式进行监督，并向社会公布监督检查结果。

七、效果评估

在灾民救助时段内或救助时段结束后，各级民政部门组织力量采取随机抽样调查等方式，对各地的灾民生活实际救助效果进行评估；对发现的困难和问题及时协调解决，对本级政府无力解决的困难及时报上一级政府；对各地一些好的做法和经验进行总结。各地评估结果报上一级民政部门，省级民政部门负责汇总本行政区域内的评估情况报民政部。

实行省管县的省份，县级的统计数据、计划、方案等情况上报时，可直接报至省级，同时报地级民政部门备案；省级向县级下拨资金时，同时通报地级民政部门。

本规程自发布之日起执行，由民政部负责解释。

灾害应急救助工作规程

灾害应急救助是指从突发性自然灾害发生到灾情基本稳定期间，各级民政部门紧急转移安置灾民和对灾民实施紧急救助的相关工作。为进一步规范灾害应急救助工作，特制定本工作规程：

一、灾情管理

发生突发性灾害后，各级民政部门要根据工作职责，及时收集和掌握灾情，逐级或越级上报灾情，为开展灾害应急救助工作提供依据。

（一）县级民政部门：应按规定在第一时间了解掌握灾情，及时填写《自然灾害情况统计快报表》，向地（市）级民政部门报告。

因灾造成死亡人口（含失踪人口）在10人以上（含10人）、其他方面造成严重损失或灾情发生重大变化时，可同时上报省级民政部门和民政部。

（二）地（市）级民政部门：在接到县级民政部门灾情报告后的2小时内，完成灾情数据的审核、汇总工作，将本区域汇总数据（含分县数据）向省级民政部门报告。

（三）省级民政部门：在接到地（市）级民政部门灾情报告后的2小时内，完成灾情数据的审核、汇总工作，将本区域汇总数据（含分市、分县数据）向民政部报告。

当出现重大灾害或民政部

启动应急响应时，省、地（市）、县三级民政部门均需执行24小时零报告制度。灾区省级民政部门应于每日15时前上报前24小时的灾情和救灾工作情况。当民政部进入三级响应时，灾区省级民政部门每4小时需要向民政部报告最新灾情；当民政部进入二级和一级响应时，灾区省级民政部门每2小时需要向民政部上报最新灾情。

（四）民政部：在接到省级民政部门灾情报告的2小时内，完成灾情数据的审核、汇总工作，编发《重要灾情》，向国务院报告并送有关部门。必要时编发《中国灾情信息》，向国际社会通报情况。

二、灾害应急响应

突发性灾害发生后，各级民政部门根据灾害发展态势和程序，及时启动本级灾害救助应急预案，采取应急救助措施，确保24小时内各项救灾措施落实到位。

（一）县级民政部门

1. 根据灾情，及时启动灾害救助应急预案。

2. 及时转移安置受灾群众，保障灾民生命安全。

3. 确保灾民基本生活：

(1)通过投亲靠友、借住公房和调运及搭建帐篷（包括简易棚）等方式确保被转移群众有临时住所；(2)为灾民提供方便食品、粮食等，保证灾民有饭吃；(3)为缺少衣被的灾民提供衣被，保障灾民的取暖；(4)保证灾民有干净的饮用水；(5)保证有伤病的灾民得到及时的医疗救治。

4. 向地（市）级民政部门报告救灾工作开展情况，并提出救灾需求：在24小时内，县级民政部门需要报告灾害基本情况（受灾区域、受灾人员、死亡人员、失踪人员、伤病人员、需要转移安置人员等）、救灾工作开展情况（紧急转移安置人员、应急资金拨付情况、救灾物资调运和发放情况等），以及请求上级支持的意见（救灾应急资金、物资等）。

5. 救灾应急资金的使用和报告：县级应在5日内将上级拨付的救灾应急资金落实到灾民手中，并在10日内以文件形式向地（市）级民政部门报告救灾应急资金的使用情况。

（二）地（市）级民政部门

1. 根据灾情，及时启动本级灾害应急救助预案，并督促和检查县级灾害应急救助预案的实施。

2. 及时向灾区派出救灾工作组，了解灾情和指导县级民政部门救灾工作的开展。

3. 根据灾情和救灾需要，及时向灾区拨付本级救灾应急资金和物资，指导县级民政部门妥善安置灾民，确保灾民基本生活。

4. 及时向省级民政部门报告救灾工作开展情况，并提出救灾需求：在48小时内，地（市）级民政部门汇总并报告本区域的灾害情况（受灾区域、受灾人员、死亡人员、失踪人员、伤病人员、需要转移安置人员等）、救灾工作开展情况（紧急转移安置人员、救灾应急资金拨付情况、救灾物资调运和发放情况等），以及提出上级支持的请求（救灾应急资金、物资等）。

5. 应急救灾资金的使用和报告：地（市）级民政部门应会同财政部门，在5日内将上级已经拨付的救灾应急资金拨付到县级，并在10日内以文件形式向省级民政部门报告应急救灾资金的分配使用情况。

（三）省级民政部门

1. 根据灾情，及时启动本级灾害应急救助预案，并督促和检查地（市）级灾害应急救助预案的实施。

2. 根据灾情，及时向灾区派出救灾工作组，了解灾情和指导地（市）民政部门开展救灾工作。

3. 根据灾情和救灾工作需要，及时向灾区拨付本级救灾应急资金和物资，妥善安置灾民，确保灾民基本生活。

4. 灾情严重，地方政府救灾投入难以解决灾区困难时，省级民政部门、财政部门可申请救灾应急资金。申请报告的内容应包括灾害发生背景、灾区损失情况、紧急转移安置灾民数量，以及申请救灾应急资金的理由和数量。

5. 救灾应急资金的拨付和使用情况的报告：接到财政部、民政部拨款文件后，由省级民政部门制定拨款方案，商同级财政部门确定后，由民政部门和财政部门联合下文拨付。救灾应急资金应在5日内从省级下达到地级（实行省直管县财政体制的地方，应在10日内将救灾应急资金从省级下达到县级)。省级民政部门要在文件下达后及时向民政部报告,并在中央救灾应急资金下拨15日后报告分县资金下拨和使用情况。

(四)民政部

1.救灾应急工作:参照《民政部应对自然灾害工作规程》开展救灾应急工作,并及时将救灾应急响应情况通报灾区的省级民政部门。

2.救灾应急资金的拨付:根据国务院指示或省级民政和财政部门救灾应急资金申请,民政部提出救灾应急资金补助方案商财政部,两部在3天内完成拨付。

3.及时调拨救灾物资。根据省级民政部门的申请,及时拟定救灾物资调拨方案,组织物资及时调拨至灾区一线。

三、救灾工作的监督和管理

(一)民政部

1.督促和检查省级救灾预案的实施情况。

2.督促和检查各项救灾措施的落实:(1)地方政府通过投亲靠友、借住公房和调运及搭建帐篷(包括简易棚)等方式紧急转移安置受灾群众,保障被转移群众有临时住所的情况;(2)地方政府动用本级救灾预备金,保障转移群众基本生活的情况。

3.督促和检查救灾款物的使用,主要内容是:(1)监督救灾应急资金的使用方向:救灾应急资金主要用于紧急抢救、转移灾民;(2)监督救灾款物的发放和使用:遵循专款专用、重点使用的原则,防止平均分配,防止截留、挪用和有偿使用;(3)监督和评估救灾款物的使用效果:听取灾民的意见,查看救灾的效果,评估灾民的满意程度和社会的反映等。

4.救灾应急资金的管理:民政部在救灾应急资金下达15日(以文件下达日期为准)后,通报各级分配和使用救灾应急资金情况。

5.民政部会同财政部随时对各地中央救灾款物管理使用情况进行监督检查。对不及时下拨和违规使用中央救灾款物的省份,再次拨付特大自然灾害救济补助费时,民政部、财政部将按上次滞拨或违规资金数量等量扣减,并予以通报批评。

(二)省级民政部门

1.督促和检查地(市)级救灾预案的实施情况。

2.督促和检查地、县级各项救灾措施的落实。

3.督促地(市)级民政部门在10日内将救灾应急款物下达到县级,并进行通报。

(三)地(市)级民政部门

1.督促和检查县级救灾预案的实施情况。

2.督促和检查县级落实各项救灾措施的情况。

3.督促县级民政部门在5日内将救灾应急款物发放到灾民手中,并进行通报。

(四)县级民政部门

1.督促和规范救灾款物的发放。督促和检查乡镇、村基层及时发放救灾款物到户情况;检查基层在救灾款物发放时坚持民主评议、登记造册、张榜公布、公开发放程序的情况;要求公开救助对象、公开救助标准、公开救助时段、公开救助数量等,自觉接受社会监督。对灾民领取救灾款物实行专账管理,领取款物的灾民要签字捺印。在特殊情况下,如不能在发放前公示,事后也要及时予以公示。

2.县级民政部门要将每笔救灾应急款物的发放时间、去向用途、使用效果等情况登记、建档,以备查核;乡镇和县级民政部门要建立救灾资金发放台账;县级民政部门必要时可聘请救灾工作监督员,监督救灾资金的发放。

实行省管县的省份,县级相关情况可直接上报省级,同时报地级民政部门备案;省级向县级下达工作计划和资金时,应通报地级民政部门。

本规程自发布之日起执行,由民政部负责解释。

灾区民房恢复重建管理工作规程

灾区民房恢复重建是指因自然灾害造成灾区群众住房倒塌或严重损坏需要重新建设和修缮的过程。为规范灾区民房恢复重建工作，保障受灾群众基本生活，制定灾区民房恢复重建管理工作规程。

一、倒损房屋情况的统计、核定

突发性自然灾害灾情稳定后，各级民政部门立即组织力量，全面开展倒损房屋的统计、核定工作。

县级民政部门：一次灾害过程结束后，立即组织人员对本区域因灾倒损房屋情况逐村逐户进行调查、登记；在15日内完成核定工作，并建立因灾倒房和恢复重建台帐（附表1）；填写分乡镇的汇总统计表（附表2），并将分乡镇的汇总表上报地级民政部门。

地级民政部门：接到县级民政部门报表后7日内，组织专门人员对重灾县进行抽查，并根据抽查分析结果填写分县的汇总统计表（附表2），上报省级民政部门。

省级民政部门：接到地级民政部门的报表后7日内，对重灾地（市）进行抽查、核实；根据抽查、核实情况填写汇总统计表（附表2），将全省汇总数据（含分市、分县数据）向民政部报告；并以政府名义上报灾区民房恢复重建资金请示。

民政部：根据省级核定的倒损房屋汇总情况，组织有关专家和工作人员赴灾区进行现场评估。

二、组织实施

灾区灾民住房倒损情况核定后，各级民政部门即制定灾区民房恢复重建工作意见或方案，报同级政府批准后，按照意见或方案组织实施灾区民房恢复重建工作。

民政部：收到受灾省的重建资金申请报告后，根据倒损房情况评估结果，按照中央恢复重建资金的补助标准，提出补助方案商财政部下拨重建资金；实施灾区民房恢复重建项目管理，指导地方开展灾区民房恢复重建；协调有关部门落实相关专项资金和出台灾区民房恢复重建优惠政策。

省级民政部门：按照省级政府批准的灾区民房恢复重建工作实施意见或省级政府的安排部署，商同级财政部门落实本级灾区民房恢复重建资金；及时下拨中央灾区民房恢复重建资金；对灾区民房恢复重建实施项目管理，指导本省灾区开展灾区民房恢复重建；协调有关部门落实资金和政策；收集、整理地（市）、县级灾区民房恢复重建规划、方案、工作措施及进展情况，汇总到市、到县灾区民房恢复重建情况（附表3），按期上报民政部。

地级民政部门：按照地级政府批准的灾区民房恢复重建工作实施意见或地级政府的安排部署，商同级财政部门落实本级灾区民房恢复重建资金；及时拨付上级下达的灾区民房恢复重建资金；指导和督促县级开展灾区民房恢复重建工作；督促重建资金和重建优惠政策的落实；全面收集县级灾区民房恢复重建方案及灾区民房恢复重建进度（附表4）情况，汇总、统计到县、到乡镇灾区民房恢复重建情况（附表3），并将情况和报表及时上报省级民政部门。

县级民政部门及有关部门：灾区民房恢复重建的主要责任在县级，实行县、乡两级政府行政首长负责制。

1. 明确组织领导。县级政府成立灾区民房重建领导工作机构，由民政、财政、计划发展改革、建设、国土、水利、扶贫移民、林业、内贸、工商、税务、纪检、监察审计等有关部门组成。民政部门负责牵头协调灾区民房恢复重建工作，并确定专人负责恢复重建项目的汇总、编制、上报、审批、协调和管理工作。乡、村两级确定专人负责重建项目的实施。

2. 确定重建对象。需政府

帮助开展恢复重建的重点对象应为：因灾造成的无自救能力的全倒户、特困户、五保户和优抚对象。确定原则：本人申请、群众评议、张榜公布、严格审批。确定程序：分散建房的由本人申请、村委申报、乡镇政府审核、县级民政部门审批（附表5）；集中建房的由村委会申请、乡镇审核申报、县级民政部门审批（附表6）、地级、省级民政部门备案。分散建房和集中建房审批结果均要在村级张榜公布。

3. 规划、选址。县级政府灾区民房恢复重建领导机构牵头协调建设、国土部门搞好重建选址、规划。重建规划的原则：以分散建房为主，集中建房必须先规划后建设；科学选址，不得在行蓄洪区、低洼地带、地质灾害多发地、风灾入口处等易灾地带重建住房，重建规划必须利于今后防灾减灾；合理设计，充分考虑当地住房整体水平和群众承受能力。开展集中连片建房的地方，恢复重建的住房要设置永久性统一标识。

4. 制定恢复重建补助标准。恢复重建的标准，由县级政府灾区民房恢复重建领导机构结合本地实际制定，既不宜太高，也不宜太低，集中建房和分散建房应基本一致。具体到户补助标准应按建房对象分类制定，建房对象一般分为四种类型：即房屋全倒塌户、部分房屋倒塌户、严重危房户和房屋损坏严重必须修复的户。实行民主评议和张榜公布的办法，确定建房对象的补助标准。补助标准的确定要突出重点，不得平均分配。建房对象和补助标准确定后，由县级民政部门向确认的建房对象发放统一格式的恢复重建补助证。灾民根据恢复重建的工程进度，凭补助证领取政府补助资金或实物，每次领取情况登记在补助证上。

5. 根据实际需要确定和落实灾区民房恢复重建资金。

6. 制定优惠政策。对灾区民房恢复重建，地方政府要出台文件，制定专项优惠政策，减免相关税费。目前，灾民建房涉及的相关税费包括：耕地占用税、土地划拨费、土地管理费、宅基地使用费、农业重点开发建设资金、建筑企业的建安营业税、建筑管理费、基础设施配套费、工商税、特产税、村镇规划选址意见书工本费、村镇工程建设许可证工本费、土地使用证费、育林基金、木材砍伐审批手续费等。凡灾民建房涉及到的收费项目，各有关部门能减则减，能免则免，尽量做到少收费、零收费。

7. 组织实施。（1）对经审批的建房对象在乡镇、村所在地张榜公布或通过媒体公布。公示的主要内容应包括：补助资金数量，建房对象（户主）名单、政策优惠、建房补助标准和补助数量，恢复重建工作进度及责任人等。（2）将补助资金指标总额一次性落实到户，分期拨付。（3）督导乡镇、村、户的恢复重建工作。（4）全面实施恢复重建工作的进度管理：由县级人民政府与乡镇人民政府签订责任书，统一组织施工的，由乡镇人民政府和承建方及集中建房对象签订重建协议。由建房对象自行组织施工的，由乡镇人民政府和建房对象签订重建协议，确保重建进度和质量；对重建项目实施倒计时督导；对建房对象按进度分批拨款，确保重建资金有效使用。

8. 工作报告：恢复重建前，县级民政部门要将恢复重建实施方案、灾区民房恢复重建审定情况汇总表（附表3）、上报地级民政部门；恢复重建过程中，定期上报重建进度（附表4）；重建工作结束后，对重建工作进行质量检查、验收评估、总结，并将总体情况上报地级民政部门。

三、监督管理

灾区民房恢复重建过程中，各级不仅要按规定要求落实本级责任，而且上级对下级的监督管理要贯穿恢复重建工作的始终。同时要将有关情况及时报告上一级备案。

民政部：按照有关规定，在规定的时间内商财政部向省级下拨灾区民房恢复重建补助资金；中央恢复重建补助资金下拨后，民政部每20天向社会公布一次各地恢复重建资金的下拨进展情况；检查灾区民房恢复重建进展情况和资金使用情况；评估灾区民房恢复重建效果。

省级民政部门：按规定时间和灾区民房恢复重建进度，下拨中央灾区民房恢复重建资金和本级配套资金；配合民政部通报，每 20 天在本行政区域内通报恢复重建资金进度和恢复重建工作开展情况；监督地级民政部门下拨重建资金和重建方案的执行；检查地、县两级重建措施的落实情况及重建资金使用情况。

地级民政部门：按规定要求下拨各类恢复重建资金；在本行政区域内定期通报恢复重建资金使用情况和工作进度；监督县级民政部门每一个月在本行政区域内对建房对象的公示到位情况、资金到户情况、政策措施落实情况及重建方案执行情况；检查集中建房的规划、补助标准、建设进度和质量情况；检查恢复重建资金的安排和使用情况。

县级民政部门：按建房进度和补助标准下拨恢复重建资金；督察乡村两级对重建资金的使用及建房对象的公示；在本行政区域内定期通报灾民建房进度；协调有关部门对灾民建房进行质量检查和验收；检查乡镇、村两级对恢复重建资金的使用、资金到户和政策落实到户情况。

实行省管县财政体制的省份，县级可将有关情况直接上报省级，同时报地级备案；省级可直接下达工作计划和资金给县级，同时通报地级。

本规程自下发之日起执行，由民政部负责解释。

司法部、民政部、财政部、劳动和社会保障部、国土资源部、建设部、卫生部、国家工商行政管理总局、国家档案局关于贯彻落实《法律援助条例》切实解决困难群众打官司难问题的意见

司发通〔2004〕127 号　2004 年 9 月 6 日

各省、自治区、直辖市司法厅（局）、民政厅（局）、财政厅（局）、劳动和社会保障厅（局）、国土资源厅（局）、建设厅（局）、卫生厅（局）、工商行政管理局、档案局，新疆生产建设兵团司法局、民政局、财务局、劳动和社会保障局、国土资源局、建设局、卫生局、档案局：

《法律援助条例》（以下简称《条例》）自 2003 年 9 月 1 日颁布实施以来，我国法律援助工作取得了明显的成效，在一定程度上缓解了困难群众请律师难、打官司难的问题。但是，目前法律援助工作还存在经费短缺、相关制度不配套、经济欠发达地区困难群众申请法律援助难等问题，制约了法律援助工作的发展。为进一步贯彻落实《条例》，切实保障困难群众的合法权益，现提出如下意见：

一、认真贯彻落实《条例》，全面开展法律援助工作

《条例》的颁布实施，是我国民主法治建设中的一件大事，是党和政府落实“三个代表”重要思想的重要举措，是坚持立党为公、执政为民的具体体现，有助于落实“国家尊重和保障人权”、“公民在法律面前一律平等”的宪法原则，对于进一步规范和加强法律援助工作，促进司法公正，完善社会保障体系，推动社会文明进步，具有十分重要的意义。

保证《条例》的顺利实施，是各级人民政府的责任，各级司法行政部门、法律援助机构要充分发挥主观能动性，有效组织法律援助工作，各级人民政府有关部门应当积极支持和

配合法律援助工作。通过政府各职能部门的共同努力，保障经济困难的公民获得必要的无偿的法律服务，促进“社会主义司法制度必须保障在全社会实现公平和正义”目标的实现。

二、增加财政投入，保障法律援助事业与经济、社会协调发展

为保证《条例》的顺利实施，各级人民政府要按照《条例》的规定，根据本行政区域的经济发展水平及财力状况，将每年法律援助所需要的经费数额，逐步纳入年度财政预算。要随着当地经济发展及财政收入的增加，并根据法律援助的实际需要安排经费，保障法律援助事业与经济、社会协调发展。

为保证法律援助工作在不同地区、不同区域的协调发展，省级财政部门应设立法律援助专项经费，对本行政区域内的贫困地区予以补助；中央财政根据财力可能积极支持贫困地区开展法律援助工作。

各级司法行政部门要积极探索建立资金筹措的社会化、经常化机制，广泛开辟政府财政拨款以外的法律援助经费筹措渠道，充分利用社会财力支持法律援助事业。

要对法律援助经费的使用加强管理和监督，建立完善的财务制度，做到专款专用。

三、完善法律援助机构与民政部门的工作配合机制

各地法律援助机构应当定期向当地民政部门了解有关困难群众的法律援助需求状况，各地民政部门应当将所掌握的本地区经济困难群众的情况，及时与当地法律援助机构进行沟通，并采取相应的便民措施，使困难群众得到及时的法律援助。

法律援助机构依《条例》规定审查法律援助申请人的经济状况时，应根据县级以上（含县级）民政部门颁发的有关救济凭证或者出具的经济困难书面证明，及时为申请人办理有关法律援助手续，尽量简化程序，提高工作效率，对证明材料需要查证的，可向出具证明的部门查证。

四、建立法律援助与劳动仲裁的衔接机制

对法律援助机构决定提供法律援助的案件，劳动仲裁部门要先行缓收仲裁费。受援方胜诉的案件，由非受援的败诉一方承担；受援方败诉的案件，依法裁定受援方当事人承担部分或全部仲裁费，该方当事人确有困难的，由法律援助机构承担。

五、加强法律援助机构与相关部门之间的协调与配合，为法律援助办案人员利用档案资料提供方便

国土资源、建设、卫生、工商、档案管理等部门对法律援助案件办理中利用档案进行的调查取证工作应予支持，对于法院尚未立案的法律援助案件，法律援助人员可凭法律援助机构的证明查询，以免因缺乏有关证明资料，案件难以进入诉讼程序，但涉及国家机密等不公开资料的除外。

相关部门对法律援助案件办理中查阅档案资料所涉及的相关费用应当予以减免，共同降低法律援助成本，减轻经费短缺给法律援助工作造成的压力。对档案资料查询费、咨询服务费、调阅档案（资料）保护费、证明费（包括学历、工龄证明、机构设置证明、房产地产证明、财产证明）予以免收；对相关材料复制费，包括原件复印、缩微胶片复印、翻拍、扫描费给予减、免，减收的标准按复制档案资料所需的原材料成本费计算。

六、加强法律援助机构与有关鉴定机构的沟通与协调，减免收取或缓收法律援助案件的相关鉴定费用

为了解决法律援助案件的受援人因交不起鉴定费用而无法进入诉讼程序，从而无力维护自己合法权益的问题，各鉴定机构应当对法律援助案件所涉及事项的鉴定给予减免的优惠。

司法行政部门管理的面向社会服务的司法鉴定机构，对法律援助案件受援人申请司法鉴定的，应缓收或免收鉴定费。受援人胜诉后，应向鉴定部门补交实际需交纳的费用，受援人败诉，交纳鉴定费用确有困难，鉴定部门给予减免。

其他非财政拨款的鉴定机构对法律援助案件受援人申请人身伤残鉴定、亲子鉴定、笔迹鉴定以及财产评估等，实行缓收相关费用。受援人胜诉后，应向鉴定部门补交实际需交纳的费用。受援人败诉，交纳鉴定费用确有困难，由法律援助机构承担相关费用。

七、各级司法行政部门要加强对法律援助工作的管理监督，确保法律援助工作规范运行

各级司法行政部门要加强对法律援助实施主体包括法律援助机构工作人员、律师和社会组织人员的管理监督。对侵占、私分、挪用法律援助经费的，对法律援助机构及其工作人员从事有偿服务的，对律师事务所、基层法律服务所拒绝指派的和律师、基层法律服务工作者不履行义务的，对律师和社会组织人员在法律援助活动中收取当事人财物的，要依据《条例》予以处罚，保证法律援助工作规范健康地发展。

严格法律援助案件办理中的程序规则。承办法律援助案件的人员在查阅、复制档案材料或者现行文件时，应出示法律援助机构出具的指派通知书（适用于社会律师、基层法律服务工作者和社会组织人员）或者介绍信（适用于法律援助机构人员）。在查阅、复制档案材料或者现行文件时，应遵守相关法律法规规定。

各地法律援助机构应对法律援助案件进行严格审查，严禁法律援助人员假借法律援助名义从事有偿法律服务而免费查阅和复制相关材料。如发现有上述情形，经司法行政部门查证属实，承办案件的人员应按规定全额支付相关的查阅和复制档案材料费用，并按有关法律法规规定接受相应处罚。

八、加强领导，密切配合，共同推进法律援助事业的发展

各级人民政府有关部门要高度重视法律援助工作，加强领导，采取有效措施，切实履行政府责任，将《条例》各项规定落到实处。各部门要加强协调和配合，建立协调沟通机制和反馈机制，经常沟通信息，及时帮助解决法律援助工作中存在的困难和问题，认真贯彻落实《条例》，切实保障贫困群众的合法权益，努力使符合法律援助条件的困难群众都能获得法律援助，维护社会公平和正义。

民政部办公厅关于印制新式婚姻登记证的补充通知

民办函〔2004〕15号　2004年1月19日

各省、自治区、直辖市民政厅（局），计划单列市民政局，新疆生产建设兵团民政局：

根据《中华人民共和国行政许可法》的要求和2004年1月6日全国贯彻实施行政许可法工作会议的精神，现对我部《关于启用新式婚姻登记证等问题的通知》（民办函〔2003〕166号）的有关内容补充通知如下：

一、各省、自治区、直辖市民政厅（局）要根据民办函〔2003〕166号通知精神选择符合样本要求的封皮纸，所选用的封皮用纸应符合国家质量技术监督部门检验报告公布的技术标准（见附件）。封皮纸与证芯合成后的样本不再报民政部审批，但须将样本及指定的生产厂家报民政部备案。各地要坚持按照技术标准，严格把好质量关。报部备案的样本经民政厅（局）审查合格后加盖民政厅（局）印章并附上由省级以上纸张产品质量检验机构出具的检验报告。民政部收到样本及检验报告后7日内未提出异议的，视为同意。

二、各省、自治区、直辖市民政厅（局）确定或委托的婚姻证书生产厂家必须提高生产工艺水平，在封皮与内芯合成时应注意保持外表的平整及美观，避免变形。证件内芯应提前20天向中国印钞造币总公司石家庄印钞厂订购。

三、一旦发现或经举报核实后确认某省（自治区、直辖市）生产的婚姻证件不符合样本要求的，民政部将通知中国印钞造币总公司石家庄印钞厂停止供应内芯并责成民政厅(局)限期纠正。

民办函〔2003〕166号通知的其他要求继续执行。

附:国家纸张质量监督检验中心检验报告(略)

民政部办公厅关于退伍军人待安置期间办理结婚登记问题的答复

民办函〔2004〕17号　2004年1月20日

江西省民政厅:

你省武宁县民政局婚姻登记处《关于询问退伍军人待安置期间可否办理结婚登记的问题》的来函收悉。经研究,现就有关问题答复如下:

目前,由于现役军人身份证件和户口簿的管理与普通居民确有不同,退伍军人待安置期间可能暂时没有身份证和户口簿。如果因此不能办理婚姻登记,将影响退伍军人的正常生活和工作。为妥善解决其结婚登记的问题,可由该退伍军人入伍前常住户口所在地的公安部门出具其身份、户籍证明,替代普通居民的身份证和户口簿,其他则须按《婚姻登记条例》的规定办理。安置部门出具的待安置未分配证明和入伍通知书可复印存档、备查。

民政部办公厅关于出具无婚姻登记记录证明的答复

民办函〔2004〕32号　2004年2月20日

辽宁省民政厅:

你厅《关于出具无婚姻登记记录证明的请示》收悉。《婚姻登记条例》实施后,如何解决当事人在办理房产交易、贷款、出国结婚等活动中所需婚姻状况证明的问题,我们的意见是:民政部门可以根据所掌握的婚姻登记档案为当事人出具在本辖区域内“无婚姻登记记录证明”,并须备注不包括在本辖区域外的其他地方的婚姻登记。出具“无婚姻登记记录证明”可以作为婚姻服务项目,收费标准由婚姻服务机构报经当地物价部门核准。

民政部办公厅关于启用全国涉外、涉港澳台和华侨婚姻登记信息系统的通知

民办函〔2004〕43号　2004年3月16日

各省、自治区、直辖市民政厅(局),各计划单列市民政局,新疆生产建设兵团民政局:

全国涉外、涉港澳台和华侨(以下简称涉外)婚姻登记信息系统经过一段时期的试运行,根据试用单位的反馈意见,部信息中心又进行了修概和完善,现决定正式启用。全国涉外婚姻登记信息系统以民政公用政务平台为依托,实现了涉外婚姻登记的实时在线登记和全国联网,数据库建立在民政部。涉外婚姻登记信息系统提供了办理涉外婚姻登记和公众访问、在线预约等功能,同时提供了单机版供登记机关短期内离线登记、客户端数据上传。

全国涉外婚姻登记信息系统建设是婚姻登记信息化建设的重要内容,各地要予以高度重视。各省、自治区、直辖市民政厅(局)应根据全国涉外婚姻登记信息系统用户表(见附件1),指定专人负责管理并及时授与本省(区、市)内办理涉外婚姻登记的登记机关的用户名和初始密码。民政部将于今年4月中旬举办全国涉外婚姻登记信息系统专项培训(具体培训时间、地点另行通知),届时请各地组织涉外婚姻登记管理人员和婚姻登记员参加。

本省(区、市)已经开发、使用涉外婚姻登记软件的,可以继续使用,但需将涉外婚姻登记数据定期上报民政部,民政部负责将该数据输入全国涉外婚姻登记数据库,具体上报格式请与部信息中心联系。

另外,各省、自治区、直辖市民政厅(局)接到本通知后尽快将本省(区、市)内涉外、涉港澳台、涉华侨婚姻登记机关的设置情况(见附件2)报民政部基层政权和社区建设司,以便对外公布并统一管理。

网址格式:http://fm.mca.gov.cn

联系电话:(婚姻处)010—85203176/79/81;

(信息中心)010—85203732/42

E—mail:

nchx@mca.gov.cn;

nichunxia2002@hotmail.com

lyb@mca.gov.cn;

chenyong@mca.gov.cn

附件:

1.全国涉外婚姻登记信息系统用户表

2.全国涉外、涉港澳台和华侨婚姻登记机关设置情况表

民政部关于贯彻执行《婚姻登记条例》若干问题的意见

民函〔2004〕76号　2004年3月29日

各省、自治区、直辖市民政厅(局),计划单列市民政局,新疆生产建设兵团民政局:

为切实保障《婚姻登记条例》的贯彻实施,规范婚姻登记工作,方便当事人办理婚姻登记,经商国务院法制办公室、外交部、公安部、解放军总政治部等相关部门,现就《婚姻登记条例》贯彻执行过程中的若干问题提出以下处理意见:

一、关于身份证问题

当事人无法提交居民身份证的,婚姻登记机关可根据当事人出具的有效临时身份证办理婚姻登记。

二、关于户口簿问题

当事人无法出具居民户口簿的,婚姻登记机关可凭公安部门或有关户籍管理机构出具的加盖印章的户籍证明办理婚姻登记;当事人属于集体户口的,婚姻登记机关可凭集体户口簿内本人的户口卡片或加盖单位印章的记载其户籍情况的户口簿复印件办理婚姻登记。

当事人未办理落户手续的,户口迁出地或另一方当事人户口所在地的婚姻登记机关可凭公安部门或有关户籍管理机构出具的证明材料办理婚姻登记。

三、关于身份证、户口簿查验问题

当事人所持户口簿与身份证上的"姓名"、"性别"、"出生日期"内容不一致的,婚姻登记机关应告知当事人先到户籍所在地的公安部门履行相关项目变更和必要的证簿换领手续后再办理婚姻登记。

当事人声明的婚姻状况与户口簿"婚姻状况"内容不一致的,婚姻登记机关对当事人婚姻状况的审查主要依据其本人书面声明。

四、关于少数民族当事人提供的照片问题

为尊重少数民族的风俗习惯,少数民族当事人办理婚姻登记时提供的照片是否免冠从习俗。

五、关于离婚登记中的结婚证问题

申请办理离婚登记的当事人有一本结婚证丢失的,婚姻登记机关可根据另一本结婚证办理离婚登记;当事人两本结婚证都丢失的,婚姻登记机关可根据结婚登记档案或当事人提供的结婚登记记录证明等证明材料办理离婚登记。当事人应对结婚证丢失情况作出书面说明,该说明由婚姻登记机关存档。

申请办理离婚登记的当事人提供的结婚证上的姓名、出生日期、身份证号与身份证、户口簿不一致的,当事人应书面说明不一致的原因。

六、关于补领结婚证、离婚证问题

申请补领结婚证、离婚证的当事人出具的身份证、户口簿上的姓名、年龄、身份证号与原婚姻登记档案记载不一致的,当事人应书面说明不一致的原因,婚姻登记机关可根据当事人出具的身份证件补发结婚证、离婚证。

当事人办理结婚登记时未达法定婚龄,申请补领时仍未达法定婚龄的,婚姻登记机关不得补发结婚证。当事人办理结婚登记时未达法定婚龄,申请补领时已达法定婚龄的,当事人应对结婚登记情况作出书面说明;婚姻登记机关补发的结婚证登记日期应为当事人达到法定婚龄之日。

七、关于出国人员、华侨及港澳台居民结婚提交材料的问题

出国人员办理结婚登记应根据其出具的证件分情况处理:当事人出具身份证、户口簿作为身份证件的,按内地居民婚姻登记规定办理;当事人出具中国护照作为身份证件的，按华侨婚姻登记规定办理。

当事人以中国护照作为身份证件，在内地居住满一年、无法取得有关国家或我驻外使领馆出具的婚姻状况证明的，婚姻登记机关可根据当事人本人的相关情况声明及两个近亲属出具的有关当事人婚姻状况的证明办理结婚登记。

八、关于双方均非内地居民的结婚登记问题

双方均为外国人，要求在内地办理结婚登记的，如果当事人能够出具《婚姻登记条例》规定的相应证件和证明材料以及当事人本国承认其居民在国外办理结婚登记效力的证明，当事人工作或生活所在地具有办理涉外婚姻登记权限的登记机关应予受理。

一方为外国人、另一方为港澳台居民或华侨，或者双方均为港澳台居民或华侨，要求在内地办理结婚登记的，如果当事人能够出具《婚姻登记条例》规定的相应证件和证明材料，当事人工作或生活所在地具有相应办理婚姻登记权限的登记机关应予受理。

一方为出国人员、另一方为外国人、港澳台居民或华侨，或双方均为出国人员，要求在内地办理结婚登记的，如果当事人能够出具《婚姻登记条例》规定的相应证件和证明材料，出国人员出国前户口所在地具有相应办理婚姻登记权限的登记机关应予受理。

九、关于现役军人的婚姻登记问题

办理现役军人的婚姻登记仍按《民政部办公厅关于印发〈军队贯彻实施〈中华人民共和国婚姻法〉若干问题的规定〉有关内容的通知》(民办函〔2001〕226号)执行。

办理现役军人婚姻登记的机关可以是现役军人部队驻地所在地或户口注销前常住户口所在地的婚姻登记机关，也可以是非现役军人一方常住户口所在地的婚姻登记机关。

十、关于服刑人员的婚姻登记问题

服刑人员申请办理婚姻登记，应当亲自到婚姻登记机关提出申请并出具有效的身份证件；服刑人员无法出具身份证件的，可由监狱管理部门出具有关证明材料。

办理服刑人员婚姻登记的机关可以是一方当事人常住户口所在地或服刑监狱所在地的婚姻登记机关。

附件：公安部关于对执行《婚姻登记条例》有关问题的意见的函

关于对执行《婚姻登记条例》有关问题的意见的函

(公治〔2003〕181号)

民政部办公厅：

你厅《关于执行〈婚姻登记条例〉有关问题的征求意见函》(民办函〔2003〕208号)收悉。经研究，提出如下意见，供参考。

一、关于涉及临时身份证的问题。同意你厅的意见，即：在申请婚姻登记的当事人暂时只能提供临时身份证的情况下，婚姻登记机关可凭此为其办理婚姻登记。

二、关于涉及居民户口簿的问题。同意你厅的意见，即：对于当事人因诸多原因确实无法提供居民户口簿的，可凭公安派出所或厂矿企业户籍管理机构出具的加盖单位印章的户籍证明申请办理婚姻登记；对于当事人入集体户口的，可凭该单位集体户口簿内本人的户口卡片或加盖单位印章的记载其户籍情况的户口簿复印件申请办理婚姻登记。

三、关于涉及蓝印户口簿的问题。蓝印户口是一些地方依据现行“非农业户口”和“农业户口”二元户口管理结构衍生制定的一类户口。随着户籍管理制度改革的深入，这一户口类别将逐步被取消。同时，按照现行户籍登记管理的法律规定，公民在办理户口迁移手续时，迁出地公安机关应先予其迁出地户口，缴销其迁出地居民户口簿。因此，对于个别地方同时持有蓝印户口簿及迁出地居民户口簿的当事人，婚姻登记机关应依据其蓝印户口簿办理婚姻登记。

四、关于未办理落户手续的当事人申请办理婚姻登记的问题。同意你厅的意见，即：未办理落户手续的当事人可凭相关证明在户口迁出地婚姻登记机关申请办理婚姻登记。

五、关于居民户口簿和居民身份证中记载的公民“姓名”或“出生日期”的内容不一致的问题。我们认为，居民户口簿和居民身份证均具有证明公民身份的法律效力，但公民居民身份证的登记内容应以其居民户口簿的登记内容为依据。因此，对于当事人所持居民户口簿与居民身份证上的“姓名”或“出生日期”项目内容不一致的，当事人应在户籍所在地公安机关履行户口登记项目变更更正和必要的证簿换领手续后，方可至婚姻登记机关申请办理婚姻登记。

六、关于公民居民户口簿“婚姻状况”的记载内容与本人声明的婚姻状况不一致的问题。基本同意你厅的意见，即：对于当事人的实际婚姻状况与居民户口簿“婚姻状况”项目内容不一致的，婚姻登记机关对当事人婚姻状况的审查应主要依据其本人书面声明，其居民户口簿“婚姻状况”项目内容仅作参考。同时，婚姻登记机关在办理当事人婚姻登记手续后，应通知当事人到其户籍所在地公安机关办理居民簿婚姻登记项目的变更手续。

特此函告

民政部关于严格制止借婚姻登记乱收费的通知

民函〔2004〕83 号　2004 年 4 月 6 日

各省、自治区、直辖市民政厅（局），计划单列市民政局，新疆生产建设兵团民政局：

最近，国务院价格管理部门对部分省婚姻登记收费情况进行了调查，发现有的婚姻登记机关在办理婚姻登记中乱收费现象比较严重，主要表现为：第一，取消项目继续收费。如向农民收《婚育学校结业证》费、《离婚调解书》费。第二，强制服务收费。如在给农民办理结婚登记时强制销售存放结婚证的烫金盒。第三，巧立名目搭车收费。如在办理婚姻登记时搭售福利彩票或搭车收取婚前教育书籍、光盘、胸花和彩条等费用。第四，使用票据不规范。有的婚姻登记机关在办理结婚登记收费时，没有按照财务规定使用规范票据，而使用一般收款收据。

《婚姻登记条例》实施后，民政部门特别是婚姻登记机关乱收费的现象已成为群众投诉的热点和媒体关注的焦点。据了解，调查中发现的上述问题并不是个别现象，而且个别地方还相当严重。婚姻登记中的乱收费问题应当引起各级民政部门的高度重视。

为切实保障《婚姻登记条例》的贯彻实施，根据民政部 2004 年党风廉政建设工作要点中关于“坚决取消任何非自愿收费服务项目和各种搭车收费”的要求，杜绝婚姻登记工作中乱收费的现象，现就治理整顿工作提出如下要求：

一、各级民政部门必须从贯彻“三个代表”重要思想的高度，充分认识治理婚姻登记乱收费的必要性和紧迫性。要端正思想，坚决贯彻落实党中央、国务院关于减轻农民负担的工作要求，切实维护婚姻当事人的合法权益，体现民政工作以民为本的宗旨。

二、采取必要措施，积极解决婚姻登记工作的编制和经费问题。婚姻登记是政府的日常事务性工作，任务重，责任大，各级民政部门要积极争取同级编制部门和财政部门，解决登记机关的编制和经费问题。凡尚未解决编制和经费的可暂缓集中登记。地处偏远山区，人稀地广、交通不便的，不必强行集中登记。

三、要严格区分婚姻登记与婚姻服务的界限，做到婚姻登记与婚姻服务的人员、场地及收费三分开，禁止人员混用、场地交叉、收费混合的现象发生。婚姻登记机关不允许开展任何收费服务业务，收取婚姻证书的工本费必须实行价格公示制度。要在办理登记处的明显位置明确公示证书工本费的收费标准，严格按照国家统一收费标准收费。收取工本费应开具正式行政事业票据，不得擅自提高收费标准或增加收费项目。

四、各级民政部门的婚姻服务机构在开展婚姻服务工作中，必须坚持当事人自愿的原则。所有收费服务项目和收费标准必须经当地物价部门核定。婚姻服务机构必须在明显处公示收费项目、收费标准及价格管理部门批准收费的文号，明示所有收费服务均为当事人自愿，同时须公布价格管理部门的监督电话及婚姻服务机构的上级投诉电话。收费服务必须使用正式发票，严禁搞强制性服务和任何形式的搭车收费。各级民政部门要正确引导婚姻服务，不得给登记机关下达婚姻服务创收任务。

五、要将治理婚姻登记搭车收费和乱收费问题作为今年开展执法检查的工作重点。根据民政部《关于印发〈民政部2004年党风廉政建设工作要点〉的通知》(民发〔2004〕17号)的要求，要通过开展执法检查进一步加强婚姻登记机关的行风建设，树立良好的形象。各级婚姻业务主管部门要会同纪检监察部门，按本通知要求共同对本辖区内的所有婚姻登记机关的登记收费及所有民政部门管理的婚姻服务机构的服务收费情况进行检查，发现不规范的问题及时予以纠正，彻底清理整顿婚姻登记中的乱收费问题。民政部将于下半年组织若干个检查组，重点检查婚姻登记机关的行风建设情况，特别是婚姻登记中有无乱收费问题。

各级民政部门要按照“谁主管、谁负责”的原则，加强领导，强化监督，抓好检查落实。各省、自治区、直辖市民政厅(局)在2004年7月底以前，要将执法检查和清理整顿情况书面分别报部基层政权和社区建设司、监察局。

民政部全国勘界工作办公室关于印发《省级行政区域界线联合检查实施办法(试行)》的通知

民勘办发〔2004〕6号　2004年4月28日

各省、自治区、直辖市民政厅(局)：

为加强省级行政区域界线联合检查工作，规范工作程序和内容，民政部全国勘界工作办公室根据国务院《行政区域界线管理条例》的有关规定，制定了《省级行政区域界线联合检查实施办法(试行)》，现印发你们，请遵照执行。

附件：省级行政区域界线联合检查实施办法(试行)

省级行政区域界线联合检查实施办法（试行）

第一章　总　　则

第一条　为加强省级行政区域界线联合检查（以下简称联检）工作，规范联检工作程序和内容，根据国务院《行政区域界线管理条例》的有关规定，制定本办法。

第二条　联检工作是指毗邻省级人民政府联合组织对已勘定的行政区域界线（以下简称边界线）实地管理情况进行检查。

第三条　联检工作的主要内容包括：法定边界线的宣传和落实情况；界桩及其方位物变化及界桩的维护情况；边界线其他标志物及与边界线相关的地物、地貌变化情况与修测；跨边界线生产、建设管理情况与相关问题的处理等。

第四条　联检工作坚持有利于维护边界地区双方群众利益，保持边界线的稳定，促进边界地区经济和社会发展的原则。

第五条　联检工作的依据是：《行政区域界线管理条例》；国务院批复同意的毗邻省级人民政府联合勘定的行政区域界线协议书及其附图、附表，界桩登记表；国务院裁决意见及其附图，国务院有关部门的协调处理意见及其附图；历次联检成果；本办法。

第六条　同一条边界线的联检工作每5年进行一次。遇有影响边界线实地走向辨认的自然灾害、河流改道、道路变化等特殊情况，由毗邻省级人民政府共同对边界线（或边界线特定地段）随时进行联检。

第七条　联检工作由国务院民政部门统一部署，在省级人民政府的领导下，同毗邻省级民政部门共同组织实施。

第八条　联检工作经费由双方共同承担。

第二章　联检准备

第九条　根据年度联检任务，联检双方成立联检工作领导小组，领导小组设组长、副组长各二人，由双方省级民政部门分管边界线管理工作的厅（局）、处（室）负责同志担任，成员由省级民政部门主管处（室）工作人员和有关地、县级民政部门分管负责同志及技术人员组成。根据边界线的具体情况，可吸收有关部门的同志参加。

沿线毗邻县级民政部门成立联检工作组，具体负责实地检查的实施工作。

第十条　联检工作领导小组根据边界线的实际情况，共同制定联检工作实施方案，报国务院民政部门备案。实施方案应明确联检工作的组织领导、实施步骤、处理原则和工作要求等。

第十一条　实施方案确定后，联检双方省级民政部门向有关市（地、州、盟）、县级人民政府和民政部门下发联检工作实施方案，部署工作任务，提出联检工作的具体要求，组织实施实地检查工作。

第三章　联合检查

第十二条　联检中应向边界地区基层人民政府及干部群众广泛宣传法定边界线的法律地位及实地走向，宣传地方各级人民政府及有关部门管理边界线的职责。同时，要全面了解法定边界线的落实情况，发现问题应及时整改。

第十三条　界桩及其方位物由有关各方联合组织检查，并按分工予以维护。

（一）完好无损或轻度损坏可修复的界桩，应清除界桩周围的遮挡物，修复界桩损坏部位，并用红漆对界桩上的文字进行刷新。

（二）位于边界线上的原界桩丢失或严重损坏不能修复时，由负责管理的一方重新制作，并与毗邻方共同按照原界桩登记表和界桩成果表记载的界桩位置，在原地重新设立；不在边界线上的单立界桩丢失或严重损坏不能修复时，应在原界桩附近边界线上选取适当位置重新设立；边界线两侧不在边界线上的双立界桩丢失、严重损坏不能修复或需要移动时，可不再重新设立，按作废处理，并在联检工作报告中予以说明。

（三）因生产、建设等原因需要移动或者增设界桩的，双方应协商一致。

需要移动界桩的，可在原界桩附近边界线上选取适当位置重新埋设。当原单立界桩不在边界线上时，移动后应埋设到实地边界线上。

新增设界桩编号按《省级行政区域界线勘界测绘技术规定》执行。一般不增设双立或三立界桩。

（四）原界桩方位物消失，但不影响界桩位置的确定，可不再新设界桩方位物。

第十四条　恢复、移动和增设界桩后，应按照《省级行政区域界线勘界测绘技术规定》的有关要求，测定界桩坐标，填写界桩登记表，拍摄界桩照片。

恢复和增设界桩的时间按联检时间注记，其他注记和界桩规格与原界桩一致。

第十五条　边界线其他标志物及与边界线相关的地物、地貌，应按照协议书边界线走向说明及协议书附图进行实地检查。发生变化的地段，应详细记载变化情况，并组织进行边界线地形图的修测，标注在与原协议书附图等比例尺的地形图上，以保证边界线实地位置清楚易认。

第十六条　单方设立的指示边界线实地位置的标志物应予清除。确需设立的，经双方商定一致后可增设界桩。

第十七条　对联检中发现的未经毗邻的各有关人民政府同意并依法办理审批手续，非法越界开发建设或从事生产经营活动等问题，应及时通知有关人民政府责成业务主管部门予以处理。

第十八条　确因生产建设需要局部调整行政区域界线，且有关地方各级人民政府和群众对调整方案意见一致的，双方应按照国务院《行政区域界线管理条例》的有关规定，联合办理报批手续。

第四章　资料整理与成果上报

第十九条　联检工作结束后，由双方联检工作领导小组组织进行联检资料的整理和成果的上报工作。

第二十条　对联检中恢复、移动和增设的界桩，应整理并填写界桩登记表和界桩成果表。

第二十一条　双方联检工作领导小组共同组织起草联检报告，由毗邻省级人民政府联合上报国务院，并抄送国务院民政部门备案。

联检报告内容包括：联检工作的基本情况、组织实施、实地检查、处理结果等。

第二十二条　联检工作中形成的实施方案、会议纪要、检查及修测记录、联检报告以及界桩成果表、登记表、照片等与边界线管理有关的资料，应按照国家档案管理的有关规定和《勘界档案管理暂行规定》立卷归档。双方省级民政部门各保存一套，报国务院民政部门一套。

第五章　附　　则

第二十三条　县级行政区域界线联合检查实施办法由各省、自治区、直辖市民政厅（局）制定。

第二十四条　本办法由民政部全国勘界工作办公室负责解释。

第二十五条　本办法自下发之日起施行。

民政部关于印发《民政部国际合作项目管理规定》的通知

民函〔2004〕81号　2004年3月30日

各司（局），直属事业单位，部主管社团，中国老龄协会：

《民政部国际合作项目管理规定》已于二〇〇四年三月九日经部长办公会议讨论通过。现印发你们，请认真遵照执行。

民政部国际合作项目管理规定

2004年3月9日部长办公会议讨论通过

第一条　为了开拓国际合作项目（以下简称项目），加强项目管理，保证项目实施效果，根据国家和民政部外事工作有关规定，制定本规定。

第二条　本规定所称的国际合作项目是指国际组织、外国政府、学术机构及非政府组织（以下简称外方）资助民政部的项目和民政部对外方的援助项目。

第三条　外事司是项目的归口管理部门。各司（局），部直属事业单位、代管单位和部业务主管社会团体（以下简称项目单位）是项目的具体实施部门。

第四条　项目单位应本着“以我为主，为我所用”的原则，积极开拓项目，推动民政工作的发展。

第五条　项目单位根据工作需要提出项目合作意向书，征求外事司的意见并通报与外方先期接触情况。

第六条　对于中长期项目（六个月以上），项目单位提出立项建议，经外事司审核，报主管部领导批准后正式立项。对于短期或紧急项目，项目单位应当及时向外事司通报，外事司协助简化和加快立项审批程序。

外事司根据立项计划协同项目单位向外方争取援助项目。

第七条　项目立项正式会谈以司局领导为主，由外事司协调安排。一般技术性会谈可以由项目单位自行安排。

项目单位应做好立项阶段的文字建档工作并报外事司备案，外事司配合各单位追踪立项进展并及时与项目单位沟通信息。

第八条　项目立项谈判双方基本达成一致意见后，项目单位负责准备协议文本草案并征求外事司意见。需民政部配套资金的项目，由外事司商财务和机关事务司批准同意，提出意见报主管部领导或提交部长办公会议审定。需征求部外有关部门意见的，由外事司负责办理。

第九条　协议文本经外事司审核后报主管部领导批准。协议文本一经批准，由外事司或者项目单位正式通知外方。

需部领导签署项目文本的，由外事司负责协调安排签字事宜。

第十条　协议文本经双方批准或签字后生效。

项目单位应本着立足全局、合作、务实的精神，认真履行合作协议内容，积极组织实施。

第十一条　项目单位应当

成立项目办公室，确定项目主任，报外事司备案。项目办公室可以吸纳外事司和其他综合部门人员参加。

两个以上项目单位参加的项目，应当成立项目协调（领导）小组，外事司参加项目协调（领导）小组。

第十二条　项目对外联系由外事司归口负责。

项目的技术性事宜可以由项目单位直接与外方联系。

第十三条　项目单位根据协议文本制定项目年度计划和具体实施方案，报外事司备案。

第十四条　项目执行过程中，需对协议文本或年度计划进行重大调整的，外事司协助项目单位与外方磋商。

第十五条　为了保证项目有效实施，项目单位应当对项目在不同阶段的实施情况进行评估并形成评估报告。外事司和其他相关单位可根据需要参与评估。

一年以上的项目应当进行中期和终期两次评估或者按照合作双方的评估计划进行评估。

评估报告报外事司备案。

第十六条　根据项目规模和实施情况，需要财政部及有关主管部门提供配套资金的，由项目单位会同外事司提出申请，财务和机关事务司按照部门预算申报程序或国家基本建设管理程序申报经费或投资计划。

第十七条　项目经费使用必须严格按照预算计划执行。配套资金的使用，必须遵守国家有关财经法规和制度。财务和机关事务司对项目资金的使用进行监督管理。

项目单位应在项目完成时按照要求向财务和机关事务司提供项目经费使用报告。经费使用报告同时报外事司备案。

第十八条　为了鼓励项目单位积极开拓、有效实施项目，外事司根据项目实施情况定期召开项目经验交流会，评选表彰优秀项目单位。

对于优秀项目单位，在项目配套资金上予以优先安排。

第十九条　项目执行过程中，项目单位应当严格遵守国家有关保密规定。

第二十条　对严重违反外事纪律及规定的人员依照有关规定予以惩处。

第二十一条　项目互访及其他事宜按照有关外事规定办理。

第二十二条　与香港、澳门特别行政区和台湾省的合作项目参照本规定执行。

民政部办公厅关于印发《民政部项目资金管理暂行办法》的通知

民办发〔2004〕3号　2004年12月24日

各司（局）、直属事业单位，中国老龄协会：

为了规范和加强部机关及事业单位项目经费管理，根据财政部《中央本级项目支出预算管理办法（试行）》（财预〔2004〕84号）的有关规定，结合行政、事业单位财务制度和会计制度，部制定了《民政部项目资金管理暂行办法》，现印发给你们，请遵照执行。

民政部项目资金管理暂行办法

第一章　总　　则

第一条　为了规范民政部机关和直属事业单位项目资金管理，根据财政部制定的《中央本级项目支出预算管理办法（试行）》以及有关规定，制定本办法。

第二条　本办法所称项目资金，是指部机关和直属事业单位为完成特定的行政工作任务或者事业发展目标，向财政部申请并经批准，列入基本支出经费以外的专项经费。

第三条　项目资金申请按照财政部规定的程序及格式进行，项目资金支出本着项目负责人负责的原则，按照国家财务管理的有关规定执行。

第四条　项目资金实行追踪问效制度。各司（局）、直属事业单位（以下简称项目单位）负责人或者项目负责人对所承担项目资金的使用和效益负责，并对绩效情况进行反馈。

第五条　部财务和机关事务司（以下简称部财务司）负责项目预算申报、资金用款计划编报、项目执行的监督、检查、汇总等管理工作。

第二章　项目资金的申请

第六条　项目单位应当根据民政工作事业发展规划及实际业务需要，有计划地开展立项及项目论证工作，并按规定的时间向部财务司报送项目预算。

第七条　项目预算的申报，须经项目单位负责人集体研究、统筹安排确定。凡属中央、国务院已经决定的事项、上年预算执行必须继续完成的事项（延续项目）、预算年度必然发生的事项以及职能所要求的业务工作，应当进行立项并编制项目预算。

第八条　申报的预算项目应当符合以下条件：

（一）符合国家有关方针政策、财政资金支持的方向和范围；

（二）属于项目单位行政业务工作或者事业发展需要安排的项目；

（三）有明确的项目目标、组织实施计划和科学合理的经费预算，并经过充分的研究和论证。

第九条　项目预算的申报，应当按照财政部的要求填报项目文本，包括：项目申报书、项目可行性报告及项目评审报告。项目申报书必须填报；项目可行性报告和项目评审报告可以根据实际情况确定是否填报。预算数额较大或者专业技术较强的项目（包括信息系统建设项目、大型设备购置项目等），应当填报项目的可行性报告和项目评审报告。

项目申报书要说明项目申请理由、主要内容、总体目标以及项目组织实施条件、项目支出预算和测算依据等。

项目可行性报告要说明项目基本情况（项目单位、项目负责人及项目总体概括）、项目的必要性与可行性分析、项目实施条件（人员条件、资金条件、基础条件）、项目进度与计划安排、主要结论等。

项目评审报告是项目单位组织专家评审组或者中介机构对立项依据的充分性、目标设置的合理性、组织实施能力与条件、预期社会效益、经济效益、资金筹措情况、预算支出的合理性、风险与不确定因素等进行评审、评估后所形成的结论性报告。项目评审报告由项目评审专家组或者中介机构填写，项目专家组成员签字予以确认。对100万元以上项目的评审，部财务司可视情况派人参加。

第十条　项目申报材料应当按部财务司规定的时间及时报送。材料内容必须真实、准确、完整。部财务司对申报的项目进行审核，将符合条件的列入部项目库，择优排序，经部长办公会批准后报财政部。

部财务司根据财政部预算批复及有关要求，将项目预算下达到项目单位后，项目即可实施。

第三章　项目资金支出

第十一条　项目资金实行项目负责人负责制。项目负责人须对项目资金的支出范围、方式和项目实施进度及项目预期成果负责。项目资金的开支，须经项目负责人或者由项目负责人指定的人员批准，并经单位财务部门对开支标准及范围进行审核后，方可支付。

第十二条　项目资金的支出，应当按照项目确定的开支范围和标准，国家财务、会计制度的有关规定执行。基层调研工作需按照差旅费的有关开支标准执行；会议按照会议类别确定的标准执行；政府采购项目按照《政府采购法》及有关规定执行；资金支付按照《财政部国库管理制度改革试点资金支付管理办法》规定的程序执行。

第十三条　项目资金由单位财务部门统一管理，项目单位根据部财务司下达的项目预算指标结合项目实施进度按季分月编制项目资金用款计划，并提前45天将下一季度项目的分月用款计划报送部财务司。分月用款计划需说明项目名称、项目总预算、项目执行进度、计划完成的工作任务、用款支出明细及具体支付时间（月份）等内容。部财务司审核汇总后报财政部核批，项目资金在财政部核批的数额内支付。

第十四条　项目支出预算一经批复，不得自行调整。如发生项目变更、终止，需要调整预算的，必须经部财务司核实后报财政部审批。

第十五条　项目年度预算应当确保按期完成。如遇特殊情况，未完成的部分经批准后，可以结转下年使用，不得挪作他用。完工项目结余资金的使用按照财政部的有关规定执行。

第十六条　项目资金购置的固定资产，须及时纳入单位的固定资产账，按规定进行核算与管理。

第四章　项目资金的检查与监督

第十七条　单位财务部门应当对项目的实施过程和完成结果进行监督、检查，定期向项目单位提供资金支出情况，督促其按确定的范围、时间进度实施。一些重要项目，部财务司将按有关绩效考评的规定，在项目执行期间或者项目结束后，组织实施绩效考评。

第十八条　项目执行完毕后，项目单位应当及时组织验收和总结，并向单位财务部门提交项目执行情况的文字材料。单位财务部门年终需按规定编报项目决算。上报决算应附文字说明，主要内容包括：项目资金的具体用向、使用效果、固定资产管理等情况。部财务司负责汇总民政部的项目资金使用情况并报告财政部。

第十九条　项目单位负责人或者项目负责人应当检查、督促项目预算执行情况，严格控制经费支出，对项目执行中发现的问题必须及时予以研究解决。

第二十条　违反项目资金管理规定，采取弄虚作假、截留、挪用、挤占项目资金的，由部财务司暂停项目拨款；情节严重的，将提请有关部门处理。

第五章　附　　则

第二十一条　本办法由部财务司负责解释。

第二十二条　本办法自发布之日起执行。

民政统计资料

关于印发《二○○四年民政事业发展统计报告》的通知

各省、自治区、直辖市民政厅(局),计划单列市民政局,新疆生产建设兵团民政局:

现将《二○○四年民政事业发展统计报告》予以公布。

二○○四年民政事业发展统计报告

2004年,在党中央、国务院的正确领导下,全国民政系统坚持以邓小平理论和“三个代表”重要思想为指导,认真贯彻党的十六大,十六届三中、四中全会精神,倡导“以民为本、为民解困”的民政工作宗旨,强化自身能力建设,各项工作平稳推进,民政事业呈现出良好发展势头。

一、民间组织稳步发展

社会团体正在朝着布局合理、结构优化、质量提高的方向健康发展,在经济发展、社会管理和公共服务中发挥着越来越重要的作用。在培育发展民间组织方面,实施分类指导,重点培育发展了农村专业经济协会和行业性、公益性社团。民间组织从单纯的数量增长转向合理布局、优化结构、提高质量的协调发展,成为促进经济社会建设的一支重要力量。截至2004年底,全国共登记社会团体15.3万个,比上年增长7.7%。其中:全国性及跨省(自治区、直辖市)活动的社团1673个;省级及省内跨地(市)域活动的社团20563个,比上年减少467个;地级及县以上活动的社团50424个,比上年增加1693个;外国商会16个。

民办非企业单位的管理更加规范。截至2004年底,全国在民政部门登记的民办非企业单位共有13.5万个,比上年增加8.9%,其中:教育类6.9万个,卫生类2.8万个,文化类3139个,科技类5824个,体育类3441个,劳动类1.1万个,民政类9658个,社会中介服务业1275个,法律服务业546个。

基金会936个,其中:在国

家民政部门登记的基金会 84 个。

民间组织管理情况

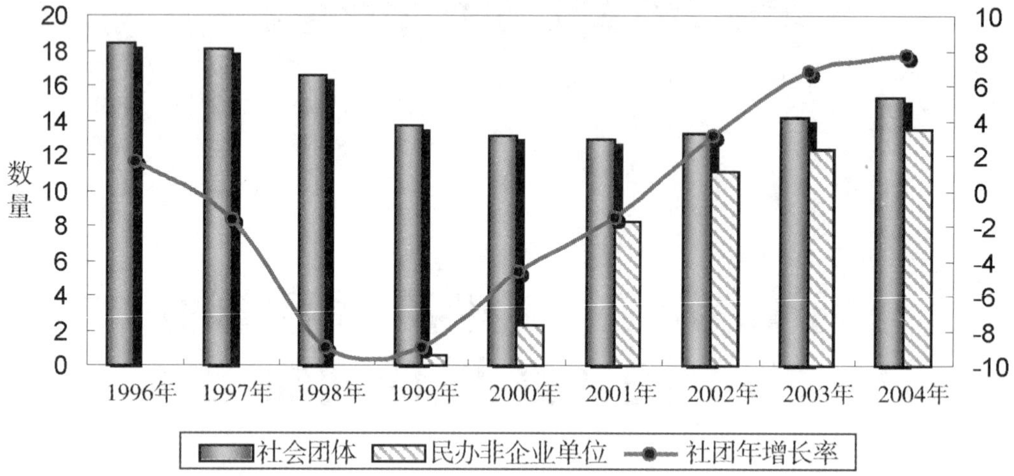

单位:万个、%

指　　标	1997 年	1998 年	1999 年	2000 年	2001 年	2002 年	2003 年	2004 年
社会团体	18.1	16.6	13.7	13.1	12.9	13.3	14.2	15.3
民办非企业			0.6	2.3	8.2	11.1	12.4	13.5
社团年增长率	−1.6	−9	−9.0	−4.6	−1.6	3.1	6.8	7.7

二、优抚对象的基本生活得到有效保障,退役士兵安置改革稳步推进

抚恤补助经费大幅度增长,有效地保障了优抚对象的基本生活。2004 年中央和地方各级抚恤事业费支出 104.1 亿元,比上年增加 16.2 亿元,增长 18.4%。截至 2004 年底,国家抚恤、补助各类重点优抚对象 461.9 万人,比上年减少 3 万人,下降 0.6%。为了保障失业伤残军人的基本生活,部分省、自治区、直辖市将符合条件的失业伤残军人由享受伤残保健金转为享受伤残抚恤金,保障了伤残军人的基本生活,使其生活质量得到进一步提高。截至 2004 年底,享受革命伤残保健金的人员 38.5 万人,比上年下降 1.5%;享受革命伤残抚恤金的人员 47.1 万人,比上年增长 0.4%。在乡革命伤残人员年均抚恤金由 2003 年的 2260.1 元增加到 2377.9 元,比上年增长 5.2%。享受定期补助的优抚对象 327.8 万人,比上年减少 0.7%。其中:在乡复员军人 221.4 万人;带病回乡退伍军人 95 万人,比上年增长 3.4%;享受定期补助的在乡退伍红军老战士 2701 人,减少 192 人,比上年下降 6.6%,在乡西路军红军老战士 1454 人,减少 156 人,比上年下降 9.7%,红军失散人员 8.3 万人,比上年下降 3.5%。红军老战士人均年定期补助由 2003 年的 8934.8 元增加到 9638.5 元,比上年增长 4.4%。

2004 年省级人民政府共批准烈士 316 人;烈士纪念建筑物 14544 处。

优抚对象年均抚恤、补助情况

指　　标	1999 年	2000 年	2001 年	2002 年	2003 年	2004 年
在乡革命伤残人员	1327	1586	1839.6	2054	2260.1	2377.9
在乡红军老战士	4293	6300	6686.5	7800	8934.8	9638.5
红军失散人员	1040	1200	1381.9	1616	1744.2	1807.2
烈军属	1282	1507	1677.2	1954	2623.0	2777.8
在乡复员军人及在乡退伍军人	786	877	929	1043	1166.3	1210.0

退役士兵安置改革稳步推进。党中央、国务院、中央军委相继出台了一系列有关安置改革的政策法规，大力推进军队离退休干部安置管理工作改革，大力推行退役士兵安置就业与自谋职业相结合的安置办法。目前，全国有 1500 个县（市）开展了自谋职业改革工作，去年约有 10 万城镇退役士兵自谋职业。2004 年安置退役士兵、复员干部 52.6 万人，比上年增加 8%。其中：退伍义务兵 46.4 万人（城镇义务兵 23.5 万人）；转业士官 6.1 万人；复员干部 1382 人。全年共接收军队离退休干部、无军籍职工 1.1 万人。

截至 2004 年底，全国有优抚安置单位 2987 个；优抚类收养性床位 8.1 万张，比上年同期增长 8.5%，年末收养各类人员 5.6 万人。

三、规范城市居民低保工作程序，积极探索建立农村低保制度

城市居民最低生活保障工作稳步实施。积极推行“分类施保”，对重病、重残和无经济收入等低保家庭给予重点救助。规范低保工作程序，确保低保制度有效实施和低保金按时足额发放。2004 年底城市居民最低生活保障平均标准达到 152 元。全国共有 955.5 万户，2205 万城镇居民得到了最低生活保障，分别比上年同期增加 2.7%和下降了 1.9%。得到最低生活保障人员中：在职人员 141 万人，比上年同期下降了 21.4%；下岗人员 468.9 万人，比上年同期下降了 9.6%；退休人员 73.1 万人，比上年同期下降了 19.4%；失业人员 423.1 万人，比上年同期增长了 3.5%；上述人员家属 1003.5 万人，比上年同期增长了 5.7%；“三无”人员 95.4 万人，比上年同期下降了 4.5%。全年各级财政共支出低保资金 172.7亿元。2004 年全国城市最低生活保障月人均保障水平 65 元，比上年提高 12%。

最低生活保障制度开展以来情况

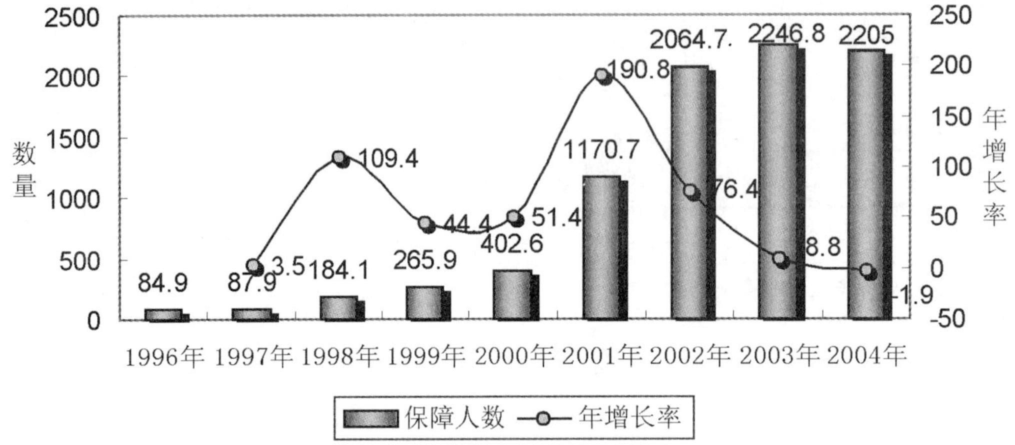

最低生活保障制度开展以来情况

单位:万人、%

年份	1999 年	2000 年	2001 年	2002 年	2003 年	2004 年
保障人数	265.9	402.6	1170.7	2064.7	2246.8	2205
年增长率	44.4	51.4	190.8	76.4	8.8	-1.9

积极探索建立农村最低生活保障制度,农村特困户救助制度稳步推进。截至2004年底,全国有8个省份、1206个县(市)建立了农村最低生活保障制度,有488万村民、235.9万户家庭得到了农村最低生活保障,分别比上年同期增长了33%和33.5%,其中:困难户165.2万人,五保户37.1万人,其他人员33.6万人。没有开展农村居民最低生活保障工作的地区,初步建立了农村特困户救助制度。2004年共有914.1万人、545.7万户家庭得到了救助,分别比上年同期增长了15.2%和19.7%,其中特困户260.4万户,五保户228.7万户,其他救济对象56.6万户。

农村医疗救助体系初步建立。截至2004年底,全国已有30个省(自治区、直辖市)和新疆生产建设兵团出台了农村医疗救助管理办法,1501个县(市)开展了农村医疗救助工作。全年共筹集医疗救助金13.5亿元,累计支付医疗救助金4.43亿元(其中:资助参加新型农村合作医疗资金0.65亿元,资助大病救助资金3.78亿元),累计救助贫困农民640.7万人次(其中:资助参加新型农村合作医疗408万人次,大病救助232.7万人次)。

四、进一步完善救灾体系,积极组织开展社会捐助

在进一步完善救灾工作分级管理,救灾资金分级负担,救灾款专户管理制度的同时,重点提高了灾害应急处置能力和综合协调能力。颁布了《春荒、冬令灾民生活救助工作规程》、《灾害应急救助工作规程》和《灾区民房恢复重建管理工作规程》，全面规范各级救灾工作。在全国设立10个中央救灾物资储备库，各省（自治区、直辖市）以及多灾易灾的地、县也建立了地方救灾物资储备库。中央和地方储备37万顶救灾帐篷及衣被等救灾物资。《国家自然灾害救助应急预案》已经国务院批准，各省（自治区、直辖市）都制定了省级救灾预案，310个地（市）和2347个县（市、区）出台了救灾应急预案。全国救灾应急预案体系和紧急救援响应机制基本形成，初步做到大灾3天内中央资金到位、24小时内救灾物资到位。2004年共下拨中央级救灾补助资金40亿元，下拨救灾捐款489万元，调拨救灾帐篷33900顶，转移安置群众611万人，救助人数达9000万人（次），保证了受灾群众的衣、食、住、水、医等基本需求，灾区人心安定、社会稳定。

2004年发生各类自然灾害比上年下降。全国农作物受灾面积3710.6万公顷，比上年下降31.8 %。其中，绝收面积436万公顷，比上年下降49%。全国共有3.4亿人受到各类自然灾害影响，比上年下降30.6 %；其中因灾死亡2250人，比上年下降0.4 %；紧急转移安置563.2万人，比上年下降20.4%；倒塌房屋155万间，比上年下降54.8 %；直接经济损失1602.3亿元，比上年下降15 %。全年因海洋灾害造成的直接经济损失约54.2亿元，比上年降低32.6%。全年共发生5级以上地震22次，比上年减少7次，其中6级以上地震2次。地震共造成8人死亡，直接经济损失9.5亿元。

积极推进社会捐助经常化、规范化和捐助形式多样化。截至2004年底，全国共建立经常性社会捐助工作站、点3.2万多个，比去年增加3881个，其中：慈善超市1842个，基本形成覆盖全国城市的社会捐助网。全年民政部门和慈善团体直接接收社会捐款33.9亿元，衣被8957.2万件，其中棉衣被1788.4万件，其他捐物折合人民币11564.4万元；间接接收其他部门转入的社会捐款11409.4万元，衣被2489.9万件，其中棉衣被931.9万件，其他捐物折合人民币1833.3万元，2444.5万人（次）困难群众受益。

最低生活保障制度开展以来情况

单位：万元、万件

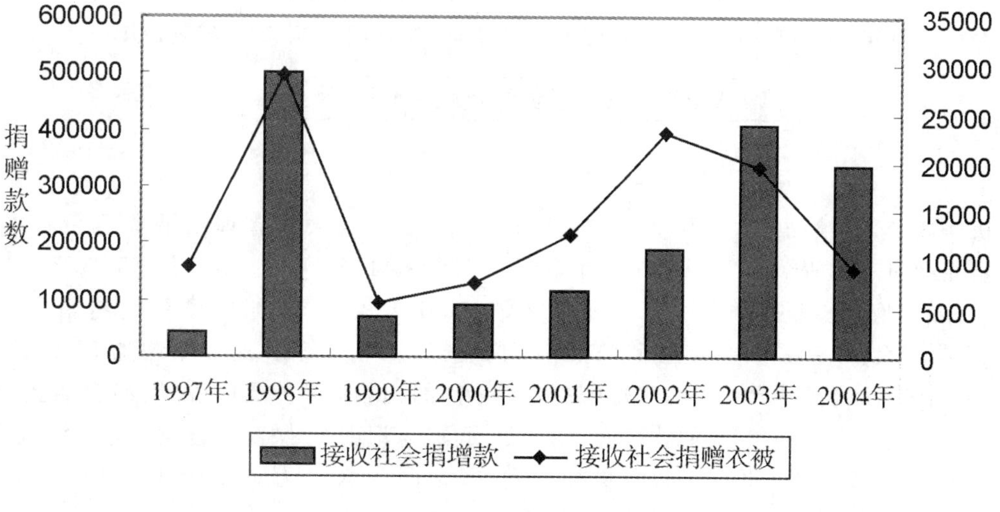

五、社区建设、村民自治等工作蓬勃发展

社区建设工作机制进一步完善。2004 年，各地进一步加强城市社区基础建设，完善社区建设工作机制，强化居民参与意识和社区居民自治功能。截至 2004 年底，全国城镇社区服务设施 19.8 万处；其中，中国福利彩票公益金资助的星光老年之家 2.6 万个，安置下岗人员 121.7 万人；综合性的社区服务中心 7804 个。

村委会换届选举继续推进。2004 年，全国有北京、天津、河北、内蒙古、辽宁、吉林、福建、海南、云南等省（自治区、直辖市）的 927 个县（市、区、旗）完成了村委会换届选举，绝大多数村庄选举出了群众满意的村委会成员。全国共有 1.9 亿人参加了选举，当年进行选举的村委会 21.5 万个。

形成了推进村民自治工作的新机制。各地认真贯彻落实中共中央办公厅、国务院办公厅《关于健全和完善村务公开和民主管理制度的意见》（中办发〔2004〕17 号），普遍建立了党委和政府统一领导、有关部门共同参与、民政部门组织协调的领导体制和工作机制，总结推广了一批村务公开和民主管理的典型经验，会同司法部开展了“民主法治示范村”创建活动，并命名表彰了第一批 299 个“全国民主法治示范村”。初步形成村党组织领导的充满活力的村民自治机制。2004 年，共有村民自治模范乡镇 8047 个，村民自治模范县（市、区）737 个。

村委会、居委会发展情况

单位：个

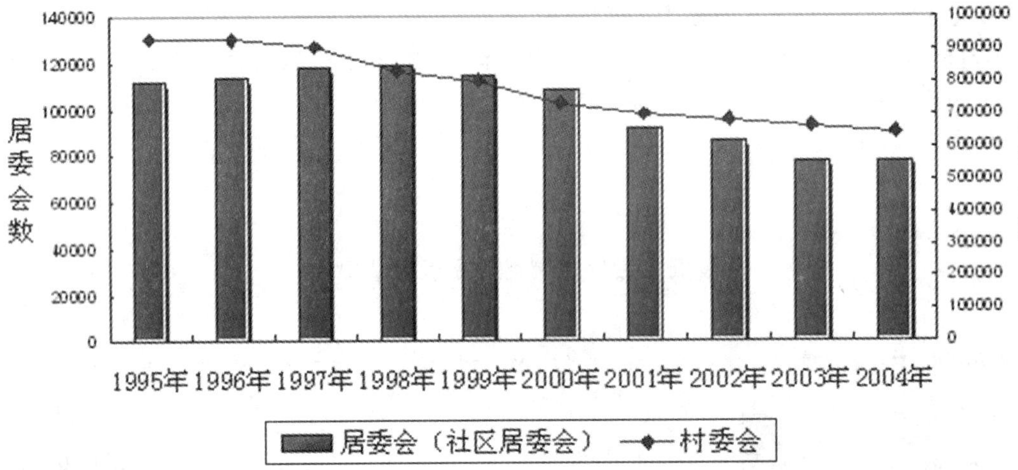

随着机构改革，乡镇撤并，村委会和居委会进一步得到调整。截至 2004 年底，全国设有居委会（社区居委会）7.8 万个，比上年增加 0.6%；居民小组 129.6 万个，比上年增加 7.5 万个；居委会成员 42.5 万人，比上年增加 2.8 万人。村委会 64.4 万个，比上年减少了 1.9 万个，下降 2.9%；村民小组 507.9 万个，比上年减少 11.3 万个；村委会成员 292.1 万人，比上年减少 27 万人。

《婚姻登记条例》的出台，简化了登记手续，婚姻登记机关设置更加合理，登记服务水平显著提高，极大地方便了当事人办理婚姻登记。2004 年全国办理结婚登记 867.2 万对，比上年增加 55.8 万对，其中：内地居民登记结婚 860.8 万对，比上年增加 57.2 万对；涉外及华侨、港澳台居民登记结婚 6.4 万对，比上年减少 1.4 万对；结婚率为 13.3‰，比上年增加 0.7 个千分点。离婚 166.5万对，比上年增加 33.4

万对，其中：内地居民登记离婚104万对，涉外及华侨、港澳台居民登记离婚5830对；离婚率为2.56‰，比上年增加0.5个千分点。

结婚率和离婚率变化图

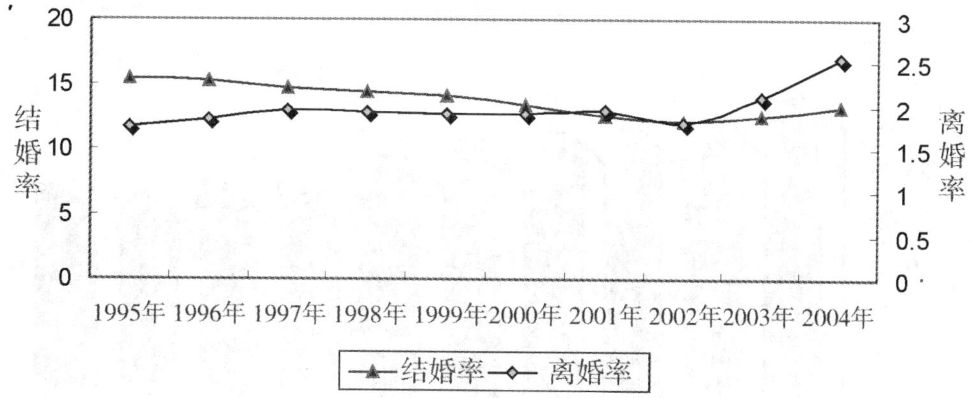

六、依法推进区划地名工作，乡镇村撤并工作进一步推进

深入扎实开展行政区划总体规划，慎重稳妥调整行政区划变更事项，继续推进乡镇行政区划调整工作。截至2004年底，全国县级以上行政区划共有：23个省，5个自治区，4个直辖市，2个特别行政区；50个地区（州、盟），比上年减少1个；661个市，其中：直辖市4个；地级市283个，比上年增加1个；县级市374个，与上年相同；1636个县（自治县、旗、自治旗、特区和林区），比上年减少6个；852个市辖区，比上年增加7个。

县和县级市的发展图

单位：个

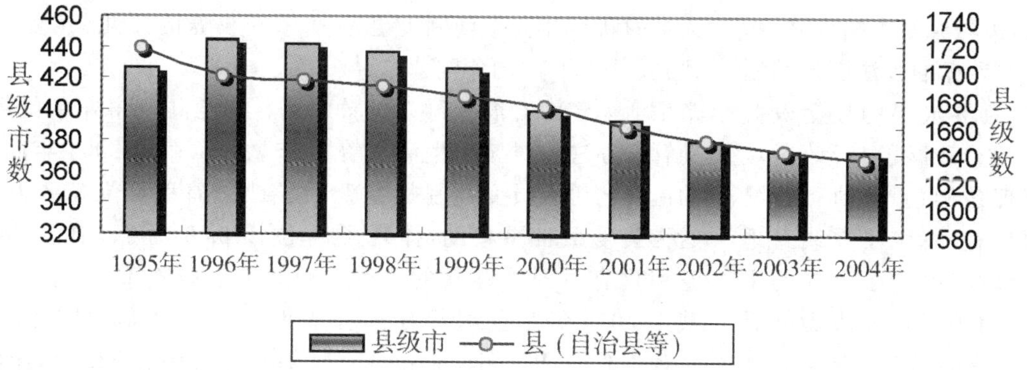

全国乡镇总数37334个，其中：镇19883个，比上年减少343个；乡17451个，比上年减少613个，全年撤并乡镇956个。乡镇撤并进一步减轻了农民负担，推进了城市化进程，促进了农村经济的发展。

2004年共有街道办事处5904个，比上年增加153个。

乡镇变化图

单位：个

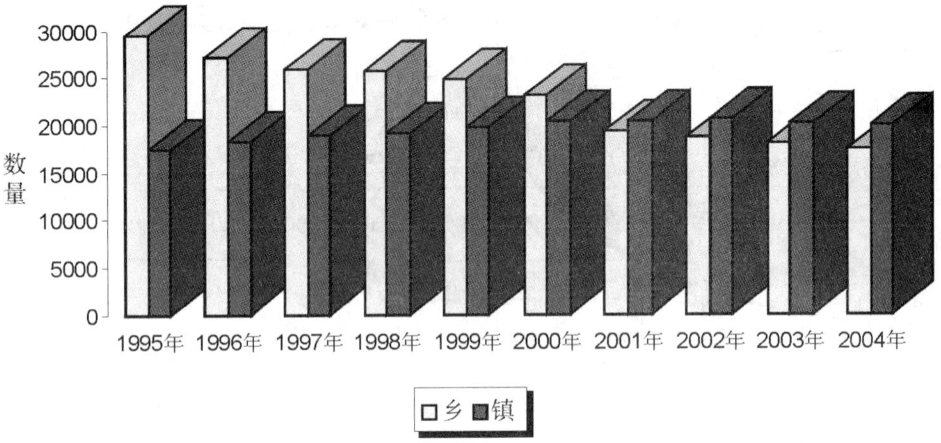

召开了全国勘界和界线管理工作电视电话会议，制定下发了《省级行政区域界线联合检查实施办法(试行)》，组织指导完成了11条省界和1646条县界的联合检查，检查省级界桩267棵，修复34棵，解决纠纷3起，边界纠纷大幅度减少。完成了省界标准画法图的编制与公布，勘界成果的社会效益得以显现。开展了《行政区域界线管理条例》贯彻执行情况的专项检查，总结了界线管理工作的情况，摸清了存在的主要问题，明确了进一步做好界线管理工作的思路。地名管理工作以公共服务为主导，已有640多个城市完成了地名设标任务，地名科研和地名数据库建设取得了新的进展。

七、积极推进社会福利社会化进程，新型的流浪乞讨人员社会救助制度稳步实施

城市生活无着的流浪乞讨人员的新型社会救助制度已经建立。2003年，国务院公布《城市生活无着的流浪乞讨人员救助管理办法》，对城市生活无着的流浪乞讨人员变强制收容遣送为关爱型自愿救助，体现了党和政府对困难群众的关爱。截至2004年底全国共有救助管理工作站977个，床位4.5万张，先后救助城市生活无着的流浪乞讨人员82万人次。

《家庭寄养管理暂行办法》的发布，促进了家庭寄养规范健康的发展。2004年全国各类收养性社会福利单位共收养儿童6.6万人，其中：各级儿童福利院共收养儿童2.6万人，比上年增长13%；全年被国内外家庭收养的孤儿、弃婴5.6万人。

社会福利事业单位数量稳步增长。截至2004年底，收养性社会福利单位3.8万个；床位146.8万张，比上年增长13.1%；收养110.9万人，比上年增长14.9%。可提供食宿的社区服务中心522个，床位1.8万张，收养各类人员7625万人。

收养单位发展图

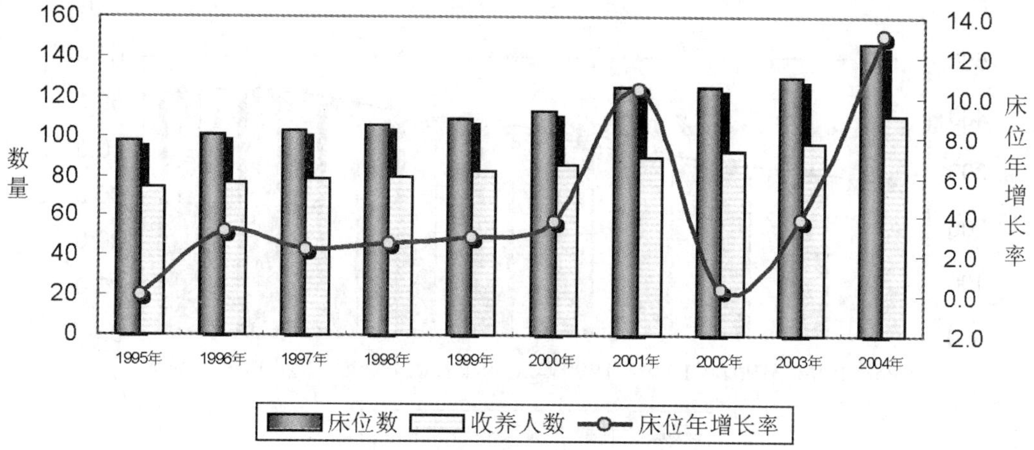

收养单位发展情况

单位:万张、万人、%

名称(单位)	1999 年	2000 年	2001 年	2002 年	2003 年	2004 年
床位(万张)	108.9	113	124.7	125.1	129.8	146.8
收养人数(万人)	82.7	85.4	89.3	92.6	96.5	110.9
床位年增长率(%)	2.9	3.8	10.3	0.4	3.8	13.1

福利企业继续减员增效。2004 年全国共有福利企业 3.2 万个,比上年减少 1566 个;残疾职工 66.2 万人,比上年减少 1.7 万人;实现利润 219 亿元,比上年增长 15.3%;年末固定资产 806.7 亿元。

殡葬事业单位逐年增加,殡葬改革取得可喜成绩。截至 2004 年底,全国共有殡葬事业单位 3119 个,其中,殡仪馆 1549 个,比上年增加 34 个;殡葬管理单位 633 个,比上年增加 34 个;民政部门管理的公墓 937 个,比上年增加 82 个。殡葬职工共有 6.6 万人,其中殡仪馆职工 4.3 万人,比上年增加 0.3 万人;火化炉 4792 台;火化遗体 436.9 万具,比上年增加 2 万具,火化率 52.5%,与上年基本持平。

殡葬发展情况

单位:万具、%

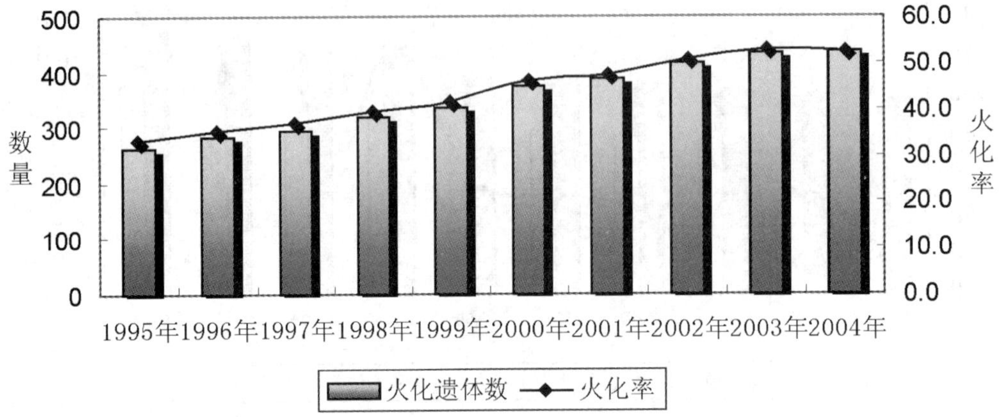

八、中国福利彩票发行再创佳绩

面对彩票发行的问题和困难,各地积极应对,规范发行制度,严格操作规程,加大监督力度,堵塞管理漏洞,拓展市场范围,开发彩票新品种,又一次刷新了中国福利彩票发行的历史记录。2004 年全国共销售中国福利彩票 226.4 亿元,比上年增长 13.2%,筹集公益金 79.2 亿元。中国福利彩票在全国彩票市场占有率也由 2003 年的 50%上升至 60%。

九、老龄事业健康发展

截至 2004 年底,全国 65 岁及以上人口 9857 万人,占全国总人口的 7.6%,比上年上升了 0.1 个百分点。

2004 年是老龄统计事业开创性的一年。首次统计了老龄事业数据,填补了老龄事业没有统计数据的空白。老龄工作机构 7655 个,老龄工作人员 2.4万人。老龄直属机构 1.1 万个,人员 21 万人。老年大学 8521 个,在校学员 124.5 万人;老年学校 35460 个,在校学员 313.8 万人。

十、进一步加大民政事业费投入力度

国家财政进一步加大对民政事业的投入力度。2004 年民政事业费占国家财政支出比重由 2003 年的 2.03% 增加到 2.04%,比上年提高了 0.01 个百分点。

民政事业费支出 577.4 亿元,比上年增长 15.7%,其中:抚恤事业费 104.1 亿元,比上年增长 18.4%;军队移交地方安置的离、退休人员费用 74.1 亿元,比上年增长 25.6%;城市居民最低生活保障支出 172.8 亿元,比上年增长 14.8%;农村居民最低生活保障支出 16.2 亿元,比上年增长 74.2%;农村定期救济费 14.5 亿元,比上年增长 89%;社会福利及其他社会救济费 52 亿元,比上年增长 30.8%;自然灾害救济费 51.1 亿元,比上年下降 3.5%;地方离、退休人员费用 13.9 亿元,比上年增长 6.1%;其他民政事业费 61.7 亿元,比上年增长 14.3%。

1994—2003 年民政事业费占国家财政支出比重图

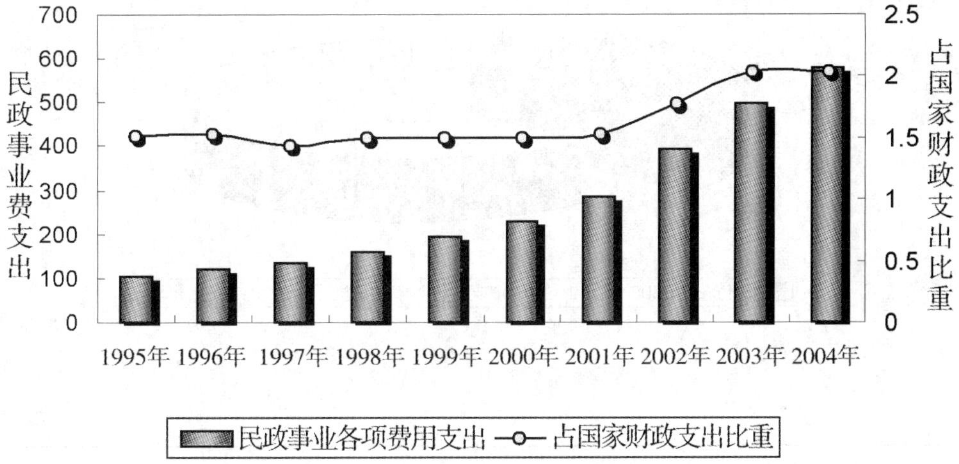

单位:亿元、%

指标	1999 年	2000 年	2001 年	2002 年	2003 年	2004 年
民政事业各项费用支出	194.7	229.7	284.8	392.3	498.9	577.4
占国家财政支出比重	1.49	1.5	1.53	1.78	2.03	2.04

民政事业基本建设投资总额 29.2 亿元,比上年下降 2.7%。其中:国家投资 9 亿元,比上年下降 9.4%;其他基建投资 20.2 亿元,基本与上年持平;施工项目 8985 个。

民政部门组织筹集的社会捐赠资金 34 亿元,其中:慈善团体募捐资金 16.9 亿元,比上年增长 42.5%;资助福利项目 1545 个。

图一1　2003年国家机关、政党机关和社会团体占国内生产总值(GDP)的比重

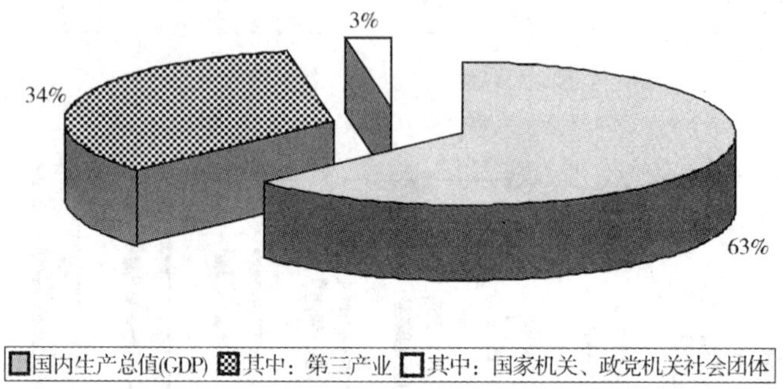

单位:亿元

指　　标	人　　数	比　　重
国内生产总值(GDP)	105172	100
其中:第三产业	36074.8	34.3
其中:国家机关、政党机关和社会团体	2844.5	2.7

注:1.本表数据来源于国家统计局

图一2　农村贫困人口和65岁以上老年人占全国总人口的比重

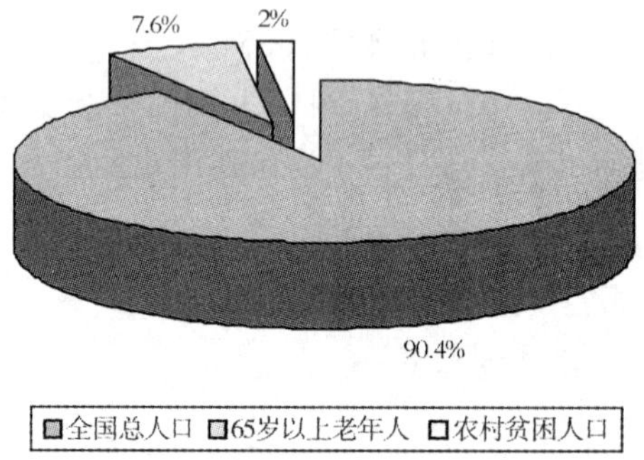

单位:万人、%

指　　标	人　　数	比　　重
全国总人口	129227	100
65岁以上老年人	9857	7.6
农村贫困人口	2610	2

注:1.本表数据来源于国家统计局

图一3 抚恤、补助、救济民政对象占全国总人口的比重

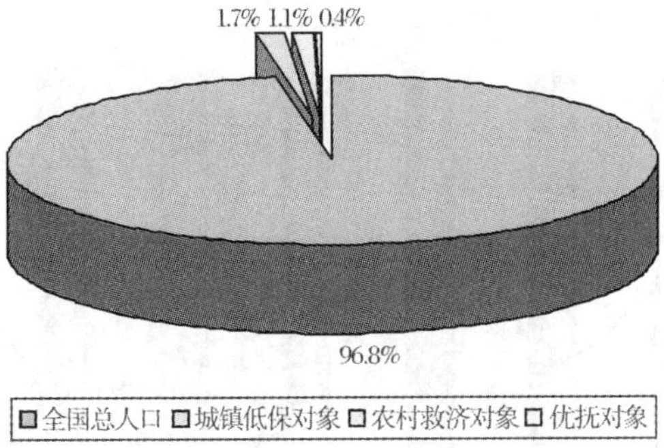

单位：万人、%

指 标	人 数	比 重
全国总人口	129988	100
城市最低生活保障对象	2205	1.7
农村低保对象和传统救济对象	1402	1.1
优抚对象	462	0.4

图一4 民间组织

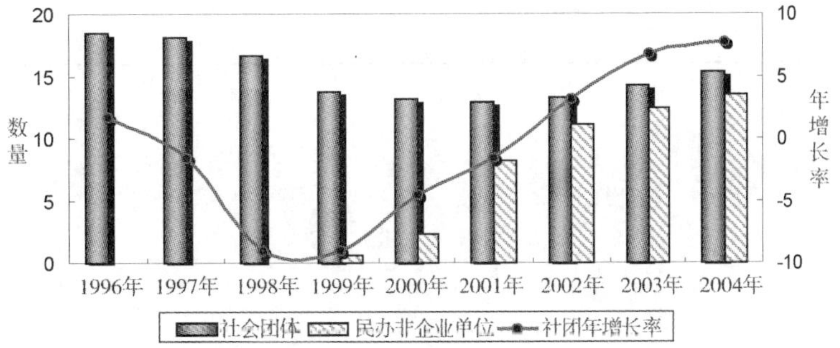

单位：万人、%

指标	1996 年	1997 年	1998 年	1999 年	2000 年	2001 年	2002 年	2003 年	2004 年
社会团体	18.4	18.1	16.6	13.7	13.1	12.9	13.3	14.2	15.3
民办非企业单位				0.6	2.3	8.2	11.1	12.4	13.5
基金会								954	892
社团年增长率	1.7	−1.6	−9	−9.0	−4.6	−1.6	3.1	6.8	7.7

图一5　国家抚恤、补助优抚对象情况

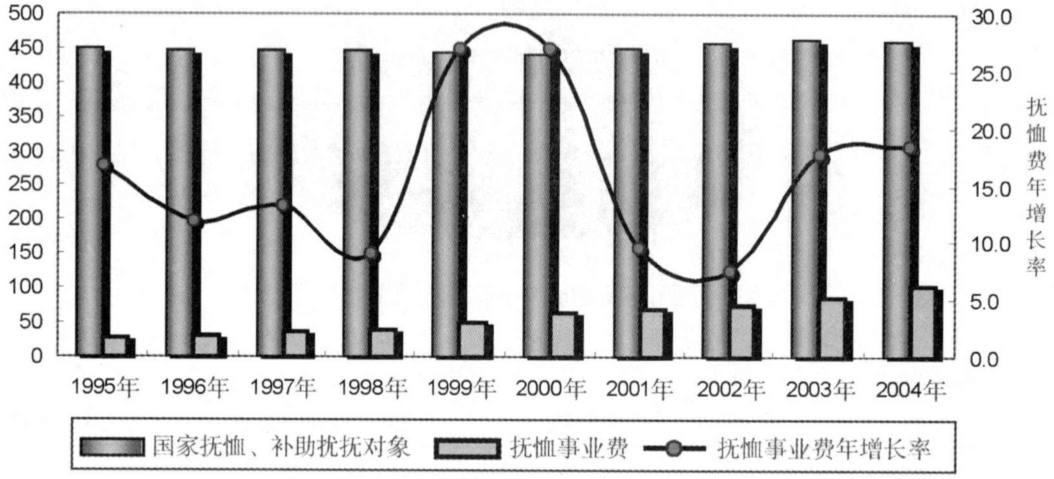

单位：万人、亿元、%

指标	1995 年	1996 年	1997 年	1998 年	1999 年	2000 年	2001 年	2002 年	2003 年	2004 年
国家抚恤、补助优抚对象	448.8	447	448.3	447	445.1	442.4	450.7	459	464.9	462
抚恤事业费	28.5	31.9	36.1	39.4	50.0	63.5	69.5	74.7	87.9	104.1
抚恤事业费年增长率	16.8	11.9	13.2	9.1	26.9	27.0	9.5	7.5	17.7	18.4

图一6 优抚对象分类

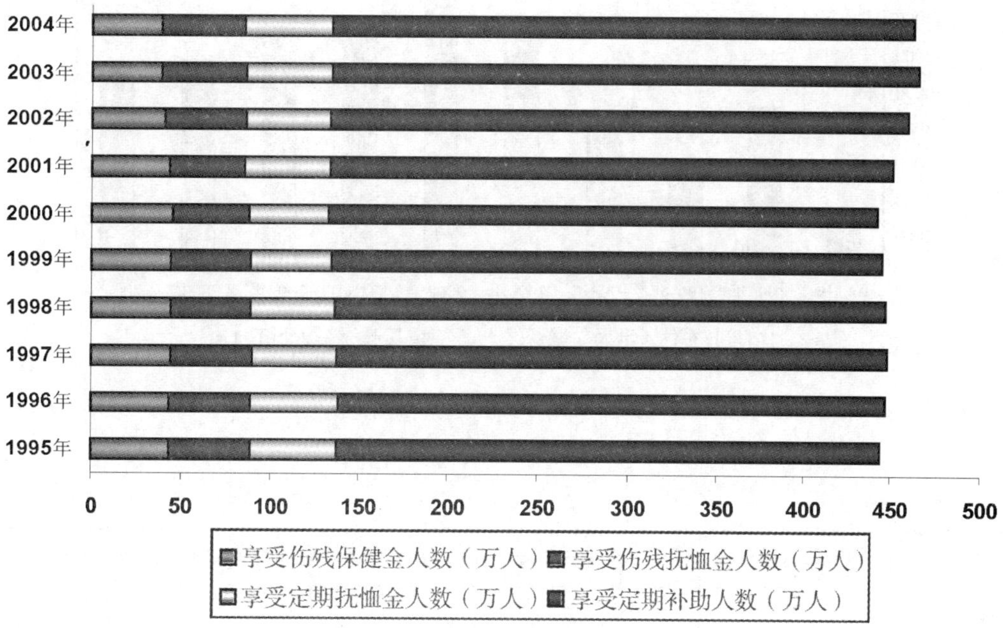

单位:万人

指标	1995 年	1996 年	1997 年	1998 年	1999 年	2000 年	2001 年	2002 年	2003 年	2004 年
享受伤残保健金人数	43.4	43.9	44.4	44.6	44.8	45.1	44	40.4	39.1	38.5
享受伤残抚恤金人数	45.4	45.4	45.1	44.6	43.9	43	41.5	45.4	46.9	47.1
享受定期抚恤金人数	48.6	48.6	48.0	47.4	45.8	44.8	48.1	48	48.9	48.6
享受定期补助人数	307.0	309.0	310.8	310.4	310.6	309.5	317.1	325.2	330	327.8

图—7　接收安置军休干部、军休职工

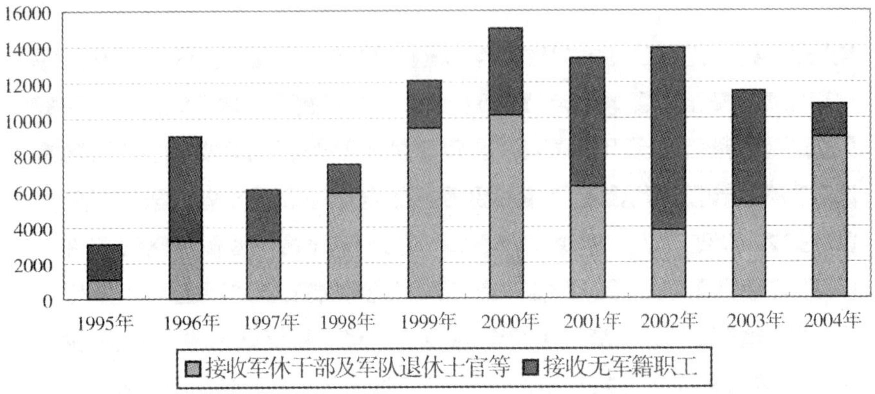

单位：人

指标	1995 年	1996 年	1997 年	1998 年	1999 年	2000 年	2001 年	2002 年	2003 年	2004 年
接收军休干部及军队退休士官等	1056	3210	3246	5868	9464	10197	6236	3792	5195	8974
接收无军籍职工	1999	5854	2835	1597	2611	4822	7129	10175	6312	1820

图—8　人口受灾

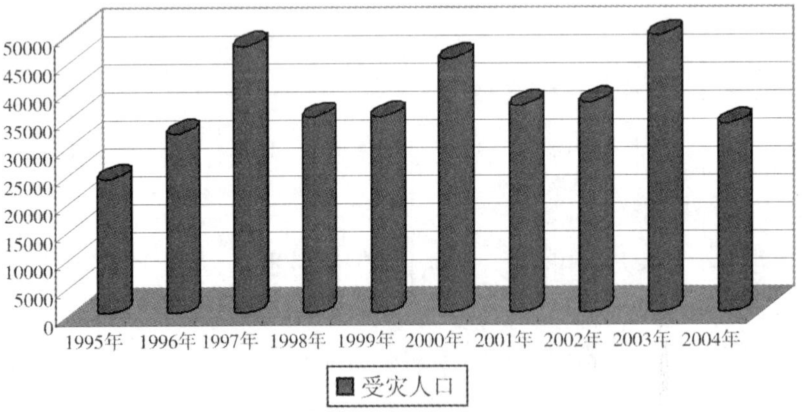

单位：万人次

指标	1995 年	1996 年	1997 年	1998 年	1999 年	2000 年	2001 年	2002 年	2003 年	2004 年
受灾人口	24215	32305	47886	35216	35319	45652	37256	37842	49745.9	33920.6

图一9 社会捐赠

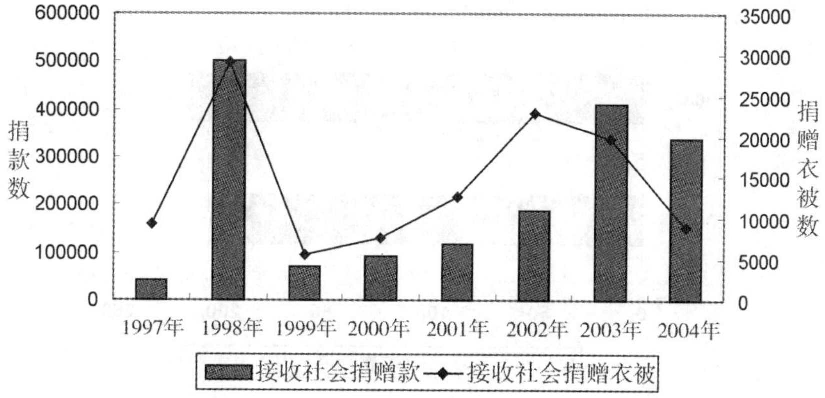

单位:万元、万件

指标	1997 年	1998 年	1999 年	2000 年	2001 年	2002 年	2003 年	2004 年
接收社会捐赠款	41514.6	501921.3	69434.8	93464	117241.8	189675.8	410234.7	339641.3
接收社会捐赠衣被	9358	29000	5636.2	7708.5	12635.4	22961.1	19648.8	8957.2

图一10 城市最低生活保障

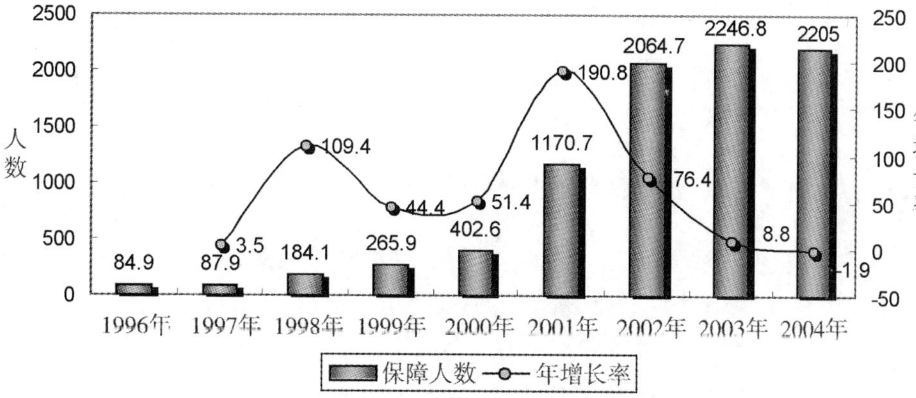

单位:万人、%

指标	1996 年	1997 年	1998 年	1999 年	2000 年	2001 年	2002 年	2003 年	2004 年
保障人数	84.9	87.9	184.1	265.9	402.6	1170.7	2064.7	2246.8	2205
年增长率		3.5	109.4	44.4	51.4	190.8	76.4	8.8	—1.9

图－11　城市平均低保标准与平均支出水平

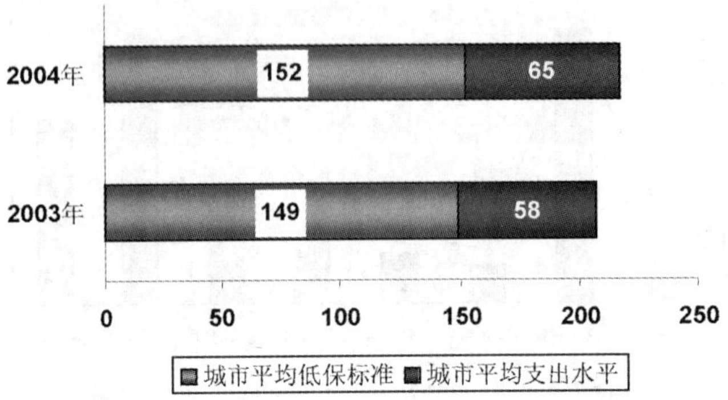

单位：万人、%

指标	2003 年	2004 年
城市平均低保标准	149	152
城市平均支出水平	58	65

图一12 各地城市低保平均标准与平均支出水平

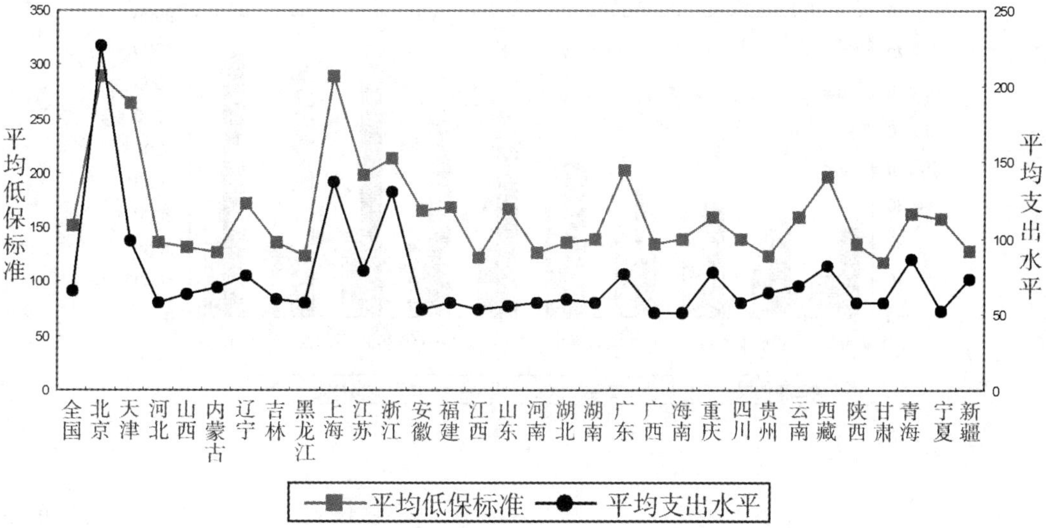

单位:元

地区	平均低保标准	平均支出水平	地区	平均低保标准	平均支出水平	地区	平均低保标准	平均支出水平	地区	平均低保标准	平均支出水平
全国	152	65	黑龙江	124	58	河南	127	58	贵州	124	64
北京	290	227	上海	290	137	湖北	137	60	云南	159	69
天津	265	99	江苏	198	79	湖南	140	58	西藏	196	82
河北	137	58	浙江	213	131	广东	203	76	陕西	135	58
山西	132	63	安徽	165	53	广西	135	51	甘肃	118	57
内蒙古	127	68	福建	169	58	海南	140	51	青海	162	86
辽宁	172	75	江西	122	53	重庆	160	77	宁夏	158	52
吉林	137	60	山东	167	55	四川	139	58	新疆	128	73

图—13　社区服务建设

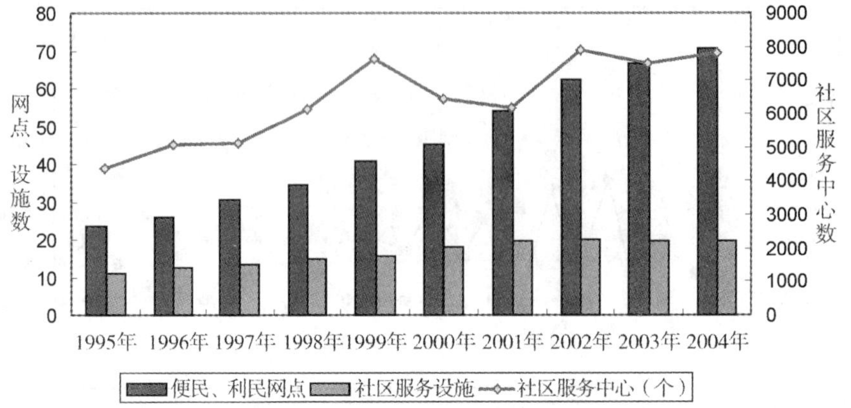

单位：万个

名称	1995 年	1996 年	1997 年	1998 年	1999 年	2000 年	2001 年	2002 年	2003 年	2004 年
便民、利民网点	23.4	25.9	30.7	34.5	40.6	45.2	54	62.3	66.8	70.4
社区服务设施	11.1	12.7	13.3	14.8	15.7	18.1	19.6	19.9	19.6	19.8
社区服务中心(个)	4380	5055	5113	6154	7623	6444	6179	7898	7520	7804

图—14　居委会、村委会变化

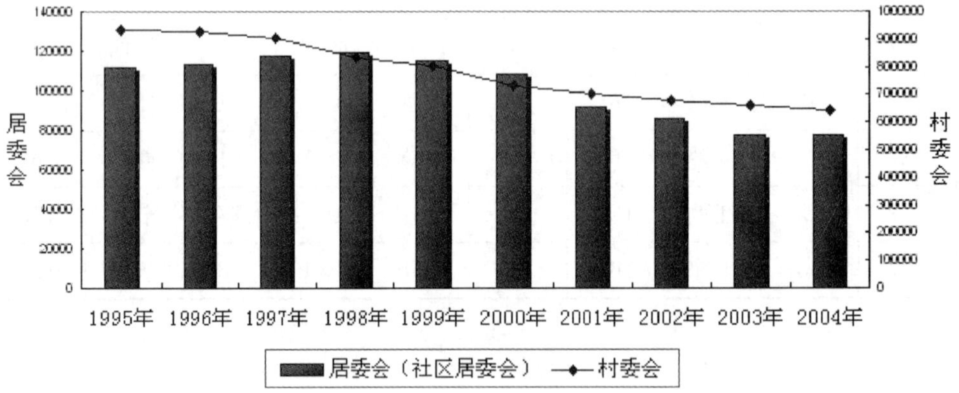

单位：个

名称	1995 年	1996 年	1997 年	1998 年	1999 年	2000 年	2001 年	2002 年	2003 年	2004 年
居委会(社区居委会)	111860	113690	117915	119042	114815	108424	91893	86087	77431	77884
村委会	931716	928312	905804	832987	801483	731659	699974	681227	663486	644000

图一15 乡镇变化

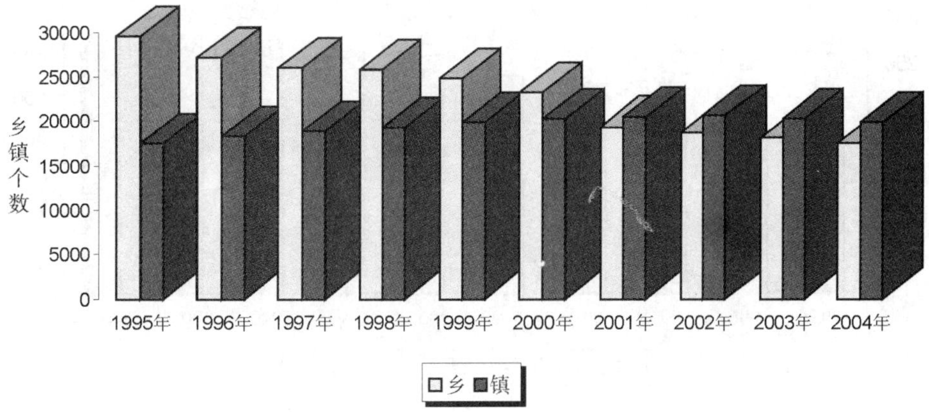

单位:个

指标	1995 年	1996 年	1997 年	1998 年	1999 年	2000 年	2001 年	2002 年	2003 年	2004 年
乡	29502	27056	25966	25712	24745	23199	19341	18639	18064	17451
镇	17532	18171	18925	19216	19756	20312	20374	20601	20226	19883

图一16 县和县级市的变化

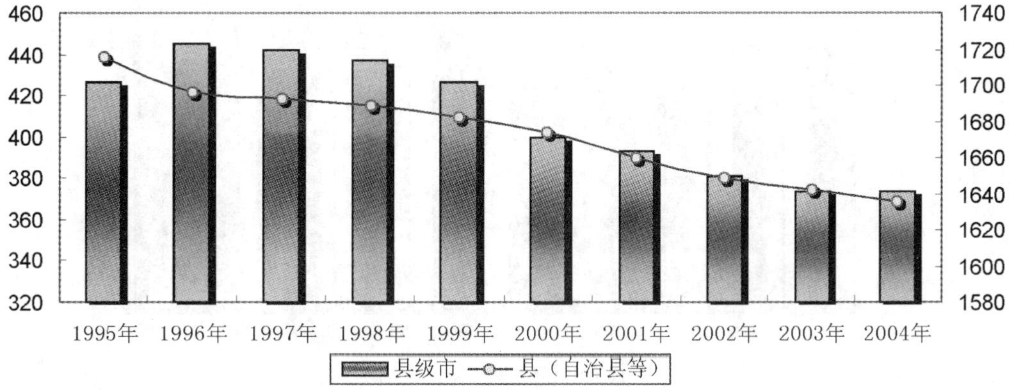

单位:个

指标	1995 年	1996 年	1997 年	1998 年	1999 年	2000 年	2001 年	2002 年	2003 年	2004 年
县级市	427	445	442	437	427	400	393	381	374	374
县(自治县等)	1716	1696	1693	1689	1682	1674	1660	1649	1642	1636

图—17　地和地级市变化

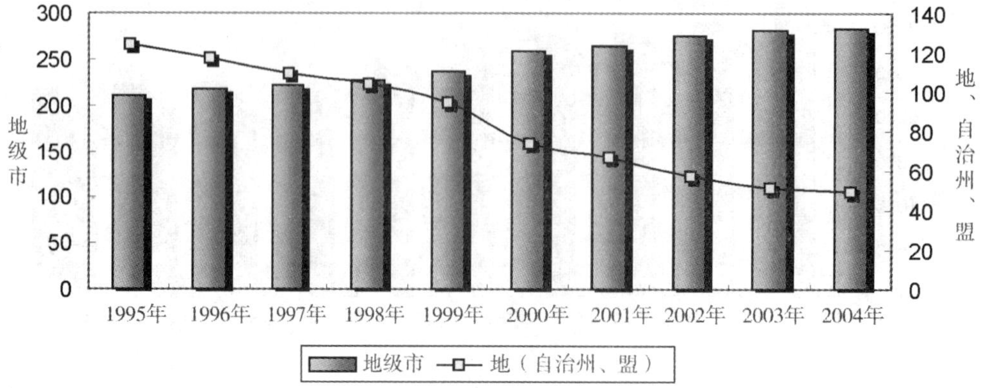

单位：个

指标	1995 年	1996 年	1997 年	1998 年	1999 年	2000 年	2001 年	2002 年	2003 年	2004 年
地级市	210	218	222	227	236	259	265	275	282	283
地(自治州、盟)	124	117	110	104	95	74	67	57	51	50

图—18　城市发展

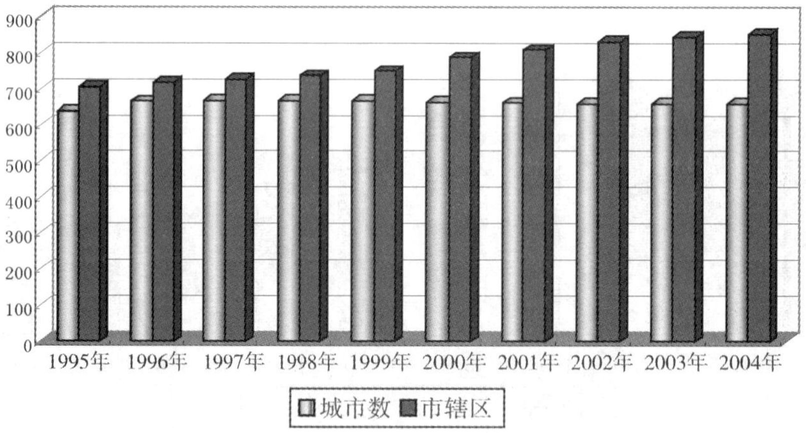

单位：个

名称	1995 年	1996 年	1997 年	1998 年	1999 年	2000 年	2001 年	2002 年	2003 年	2004 年
市辖区	706	717	727	737	749	787	808	830	845	852
城市数	640	666	668	668	667	663	662	660	660	661

图—19 结婚率和离婚率

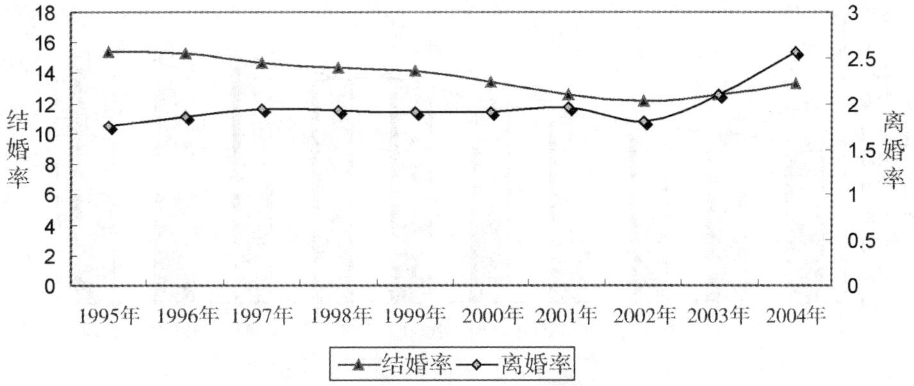

单位:‰

指标	1995 年	1996 年	1997 年	1998 年	1999 年	2000 年	2001 年	2002 年	2003 年	2004 年
结婚率	15.4	15.3	14.7	14.4	14.1	13.4	12.6	12.2	12.6	13.3
离婚率	1.75	1.85	1.94	1.92	1.91	1.91	1.96	1.8	2.1	2.56

图—20 民政部门和法院办理离婚情况

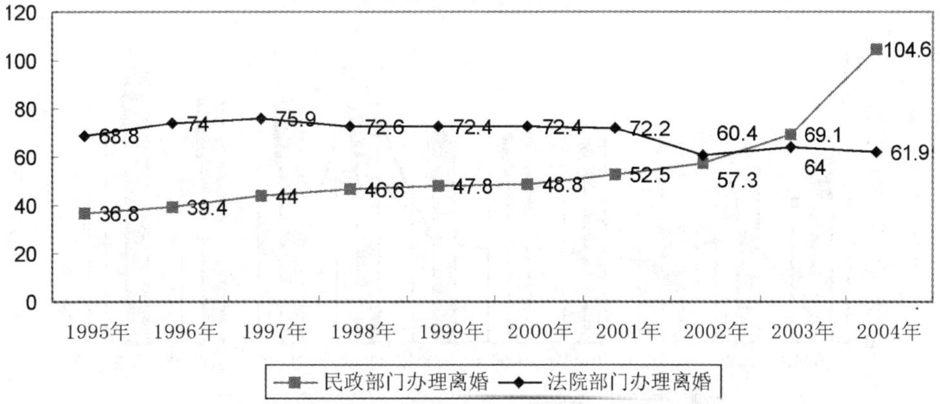

单位:万对

指标	1995 年	1996 年	1997 年	1998 年	1999 年	2000 年	2001 年	2002 年	2003 年	2004 年
民政部门办理离婚	36.8	39.4	44	46.6	47.8	48.8	52.5	57.3	69.1	104.6
法院部门办理离婚	68.8	74	75.9	72.6	72.4	72.4	72.2	60.4	64	61.9

图一21　殡葬事业发展情况

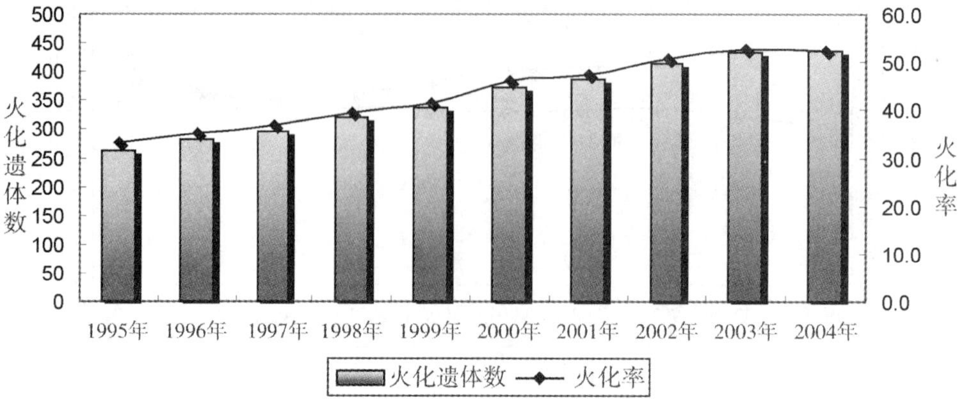

单位：万具、%

指标	1995 年	1996 年	1997 年	1998 年	1999 年	2000 年	2001 年	2002 年	2003 年	2004 年
火化遗体数	262.7	282.7	295	319.7	336.4	373.7	386.7	415.2	435	436.9
火化率	33.2	35.2	36.8	39.6	41.5	46.0	47.3	50.6	52.7	52.5

图一22　收养性社会福利单位发展情况

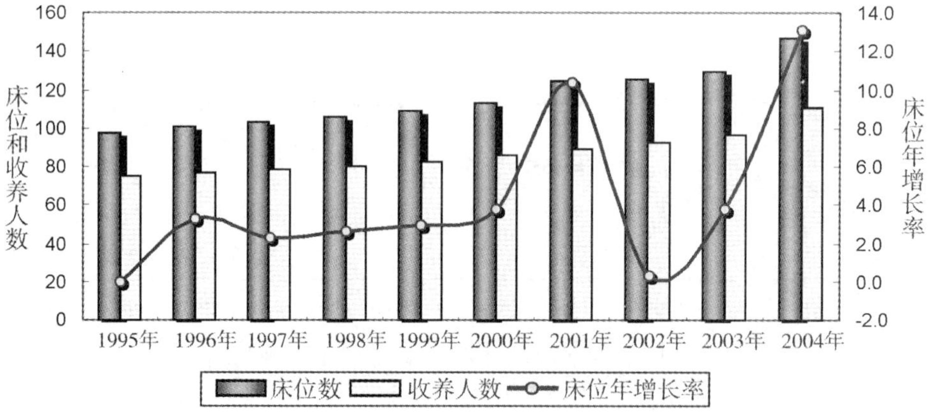

单位：万张、万人、%

指标	1995 年	1996 年	1997 年	1998 年	1999 年	2000 年	2001 年	2002 年	2003 年	2004 年
床位数	97.6	100.8	103.1	105.8	108.9	113	124.7	125.1	129.8	146.8
收养人数	74.7	76.9	78.5	80	82.7	85.4	89.3	92.6	96.5	110.9
床位年增长率		3.3	2.3	2.6	2.9	3.8	10.4	0.3	3.8	13.1

图—23　社会福利企业利润额

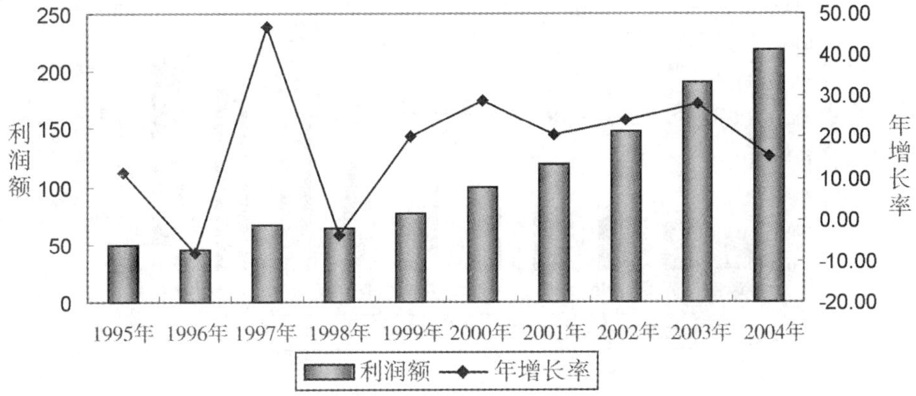

单位:亿元

指标	1995 年	1996 年	1997 年	1998 年	1999 年	2000 年	2001 年	2002 年	2003 年	2004 年
利润额	49.1	45.1	66.3	63.9	76.7	99	119.5	148.3	190	219
年增长率	11.34	−8.15	47.01	−3.62	20.03	29.07	20.71	24.10	28.12	15.3

图—24　民政事业基本建设投资情况

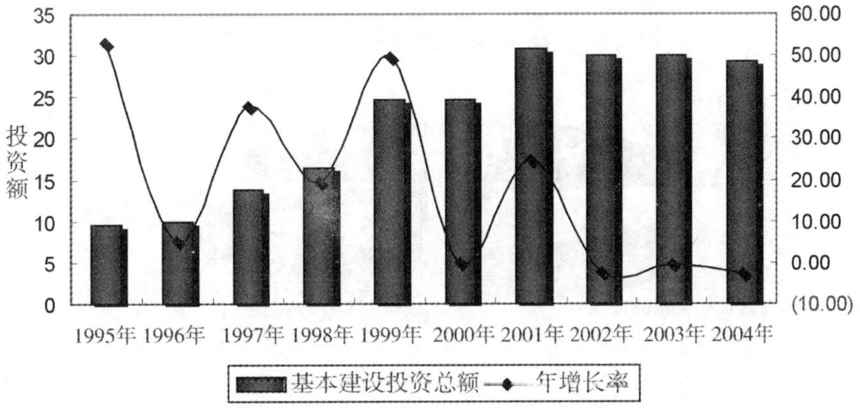

单位:亿元、%

指标	1995 年	1996 年	1997 年	1998 年	1999 年	2000 年	2001 年	2002 年	2003 年	2004 年
基本建设投资总额	9.5	10	13.8	16.5	24.7	24.7	30.8	30.1	30	29.2
年增长率	53.23	5.26	38.00	19.57	49.70	0.00	24.70	−2.27	−0.33	−2.70

图—25　民政事业费支出占国家财政支出的比重

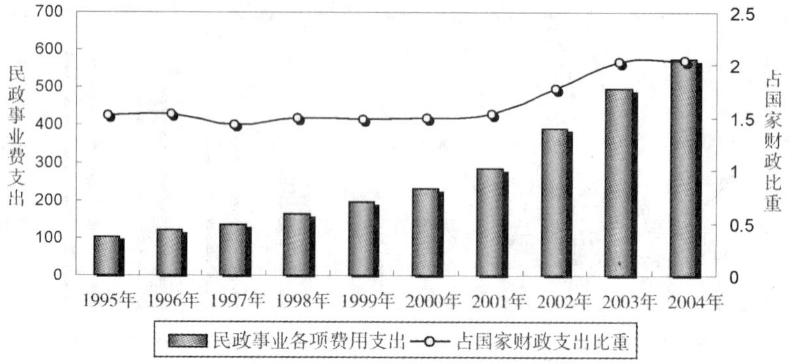

单位:亿元、%

指标	1995 年	1996 年	1997 年	1998 年	1999 年	2000 年	2001 年	2002 年	2003 年	2004 年
民政事业各项费用支出	103.5	121	133.5	161.8	194.6	230.5	285.1	392.2	498.9	577.4
占国家财政支出比重	1.52	1.53	1.44	1.5	1.49	1.5	1.53	1.78	2.03	2.04

图—26　民政事业费按用项支出比重

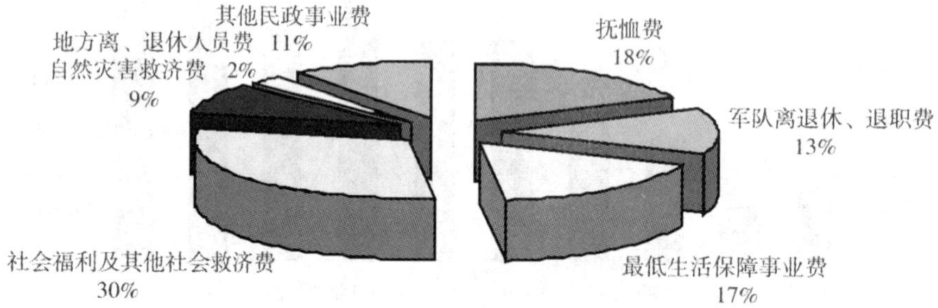

单位:亿元、%

指标名称	民政事业费总支出	抚恤费	军队离退休、退职费	最低生活保障事业费	社会福利及其他社会救济费	自然灾害救济费	地方离、退休人员费	其他民政事业费
数量	577.4	104.1	74.1	99.4	172.7	51.5	13.9	61.7
比重	100	18.0	12.8	17.2	29.9	8.9	2.4	10.7

表 A—1 全国总人口

单位:万人、%

年份	总人口	城镇	乡村	农村贫困人口	65岁及以上老年人口	65岁及以上人口比例	出生人口	死亡人口	当年净增人口
1978年	96256	17245	79014	25000					
1979年	97542	18495	79047						1283
1980年	98705	19140	79565						1163
1981年	100072	20171	79901						1367
1982年	101654	21480	80174			4.91			1469
1983年	103008	22274	80734						954
1984年	104357	24017	80340	12800					
1985年	105851	25094	80757	12500					1164
1986年	107507	26366	81141	13100					1476
1987年	109300	27674	81626	12200		5			1500
1988年	111026	28661	82365	9600					1541
1989年	112704	29540	83164	10200					1577
1990年	114333	30195	84138	8500		5.58	2391	762	1629
1991年	115823	31203	84620				2258	768	1490
1992年	117171	32175	84799	8000			2119	771	1348
1993年	118517	33173	85344				2126	780	1346
1994年	119850	34169	85681	7000			2104	771	1333
1995年	121121	35174	85947	6540		6.4	2063	792	1271
1996年	122389	37304	85085				2067	799	1268
1997年	123626	39449	84177	4962		6.7	2038	801	1237
1998年	124761	41608	83153	4210	8375	6.9	1942	807	1135
1999年	125786	43748	82038	3412	8687		1834	809	1025
2000年	126743	45906	80837	3209	8811	6.96	1771	814	957
2001年	127627	48064	79563	2927	9062	7.1	1702	818	884
2002年	128453	50212	78241	2820	9377	7.3	1647	821	826
2003年	129227	52376	76851	2900	9692	7.5	1599	825	774
2004年	129988	54283	75705	2610	9857	7.6	1593	832	761

注:本表资料来源于国家统计局

表 A—2　城乡居民生活水平、职工工资和住房

单位：元、平方米

年份	平均消费水平			职工平均工资	城市人均住宅建筑面积
	全国	农村	城镇		
1978 年	184	138	405	615	6.7
1979 年	207	158	434	668	6.9
1980 年	236	178	496	762	7.2
1981 年	236	199	562	772	7.7
1982 年	262	221	576	798	8.2
1983 年	284	246	603	826	8.7
1984 年	311	283	664	974	9.1
1985 年	437	347	802	1148	10
1986 年	485	376	920	1329	12.4
1987 年	550	417	1089	1459	12.7
1988 年	693	508	1431	1747	13
1989 年	762	553	1568	1935	13.5
1990 年	803	571	1686	2140	13.7
1991 年	896	621	1925	2340	14.2
1992 年	1070	718	2356	2711	14.8
1993 年	1331	855	3027	3371	15.2
1994 年	1746	1118	3891	4538	15.7
1995 年	2236	1434	4874	5500	16.3
1996 年	2641	1768	5430	6210	17
1997 年	2834	1876	5796	6470	17.8
1998 年	2972	1895	6217	7479	18.7
1999 年	3138	1927	6796	8346	19.4
2000 年	3397	2037	7402	9371	20.3
2001 年	3609	2156	7761	10870	20.8
2002 年	3791	2259	7972	12422	22.8
2003 年	4089	2361	8473	14040	
2004 年	4556			16024	

注：1. 本表资料来源于国家统计局

表 A—3 城乡居民家庭人均收入和消费支出

单位:元、%

年份	城镇居民可支配收入	城镇居民家庭		农民纯收入	农村居民家庭	
		人均生活消费支出	恩格尔系数		人均生活消费支出	恩格尔系数
1978 年	343	311	57.5	134	116	67.7
1979 年				161	135	64
1980 年	478	412	56.9	191	162	61.8
1981 年	*458*	457	56.7	223	191	59.8
1982 年	*495*	471	58.6	270	220	60.6
1983 年	*526*	506	59.2	310	248	59.4
1984 年	*608*	559	58	355	274	59.3
1985 年	739	673	52.2	398	317	57.8
1986 年	900	799	52.4	424	357	56.5
1987 年	1002	884	53.5	463	398	55.8
1988 年	1181	1104	51.4	545	477	54
1989 年	1376	1211	54.5	602	535	54.8
1990 年	1510	1279	54.2	686	585	58.8
1991 年	1701	1454	53.8	709	620	57.6
1992 年	2027	1672	53	784	659	57.6
1993 年	2577	2111	50.3	922	770	58.1
1994 年	3496	2851	50	1221	1017	58.9
1995 年	4283	3538	51	1578	1310	58.6
1996 年	4839	3919	48.8	1926	1572	56.3
1997 年	5160	4186	46.6	2090	1617	55.1
1998 年	5425	4332	44.7	2162	1590	53.4
1999 年	5854	4616	42.1	2210	1577	52.6
2000 年	6280	4998	39.4	2253	1670	49.1
2001 年	6860	5309	38.2	2366	1741	47.7
2002 年	7703	6030	37.7	2476	1834	46.2
2003 年	8472	6511	37.1	2622	1943	45.6
2004 年	9422		37.7	2936		47.2

注:1.本表资料来源于国家统计局

2.斜体下划线为生活费支出,与其他年份不可比。

表 A—4　民间组织

年　份	民间组织合计	社会团体(个)	民办非企业(个)	基金会(个)
1978 年				
1979 年				
1980 年				
1981 年				
1982 年				
1983 年				
1984 年				
1985 年				
1986 年				
1987 年				
1988 年	4446	4446		
1989 年	4544	4544		
1990 年	10855	10855		
1991 年	82814	82814		
1992 年	154502	154502		
1993 年	167506	167506		
1994 年	174060	174060		
1995 年	180583	180583		
1996 年	184821	184821		
1997 年	181318	181318		
1998 年	165600	165600		
1999 年	142665	136764	5901	
2000 年	153322	130668	22654	
2001 年	210939	128805	82134	
2002 年	244509	133297	111212	
2003 年	266612	141167	124491	954
2004 年	289432	153359	135181	892

注:2001 年以前的基金会含在社会团体内。

表 A—5 抚恤、补助优抚对象

年　份	抚恤补助人数(万人)	享受伤残保健金人数(万人)	享受伤残抚恤金人数(万人)	享受定期保健金人数(万人)	享受定期补助人数(万人)
1978年	205.9	27.0	46.4		
1979年	173.6	26.6	49.0		
1980年	222.4	28.4	50.2		
1981年	233.6	30.1	49.5		
1982年	240.8	31.4	50.2		
1983年	251.2	32.5	50.5		
1984年	267.3	33.8	50.6		
1985年	283.3	35.1	50.2	51.9	145.5
1986年	339.8	36.8	49.7	53.3	199.4
1987年	366.3	38.4	49.6	54.8	222.3
1988年	378.5	40.0	48.7	53.7	235.3
1989年	411.7	40.6	48.5	52.5	270.9
1990年	425.7	40.8	46.6	51.7	285.9
1991年	434.8	41.5	46.0	50.4	293.2
1992年	433.7	42.4	45.2	49.2	296.9
1993年	441.2	42.4	45.9	49.6	303.3
1994年	442.0	43.0	45.5	48.7	304.8
1995年	448.8	43.4	45.4	48.6	307.0
1996年	447.0	43.9	45.4	48.6	309.3
1997年	448.3	44.4	45.1	48.0	310.8
1998年	447.0	44.6	44.6	47.4	310.4
1999年	445.1	44.8	43.9	45.8	310.6
2000年	442.4	45.1	43.0	44.8	309.5
2001年	450.7	44.0	41.5	48.1	317.1
2002年	459.0	40.4	45.4	48	325.2
2003年	464.9	39.1	46.9	48.9	330
2004年	462	38.5	47.1	48.6	327.8

表 A—6　烈士褒扬和优待

年　份	本年批准烈士人数	零散烈士纪念建筑物	优待优抚对象户数	优待军属户数	优待总金额	固定优待军属总额
1978 年		5347				
1979 年		3779			20393	
1980 年		2825			31459	
1981 年		2915			47255	
1982 年	8601	3592	4730756		58750	
1983 年	11024	3826	4387292		59588	
1984 年	8478	3953	4102419		62263	
1985 年	5887	3716	3567165	2884906	71655	577018
1986 年	11758	3871	3355694	2710272	75243	62205
1987 年	10644	4121	3223550	2562036	80915	66321
1988 年	9035	4236	3225253	2477699	87160	71735
1989 年	3960	4466	3086285	2423418	92169	77764
1990 年	3067	6065	2941486	2522476	99535	86739
1991 年	1556	6474	2967881	2540714	106354	93069
1992 年	1338	6957	2967002	2535037	116573	102008
1993 年	1467	6956	3009163	2470099	1315551	113330
1994 年	1215	7279	3027420	2462671	155627	133070
1995 年	1277	7067	3051322	2476261	194379	166414
1996 年	1187	7020	3040439	2449077	251798	217527
1997 年	888	7048	3334000	2427586	321741	261865
1998 年	749	7322	3250395	2415838	356413	292305
1999 年	616	7252	3818210	2380675	402998	305386
2000 年	468	7427	3855797	2282584	469054	363675
2001 年	460	7802	3973085	2086464	385859	275456
2002 年	403	8051	4130817	1929011	374819	251854
2003 年	461	7781	3962425	1672205	391581	239410
2004 年	316	7425	3632630	1430630	418498.9	267458

表 A—7 人口受灾和救灾

年份	受灾人口（万人次）	因灾死亡人口（人）	紧急转移人口（万人）	紧急抢救灾民累计人数（万人）	因灾发救济费累计人数（万人）
1978 年		4965			
1979 年		6962			
1980 年		6821			
1981 年	26710.0	7422			
1982 年	22900.7	7935			
1983 年	22439.0	10952			
1984 年	20894.0	6927			
1985 年	26446.0	4394	290.5	139	6061
1986 年	29928.0	5410	345.8	199	6738
1987 年	23512.0	5495	348	113	6710
1988 年	36169.0	7306	582.9	112	6029
1989 年	34569.0	5952	365.3	132	6499
1990 年	29348.0	7338	579.2	129	5804
1991 年	41941.0	7315	1308.5	549	6725
1992 年	37174.0	5741	303.6	205	5259
1993 年	37541.0	6125	307.7	159	5258
1994 年	43799.0	8549	1054	244	5990
1995 年	24215.0	5561	1064	297	6710
1996 年	32305.0	7273	1216	478	6447
1997 年	47886.0	3212	511.3	305	5487
1998 年	35216.0	5511	2082.4	903	5781
1999 年	35319.0	2966	664.8	367	5058
2000 年	45652.3	3014	467.1	324	5127
2001 年	37255.9	2583	211.1	476	5727
2002 年	37841.8	2840	471.8	460	6013
2003 年	49745.9	2259	707.3	1001.5	6242
2004 年	33920.6	2250	563.2	492	4854.9

表 A—8　因灾造成物资损失

年份	直接经济损失（亿元）	倒塌房屋（万间）	受灾面积（万公顷）	死亡大牲畜（万头）
1978 年		73.09	4844	226.3
1979 年		152.06	3937	
1980 年		137.30	5003	72.6
1981 年		261.50	3979	170.9
1982 年		320.30	3313	198.6
1983 年	260.9	345.40	3471	114.8
1984 年		274.70	3189	36.9
1985 年	410.4	224.90	4437	322.7
1986 年		209.71	4714	79.0
1987 年	326.3	180.00	4207	100.0
1988 年		258.00	5087	249.2
1989 年	525.0	194.10	4699	450.0
1990 年	616.0	247.35	3847	166.0
1991 年	1215.1	581.51	5547	97.9
1992 年	853.9	196.56	5133	171.4
1993 年	933.2	271.64	4867	150.8
1994 年	1876.0	512.06	5504	238.2
1995 年	1863.0	439.29	4587	245.2
1996 年	2882.0	809.00	5975	619.3
1997 年	1975.0	288.00	5343	33.5
1998 年	3007.4	821.40	2229	689.3
1999 年	1962.4	174.53	4998	82.2
2000 年	2045.3	147.30	5469	162.0
2001 年	1942.0	92.20	5215	62.8
2002 年	1717.4	175.7	4711.9	74.8
2003 年	1884.2	343	5438.6	81.1
2004 年	1602.3	155	3710.6	169.5

表 A—9 社会捐赠

单位：万元、万件

年份	社会捐赠款物合计	社会捐赠款			社会捐赠衣被物资折款（万元）	接收社会捐赠衣被数量（万件）
			民政部门	慈善会		
1978 年						
1979 年						
1980 年						
1981 年						
1982 年						
1983 年						
1984 年						
1985 年						
1986 年						
1987 年						
1988 年						
1989 年						
1990 年						
1991 年						
1992 年						
1993 年						
1994 年						
1995 年						
1996 年						
1997 年	140159.5	41514.6			98644.9	9358.0
1998 年	1132082.4	501921.3	501921.3		630161.1	29000.0
1999 年	177807.4	69434.8	49914.4	19520.4	108372.6	5636.2
2000 年	163053.6	93464	54211.7	39252.3	69589.6	7708.5
2001 年	199885.6	117241.8	75769.6	41472.2	82643.8	12635.4
2002 年	207979.7	189675.8	110905.8	78770	18303.9	22961.1
2003 年	434054.9	410234.7	291690.4	118544.3	23820.2	19648.8
2004 年	351205.7	339641.3	170671.3	168970	11564.4	8957.2

表 A—10　城市居民传统救济与最低生活保障

年份	城市居民传统救济总人数	城市居民传统定救人数(万人)	城市精简退职老职工人数(万人)	享受40%人数(万人)	定量救济人数(万人)
1978年					
1979年	33.6	23.7	*9.9*		
1980年	32.9	22.9	*10*		
1981年	31.5	21.5	*10*		
1982年	34.7	21.4	*13.3*		
1983年	47.1	22.6	*24.5*		
1984年	*207.4*	*160.6*	*46.8*	*25.3*	
1985年	30.0	18.2	11.8	6.4	5.4
1986年	49.0	35.6	13.4	7.1	6.3
1987年	29.8	16.2	13.6	7.2	6.4
1988年	32.9	17.6	15.3	7.7	7.6
1989年	30.5	16.2	14.3	7.1	7.2
1990年	41.8	16.4	25.4	16.4	9.0
1991年	33.7	16.1	17.6	8.5	9.0
1992年	39.5	19.2	20.3	9.7	10.6
1993年	24.6	13.8	10.8	5	5.8
1994年	23.0	12.4	10.6	4.9	5.7
1995年	109.0	55.2	53.8	23.9	29.9
1996年	120.1	66.5	53.6	23.6	30.0

年份	城市最低生活保障人数	在职人员	下岗人员	退休人员	失业人员	“三无”人员	其它人员
1996年	84.9						
1997年	87.9						
1998年	184.1						
1999年	256.9						
2000年	402.6						
2001年	1170.7						
2002年	2064.7	186.8	554.5	90.8	358.3	91.9	783.1
2003年	2246.8	179.3	518.4	90.7	409	99.9	949.3
2004年	2205	141	468.9	73.1	423.1	95.4	1003.5

注:1984年以前的精简退职老职工人数含农村的数据。

表 A—11　农村居民传统救济与最低生活保障

单位:万人

年份	农村社会救济总人数	农村定期定量救济人数	农村精简退职老职工人数	享受 40% 人数	定量救济人数
1978 年					
1979 年	6847.6	*6837.7*	*9.9*		
1980 年	4651.8	*4641.8*	*10*		
1981 年	4265.1	*4255.1*	*10*		
1982 年	4270.7	*4257.4*	*13.3*		
1983 年	3526.7	*3502.2*	*24.5*		
1984 年	3842.7	*3795.9*	*46.825.3*		
1985 年	116.7	75.1	41.6	18.1	23.5
1986 年	103	63.1	39.9	18.1	21.7
1987 年	92.2	53.2	39	17.7	21.3
1988 年	93	54.1	38.9	17.6	21.4
1989 年	75.7	35.0	40.7	18.3	22.3
1990 年	100.2	46.7	53.5	23.6	29.9
1991 年	97	43.8	53.2	23.5	29.8
1992 年	97.5	45.6	51.9	23.3	28.6
1993 年	80.1	36.3	43.8	19.5	24.3
1994 年	82.1	38.5	43.6	19.2	24.3
1995 年	98.3	55.2	43.1	19	24.1
1996 年	109.2	66.5	42.7	18.6	24.1
1997 年	104.5	51.4	53.1	23.2	29.8
1998 年	120.5	65.6	54.9	24.9	30
1999 年	107.1	55.6	51.5	22.5	28.7
2000 年	112.2	62.5	49.7	22.1	27.6
2001 年	130.5	80.7	49.8	21.3	27.8
2002 年	1929.5	*1880.8*	48.7	20.9	27.8

年份	农村社会救济总人数（万人）	农村居民最低生活保障人数（万人）	农村居民最低生活保障户数（万人）	困难户（万户）	五保户（万户）	其他（万户）	农村传统救济人数（万人）	农村传统救济户数（万人）	困难户（万户）	五保户（万户）	其他户（万户）
2001 年	385.3	304.6					80.7				
2002 年	2288.6	407.8	156.7				1880.8				
2003 年	1160.5	367.1	176.8	114.5	30.3	32	793.4	456	192.7	173.9	89.3
2004 年	1402.1	488	235.9	165.2	37.1	33.6	914.1	545.8	260.4	228.7	56.6

注:1. 斜体数据为农村定救和临时救济的合计数。
2. 1984 年以前的精简退职老职工人数含填城的数据。

表 A—12　社区服务

年份	社区服务中心(个)	城镇社区服务设施数(个)	城镇便民、利民网点(个)
1978 年			
1979 年			
1980 年			
1981 年			
1982 年			
1983 年			
1984 年			
1985 年			
1986 年			
1987 年			
1988 年		69699	
1989 年		71357	
1990 年		84757	
1991 年		89918	
1992 年		112171	
1993 年	3711	89235	169503
1994 年	4034	94645	204229
1995 年	4380	110795	234024
1996 年	5055	127254	259201
1997 年	5113	133253	307226
1998 年	6154	148042	345075
1999 年	7623	157339	405740
2000 年	6444	181444	451567
2001 年	6179	195579	539544
2002 年	7898	198845	622986
2003 年	7520	196425	668418
2004 年	7804	198122	703760

表 A—13 村民自治

单位:万人、个

年份	当年农村登记选民数	参选人数	村民自治示范县	村民自治示范乡镇	村民自治示范村
1978 年					
1979 年					
1980 年					
1981 年					
1982 年					
1983 年					
1984 年					
1985 年					
1986 年					
1987 年					
1988 年					
1989 年					
1990 年					
1991 年					
1992 年					
1993 年					
1994 年					
1995 年			63	3917	82266
1996 年			187	4892	106000
1997 年			334	7942	164350
1998 年			488	10754	207898
1999 年			555	13709	239994
2000 年			587	14067	265730
2001 年			792		
2002 年	42403.7	38405.6	579	7457	
2003 年	12247.4	10746.6	667	7937	
2004 年	21407.1	19066.4	737	8047	

注:2003 年以前的基金会含在社会团体内。

表 A—14　自治组织

年份	居民委员会(个)	家委会(个)	居民小组(万个)	居民委员会成员(万人)	村民委员会(万个)	村民小组(万个)	村民委员会成员(万人)
1978 年							
1979 年	46810						
1980 年							
1981 年	57169						
1982 年							
1983 年	65519				31.2		
1984 年	75609				92.7		
1985 年	80943			34.9	94.9		379.6
1986 年	86824			36.2	86.6		365.9
1987 年	86799			37.0	84.5		359.9
1988 年	95684			36.1	88.3		366.6
1989 年	93691			36.6	93.4		379.4
1990 年	98814			43.1	100.1		409.4
1991 年	100347			44.1	101.9		424.4
1992 年	104136			46.5	100.4		430.9
1993 年	107173			47.9	101.3		456
1994 年	110112			48.0	100.7		458.5
1995 年	111860			48.0	93.2		400.5
1996 年	113690			49.3	92.8		397.5
1997 年	117915	11989.0	108.3	49.8	90.6	535.8	378.8
1998 年	119042	12087.0	117.2	50.8	83.3	537.1	358.6
1999 年	114815	12520.0	124.7	50.1	80.1	555.7	351.3
2000 年	108424	11382.0	127.2	48.4	73.2	553.4	315.0
2001 年	91893	7661.0	125.9	46.4	70.0	541.9	316.4
2002 年	860870		124.4	39.6	68.1	528.6	294.2
2003 年	77431	2311	122.2	39.7	66.3	519.2	319.1
2004 年	77884	2126	129.6	42.5	64.4	507.9	292.1

表 A—15　县以下行政区划

单位:个

年份	乡镇级合计	镇	乡	民族乡	区公所	街道办事处
1978 年	6198	2176			4022	
1979 年	10424	2361			3619	4444
1980 年						
1981 年	11434	2678			3791	4965
1982 年						
1983 年	49695	2968	35514		5909	5304
1984 年	106439	7186	85290		8119	5844
1985 年	104900	9140	82450	3144	7908	5402
1986 年	84018	10718	61417	2936	6165	5718
1987 年	81025	11103	58739	3020	5503	5680
1988 年	65345	11481	45195	1571	3570	5099
1989 年	65419	11873	44624	1755	3502	5420
1990 年	65188	12084	44397	1980	3438	5269
1991 年	63391	12455	42654	1403	3096	5186
1992 年	54830	14539	33827	1348	1231	5233
1993 年	54863	15805	32445	1351	1143	5470
1994 年	54605	16702	31463	1322	1068	5372
1995 年	53360	17532	29502	1330	730	5596
1996 年	51336	18171	27056	1383	544	5565
1997 年	50967	18925	25966	1545	398	5678
1998 年	50999	19216	25712	1517	339	5732
1999 年	50750	19756	24745	1222	345	5904
2000 年	49668	20312	23199	1356	255	5902
2001 年	45303	20374	19341	1188	78	5510
2002 年	44850	20601	18639	1167	34	5576
2003 年	44067	20226	18064	1149	26	5751
2004 年	43258	19883	17451	1124	20	5904

表 A—16　县以上行政区划

单位：个

年份	省级	地级（不含地级市）	县级（不含县级市、市辖区）	市			市辖区
					地级	县级	
1978 年	30	241	2138	190	99	91	
1979 年	30	209	2137	216	104	109	520
1980 年	30	209	2137	223	107	113	511
1981 年	30	208	2136	226	110	113	581
1982 年	30	210	2133	245	109	133	527
1983 年	30	183	2095	281	137	141	599
1984 年	30	175	2069	300	148	149	595
1985 年	30	165	2046	324	162	159	620
1986 年	30	159	2017	353	166	184	629
1987 年	30	156	1986	381	170	208	623
1988 年	31	151	1930	434	183	248	647
1989 年	31	151	1919	450	185	262	648
1990 年	31	151	1903	467	185	279	651
1991 年	31	151	1894	479	187	289	650
1992 年	31	148	1848	517	191	323	662
1993 年	31	139	1795	570	196	371	669
1994 年	31	127	1735	622	206	413	697
1995 年	31	124	1716	640	210	427	706
1996 年	31	117	1696	666	218	445	717
1997 年	33	110	1693	668	222	442	727
1998 年	33	104	1689	668	227	437	737
1999 年	34	95	1682	667	236	427	749
2000 年	34	74	1674	663	259	400	787
2001 年	34	67	1660	662	265	393	808
2002 年	34	57	1649	660	275	381	830
2003 年	34	51	1642	660	282	374	845
2004 年	34	50	1636	661	283	374	852

表 A—17 结婚登记

年份	结婚登记总数（万对）	内地居民登记结婚数（万对）	涉外华侨港澳台登记结婚数（万对）	结婚率（‰）
1978 年	597.8	597.8		12.4
1979 年	637.1	636.3	0.8	13.4
1980 年	720.9	719.8	1.1	14.6
1981 年	1041.7	1040.3	1.4	20.8
1982 年	836.9	835.5	1.4	16.5
1983 年	765.4	764.2	1.3	14.9
1984 年	784.8	783.4	1.4	15.0
1985 年	831.3	829.1	2.2	15.7
1986 年	884.0	882.3	1.7	16.4
1987 年	926.7	924.7	2.0	17.2
1988 年	899.2	897.2	2.0	16.6
1989 年	937.2	935.2	2.0	16.8
1990 年	951.1	948.7	2.4	16.4
1991 年	953.6	951.0	2.6	16.5
1992 年	957.5	954.5	3.0	16.5
1993 年	915.4	912.2	3.3	15.5
1994 年	932.4	929.0	3.4	15.6
1995 年	934.1	929.7	4.4	15.4
1996 年	938.7	934.0	4.7	15.3
1997 年	914.1	909.1	5.1	14.7
1998 年	891.7	886.7	5.0	14.4
1999 年	885.3	879.9	5.4	14.1
2000 年	848.5	842.0	6.5	13.4
2001 年	805.0	797.1	7.9	12.6
2002 年	786	778.8	7.3	12.2
2003 年	811.4	803.5	7.8	12.6
2004 年	867.2	860.8	6.4	13.3

注：结婚率计算方法

$$结婚率=\frac{当年领证人数(人)}{当地人口数(人)}\times 1000‰$$

表 A—18　离婚办理

年份	离婚总数（万对）	民政部门登记离婚数（万对）	内地居民登记离婚数（万对）	涉外华侨港澳台登记离婚数（对）	院部门办理离婚（万对）	离婚率(‰)
1978 年	28.5	17.0	17		11.5	0.35
1979 年	31.9	19.3	19.3	82	12.6	0.65
1980 年	34.1	18.0	18	330	16.1	0.69
1981 年	38.9	18.7	18.7	46	20.2	0.78
1982 年	42.8	21.1	21.1	116	21.7	0.84
1983 年	41.8	19.7	19.7	126	22.1	0.83
1984 年	45.4	19.9	19.9	110	25.5	0.80
1985 年	45.8	19.6	19.6	108	26.2	0.87
1986 年	50.6	21.4	21.4	205	29.2	0.94
1987 年	58.1	23.6	23.6	220	34.5	1.10
1988 年	65.5	26.4	26.4	310	39.1	1.20
1989 年	75.3	28.8	28.7	518	46.5	1.35
1990 年	80.0	30.1	30	602	49.9	1.38
1991 年	83.1	30.1	30	588	53	1.43
1992 年	85.0	31.6	31.5	833	53.4	1.47
1993 年	91.0	33.6	33.5	968	57.4	1.54
1994 年	98.2	35.5	35.4	737	62.7	1.64
1995 年	105.6	36.8	36.7	813	68.8	1.75
1996 年	113.4	39.4	39.3	1175	74	1.85
1997 年	119.9	44.0	43.9	1385	75.9	1.94
1998 年	119.2	46.6	46.5	948	72.6	1.92
1999 年	120.2	47.8	47.7	975	72.4	1.91
2000 年	121.3	48.9	48.8	1075	72.4	1.91
2001 年	125.0	52.8	52.5	2856	72.2	1.96
2002 年	117.7	57.3	56.8	5221	60.4	1.80
2003 年	133.0	69	68.7	3333	64	2.10
2004 年	166.5	104.6	104	5830	61.9	2.56

注：离婚率计算方法

$$离婚率=\frac{当年领证人数(人)}{当地人口数(人)}\times 1000‰$$

表 A—19 收养登记

年份	收养登记总数	中国公民收养登记	外国公民收养登记	被收养人合计	福利机构抚养的孤儿	被中国公民收养	被外国人收养
1979 年							
1980 年							
1981 年							
1982 年							
1983 年							
1984 年							
1985 年							
1986 年							
1987 年							
1988 年							
1989 年							
1990 年							
1991 年							
1992 年							
1993 年							
1994 年							
1995 年							
1996 年	18896	14804	4092	20389	2201		
1997 年	21548	17193	4355	21548	975		
1998 年	26498	20611	5887	26498	677		
1999 年	38074	31584	6158	38019	1670	31882	6137
2000 年	55802	49037	6765	56191	1847	49500	6691
2001 年	44706	36089	8617	45844	1908	37200	8644
2002 年	45336	35372	9964	47860	2404	37642	10218
2003 年	54159	44884	9275	54159	3427	44884	9275
2004 年	52603	40084	12519	55572	3189	44708	10864

表 A—20　救助与殡葬

年份	救助人次数（人次）	救助类单位床位数（张）	火化炉数（台）	火化遗体数（万具）	火化率（%）
1978 年			1712	117.5	
1979 年			2300	102.1	
1980 年			2510	98.7	
1981 年			2586	85.4	
1982 年			2622	96.2	
1983 年			2622	108.0	
1984 年			2686	128.2	
1985 年			2729	155.2	
1986 年			2745	155.5	26.2
1987 年			2752	162.0	27.0
1988 年			2729	180.9	29.5
1989 年			2768	182.3	30.1
1990 年			2795	201.3	31.5
1991 年			2714	215.6	34.0
1992 年			2852	242.6	31.2
1993 年			2891	247.6	31.6
1994 年			2882	257.1	33.4
1995 年			2927	262.7	33.2
1996 年			3005	282.7	35.2
1997 年			2959	295.0	36.8
1998 年			3157	319.7	39.6
1999 年			*3340*	336.4	41.5
2000 年			*3565*	373.7	46.0
2001 年			4299	386.7	47.3
2002 年			3945	415.2	50.6
2003 年			4159	434.9	52.7
2004 年	820254	47086	4792	436.9	52.5

注：斜体下划线数据经过修正。

表 A—21 民政行业单位

单位:个

年份	合计	行政机关	提供住宿的社会福利单位	不提供住宿的社会福利单位	社会福利企业
1978 年	11497		8571	2006	920
1979 年	12863		8988	2769	1106
1980 年	14214		9669	3236	1309
1981 年	14898		10031	3293	1574
1982 年	17303		12275	3324	1704
1983 年	25137		15807	3400	5930
1984 年	33116		22796	3610	6710
1985 年	47736		29100	3764	14872
1986 年	58968		35008	4095	19865
1987 年	69401		37372	4236	27793
1988 年	83900		39030	4374	40496
1989 年	85797		39743	4489	41565
1990 年	86657		40583	4247	41827
1991 年	90448		42264	4379	43805
1992 年	97630		43319	4475	49836
1993 年	109577		43681	9015	56881
1994 年	112202		43240	8729	60233
1995 年	112499		43074	9188	60237
1996 年	112205		42829	9979	59397
1997 年	108696		42385	10802	55509
1998 年	104543		42131	11898	50514
1999 年	98308		40430	13250	44628
2000 年	101222		42342	18210	40670
2001 年	94997	6121	40176	16841	37980
2002 年	93711	4666	39736	18217	35758
2003 年	91628	4323	38741	18911	33976
2004 年	99294	4117	40141	26743	32410

表 A—22　民政行业单位职工

单位:万人

年份	合　　计	行政机关职工	提供住宿的社会福利单位	不提供住宿的社会福利单位	社会福利企业
1978 年	19.7		2.8	2.4	14.5
1979 年	21.9	4.3	3.1	14.5	
1980 年	25.3		5.2	3.2	16.9
1981 年	27.8		5.8	3.3	18.7
1982 年	29.1		6.4	3.4	19.3
1983 年	41.5		7.3	3.4	30.7
1984 年	48.0		9.2	3.7	35.1
1985 年	83.4		11.0	4.3	68.0
1986 年	106.1		12.8	4.7	86.6
1987 年	132.2		13.5	4.8	113.9
1988 年	166.9		14.4	4.9	147.6
1989 年	171.5		14.8	5.2	151.5
1990 年	179.3		15.6	5.5	158.3
1991 年	192.7		16.3	5.7	170.7
1992 年	213.9		17.1	5.9	190.9
1993 年	230.0		17.5	6.3	206.3
1994 年	243.1		17.6	6.4	219.0
1995 年	245.8		17.6	6.6	221.4
1996 年	229.3		18.1	7.0	204.2
1997 年	238.2	14.3	18.4	9.9	209.8
1998 年	225.0	14.8	18.5	11.2	195.3
1999 年	213.7	14.8	19.9	13.6	180.2
2000 年	203.4	13.5	21.5	16.1	165.8
2001 年	202.4	12.1	22.2	20.5	159.8
2002 年	192.4	11.2	21	19.1	152.3
2003 年	193	10.8	23.1	19.4	150.5
2004 年	195.5	11.3	21	22	152.5

表 A—23 收养类社会福利单位

年份	单位数（个）	床位数（万张）	收养人数（万人）
1978 年	8571		16.3
1979 年	8988	22.6	18.6
1980 年	9669	24.2	19.1
1981 年	10031	25.3	19.7
1982 年	12275	28.2	22.5
1983 年	15807	32.4	25.9
1984 年	22796	42.5	34.1
1985 年	29100	49.1	40.8
1986 年	35008	58.7	47.4
1987 年	37372	64.9	51.8
1988 年	39030	69.5	54.8
1989 年	39743	73.8	56.9
1990 年	40583	78.0	59.9
1991 年	42264	82.8	64.6
1992 年	43319	89.8	69.6
1993 年	43681	92.7	72.4
1994 年	43240	95.5	73.6
1995 年	43074	97.6	74.7
1996 年	42829	100.8	76.9
1997 年	42385	103.1	78.5
1998 年	42131	105.8	80.0
1999 年	40430	108.9	82.7
2000 年	40491	113.0	85.4
2001 年	39338	124.7	89.3
2002 年	38875	125.1	92.6
2003 年	37294	129.8	96.5
2004 年	38593	146.7	110.9

表 A—24 社会福利企业

年份	单位数 （个）	残疾职工人数 （万人）	利润额 （亿元）
1978 年	920	3.5	0.8
1979 年	1106	4.8	0.8
1980 年	1309	5.5	0.9
1981 年	1574	6.1	0.7
1982 年	1704	6.4	0.8
1983 年	5930	9.6	0.9
1984 年	6710	11.6	1.3
1985 年	14872	23.2	5.1
1986 年	19865	31.4	4.2
1987 年	27793	43.3	8.8
1988 年	40496	55.9	16.5
1989 年	41565	60.5	16.1
1990 年	41827	63.8	17.8
1991 年	43805	70.1	21.3
1992 年	49836	77.8	32.6
1993 年	56881	84.5	44.7
1994 年	60233	90.9	44.1
1995 年	60237	93.9	49.1
1996 年	59397	93.6	45.1
1997 年	55509	91.0	66.3
1998 年	50514	85.6	63.9
1999 年	44628	79.0	76.7
2000 年	40670	72.5	99.0
2001 年	37980	69.9	119.5
2002 年	35758	68.3	148.3
2003 年	33976	67.9	189.9
2004 年	32410	66.2	219

表 A—25 基本建设投资

单位:万元

年份	计划总投资	本年完成投资						本年施工项目个数
			国家投资	国内贷款	自筹	福利彩票公益金	其他	
1978 年								
1979 年								
1980 年								
1981 年								
1982 年								
1983 年								
1984 年								
1985 年								
1986 年								
1987 年								
1988 年								
1989 年	57958	19527	7995	1162	7958		2412	
1990 年	69125	23600	9562	633	10438		2967	
1991 年	69593	30010	10803	1468	14680		3059	
1992 年	72702	32111	8270	1412	18877		3552	
1993 年	127777	55800	13126	1824	33941		7013	
1994 年	154660	62196	23466	4601	28587		5542	
1995 年	209227	95860	45535	2903	38326		9096	
1996 年	298233	100529	21014	4136	63992		11387	
1997 年	356854	138158	27171	8245	86340		16402	
1998 年	410430	165656	28352	8034	110656		18614	
1999 年	631557.5	246884.8	59661.1	22982.3	146282.4	35354.1	17959	1456
2000 年	682187.4	247195.3	76935.4	15560.8	135891.8	33144.7	18807.3	1337
2001 年	774689.7	307979.5	103834.4	22418	151128.5	35850.4	30598.6	1360
2002 年	887153.6	301346.1	95140.9	14227.9	158957.6	33374.3	33019.7	3659
2003 年	872516.1	300137	99340.5	17251.1	150951.3	35298	32594.1	3867
2004 年	928742	292253.7	89987.6	23753.2	143730.4	46764.9	34782.5	8985

表 A—26 民政事业费支出

单位:亿元

年份	民政事业费总支出	抚恤费	离休费	社会福利及其他社会救济费	最低生活保障事业费	自然灾害救济费	退休费	其他民政事业费
1978 年	13.7	2.8		4.4		4.2	2.3	
1979 年	18.4	3.5		5.2		6.8	2.9	
1980 年	17.5	4.4		5.2		4.5	3.4	
1981 年	19.2	4.4		5.1		6.3	3.4	
1982 年	19.6	4.8		5.1		6.0	3.5	
1983 年	21.6	5.3		6.5		6.4	3.4	
1984 年	24.2	6.1	0.2	8.0		6.9	3.0	
1985 年	29.6	6.7	0.7	7.4		9.6	3.5	1.7
1986 年	34.4	8.4	1.2	8.3		10.7	3.8	1.9
1987 年	35.9	9.6	1.8	8.6		9.9	4.1	2
1988 年	39.6	11	2.3	9		10.4	4.3	2.5
1989 年	46.6	14	2.9	10		12.3	4.6	2.9
1990 年	51.9	16.2	3.2	10.8		13.1	5.2	3.5
1991 年	62.5	16.8	3.6	11.7		20.9	5.4	4.2
1992 年	63.7	18	4.2	12.4		17.1	6.6	5.4
1993 年	69.9	20.1	3.6	14.5		14.9	8.3	8.4
1994 年	87	24.4	5.5	17.3		17.7	12.1	10.1
1995 年	103.5	28.5	6.3	19.7		23.5	13.1	12.4
1996 年	121.2	31.9	6.2	22.8	3	30.8	13.9	15.5

年份	民政事业费总支出	抚恤费	军队离退休、退职费	社会福利及其他社会救济费	最低生活保障事业费	自然灾害救济费	地方离、退休人员费	其他民政事业费
1997 年	133.5	36.1	12.4	27.1	2.9	28.7	10.3	19
1998 年	161.8	39.4	15.2	34	7.1	41.2	10.9	21.3
1999 年	194.7	49.7	18.4	52.5	13.8	35.6	11.2	27.2
2000 年	229.7	63.5	24.7	65.4	21.9	35.2	11.7	29.2
2001 年	284.8	69.5	31.2	90.6	41.6	41	13	39.5
2002 年	392.3	74.7	49.5	167.5	108.7	40	13.2	47.3

年份	民政事业费总支出	抚恤费	军队离退休、退职费	社会福利及其他社会救济费	最低生活保障事业费	自然灾害救济费	地方离、退休人员费	其他民政事业费
2003 年	498.9	87.9	59	78.9	153.1	52.9	13.1	54
2004 年	577.4	104.1	74.1	99.4	172.7	51.5	13.9	61.7

表 B—1　2000 年—2004 年民政事业发展主要指标年平均增长水平

项　　目	单位	2000 年	2004 年	年平均递增(%)
一、民间组织	个	153322	289432	17.2
二、抚恤补助优抚对象	万人	442.4	462	1.1
三、在乡伤残人员年均抚恤金	元/年、人	1586	2377.9	10.7
四、烈属和牺牲病故军人家属人均年抚恤金	元/年、人	1507	2777.8	16.7
五、城镇居民最低生活保障人数	万人	402.6	2205	53.0
六、收养性单位集体供给金额	亿元	9.7	12.6	6.8
七、收养性单位床位数	万张	113	129.8	3.5
其中:国家办	万张	22.1	28.2	6.3
集体办和民办	万张	90.9	101.6	2.8
八、社会福利企业	个	40670	32410	—5.5
九、乡镇变化	万个	4.4	3.7	—4.2
十、村、居委会组织变化	万个	84	72.2	—3.7
十一、办理结婚登记	万对	848.5	867.2	0.5
十二、办理离婚登记	万对	121.3	166.5	8.2
十三、家庭收养儿童	万件	55802	55572	—0.1
十四、全年火化遗体	万具	373.7	436.9	4.0
十五、福利彩票销售金额	亿元	113.4	226.4	18.9
十六、事业费支出情况	亿元	229.7	577.4	25.9
十七、民政系统固定资产原值	亿元	406.5	599.8	10.2

表B—2 民政事业发展主要数据与上年比较

指　　标	单位	2003	2004	比上年增减(%)
一、民间组织				
社会团体数	万个	14.2	15.3	7.7
民办非企业单位数	万个	12.4	13.5	8.9
二、优抚安置				
1.国家抚恤、补助各类优抚对象	万人	464.9	461.9	—0.6
2.安置义务兵、士官人数	万人	48.7	52.6	8.0
3.接收军队离退休人员人数	万人	1.2	1.1	—8.3
三、救灾救济				
1.城市居民最低生活保障人数	万人	2246.8	2205	—1.9
2.城市居民最低生活保障户数	万户	930.5	955.5	2.7
3.城市最低生活保障平均标准	元/人、月	149	152	2.0
4.城市最低生活保障平均补差水平	元/人、月	58	65	12.1
5.农村居民最低生活保障人数	万人	367.1	488	32.9
6.农村传统救济人数	万人	793.4	914.1	15.2
7.社会捐赠款数	亿元	29.2	34	16.4
8.捐赠衣被总数	亿件	1.9	0.9	—52.6
9.受益人次数	万人次	4242.8	2444.5	—42.4
10.社会捐赠接收站、点数	万个	2.8	3.2	14.3
四、社区建设				
1.村委会	万个	66.3	64.4	—2.9
2.居委会(社区居委会)	万个	7.7	7.8	1.3
3.社区服务中心	个	7520	7804	3.8
4.城镇社区服务设施数	万个	19.6	19.8	1.0
五、行政区划				
地级	个	333	333	
其中:地级市	个	282	283	0.4
县级	个	2861	2862	
其中:县级市	个	374	374	
六、社会福利				
1.收养性单位数	万个	3.7	3.9	5.4
2.床位数	万张	129.8	146.8	13.1
3.收养人数	万人	96.5	110.9	14.9
4.社会福利企业数	万个	3.4	3.2	—5.9

指　　标	单位	2003	2004	比上年增减(%)
5.其中残疾职工数	万人	67.9	66.2	-2.5
七、婚姻、收养与殡葬				
1.结婚登记	万对	811.4	867.2	6.9
其中:涉外及港台	万对	7.8	6.4	-17.9
2.离婚率	‰	2.1	2.56	(0.46 千分点)
3.收养孤残儿童	万人	5.4	5.3	-1.9
4.火化遗体数	万具	435	436.9	0.4
5.火化率	%	52.7	52.5	(-0.2 百分点)
八、福利彩票				
1.销售福利彩票	亿元	200	226.4	13.2
2.筹集社会福利基金	亿元	67.2	79.2	17.9
九、老龄人口				
1.65 岁以上老年人口	万人	9692	9857	1.7
2.占全国总人口	%	7.5	7.6	(0.1 百分点)
十、民政事业费				
民政事业费总支出	亿元	498.9	577.4	15.7
其中:自然灾害救济支出	亿元	52.9	51.5	-2.6
城市最低生活保障支出	亿元	150.5	172.7	14.8
抚恤费支出	亿元	87.9	104.1	18.4
基本建设支出	亿元	30	29.2	-2.7

表 B—3　民间组织发展情况与上年比较

单位:个

项　　目	2003 年	2004 年	比上年递减(%)
民间组织合计	267566	289476	14.6
一、社团管理	142121	153359	7.9
(一)按活动区域分			
中央级社团	1736	1673	−3.6
省级社团	21030	20563	−2.2
地级社团	48731	50424	3.5
县级社团	70624	80699	14.3
(二)按性质分			
专业性社团	40325	44322	9.9
行业性社团	41722	46370	11.1
学术性社团	37401	37899	1.3
联合性社团	19640	21790	10.9
港澳台社团	32	38	18.8
外国商会	15	16	6.7
其他	2032	2924	43.9
二、民办非企业单位	124491	135181	8.6
(一)按性质分类			
法人	56633	64308	13.6
合伙	6075	7220	18.8
个体	61783	63653	3.0
(二)按隶属行业分类			
教育	62776	69068	10.0
卫生	26795	27509	2.7
文化	2811	3139	11.7
科技	4522	5824	28.8
体育	2682	3441	28.3
劳动	9037	10736	18.8
民政	7792	9658	23.9
社会中介服务业	1777	1275	−28.2
法律服务业	728	546	−25.0
其他	5571	3985	−28.5
三、基金会	954	892	−6.5

表 B—4 优抚、安置对象与上年比较

单位：人

项　　目	2003 年	2004 年	比上年增减(%)
一、国家抚恤、补助优抚对象总人数	4649215	4,619,457	－0.6
（一）重点优抚对象人数	4621363	4,593,959	－0.6
1. 抚恤人数	1348983	1,341,543	－0.6
（1）革命伤残人员抚恤人数	860163	855,810	－0.5
＃享受伤残保健金人数	391384	385,053	－1.6
＃享受伤残抚恤金人数	468779	470,757	0.4
（2）牺牲抚恤人数	65303	65,695	0.6
（3）病故抚恤人数	78376	80,221	2.4
（4）烈属定期抚恤人数	345141	339,817	－1.5
2. 补助人数	3272380	3252416	－0.6
（1）在乡复员军人	2262264	2,214,467	－2.1
（2）在乡退伍军人	919349	950,428	3.4
（3）在乡退伍红军老战士	2893	2,701	－6.6
（4）在乡西路军红军老战士	1610	1,454	－9.7
（5）红军失散人员	86264	83,366	－3.4
（二）其他定补人数	27852	25,498	－8.5
二、离退休人员数	11507	10,794	－6.2
1. 军队干部（含地方）	5055	8,884	75.7
2. 军队退休士官	140	90	－35.7
3. 军队无军籍职工	6312	1,820	－71.2

表 B—5　最低生活保障与农村传统救济与上年比较

单位：万人、万户

项　　目	2003 年	2004 年	比上年增减(%)
最低生活保障与农村传统救济总人数	3407.3	3607.1	5.9
（一）城市居民最低生活保障人数	2246.8	2205	－1.9
其中：在职人员	179.3	141	－21.4
下岗人员	518.4	468.9	－9.5
退休人员	90.7	73.1	－19.4
失业人员	409.1	423.1	3.4
“三无”人员	100	95.4	－4.6
其他人员	949.4	1003.5	5.7
城市居民最低生活保障家庭数	930.5	955.5	2.7
其中：困难户	642.5	665.1	3.5
五保户	64.8	56.1	－13.4
其他	223.2	234.4	5.0
（二）农村居民最低生活保障和传统救济人数	1160.5	1402.1	20.8
1. 农村居民最低生活保障人数	367.1	488	32.9
农村居民最低生活保障家庭数	176.8	235.9	33.4
其中：困难户	114.5	165.2	44.3
五保户	30.3	37.1	22.4
其他	23	33.6	5.0
2. 传统救济人数	793.4	914.1	15.2
传统救济家庭数	455.9	545.8	19.7
其中：困难户	192.7	260.4	35.1
五保户	173.9	228.7	31.5
其他	89.3	56.6	－36.6

表 B—6 社会捐赠与上年比较

单位:万元

项 目	2003 年	2004 年	比上年增减(%)
社会捐赠合计	42896142.5	24831881.9	—42.11
一、民政部门直接接收的捐赠	42777598.2	24662911.9	—42.35
(一)直接接收捐赠情况	291690.4	170671.3	—41.49
1.捐赠款数额	19648.8	8957.2	—54.41
2.捐赠衣被合计	2661.8	1788.4	—32.81
其中:棉衣被	54107.7	11564.4	—78.63
3.捐赠其他物资价值			
(二)间接接收捐赠情况	29979.8	15732.6	—47.52
1.捐赠款数额	18979.3	11409.4	—39.89
2.捐赠衣被合计	4171.4	2489.9	—40.31
其中:棉衣被	874.3	931.9	6.59
3.捐赠其他物资价值	6829.1	1833.3	—73.15
(三)受益人次数	42428138	24444813	—42.39
(四)社会捐赠接收工作站、点数	27790	31695	14.05
其中:社会捐赠接收工作站数	9074	14470	59.47
慈善超市数		1842	
二、慈善会直接接收的捐赠	118544.3	168970	42.54

表 B—7　基层组织、社区建设与上年比较

项　　目	2003 年	2004 年	比上年增减(%)
一、村(居)民自治组织			
(一)社区居委会(居民委员会)	77431	77884	0.59
其中:家委会	2311	2126	-8.01
居民小组	1221774	1296392	6.11
居民委员会成员人数	396873	424939	7.07
其中:女性	232046	237145	2.20
其中:中共党员	175106	195326	11.55
(二)村民委员会	663486	644166	-2.91
村民小组	5192369	5079109	-2.18
村民委员会成员人数	3191326	2921132	-8.47
其中:女性	514500	442496	-13.99
其中:中共党员	1479733	1515611	2.42
(三)村民自治模范县(市、区、旗)数	667	737	10.49
村民自治模范乡镇数	7937	8047	1.39
二、村委会选举情况			
(一)当年进行选举的村委会数	144673	214827	48.49
所属的县(市、区、旗)数	929	927	-0.22
(二)当年参选村人口数	164781586	278998784	69.31
其中:登记选民数	122474393	214071474	74.79
参选人数	107465760	190664470	77.42
三、城镇社区服务			
(一)城镇社区服务设施	196452	198,122	0.85
其中:星光老年之家	21988	25,658	16.69
(二)社区从业人员	2280995	3,246,120	42.31
其中:安置下岗人员	980497	1,216,744	24.09
(三)社区服务志愿者组织数	124755	133,413	6.94
社区服务志愿者人数	5567126	6,269,162	12.61
(四)城镇便民、利民服务网点数	668418	703,760	5.29

表 B—8 行政区划与上年比较

单位:个

项　　目	2003年	2004年	比上年增减(%)
一、地级行政区划合计	333	333	0.00
其中:地级市	282	283	0.35
地区	18	17	-5.56
自治州	30	30	0.00
盟	3	3	00
二、县级行政区划合计	2861	2862	0.03
其中:市辖区	845	852	0.83
县级市	374	374	0.00
县	1470	1464	-0.41
自治县	117	117	0.00
旗	49	49	0.00
自治旗	3	3	0.00
特区	2	2	0.00
林区	1	1	0.00
三、乡镇、街道级行政区划合计	44067	43258	-1.84
其中:镇	20226	19883	-1.70
乡	18064	17451	-3.39
民族乡	1149	1124	-2.18
街道办事处	5751	5904	2.66
区公所	26	20	-23.08

表 B—9　社会行政事务与上年比较

单位:个

项　　目	2003 年	2004 年	比上年增减(%)
一、结婚登记			
(一)内地居民登记结婚	8035801	8608275	7.12
初婚人数	14838665	15696217	5.78
再婚人数	1232937	1520333	23.31
男性	625824	749640	19.78
恢复结婚	68204	84799	24.33
(二)涉外及华侨、港澳台居民登记结婚	78285	63544	—18.83
二、离婚登记			
(一)民政部门办理离婚	690735	1046150	51.45
1.内地居民办理离婚	687402	1040320	51.34
2.华侨、港澳台居民登记离婚	3333	5830	74.92
(二)各级法院办理离婚	640017	618980	—3.29
三、收养登记合计	14147	52603	271.83
(一)中国公民收养登记	3904	40084	926.74
其中:1.港、澳居民	3210	750	—76.64
2.台湾居民	201	117	—41.79
3.华侨	493	101	—79.51
(二)外国人收养登记	10243	12519	22.22
四、被收养人合计	54159	55572	2.61
(一)社会福利机构抚养的孤儿	3427	3189	—6.94
其中:被外国人收养	545	215	—60.55
(二)社会福利机构抚养的弃婴	17335	19287	11.26
其中:被外国人收养	8727	10647	22.00
(三)社会弃婴	30495	28729	—5.79
(四)父母无力抚养的儿童	1103	1165	5.62
其中:被外国人收养	3	2	—33.33
(五)其他	1799	3202	77.99
五、救助人次数	634528	820254	29.27
六、殡仪馆、公墓和殡葬管理单位数	2969	3119	5.05
(一)火化炉数	4159	4792	15.22
(二)全年处理遗体数	4349834	4368646	0.43
(三)火化率	52.7	52.5	(—0.2 百分点)
(四)穴位数	6557589	7648449	16.64
(五)安葬数	4232041	4308703	1.81

表B—10 民政系统基本单位情况与上年比较

项目	单位数(个)			职工人数(个)		
	2003年	2004年	比上年增减(%)	2003年	2004年	比上年增减(%)
全国合计	95901	103,411	7.8	2035291	2,090,558	2.7
一、事业单位	57602	66,884	16.1	422373	453,053	7.3
(一)提供住宿的社会福利单位	40700	42190	3.7	249530	256992	3.0
1.优抚类收养单位	1435	1,446	0.8	25878	26,531	2.5
2.福利类收养单位	35859	37,147	3.6	179474	183,554	2.3
3.军队离退休干部休养所	1682	1,724	2.5	15758	16,001	1.5
4.军队供应管理单位	327	325	−0.6	8078	7,556	−6.5
5.救助类单位	864	1,026	18.8	13533	17,182	27.0
6.社区服务单位	533	522	−2.1	6809	6,168	−9.4
(二)不提供住宿的社会福利单位	16902	17039	0.8	172843	172448	−0.2
1.烈士纪念建筑物管理单位	918	938	2.2	8634	8,692	0.7
2.社区服务单位	6987	7,282	4.2	49057	51,656	5.3
3.殡葬事业单位	2969	3,119	5.1	59658	66,287	11.1
4.募捐、彩票单位	1452	1,128	−22.3	6939	5,864	−15.5
5.其他事业单位	4576	4,572	−0.1	48555	39,949	−17.7
(三)老龄事业单位		7,655			23,613	
二、社会福利企业单位	33976	32,410	−4.6	1504860	1524857	1.3
其中:国有	1321	1,119	−15.3	80592	70,247	−12.8
假肢厂	41	40	−2.4	2973	2,640	−11.2
三、行政机关	4323	4,117	−4.8	108058	112,648	4.2

表 B—11　收养救助类单位情况与上年比较

项　　目	床位数(万个)			收养救助人数(万人)			年末床位利用率(%)
	2003 年	2004 年	比上年增减(%)	2003 年	2004 年	比上年增减(%)	
全国合计	137.1	153.3	11.8	102.3	116.5	13.9	76.0
一、收养类单位	129.9	146.8	13.0	97	110.9	14.3	75.5
(一)优抚类收养单位	7.6	8.3	9.2	5.6	5.6	0.0	67.5
1.荣誉军人康复医院	0.5	0.6	20.0	0.3	0.3	0.0	50.0
2.复员军人慢性病疗养院	0.6	0.5	−16.7	0.4	0.4	0.0	80.0
3.复退军人精神病院	1.6	1.7	6.2	1.5	1.2	−20.0	70.6
4.光荣院	4.9	5.5	12.2	3.4	3.7	8.8	67.3
(二)福利类收养单位	122.3	138.5	13.2	91.4	105.3	15.2	76.0
1.社会福利院	14.5	15.7	8.3	10.9	12.1	11.0	77.1
2.儿童福利院	2.7	3	11.1	2.5	2.8	12.0	93.3
3.精神病人福利院	2.9	2.8	−3.4	2.4	2.4	0.0	85.7
4.城镇老年福利机构	32.6	37.9	16.3	23.8	28	17.6	73.9
5.农村老年福利机构	67.6	77.5	14.6	50.4	59.4	17.9	76.6
6.其他收养性单位	2	1.6	−20.0	1.4	0.6	−57.1	37.5
二、社区类收养单位	2.4	1.8	−25.0	1.2	0.8	−33.3	44.4
三、救助类单位	4.8	4.7	−2.1	4.1	4.8	17.1	102.1

表 B—12　国家、集体和民办的福利企、事业单位情况比较

项　　目	2003 年	2004 年	比上年增减(%)
一、收养类单位			
(一)床位数(万张)	129.8	146.7	13.0
国家办	28.2	30.8	9.2
集体办	94.1	105.8	12.4
民　办	7.5	10.1	34.7
(二)工作人员(万人)	20.6	21.1	2.4
国家办	7.6	8	5.3
集体办	11.7	11.5	−1.7
民　办	1.3	1.6	23.1
(三)收养人员(万人)	96.4	110.9	15.0
国家办	21.2	23.4	10.4
集体办	70.1	81.1	15.7
民　办	5.1	6.4	25.5
二、社会福利企业			
(一)单位数(个)	33976	32410	−4.6
国有	1321	1,119	−15.3
集体办	26184	24,202	−7.6
民　办	6471	7,089	9.6
(二)职工人数(万人)	150.5	152.5	1.3
国有	8	7	−12.5
集体办	118.1	111	−5.9
民　办	24.3	34	41.6
(三)残疾人就业人数(万人)	67.9	66.3	−2.4
国有	3.5	3	−14.3
集体办	53.3	50.4	−5.4
民　办	11.1	12.9	16.2

表 B—13　固定资产投资情况与上年比较

单位:亿元

项　　目	年末固定资产投资		比上年增减(%)
	2003 年	2004 年	
全国合计	1760.4	1819.7	3.4
一、事业单位合计	401.2	512.5	27.7
(一)优抚事业单位小计	68.6	75.1	9.5
1.军队离退休干部休养所	20.7	21.6	4.3
2.军队供应管理单位	8.3	8.7	4.8
3.烈士纪念建筑物管理单位	19.6	22.2	13.3
4.荣誉军人康复医院	3.3	4.2	27.3
5.复员军人慢性病疗养院	2.9	3.3	13.8
6.复退军人精神病院	4.2	4.8	14.3
7.光荣院	9.6	10.3	7.3
(二)福利事业单位小计	159.6	178.4	11.8
1.社会福利院	32.6	37.4	14.7
2.儿童福利院	7.1	7.9	11.3
3. 精神病人福利院	6.6	7.4	12.1
4.城镇老年福利机构	46.6	52.9	13.5
5.农村老年福利机构	63.9	70.8	10.8
6.其他收养性单位	2.8	2.0	−28.6
(三)社区服务单位小计	30.1	31.8	5.6
(四)救助类单位	10.9	12.8	17.4
(五)殡葬事业单位	104.4	114.0	9.2
(六)彩票、募捐单位	27.6	25.9	−6.2
(七)其他事业单位		74.5	
二、企业合计	1359.2	1244.4	−8.4
(一)社会福利工厂	1203.2	1081.5	−10.1
(二)假肢厂	2.1	2.1	0.0
(三)其他福利企业	153.9	159.5	3.6
(四)安置农场	1.4	1.3	−7.1
三、行政机关		62.8	

表 B—14 民政系统行政机关、事业单位经费支出与上年比较

单位:亿元

项目	行政事业经费支出		比上年增减(%)
	2003 年	2004 年	
全国合计	2353076.9	5073760.8	
一、行政单位		2110099.5	
二、事业单位	2353076.9	2963661.3	25.9
(一)优抚事业单位小计	580209.9	689870.8	18.9
1.军队离退休干部休养所	396989.8	474000.4	19.4
2.军队供应管理单位	34930.0	36194.4	3.6
3.烈士纪念建筑物管理单位	42941.6	50959.3	18.7
4.荣誉军人康复医院	20639.1	27061.6	31.1
5.复员军人慢性病疗养院	20845.0	20456.3	—1.9
6.复退军人精神病院	32302.7	39196.7	21.3
7.光荣院	31561.7	42002.1	33.1
(二)福利事业单位小计	466394.8	564348.8	21.0
1.社会福利院	144731.1	168752.3	16.6
2.儿童福利院	37231.4	41074.7	10.3
3.精神病人福利院	64460.2	72789.7	12.9
4.城镇老年福利机构	91355.3	117671.4	28.8
5.农村老年福利机构	120843.4	154423.2	27.8
6.其他收养性单位	7773.4	9637.5	24.0
(三)社区服务单位小计	73393.4	86504.0	17.9
(四)救助类单位	82974.3	80422.6	—3.1
(五)殡葬事业单位	736879.2	895420.7	21.5
(六)彩票、募捐单位	413225.3	382359.6	—7.5
(七)其他事业单位		480605.2	

地方民政工作

北京市

2004年，在中共北京市委、市政府的领导下，在民政部的指导下，北京市各级民政部门以邓小平理论和“三个代表”重要思想为指导，深入学习贯彻党的十六大和十六届三中全会、四中全会精神，树立科学的发展观，坚持以人为本、为民解困，积极探索，大胆实践，创造性地开展工作，圆满完成了年初确定的目标和任务，各项工作呈现出良好的发展势头。总结一年的工作，有几点值得继续保持和发扬：一是必须全面贯彻“三个代表”重要思想，坚持以民为本、为民解困的原则，切实维护、实现、发展好人民群众的根本利益；二是必须牢固树立和认真落实科学的发展观，围绕大局，服务大局，处理好城乡、区域、经济与社会间的协调发展关系，保持首都民政事业持续、稳定、健康地发展；三是必须以改革的精神加强和改进党的建设，不断提高科学执政、民主执政、依法执政能力，创造性地落实好党的为民政策，巩固党的执政基础；四是必须把保持首都稳定作为第一位的政治任务，切实履行好基层社会管理和公共服务职责，为实现“新北京、新奥运”战略构想和构建民主、文明、和谐的社会创造良好的环境。

民间组织管理 北京市新登记社团175个，其中市级55个，区县120个。新登记民办非企业单位334个，其中市级36个，区县298个。北京市共登记社会团体2433个，其中市级1127个，区县级以下1296个；民办非企业单位1983个，其中市级201个，区县级1782个。年内，对市级应检的1001个社团中的861个社团进行了年检，对另外140个未报年检材料的社团已公告注销84个。对区县应检的1066个社团全部进行了年检。年内，制定了北京市贯彻基金会管理条例的工作意见，并于5月25日召开了全市贯彻《基金会管理条例》暨民间组织管理工作电视电话会议。北京市有基金会44个，已经通过审查予以换证的有8个基金会，根据现有情况，预计到换证工作结束，将有38个基金会按期办理换证手续，另有6个基金会将着手整改。在换证的同时，也在着手设立基金会的审批工作，现在准备审批的基金会近10家，涉及教育、医疗、扶贫、科技等诸方面的公益事业。

优抚 《北京市义务兵优待金发放管理办法》出台。年内，经过各有关部门的密切配合和共同努力，《北京市义务兵家属优待金发放管理办法》经市政府办公会讨论通过，全面实施。新《办法》依据《中华人民共和国兵役法》、《军人抚恤优待条例》，以及北京市人大颁布的《北京市征兵工作条例》的有关规定，对北京市义务兵家属优待工作做出了详细具体的规定，义务兵家属优待金，不论城镇还是农村，全部纳入财政预算，由区县财政负担；义务兵家属优待金的标准也进行了大幅调整，城镇入伍的按照城镇居民年消费性支出标准进行优待，农村入伍的按照不低于北京市农村居民年生活消费支出标准进行优待。按照新的政策规定，城镇义务兵家属的优待金标准从原来的每人每年不足2000元，提高到1万元，农村的也从原来的人均每年3800，提高到4200元。制订第四个农村优抚对象危房翻建规划。鉴于北京市农村仍有部分优抚对象的住房需要翻建的实际情况，北京市民政局积极协调市财政局制订了北京市第四个“农村优抚对象危房翻建规划”。该“规划”建议在2004年至2006年期间，利用三年时间继续为900户农村优抚对象翻建危房，并适当向优抚对象较多，区县财政较为困难的山区倾斜。“规划”得到了北京市政府批准，2004年为300户优抚对象翻建危房工作被列入市政府为群众办理的56件实事之一，超额完成2004年危房翻建任务。

优抚对象危房翻建工作得到各级领导的高度重视和社会各界的广泛关注，2004年4月初，北京市民政局积极协调市财政及时将240万元危房翻建补助经费拨给10个有建房任务的区县，各远郊区县亦加大了建房工作的力度，采取各种有效措施，有力地保证了建房工作的顺利实施。经过各级民政、财政等相关部门的共同努力，截至10月底，全市共为312户优抚对象翻建了住房，超额完成了全年的建房工作任务。优抚对象入住广渠门北里廉租住房。鉴于优抚对象是国家的有功之臣，多数人年事已高，且长期在城区范围内生活的特殊性，2002年底，北京市政府决定在广渠门北里黄金地段，投入先期建设资金1.12亿元，建设了3万平方米的400套廉租住房，用于优抚对象的实物配租。经与各级国土房管部门共同努力，截至2004年5月，经过两次电视公开摇号配租，已有343户优抚对象取得了广渠门北里廉租房的实物配租资格。目前，大多数优抚对象已搬入新居。

为给优抚对象创造一个良好的室外健身场所，民政部门为小区购置室外健身器材。《北京市优抚对象医疗费用减免管理办法》全面落实。该《办法》出台后，各区县根据各自的实际情况，先后制定了配套措施。为保证医疗减免政策落到实处，北京市民政局将落实《办法》纳入考核区县优抚工作的重要指标，要求各区县务必保障减免经费，务必保证及时、按比例为优抚对象报销医药费，发现问题严格按照考核办法扣分。

安置　北京市2004年接收复员退伍军人5415人，其中退伍义务兵4251人，一期二期复员士官427人，符合转业条件申请复员士官329人，转业士官242人，复员干部166人。应在城镇安置的3591人，占接收总数的66.3%，现除极少数退役士兵等待指令性安置外，已全部按政策予以妥善安置，安置率98.4%；应回农村安置的1824人，全部得到妥善安置。圆满完成途经北京市的新老兵接待转运任务。北京市承担新老兵接待转运任务的北京站、北京北站、北京西客站、北京南站、丰台火车站于去年11月中旬先后建立了新老兵接待转运站，接待转运入伍新兵和退伍老兵。为途经的新老兵提供饮食、饮水、医疗、中转换乘、站前慰问等项服务，使他们愉快、及时、安全通过北京市，展现了首都人民爱国拥军的风采，为首都的安全与稳定做出了贡献。

双拥　全国双拥工作会议于2004年1月8日、9日在北京召开。会上，北京市副市长刘志华介绍了双拥工作经验，表彰了北京市5个爱国拥军模范单位和2名爱国拥军模范。会后，北京市民政局及时编写学习提纲，下发各区县和驻京部队各大单位传达学习。先后组织召开市双拥办主任会议、区县双拥办主任会议，传达学习全国双拥工作会议精神。为把全国双拥工作会议精神学习好、贯彻好、落实好，起草了《北京市双拥工作领导小组关于深入贯彻全国双拥工作会议精神，与时俱进做好新形势下双拥工作的意见》，经过多次与有关委办局协商，反复修改，最后北京市领导审批同意，在“八一”前召开的全市大会上宣读并下发各区县执行。

为宣扬典型，表彰先进，北京市自下而上地开展双拥模范单位和个人评选活动，评选出了46个爱国拥军模范单位、28个拥政爱民模范单位、26名爱国拥军模范和20名拥政爱民模范。在北京市双拥工作大会上给予表彰。1月13日，由市领导带队分两路慰问了总装、二炮、海军、空军四个基层单位。1月15日，请空政歌舞团编排的一台文艺节目在中山公园音乐堂演出，慰问部队官兵和优抚对象。1月17日，在北京饭店召开了首都军政座谈会。北京市委书记刘淇、市人大主任于均波、市长王岐山、政协主席程世峨和总政治部主任徐才厚、驻京部队各大单位领导欢聚一堂，共叙军地友谊，共商首都双拥工作大计。7月28日，在北京召开了"北京市双拥工作暨首都军(警)民共建表彰大会"会议总结了北京市开展双拥工作的情况，部署了下一步双拥工作任务；宣读了市双拥工作领导小组《关于深入贯彻全国双拥工作会议精神，与时俱进做好新形势下双拥工作的意见》。北京市民政局联合北京电视台，把5个全国爱国拥军模范单位的代表和2名全国爱国拥军模范的拥军事迹制作成一个电视片，7月28、29日在北京电视台播放。7月30日上午，北京市民政局副局长张桂兴、吴文彦代表市委、市政府慰问了基层连队和武警北京总队一师仪仗队，分别赠送了慰问金。支持部队后勤保障社会化。

2004年是部队推进营房、交通、医疗等后勤保障社会化改革第一年，在已出台的《北京市人民政府、总后勤部关于进一步支持驻京部队推进后勤保障社会化的意见》基础上，多次协调市有关部门研究制定配套政策。如：北京市交通委制定《关于现役军人乘坐市内交通工具的优惠政策问题》及《将驻京部队以民用为主的34条军用公路纳入市政公(道)建设维护总体规划，由军地共同出资维护问题》，市政管委制定《将驻京部队燃煤锅、炊事燃料改用清洁能源改造纳入市政总体工程计划，享受地方党政机关单位和居民同等补助待遇问题》等，确保了部队后勤保障社会化顺利进行。

救灾　2004年，北京市气候异常，特别是入汛以后，受高空冷涡气流的影响，连续出现大风、冰雹、暴雨等强对流天气，造成部分地区农作物减产甚至绝收，局部地区发生了滑坡、泥石流等地质灾害，给农业生产和居民生活带来了较大损失，灾情较重。据统计，去年北京市农作物受灾面积4.36万公顷，绝收面积0.55万公顷，受灾人口50.1万人，紧急转移灾民5817人，损坏民房2371间，倒塌民房543间，造成农业直接经济损失2.98亿元。

进一步加大救灾资金投入力度，切实保障因灾导致生活困难群众的基本生活。2004年，中央、市和区县三级共安排救灾资金1840万元，其中，中央下拨800万元，市级财政支出700万元，区县级支出240万元，为12.57万人次灾民解决了口粮，为2.78万人次灾民解决了衣被，修缮住房826间，救治伤病人员1.47万人次，保障了灾民群众的基本生活。

积极推进规范化管理工作，完善灾民救助制度。根据民政部《关于规范春荒期间灾民救助工作的通知》精神，制定了《北京市民政局关于完善灾民救助制度有关问题的通知》建立并实施《灾民救助卡》制度，全年下发救助卡7万张。同时，规范了救助登记、统计、公示制度，灾民救助工作逐步规范化。汛期，配合灾民救助卡制度，北京市和区县民政部门层层签订了汛期救灾工作责任书，并建立了民政系统《防汛责任事故追究制度》，进一步健全完善了救灾工作责任制。去年，北京市实现全年灾民零死亡的工作目标。

健全应急救助体系，增强灾害应急反应能力。为适应首都可持续发展和"安全奥运"战略，市政府制定出台了《北京市应对突发公共事件总体预案》，明确了民政部门灾害救助和综合保障职能。根据总体预案，制定实施了《北京市灾民救助工作应急预案》，按照要求，区县出台相应的灾民救助工作专项应急预案，初步建立了全市灾民救助预案体系，同时参与北京城市综合减灾应急体系建设课题研究和《北京市城市总体规划》修编中"防灾减灾"子课题研究工作。根据中国减灾委员会要求，完成了1998年至2004年北京市开展主要减灾工作的总结报告。在民政部、国家地震局和北京市政府的领导下，先后组织开展了“北京市首次地震应急救援演习”和“减灾进社区系列活动”，提高了灾害应急能力。

继续实施救灾物资政府采购制度，扩大救灾物资储备规模。为提高灾害紧急救援保障，共安排 100 万元救灾物资储备专项资金，购置救灾专用睡袋 3208 件、专用棉被 6327 条、70 平方米救灾指挥帐篷 2 顶，进一步扩大了救灾储备规模。自 2001 年通过实施救灾物资储备制度以来，已购置储备救灾单（棉）帐篷 1348 顶、睡袋 9996 件、棉被 20650 条，在实施紧急救援中发挥了积极作用。

城市居民最低生活保障 北京市有 74088 户，160812 名城市低收入人员得到了最低生活保障，当年累计支出低保金 38676.23 万元。有 61639 户，82209 人得到了粮油帮困补贴，当年累计支出粮油帮困 6324.94 万元。全年有 17651 人次得到城市医疗救助，支出救助金 2567 万元。通过实物配租和租金补贴、减免、还贷，共有 2471 户住房困难的城市低收入家庭享受到了廉租住房政策、发放租金补贴 1482 万元。市和区县安排临时救助资金1775.3万元，救助 92738 人次。由于农副食品价格上涨，向 3000 户城市低保特困家庭发放社会捐助面粉 15 吨、食油 3000 桶，较好地保证了低收入群众的基本生活。

建立城市低保对象分类救助制度。7 月，下发《关于对城市低保对象实行分类救助的通知》，正式实施分类救助政策。全年为5.8万“三无”人员、五保对象、老年人、未成年人、重残人等特殊困难人员按当年低保标准的 10％上浮救助标准。同时，对7.2万名就业年龄段内有劳动能力者停发了粮油帮困金。建立促进城市低保对象就业机制。8 月，北京市民政局与北京市劳动和社会保障局、北京市财政局共同制定下发了《建立促进城市低保就业服务对象就业机制暂行办法》；12 月，印发《建立促进城市低保就业服务对象就业机制暂行办法实施细则》，初步建立起救助与就业的衔接机制。完善城市医疗救助政策。11 月，下发《关于调整本市城市特困人员医疗政策有关问题的通知》，对本市城市医疗救助政策进行了重要调整，救助病种由危重病扩大到慢性病和常见病，救助起付线由 1000 元降低为 500 元。

农村困难群众救助 2004 年，北京市有 39442 户、74914 人享受到了农村低保待遇，当年累计支出保障金5882.99万元。2004 年是 2004－2006 年农村社救对象危房修缮三年计划的第一年，有建房任务的 10 个郊区县计划为特困户翻修住房 600 户 1800 间。截至 2004 年 9 月底前，市、区县、乡镇和村共出资 838.95 万元，为 629 户特困户翻修住房 1964 间，提前并超额完成了农村社救对象危房翻建任务。年内，北京市制定了《北京市农村特困人员医疗救助暂行办法》，农村医疗救助制度正式建立。所有农村低保对象由区县政府资助参加当地新型农村合作医疗。农村低保对象及其他困难人员因患急重病，经农村合作医疗报销后，个人医疗费用负担仍然过重且影响家庭基本生活的，可申请享受临时救助。年内，北京市投入资金131.5万元，资助 28445 户、58819 名农村低保对象参加当地合作医疗。

村民自治 2004 年，北京市贯彻《村委会组织法》，圆满完成第六届村委会选举。本届村委会选举，全市 13 个郊区县 184 个乡镇的 3974 个村中，共有 3898 个村参加，占总村数的 98％。经过紧张有序的工作，全市已有 3868 个村顺利完成村委会换届选举工作，占参选村总数的99.3％，选出村委会成员 12797 人，其中主任 3867 名，副主任及委员 8930 名。参加选举的 2658 万多名选民中，参加投票的选民有 246 万多人，参选率为92.9％。其中直接投票的选民占71.3％，流动票箱投票的选民占11.2％，委托投票的选民占10.4％。一次选举成功的村占72.4％，另行选举成功的占 27％，重新选举的仅占0.6％。

积极开展创建“民主法治示范村”活动。根据《民政部、司法部关于进一步加强农村基层民主法制建设的意见》精神，北京市在13个郊区县,3974个村全面开展了创建“民主法治示范村”的活动,并与北京市司法局联合召开了全市首批“民主法治示范村”命名大会,授予昌平区北七家镇郑各庄等38个村首批北京市“民主法治示范村”的荣誉称号并颁发了奖牌,推荐昌平区北七家镇郑各庄村等6个部级“民主法治示范村”。

城市社区建设 认真贯彻落实胡锦涛总书记视察北京讲话精神和北京市五次城管会的部署,围绕建设新型社区,构建和谐社会,选择21个城市社区进行社区管理体制改革试点工作,在转变政府职能、理顺街道与各专业部门的关系、社区自治、社会服务组织的培育和社区公共服务体系建设等方面进行积极探索,创造了不同条件下社区建设的模式,为新型社区管理体制和运行机制的形成奠定了基础。

加大社区服务工作指导力度,北京市2008个社区居委会通过ADSL实现了市、区、街、居四级联网,650万人口的动态数据与市社区服务中心实现同步,居委会管理软件在社区普遍应用,社区管理和服务网络进一步完善。96156热线继续拓展服务能力,服务组织和服务队伍不断壮大,社区服务水平不断提高。一是完善社区工作委员会制度。根据北京市的统一部署,各区县在全市所有社区都建立了社区居委会的六个下属委员会。目前,北京市18个区县中,已有12个区县制定了社区居委会下设六个工作委员会的职责,这不但为制定全市统一职责标准创造了条件,也极大促进了社区工作委员会制度的进一步完善。二是建立社区财务管理制度。为进一步建立健全社区财务管理制度,按照《北京市社区居委会银行账户开立使用和管理的意见》的规定,指导区县进行社区居委会开立银行账户的试点工作,便于社区居委会独立进行经济往来,规范社区居委会财务管理,充分发挥社区居委会民主自治作用。目前,北京市18个区县在28个街道进行社区居委会银行账户试点工作,逐步建立社区财务管理制度。

加强社区专职工作者岗位培训。为努力建设一支高素质的社区专职工作者队伍,提高社区工作的整体水平,按照《北京市社区专职工作者岗位培训方案》,制定了2004年社区专职工作者培训计划,全市设立16个大专院校为培训基地,并聘请71名专家教授组成讲师团,计划分层次、分阶段地培训全市1.5万名社区专职工作者,并颁发培训证书,实行培训上岗。北京市委党校已开办两期针对社区专职工作者的大专、大本学历教育。截至目前,全年培训计划顺利完成。

行政区划 2004年,北京市完成城市总体规划修编中行政区划专题编写工作。4月初,根据城市发展需要,行政区划规划被北京市政府列为城市总体规划修编中23个专题之一。为与城市总体规划搞好衔接工作,结合同期开展的全市行政区划规划工作情况,按照城市总体规划修编要求,在吸纳部分城市总体规划成果基础上,编制完成行政区划规划专题,于10月份报送北京市城市规划修编工作办公室。为妥善解决部分街乡镇规模偏小、建设与管理分离、城市管理体制滞后等问题,对西城区、朝阳区、石景山区、海淀区、房山区、昌平区5个区的13个街道办事处、4个地区办事处、4个镇、10个乡进行了行政区划调整。其中,撤销5个街道办事处、3个乡,新设1个街道办事处、9个地区办事处,对石景山区八宝山街道办事处和房山区长阳镇办公驻地进行了迁址工作。调整到位后,由2003年底的129个街道办事处、41个镇、119个镇、29个乡调整为125个街道办事处、50个地区办事处、117个镇、19个乡。大力推进行政区域界线法制化管理工作。北京市18个区县行政区划地图和标绘有街乡镇、区县、省市三级行政区域界线的“北京市行政区划地图”全部编绘完成,成为全国第三个全面完成各级行政区划地图编绘工作的省市,得到了民政部的肯定和表扬。目前,按照出图计划,城近郊区行政区划地图也已编绘完成,北京市行政区划地图册正在审定中,年底前将完成编绘工作。

社会福利事业 2004年,北京市研究制定《北京市资助社会力量兴办社会福利机构暂行办法》,社会福利机构民办公助、公办民营步伐加快。出台《养老服务机构星级划分与评定》、《养老服务机构医务室服务质量规范》,养老服务机构规范化管理水平不断提高。贯彻落实民政部《残疾孤儿手术康复明天计划》,康复手术全面铺开。组织开展"创建全国老龄工作先进区县"和法律为老服务下基层、进社区活动,组织老年知识分子参加智力援助西部大开发"银龄行动",老年权益保障和为老服务工作取得新的进展。市、区县福利企业取得新进展,市属福利企业实现销售收入10亿元、利税2.5亿元,区县福利企业实现利税5.3亿元。全年销售福利彩票15.8亿元,筹集公益金5.5亿元,其中市区两级2.35亿元,有力支持了社会福利事业的发展。

城市生活无着的流浪乞讨人员救助管理 2003年8月1日以来,北京市对生活无着的流浪乞讨人员救助管理工作进展较快,主要表现在工作起步比较迅速,救助管理机构基本形成,管理制度初步建立,运转机制业已启动,受助人员的基本生活得到了保障。北京市委、市政府为实践"三个代表"重要思想,体现执政为民,维护公民合法权益,十分重视流浪乞讨人员的救助管理工作。2月26日,北京市委办公厅、市政府办公厅转发了北京市民政局等四部门《关于进一步做好流浪乞讨人员管理和救助工作的意见》,为加强救助管理工作和治安管理工作提供了指导和依据。各区县委、县政府也建立了有关部门参加的工作协调机制,为救助管理站的设立和救助工作的开展提供了有力的保障。

北京市各级民政部门克服设施、人员等困难,认真贯彻落实《救助管理办法》,切实履行职责,即时开展了救助管理工作。一是基本完成了救助管理机构设立工作。全市目前已经建立了19个救助管理机构,其中,朝阳、海淀、丰台、石景山、大兴、通州、顺义和昌平区设立了救助管理站,总床位868张,东城区、西城区、崇文区、宣武区设立了救助管理咨询站。其他6个远郊区县也建立了临时救助管理机构。此外,还建立了未成年人救助保护中心,床位达150张,开始对没有监护人的流浪乞讨未成年人进行集中救助、保护和管理。截至2004年12月31日,共救助12492人,平均每月1041人,已离站11861人,占总人数的94.9%,18个区县都有流浪乞讨人员获得救助。二是制定了各项具体工作制度。如救助标准、救助期限、工作规程等,并制定下发了有关受助人员乘车、发布寻亲公告、卫生防疫、未成年人救助管理等一系列规章制度。各救助管理站均制定了相应的工作流程、服务人员注意事项、文明用语等规章制度,使全市救助管理工作步入规范化轨道。三是初步建立了受助人员疏散机制。加强了与外省市的联系,规范了受助人员省际联系的条件与程序,并积极疏散受助人员。截至2004年12月31日,有2835名受助人员被其户籍所在地的民政部门或亲属接走。四是真心关爱、热情救助受助人员。受助人员成分复杂,需要特殊照料的老年人、残疾人、未成年人比例很高,大部分个人卫生情况极差,文化程度很低,救助服务难度很大。救助管理工作人员坚持真心关爱、救管并重的原则,不顾脏、累、病、险,耐心细致地做好救助工作,为他们解决实际困难。还在节日期间,组织升国旗仪式、开展游艺活动、改善伙食等,使受助人员体会到了平等的尊严和社会的温暖。

婚姻管理 全年办理婚姻登记15.6万对,比上年增长50%,办理收养登记1615件,比上年增长214%,执法合格率达到100%,群众满意率达99%以上。年内,北京市民政部门深入学习和贯彻全国婚姻登记工作会议精神,自觉执行婚姻法律法规和《关于严格制止借婚姻登记乱收费的通知》、《关于贯彻执行〈婚姻登记条例〉若干问题的意见》等文件要求,在北京市开展了制止借婚姻登记乱收费活动,对全市婚姻登记机关进行了执法检查,婚姻登记和婚姻服务全部做到人员、票据、场地、服装四分开,婚姻服务项目全部明码标价,实行自愿选择单制度,未发现任何搭车收费行为。北京市民政部门拓宽政务公开渠道，通过公示栏、咨询电话、电子显示屏、展板、宣传画册、电视广播、网络报纸等多种方式，加强法律宣传。印制《婚姻法》、《婚姻登记条例》和《北京市实施〈婚姻登记条例〉若干规定》、《收养法》、《中国公民收养子女登记办法》等法律法规 20 多万份，全市婚姻登记机关设置自由索取架和上街下乡发放各种宣传资料数万份。

殡葬管理 2004 年，北京市火化遗体 72575 具，火化区火化率保持 100%。全年举办两次骨灰撒海活动，播撒骨灰 296 份，参加家属 756 人，圆满完成骨灰撒海任务。认真贯彻落实《行政许可法》，做好殡葬行政许可事项审批工作，制定下发《关于实施殡葬管理法规中有关行政许可的若干意见》，确保殡葬管理工作有序开展。2004 年，清明节扫墓期间 67 个扫墓点接待扫墓群众 161 万余人，疏导机动车 22 万余辆。其中市属 20 个扫墓点共接待扫墓群众 98 万余人，疏导机动车 11 万余辆；远郊区县共接待扫墓群众 63 万余人，疏导机动车 11 万余辆；扫墓群众比较集中的八宝山地区接待扫墓群众 38.9万余人，疏导机动车2.5万余辆。圆满完成了清明节群众扫墓接待任务。2004 年全市共开展行政执法 1152 人次，纠正违法行为 499 次；接到投诉及举报电话 12 件，解决率为 100%，下发限期改正通知书 3 件，没收非法物品 750 公斤，殡葬执法工作进一步加强。2004 年，北京市殡葬场馆建设取得较大进展。八宝山革命公墓骨灰堂庭院地面和人民公墓广场、道路铺装工程完工。八宝山革命公墓、福田公墓、东郊殡仪馆完成骨灰堂骨灰架更新工程。八宝山殡仪馆、福田公墓办公楼工程和东郊殡仪馆骨灰堂、老山骨灰堂改造工程完工。万安公墓消防工程进展顺利。八宝山火化场迁建工程有关工作正在筹备、落实中。

福利彩票工作 北京市全年销售福利彩票15.8亿元，筹集公益金5.5亿元，其中市区两级2.35亿元，有力支持了社会福利事业的发展。

民政信息化 2004 年，北京市民政部门全面推进北京市婚姻登记、网上捐赠、殡仪服务系统建设工作。以上三系统均在全市范围内运行，实现以上三项业务工作的网上为民服务和内部信息化管理。在保证北京市城乡居民最低生活保障管理服务系统一期正常运行的基础上，完成了低保系统二期的开发、推广及培训工作。升级后的低保系统将增加业务部门要求的低保对象分类救助、低保金台账管理和低保金的银行发放等功能。北京市民政部门启动了民间组织管理网上审批二期工程，完成了方案论证及合同签订工作。该项目在完善原有的社团网上审批系统的基础上，增加了民办非企业单位和基金会的审批及年检事项的网上办理和内部信息化管理。该系统目前已完成了主体开发工作，拟于近期完成后期开发、系统退管及培训工作。2004 年，完成了北京市民政局城域网及综合信息平台的建设和开发工作。北京市民政局所属二级单位、直属单位已基本实现了信息的互联互通。综合信息平台完成了系统培训工作，并于正在运行的其他业务信息管理系统实现了信息资源数据整合。

老龄工作 2004 年，北京市老龄协会以党的十六届三中全会精神和“三个代表”重要思想为指导，按照“党政主导、社会参与、全民关怀”的老龄工作方针，认真履行北京市老龄委办公室的职能，在工作思想上，由抓具体工作、事必躬亲向宏观指导、宏观决策转变；在工作方式上，由从习惯于自己干向协调成员单位共同抓好老龄工作转变；在工作方法上，由一般性的指导工作向抓典型、运用典型指导工作转变；在工作作风上，由浮在上面、忙于应付向深入基层、求真务实转变。求真务实，扎实工作，大力推动“六个老有”目标在全市的落实，不断满足广大老年人的物质文化需求，较好地完成了全年工作任务。民政部原副部长、全国老工办原常务副主任李宝库到北京视察时指出：“首都的老龄工作全面、扎实、有特色、有创新。”

2004 年，先后筹备召开了北京市老龄工作委员会第七次全体会议和北京市老龄委成员单位联络员会议，制定下发了《北京市老龄工作委员会关于2004年老龄工作责任分工的意见》，充分发挥各成员单位职能作用，为老年人办实事、办好事，推进老龄工作的整体合力不断增强。认真组织展开了"创建全国老龄工作先进区县"活动，及时转发了全国老龄办《关于在全国开展创建老龄工作先进县（市、区）活动的通知》，并结合北京市的实际，制发了《关于对创建全国老龄工作先进区县工作进行检查考核的通知》和《北京市创建全国老龄工作先进区县检查考核标准》，分别对区县、街（乡）镇、居（村）三级老龄工作提出了不同的标准和考核评分办法，本着公开、公正、公平的原则，对全市13个申报先进的区县进行了检查考核，向全国老龄委申报全国老龄工作先进区3个、推荐全国老龄工作先进单位8个，全国老龄办领导抽查北京市申报工作后，对评比方式和考核标准给予肯定，在《全国老龄工作导刊》介绍了北京市的做法；在继续抓好基层社区老龄工作试点的基础上，草拟了《关于加强社区老龄工作的意见》，修订、完善了《创建敬老先进社区居委会、敬老先进村的考核标准》，使其更具有科学性和操作性，使"双创建"工作更贴近新时期老龄工作的实际。组织召开了"北京市社区老年人协会建设工作座谈会"，不断发现和培育基层社区老年人协会的典型，并指导个别区在街道成立了老年人协会。制定并试行了《区县老年维权服务工作联络员的工作职责》，建立了正常的信访转办制度、重点老年信访回访制度等。组织召开了全市老年维权服务工作小组会议，开展了法律为老服务下基层、进社区活动，向社会发放《中华人民共和国老年人权益保障法》、《北京市老年人权益保障条例》及有关老年法律法规宣传材料1000余份。举办了老年维权服务工作联络员培训班。办理了全国政协提案3件，北京市人大、政协提案15件，回答两级人大代表和政协委员关心的老龄问题，代表和委员们都比较满意。调查处理了《市长电话要情》中反映的"呼吁政府关注老年人生活问题"，老年人非常满意，纷纷表示感谢党和政府。北京市维护老年人权益服务中心全年共接待来信来访430件，结办率99.9%。较好地落实了高龄特困老人的救助、帮扶和敬老优待服务政策，全年共为249位百岁老人每人发放营养补贴1000元，为500位高龄特困老人发生活补贴，为3942户空巢家庭老人安装了应急服务铃，办理《老年人优待证》5万余个。较好地组织实施了老年知识分子智力援助西部大开发行动（即"银龄行动"），组织了22名副主任医师以上职称的老年医务志愿者赴蒙援助，受到当地党和政府及人民群众的好评。与市委宣传部、市教委、市妇联、团市委等5单位一起，在全市开展了敬老爱老助老主题教育活动，联合下发了《关于在全市青少年中开展敬老爱老助老主题教育活动的通知》，举办了"北京市青少年敬老爱老助老主题教育活动"启动仪式和"北京市敬老爱老助老先进事迹报告会"，并向中小学生赠送了《中国敬老故事精华》，还在多种场合开展了"感受老人行动"，该活动受到了各界媒体的关注，中央电视台、北京电视台、北京日报等媒体进行了报道，在社会上产生了较大的影响。组织了"北京市迎新春敬老慰问演出"、"庆重阳敬老慰问演出"和"迎新春新闻记者座谈会"。组织参加了首届全国老龄新闻奖评比，荣获组织奖1个、一等奖1个、三等奖1个、优秀奖8个。组织参加了全国首届"珍奥杯"银龄美大赛，获得优秀组织奖1个、金奖1个、最佳时尚奖1个，有3位选手被授予"中国老年人形象大使"、1位选手被授予"中国魅力老人"称号。与新闻单位合作制作播出了北京市"健康老人之星"系列片5集。在海外媒体刊出了"北京市表彰敬老先进居、村委会"、"维护老年人合法权益老年法律咨询"、"北京市老年活动中心揭牌仪式"、"重阳节文艺演出"等内容的多幅图片和文字报道。在国内各种媒体刊登、播出各类反映老龄工作的稿件80多篇（套）。编印《老龄工作简报》15期、《北京老龄信息》22期、《北京老龄工作》3期、《情况反映》5期。组织召开了"老有所为在社区"和"家庭和睦、代际和谐"学术研讨会。进行了《北京市“十五”时期老龄事业发展规划》落实情况的检查，承担了北京市国民经济和社会发展第十一个五年规划前期课题《“十一五”期间北京市人口及老龄化问题研究》。组织开展了北京市城区老年人交通需求情况调查。筹备召开了“星光计划”总结暨“明天计划”启动会议，草拟了《“星光老年之家”管理意见(征求意见稿)》。协助全国老龄办在京组织了“联合国亚太经社会东南亚地区老龄研讨会”，组织参加了中美两国社会工作与社会福利服务研讨会。接待了越南、蒙古老龄协会代表团，与新加坡有关机构合作开展了对老龄干部的培训，组团赴巴西考察了老龄工作，开阔了视野，找到了差距，学到了可以借鉴的经验。

信访工作 北京市民政局2004年受理信、访、电(电话咨询、电子邮件)4655件，其中接待群众来访2584批2785人次，集体访10批301人次；为外地途经北京经济发生困难的群众解决住宿、路费58人次；办理群众书信610件，网信1461件，其中联名信21件411人次。局领导阅批信件331件，占全部来信的16%。今年信访量与去年(4037件)相比上升了15%。2004年初，北京市民政局重新调整了信访领导小组，在局党委的统一领导下，指导、协调全局的信访工作。研究部署指挥、协调集体访和异常访案件的处理。健全各项信访制度，特别是从2000年建立并坚持每月两次信访领导接待日制度，由办公室安排，局领导轮流接待。同时，还实行了领导包案和领导牵头处理复杂疑难的信访问题。为了更好地贯彻落实“三个代表”重要思想，加强政府部门与人民群众的联系，倾听群众的呼声，为群众排忧解难，北京市民政局于2001年下半年开通了民政政务网，特设了五个信箱，即：局长信箱、便民信箱、举报信箱、网上咨询、网上信访。

自身建设 深入学习贯彻党的十六届四中全会精神，制定了北京市民政系统加强党的执政能力建设的意见，明确了局属单位今后一个时期基层党组织建设的目标和任务。认真进行基层党组织换届工作，深化干部人事制度改革，各级领导班子结构得到优化，干部队伍素质明显提高。严格落实党风廉政建设责任制，完善集体采购、专项资金的预决算审计等制度，党风廉政建设进一步加强。进一步强化各级领导干部的安全意识，制定安全工作目标管理责任制，建立健全横到边、纵到底的安全生产责任制、定期检查和应急机制。实行建设工程集中统管，规范工程规划、申报、招标、监理等监督管理，民政基础设施建设步伐加快。大力开展文明行业创建和行风评议活动，北京市第二儿童福利院等5个单位被评为全国民政基础单位行风建设先进集体，八宝山殡仪馆等44个单位被评为北京市民政系统行风建设基层窗口单位。10个光荣院、2个烈士陵园和婚姻登记服务机构被评为北京市民政局规范化服务单位，并报评市规范化服务行业。民政理论研究和调查研究、法制建设、信息信访、档案管理、对外交流等工作取得了新进展。交通安全、义务献血、计划生育、环境综合整治和工会、共青团、老干部工作也较好地完成了全年任务。

见义勇为 2004年5月28日北京市政府隆重召开表彰会，授予白森等13名同志2003年度“首都见义勇为好市民(荣誉市民)”荣誉称号，授予中国石油天然气股份有限公司华北销售分公司等7个单位“首都见义勇为权益保护工作先进单位”荣誉称号。北京市与北京市财政局共同努力，制定颁发了《北京市见义勇为专项资金管理使用暂行办法》，将全市的见义勇为专项资金纳入年度财政预算。从源头上解除了资金来源的后顾之忧。北京市民政局与北京市公安局联合举办2004年度见义勇为权益保护工作培训班，共确认见义勇为人员195例。为2名荣获见义勇为荣誉称号的应届高中生办理了高考加分手续。按照中共北京市委、市政府关于在元旦春节期间广泛开展走访慰问、送温暖活动的指示精神，充分体现党和政府的关怀，2003年12月19日至2004年1月19日，全市广泛开展了走访慰问见义勇为人员活动。此次走访慰问的主要对象包括历年来首都文明办评选表彰的全国见义勇为先进分子、首都见义勇为好市民、好卫士、积极分子和《条例》实施后民政部门依法确认的见义勇为人员计 817 人，全市共发放慰问金约 47 万元。组织 2003 年“首都见义勇为好市民”代表赴山西进行为期一周的参观疗养活动，并集体参观了山西省“太原市见义勇为英雄纪念碑”。开展“首都人民献爱心”募捐救助活动。通过活动，共收到 846 家企事业单位 500 多万元社会捐款；其中：北京市福利彩票中心和北京电视台《大宝真情互动》节目组采取慰问走访形式，深入大兴、房山、门头沟、密云、东城等区县，为 18 位见义勇为人员送去4.1万元生活困难补助费。北京市民政局与北京市委宣传部、北京市委政法委、首都文明办组建“首都见义勇为英模报告团”，联合开展“首都见义勇为英模事迹巡回报告”活动，先后深入海淀、大兴等区县举办巡回报告会 3 场，并制作 300 张光盘下发各区县基层单位。

（北京市民政局）

天津市

2004 年，天津市各级民政部门在中共天津市委、市人民政府的领导下，坚持以邓小平理论和“三个代表”重要思想为指导，把党的十六大和十六届三中全会、四中全会精神以及民政部的各项任务部署，贯彻于全市民政事业的发展和民政工作的改革之中，围绕落实科学发展观，突出以民为本，为民解困，全面推进“5 个体系”建设，加大制度建设和自身能力建设的力度，各项工作平稳推进并取得新的进展。

民间组织管理　制定《天津市示范行业协会试行标准》，在市属行业协会中开展评选示范行业协会活动，起到了典型引路，推动工作的作用。实施分类指导，重点培育发展农村专业经济协会和行业性、公益性社团。会同市农委下发了《关于农村专业经济协会培育发展和登记管理意见》，按照“边登记、边规范、边发展”的原则，2004 年全市注册登记的农村专业经济协会达到 194 家。通过抓试点和现场推动，全市已完成备案的社区民间组织 6000 多个。贯彻《基金会管理条例》，全面启动了基金会换发证书工作。健全完善执法监督网络，查处了多宗非法、违法社团活动。

优抚、安置　优抚工作，一是抓已有政策的落实，按照优待抚恤补助标准自然增长机制，市、区两级政府加大投入，优抚对象补助标准年内提高 10.5%。二是认真贯彻新的《军人抚恤优待条例》，研究制定具体落实意见并抓紧相关协调工作，着手起草《天津市军人抚恤优待实施办法》。对涉及面广、人数较多的重大信访，热心接待，耐心解释政策，审慎处理，得到国务院信访局和市领导肯定。退役士兵安置工作加大改革力度，制定出扶持退役士兵自谋职业的 8 类优惠政策；采取市财政拨款，区县财政匹配和使用有偿转移资金的方法，落实了自谋职业一次性经济补助金。坚持自谋职业与政府指令性计划相结合的办法，自谋职业率达 60%，3094 名退役士兵全部得到安置。军休工作先后制定了 3 个移交地方政府安置的军队离休退休干部的政策性实施意见，为军休干部服务工作做到有章可循。全市军休干部的住房、医疗、生活都得到有力保障；市内各区军休干部活动场所基本配套；各军休所普遍提高了管理服务水平；河西区开展的“服务进庭院，实事做到家”活动同“走出庭院，融入社区”工作相互补充和配套，军休工作创新再次取得进展。双拥工作根据形势发展，市双拥工作领导小组扩大会议审议通过了《天津市双拥领导小组成员职责》，双拥政策进一步落实。从部队建设实际出发，坚持为部队解难题、办实事。2004 年，协调市教委、南开大学建立驻津部队政治干部研究生硕士班，科技拥军在为部队培养中高级人才方面迈出新步。

城乡社会救助体系建设 2004年,以落实各项为民解困措施为目标,通过强化理性思考,深化了体系构筑的思路创新,社会救助体系框架初步形成,趋于系统化的社会救助,使全市困难群众的基本生活得到保障。城乡低保工作努力规范工作程序,加强信息化建设,确保低保金按时足额发放;针对物价上涨给低保家庭生活带来的影响,11月,天津市政府批准,低保标准由241元调至265元;实施低保与再就业联动机制,开辟低保人员就业渠道,截至2004年底,全市城镇低保人数较2003年减少了4.67万人;及时出台被征地农民申请低保的有关规定,切实解决群众的实际困难。2004年12月底,全市城镇低保对象20.5万人,低保资金支出2.4亿元,人均月补助金100.04元;农村低保对象1.09万户、2.9万人。医疗救助工作经调研论证,会同财政、卫生等部门联合制定了《天津市农村医疗救助暂行办法》,8月,市政府批转,初步建立起天津市农村医疗救助制度。2004年有36457人得到救助。农村五保供养工作在摸底调查基础上,提出解决财政转移支付办法,同时规范五保管理方式,继续推进农村敬老院改扩建项目。2004年底,全市集中和分散供养对象4666人,全年支付供养资金1368万元。抗灾救灾工作从制度建设入手,完成了《天津市灾民救助应急预案》的修订,相继制定了春荒、冬令灾民救助方案;统一建立《灾民救助卡》,严格了区县民政部门灾民救助工作程序和救灾款专户管理等制度。2004年共发放救灾资金1300万元,近9万灾民得到及时救助。社会专项救助工作对困难群众的各项优惠政策得到进一步完善和落实;全市已有5个区、42个街道建立了“爱心救助超市”,积极探索救助超市的运营管理新模式收到良好效果;城乡低保对象、政府集中供养对象、农村五保户及灾民已全部纳入了法律援助范围。社会救助体系功能的发挥,将为民解困工作落到实处,为社会稳定和经济发展提供了保障。

村民自治 村务公开工作深入贯彻中办、国办17号文件,建立了天津市村务公开协调小组及办公室,明确职责,拟定计划,开展调研,组织专题培训,对12个涉农区县村务公开、民主管理工作进行了督查。全国村务公开办公室肯定了天津的做法并在全国推广。针对第五届村委会换届选举工作后出现的新情况、新问题,开展了评选“民主政治建设示范村”和“民主法治示范村”活动;研究制定《罢免村委会成员规程》并实施,巩固发展了民主选举成果。社区建设工作以调研为先导,提出全面推进社区建设的意见,提供再就业岗位4万多个;发挥社区服务示范点的引路作用,社区服务业有了新进展;广泛组织了社区读书活动,筹措资金援建社区图书室283个,5100名居民参加了全国社区文明读书知识竞赛并取得了好成绩。积极探索社区居委会民主自治的新形式,提高居委会成员待遇,建立了居委会办公经费自然增长机制。

社会福利事业 社会福利工作贯彻民政部《社会福利机构基本规范》,制定相关标准,协调落实优惠政策,全市各类养老机构步入规范化、专业化管理轨道。市直属福利机构以抓创新、求发展、上水平为目标,强化职能管理,规范基础程序,搭建科学的制度体系,树立窗口形象,全面提高服务质量,整体工作水平上了新台阶。经过3年努力,全市“星光计划”建设项目达到503个,投入资金2.46亿元。2004年,积极探索“星光老年之家”的管理模式,发挥更大的社会效益。福利彩票发行工作全年销售额1.8亿元,创近5年来的最好水平,超计划3000万元,上缴公益金6300万元。在首届天津最具影响力品牌推选活动中,天津福彩榜上有名。福利企业认真处理企业改制与发展、稳定的关系,研究政策,适应市场。市直属福利企业积极处置不良贷款,经济效益明显,2004年完成利税2080.4万元,同比增长48.23%;解决了部分遗留问题,加大对困难职工救助力度,职工收入有所提高,职工队伍趋于稳定。区县福利企业整体数量增加,利税也有较大增长。

老龄工作 以创建老龄工作先进区县为契机，以为老年人办好事、办实事，保护老年人的合法权益为重点，注重解决难点、热点问题，促进了6个"老有"工作目标在基层的落实。通过积极落实城镇居民最低生活保障制度，2004年被纳入这一保障范围的生活困难的老年人20015人，占全市低保对象的10.8%。市郊4个区实行农民退养补助的村已达62%。多层次、多学科、多功能、开放式的老年教育网络初步形成，全市共有各类老年学校104所、在校学员38390名，基层社区教育班1644个、学员78602名，参加教育的老年人已占全市老年人口的8.92%。老年文体组织2498个，投入活动的老年人达到14万人。

专项社会事务管理 行政区划工作编辑出版了天津市行政区划地图，完成区县行政区域界线联检，强化依法管界、依法治界。全市行政区划调整规划工作取得新进展。婚姻收养登记工作以贯彻落实新的《婚姻登记条例》和《婚姻登记工作暂行规范》为契机，加强队伍培训，规范工作程序，公开服务内容，有效提高了执法水平和服务质量。全年婚姻、收养登记合格率均达100%。殡葬改革与管理工作加强基础设施建设，加大职工培训力度，治理服务环境，增加服务项目，运行"引导式"服务机制，以提高服务质量促进殡葬改革。

民政法制化建设 全市的民政法制化建设列入议事日程，各级民政部门学法用法的自觉性增强，2004年普遍制定了法律知识和民政专项法规的学习计划与制度，提高了依法办事能力。民间组织管理、殡葬改革、婚姻收养等在执法中体现和落实以民为本；村委会选举、居民自治等在执法中加快民主化进程；社会救助、社会福利事业也在依法行政中走上规范、健康发展轨道。2004年4月21日召开全市民政法制工作会议，按照国务院《全面推进依法行政实施纲要》研究民政法制工作规划，制定推动措施。7月1日《行政许可法》实施前，对涉及民政行政许可及审批事项进行逐项清理，组织各级干部培训和考试。10月份，天津市行政审批服务中心落成并启用，通过认真准备，按时完成民政部门进入服务大厅的各项工作，集中办理审批提高了效率，得到群众好评。2004年，完成了《天津市殡葬管理条例》的修订工作，进行了《天津市拥军优属条例》、《天津市民办非企业单位管理办法》、《天津市养老机构管理规定》的立法调研。对社会关注的农村医疗救助、失地农民社会保障、新的救助管理制度所面临的实际问题，通过政策调研和执法检查搞好法制法规服务。

（王炳银）

河北省

2004年，河北省民政工作在各级党委、政府的正确领导下，在民政部的有力指导和大力支持下，以邓小平理论和"三个代表"重要思想为指导，深入贯彻党的十六届三中全会、四中全会精神和省委六届五次全会、六次全会精神，坚持基础工作常抓不懈，重点工作不断推进，难点工作有所突破，使全省各项民政工作呈现出新的发展势头，为全省经济建设和社会稳定做出了贡献。

民间组织管理 在培育发展方面，重点培育发展优势行业、新兴行业和与世界贸易密切相关的行业协会和民办非企业单位，积极扶持和发展农村专业经济协会。2004年新审批社团550个，新审批民办非企业818个。进一步加强监督管理，认真组织了全省4712个社团的年检，注销了106个不合格社团，限期整改486个；全省民办非企业单位参检5319个，注销105个，限期整改900个。认真做好民间组织行政许可项目的审批工作。对涉及行政许可的审批项目进行了梳理，取消了4项行政审批事项和各种登记收费，简化了相关审批程序。贯彻实施《基金会管理条例》,全面部署了河北省基金会换证工作。积极开展争先创优活动,17家民间组织荣获“全国先进民间组织”称号,229家民间组织被评为省级优秀民间组织,288人被评为省级民间组织先进个人。

双拥、优抚和安置 双拥工作取得丰硕成果。在2004年年初召开的全国拥军优属拥政爱民工作会议上,河北省有13个市、县荣获新一届国家级双拥模范城(县)称号,数量列全国第三,并有2人被授予全国“爱国拥军模范”称号,1人被授予“拥政爱民模范”称号,8个单位被授予“拥军优属”、“拥政爱民”先进集体称号。2004年7月30日,在河北省双拥工作会议上,命名表彰了10名“河北省爱国拥军模范”、6名“河北省拥军爱民模范”及100个双拥先进个人、60个双拥模范单位受到表彰。优抚对象的合法权益得到保障。认真贯彻落实国务院、中央军委下发的《军人抚恤优待条例》,全年共下拨优抚事业经费3亿多元,市、县落实配套资金1.5亿多元,抚恤补助资金按时足额发放到全省27万多重点优抚对象手中。下拨解“三难”(生活难、住房难、医疗难)专项经费900多万元,同时筹措资金150万元,为优抚对象购置了防寒服装、棉被和药品。全省17万多在乡老复员军人、带病回乡退伍军人补助标准在原来基础上分别每人每月提高20元,使全省老复员军人定补标准达到了每人每月140元。

较好地完成了退役士兵安置任务。采取多渠道,多形式的安置办法,共安排20943名城镇退役士兵就业,4881名退役士兵自谋职业,自谋职业比例比前年提高了8.15个百分点。农村退伍军人两用人才开发使用工作稳步发展。全省共接收农村退伍军人两用人才16486人,目前已开发使用14343人,占总数的87%。

全面落实军休干部政治、生活两个待遇。及时核算安排军队离退休人员经费20924万元,分配工作和生活用车24台。认真协调了军队离退休干部及离休干部无经济收入家属、遗属医疗补助经费问题,向民政部、财政部争取到186万元,并通过沟通协调,争取到2005年省财政专项经费200万元。妥善安置了军休干部514人,军退职工78人。

城乡社会救助体系建设

救灾工作及时有效。2004年,河北省局部灾情较为严重,先后遭受了干旱、风雹、洪涝等自然灾害。为妥善安排灾区群众的基本生活,全省共安排救灾资金18854.5万元,救助灾民560万人次,维护了灾区稳定。同时,加强备灾工作,初步建立了全省救灾应急预案体系,为全省39个国定贫困县和11个设区市全部配齐了救灾用车,提高了灾害应急处置能力。进一步规范救灾款物管理,在全省推行了灾民救助卡管理制度。社会捐助活动广泛开展,注重推进捐助形式多样化。全省共接收捐款752.28万元、衣被47.49万件,救助灾民和困难群众80.3万人次。全省共建“爱心超市”88个,救助城镇困难群众31262多人次。

城市低保实现了动态管理下的应保尽保。各级民政部门认真贯彻落实国家低保政策,加大资金支出和规范化管理力度,按月足额发放保障金,切实保障了城镇低保对象的基本生活。全省累计保障939.7万人次,平均每月保障对象为78.3万人,全年共发放保障金5.47亿元,月人均补助58元。建立低保超市46个,受益63767人次。

农村低保和社会救济工作实施了制度化、规范化建设。全省165个涉农县(市、区)中,有57个县(市、区)实行了农村最低生活保障制度,为7.79万户、15.92万人发放了《农村居民最低生活保障金领取证》,全年发放保障金3203万元,月人均补助16.76元;108个县(市、区)建立了规范的农村特困户定期定量救济制度,有17.6万户、31.39万人领到了《农村特困户救助证》,全年发放救济金3718万元,月人均补助9.87元;临时救济22.66万户、64.24.万人,全年发放救济金2682万元。积极探索建立了农村医疗救助制度。全省172个县(市、区)全部制定出台了管理办法。全年共发放医疗救助金1490万元,救助5.92万人。认真研究农村税费改革后五保供养面临的新问题，有效保障了全省 7.62 万名五保对象的生活，其中 2.65 万人由 1732 所敬老院集中供养，集中供养率达35%，年平均供养标准为 1989 元；其余 4.98 万人由社会分散供养，年平均供养标准为 913 元。

基层民主政治建设和社区建设 继续抓了第六届村委会换届选举遗留工作。克服换届选举中存在的诸多难点问题，指导 269 个没有进行换届和未选举成功的村进行了选举。加强同有关部门的合作，进一步推进民政部门组织协调、各部门共同参与的工作机制。与河北省司法厅一起抓了“民主法治示范村”的创建工作，联合命名表彰了 200 个省级民主法治示范村，其中有 13 个村被评为全国民主法治示范村。与河北省农工办联合印发了《关于完善对村委会成员民主评议制度的通知》，加强了对村委会成员的民主监督工作。

城市社区建设向纵深发展。推广了定州市县级社区建设工作试点经验，拉开了全省推进县级社区建设的序幕。城市社区建设示范活动进一步深入，“万家社区图书室援助和万家社区读书”和“全省社区文明建设知识竞赛”活动成效显著，全省有 7 个市 500 多个社区接受援建图书 500 多套。

社会福利事业 “星光计划”圆满结束，“明天计划”顺利启动。在全省各级民政部门的共同努力下，以建立县（市、自治县）级老年福利设施为重点的第三批星光计划取得了显著成绩，全省共建县级老年综合福利服务中心 124 家，填补了河北省没有县级福利机构的空白。启动了河北省为孤残儿童手术康复的“明天计划”，确定了三所手术康复定点医院，通过体检筛选确定了适应症孤残儿童手术康复对象约 200 名。截至 2004 年底，已为 30 多名孤残儿童成功实施了手术。依法做好救助管理工作，使 9925 名生活无着的流浪乞讨人员得到了及时救助。

老龄工作获得新成绩。拟定了新的“河北省老年人优待办法”，起草了新的《河北省老年人权益保障条例（草案）》。成功举办了“庆重阳河北省老年艺术团汇报演出”等活动。全面开展创建活动，全省有 6 个县（市、区）被评为“全国老龄工作先进县（市、区）”，8 个单位被评为“全国老龄工作先进单位”。

福利彩票发行工作创造新纪录。全省共发行福利彩票 8 亿元，实现了历史性突破，共筹集公益金 2.8 亿元，比前年增加了 33%。开展了第三届“福彩献真情，爱心助学子”活动，全省共投入 222 万元公益金，资助 1208 名即将步入大学的贫困学生，提高了福利彩票的社会形象。

区划地名 区划地名工作狠抓了全省行政区划调整规划的编制工作，起草了规划初稿。分类对 15 个县（市），22 个乡镇的行政区划现状进行了调研，为积极稳妥地调整乡镇建制做了准备。进一步巩固勘界成果，对 5 条市界和 106 条县界进行了联合检查，及时调处了新出现的边界争议。编制了河北省第一幅全面反映勘界成果的《河北省行政区划图》。认真贯彻全国地名工作会议精神，狠抓了地名规范化管理。城市地名标志设置和地名数据库建设工作取得突出成绩，全省 11 个地级市和 22 个县级市全面完成了设标任务。

民政宣传 认真组织了周国知报告会，在全省民政系统掀起了学习“为民模范”周国知先进事迹的热潮。各地以周国知为榜样，将学习活动与做好本职工作结合起来，帮助困难群众解决实际问题，取得明显成效。为了进一步加强河北省民政干部队伍建设，大力推出了河北省先进典型——乐亭县殡仪馆馆长高全新。高全新同志精神感人、事迹动人，是基层党员干部的楷模，其先进事迹被省委宣传部纳入了重要典型宣传库，河北电视台、河北电台进行了连续播放，《河北日报》、《中国殡改导刊》、《中国民政》、《中国社会报》等媒体都刊登了通讯稿。通过开展学习高全新先进典型活动，为全省民政事业的发展提供了强大的精神动力，极大地激发了广大民政干部的事业心和责任感，在全省民政系统形成了一种求真务实、扎实肯干的工作作风。

行风建设 开展了全省行风建设先进典型评选表彰活动。认真贯彻落实《行政许可法》，建立健全了行政许可制度。婚姻登记、殡葬管理、收养、计财、法规信访、机关党委、人事、老干部等工作和直属各单位建设也都取得了一定成绩。

山西省

2004年，在山西省委、省政府的领导和民政部的指导下，全省各级民政部门努力实践“三个代表”重要思想，深入贯彻党的十六大和十六届三中全会、四中全会精神，坚持“以民为本、为民解困”的宗旨，积极推进“五个体系”的建立和完善，突出重点，兼顾一般，开拓创新，埋头苦干，省政府确定的重点民政工作目标责任制全面落实，年初确定的十项重点工作任务圆满完成，自身建设成绩斐然，民政事业取得长足发展。

民间组织管理 认真开展社团和民办非企业单位的日常登记管理和年检工作，全年全省登记各类社团574个、民办非企业单位385个。深入宣传贯彻《基金会登记条例》，启动了基金会的登记、换发证书工作。与省地税局联合下发了《关于加强民间组织税务登记和税票管理工作的通知》，规定了民间组织可以享受的20多项减免税政策，民间组织从2004年7月1起正式使用统一税票。大力培育和发展农村专业经济协会，召开了农村专业经济协会现场会，推广了晋中祁县经验。

优抚 认真落实各项优待抚恤政策，及时足额兑现优待金，积极推进并在全省11个市、80%的县（市区）建立了优抚对象抚恤补助标准自然增长机制。深入宣传贯彻新修订的《军人抚恤优待条例》，积极探索重点优抚对象“医疗难”问题的解决途径，全面开展了革命伤残人员证件换发工作，优抚对象合法权益得到有效保障。

安置 在山西省60多个县（市、区）推行退役士兵安置改革，有700余名城镇退役士兵办理了自谋职业手续。根据中央军委、国务院有关文件精神，致力于理顺山西省安置计划编制体制，先后起草并向省政府报送了《关于当前城镇退役士兵安置工作有关问题的请示》、《关于加强城镇退役士兵安置工作的意见》等。认真落实军休干部“两个待遇”，组织军休干部开展丰富多彩的活动，对1981年前部队移交安置的老红军、老八路或其遗属进行了摸底调查，认真做好了第五批军队离退休干部的接收安置工作，与省军区政治部联合出台了《关于加快推进移交政府安置的军队离退休干部服务管理社会化工作的实施意见》，积极推进军休服务管理社会化进程。军供任务圆满完成。

双拥 深入开展了“为全面建设小康社会服务，为军队现代化建设服务”（“双服务”）活动和双拥模范城（县）创建活动，进一步完善了双拥工作政策法规，重点解决转业复员退伍军人安置、随军家属就业、随迁子女入学、优抚对象优待抚恤政策落实等重点难点问题。

救灾 2004年下拨救灾资金10570万元（其中中央资金9500万元，省财政配套资金1070万元），市县两级财政落实配套资金1500余万元，发放灾民救助卡98.4万张，救济灾民266.3万人。2003年灾后应恢复重建的144889间房屋全部得到修复或新建。大力推行《灾民救助卡》管理制度、救灾资金使用责任追究制度、救灾资金拨付跟踪通报制度和春夏荒期间灾民救助工作落实方案上报备案制度。加快救灾应急预案编制工作步伐，省级预案已上报省政府，朔州、长治、运城、晋城、临汾等市的预案已正式出台。

城市居民最低生活保障 积极推进分类施保，认真研究和探索对城市特困群众分类施保的办法，太原、大同、运城、长治等市以及一些县出台了《关于城市居民最低生活保障分类施保办法》，对有大病重病、严重残疾及子女上学、单亲等特困家庭，发放低保金时给予重点照顾，适当倾斜。为减轻粮食价格上涨对各类低保家庭生活的影响，经省政府决定，从2004年7月1日起，全省城市居民最低生活保障标准每人每月又提高了10元。与山西省财政厅联合，在全省范围内组织了2002年以来低保金管理使用情况的专项检查。全年共下拨中央和省级低保资金5.55亿元，其中中央财政3.65亿元，省级财政1.9亿元，市县两级财政投入8000万，累计发放低保金6.46亿元，到年底时低保对象达到37.3万户84.8万人，人均月补差标准达到64元。以政府规章的形式正式出台了《山西省城市居民最低生活保障实施办法》。

社会捐助 在全省积极创建了121个“爱心救助超市”。认真组织了“扶贫济困送温暖”集中募捐活动，2004年全省各级民政部门共接收社会捐款913.77万元、旧衣物87.45万件、其他物资折款220.39万元。省本级接收捐款369.82万元、衣物1.1万件、其他物资折款77.24万元。

农村困难群众救助 山西省44.5万农村特困群众，通过实行农村低保和特困救济两种形式得到救助。目前，纳入农村低保的有3.9万户、10.3万人，已领取农村特困户救助证的有75万人，纳入特困户救助的有17.3万户、34.2万人。2004年6月，省民政厅、省卫生厅、省财政厅联合出台了《关于建立农村医疗救助制度的实施意见》，下拨了中央安排给山西省的1310万元补助资金，在35个县试点开展了农村医疗救助工作。不少试点县出台了农村医疗救助实施办法或细则，落实了配套资金，开始了救助工作。

城乡社会救助体系建设 在充分调研和考察的基础上，草拟了《关于建立我省城乡社会救助体系的意见》，确立了以城市居民最低生活保障、农村特困户救助、医疗救助、城市“三无”人员和农村五保户救助、教育救助、再就业援助、养老救助、社会互助、自然灾害救助以及其他救助等为主要内容的新型社会救助体系框架，意见已上报山西省政府。大同、太原、长治、晋中等市也都积极推进体系建设，出台了一系列专项救助制度。新型城乡社会救助体系建设稳步推进。

第六届村委会换届选举扫尾攻坚 山西省第六届村委会换届选举工作从2002年第四季度展开，到2004年6月，全省仍有500多个村委会因各种原因没有按期进行换届。省村委会换届选举领导组召开会议研究部署，省委办公厅、省政府办公厅下发《关于做好第六届村委会换届选举扫尾工作的通知》，换届选举领导组抽调成员单位工作人员组成督察组分赴有关市地进行督查，全省的选举扫尾攻坚力度加大，步伐加快，到去年底，第六届村委会换届选举工作任务完成，换届率达到99.8%以上，为历届最高。

村务公开 认真贯彻全国村务公开电视电话会议精神和中办、国办《关于健全和完善村务公开和民主管理制度的意见》，山西省成立了由民政厅、组织部、人事厅、纪检委、农业厅、司法厅、财政厅等有关部门参加的省村务公开协调领导组，并召开了领导组第一次会议，明确了有关成员单位在村务公开工作中的职责和分工。下发了《关于加强村务公开和民主管理工作的通知》，召开了全省村务公开电视电话会议，对村务公开工作进行了全面安排部署。各市县也成立了相应的领导和工作机构，全省村务公开工作稳步推进。

城市社区建设 山西省各市区的社区改制工作任务基本完成，目前共建有1242个社区居委会。县城的社区改制工作也正在推进，半数以上的县城完成社区改制，已建社区452个。指导各地进行了社区居委会换届选举工作，试点进行了社区居委会的居民直接选举。同时，积极支持社区建立以便民、就业和再就业、社会救助、社会福利服务为重点的社区服务网络，丰富社区服务内容，大力推进社区服务向社会化、产业化方向发展，努力提高社区建设工作水平。

“星光计划” 以县（包括县级市）政府所在城镇的老年福利服务设施和场所建设为实施重点的第三批“星光计划”，从2003年6月份开始启动，到2004年5月底，确定的200个项目全部建成并投入使用，其中新建和改扩建县级综合性老年福利服务设施60个、新建和改扩建乡镇中心敬老院120个、新建和改扩建地市级综合性老年福利服务设施和街道社区居委会老年福利服务站点20个。从2001年开始分三批组织实施的“星光计划”取得丰硕成果：三年共投资33568万元，其中福利金投入12027万元，共资助新建、改造老年福利服务设施910个。三年三批老年福利服务星光计划项目的建设，极大地改善了山西省社区老年福利服务设施落后的面貌。为使“星光计划”项目建成后能够管得住、用得上，省民政厅及时制定下发了《山西省“社区老年福利服务星光计划”项目管理运营办法》。

“明天计划” 成立了“明天计划”领导小组，结合实际拟定了《山西省“明天计划”三年规划》、《山西省2004年“明天计划”年度实施计划》以及《残疾孤儿手术康复明天计划项目管理暂行办法》，全省计划利用三年时间，筹资2000—2500万元，为1500名左右在各类福利机构中0—18岁具有手术适应症的残疾孤儿实施有效手术矫治和康复。这项计划已于6月中旬正式启动，经过考察确定了晋中市第一人民医院等9家医院为“明天计划”实施定点医院，至年底为160名孤残儿童成功实施了手术。

福利彩票工作 克服西安体彩宝马案和即开票大奖组停销的负面影响，充分利用全热线升级改造成果，狠抓营销宣传、站点扩容，加大发行和管理力度，2004年销售福利彩票3.743亿元，其中电脑票2.759亿元，即开票0.984亿元，取得三年来最好成绩，再次挤身全国前十名。全省10个市累计组织即开票大奖组销售24场，总销量比上年增长了22.76%，进入全国三强。

区划地名管理和勘界工作 大力推进全省地名设标工作，全省除吕梁市外基本都完成了街、路牌设置任务，20%的县城镇完成设标任务，门楼牌设置也有较大突破。加快地名数据库建设，70%的市县基本完成了地名数据采集录入工作。认真研讨并向省政府提出了开展县级行政区划调整试点的工作方案。完成了5条市界、52条县界的联检工作任务，进一步规范了勘界档案管理。

自身建设 深入开展行风评议活动，聘请行风监督员，发放近10万份行风评议调查问卷，设置近2000个行风监督箱，参加和组织了行风热线、行风评议宣传活动，召开了民主评议行风听证会，广泛听取群众意见和建议。坚持评建结合，纠建并举，及时解决群众反映的问题，坚决纠正损害群众利益的行为，把行风评议活动引申到各项业务工作中。以行风评议活动为载体，民政部门服务水平和质量都有很大提升，赢得了群众满意。民政部门的行风建设成绩在全省46个参评部门和单位中位居第八，在非垂直管理单位中位居第二。开展了全省范围的民政政策理论和实践创新调查研究活动，进行了优秀论文的评选、表彰和交流，形成了200多篇理论研究成果，参与人数多、研究成果多、论文质量高都是近年来少有的。隆重举行了建厅55周年庆祝活动，全面回顾了55年民政事业发展历程，总结了经验，分析了形势，梳理了思路，明确了目标。民政救灾和福彩中心大厦胜利竣工，民政厅和部分直属单位的办公环境有了明显改善。投资665万元的低保信息化一期工程全面完成，并正式投入运行，各市县民政部门和厅机关现代化办公条件和手段得以改变，工作效率得以提高。深入贯彻《行政许可法》，深化行政审批制度改革，制定了《统一受理行政许可申请、统一送达行政许可决定》、《山西省民政系统行政复议制度》等制度，民政部门依法行政的水平有所提高。

（山西省民政厅）

内蒙古自治区

2004年，各级民政部门按照"单项突破、系统完善；点上突破、面上扩展"的工作思路，加大工作力度，完善相应的措施，实现了预定目标，为下一步的工作奠定了坚实的基础。

民间组织管理 在现有工作的基础上，加大了对农村牧区专业经济协会培育发展的力度，从完善年检制度入手，积极引导民间组织建立健全各项内部制度，加强能力建设，有力地促进了各类民间组织的健康发展，与农牧业厅联合代政府草拟并准备下发规范性文件，对农村牧区专业经济组织的发展将起到积极的作用。

优抚 积极协调内蒙古自治区财政，12月份联合下发了关于建立重点优抚对象抚恤补助标准自然增长机制的文件，为抚恤补助标准自然增长机制的建立提供了重要的政策依据。同时，多方筹集资金，着力解决重点优抚对象的生活，全年共下拨优待抚恤资金5876万元，有效地缓解了他们的"三难"问题。先后投入410万元资金，用于部分光荣院和烈士纪念物的维修和改造，提升了优抚工作的水平。5月份按照民政部的要求，对全区抗美援朝烈士名单进行了收集、整理、登记造册，并赴抗美援朝纪念馆对自治区的1826名烈士名单进行了逐一核对，保证了史料的准确性和完整性。7—8月对农村牧区税费改革后义务兵家属优待金发放情况进行了督查，保证了大部分旗县优待金以旗县财政直接预算和由民政或乡财政专户按期发放。9月份，联合部分盟市民政局开展了新修订的《军人抚恤优待条例》大型宣传活动，强化了全社会的法制意识。

安置 2004年内蒙古自治区共接收安置退役士兵10844人，其中需要安置就业的4378人。各级民政部门进一步加大工作力度，制定落实鼓励城镇退役士兵自谋职业的政策措施，自治区民政厅等15个部厅局制定了《关于扶持城镇退役士兵自谋职业优惠政策实施意见》，同时开展了自谋职业技能培训工作，促进了退役士兵安置工作的规范化。办理安置手续的3634人，领取自谋职业一次性补助金的486人，占应安置对象的11%。认真开展接收安置工作，共接收军队离退休干部27名。并积极创造条件，确保了"两个待遇"的较好落实。进一步深化军队离退休人员服务管理改革，为军休工作的社会化创造了条件。大力加强军供设施建设，提高了服务水平。自治区民政厅和呼市、包头、集宁等军供站受到全国和北京军区表彰，通辽市军供站受到沈阳军区表彰。

救灾救济 2004年，内蒙古自治区农牧业形势喜人，但局部地区也不同程度地受到多种自然灾害的侵袭，缺粮和倒房问题比较严重。各级民政部门采取了积极有效的救助措施，帮助灾民恢复生产，渡过了难关。一是进一步健全和完善了灾害应急机制，以自治区政府名义出台了《内蒙古自治区自然灾害救助应急预案》，提高了灾害应急反应能力。二是加大了灾害救助工作的力度，积极协调各级财政，增加救灾资金的投入。全年共下拨救灾款20800万元，其中，中央下拨春荒、冬令、地震救灾资金12900万元，自治区财政下拨7900万元。同时，向灾区紧急调拨帐篷3500顶，发放救灾衣被4万余套，捐赠款物折合1000万元。三是多次组织督查组，深入灾区进行督查，确保各项救灾款物落实到位。四是积极组织灾区群众开展生产自救、发动互助互济和结对帮扶，多层次、多渠道保证灾民的基本生活。灾后重建工作取得了很大成效，进度快、质量好，全区恢复重建灾民新房36522户、117801间，灾后重建工程已全部竣工，确保了灾区群众入冬前全部迁入新居。这项工作受到了自治区党委、政府以及民政部检查组的充分肯定。自治区党委书记储波和自治区政府主席杨晶在一份签报中也分别做出了重要批示。储波书记的批示"抓得扎实、有效,为灾区人民办了实事",杨晶主席的批示"这项工作民政厅抓得好,为灾民办了一件好事,请继续督查,把灾区重建工作的收尾工作做好"。六是抓住了民政部给西部"老、少、边、穷"地区配备救灾专用车辆的有利时机,自筹资金600余万元,为12个盟市101个旗县全部配置了救灾专用车辆,改善了基层民政部门的救灾装备。

城市居民最低生活保障 在巩固应保尽保成果的基础上,启动了低保信息系统建设,逐步使城市低保工作规范化、科学化、制度化。继续加大了低保资金的预算列支,协调各级财政,增加地方资金的匹配力度。2004年一、二季度自治区财政本级先后2次在中央补助资金未到位的情况下,超调1.8亿元,确保低保资金的及时足额发放。同时,针对粮油食品燃料价格上涨的实际,自治区在原列支4000万元的基础上增加了2350万元。各盟市列支的资金也比去年增加了9000万元。全年共下拨中央补助资金36700万元,自治区补助6350万元。并在包头推行了分类施保的试点,对不同人群实施不同的救助标准,取得了成功的经验。同时,进一步细化了各项优惠政策,有针对性地帮助低保对象解决了取暖、子女上学、就医等实际困难。全年全区纳入低保70.9万人,做到了动态下的应保尽保。发放低保金5.7亿元,人均月补差达到68元,高出全国65元的平均水平。

农村牧区五保供养 2004年2月份,组织有关人员对乌兰察布市、鄂尔多斯市等盟市的五保供养情况进行了调研,并赴湖北、广西等地进行学习考察,在此基础上,于5月份向自治区政府作了专题汇报。自治区领导高度重视,专门召开会议进行研究部署。五保供养经费从转移支付资金中按供养标准和人数下拨各盟市。同时,启动"敬老工程",计划用3年的时间新建敬老院150所、改扩建600所,使集中供养率达到30%以上。所需资金分级负责,自治区财政从明年开始下拨,3年拨1800万元。这些措施从根本上解决了五保供养的资金问题。2004年,在乌兰察布市、鄂尔多斯市、兴安盟推行五保对象"敬老工程"的试点工作。三地共改扩建敬老院83所,新建9所,新增床位1639张,总投资1560万元,其中,自治区筹措福利金300万元。这项工程的实施,不仅提高了集中供养率,改善了环境,而且院民的生活有了极大改观。

农村牧区特困户救助和医疗救助 按照民政部的要求,集中力量对农村牧区特困户的情况进行了调查摸底,为32万特困户发放了特困证。采取了临时救济和定期定量救助等办法,在一定程度上缓解了他们的生活困难。同时,在进行新型农村合作医疗试点的7个旗县(区)开展了医疗救助试点工作,明确了救助的对象、范围、程序、标准。8月份,又在24个旗县区开展大病医疗救助的试点,全年共支救助资金84.3万元,救助45832人次,自治区本级下拨救助资金1380万元。

村民自治 一是圆满地完成了内蒙古自治区第5次嘎查村委会换届选举的收尾工作,在总结经验的基础上,着重解决了选举中存在的一些难点问题,并对新当选的村干部进行了培训。二是深入开展了村民自治示范活动,加强指导,规范标准,提升了村民自治的水平和能力,全区有8个嘎查村被民政部、司法部命名为全国民主法治示范村。包头市九原区等8个单位被评为全国村民自治模范单位。三是认真贯彻落实中办17号文件精神,大力推进村务公开和民主管理,成立了全区嘎查村务公开民主管理协调小组,召开了协调小组会议,明确了各成员单位的职责,开展了调研,提出了健全和完善村务公开和民主管理工作的指导性意见。

制度建设 通过调研,先后草拟了《内蒙古自治区城市居民最低生活保障工作规程》、《民政厅、卫生厅、财政厅关于印发内蒙古自治区农村牧区医疗救助工作实施方案的通知》、《关于在全区开展城市居民最低生活保障工作评比表彰的通知》、《关于印发内蒙古自治区敬老院等级管理的通知》、《关于印发内蒙古自治区农村牧区困难群众社会救助工作实施方案的通知》、《关于印发全区农村牧区五保敬老工程实施意见的通知》、《民政厅、财政厅、发改委关于加强农村牧区五保供养工作通知》等一系列政策法规和规范性文件。

社会福利事业 第三批"星光计划"项目实施工作圆满完成。全区545个项目全部建成并交付使用。制定出台了《内蒙古自治区"星光老年之家"管理运营暂行办法》,加强了对"星光计划"项目的管理。顺利启动"明天计划"工程。各地民政部门先后成立了领导机构,自治区民政厅制定了《内蒙古自治区实施"残疾孤儿手术康复明天计划"三年规划》、《内蒙古自治区民政厅"残疾孤儿手术康复明天计划"实施方案》、《内蒙古自治区"残疾孤儿手术康复明天计划"暂行办法》等配套政策,并协调20多家新闻单位召开了新闻发布会,引起了全社会的广泛关注,得到了大力的支持。在上级资金未到位的情况下,从本级福利金中支出100万元,用于残疾孤儿手术康复。共有83名孤残儿童接受了手术治疗。城市生活无着的流浪乞讨人员救助管理工作运行平稳,共实施救助人员16800人次。加快了社会福利社会化步伐,筹资2862万元,新建、改扩建各类福利院14所,救助站9所,老年福利服务中心16所,精神病院2所。积极推广孤残儿童家庭寄养,共有428名残疾儿童被家庭寄养。

老龄工作 按照全国老龄委的要求,在乌兰察布市开展了"银龄行动"试点工作,在3个月的活动中,北京老年医疗专家共无偿接治患者7200人次,完成手术170例,举办各类医疗专业讲座70余次,促进了内蒙古自治区老龄事业的发展。同时,还举办了形式多样的老年人文化活动,丰富了老年人的文化精神生活。

福利彩票工作 2004年销售彩票2.33亿元,特别是电脑彩票销售创历史新高。

婚姻管理 认真贯彻国务院《婚姻登记条例》,将1441个婚姻登记机构调整为450个,举办了婚姻登记培训班,为1147名婚姻登记员颁发了上岗证书,更新并启用新的婚姻登记证,全区共办理婚姻登记12.2万对、涉外婚姻182对、离婚1.7万对。有6个婚姻登记先进单位和11名工作人员受到了全国的表彰。

城市社区建设 2004年以来,内蒙古自治区重点抓了社区居委会的组织建设和制度建设,督促全区2686个社区居委会完成了换届选举,并建立和完善了居民自治制度,改善了居委会的办公条件,发挥了社区居委会的作用。按照民政部的要求,积极开展了"万家社区图书室援建及万家社区读书活动"。全区受援社区达450家,丰富了社区居民的文化生活,会同有关部门,积极开展了社区建设和服务调研工作,提出了下一步社区建设的目标和任务。

行政区划 按照民政部的要求,完成了《内蒙古自治区行政区划沿革》的编制工作,编辑出版了《内蒙古自治区行政区划简册》。协同辽宁省完成了蒙辽线联检工作,并督促各盟市完成了盟市界9条、旗县界158条的联检工作。指导全区18个市完成了城市街、路、巷设标工作。

自身建设 一是进一步加强机关建设。2004年,在厅系统实行了目标责任管理,层层细化,分解落实到人头,分阶段安排,从上到下形成了职责明确的目标责任体系,并相应召开了全区年中分析、地名、安置、军休、社会福利、低保信息工作等会议,对有关工作做出部署,使各项工作切实做到有计划、有部署、有检查、有落实。开展了"执政为民、加快发展、以民为本、为民解困"培训教育活动,厅党组先后4次举办中心组读书会,以弘扬正气、创新思维、奋发上进、增进团结为重点,并在全系统掀起向牛玉儒同志、周国知同志学习的高潮,树立了民政部门"以民为本,为民解困"的良好形象。进一步落实党风廉政建设责任制，加强依法行政，增强了党员干部廉洁自律和行政执法的能力。针对工作中存在的突出问题，加大调研力度，先后开展了双拥、优抚、五保供养、城市低保、军休、社区建设、退役士兵安置、农村专业经济协会等数十次调研活动，增强了工作的针对性和实效性。二是进一步加强行业风气建设。自治区民政厅成立了领导小组，集中力量抓了代表民政窗口形象的行风建设，加强了领导。采取各盟市、旗县、各基层窗口单位宣传动员、自查自纠和自治区民政厅民主评议行风领导小组进行检查相结合的方法，有重点、有针对性地对全区救助管理站、殡葬服务机构、乡镇民政办开展了行风评议活动，提高了办事效率，优化了服务质量，赢得了群众的信任。同时，在全区系统开展了行风建设先进单位和先进个人评选表彰活动，促进了基层民政部门作风的转变。包头市殡仪馆、赤峰儿童福利院等5个单位被民政部授予“全国民政基层单位行风建设先进集体”称号。内蒙古民政厅被评为自治区级行风先进单位。三是进一步加强队伍建设。2004年以来，对厅机关干部进行了行政许可法、电子政务、机关办公自动化、依法行政、普通话普及等专项培训。特别是针对近两年来基层民政局长不少是新上任的实际情况，在北京举办了民政干部业务培训班，全区12个盟市和60多个旗县区民政局长及厅机关部分干部共100多人参加了培训，这在全区民政史上是第一次，受到了上下的一致好评。此外，从业务角度，还举办了婚姻登记、社团管理、村民自治、双拥工作等各类培训班，更新了知识，优化了结构，提高了素质，为新时期民政工作的发展奠定了基础。

（内蒙古自治区民政厅　李国平）

辽宁省

2004年是辽宁省民政工作改革创新、全面发展的一年。在省委、省政府的正确领导下，民政系统广大干部职工以“三个代表”重要思想为指导，紧紧围绕振兴辽宁这个中心任务，牢固树立“以民为本、为民解难”的宗旨，以制度创新为动力，以建立城乡社会救助体系为主线，突出重点、突破难点，使社会救助工作形成了政府主导的制度体系、社会福利工作打开了局面、城乡基层自治组织建设工作上了新台阶、双拥优抚安置工作实现了新进展、专项事务管理工作得到进一步加强，从而较大幅度提升了民政工作的整体水平。

民间组织管理　省政府出台了《促进我省行业协会发展的若干意见》，召开电视电话会议做出了部署。省民政厅制定了培育发展行业协会试点工作方案，全面开展了培育发展行业协会试点工作。命名表彰了29家省级示范社团。同时，省委省政府办公厅下发了《关于积极发展农民专业合作经济组织的若干意见》，培育发展农村经济协会工作在全省全面展开，放宽农村专业经济协会登记条件，带动更多的农民加入到协会。在全省范围内开展了先进农村专业经济协会创建活动，培育了一批在农村产业结构调整中发挥重要作用的先进典型，促进了这项工作健康发展，农村专业协会的发展出现了良好的势头。辽宁省民政厅与中国人民银行沈阳分行联合出台了《关于民间组织开立银行结算账户有关问题的通知》，推动了民间组织的规范化管理。日常登记管理有序进行。全年共审批筹备社团28个，审批登记社团26个，登记民办非企业单位17个，办理社团变更登记67件，民办非企业单位变更登记12件。依法查处了中国私人侦探协会（筹委会）。基金会登记工作全面启动。

双拥、优抚和安置　开展了“驻辽部队支持老工业基地振兴”专题调研。军地双方积极开展建设“双拥林”和“评选科技拥军示范基地”活动，积极开展全民绿化工程。截至目前，全省军民共建“双拥林”29处，植树692.5万株，栽种草坪452.8万平方米。全省投入1684万元，支持部队科技项目329个，为部队培养各类人才3.2万人，安排随军家属就业1218人，部队支持地方劳动日84.94万个，参加工程建设项目209个，出动31941人次参加抢险救灾，抢救遇险群众3616人。帮助19300户贫困户摆脱贫困，密切了军政军民关系。全省11.3万老烈属、老伤残军人、老复员军人的优待、抚恤、补助政策得到落实，并通过医疗补助、医疗保险等形式，使他们的治病难问题得到了缓解。为6722名转业复员退伍立功人员发放了一次性生活补助，人均补助标准2700元。审批烈士9例。2004年安置退役士兵14060名，其中通过深化改革筹集资金8000多万元，帮助5840名退役士兵自谋职业，占安置人数的42%。军队离退休干部和无军籍退休退职职工政治生活待遇得到落实。

救灾救济 及时下拨了救灾款，加强了规范管理，使165万灾民春夏荒生活得到了妥善安排。转移安置灾民1.9万人。灾民新建住房1万多间，修缮住房1万多间。各级政府筹措3000万元，购买2800万公斤粮食，同时通过开仓借粮方式，解决了灾民冬令期间的口粮问题。全省筹集资金2000万元，购买过冬衣被200万套，解决了灾民过冬衣被问题。

城乡社会救助体系建设

为解决传统救助工作存在的制度不配套、面窄标准低、城乡不平衡、运行不规范等问题，2004年初省民政厅组织开展了大规模的专题调研，省委九届七次全会做出部署，省政府下发了《关于进一步加强城乡社会救助体系建设的意见》，决定建立以城乡居民最低生活保障制度为核心，以医疗救助、住房援助、就学资助、应急救助等制度为配套的多层次、广覆盖的城乡社会救助体系。各级民政部门积极建立健全各项救助制度，努力将救助体系落到实处：一是提高了城市低保的保障能力。各市均提高了城市低保标准，全省151.3万城市低保对象平均救助标准由175元提高到187元，月人均救助额由71元增加到80元。省民政厅与省财政厅联合下发了《城市居民最低生活保障分类救助试行办法》，全省普遍开展了分类救助工作，全年累计增发分类救助资金8813万元，23.1万特殊困难低保对象得到重点救助。二是农村低保制度正式建立。省政府出台了《农村低保暂行办法》，全省保障人数已经达到35万人，月人均救助标准30元左右。暂时尚未纳入低保的25.3万农村困难群众，按照年人均270元的标准发放了救助金。三是缓解城乡贫困群众突出困难的配套政策开始实施。省政府出台了《辽宁省城市特困居民重大疾病医疗救助办法（试行）》和《关于建立农村医疗救助制度的意见》。截至2004年底，已对3.3万户城乡困难家庭实施了大病救助，发放救助金3713万元。省政府安排为农村困难群众建房2000户，实际落实2704户。配合有关部门为27万户城市低保对象减免了冬季取暖费，一些市还对住平房自行取暖的低保户发放了取暖补助。各级民政部门开展“福彩助学子”活动，发放助学资金400多万元，帮助1655名困难家庭子女上大学。针对群众因突发、不可预见因素造成的临时性重大困难，省民政厅与财政厅联合下发了《辽宁省城乡生活困难居民应急救助试行办法》。灾民生活得到妥善安排。四是社会互助活动广泛开展。2004年新年春节期间组织了大规模的集中捐赠和临时救助活动，共发放临时救助款物1.87亿元，救助贫困群众83.4万户。组织协调全省20.3万名党员干部包户扶持24.3万户，全年共投入包扶款物1.87亿元。以扶贫超市为载体，实现了社会捐赠经常化。全省共建立“扶贫超市”1415个，接收捐助款物8375万元，救助贫困群众126万人次，胡锦涛总书记、回良玉副总理、李学举部长对辽宁省的扶贫超市建设工作做出重要批示，省政府专门召开电视电话会议进行了部署。

经过一年的艰苦努力，辽宁省实现了社会救助工作由部门行为向政府行为、由特定对象向覆盖城乡居民、由临时性措施向规范化制度化、由分散单一向系统化的转变，初步建立了覆盖全省城乡的社会救助体系，实现了制度创新,使社会救助工作提升到一个新的水平。

城市社区建设 认真贯彻落实辽宁省委、省政府2004初下发的《关于进一步加强社区建设的意见》,各级民政部门发挥职能、落实责任、典型引路,推动社区建设不断向前发展。全省投入社区基础设施建设资金达3.5亿元,新增社区用房21万平方米,总面积达到96万平方米;社区服务中心增加到484个。全省社区办公经费年均达到6000元,大连、鞍山、盘锦等市达到2万元以上;社区干部月补贴平均达到500元,增长52%。社区服务网点达10.4万个,社区安置和介绍就业67万人次,比上年增长11%。各地以满足广大社区居民生活需求为宗旨,积极探索搞好社区服务的有效方式,拓宽服务领域,实施便民工程,构建服务体系,积极推进社区服务的发展。

村民自治 2004年8月底前,完成了第八届村民委员会选举,使并村成果得到巩固,村民自治组织得到加强。争取欧盟援助资金30.5万欧元、省政府配套资金182万元,对新当选的村委会成员进行了分级全员培训。省委、省政府成立了村务公开组织协调机构,结合村委会选举对现行村务公开和民主管理制度进行了调整完善。在全国村务公开和民主管理工作会议上大连市介绍了经验。

行政区划 作为农村税费改革的重要配套工程,辽宁省于2004年3月全面完成了并村工作,全省建制村总数已从2002年底的15698个减少到11674个,共减少了4024个村,减少比例为25.63%,这是建国以来最大一次村级规模调整。审批了沈阳、大连、鞍山、营口、辽阳、朝阳和新民市的市区部分行政区划的调整。出版发行了辽宁省政区系列图(省本级1∶60万、1∶80万比例尺)和7个地级市及22个县区的政区图。沈阳、大连、鞍山、营口、辽阳、朝阳等市部分行政区划进行了调整。

婚姻管理 会同辽宁省编委、辽宁省财政厅下发通知,明确了全省婚姻登记机关的机构设置和人员编制、婚姻登记收费等工作,保证了全省婚姻登记工作的健康发展。目前,已有56%的婚姻登记机关工作人员转为比照公务员管理的全额事业编制。全年共办理结婚登记28.5万对,其中涉外及港、澳、台、华侨、出国人员结婚登记2600对,离婚登记7.3万对,婚姻登记合格率99.87%。

殡葬管理 为防止公墓穴位售出后管理跟不上引发社会矛盾,辽宁省民政厅与税务部门沟通后下发文件,将公墓销售额的20%强制性存入固定账号,作为后期管理的预备金,堵塞了管理上的漏洞,化解了公墓经营风险。全年共组织7次大规模的骨灰撒海活动,撒骨灰161份。配合环境建设年活动,在重点地段平(迁)坟14万多座,还田、还林7000余亩。清明节前,正式开通了辽宁殡葬信息服务网,为群众提供网上祭祀新方式,搭建了殡葬改革服务的平台。

老龄工作 一是养老产业工作打开了局面。辽宁省政府下发了《关于加快养老产业发展的意见》,在大连市召开会议进行了部署,此项工作已经形成良好的发展态势,全省民办养老机构发展到345家,床位达到23175张,超过了国办养老机构,占总床位的57.2%;全省建立老年服务公司4个、养老中介机构17个。一些市开展了居家养老服务和民办公助试点,全省已开展居家养老3295户,享受养老服务人员达3961人。大连市社会化、多元化养老模式受到国内外的广泛关注。民政部李学举部长批示要求推广辽宁省的经验。二是对农村五保供养工作进行了重新整合。在认真落实五保对象转移支付生活补助的同时,适应合乡并镇的新形势,抓住农村税费改革后五保供养金渠道统一的机遇,推广铁岭、本溪等市经验,整合资源、合理布局,打破原来的乡镇界线,新建区域性中心敬老院35所,提高了五保供养的规模效益和管理服务水平,发挥了农村社会福利服务中心的辐射作用。

城市生活无着的流浪乞讨人员救助管理 辽宁省财政投

入 1086 万元，各市配套资金 2560 万元。改造 40 所救助管理站；将流浪儿童救助保护中心建设列为全省加强未成年人思想道德建设 10 件实事之一。为救助管理站定购了救助专用车。各市普遍将救助管理站的地址、电话等内容向社会公示，设立了 320 个引导标示牌，积极探索解决新形势下救助管理工作出现的新问题，全省全年共接待各类求助人员3.1万人次，实际救助2.6万人次，其中，救助流浪乞讨少年儿童 2870 余人，协调接走和送返 9230 人，安置身源不清乞讨人员 392 人，净化了社会环境。在去年底民政部召开的全国流浪乞讨人员救助管理经验交流视频会议上，辽宁省介绍了从收容遣送向救助管理转变的做法。

地名管理　改变了过去地名工作完全由政府出资和重管理轻服务的传统做法，基本完成了城市地名设标任务，全省已设置街路标志1.25万块，楼、门、单位牌等 17 万多块，覆盖了城区和县镇。出版了《辽宁政区图》。地名信息库建设进展过半，涵盖地名地址、公交线路、列车车次、民航航班等 20 多项内容的 160666 问路服务热线已在沈阳、大连、朝阳 3 市正式开通运行，此项服务走在了全国的前列。

“星光计划”　基本完成“星光计划”三年规划项目。三年来，建设改造老年福利服务设施共计 2331 个，其中新建和改扩建街道福利服务中心 255 个，社区星光老年之家 1806 个，改造农村乡镇敬老院 208 个，新建和改造县、区各级老年福利机构 45 个。建立老年服务中介机构 17 家。三年共投入资金90457.8万元。星光计划的实施使全省 50%以上的社区有了“星光老年之家”和活动中心，受到社会各界特别是老年人的欢迎。

收养工作　全年共办理收养登记 338 例，解除收养关系 3 例。为 44 名福利院弃婴办理了涉外送养手续。

福利彩票工作　在彩票市场环境不利的情况下，创新玩法，推出了“好运彩”小组合游戏和 3D 新玩法；创新结算方式，在全国率先研制出实时收款系统；实现了系统的热备份，确保了系统安全、顺畅、稳定运行；创新宣传手段，突出福彩宗旨，适时采取促销措施，全年发行福利彩票15.2亿元，比上年增长20.3%，实现了历史性突破。

民政福利企业　全省福利企业完成销售收入 150 亿元，实现利税 15 亿元，全省福利企业养老保险覆盖面达到 90%，残疾职工养老保险覆盖面达到 100%。加大了福利企业监督力度，取消了 74 家不符合标准的福利企业的资格，对 8 家缓检企业进行了整顿。

（辽宁省民政厅　赵晓丽）

吉林省

2004 年，在民政部的正确领导下，吉林省各级民政部门坚持以“三个代表”重要思想和科学发展观为指导，服务改革发展稳定大局，“以民为本、为民解困”的各项工作成效显著，发展步伐坚实，惠及全省人民特别是困难群众。2004 年吉林省在全国性民政会议上先后 12 次介绍各类工作经验，包括构建城乡社会救助体系，率先实现全省社区基础设施全覆盖，县、乡、村联动推行村务公开，深化科技拥军服务国防建设，完善在乡重点优抚对象医疗保障体系，规范荒情救助保障灾民生活，发展农村福利服务中心创新农村民政工作格局，施行农村特困户大病救助，全面设置城市地名标志，大力培育农村专业协会，建设规范化婚姻登记机关和搞好民政窗口单位行风建设。它们成为吉林民政工作的新的闪光点，标志着吉林民政事业在 2004 年实现了六个方面的较大发展。

双拥、优抚和安置　特色鲜明的科技、教育和法律拥军活动有力支持了部队的现代化建设，吉林省群众性拥军优属活动丰富多彩，长春等10个市（县）进入新一轮全国双拥模范城行列，辽源等17个市（县、区）被命名为省级双拥模范城。进一步加强在乡重点优抚对象医疗保障体系建设，全省8.3万人享受到医疗优待；落实抚恤补助标准自然增长机制，在乡重点优抚对象和义务兵优待金分别比上年提高了11.3%、6.2%。全省还多方筹资3100多万元，为5880多户在乡重点优抚对象改善了住房条件。退役士兵安置以稳定为前提，坚持指令性分配和有偿转移、自谋职业相结合的办法，非公有制单位安置和货币化安置比例达到48%。严格实行《优待安置证》制度，较好地从源头上控制了非农征兵比例。军供正规化建设和军休社会化服务水平进一步提高。

救灾救济 投放救助资金13.5亿元保障困难群众基本生活。农村救助工作实现历史性突破，吉林省增拨6900万元，对年人均收入不足625元、未纳入制度保障的46万农村特困人口实行专项救助，使70.3万农村特困人口全部进入制度保障。同时，筹集3789万元，对11.3万特困人口施行医疗救助。全省在对117万名城市低保对象给予应保尽保、分类施保的基础上，增拨5100万元提高补差标准，共发放低保金10.17亿元，月人均补差由50.41元提高到65.41元，分类施保对象由月人均68元提高到92元。各地还对低保户实行了助学、助医、政策减免等多种扶助措施，仅街道新建的305个“阳光超市”，平均每个都为低保户发放物品3000多件。全省还对18731名生活无着的流浪乞讨人员给予了及时救助。救灾工作以连续6年严重干旱的白城和严重洪涝的白山两市为重点，共下拨救灾资金1.25亿元，并通过社会捐赠、部门包保等措施妥善解决了灾民生活困难，新建和修复损坏民房9161间，白城等地还通过发展“劳务经济”，组织53万人（次）生产自救，创收3.4亿元，保证了灾区人心安定，社会稳定。

城市社区建设和村民自治

截至2004年底，吉林省累计投资4.6亿元，新建、改扩建及通过其他方式解决了平均面积380平方米以上的社区用房1421处，成为全国独一无二的社区基础设施全覆盖省份。各地积极完善和发挥社区便民利民、救助保障、就业服务、文化娱乐等“十大功能”，社区在加强城市基层管理、构建和谐社会中的作用越来越突出。2003年5月，中共中央总书记、国家主席胡锦涛视察了长春市湖东社区，对这里的工作十分满意。按照省人大出台的《吉林省实施〈村民委员会组织法〉办法》规定，全省依法完成了9365个村委会的第六次换届选举工作，“草根民主”大势已成。美国卡特中心考察团专程观摩吉林省双辽市村委会换届选举活动后，称这是他们“看到的最好的选举”。各地还认真贯彻中办发17号文件和省村务公开会议精神，深入开展了村务公开工作。

社会福利事业 按照“民办公助、公办民营”的思路，国家举办的福利事业单位加大改革力度，服务质量明显提高；各类民办的福利机构已发展到280多个，还结合社区建设建成为老服务“星光计划”项目1794个，并启动了为孤残儿童康复手术的“明天计划”。吉林省福利企业经济效益和社会效益均实现突破，产值、销售、利税都比2003年增长50%以上。福利彩票销售4.8亿元，创历史最高水平，筹措福利公益金7200万元。“慈善双日捐”募集善款7060万元，“情暖万家”、“圆梦大学”等救助活动逐渐成为影响全省的慈善品牌。特别是，全省依托农村敬老院发展福利服务中心220个，创新农村民政工作格局，拉开了全面发展农村福利事业的帷幕。

专项社会事务管理 吉林省发展各级各类农村专业协会5860多个、社区社团2700多个，有力地促进了农村经济发展和社区自治。按照省政府深化税费改革的要求，开展了优化乡镇布局工作。城市地名标志设置覆盖率达到91%。边界线依法管理不断加强。殡仪服务中心的管理和服务水平明显提高，殡葬专项治理成果显著，全省平均火化率达到98.2%。

婚姻登记工作已实现由县(市、区)集中办理,并较好地解决了相应的机构、编制和经费。

自身建设 吉林省高度重视加强民政队伍建设,深入开展学习"为民模范"周国知活动,切实加强干部培训工作。认真贯彻《行政许可法》,全心全意为民政工作对象服务。全省民政系统的行风建设,由2003年的全省总体第19位,跃升到综合部门第6位。广大民政干部释放的巨大创业激情转变为扎扎实实的工作。据不完全统计,近年来全省投入建设优抚、社会福利和社会公益设施的资金7.86亿元,新建、改造面积88.38万平方米,千万元以上的项目就有15个。民政直属单位以"管理、人才、设备、环境"为重点,较好地发挥了福利服务主力军和精神文明建设窗口的作用。党风廉政建设为民政工作的开展保驾护航;民政宣传工作营造民政发展的良好舆论氛围;财务管理保证了民政资金的安全有序运行。

(吉林省民政厅 刘长虹)

黑龙江省

民间组织管理 全面推进行业协会建设。以黑龙江省政府文件形式下发了《关于推进行业协会建设的意见》,明确行业协会建设的指导思想和基本原则,规定了行业协会的具体职能,强调了建立规范的管理体制,提出了改革和发展的规划。召开了"落实行业协会职能工作座谈会"。进一步促进了全省行业协会的发展与建设。加强了农村专业经济协会的培育,下发了《关于加强农村专业经济协会培育发展和登记管理工作的意见》,采取了打破常规,放宽政策,简化程序,提供优惠的方针,激活了农村专业经济协会,推动了农村经济的发展。严格贯彻《基金会管理条例》,对全省基金会秘书长进行全员培训,并按照《条例》规定进行了逐一规范。强化了哲学社科类民办研究机构的登记管理,以省委办公厅文件下发了《关于加强我省民办社科研究机构管理工作的意见》,理顺了管理体制。规范了民间组织的自律行为,针对《非营利组织会计制度》的实施,进行了民间组织会计人员培训。规定了民间组织的收费行为,统一了全省民间组织专用票据,促进了民间组织的健康发展。2004年全省核准登记社团481个,总数已达3651个、核准登记民办非企业单位747个,总数已达4432个。

优抚 2004年10月1日国家颁布的新《军人抚恤优待条例》规定,随着社会经济的发展和人民生活水平的提高,要适时调整优抚对象的抚恤补助标准,积极维护和保障优抚对象的合法权益。对此,黑龙江省民政厅结合全省优抚工作的现状,重点抓了优抚对象的抚恤补助和优待政策的落实工作。全省"三属"抚恤(烈士家属、因公牺牲军人家属、病故军人家属)在原标准基础上每人每月增加40元;在乡老复员军人补助月标准人均达到140元;医疗补助费在零补助条件下每年人均补助280元。重点优抚对象优待标准按当地上年人均收入的33.3%予以兑现。义务兵优待金城镇的全部纳入财政负担,人均年标准960元;农村义务兵优待金全部列入财政转移支付,按照当地上年人均收入标准得到兑现。烈士陵园维修改造工作进一步加强。省财政拨付500万元烈士陵园改造经费,保证了一些重点烈士陵园维修改造任务的顺利完成。牡丹江、哈尔滨、佳木斯、齐齐哈尔烈士陵园已成为集瞻仰、接受教育和旅游观光为一体的爱国主义教育基地。在全省省级以上烈士陵园工作会议上,有11个烈士陵园、20名先进个人受到表彰。在全国优抚工作会议上,黑龙江省《深化时代主题挖掘"红色资源"努力把烈士陵园建设成为弘扬先进文化的重要阵地》的经验在会上做了典型发言,佳木斯市《不断激发新时期优抚工作的新活力》的经验在会上进行了交流。

安置 安置改革工作力度加大。2004年,黑龙江省召开了全省退役士兵安置工作电视电话会议,要求进一步深化退役士兵安置工作改革,制定完善自谋职业的优惠政策,切实解决自谋职业退役士兵经济补偿金问题,推动全省城镇退役士兵自谋职业安置工作的发展。制定出台《黑龙江省城镇退役士兵自谋职业优惠政策实施办法》,规定城镇退役士兵自谋职业可享受一次性经济补助,在报考高等学校、就业服务、社会保障和从事个体经营、税收、贷款等6个方面享有优惠政策。同时,印发了黑龙江省城镇退役士兵自谋职业证书,明确了城镇退役士兵自谋职业的申办程序。进一步强化培训,提高退役士兵自主择业的社会竞争能力,全省退役士兵培训率达到了92%。加大有偿转移工作力度,全省共收取有偿转移金2049万元。2004年全省共接收退役士兵25896人,其中符合安置条件的16193人,已安置15675人,占应安置总数的96.8%;全省城镇退役士兵自谋职业安置率达到20.3%。其中,哈尔滨市30%,牡丹江市27%,佳木斯市35%,讷河市达到了49%。同时,第五批军休干部的接收安置任务顺利完成。2004年共接收军队退休干部84人,按照中办发2号文件和全国军休会议精神,落实了军休干部政治和生活待遇,组织开展了丰富多彩的军休干部活动,军休干部服务满意率达到98%以上。在全国军休安置工作会议上,哈尔滨军休二所、齐齐哈尔军休一所、牡丹江军休所、佳木斯军休所等4个军休服务管理单位、4名军休工作者、8名军休干部受到民政部和总政治部、总后勤部的表彰。哈尔滨市军休二所原所长宫建华作为先进典型的惟一代表在全国会议上做了经验介绍。

双拥 2004年,黑龙江省认真贯彻全国双拥工作会议精神,组织召开了省党政军领导与全国双拥模范城(县)代表座谈会、省双拥办主任会议和省双拥工作领导小组全体会议。以省双拥办名义组织全省军地40多个单位,召开了双拥工作理论研讨会,会议围绕解决难点热点问题、强化组织领导、丰富工作内容、创新活动方式、完善政策法规等进行研讨与交流,共收到理论研讨文章80余篇,其中35篇在会上进行了交流,为更好地开展双拥工作提供了理论指导。进一步完善双拥机构和制度建设,调整充实了省双拥工作领导小组成员单位,重新修订黑龙江省双拥领导小组成员单位双拥职责,建立了由40多名成员组成的双拥联络员队伍,落实了成员单位各项工作制度。组织和指导各地开展多种形式的双拥宣传活动,对近年来全省双拥工作情况进行了宣传报道,扩大了双拥工作的社会影响。同时,会同省军区制定了《关于积极参加和支持振兴黑龙江老工业基地,为全面建设小康社会做贡献活动的意见》,各部队积极参与地方经济建设。加强了对双拥法制建设的检查和指导工作,提高了双拥工作的整体水平。2004年,佳木斯市、哈尔滨市、齐齐哈尔市、牡丹江市、鸡西市、伊春市、大庆市、克山县、同江市、鸡东县等10个市县被命名为国家级双拥模范城(县),大兴安岭地区行署、大庆石油管理局、黑河西沟水电公司被评为爱国双拥模范单位,赵益华、朱莲香被评为爱国拥军模范,受到国家表彰。

军供 军供站正规化建设不断强化。2004年6月,国家军供工作正规化建设检查组对黑龙江省军供工作进行了检查,哈尔滨军供站作为沈阳军区的惟一代表接受了全国军供站正规化建设检查,受到高度评价。军供站基础建设不断加强。全省各军供站加大资金争取力度,改善军供条件,省军供站争取基础设施建设投资100万元,增强了军供保障能力;牡丹江市军供站争取资金3000多万元,对原有军供站进行了整体迁移,使其设施设备、服务质量、保障能力都堪称一流;佳木斯军供站争取资金400多万元,对站舍进行了重新改造,被省旅游局评为三星级宾馆。哈尔滨、牡丹江、佳木斯、齐齐哈尔军供站被民政部和总后勤部评为军供工作正规化建设先进单位,黑龙江省民政厅被授予全国军供正规化建设工作成绩显著荣誉称号。绥化市军供站、省哈南军供站被授予沈阳军区军供工作正规化建设先进单位，有8名同志被评为先进个人。2004年11月，召开了全省军供工作正规化建设表彰会，总结了全省军供工作正规化建设取得的成绩，分析了当前军供工作所面临的新形式，展望了军供工作今后发展的新趋势，明确了今后军供工作任务，大庆、双城、集贤等3个军供站和16名军供工作人员受到表彰。

救灾救济 2004年入春以来，黑龙江省各种自然灾害持续发生，波及面很广。黑河、佳木斯、牡丹江等地出现了历史上少见的春涝；绥化、黑河、伊春、佳木斯、大兴安岭等地出现了低温冷冻、风雹和病虫害；部分地区受强对流和强低压天气的影响，先后遭受了暴雨、冰雹和大风等自然灾害的侵袭，农田大面积受灾，房屋被毁，道路桥涵受损。尤其是5－9月份，齐齐哈尔、大庆、绥化等主要产粮市一直无有效降雨，发生了历史上罕见的春旱、夏旱连秋旱，造成农作物减产减收。据统计，各种灾害造成农作物受灾面积497.8万公顷，其中绝收面积120.4万公顷，农业直接经济损失91.35亿元；受灾人口1013.4万人，因灾死亡3人，因灾伤病4.3万人，直接经济损失111.79亿元。严重的自然灾害给灾区群众生产生活带来许多困难，其中299.5万人冬令期间缺少口粮需政府救济，34.5万人换季存在困难，14.3万人就医困难。灾害发生后，全省各级民政部门认真履行职责，多次派出工作组深入基层核查灾情，及时下拨救灾款物，指导灾区建房，妥善安排灾民生活。在国家投入救灾资金1.08亿元的基础上，各级地方政府投入地方自然灾害事业费2287.1万元，并积极推动“慈善超市”的建立，加强社会捐助体系建设。2004年底，全省已建“慈善超市”218个、经常性捐助站1200个，社会各界捐赠款物合计2730万元，救助贫困群众34.6万人。针对灾区群众的实际困难，组织中省直单位开展对口支援活动，支援特重灾区款物1693.49万元。通过采取各种有效措施，保证了缺粮需救济灾民每人每天1斤成品粮，确保了灾区人心安定，社会稳定。2004年，黑龙江省政府颁布实施《黑龙江省特大自然灾害救灾应急预案》及分《预案》，成为全国第一家三级预案全部出台的省份。同时，通过了《黑龙江省民政厅应对突发性自然灾害工作规程》，使各级政府和各职能部门的救济工作职责进一步明确，救灾工作步入了制度化规范化轨道。救灾基础建设工作进一步加强，民政部为黑龙江省多灾和贫困地区配备了救灾专用车辆，改变了黑龙江省基层救灾交通工具落后的状况。

城市居民最低生活保障 黑龙江省城市低保工作紧紧围绕省委、省政府的中心工作，从服务大局出发，进一步巩固动态管理下的“应保尽保”成果。将城市低保“应保尽保”、“地方足额配套资金”、“未有截留挪用串用资金”等项指标，纳入到省委对市（地）党政领导干部考核中；将“逐步提高保障水平”纳入到省委“十项利民行动”活动中，确定2004年补差额达到60元，建立了保障水平随物价和经济发展自然增长的机制；省政府与市（地）政府签订了目标责任状，从而将城市低保工作纳入到省委、省政府的中心工作中，成为巩固“应保尽保”成果、提高保障水平的有效手段。同时认真研究“未参保困难集体企业退休职工发放生活费”的新政策，组织排查摸底，积极落实配套资金，从2005年起省财政为此配套1亿元，使这一项政策得以顺利实施。广泛参与国企改革，积极协助国企制定改制方案，做好符合条件人员的保障；在资金使用上，对重点企业单独核算、统一下拨。年底，全省158.4万保障对象全部纳入保障范围，补差额提高到60元。同时，加强管理，为更好地开展工作提供保障。一是加大监督检查力度，建立了以低保举报电话、错办追究制度、群众性评议小组、定期核查为主要内容的经常性监督机制。二是加强低保信息网络建设，省级平台建设资金268万元，已纳入预算并完成了政府采购；全省低保网络建设项目建议书已通过民政部审定；各地履行项目资金申请审批程序工作也于去年底前完成。三是省低保中心及部分市（县）举办了十多期培训班，培训基层工作人员600多人次，提高了政策水平和工作能力。

农村困难群众救助 2004年，黑龙江省制定出台了《关于进一步加强农村五保供养工作意见(试行)》、《农村居民最低生活保障试点方案(试行)》、《黑龙江省农村医疗救助实施方案(试行)》等法规，使农村社会救助工作进一步制度化、规范化。一是完善农村五保供养制度。将五保供养资金全部纳入财政预算，明确规定“集中供养每人每年不低于1500元，分散供养每人每年不低于1200元。资金主要用于五保对象日常消费的基本生活费用支出，不得挪作他用”。全省五保供养对象共124736人，(已保对象106066人、应保未保18670人)，其中集中供养26690人，分散供养79376人。将764所敬老院合并为731所，改造敬老院228所，集中供养人数增加了1151人。二是加强农村特困救助制度的建设及开展农村低保制度的试点。在没有建立农村低保的地方，通过建立农村特困家庭备案制度，实现了动态管理的“应救尽救”目标，并制定临时救助标准为年人均60元、长期救助标准为年人均200元。对全省59.9万特困群众发放“农村特困救助证”，实施救助，解决口粮及修缮房屋等，保证了特困群众的基本生活。为了把特困救助变成长效机制，在农村开展了低保制度试点工作，在全部免征农业税改革试点县(市)兰西、双城、富锦、讷河，全面建立农村居民最低生活保障制度，并逐步扩大农村低保范围；在经济十强县、各市(地)所辖乡镇及有条件的县(市)，参照此方案探索建立农村低保制度。省级财政列支预算资金1435万，补助4个试点县(市)所需资金的50%。另有部分县(市)如绥芬河、虎林、穆棱等自筹资金开展低保工作，取得了初步成效。2004年全省农村已有25.9万人纳入保障范围，年人均补差额不低于230元，从而使农村特困救助制度逐步向农村低保制度过渡。三是建立农村医疗救助制度。全省农村需要大病救助的9.9万人，占因病致贫人口的12%。为解决农村因病致贫、因病返贫的问题，《黑龙江省农村医疗救助实施方案(试行)》明确规定，省、县级财政按中央补助资金的同等标准进行资金匹配；省、市、县福利彩票公益金分别按留归民政部门使用的5%的比例提取，用于农村医疗救助。选择已开展和未开展新型农村合作医疗的8个县(市)以及全部免征农业税改革的4个县(市)作为农村医疗救助示范点，为全省在2005年基本建立起规范、完善的农村医疗救助制度奠定了基础。

城市社区建设 黑龙江省第一届社区居民委员会换届选举工作圆满结束。全省3285个社区，除部分社区在2003年先期完成换届选举外，有3007个社区进行了换届选举，直选面达30%。省委书记宋法棠、省长张左己等20余位省领导以普通居民身份参加了选举。社区居委会成员的年龄结构、文化素质明显提高，社区干部队伍建设得到进一步加强。全省第三次社区建设工作会议顺利召开。会议研究部署了今后社区建设的主要任务和工作目标，明确了强化社区建设的工作措施，进一步推动了社区建设的发展。全省深入开展万家社区图书室援建工作，指导社区读书活动。共投入资金170万元，援建了846个社区图书室，社区图书室拥有率提高到60.6%。全省举办了37场读书知识竞赛和5场电视直播的“社区建设文明知识电视大赛”，13万社区居民参加民政部的问卷答题竞赛。哈尔滨市龙泰社区被评为全国十佳学习型社区，大庆东湖四社区、齐齐哈尔天泽社区等5个社区被评为全国百佳学习型社区。黑龙江省社区队在民政部、中央文明办等国家四部委举办的“全国社区文明风采电视大赛”中，取得了半决赛第一名、总决赛第二名的成绩。

村民自治 对村民自治工作的理论指导切实加强。黑龙江省民政厅深入桦南县、密山市、兰西县、双城市等地乡村调研，形成了《新形势下村级组织建设的调研与思考——来自桦南县孟家岗镇等地的调查与思考》、《推进村务公开和民主管理的新起点——对密山市贯彻落实中办17号文件的调研报告》，受到周同战、李学举、陈杰昌等省委、民政部领导的高度重视并做出批示。对全省“乡村两公开”工作的领导和督查力度不断加大。省委、省政府合并成立了新的“全省乡镇政务公开和村务公开工作领导小组”，明确民政部门主抓乡村“两公开”工作，加强了对乡村两公开工作的督察，目前，全省村务公开面和规范化程度达100%和90%；乡镇政务公开面和规范化程度达100%和85%。欧盟村务管理培训项目取得显著成果。欧盟村务管理培训项目和省财政共同投入资金约163万元，举办了12期村务管理培训班，培养了1300名乡村基层干部，提高了干部队伍素质，提升了乡村两公开工作水平。

行政区划　2004年，黑龙江省行政区划调整幅度较大。经国务院批准，哈尔滨市政府驻地从道里区迁至松花江北岸新设立的松北区；经省政府批准，佳木斯市郊区所辖的松江乡和建国乡，整建制划归佳木斯市东风区管辖；富锦市管辖的富锦镇和哈尔滨市呼兰区管辖的呼兰镇撤销，分别设立了城市街道办事处。乡镇行政区划调整工作同步进行，截至2004年底，全省乡镇由2003年的933个，减少到931个；行政村由2003年的9157个，减少到9053个。这些调整将对黑龙江省社会经济的发展起到积极的作用。

地名管理　为了贯彻落实民政部等四部局2000年联合下发的《在全国城市设置标准地名标志工作的通知》精神，确保用五年的时间完成全省城市地名标志设置工作，2004年黑龙江省进一步加大了城市地名标志设置工作力度，省民政厅、交通厅、质量技术监督局和工商局联合下发通知，要求全省各地加强领导，加大投入，加快进度，保质保量完成标准地名设置工作。还在全省范围内抽调40多名地名干部，组成12个检查验收工作组，对全省31个县级市以上城市进行了检查验收。目前，全省城市设置各类街、路、巷（胡同）牌和楼栋牌、门牌覆盖率已达95%以上，基本完成了城市地名标志设置工作。此外还部署开展了省、市、县地名数据库建设和县城镇地名标志设置工作。

行政区域界线管理　2004年，黑龙江省会同吉林、内蒙古两省（区），对2003年省界联检中发现的丢失、损坏、移位界桩进行了补设、修复、测量复位等工作，并对省内地（市）、县（市、区）级行政区域界线进行了联合检查。按照国务院《行政区域界线管理条例》的规定，利用勘界成果资料，编制出版了《黑龙江省行政区划图》，向社会公开发布了全省县级以上法定行政区域界线，展示了全省历时8年的勘界成果和开展撤并乡镇工作以来所取得的成绩。完成了全省县级行政区域界线电子文书类档案的制作和上报国家民政部备案工作。黑龙江省民政厅、哈尔滨市民政局被国家人事部、民政部评选为勘界工作先进集体，赵益华、张敏、于永波、毛德才等四位同志被评为先进个人。

社会福利事业　“社区为老服务星光计划”实施工作进入收尾阶段，实施三年共建设“星光计划”项目726个，投入使用率达95%以上。召开了“社区为老服务星光计划”总结表彰会议，表彰了15个先进单位、25个项目实施单位、40名先进个人，对“星光计划”的后续工作进行了部署。启动实施了残疾孤儿手术康复“明天计划”。成立了组织机构，调查确定具有手术适应症的残疾儿童1300多名，选定黑龙江省社会康复医院为孤残儿童体检和手术定点医院，年内对100多名残疾孤儿进行了手术。孤残儿童家庭寄养和涉外送养工作也有较大发展。在省社会福利指导中心设立4名专职人员负责涉外收养工作，规范了涉外收养的审核程序，年内涉外送养公告近百名。完成了新建涉外收养中心综合楼的前期各项审批工作和土建基础工作。开办了黑龙江省第一期孤儿适龄青年职业技能培训班，开设9门文化课和11门专业基础和技能培训科目，培训孤儿适龄青年49名。佳木斯儿童福利院、双鸭山市社会福利院等福利事业单位进行了改造扩建，建设面积都在3000平方米以上。加快福利企业改制工作，改制企业已近700家，占总数的50%以上。同时，和省工商局联合开展了对假肢矫形器生产装配企业清理整顿工作，共清理了不合格假肢企业11家，保留了7家合格假肢企业。

婚姻管理 黑龙江完成了对婚姻登记机关设置的核准、备案工作。目前全省共设置婚姻登记机关230个，其中县级65个、区级64个、农垦总局民政分局43个、森工林业局民政分局23个，还有边远乡镇登记机关35个，实现了集中婚姻登记，方便了群众。加强了对婚姻登记员的培训。举办省、市、县三级婚姻登记员培训班，全省共有900多名婚姻登记员参加了培训，部分婚姻登记员还参加了全国的培训班，实现了持证上岗，提高了登记员队伍素质和婚姻登记员的执法水平。全省年内共办理结婚登记21万对，其中涉外登记2652对，办理离婚3.6万对，推进了婚姻工作人性化、个性化服务的进程。涉外婚姻登记执法环境大为改善，公开、公平、效率原则和一站式服务、一次性告之、一天内办结的宗旨受到当事人和全社会的普遍赞誉。2004年勃利县民政局婚姻登记处、省厅涉外婚姻登记处等8家婚姻登记机关被评为全国先进婚姻登记机关；哈尔滨市道里区民政局于明新等12名同志被评为全国先进婚姻先进个人；有14个婚姻登记机关被评为2004年度全省民政系统基层窗口行风建设先进单位。

殡葬管理 召开了全省殡葬改革与发展研讨会，对全省殡葬事业的改革和发展起到了积极的推动作用。各地严格执行殡葬管理条例和规定，执法力度进一步加大。8月份组成殡葬执法检查组，历时10天，行程3320公里，对全省殡葬基础设施建设、行政执法及文明窗口建设工作进行了检查，加强了对殡葬行业的管理。2004年全省共火化尸体18.9万具，火化率保持在98%以上，列全国前列；平掉坟头8000多个，使散埋乱葬现象得到了有效遏制。公墓经营也进一步合法化、规范化。年内对全省公墓进行了年检，为合法公墓颁发了证书，有效控制了无证经营的现象。殡葬服务设施建设势头强劲，行业面貌大为改观。近两年，全省共投入建设资金2亿多元，仅七台河、鸡西、绥化3市，2004年就投入资金6100多万元。同时广泛开展了行风建设和文明创建活动，全省有16个殡葬服务单位被评为2004年度全省民政系统基层窗口行风建设先进单位，60%以上的殡仪服务单位进入所在市、县、区的文明单位行列。

福利彩票工作 黑龙江省福利彩票发行工作适应市场经济发展的需要，主动调整玩法结构，上市了统一开奖的3D游戏，成为全国首批发行该类型彩票的省市之一，使福彩销售量平均每周增加500万元以上。同时，还修改了原有的P62玩法规则，并进行派奖，使日销量最高达112万元。2004年增扩站点576个，是计划增扩100个站点的5.7倍，比去年同期增长20.69%，全省投注机总数达2855台，人均占有台数达1.3万人/台。全年销售福利彩票9.56亿元，比2003年的8.4亿元增长1.16亿元，占龙江71%的市场份额，比去年同期增长19%，人均销量达到25.16元。按照“管理年”的工作部署，省福彩中心成立了专门培训组，采取走下去的方式，分期对全省14个地市的福彩中心工作人员进行了ISO9001：2000国际质量管理标准贯标培训，培训面达100%，并对全省投注站销售人员进行了业务培训。针对南方彩票舞弊案对全国彩票市场造成的负面影响，先后两次组织开展了“走近福彩——彩民看福彩”系列活动，请彩民代表及新闻记者到省电视台开奖现场观看开奖，解除了彩民对彩票产生的顾虑。立足公益，多角度全方位开展救助、帮扶、捐赠等工作，进行专题公益宣传，提升福彩形象。在春节、“六一”、“十一”期间，组织开展了“福彩回报社会，‘雪中送炭’温暖万家”捐助活动、“飞翔吧！丹顶鹤庆六一儿童文艺汇演”、“祖国，我的母亲——‘福彩杯’孤残儿童文艺晚会”。还针对大学新生入学、秋冬换季、弱势群体援助等社会关注的热点，先后开展了“慰问励志青年活动”、“‘龙江风采’帮困助学捐助活动”、“‘龙江风采’送暖衣，御寒冬”等活动，在社会上引起良好反响。

民政信息化建设 2003年4月，黑龙江省民政厅信息中心正式组建后，按照《全国民政系统信息化建设 2001－2005 年发展规划纲要》的要求，以信息资源数字化为突破口，建设和完善了以厅机关“两网一平台”为主要内容的“数字”民政工程。一是在互联网上建立了黑龙江民政信息网，实现了现有数据的自动搜索与自动检索，网站总点击率达 13 万多次，日访问量达 300 多次，成为东北地区很有影响的民政官方网站。二是自行研发了厅机关局域网，设置了包揽所有民政业务体系的业务点击和处理系统。三是通过良好的技术支撑，有效保障了厅机关与省政府政务网络的联通及无纸化传输。四是配合民政部把原有的 512k 中帧继传输系统升级为 2 兆光纤，先后几十次为视频会议提供强有力的技术保障。五是制作了全省勘界电子文档，开创了全省民政系统文档电子化的先河。六是安装应用了全国民政系统通用的 OA 办公平台。七是制定和出台全省民政系统网络数据设备及信息化建设的统一标准，积极指导各地市县民政部门搞好信息化建设，先后举办了两期全省民政电子政务培训班。

（黑龙江省民政厅）

上海市

2004 年，上海民政工作在民政部的指导下，在上海市委、市政府的领导下，深入贯彻党的十六届三中全会、四中全会精神，按照年初全国和上海民政工作会议确定的工作要求，立足社会管理和公共服务两大领域，围绕促进人的全面发展和社会的和谐发展，以民为本，服务大局，转变职能，务实创新，各项民政工作稳步发展，推动上海“大民政”格局的深化发展，为维护改革发展稳定的大局做出新的贡献。

民间组织管理　一是民间组织培育发展有序推进。认真贯彻实施《基金会管理条例》，积极推进行业协会、社区政务类、服务类民间组织培育发展工作，共注册登记社团 178 个，民办非企业单位 623 家，基金会 4 家。2004 年底，上海市民间组织共 7029 家，其中社会团体 2846 家，民办非企业单位 4120 个（包括涉外民办非企业单位 29 个），基金会 63 家，其中社会福利类、社区管理类的民办非企业单位数量增幅较大。二是加大对民间组织监管力度。2004 年，上海市共受理举报、移送案件 191 件，结案 185 件，结案率为 96.86％。其中，查处违法违规民间组织 130 个，打击非法民间组织及非法活动 61 宗。完成首次行业协会行政检查，启动民间组织普查统计工作。三是不断提升自身管理水平。积极推进信息化建设，加大信息公开力度，对民间组织成立、变更和注销登记情况及时公告，提供资料下载和在线申报，对 659 家民间组织实施了网上年检。推进民间组织管理政事分离，成立了全国首家民办非企业单位性质的省（市）级民间组织服务中心，并委托中心承接民间组织登记管理的事务性、服务性工作。

优抚、安置和双拥　一是全面提升优抚工作水平。抚恤补助标准自然增长机制运转正常，保障重点优抚对象的生活不低于本市平均生活水平，发挥临时困难补助机制作用，及时解决了优抚对象遇到的实际困难和问题，进一步完善重点优抚对象临时生活补助机制，补助困难优抚对象 1.3 万多人次。完善义务兵及其家属优待金发放管理信息系统。二是有力推进双拥工作法制化建设。颁布实施《关于本市加强拥军优属工作的若干规定》及其配套政策，初步建立双拥工作政策法规体系。破解了落实解决移交地方管理的部队师职干部医疗保健等难点问题。三是“双退”安置工作有序推进。指导各区县做好 2003 年冬季退役士兵接收安置工作。全市共接收安置退役士兵 4825 名，安置率为 100％，其中自谋职业退役士兵 307 名，占城镇退役士兵总数的 9.2％。积极探索制定退役士兵自谋职业扶持政策，推进退役士兵市场化安置改革。此外，还认真贯彻中办发〔2004〕2号文件，做好军休干部安置工作，接收安置军休干部103名，认真落实军休干部有关待遇。

社会救助 一是全面落实“分类施保”。在全面实现“应保尽保”的基础上，进一步推进“分类施保”工作，使困难群众的基本生活切实得到保障。2004年底，上海市城镇居民最低生活保障对象为40.35万人，其中，粮油帮困对象12.02万人。农村最低生活保障对象9.99万人；农村五保户0.54万人。2004年，全市各级政府累计支出各类救助资金11.14亿元，其中用于城镇居民最低生活保障金7.46亿元，粮油帮困资金0.38亿元，协保人员生活困难补助金1.41亿元，农村最低生活保障金0.94亿元，医疗救助金0.92亿元。人员总量和资金支出总量出现近十年以来首次平稳状态，全面实现“应保尽保”工作目标，全市社会救助工作发展总体平稳。二是帮困送温暖工作形成长效机制。全市成立了“帮困工作协调办公室”，初步形成了“政府推动、民政牵头、部门尽职、社会参与”格局，兴起了帮困送温暖新高潮。期间，全市救助帮困覆盖人数达77.58万人次，支出资金为1.95亿元。走访慰问困难对象12.89万人次。2004年国庆节前下发了一系列文件，要求各区县民政部门做好国庆期间的帮困工作。据汇总，全市共有4.63万人享受临时生活补助，金额895.54万元；3.14万人享受一次性医疗补助，金额844.67万元。三是有序推进社会救助三级网络信息系统实事项目。2004年，社会救助三级网络信息系统建设项目被列入市政府实事工程项目。市局及时召开试点动员大会，按照“扎实稳妥、有序推进”的原则，在四个试点区先行试点的基础上，下半年整体推进，确保年内按时完成建设任务。分批对全市社会救助信息管理系统工作人员452人进行了操作培训，并进行了考核。同时，组织力量对全市社会救助三级信息网络的数据进行了检查和考核。社会救助信息管理新系统已在全市19个区234个街道、乡镇全面投入运行。四是创新经常性捐赠工作模式。2004年上海市经常性捐助试点动员工作，率先在普陀区9个街道全面开展。委托上海市慈善救助物资服务中心，实施本市经常性捐赠接受点的具体事务工作。截至2004年底，全市已在市中心7个区建立了经常性捐赠接受点105个，累计接收衣被171551件，大大方便了居民群众。

社会福利事业和老龄工作

居家养老服务得到进一步深化。2004年，在总结试点区深化居家养老服务经验的基础上，召开了上海市深化居家养老服务工作推进大会，积极推行“政府主导、中介组织、实体服务”的运作模式。市和19个区县、225个街道乡镇（含市农场局、工业园区）建立了居家养老服务（指导）中心和社区助老服务社，覆盖率占街道（乡镇）总数的96%。在83家社区日间服务中心，每月为1614名老人提供日托服务，日托率达60.2%；225个社区助老服务社为21386名老人提供上门服务。上海制定了居家养老服务评估制度，成立了市居家养老服务评估事务所，经过评估以“服务券”为载体，市、区县财政资金和市、区县福利金共对113259人次的老人提供政府购买服务补贴，补贴资金达17737387元。有居家养老服务人员9928名，其中通过“万人就业”项目，招聘本市失业、协保和农村富余劳动力人员3777名，会同市劳动和社会保障局确定了22个养老服务培训机构，为3715名服务人员和323名评估人员进行了上岗培训。

养老福利设施建设继续推进。2004年，在各区（县）和项目单位的共同努力下，上海市全面完成了市政府实事项目和民政部“星光计划”项目任务。2004年，新增养老床位2500张，其中因机构撤并减少养老床位402张，实际净增养老床位2098张；改扩（新）建薄弱养老机构64家，完成无障碍设施建设项目36个，新建老年活动室662个、老年人日托服务机构83家。目前，全市共有养老机构近450家、养老床位4万多张、“星光计划”老年活动室1051个。积极贯彻落实社会福利社会化发展要求，通过转制、补贴社会办养老机构以及对经济困难老人补助等方式探索，努力推进公办民营、民办公助、社会法人租赁等社会化运作模式。

老龄事业得到大力发展。加强对纯老年人家庭问题研究，建立了全市纯老家庭老年人三级数据库，确定了对纯老家庭结对关爱行动，2004年10月，形成了对纯老家庭实施关爱行动的指导性意见，对纯老家庭结对关爱工作进行了部署，要求以子女为主和社会帮扶相结合、普遍关心和重点关爱相结合、有形结对和无形结对相结合、结对关爱和助老服务相结合，在全市范围内开展对纯老年人家庭结对关爱行动。老年人权益保障工作扎实推进，市老年人法律服务中心全年共接待老年人信访2696人次，其中：来访1020人次，来电1457人次，来信219封，调处率97%；全市共接待受理了涉老纠纷案件3.3万人次，调处率94.7%。继续加强老年学校建设，今年作为改善老年教育条件市府实事项目共兴办12所，完善91所老年学校。推进落实第二期“银龄行动”，共选派了40名老年志愿者，对口支援新疆。此外，继续推进福利企业发展，探索研究新时期福利企业发展的政策创新，至2004年底，上海市共有社会福利企业2538家，职工总数125535人。其中，健全职工71882人；残疾职工53653人，占职工总数42.74%；上海市社会福利企业实现年销售收入331.90亿元，年利税总额28.98亿元，分别比2003年增长12.60%和下降8.76%。全市成立20家慈善救助服务社，初步形成了覆盖全市的慈善救助服务工作网络，全市慈善救助共救助流浪乞讨人员5181人。全年累计救助流浪乞讨人员15149人。继续推进孤残儿童福利事业发展。2004年，全市共销售各种福利彩票10.02亿元，其中电脑型彩票9.65亿元，即开型彩票0.37亿元，电脑票销量创历史新高。

村民自治与城市社区建设　围绕市委重点工作，全力推进社区建设。积极应对上海大城市管理的新要求，努力探索社区建设实体化、社区管理网格化发展的新思路并积极推进试点工作。对去年换届新当选的2300多名居委会主任进行分期分批培训；继续开展社区建设示范（模范）创建活动，创建示范居委会350个、示范街道（镇）7个、示范城区1个，模范居委会500个、模范街道30个。

扎实推进村民自治，深化村务公开和民主管理。积极贯彻中央文件精神，扎实推进村民自治，努力推进村务公开和民主管理工作，为促进农村改革、发展和稳定发挥了重要作用。100%村设置了村务公开栏、100%村成立了村务监督小组、98%村建立了村务公开监督评议考核制度、96%村建立了民主理财制度、90%村建立了村级财务预决算制度、90%村公开内容经过民主代表会议审议后再公开、83%的村建立了公开后的反馈机制。

真情为民，进一步发展社区服务。开展“万家社区图书室援建及万家社区读书活动”，组织实施老年活动室的图书援助工作，全市共援助1300套，并成功地组织实施了社区读书活动。与上海移动通信公司合作推出了“上海移动安康通助老卡”服务，使得老人不但可以通过手机获取“安康通”原有的各项服务，并可享受到移动定位、移动求助、移动生活咨询等新型服务。截至年底，“安康通”用户总数达到2.9万户，遍布全市19个区县，其中“安康通”移动用户超过3000户。至2004年底，“社区服务超市”服务项目已增至30个，发展加盟服务商140多家，共受理市民需求订单8000多个，实际提供服务5600多次，服务满意率达到90%左右。

社会行政事务管理　在社会工作职业化、专业化建设方面：充实完善社会工作者职业资格认证标准，初步形成社工员、社工师助理、社工师、高级社工师四个等级。颁发首批社会工作者职业资格证书，发展专业持证社工队伍。实行职业社工注册管理。建立开通上海社工网。截至2004年底，委托上海市社会工作者协会为727名取得社工职业资格证书的人员办理了注册手续，其中社工师218人，社工师助理509人。在婚姻（收养）登记工作方面：以贯彻实施新《婚姻登记条例》

为契机，规范婚姻登记工作。成立上海市婚姻(收养)登记中心，实现了政事分开、管办分离。推行结婚登记特邀颁证师聘任制度。推行结婚登记网上预约制度。加强婚介机构管理。探索开展收养家庭评估工作，探索研究事实收养问题。2004年，全市共办理国内结婚登记123037对，办理国内离婚登记27369对，涉外结婚登记2636对，涉外离婚登记281对；全市共办理国内外收养登记1245件。在殡葬管理和服务方面：加强殡葬工作规范管理，开展殡葬进社区试点工作。探索制定本市困难对象死亡后殡葬费用的补贴标准。推进殡葬设施建设。全市火化遗体101790具，办理国际间遗体、骨灰运输出入境60具，全市经营性公墓销售墓穴106150穴等。在行政区划工作方面：做好各项行政区划管理工作，深化和完善界线管理维护制度。适度调整部分乡镇行政区划，优化郊区城镇体系。全市街道从100个增加到103个，镇数量由2003年底的118个调整为2004年底的114个。

理论研究 一是做好专题性工作研究。开展了民政保障工作专题研究，并召开了民政保障专家咨询会；配合有关部门开展了社区网格化管理专题研究；开展了老龄事业发展专题研究；开展了关于低保标准调整的专题研究等。这些专题研究均取得了显著的成果，得到了市委、市政府和民政部领导的充分肯定。二是开展阶段性课题研究。主要是依托社会科研机构和专家学者的力量，有目的地开展了《上海市中心城区居民生活状况抽样调查》、《上海人口老龄化发展趋势预测》、《国外养老模式研究》和《上海社区合理规模研究》等课题研究，及时提供了相关数据和观点结论，为相关专题性研究提供了很好的支撑。三是开展市政府决策咨询课题研究。选取具有一定民政工作研究经历的研究机构和专家承担课题研究，主要有《在完善上海社会主义市场经济体制进程中民间组织发展的作用、问题与对策研究》、《本市流浪乞讨人员救助管理对策研究》、《本市相对贫困群体困难状况的调查与对策研究》和《社会力量兴办养老机构的政策研究》等。此外，2004年，进一步加强了自身建设。加大了干部队伍建设的力度，以开展处级干部述职评议为契机，提拔了一批高素质的处级干部，进一步改善了各级领导班子的知识结构、专业结构和年龄结构。加大了对年轻干部的培养力度，启动了年轻干部双向挂职锻炼计划，即选派机关优秀年轻干部去街道担任办事处主任助理，区县民政局选派年轻干部到市局机关担任处长助理。实质性启动“百、千、万”人才培训计划，即计划培养百名左右民政公务员MPA人才，选派千名左右干部和专业人才赴国外培训，培养万名专业社工。文明行业创建取得成效，自2001年以来，上海民政系统在全市组织的政风行风测评中，连续三年名列全市第一；行风测评分数也逐年提高，2004年达到89.65分，比2003年增加0.98分，名列全市第二。

(上海市民政局　陈业敏)

江苏省

2004年，是江苏民政工作抢抓机遇，趋势而上，快速推进的一年。这一年，江苏省政府召开了全省民政工作会议。江苏省各级民政部门在省委、省政府的正确领导和民政部的精心指导下，坚持“以民为本，为民解困”的宗旨，努力服务“两个率先”，着力打造强势民政，解放思想，创新理念，振奋精神，团结协作，艰苦奋斗，扎实工作，全省民政工作呈现出新的、更加良好的发展态势。

民间组织管理 2004年，江苏省共注册登记社会团体1161个，民办非企业单位1241个，基金会3个，注销、撤销、合并社会团体589个，民办非企业单位216个。截至2004年底，全省共有社会团体11815个，民办非企业单位7286个，基金会36个。民间组织培育发展和监督管理工作得到进一步推进。一是行业协会改革与发展理论研究工作得到加强。积极举办“江苏省行业协会改革与发展论坛”，面向社会各界征集论文一百余篇，组织专家评选出优秀论文16篇；加强与南京大学、南京师范大学等高校的科研合作，开展专题研究，积极探索社会主义市场经济条件下行业协会的发展规律与管理对策。二是努力推进行业协会改革试点工作。省级围绕优势农产品和特色产业发展，坚持改造存量和发展增量并重的原则，推动农产品行业协会的改革与发展。南京、苏州、无锡等地加大行政推力，进行了以政会脱钩、转换机制、完善功能为主要内容的行业协会改革。三是积极扶持发展农村专业经济协会。各地坚持边登记、边规范、边发展的原则，培育发展农村专业经济协会，促进了农业产业化发展和农村经济结构的调整，增加了农民收入，提高了农产品品质和市场竞争力。四是积极培育社区民间组织。各地结合实际，适当放宽社区民间组织登记条件，逐步扩大试点范围，推进了社区民间组织的进一步发展。五是认真贯彻《基金会登记管理条例》。建立完善双重管理体制，精心组织开展基金会登记换证工作。六是引导民间组织加强自身建设。各级通过开展民间组织业务培训以及争先创优等活动，引导民间组织加强自身建设，民间组织整体素质得到明显提高。组织15家优秀行业协会参加民政部、发改委和国资委联合举办的首届“全国行业协会成就汇报展览会”，获得好评。21个民间组织被民政部评为全国优秀民间组织，并受到表彰。江苏省民政厅还在全省范围开展了民办非企业单位先进集体和先进个人评比表彰活动。七是民间组织监督管理工作继续得到强化。各级认真贯彻执行《行政许可法》，修订完善民间组织登记管理程序，改进了民间组织年度检查工作手段与措施，及时查处非法民间组织和民间组织违法活动。八是加强了民间组织管理法制宣传力度。各级结合建设“法制江苏”活动的开展，利用报纸、广播、网络等媒体大力宣传民间组织管理的法律法规，努力增强民间组织守法意识，促进民间组织自觉规范自身行为，依法开展活动。

优抚　进一步扩大“爱心献功臣行动”成果，不断完善优抚对象抚恤补助标准自然增长机制，2004年11月10日，江苏省民政厅和财政厅联合发文，决定从2004年1月1日起调整在乡老复员军人生活补助标准，并相应调整在乡老复员军人立功荣誉金标准，从7月1日起，调整烈士家属抚恤金标准。江苏省财政在比较紧张的情况下拿出1945万元用于提高在乡老复员军人的生活补助标准。调整后，江苏省在乡老复员军人年生活补助标准平均达到3000元左右，抗日战争时期的在乡老复员军人最高补助标准可达5011元。在乡老复员军人立功荣誉金标准翻了一番，一、二、三等功分别达到每人每年360元、240元和120元。烈士家属抚恤金标准调整后，最高的达到每人每年8905元，全省平均每人每年增加700多元。江苏省各地在基本解决优抚对象生活难、住房难的基础上，均把解决重点优抚对象医疗难摆上了重要议事日程，特别是引入了市场竞争机制，在保险公司办理住院医疗保险。目前，江苏省南京、镇江、连云港、宿迁、扬州、泰州、南通等市与人寿保险公司通力协作，放宽准入条件，为重点优抚对象每人每年投保200元（其中县市区负担100元，乡镇负担50元，个人负担50元），按照市场化操作的方式与当地人寿保险公司签订了重点优抚对象住院医疗保险协议。规定重点优抚对象生病住院按80%比例报销，60岁以上年最高可获赔付3000元，60岁以下的年最高可获得4000元的赔付。全年批准革命烈士5名，并对抗美援朝战争中牺牲的革命烈士进行了普查。经查，江苏省共有抗美援朝烈士8446名。新评、补评革命伤残军人和革命伤残工作人员79人，提高伤残等级224人，部队退役伤残军人接收换证398人，审核发现部队退役伤残军人中假残25名，由在职伤残军人改为在乡伤残军人111人。补办伤残证件111人，审批换发代步轮椅车138辆。同时，民政信访工作责任制得到有效落实，优抚局被民政部评为全国民政信访工作先进单位。

安置 2004年度，江苏省退役士兵安置任务较重，共接收2003年冬季退役士兵43213人，其中应在城镇安置17777人（含3005名转业士官），占接收总数的41.1%，回农村的25436人，占接收总数的58.9%。江苏省加大安置改革力度，继续推行安置就业和自谋职业相结合的办法，同时进行了助学安置及城乡一体化安置试点，较好地完成退役士兵安置任务。截至12月底，申请自谋职业的退役士兵11376名，占应安置数的56%，比2003年提高12%，发放自谋职业补助金2.925亿元，其中各级政府安排近2亿元，多渠道筹集6503万元，收缴有偿转移资金2000多万元。南京市进行了助学安置试点，为154名退役士兵上电大创造条件。苏州市积极开展了退役士兵城乡一体化安置试点，为1275名农村籍退役士兵发放自谋职业补助金。2004年江苏省重点抓了依法行政，完善法律法规，在贯彻落实《国务院办公厅转发民政部等部门关于扶持城镇退役士兵自谋职业优惠政策意见的通知》（国办发〔2004〕10号）文件同时，加强调研草拟并发了江苏省的实施意见。出台了《江苏省城镇退役士兵安置任务有偿转移资金征缴管理暂行办法》（苏民安〔2004〕27号）。同时，在全省加大了退役士兵培训力度，培训退役士兵近万人，支付培训费224.4万，军地两用人才开发率85%，维护了退役士兵合法权益。

军队离退休人员安置工作。认真贯彻中办发〔2004〕2号文件精神，全面推进军队离退休干部服务管理工作社会化改革，按时完成第五批军休干部和伤病残军休干部接收安置任务。在军地有关部门密切配合下，接收安置军休干部673名、无军籍职工26名。完成1076名军休干部安置去向审定工作。目前，江苏共接收军队离退休干部8692名，军休干部的政治生活待遇得到较好落实。江苏省民政厅安置处等9个单位被民政部、总政治部、总后勤部评为全国安置服务管理工作先进单位。

军供站正规化建设工作深入开展。2004年是军交运输正规化建设20周年，江苏省按民政部、总后勤部等5部门《关于广泛开发军交运输工作正规化建设活动的通知》的要求，圆满完成各项军供任务，南京、徐州、镇江三市军供站受到民政部和总后勤部表彰，常州、南通市军供站受到南京军区联勤部表彰，江苏省民政厅被民政部和总后勤部评为全国军供工作成绩显著单位。

双拥 继续在全省开展双拥模范城（县、区）创建活动。2004年1月，全国拥军优属拥政爱民工作会议在北京召开，江苏省南京市、徐州市、无锡市、苏州市、镇江市、南通市、连云港市、扬州市、常州市、张家港市、盐城市、淮安市、泰州市、常熟市被命名为全国双拥模范城。2004年春节、“八一”期间，省委、省人大、省政府、省政协领导带领慰问团慰问了部队官兵。2004年4月20日，为表彰先进，推动双拥工作广泛深入持久地开展下去，省政府、省军区联合，对南京市法律援助中心等81个拥军优属先进单位，南京军区政治部警卫连等31个拥政爱民先进单位，杨宗义等35名拥军优属先进个人，夏方泉等16名拥政爱民先进个人给予表彰。2004年“八一”前，江苏省劳动和社会保障厅、省民政厅、省军区政治部联合在省劳动保障厅职业介绍中心举办全省迎“八一”——拥军爱民大型联动专场招聘活动。全省还统一组织拍摄了26集“江苏省全国双拥模范城巡礼”专题片，系统地宣传江苏省双拥工作，从2004年2月份开始，在省市电视台专题节目中播放，取得了较好的社会反响。

救灾救济 2004年，江苏省各地不同程度地遭受了风雹、洪涝、病虫害、干旱等自然灾害。6至7月份，徐州、连云港、盐城、宿迁、常州等市遭受了较为严重的风雹灾害；7月份，南通、苏州等市受台风“蒲公英”、“云娜”的外围影响遭到了大风暴雨袭击；7至8月份，镇江等地还发生了局部性的洪涝灾害；7至9月份，扬州、泰州的里下河地区和淮安、宿迁市的部分县遭受了大面积的水稻条纹叶枯病;9至10月份,江苏省淮北和镇江、南京的沿江丘陵地区发生了旱灾;特别是进入10月份以后,由于持续天晴无雨,淮北和沿江丘陵地区秋旱旱情加重,造成秋熟农作物减产。据统计,各类自然灾害共造成受灾人口1104万人,成灾人口418万人,农作物受灾面积84万公顷,成灾面积43万公顷,其中绝收面积6.5万公顷;倒塌房屋10712间,损坏房屋79721间,灾害造成的直接经济损失为33.8亿元,其中农业经济损失为28.6亿元。

面对灾情,江苏省各级全面落实各项救灾措施,确保了灾区群众的基本生活,维护了社会稳定。主要工作有:一是及早部署新灾救济工作。江苏省委、省政府高度重视救灾救济工作,多次召开专题会议研究救灾和灾区困难群众生产生活安排工作,省财政在落实2004年度救灾资金预算的基础上,又追加了1000万元专项用于安排灾区群众的生活。6月份,在汛期到来之前,江苏省民政厅及时向全省各地发出了《关于加强汛期救灾工作的通知》,从克服麻痹思想,加强对救灾工作领导、加强灾情信息管理、制定救灾应急预案、加强汛期值班制度等方面提出了具体要求。二是做好灾情的查、核、报和救助工作。每逢有灾情发生,各级民政部门积极履行救灾职能,迅即组织人员深入灾区,走村串户,查核灾情,慰问和转移安置受灾群众,及时把党和政府的温暖送到灾区的千家万户。厅领导多次带队赴徐州、连云港、盐城、南通等重灾地区查灾核灾、慰问灾民。省政府还统一组织民政、财政、水利、农林等部门深入灾区查核灾情,指导灾区开展生产自救和灾后救助工作。三是科学地制定和实施救济方案。对各地发生的新灾,省民政厅在调查掌握灾情损失和群众实际困难基础上,及时给予了救济,努力保障灾区群众的基本生活。2004年,全省共投入救灾资金21281万元,其中中央7900万元,省级3381万元,市级3000万元,县乡两级7000万元,确保了受灾群众的基本生活,确保了灾区恢复重建工作于入冬前全部完成。四是做好春荒和冬令期间灾区群众生活的安排工作。2004年,江苏省灾区春荒、冬令期间需政府口粮救济的灾民分别有366万人和184万人。春荒期间,全省共投入资金9050万元,其中中央3000万元,省1800万元,市、县及以下4250万元;冬令期间,全省共投入资金8560万元,其中中央和省4900万元,市、县及以下3600万元。2004年,江苏省春荒和冬令救助全面通过发放救助卡进行救助,全省春荒共发放救助卡85万张,冬令共发放救助卡41万张。同时,还组织发动群众开展生产自救和互助互济活动,确保了灾区群众春荒和冬令期间的基本生活。

村民自治　2004年,在村民自治工作中,江苏省坚持以健全村党组织领导的充满活力的村民自治机制为主线,以扩大农村基层民主为目标,服务"两个率先"大局,适应"五个统筹"要求,深入贯彻中办发〔2004〕17号文件精神,一手抓巩固,一手抓提高,依法组织开展第七届村委会换届选举工作,大力推进村务公开,完善村民自治制度,深入开展示范活动。一是积极做好全省第七届村委会换届选举工作。为做好全省第七届村委会换届选举工作,2004年初,江苏省民政厅专门组织调研组分别到苏南、苏中、苏11个县(市、区)、16个乡(镇)、32个村进行专题调研,在调研的基础上,就选举中需要进一步完善和具体规范的法律问题向江苏省人大提出了建议意见,对农村新形势、新问题、新情况给选举工作带来的影响和难度进行了疏理分析。3月份,组织全省23名选举骨干参加了由民政部和中国欧盟村务管理培训项目办公室举办的村委会换届选举师资培训班。指导海门、东台市搞好第七届村委会换届选举工作试点。8月25日,江苏省委办公厅、省政府办公厅下发了《关于做好全省第七届村委会换届选举工作的通知》(苏办发〔2004〕23号),在9月14日召开的全省民政工作会议上,梁保华省长、王湛副省长又对全省第七届村委会换届选举工作提出了要求。江苏省民政厅把村委会换届选举工作列入今年全省民政工作的重要议事日程,作为一件大事来抓,明确提出"三个确保",即确保选举符合法律法规和工作规程；确保选举质量；确保换届选举圆满成功；9月24日，江苏省民政厅在南京举办了由地级市分管局长、政权处长和部分县（市、区）分管局长、政权科长（南京市所有县、区）参加的全省第七届村民委员会换届选举培训班，为全省村委会换届选举培训师资骨干。同时，江苏省民政厅还编印了全省第七届村委会换届选举简报，及时反映各地村委会选举工作动态，总结和推广选举工作经验，指导全省村委会选举工作。11月至12月份，江苏省民政厅由厅领导带队多次派出督查组，对全省村委会选举情况进行督查。各地认真贯彻法律、法规及省两办《通知》精神，依法办事，规范操作，分类指导，精心组织，整个选举工作按计划，健康有序推进，到目前为止，全省17930个村已有17619个村完成了选举，其中采用“两个直接”方式选举的村有16427个，占93.2％，采用“一个直接”方式选举的村有1192个，占6.8％，村党支部书记与村委会主任“一肩挑”的村有4378个，占24.8％。二是村务公开民主管理工作成效明显，积极贯彻《中共中央办公厅、国务院办公厅关于健全和完善村务公开和民主管理制度的意见》，11月11日，江苏省委办公厅、省政府办公厅下发了《关于贯彻落实中办发〔2004〕17号文件精神健全和完善村务公开和民主管理制度的通知》（苏办〔2004〕56号），11月19日，江苏省委下发了《关于成立省村务公开工作领导小组的通知》（苏委〔2004〕406号），进一步加强对全省村务公开工作的领导。12月10日至12日，全国村务公开和民主管理工作经验交流会在江苏省太仓成功召开，受到了民政部领导的高度评价，部领导总结时评价这次会议“是空前的，是顺利、成功、圆满的”。省委副书记张连珍在大会上作了《适应形势发展和群众要求深化村务公开和民主管理》的发言，受到全国村务公开协调小组及与会代表的好评。同时推荐苏州市、盐城市的两份材料作书面交流材料。三是积极开展“民主法治示范村”活动。根据民政部和司法部关于在全国开展民主法治示范村活动的精神，在去年试点的基础上，今年加大了工作力度，制订下发了民主法治示范村标准，推动了全省民主法治示范村创建活动的深入开展。今年2月份，民政部、司法部联合对江苏省农村民主法治示范村工作情况进行了检查，认为江苏民主法治示范村活动开展扎实有效，一些做法和经验对全国具有借鉴意义，希望江苏省的村民自治工作继续走在全国前列。6月3日，省民政厅和省依法治省领导小组办公室、省司法厅推荐上报南京市江宁区机场村等11个村为全国“民主法治示范村”。11月25日，与省司法厅联合表彰了100个民主法示范村四是制订下发《江苏省城乡村（居）民依法自治基本标准》。在全省全面小康四大类18项指标中，城乡依法自治是其中的一项内容。为了全面推进村民自治，更好地检查、考核城乡依法自治达标率，省民政厅制订下发了《江苏省城乡村（居）依法自治基本标准》。五是继续指导各地深入开展村民自治示范活动，加大对模范单位的动态管理力度。2004年，江苏省民政厅对如皋、阜宁、苏州市吴中区、扬州市邗江区创建村民自治模范单位工作进行了检查，并被命名为省级村民自治模范单位。六是先后接待并书面向民政部、司法部汇报了江苏农村民主法制建设情况；向全国政协调研组书面呈报了江苏巩固和完善农村村民自治制度的情况；两次向省落实党风廉政建设责任制领导小组呈报了关于江苏省民政厅“与村民自治相结合，推进村务公开”工作进展情况及下一步工作打算的汇报和报告。

城市社区建设 2004年的城市社区建设工作，以推进新型社区建设为目标。一是积极开展了“万家社区图书室援建及万家社区读书活动”。全省15个社区、6个街道、5个区（市）民政局、4个地市民政局和省民政厅共31个单位受到民政部、中央文明办、国家新闻出版总署和国家广电总局的联合表彰。常州市钟楼区怀德路街道文亨花园社区被评为全国十佳学习型社区，另有14个社区被评为全国百佳学习型社区，12名个人被评为先进。江苏省代表队（南京市白下区朝天宫街道代表队）荣获“全国社区文明风采电视大赛”一等奖、文明风采奖，镇江市润州区代表队荣获三等奖，江苏省活动组委会荣获最佳组织奖。江苏省获得的奖牌总数位居全国第一。二是进行了社区专职工作者规范化管理调研和试点工作。为了顺应社区党建和社区居委会建设中出现的社区党组织负责人和社区居委会干部职业化趋势，2月份，江苏省民政厅会同省委组织部联合对社区专职工作者如何进行规范化管理进行了专题调研，并联合下发了《关于在常州、南通、盐城三市进行社区专职工作者规范化管理试点的通知》。三是深入社区开展调研。8月份，由江苏省民政厅领导带队赴苏州、扬州、泰州、徐州等市对社区服务、社区建设、社区就业等进行全方位调研，并形成调研报告。四是积极开展了“民主法治示范社区”创建活动。11月份，与江苏省司法厅联合命名表彰了100个民主法治示范社区。五是推进了社区卫生服务和社区残疾人工作。12月份，与省卫生厅、省中医药局联合检查验收并命名12个区（市）为全省社区服务示范区（市），与省残疾人联合会联合命名18个区为全省社区残疾人工作示范区。

行政区划　认真贯彻落实江苏省委、省政府确定的“城市现代化、农村城镇化、城乡一体化”的城市化发展战略，在对行政区划进行科学论证和基本完成《江苏省行政区划调整规划》编制工作的基础上，积极稳妥地开展了行政区划调整工作。继2003年对盐城市市区行政区划进行调整之后，2004年，经国务院批准，对宿迁市市区行政区划实施了调整。为适应新一轮发展需要，2004年全省共撤并乡镇42个，通过撤并，进一步优化了资源配置，降低了管理成本，提高了城镇化水平。截至2004年底，全省共有13个地级市，25个县、27个县级市、54个市辖区，1078个镇、123个乡。

界线管理　认真贯彻《行政区域界线管理条例》和2004年5月18日国务院召开的全国勘界和界线管理工作电视电话会议精神，扎实推进行政区域界线管理工作。2004年对1条省级“沪苏线”、5条市级界线和25条县（市、区）界线进行了联合检查工作，保证了界线的完整、清晰；完成了勘界档案归档整理任务，形成勘界纸质资料档案951卷，电子数据126盘，并将勘界成果档案的纸质资料和电子文档上报民政部，实现了勘界档案的一式多份异地存放；为表彰先进，经省政府批准，省人事厅、民政厅共同表彰了全省勘界工作先进集体和先进个人，共有32个单位被授予“勘界工作先进集体”称号、114名个人荣记二等功；针对全省行政区域界线管理工作情况，召开了行政区域界线管理工作座谈会，肯定了成绩，找出了不足，提出了要求，部署了工作。根据《行政区域界线管理条例》的规定和民政部要求，着手编制了1∶50万《江苏省政区图》。

地名管理　2004年全省地名管理工作成绩显著。一是根据民政部部署的要求，江苏省大部分市县（市）普遍开展了地名普查、资料更新和地名数据库的录入工作，经过一年的努力，南京、盐城、徐州、常州、无锡、苏州等市已基本完成。省民政厅区划地名处直接承担的省管地名信息的收集录入工作基本结束。一年来，经过广泛收集、整理资料，已初步录入省管地名259条，省级政区地名1条、山系地名48条、河流地名107条、湖泊地名10条、国道地名10条、省道地名70条、高速公路地名9条、铁路地名4条。二是城市标准地名标志设置工作取得重大成果。根据民政部等国家四部局联合发出的《在全国城市设置标准地名标志的通知》精神，结合江苏实际，省民政厅于2004年5月下发了《关于组织开展标准地名标志设置检查验收工作的通知》（苏民区〔2004〕15号），于10月上旬组织了两个检查组，历时17天，分别对13个地级市的设标情况进行了检查验收，对18个县（市）进行了抽查，总体情况良好。自2000年以来，经过5年的不懈努力和奋力拼搏，全省13地级市、25个县、27个县级市全都开展了国标设置工作。由民政、城建和公安等部门设置的路街牌、巷牌、门牌和楼栋牌等标准地名标志已达295余万块，基本实现了江苏省地名四类地名标志国标化。三是进一步加强了对建筑物名称的管理。江苏省民政厅与省建设厅、工商局联合下发了《关于进一步加强建筑物名称有序管理和规范使用的通知》，各地针对当地的建筑物名称中出现的问题进一步采取了相关措施，取得了积极成效，建筑物名称不申报、不规范的情形已经得到有效控制，2004 年 4 月，在济南召开的《全国地名工作会议》上民政厅领导作了题为《以人为本服务发展不断提升江苏省建筑物名称管理水平》的发言，受到与会代表的一致好评。

社会福利事业 一是完成了江苏省第三批“星光计划”建设项目，350 个项目建成并投入使用，民政部资助 730 万元，省级福利金投入 130 万元。民政部表彰了江苏省三个先进单位和三名先进个人，省民政厅表彰了 20 个先进组织奖，36 个先进项目单位和 50 名先进个人。二是家庭寄养工作全面开展。2004 年 5 月，江苏省民政厅在张家港召开了家庭寄养工作会议，推广了南京、常熟和张家港市市儿童福利院开展家庭寄养工作的经验，要求各地福利机构建立家庭寄养指导站，使家庭寄养工作专业化、规范化。至 2004 年底，全省已有 200 多名社会福利机构中的轻残儿童被安排在各地社区家庭中寄养。三是福利机构多元化格局逐步形成。到 2004 年底，全省国办福利机构共建成 66 家，集体办老年公寓 117 家，民办养老机构 114 家，开设床位 21 万张。逐步形成国办为示范，集体办为骨干，民办为补充的养老格局。全省福利机构中已有 16 家通过了 ISO－9001 国际质量认证。2004 年 9 月，江苏省民政厅、建设厅、财政厅、劳动保障厅联合出台了《关于妥善安置社会福利机构成年孤儿的通知》。四是“明天计划”启动顺利。2004 年 8 月 6 日，残疾孤儿手术康复明天计划在全省启动运行，截至年底，完成各类手术 85 例，手术成功率 100％。2004 年 9 月 13 日，民政部副部长李立国对江苏实施“明天计划”手术定点医院集中在省城、组织医疗专家组赴全省福利机构巡查、反弃婴等做法给予充分肯定，并向全国推介。五是流浪乞讨人员的救助管理工作进一步加强。2004 年 3 月，组织召开了全省救助站长座谈会，研讨实施《救助管理办法》中的一些难题的解决措施。针对外省救助对象多的现状，2004 年 9 月，江苏省民政厅、省财政厅下发文件，设立了南京、苏州、徐州三个跨省救助站，跨省救助对象中的老年人，未成年人和残疾人的接送工作由省厅协调，本省跨市救助对象的接送，由各省辖市救助站承担。2004 年 12 月 22 日，在全国召开的救助管理视频工作会议上，江苏省民政厅厅领导就如何做好流浪儿童救助保护工作作了经验介绍。全年全省共接待救助人员 35411 人，实施救助人员 31689 人，外省救助人员占救助人员总数 61％以上。六是进一步做好慈善工作。“微笑列车”项目平稳运行，2004 年共完成手术 274 例，投入手术经费 548 万元。中华慈善总会检查评估，对江苏实施项目工作非常满意。完成了 2004 年度“澳门科技大学爱心助学项目”学生选送工作。在徐州、淮安、泰州、南通、连云港筛选推荐 5 名贫困生，经高考审核，选送南通、连云港两名贫困生免费就读澳门科技大学。受中华慈善总会委托，实施了“爱与关怀”项目。协调信益陶瓷有限公司捐赠昆山前景民工子弟学校和泗阳全集镇李楼村小学各 20 万元建“冠军慈善爱心网校”和“冠军慈善爱心小学”项目。

福利生产 2004 年 4 月 20 日至 22 日，民政部、财政部、国家税务总局、中残联、劳动和社会保障部联合在江苏进行了社会福利生产工作调研，并于 4 月 22 日在吴江市召开了江苏、浙江、上海等三省市福利生产工作座谈会，听取了三省市的福利生产情况汇报。苏州、无锡、常州等市民政局有关人员向调研组汇报了工作情况。2004 年 4 月底至 5 月中旬，省民政厅组成专项调研组，对全省福利企业的发展状况及存在困难和问题进行了深入调研，形成了专题调研报告。2004 年 5 月 21 日，全省福利企业管理人员培训班在宁举行。省国税局派员就福利企业有关政策做了专题讲座。南京市秦淮区民政局等单位作了典型发言。2004年10月27日，全省福利企业信息工作会议在江都召开。2004年6月30日，省民政厅、省国税局联合下发《关于2004年上半年新办福利企业的批复》(苏民福〔2004〕45号)，确认南京市开泰机械铸造厂等70家申办企业符合新办福利企业相关条件。2005年1月28日，省民政厅、省国税局联合下发《关于2004年下半年新办福利企业的批复》(苏民福〔2005〕5号)，确认南京超业机械制造厂等80家申办企业符合新办福利企业相关条件。2004年，全省共有560户福利企业办理了变更手续；为94户新办福利企业办理了验收发证手续；为14家福利企业办理了进口设备关税减免手续。查处不合格福利企业1户。

婚姻管理 2004年，全省各级民政部门认真贯彻执行《中华人民共和国婚姻法》和《婚姻登记条例》，新的婚姻登记体制逐步建立，婚姻登记工作进一步规范，服务水平得到提升。各地根据省政府苏政办函〔2003〕120号文件精神，加大婚姻登记体制改革的工作力度。全省有12个市明确了婚姻登记机关的设置，初步建立了集中与相对集中并举、城市与农村区别对待的新的婚姻登记管理体制。在实施《婚姻登记条例》中，针对婚姻登记体制改革后，全省各地普遍存在行政编制少，公务员缺乏，大多只能靠借用、聘用人员开展婚姻登记工作的实际，省民政厅积极向省政府建议，着手解决婚姻登记机关人员编制和工作经费问题。2004年3月召开了全省婚姻登记工作会议，全面总结回顾了过去十年的婚姻登记工作，分析了新时期婚姻登记工作面临的形势，提出了今后一段时间婚姻登记工作的基本思路和目标任务。会议表彰了20个全省先进婚姻登记机关和40名全省优秀婚姻登记员，有8个登记机关和10名登记员受到民政部表彰，极大地鼓舞了全省婚姻登记工作者，对开创婚姻登记工作新局面具有推动作用。2004年1月1日起，江苏省民政厅设立涉外婚姻登记室，集中办理全省的涉外婚姻登记，并从当事人的需要出发，协调解决资料翻译、证件证明公证和认证的代办服务，受到群众的好评。全年办理涉外婚姻登记1530对，其中结婚登记1426对，离婚登记94对。办理补领婚姻证件11对。同时，积极推进婚姻登记信息化建设。通过培训，涉外、涉港澳台和华侨婚姻登记已实现网上在线登记，并与民政部联网，大大提高了登记效率。同时推进国内婚姻登记信息软件的使用，全省有300多个婚姻登记机关购置了相关设备和软件，组织对250名婚姻登记员进行了培训，加快了江苏省婚姻登记信息化进程。开展执法检查，促进婚姻登记依法行政和规范化建设。根据民政部的部署，全省分3个组进行了婚姻登记行政执法检查，内容包括登记机关的场地设置、政务公开、登记程序、使用的表格、婚姻证书、登记员行政行为、信息化程度、收费情况等多个方面，总体情况良好，受到民政部检查组的肯定。进一步加强婚姻证件的发行管理。全年发行婚姻证件110多万件。实行对新式婚姻证件发行的计算机化管理，各地婚姻证件的购买、使用情况记录完整，可随时查询，有效杜绝了伪证的使用。

收养工作 全省各地继续做好收养登记工作。全年共办理国内收养登记4765件，解除国内收养登记11件；办理涉外收养登记442件，撤销涉外收养登记2件。涉外收养登记水平进一步提高，实现与中国收养中心联网，提高了工作效率，有效地保存了登记资料。协调南京市公证处上门开展涉外收养公证服务，为外国收养当事人和福利机构提供了便捷的服务。各地根据民政部《收养登记档案管理暂行办法》，组织对收养档案进行归类整理，确保档案完整、规范。

老龄工作 江苏是全国最早进入人口老龄化的省份之一。2004年，全省60岁以上老年人口1066万余人，占全省人口总数的14.3%。老龄工作在省委、省政府的高度重视和支持下，在各成员单位和各级老龄办的共同努力下，取得了突破性进展：一是省老龄委各成员单位认真履行工作职责，各司其职，密切配合，有力地推动了涉老政策措施的制定和实施。二是2003年5月,全国老龄委下发《关于在全国开展创建老龄工作先进县(市、区)活动的通知》,各地按照全国老龄委和江苏省老龄委的统一部署,紧密结合当地经济社会发展实际,卓有成效地开展创建工作,取得明显成效,全省老龄机构进一步理顺,人员编制调配逐步到位,老龄工作经费投入力度逐步加大,社会资源得到进一步整合,老年福利服务设施得到快速发展,老龄宣传工作得到大力加强,形成了敬老爱老助老的良好社会氛围。三是根据全国老龄委的部署,积极组织开展了苏州市老年科技工作者智力援助云南省的"银龄行动"试点工作。由苏州市负责招募的22名思想素质较高、业务技术较强、身体条件较好老年志愿者,通过"传、帮、带",培训云南当地基层专业骨干,充分发挥了老年知识分子的智力优势,取得显著社会效果。四是积极参与了中国老年艺术团征集节目活动,深入基层,精心挑选,向全国报送了舞蹈、服饰、声乐等7个门类的反映老年风采、具有地方特色的优秀节目。南通市的"蓝白风韵"服饰表演,在全国政协礼堂举办的中国老年艺术团"红叶风采"大型文艺晚会上受到了领导和专家的一致好评。五是依法维护老年人合法权益,大力弘扬敬老爱老养老的良好美德。省民政厅会同省委组织部、教育部、团省委、妇联继续深入推动敬老爱老助老主题教育活动,积极组织参与了全国"葆春杯"中华孝星敬老楷模和敬老好文章的评选活动,整理上报"全国孝星106名,孝星楷模5名,优秀组织奖13名"。根据全国的评选结果,江苏省金丹婕、吴仁宝、常德盛分别获得"中华孝亲敬老楷模"、"中华孝亲敬老楷模特别奖"、"中华孝亲敬老楷模提名奖"荣誉称号,在社会上引起良好反响。六是大力推进基层和农村老龄工作,重点围绕加强基层老龄工作、发展老龄产业、农村老龄工作等问题,开展了深入细致的专题调查研究,进一步了解掌握了基层老龄工作的实际情况,出台了《关于基层老年人协会规范化建设的意见》。七是注重干部队伍建设,自身建设不断加强。承办了中国老龄基金会座谈会和民政部、全国老龄办与香港大学秀圃老年研究中心共同主办的全国老人服务临床实践专业知识培训班,江苏省25位老年服务管理人员参加了培训,有力提升了江苏省老龄工作水平和老龄干部队伍业务素质。

福利彩票工作 2004年,江苏省福利彩票发行工作坚持以"一切为了销售,一切围绕销售、一切服务于销售"为中心,科学运用行政和市场两个推力,在站点培训、分类指导、市场调研、玩法调整等方面做了大量的工作。2004年3月,江苏省福利彩票发行中心组织市场调研,发放问卷5000余份。全年举办各类培训班22场,参训人员1300多人。实施分类指导,推进全面发展,省中心专门成立了4个工作小组,建立了分片负责指导的责任制,顺应市场需求,及时调整玩法和开奖频次。一是15选5由一周五开改为天天开奖。双色球由一周两开增至为一周三开。各玩法销售截止时间由17:30延长至18:00。二是适时取消绩差玩法30选7。三是及时推出3D新玩法,并在全省开展了"福彩3D有奖知识问答活动",掀起了新一轮福彩宣传高潮。2004年,全省福利彩票销售75121万元,同比增长9%,其中电脑票年销售66566万元,同比增长58%,均创历史新高。

信息化建设 2004年,江苏省民政厅以低保信息系统和网站建设为重点,稳步推进信息化工作。2004年6月,江苏省民政厅信息中心登记成立后,进一步加大了工作力度,召开了全省低保信息系统建设工作会议,进行了最低生活保障系统可研报告的编写和申报工作。2004年8月,江苏省民政厅顺利完成了民政部广域网扩容和升级任务,并成功完成了厅机关防病毒软件的集中部署和网络配置。2004年10月,江苏民政门户网站正式开通,保障了6次电视电话会议的召开,受到民政部信息中心的充分肯定。同时,省民政厅机关多媒体信息系统在日常工作、会议和文化活动等方面得到了广泛运用,提高了工作效率,促进机关人员采用先进技术手段开展工作自觉性和积极性。

综合工作　2004年，江苏省各级民政部门进一步加强内部管理和干部队伍建设，较好地为各项民政工作的开展提供了可靠保证。2004年3月，江苏省委决定，赵顺盘同志任省民政厅党组书记、厅长。为完善民政部门的运行机制，进一步提高工作效能，江苏省民政厅从多层面采取了有效措施。一是建立健全了相应机构。2004年6月，江苏省社会捐助服务中心和江苏省民政信息中心登记成立，并正式对外开展工作；2004年11月，江苏省民政厅正式设立最低生活保障工作处；2004年12月，江苏省民政厅在厅办公室增挂政策法规处牌子。二是2004年9月14日，江苏省政府召开了全省民政工作会议。省长梁保华、民政部副部长李立国、副省长王湛等领导出席了会议并作了重要讲话。会议回顾总结了十年民政工作经验，并对今后一个时期的民政工作进行了系统部署。这次会议还针对新形势、新任务，提出了“打造强势民政”的工作理念，为全省民政部门在构建和谐社会、实现“两个率先”中发挥更加重要的作用明确了思路。三是加大了全省民政系统人员的培训。江苏省民政厅先后组织市、县(市、区)民政部门有关人员进行了法规以及业务等培训，共计23个班次，约1100余人，有效地提高了全省民政干部队伍的素质。

（戴小兵）

浙江省

2004年，浙江省民政部门围绕党和政府的中心工作，坚持“以民为本，为民解困”的宗旨，以体制创新为先导，以制度建设为保障，坚持机关自身建设和事业发展两手抓，统筹城乡，均衡发展，各项工作取得了显著的成效。

民间组织管理　积极探索农村专业经济协会培育发展办法，全面完成了农村专业经济协会登记备案工作，全省现有登记备案的农村专业经济协会1468家。进一步加大了行业协会培育发展力度，省本级新设立行业协会16家，占新成立社团总数的48.5%。实施国务院《基金会管理条例》，依法批准16个公益性基金会登记。贯彻省政府新颁布的《浙江省民办非企业单位管理暂行办法》，开展民办非企业单位“诚信服务真情回报社会”主题活动，牵头发起民间组织支援灾区捐助活动，为民间组织参与社会发展找到有效载体。实施社区民间组织培育管理工作，拓宽了民间组织管理工作领域。组织开展了民办非企业单位“诚信服务真情回报社会”主题活动，增强了民办非企业单位的社会责任意识。截至2004年底，全省经民政部门登记的社会团体共有10862个，民办非企业单位9760个，基金会96个。

双拥、优抚和安置　紧紧围绕军事斗争准备做好双拥工作，浙江省委、省政府、省军区召开全省双拥工作会议，下发《关于进一步加强双拥工作的意见》，明确了新世纪新阶段全省双拥工作的重点和任务，有力促进了双拥优抚安置工作难点问题解决。通过试点，加强调研，适应改革开放新形势和农村税费改革，创新机制，按照优抚对象的生活水平与经济社会发展同步提高的要求，建立重点优抚对象优抚标准自然增长机制。大幅提高优抚标准，基本做到了优抚对象生活水平与当地经济社会发展和人民群众生活水平同步增长，全省各级财政新增资金3650万元，其中省财政616万元。全年共发放抚恤金5.54亿元，比2003年增长31.9%，抚恤各类优抚对象16.3万人；11.47万户优抚对象享受群众优待，户均优待金2848元，比2003年提高26.8%。城乡退役士兵安置改革深入推进。全省共接收退役士兵26541人，其中城镇退伍义务兵6080人，农村退伍义务兵19204人，转业士官1261人。通过财政拨款和安置任务有偿转移，共筹集安置保障金和待安置期间生活补助费1.8亿元，城镇退伍义务兵和转业士官自谋职业率分别达到98%和60%。在绍兴、衢州两市组织开展了退役士兵职业技能教育培训试点工作，增强他们在市场经济条件下的就业竞争能力。积极探索了户籍制度改革后城乡统筹的退役士兵安置改革新路子。

救灾救济 2004年浙江省是重灾之年。特别是14号云娜台风，是1956年以来在我国大陆登陆的最强的台风，给浙江省人民生命财产造成了重大损失。全省累计受灾人口1981.87万人，因灾死亡220人，紧急转移安置人口86.41万人；农作物受灾面积65.24万公顷，成灾面积27.74万公顷，绝收面积7.56万公顷；房屋倒塌85284间，其中居民住房40878间。因灾造成直接经济损失250.07亿元，其中农业直接经济损失68.49亿元。各级党委、政府高度重视救灾工作，按照《浙江省重特大自然灾害救助应急预案》要求，坚持以人为本工作理念，切实保障灾民基本生活，各级财政共支出救灾资金2.1亿元。全省因房屋倒塌或严重受损而无房居住的2.1万户6万多人全部得到妥善安置，转移安置的46.8万灾民的温饱问题得到及时解决，最大限度地降低灾害造成的损失，保持了灾区的社会稳定，3万户倒房的重灾民在2005年春节前全部入住新房。浙江省委书记习近平专门批示予以充分肯定。

城乡社会救助体系建设 新的社会救助管理体制运行初见成效。贯彻“整合资源、重心下移”和“对上分别负责、对下一个口子”的总体思路，县级以上政府均成立了由主要领导任组长的社会困难群众救助工作领导小组及其办公室，全省有1460个乡镇(街道)建立了劳动保障和社会救助综合管理服务机构，占乡镇总数的93%，工作人员有3629人。低保、灾民救助、五保、医疗、住房、教育、司法援助等各项救助政策得到有效落实，保障了困难群众吃、穿、住、医、教、养老等基本生活。低保制度在新型社会救助体系中的基础性地位进一步巩固。全省有低保对象60.1万人，其中农村51.4万人，全年共支出低保金4.47亿元，同比增长了38%，实现了动态管理中应保尽保的目标。全省初步实行低保金的社会化发放，低保对象公益性劳动制度得到较好执行。探索了分层分类救助管理办法，多形式开展了扶贫助困活动。春节、元旦期间，全省共慰问困难群众100余万人，发放慰问金2.1亿元。农村五保和城镇“三无”对象集中供养工作提前一年完成了省政府的预定目标，4.87万名老人开始了集中供养。其中，农村五保对象集中供养率从2003年的49.5%提至81.9%；城镇“三无”对象集中供养率从68.8%提至90.6%。全省全年共投入5.99亿元资金和5亿余元的固定资产，改扩新建敬老院922所，实现了对4.87万五保对象集中供养。敬老院管理长效机制开始建立，基本做到有人管事、有钱办事。按1∶10左右的比例，配备了4351名管理护理人员。医疗救助制度建设取得突破性进展。浙江省政府下发了《关于加快建立和完善医疗救助制度的通知》(浙政发〔2004〕28号)，50余个县(市、区)建立具有浙江特色、城乡一体、比较规范的医疗救助制度。慈善事业发展迅速。全省101个市、县(市、区)中87个已建慈善组织，历年累计共募集善款13多亿元，救助50多万人次。宁波、绍兴等地还在一半以上的社区、乡镇建立了基层慈善组织或联络站。慈善组织的职业化和义工队伍建设初见成效，覆盖城乡的慈善工作网络初步形成。

村民自治 认真贯彻中央《关于健全和完善村务公开和民主管理制度的意见》，形成全省具体实施方案。起草并争取省人大常委会修订了《浙江省村民委员会选举办法》，在村委会成员任职资格、选举争议处理、违法行为查处等方面做出了规定。扎实做好2005年全省第七届村民委员会换届选举准备工作，在义乌、余姚市等地开展了村委会换届选举试点工作。

城市社区建设 全面履行城市社区工作协调小组办公室的牵头协调职能，认真督促落实全省社区建设的有关会议和文件精神，切实理顺社区与其他社会组织的关系，规范社区运行机制，提高社区共建水平，推动社区居民自治的深入开展。组织开展了“万家社区图书室援建”和“万家社区读书”活动，首批502个社区已完成图书室援建工作。成功举办了全省社区文明建设知识大赛，进一步激发了广大居民参与社区建设的热情。通过“浙江省农村与城市基层自治组织干部培训基地”，组织开展了社区工作者和村两委成员培训，初步建立了社区工作者岗位资格证书制度。

老龄工作　开展争创全国、全省老龄工作先进县(市、区)活动，进一步激发全社会关心支持老龄工作的热情。23个县(市、区)被评为省级老龄工作先进，8个被评为全国老龄工作先进，居各省、市、自治区第二位。组织实施社区老龄工作“3587”工程，全省889个社区达到老龄工作规范化社区目标。开展农村老龄协会规范化建设，夯实农村基层老龄工作基础。成功承办了国际老龄协会第十六届代表大会，举办了全省第四届老年文化艺术周活动，建立了“东方老年网”—浙江老年门户网站。

社会福利事业　建成第三批“星光计划”316个项目，超过预定目标111个。全省先后三批“星光计划”共完成项目1403个，超过计划数的109.4%，投入资金7.58亿元，改扩建设施面积81.7万平方米。当年新增社会福利床位12114张。新启动“残疾孤儿手术康复明天计划”，成功施行手术129例。调整福利彩票发行工作的重点，克服全国停发福利彩票即开票大奖组的不利因素，努力提升电脑票发行水平，全年累计销售福利彩票8.22亿元。福利企业社会经济效益稳步提高。全省3600家福利企业共有残疾职工9.75万人，占生产人员总数53.7%。全年共完成工业总产值1100亿元。残疾职工人均年工资8104元；参加养老保险率达到99%，人均保额1780元；全年资助社会公益事业资金总额2.2亿元。做好城市生活无着的流浪乞讨人员救助管理工作，共改造救助管理站站房1.83万平方米，扩建、新建站房8400多平方米，45个站点全部实现了联网集中管理，救助2.4万人(次)。

移民安置　接收安置了2126名新增三峡移民，国务院分三批下达给浙江省的三峡移民接收安置任务，宣告圆满完成。对滩坑水库坝址及施工影响区的移民进行了迁移安置，第一年的移民对接和复核率分别达到90%以上，建房工作有序全面展开。中央直属水库移民遗留问题处理工作严格按六年规划实施，有306个移民村达到了处理移民遗留问题“达标村”的标准，移民人均收入达到3000元。

行政区划和地名管理　适应城乡一体化和城市化发展要求，努力探索构筑相应的城镇体系，提高行政区划的科学管理水平。实施行政区划完善性调整，减少乡镇44个，增设街道办事处15个。完成沪浙线和省内行政区域界线的年度联检任务，基本理顺地名管理体制。加快城市标准地名标志设置工作，通过5年努力，完成了市县城区和中心镇设标任务。着手建立全省区划地名管理信息数据库。截至2004年底，全省共有11个地级市，32个市辖区，22个县级市，36个县，760个镇，519个乡，290个街道办事处。

社会事务　深化殡葬改革，全面推行生态墓葬，全省治理搬迁、深埋、绿化“三沿五区”坟墓77.4万座，治理率达到50.5%；建立生态墓、骨灰存放处1.1万个，覆盖了63.1%的行政村。生态葬法覆盖了63%的村。深入推进婚姻登记体制改革，71个县市区实行婚姻集中登记，启动了婚姻登记信息化建设。全年共有553名婚姻登记员通过专业培训考试，取得了婚姻登记员资格证书和上岗证，对全省现有婚姻登记员完成了培训、考试、发证工作。收养登记规范进行，2004年办理收养登记6677件，其中中国公民收养登记6548件，外国人收养129件。

自身建设　按照浙江省委的部署，全系统以效能建设为抓手，树立和落实科学发展观、加强党的执政能力建设为重点，把兴起学习贯彻“三个代表”重要思想新高潮不断引向深入。加强调查研究，形成了一大批调研成果，增强工作指导的科学性、针对性。认真学习为民模范周国知同志，向社会推出了33年如一日献身荣军护理工作的浙江荣军医院护理员殷顺民同志这个先进典型。开展机关效能建设，发起诚信服务、阳光服务、规范服务、效能服务为主要内容的“满意在民政”活动，进一步提高了工作效率。按照《行政许可法》的要求，对行政许可项目、实施主体、设定依据、收费情况进行全面清理，制定了《浙江省民政厅实施行政许可暂行规定》、《浙江省民政厅听证办法》等配套制度。就撤销金华市教育发展基金会变更登记举办了全省民政系统首场听证会，既履行了听证程序，又使干部从中得到锻炼、积累经验。

（浙江省民政厅）

安徽省

民间组织管理 重点培育发展行业协会、农村专业经济协会、社区和公益性民间组织（以下简称“三类民间组织”）获得新的进展。一是开展普查摸底，规划培育发展。从3月至5月，全省动员，抽调专人，采取问卷和统计相结合的方式，对全省“三类民间组织”进行了首次普查摸底，初步掌握了“三类民间组织”的底数和发展现状。据此，制定了《安徽省培育发展民间组织五年规划》。同时，向省委、省政府提出了加快培育发展“三类民间组织”的措施和建议。二是开展试点示范，引导培育发展。结合普查摸底工作，选定发展农村专业经济协会试点市、县15个，示范点19个，到年底有26个试点、示范点进展顺利，获得明显成效。发展社区民间组织的14个试点县全面启动，部分试点初见成效。促进行业协会发展，重点抓了38个全省性行业协会的规范管理和发展提高。总结推广了8个市、县民政部门培育发展的先进经验，宣扬了20个民间组织的先进事迹，形成了试点先行、示范引导、以点促面的培育发展新局面。三是制定扶持政策，促进培育发展。在贯彻实施已出台的《安徽省促进行业协会发展指导意见》、《安徽省农村专业经济协会管理办法（试行）》和《安徽省社区民间组织培育发展与管理的意见》三个规范性文件精神的同时，协调有关部门，制定相关配套扶持政策。与省农业部门理顺了全省农业专业经济协会的登记管理体制和双重负责的管理体制，共同商定并争取省委、省政府出台了《关于加快发展农村专业经济合作组织的意见》（皖办发〔2004〕33号），进一步明确了“登记注册”、“税收减免”、“资金扶持”、“创造宽松环境”、“发展原则”、“加强组织领导”等政策规定，有力促进了培育发展工作。四是争取领导重视，加快培育发展。省委、省政府把发展农村专业经济协会等合作组织列入省委常委会全年工作要点和省政府年度工作目标考核项目。副省长徐立全多次强调把培育发展“三类民间组织”作为民政工作的重点抓紧抓好。为了加快发展农村专业经济协会，11月中旬，省政府在淮北市召开了“全省发展农村专业经济协会会议”，现场学习观摩了当地5个不同类型的农村专业经济协会的运作情况，全面部署了“三类民间组织”的培育发展工作。各级民政部门抓点促面，加强指导，使“三类民间组织”得到了快速发展，尤其是培育发展农村专业经济协会取得了突破性进展。全省行业协会的比例有较大幅度提高，完成了1745个农村专业经济协会和734个社区民间组织的登记和备案。

基金会登记管理工作全面展开。一是学习宣传《基金会管理条例》，培训工作骨干。二是规范登记程序，制定换证方案。截至12月底，有14个基金会已基本完成自查自改，正在接受业务主管单位审查；新成立基金会1个，申请筹办基金会2个。

加强管理，执法监督力度进一步加大。一是完善和落实各项管理制度。制定了《社团秘书长岗位培训制度》、《民间组织年检互查制度》、《安徽省民间组织档案管理办法》等，促进了民间组织规范管理。二是评先进树典型。宣传各类先进典型32个，其中有12个被民政部授予“全国先进民间组织”称号，有11个行业协会参加了全国行业协会成果展览汇报会。三是规范登记管理。建立健全政务公示、来访问答、限时办结等便民制度。利用登记管理手段，协调有关方面，控制和减少党政领导干部兼职数量，实地考察了解民间组织办公场所、专职工作人员等条件。全年新登记社团560个，民办非企业单位634个，基金会1个。截至12月底，全省共有民间组织7649个，其中社团5112个，民办非企业单位2522个，基金会15个。四是加大监督管理力度。全省社团、民办非企业单位参加年检率为91%，年检合格率达93%。对44个未参加年检的社团予以通报批评，并做出检讨，有5个社团受到了责令改正处罚，对连续两年未年检且无正当理由的7个社团予以撤销登记处罚。同时，省和市、县先后查处10多起非法民间组织和民间组织违法违章问题。

优抚 2004年，安徽省优抚工作以落实各项优抚政策，切实保障广大优抚对象的合法权益、改善和提高优抚对象的生活水平为重点，积极推进优抚工作改革，为巩固国防，维护社会稳定，促进全省经济发展和社会进步做出了积极的贡献。全省共支出抚恤、定补款2.9亿元，其中中央财政支付1.5亿元，省级财政支付1004万元，市、县、乡财政支付1.3亿元。全省共优待16.1万户，发放优待金1.58亿元。抚恤、定补、优待标准、优待面均达到国家和省规定的标准，农村现役军人家属优待面达100%；老复员军人优待面达90%以上；省级以上双拥模范城优待标准达100%；合肥、马鞍山、铜陵、淮南等地城乡普遍实行优待。为切实保障优抚对象的生活不低于当地人民群众的生活水平，省民政厅与财政厅联合下发了《关于在全省建立优抚对象抚恤补助标准自然增长机制和优抚对象抚恤定补实行社会化发放的通知》，规范了建制要求。优抚对象的“三难”问题主要集中在在乡老复员军人、带病回乡退伍军人和上世纪六七十年代入伍的三等甲级以下伤残军人身上。为了保障他们的基本生活，各地自始至终把解决这些人的“三难”问题作为工作的重点紧抓不放。一是积极争取财政支持，提高定补标准。二是通过多种渠道筹集资金为优抚对象解决“三难”问题。三是把解决“医疗难”问题放在突出位置，重点解决二乙以上伤残军人、在乡“三属”、复员军人和企业优抚对象的医疗难问题。通过上述措施，全省优抚对象的“三难”问题得到了一定的缓解。优抚事业单位建设稳步推进。目前，全省204所优抚事业单位建设和管理较好的占30%，较差的约占25%。省财政从2001年至今，连续4年每年投入专项维修资金170万元，用于扶持优抚事业单位建设。各地政府也力所能及地为当地优抚事业单位建设给予一定的财力支持。据统计，全年安徽省投入优抚事业单位建设经费约800多万元，使优抚事业单位的基本设施建设得到了一定的改善。全省有7所光荣院和6所烈士陵园申报民政系统文明窗口单位，金寨烈士陵园、肥东县光荣院获得全国民政系统行风建设先进集体称号，省荣康医院获得全省民政系统行风建设先进集体称号。

安置 在退役士兵安置方面，2004年，安徽省共接收退役士兵36689人，符合在城镇安置的退役士兵11271人，占总数的30.7%。其中：转业士官1726人，复员士官677人，伤残士兵298人。截至2004年12月底，全省已安置城镇退役士兵10053人，占应安置数的89.2%，其中自谋职业3605人，占已安置数的35.9%，占应安置数的32%，安置率和自谋职业率均高于往年。主要做了以下工作：一是及时召开会议，明确目标任务。二是加大协调力度，落实安置计划。据统计，截至2004年12月底，宿州、淮南、巢湖、芜湖、铜陵、池州、宣城、马鞍山、黄山、淮北等10个市已完成安置任务；蚌埠、安庆、合肥、滁州、六安等5个市已基本完成安置任务。三是突出工作重点,制定改革政策,注重宣传引导,做好资金保障,组织技能培训,开展扶持就业,进一步推进了安置改革工作。四是重视维稳工作,解决遗留问题。对已安置但未上岗的人员给予自谋职业一次性经济补助;对少数用人单位搞歧视性安置,损害退役士兵合法权益的行为,给予“法律和政策援助”;对个别“老大难”问题,采取个别问题个别对待,力求使问题得到妥善解决,以维护社会稳定。五是针对安置难点,开展调研督查。为了破解市场经济条件下“退伍安置难”的难题,省政府于6月上中旬组织民政、编办、财政、劳动和社会保障等部门有关业务处室负责人,在张秋保副秘书长的带领下,前往四川、贵州和云南三省学习考察“双退”安置工作。为切实加强省安置办建设,增补省财政、编办、劳动厅有关处室负责人为省安置办兼职副主任。此外,2004年9月上旬,省民政厅组织3个督查组对17个市25个县(市、区)的退役士兵安置工作进行了认真的督查,并通过省政府办公厅通报了督查情况,有力地推动了安置进度,提高了安置质量。在军休工作干部安置与服务方向,2004年,全省审定军休干部的安置去向449人,下发第五批移交地方安置接收通知121人,新增军队特、一等伤残和重症精神病军休干部21人。主要从以下四个方面去抓:一是以中办发〔2004〕2号文件为指导,积极做好军休安置管理改革准备工作。二是以维护军休干部的合法权益为目标,认真落实军休干部的“两个待遇”。各地军休服务机构定期组织军休干部进行政治理论学习,坚持“三会一课”制度,各军休所(站)普遍为军休干部邮订了报刊杂志,重大节日组织军休干部召开座谈会,丰富军休干部的政治生活,军休老同志很满意。三是以创建文明窗口单位为契机,努力提升服务管理水平。四是以提高工作人员队伍的整体素质为目的,精心组织专职军休工作人员的考试聘用工作。

双拥 2004年初召开的全国双拥工作会议,是近十三年来双拥工作一次非常重要的会议。在这次会议上安徽省合肥、蚌埠、淮南、宿州、滁州、铜陵、池州、黄山、当涂被命名全国双拥模范城(县),使安徽省的双拥创建工作无论是数量和质量都登上了一个新的台阶,为历史之最。全省军民把贯彻会议精神作为践行“三个代表”重要思想,加快发展,富民强省,加速奔小康步伐和巩固军政军民团结,维护稳定,全面推动双拥工作的不断创新发展的大事来抓。各级领导高度重视,带头学习贯彻,认真组织落实。为把贯彻全国双拥会议精神引向深入,巩固双拥创建成果,推动双拥典型,安徽省于9月14日召开全省双拥工作经验交流会,会上合肥、蚌埠等17个市和部分县(区)及驻皖部队代表先后介绍经验。省委副书记王昭耀、省军区政治部主任曲文等领导先后作了动员讲话。在全国双拥工作会议和我省经验交流会推动下,全省双拥创建稳步推进。一是双拥机构得到加强。为适应新时期双拥工作的需要,省双拥工委及时增补成员单位9个,并修订各成员单位的职责。各市县也相应调整了机构。二是双拥政策法规不断落到实处。2004年全省城乡共优待15.9万多户优抚对象;兑现优待金1.58亿元;接收的军队转业干部1822人,都得到了较好的安置;接收的退役士兵3万余人,大多数得到了妥善安置;军队移交地方管理的离退休干部政治、生活待遇得到了较好的落实。与此同时,全省优先安排军嫂就业1200多人,军人子女入学率达100%;法律维护军人家属权益110人。三是支持部队建设力度不断加大。各级党委、政府把关心国防和部队建设,支持军事斗争准备作为义不容辞的责任。全省为部队修路、供电、供水、营房改建等设施投入资金6700多万元。免征、减征土地费用600多万元,“八一”、春节慰问部队官兵700多万人。协调解决军民纠纷12起。四是带兵参建传统进一步发扬光大。省军区系统发挥牵头协调和桥梁纽带作用,动员组织驻皖官兵和民兵预备役人员积极参加地方改革建设。先后为驻地城市精神文明建设、环境建设、绿化共出动官兵1.2万人次，车辆400多台次；建设扶贫点597个，扶助贫困民兵和群众4.6万户，帮助脱贫群众万余人。一些军事院校、科研部队还为地方培养了大批人才。

救灾 2004年全省主要发生风雹、洪涝、干旱等自然灾害，总体上灾情轻于往年，但局部地区损失较重。据年终核灾统计，全年农作物受灾面积2105.16万亩，其中绝收337万亩；受灾人口1971.93万，转移安置4.31万人，因灾死亡45人；倒塌房屋3.27万间，其中民房1.52万户、2.98万间，损坏房屋15.56万间；水利、交通、供电、通讯等基础设施遭到损坏；各项直接经济损失59.34亿元，其中农业直接经济损失45.79亿元。在救灾方面主要开展了以下工作：切实做好春荒灾民救助。受2003年淮河流域特大洪涝灾害影响，2004年春荒期间，全省灾民生活救济任务比较繁重。省政府于2月中旬和3月下旬两次召开全省生产救灾工作会议，对灾区群众基本生活安排进行研究部署。省及灾区各地采取生产自救、劳务输出、对口支援、互助互济、发放救济款（粮）和开仓借粮等多种措施，妥善安排灾区群众生活。全省共发放救灾款8737万元，其中地方财政列支3737万元；向160多万有偿还能力的群众开仓借粮7637万斤；组织单位对口支援和开展社会捐赠筹款3000万元、衣被9万多件（床）；全省共救济灾民317万人，其中发放灾民救助卡定期定量救济66万户、197万人。及时开展新灾应急救助。新灾发生后，灾区各级政府及时启动救灾预案，各级民政部门紧急开展救援行动，全省转移安置受灾群众4.31万人，医治因灾伤病人员2.78万人，发放应急救灾款1226万元，及时解决了受灾群众吃饭、饮水、治疗伤病和临时住所问题。灾情稳定后，灾区迅速行动，通过群众自筹自建和政府帮建等方式，在较短时间内恢复了部分倒房。省民政厅、财政厅将中央补助的灾后重建经费1200万元以项目管理的方式安排使用，重点解决5000户五保户、特困户和困难灾民倒房重建问题，计划2005年汛期前全面完成建房任务。妥善安排冬令灾民生活。冬令期间，全省灾区需政府救济198.12万人，需救济粮食7.7万吨；需衣被救济43.83万人，需治病救济人口10.1万人。省民政厅共下拨特大自然灾害冬令救济费5200万元。各地认真制定了冬令灾民基本生活救助方案，编制了《冬令灾民救助花名册》。据统计，截至2004年底，全省已落实救灾资金5797万元，发放救灾粮2.15万吨，救济180万人；发放衣被21万件，救济14万人；救济因灾伤病人口3.57万人；发放救助卡65.43万张。在开展政府救济的同时，各地采取生产自救、劳务输出、互助互济、干部联系帮扶等措施，帮助灾区困难群众顺利过冬。努力提高救灾应急能力。按照《安徽省人民政府办公厅转发国务院办公厅关于印发〈省（区、市）人民政府突发公共事件总体应急预案框架指南〉的函》的要求，省民政厅在省政府《特大洪涝救灾应急预案》的基础上，制订了《安徽省自然灾害救助应急预案》，待省政府审定后纳入专业应急预案体系。为改善地方民政部门救灾装备落后状况，2004年民政部分配安徽救灾车辆24台，全省20个国家级贫困县、省民政厅和宿州市、歙县、肥东县民政局救灾办各解决救灾车辆一台，11月份陆续投入使用，总价值近410万元。

城市居民最低生活保障 2004年，安徽省各级民政部门在当地党委、政府的领导下，按照省委、省政府和民政部的部署和要求，始终把城市居民最低生活保障工作列入民政工作的重中之重，强化责任，狠抓落实，在基本实现应保尽保后，将低保工作的重点由扩大保障面转到完善制度和规范管理上来，不失时机地全面推进城市低保工作。2004年1—12月，全省累计保障1223.07万人次，全年支出低保资金6.54亿元，月均保障102万人，保障覆盖面7.8%属企业和地方企业困难职工及其家庭成员约占保障人数的70%，人均月补差54元，比2003年的月人均48元提高了6元。今年，安徽省共下拨到市、县低保资金5.55亿元，其中中央资金5.05亿元，省财政安排0.5亿元；市、县级财政配套近1亿元。一是全面部署，重点要求。各地合理调整保障标准，积极推行分类施保，切实提高月补差水平，确保低保对象不因粮价上涨而影响其基本生活。12月上旬，省民政厅在马鞍山召开了全省低保工作会议，全面总结2004年低保工作，明确下一步工作目标和要求。为做好元旦、春节期间城市困难群众生活安排工作，12月中旬，省民政厅下发通知，给每个低保对象一次性增发20元低保金，并于2005年元月份落实到人。二是调整保障标准，提高补差水平。2004年以来，合肥、池州、巢湖、芜湖、铜陵、阜阳、马鞍山7市区以及灵璧、蒙城、含山、黟县等15个县分别调高了低保标准。全省低保对象实际月人均补差额由2003年12月的49元提高到2004年12月的56元。三是探索分类施保，加强动态管理。马鞍山、淮北、淮南、铜陵、池州、安庆等市，在强化规范管理的同时，对分类施保进行了积极的探索。马鞍山市对低保家庭实行红色、蓝色和橙色三种保障，将“三无”对象和大病重病、残疾、企业特困职工等低保家庭，作为分类施保的重点予以保障。各地还加强了动态管理，对低保对象基本做到该进的进，该出的出；对补差金额该升的升，该降的降。2004年1—12月，全省17个市低保对象累计增加35311人，减少92211人。四是争取中央支持，及时下拨资金。2004年以来，安徽省继续加大对上争取资金的力度。3月下旬，民政部、财政部拨给安徽省低保补助资金2.285亿元，10月下旬又下拨2.765亿元，全年合计5.05亿元，比2003年的4.57亿元增加4800万元。中央补助资金和省财政安排的5000万元低保资金都及时全数下拨。

农村困难群众救助 2004年7月份，安徽省长办公会决定，省财政每年列支8000万元，市、县财政按30%比例配套分担，在全省建立农村特困群众生活救助制度。8月3日，省政府召开全省农村特困群众生活救助工作电视电话会议进行部署。10月上旬，各地农村特困救助对象的审核、审批、发证工作全部完成。省民政厅、财政厅派出4个检查组对14个市、73个县(市、区)的农村特困救助对象确定、民主程序履行、救助档案建立和救助资金社会化发放等情况进行了认真检查，检查组随机抽样走访了146个乡镇、306个村民组、3018户特困家庭的7363名特困对象。各地救助资金从7月份计发，到2004年底，全省共发放5787万元，其中省财政4095万元，有40.35万户、92.89万农村特困群众得到救助，其中20个国家级贫困县有18万户、43万农村特困群众得到救助，首批实施整村扶贫推进计划的506个村有1.37万户、3.45万农村特困群众得到救助。

农村医疗救助 根据民政部、卫生部、财政部《关于实施农村医疗救助的意见》，6月份，安徽省制定了《农村医疗救助试点暂行方案》，总体目标是2004年抓好试点，2005年全面推开，逐步在全省建立起规范完善的农村医疗救助制度。2004年全省已有19个县开展了试点，其中省民政厅在宁国、桐城、凤阳、岳西、休宁、濉溪等6个县(市)进行试点示范，各试点县均出台了医疗救助试点方案。各级民政部门共落实农村医疗救助资金1882万元，其中民政部下拨1483万元，市县两级财政落实195万元，省级彩票公益金提取180万元，社会捐助款24万元。据统计，截至2004年底，全省共列支救助资金380万元，救助11万多人，其中资助10万多人参加新型农村合作医疗，大病救助4122人、列支救助经费278万元。

村民自治 稳步开展全省第六届村民委员会换届选举工作。为了做好全省第六届村委会换届选举各项筹备工作，向全省各级民政部门下发了《关于征求修改〈安徽省实施村民委员会组织法办法〉和〈安徽省村民委员会选举办法〉意见的通知》。同时，向省委、省政府汇报了《第六届全省村委会换届选举方案》(草拟)，对明年的换届选举工作做出了具体安排。报请省委、省政府以两办名义下发了《关于转发〈省委组织部、省民政厅关于全省村党组织委员会和第六届村民委员会换届选举工作的实施意见〉的通知》(皖办发〔2004〕28号)。省委、省政府召开了全省村级换届选举电视电话会议，对第六届村委会换届选举进行了全面部署。为了扎实有效地推进第六届村委会换届选举工作，及时召开了全省培训会议，要求各级民政部门高度重视换届选举工作，严格按照皖办发〔2004〕28 号文件要求，做到程序不变，步骤不少，并制发了《当选证书》和《第六届换届选举工作指导手册》。各地积极开展各项准备工作，力争于2005年底前全面完成换届选举工作。积极推进村务公开和民主管理工作深入发展。省村务公开领导小组正式成立，下设办公室，配置了 2 个单列编制，划拨了工作经费。办公室工作启动后，编发《村务公开简报》，制定下发村务公开工作领导小组各成员单位工作职责，印发村务公开工作领导小组第一次会议纪要。中办、国办《关于健全和完善村务公开和民主管理制度的意见》(中办发〔2004〕17号)下发后，安徽省以省两办名义下发了《关于认真贯彻落实中办发〔2004〕17 号文件精神的通知》，要求全省各级党委、政府充分认识加强村务公开和民主管理对维护农民群众根本利益、完善村民自治、调动农民群众积极性、促进农村经济发展和党风廉政建设的重要性，把思想认识统一到中办 17 号文件上来。各地积极采取有效措施，不断推进农村基层民主政治建设健康发展，全省村民自治水平有了新的提高。但是，安徽省农村基层民主政治建设仍然存在着部分地方领导认识不足，村务公开程序不完善，村级财务公开不规范，村委会办公设施薄弱等问题。

城市社区建设 一是根据民政部、中央文明办、国家新闻出版总署、国家广播电影电视总局统一部署，在全省开展了“万家社区图书室援建”、“万家社区读书”和“万家社区文明建设知识竞赛”活动。在合肥市包河区曙光社区服务中心举行了省暨合肥市“万家社区图书室援建”图书首发式。全省首批受援社区图书室达 390 多家，在全国位居中上游，各地社区读书活动正在向广度和深度上发展。二是省民政厅会同省财政厅研究制定了《安徽省省级社区建设补助(奖励)资金分配使用管理暂行办法》，对加强省级社区建设补助(奖励)资金的管理，进一步推动安徽省城市社区建设工作的健康发展起到积极的作用。三是根据卫生部、民政部、国家中医药管理局《关于创建全国社区卫生服务示范区的通知》，结合安徽省实际，会同省卫生厅制定了具体《实施方案》，并组织和参与了全国社区卫生服务示范区的申报、验收等工作。四是积极探索、认真指导芜湖、安庆、铜陵等市开展社区“议行分设”试点工作，形成适合于社区行政管理机制、民主自治机制、市场运作机制相结合的城市基层工作格局，更好地满足居民群众享受安居乐业的生活需要。试点工作收到了良好的效果。五是开展了全省社区文明风采电视大赛活动。根据民政部、中央文明办、新闻出版总署、广电总局《关于开展全国社区文明风采电视大赛的通知》精神，安徽省于 6－8 月份积极开展了全省社区文明风采电视大赛活动并承担了华东赛区的主办工作。合肥、铜陵、芜湖、池州、巢湖、滁州市分别获得了全省社区文明风采电视大赛一、二、三等奖。在全国社区文明风采电视大赛华东区选拔赛上，安徽省代表队获得第一名，并在全国总决赛中获得了一等奖，铜陵市、池州市获得全国电视大赛三等奖。六是进一步加强社区基础设施建设，夯实社区建设基础。各地认真贯彻“四平会议”和全省城市社区建设工作经验交流会精神，狠抓省委、省政府两办文件落实，大力改善社区基础设施建设条件，力争近两年所有城区特别是中心城区的社区用房基本达到 300 平方米以上，并积极、有步骤地推进县级社区基础建设。全省社区建设工作也还存在着诸如发展不平衡，社区凝聚力不强，行政化倾向比较严重，自治功能有待完善等方面的问题。

行政区划 关于县级以上行政区划变更。经国务院批准，蚌埠市市辖区和固镇、怀远县的行政区划进行了调整：将固镇县的曹老集镇和怀远县的梅桥乡划入市区，并重新划分各市辖区的行政区域；淮南市市辖区和长丰县的行政区划进行了调整：将长丰县的 7 个乡镇划入淮南市区，其中孔店乡划入大通区，史院、三和乡和曹庵镇划入田家庵区，孙庙、孤堆回族乡和杨公镇划入谢家集区。经省政府同意，省民政厅批复：将芜湖县的清水镇划入芜湖市鸠江区；将铜陵县的大通镇划入铜陵市郊区；将当涂县的银塘镇划入马鞍山市雨山区；将濉溪县的新蔡镇划入淮北市烈山区，濉溪县濉溪镇的庆相桥、虎山北路居委会划入相山区三堤口街道办事处；将歙县郑村镇的上朱村划入黄山市徽州区岩寺镇。关于乡镇行政区划调整。根据省委、省政府的部署，各地积极稳妥地开展了乡镇行政区划调整工作。3月份，省委、省政府在芜湖市召开了全省乡镇行政区划调整工作座谈会。全年全省共撤并乡镇169个，乡镇数由2000年底1849个下降到1542个。关于撤销乡镇设立街道办事处。合肥市包河区撤销骆岗镇设立骆岗街道办事处，瑶海区撤销城东乡设立城东街道办事处，庐阳区撤销杏花村镇设立杏花村街道办事处；宿州市埇桥区撤销三八乡、城东乡、汴河镇分别设立三八、城东、汴河街道办事处；六安市金安区撤销望城乡、九沟乡分别设立望城、清水河街道办事处；巢湖市居巢区撤销半汤镇设立半汤街道街道办事处；芜湖市鸠江区撤销清水镇分设清水、荆山、大闸、张镇4个街道办事处。关于政区名称更名及政府驻地迁移。蚌埠市原郊区、东市区、中市区、西市区分别更名为淮上区、龙子湖区、蚌山区、禹会区，淮上区政府由涂山路迁至滨淮大道。砀山县城关镇更名为砀城镇；寿县将正阳镇更名为正阳关镇；巢湖市居巢区忠庙镇更名为中庙镇，朝阳、城南、城北、卧牛街道办事处分别更名亚父、天河、凤凰山、卧牛山街道办事处；含山县谢集乡更名为昭关乡；庐江县城关镇更名为庐城镇；宣城市宣州区古溪镇更名为溪口镇；铜陵县城关镇更名为五松镇；太湖县黄镇镇、赵河乡分别更名为天华镇、汤泉乡。祁门县闪里镇政府驻地迁至铜锣湾。

婚姻管理 2004年是婚姻登记质量监督年。安徽省开展了全省婚姻登记执法检查和评选表彰活动，以及婚姻登记机关争创“文明窗口单位”的活动。2004年内，全省有21个婚姻登记机关、29名婚姻登记员分别受到民政部和省民政厅的表彰。其中，有7个登记处、10名登记员被表彰为“全国先进婚姻登记机关”和“全国优秀婚姻登记员”。3个婚姻登记处分别被表彰为全国和全省民政系统行风建设先进集体。95%以上的县(市、区)婚姻登记收归到民政部门集中办理，有效地遏制了借婚姻登记搭车收费现象，进一步规范了婚姻登记管理，维护了婚姻当事人的合法权益。全年依法办理内地居民结婚登记455151对。其中，初婚428071对，再婚27080对(复婚2724对)；办理离婚登记27401对。办理涉外和港澳台居民结婚登记896对，离婚67对。

殡葬管理 2004年，全省殡葬改革与殡葬管理工作突出以巩固提高遗体火化率和整顿改善殡葬服务环境为重点，组织开展了殡葬法规宣传和执法检查，狠抓了殡葬改革工作目标责任制的落实，全省火化遗体21.5万具，火化率达70%以上。淮北、宿州、巢湖、蚌埠、宣城、芜湖、马鞍山、铜陵等地平均火化率保持在90%以上。组织开展了全省公墓年检登记工作，对全省2003年底以前批准兴建的73个经营性公墓进行了全面检查验收。审批新建市级殡仪馆1个、经营性公墓10座(2个墓区)。举办了全省殡葬管理信息系统培训，集中培训殡仪馆、公墓和市局殡葬信息员131人。继续抓了殡仪馆行风整改和殡葬服务市场的清理整顿工作，全省殡葬事业单位经营管理工作进一步规范，服务质量和群众满意率进一步提高。

收养工作 2004年全省收养工作继续保持增长势头，全年依法办理收养登记2681件，其中办理涉外收养登记802件。协议解除收养登记12件。

福利彩票工作 2004年全省福利彩票发行工作以加强管理、扩大发行为总的指导思想，抓基础，求规范，保安全，促发展，取得了显著的成绩。全省福利彩票销售总额4.14亿元，筹集社会公益金1.4亿元，完成全年任务的138%，比2003年增长53%，其中电脑票销售4.12亿元，即开票销售278万元，实现了历史性的突破。开展了以下几个方面的工作：一是优化玩法结构。2月12日，33选7改造成33选7＋1；6月5日，加入华东六省市“东方大乐透”联销；6月5日，开通了多期和胆托投注；8月18日，隆重发行“五位数”玩法；12月30日，全国知名品牌3D玩法在安徽省隆重上市。二是规范管理，诚信服务。全省福彩系统把规范管理纳入整个工作中，注重制度化建设，实现了安全生产无事故。各项规章制度进一步健全，落实岗位，明确职责，加大奖惩力度。加强站点缴款及完善站点代销费的发放工作，为站点提供周到服务；规范对站点的管理，实行一机一档一清制；加强福彩投注站建设和布点工作。三是开展宣传促销活动。搭建全省宣传平台，形成广播、报纸、电视等媒体立体化宣传阵地。四是开展公益活动，打造福彩品牌形象。2004年，全省为“明天计划”项目出资上千万元，使近千名残疾孤儿得到康复；3月29日，省福彩中心向身患重病、家境贫寒的女中学生捐助5000元；7月21日，省福彩中心向全国著名战斗英雄胡德安捐助1万元；8月30日，省福彩中心向考取中国科技大学特困生侯成功捐助3000元。

老龄工作　2004年老龄工作在省委、省政府的领导下，以邓小平理论和“三个代表”重要思想为指导，认真学习贯彻党的“十六大”和十六届三中、四中全会精神，以抓好创建老龄工作先进县(市、区)活动，贯彻落实老年法规，加强基层农村老龄工作，开展“银龄行动”试点，做好敬老、爱老、助老主题教育活动，丰富老年人精神文化生活为重点，积极开展各方面工作，有力地促进了老龄工作与经济建设和社会事业的协调发展。一是开展创建老龄工作先进县(市、区)活动，提高老龄工作整体水平。二是加强农村老龄工作，促进基层老年协会建设。三是贯彻落实老年法规，加强助老优待维权工作。四是开展“银龄行动”试点，组织老年知识分子发挥作用。五是积极开展老年文体活动，丰富老年人的精神文化生活。六是敬老爱老助老主题教育活动深入扎实。

社会(儿童)福利院建设

安徽省各级政府及民政部门继续加大对社会福利事业的投入，继续倡导全社会关注儿童社会福利事业，关注处于困境下的儿童救助保护，将福利机构中收养的孤残儿童纳入城镇居民最低生活保障范畴，有效地保护了孤残儿童的生存权益。福利院积极探索用工、管理、分配等三项制度改革，实行院长负责制，逐步实行全员竞争上岗、优胜劣汰、工效挂钩的机制。通过规范化管理，2004年合肥市儿童福利院、安庆市儿童福利院被民政部授予全国民政系统文明创建先进单位光荣称号。合肥、蚌埠、安庆、马鞍山、阜阳、广德等地的儿童福利院正结合本院收养儿童实际，积极探索建立更符合儿童身心健康发展的养育方式。依据《中华人民共和国收养法》和相关登记办法，积极为福利院的孤残儿童寻找合适的符合收养条件的家庭，给他们以家庭的关爱，2004年，981名福利院的孤残儿童被国内外家庭领养，享受到了家庭的温暖。依据《未成年人保护法》、《残疾人保障法》和《残疾人教育条例》的规定，安徽省社会福利机构积极将残疾儿童教育纳入国民教育的范畴，实行普及与提高相结合，并根据残疾儿童的身心特点和需要，全面提高其素质，为他们将来平等参与社会生活创造条件。在福利院因材施教，以恢复残疾儿童在感观、肢体、智力等方面遭受损害的功能，教育和康复并举，使部分儿童将来有可能在不同程度上接受正常教育和职业培训。在福利院收养的儿童中，现共有就读于各类学校的孤残儿童856人，其中小学和各类学前教育班505人，中学112人，接受特殊教育儿童数为239人，福利机构收养的适龄孤残儿童入学率达100%。安徽省还先后同联合国儿童基金会开展了艾滋孤儿情况调研。阜阳市儿童福利院与英国救助儿童会的社区小家庭养育、美国“半边天”基金会的学前教育等项目合作进展顺利。

“星光计划”　2004年是大规模实施星光计划的最后一年，共兴建495个项目，重点是农村敬老院改造，投入部级福利资金1180万元，省级福利资金2049万元。截至2004年6月，实施三年星光计划以来，安徽省一共建成1213个星光老年之家，为初步构筑城乡社区老年福利服务网络打下了坚实的基础。实施星光计划过程中，涌现一批先进单位和个人。7月，在全省星光计划总结和表彰会议上，对三年来星光计划工作进行了全面总结，对涌现的国家和省级先进集体和先进个人进行了表彰。合肥市蜀山区竹荫里社区、马鞍山雨山区平湖街道、淮北市杜集区矿山集社区星光老年之家3个单位被评为全国星光老年之家先进集体，宿州市泗县民政局胡小妹等3人被评为全国实施星光计划先进个人。六安市裕安区西市街道凤凰桥社区星光老年之家等14个先进集体、合肥市民政局高志友等15个先进个人受到省民政厅表彰。安徽省实施星光计划自2001年6月正式启动以来，三年共建成街道项目53个，社区项目732个，乡镇项目369个，老年福利机构项目59个。建筑面积548940平方米，总投资37930万元，其中部级福利金4280万元，省级福利金12946万元，各地自筹6047万元，其他投入14657万元。实践证明，“星光计划”的实施得民心，顺民意，较好地缓解了安徽省城乡老年福利服务设施匮乏的矛盾，为老年人办了件实实在在的好事和实事。通过星光老年之家优质服务，把政府的关怀送入社区千家万户，使广大城乡普通老人茶余饭后有了休闲、健身、娱乐的理想去处，为社区建设注入了新的活力，也为社会主义精神文明在社区的广泛深入传播提供了舞台。

“明天计划” 2004年5月，民政部在西安召开专门会议，明确提出从2004年到2006年，在全国正式推出“残疾孤儿手术康复明天计划”（以下简称“明天计划”），为全国社会福利机构中的残疾孤儿有效实施手术矫治和康复，为他们进一步接受康复训练和文化教育创造条件，使他们与其他健康儿童站在一个起跑线上拥有美好的明天。按照民政部《“残疾孤儿手术康复明天计划”实施方案》部署，安徽省已于2004年7月正式开始启动。为确保“明天计划”顺利实施，省民政厅、省慈善协会、省社会工作协会和省福利彩票发行中心已联合成立了专门的领导小组，并制定了安徽省的实施方案和捐赠接收及管理办法，确定了蚌埠市残疾康复治疗中心和蚌埠医学院附属医院为安徽省残疾孤儿手术康复治疗的定点医院。各地社会福利机构对现有0—18岁具有手术适应症的残疾孤儿进行了登记造册，摸清了底数。民政部门和卫生部门紧密配合，加强沟通协作，组成了医疗专家组，对全省17个市上报的残疾孤儿逐一进行了巡查复诊。在项目实施全过程中，动员和发挥定点医院医疗专家的专业优势，科学制定手术方案和经费预算，在康复中严格标准，规范操作，以确保手术的成功与康复效果，确保了安徽省“明天计划”的顺利实施。到2005年1月底，安徽省已完成手术康复94例，均获成功。

五保供养 2004年安徽省全面取消了两税附加。针对五保对象生活供养存在的实际困难，协调和争取省级财政及时追加了五保对象的生活补助经费，累计下拨五保户生活补助经费1.83亿元，年人均补助400元，基本上做到了对全省45.78万五保对象的生活补助全覆盖。截至2004年底，全省分散供养的五保对象41.79万人，1867所敬老院集中供养3.6万人。五保对象年人均供养标准分散供养的为1057元，集中供养的为1703元，分别比上年提高8.3%、3.9%。为进一步做好对五保供养工作，5月份，省民政厅和省财政厅联合下发了《关于进一步加强省级财政农村五保供养专项补助资金管理的通知》（财社〔2004〕294号）文件，对五保户的审批、五保供养证的印制、发放和经费的拨付方式等，均作了明确的规定。针对农村敬老院条件差、住房困难的实际问题，及时下拨部级福利资金161万元，地方配套资金240万元，对全省48所农村敬老院进行了改扩建，使1000多名五保对象受益。

救助管理 各级民政部门及救助管理站认真贯彻国务院《城市生活无着的流浪乞讨人

员救助管理办法》、民政部《实施细则》。及时颁布了《安徽省城市生活无着的流浪乞讨人员救助管理办法》，开展了城市流浪乞讨人员的现状及救助管理工作中存在问题的调研，制定实施了安徽省落实财政部、民政部、中编办《关于实施城市生活无着的流浪乞讨人员救助管理办法有关机构编制和经费的通知》意见，将全省原33个收容遣送站统一调整为救助管理站，稳定救助管理工作队伍。颁布实施了跨省救助管理工作规定和加强社会福利事业单位安全管理工作意见等。抓紧了救助管理站行风建设、推进救助管理工作，截至2004年底，全省共救助各类城市生活无着的流浪乞讨人员12759人。其中，流浪儿童3174人，青壮年6972人，老年人2613人；身体健康人员9796人，危重病人166人，精神病人344人，智残人员652人，其他残疾人1801人；本省的5297人，外省的7462人。各地根据国务院、安徽省《救助管理办法》以及求助人员需求情况，分别给1053人提供食物救助、8534人次安排食宿、4204人次通讯联系、1324人次医疗救治、5477人乘车(船)票、1912人返乡现金等救助，保障了在城市生活无着的流浪乞讨人员的合法权益，为构建"平安安徽"做出了贡献。

社会福利生产　通过企业改制和产业调整，全省现有福利企业677个，比上年增加10.8%。年产值超1000万元的企业由上年的18个增加到64个，增幅为256%。完成销售收入48.7亿元、实现利税3.4亿元、减免税金2.1亿元，分别比上年增加121.3%、96.5%、110%。安置8400位残疾人就业，比上年增加18.3%。经过清理整顿，淘汰了一些产品销路不畅、效益低下、亏损严重和不合格的福利企业。通过企业改制和强化管理，企业参与竞争、抵御风险意识和能力得到加强，有40多种产品参与了国际市场竞争，产品得到国外客户的认可，并签订了长期供货合同，产品销往欧美、中东、东南亚和港澳台地区。

慈善事业　加强了慈善组织机构建设，实行省慈善协会和省救灾减灾协会整合，充实了省慈善协会的工作力量。到2004年底，全省有慈善协会31个，其中市级11个，县级19个，当年新成立8个(市级2个，县级6个)。在全省全年没有重大自然灾害的情况下，共募集和发放善款327.4万元，接受并发放捐赠物资价值1501.42万元，在济困，安老、助孤、助学、助医等活动中，为社会困难群体解决了一些实际困难。一是新年春节期间开展"慈善情暖万家"活动，发放慰问金18万元，棉被、毛毯3106床，面粉10万公斤，为17个市、县(区)的下岗、农村特困户和60年代上海下放安徽的困难户送去了党和政府的关怀。二是开展慈善助学活动，募集助学款89.1万元，资助沿淮四所小学灾后恢复工程，资助舒城县樟冲小学重建工程和配套设施的购置，资助六安市金安区、寿县、霍山、长丰县等1484名大、中、小学生就学；接受海外捐赠校服和衣服8700件，有宿松、枞阳、太湖县和宿州市埇桥区等8700名中、小学生受益。三是开展安老、助孤、助残活动，拨付善款30.8万元，资助怀宁县社会福利院重建工程；资助阜阳市颍上县假奶粉案件受害者35户；资助颍上县王家玉孤儿院198名孤儿；购置彩电64台，电脑25台，发放到贫困地区的敬老院和贫困小学校；接受捐赠儿童轮椅213辆，发放到17个市的儿童福利院。四是开展慈善助医活动，通过中华慈善总会募集医疗器械77台(件)，价值137万元，发放到贫困乡镇医院，改善了诊疗条件；接受捐赠价值175万元药品(转移因子胶囊、优本胶囊)，分发到东至、望江、利辛三个县和省戒毒所部分血吸虫和艾滋病患者；接受捐赠价值51万元的抗癌药品"双灵因本散"432盒，通过蚌埠、芜湖、合肥市民政局分发到62名癌症患者，以增强他们的体质。五是加强"微笑列车"和"格列卫"助医项目的管理，保持项目的正常实施，为573名唇腭裂患者成功地施行了手术矫治；为31名慢性粒细胞白血病和胃肠道间质瘤患者实施药物救助，救助的药品价值912.6万元。

安徽省志愿者协会　在2004年1月11日召开的安徽

省政协九届二次会议上，省政协委员、中国科学技术大学虞吉林教授提出建立省市各级志愿者协会的第261号提案，方兆祥主席高度重视，并作了专门批示，王金山省长和王昭耀副书记也先后作了明确指示。依据省委办公厅2004年8月10日第4号会议纪要精神和省领导的要求，省民政厅认真、及时地开展了一系列准备工作，组成了由省民政厅牵头、团省委和省妇联抽调人员共同参加的协会筹备组。经过紧张的筹备，12月3日，安徽省志愿者协会在合肥市正式成立，省领导方兆祥、王昭耀、徐立全、王明礼等同志出席了会议，徐立全副省长在会上作了重要讲话。徐副省长指出，省志愿者协会的成立是我省社会主义精神文明建设的一件大事，对全力推进经济社会全面、协调、可持续发展具有十分重要的意义。志愿服务工作要充分发挥志愿者组织的功能和作用，不断增强责任感和紧迫感，努力构建全社会支持、参与志愿服务事业的良好局面。会议通过了《安徽省志愿者协会章程》，选举产生了安徽省志愿者协会组织领导机构，方兆祥、王昭耀、徐立全、张华汉当选为省志愿者协会名誉会长，李宏塔为协会会长。省志愿者协会成立后，现正在着手开展以下工作：一方面，积极督促各市志愿者协会分会的成立，与省直有关单位协商成立志愿者分会的工作也正在努力进行中；另一方面，积极筹划与省卫生厅和省教育厅联合开展两次大规模的主题分别为“关心艾滋病患者”和“关心贫困地区失学儿童”的志愿者服务活动。

（安徽省民政厅）

福建省

2004年，是福建全省上下树立和落实科学发展观，努力建设海峡西岸经济区的开局之年；也是民政事业统筹协调见成效、为民解困显力度、改革创新有亮点的收获之年。全省各级民政部门以“三个代表”重要思想为指导，认真贯彻中央和省委、省政府的决策部署，着眼于服务和保障海峡西岸经济区建设，把维护民利、解决民生、落实民权作为工作主线贯穿始终，齐心协力抓好年度各项任务的落实，保持了民政事业快速健康发展的良好态势。

民间组织管理 研究部署了农村专业经济协会登记管理工作，通过降低注册资金标准、简化登记程序等措施，加大了对农村专业经济协会的培育和支持力度。规范和发展了一批符合本省或当地优势产业布局的行业协会，行业协会政社分离改革也取得初步成效。2004年登记民办非企业单位558家，超过预期目标；登记总量增至1720家，跃居全国中等水平。全面启动基金会登记换证工作，已办理登记换证20家，另有15家正在办理。

双拥、优抚和安置 各级各部门认真贯彻全国双拥工作会议精神，以实现双拥创模“满堂红”为新起点，加强组织领导，创新工作思路，丰富创建载体，大力支持驻闽部队的各项建设。突出抓好科技拥军，资助部队完成科研项目120多个，嫁接、移植科研成果100多项，革新装备器材600多件。福建省双拥工作领导小组于11月召开全省科技双拥工作经验交流会，开创了全国先例，对加快双拥工作从传统型向现代型转变起到了推动作用。同时，优抚工作扎实有效开展。各地认真学习贯彻新的《军人抚恤优待条例》，着重对原来享受伤残定补的9969名优抚对象进行全面调查审核，基本完成了新旧伤残等级套改及换发新证的各项准备工作。较好地执行了抚恤补助标准自然增长机制，各级财政为此增加投入2400多万元。7049名生活困难的重点优抚对象纳入城乡低保，5.9万名重点优抚对象享受特困补助。向4.5万户义务兵家属发放优待金9650万元。全省二等乙级以上革命伤残军人的公费医疗政策得到较好落实，向3261名大病住院优抚对象发放医疗补助195万元，优抚医疗保障机制初显成效。省、市两级投入专款159万元，帮助267户重点优抚对象修建了住房。退伍安置改革继续深化。省政府批转了十部门制订的《福建省扶持城镇退役士兵自谋职业优惠政策实施意见》，省民政厅会同省财政厅出台了《福建省城镇退役士兵安置保障专项资金管理暂行办法》，强化了对退役士兵自谋职业的政策扶持和权益保障。各地采取货币补偿、岗前培训、信息服务、政策优惠等方式，积极鼓励和支持退役士兵自谋职业。截至2004年底，全省年度安置任务已完成94%，自谋职业率达79.6%，基本实现了阶段性改革目标。军休干部的接收安置有序进行，管理服务工作逐步走向社会化。25个军休所已向社区开放内部服务设施，与社区实现了文明共建、资源共享。此外，军供正规化建设也得到了进一步加强。

救灾救济 基本建立了省、市、县三级救灾预案体系，优化了救灾物资储备及仓储设施的数量与结构，增强了灾害应急处置能力。在台风、洪涝、寒冻等灾情发生前后，全省上下信息传递快速通畅，应急救援行动迅速到位，灾后重建和救济工作持续开展。全年累计下拨中央和省级救灾资金1.16亿元，接收使用救灾捐款约100万元，并向灾区输送了大量食品、药品、衣被、帐篷等救灾物资和捐赠物品，妥善安排了灾民的基本生活。扶持2872户灾民重建住房计划也已如期完成。

城市居民最低生活保障 基本保证了动态管理下的应保尽保，积极推行了分类施保、重点照顾的救助方式，及时采取灵活应变措施，有效缓解了粮价上涨给低保家庭生活带来的不利影响。截至2004年底，全省城市低保人数达20.06万人，全年累计发放保障金1.36亿元。

城乡社会救助体系建设 省委、省政府审时度势，一心为民，以极大的决心和魄力，做出了全面建立和实施农村低保制度的重大决策，将其置于2004年为民办实事项目的首位。各地认真贯彻全省农村低保工作会议精神，迅速启动攻坚倒计时，以超常规方式精心组织实施，党政领导亲自部署，民政部门全力以赴，有关部门通力协作，基层组织广泛动员，在较短时间内打开了农村低保工作新局面，基本实现了应保尽保。截至2004年底，全省农村低保人数达75.31万人，全年累计发放保障金3.42亿元。由于管理有序、监督有效、措施有力，这项工作已开始步入平稳运行、规范运作的健康轨道。与此同时，通过政策衔接、机制创新和救助资源整合，城乡社会救助体系已初步成型，明显提高了为民解困的社会效益。

社会捐助 沿着多元化、多样化、经常化方向继续前进。以街道、社区为依托的社会捐助接收网络逐步延伸，扶贫济困送温暖和对口支援活动持续开展，各级慈善会增至16家，“慈善超市”、“爱心超市”等捐助新模式在一些地方探索试行。

城市社区建设 各地基本完成了居委会整合任务，整合成立社区居委会1885个。加快了“城中村”改制步伐，346个“城中村”已有261个改制为城市社区。完善了社区民主自治功能，民主制度建设和自治组织建设逐步加强。突出抓好了社区服务，已建成1656个社区服务中心（站）、近5万个服务网点设施和400多个社区图书室，成立社区志愿者组织4775个，吸纳志愿者13.5万名。加大了社区工作者教育培训力度，队伍整体素质稳步提高。继续改善了社区工作条件，社区专职干部的生活补贴和社会保险待遇得到进一步落实。深入开展了主题丰富、形式多样的社区创建活动，促进了市民的安居乐业和社会的安定和谐。在社区建设中，民政部门继续发挥好桥梁纽带作用，认真履行综合协调职能，做好指导和服务工作，有效地凝聚了各方共建新型社区的智慧和力量。各地各部门对社区建设的责任意识和创新能力进一步增强，整体合力进一步形成，各种新经验、新成果和新典型不断涌现。省委、省政府上半年组织专门力量，深入开展社区建设调研督查活动，并于10月召开全省社区建设经验交流会，命名表彰了50个示范社区和100名优秀社区工作者，研究部署了下一阶段社区建设工作的任务和措施，为深化和拓展社区建设注入了新的活力。

村民自治 各地民政部门认真贯彻中办发〔2004〕17号文件精神，指导村委会完善落实民主决策、民主管理和民主监督制度。村民代表会议制度执行比较好的村委会覆盖面达到75%，比2003年提高了5个百分点。为充分保障广大村民的知情权、决策权、参与权和监督权，积极配合组织部门做好村务民主听证试点工作，规范村级重大事务决策程序，探索出一条落实村务公开、扩大民主参与的新路子。截至2004年底，已在65个县(市、区)、488个乡镇、1556个工作基础不同的村开展了村务民主听证试点，累计召开听证会3635场，听证议题3522个，参加听证代表达8.6万人次。同时，继续抓好新任村委会干部的培训工作，全年举办培训班156期，培训1.6万人；继续加大村委会选举扫尾攻坚力度，2003年遗留下来的50个难点村已有38个完成换届选举。

行政区划和地名管理 乡镇行政区划调整工作逐步受到各地党委、政府的重视，在不少地方已进入实质性阶段，全年撤并乡镇7个，新设街道办事处3个。乡级勘界任务圆满结束，县界联检年度任务基本完成，县级行政区域界线信息管理系统及界线详图集在全国率先启用。汇集勘界成果和最新标准地名资料的新版《福建省行政区划图》正式出版发行。部分地区理顺了地名管理体制，全省23个城市均已开展城市标准地名标志设置工作，其中12个城市已经完成或基本完成。

婚姻管理 68个县(市、区)已实行婚姻登记集中办理，并已使用统一的信息管理系统软件，占县(市、区)总数的81%，为实现全省联网打下了基础。各级婚姻登记机关通过改善场所、更新设备、加强培训、政务公开等具体措施，加强了自身规范化建设，为婚姻当事人提供了高效便捷的服务。

殡葬管理 福建省政府召开全省殡葬改革工作电视电话会议，再次表明了深化殡葬改革的坚定决心。民政、林业、国土资源部门和文明办明确了分工协作关系，建立了殡葬管理协调联动机制。各地加大推行火葬、治理乱建坟墓、控制骨灰流向和建设殡葬设施的力度，取得了明显成效。全省平均火化率提高至71.6%，提前一年到达了省政府确定的火化率指标。全年新建使用殡仪馆5所，在建4所；全省乡村公益性公墓(骨灰堂)达到3574个。各地清理整治乱建坟墓4.7万座，并从源头上有效防止了骨灰二重葬。

五保供养 从农村税费改革前的乡镇统筹，改由当地财政预算列支和省级财政转移支付，其中省级财政给予五保户每人每年1000元补助，建立了稳定可靠的资金渠道。全面开展了五保户摸底甄别和换(发)证工作，力求准确把握政策尺度和应保人数，新增人数已纳入今年省级财政转移支付，为全面落实五保政策奠定了基础。

社会福利事业 历时三年的“社区老年福利服务星光计划”顺利完成，全省建成各类“星光老年之家”1236个，总投资2.4亿元；各地探索建立了长效管理运营机制，保证“星光老年之家”长期为老年人服务。启动“残疾孤儿手术康复明天计划”，基本摸清了全省适合手术康复的残疾儿童总数465人，完成手术68例。办理孤残儿童家庭寄(收)养1902人，为孤残儿童融入社会、健康成长创造了有利条件。稳步推进公办福利机构的机制转化，同时鼓励社会力量、吸引民间资本进入社会福利领域，新办民办社会福利机构10家。落实了对福利企业的扶持政策，全省福利企业现有710家，集中安置残疾职工13505人。福利彩票止住了发行量持续下滑的态势，全年销售电脑彩票2.13亿元，比2003年略有增长。省政府批转了五部门制订的《关于贯彻〈城市生活无着的流浪乞讨人员救助管理办法〉的实施意见》，为救助管理顺利实施创造了有利的政策环境，部门协作机制逐步形成，管理服务方式逐步规范，全年受助人员达8190人次。

其他各项基础工作 民政政策理论研究向宽领域、深层次拓展，获得丰硕成果。在民政部举办的“2004年民政论坛”上，福建省民政厅选送论文的获奖数量居全国各省（区、市）首位；特别是《民政事业应整体纳入国民经济和社会发展规划（计划）》一文，得到民政部领导及专家组的高度评价。信息宣传工作力度有所加大，为党政领导关注民政、社会群众支持民政发挥了重要影响力。民政信息化建设稳步推进，全省“数字民政”一期工程已通过评审、获得立项。民政电子统计台账规范化建设走在全国前列，形成了省、市、县、乡、村五级数据采集处理网络。干部培训、纪检监察、行风评议和党群工作的扎实开展，以及对“为民模范”周国知同志先进事迹的深入学习，有力地推动了全省民政系统的思想建设、作风建设和廉政建设。

（福建省民政厅）

江西省

民间组织管理 2004年，首次对社会团体年检进行社会审计。对未参加年检的51个社会团体进行了通报，并在媒体上向社会公布。对20个社会团体进行了注（撤）销处理。通过调研，以江西省民政厅名义下发了《关于做好全省农村专业经济协会培育发展和登记管理工作的通知》、《江西省农村专业经济协会示范点建设实施意见》和《江西省农村专业经济协会章程》（示范文本）三个规范性文件，为推动全省农村专业经济协会的发展提供了政策基础。同时召开了全省农村专业经济协会培育发展和登记管理工作经验交流会，民政部姜力副部长和省政府省长助理熊盛文出席会议并作重要讲话。省企业联合会等13个民间组织被民政部授予“全国先进民间组织”称号。全省登记注册的民间组织7034个（社会团体4125个，民办非企业单位2900个，基金会9个）。

优抚、双拥 2004年，江西省以改善优抚对象的生活质量为目标，建立重点优抚对象医疗保障体系，优抚对象凭证到定点医院就医，实行三免六减，享受定额医疗费补助和大病救助；有77个县（市、区）建立了重点优抚对象抚恤补助标准自然增长机制；为423名改制企业的在职伤残军人办理了改领伤残抚恤金手续；启动了为特、一等革命伤残军人住房解困工程，首批17户伤残军人搬进新居。省民政厅与省财政厅联合下发《江西省重点优抚对象建（修）住房补助实施办法》。4月1日，省双拥工作领导小组第十二次会议通过了《江西省双拥模范城（县）创建命名管理实施办法》。江西省首创“计划性安置＋市场化就业”的安置模式，得到了全国双拥工作领导小组的肯定，写进了回良玉副总理在全国双拥工作会议上的报告。12月，《江西省驻赣部队随军家属就业安置工作实施意见》出台，对随军家属就业安置有关问题做出规定。

安置 2004年是落实军队裁减员额20万重大战略决策的第一年。江西省共接收退伍军人22661人。按政策需由政府安排就业的退役士兵10120人。全省各地采取安排就业和自谋职业相结合的安置办法。截至12月底，已安置8602人，占应安置人数的85%。其中由政府安排就业6022人，扶持自谋职业2580人，自谋职业人数占应安置人数的30%。同时，筹集自谋职业安置保障金3246万元，开展职业技能培训3217人次，为退役士兵自主就业创造了条件。农村退役士兵两用人才开发使用率达70%。2004年全省共接收安置69名军队离退休干部（含专业军士），审定了拟进江西省安置的200多名军队离退休干部（含专业军士）安置计划，为全省1000多名军队离退休干部调整提高了离退休费，确保了军休干部的两个待遇落到实处。

救灾救济 2004年，江西省救灾救济资金共下拨1.288亿元。其中中央下拨1.25亿元，省级下拨380万元。4月中旬，在鄱阳县组织了全省首次以洪涝灾害为背景的救灾应急预案演练。进一步规范和完善了全省自然灾害紧急救援体系，并建立了省、市、县三级救灾应急通讯联络体系。全省94个县（市、区）都出台了《救灾应急预案》。全省完成恢复重建灾民住房3.01万间，确保了春荒、冬令期间灾民和特困群众的基本生活。在民政部、财政部的关心支持下，首次为28个市（县、区）配备了救灾专用车，改善了基层救灾装备。

农村特困群众社会救助 重点加强了农村特困群众社会救助的年度审核和规范管理工作。通过坚持以户为单位，突出"不救不活"的特困家庭，对救助对象实施分档救助，增强了救助工作的针对性。为逐步提高救助工作效果，省财政从2004年起每年安排6800万元，用于提高农村特困群众救助标准。

医疗救助 为贯彻落实中共中央、国务院《关于进一步加强农村卫生工作的决定》和民政部、卫生部、财政部《关于实施农村医疗救助意见》精神，已出台《关于建立农村医疗救助制度的试点实施方案》，同时制定了《江西省农村医疗救助基金暂行管理办法》，下拨了中央补助江西的农村医疗救助资金1476万元。目前，部分市县已开展农村医疗救助试点工作。

城市居民最低生活保障 2004年底，江西省有低保对象37.8万户、100.5万人。全年发放低保金58809.32万元，人均月补差54.65元。省财政列支低保金6500万元，中央补助低保金4.67亿元，市县两级财政共列支低保金1.77亿元。部分设区市提高了低保标准。2004年4月，省厅制定下发了《关于加强城市低保档案管理工作的通知》，完善了各级低保档案制度。同时，建立了城市低保监督员制度、城市低保三级评议机构和城市低保责任制。2004年是社会救助体系建设的第一年，江西省《关于建立健全城市社会救助体系意见的通知》出台。开展了城市医疗求助对象的调查摸底，建立了城市低保对象中因病致贫的家庭备案制度，全省低保对象中患大病的有4.8万人，家庭人数10.62万人。上高、德安、宁都、峡江等县还开展了城市医疗救助。根据国务院通知要求，及时将符合条件的7.39万农垦森工企业困难职工家庭纳入低保范围，并建立了家庭备案制度。

村民自治 2月，召开了全省村务公开民主管理工作现场经济交流会。4月，省民政厅、省委村建办等联合下发《关于我省2004年推进村务公开工作的意见》。11月，省委办公厅、省政府办公厅下发《关于贯彻中办发〔2004〕17号文件，进一步健全和完善村务公开和民主管理制度的意见》。全省村务公开工作基本做到规范化、程序化、制度化。2004年，全省新创建村民自治模范乡镇80余个，村民自治模范村近600个。都昌县汪墩乡古岭村、萍乡市安源区安源镇十里村等9个村被司法部、民政部授予"全国民主法治示范村"荣誉称号。组织了全省4万多名村党支部书记和村委会主任法律知识考试。

城市社区建设 2004年，开展了"文明社区"创建活动和学习型社区建设，以及以党建进社区、综治进社区、社会救助进社区、助民服务进社区为主要内容的"八进社区"活动。全省城市社区建设由19个市辖区向县城镇推进，42个县城镇社区建设工作成效明显。社区信息化软件建设和经营社区工作进一步推进。全省农村村落社区建设工作健康有序开展，为了提高村落社区建设总体水平，召开了全省农村村落社区建设现场经验交流暨理论研讨会，受到省领导和省内外专家的充分肯定。到9月底为止，全省已有96个县（市、区）的5300多个农村村落开展了村落社区建设，为维护农村社会稳定和促进农村精神文明建设取得了明显的效果。

行政区划 2004年9月7日，经国务院批准，对南昌市部分行政区划进行了调整。2004年6月15日，经江西省人民政府批准，余干县设立乌泥镇。镇政府驻乌泥村。原石口镇保留，镇政府驻石子口。根据民政部《关于切实做好行政区划规划工作的通知》要求，着重对《江西省行政区划规划》文本进行完善和论证，达到了民政部有关要求。

地名管理 根据民政部、交通部、国家工商局、国家质量技术监督局《关于在全国城市设置标准地名标志的通知》要求，全省11个设区市、10个县级市、70个县的城区街路巷牌全部设置完毕，共在2819条街路巷设置街路巷牌9637块，在2622条巷设置巷牌5036块。同时，协调公安部门完成了楼门牌设置总量的70%。根据民政部要求，启动地名数据库建设工作。

边界管理 2004年5月18日，江西省政府召开了全省边界管理工作会议，部署了全省的边界管理工作。8月3日，江西省政府在省政府网站和《江西政报》向社会公布全省勘定的县级行政区域界线。全省县级行政区域界线共259条、14201公里。同年7月1日，省民政厅要求各设区市及各县(市、区)用1年时间完成新版政区图的编制出版工作。《江西省政区图》的编制同时展开，于11月将样图报民政部审查和毗邻6省核对，现已报省政府批准出版。该图为江西省第一张省、县两级全部为法定行政区域界线的政区图。首次开展了县级行政区域界线联检工作，质量达到要求。

社会福利事业 2004年是江西省实施“残疾孤儿手术康复明天计划”(简称“明天计划”)的第一年，当年全省共实施明天计划康复手术78例；共建成第三批星光计划项目220个；新增社会福利企业45家，新增残疾人员就业912人；开展了社会福利机构中养老护理员、保育员职业技能鉴定(考核)和职业资格认证工作，为176名初、中、高级护理员颁发了职业资格证书。召开了全省社会福利工作会议。2004年底，全省共有各类社会福利机构1779家，床位数9万多张，收养老年人、残疾人、孤儿80285人。其中，公办社会福利机构1708家，收养服务对象78314人，民办社会福利机构71家，收养服务对象1971人。

婚姻管理 2004年加强了《婚姻登记条例》的宣传。全省99个县(市、区)民政局和43个乡镇人民政府婚姻登记机关的300余名婚姻登记员参加了培训和考试。全年共办理国内结婚登记289367对，离婚登记25281对；涉外、涉港澳台和华侨、出国人员的婚姻登记1719对，离婚登记65对，登记合格率均达到100%。

殡葬管理 2004年，全省殡葬管理工作紧紧围绕贯彻落实《江西省殡葬改革五年发展规划》，进一步加大了殡葬改革力度。整治乱埋乱葬，全省累计迁坟1600多处，98000个墓穴。与之相配套的公益性墓地建设，在浮梁、德兴、石城、泰和、九江等县市率先启动。南昌县村级骨灰堂建设，为平原地区的骨灰处理问题提供了示范。向省政府呈报了《全省殡葬管理情况和今后工作意见的报告》，代省政府办公厅草拟了《关于认真落实殡葬管理目标责任书的通知》。省民政厅会同省发改委、省财政厅深入基层单位调查研究，草拟了《江西省殡葬服务收费管理试行办法》。

农村五保供养 2004年，通过在全省实施以提高集中供养率为目标的“敬老工程”，共投入资金2300万元，新建和改扩建敬老院455所，全省集中供养率由上年的26%提高到48%。省财政增加8200万元五保供养金，将集中供养标准提高到每人每年1200元，分散供养标准每人每年800元，实现了全省五保供养应保尽保。全年中央和省财政用于农村五保供养资金达1.74亿元，使全省21万五保供养对象的基本生活得到保障。贯彻民政部等有关部委《关于进一步做好农村五保供养工作的通知》，明确了五保供养资金的拨付办法，确保了资金及时拨付，足额到位。

城市生活无着的流浪乞讨人员救助管理 2004年是实施国务院《城市生活无着的流浪乞讨人员救助管理办法》的第一年。全省顺利实施了从强制性收容遣送到关爱性救助管理的转变。当年共有12072人求助,救助了10572人。认真落实《关于市、县流浪乞讨人员救助管理机构编制问题的通知》,落实救助管理人员编制的有41个市、县(区),其中正式设立救助站机构的12个,共明确人员编制336人。省救助管理站及其南昌分站编制核定44人,于8月1日挂牌,正式开展跨省特殊救助对象的接送工作。为改善设施环境,全省共安排了655万元用于维修改造救助站设施设备。

涉外收养 2004年,认真贯彻落实民政部2003年"南昌会议"精神和《关于社会福利机构涉外送养工作若干规定》,取得了涉外收养工作历史上最好的成绩。据统计,全省办理涉外收养登记2461件。

福利彩票工作 2004年,江西全年共销售福利彩票3.05亿元(其中电脑彩票3.03亿元、即开型彩票和中福在线即开票200万元),超额完成了民政部、中彩中心和江西省民政厅下达2004年销售福利彩票3亿元的任务。电脑福利彩票创近三年来最高销量。

老龄工作 2004年,全省99个县(市、区)有93个成立了老龄委,乡镇、街道80%建立了老龄工作协调机构,村(居)委会多数成立了老年人协会,基本形成了上下贯通的老龄工作体制和覆盖全社会的老龄工作网络。开展国家和省《老龄事业发展"十五"计划纲要》贯彻落实情况检查评估工作;开展《中华人民共和国老年人权益保障法》、《江西省实施〈中华人民共和国老年人权益保障法〉办法》执法检查工作;开展敬老爱老助老主题教育活动。邱娥国、廖长春、郑雪兰获得"中华孝亲敬老楷模"提名奖,有115名同志评为"孝亲敬老之星"。全省5.6万名城镇特困老人纳入低保,全年共发放基本养老金55.69亿元,社会化发放率99.9%,企业退休人员社会化管理达到90%。全省建立社区卫生服务机构265个,发放老年优待证6.5万本。

民政法制建设 2004年,以贯彻实施《中华人民共和国行政许可法》和《国务院全面推进依法行政实施纲要》为重点,成立了"江西省民政厅全面推进依法行政工作领导小组",修订、印发了《省民政厅行政执法责任制》。在厅机关和全省民政系统开展了行政许可法的学习和培训工作。认真完成了行政许可项目、行政许可规章、规定、行政许可实施主体的清理和《江西省殡葬管理办法》中行政许可规定的修改工作。将有关行政许可和行政审批的业务内容制作成"行政许可流程图"公示,筹建了"江西民政网站",加大政务公开和便民服务的力度。

民政政策理论研究 江西省民政厅于4月份组织各设区市民政局和厅机关及直属单位,下到基层进行调查研究。11月,全省民政系统结合学习周国知同志精神,又一次开展了对民政工作的全面调研活动,仅省厅机关就派出49个调研工作组,深入到全省99个县(市、区)进行调研。通过调查研究,对新形势下优抚、救灾、低保、五保以及社会救助等工作进行了深入分析,找到了问题,提出了解决困难的对策。全省有36篇民政政策理论研究论文上报民政部,其中《以科学发展观指导民政工作,促进城乡经济社会协调发展》、《江西农村专业经济协会调研报告》等文章被《中国民政》杂志刊载,《关于被征地农民社会保障问题的调查与思考》和《江西省第五届村委会选举情况比较与分析》获得民政部2004年民政理论研究奖。

民政信息化建设 2004年,建成了民政厅网络系统。通过网络平台,江西省民政厅开通了网上传递公文、IP电话、视频会议、接收电子邮件,交流内部信息,民政网站公开政务信息等。配合全国最低生活保障信息系统建设,开展了省级最低生活保障信息系统的立项工作。

(江西省民政厅 江建中 王继锋)

山东省

2004年，山东省各级民政部门坚持以邓小平理论和“三个代表”重要思想为指导，深入贯彻党的十六大和十六届三中、四中全会精神，按照省委、省政府“解放思想、干事创业、加快发展”的要求，把创造良好的发展环境作为民政工作的中心任务，围绕“以民为本，为民解困”这一主题，强化“四个意识”，突出“五项重点”，落实“三项措施”，山东省民政厅狠抓四十件实事，各项任务顺利完成，工作成效比较显著，业务水平全面提升。

民间组织管理 山东省政府出台《关于扶持农村经济协会推动农村经济发展的意见》，明确了扶持农村经济协会发展的指导思想、目标任务、优惠政策及有关部门的责任。全省各级民政部门狠抓农村经济协会登记备案工作，共登记备案各级各类农村经济协会5826个。农村经济协会布局更加合理、功能更加完善、作用更加突出。认真贯彻落实《基金会管理条例》，依法开展了社团和民办非企业单位单位年检工作，年检社团8116个、民办非企业单位30650个，参检率达到90%以上。查处非法民间组织705个、民间组织违法活动920起，促进了民间组织健康发展。

优抚、安置和双拥 创建全国双拥模范城（县）实现了“六连冠”目标。围绕深入贯彻全国双拥工作会议精神，山东省委、省政府、省军区下发了《关于全面推进双拥工作创新发展的意见》，召开全省双拥工作会议，表彰先进，明确了新阶段双拥工作的目标任务和发展思路。全省各级民政部门紧紧围绕军地发展大局，发挥职能作用，协调支持部队开展训练和重点工程建设，推进双拥工作创新发展和优抚安置政策落实。省财政落实优抚对象抚恤补助标准自然增长机制提高经费300万元，促进了全省自然增长机制建设。全年共发放抚恤金、定补金、优待金14.6亿元，优抚医疗保障制度建设稳步推进，优抚保障水平进一步提高。省政府办公厅下发《关于扶持城镇退役士兵自谋职业优惠政策的实施意见》，各级全面推行“三公开、一监督”的阳光安置办法，加强了退役士兵就业培训，较好地完成了年度退役士兵安置任务。自谋职业工作取得较大突破，自谋职业率达到30%以上。接收安置军休人员951人，为军休干部解决超支医疗费6000多万元，增加工资、医疗、交通费等5300多万元。在全省开展争创星级军休所活动，军休管理工作整体水平进一步提高。加大烈士陵园改扩建力度，建成了一批设施完备、功能齐全、环境优美的园林化陵园。

城乡社会救助体系 围绕解决城乡困难群众的生活问题，推广了一批典型经验，对建立政府主导与社会互助相结合的社会救助体系做出了全面部署。各级坚持城乡统筹，分类指导，突出重点，配套推进，有力地促进了工作落实。城市最低生活保障保持了动态管理下的应保尽保。各级预算城市低保资金5.88亿元，比上年增加1.78亿元，有9个市将保障标准提高了20－40元。截至2004年底，全省在保对象65.49万人，累计支出低保资金4.65亿元，人均月补差56元，基本实现了按月、社会化发放。农村“三证一卡”（低保证、特困户救助证、五保证和灾民生活救济卡）制度全面落实。有9个市实行农村低保，4个市实行定期定量救济，4个市两种制度并行。各级投入救灾资金2.3亿元，其中中央1.34亿元，救济灾民725万人次，新建灾民倒房3.17万间，发放灾民救济卡130多万张。投入特困救济资金8845万元，救济特困群众55.17万人，定期定量救济对象减少3.64万人，农村低保对象增加8.53万人。五保供养体制改革初见成效。各级投入1.16亿元，改善了300处敬老院的供养条件，全省平均供养水平由上年的1100元上升到1270元，集中供养人数由上年的

51700人恢复到74500人。开展了医疗、教育、住房等专项救助试点工作，取得了初步经验。进一步落实《城市生活无着的流浪乞讨人员救助管理办法》，救助流浪乞讨人员1.8万人次。

村民自治与城市社区建设 围绕贯彻中办、国办《关于健全和完善村务公开和民主管理制度的意见》，山东省委、省政府及时下发了实施意见和工作规范，召开了由各市分管书记、市长和省、市8个部门负责同志参加的工作会议，推广昌乐县全方位、全过程公开的经验，提出了“一年建制度，两年抓落实，三年见成效”的工作目标。各级普遍成立了协调领导小组，采取措施，推动村务公开民主管理工作发展。加强人员培训和工作指导，确保了第八届村委会换届选举工作依法有序进行。开展社区建设示范活动、社区读书活动和万家社区图书室援建活动，表彰了优秀社区工作者，组织参加了全国社区文明风采电视大赛，烟台、青岛代表队均获一等奖。社区建设延伸到大部分县级市和县城驻地，社区基础设施、组织制度、服务网络不断完善，城市基层管理服务工作进一步加强。

社会事务管理 积极稳妥地开展行政区划调整工作，争取国家新设日照市岚山区，依法开展了行政区域界线专项检查和依法治理。基本完成了城市标准地名标志设置工作，积极开展地名语音查询、网上查询和触摸屏查询工作，地名信息化建设成效显著。开展婚姻登记员业务培训、贯彻执行《婚姻登记条例》专项检查和公墓年检工作，促进了婚丧事务管理的规范化。

福利彩票工作 认真贯彻落实福利彩票的发行宗旨和原则，在受西安“宝马事件”和深圳“彩世塔事件”影响、大环境不利的情况下，全省上下团结一心，沉着应对，破难解困，通过完善管理体制、加强规范化管理、强化业务技能和营销培训、扩大形象宣传、调整和丰富游戏种类等措施，进一步开发彩票市场，降低发行成本，提高发行效益，提升了福彩形象。全年销售29亿元，取得彩票发行总量全国第一的好成绩，实现了“五连冠”。福利彩票在全省市场地位进一步巩固，综合实力进一步增强，为今后福彩事业发展奠定了良好基础。

社会福利事业 “星光计划”圆满完成，三年投入资金18.5亿元，建成项目2066个。“双百工程”进展顺利，建成县级老年福利服务中心50多个。加大国办福利院建设改造力度，社会力量兴办社会福利机构已达399家，床位3万多张。总结推广了青岛市建立孤残儿童养护教育基地的经验，开展家庭寄养和国内外收养工作，促进了孤残儿童身心健康。顺利启动“明天计划”，在普查登记的基础上，为76名符合条件的残疾孤儿实施了康复手术。

慈善事业 为推动慈善事业发展，2003年12月成立山东省慈善总会。2004年5月，按照依法、自愿的原则，组织开展了“慈心一日捐”活动，全省有450余万人参加捐款，共接收捐款2.3亿元。组织实施了“朝阳助学”、“微笑列车”、“爱心复明”、“夕阳扶老”、“爱心助残”、“康复助医”、“情暖万家”、“烛光工程”、“明天计划”、“心系红丝带”等十大救助工程，救助困难群众25万多人，产生了良好社会影响。

自身建设 全省各级民政部门按照省委建立决策目标、执行责任、考核监督“三个体系”要求，普遍建立了岗位目标责任制，明确目标要求，层层落实责任，促进了工作落实。深入开展向周国知学习和向海尔、许振超学习活动，干事创业、加快发展、争创一流的氛围更加浓厚。各级民政部门积极响应省民政厅做到“四个坚持”、树立“五字作风”、建设“四型机关”的要求，努力加强机关建设和行风建设，内强素质，外树形象，改进作风，优化服务，涌现出一大批精神文明建设、行风建设先进集体和先进个人，树立了民政部门良好形象。举办了全省市县民政局长培训班，提高了民政领导干部的思想政治素质和业务能力。

民政计财工作较好地发挥了聚财理财的保障作用。全省民政事业费实际支出28.4亿元，比上年增长21%，其中省本级年初批复财政补助预算8800万元，到年底新增预算2250万元，分别比上年增长37.4%、25.6%。

民政统计、信访和政务信息工作受到民政部通报表彰，法制、宣传、信息化建设等工作也都有新的发展和提高。一是坚持以民为本、为民解困、面向基层、服务群众。全省各级民政部门牢固树立、努力实践"以民为本，为民解困"的工作宗旨，对关系人民群众生产生活的工作优先安排、重点部署，在维护民利、解决民生、落实民权上动脑筋、花气力、下功夫，热诚服务群众，竭力帮助群众，使弱势群体基本实现贫有所济、孤有所抚、幼有所托、残有所助、老有所养，受到了人民群众的好评，得到了党委、政府的重视，赢得了社会各界的赞誉。二是坚持围绕中心、服务大局、干事创业、谋求发展。全省各级民政部门注重强化大局意识，议大事、谋一域、求发展，努力做好民政工作与大局结合的文章，无论是双拥共建，还是农村经济协会的培育发展；无论是城乡社会救助体系的建立完善，还是加强基层政权建设；无论是各类行政事务管理还是社会稳定工作，都自觉在服务大局中找位置，在服从大局中抓落实，使民政工作在党和政府工作大局中提高了地位、扩大了影响、发挥了作用，保持了蓬勃的朝气和旺盛的活力。坚持用改革的办法解决前进中的问题，用创新的精神培植新的优势，初步形成了科学发展、加快发展的良好势头。三是坚持加强领导、综合协调、部门联动、社会参与。全省各级党委、政府从贯彻"三个代表"重要思想和落实科学发展观的高度，更加重视和支持民政工作。省委、省政府把双拥共建、社会救助、基层民主政治建设等多项民政工作列入年度工作要点，多次听取省民政厅工作汇报。各市、县党委、政府把民政工作纳入经济和社会发展规划，加强指导，加大投入，有力地推动了民政工作改革和发展。各级民政部门积极争取党委、政府重视支持，加强与有关部门的协调沟通，发动社会力量参与民政工作改革发展，民政工作运行机制进一步优化。四是坚持依法行政、规范运作、严格管理、民主监督。省民政厅加大依法行政力度，协调出台了9部规范性文件，民政工作政策法规体系更加健全完善。各级民政部门认真贯彻落实《行政许可法》，对有关行政许可事项进行清理，建立相关配套制度，规范了行政行为，提高了行政效率。各级不断深化政务公开，有的建立了新闻发言人制度、专家咨询制度、社会听证制度，扩大了民政工作的社会开放度、透明度、参与度，为民政工作发展创造了良好环境。

（山东省民政厅）

河南省

2004年，河南省各级民政部门在省委、省政府的正确领导和民政部的关心支持下，坚持以邓小平理论和"三个代表"重要思想为指导，深入贯彻党的十六大和十六届三中全会、四中全会精神，坚持"以民为本，为民解困"宗旨，弘扬求真务实精神，在社会管理、公共服务方面做了大量的工作，较好地保障了人民群众的基本生活权益和民主政治权利，为加快河南省全面建设小康社会进程、奋力实现中原崛起做出了积极贡献。

民间组织管理　坚持培育发展和监督管理并重的方针，加强民间组织的登记管理和日常监督管理，大力培育发展农村专业经济协会、行业协会，全年共登记注册民间组织1596个，办理社会团体变更975个。2004年底，全省有社团6550个、民办非企业单位6054个，其中，农村专业经济协会2255个、行业协会2450个。部署了全省基金会重新登记和换发证书工作。加强民间组织规范化建设，印发了《关于进一步加强全省社团组织规范化建设的意见》、《关于印发河南省民办非企业单位年度检查暂行办法的通知》等。依法查处非法民间组织和民间组织违法违规行为,全省共查处非法民间组织55起、违法违规的民间组织105起。组织全省11家行业协会参加了全国行业协会成果展,河南省民政厅被授予“优秀组织奖”。2004年全省有15个社会团体被评选为全国先进民间组织。

优抚 2004年底河南省共有重点优抚对象323292人,其中伤残人员63986人,“三属”42728人、在乡复员军人165207人、带病回乡复员军人44467人。河南省以落实保障优抚对象合法权益为重点,以开展双拥活动为载体,以解决优抚工作重点、难点为突破口,推动了各项优抚政策的全面落实。省统一决定在乡复员军人月定补标准不低于105元,全省有65%的县(市、区)在乡复员军人月定补标准达到120至130元,最高的已达170元。全面建立并落实优抚对象抚恤补助标准自然增长机制。全省18个省辖市、158个县(市、区)全部出台了政策,80%以上的县(市、区)落实了资金,全省各级财政用于自然增长机制的资金达2650万元。采取多种形式,深入开展解“三难”活动。通过开展特困救助活动,有2万多重点优抚对象生活难得到缓解;通过灾后倒房重建,共为1.2万重点优抚对象解决了住房困难;通过参加社会医疗保险、商业医疗保险和医疗减免等措施,缓解了优抚对象医疗难。全省80%的县(市、区)出台了优抚对象医疗减免措施,为优抚对象减免医疗费3500余万元,解决医疗投保补助1000万多元。

安置 2004年,河南省共接收退役士兵64460人,其中需要在城镇安排工作的退役士兵有30665人,占退役士兵总数的47.4%。各地采取安置就业和自谋职业相结合的办法,加大行政调控力度和推进自谋职业工作力度,较好完成了接收安置任务。全省开展自谋职业的县(市、区)达到了117个,自谋职业人数达到了3528人,自谋职业率为11.55%,其中,漯河市的自谋职业率达到了31.39%,安阳、焦作、郑州、济源、鹤壁、许昌市的自谋职业率达到了20%以上。省政府、省军区联合下发通知,明确将退役士兵自谋职业一次性补助金、待分配期间生活补助费、培训费等列入当地财政预算。11月20日,河南省人民政府办公厅批转了省民政厅等12个部门《关于扶持城镇退役士兵自谋职业优惠政策的意见》。各省辖市政府都出台了《城镇退役士兵自谋职业改革办法》,对自谋职业办理程序、补助标准、就业优惠政策和中介服务等都做出了具体的规定,优化了退役士兵自谋职业政策环境。12月17日,河南省政府召开了全省退役士兵安置工作电视电话会议,总结2004年退役士兵安置工作,对2005年退役士兵安置工作做了部署。较好地完成了军供转运保障任务,全省共完成入伍新兵和退役老兵接待转运任务302262人(次)。2004年5月底至6月初,省民政厅与总后驻郑州铁路局军代处组成正规化建设考评组,对全省11个军供站开展正规化建设的情况进行了考核评比。2004年,河南省共审定和接收军休人员775名。军休干部政治生活待遇得到较好落实。全面推进军休服务管理社会化,军休服务管理水平有了新的提高。

救灾救济 2004年,河南省部分地区在农业生产特别是秋季农业生产过程中,多次发生严重的风雹、洪涝等自然灾害,农作物成灾面积1835.86千公顷,绝收面积491.19千公顷,成灾人口2080.86万人,倒塌民房10.51万间,损坏民房19.21万间,直接经济损失105.69亿元,农业直接经济损失81.76亿元。河南省的灾情受到党中央、国务院及民政部等有关部委的高度重视,胡锦涛总书记、温家宝总理和回良玉副总理等党中央、国务院领导同志多次做出重要批示,回良玉副总理、民政部李学举部长等领导亲赴灾区,视察指导抗灾救灾工作,慰问受灾群众。河南省委、省政府高度重视,原省委书记李成强和省政府李成玉省长、刘新民副省长等省领导,多次对救灾工作做出重要指示,深入灾区,察看灾情,调查了解群众的生活情况,省政府多次派出督查组到灾区督促检查工作。

重灾区各级党委、政府把生产救灾工作作为重点，实行救灾工作责任制，强化措施，狠抓落实，灾区群众的生活得到妥善安排。全年全省共安排救灾资金3.398亿元，其中，中央1.37亿元、省级9280万元、市、县级1.1亿元；开仓借粮6151.25万公斤；调拨救灾帐篷6700顶；重建住房15.3万间，其中春季扫尾8.1万间，秋季因灾倒房7.2万间。9月24日，省政府在漯河市召开了全省灾区群众倒房重建工作现场会，推广漯河市的经验。河南省灾区群众倒房重建的做法和经验，得到了民政部的充分肯定。2004年12月初，全国倒房重建现场经验交流会在河南省漯河市召开，总结推广了河南省灾区群众倒房重建经验。积极开展扶贫济困送温暖捐助活动和生产自救活动，帮助灾区恢复和发展农业生产。漯河、平顶山、南阳等市开展了向灾区人民献爱心的救灾捐赠活动，共接收救灾捐赠资金463.8万元，接收救灾捐赠物资折款401.4万元。经过全省上下的共同努力，灾区人心安定，社会稳定。

城市居民最低生活保障 河南省各地进一步规范和完善城市低保工作，推进分类施保，实现了动态管理下的应保尽保和低保金社会化发放。全省绝大多数省辖市制定了解决低保对象子女就学、就医、就业、住房等方面困难的帮扶措施，郑州市、平顶山市建立了“爱心超市”，低保对象可根据需要免费领取一定数量的生活用品，焦作市成立了以城市低保对象为成员的“爱心合作社”，组织低保对象进行劳动自救，探索低保对象就业退保新渠道。2004年底，全省有城市低保对象134.75万人，城市低保标准在91元（濮阳县、台前县、范县、清丰县）至200元（郑州市）之间，月人均补差58元，全年累计发放低保金9.1亿元。

农村特困户救助 河南省所有省辖市都出台了农村特困户救助工作实施细则。全省有118.58万名农村特困群众领取了救助证，救助标准最高为36元（郑州市）、最低为8元（驻马店市、平顶山市、信阳市），全省平均每人每月12元。全年省财政共安排2800万元农村特困户救助资金。

农村医疗救助 河南省民政厅、河南省卫生厅、河南省财政厅下发了《河南省农村医疗救助实施方案（暂行）》，从2004年4月起，在全省25个新型农村合作医疗试点县（市、区）和永城市、项城市、邓州市共28个县（市、区）开展农村医疗救助示范工作。各示范县（市、区）都制定了医疗救助实施办法，为41.33万名农村医疗救助对象代缴参加新型农村合作医疗个人负担部分的合作医疗基金413.3万元。

城市生活无着的流浪乞讨人员救助管理 2004年，河南省共接待城市流浪乞讨人员求助4.82万人，按照相关规定实施救助4.32万人，其中，省内救助1.95万人，跨省救助2.26万人，查不清地址的1010人。河南省民政厅起草了《河南省城市生活无着流浪乞讨人员救助管理规定》，已被省政府列入2005年立法计划。

艾滋病致孤致贫人员救助 河南省开展了对全省艾滋病人家庭情况的全面调查。在此基础上，自2004年4月开始，坚持“分散供养为主，集中供养为辅”原则，通过“家庭寄养”、“收养”、“集中供养”三个安置渠道，对家庭主要劳动力因患艾滋病死亡而形成的孤儿和孤老实施生活救助。救助标准为每人每月160元，经费来源为省财政负担80%，市、县两级各负担10%，全年共为2817名艾滋病致孤人员发放救助金315万元。对2559名艾滋病致孤人员实施家庭寄养；建设20所阳光家园，集中安置艾滋病致孤人员356人；制定优惠政策鼓励社会普通家庭收养艾滋病致孤儿童，对2人进行了合法登记。从10月1日起，对全省农村因艾滋病导致单亲家庭未成年子女实施生活救助，标准为每人每月救助50元。

村民自治 河南省各地广泛开展村务公开、民主管理工作，健全村党组织领导的充满活力的村民自治运行机制，村民自治工作进入了新的发展阶段。以财务公开为重点，深化村务公开民主管理工作。9月中旬，省村务公开领导小组成员单位组成11个调研组，对各省辖市开展村务公开的情况进行了调研。在全省推广了新乡市统一制作村务公开栏，规范村务公开内容的做法与经验。12月8日，省委、省政府召开了全省健全和完善村务公开和民主管理制度电视电话会议，部署了村务公开和民主管理工作，初步建立了党委、政府统一领导、有关部门共同参与、民政部门组织协调的领导体制和工作机制。在全省深入开展“民主法制示范村”活动，全省评选出200个民主法制示范村，其中的10个村被命名为“全国民主法制示范村”。

城市社区建设 河南省所有省辖市都完成了社区整合任务，并建立健全了社区组织和各项规章制度。全省各地累计投入3亿多元，加强社区基础设施建设。至2004年底，全省有城镇社区服务设施3712处、社区服务中心343个。继续推进居民自治，增强居民参与意识。多数社区居委会将涉及居民利益的事项直接向广大居民公开，接受群众的监督。漯河等一些地方已经开始了“民评官”的探索。通过招聘优秀大中专毕业生、选聘下岗职工和待业青年、留任优秀的原居委会主任、从街道办事处下派干部等形式，把一大批人才选拔到社区工作岗位，全省社区工作者队伍得到加强。全省已经整合的1672个社区居委会现有8829名干部，平均年龄41岁，其中高中以上文化程度7758人，占总数的87%。6月9日，河南省政府召开了全省社区建设工作会议，对全省社区建设进行了再动员、再部署。6月2日，河南省民政厅命名郑州市二七区等13个区为“河南省社区建设示范区”，郑州市金水区花园路街道办事处等60个街道办事处为“河南省社区建设示范街道办事处”。

行政区划和地名管理 开展了河南省行政区划调整规划编制工作。开展了漯河市撤销郾城县设立召陵区、郾城区，开封市调整各市辖区和开封县行政区域界线、郑州市惠济区政府驻地迁址、郑州市扩大上街区行政区域管辖范围、周口市扩大川汇区行政区域管辖范围、驻马店市驿城区撤乡建办、卢氏县文峪乡政府驻地迁址、中牟县东漳乡更名雁鸣湖乡、社旗县社旗镇更名赊店镇、罗山县涩港镇更名灵山镇、荥阳市高阳镇更名高山镇等行政区划调整、变更工作。正式启动县政府驻地撤销建制镇设立街道办事处工作。推进城市标准地名标志设置工作，率先在全国开展城市地名规划工作，全省有9个省辖市完成了地名规划任务。

婚姻管理 河南省所有县（市、区）实现了婚姻集中登记，婚姻登记合格率达100%。加强婚姻登记信息化建设，2004年7月1日起全省所有的涉外及涉港澳台华侨婚姻登记实现全国联网，实施在线登记。全省所有的婚姻登记机关启用了新式婚姻登记证。全年共办理涉外、涉华侨、涉出国人员登记1370对，离婚登记40对；办理国内居民结婚登记493852对，离婚登记58215对。

殡葬管理 加快殡葬基础设施建设步伐，全省新建成5所殡仪馆，殡仪馆总数达到106个。普遍开展了公益性墓地规划建设工作，全省80%的村建有公益性墓地或骨灰堂。大力推行火化，全省共火化遗体302990具，火化率为51.7%。加强经营性公墓管理，在全国首家实行“公墓经营许可证”制度，同时，开展了全省经营性公墓单位年检工作。11月10日，成功开通了中原殡葬网。

社会福利事业 河南省共有社会福利院61个，其中儿童福利院2个，职工人数1139人，床位4329张，为全面推进全省福利事业单位改革，提高社会福利社会化的水平，2004年6月23日，河南省民政厅组织召开了全省国有社会福利事业单位改革与发展经验交流会，推广了焦作、鹤壁市的经验。扩大社会福利机构对外交流与合作。顺利完成与美国世界儿童父母协会合作的脑瘫儿童康复项目“牡丹计划”第四年度合作任务。9月份起，洛阳、信阳2个儿童福利院与美国半边天基金会开展了“祖母关怀”和“小姊妹学前教育”合作计划。与全国工商联和香港慈善人士在艾滋病救助方面达成了合作意向。完成了“星光计划”扫尾任务。2004年度部省两级投资3670万元，全省计划建设“星光计划”项目129个，实际建设项目159个，超出计划30个。民政部对河南省洛阳市西工区道北路街道春都社区、平顶山市湛河区姚孟街道阳光苑社区、新乡市牧野区天太社区等单位和韩树田、王林、白建周等同志进行了表彰。“明天计划”顺利起步。河南省具有手术适应症的残疾孤儿数量703人，2004年急需手术的307人，3年内有1286名孤残儿童需要手术矫治康复。2004年9月14日，河南省在洛阳市儿童福利院举办了河南省“残疾孤儿手术康复明天计划”启动仪式。部省两级下拨首批手术资金357万元，接受个人捐款4750元。截至2004年底，成功完成手术53例。

福利彩票工作　2004年，河南省销售福利彩票9.16亿元，筹集公益金3.28亿元。河南省民政厅被民政部授予“组织工作二等奖”，河南省福彩中心被授予“销售总量二等奖”、“销售进步二等奖”、“人均销量三等奖”、“市场份额三等奖”。

老龄工作　河南省所有省辖市老龄工作体制已经理顺，全省有131个县(市、区)解决了老龄工作办事机构的编制问题。组织开展了争创全国和省级老龄工作先进县(市、区)和先进单位活动，全省有10个县(市、区)被推荐为全国老龄工作先进单位。在农村大力倡导签订家庭赡养协议书，并通过开展评选“好媳妇”、“好女婿”、“五好家庭”等活动，推动农村老人实现老有所养。在全省青少年中广泛开展了“敬老、爱老、助老主题教育活动”。组织了“纪念邓小平诞辰100周年紫荆山老年歌会”、“老年才艺大赛”、“河南省第四届中老年服饰大赛”和“河南省健康老人”评选活动等一系列活动，丰富了全省老年人的文化生活。

五保供养　开展了五保对象普查工作，建立了以乡镇为单位的农村五保对象台账。河南省民政厅、河南省财政厅、河南省税费改革领导小组办公室联合下发了《关于进一步加强和规范农村五保供养工作的通知》(豫财社〔2004〕89号)，对全省税费改革后的五保供养和敬老院建设提出了明确的要求。河南省政府首次从中央下拨转移支付资金中支出2456万元，专项用于解决五保供养经费不足的问题。2004年底，河南省有五保对象32.96万户、36.21万人，其中，已保19.55万人，应保未保16.66万人。全省敬老院集中供养五保对象3.04万人，占已保五保对象总数的15.5%，其生活经费主要由乡镇财政解决，人均1440元。全省分散供养五保对象16.51万人，占已保“五保”对象总数的84.5%，其中，15.42万人由农业税附加和乡镇财政解决，人均1000元，1.09万人通过签订协议由其亲友代养等方式保障其正常生活。全省共有敬老院2107所，其中，乡镇敬老院1960所，村办敬老院137所，个人义办10所。全省有院办经济的敬老院1526所，全年院办经济总收入2025.6万元。

收养工作　全年河南省共办理收养登记1632人，其中，外国人收养登记88例，中国公民收养登记1544例(港澳居民登记3例、台湾居民登记6例)；协议解除收养登记关系1例。被收养人中，社会福利机构抚养的孤儿235人，社会福利机构抚养的弃婴215人，社会弃婴1007人，父母无力抚养的儿童118人，其他情况57人。

(河南省民政厅)

湖北省

2004年，在省委、省政府的正确领导和民政部的大力支持下，全省各级民政部门以服务全局为主题，以为民解困为中心，以求真务实为作风，以依法行政为要求，继续围绕构建“五大体系”、建设“三型机关”的总体要求，确定了“1245”的工作重点和目标，即健全一个体系，实现两个提升，推进四项改革，加大五项工作力度。健全一个体系，即健全覆盖城乡的社会救助体系；实现两个提升，即提升社区服务的质量，提升民间组织服务功能；推进四项改革，即推进福利事业社会化改革，推进军休人员、优抚对象医疗保障改革，推进退役士兵安置改革，推进民政事业单位改革；加大五项工作力度，即加大行政区划战略研究和行政区划调整规划编制的力度，加大福利彩票发行力度，加大双拥优抚工作力度，加大民政理论研究和信息化建设力度，加大民政部门自身建设力度。全省上下坚持以邓小平理论和“三个代表”重要思想为指导，服从党委政府工作大局，切实遵行民政宗旨，牢固树立科学发展观，迎难而上，求真务实，实现了常规工作有创新、重点工作有突破、整体工作有较大推进。

民间组织管理 积极培育发展农村专业经济协会，表彰了湖北省“农村专业经济协会50强”，树立了一批农村专业经济协会的典型。配合有关部门开展了行业协会整顿规范工作。全省有18个社团被评为“全国先进民间组织”，组团参加“全国行业协会成就汇报展”，受到民政部通报表彰。总结推广了黄石市西塞山区开展社区民间组织登记管理试点工作的经验，并在武汉、襄樊、宜昌、荆门等四城市进行了第二批试点。部署了“湖北慈善公益之星”评选活动。建立了“湖北民间组织信息网”门户网站，完成了1077个省级民间组织的台账数据录入工作。完成了696个全省性社团的年检，年检率100%，开展了社团会费标准备案工作，对261个存在各种问题的社团提出了整改要求。省一级取缔非法民间组织2个，撤销登记违规民间组织13个，对17个存在问题的社团实施行政处罚。

双拥、优抚 全省拥军优属拥政爱民工作会议胜利召开，贯彻传达了全国5个涉军会议精神，10个军地单位交流了工作经验，命名表彰了23个先进单位和24名先进个人，俞正声、罗清泉等领导出席会议并作重要讲话。军地双拥工作联席会议制度更加完善，效果良好。广泛开展“关爱行动”，帮扶特困优抚对象22951人，帮助资金3千余万元。与省军区联合开展驻鄂部队“手牵手、帮战友”活动，得到了社会各界的支持和赞同。出台了二等乙级以上伤残军人医疗统筹医疗办法。优抚对象抚恤补助标准自然增长机制有突破，78个市州县(市、区)建立自然增长机制，占67.8%。全年共评残98件，追烈17件，积极稳妥地处置了多起群体事件。

安置 全省共接收退役士兵34878人，其中符合城镇安置条件的12736人，回农村安置的22142人。全省已安置11731人，占应安置总数的92.1%；办理自谋职业5270人，自谋职业率为41.4%，落实自谋职业一次性补助经费10829.53万元。助学安置进一步扩大了范围。除华中科技大学外，又与湖北大学、武汉科技大学达成了助学安置城镇退役士兵的协议。部分县市还积极开展了城镇退役士兵学历教育。大力开展退役士兵职业培训和就业推荐工作，培训城镇退役士兵4439人，开发使用农村退役士兵两用人才10197人。军供站正规化建设成效显著，湖北省民政厅被国家国防动员委员会授予“军交正规化建设成绩显著单位”，武汉、襄樊、宜昌、麻城等4个军供站被民政部、解放军总后勤部联合授予“军供正规化建设先进单位”。

救灾救济 湖北省政府把福星工程和农村特困户救助工作列为为人民群众必办的八件实事之一，湖北省民政厅也把救灾工作列为向社会公开承诺的重点工作。“福星工程”建设全面推进。完成“福星工程”项目1250个，新增建筑面积160万平方米，改扩新建乡镇福利院630所，省级筹措下拨福星工程建设补助资金6161万元。2004年底全省共有农村福利院1828所，其中乡镇办1401所，村办423所，民办4所。共有604个民营大户代养五保老人1905人。全省农村五保集中供养人数达到13.1万人，集中供养率达62%。全省灾后恢复重建工作得到了民政部的充分肯定。全年共下拨救灾款 16550 万元，其中省级 750 万元；调拨救灾帐篷 6700 顶(其中调往省外 6000 顶)。省以下地方各级累计投入救灾资金 5700 万元，募集捐赠款及捐赠物资折款近 2700 万元。另外，加工价值 500 万元的棉衣棉被近 9 万件(床)，各地募集和加工棉衣棉被 80 万件(床)，及时下拨灾区和贫困地区。从省长预备金中拿出 500 万元和地方配套资金一起开展“三个五”年关救助活动，救助 20 万特困户、重灾户和五保户。对农村特困户发证救助 45 万人(其中武汉市农村低保4.9万人)，占全省农业人口1.1%，月人均发放救助金 10 元。

城市居民最低生活保障

湖北省全省累计批准新增低保对象27.5万人，累计清退32.3万人；2004 年底全省实际保障人数157.7万人，占全省非农业人口的9.17%，比上年减少4.8万人。人均月发放救助金 57 元。全省 90%的社区进一步健全了低保民主评议小组，市、县普遍设立了低保举报电话，96%的社区设立了固定的公示通报栏(牌)，半数以上的县(市、区)建立了续保申请登记和保障对象参加公益劳动制度。全省市、县中心城区低保资金社会化发放率已达 100%，乡镇达90.6%。低保档案均做到了一户一档。初步建立了稳定的低保资金筹措机制。全省共筹集低保资金11.54亿元。中央财政补助7.98亿元，比上年增长9.5%。省级财政安排预算 4541 万元，比上年增长 51.4%。市、县预算共 31083 万元，占上年一般财政收入的 1.52%，比上年增长了8.1%。城乡贫困群众医疗救助工作稳步推进。鄂州、大悟、老河口、石首、当阳、长阳、钟祥等 7 个试点单位，均以政府或部门的名义出台了医疗救助文件。9 月底，省民政厅、卫生厅、财政厅联合下发了《湖北省城乡特困群体医疗救助实施方案》。截至 2004 年底，试点单位共有 1720 人次接受了大病救助，救助金额 400 万元；资助农村特困户、五保户2.1万余人参加合作医疗。圆满完成 2004 年春节前“5 个 5”一次性救助慰问活动。全省共慰问低保特困户 23.2 万户，占低保总户数的 35.1%；投入资金3848.6万元，户平救助慰问 166 元。

学习宣传周国知先进典型

在民政部的具体指导下，湖北省民政厅和恩施州民政局深入挖掘、精心策划、有序运作，全力推动了周国知先进事迹的学习宣传活动，“为民模范”周国知成为湖北省民政部门第一个被推向全国的重大典型。胡锦涛、温家宝等党和国家领导人以及省委、省政府领导分别做出向周国知学习的重要指示；人事部、民政部和省委、省政府先后做出向周国知学习的决定并授予光荣称号；中央新闻采访团专程赴恩施对周国知事迹进行采访，集中报道。10 月，宣传学习活动步入高潮，人事部、民政部联合在恩施召开命名表彰大会；中组部、中宣部、人事部、民政部和湖北省委联合在人民大会堂举行周国知先进事迹报告会；中央五部委在北京联合召开学习周国知先进事迹座谈会；省委、省政府分别召开周国知先进事迹报告会和学习周国知先进事迹座谈会；周国知事迹报告团先后到全国六省市巡回报告。周国知事迹在全国上下和社会各界引起了强烈反响，取得了良好的社会效果。周国知这个基层干部典型的树立，对提高党在人民群众中的威望，密切党同人民群众的联系，对扩大民政工作的影响，提高民政部门地位，对鼓舞民政人士气，振奋民政精神，促进民政事业发展，都具有重要意义。全省广大民政干部以“学习周国知、真心为群众”为主题，扎实深入地联系思想、能力、作风、素质实际，对照典型找差距，爱岗敬业比奉献，不断改进为民作风，努力提升为民本领，先后涌现出一大批周国知式的民政工作者。2004 年，湖北省民政战线还先后涌现出“人民满意公务员”何德全、“全国十大女杰”杨金花和受市政府通报表彰的武汉市民政局等一大批获得殊荣的先进集体和先进个人，振奋了民政人的精神，树立了湖北省民政部门的新形象，为全省民政系统争得了荣誉和骄傲。

村民自治　湖北省委、省政府召开了全省村务公开和民主管理电视电话会议，下发了

《关于贯彻落实〈中共中央办公厅、国务院办公厅关于健全和完善村务公开和民主管理制度的意见〉的通知》。将潜江市作为全省村务公开和民主管理的示范试点单位,以点带面,开展了全省范围内的示范创建活动,全省26865个村已有26757个村进行了村务公开,达99.6%。举办了全省村务公开和民主管理培训班,市、州、县民政局长150人参加了培训。编印了3万册相关法律法规及解读资料,免费分发到全省乡镇、村,帮助基层组织学习和培训。

城市社区建设 湖北省委、省政府召开了全省社区建设电视电话会议,提出了全省下一步社区建设工作的思路和重点任务。各地加大工作力度,加大社区基础设施建设投入。省民政厅制发了《湖北省社区居委会选举办法》、《湖北省社区居委会选举操作规程》、《湖北省社区居委会选举相关人员职责和行为规范》等规范性文件,有效地指导社区居委会换届选举。表彰了全省180名优秀社区工作者、30个社区志愿者先进单位和155名先进个人。举办了社区干部培训班,360多人参加培训。省民政厅先后与省文明办、省残联、省妇联、省司法厅等部门联合召开会议,与省卫生厅联合开展了创建社区卫生示范区的活动。

婚姻管理 全年婚姻登记44万多对,合格率达到100%。102县、市、区,有100个实行婚姻集中登记管理,机构编制逐步得到解决。登记机构由523个减至339个,减幅达64%。工作人员减至665人,减幅达66.8%。实现省、市、县三级婚姻登记计算机联网率91.3%,提高了婚姻登记质量和工作效率。

社会福利事业 "星光计划"成效显著。全省共建成"星光计划"项目1660个,投放资金5.04亿元,圆满完成"星光计划",受到了民政部的充分肯定。"残疾孤儿手术康复明天计划"进展顺利,为455名残疾孤儿实施了手术治疗且全部获得成功。社会福利社会化改革稳步推进,全省共发展民办福利机构96家。积极开展艾滋孤儿救助安置工作,在全省艾滋病高发地区随州、恩施、襄樊、黄冈建立艾滋孤儿救助安置指导中心。殡葬工作服务质量和管理水平不断提高。通过开展"规范管理、优质服务年"活动,努力推行"四公开"、"四坚持",培养市场意识、克服垄断思想,坚持依法查处、打击违规行为,全省火化区火化率为83.83%,连续9年保持在80%以上。顺利实现从强制性收容遣送到关爱性救助的转变,通过实施救助管理办法、制定出台救助管理工作规程、开展业务培训,救助管理工作逐步规范化、程序化,2003年8月至2004年12月,全省36个救助管理站共接待求助33296人,救助31228人。涉外收养行为进一步规范。1200名孤残儿童实行了家庭寄养,办理涉外收养820例,收养工作比较规范。

行政区划和地名管理 行政区划工作创新发展。完成了20万字的《湖北省行政区划规划》编制任务,经专家评审达到国内领先水平。召开了湖北省市镇设置与城市化发展战略研讨会,邀请省内外著名专家教授参加会议,形成了10万字的论文集。开展了大洪山风景区管理体制、区划改革创新、农场体制改革等6项专题调研。办理了9件乡镇行政区划变更,编辑出版了《行政区划手册》和《市县政区图册》。地名管理成效明显。全省36个城市全面完成城市设标任务,26个城市完成检查验收,共设置街路巷标牌13000块,设置楼门牌近190万块,有9个县开展了设标工作。通过推广枣阳市的维护经验,标志管理得到加强。13个市州、80个县级单位建立地名数据库。界线管理顺利起步。完成了鄂渝线、13条市州界和26条县界联检任务,界线管理工作步入正轨。《界线详图集》和《县级界线信息管理系统》的编制、建库工作量完成过半。积极协助信访处理处理群众信访,妥善处理鄂赣线太平山土地权属纠纷。

福利彩票工作 湖北省全省共销售福利彩票12.39亿元,比上年增长63.5%,由2003年全国第九位提升到第五位。全年共筹集公益金4.2亿多元,除上缴中央外，全省各级民政部门留存公益金1.86亿元，为全省“星光计划”和“福星工程”实施提供了强有力的资金保障。开展福彩投注站争先创优活动，2004年底评出100个先进投注站、40个优秀投注站和20个明星投注站，另将20个明星投注站组织到国外考察学习彩票，以提高技能、优质服务的积极性。先后推出了3种“好运彩”系列新玩法，以及复式投注的促销活动，加入了首批联销3D，使销售额稳步增长。全年新增投注站659个，其中80%布点在乡镇。截至2004年底，全省电脑票的销售终端2967个，农村占70%以上。

军休　圆满完成了军休干部110人的安置任务。省长办公会议同意解决省军休办工作人员比照公务员管理，经费列入省级财政预算；省直军休所超支医疗费列入省级财政预算；责成省发改委、财政、民政共同调研，拿出1—3批军休干部住房维修方案。组织财政、劳动保障等部门开展了军休干部医疗保险大规模调研活动。积极组织开展了“老战士情系苏区”帮扶活动。全省军休干部捐款40多万元，以解决群众吃水难、行路难、上学难为目的，扶助部分老区修建13个饮水、修路、建桥小型项目，惠及近两万群众。组织了军休干部巡回医疗队，选派离退休干部中的医疗专家赴钟祥市柴胡镇沙楼村、管富村进行巡回义诊，免费送药近万元。继续组织“生命之树常青”植树造林活动。全省军休干部栽、种、认养树木37000多株。全省军休所规范化建设更加深入，省民政厅和省军区政治部联合表彰了16个市州直属军休所、15个县级军休所和5个军休服务站。

（湖北省民政厅　胡振全）

湖南省

2004年，在民政部的精心指导下，湖南省各级民政部门积极进取，努力工作，主要做了以下九个方面的工作。

民间组织管理　重点突出抓发展农村专业经济协会工作，下发了《关于进一步做好农村专业经济协会登记管理工作的通知》，采取降低门槛、减免费用、简化手续等措施，指导全省各地因地制宜发展农村专业经济协会。到2004年底，湖南省已登记农村专业经济协会788个、备案1060个。为规范行业协会的组织和行为，湖南省民政厅制定出台《湖南省行业协会管理办法（审议稿）》，已提交湖南省政府常务会议审议。认真贯彻《基金会管理条例》，启动基金会的换证和登记注册工作。在3个区县开展社区民间组织试点，登记和备案社区民间组织399个。2004年湖南省新登记社团768个、民办非企业单位537家，有16个民间组织被评为全国先进民间组织。依法完成省级社团和民办非企业单位的年检任务，依法取缔了一批非法组织。

双拥、优抚和安置　2004年，湖南省民政厅争取湖南省委、湖南省人民政府、湖南省军区联合下发了《关于加强新时期拥军优属拥政爱民工作的意见》的文件，召开了全省双拥工作会议，广泛开展双拥“结对”工作。全省各地在“八一”期间开展走访慰问活动，密切了军政、军民关系。认真落实各项优抚政策。全省89%的县（市）建立并启动优抚对象抚恤补助标准自然增长机制，优抚对象抚恤补助标准逐年提高。落实了城乡义务兵家属优待。2004年，湖南省民政厅专门安排优抚专款为全省特、一等伤残军人进行体检，解决二等乙级以上革命伤残军人的医疗待遇，缓解企业下岗失业伤残军人的生活困难。严格规范评残、追烈工作。在全省农村开展“扶持优抚对象奔小康”的活动，帮助部分困难优抚对象脱贫致富。怀化市民政局组织全市机关、企事业单位、社会团体、驻地部队与困难优抚对象结成帮扶对子，给予资金、技术、信息等扶持，2004年投入帮扶资金150万元，帮助326户1089人脱贫。及时召开了全省退役士兵安置工作会议，下达统分对象安置任务；加大安置改革力度，督促各级各部门认真落实退役士兵自谋职业优惠政策，扩大了自谋职业和有偿转移安置范围。全省各地采取财政兜底的办法，保证自谋职业资金到位。认真贯彻落实中办发〔2004〕2号文件精神，及时召开全省军队离退休干部安置管理工作会议，积极推进军休服务管理社会化。全省100多个移交地方管理的军队离退休干部休养所服务保障工作扎实开展。认真做好《三湘英烈传》的编纂出版工作。认真履行信访联席会议的职责，确保涉军群体的稳定。

乡镇敬老院建设 2004年湖南省共下拨专项资金4000万元支持乡镇敬老院建设，市、县两级配套3450万元。11月底经全面检查验收，省定的300所敬老院已全部完成扩改建任务，并且超额完成37所。在全省启动了“五保之家”建设工程，计划5年内将湖南省五保户集中供养比例提高到25%左右。认真贯彻五保供养政策，理顺供养金发放渠道，全省绝大多数市州、县五保供养资金实行封闭运行，由乡镇民政所直接发放，五保户生活供养标准逐步提高。最低生活保障制度全省低保资金增长达25.8%。2004年湖南省累计支出低保金10.48亿元，月均保障146万人，月人均补差58元，比上年增加10元。在工作中，全省各地注重加强政策法规建设，形成较为完善的低保政策法规体系；强化分类施保，全额救助人数已占低保总人数的30%。各地普遍提高月保障标准；加强规范管理，真正做到了动态管理下的应保尽保。全省投入1500多万元用于城市低保网络建设，长沙、永州完成四级联网，4个县区进入全国低保网络试运行序列，试运行工作全面启动。湖南省民政厅和14个市州及122个县(市、区)民政局均成立低保专设机构，定编548人，全省共配备社区低保专干3837人。湖南省民政厅全年下拨老区开发资金900万元，资助项目297个。召开第三届老促会第一、第二次常务理事会议和全省老区工作会议，营造了领导重视、社会各界和有关部门共同支持老区开发工作的良好氛围。

城乡社会救助体系建设 全省各级民政部门把建立城乡社会救助体系作为为民解困的大事来抓，湖南省民政厅在长沙市、石门县进行试点，指导全省各地积极探索，初步建立以城市低保、自然灾害救济、五保供养、农村特困救助、农村大病医疗救助、农村低保为主要内容的城乡社会救助体系。救灾救济工作：2004年6—7月湖南省发生持续的洪涝等自然灾害，在争取国家下拨救灾应急资金同时，紧急调拨了大批救灾应急物资，全省各级财政、民政共组织发放救灾资金3300多万元、募集款物7000多万元，基本保证受灾群众有饭吃、有干净水喝、有衣服穿、有临时住处、有病及时医治，灾区人心安定。为确保灾民安全过冬，湖南省民政厅积极筹集灾后重建资金，帮助灾民恢复倒房，到2004年底，怀化、湘西自治州、益阳等重灾区灾后重建任务全面完成，全省共帮助1.63万户灾民和农村特困户建设新房。农村大病医疗救助工作：2004年3月份湖南省民政厅在10个经济条件不同的县(市)进行农村大病医疗救助工作试点。6月初召开湖南省农村医疗救助工作会议，将开展农村大病医疗救助工作的示范县(市)增加到30个。9月在全省全面铺开，到2004年底，湖南省农村大病医疗救助惠及困难群众10万余人。民政部在湖南省召开全国农村医疗救助工作现场会，推介了湖南的做法。农村特困户生活救助工作：全省全年救助农村特困户66万人，人均月补助资金6.8元。2004年，湖南省有19个县(市)初步建立农村低保制度，享受低保的对象7.8万人，人均月补差15元。救助管理工作：全省增设了14个救助管理站，全年救助流浪乞讨人员4.38万人次。全省各级救助管理制度不断完善，救助站条件逐步改善。

城市社区建设和村民自治 2004年4月召开全省社区建设工作会议，全面部署湖南省中等城市的社区建设，全面启动中小城镇社区建设工作。社区办公用房建设取得显著成效，中等城市社区有办公用房的比重已达90%以上。全省援建社区图书室654个。以“交叉任职”、“海选”的模式，湖南省民政厅在长沙市开福区湘粤村成功进行了村委会选举试点。城乡基层民主政治建设顺利进行。推进基层民主政治建设试点工作，根据试点经验，召开全省基层民主政治建设工作会议，部署安排第六届村委会换届选举工作。

社会福利事业　加大福利彩票销售力度。各级福彩发行机构狠抓市场开拓，规范办事程序，强化内部管理，提高福彩公信度。全年销售福利彩票6.2亿元，同比增长19%。加强对福利企事业单位的管理。召开了全省福利事业单位管理工作会议，各地以完善制度、改进服务为重点做工作，进一步提高了管理和服务水平。完成了全省福利企业年检换证工作，规范了新办福利企业的审批制度。积极开展慈善活动，全年筹集发放慈善款物1800余万元，受益群众5万余人次。启动“明天计划”工作。按照民政部的统一部署，为实施好“明天计划”摸清了情况，落实了资金，首批适应手术的孤残儿童已开始手术康复。规范涉外收养工作，办理涉外儿童收养登记2062件，为福利院筹集资金5000多万元。

社会事务管理　全省加大殡葬改革力度，火化率达22%，比上年提高2个百分点。出台了《湖南省殡葬服务价格管理办法》，长沙、湘西自治州等地开展了价格听证工作。顺利完成湖南省政府、衡南县政府驻地迁移的申报，娄星区等8个县(市、区)内部乡镇行政区划的合理调整。加强全省行政区域界线管理，29个市完成了城市设标任务。推进地名管理社会化，解决地名管理面临的难题。在华容县、望城县、沅陵县开展了以农村费税改革为重点的村组扩并工作试点。按照新的《婚姻登记条例》和民政部要求，绝大多数县区的婚姻登记实行集中登记和在偏远乡镇设点登记，杜绝婚姻登记搭车收费现象。

老龄工作　配合湖南省人大开展实施《老年法》及其《实施办法》的执法检查，积极与有关部门协调，较好地落实老年人的有关优惠待遇。推进“星光计划”项目实施，全省老龄活动设施达680多个。成功举办首届湖南省老年艺术节，成立湖南省老龄委金秋艺术团，全省老年艺术活动蓬勃开展。与国际助老会联合开展助老项目建设，争取外资150万元，省级落实配套资金98万元。

民政信息化建设　全省14个市州全部建立起局域网，实现了与省厅数据、视频、音频联通。启用湖南省民政邮件系统，为全省民政系统每个员工配备了一个内外通用的电子邮箱。通过广域网开展多项民政业务，利用视频系统召开多次业务工作会议，把民政系统信息化建设水平不断提高。

(湖南省民政厅　曾波彦)

广东省

2004年，在民政部的指导和省委、省政府的领导下，广东省各级民政部门高举邓小平理论和“三个代表”重要思想伟大旗帜，认真贯彻落实党的十六大，十六届三中全会、四中全会精神和广东省委九届五次会议、六次会议精神，按照民政局长会议的工作部署，紧紧围绕争当全国民政工作排头兵的目标，树立以民为本的工作理念，落实为民解困的各项措施，注重执政能力的提高，突出抓好行业风气的建设，各项民政工作整体推进，圆满完成全年各项工作任务，呈现出良好的发展势头。

民间组织管理　在全国率先开展行业协会立法工作，《广东省行业协会条例》可望于2005年初出台。大力培育发展农村专业经济协会，目前已登记农村专业经济协会150多个。全面完成了广东全省327个未经登记的基金会清理整顿工作，较好地解决了广东基金会遗留问题。广东有24个民间组织被评为全国先进民间组织，21个行业协会参加了全国行业协会成就汇报展览会，这两项工作在全国名列前茅。

优抚 广东省各地义务兵家属优待标准都达到了当地人均收入的70%以上。优待军烈属9.9万多户，优待面100%。抚恤补助标准自然增长机制进一步完善，各级财政支出重点优抚对象抚恤补助经费达3.8亿元，比2003年增长9%，抚恤补助标准普遍每人每月提高10—20元，比2003年增长10%左右。从2004年1月份起，提高带病回乡退伍军人定期补助费每人每月50元。为900多名符合条件的在职下岗伤残军人办理了改领在乡伤残军人抚恤金手续，使每人从领取月平62元保健金改为领取252元抚恤金，给广东全省4600多名在职改在乡伤残军人每人月平补助医疗费200元，一定程度上缓解了他们的生活、医疗困难。

安置 2004年，广东省按政策应安置9492人，已落实安置9034人，占应安置总人数的95.2%，其中有7878人选择自谋职业，占应安置总人数的86.5%，自谋职业率位居全国前列。初步建立省、市、县三级安置工作财政保障机制，共筹集自谋职业补助经费1.57亿元，比2003年增长6.4%，以自谋职业为主渠道的安置工作新机制基本建立。军休服务管理社会化改革取得新进展，军休干部的“两个待遇”得到较好落实。

双拥 2004年，广东省命名了79个双拥模范城(县)，表彰了50个省双拥模范单位和49名模范个人。积极推进非公有制经济组织和社会组织的双拥共建工作，扩大了双拥工作的群众基础和社会基础。认真贯彻新时期军事战略方针，积极支持驻粤部队做好军事斗争准备工作，共派出保障演习人员16万多人次，支持部队建设资金达5.3亿元，建设项目739个。

救灾 2004年，全省有14个市72个县(市、区)818.67万人不同程度受灾，尤其是遭受了50年一遇的旱灾，造成直接经济损失约16.93亿元，全省共投入救灾款1.05亿元，有效保障了灾民基本生活。广东有13个地级市及77个县(市、区)由政府出台了特大自然灾害救灾应急预案，并在沿海多灾地区建立救灾紧急避护场所272所，为灾害紧急转移安置工作创造了新经验。

城乡居民最低生活保障制度 2004年，广东省低保人数已达46.1万户、115.9万人，比2003年底增加了12万多人。其中，城镇13.7万户37.7万人；农村32.4万户78.2万人。全年共发放低保资金6.2亿元，为42万低保对象发放医疗救助金6523万元，有效保障了困难群众的基本生活。各地根据经济发展和物价变动情况，适当调整了低保标准，大部分县(市、区)农村低保标准已调整到每人每月80元以上。

救助管理 2004年，广东全省共接待求助人员67702人，实际受助62126人。全省形成布局较为合理的救助工作网络。救助站建设逐渐规范化，80%的救助站完成了规范化改造和建设，50%的救助站站容站貌达到了庭院化救助站建设标准，人性化关爱的救助管理模式初步形成。

村民自治 大力抓好中办发〔2004〕17号文的贯彻落实工作，成立了广东省村务公开领导小组，进一步完善了党委政府统一领导、有关部门共同参与、民政部门组织协调的领导体制和工作机制；制定了广东省村务公开和民主管理量化考核制度和村务公开栏内容统一模式等，进一步健全了村务公开和民主管理的制度。基本完成了广东省委提出的村委会规模调整任务，截至2003年11月底，广东全省调整村委会1289个，占村委会总数的6%。其中撤并村委会870个，村改居419个。

“明天计划” 2003年8月，广东省民政厅制定了“残疾孤儿手术康复明天计划”实施方案、捐款接收及管理办法，各地民政部门精心组织实施，至2004年底，已对99名残疾孤儿实施了手术康复治疗。广东省累计实际建设“星光老年之家”3053个，比计划建设数增加133个，总投资9亿多元。

五保供养 目前，广东省大部分地级市和部分县区政府制定了五保供养规范性文件，明确了五保供养标准、供养经费和管理人员工资来源。广东省目前已保五保对象21万人，比2003年增加了5632人。“千间敬老福星工程”建设开局良好，下拨省级补助资金3200万元，改扩建敬老院320间。广东现有乡镇敬老院1465间，集中供养38135人，比2003年增加4686人，集中供养率达18%，比2003年提高4个百分点。

慈善事业 2004年7月，广东省慈善总会成立，筹集慈善资金2000多万元，发展势头好，及时救助了一批困难群众。积极在省内大中城市推广建立“慈善超市”社会互助新模式，推动了广东省经常性社会捐助和扶贫济困活动的深入开展。积极开展“扶贫济困送温暖”捐助活动，对口支持广西、贵州贫困地区。

殡葬管理 广东全省2004年共火化遗体43.9万具，平均火化率达97.6%，比上年提高1.4个百分点，遗体火化量和火化率得到巩固和提高。全省已建成投入使用的殡仪馆89家，已开业的经营性公墓75家，建成投入使用镇村公益性骨灰楼(堂)609座。到2004年底，广东全省共清理历史旧坟482.3万穴，其中清理“三道两区”坟墓171.5万穴，按时完成了广东省政府下达的清坟工作任务。全面开展殡葬行业清理整顿工作，规范殡葬服务收费管理，全省殡仪馆不同程度地降低了收费标准，减轻了群众办丧负担。

福利彩票工作 广东全省2004年共发行销售福利彩票30.66亿元，销售总量名列全国第一，其中电脑福利彩票29.33亿元，增幅达26%，创历史最好水平，共筹集福利资金10.7亿元。全省各地逐步推行了彩票管理体制改革，并通过加强管理、增加新玩法、培训销售和管理人员、邀请彩民参观现场开奖、对投注站进行统一的形象建设、开展“福彩爱心洒南粤”和系列助学等活动，进一步树立了福利彩票良好形象。

城市社区建设 广东省的社区居委会办公场所建设有了突破性进展，据不完全统计，2004年广东省为647个居委会解决了办公用房困难，改善了办公条件。创建社区建设示范单位活动力度进一步加大，形成争创社区建设示范单位的良好氛围。召开了首届社区建设理论研讨会，积极探索推进社区建设的新途径。社区图书援建活动蓬勃开展，援建社区突破2000个，名列全国前茅。

行政区划和地名管理 2004年撤并乡镇130个，使广东省乡镇撤并比例达到了24.6%。积极开展了县政府驻地镇改设街道办事处试点工作。完成了全省行政区划调整规划的调研工作，《广东省行政区划调整规划(2004—2020)》编制工作进展顺利。制定了《广东省行政区域界线联合检查实施办法》，完成了粤桂省级界线和49条市、县界线的联检任务。有14个城市完成了地名标志设置任务，4个市建立了地名管理信息数据库。

老龄工作 广东省已基本形成了省、市、县(区)、街道、社区(村)五级老龄工作网络，70%的社区(村)建立了老年群众组织。通过成功举办广东省老龄委迎春晚会、开展争创老龄工作先进县及先进单位、实施“银龄行动”支援广西贫困地区、评选表彰“广东省十大敬老之星”、举办全省老年人乒乓球大赛等活动，营造了敬老爱老的良好社会氛围。

行风建设 2004年是广东省民政系统行风建设年，广东省各级民政部门围绕“以民为本，干净干事，文明执法，规范管理，优质服务”的总要求，全面推进行风建设，取得了显著成效，得到社会各界的广泛认同和各级行评团的高度赞扬，广东省民政厅和各地级市民政局全部被评为行风评议满意单位，广东全省有9个基层单位被评为全国民政先进窗口单位。此外，收养登记、婚姻登记、计划财务、纪检监察、民政信息化建设、民政法制、民政宣传、外事信访、档案管理、干部培训、后勤服务等工作都取得较好成绩。特别是民政直属单位根据各自的实际，努力适应市场经济的需要，认真抓好班子和队伍建设，抓好各项规章制度建设，抓好服务质量的提高，充分发挥职能作用和窗口示范作用。

（广东省民政厅）

广西壮族自治区

民间组织管理 2004 年，广西以加快培育、依法监管为重点，着力推进民间组织整体发展。一是抓好民间组织的登记和监督管理工作。截至 12 月底，广西累计登记的民间组织 7872 个，其中：社会团体 4856 个，民办非企业单位 3008 个，基金会 8 个。5 月份及时启动了基金会登记工作和原有基金会换发证书工作。各级登记机关对 5500 个民间组织进行了 2003 年度年检，合格 5041 个，合格率 91.7%。对 36 个存在问题的民间组织进行了限期整改，注销、撤销民间组织 102 个。加大执法工作力度，查处民间组织违法行为 12 起，取缔非法民间组织 3 个。认真贯彻实施《行政许可法》，进一步实行政务公开，简化审批表格，提高工作效率。积极协调有关部门，开展行业协会的立法调研准备工作。对 700 多个自治区级民间组织的财务人员进行了新会计制度培训，提高民间组织管理人员的素质，进一步促进民间组织的健康顺利发展。广西建筑业联合会等 14 个民间组织被民政部授予“全国先进民间组织”称号。广西希望高中等 6 个单位被自治区民政厅授予自治区本级 2003－2004 年度“民办非企业单位示范单位”称号。二是进一步加强农村专业经济协会的培育发展。在农村专业经济协会稳步发展，巩固提高的基础上，重点打造典型，树立榜样。全区确定了 100 个农村专业经济协会作为示范单位，充分发挥典型的示范带头作用，推进农村专业经济协会整体水平的提高。三是采取切实措施，为民间组织提供优质高效服务。自治区民政厅开通了广西民间组织信息网，设置了新闻中心、政策法规、办事指南、民间组织管理动态、网上通知、公告公示等栏目。为民间组织提供优质、高效的服务。

优抚 2004 年，广西有重点优抚对象 108518 人，其中革命伤残人员 10963 人，“三属” 15315 人，“三红”2372 人，在乡老复员军人 75895 人，带病回乡退伍军人 3973 人。新批烈士 18 人，改、扩建烈士陵园 8 个。全区共有烈士纪念建筑物 310 处，其中：全区重点保护单位 27 处，全国重点保护单位 4 处。全区有优抚医院 5 个。有光荣院 28 个，入住优抚对象 950 人。主要做了以下几方面的工作：一是认真落实各项优抚政策。根据自治区民政厅、财政厅、卫生厅联合下发《关于解决在乡老复员军人生活医疗困难的通知》（桂民发[2002]236 号）精神，每两年调整提高一次抚恤补助标准，每次按每人每月不低于 10 元的标准提高。从 7 月 1 日起，各县、市、区全面落实了提标工作。各地认真落实《广西壮族自治区人民政府关于把我区列入各级政府财政支出预算管理的通知》（桂政发[2000]45 号）规定，把义务兵家属优待金列入财政预算，做到统一机构管理，统一时间发放，统一标准兑现，义务兵家属优待金达到当地当年农村居民人均收入 70%以上。各地结合实际，把特困重点优抚对象纳入低保和特困户救助行列，享受各种救助待遇，给“三老”优抚对象发放医疗优惠卡、农村合作医疗证。全区二等乙级以上伤残军人都全部享受了公费医疗，并做到了实报实销。二是认真贯彻执行国务院、中央军委新颁布的《军人抚恤优待条例》精神和全国优抚工作会议精神，完成了革命伤残军人《伤残证》的换证工作。三是加快优抚事业单位建设。2004 年，全区共投入 1890 万元改建和扩建荣军医院、复退军人医院。对自治区烈士陵园进行整体规划，投资 600 万元修建邓小平领导百色、龙州起义烈士纪念雕塑群，并对烈士纪念馆进行了维修和改造，初步形成山水园林一体化景观。同时，还完成了全区39处烈士纪念建筑物的维修和改造，为各地提供开展爱国主义教育的场所。

安置 第一，2004年，广西各地认真贯彻执行《中华人民共和国兵役法》、《退伍义务兵安置条例》等法律法规，强化行政调控职能，完善行政调控手段，实行“供需见面，双向选择，包底安置”的办法，稳步推进安置就业和自谋职业相结合的安置方式，妥善安置退役士兵，维护退役士兵的合法权益。全区共接收退役士兵17644人，其中，回农村安置退伍义务兵和复员士官13063人，应安排工作城镇退伍义务兵、城镇复员士官和转业士官4581人，占接收退役士兵总人数的26%。截至2004年底，实际安置上岗4261人（含自谋职业安置），安置落实率为93%。自治区人民政府出台了《关于全面推进城镇退役士兵安置改革工作的意见》（桂政发[2004]30号），全区各地认真贯彻执行，推行自谋职业的县（市、区）达70个，筹集自谋职业补助经费近400万元，自谋职业退役士兵1875人，占安置总数的44%。第二，军休接收安置和服务管理工作。一是召开了全区安置工作会议和全区军休业务工作会议，传达贯彻全国军队离退休干部安置工作会议精神和中办发[2004]2号文件精神，自上而下层层传达到基层军休所和军队离退休干部，并向自治区党委、政府提出了广西贯彻落实中办发[2004]2号文件精神的意见。二是针对军休工作的重点、难点问题，组成两个工作组，深入各地进行调研，研究解决军休干部阅读文件、用车制度及医疗待遇改革等问题，切实落实军休干部生活待遇和政治待遇。三是与军队各大单位分别审定了2004年度2001年9月底前离退休的军队离退休干部217人的安置计划，并向中央编报了2004年度军队离退休干部接收计划，召开了2004年度军队离退休干部和伤病残退休干部交接协调会，争取将第四、第五批剩余的48名军休干部和33名伤病残干部全部接收。四是在年初中央经费未到位的情况下，积极协调自治区财政部门，由自治区财政先垫付资金，确保了军休人员的工资按时发放。五是在全区范围开展5年一次的评比表彰活动，表彰了28个先进军安办、57名先进军安工作者、11个先进军休所、14个花园式军休所、63名先进军队离退休干部、50名先进军休工作者。邓旭红等5人评为全国先进军队离退休干部；柳州市胜利军休所、桂林市东江军休所评为全国先进离退休干部安置服务管理工作先进单位；廖欣、龙福进获全国先进离退休干部安置服务管理工作先进个人。六是积极组织军休干部开展各项文体活动，丰富军休干部的生活，举行了全区军休干部门球比赛，全区共有14个代表队100多人参加比赛。第三，军供站建设与管理工作。各地深入贯彻民政部、总后勤部《适应新时期军事斗争需要，进一步加强军供站建设与管理工作的意见》（民发[2003]1号）文件精神和《军供站正规化建设细则》，积极争取各级政府加大财政投入，切实加大基础设施、设备建设和改造，使军供站建设和管理与新时期军事斗争准备需要相适应。抓好军供站的管理，理顺体制，加强对军供站队伍的培训，做到及时、准确、安全、保密完成各项军供任务，为部队和国防建设服务。各地以军交正规化建设20周年检查评比活动为动力，全面推进军供站的正规化建设，南宁、桂林、梧州军供站被总后勤部、民政部评为军交正规化建设20周年检查评比先进单位，自治区民政厅被总后勤部、民政部评为军交正规化建设20周年成绩显著单位。

双拥 2004年，广西各级党委、政府和驻桂部队把搞好国防双拥教育作为双拥工作的重要任务来抓。把国防双拥教育纳入全民教育总体规划，建立了以“各级领导干部为重点，以民兵预备役人员为主体，以大中小学生为基础”的全方位的国防和双拥宣传教育网络，充分利用广播、影视、报刊、网络等媒介和各种爱国主义教育基地深入开展国防和双拥宣传教育。进一步开展创建双拥模范城（县、区）活动，全区共涌现了61个自治区双拥模范城

(县、区),20个自治区双拥先进市县(区),101个“自治区爱国拥军模范单位”,60个“自治区拥政爱民模范单位”,198名“自治区爱国拥军模范”,100名“自治区拥政爱民模范”。军政军民团结得到进一步巩固和加强。

救灾救济 2004年,广西自然灾害发生频繁,先后发生了旱灾、风雹、洪涝、病虫害、山体滑坡、冰(霜)冻等自然灾害,其中以旱灾和洪涝灾害造成的损失最为严重。灾害具有重复受灾地区多,旱情持续时间长,受灾范围广,被困及转移安置灾民多和损失严重等特点。灾害造成广西受灾人口3330万人次,因灾死亡94人;紧急转移安置人口38.1万人;因灾民房倒塌6.9万多间,其中住房5.9万间;损坏房屋18.7万间;农作物受灾面积322.13万公顷,绝收面积49.4万公顷;死亡大牲畜9150头。灾害造成的直接经济损失达103.1亿元,其中农业直接经济损失79.8亿元。全区各地奋力抗灾救灾,全区累计下拨救灾资金1.76亿元(其中中央拨款1.27亿元,自治区、市、县(区)三级共投入4900万元),448.45万人次领到口粮救济,70多万人领到了衣被救济,恢复重建住房44454间,维修住房112232间。一是以建设五保村为突破口,提高了农村五保户生活救助的水平。继2003年全区建成1338个五保村后,2004年全区建成五保村2345个,入住五保老人19000多人。同时,自治区民政厅与自治区财政厅联合下发了《关于确保农村五保对象保障有关问题的通知》,《通知》规定从2004年元月1日起,农村五保户具体供养标准必须确保每人每年不少于365斤米、12斤油和360元定补资金,资金来源主要从上级农村税费改革专项转移支付补助资金和农业附加费中列支。这是广西农村五保户供养政策的重大突破。截止12月底统计,全区落实五保供养资金2.07亿元(含责任田经营折款7702万元),27.45万多五保对象享受了定期救济,约8.9万人享受了临时救济。二是扎实有效地开展农村特困户生活救助工作。根据2003年的调查统计,全区有特困户451481户863103人,已全部享受了救助,其中享受定期救助374231人,享受临时救助488872人,全年发放生活救助资金2.17亿元,较好地保障农村特困群众的基本生活。三是认真做好经常性社会捐助工作。各地大中城市普遍开展了以“扶贫济困送温暖”为主题的社会捐助活动,全区共接收捐款1566.6768万元,接收捐赠衣被328.1471万件(套),大米191.95吨,种子9吨,药品8万元,化肥30吨,水泥122吨,红砖4.25万块,河沙37立方。目前,这些款物已全部送达灾区和贫困地区,用于帮助贫困群众解决生活困难。四是农村医疗救助工作实现了新的突破。根据民政部、卫生部、财政部《关于实施农村医疗救助的意见》,自治区民政厅会同自治区财政厅、卫生厅联合下发了《广西壮族自治区农村医疗救助实施办法(试行)》(简称《实施办法》,下同)。为了支持各地的农村医疗救助工作,自治区民政厅、财政厅及时给各市、县下拨了2997万元中央财政补助的农村医疗救助资金。目前,全区有60个县(市、区)出台了农村医疗救助的实施细则,有14.58万名救助对象享受了医疗救助,共发放医疗救助金606.3万元。五是救灾物资储备和供应工作扎实高效。全年接收中央代储救灾帐篷6000顶,自治区本级采购了150万元救灾物资(6600床棉被、6000顶蚊帐、11000套衣服),完成了自治区本级1195顶救灾帐篷的回收工作,给全区各地分配救灾帐篷447顶,棉被6932床,蚊帐15182顶,衣服25465套,保障了灾民生活的基本需要;同时,给92个县(市、区)办理了民政部资助的92辆救灾专用车辆的分配和定编工作。

城市居民最低生活保障 2004年,广西城市低保工作紧紧围绕全国民政工作会议提出的要求,进一步加强领导,强化措施,狠抓落实,使这项工作不断得到巩固和发展,取得了新的成绩。截至2004年12月31日,全区平均每月纳入城市低保人数为56.6万人,其中在职职工5.1万人、在中心的下岗职工2.7万人、离岗人员7.4万人、离退休人员2.3万人、失业人员

11.3万人、“三无”人员4.4万人、其他特困人员23.4万人，累计发放低保金3.86亿元，低保对象月人均补差标准56元，实现了低保金按月足额发放和低保对象应保尽保的目标。在实现低保对象应保尽保目标的基础上，我们把低保工作的重点转移到加强规范化管理上来。2004年初自治区民政厅下发了《关于开展城市低保工作“规范管理、文明服务年”活动的方案》和《关于开展评选城市低保工作先进单位的通知》(桂民发[2004]25、26号)，各地按照民政厅的要求，认真部署、周密安排、强化措施，狠抓工作落实，使全区低保工作达到“机构健全、制度完善、资金落实、管理有序、操作规范、服务优良”的目标。全区14个地级市已经有13个成立低保科或低保管理中心，109个县、县级市和区已经有97个建立了低保股或低保办公室，普遍配备了精干的人员、落实了必要的工作经费，为低保工作健康发展奠定了良好的基础，为维护地方的社会稳定、促进经济发展发挥了重要的作用。

婚姻管理　2004年广西婚姻登记机关依法办理公民结婚登记344281对，离婚登记27372对。其中，内地居民结婚341067对，其中初婚649421人，再婚32713人，再婚中恢复结婚登记1200对；内地居民离婚登记27220对；涉外、涉华侨、涉港、澳、台同胞结婚登记3214对，其中香港居民476人(澳门居民50人，台湾居民1649人，华侨107人，外国人932人)；涉华侨、涉港、澳、台同胞离婚登记152对。2004年，广西全面开展婚姻登记体制改革，全区14个地级市中有10个市基本完成所辖县(市、区)婚姻集中登记机构调整工作，有97个县(市、区)集中登记，占全区111个县级机关的87%。截至12月31日，全区撤销乡(镇)婚姻登记机关1121个，新设县(市、区婚姻登记机关109个(其中留在乡镇分设点12个)。自治区人民政府办公厅转发《自治区民政厅关于实施〈婚姻登记条例〉若干意见》(桂政办[2004]111号)文件。使制约婚姻登记体制改革的“三无”(无人员编制、无办公经费、无办公用房)实现了政策突破，向“四个到位”转变：一是人员编制到位，已获批准给婚姻登记机关的全额拨款行政、事业编制或内部调整人员148名；二是开办经费到位，已申请财政拨给和县级民政局自筹开办经费近300多万元；三是办公用房到位，县级婚姻登记机关落实办公用房总面积达8947平方米；四是电脑打印设备到位，有54个登记处已配备专用电脑89台。钦州市灵山县等7个县(市、区)民政局婚姻登记处获民政部表彰为“全国先进婚姻登记机关”，韦增香等10名同志为“全国优秀婚姻登记员”。38个县(市、区)婚姻登记处已经使用各种电脑软件系统，29个县(市、区)民政局婚姻登记处开始使用民政部单机版软件，软件的普及使用加快了步伐。

村民自治　2004年，广西各地积极学习、宣传、贯彻中办发[2004]17号文件精神，切实推进村务公开和民主管理工作，采取有效措施，加大工作力度，加强农村基层民主政治建设，促进了农村改革、发展和稳定。一是继续抓好扩大基层民主，完善村级事务民主决策和民主管理制度建设工作，明确村级民主决策的主要形式，完善村民代表会议制度和议事规则，建立两委联席会议制度，协调“两委”关系。二是认真贯彻执行自治区党委办公厅、自治区人民政府办公厅下发了《广西壮族自治区村务公开实施办法》，进一步规范村务公开民主管理的内容、程序、时间、方式、进一步完善监督管理和责任追究等制度。三是自治区党委、自治区人民政府于2004年5月9日召开了全区政务公开村务公开电视电话会议，自治区党委副书记马铁山和自治区副主席张文学分别作了重要讲话。与自治区司法厅召开了“全区民主法治示范村”现场会，在基层扎实开展“全区民主法治示范村”创建活动，自治区的武鸣县下渌村等10个村，被民政部、司法部评为全国“民主法治示范村”。四是自治区党委、自治区人民政府成立了自治区村务公开民主管理工作领导小组。领导小组组长由自治区党委副书记马铁山、自治区副主席孙瑜担任，成员由自治区党委组织部、自治区民政厅等9个部门组成，指导小组办公室设在自治区民政厅。五是开展了第四轮全区村民自治模范县(市、区)命名表彰活动，命名32个县(市、区)、162个乡(镇)、790个村为自治区级村民自治模范单位。武鸣县、邕宁县、鹿寨县、合浦县、灵山县、北流市、雁山区、兴宾区等8个县(市、区)被民政部命名为全国村民自治模范县。六是自治区民政厅、自治区新闻出版局联合编写发行了12万字的村务公开民主管理干部读本、农民读本和宣传挂图的“两书一图”。

城市社区建设 2004年，广西进一步健全完善社区组织网络，发展社区服务，加大社区基础设施建设，深化和推进社区建设的发展：一是加大开展创建社区示范的工作力度，抓好南宁、柳州、桂林市创建城市社区党建工作示范区为重点，推动全区社区示范活动开展；二是抓好南宁市第二届社区居民委员会换届选举工作，与民政部和美国卡特中心、杜克大学合作在全国首次进行社区直接选举“选民登记”试点，探索社区居民委员会换届直接选举的工作机制；三是加大社区基础设施建设力度，夯实社区建设基础，全区投入3000多万元资金用于解决社区办公用房和社区老年人福利服务中心(站)建设；四是依托社区基础平台，使2.31万名下岗失业人员实现了再就业，全区有8.35万名企业退休人员实行了社会化管理服务；五是积极参加由中央文明办、民政部、新闻出版总署、国家广电总局主办的“万家社区图书室援建和读书活动”，落实社区图书室援建500个，探索学习型社区新模式，促进学习型社区与和谐社区建设。在全国开展的“万家社区图书室援建和读书活动”以及“全国社区文明风采电视大赛”，广西代表队荣获一等奖；南宁市新城区新兴苑社区、南宁市新城区新竹社区、南宁市新城区氾西社区、柳州市鱼峰区白云小区社区等4个社区荣获“全国百佳学习型社区”称号；南宁市新城区新兴苑社区、南宁市新城区新竹社区、南宁市新城区氾西社区、柳州市鱼峰区白云小区社区、南宁市新城区建政街道、南宁市新城区政府、南宁市民政局等7个单位被评为“全国‘万家社区图书室援建和万家社区读书活动’先进单位”；谷茼莉、肖旭光、高虹、李志强等4人荣获“先进个人”称号。

行政区划与地名管理 一是区划调整。2004年9月15日，国务院批准了南宁市部分行政区划调整方案：撤销南宁市城北区、永新区、邕宁县，设立西乡塘区、良庆区、邕宁区；原邕宁县的四塘镇、五塘镇、昆仑镇划归兴宁区管辖，兴宁区人民政府驻厢竹大道；新城区更名为青秀区，并将原邕宁县长塘镇、伶俐镇、刘圩镇、南阳镇及蒲庙镇的莫村划归其管辖，青秀区人民政府驻仙葫大道；原邕宁县吴圩镇、苏圩镇、延安镇，以及原永新区江西镇的同新、同华、锦江、安平、同良、同宁、同江、那廊、智信、扬美等10个村划归江南区管辖，江南区人民政府驻壮锦大道；撤销后的城北区和永新区(不含原永新区江西镇的同新等10个村)划归新组建的西乡塘区管辖，西乡塘区人民政府驻大学路；原邕宁县良庆镇、那马镇、那陈镇、大塘镇、南晓镇划归良庆区管辖，良庆区人民政府驻良庆镇。(七)原邕宁县蒲庙镇(不含莫村)、新江镇、那楼镇、镇龙镇、百济乡、中和乡划归邕宁区管辖，邕宁区人民政府驻蒲庙镇。二是地名管理。为完成自治区人民政府于2002年部署的地名补查和资料更新工作，自治区民政厅先后召开两次会议，集中解决工作中存在的问题，并根据全区的进展情况，深入各地加强对地名补查和资料更新工作的督查和指导。2004年完成了地名补查和资料更新工作的外业调查任务和30%的成果整理工作。同时，完成荔蒲县三河乡更名为龙怀乡、宜州市流河乡更名为刘三姐乡的初审工作，自治区人民政府分别于2004年2月、7月作了批复。三是边界管理。首先是完成了乡镇勘界的档案资料整理工作。汇总整理乡镇勘界成果资料，目前已整理勘界成果资料12140卷。其次是完成了乡镇勘界的总结和表彰工作。自治区共约5万人参加乡镇勘界工作，以自治区勘界工作领导小组的名义通报表彰205个先进单位和518名先进个人，再次是完成县界电子档案的录制工作。完成了270条县界协议书共9000多张、270条县界协议书附图共3200多张和270份批复（包括裁决）的扫描工作，刻成两套DVD光盘存档（一套送民政部，一套自留）。这些电子档案作为永久的历史档案和以后管理边界的依据，异地存档，以便保管和查阅。四是民政部安排自治区与广东进行省界联检，2004年初两省（区）联合制定了检查方案，6月在北海召开第一次联席会议，布署了联检工作，各对口市县区进行边界巡查，11月在茂名市召开第二次联席会议，验收界线联检成果，并将结果上报国务院。自治区2004年安排的地级市毗邻县界（南宁与来宾、柳州与河池、桂林与贺州、梧州与贵港、北海与玉林、防城港与钦州、百色与崇左）的联检任务，各地如期完成。

社会福利机构 2004年，广西有城市社会福利机构206家。其中：国办城市社会福利机构102家，社会办104家（含与境外民间组织合办2家）。总床位14025张。2004年末收养（治）人数9382人，其中老年人5792人，少年儿童及婴幼儿3355人。自费收（托）养3269人。全区新增民办福利机构48家，新增床位1583张，为适应社会老龄化打下了良好的基础。与国内外慈善机构合作，积极开展家庭寄养，全区开展家庭寄养工作的福利院有15家，寄养儿童达778名，为儿童生存、健康成长创造良好环境。

“明天计划” 由民政部统一部署的“残疾孤儿手术康复明天计划”，计划用三年时间，为各类福利机构中3300名0—18岁具有手术适应症的残疾孤儿实施手术康复治疗。2004年，自治区民政厅把实施“明天计划”作为今后三年广西民政工作的重点，层层召开动员大会，成立了自治区、市、县三级实施“明天计划”工作领导小组，层层落实人员、经费及岗位目标责任，并组织力量对全区实施“明天计划”工作进行调查摸底。7月9日召开全区实施“明天计划”新闻发布会，7月14日正式启动这项工作。至12月31日，广西投入资金1300多万元，其中民政部资助700多万元，自治区投入600万元，为1019名残疾孤儿实施手术康复治疗。自治区党委书记曹伯纯，自治区副主席孙瑜，民政部部长李学举，副部长李立国、罗平飞等领导先后6次视察广西“明天计划”工作，并到自治区人民医院看望慰问了手术的残疾孤儿。曹伯纯书记强调：对残疾孤儿进行手术康复治疗是一件特大好事，体现了全社会对残疾孤儿的关心，体现了社会主义制度的优越性。自治区党委、政府千方百计支持这项“计划”的实施，各级民政部门以及医院的广大医护人员要继续以更大的热情投入到救助残疾孤儿的工作中，争取让每一个残疾孤儿都能等到救治。李学举部长认为：广西实施“明天计划”认识高、行动快、做得实。广西的各级党委、各级政府的重视程度，各级民政部门的努力工作和整个社会，特别是医疗机构和医务工作者的积极参与、社会的支持、民政部门的精心组织，在全国来说都是走在前列的，有很多的经验值得全国推广，有很多的精神值得在全国弘扬。

“星光计划” 2004年，第三批“星光计划”180个项目建设全面完成，民政部福利金资助1590万元，自治区本级福利金资助2685万元。自2001年8月以来，广西经过近三年的努力，共建成“星光计划”项目755个，比原定730个项目超额完成25个。在755个项目中，县（区）级星光老年福利服务中心85个，乡镇（街道、社区）“星光老年之家”670个。总建筑面积38.83万平方米，总投资2.5537亿元。其中，民政部资助福利金5090万元，自治区本级福利金资助5185万元，14个市及项目点所在地共配套资金1.5亿多元。经过验收，全区“星光老年之家”均达到民政部“统一名称、统一标识、统一建筑设计、统一基本服务功能、统一保健康复健身器材”和“四室一校一中心一场地”的要求，已成为老年人老有所养、老有所学、老有所乐、老有所为的载体，成为传播精神文明的阵地。全区通过实施“星光计划”，新增老年福利服务床位7550张，极大地提升了自治区社会福利事业水平，扩大了民政工作的社会影响。

慈善事业 2004年，广西慈善总会接受国内外慈善组织和个人捐款约1068万元人民币（含捐物折款），实施帮助贫困患者治疗、帮助贫困学习就学，资助贫困教师深造、帮助灾区困难群众生活等助孤、助残、助医、助学、助教、扶贫等项目。并开通“慈善一元捐”热线电话，全年筹措善款4万余元人民币。

殡葬管理 2004年，广西设有殡葬管理机构的市、县33个，建有殡仪馆推行火葬的市、县25个。全年火化遗体46073万具。全自治区有经营性公墓20个，全年接收骨灰安葬10980具（盒）。

一是积极开展殡葬改革宣传月活动，推进殡葬改革。各地采取在新闻媒体上开辟专栏、出动宣传车、张贴标语、印发宣传资料等多种形式，宣传国务院《殡葬管理条例》以及《广西壮族自治区殡葬管理条例》，增强公民的殡葬改革意识，引导群众文明节俭办丧事。同时，加大执法力度，乱埋乱葬现象得到有效清理。召开全区殡葬服务工作座谈会，进一步规范殡葬服务工作管理，开展收费检查、服务质量等问题的调查并进行整改，不断提高殡葬行业的服务质量。严格贯彻执行《行政许可法》，做好20家经营性公墓年检换证工作，审批了3个经营性公墓和1个利用社会资金建设的殡仪馆项目。指导广西殡葬行业协会第四届理事会开展换届工作，新吸收了8家从事丧葬用品生产单位作为单位会员。组织了34名殡葬管理工作人员参加民政部举办的殡葬事业改革与管理研讨班，提高了殡葬事业管理人员的管理水平。二是加快殡仪馆建设。2004年，加大督察2003年立项兴建的防城港市、平果县、灵山县、岑溪市、大化县等5个火化殡仪馆和隆林县、资源县2个土葬殡仪馆的建设力度，加快殡葬设施建设速度。完成报自治区发改委立项2004年建设全州县等8个火化殡仪馆和灌阳县等4个土葬殡仪馆工作。此外，自治区民政厅还安排福利资金480万元，资助崇左市等7个火化殡仪馆和灌阳、资源县两个土葬殡仪馆建设。

福利企业 2004年，广西有福利企业298家，安置残疾人就业0.56万人。福利企业全年销售收入13.6亿元，获退税8600万元。全自治区福利企业残疾职工人均收入5800元。

老龄工作 2004年，广西65岁及以上老年人口423万，占自治区总人口的8.65%；比去年上升0.05个百分点，人口年龄结构呈现老龄化特征。截至2004年底，广西区、市、县三级共有老龄机构122个，工作人员315名，老年人协会9707个，老年文教组织2260个，老年学术组织49个，老年基金会8个，老年大学66所。自治区人民政府桂政办发[2004]196号文，调整了自治区老龄工作委员会及24个成员单位的领导成员，自治区副主席孙瑜担任自治区老龄工作委员会主任。

根据全国老龄工作委员会下发的《关于在全国开展创建老龄工作先进县（市、区）活动的通知》，各地积极开展创建老龄工作先进县（市、区）活动。通过创建活动的开展，老龄工作得到了各级党委政府的高度重视。各地增加老龄工作人员编制共21人，三级工作网络基本建成。老年活动设施和场所不断增加，据统计，28个申报单位的老年活动设施和场所由原来的608个增加到1387个，共新增车辆5台，电脑30台，办公设施和条件得到了改善。南宁市城北区等5个单位被推荐为全国老龄工作先进县（市、区），桂林市老龄办等8个单位被推荐为全国老龄工作先进单位。

根据《关于印发〈组织开展老年知识分子援助西部大开发行动试点方案〉的通知》精神，广西壮族自治区被列为试点工作的省、区之一。确定广东省作为支援方与百色、玉林市作为受援方共同实施“银龄行动”试点工作。6月7日，两省在南宁签订了“银龄行动”合作意向书。8月11日，广东省11名专家赴桂，援助行动正式启动。试点工作历时近3个月，截至11月1日，援助专家在医疗卫生方面共接诊患者2730人次，开展义诊80人次，疑难病例讨论23例，学术讲座10次，知识讲座56次，受训人数达3400多人次，抢救危重病人35人次。在工业方面的援助专家在短暂的几十天里，就攻克了九道技术难关，为玉林市北流三环陶瓷集团创造了明显的经济效益。广东省卫生厅的领导在百色靖西化洞乡考察时，给该乡医院10万元资金修缮医护人员住房，目前资金已到位。

为丰富老年人的精神文化生活，4月29日，在全区开展了老年文艺调演评选活动，老年人积极参与，报送老年文艺调演评选节目共56个。评选出一等奖5名；二等奖10名；三等奖14名；优秀奖27名；组织奖3名。并于11月30日在南宁成功的举办了全区老年文艺调演汇报演出。与自治区宣传部、教育厅、共青团区委、区妇联等单位联合下发文件，在全区开展了“读敬老书、做敬老事、写敬老文章”的敬老爱老助老主题教育活动。自治区各市上报推荐了76名“孝亲敬老之星”，3名“中华孝亲敬老楷模”候选人参加全国评选。与区老干部局、广西电视台联合举办了广西“十大孝心人物”评选活动。通过组织和社会公开推荐评选出黄光德等10位同志为广西“十大孝心人物”，庞子信等5位同志为敬老人物，并举行颁奖晚会。与广西广播电台联合举办了全区老年人英语比赛活动。9月13日，在宜州市举办了全区第十期老龄工作干部培训班，各市50多名来自基层的老龄工作干部参加了学习。

做好老年群团工作。广西老年学学会第八次学术研讨会。60多位与会专家学者围绕“全面建设小康社会老龄问题研究”这一主题进行了认真的研讨，共提交论文91篇，会上还表彰了10位老年学研究积极分子。2004年，广西老年基金会共筹资金45万元，使老年事业发展基金不断增加。2004年拿出20多万元，帮助农村老年协会发展生产，扶贫助老慰问百岁高龄老年人近1000多人。

福利彩票工作　2004年，广西福利彩票发行工作按照“健康有序、安全运行、稳定发展”的方针，坚持规范发行，诚信为本，开拓创新，以市场为导向，推出了电子摇奖的快速游戏“快乐十分”，在短短的3个月里就为广西净增1亿元的销量，成为广西福彩新的增长点和利用市场手段打击私彩的有力武器。全年共销售福利彩票11.36亿元，彩票销量和市场份额均居全国同行前列，共为国家筹集福利彩票公益金3.965亿元，代扣代缴个人所得税3430万元。2004年，全区利用发行福利彩票筹集的公益资金共资助兴办农村五保村等社会福利、社会救助、社会公益项目3000余个，为构建和谐社会做出了贡献。

海南省

2004年，在省委、省政府的正确领导和民政部的指导下，海南省民政工作坚持以邓小平理论和“三个代表”重要思想为指导，深入贯彻落实党的十六届三中全会、四中全会和省委四届四次全体会议、五次全体会议精神，坚持“以民为本、为民解困”的宗旨，认真落实科学发展观，着力抓好提高执政能力建设，依法行政，规范管理，创新务实，较好地完成了年初召开的全省民政工作会议确定的任务，推动民政事业稳步、协调、全面发展，为全省改革开放和经济建设做出了新的贡献。

民间组织管理　按照总量控制，提高质量，布局合理，重点培育的原则，培育发展了行业协会和农村专业经济协会。特别是针对海南省调整农业产业结构，大力发展热带高效农业的特点，与有关部门配合，重点培育发展了一批瓜、果、菜等行业协会，全省共新批准登记各类社会团体29个；新批准登记民办非企业单位74个；登记基金会5个。抓好民间组织的监督和管理工作。成立了海南省民间组织促进会，强化民间组织的自律管理，促进其健康发展。全省有9个民间组织被民政部授予“全国先进民间组织”称号。

双拥、优抚和安置 双拥工作成效显著。认真贯彻全国双拥工作会议精神，筹备召开了省双拥工作领导小组第十九次全体会议、省双拥工作会议和省双拥办主任会议。以省政府名义发布了《关于军人参观旅游场所免收门票的通告》。研究制定《海南省双拥模范城(县、区)创建命名管理办法》、《海南省双拥工作领导小组成员单位工作职责》，修订完善《海南省双拥工作领导小组办公室工作规则》。全省有6个市县被民政部、总政治部命名为全国双拥模范城(县)；2个单位和2名个人分别被命名为爱国拥军模范单位和爱国拥军模范个人。优抚政策进一步得到落实。提高优抚对象抚恤补助标准，尤其是着力抓好建立优抚对象抚恤补助标准自然增长机制。全省共支出抚恤事业费4915万元，保障了2.6万名重点优抚对象的基本生活。努力争取财政投入，优抚事业单位的基本建设有了新的发展。城镇退役士兵和军休人员得到妥善安置。继续深化安置工作改革，全省有20个市县(区)推行城镇退役士兵自谋职业政策，妥善解决了安置难问题。全省2004年共接收城镇退役士兵1289人，已安置1098人，占82%，其中自谋职业922人，占68.9%。认真做好第五批军休人员安置工作，并抓好军休干部“两个待遇”的落实。2004年海南省共接收军休人员76人。省军供站大力推行人事制度改革，较好地完成了年度工作任务，被国家“四部一局”评为全国军供工作先进单位。涉军维权工作取得新进展。海南省民政厅牵头组成联合工作组，对全省涉军维权工作进行了重点检查。组成宣传咨询组，深入部队营区宣讲维权知识、提供法律咨询。

城乡救助体系建设 2004年各项为民解困措施有效落实，城乡困难群众的基本生活得到保障。救灾救济工作，全省共核发《农村特困户救助证》14.1万张、灾民救助卡32万张，安排救灾救济资金5859万元，救助灾民36万人。积极开展灾民危房改造，较好地帮助特困群众解决了住房难问题。研究制定海南省民政系统自然灾害救灾应急预案，为规范救灾工作提供了制度保障。城市低保工作，启动了农垦森工的低保工作，农垦系统和森工困难职工已全部纳入低保范围，基本做到动态管理下的“应保尽保”。及时采取措施缓解了物价上涨给低保家庭生活带来的影响。积极推行“分类施保”，对重病、重残和无经济收入等低保家庭给予重点救助。规范了低保工作程序，特别是借助省人大对低保工作的监督，确保了低保制度有效实施和低保金按时足额发放。全年共安排低保资金1.14亿元，全省有6.2万户、13.5万人享受低保，月平均低保标准127.61元、人均补差每月54.93元。农村五保供养和农村低保工作，省民政厅下发了《关于进一步做好农村五保供养工作的通知》，规范了五保供养工作，使2.05万名五保户的供养经费得到保障。农村低保工作，在调查研究的基础上，省委办公厅、省政府办公厅以琼办发〔2004〕31号文印发的《海南省农村改革方案》中明确提出“建立农民最低生活保障制度”。省厅在文昌市和保亭县开展了探索建立农村低保制度试点。截至2004年底，全省共投入农村低保资金1200万元，享受农村低保3万户、4.7万人；全省农村低保标准52.5元，人均补差每月28.6元。医疗救助工作，省民政厅在琼海、五指山市开展了农村医疗救助试点工作，并总结推广了经验做法。全省已有1.3万名五保户、特困户得到医疗救助。老区工作，认真落实卫留成省长有关老区建设“六条”批示精神，投入2000万元资金重点帮助老区人民解决生产生活中面临的人畜饮水、乡村道路、小型水利维修、学校危房改造等实际问题。

村民自治和城市社区建设 切实抓好第四届村(居)委会换届选举工作。在省委、省政府的高度重视和有关部门的密切配合下，全省统一部署，开展调查摸底，组织选举培训，进行选举试点，全面展开村（居）委会换届选举工作。全省共有2945个村（居）委会完成了换届选举工作，占全省村（居）委会总数的99.6%。进一步加强村务公开和民主管理工作。督促市县建立村务公开领导机构及其办公室，全省17个市县成立了村务公开领导小组或相关机构。省村务公开领导小组在琼海市和陵水县开展了进一步规范村务公开示范工作。省民政厅还争取省委、省政府出台了有关村务公开和民主管理方面的政策性文件。进行了婚姻登记体制改革工作。广泛宣传新的《婚姻登记条例》，完成婚姻登记体制改革。培训了婚姻登记员，开通了政务公开咨询热线。加大婚姻登记执法检查力度。加强婚姻登记信息化建设。全省有2个婚姻登记机关和5名登记员受到全国的表彰。此外，还与有关部门联合举办了乡镇长培训班和开展争创"民主法制示范村活动"，开展了海南省第一期和第二期万家社区图书室援建工作，组织指导海口市美兰区代表海南省参加全国社区文明风采电视大赛，并获得一等奖。

社会福利和社会事务 积极实施第三批"星光计划"建设项目收尾工作。及时下拨社会福利资助金600万元，做好第三批"星光计划"项目收尾工作。研究制定《海南省第三批"星光计划"项目检查验收方案》，并组织实施。认真做好"残疾孤儿手术康复明天计划"启动前期工作。海南省民政厅成立了实施"明天计划"工作领导小组，制定工作方案，全面开展孤残儿童情况调查，2004年可进行手术治疗的在院孤儿为163人。积极实施城市生活无着的流浪乞讨人员救助管理工作。积极与有关部门沟通协调，着力解决机构、编制和经费问题。全省共成立救助管理站6个，共接收求助人员2626人（次），实施救助2328人（次）。多渠道筹集资金，加快省少年儿童救助保护中心建设。切实加强行风建设，省救助管理站被民政部授予全国民政基层单位行风建设先进集体。

行政区划和地名管理 开展行政区划调整的专题研究工作。与中国行政区划研究中心合作，开展《海南省行政区划调整规划》和《海南省政区层次结构研究》等课题调研。调整规划和层次研究的《纲要》先后经省长办公会议、省长"碰头"会和省委书记办公会议研究，并反复修改，现已经省政府常务会议原则通过。同时结合海南省实际，就部分市区划调整问题开展调研。开展行政区域界线勘定有关工作。全面总结海南省勘界工作，并对勘界工作先进集体和个人进行通报表彰。加强对市县界线联检工作的指导，联检任务基本完成。下大力气抓好乡镇界线勘定工作，其中海口、三亚、东方、屯昌、白沙5市县已完成乡镇勘界任务。切实抓好省级地名数据库建设，其中第一期建设项目已基本完成。

福利彩票工作 贯彻落实"一把手"工程的指导思想，认识到位，措施得力，成效显著。全省共销售福利彩票1.34亿元，筹集社会公益金4600多万元，是海南省建省以来福利彩票销量最好的一年。同时，认真抓好福利彩票发行管理，使之日趋规范。

老龄工作 进一步加强老年人权益保障工作。调整充实海南省老龄工作委员会成员单位，明确成员单位职责，健全老龄工作制度。完成《海南省实施〈中华人民共和国老年人权益保障法〉办法》起草和送审工作。加大老年人权益保障法的宣传力度，努力营造敬老、爱老、助老的社会氛围。广泛开展全省老龄工作先进县（市、区）创建和"敬老爱老助老"主题教育活动。各级老龄办充分发挥作用，深入、扎实开展创建活动，城乡老年社会保障工作成效显著。全省有11人受到全国敬老爱老助老主题活动组委会表彰，昌江黎族自治县十月田镇敬老院管理员豹爱芳获得"中华孝亲敬老楷模"提名奖。

自身建设 本着"从严治政，建设廉洁、高效、勤政、务实的民政干部队伍"和加强党的执政能力建设的指导思想，各级民政部门认真抓好党风廉政建设和民政干部队伍执政能力建设。一方面，积极开展向郑培民、周国知、陈徽娥等先进典型的学习活动，充分发挥先进典型的示范和带动作用；另一方面，利用《王怀忠的两面人生》以及海南省民政系统个别干部违法犯罪的事实等反面教材开展警示教育，筑牢拒腐防变的思想防线。引导广大民政干部深入实际、深入基层、深入群众，大力弘扬求真务实精神，大兴求真务实之风。加强法制建设，坚持依法行政，推进规范管理。省民政厅经常组织工作组深入基层检查民政工作开展情况和民政行风建设情况，特别是对民政资金使用情况进行重点抽查，做到及时发现问题，及时督促解决。积极推进民政信息化建设，逐步改善工作条件和办公手段。民政宣传与民政信息工作进一步加强。民政财务、民政统计、民政信访工作在推进民政事业发展方面发挥了重要作用。

（海南省民政厅）

重庆市

2004年，重庆市民政工作坚持抓重点、攻难点，各项工作稳步推进，部分工作取得了突破性进展。

民间组织管理 出台了《农村基层专业经济协会登记指导意见》，降低准入门槛，简化登记程序，全市新登记农村专业经济协会147个。积极贯彻国务院《基金会管理条例》，对基金会进行重新审核登记。制定了《重庆市社会团体登记档案管理暂行办法》。按《行政许可法》的新要求，依法规范了民间组织的登记管理工作。全年新登记市级社团375个、民办非企业单位273个、基金会2个。

优抚 认真落实优抚对象抚恤补助标准自然增长机制的制度，在乡老复员军人定补金比上年增长了22%；为全市患重大疾病的1.64万名在乡老复员军人建立了个人健康档案，下拨医疗补助资金720万元，使医疗难有一定缓解。

安置 多渠道、多形式安置城镇退役士兵6230人，其中自谋职业3207人，占应安置总数的45%，比上年增加10个百分点。军队离退休干部接收安置和服务管理工作取得新进展，沙坪坝区杨公桥军干所军休干部谭光泽等7名军休干部被评为“全国优秀军休干部”，江北区军干所、沙坪坝区天星桥军干所被评为“全国军休服务管理工作先进单位”，陈芬等3名同志被评为“全国军休服务管理工作先进个人”。重庆西军供站被评为“全国军供工作正规化建设先进单位”。

双拥 认真筹备召开了重庆市双拥工作领导小组第六次全体成员会议，建立了双拥工作领导小组成员单位联络员制度；召开了军地联系会议，整合了双拥工作资源，创新了双拥工作领导机制；精心筹备召开了重庆市委第五次议军会，解决了部队军事设施、营房建设等20多个难点问题，得到了驻渝部队的高度评价；对全市20个双拥模范城（县）进行了考评，促进了双拥工作的深入开展。

救灾 进一步建立和完善救灾应急预案体系，完成了《重庆市自然灾害救助应急响应程序》的制定工作；全面推行灾民生活救助卡制度；加强救灾物资的储备和管理工作；在全市遭受自然灾害种类多、程度深、受灾面积大的情况下，全市全年共安排救灾救济资金2.0535亿元，救助灾民304.74万人次，确保了灾区社会稳定，人心安定。灾区倒房重建工作，建立了区县（市）政府统一领导、乡镇政府负责、民政部门具体抓、其他部门密切配合的分级管理、分工负责的责任制；总结推广了灾民倒房恢复重建项目管理“八步流程”，使整个建房工作做到了依法、公开、公平、公正，收到较好的效果。全市共安排灾后重建资金11354万元，使4.54万户、17.98万间灾民倒房重建工作按期完成。

城市居民最低生活保障 继续完善低保制度，强化动态管理，全面执行有劳动能力的低保对象就业再就业渐退制；全面开展低保实施情况的监督检查，基本做到动态管理下的应保尽保，不应保不予保；针对粮油价格上涨因素，及时采取措施对部分地区的低保对象实施粮油补贴；从10月1日起提高全市低保标准。2004年，全市每月都有30多户、70余万人享受城市低保待遇，人均补差每月88.1元，1—12月全市累计发放低保金64919.2万元，切实保障了城市贫困群众的基本生活。在渝中区、沙坪坝区、九龙坡区开展建立“爱心超市”试点工作。

农村五保供养和特困户救助 完成全市农村五保对象的全面普查，核发五保供养证110945个，实行持证管理，并与市财政研究制定了资金支付办法，确保了市级切块单列的供养金落实到位；为改变三峡库区和渝东南地区边远乡镇五保供养工作落后状况，市财政局安排3000万元，市福彩公益金安排600万元，新建农村敬老院150所，新增床位7500张。完成了农村特困户建账发卡制度的建立工作，为18万户、45万人发放特困救助证，发放特困救济金5183万元。农村低保制度建立新增了江北区、大渡口区，全市有4个区实行了农村低保，保障农村困难户2555户、4899人次，年支付保障金218万元。

村民自治 认真贯彻中办〔2004〕17号文件精神，建立市村务公开和民主管理工作领导小组，召开领导小组第一次会议，明确了推进村务公开，民主管理的基本思路。会同相关部门制定“2004年村务公开工作方案”，下发《关于进一步做好村务公开和民主管理工作的通知》，被民政部转发。推广开县“八步工作法”，进一步规范民主决策“一事一议”制度。配合市人大开展村民自治执法检查，并针对检查发现的问题认真整改。积极开展“民主法治示范村”创建活动，沙坪坝区上桥村、永川市玉清村等8个被民政部、司法部命名为“全国民主法治示范村”。认真组织开展第六届村委会换届选举工作，在全市推广村委会换届选举信息系统，提高了全市农村选举的信息化技术；结合欧盟项目，开展全市换届选举工作业务培训；加强换届选举的业务指导，促进各地换届选举工作的顺利开展，到年底，全市完成换届选举工作的有28个区县(市)。

城市社区建设 认真贯彻落实全市社区建设工作电视电话会议精神，着力解决社区负担过重、社区工作行政化倾向严重等问题。通过实施“星光计划”，进一步加强社区基础设施建设。依托重庆师范大学，组织举办了两期社区干部培训班，对来自全市40个区县(市)的600余名社区工作专职人员和指导工作人员进行专业培训；指导全市开展社区居委会换届选举工作；按照建设学习型社区的要求，在全市开展“万家社区图书室援建”和社区读书活动，组织主城九区开展社区读书知识竞赛活动，江北区组队代表重庆参加了全国社区读书知识风采大赛，并获二等奖。为进一步理清推进党的十六大提出的建设文明祥和新型社区的发展思路，在深入调研，广泛学习借鉴兄弟省市先进经验的基础上，拟定了《重庆市社区建设2005—2010年指导纲要》。

行政区划和地名管理 完成了《全市行政区划调整规划》的编制工作和重庆市行政区划图编印工作；江津、奉节、城口等15个区县完成了乡镇的行政区划调整工作；实施了地名的有偿命名，成功地拍卖了重庆轻轨“较新线”7个车站的冠名权，为国家创收405万元，实现了政府和企业双赢，开创了全国地名冠名权使用公开拍卖的先河。对主城九区开展了非标准地名清理工作，共清理非标准地名841条，整改600余条；完成了“重庆市大学城”和“重庆空港工业园区”的地名规划；完成了5条县级、2条省级行政区域界线联检任务。

婚姻管理和收养登记 认真研究制定贯彻落实新《婚姻登记条例》的有效措施，在全市开展创建示范婚姻登记处活动；加强业务培训和制度建设，提高了登记服务水平。重点加强涉外收养的管理与指导，使涉外收养稳步发展。全市全年办理结婚登记190402对，离婚登记48510对，收养登记1961个。

殡葬管理 加强了城市治丧秩序的整顿，继续坚持对主城区中心区实行文明治丧季度考核，并协助主城各区开展殡葬执法，拆除违规的“丧事一条龙服务”摊点，使主城区丧事扰民的现象得到有效遏制。深化了农村殡葬改革，针对部分地区农村“以罚代化”、花钱买土葬、骨灰乱埋乱葬等现象，组织人员深入区县、乡镇调查研究，形成了关于重庆市殡葬工作的情况调查报告，通过市政府下发了《关于进一步做好农村殡葬改革工作的通知》，并召开了全市农村殡葬改革工作会进行布置，提出要求，使农村殡葬改革乱收费和乱埋乱葬的现象基本得到制止。全市殡葬改革稳步推进，今年全市火化率巩固在47.7%。

福利彩票工作 在受体育彩票西安“宝马”事件的影响、销售市场疲软的情况下，加大了宣传促销力度，加强管理和站点建设，扩大“时时彩”发行网点，努力拓展市场，使销售量大幅度增长。全年共销售3.74亿元，比上年增长20.6%，筹集福利资金1.31亿元，其中上缴中央7487万元，市本级3770万元，区县(市)1852万元。

社会捐助 组织开展了抗洪救灾捐赠工作和扶贫济困送温暖捐赠活动，全市全年共接受捐赠款物8314.3万元，其中市级接收捐赠款物3813.39万元，为妥善解决灾民的生活困难，支援灾后重建工作，起到了重要作用。

社会福利事业 推行投资主体多元化，加快社会福利事业的发展，全年新增城市福利机构7个，新增床位700张；第三批“星光计划”项目顺利完成，全市共投入1.35亿元(其中部、市两级投入福利资金1790万元，区县(市)、街道(镇)财政及社会力量投入1.17亿元)，兴建了13个社区老年服务中心、227个社区老年服务站。按照民政部的部署，于7月下旬启动了为孤残儿童手术康复的“明天计划”，到2004年底，已成功实施手术34例。加强了社会福利机构专业化建设，组织开展了对全市城镇福利机构中申请认定护理保健师的500名护理人员进行了3期业务培训，经考核认定了463名护理保健师；会同市人事局对报考护理保健专业资格等级认定的307人组织了培训和考核，有210人获得了职业资格等级证书。在全市开展了福利机构“创星争优”活动，评选出11个“星级福利单位”，促进了福利事业单位的规范化建设。

救助管理 加强政策研究和制度建设，建立了与市公安局、市政管理局等9个部门的联席会议制度。报请市政府下发了《关于进一步做好救助管理工作的通知》，进一步规范了救助行为，全市全年共救流浪乞讨人员13350人次。

自身建设 加强业务培训，重庆市民政局举办了直辖以来首次全市民政局长培训班，专门邀请民政部有关业务司司长和重庆市知名大学教授、专家学者做专题讲座，市民政局各业务处室负责人亲自授课，讲解民政实务。通过各项业务培训，进一步提高了民政干部的综合素质和依法行政能力。继续在全市民政系统深入地开展以“勤政为民，做百姓贴心人”为主题的行风建设活动，坚持“纠建并举、以评促建、标本兼治”的方针，着力解决和克服群众反映强烈的热点、难点问题，市民政局对75个行风建设基层窗口先进单位进行了表彰；市儿童福利院、铜梁县邱少云烈士纪念馆、渝北区回兴镇社会福利院、涪陵区社会福利院被评为“全国民政基层单位行风建设先进集体”，使全市民政系统的行风进一步好转。全市民政系统广泛开展了向“为民模范”周国知学习的活动。开展了“学习周国知，我该怎么办?”、“学习周国知，为民办实事”、“学习周国知，创五型机关”等讨论活动，使全市民政系统迅速掀起了学习周国知活动的热潮。

(重庆市民政局　明廷文)

四川省

民间组织管理 完成了社区民间组织发展现状的调研，重点培育发展了四川省猪肉出口商会等一批应对 WTO 规则和国际惯例维护四川省企事业利益的行业协会和四川海洋特种技术研究所等民办非企业单位。截至 2004 年底，全省现有各类社团 11618 个，其中专业性社团占28.1%，行业性社团占 29.2%，学术性社团占 24.6%，联合性社团占18.1%；现有各类民办非企业单位 0611 个；基金会 44 个。四川省咨询业协会等 23 个民间组织被民政部评为全国先进民间组织。各地积极宣传贯彻《基金会管理条例》，启动基金会登记工作，开展基金会换证工作。完成了社会团体和民办非企业单位的年检，年检率和年检合格率较 2003 年有较大提高。

双拥、优抚 四川省双拥办制定下发了《开展创建省级双拥模范城县活动的实施意见》，指导各地开展创建活动。省民政厅和省军区政治部组成 3 个军地联合工作组，对成都、自贡、德阳、绵阳、遂宁、内江、达州、巴中、资阳 9 个市及县(区)进行了抽查，召开联席会，对申报单位和个人进行了初步审查，报请省双拥领导小组审定成都市等 86 个创建单位为新一届省双拥模范城(县、区)、南充市等 36 个创建单位为双拥先进市(县、区)，表彰成都市体育局等 158 个(其中部队为 46 个)单位为双拥先进集体、张宁生等 98 名个人(其中部队 53 名)为双拥先进个人。截至 2004 年底，四川省享受国家抚恤补助的重点优抚对象 334068 人。各地共投入自然增长经费 1160.28万元，普遍提高了重点优抚对象的抚恤补助标准，全面推行优抚对象抚恤补助经费发放办法改革。目前，四川省有 145 个县(市、区)实行由金融机构代发优抚对象抚恤补助经费，占全省总数的 80%，超额完成了省政府下达的目标任务。宜宾、德阳、遂宁、达州等市开展了优抚政务公开试点工作，起到了较好的示范作用。

安置 各地大力推进城镇退役士兵自谋职业工作，较好地完成了年度安置任务。2004 年全省共接收退役士兵 55580 人，其中需在城镇安置 18091 人，截至 2004 年底，已安置城镇退役士兵 16995 人，占城镇安置任务的 94%；自谋职业的城镇退役士兵达到 12256 人，占城镇安置任务的 67%，巴中、广安、达州、遂宁、南充等市自谋职业率达到 80%以上。全省共审定军休干部安置去向 892 人，下达第五批军休干部和伤病残退休干部接收安置计划 449 人，截至 2004 年底，已完成接收安置任务的 80%。2004 年，四川省有 17 名先进军休干部、7 个服务管理工作先进单位和 9 名服务管理工作先进个人被民政部、总政治部、总后勤部表彰，有 30 名先进军休干部、10 个服务管理工作先进单位、30 名服务管理工作先进个人和 50 个退役士兵安置工作先进单位被省军安领导小组通报表彰，有 18 个军休所被省民政厅命名为“标准化建设单位”。在 10 月 9 日召开的全国军事交通运输正规化建设工作会议上，成都、西昌、峨眉山和广元 4 个军供站被评为全国军供工作正规化建设先进单位。

救灾 2004 年，四川省 21 个市州 173 个县(市、区)都不同程度地遭受了自然灾害，特别是 9 月初，川东北地区遭受严重洪涝、滑坡泥石流等灾害。据统计全年受灾人口 3323.44 万人(次)，因灾死亡 341 人，伤病 9.5 万人，紧急转移安置 63.72万人；农作物受灾面积 148.5万公顷，绝收面积22.81 万公顷；倒塌房屋25.47万间，其中倒塌民房21.25万间，损坏房屋61.13万间；死亡大牲畜 16.85万头，损失现粮15.61万吨，减少粮食产量316.301万吨。因灾造成直接经济损失 91.83亿元，其中农业直接经济损失39.93亿元。四川省民政厅全年共派出 63 个(次)工作组深入灾区查看灾情、慰问灾民,指导救灾工作,全年下拨救灾资金28863.4万元(其中争取中央资金21800万元),紧急调运救灾专用帐篷3000顶。春荒期间四川省共发放灾民救助卡145万余张,解决了576.29万人(次)群众缺口粮问题。各地采取政府扶持、优惠政策减免、银行借贷、部门联系帮户等措施较好地解决了重建资金和宅基地选址等问题,使重建工作得以顺利进行。四川省需要恢复重建民房21.25万间,截至2004年底已完成恢复重建14.91万间,其余6.34万间于2005年春节前全面完成。省民政厅专门召集了甘孜、阿坝、凉山、雅安4个市州民政局负责同志针对2004年内有关部门预测部署备灾工作,并紧急调运救灾专用帐篷1000顶,确保灾害发生时灾民能得到妥善转移安置。“扶贫济困送温暖”取得了良好效果。四川省共接收捐赠现金2219万元、衣被136万件(床),价值2863多万元的生产生活物资,以及上海市和福建省的对口支援衣物350万件。其中,由省民政厅、省直机关工委联合发起的有180个省级机关、单位参与的捐赠活动,干部职工捐款达280万元、捐衣被13万件。截至2004年底,四川省已建立“慈善超市”、“爱心超市”、“爱心互助超市”43家,收到捐赠款物210万元,帮助了城市困难群众25132人。

救济 四川省目前已纳入供养的五保对象有313381人,有敬老院2686所,集中供养五保对象31689人。2004年7月省政府督办室对五保供养金按时足额发放情况进行专项督办,促使全省五保供养人数和供养标准都有较大提高。2004年11月省政府办公厅制定下发了《关于切实做好农村五保供养工作的通知》,针对税费改革后五保供养工作出现的问题,提出了解决问题的具体办法。各地突出对304663户727921名农村特困户群众实施了救助。目前,四川省有83个县(市、区)建立了农村低保制度,保障农村特困群众24.79万人。其中成都、德阳市所属各县、市、区已全部推行农村低保制度。截至2004年底,四川省共建立救助基金5959.334万元,绝大多数县(市、区)已经出台了农村医疗救助的具体办法。据初步统计,有5.12万名农村特困群众通过支助参加了农村新型合作医疗,有17.26万名农村特困群众获得了大病医疗救助。

城市居民最低生活保障 2004年,四川省各地重点解决符合城市低保条件的失地“农转非”人员和农垦、森工企业困难职工的最低生活保障问题,积极推行“分类救助”,逐步建立和完善以城市低保为基础,教育、医疗、司法等专项救助为补充的社会救助体系。截至2004年底,四川省共保障151.5万人,全年支出低保资金102016.7万元,其中中央补助资金7.03亿元,省本级预算安排1亿元。累计月人均补差59.3元,超额完成省政府确定的全省月人均补差不低于55元的目标任务;138个县(市、区)实行了低保金社会化发放,占全省总数的76.24%,超额完成省政府确定的“50%的县(市、区)低保金实现金融机构直发”的目标任务。城市低保工作信息系统建设步伐逐步加快,低保信息系统试点工作已经在成都市锦江区展开。

村民自治 以四川省委办公厅、省政府办公厅的名义出台了《关于健全和完善村务公开和民主管理制度的通知》,进一步推动了四川省村务公开和民主管理工作的规范化和程序化。乐山市沙湾区和达州市开江县、彭州市的村务公开工作经验在2004年12月召开的全国村务公开工作会议上进行了交流。四川省乡镇全部实行了政务公开,达到规范化要求的占乡镇总数90.1%。出版了《四川省村民委员会选举条例释义》,第六届村居民委员会换届选举工作进展顺利。继续深化村民自治模范单位创建活动,邛崃市、雅安市荥经县、宜宾市长宁县和攀枝花市仁和区被省政府命名为“村民自治模范县(区)”。

城市社区建设 四川省政府重点督办的公安、文化、卫生、社会保障“四进社区”工作稳步推进,全省有114个区(市、县)“四进社区”率达到60%以上,其中国家和省级社区建设示范区(市)达到80%以上。全省有11个区被省政府授予“四川省社区建设示范区”称号;有200名成绩突出的优秀社区工作者被省委组织部和省民政厅联合表彰。“万家社区图书室援建和万家社区读书”活动成效显著,全省援建图书室960个、图书25万余册,900余个社区的10余万社区居民参加了社区读书活动。省民政厅及2个市、4个区、8个街道、9个社区、7名个人受到民政部、中央文明办、国家新闻出版总署、国家广播电影电视总局联合表彰。成都市成华区组队代表四川省参加首届全国社区文明风采电视大赛荣获一等奖及文明风采奖。

社会福利事业　三年来四川省共投入“星光计划”建设资金29879.63万元,建成“星光老年之家”658个。2004年5月全省范围“孤残儿童手术康复明天计划”全面启动,截至2004年底,已有18个市州对1500多名孤残儿童进行了筛检,21个市州对193名残疾孤儿实施了康复手术。四川省共投入资金近2亿元(其中省本级投入2356万元),新建或者维修改造107家国有社会福利机构,新增福利机构收养床位1200余张。目前,全省各类非国有福利机构发展到400多家,年末在院收养老人6500多名;通过资助兴建了仪陇县净城安乐养老院和简阳龙泉湖老年康乐中心,开始了福利事业“民办公助”的初步尝试。全年新批福利企业131家,解决3216人就业,其中残疾人就业1380名,涉外送养儿童170多名。2004年全省共销售福利彩票4.47亿元,筹集福利资金2235万元。

区划地名和勘界管理　大力开展精简乡镇数量、扩大管理幅度工作,截至2004年底,四川省已撤并乡镇142个,减少幅度约3%,初步编制形成了四川省行政区划调整规划方案。完成川黔线及35条县级行政区域界线联检任务,建成勘界电子档案库,初步建立四川省县级行政区域界线管理信息系统,编制出版了四川省全面勘界之后首张法定行政区划图—《四川省行政区划图》。90%的城市和70%的县(市、区)标准地名标志设置任务均已完成或基本完成,共设置各类标准地名标志240余万块,共清理整顿建筑物名称5000余条,约50%的县(市、区)开展了地名数据库建库工作,录入地名信息约18万条。

殡葬管理、社会救助、婚姻管理　重点围绕修订《四川省殡葬管理条例》,开展了调研论证工作,省政府法制办于2004年10月举行了修订《四川省殡葬管理条例》听证会,于2004年11月提请省十届人大第十二次会议审议。全面组织公墓年检换证,逐步规范殡葬管理秩序。全省共火化遗体20万具,火化率为37%,与上年基本持平。四川省民政厅制定下发了《关于开展创建“四川省救助管理文明单位”活动的通知》,与省人事厅、省财政厅联合下发了《关于调整救助站管理人员岗位津贴的通知》,各地加强基础设施建设,全年共投入资金2434万元,新建救助管理站14个,迁建救助管理站5个,改(扩)建救助管理站56个,全面提升了救助管理工作水平。四川省现有市、州级救助管理站20个,县级救助管理站55个,全年救助近54675人次,自2003年8月1日救助管理制度建立以来累计救助流浪乞讨人员65413人次。加强婚姻登记机关和婚姻登记队伍自身建设,全省共完成设置婚姻登记机关2920个,共办理结婚登记448280对(包括补领、补办),比上年增长近30%。离婚登记91206对,婚姻登记合格率为98%。办理涉外、涉港澳台结婚登记2924对,离婚登记175对,婚姻登记合格率为100%;全省共办理收养登记2300件,省厅办理涉外、涉港澳台收养登记171件,收养登记合格率为100%。

党风廉政建设和行风建设　按照中纪委对各级领导干部廉洁自律的五条禁令和四川省委坚决刹住四股歪风的要求,对厅机关和事业单位领导干部进行多种形式的廉政教育,制定了《四川省民政厅厅级干部遵守廉洁自律规定的四点承诺》,要求处级以上干部参照执行,通过文件和公众网向社会公开。制发了《四川省民政厅2004年党风廉政建设工作意见》和《四川省民政厅2004年党风廉政建设和反腐败工作任务分工表》，深入开展民政系统行风建设工作。2004年3月，在遂宁市召开了全省民政系统行风建设工作会议。全省各级民政系统殡葬服务机构、救助管理站和乡民政办(所)等基层窗口单位评议面达100%，群众满意率和基本满意率达90%以上。在四川省民政系统11129个基层窗口单位中，对56个行风建设先进基层窗口单位和22名先进工作者进行了表彰，其中10个窗口单位获得了民政部表彰。

法制建设 重点开展了《行政许可法》和国务院《全面推进依法行政实施纲要》的学习贯彻和宣传培训工作，积极推进行政审批制度改革工作。四川省人民政府在第七批取消的行政审批项目中取消了省设定的5项行政审批项目。2004年3月至4月，省民政厅会同省监察厅和省财政厅组成10个检查组，对全省21个市州民政系统行政执法自查整改工作和贯彻落实《四川省民政系统行政行为规范(试行)》的情况进行了检查。针对自查出来的问题，及时整改，成效明显，群众基本满意。

民政信息化建设 加大网络维护和应用，完善网络基础建设。2004年8月底完成连接民政部广域网512K帧中继升级到2MSDH线路的调试和链接，2004年12月初完成民政厅接入互联网的商务光纤2M到4M线路的扩容。自2004年9月1日起，厅机关全面推行了民政公用政务平台，厅机关从公文起草到校版膳印，以及公文归档和查阅全部实行了办公无纸化、自动化。2004年10月1日起，21个市、州民政局与省民政厅之间的公文全部实现网上交换和处理。按照省政府办公厅的要求，积极建立专网平台，5月底开通了“省民政厅政府业务资源网”网站。截至2004年底，省民政厅“一刊两网”共采用机关各处室信息236篇，各市、州、县民政部门信息稿件466篇，网站发布民政业务工作图片130余张。省委采用稿件累计278分，省政府采用稿件67篇。省民政厅机关在《中国社会报》、《公益时报》、《四川日报》、《四川电视台》等宣传媒体上稿反映民政工作的新闻稿件共计20余篇。省民政厅公众网站和党政网网站访问累计144040人次，日均访问245人次。2004年度，省民政厅分别被四川省委办公厅、四川省人民政府办公厅、民政部评为全省、全国政务信息先进单位(集体)。省民政厅机关有2篇公文分别获得第二届全国民政系统优秀公文二等奖、三等奖。

信访、目标、考核、档案 2004年，省民政厅共接待各类群众来访3092人次，比上年增加1533人次，增长98%，其中接待集体上访40批、1349人次，比上年增加4批、875人次；处理人民来信1330件，比上年增加378件。来访对象中，优抚安置对象占64%；社会救济对象占20%。按时完成了省委省政府下达的各项目标任务，同时，省民政厅厅机关还开展了档案达标活动，经省档案局组织验收考核，省民政厅被授予四川省档案工作“一级单位”。

(四川省民政厅)

贵州省

2004年，在贵州省委、省政府正确领导和民政部指导下，全省各级民政部门坚持以邓小平理论和“三个代表”重要思想为指导，牢固树立和落实科学发展观，紧紧围绕“以民为本，为民解困”的工作宗旨和“保障民生、维护民利、落实民权”的工作主线，解放思想，深化改革，锐意进取，真抓实干，各项民政工作取得良好成效。

城乡社会救助体系建设 救助体系建设稳步推进。省地县相互衔接的自然灾害救助应急预案体系初步形成，应急反应和综合协调能力明显增强。12月29日，省政府办公厅再次将补充、完善后的自然灾害救助应急预案印发各地各部门施行。全省9个市(州、地)、88个县(市、区)已全部出台了救灾应急预案。为推动全省紧急救助体系的建立和完善,7月15日,贵州省在开阳县双流镇成功举办了自然灾害紧急救助演练,副省长肖永安担任了此次演练的总指挥,省直30多个部门的主管领导参加观摩演练,收到良好的效果。救灾、低保工作规范化程度进一步提升。2004年,全省实行灾民救助方案各级备案制,建立因灾倒塌、毁损房屋备案制,推行灾民建房恢复重建项目管理。减灾工作稳步推进,救灾物资仓储制度进一步完善。2004年2月,贵州省民政厅内设机构——贵州省减灾中心和救灾物资仓储中心正式挂牌成立。其职能主要是制定减灾计划,协调有关部门开展防灾减灾工作,开展救灾物资储备,城市低保基本做到应保尽保,初步实现分类施保,动态管理进一步加强。农村特困救助在巩固100个一类重点扶贫乡镇实施的基础上,稳步扩大到50个扶贫开发重点县的二类乡镇,贵阳市、黔西南州、六盘水市全面推开了这项制度。农村医疗救助全面起步,五保供养进一步规范。城乡困难群众基本生活得到保障,共救助城市低保对象47.5万人,农村特困群众41.1万人,五保供养10.1万人,农村医疗救助8万人,救助城市生活无着流浪乞讨人员1万余人次。56个县市区提高了低保标准,全省低保标准提高到月人均121元,月人均补差65元。42个县市区按每人每年不低于625元标准落实了财政转移支付渠道的农村五保现金供养。2004年,全省先后遭受旱灾、风雹、洪涝、滑坡泥石流、病虫等自然灾害,88个县市区普遍受灾,受灾人口1744.4万人,农作物受灾面积93.9万公顷,绝收14.2万公顷,因灾毁损房屋31.4万间,造成直接经济损失24.04亿元,其中农业直接经济损失21.2亿元。灾情发生后,各级民政部门在党委政府领导下,深入灾区开展抗灾救灾,共发放口粮救济款4649.4万元、救灾粮4.01万吨、衣被220万余件床,紧急转移安置灾民28.48万人,为灾民建房4.9万间,累计救助灾民325万人次,灾区人心安定,社会稳定。

双拥、优抚和安置 工作迈出新步伐。认真贯彻全国双拥工作会议和双拥办主任会议精神,加大双拥工作推进力度,进一步巩固和发展了军政军民相互团结的大好局面。以学习贯彻落实新的《军人抚恤优待条例》为契机,进一步推动了优抚政策落实和优抚事业发展。全省有52个县市区建立了优抚对象抚恤补助标准自然增长机制,49个县市区在乡老复员军人定补标准达到年人均1100元以上,最高达2352元;全省义务兵家属优待标准提高到年人均1500元。残疾军人新旧等级套改换证工作正式启动。重点优抚对象“三难”问题进一步缓解,把在乡老复员军人纳入农村医疗救助范围,多渠道筹集资金帮助3000多名重点优抚对象参加了农村新型合作医疗,为6000多户住危房的优抚对象重建了住房,动员近1000个部门和单位开展了对优抚对象的定点帮扶。年度城镇退役士兵安置任务基本完成,安置改革试点扩大到41个县市区,全省城镇退役士兵自谋职业率提高到30%,黔东南州、黔西南州超过50%,遵义市、黔南州超过35%。军休服务管理进一步规范,军休干部用车制度改革逐步推行,军休干部“两个待遇”得到较好落实。年度新老兵接待转运任务顺利完成。

村民自治和城市社区建设

认真学习贯彻落实《中共中央办公厅、国务院办公厅关于进一步健全和完善村务公开和民主管理制度的通知》(中办发〔2004〕17号,以下简称“17号文件”),以村务公开民主管理为重点,进一步推动了村民自治深入发展。各地普遍建立村务公开民主管理协调机构,各村普遍设立“两会两组”(村民会议、村民代表会议,村务公开监督小组、民主理财小组),并按17号文件要求建立了各项制度。第六届村居委会换届选举顺利进行。社区建设深入发展,县级市区和县政府所在地社区整合基本完成,“万家社区图书援建和万家社区读书活动”首批援建项目顺利完成,共援建社区190个,第二批200

个援建项目正在开展。

社会福利事业 3年集中实施的“星光计划”顺利完成，共投入资金2.1亿元建成“星光计划”项目394个，初步形成覆盖全省县市区的社区老年福利服务网络。启动实施了福利机构孤残儿童手术康复“明天计划”。超额完成福利彩票年度销售任务，共销售福利彩票2.34亿元，创历史新高，占全省70%的彩票市场份额，筹集彩票公益金8190万元。

慈善事业 2004年，贵州省慈善总会坚持以“安老、扶孤、助学、济困”为宗旨，围绕“扩大宣传、广交朋友、筹募善款”的工作目标，广筹善款，积极发展慈善事业。截至2005年3月，收到来自社会各界的捐赠款物折合人民币共计871.62万元，其中现金捐赠403.42万元（其中海啸捐赠180.06万元），物资捐赠折合人民币468.2万元。治愈唇腭裂患者2861例；资助贫困大学生94名，中、小学生100名；受救助贫困群众达3万人次。

老龄工作 贵州省老龄办会同省委宣传部等部门在全省青少年中广泛开展“敬老爱老助老”主题宣传教育，组织开展老龄事业“十五”规划完成情况督查评估。贵州省老年艺术团正式成立。各地开展了丰富多彩的老龄文化体育活动，加大了老年人维权工作力度，贵阳、黔南设立了老年人法律援助工作机构，铜仁、贵阳等地开展了签订老年人赡养协议书试点。

社会行政事务管理 加强行政区划地名和边界管理，完成了黔川、黔湘省界联检，顺利完成14个城市标准化地名标志设置任务，撤并2200余个建制村，编制了行政区划调整规划。遵义市汇川区挂牌成立，全省县市区增加到88个。殡葬改革进一步推进，殡葬管理进一步加强。全省火化率提高到11.5%。黔西县和汇川区全部划定为火葬区。全省共新建（含在建）殡仪馆和殡仪服务站9个、经营性公墓5个，农村公益性墓地105个。以高等级公路沿线为重点的公墓坟墓治理整顿工作继续推进。民间组织管理进一步加强，全省已登记民间组织3629个，农村专业经济协会发展到2800个。婚姻和收养登记服务规范程度进一步提升。全面启用了新的婚姻证件。

民政自身能力建设 各级党委政府对民政工作的领导和民政部对贵州省的支持力度进一步加大。贵州省委、省政府高度重视民政工作，把民政工作纳入全省工作大局进行部署。省委常委会、省长办公会多次研究民政工作，对建立农村特困救助制度的时间步骤和救助标准、资金来源，对建立省级自然灾害应急预案，安排城镇退役士兵安置改革补助资金，做好新形势下的双拥工作和第六届村居委会换届选举等工作，做出了一系列重要决策，下发了4个重要文件。地县党委政府也结合当地实际从不同层面进一步重视和支持民政工作，贵阳市、铜仁地区分别把解决居委会办公用房、修建城区中心敬老院纳入为民办的“10件实事”，遵义市把殡葬改革、敬老院建设和村委会换届“海选”列为政府“8项改革”内容，黔西南州在全州乡镇重新统一设置民政办，安顺市下文明确由市县两级财政按比例解决社区干部报酬及办公经费，黔南州和遵义市出台培育发展农村专业经济协会的意见，六盘水市加强了基层低保工作机构和队伍建设，黔东南州加强了民政规范化建设，毕节地区赫章县把五保供养资金纳入财政预算，从生活、医疗、丧葬等方面强化和落实了五保措施。赤水市重视和加强殡葬改革，火化率由上年10%迅速提高到99%。民政部2004年共下拨贵州省民政事业费预算指标（资金）5.1亿元。在民政部支持下，全省88个县市区统一配备了救灾用车。地方各级政府也进一步加大了民政事业费投入，省级投入的民政事业费达1亿元，地县投入也有较大增长。社会救助和优抚安置事业费投入有较大增长，中央和地方各级全年投入的社会救助资金总量超过6亿元。其中，城市低保金3.6亿元，救灾救济款1.77亿元，农村特困救助资金8200万元，农村医疗救助基金3992万元。各级安排的城镇退役士兵自谋职业一次性补偿经费达

2228万元。据快报统计，贵州省全年民政事业费支出达到9.7亿元。

各级民政部门与有关部门的沟通协调和对社会的宣传引导进一步加强。贵州省民政厅会同财政、卫生、扶贫办等部门分别就社会救助工作联合下发3个规范性文件；建立省抗灾救灾工作协调机制，30多个部门和单位在抗灾救灾工作中的职责得到明确，通过开展救灾演练，增强了抗灾救灾工作的协调性和应急能力。坚持和落实社区建设联系会议制度，建立了“成员单位定点联系社区”这一新型工作机制，促进了部门对社区援建帮扶活动的开展。建立第六届村居委会换届选举工作领导小组，组织部门首次参加到领导小组中来，加大了对这项工作的领导力度。建立健全村务公开民主管理协调机构，省协调小组研究制订工作要点，印发工作规程，明确成员单位职责，组织开展督促检查，有力促进了村民自治工作的开展。努力扩大社会参与，组织开展集中性社会捐助活动，发挥对口帮扶、经常性社会捐助站点的作用，接收社会捐款864万元，衣物290万件，贵阳、安顺等地建起10个“爱心超市”、“慈善超市”，一些商业企业设立了“优惠专柜”，贵州都市报、贵阳晚报开设了“爱心互动”、“情系孤老”等救助专栏，省慈善总会接收到来自中华慈善总会、世界宣明会、台湾慈济会和省内外一些企业以及社会群众的捐款（含捐物折款）630万元。贵阳市由企业出资，在儿童新村设立了全省首家“特殊家庭”儿童救助保护中心。印度洋海域发生特大海啸灾难后，贵州省民政厅按照统一部署，发扬国际人道主义精神，在全省组织开展专项社会捐助活动，得到贵航集团、贵州铝厂等企业和单位以及社会各界的积极响应。通过加强部门协作和扩大社会参与，进一步推动了民政工作社会化。

民政工作法制化规范化水平进一步提高。围绕贯彻实施《行政许可法》和国务院《依法行政实施纲要》，对地方性民政行政许可事项进行全面清理，对确定为行政许可事项的民间组织管理、殡葬管理和假肢企业管理等3大项23个小项逐一依法进行规范，并制订了实施行政许可监督检查与责任追究、听证、行政许可办理须知、行政许可事项“一个窗口对外”等配套制度。积极争取出台《贵州省救灾款物管理办法》，会同省政府法制办完成了“办法”草案的立法调研和论证工作，该“办法”已列入省政府立法计划。加强业务管理制度建设，印发了低保操作规程，认真抓了民政部“三个规程、一项制度”（即自然灾害统计制度，春荒冬令灾民生活救助、灾害应急救助、灾区民房恢复重建工作规程）的落实，积极推行福利彩票质量认证管理体系，建立了省地县三级民政电子统计台账，并制订了相关管理制度。各地也结合实际加强地方性立法，有5个市州地政府出台了当地城市低保办法。同时，积极开展民政政策法规和规章制度培训，加大执法力度和执法监督力度，认真组织开展了救灾款、城市低保金、福利彩票公益金、星光计划项目资金管理使用情况执法监察，开展婚姻登记、军休经费使用情况执法检查和殡仪服务机构检查。并通过开通低保热线、加强政务公开等措施，进一步健全完善了民政工作监督制约机制。四是在民政工作中涌现出一大批先进典型。全省先后共有军休、军供站正规化建设、婚姻登记、行风建设、老龄、星光计划实施、信访、宣传等方面的49个先进组织和单位、20名先进个人受到省部级以上表彰。全国民政“孺子牛”奖获得者、遵义市民政局局长张有顺，被评为“全国人民满意公务员”。贵阳市、遵义市、福泉市、思南县、从江县、平坝县被评为“全国双拥模范城县”。贵州灵达集团公司董事长兰勇荣获民政部“捐助之星”奖。4个县市区被评为全国老龄工作先进县市区。贵州省民政厅对实施“星光计划”中涌现出来的27个先进单位和38名先进个人以及行风建设中的30个先进单位给予了表彰。

（贵州省民政厅）

云南省

2004年,在省委、省政府的正确领导下,在民政部的指导和支持下,云南省各级民政部门按照年初全省民政工作会议的部署和要求,始终坚持"以人为本、为民解困"的工作理念,紧紧围绕党委、政府的中心工作,认真履行"三个服务"职能,在探索中求发展,在改革中求创新,齐心协力,锐意进取,扎实工作,圆满完成了年初确定的各项目标和任务,为全省经济建设和社会发展做出了应有的贡献。

民间组织管理 全省已登记农村专业经济协会1000多个,楚雄、大理、文山等地此项工作成效显著;在全省首次表彰了100个优秀社团,有12个民间组织被民政部评为全国先进民间组织;举办了全省民间组织管理行政执法培训班,对各州、市、县、区147名民间组织管理工作人员进行了执法培训;进一步加强了对民间组织的监督管理,对连续三年不参加年检的20个社团给予撤销登记,至今,云南省民政厅共撤销不按规定接受监督检查的社团31个;认真贯彻新的《基金会管理条例》,与省监察厅、省财政厅联合下发了《关于加强基金会管理的通知》,对基金会的培育发展、换证及清理未登记基金会等工作提出了具体要求。

双拥、优抚 认真传达贯彻全国双拥工作和优抚工作会议精神,深化了对做好新时期双拥优抚工作重要性的认识;积极开展了《云南省重点优抚对象抚恤补助标准自然增长机制》的调查论证和起草工作,并已上报省政府待批准后颁布实施;认真学习贯彻新的《军人抚恤优待条例》,积极开展调研,为做好伤残军人的等级套改和精神病人评残奠定了良好的基础;完成了一年一度的重点优抚对象和优抚事业单位的数据更新工作,确保了中央财政对云南省抚恤事业经费的及时足额下拨;圆满完成了元旦、春节期间慰问部队的承办工作,进一步促进了云南省的军政军民团结。

安置 始终坚持"以兵为本,为兵服务"的工作理念,大力推进多渠道、多形式的安置办法,在圆满完成全年安置任务的基础上,进一步加大政策制定力度,与教育厅等12个部门制定了《关于贯彻国办发〔2004〕10号文件的实施意见》并由省政府办公厅批转下发,与省人事厅出台了《云南省自谋职业退役士兵推行人事代理制度试行办法》、《云南省城镇退役士兵考试考核安置办法》(试行)和《云南省城镇退役士兵考试规程》,与省劳动和社会保障厅、省军区司令部下发了《关于在驻滇部队士兵中开展职业技能培训的实施意见》;成立了"云南省退役士兵职业技能培训服务中心",创建开通了"云南省退役士兵就业服务网";加强了安置工作理论研究力度,成功举办了"新时期退役士兵安置暨军休服务管理社会化理论研讨会";云南省民政厅安置处撰写的《建立公平竞争机制,维护退役士兵合法权益》,荣获民政部2004年理论研究成果三等奖。同时,在全省军休人员中组织开展了"云岭老战士牵手互助行动",共收到捐款23万元并建立了一所"军休希望小学";军休服务管理社会化改革全面启动并收到明显成效。2004年,全省共安置退役士兵15000多人,其中安置就业3000多人,办理自谋职业1700多名。省级收取有偿转移金2000多万元,全省兑现一次性自谋职业补助金5200多万元。

救灾救济 2004年,云南省各种自然灾害频繁严重,先后发生8次重特大洪涝泥石流灾害、3次5级以上破坏性地震,德宏、保山、昭通、丽江、怒江、文山、红河等地重复受灾。全年因灾死亡326人,失踪96人,倒塌民房12.3万间,损坏157.5万间,因灾造成直接经济损失72.6亿元。面对严峻的灾情，党中央、国务院和省委、省政府高度重视，中央领导针对云南灾情的批示达13次，温家宝总理、曾庆红副主席、回良玉副总理亲临云南省灾区视察，国务院先后8次向云南派出救灾工作组；民政部李学举部长等领导先后8次深入云南省灾区指挥抗灾救灾工作。白恩培书记、徐荣凯省长和分管救灾工作的孔垂柱副省长等领导先后14次深入一线指挥抗灾救灾，省政府先后召开6次救灾现场办公会议、3次全省灾区民房恢复重建工作会议。省人大、省政协组织全国人大代表、省政协委员3次专题视察救灾和民房恢复重建工作。全省各级民政部门认真履行职责，全力以赴，积极组织、协调和落实各项抗灾救灾工作，仅省厅就派出43个工作组，做到了第一时间赶赴灾区现场、第一时间了解上报灾情、第一时间调运救灾物资，出色地完成了应急抢险、灾民救济、灾后重建等各项救灾工作，多次受到党中央、国务院和省委、省政府领导的高度评价和表扬。全年，共安排救灾资金65950.9万元，调运救灾帐篷10117顶、棉被24530床、新衣服43122套，救济灾民274.2万户1014.6万人，有效解决了灾民的吃、穿、住、医等方面的困难；完成了全省43.8万间倒损民房的恢复重建任务，占全国需恢复民房数的35%；昭通、德宏、保山等地在民房恢复重建中还创造了许多好的经验，特别是昭通鲁甸县和昭阳区在不到一年的时间内3次地震、34977间民房需恢复，在时间紧、困难多，特别是建材十分紧张、气候恶劣的情况下，市、县(区)、乡各级民政部门以高度的责任感，千方百计抓进度，实现了温家宝总理在云南省提出的“春节前确保灾民都有一间安全保暖房”的目标。救灾预案体系初步建立，省政府出台了《云南省重特大自然灾害应急预案》，12个州市94个县(市、区)都以政府文件出台了自然灾害应急预案，没有出台的也正在报批之中，进一步健全了云南省救灾工作机制，大大提高了灾害应急处置能力。在民政部和省委、省政府的关心下，为全省16个州市、129个县市区统一配备了救灾专用车，并与省监察厅制定了《云南省救灾专用车辆管理规定》，极大地提高了云南省民政系统救灾装备水平。

城市居民最低生活保障 在继续巩固动态管理下“应保尽保”的基础上，严格遵守低保政策，进一步规范低保对象的申报、审核批准程序，基本实现了低保资金社会化发放；积极推行分类施保，思茅市对残疾人、重患病人及孤老孤儿等低保对象的补助金提高了20%；与财政厅等8部门联合制定了《云南省城市居民最低生活保障对象优待办法(试行)》，使城市低保对象在医疗、教育、就业、住房等方面享受到了一系列优惠政策；针对粮油价格上涨给低保对象生活带来影响的实际，与财政厅联合下发了《关于提高我省城市居民最低生活保障标准的实施意见》，全省城市居民每人每月最低生活保障标准在原基础上提高了10元(昆明市各县区提高20元)。2004年，全省共筹集低保资金5.72亿元(其中：中央补助3.14亿元、省级安排1.5亿元、地县两级安排1.08亿元)，全省659019人享受了低保，年支出保障金51634.85万元。

农村医疗救助和特困户救助 为认真做好农村医疗救助工作，省级已下拨农村医疗救助资金2506万元(中央安排2026万元、省级配套480万元)。目前，全省已经发放医疗救助资金505.4万元，救助131620人，年人均救助标准38.4元。同时，在全国率先取消了农村特困户新型合作医疗门诊起付线。农村特困户救助工作，在积极落实救助资金的基础上，云南省民政厅对部分州市进行了深入调研，并代省政府草拟了《云南省农村特困户生活救助管理暂行办法》，对如何做好农村特困户生活救助工作提出了救助方案。

社会捐助 根据2004年7月以来严峻的灾情，提前启动并精心组织了救灾捐赠和“扶贫济困送温暖”捐助活动，高效、有序地开展了上海和青岛市对口支援物资的接收及发放工作。2004年，全省共接收救灾捐款6341万元、捐赠物资价值5060万元；其中，省接收救灾捐赠办公室共接收到捐款

2764.4万元，捐赠衣被569.4万件(床)以及价值1646万元的粮食、药品、食品等物资。

村民自治 为认真做好第二届村委会换届选举工作，各级财政加大了投入力度，省级投入200万元、州市级共投入1951万元(其中大理州、临沧市各投入300万元)，依法完成了全省第二届村委会换届选举工作。截至2004年8月底，全省共有村委会12889个，自然村131037个，村民小组161552个；依法选出村委会主任12797人、村委会副主任13928人、村委会委员42577人。同时，成立了云南省村务公开协调小组，村务公开和民主管理工作稳步推进；认真开展了“两法”检查工作，并得到省人大的充分肯定；积极开展中欧村务管理培训项目，举办了16期村务管理和村务公开培训班，共培训20个县、区的1800多名村委会主任和乡镇干部；承办了“全国村民自治业务互动式培训观摩会”，具有云南特色的乡村干部互动式培训方法，再次受到民政部的肯定并在全国推广。

城市社区建设 积极开展了万家社区图书室援建和万家社区读书活动，在社区掀起了读书热潮，并受到社区居民的欢迎和响应。目前，已有393个社区参与了图书室援建，占社区总数的44.5%。在援建活动中，全省有1个市、2个区县、2个街道办事处、3个社区荣获“全国万家社区图书援建及万家社区读书活动”先进单位，3人被评为先进个人。

婚姻管理 2003年8月8日，国务院颁布了新修订的《婚姻登记条例》，并于当年10月1日起实施。为适应形势发展需要，加快婚姻登记改革步伐，提高婚姻登记管理质量和婚姻服从水平，云南省政府于2004年2月3日批准了950个省、县、乡三级婚姻登记机关，其中省民政厅婚姻登记机关1个，县(市、区)民政局婚姻登记机关129个，乡镇人民政府婚姻登记机关820个。全省有32个县(市、区)民政局全部采取集中办理全县婚姻登记，占总数的24.8%。通过婚姻登记，树立了民政部门为民的良好形象。全省各婚姻登记机关建立健全了各项规章制度、管理制度和岗位责任制度，做到挂牌上岗、挂牌办公、挂牌收费，政策依据上墙、岗位职责上墙、收费标准上墙、服务标准和服务时限上墙，既接受了群众、社会、新闻媒体等各方面监督，又深受群众的欢迎。截至2004年底，全省共办理婚姻登记人数264837对，其中，省内公民结婚登记264399对，自愿离婚26754对，涉港澳台居民和外国公民婚姻登记438对。2004年，云南省有8个婚姻登记机关被民政部评为“全国先进婚姻登记机关”、12人被评为“全国优秀婚姻登记员”。

殡葬管理 2004年，云南省继续加大殡葬改革力度，通过多种形式开展宣传，使殡葬改革深入人心，社会认知度不断增强。截至2004年底，全省共有殡仪馆33个，全年火化遗体2.8万具，火化率达9%，全年国际运尸业务10件。在加强殡仪馆基础设施建设方面，各地政府投入810万元，对16个殡仪馆、7176平方米建筑进行了改扩建。省民政厅、省财政厅、省发展和改革委员会联合向省政府上报了《云南省县级火葬设施建设规划》，该规划已经省政府批准同意实施。规划提出，在今后5年内，将在全省新建46个县级火葬设施。2004年全省继续加强公墓的规范性管理，有47家经营性公墓年检合格。

行政区划和地名管理 完成了昆明市四区行政区划由封闭型改为开放型的结构调整的审核报批工作，提高了四区行政区划的科学化水平；及时开展了绥江、水富两县行政区划调整的调研、审核和上报工作；对20多个乡镇进行了调整撤并，版纳州乡镇撤并力度大且成效明显；科学合理地编制了全省行政区划调整规划，及时督促指导各地的行政区划调整规划编制工作；积极开展县级行政区划界线联检工作，牵头完成了滇藏线的联检工作，指导督促州市完成了6条州市间县界和36条州市内县界联检，保山、临沧两市界线联检配合密切、工作扎实规范；全省40多个城市(镇)开展了街路巷楼门标准地名标志牌的设置工作，红河州各县城全部完成了地名标志牌设置任务。

福利彩票工作　2004年，云南省共发行销售福利彩票55562.8万元，其中：电脑彩票销售51868.2万元即开票销售3694.6万元，彩票总销量在2003年基础上翻了一番；筹集福彩公益金19334.71万元，为中奖彩民代扣代缴个人偶然所得税2722.59万元；全省电脑福利彩票销售网点为社会提供了3000个以上的就业机会，每个站点平均年代销费收入2.26万元。电脑福利彩票销量在全国排名也大大提前，从2003年分列全国第24位、西部地区第6位、西南地区第3位，上升到2004年的全国第15位、西部地区第3位、西南地区第1位。福彩销量的成倍增长，有力地促进了社会福利事业的发展。

“星光计划”　2003年至2004年，云南省第三批“星光计划”集中在县城镇和农村乡镇兴建，共建成177个“星光老年之家”，投入资金10501万元，其中民政部投入1760万元、地方福利彩票公益金投入1861万元、地方财政投入2196万元、社会力量投入1269万元、自筹资金3415万元。从2001年6月开始实施“星光计划”以来，云南省分3批共建成477个“星光老年之家”，遍及全省16个州、市，共计投入资金28224万元。目前，所有的“星光老年之家”已基本实现了对外开放并收到了良好的社会效益，较好地缓解了城乡老年人福利服务设施严重匮乏的矛盾。

“明天计划”　为认真实施好“残疾孤儿手术康复明天计划”，一是成立了由11个部门组成的“明天计划”协调小组，协调小组下设宣传报道组、专家评审组、资金筹措组和综合协调组，分别由相关部门牵头负责，各司其职；二是采取多部门联合发出倡议书、召开新闻发布会、制作电视专题片、编制工作简报等多种方式广泛宣传并向社会筹集资金，截至2004年底，共接收捐款168975元人民币；三是制定相关规定，保证“明天计划”按计划、有步骤地实施；四是与省卫生厅协商后，确定全省三级乙等以上医院为实施“明天计划”定点医院，云南省第一人民医院、昆明医学院第一附属医院、延安医院为跨州市实施手术矫治定点医院；五是认真调查摸底，制定云南省三年规划和年度计划。根据规划，云南省三年内将为5311名残疾孤儿实施手术，约需经费4600万元。截至2004年12月，已为43名孤儿实施了手术康复治疗，手术全部达到预期效果获得成功。

老龄工作　与云南省委组织部等4部门联合下发了《关于切实加强老龄工作有关问题的通知》，全省老龄工作机构建设得到加强；积极开展“创建活动”及检查验收工作，进一步完善了老年社会保障和社会优待制度；积极实施农村老年协会建设“三年规划”，农村老龄问题得到关注；社区养老服务体系建设进一步规范，老年权益保障和执法监督得到增强；银龄行动试点取得成效，“主题教育活动”有声有色，老龄和敬老意识明显增强。

救助管理　为更好地维护各地城市良好的社会公共秩序、交通秩序和人民群众正常工作生活秩序，针对出现的新情况、新问题，云南省及时制定了《关于加强城市流浪乞讨人员管理和救助工作的意见》，规定限制乞讨区域，禁止强讨强要、组织、利用、胁迫残疾疾人、未成年人、老年人、租借婴幼儿及其他人员进行非法乞讨，从中牟利的违法行为；主动开展救助工作，在救助中，对危重病人给予及时送医救治；加大节假日救助力度，定期不定期地派出工作人员和救助车辆到车站、广场、公园、繁华街道、闹市区、商场、旅游景点等人口流动量大的地方进行劝导和现场救助乞讨人员；同时，有效协调与各省之间跨省接送工作。2004年，全省救助各类人员27971人，其中：本省17400人，外省10571人；未成年人5235人、青壮年17377人、老年人5359人；在救助对象中，肢体残疾3924人，痴呆1217人，精神病798人，危重病55人。

民政信息化建设　为推动厅机关信息化建设，加强政务公开，云南省民政厅在办公楼大厅设置了 LED 电子显示屏用于公开政务信息，设置了触控一体机用于方便来访者了解机关处室设置、职责、具体位置和办事流程，节约了行政成本，提高了行政效率；为更好地服务公众，云南省民政厅对“云南民政信息网”进行了改造；结合民政公用政务平台综合办公系统的应用推广，对全厅机关工作人员进行了电子政务等相关知识的培训，有力地推动了厅机关网上办公的实施。

（云南民政厅　翟玉龙）

西藏自治区

2004 年，全区民政工作在加强领导、明确责任、求真务实、开拓创新上下功夫，圆满完成了全年各项工作任务，呈现出了良好的改革与发展势头，尤其是社区建设、城乡社会救助体系建设、城市流浪乞讨人员救助管理、社会福利企事业等重点、难点工作，取得了新的发展和新的突破。

优抚安置　认真组织 2003 年冬季退役士兵供需见面、双向选择、包底分配现场会，积极协调接收单位，克服困难和压力，做好安置工作，全区共安置退役士兵 534 名。针对部分复员转业军人特别是无军籍退休职工就退休费、住房补贴等事由引发的群体性上访问题，会同西藏军区、自治区财政厅及拉萨市和城关区两级民政部门，召开专题会议，做耐心细致的思想和政策解释工作，消除一切不稳定的因素。召开全区第八次双拥模范城（县）命名表彰大会，命名表彰了 34 个双拥模范城（县），表彰了18个爱国拥军模范单位、18 个拥政爱民模范单位、10 名爱国拥军模范个人和 10 名拥政爱民模范个人。

救灾救济　在灾害救助方面，截止年底，全区 7 个地（市）的 64 个县、397 个乡（镇）、2780 个村的43.6万人遭灾，成灾人口32.7万人，倒塌民房1.98万间，损坏民房4.37万间，农作物受灾面积2.06万公顷，其中绝收面积0.71千公顷，因灾死亡 17 人，死亡牲畜 23 万头（只、匹），紧急转移安置灾民0.83万人。共落实救灾补助费5815.2万元，其中民政部特大自然灾害补助费 3300 万元，自治区自然灾害救助款975.2万元，自治区主席基金 1500 万元。累计救济灾民23.68万人。为扶持特困群众发展生产，增加收入，共实施养殖、加工、搬迁、人畜饮水、综合服务实体等扶贫项目 92 个，安排资金 1595 万元。民政部为 73 个县和双湖办事处民政局，各解决一辆救灾专用车。

城市低保　政府出台了《西藏自治区城市居民最低生活保障制度操作规范（试行）》。在西藏财力困难的情况下，将低保标准在 2003 年年底提标的基础上再次提高 20 元。2004 年底，全区低保对象 43418 人，其中提标后新增低保对象 9760 人，保障标准全区平均每月 200 元，月人均补差 85 元，全年兑现保障金 4371 万元。

社区建设　上半年在拉萨市城关区当巴和雪两个社区居委会进行了为期两个月的试点。试点工作班子由拉萨市、城关区两级政府和自治区、拉萨市、城关区三级民政部门组成。试点结束后在不断研究、总结试点经验，理清思路，明确目标的基础上，制定了《自治区社区建设工作方案》，由自治区社区建设领导小组印发各地（市）执行。这个方案的出台，标志着我区城市社区建设工作将由试点进入推广阶段，昭示着社区建设进入了新的发展时期。

农牧区低保　在城市低保制度日趋完善，城镇困难居民实现应保尽保的情况下，2004 年在拉萨市曲水县聂当乡（自治区小康示范乡）开展试点，重点探索，重点研究，并取得了成功。试点工作按照城市低保操作规范和资金分级负担、多渠道筹措的办法展开。经过认真核定，共有 21 户 84 人，纳入了保障范围，占全乡农村总户数、总人数的2.4%和2.3%。月保障标准 50 元/人，人均补差21.25元/月。资金筹措比例为自治区 30%、拉萨市 30%、县40%。

流浪乞讨人员救助管理 日喀则地区，从 2002 年开始，在南木林和萨迦两个县，采取整合资金、形成合力、着手解决流浪乞讨人员生产生活问题的治本措施，实施"温暖定居"工程，从源头上控制流浪乞讨人员外出，解决社会顽症。共集中定居 50 户、295 人，插花式定居 104 户。定居后，人均住房面积 35 平方米，人均耕地面积 3 亩，实行吃、住、行、医、教全面发展，农、林、水、路配套建设，实现了路、水、电、广播电视"四通"。民政、农发、扶贫、农牧、水利等部门，帮助解决种植、养殖、生产开发和群众生活的具体问题；医疗、教育部门负责定居群众的初级医疗保健和适龄儿童的入学教育问题；宣传、妇联、司法部门，在群众中广泛开展思想道德、法律法规和富民政策的宣传教育活动，使定居群众有房住、有地种、有饭吃、适龄儿童有学上。为了总结推广日喀则的经验，更好地贯彻落实国务院关于《城市生活无着的流浪乞讨人员救助管理办法》和民政部关于《城市生活无着的流浪乞讨人员救助管理办法实施细则》，经政府批准，6 月下旬在日喀则地区召开了全区流浪乞讨人员"温暖定居"工程现场会。这是交流经验、研究对策、从源头上治理流浪乞讨问题的一次非常重要而成功的会议。

社会福利 社会福利企业通过加强领导班子、健全制度、强化内部管理、更新设备、盘活资产、人员重组、定岗定员、签订劳动合同、按劳分配等途径和措施，取得了明显的成效，使一度沉睡的企业起死回生，曾靠吃租金、吃低保维持生活的职工人均月工资达 600 元以上。福利彩票销售量突破 3000 万元大关。开通了日喀则、山南、林芝电脑福利彩票全热线销售系统。"微笑列车"唇腭裂矫治手术使 42 名患者得到康复。残疾孤儿手术康复"明天计划"行动已经启动，首批入院的 7 名 0—18 周岁具有手术适应症的残疾儿童全部康复出院。殡葬服务水平和服务质量不断提高，截止 12 月底，共火化尸体 465 具，其中藏族 82 具，汉族和其它少数民族 383 具(含国外 10 具)。

社会行政事务管理 勘界工作重点对藏新、藏滇两条省界进行了联合检查，整理制作了省界与县界附图的光盘资料，对《西藏自治区行政区划图》的界线走向进行了终审，并在有关部门的配合下完成了出版任务；行政区划管理工作，重点在设市基础材料的准备与规范、协调与申报方面加大了力度，加强了对乡以上行政区划调整方案的审核和实地调查论证。地名管理工作完成了《西藏自治区行政区划简册》的出版，会同自治区测绘局完成了唐古拉山以北 5 万平方公里的地名普查调绘，建成了 1∶5 万地名数据库；民间组织的登记、年检依法正常进行。依法批准成立了 4 家协会，依法注销了年检不合格的 3 家协会，清理了县处级以上领导干部在社团任职的问题。

老龄工作 老龄工作机构和人员编制在拉萨、日喀则、山南、昌都、那曲五地(市)得到落实，工作已正常开展。

民政法规建设 出台了《西藏自治区城市居民最低生活保障制度操作规范(试行)》、《西藏自治区施行〈中华人民共和国婚姻法〉变通条例》、《西藏自治区实施国务院〈行政区域界线管理条例〉办法》三部地方法规和《自治区老龄工作意见》。民政厅为加强综合性老年活动和社区服务中心的管理，制定了《西藏自治区综合性老年活动和社区服务中心及社区老年福利服务"星光计划"项目运营管理暂行办法》。

民政项目建设 续建的"十五"重点项目有 3 个地区和 9 个县(市)综合性老年活动和社区服务中心，年底全部竣工。新建项目有 11 个县的综合性老年活动和社区服务中心，累计完成投资 8785 万元，年底完成主体工程。自治区和阿里地区的两个救灾仓库项目竣工。

陕西省

民间组织管理 认真贯彻《行政许可法》，简化了申报程序，缩短了审批时间，全年批准筹备成立社团39个，登记社团和民办非企业单位154个，有13个单位被评为全国先进民间组织。召开了全省贯彻《基金会管理条例》工作会议，举办了培训班。对基金会进行了清理，原有的72个基金会，已换发证件9个，转为社团17个，注销登记34个。启动了农村专业经济协会登记工作，全省共登记农村专业经济协会419个。积极培育发展了行业性、公益性社团。

优抚 与陕西省卫生厅、财政厅联合下发《陕西省优抚对象医疗补助办法》，各地普遍制定了配套的实施细则，对患大病、重病或慢性病的优抚对象医疗费补助做出了明确规定。与省教育厅协商制定《陕西省优抚对象及其子女教育优待暂行办法》，与省财政厅联合下发《关于切实做好农村税费改革后义务兵家属优待工作的通知》，将农村义务兵家属优待金纳入了县级财政预算。在省委、省政府的领导下及时处理了多起优抚对象突发性、群体性上访事件。

安置 2004年度全省共接收退役士兵22118人，政府安置10103人；接收军队离退休干部333人。安置改革继宝鸡市和咸阳市秦都区推行城镇退役士兵自谋职业后，汉中、安康等地又有新的发展。会同有关部门草拟的《关于扶持城镇退役士兵自谋职业优惠政策的意见》和《陕西省退役士兵安置任务有偿转移办法》等两个改革性文件，正在广泛征求意见。军供站正规化建设成效显著，西安、宝鸡两个军供站受到了全国表彰。

双拥 争创双拥模范城(县)活动和双拥共建活动继续深化。配合省委、省政府在春节、“八一”前慰问驻陕部队，国庆前夕，省双拥办组成慰问团对驻新疆的部分陕西籍官兵进行了慰问。加大了共建力度，延安市和盐城市缔结为“全国双拥模范”友好城市，第四军医大学所属医院与省荣军医院结为共建对子，推动了双拥工作进一步发展。

救灾 制定了《陕西省基层救灾款物管理使用暂行办法》、《陕西省春荒冬令救助工作方案》，制定完善各级救灾应急预案，基本形成较为完善的灾民救助制度。在大荔县成功举办黄河洪水灾害应急救助演练。中央电视台进行了现场直播。全省各级救灾基础设施建设得到加强，为国定、省定贫困县和11个市(区)配备91辆救灾车，较好地改变了救灾装备落后的局面，提高了救灾应急快速反应能力。全年共下拨救灾款1.52亿元，发放灾民救助卡(证)近260万份，恢复重建倒房54.40万间，修复危房81.06万间，基本保证了受灾群众的生活需求。铜川陈家山“11·28”矿难发生后，民政部门积极行动起来，迅速摸清情况，及时走访慰问，在全省开展定向捐助活动，对其农村困难家庭给予临时救助，城市困难家庭全部纳入低保，为做好善后和稳定工作尽了一份力。在大中城市推广建立“慈善超市”，目前全省已建立“慈善超市”、“爱心超市”21个。积极开展了“扶贫帮困捐助月”活动，全年累计接收捐赠款1413万元，衣被194.15万件，其中江苏省对口捐赠陕西省旧衣物150万件、新棉衣1万套、新棉被1万床。

城市居民最低生活保障 在确保应保尽保的前提下，积极推进分类施保，适时调整部分市低保标准，缓解了因物价上涨对低保对象生活的影响。全省有31.9万户、77.9万人享受低保，保障标准最高每人每月200元，最低120元，月人均补差58元，年支出保障金5.23亿元，有7.8万名特困低保对象享受了分类施保。全年共下拨中央及省内低保补助金3.94亿元(其中中央补助3.64亿元,省财政安排3000万元),全省实现了低保资金社会化发放。召开了"全省推进社会救助体系建设工作研讨会",客观分析形势,进一步深化了对推进社会救助体系建设的认识。

农村困难群众救助　积极稳妥地推进农村居民最低生活保障制度建设,全省已有77个县(市、区)在部分乡镇建立了农村最低生活保障制度,保障农村特困户7.9万户19.8万人,支出保障金2365万元,年人均补助120元。对51.8万人发放了农村特困户救助卡。全省共有符合五保供养条件的8.53万人中,已落实供养6.73万人。在镇安、洛川、彬县进行农村医疗救助试点,制定下发了《陕西省农村医疗救助实施办法》,各地也出台了相应的《实施细则》,省下拨了1701万元农村医疗救助补助资金。

城市社区建设　省政府转发了《关于开展城市社区基础设施共建活动的意见的通知》,有821个社区建起了"一部三室三站"。积极挖掘社区就业岗位,使一大批下岗人员在社区得到了再就业。在渭南召开了全省城市社区建设现场会,安排部署了社区基础设施建设任务。积极开展了社区图书援建活动,为500多个社区建立了图书阅览室。树立和表彰了一批社区建设示范单位,启动社区义工试点工作。2004年4月胡锦涛总书记视察了西安市新城区社区服务中心,对社区服务工作给予了充分的肯定。

村民自治　认真贯彻落实中办、国办17号文件精神,省村务公开协调小组三次开会研究安排村务公开和民主管理工作,开展了形式多样的宣传和培训活动。省委办、省政府办下发了《关于健全和完善村务公开和民主管理制度的通知》,组织5个检查组,对11个市区的23个县、52个乡镇、123个村的村务公开、民主管理情况进行了督查调研。各地以贯彻17号文件精神为契机,广泛宣传,层层培训,完善制度,狠抓落实,激发和调动广大农民群众参与自治的积极性。

社会福利事业和福利彩票工作　实施"星光计划"三年以来,共完成资助项目1113个,总投资达4.52亿元,使全省老年社会福利基础设施得到很大改观,初步形成了大小结合、城乡并举的老年福利服务网络。"明天计划"顺利启动,落实了193.1万元配套资金,确定2004年度手术483例和19家定点医院,已实施康复手术31例。在全省开展了社会福利机构争创等级福利院活动,有29家福利机构被评为等级福利院。加强了对福利企业的管理,与省国税局联合下发《关于对享受税收优惠政策的民政福利工业企业进行清理整顿的通知》,与省工商局联合制定《陕西省假肢行业管理办法》。理顺了救助管理站的关系,加强了救助管理站的基础设施建设。全年受理求助27672人次,救助22720人次。福利彩票发行面对"西安体彩宝马案"的不利影响,健全机制,夯实责任,打牢基础,强化监管,全年共销售3.72亿元,占我省彩票市场份额的58%,筹集公益金1.3亿元。

专项社会事务管理　对行政区划调整工作进行了调研,着手编制《陕西省行政区划调整规划》,编辑出版了《陕西省行政区划简册》(2004),对兴平、户县、高陵等行政区划调整进行了考察审核。完成了豫陕线及64条县级界线的联检工作和《陕西省行政区划图》以及40个市县行政区划图的编辑工作。殡葬管理以深化改革为主线,在规范服务市场上取得了新进展。全省火化区火化率为48%,比上年提高了2个百分点。公墓年检工作结束后,为35个认证合格的公墓颁发了合格证书,推广应用了殡葬管理信息系统。认真实施《婚姻登记条例》,普遍实行县(区)集中登记,工作机构进一步健全。召开了全省婚姻登记工作会议,成立了省婚姻家庭协会,全年共办理涉外婚姻登记546对。

老龄工作　积极开展争创全国老龄工作先进县(区)、先进单位活动,经过层层选拔推荐,评选出全省老龄工作先进县(区)25个,老龄工作先进单位52个，敬老模范村28个。努力做好助老扶贫和建立救助特困老年人长效机制，争取欧盟国际助老协会扶贫助老项目资金80万元，在蒲城、合阳、周至三个县的10个村老年协会实施救助。从省老年基金会争取救助特困老人基金20万元，救助特困老人1000名。在老年节期间成功举办了陕西省第四届老年联欢节，丰富了老年人的生活。

自身建设 陕西省民政厅党组把党风廉政建设作为一项重要工作常抓不懈。结合贯彻党的十六届四中全会精神，认真开展学习贯彻《中国共产党党内监督条例(试行)》和《中国共产党纪律处分条例》的教育活动，民政厅党组全体成员向全省民政系统做出廉政承诺。广泛深入地开展向"为民模范"周国知学习活动，在《陕西民政》上开辟专栏，交流各地学习经验，强化了干部职工为民解困的工作理念。深入开展创建"文明机关"、"三型机关"、行风建设和行风评议、行政效能建设和行政效能监察活动。通过举办民政局长培训班、行政许可法培训班、机关工作人员信息技术培训班等形式，强化对干部职工政治素质和业务技能的教育培训，使干部的思想作风、工作作风有了明显改进，廉政意识、服务意识和创新意识以及依法行政能力进一步增强。在2004年度"创佳评差"竞赛活动中，陕西省民政厅连续第四年被评为"最佳厅局"。在省纠风办组织的全省行风建设问卷调查评议活动中，民政系统名列前茅。有5个基层单位被民政部授予"全国民政基层行风建设先进集体"。

(陕西民政厅 李 平 徐文生)

甘肃省

2004年，甘肃省各级民政部门坚持以邓小平理论和"三个代表"重要思想为指导，深入贯彻党的十六大和十六届三中全会、四中全会精神，坚持"以民为本，为民解困"宗旨，求真务实，开拓创新，知难而进，扎实工作，有力地推进了各项民政事业的新发展。

民间组织管理 注重对农村专业经济协会、行业协会和公益性组织的培育发展，新批准成立全省性各类行业协会和公益性社会团体22家，注册登记民办非企业单位30家。截至2004年底，共登记农村专业经济协会1100多家。加强管理培训，提高了管理机关行政执法水平，尤其是农村专业经济协会在促进农村经济发展和农民增收方面发挥了积极作用。民间组织党组织建设试点和各类基金会的登记换证工作全面展开。

优抚 认真贯彻《军人抚恤优待条例》，切实解决重点优抚对象"三难"问题，下拨抚恤和优抚事业单位补助资金4791万元，协调增加了优抚资金项目渠道。完成了优抚数据调整，抚恤补助标准有了新的提高。贯彻全国军休工作会议精神，制定了《关于推进军队离退休干部服务管理工作社会化的意见》。下拨军休经费7464万元，提高了军休干部的生活医疗待遇。

安置 积极推进安置改革，完善了《甘肃省城镇退役士兵安置暂行办法》，提出了自谋职业优惠政策的实施意见，协调增加了补助经费。采取计划安置与自谋职业相结合的方式，落实了2003年退役士兵安置计划。其中，中央在甘和省属企业已完成下达计划的90.4%，机关事业单位完成54%，退役士兵自谋职业率接近2%。接收2003年冬季城镇退役士兵4600余人、转业士官694人、复员干部27人。

双拥 认真贯彻全国和全省双拥工作会议精神，进一步明确了新形势下双拥工作的思路，巩固和提高了联片创建的成果。深入开展"双四好"活动，军地协作更加紧密，驻军部队在支援重点工程建设、扶贫帮困、兴教助学和抢险救灾中发挥了积极作用。

自然灾害救助 2004年，甘肃省局部地区先后遭受了干旱、强霜冻、暴洪、地震、滑坡、泥石流等自然灾害，因灾死亡48人，伤69人，直接经济损失40.46亿元，救灾任务十分繁重。省委、省政府对救灾工作高度重视，研究措施，周密部署，从严要求；各级民政部门也都全力以赴，深入第一线查灾救灾。共下拨救灾款1.146亿元，其中省级列支1500万元。市县两级列支到位1860万元，紧急转移安置灾民33.2万人，保证了受灾群众的衣、食、住、水、医等基本生活需求。如期完成了张掖、定西、甘南地震灾区的恢复重建任务，帮助14500多户灾民重建房屋59500多间，为25700多户灾民维修加固房屋10万多间。同时，加强对救灾资金使用管理的监督检查和审计整改力度，保证了专项资金的有效使用。进一步完善了救灾机制，全省14个市州和68个县市区出台了救灾预案。实行了灾民救助卡制度，发放救助卡41.1万户、182.4万人。在部拨1058万元基础上，争取省财政配套100万元，为全省81个县市区配备了救灾专用车辆。努力扩大社会捐助参与面，全年共接收省内外各类捐助资金1241万元，衣被240万件。在兰州、金昌、嘉峪关3市和敦煌市开展了“爱心捐赠超市”试点，初步取得了工作经验。

城市居民最低生活保障 按照动态管理、分类施保、定期审核、及时纳入的原则，基本做到了应保尽保。甘肃省政府批转了省民政厅《关于进一步加强和规范城市低保工作的意见》，加强了低保规范化管理。制定了低保信息系统项目建设实施方案，推进了管理现代化进程。去年全省共支出低保金4.25亿元，保障对象达到61万人，比上年增加4.04万人，人均补差55元。在此基础上，协调财政和人事部门提高了六十年代精简退职职工生活补助标准，解决了多年来的一个老大难问题。

农村特困群众生活救助和“五保”供养 省政府办公厅批转了省民政厅《关于建立和完善农村特困群众生活救助制度的意见》，启动实施了农村特困救助工作，定期救助12.4万人，发放救助金955万元。按照财政部、国家发改委的通知，明确了税费改革后五保供养资金来源。

医疗救助 积极探索与合作医疗相配套的农村特困群众医疗救助思路，制定下发了《甘肃省农村医疗救助暂行管理办法》，拨付补助资金1000万元，在20个县开展了试点。

城市生活无着的流浪乞讨人员救助管理 下拨了补助经费，救助管理设施得到了改善，救助工作有序开展，全年共救助6000多人次。确保了受助人员及时安全返家，产生了良好的社会效益。在此基础上，研究制定了《甘肃省推进城乡社会救助体系建设的意见》，为今后开展城乡社会救助奠定了良好的基础。通过以上工作，以城市低保、自然灾害紧急救助、农村五保供养、农村特困救助和医疗救助为主要框架的新型城乡社会救助体系初步形成。

村民自治 认真贯彻中办、国办《关于健全和完善村务公开和民主管理制度的意见》和《甘肃省村务公开条例》，组织开展督查调研活动，发现问题，研究措施，健全制度，进一步规范了村务公开和民主管理，农民群众在村务管理中的知情权、决策权、参与权、监督权得到了较好落实。争取到中国一欧盟村务管理培训项目援助资金27.5万欧元，举办村委会换届选举和村务管理培训班12期，培训师资和业务骨干1400多人。全面开展了全省第五次村委会换届选举工作，农村基层民主政治建设进一步走向深入。配合开展了保持共产党员先进性教育试点和“双培双带”工程、“民主法制示范村”创建等活动，增强了基层党组织的战斗力。

城市社区建设 不断加强社区基础设施建设，开拓社区服务内容，居民自治工作不断完善。社区图书室援建活动成效明显，全省累计援建500个，占全省社区总数1066个的47%。推动了基层民主政治建设的深入发展。

行政区划 行政区划管理工作，全年共审批撤并乡镇224个，累计撤并314个，撤并比例达到20.1%，实现了省政府确定的20%左右的目标。部署了行政区划调整规划的编制工作。以陇南市政府挂牌为标志，全省撤地设市工作全面完成。

勘界和边界管理 启动了新的省地图集和市县行政区划图编制工作，开展了县级界线联检。认真解决勘界遗留问题，全面完成了乡镇勘界收尾工作，有效调处了边界突发性事件。

地名管理 理顺了管理体制，开展了城市标准地名标志设置试点和地名信息数据库建设工作。经国务院批准，天水市秦城区已更名为秦州区，北道区更名为麦积区。全省审批乡镇更名26个。

社会福利事业 去年共下拨农村敬老院和各类社会福利机构改扩建资金1500多万元，社会福利事业单位基础设施得到改善，民办福利机构也得到了较好扶持。积极探索"民办公助"、"公办民营"办法，社会力量和社会资金越来越多地进入社会福利领域。全省共投入资金2.2亿元，建成"星光计划"项目616个。部署开展了为期3年的社会福利机构"残疾孤儿手术康复明天计划"工作，完成了全省孤残儿童情况摸底调查，首批76名残疾孤儿的手术正在顺利进行。福利机构孤儿家庭寄养试点顺利开展，首批寄养孤儿50名。

婚姻管理 完成了全省婚姻登记机关的重新设置审批工作，共批准设置婚姻登记机关1006个。实行婚姻登记员资格认证制度，全省80%的婚姻登记员接受了专业培训和考试，取得了资格证书。

殡葬管理 贯彻《甘肃省殡葬管理办法》，管理日趋规范，天水、平凉两市还完成了火化区和土葬改革区的划分。

收养工作 涉外收养登记223件，比上年增加115件。

福利彩票工作 在销量下滑的情况下，积极采取促销措施，加强管理，扩大了乡镇布点。学习新疆经验，提高为投注站服务的质量，完成了电脑票三省区全热线升级改造，适时推出福利彩票"黄河风采"25选7和"好运彩"新游戏。全年共销售2.2783亿元，筹集彩票公益金7974万元。

民政信息化建设 各地重视做好民政信息化省市联网工作，把民政信息化建设纳入了政府总体规划，积极争取资金和技术支持，使民政信息化建设工作取得了较大进展。

老龄工作 老龄工作先进县(市、区)创建活动促进了基层老龄工作的深入开展。"银龄计划"的实施激励了老年知识分子为西部大开发再做奉献的热情。"甘肃老年之家"落成开业，提供了为老服务平台示范。老年人优待规定的实施和"老年爱心救助卡"的发放，提高了为老服务的质量和水平。

民政法制建设 以实施《行政许可法》为契机，进一步完善有关规章制度，加快行政审批制度改革，继续推行政务公开，认真组织开展民政系统基层窗口单位行风评议活动，提高了民政工作法制化、规范化水平。

(甘肃省民政厅)

青海省

2004年，青海省的民政工作以"三个代表"重要思想和十六届三中全会、四中全会精神为指导，牢固树立"以民为本，为民解困"的宗旨，紧紧围绕省委、省政府提出的"消除贫困、富民强省和深化改革、创新体制"两大历史任务，强化工作措施，加大工作力度，常规工作进展顺利，重点工作取得突破性进展。是历年来民政对象受益最多，社会效益最好，整体民政事业发展进步最快的一年。

民间组织管理　依法开展民间组织登记管理，受理成立全省性社会团体16个，对395个社会团体和38个民办非企业进行年检，年检率和年检合格率分别为95%和100%。开展民间组织“评先创优”活动，共有8个行业协会获“全国先进民间组织”荣誉称号。报省政府先后下发《青海省规范和发展行业协会暂行规定》、《青海省培育和发展行业协会的指导意见》、《关于加强农村牧区专业经济协会培育发展工作的指导意见》等三个规范性文件，召开全省培育发展行业协会工作会议和培育发展农村牧区专业经济协会现场会，行业协会培育发展工作和农村牧区专业经济协会复查登记工作全面展开。

优抚　贯彻落实全国优抚工作会议精神，投资1680万元用于优抚对象的抚恤补助。结合各县实际以及当前推行的农村新型合作医疗制度和特困户大病医疗制度，开展了优抚对象医疗救助试点，为建立优抚对象医疗救助制度奠定了基础。

安置　省民政厅会同省教育厅、财政厅、劳动和社会保障厅等部门联合出台《关于扶持城镇退役士兵自谋职业优惠政策的意见》和《关于在全省开展退役士兵教育培训促进就业的实施意见》。在就业和服务保障、接受高等教育、个体经营、税收、贷款落户等六个方面提供优惠政策，为退役士兵走自谋职业拓宽了路子。4月17日召开省属和中央驻青单位退役士兵安置工作会议和退役士兵安置工作改革新闻发布会，部署2004年的安置工作。全年全省共接收退役士兵1864人，其中农村入伍613人，城镇入伍967人，接收转业士官284人。全省共安置退役士兵1164人，占应安置人数的93%，确保了退役士兵的合法权益。

双拥　出台《青海省拥军优属暂行办法》，进一步规范了各级党政机关、各部门和广大人民群众的拥军职责和义务。组织开展“高原千里文明线”和“文明青藏公路运输线”活动，通过以“两线”带点面，在全省建立700多个军民共建点。11月份组织召开全省拥军优属拥政爱民工作会议，命名表彰18个双拥模范城(县)、45个双拥模范单位和40个模范个人。举办青海省首届双拥成果展，双拥工作的影响进一步扩大。

救灾　全年共争取中央财政下拨救灾资金8400万元，救灾帐篷5000顶(价值2000万元)，救灾专用越野车57辆，全年用于救灾和特困群众救助的资金达到12058万元，是历史上争取国家和地方投入最多的一年。接受社会捐赠款物合计1350万元。发放《灾民救助证》23万份，救助重灾民102万人。组织、指导、参与海西地震灾区、果洛冰崩灾区和其他受灾地区倒房重建、灾民紧急转移安置和恢复生产工作，确保灾民基本生活得到保障。省、州、县三级抗灾救灾应急预案体系基本建成，各级民政部门抗灾救灾应急保障能力得到加强。狠抓五保对象供养标准的确定和供养资金落实工作。开展五保户基本生活状况调查工作，出台《青海省农村牧区五保供养暂行办法》，明确五保户供养主体、责任、供养标准、资金来源等问题，五保户供养工作进一步走向法制化、规范化的轨道。

农村困难群众救助　出台《青海省农村牧区特困人口救助暂行办法》，为18.7万特困人口发放《特困人口救助证》，全年共发放救助金1745.2万元，其中省补助1551.9万元，州县财政安排193.3万元；农村牧区特困人口大病医疗救助工作开始启动，争取民政部下拨特困群众大病医疗救助专项资金1014万元，落实省财政配套50万元，省政府转发《关于农村牧区特困人口医疗救助工作的实施意见》，农村特困群众大病医疗救助工作开始起步。

城市居民最低生活保障　全省最低生活保障标准在原有基础上提高10元，平均保障标准由152元提高到162元，保障力度进一步加大。全年共争取和落实低保资金22963万元。出台《青海省城市居民最低生活保障工作操作规程》，进一步规范低保申请、审核程序。全省纳入城镇低保对象20.07万人，约占全省城镇人口的10%，继续巩固了动态管理下的“应保尽保”。积极探索低保对象大病医疗救助工作，在全国首家完成低保信息系统项目可行性研究报告的评审、论证和审批工作，民政部将青海省列为全国低保信息化建设一期工程试点省份之一，全省低保信息化建设成效显著。

城市社区建设 依法指导完成西宁市四区128个社区居委会的换届选举工作。在西宁、格尔木、德令哈市的54个社区开展社区示范活动，狠抓社区服务；在州、县政府所在地的社区加强制度建设和规范化建设。争取省财政安排社区建设资金300万元，社区基础设施建设投资力度进一步加大。召开全省社区建设工作会议，下发了《关于加强社区建设推进社区自治若干问题的意见》，对社区建设中存在的行政化倾向严重、工作经费紧缺、基础设施较差等问题提出相应的解决办法。认真开展社区民族团结进步创建活动，配合有关部门开展计划生育、社会治安综合治理和流动人口管理等工作，社区建设向纵深发展，社区居委会协助政府管理社会行政事务的作用日益显现。

村民自治 认真贯彻中办、国办《关于健全和完善村务公开民主管理制度的意见》（中办〔2004〕17号），下发《关于健全和完善村务公开民主管理制度的意见》（青办发〔2004〕44号），对全省进一步健全和完善村务公开制度提出具体要求，并对全省4133个村开展村务公开和民主管理工作的情况进行检查。同时，对2005年全省村（牧）民委员会将要进行的第六次换届选举做出安排。会同省司法厅开展民主法治示范村创建活动，有6个村被评为全国民主法治示范村先进典型，进一步丰富了村民自治的内涵。

行政区划的地名管理 下发《关于推广使用标准地名的通知》，制定《青海省城镇地名标牌设置操作规范》；确定门（楼）牌收费标准，全省城镇地名标牌设置工作进展顺利。行政区域界线管理步入法制化轨道。完成西宁与海南，玉树与海西总长863.3公里的界线联检任务。督促各地开展县、乡级界线联检，共联检19条，1652.45公里县界。编辑出版《青海省标准行政区划图（1∶60万）》，为各级政府依法治界提供科学依据。研究编制《青海省行政区划调整规划》，制定今后五至十年青海省市、镇设置及行政区划调整的规划，确定青海省行政区划体制改革的基本思路，为创新青海省行政区划体制勾画出雏形。

社会福利事业 评审下达并基本完成了第三批37个“星光计划”项目，对第二、第三批“星光计划”项目进行了检查验收。“星光计划”项目的持续实施，扩充了社会福利机构网点，夯实了社会福利基础设施，初步形成了州（地、市）有老年福利服务中心，县（区）有老年福利服务机构，街道有老年福利服务设施，社区有老年福利服务站（点）的格局，社会福利服务机构朝着布局合理、功能齐全、服务优化的方向发展。认真组织实施“明天计划”，确定手术适应症对象1605人，截至2004年底有101名患者成功实施了手术，全部治愈出院，产生了强烈的社会反响。

福利彩票工作 全年完成销售8500万元，比上年增长1500万元，筹集公益金2975万元，代缴代扣税款500万元，为壮大民政部门经济实力，增加地方财政税收做出积极贡献。同时，福利彩票发行网点的扩大，为社会提供就业岗位600余个，取得经济效益和社会效益双丰收的好成绩。

老龄工作 老龄工作以创建“老龄工作先进县和先进单位”为契机和动力，进一步加强基层老龄工作机构和社区老年群众组织建设，全省90%以上的县成立老龄工作机构。老年教育事业发展迅速，成立老年大学5所，注册学员1230名。开展创建全国和全省老龄工作先进县（市、区）和先进单位活动和“夕阳美金婚庆典”等活动，向老年人赠发《急难救助卡》。积极参加老龄评先创优活动，有30人荣获全国“孝亲敬老之星”奖。精心组织实施“银龄行动”，第二批医治病人600人次，培训教育农村医务骨干400余人。

社会事务管理 殡葬基础设施建设力度加大，筹措资金1344万元，新建和改、扩建11个民族殡仪馆，新增殡仪馆建筑面积4599平方米，维修面积1830平方米，新购置火化炉31台，购置殡仪车4台，火化能力比过去大大提高，火化率提高5个百分点，达到青海省历史最高的17%。认真贯彻流浪乞讨人员救助管理办法，落实救助管理制度，先后救助生活无着的流浪乞讨人员5855人次。依法办理涉外收养16例，涉外婚姻登记23例。

民政信息化 积极筹措资金，对厅机关计算机进行统一升级与调试；完成全省民政系统广域网扩容升级工作，信息上网速度及质量进一步提高；完成救灾管理系统的开发、测试和论证；成功举办3期计算机应用培训班，使各级民政部门推广应用信息化的水平得到不断提高。

自身建设 认真组织开展学习党的十六大、十六届三中全会、四中全会和省委十届四次全委会、五次全委会精神和郑培民、周国知同志的先进事迹活动，同时开展“民族团结进步创建”活动和创建“三型机关”（学习型、服务型、效率型）活动。根据全省组织部长会议精神，按照“五年内所有干部职工普遍轮训一次”的总体要求，全年累计安排200余名干部参加各类培训。加强对外信息宣传工作。全年编发《青海民政要情》98期，采用率达到87%，《青海灾情信息》17期，在中央电视台、《中国民政》、《中国社会报》、青海电视台、《青海日报》等省内外新闻媒体发新闻稿件210篇，青海民政事业得到较好宣传。档案管理进一步规范，完成2003年立卷、归档工作及文件汇集整理。共整理永久卷695件、长期卷412件、短期卷328件、文件汇集46册，销毁档案登记423件。协调和办理人大代表建议和政协委员提案18件，办理信访179件。开展以加强理论学习、强化机关纪律、注重依法行政、改进机关作风为主要内容的“机关建设月”活动，收到较好的成效。进一步完善机关党风廉政建设制度，落实党风廉政建设责任制，强化执法监察手段，开展行风评议活动，形成理论学习、党风廉政建设与业务工作统筹安排、统筹考虑，达到三者之间相互促进、协调发展，全面推进厅机关党的思想建设、组织建设、作风建设和党风廉政建设，确保民政各项工作任务的完成。全年厅机关有6个集体、3名个人受到民政部等国家有关部委的表彰，6个集体、8名个人受到省直工委等省直有关单位的表彰，民政厅再次被省直机关工委评为“文明单位标兵”。

宁夏回族自治区

2004年，宁夏民政工作坚持大民政的思想，树立“跳起来摘果子”的奋进精神，把握“公仆民政、市场民政、法制民政”的发展方向，全力构筑社会救助工作体系、基层民主政治工作体系、优抚安置体系、社会化福利服务体系、专项社会事务管理体系，推进工作理念更新和工作方式改进，突出“以民为本，为民解困”，坚持依法行政和加强自身能力建设，整体工作稳步推进，重点工作实现新突破，全区民政工作迈上了新台阶。

民间组织管理 2004年，民间组织管理工作实现了向重点培育发展行业协会、农村专业经济协会和社区民间组织的转变；开展了工业协会管理的调研，制定了工业协会指导意见及管理办法；提出了加强农村专业经济协会培育发展和登记管理意见，农村专业经济协会登记全面展开；出台了《关于加强社会团体和民办非企业单位党的建设工作的意见》，全区有30个社团建立了党组织。在全区登记或备案的农村专业经济协会达260家。加强民办非企业单位的复查登记，促进了民非的健康发展。截至12月底，共受理社团筹备登记18家，办理法人登记28家，办理变更登记23项；办理民办非企业单位登记25家，办理变更登记3项。在新登记的27家社团中，行业类12家、占44%，专业类3家、占11%，学术类2家、占7%，联合类10家、占37%。积极探索社会团体举办公益事业的模式和路子。宁夏中华爱国工程联合会、宁夏浙江商会、宁夏扶贫基金会等积极开展捐资、助学、扶老助残、扶贫济困等公益活动，得到社会广泛赞誉。目前，在全区各级民政部门登记注册的社会团体约900个，民办非企业单位约270多个，其中在自治区民政厅登记注册的社会团体480个，民办非企业单位约100个，基金会9个，涉及全区经济、文化、教育、科技等诸多领域，成为促进宁夏经济发展和社会进步的一支重要力量，发挥着不可替代的作用。2004年12月10日，全国民间组织表彰大会在北京人民大会堂隆重召开，这是新中国成立以来，首次在全国范围内对民间组织进行表彰，宁夏电力行业协会、宁夏爱国工程联合会、宁夏东西部合作促进会、宁夏扶贫基金会、银川市企业家协会、石嘴山市机动车驾驶员协会、吴忠市个体私营企业协会、固原市税务学会、中卫市城区文昌镇蔡桥村果菜协会等9家民间组织受到表彰。

优抚与安置 全区70%以上的市、县（区）建立优抚对象抚恤补助标准自然增长机制；调整提高了在乡老复员军人补助标准，按政策落实了农村义务兵家属优待金，维护了优抚对象的合法权益；全年接收退役士兵2276人，其中城镇退役士兵1475人。截至2004年底，全区共安置城镇退役士兵1200余人，占应安置人数的82%；落实了城镇退役士兵待安置期间的生活费；对全区退役士兵和军队离退休干部安置工作进行了执法检查；召开了全区军休工作会议，认真落实了军休干部的“两个待遇”。

减灾工作 兴建了自治区级、石嘴山、吴忠、中卫三个地级市救灾物资储备库，储备了必备救灾物资。全区储备减灾帐篷6000顶，棉被、棉衣、食品等其他救灾物资8600万元；组织开展了全区“扶贫济困送温暖”社会捐助活动，共接收捐助现金及物资折价545万元，其中现金473万元；启动了自治区“民政爱心公益示范工程”，动员银川市新协和医院捐助资金60万元，帮助2000户城市低保户和农村救助户解决看病困难；在银川市社区全面推行“爱心互助家园”救助活动，取得良好的社会效益。2004年9月2日—5日，宁夏国际减灾会议在中卫隆重召开，原民政部杨衍银副部长出席会议并发表重要讲话，民政厅厅长李志仁代表自治区政府做了《宁夏减灾事业发展情况报告》，海原县对减灾项目的实施情况做了介绍，中国国际减灾委员会办公室主任、民政部救灾司司长王振耀对宁夏减灾救灾工作进行了总结。会议由自治区副主席张来武主持，民政部、国家减灾委、山西、陕西、甘肃、内蒙古自治区和宁夏五市及部分县、市领导及民政局长、区直有关部门的领导、专家、学者参加了会议。同时还邀请了美国慈善会、爱德基金会等一些国际组织参加了会议。会议研讨了在西部干旱地区进行减灾救灾的理论与实践，观摩和展示了宁夏抗灾减灾工作变输血型救灾为造血型减灾模式，对宁夏减灾项目示范区试验成功的经验进行了论证，并加以总结和推广。

城镇居民最低生活保障 为规范城市居民最低生活保障资金的使用，加强对低保资金的监管，宁夏区财政厅、民政厅联合出台了《宁夏回族自治区城市居民最低生活保障资金管理暂行办法》。《办法》对城市低保资金的筹集、预算、管理使用、补助资金的划拨比例、划拨程序、专户管理、工作经费等方面作了明确的规定。同时，进一步加大监管力度，制定了严格考核办法和责任追究制度。全区共保障城镇困难人员20.4万人，支出低保金1.6亿元。召开了全区城乡社会救助工作会议，推动了城乡社会救助工作的发展。银川市、惠农区、利通区等11个市、县（区）出台了城乡特困户医疗、教育、住房等救助制度，实现了城乡社会救助工作由制度性救助向体系性救助的转变。

灾民和特困户救助金实行社会化发放 2004年4月，宁夏区人民政府决定从今年春荒救济开始，所有被救助对象一律实行持证或持卡救助。其中靠制度性救助者领取《宁夏农村特困户生活救助证》，其基本生活救助、医疗救助、住房救助、教育救助等信息全部登记在《救助证》上。被临时性救助者领取《灾民救助卡》，各种临时性救助款物等信息要在救助卡上登记清楚，灾民救助卡有效期一年。今后所有救助对象一律实行持证或持卡领取救助款物。持证救助的制度性救助金将全部通过银行发放，持卡救助的临时救助金原则上也要通过银行发放，特殊情况不宜通过银行发放的需说明理由，并经过县级民政部门批准。

城乡社会救助体系建设 2004年，全区城乡社会救助体系建设扎实有效。全年共发放救灾救济资金6316万元，其中救灾资金5200万元，医疗救助资金716万元，农村特困户基本生活救助资金400万元；下拨救灾捐赠、社会捐助资金55万元；支出五保供养经费300余万元。全区20.8万农村特困群众持证持卡领取救助款物。启动实施了农村特困户医疗救助、教育救助和项目救助。

村民自治 全区1139个村委会被县(市、区)政府命名为村民自治示范村，84个乡镇被命名为村民自治模范乡镇。6个县(市、区)被自治区政府命名为全区村民自治模范单位，4个县(市、区)被民政部命名为全国村民自治模范单位。同时，全区第六届村委会换届选举工作进展顺利，下发了《关于做好全区第六届村民委员会换届选举工作的通知》和《第六届村委会换届选举实施方案》，规范了村委会选举程序。全区有19个县(市、区)依法完成了村委会换届选举工作，保持了农村社会稳定，巩固了党的执政基础。全区举办社区工作者培训班12次、村委会选举骨干培训班15次，培训社区居委会工作者3200多人，增强了乡村(居)干部的民主法制意识，提高了依法指导选举的工作能力，为深化村(居)民自治奠定了基础。结合村委会换届选举，健全和完善了村(居)务公开制度，提请自治区人民政府成立了自治区村务公开领导小组，并成立了办公室，具体负责村务公开的日常工作，各市、县(区)均成立了村民自治或村务公开工作领导小组，坚持健全制度、完善程序、形成机制，目前全区2584个村中有2545个村委会开展了依法治村活动，2566个村委会按要求及时进行村务公开，占村委会总数的99.3%。

行政区划和地名管理 开展了《宁夏回族自治区行政区划规划》的编制工作；制定了《宁夏回族自治区建筑物名称管理暂行规定》和《宁夏回族自治区门牌管理暂行规定》，下发了《关于加强建筑物名称有序管理和规范使用的通知》，推动了地名管理工作的制度化、法制化。在5月18日全国勘界工作表彰和行政区划界限管理工作会议上，固原市民政局作为宁夏惟一的市、县(区)勘界工作先进集体受到民政部、人事部表彰。城市地名设标工作进展顺利，银川市完成了街、路、巷标牌设置1075块，占应设标牌总数的84%，完成了门牌安装33509块，占应设门牌总数的62.5%；固原市和青铜峡市也已完成了主要街路巷的标牌设置；石嘴山市的楼门牌号覆盖率达90%以上。地名数据库建库工作全面启动。

婚姻管理 全年办理结婚登记3.2万对，离婚登记2700对，维护了婚姻登记人的合法权益。银川市兴庆区民政局、青铜峡市民政局2个婚姻登记处和5个婚姻登记员分别被民政部授予全国先进婚姻登记机关和全国优秀婚姻登记员光荣称号。

全区民政工作会议 2004年3月12日，宁夏区人民政府在银川市召开了全区民政工作会议。自治区人大副主任李国芳、自治区政府副主席刘慧、自治区政协副主席李增林、自治区党委组织部、政研室、自治区政府办公厅、人事、财政、劳动和社会保障等有关部门的领导出席了会议，刘慧副主席作了重要讲话，民政厅副厅长陈玉宝作了题为《锐意进取开拓创新全面开创民政事业新局面》的工作报告，自治区政府办公厅副主任黑智虎主持会议。各市、县（区）分管民政工作的政府领导、民政局长和自治区民政厅的全体干部参加了会议。会议传达了全国民政厅局长会议精神，总结了2003年全区民政工作，确定了2004年全区民政工作的指导思想、工作重点和要点，表彰了2003年度全区民政工作先进单位和个人，自治区民政厅与五个地级市民政局签订了《2004年重点民政工作目标考核责任书》。

基层民主政治建设 2004年，全区96%的社区居委会进行了换届选举；新建和改扩建58个社区居委会，在全区国营农林牧场普遍建立了社区居委会；通过开发社区服务就业岗位、社区公益性岗位等，新增社区就业人员25496人；筹集资金99万元，援建社区图书室180个；安装社区室外体育活动器材55套，组织开展了多种形式的读书活动，举办了宁夏首届福彩杯社区文明知识竞赛，荣获全国三等奖。

社会福利事业和社会事务管理 自治区出台了《关于加快实现社会福利社会化的意见》；对全区22家社会福利企业进行了重点检查，新批社会福利企业16家，安排了340多名残疾人就业；审批经营性公墓4家，对平罗县境内高速公路两侧的坟墓进行了清理搬迁；完善了城市流浪乞讨人员救助管理工作制度，全年救助流浪乞讨人员3300余人。

福利彩票工作 全区年度发行福利彩票1.07亿元，其中电脑彩票9600万元，即开型彩票1084万元，募集区本级公益金1600万元。

老龄工作 自治区出台了《宁夏回族自治区老年人权益保障条例》，召开了自治区老龄委第三次全委扩大会议和全区老龄办主任会议；积极开展创建老龄工作先进县（市、区）、敬老模范村（社区）和评选老龄工作先进单位活动，开展了“宁夏—厦门‘银龄行动’”试点工作；为4000名老年人办理了优惠证，切实保障了老年人的合法权益。

政策法规建设 2004年，制定了《宁夏回族自治区农村特困户基本生活救助实施办法》、《宁夏回族自治区救灾储备物资管理规定》、《宁夏回族自治区最低生活保障证管理使用办法》、《宁夏回族自治区城市居民最低生活保障档案管理办法》等规章制度。

（宁夏回族自治区民政厅）

新疆维吾尔自治区

2004年，新疆各级民政部门在自治区党委、政府的正确领导下，在民政部的业务指导和大力支持下，以邓小平理论和“三个代表”重要思想为指导，认真贯彻落实十六大和党的十六届三中全会、四中全会精神以及自治区党委六届八次全委（扩大）会议、全国民政工作会议和自治区民政工作会议精神，紧紧围绕自治区的工作大局，认真履行政府管理社会行政事务的职责，以民为本、为民解困，各项工作平稳推进，民政事业呈现出良好的发展势头。

民间组织管理 加大对各类社团的培育发展力度，全区有各类社团2517个，其中全区性511个，地县1946个；抓好农村专业经济协会的培育工作，召开自治区农村专业经济协会现场经验交流会，总结经验，研究提出了加快发展农村专业经济协会的意见和措施；大力培育发展行业协会和商会等社团，批准成立了钢铁、石油化学等行业协会；建立健全社会团体自律机制和运行机制，研究制定了《自治区社会团体开展重大活动事前报告规定》；召开了自治区贯彻《基金会管理条例》工作会议和自治区基金会换证工作会议，安排部署了基金会管理工作。加强对民办非企业单位法人和负责人的学习培训，举办了两期法人培训班，制定下发了《自治区民办非企业单位自身建设检查测评标准》；完成了民办非企业单位年检任务，年检民办非企业单位964个。建立健全有效的监管机制，加大了对非法民间组织和民间组织违法行为的查处力度，依法查处了新疆与中亚合作促进会、河南籍联谊会等非法民间组织和民间组织的违法活动，指导乌鲁木齐市开展了民间组织行政执法试点工作。

优抚 认真落实优抚政策，对全区重点优抚对象进行了核查，掌握底数，及时下拨抚恤经费和定期定量补助资金2271万元，确保了重点优抚对象的生活；争取建房补助金221万元，为部分在乡老复员军人、伤残军人新建改建了住房；争取医疗补助资金150万元，对重点优抚对象看病就医进行了资助；争取补助资金200万元，改善了部分光荣院和烈士陵园的条件；认真做好了伤残证换证、补证等工作。

安置 全力做好退役安置工作。出台了《自治区关于扶持城镇退役士兵自谋职业优惠政策的意见》、《自治区退役士兵自谋职业和安置任务有偿转移资金管理暂行办法》；加大安置任务有偿转移力度，收缴安置任务有偿转金286.63万元；及时下达了2004年退役士兵安置计划，全区接收退役士兵4485人，安置退役士兵1904人，占应安置总数的56%。以创建文明军休所为契机，狠抓了军休服务管理工作。新接受军休干部100多名，为300多名军休干部办理了医疗保险和医疗补充保险，解决了军修干部的后顾之忧。组建了自治区第三干休所，并启动了工作。改善服务管理水平，军休干部的两个待遇得到了落实。

双拥 经自治区党委、自治区人民政府、新疆军区批准，召开了全区双拥工作会议。会议系统总结了近年来自治区双拥工作的基本经验，分析研究了当前双拥工作面临的形势，部署了新形势下双拥工作任务。中共中央政治局委员、自治区党委书记王乐泉亲自接见会议代表并作了重要指示，自治区党委副书记、自治区主席司马义·铁力瓦尔地、军区政委喻林祥做了重要讲话，自治区党委副书记胡家燕做了工作报告。

救灾 2004年新疆先后发生了较为严重的雪崩、暴雨、冰雹、洪水、山体滑坡、泥石流、大风、干旱等自然灾害，给农牧民群众造成了较大的生命和财产损失。各类自然灾害造成296.3万人受灾，农作物受灾524.4万公顷，绝收282.55万公顷，死亡37人，倒塌房屋5.35万间，死亡大小牲畜15.57万头（只），造成直接经济损失21.39亿元。针对各种自然灾害，认真贯彻落实《自治区自然灾害灾民生活救济工作暂行办法》，加大了执行救灾工作分级负责、救灾经费分级负担的力度；在不断修订完善《自治区民政厅自然灾害灾民生活救济工作应急预案》的基础上，指导各地制定了救灾应急预案；召开全区救灾统计工作会议，建立了灾情信息快速反映、报告制度；建立健全救灾物资贮备管理和发放制度，规范了工作程序；拓宽救灾资金来源渠道，积极开展经常性社会捐助活动，推动了救灾工作的社会化进程；按照“设计科学、经济适用、保质保量、达到抗震标准”的建房要求，认真做好灾民住房恢复重建工作，自治区及各级投入倒房恢复重建资金4894.61万元，农牧民自筹倒房恢复重建资金7416万元，恢复重建民房2.06万间，使11.6万灾民搬进了新居；经多方努力，在民政部的大力支持下，为全区85个县市配备了救灾专用车辆，改善了基层民政部门的救灾装备条件，提升了民政工作在全社会的地位。全年投入救灾资金1.02亿元，全区198万人（次）灾民和困难群众得到了不同形式的救济，维护了灾区的社会稳定，增进了各民族的团结。

城市居民最低生活保障

指导各地制定出台了《低保工作实施细则》，使低保工作有法可依、有章可循；加大《自治区实施〈城市居民最低生活保障条例〉办法》的宣传力度，发放各种宣传单36万份，印发宣传册5万份。积极稳妥地开展分类施保，对全区4万名“三无”

人员实施了重点保障；强化管理，狠抓低保档案规范管理工作，进一步建立健全了县、乡(镇)、居民委员会三级低保档案；组织人员就粮油价格上涨对城市特困群众生活影响情况进行专题调研，为低保对象每人每月增加了5元补助金，为街道低保专干每人每月增加了200元补助。全年发放低保金5.1亿元，有58万低保对象享受最低生活保障，基本实现了应保尽保。

农村困难群众救助 配合有关部门，积极开展了农村医疗救助试点工作，研究提出了《自治区农村医疗救助基金管理办法》、《自治区农村医疗救助实施方案》，对13个试点县进行了检查、指导，为今后全面开展农村医疗救助工作奠定了基础，年内下拨农村医疗救助资金2283万元，救助特困人员27万人。制定了全区农村敬老院改扩建五年规划，年内投入资金1513万元，实施第一批敬老院改扩建工程，新建改建了11所县级敬老院、5所乡镇敬老院，有效地改善了全区农村敬老院五保老人的居住条件。

村民自治 制定下发了《关于进一步做好自治区第六届村民委员会换届选举工作的意见》，举办了两期村委会换届选举培训班，为自治区第六届村民委员会换届选举工作的圆满完成奠定了基础；继续推动村务公开和民主管理工作，成立了自治区村务公开领导小组，召开了自治区村务公开工作会议，研究起草了《认真贯彻中办17号文件精神，推进自治区村务公开工作的意见》、《自治区村务公开办法》，安排部署了自治区村务公开工作；大力开展了村民自治示范活动，全区涌现出一批村民自治先进典型，其中焉耆县七个星镇乎尔东村等8个村被国家民政部、司法部命名为"全国民主法治示范村"。

城市社区建设 加快社区服务业发展，研究和制定促进社区服务发展的新政策和新措施，更多地吸收下岗失业人员从事社区服务业，通过开发社区岗位就业6.8万人；认真做好居委会换届选举工作的指导工作，指导乌鲁木齐市450个社区居委会完成了换届选举任务；大力开展万家社区图书室援建和万家社区读书活动，年内分两批援建社区图书室600多个，全区有30多万居民参加了社区居民知识答题竞赛，选派代表队参加了"首届全国社区文明风采电视大赛"乌鲁木齐分赛区和"全国社区文明风采电视大赛"总决赛；与新疆电信有限公司联合开展了创建"信息化社区"活动，募集公益金36万元；总结社区建设经验，编制出版了《新疆社区建设》。

行政区划和地名管理 完成了《自治区行政区划调整规划》编制规划资料收集和整理工作；合理进行行政区划调整，完成了乌鲁木齐市政府驻地迁址、伊宁市与伊宁县行政区划调整、喀什市与疏附县行政区划调整、阿克苏市与阿拉尔市行政区划调整等工作；开展行政区划各项指标的统计工作，整理编制了自治区县级行政区划沿革材料；出版发行了1∶100万比例尺和1∶200万比例尺新版《新疆维吾尔自治区行政区划图》；加强行政区域界线管理，完成了藏新线联检、地州年度联检任务；完成了新设3个自治区直辖县级市与相邻县市之间行政区域界线的界桩埋设工作；加快城市设标工作进程，制定了《自治区城市标准地名标志设置检查验收工作方案》，全区有16个城市完成了地名标志设置任务，并指导区内30多个县相继开展了驻地镇地名标志的设置工作；制定《自治区地名信息系统技术规范》，认真开展了各级地名信息数据库建设、地名补更档案资料收集整理和验收工作。

社会福利事业 启动并全面实施"残疾孤儿手术康复明天计划"，召开了自治区"明天计划"工作领导小组会议，制定了自治区孤残儿童手术康复明天计划三年规划，并顺利完成了第一批90名残疾孤儿矫治手术；抓好了南疆三地州17个儿童福利院改扩建和6所儿童福利院新建项目的准备工作；召开全区家庭寄养工作会议，探索性地开展了儿童福利院孤儿代养、领养和寄养工作，与英国磐石基金会联合举办了残疾儿童护理员培训班，提高了护理人员的素质；做好“星光计划”收尾工作，印发了《“星光计划”项目管理规定》，乌鲁木齐市沙伊巴克区明园有色社区老年活动之家等三个老年活动中心、温宿县民政局局长阿不力克·达吾提等三人受到民政部的通报表彰。

城市生活无着的流浪乞讨人员救助管理 做好流浪乞讨人员救助管理工作，加强救助站建设，研究上报了《关于加强城市生活无着的流浪乞讨人员救助管理的意见》，对全区救助管理干部进行了培训，规范了全区救助管理工作，年内接受救助7133人，实际救助6000人。

社会事务 加大《婚姻登记条例》的宣传力度，举办了少数民族婚姻登记员培训班，规范了婚姻登记，全区办理结婚登记17.2万对，办理离婚登记4.7万对，石河子市民政局婚姻登记处等5个单位、阿尔泰市民政局副局长付云英等8名个人受到民政部的通报表彰；强化管理，举办了15个地州和8个三位一体殡葬事业单位网络建设和软件培训班，对全区殡葬管理工作中存在的问题进行了纠正和查处，保证了殡葬事业管理的正常进行；加强涉外收养工作，办理涉外收养登记34人。

福利彩票工作 重视福利彩票销售工作，全年销售福利彩票6.43亿元，筹集公益金2.25亿元，代扣代缴中奖个人所得税2908万元。

依法行政工作 制定出台了《低保工作实施细则》、《自治区低保档案规范化管理方案》、《关于进一步做好自治区第六届村民委员会换届选举工作的意见》、《推进自治区村务公开工作的意见》、《自治区村务公开办法》、《自治区社会团体开展重大活动报告的规定》、《自治区民办非企业单位自身建设检查测评标准》、《自治区民政执法违法错案责任追究规定》、《自治区民政行政执法监督检查办法》、《自治区民政厅立法和制定规范性文件规则》、《自治区民政厅听证办法》、《自治区民政行政机关规范性文件备案管理规定》等规章制度，民政工作逐步走上了法制化、规范化的轨道。

自身建设 转变观念，牢固树立民本思想，各级民政部门开展工作，能自觉突出“为民”原则，把实现好、维护好、发展好人民群众的根本利益作为思考问题和开展工作的出发点和落脚点；加强民政部门领导班子和干部职工队伍建设，举办了各种培训班，教育干部职工以“三个代表”重要思想武装头脑，加强思想政治修养和职业道德培养，把为民、务实、清廉的要求作为民政工作者的理念，作为民政职业道德教育的核心，把依法行政与用道德规范统一起来；积极推行政务公开制度，下发了《关于在全区民政系统推行政务公开促进廉政建设的实施意见》，通过报纸、广播、电视等新闻媒体，陆续对民政政务十个方面、二十七项内容进行了公示；切实加强廉政建设，全区民政系统的干部职工认真学习《中国共产党党内监督条例》、《中国共产党纪律处分条例》，统一了思想，提高了认识；建立健全党风廉政建设责任制，召开全区民政系统党风廉政建设大会，签订了党风廉政建设责任书，明确了各级民政部门的职责，形成了一级抓一级、层层抓落实的机制；以创建和巩固精神文明单位和基层窗口文明单位为契机，通过政务公开、专项治理、督促检查等有效手段，切实加强了作风建设。

（新疆维吾尔自治区民政厅）

新疆建设兵团

2004年是兵、师两级机构改革后民政部门机构单设的第一年。兵团各级民政部门以邓小平理论和“三个代表”重要思想为指导，认真落实科学的发展观，紧紧围绕兵团党委的中心工作，按照民政部的总体部署，点面结合，重点突出，各项工作平稳推进，民政事业有了较快发展，在维护社会政治稳定，推动兵团经济和社会发展中发挥了重要作用。

民间组织管理 2004年，兵团民间组织管理工作按照民政部的部署，围绕“大力扶持行业性社团和农村专业经济协会”，对民间组织管理要做到“一手抓培育发展，一手抓监督管理”的要求，继续规范兵团民间组织登记管理程序，努力改变工作作风。截至2004年底，兵团、师注册各类社会团体313个，其中兵团本级75个，师级237个；社团分支机构86个。民办非企业单位155个。其中2004年兵、师新注册社团38个，行业性社团达23个。已占新注册社团的61%。全年兵团本级新注册的社团7个。完成了年检、重新登记、换发证书工作。根据民政部的要求，将以上三项工作结合起来同时进行。兵、师两级参加年检的社团组织303个，经审核，91%的社团为合格社团，限期整改社团13个，撤销注销社团28个，其中，撤消兵团社会团体10个，注销兵团本级社会团体5个，注销兵团本级民办非企业单位2个。民办非企业单位参加年检的128个，合格单位占80%，注销民办非企业单位7家。在这次年检、换证工作中，对少部分长期不开展工作，也不参加年检，又未办理注销手续的社团和民办非企业单位，依照《社团登记管理条例》和《民办非企业单位登记管理暂行条例》的规定予以撤销、注销。2004年兵团获得全国先进民间组织7个（社会团体6个，民办非企业单位1个），分别是：兵团护理学会、兵团工程咨询协会、农二师二十四团养猪协会、农四师人口与计划生育协会、农五师党建研究会、农八师焊接学会、农十二师三坪家园敬老院。

优抚 2004年8月1日，国家公布了新修订的《军人抚恤优待条例》。根据民政部的要求，兵团民政局安排部署学习贯彻新《条例》，并要求以学习贯彻新《条例》为契机，充分认清贯彻新条例的重要意义，把加强优抚工作纳入当地经济和社会发展总体规划，列入重要议事日程，形成政府统一领导、党政军群齐抓共管、有关部门各负其责、全社会积极参与的领导体制和工作机制，坚决落实各项优抚政策，从根本上解除广大官兵和优抚对象的后顾之忧。今后主要是建立一个机制，完善两个网络，规范三个标准，确立四个支点。一个机制是建立抚恤补助标准的自然增长机制；两个网络一是医疗保障网络，二是社会优待网络；三个标准一是国家抚恤补助标准，二是残疾等级鉴定国家标准，三是事业单位管理标准；四个支点一是国家抚恤保障，二是医疗康复和供养保障，三是拥军优属活动，四是烈士褒扬及其宣传教育功能的发挥。为贯彻好新的条例，兵团民政局下发了《关于做好伤残人员换发新证工作的通知》（兵民政字〔2005〕1号）。这次换证对现在持有效证件并享受伤残抚恤的残疾军人、伤残人民警察、伤残国家机关工作人员、伤残民兵民工换发新证，在2005年6月30日前换发完毕。2005年7月1日开始使用新证。

双拥 认真开展了节日期间的走访慰问活动。一是组织开展了元旦、春节期间的走访慰问活动。兵团张庆黎司令员率办公厅和民政局等有关部门领导走访慰问了有关部队，并赠送慰问品。兵团民政局领导带队走访了二二二团、二二一团，慰问了部分革命伤残军人、军属，共发放慰问品价值20多万元。二是组织开展了“八一”期间的走访慰问活动。兵团副政委买买提明·阿不都热依木率八一双拥慰问组慰问了有关单位，走访看望了兵直部分革命伤残军人和转业退伍军人，慰问了兵团机关军烈属，共发放了价值18万元的慰问品。三是组织开展了“十一”期间的走访慰问活动。今年由于产棉区拾花工减少，拾花任务较重，新疆军区、兵团军事部、武警兵团指挥部积极组织官兵奔赴农业一线拾棉花，支援地方经济建设，根据兵团张庆黎司令员指示，兵团民政局刘钢局长带领慰问团到拾花团场慰问部队官兵，带去了兵团领导的关怀，表达了对部队支持的感谢，并发放了价值10万元的慰问品。各师也采取多种形式开展了丰富多样的双拥慰问活动，全兵团共发放慰问金(慰问品)200余万元。

救灾 2004年,兵团所属的14个师186个列入民政部救灾序列的团场中大部分先后不同程度的遭受了大风、沙尘暴、冰雹、干旱、低温阴雨、病虫害、洪涝等多种自然灾害侵袭,造成452.8千公顷农作物受灾,绝收26.59千公顷;65.56万人受灾,因灾伤病0.1万人、被困1.77万人、饮水困难人口0.64万人;倒损房屋1.04万间,其中倒塌居民房屋0.23万间,损坏房屋0.28万间;倒塌牲畜棚圈0.1万座,死亡大牲畜0.46万头;部分水利、交通、通讯、供电等基础设施遭到严重破坏。兵团主要植棉区普遍发生棉蚜虫、棉铃虫害,各类农作物病虫害发生面积超过20万公顷。入秋后,北疆部分师又突遭低温冷冻侵袭,造成西红柿、棉花、酒花等经济作物减产、降级。加之,棉花价格偏低,农牧工经济损失严重。全年灾害共造成直接经济损失8.33亿元,其中农业直接经济损失5.91亿元。2004年属中等偏轻灾害年份。面对多种灾害,特别是2003年的12·1昭苏地震和2004年的1·21农六师八一水库溃坝,兵团各级党委和民政部门按照“一切为了灾民,为了灾民的一切”的要求,有力地支援了灾区的抗灾救灾工作,累计安排下拨救灾资金8628万元、救灾棉帐篷1000多顶,接收分发了社会捐赠价值800多万元的布料、衣被和576万元捐款,确保了灾民生活有基本保障。救灾救助工作走向规范化,制定下发了《关于实行灾民救助卡管理工作的通知》和《兵团灾民救助暂行办法》,为提高救灾综合协调和应急反应能力、有序开展救灾工作提供了机制上的保障。2004年救济灾民人数34.47万人次,累计发放灾民救助卡7.85万个;协助修缮和重建民房3000多户12000余间,使灾民入冬前全部入住新居。兵团投资130多万元,使救灾物资和储备设施建设得到加强。兵、师、团三级民政部门认真开展了扶贫帮困送温暖活动,扶贫帮困募集捐款500多万元。

城市居民最低生活保障 发布实施了新的《兵团居民最低生活保障办法》。低保对象从1999年底的1.1万人,增加到2004年底的近14万人;低保资金从1000万元增加到1.34亿元,平均每年增长72.8%;保障面从14个师、1个院(校)、5个兵直单位的120个基层发放单位增至14个师、5个院(校)、8个兵直单位共434个团级单位、2262个基层连队和社区;保障率从0.4%提高到2004年的5.5%;低保对象月人均补差标准从46元增加到63元。低保金社会化发放全面实施,基本实现了“动态管理下的应保尽保”的工作目标,对兵团的社会稳定起到了积极作用。

城市社区建设 进一步修改和完善了《兵团社区建设指导意见》,兵团党委办公厅、兵团办公厅以新兵党办发〔2004〕77号文下发实施,,《意见》的出台,有力地推动了兵团社区发展和建设,使兵团的社区建设更加规范,管理更加科学。兵团和各师把社区建设作为民政工作的重要内容来抓,按照“边推进、边探索”的工作思路和“典型引路,分类指导”的原则稳步推进。全兵团已建社区451个,社区专职工作人员1386人。社区志愿者队伍发展到2056个,一万多人,成为社区建设的重要力量。兵团组队参加了首次在中央电视台举办的“全国社区文明风采电视大赛”,获得一等奖,充分展示了兵团社区建设和文明风采。社区文化建设蓬勃发展,申报了第一批万家社区图书室援建项目128个,获得批准,34860册援建图书已及时发到各社区。

行政区划 根据中央文件精神,在自治区、兵团党委的领导下,兵团民政部门积极参与,建市工作取得重大进展。2004年初,阿拉尔、五家渠、图木舒克三市正式挂牌,城市建设发生很大变化,为三个师和兵团的经济和社会发展提供了新的平台,创造了良好的条件。兵团、师审批新注册社团38个,通过规范管理和服务、培育,使兵、师两级313个注册社会团体,兵、师、团155个民办非企业单位的工作得到健康有序的开展。

社会福利事业 完成了有关项目的调研、审核和上报、年检、换证工作；完成3年集中实施“星光计划”项目建设任务，各级累计投入资金6900万元，建“星光计划”项目413个，一批先进单位和先进个人受到民政部表彰。对“明天计划”工作进行了全面部署，对具有手术适应症的残疾孤儿进行了普查、登记和汇总造册，报送了兵团“明天计划”三年规划有关材料，受到民政部的通报表彰。

老龄工作 出台了《兵团党委兵团关于进一步加强老龄工作的意见》。各级老龄组织积极开展了丰富多彩的老年文艺娱乐活动，丰富了兵团老年人精神文化生活。老龄工作受到民政部表彰。

民政机构编制、宣传和信息化建设 在兵团机构改革中，兵、师、团三级民政机构实现了单设，民政工作人员编制新增328人，民政工作条件得到很大改善。与兵团日报社联办了“为国分忧为民解愁”征文，在头版发稿数十篇，两篇稿件刊登在头版头条，在公众互联网上建立了兵团民政局的网站，提高了民政工作的社会知名度，使民政工作得到了广泛的社会支持。一个集体和个人分别获得民政部政务信息表彰。兵团民政局在兵团机关创建文明部局活动中被评为“文明部局”、机关党支部被评为“先进党支部”，民政干部队伍建设、党风廉政建设、精神文明建设等都取得了很大进步。

“星光计划” 民政部在全国发起的“社区老年福利服务星光计划”（以下简称“星光计划”）实施以来，兵团各级民政部门、社区、居委会等部门的辛勤努力下，2001年起至2004年底累计投资6900万元（含民政部下拨福利资金500万元）基本完成兵团确定的三年“星光计划”工作目标。进行了以兵师所在市和大中型工矿企业区域为重点，新建和改扩建144个具有综合性特点，具备多种功能的社会福利服务设施和活动场所；在团场，以老年活动中心为重点，新建和改扩建316个团场福利服务设施和活动场所。初步形成了以城市为重点的老年人服务设施网络和以团场为中心的老年人福利服务网络。“星光计划”坚持做到了立足社区，面向老人，方便适用，和功能配套。“星光计划”的有效实施为居家养老提供了支持，受到了兵团各界，特别是各民族老年人的普遍欢迎。“星光计划”实施过程中，涌现出了一大批先进单位和先进个人。兵团农九师朝阳区“星光老年之家”被评为全国“星光老年之家”先进单位、石河子大学民政科徐仁堂同志被评为全国实施“星光计划”先进个人，并受到民政部通报表彰。

“明天计划” 2004年5月，民政部倡导并发起了在全国开展为期三年的对残疾孤儿实施手术康复的“明天计划”工程。兵团民政局按民政部要求及时研究制定了落实“明天计划”三年规划。制定下发了兵团《“明天计划”捐赠接受及管理办法》，公布了捐赠接受机构及账号。采取了同兵团日报联办等形式，定期每周向社会广泛宣传“明天计划”活动；召开了兵团各师民政局局长工作会议，部署了“明天计划”三年工作任务；成立了兵团民政局“明天计划”领导小组和办公室。兵团民政局副局长杨国英同志担任领导小组组长。工作组开展了对残疾孤儿实施手术康复的前期准备工作，对全兵团各师及福利机构所有具有手术适应症的残疾孤儿进行了调查摸底，确定了具有手术适应症的残疾孤儿，确定了康复手术医院，并将农九师春玲等七位残疾孤儿列为本年度手术康复计划对象上报了民政部，得到了民政部同意批复和资助资金支持。2005年上半年兵团将全面实施“明天计划”康复手术。

救灾 经常性社会捐赠工作是民心工程。扶贫帮困活动由主要帮助对象从灾区和农村贫困人口扩大到城市国有企业下岗职工、困难企业职工和城市低保对象。经常性社会捐助服务工作的内容也从解决生活温饱拓展到解决社会困难群体的医疗、子女上学和取暖等问题。据不完全统计，2004年，全兵团共募集资金578万元。其中兵团本级158万元，有7万余人受益。社会募集和社会救助活动的开展，为灾区和贫困群众解决了实际困难，取得了良好的社会效果。

社会救助 根据中央和民政部的总体要求，加强了兵团社会救助工作，确定了兵团的救助管理工作目标，实行“统一规划、分步实施、逐步完善”的原则。兵编办发〔2004〕66号文件，为兵团社会救助工作的开展从组织机构到资金、人员的落实给予了保障。兵团目前已有两处“城市生活无着的流浪乞讨人员救助管理站”，一个为兵团驻乌鲁木齐直属救助管理站，暂与兵团救灾捐赠工作站合署办公，实行一个机构两块牌子的管理模式；另一个为农八师石河子市救助管理站。根据需救助人员的具体情况，采取多种形式、多种方式，对求助人员进行安置，努力做到“应救尽救”，采取有效措施，尽最大努力使求助人员得到帮助。各级民政部门从实际出发，积极争取各级党委和行政领导的重视和相关部门的支持配合，形成了救助工作“政府主导、民政负责、部门配合、区域合作、救助管理站实施”的运行机制。截至2004年底，共实施救助流浪乞讨人员831人(次)，为兵团的稳定发展做出了贡献。

福利彩票工作 兵团各级彩票中心的密切配合和共同努力下，在兵团十个师所属农牧团场开展福利彩票销售、公益金筹集活动。坚持发行销售与项目资助紧密联系，表彰奖励与个人业绩密切挂钩，极大地调动了各级民政部门和彩票销售机构对彩票销售、募集工作的认识和积极性。2004年取得了近年来历史性的突破。新增设电脑投注点29个，使目前投注点总量达到45个。全年共销售福利彩票面值1240万元(其中：即开票560万元，电脑票680万元)，为国家筹集公益金434万元，其中兵师两级留成160万元。

(新疆生产建设兵团民政局)

大　事　记

2004 年民政工作大事记

1 月

1 日　人民日报发表社论《奋进在全面建设小康社会征程上——元旦献辞》，指出：在新的一年里，我们要努力实现好、维护好、发展好最广大人民群众的根本利益，牢固树立群众利益无小事的思想，把人民群众利益放在首位，把实现人民群众的根本利益落实到改革发展稳定的各项工作中去，落实到关心群众生产生活的工作中去。从群众最现实、最关心、最直接的利益入手，为群众诚心诚意办实事，尽心竭力解难事，坚持不懈做好事。

同日　李学举部长在中国社会报上发表《新年献辞》，给全国民政战线干部职工和离退休干部职工拜年。

同日　中国社会报评选出 2003 年中国民政十大新闻。1.国务院公布《城市生活无着的流浪乞讨人员救助管理办法》；2.国务院公布《婚姻登记条例》；3.民政部对 63 个社团不予重新登记，首次处罚 3 家全国性社团；4."星光计划"工作重点由大中城市转向县城和乡镇；5.民政部发布《家庭寄养管理暂行办法》；6.民政部首次启动一级救灾响应程序；7.中组部、民政部联合表彰全国优秀社区工作者；8.优抚对象抚恤补助标准提高幅度为历年最大；9.省级行政区域界线信息管理系统建成；10.上海市开始实行社会工作者职业资格认证。

2 日　李学举部长、杨衍银副部长到民政部管理干部学院检查指导工作，要求学院全面贯彻全国人才工作会议精神，把科研、教育、培训和企业、市场结合起来，创出品牌，提高知名度。(《中国社会报》1.13)

同日　民政部发出《关于按照国务院要求在春节前将农垦森工企业困难职工家庭全部纳入城市低保范围的紧急通知》(民电〔2004〕2 号)。

同日　民政部办公厅印发《关于表彰部直属机关宣传工作先进处室和先进个人的通报》(民办函〔2004〕1 号)。

3 日　经党中央、国务院、中央军委批准，中共中央办公厅、国务院办公厅、中央军委办公厅联合印发《关于进一步做好军队离休退休干部移交政府安置管理工作的意见》(中办发〔2004〕2 号)。

同日　中共中央政治局委员、国务院副总理回良玉亲自审阅了李学举部长在全国民政厅(局)长会议上的讲话，并作了重要批示。

5 日　财政部、民政部制定《农村医疗救助基金管理试行办法》(财社〔2004〕1 号)。

5 日—6 日　民政部在京召开全国民政厅(局)长会议。

李学举部长作了题为《以民为本，为民解困，推进民政工作全面协调发展》的讲话。杨衍银副部长主持会议并作了总结讲话。副部长李宝库、李立国、罗平飞、姜力、陈杰昌，党组成员、纪检组长张印忠，党组成员李本公出席会议。浙江、云南、山东、江苏、湖北、吉林和上海的民政厅（局）长分别在会上作典型经验发言。会议通报表彰了全国民政信访工作和民政政务信息工作的先进集体和个人。会议邀请国务院法制办的同志作了《中华人民共和国行政许可法》的专题报告。1月13日，民政部印发了李学举部长、杨衍银副部长在全国民政厅（局）长会议上的讲话（民发〔2004〕2号）。

5日　罗平飞副部长会见世界轮椅基金会主席肯尼斯·贝林先生，并出席了签定第二份《合作备忘录》的签字仪式。继2003年合作完成第一批向优抚对象提供2000辆轮椅后，双方商定从2004年起，在5年内共同为中国优抚对象提供5万辆在中国制造的轮椅车。（《中国社会报》1.6）

同日　民政部办公厅印发《关于贯彻落实〈民政部卫生部财政部关于实施农村医疗救助的意见〉的通知》（民办函〔2004〕10号）。

6日　在全国民政厅（局）长会议上，李学举部长点击启用升级改版后的民政部网站。在给新网站的致辞中，李学举希望“通过民政部网站为人民群众提供方便、优质、高效的服务，同时也利用这个窗口接受监督”。（《中国社会报》1.6）

7日　李学举部长主持召开2004年第1次部长办公会议，研究了当前城乡困难群众生活安排工作。会议指出，近一阶段，民政工作的主要目标和任务就是要帮助困难群众过好春节，解决困难群众冬令春荒生活问题。此次部长办公会议还邀请了中央一些主要媒体记者旁听。（《中国社会报》1.10）

同日　民政部向国务院报送《关于当前城乡困难群众生活安排情况的报告》（民发〔2004〕1号），其中提到：按照国务院第32次常务会议精神要求，作为牵头单位，民政部正在与有关部门商讨建立困难群众生活安排工作部际联席会议制度。

同日　民政部办公厅召开全国民政厅（局）办公室主任会议。

8日—9日　全国双拥工作领导小组、民政部、解放军总政治部在北京召开全国拥军优属拥政爱民工作会议。9日上午，中共中央政治局常委、国务院总理温家宝出席在人民大会堂举行的命名表彰大会，亲切会见了与会代表，并代表党中央、国务院、中央军委作了重要讲话。李学举部长宣读了表彰309个全国双拥模范城（县），206个爱国拥军模范单位、拥政爱民模范单位和99名爱国拥军模范、拥政爱民模范的决定。温家宝、回良玉、刘云山、郭伯雄、徐才厚、顾秀莲、郝建秀等领导同志向被命名表彰的全国双拥模范城（县）、双拥模范单位和个人颁奖。8日上午，中共中央政治局委员、国务院副总理、全国双拥工作领导小组组长回良玉在全国双拥工作会议（京西宾馆）上作了《深入贯彻“三个代表”重要思想，与时俱进做好新形势下双拥工作，为全面建设小康社会而努力奋斗》的工作报告。北京市、南京军区、山东省、空军、吉林省长春市、总后勤部青藏兵站部、江西省新余钢铁有限责任公司在会上介绍了做好新形势下双拥工作的经验。（《人民日报》1.10）

10日—11日　民政部基层政权和社区建设司、外事司在黑龙江省哈尔滨市召开卡特中心项目、欧盟项目实施工作座谈会。会议通报了卡特中心“规范村委会选举程序”项目、欧盟中国“村务管理培训”项目的进展情况，为下一步更好地执行项目奠定了良好的思想基础和组织基础。（《中国社会报》1.20）

11日　李学举部长、陈杰昌副部长参加迎新春民政宣传工作座谈会。李学举介绍了今年民政工作的重点，指出民政部是一个给困难群众、受灾群众发救命钱的地方。中央领导最关心、最挂心的事，就是这么多钱有没有真正发到群众手里。而舆论监督，就是帮助我们把工作做到位。

12日　全国老龄工作委员会第六次全体会议在京召开。国务院副总理、全国老龄工作委员会主任回良玉在会上发表重要讲话。受回良玉副总理委托，民政部部长、全国老龄委副主任、全国老龄委办公室主任李学举在会上作了工作报告，民政部副部长、全国老龄委办公室常务副主任李宝库代表民政部发言。(《人民日报》1.13)

12日 民政部、总政治部、北京市政府联合组织慰问移交政府安置的军队离退休干部活动。罗平飞副部长参加活动并讲话。(《中国社会报》1.13)

12日—13日 按照中央的统一部署，中央督查组对民政部贯彻“三个代表”重要思想、切实解决人民群众切身利益有关情况进行督查，对民政部的情况表示满意。

13日 《民政部2004年工作要点》印发(民发〔2004〕3号)。

同日 李学举部长、罗平飞副部长代表全国民政系统干部职工慰问了中国人民解放军航天员大队全体同志，并代表民政部向航天员大队赠送了“九天揽月圆中华飞天梦想”的牌匾和慰问金，航天员大队也回赠牌匾：“情系神州共铸民族辉煌”。(《中国社会报》1.15)

14日 李学举部长就人民网报道江西广丰县永丰镇发放低保金时存在强行扣除低保金用以购买福利彩票一事作出批示，指出此种事情使彩票、“低保”变味，严重影响民政部门和彩票声誉。1月15日，杨衍银副部长和陈杰昌副部长也分别作出批示，要求江西省民政厅迅速核查，如属实必须严肃处理。1月16日，江西省民政厅的调查报告指出，当地不存在强行扣除低保金用于购买福利彩票的问题。但是，永丰镇社会事务服务站存在个别返聘的工作人员动员宣传部分低保对象购买福利彩票的现象。对此，广丰县委、县政府和上饶市民政局已经作出对有关责任人的处理意见。上饶市民政局向全市各级民政部门发出了《关于进一步严格执行彩票销售政策的紧急通知》，要求各地不得借发放低保金等民政救助款之机搭售彩票，加强督查，对违反规定的，严肃处理。

14日 民政部印发《关于表彰奖励2003年度中国福利彩票发行先进单位的决定》(民发〔2004〕9号)。

同日 民政部办公厅转发《新闻出版署关于进一步加强对涉及民族宗教问题出版物管理的通知》(民办函〔2004〕12号)。

15日 全国双拥工作领导小组、民政部、广播电影电视总局、解放军总政治部联合举办2004年军民迎新春大型文艺晚会《祖国春光好》。胡锦涛、江泽民、吴邦国、温家宝、贾庆林、曾庆红、黄菊、吴官正、李长春、罗干等党和国家领导人与首都军民欢聚一堂，共贺新春。李学举部长、罗平飞副部长出席了晚会。(《人民日报》1.16)

同日 民政部发出《关于做好春节期间救助管理工作的紧急通知》(民电〔2004〕9号)。

16日 李学举部长与杨衍银副部长、罗平飞副部长等领导走访了解放军总参谋部、总政治部、总后勤部、总装备部和武警总部，向中国人民解放军和武警部队全体官兵，向转业退伍军人、军队离退休老干部，向伤残军人、烈军属等致以崇高的敬意和亲切的问候。(《中国社会报》1.20)

17日 杨衍银副部长主持召开解决城乡困难群众生活问题部际联席会议第一次会议。部际联席会议制度是为了贯彻落实温家宝总理在国务院第32次常务会议上的重要讲话精神，在民政部1月7日对城乡困难群众生活安排工作进行专题研究的部长办公会议上决定建立的。民政部、财政部、农业部、扶贫办和全国总工会为联席会议参加单位。会上，民政部分四个专题通报了城市低保、农村五保供养、农村特困户救助及农村医疗救助和冬令、春荒灾民生活安排工作的基本情况，农业部、扶贫办、全国总工会和财政部对做好此项工作提出了意见和建议。(民政部网站)

同日 首都春节军政座谈会举行。中共中央政治局委员、北京市委书记刘淇，中共中央书记处书记、中央军委委员、总政治部主任徐才厚出席会议并讲话。罗平飞副部长参加了座谈会。(《人民日报》1.18)

同日 民政部发出《关于严格规范低保管理工作的紧急通知》(民电〔2004〕16号)，针对近日一些媒体和互联网反映个别地方借发放低保金“搭车”销售彩票、信封、杂志，强迫老年低保对象参加扫雪，出现冒领低保金现象以及低保热线电话高收费等报道，要求组织一次认真的清查，堵塞漏洞，杜绝各种不正之风。

同日 民政部于1月2日、9日和14日，连续三次对各地下拨中央冬令救灾资金进展情况进行了通报。截至1月17日统计，全国所有省（自治区、直辖市）已经全部将中央下拨及地方配套的冬令救灾资金落实到受灾群众手中，保障了受灾群众春节期间的基本生活。（民政部网站）

18日 李学举部长就新闻办报送的关于中宣部在春节期间将对遵义市民政局局长张有顺等民政工作先进典型事迹进行宣传一事作出批示："发现典型、宣传典型是提高民政工作知名度、推进民政工作的重要措施，新闻办发现、推荐宣传典型的意识和措施值得表扬。如果每年民政部都能集中宣传几个典型，定会振奋系统，影响社会。"

18日—19日 中共中央政治局委员、国务院副总理回良玉在河北省丰宁满族自治县考察农业和农村工作，并向广大农民群众和农村基层干部致以节日的问候。罗平飞副部长陪同考察慰问。（《人民日报》1.20）

19日 民政部办公厅印发《关于印制新式婚姻登记证的补充通知》（民办函〔2004〕15号）。

20日 国务院办公厅转发了民政部等9部门《关于扶持城镇退役士兵自谋职业优惠政策的意见》（国办发〔2004〕10号）。2月19日，新华社发通稿予以报道，同时人民日报、光明日报、解放军报、中国青年报、法制日报、经济日报、中国社会报、公益时报、中央人民广播电台、中央电视台等多家中央新闻单位对相关情况从不同角度做了广泛的宣传报道。

同日 民政部向国务院报告2003年灾情和救灾工作情况（民发〔2004〕11号）。

同日 民政部办公厅答复江西省民政厅：对于退伍军人待安置期间办理结婚登记，可由其入伍前常住户口所在地的公安部门出具身份、户籍证明，替代普通居民的身份证和户口簿（民办函〔2004〕17号）。

20日—21日 在中华民族的传统节日春节即将到来之际，中共中央总书记、国家主席胡锦涛来到河北省张家口市看望干部群众，了解群众生产生活情况。他强调，广大党员干部特别是各级领导干部要进一步增强全心全意为人民服务的宗旨意识，时刻牢记群众利益无小事的道理，真心诚意地为群众办事，满腔热忱地为群众解决好生产生活中的实际问题，特别是要给那些困难比较大的群众更多的关爱、更多的帮助。胡锦涛在考察中看望了安置在怀来县敬老中心的五保老人、伤残军人等老年人。农历大年三十，胡锦涛在村民家里一起包饺子拉家常。（《人民日报》1月22日）

20日—28日 经中宣部批准，人民日报、新华社、光明日报、经济日报、中央人民广播电台、中央电视台、解放军报等十多家中央新闻单位，对遵义市民政局局长张有顺同志的事迹集中宣传，同时被宣传的还有北京市房山区民政局光荣院院长李焕琴和烟台市扶贫助困的经验以及双拥先进单位和模范个人。另外，新华社20日播发的《中直中央机关求真务实树新风》和28日播发的《为民亲送满目春——春节前后党和政府以民为本、求真务实记事》，比较突出地报道了党中央、国务院领导对困难群众生活的关心和民政部门所作的工作。中央新闻单位连续大规模地宣传民政人、民政工作，是多年来的第一次。

23日—24日 杨衍银副部长带工作组赴新疆生产建设兵团农六师，慰问"八一"水库垮坝受灾群众，指导地方开展救灾工作。1月21日下午，新疆生产建设兵团农六师102团八一水库闸水和土坝的接合部发生管涌，造成堤防垮坝，拉开60多米的口子，汹涌的洪水将闸门掀翻，向着距离大坝不到两公里的102团团部方向冲去，最大下泄流量每秒500立方米，水流速度每秒5米。农历除夕发生的新疆八一水库重大险情，引起党中央、国务院的高度重视。根据国务院领导指示精神，新疆生产建设兵团连夜将受到大水威胁的13800名职工群众，转移到距八一水库24公里的农六师师部所在地五家渠市，并做到了吃住都有保

障。23日，险情已得到基本控制。(《人民日报》1.24)

30日—2月5日 民政部召开直属单位工作汇报会，部长李学举，副部长罗平飞、姜力、陈杰昌，部党组成员、民间组织管理局局长李本公分别听取了中彩中心、地名所、慈善总会、收养中心、社会出版社和社工协会关于去年工作总结和今年工作安排的汇报，并对今年工作提出了要求。

2月

2日—3日 民政部在北京召开全国福利彩票工作会议。李学举部长和陈杰昌副部长分别就社会福利基金管理使用问题和做好今年的福利彩票工作作了重要讲话。民政部原副部长、中国福利彩票发行中心顾问徐瑞新主持会议。中彩中心主任陈传书作了2003年福利彩票工作报告。来自全国31个省、自治区、直辖市的民政厅(局)领导和福利彩票中心主任以及112个地市的民政局领导或福利彩票中心主任和特邀代表参加了会议。会议表彰了2003年度中国福利彩票发行先进单位。青岛市、北京市朝阳区、秦皇岛市、珠海市、营口市、湖南桂东县、乌鲁木齐市、平顶山市的代表在大会上发言。《民政工作通报》(第1期)刊发了李学举部长和陈杰昌副部长的讲话。

2日 在全国福利彩票工作会议上，中国福利彩票发行中心公布了中国电脑福利彩票七大著名品牌。这七个品牌分别是：双色球、"齐鲁风采"30选7、"南粤风采"36选7、"北京千禧"3D、"广西风采"37选7、"辽宁风采"35选7、"新疆风采"35选7。(《中国社会报》2.3)

4日 中国社会工作协会彩票工作委员会在京成立。全国人大常委会副委员长司马义·艾买提担任名誉会长并参加成立大会。民政部副部长陈杰昌在成立大会上致贺辞。(《中国社会报》2.5)

5日 第六届全国政协委员，民政部原党组成员、副部长袁血卒同志(正部级)遗体告别会在八宝山革命公墓大礼堂举行。中共中央总书记胡锦涛对袁血卒同志逝世表示哀悼，向他的家属表示慰问。民政部部长李学举，副部长杨衍银、李宝库、罗平飞、陈杰昌，纪检组长张印忠；全国人大常委、民政部原部长多吉才让、全国政协常委、民政部原副部长范宝俊，以及民政部机关工作人员代表200余人参加了遗体告别会。袁血卒同志因病医治无效，于1月25日14时15分在北京逝世，享年97岁。(《人民日报》2.15)

同日 李学举部长主持召开2004年第1次部长协调会议，召集人事教育司、优抚安置局和民政部管理干部学院负责同志研究有关问题。

9日 民政部召开直属单位工作汇报会，李学举部长、陈杰昌副部长听取了信息中心的工作汇报，并对今年工作提出了要求。

同日 民政部印发《关于表彰2003年度全国民政统计工作先进单位、先进个人的通报》(民函〔2004〕18号)。

9日—10日 全国省级老龄委办公室主任会议暨创建老龄工作先进县(市、区)座谈会在山东青岛市召开。民政部副部长、全国老龄委办公室常务副主任李宝库出席会议并讲话。

10日 民政部召开传达贯彻中纪委第三次全会精神大会，部党组书记、部长李学举发表重要讲话。部党组成员、副部长姜力传达了胡锦涛同志在中纪委三次全会上的重要讲话，部党组成员、民间组织管理局局长李本公摘要传达了吴官正同志在中纪委三次全会上所作的工作报告，部党组成员、中纪委驻民政部纪检组组长张印忠宣读了《民政部2004年党风廉政建设工作要点》。部党组成员、副部长陈杰昌主持会议。部机关司局级干部，直属单位负责同志和纪检书记参加了会议。《民政工作通报》(第2期)刊发了李学举部长的讲话。

同日 《民政部2004年党风廉政建设工作要点》印发(民发〔2004〕17号)。

同日 民政部向国务院报告贯彻实施《婚姻登记条例》的情况(民发〔2004〕18号)。

11日 全国村务公开协调小组第二次联席会议在京召开。中央书记处书记、中央纪委副书记何勇出席会议并发表重要讲话。会议对2003年村务公开、民主管理工作进行了总结，对2004年工作进行了研究部署。全国村务公开协调小组组长、民政部部长李学举主持会议，成员单位有关部门负责人参加了会议。陈杰昌副部长和纪检组长张印忠参加了会议。(《人民日报》2.12)

同日 民政部办公厅召开《民政年鉴》编纂会，总结去年编纂工作，部署今年工作任务。各司局综合处长以及有关事业单位办公室负责人参加了会议。

12日 民政部党组书记、部长李学举主持召开党组会，研究有关人事问题。

同日 李宝库副部长参加国家禁毒委员会全体委员会议并发言。

13日 民政部召开2003年年度考核总结表彰暨领导班子思想政治建设会议。李学举部长就完成今年民政工作任务对机关的要求作了重要讲话。杨衍银副部长总结了部直属机关2003年年度考核工作，并就加强部直属机关领导班子思想政治建设提出五点要求。罗平飞副部长在会上宣读了部机关公务员和直属事业单位领导班子成员2003年度考核优秀等次和受嘉奖人员名单和各司局、直属单位受中办、国办及有关部门表彰情况。优抚安置局、救灾救济司、中彩中心和社会出版社就领导班子思想政治建设情况交流了经验。李宝库副部长主持会议，李立国副部长，纪检组长张印忠，党组成员、民间组织管理局局长李本公参加了会议。《民政工作通报》(第4期)刊发了李学举部长、杨衍银副部长的讲话。

同日 民政部召开直属机关共青团工作会议。部党组副书记、副部长、直属机关党委书记杨衍银从加强理论武装、全面提高素质、投身实践锻炼三个方面，对青年干部提出了希望。会上，向受到共青团中央和中央国家机关团工委表彰的11名团员青年和3个青年集体颁发了证书和奖牌。

16日 民政部办公厅印发《关于换发社会团体法人登记证书工作的通知》(民办函〔2004〕29号)，旧版《社会团体法人登记证书》将于2004年5月1日起作废。

17日 民政部政策理论研究协调小组召开全体会议，研究2004年度民政政策理论研究课题和2004民政论坛有关事宜。杨衍银副部长主持会议并讲话。陈杰昌副部长就有关研究课题提出了要求。

同日 民政部对原《自然灾害情况统计制度》进行了修订，并经国家统计局审核同意印发(民发〔2004〕21号)。

同日 民政部向国务院报告救助管理工作半年情况(民发〔2004〕23号)。

同日 民政部办公厅印发《关于进一步做好民政系统安全工作的紧急通知》(民办函〔2004〕31号)，要求深入贯彻《国务院关于进一步加强安全生产工作的决定》和国务院办公厅《关于加强安全生产工作的紧急通知》精神，制定具体落实措施，严格安全生产责任制，全面深入地组织开展安全工作大检查。

18日 全国老龄委办公室常务副主任、民政部副部长、中国老龄协会会长李宝库出席全国老龄新闻奖颁奖仪式暨2004年全国老龄宣传工作座谈会并讲话。

19日 民政部党组副书记、副部长杨衍银主持召开传达贯彻国务院第二次廉政工作会议精神会议。党组成员、纪检组长张印忠传达了温家宝总理在国务院第二次廉政工作会议上的重要讲话。部党组要求，各单位要认真传达温家宝总理的讲话精神，把贯彻国务院第二次廉政工作会议和贯彻落实中央纪委第三次全会精神结合起来，同本司局、本单位的实际结合起来，做到责任明确、目标具体、措施有力，保证反腐倡廉各项任务落实到位。党组成员、副部长李宝库，党组成员、民间组织管理局局长李本公及部机关各司局长参加了会议。

同日 民政部、总政治部、总后勤部通报表彰380名移交政府安置的先进军队离退休干部、300个安置建房服务管理工作先进单位、408名安置建房服务管理工作先进个人(〔2004〕政干字第110号)。

20日 民政部办公厅答复辽宁省民政厅：民政部门可以根据所掌握的婚姻登记档案，为当事人出具在本辖区域内"无婚姻登记记录证明"，并须备注不包括在本辖区域外的其他地方的婚姻登记(民办函〔2004〕32号)。

23日 民政部网站报道,近日,李学举部长就民政工作如何落实科学发展观接受新华网记者采访,强调民政工作要突出"以人为本"的理念,把群众满意作为工作的第一标准。

24日 全国老年基金组织负责人座谈会在江苏无锡市召开,民政部副部长、全国老龄委办公室常务副主任李宝库出席会议并讲话。

24日—25日 全国春荒救济暨救灾工作会议在四川成都市召开。会议总结了去年救灾工作情况,研究提出了下一步救灾工作思路,部署了春荒救济工作和今年救灾工作任务。杨衍银副部长出席会议并作了重要讲话。《民政工作通报》(第7期)刊发了杨衍银副部长的讲话。

24日、26日 民政部召开直属事业单位工作汇报会议,李学举部长及李立国、姜力、陈杰昌副部长分别听取了机关服务局和政研中心关于去年工作总结和今年工作安排的汇报,并对今年工作提出了要求。

25日 民政部召开部机关各司(局)、直属单位负责人会议,安排部署"两会"期间的各项工作。李学举部长作了重要讲话。陈杰昌副部长主持会议。会上传达了国务院有关会议精神,通报了2003年和近期部信访工作情况。《民政工作通报》(第5期)刊发了李学举部长的讲话。

26日 李宝库副部长参加全国禁毒工作电视电话会议并发言。

同日 民政部印发《关于对福利彩票发行费、公益金使用管理情况进行执法监察的通知》(民函〔2004〕38号)。

同日 国务院残疾人工作协调委员会、中宣部、中央文明办、民政部等15个单位联合印发《关于开展第十四次"全国助残日"活动的通知》(残工委〔2004〕1号)。2004年5月16日是第十四次法定"全国助残日",今年的主题是:情系我的兄弟姐妹,帮扶贫苦残疾人。

27日—28日 为贯彻落实中共中央办公厅、国务院办公厅、中央军委办公厅联合下发的《关于进一步做好军队离休退休干部移交政府安置管理工作的意见》(中办发〔2004〕2号)精神,民政部、总政治部、总后勤部联合在北京召开了全国军队离退休干部安置工作会议。会议总结了23年来军休工作取得的主要成绩和基本经验,分析研究了军休工作面临的新情况和新问题,明确指出了今后一个时期军休工作的基本任务、总体思路和主要措施。民政部副部长罗平飞在会上发表讲话并作了会议总结。会议通报表彰了380名先进军休干部、300个安置建房和服务管理先进单位及408名先进个人,并向"三先"代表颁发了奖牌和证书。军地12个单位和工休人员代表在会上分别介绍了做好军休工作、无私奉献社会的经验和做法。《民政工作通报》(第6期)刊发了罗平飞副部长的讲话。

3月

1日 李学举部长就《青海省农村牧区特困人口救助暂行办法》作出重要批示:农村还有2900万绝对贫困人口,解决其民生,是民政部门应注意研究的问题。这几年,各地已开始研究,并采取了许多措施,重点解决"不救不活"和"天天困难"问题。青海省政府的《救助暂行办法》,对农村特困人口,无疑是"福音",对各地来讲提出了一个值得思考的问题:像青海这样的省份,能下决心做到,其他省份没有理由做不到。3月4日,民政部办公厅转发了《青海省人民政府关于印发〈青海省农村牧区特困人口救助暂行办法〉的通知》(民办发〔2004〕1号)。

同日 民政部部长李学举主持召开第2次部长办公会议。会议研究了春季灾区群众生活安排工作,要求切实采取有力措施,保证灾区群众有饭吃、能吃饱,不出现逃荒讨饭的现象。会议还要求各地进一步加强今年低保形势和灾情的分析,及早做好准备工作。会议还研究并同意了有关外事和财务事项。

2日 民政部向各省、自治区、直辖市民政厅(局)和各全国性社会团体业务主管单位发出《关于开展2003年度全国性社会团体年度检查工作的通知》(民函〔2004〕42、43号)。

3日 民政部召开中国社会新闻出版总社成立大会。李学举部长做了重要讲话，陈杰昌副部长主持会议，并宣读了国家新闻出版总署《关于同意组建中国社会新闻出版总社的复函》。杨衍银副部长宣布了部党组对中国社会新闻出版总社的人事任用决定。中国社会出版社、《中国社会报》社和《乡镇论坛》杂志社的全体职工参加了会议。

同日 民政部印发《关于开展〈行政区域界线管理条例〉贯彻执行情况专项检查的通知》(民函〔2004〕44号)。

4日 中共中央政治局常委、国务院副总理黄菊看望出席全国政协十届二次会议的全国总工会、社会福利和社会保障界的委员，并参加了联组会讨论。黄菊指出，要在经济发展的基础上，努力改善群众生活，着力解决好关系人民群众切身利益的突出问题。要按照“五个统筹”的要求，逐步完善社会保障体系，努力发展社会福利事业，维护职工合法权益，促进经济社会全面进步。对城乡特殊困难群体要给予更多关爱，切实解决好他们工作和生活上的实际困难。民政部部长李学举部长陪同参加讨论。(《人民日报》3.5)

同日 民政部部长李学举主持召开第3次部长办公会议。会议研究并原则同意2004年部本级社会福利基金使用计划和实施“为了孤残儿童明天”行动计划。会议议定：2004年部本级社会福利基金主要用于“为了孤残儿童明天”行动计划、城市流浪乞讨人员中未成年人救助、艾滋孤儿救助安置、孤残儿童特殊教育费用、西部地区乡镇敬老院建设和改造等。会议决定成立“为了孤残儿童明天”行动计划领导小组，具体负责项目的综合协调和指导监督。会议研究并同意民政部与联合国区域减灾战略秘书处共同举办减灾区域会议。会议研究并同意有关社团和民办非企业单位申请成立的事项。

同日 民政部印发《关于做好清明节期间群众祭奠活动安全工作的通知》(民函〔2004〕47号)。

同日 民政部办公厅印发《关于广东东莞市救助管理站发生受助人员袭击救助管理人员致死事件的通报》(民办函〔2004〕36号)。

5日 第十届全国人民代表大会第二次会议召开，国务院总理温家宝作《政府工作报告》。温家宝在报告中谈到去年一年政府做了6方面主要工作，其中“关心群众生活，做好就业和社会保障工作”和“加强法制建设，维护社会稳定”方面涉及的民政工作有：为继续落实“两个确保”和“三条保障线”，2003年中央财政用于城市居民最低生活保障的补助资金由上年的46亿元增加到92亿元。全国2235万城市居民得到最低生活保障。再次提高革命伤残人员等优抚对象的抚恤补助标准。全力做好抗灾救灾工作，中央财政用于洪涝、干旱、地震等救灾救济支出80.3亿元，比上年增长63.9%；用于灾后重建的中央投资27.9亿元。灾区群众生活得到妥善安排，恢复生产和重建工作有序进行。针对收容遣送工作中存在的问题，制定并组织实施《城市生活无着的流浪乞讨人员救助管理办法》和配套措施。温家宝从9个方面阐述了2004年政府工作的主要任务，其中“加大就业和社会保障工作力度，进一步改善人民生活”和“加强民主法制建设，维护国家安全和社会稳定”中有民政工作的内容，即今年要继续做好“两个确保”工作，搞好“三条保障线”的衔接。进一步做好城市“低保”工作，规范“低保”标准和范围。在总结辽宁省完善城镇社会保障体系试点工作的基础上，将试点范围扩大到黑龙江和吉林两省。今年，中央财政安排用于“两个确保”和城市“低保”的补助资金779亿元，比去年增长11.3%。地方财政也要增加这方面的投入。对城乡特殊困难群众，要给予更多的关爱。继续完善社会救助制度。切实帮助特殊困难家庭解决就医看病、子女上学、住房、冬季取暖等实际困难。完善农村“五保户”生活保障制度，确保供养资金。切实做好农村受灾地区税收减免和受灾群众生产生活救济等工作。关心和支持残疾人事业。要进一步扩大基层民主，完善村民自治和城市居民自治，尊重基层和群众的民主权利。要重视社会管理和公共服务方面的立法。深入开展双拥共建活动，加强军政军民团结。3月14日,十届全国人大二次会议通过了《政府工作报告》,并通过了《中华人民共和国宪法修正案》。(《人民日报》)

同日 民政部印发《关于民政部门进一步加强社会治安综合治理工作的通知》(民发〔2004〕26号)。

同日 民政部办公厅印发《关于开展对生活困难的艾滋病患者、患者家属及艾滋孤儿救助工作调查的通知》(民办函〔2004〕39号)。

同日 民政部商财政部下拨10亿元春荒救灾资金,用于解决春荒期间受灾群众的基本生活。

5日—7日 2003年全国民政事业统计年报会审会在重庆市召开。

8日 国务院总理温家宝签署第400号国务院令,颁布《基金会管理条例》,自2004年6月1日起施行。1988年9月27日国务院发布的《基金会管理办法》同时废止。

9日 民政部部长李学举主持召开第4次部长办公会议。会议原则同意将上报国务院的新设镇标准、《2004年民政部培训工作方案》、《民政部2004年度立法计划》、由民政部牵头主办"全国行业协会成就汇报展览会"和《民政部国际合作项目管理规定》。会议还研究了区划调整、社团和民办非企业单位成立及外事出访事项。

10日 民政部发出《关于规范春荒期间灾民救助工作的通知》(民电〔2004〕31号),要求编制春季灾民生活救助落实方案,明确救助落实措施,规范救助工作,强化对灾民救助工作的监督检查。

11日 民政部党组理论学习中心组召开扩大会议,认真学习贯彻《中国共产党党内监督条例(试行)》、《中国共产党纪律处分条例》。部党组书记、部长李学举主持会议并对民政部学习贯彻《条例》提出要求。部党组成员、纪检组长张印忠作了学习两个《条例》的重点发言。

同日 民政部办公厅印发《民政部2004年度立法计划》(民办发〔2004〕2号)。

同日 民政部办公厅印发《关于开展全国性社会团体年度财务审计工作的通知》(民办函〔2004〕42号)。

13日 民政部、铁道部、交通部、中国民用航空总局、总后勤部联合印发《关于广泛深入开展军交运输工作正规化建设活动的通知》(〔2004〕后交字第222号)。

14日—18日 民政部基层政权和社区建设司在云南举办全国村民自治业务工作互动式培训和信息表彰会。

16日 民政部部长李学举主持召开第5次部长办公会议,听取低保司的工作汇报以及应对当前粮价上涨的对策和意见,肯定了低保司成立以来的工作。会议要求:对低保标准要从实际出发,重新分析测算。对低保范围,原则上按照《城市居民最低生活保障条例》的规定,除农垦、森工外,不在条例规定范围内的人员通过其他救济途径解决。要研究难题,加强农村救济工作。

同日 民政部印发《2004年民政部培训工作方案》和《2004年民政部培训工作计划》(民发〔2004〕33号)。

同日 民政部印发《关于制定(修改)自然灾害应急预案的通知》(民发〔2004〕34号)。

同日 民政部办公厅印发《关于启用全国涉外、涉港澳台和华侨婚姻登记信息系统的通知》(民办函〔2004〕43号)。

17日 民政部印发《关于做好2004年村民委员会换届选举工作的通知》(民发〔2004〕35号)。

19日 国务院新闻办公室召开《基金会管理条例》记者招待会,民政部副部长姜力在会上介绍了《基金会管理条例》,强调了基金会的公益性质、公益目的和接受各方面的监督,指出政府对此项事业支持的手段之一就是税收优惠。姜力副部长与民间组织管理局局长李本公还回答了记者的提问。(《人民日报》3.20)

22日 民政部部长李学举主持召开部长碰头会,研究《2004年民政部调查研究工作方案》。

同日 国务院总理温家宝会见国际狮子会代表团,姜力副部长陪同会见。

23日 民政部党组理论学习中心组召开扩大会议,学习国务院新近颁布的《基金会管理条例》。部党组书记、部长李学举主持会议并对进一步增强依法行政的意识，进一步提高依法行政的能力，把民政部建设成法治机关提出要求。部党组成员、民间组织管理局局长李本公作了关于《基金会管理条例》的辅导报告。

24 日　民政部党组书记、部长李学举主持召开部党组会议，传达国务院有关会议精神，研究最低生活保障工作和春季受灾群众生活安排工作。

25 日　民政部召开全国城市低保工作视频会议，传达中央领导指示精神，分析研究工作中遇到的新情况、新问题。李学举部长主持会议并作重要讲话，就做好下一步低保工作提出明确要求。杨衍银副部长在讲话中对今年的城市低保工作进行了具体安排部署。上海、青海、湖北、黑龙江等四省市做大会发言。《民政工作通报》(第 8 期)刊发了李学举部长和杨衍银副部长的讲话。

同日　民政部发出《关于加快建立完善经常性社会捐助制度的通知》(民电〔2004〕45 号)，要求加快建立规范的经常性社会捐助制度，进一步完善经常性社会捐助服务网络，拓展经常性社会捐助工作领域，扎实有效地做好"捐助月"和"宣传周"工作。

同日　民政部印发《关于转发铁道部〈应急物品铁路运输管理暂行办法〉的通知》(民发〔2004〕47 号)。

26 日　民政部办公厅印发《关于上报城市最低生活保障资金预算和低保标准情况的通知》(民办发[2004]3 号)。

27 日　民政部召开民政宣传工作先进处室和先进个人表彰会，陈杰昌副部长出席会议并讲话，对如何做好 2004 年的民政宣传工作进行了部署。会议通报表彰了民政宣传工作先进处室和先进个人，部分同志进行了座谈发言。《民政工作通报》(第 9 期)刊发了陈杰昌副部长的讲话。

同日　民政部基层政权和社区建设司与美国国际事务民主学会合作举办的社区参与互动式培训班在福州开班。

29 日　李学举部长出席在民政部培训中心举办的安徽省地市县民政局长培训班开学典礼。

同日　姜力副部长出席中国机构编制管理研究会成立大会并讲话。

同日　民政部印发《关于抓紧做好最低生活保障信息系统项目可行性研究报告编制工作的通知》(民函〔2004〕75 号)。

同日　民政部印发《关于贯彻执行〈婚姻登记条例〉若干问题的意见》(民函〔2004〕76 号)。

30 日　民政部向国务院报告了内蒙古自治区锡林郭勒盟发生 5.9 级地震的情况(民发〔2004〕50 号)。3 月 24 日 9 时 53 分，内蒙古自治区锡林郭勒盟东乌珠穆沁旗和西乌珠穆沁旗间发生 5.9 级地震。民政部立即启动救灾三级响应，向灾区派出工作组，紧急调拨 500 顶救灾棉帐篷。3 月 26 日，会同财政部向灾区紧急下拨救灾应急资金 1000 万元。地震造成直接经济损失 8.06 亿元。

同日　民政部印发《关于对殡葬服务机构、救助管理站、乡镇民政办(所)进行民主评议行风的通知》(民函〔2004〕78 号)。

同日　民政部印发《2004 年民政部调查研究工作方案》(民函〔2004〕80 号)。

同日　民政部印发《民政部国际合作项目管理规定》(民函〔2004〕81 号)。

31 日　民政部召开 2004 年提案交办工作会议，陈杰昌副部长主持会议并作了重要讲话。《民政工作通报》(第 10 期)刊发了陈杰昌副部长的讲话。

同日　民政部制定《民政部网站信息维护试行办法》(民函〔2004〕79 号)。

31 日—4 月 1 日　民政部部长李学举就春荒困难群众生活安排和低保工作到河北省张家口市及张北县进行调研。4 月 5 日，人民日报在"立党为公，执政为民"专栏以《民政部长走访特困人家》为题进行了报道。

4 月

2 日　民政部召开国际合作项目工作会议，李立国副部长代表李学举部长发表了重要讲话，阐述了做好国际合作项目工作对推进民政事业发展的重要意义，分析了民政部国际合作工作面临的新形势，对我部今后的国际交流和国际合作工作提出了具体要求，提出了许多做好工作的方式和方法。姜力副部长主持了会议，中纪委驻民政部纪检组长张印忠，部党组成员、民间组织管理局局长李本公出席会议。《民政工作通报》（第11期）刊发了李立国副部长的讲话。

2日 民政部印发《关于启动行政区划信息管理系统有关问题的通知》（民函〔2004〕82号）。

同日 民政部办公厅印发《关于进一步加强和规范城市低保工作的通知》（民办函〔2004〕60号），要求认真贯彻近期中央领导同志的一系列重要指示，进一步做好城市低保工作，给予城乡特殊困难群众更多的关爱，切实帮助特殊困难家庭解决实际困难。

3日 民政部副部长、全国老龄委办公室常务副主任、中国老龄协会会长李宝库出席福建省暨福州市青少年敬老爱老助老主题教育活动启动仪式。

同日 民政部办公厅就全国人大内务司法委员会转来的人民来信进行了调查处理，认为民营的河北省邯郸县福寿园殡仪馆建设项目应纳入现有殡葬管理体系之中，与其他殡仪馆同等对待（民办函〔2004〕67号）。6月，新华社报道了该殡仪馆（改名为“天渡殡仪馆”）成为首家被民政部核准为合法的民营殡仪馆的消息。

5日 民政部办公厅印发《关于规范使用〈城镇退役士兵自谋职业证〉的通知》（民办函〔2004〕63号）。

5日—6日 李学举部长在出席全国贯彻《基金会管理条例》工作会议期间，视察了广东省民政厅、广州市慈善医院和深圳福彩服务大厅。他要求广东民政工作思路要超前，要在引导全国民政工作方面、在解决难点问题上出更多的思路、出更多的经验、出更多的政策。（民政部网站）

5日—7日 全国贯彻《基金会管理条例》工作会议在广东省广州市召开。李学举部长出席会议并作重要讲话。姜力副部长就贯彻落实《基金会管理条例》提出具体要求。民政部党组成员、民间组织管理局局长李本公部署了今年民间组织管理工作。《民政工作通报》（第12期）刊发了李学举部长、姜力副部长、李本公局长的讲话。

6日 民政部印发《关于严格制止借婚姻登记乱收费的通知》（民函〔2004〕82号），针对国务院价格管理部门对部分省婚姻登记收费情况进行调查发现的问题，要求杜绝婚姻登记工作中乱收费的现象。

8日 民政部党组理论学习中心组举办学习《宪法》报告会。部党组书记、部长李学举主持会议并就民政部门如何学习贯彻《宪法》作了重要部署。

同日 民政部副部长、全国老龄委办公室常务副主任、中国老龄协会会长李宝库就“银龄行动”接受中央电视台的采访。

同日 罗平飞副部长出席济南市民政系统深入开展“满意在民政”活动经验交流会议并讲话。《民政工作通报》（第13期）刊发了罗平飞副部长的讲话。

同日 民政部办公厅印发《关于报送社区再就业工作进展状况的通知》（民办函〔2004〕65号）。

9日—11日 全国地名工作会议在山东省济南市召开，罗平飞副部长在会上发表了《以人为本，立足服务，努力开创地名工作新局面》的重要讲话。《民政工作通报》（第14期）刊发了罗平飞副部长的讲话。

10日—15日 罗平飞副部长在山东调研行政区划体制创新、双拥优抚安置等工作。

4月12日 李学举部长出席河北省民政干部培训班开幕式。

12日 民政部办公厅转发《湖北省人民政府办公厅关于进一步完善城市居民最低生活保障制度的通知》（民办函〔2004〕68号）。

同日 民政部办公厅印发《关于涉外送养儿童体检定点医院有关问题的通知》（民办函〔2004〕69号）。

13日 李宝库副部长参加“中国社会工作协会老年福利服务工作委员会成立大会暨2004年中国老年福利服务事业发展论坛”。

同日 民政部办公厅答复福建省民政厅，对提前退役的义务兵应按照其实际服役年限进行优待（民办函〔2004〕70

号)。

15日　民政部部长李学举主持召开第6次部长办公会议。会议研究了外事出访事项。

同日　民政部召开直属单位财务工作表彰会议,李学举部长、姜力副部长、中纪委驻民政部纪检组长张印忠出席会议。姜力副部长作了重要讲话。会议对11个财务工作先进单位和22名先进个人进行了表彰。

同日　中共中央批准,李本公任中国老龄协会会长,免去李宝库的民政部副部长、中国老龄协会会长职务(中委〔2004〕67号);中央组织部同意免去李宝库的民政部党组成员职务(组任字〔2004〕26号)。

同日　民政部将有关村民自治制度建设方面的选题列入"农村党员干部现代远程教育教学资源",并向现代远程教育办公室报送(民办函〔2004〕71号)。

16日　民政部部长李学举主持召开第2次部务会议,传达学习《国务院全面推进依法行政实施纲要》,研究并原则通过了《民政部听证办法》、《民政部公告发布办法》、《民政部专家咨询办法》、《民政部新闻舆论监督办法》和《民政部关于通过互联网促进公众参与民政工作的办法》。李学举部长对贯彻落实五个办法提出了要求。

19日　民政部党组书记、部长李学举主持召开部党组会议,研究了有关问题。

19日　民政部副部长、全国老龄委办公室常务副主任、中国老龄协会会长李宝库出席由社科院和美国战略与国际研究中心主办的"迎接老龄化挑战:21世纪中国养老政策的人口与经济分析"国际会议,并在大会开幕式上作了题为《中国国家老龄政策:新世纪的新战略》的主旨报告。(全国老龄工作委员会网站)

同日　民政部印发《2003年民政事业发展统计报告》(民发〔2004〕58号)。

同日　民政部印发《关于评选"星光老年之家"先进单位和实施"星光计划"先进个人的通知》(民函〔2004〕88号)。

20日　民政部印发《关于换发基金会登记证书的通知》(民函〔2004〕97号)。基金会登记证书由民政部统一印制,除内蒙古、西藏、新疆3个自治区需使用少数民族文字印制证书,其证书式样经民政部备案后可自行印制外,其他地方不得自行印制和仿制。

21日　民政部办公厅印发《2004年重大自然灾害趋势预测会商会议纪要》(民办函〔2004〕76号)。

21日—23日　民政部法规办在河南省召开部分省市民政部门参加的民政系统实施行政许可相关法律文书专题研究讨论会,形成了一系列法律文书的初稿。

21日—23日　民政部救灾救济司在北京召开全国社会捐助和紧急救助专题研讨会,专题研究推广"慈善超市"及紧急救助问题,讨论并修改《自然灾害应急预案》。

22日　姜力副部长主持召开中民大厦监督管理委员会第四次会议,对中民大厦的工作给予了充分的肯定,并对下一步工作提出了要求。

22日—23日　民政部基层政权和社区建设司与部信息中心联合在部培训中心举办了第一期涉外国人、港澳台及华侨婚姻登记系统操作应用培训班。来自全国24个省市的103名婚姻登记员参加了培训。

23日　李立国副部长主持召开民政部"残疾孤儿手术康复明天计划"领导小组第一次全体会议,社会福利和社会事务司、财务和机关事务司、外事司、中国收养中心、中华慈善总会和中国社工协会等有关部门同志出席会议。

25日　国务院决定:任命李本公为中国老龄协会会长,免去李宝库的民政部副部长、中国老龄协会会长职务(国人字〔2004〕33号)。

26日　民政部办公厅印发《"三项学习教育活动"具体实施方案》(民办函〔2004〕81号)。根据中宣部、新闻出版总署等部门联合下发的关于在全国新闻战线和出版行业深入开展"三个代表"重要思想、马克思主义新闻观、职业精神职业道德学习教育活动的通知精神,民政部从现在起至明年一月底将组织开展"三项学习教育活动"。

27日　民政部召开部属(含代管)各新闻出版单位主要负责人和中层以上干部"三项

学习教育活动”动员大会，陈杰昌副部长出席会议并作重要讲话。《民政工作通报》(第15期)刊发了陈杰昌副部长的讲话。

同日 民政部发出《关于切实做好社会福利机构儿童计划免疫工作的紧急通知》(民电〔2004〕78号)。

27**日**—28**日** 民政部部长李学举率团出席在越南河内举行的东亚地区家庭问题部长级论坛，并代表中国政府发言。出席论坛的12个东亚地区国家及澳大利亚的部长们分别围绕“政府支持家庭的政策”、“现代化对家庭的影响”进行了热烈讨论。论坛通过了《河内家庭问题行动宣言》。此前李学举一行应新加坡社会发展及体育部邀请，访问了新加坡。

27**日**—30**日** 李立国副部长参加中央综治委在上海召开的全国预防青少年违法犯罪工作会议，并对上海市民政工作进行调研。

5月

8**日** 民政部印发《关于“社区老年福利服务星光计划”项目管理的意见》(民发〔2004〕55号)。

9**日** 民政部部长李学举主持召开第7次部长办公会议。会议研究并同意表彰全国先进婚姻登记机关和全国优秀婚姻登记员的决定，同意召开全国婚姻登记工作会议。会议研究了落实胡锦涛总书记等领导同志的批示，改革退役士兵安置的有关问题。

同日 民政部、中央文明办、新闻出版总署和广电总局联合印发《全国社区文明风采电视大赛方案》和《第二期万家社区图书室援建及万家社区读书活动方案》(民发〔2004〕65号)。

同日 民政部决定授予北京市民政局婚姻登记处等200个单位“全国先进婚姻登记机关”、北京市东城区民政局婚姻登记处林燕虹等300名婚姻登记员“全国优秀婚姻登记员”荣誉称号(民发〔2004〕67号)。

同日 民政部印发《“残疾孤儿手术康复明天计划”实施方案》(民函〔2004〕106号)。

10**日** 民政部办公厅印发《关于部领导分工的通知》(民办函〔2004〕92号)。

10**日** 李立国副部长主持召开座谈会，就救助管理工作有关政策征求卫生部、财政部、公安部、建设部的意见。

同日 民政部召开部直属机关青年干部“五个一”活动总结表彰会议，部党组书记、部长李学举，部党组副书记、副部长杨衍银出席会议并作重要讲话。会议对“五个一”活动中涌现出来的8个青年干部培养工作先进单位、20名优秀青年、10名优秀共青团干部和7个“五四”红旗团支部进行了表彰。

10**日**—14**日** 罗平飞副部长赴浙江省调研双拥及优抚安置工作。

11**日** 国务院、中央军委批转印发《全国双拥领导小组、民政部、总政治部〈全国拥军优属拥政爱民工作会议纪要〉》(国发〔2004〕15号)。

11**日** 民政部办公厅印发《关于征集中国福利彩票公益金使用资料的通知》(民办函〔2004〕93号)。

11**日**—13**日** 民政部在四川省成都市举办全国民政系统贯彻实施行政许可法培训班，陈杰昌副部长在培训班上作了重要讲话。《民政工作通报》(第16期)刊发了陈杰昌副部长的讲话。

12**日** 民政部印发《关于在大中城市推广建立“慈善超市”的通知》(民发〔2004〕109号)。

12**日**—14**日** 民政部民间组织管理局在广西召开《基金会管理条例》培训会议。

13**日** 民政部部长李学举主持召开2004年第1次部长协调会议，研究并通过了全国低保信息系统项目工作机构设置方案。会议议定：成立全国低保信息系统项目领导小组，由杨衍银副部长任组长，姜力副部长、陈杰昌副部长任副组长；由姜力副部长担任项目主管，具体负责有关工作。

同日 民政部决定通报表彰重庆市开县民政局以及参与“12·23”特大井喷事故抢险救援工作的民政工作者(民发〔2004〕70号)。

同日 《民政部听证办法》、《民政部专家咨询办法》、《民政部公告发布办法》、《民政部促进新闻舆论监督办法》和《民政部关于通过因特网网站促进公众参与民政工作的办法》等五个办法印发（民发〔2004〕71号）。

14日—19日　经党中央、国务院批准，中组部、民政部和国家行政学院首次举办省部级干部灾害应急管理专题研究班。中共中央政治局委员、国务院副总理回良玉出席研究班结业式并做了重要讲话。民政部部长、中国国际减灾委员会副主任李学举为专题研究班作了题为《我国的自然灾害与灾害管理》的首场报告。李立国副部长参加了研究班。6月17日，民政部印发了回良玉副总理的讲话（民发〔2004〕88号）。

15日　民政部印发《关于加强对生活困难的艾滋病患者、患者家属和患者遗孤救助工作的通知》（民函〔2004〕111号）。

17日—18日　全国婚姻登记工作会议在上海举行。李学举部长在会上做了《深入贯彻〈婚姻登记条例〉，开创婚姻登记新局面》的报告。陈杰昌副部长在会议结束时作了重要讲话。中央纪委驻民政部纪检组张印忠组长出席会议。大会表彰了200个全国先进婚姻登记机关和300名全国优秀婚姻登记员。《民政工作通报》（第17期）刊发了李学举部长的报告和陈杰昌副部长的讲话。

18日　国务院召开全国勘界和界线管理工作电视电话会议。中共中央政治局委员、国务院副总理回良玉发表重要讲话。民政部部长李学举代表国务院勘界工作联席会议向大会作了勘界工作报告，人事部副部长尹蔚民代表人事部、民政部宣读了表彰决定。会议由国务院副秘书长张勇主持。民政部副部长罗平飞，国务院勘界工作联席会议成员单位的负责人及勘界工作联络员，全国勘界工作先进集体和先进个人在主会场参加了会议。6月3日，民政部印发了回良玉副总理和李学举部长在全国勘界和界线管理工作电视电话会议上的讲话（民发〔2004〕77号）。

18日—21日　姜力副部长陪同中共中央政治局委员、国务院副总理吴仪在湖南省岳阳市考察，并参加全国血吸虫病防治工作会议。

19日—20日　第二期“万家社区图书室援建和万家社区读书活动”工作会议在京召开，民政部部长、活动组委会主任李学举、中央文明办副主任翟卫华、新闻出版总署副署长柳斌杰出席会议并讲话。民政部副部长陈杰昌主持会议。在会上，由民政部、中央文明办、新闻出版总署、广电总局联合推出，由中央电视台承担制作的“全国社区文明风采电视大赛”宣告正式启动。

20日　民政部召开部机关各司（局）、直属单位负责同志会议，李学举部长作了重要讲话。他指出：今年以来，从全局工作上，部领导主要强化了对部机关工作的要求，强化了思想观念更新，强化了工作的实施，强化了对直属单位的管理。李学举强调，近一阶段要做好七个重点事项：推进研究部署完善社会救助体系工作和村务公开工作的开展；抓住胡锦涛总书记对退役士兵安置、烈士抚恤问题重要批示这个机遇，争取实现突破；做好《行政许可法》正式实施的准备；启动“残疾孤儿手术康复明天计划”；宣传湖北省恩施州（土家族苗族自治州）宣恩县椿木营乡民政办公室主任周国知同志的先进事迹；认真关注汛期自然灾害，提前做好预案；搞好上半年工作分析。

同日　民政部办公厅致函天津市等9省、区、市民政厅（局），要求参照发展中国家普遍做法，逐步增加对SOS儿童村的财政拨款（民办函〔2004〕101号）。

同日　民政部办公厅复函重庆市民政局，对因核辐射致病的原在职退役军人“无工作单位”的含义和条件予以明确（民办函〔2004〕102号）。

同日　民政部印发《关于表彰全国“星光老年之家”先进单位和实施“星光计划”先进个人的决定》（民发〔2004〕72号）。

21日　民政部召开“残疾孤儿手术康复明天计划”新闻发布会，介绍了“明天计划”的重要意义、指导思想和实施目标。李立国副部长出席会议并讲话。李宝库同志主持会议。民政部决定从今年5月开始，在全国实施“残疾孤儿手术康复明天计划”（简称“明天计划”），计划用3年时间确保为2.8万名，力争为3万名我国城乡各类社会福利机构中0至18岁具有手术适应症的残疾孤儿进行手术矫治和康复。从今年起，民政部每年从发行中国福利彩票募集的部本级彩票公益金中拿出1亿元，省、市、自治区从省级留用彩票公益金、地方财政和社会捐赠筹集1亿元，3年共筹措6亿元，用于实施“明天计划”所需的手术经费和相关费用。

同日 民政部办公厅向国家发展改革委和国务院研究室提供了在行业协会和农村专业经济协会、民办社会福利机构和民办社会福利企业、民办社区服务业方面鼓励、支持和引导非公有制经济发展的有关材料（民办函〔2004〕105号）。

24 **日** 民政部印发《关于调查苏（俄）军在华军事纪念建筑物有关问题的通知》（民发〔2004〕73号）。

24 **日**—25 **日** 全国“社区老年福利服务星光计划”总结表彰暨“残疾孤儿手术康复明天计划”启动工作会议在西安召开。李学举部长就“星光计划”、“明天计划”、彩票公益金的使用和福利事业社会化等问题发表了重要讲话，全国政协委员、中国老龄事业发展基金会会长李宝库代表民政部对“星光计划”三年实施情况作了全面总结、回顾，李立国副部长对“明天计划”启动工作作了部署和动员。会议对97个全国“星光老年之家”先进单位和97名实施“星光计划”先进个人进行了表彰，并宣布启动“残疾孤儿手术康复明天计划”。《民政工作通报》（第18期）刊发了领导讲话。

25 **日** 民政部印发《关于深入贯彻全国勘界和界线管理工作电视电话会议精神切实加强行政区域界线管理工作的通知》（民函〔2004〕115号）。

26 **日** 民政部印发《关于抓紧做好殡葬设施兴建许可工作的通知》（民函〔2004〕129号）。

25 **日**—27 **日** 民政部与联合国减灾战略秘书处联合举办的国际减灾会议在北京召开。来自孟加拉国、日本、俄罗斯、韩国、老挝等18个国家和联合国儿童基金会等7个国际组织的代表出席了会议。参加此次会议的还有作为中国国际减灾委员会成员单位的20多个中央政府部门和10多个地方民政部门的代表。李立国副部长在闭幕式上发表重要讲话。姜力副部长、陈杰昌副部长分别出席开幕式和签字仪式。会议形成“北京共识”，提交给明年第二届“世界减灾大会”讨论。

27 **日** 民政部机关召开会议部署残疾孤儿手术康复明天计划部内捐款工作。李立国副部长出席会议并作重要讲话，他要求民政部在捐赠活动中发挥带头作用，以引起社会各界的关注和响应。

同日 姜力副部长出席中国社会工作协会孤残儿童救助基金管理委员会成立大会暨新闻发布会并致辞。

同日 民政部同意中华慈善总会设立慈善公益信托（民函〔2004〕122号）。

同日 民政部印发《基金会登记表格》和《基金会章程示范文本》，自2004年6月1日起启用（民函〔2004〕123号，民函〔2004〕124号）。

28 **日** 中共中央政治局召开会议，研究健全和完善村务公开和民主管理制度。中共中央总书记胡锦涛主持会议。会议强调，要进一步健全村务公开制度、规范民主决策机制、完善民主管理制度、强化村务管理的监督制约机制，保障农民群众的知情权、决策权、参与权和监督权，努力推进农村基层民主的制度化、规范化、程序化。李学举部长参加了会议，并在当天下午召集陈杰昌副部长、张印忠组长及基层政权和社区建设司的领导就上午中央政治局会议讨论情况对《关于健全和完善村务公开和民主管理制度的意见》提出具体的修改意见，对后期的宣传、贯彻和落实等问题提出了明确的要求。（《人民日报》5.29）

同日 民政部举行“残疾孤儿手术康复明天计划”捐款仪式。李学举、李立国、陈杰昌、张印忠等出席仪式并带头捐款，各单位和干部职工积极响应，当天收到捐款近100万元。

29 **日** 民政部举办2004年全国民政系统纪检监察干部培训班。中纪委驻民政部纪检组组长张印忠在培训班上就加强学习的必要性以及做好民政纪检监察工作发表重要讲话。《民政工作通报》（第22期）刊发了张印忠的讲话。

31 **日** 姜力副部长出席江

西省农村专业经济协会培育发展和登记管理工作经验交流会并讲话。《民政工作通报》(第19期)刊发了姜力副部长的讲话。

同日　民政部印发《关于做好城市生活无着的流浪乞讨人员特殊困难救助对象跨省返乡工作的通知》(民函〔2004〕128号)。

同日　民政部办公厅通报2004年全国各地安排城市居民最低生活保障资金情况(民电〔2004〕93号)。

同日　民政部办公厅印发《关于开展第二届全国民政优秀公文评选活动的通知》(民办函〔2004〕114号)。

6 月

1 **日**　民政部印发《关于抓紧做好殡葬设施兴建许可工作的通知》(民函〔2004〕129号)。

2 **日**　民政部发出《关于严格规范低保管理工作的紧急通知》(民电〔2004〕95号),要求严肃处理低保工作中的各种违规违纪行为。

3 **日**　民政部党组副书记杨衍银主持召开部党组会议,传达学习了中央和中央维稳办的有关文件。

3 **日**　经国务院批准,民政部、国家测绘局公布《1∶100万中华人民共和国省级行政区域界线标准画法图集》和《1∶400万中华人民共和国省级行政区域界线标准画法图》(民发〔2004〕78号)。

4 **日**　民政部印发《关于调整最低生活保障信息系统项目领导机构的通知》(民函〔2004〕135号)。

5 **日**　民政部与美国卡特中心签署了2004年至2007年项目合作协议书。

7 **日**　民政部副部长杨衍银主持召开第8次部长办公会议。会议研究并同意《民政业务软件数据共享与交换》行业标准、《民政部档案工作信息化建设方案》、《关于民政部作为基金会、境外基金会代表机构业务主管单位的意见》,会议还研究了有关社团申请筹备成立及外事出访事项。

同日　民政部副部长杨衍银主持召开第2次部务会议。会议审议并原则通过《基金会名称管理办法(草案)》和《民政部门实施行政许可办法(草案)》。

8 **日**　民政部部长李学举签发第25号民政部令,公布《民政部门实施行政许可办法》,自2004年7月1日起施行。

同日　民政部印发《关于做好近期有关救灾工作的紧急通知》(民函〔2004〕141号),要求各级民政部门进一步落实救灾工作责任制,做好救灾人员、装备、资金和物资的准备工作。

10 **日**　李立国副部长出席在部培训中心举办的内蒙古民政局长培训班开学典礼,并为学员讲课。

14 **日**　民政部为认真落实《中央精神文明建设指导委员会贯彻落实〈中共中央国务院关于进一步加强和改进未成年人思想道德建设的若干意见〉的目标任务分工的通知》要求,制定了具体落实措施(民函〔2004〕147号)。

15 **日**　陈杰昌副部长就民政部落实加强和改进未成年人思想道德建设的战略部署接受中央电视台、新华社、人民日报等记者的采访,表示将为未成年人的健康成长全力打造一个良好的环境。6月16日,新华网以《民政部"多管齐下"打造未成年人良好成长环境》,6月17日,人民日报以《加强社区建设,创造良好环境》为题报道了陈杰昌副部长的谈话。

15 **日**－17 **日**　民间组织管理局在厦门举办民间组织统计台帐培训班。

16 **日**　李立国副部长赴天津调研"明天计划"和殡葬管理有关情况。

17 **日**　部分省区市民政厅(局)长座谈会在福建省福州市召开。陈杰昌副部长出席会议并作重要讲话。会议分析了上半年工作重要特色、遇到的突出问题,提出了下半年需要特别加强的工作的思路和措施,对部里下半年工作提出了意见和建议。

18 **日**　民政部发布《民政业务数据共享与交换》行业标准,标准编号:MZ/T0001－2004,自2004年7月1日起实施(民发〔2004〕92号)。

同日　民政部印发《关于加强"明天计划"宣传工作的通知》(民函〔2004〕151号)。

19 **日**－25 **日**　李立国副

部长在云南省参加全国禁毒工作会议并调研“明天计划”实施情况和福利企业、救助管理有关情况。

21日 民政部部长李学举签发第26号民政部令，公布《基金会名称管理规定》，自公布之日起施行。

同日 民政部转发《财政部关于加强电脑系统发行销售彩票安全管理的紧急通知》(民函〔2004〕153号)。

22日 中央办公厅印发了《中共中央办公厅国务院办公厅关于健全和完善村务公开和民主管理制度的意见》(中办发〔2004〕17号)。

同日 为切实做好今年的救灾工作，中国国际减灾委员会办公室、全国抗灾救灾综合协调办公室组织民政部、财政部、国家防总办公室、国土资源部、建设部、农业部、地震局、气象局等部门组成联合工作组赴辽宁、吉林、江西 、湖南、云南、贵州、陕西、宁夏等地检查备灾情况。

23日 民政部修订了《民政部应对自然灾害工作规程》，按照灾害损失情境，将民政部应对自然灾害工作设定为四个响应等级，每一响应等级都有相应的启动程序、响应措施，直至响应终止(民办函〔2004〕138号)。

23日—25日 全国双拥工作领导小组成员单位联络员会议在北京召开。民政部副部长、全国双拥工作领导小组副组长、全国双拥办主任罗平飞出席会议并作重要讲话。会议认真传达学习了国务院、中央军委批转的《全国双拥工作会议纪要》、全国双拥工作领导小组《关于印发全国双拥工作领导小组成员单位双拥工作职责的通知》及全国双拥工作领导小组办公室《关于调整全国双拥工作领导小组成员单位联络员组成人员的通知》;30个成员单位汇报了本单位贯彻落实全国双拥工作会议精神情况，交流了近年来结合业务建设开展双拥工作的经验，提出了下一步推动双拥工作发展创新的措施;与会人员对成员单位如何履行职责、发挥职能作用问题进行了深入讨论研究。

24日 人事部、民政部印发《关于追授周国知同志“为民模范”荣誉称号的决定》(国人部发〔2004〕59号)。

25日 民政部与财政部商定下拨救灾应急资金1200万元，用于解决湖南省洪涝灾害应急时期的灾民生活困难。6月19日至24日，湖南省大部分地区普降大到暴雨，已造成13个市州、782.4万人受灾，因灾死亡28人，失踪27人;已紧急转移安置人员近18万人。民政部紧急启动救灾四级响应，并派出工作小组赶赴灾区。(《人民日报》6.26)

28日 民政部印发《关于学习贯彻〈中共中央办公厅国务院办公厅关于健全和完善村务公开和民主管理制度的意见〉的通知》(民函〔2004〕159号)。

30日 为贯彻落实胡锦涛总书记的批示精神，由民政部、总参谋部牵头的“深化退役士兵安置改革协调小组”成立并在京召开第一次全体会议。民政部罗平飞副部长和总参谋部钱树根副总长到会并作重要讲话。发展改革委、教育部、公安部、民政部、财政部、人事部、劳动保障部、农业部、卫生部、国家税务总局、国家工商总局、国务院法制办、国务院研究室，总参军务部、动员部，总政组织部、宣传部，总后财务部、卫生部、基建营房部，总装司令部、综合计划部，军委法制局等军地部门参加深化退役士兵安置改革协调小组。

同日 中国关心下一代工作委员会、中共中央组织部、教育部、民政部、全国总工会、中国科学技术协会、国务院妇女儿童工作委员会办公室、解放军总政治部联合印发《关于发挥“五老”队伍在加强和改进未成年人思想道德建设中的作用的通知》(中关工委〔2004〕35号)，要求各地各有关部门加强老干部、老战士、老专家、老教师、老模范队伍建设，使这支“专兼结合、素质较高、人数众多、覆盖面广”的老年志愿者队伍在加强和改进未成年人思想道德建设工作中发挥出独特优势。

7月

1日 民政部直属机关召开庆祝中国共产党建党83周年大会。部党组副书记、副部长杨衍银围绕“如何保持共产党员先进性”这个主题，给与会同志讲了一堂生动的党课。会议由部党组成员、副部长李立国主持，部党组成员、副部长陈杰昌，部党组成员、纪检组长张印忠，部党组成员、中国老龄协会会长李本公出席会议。在会上，直属机关的20多名新党员进行了庄严的入党宣誓；大会通报表彰了2002－2004年度部直属机关“三个创新”先进集体和先进个人，推出了民政部2002－2004年度“三个创新”十大成果。

同日 李立国副部长接受《中国社会报》有关“明天计划”的采访。

同日 民政部办公厅复函福建省民政厅，认为民政部门不宜承担遣送违法未成年人任务（民办函〔2004〕147号）。

同日 民政部办公厅印发《关于启用新版国内婚姻登记信息系统的通知》（民办函〔2004〕148号）。

2日 全国村务公开协调小组办公室召开碰头会议，研究落实《中共中央办公厅国务院办公厅关于健全和完善村务公开和民主管理制度的意见》（中办发〔2004〕17号）的目标任务分工和各单位贯彻意见，安排部署下一阶段工作。

同日 民政部印发《“残疾孤儿手术康复明天计划”项目管理暂行规定》（民发〔2004〕98号）。

同日 民政部印发《关于进一步加强党风廉政建设，坚决制止设立“小金库”的通知》（民函〔2004〕163号）。

5日 民政部部长李学举主持召开第2次部长协调会议，研究民政部无锡培训中心资产处置。会议研究并同意将该培训中心资产委托给部机关服务中心负责开发利用；由其与合作开发单位江苏省君升投资公司共同组建新的公司，申请项目开发，并将土地性质转为经营性综合用地；合作开发公司收购我方股份，完成转让过程。

同日 民政部办公厅转发军队应急工作小组《参加对越自卫还击战伤残、立功退役士兵上访人民接谈提纲》（民办函〔2004〕150号）。

6日 民政部印发《关于做好2004年军队复员干部安置工作的通知》（民发〔2004〕102号）。

6日－7日 全国福利彩票业务工作会议在北京召开。陈杰昌副部长出席会议并发表重要讲话，要求认清形势，查找问题，重振雄风。《民政工作通报》（第20期）刊发了陈杰昌副部长的讲话。

7日 李立国副部长考察北京市第五福利院、北京市社区服务中心和北京市民政局局机关，听取北京市民政局有关“明天计划”的工作汇报。

9日 国务院决定立即派出工作组赴云南灾区，转达中央对灾区群众的关心和慰问，指导当地开展抗灾救灾工作，切实帮助解决灾区群众生产生活中的实际困难和问题。工作组出发前，国务院副总理回良玉专门召开会议，对抗灾救灾工作作了具体安排部署。7月4日至6日，云南省德宏傣族景颇族自治州陇川、盈江、瑞丽等县市连遭暴雨袭击，发生严重洪涝、滑坡及泥石流灾害，造成较大的人员伤亡和重大财产损失。7月6日，民政部及时启动救灾四级响应，派出工作组协助当地开展救灾工作。7月9日至11日，民政部副部长杨衍银率国务院工作组深入灾区一线指导救灾工作，慰问了奋战在抗洪抢险一线的解放军、武警官兵、民兵和干部群众。国务院工作组由民政部、国家民委、财政部、国土资源部、交通部、水利部、卫生部等7个部委的有关负责同志组成。（《人民日报》7.8、7.10、7.12）

同日 李立国副部长就“明天计划”开展情况接受《公益时报》记者专访。

12日 《人民日报》全文刊发《中共中央办公厅国务院办公厅关于健全和完善村务公开和民主管理制度的意见》（中办发〔2004〕17号），并发表社论《健全农村基层民主的重大举措》。7月13日，全国村务公开协调小组组长、民政部部长李学举在《人民日报》发表文章《指导农村基层民主建设的重要文献》，全面阐述了《中共中央办公厅国务院办公厅关于健全和完善村务公开和民主管理制度的意见》的重大意义和主要内容。

同日 新华社消息：中共中央政治局常委、中央政法委书记罗干7月8日至12日在云南调研考察时非常关心云南的灾情，要求切实安置好受灾群众的生产生活，确保每一个灾民有房住、有饭吃、有衣穿、子女有学上。抓紧抢修水毁基础设施，尽快恢复通水、通电、通路、通讯，组织群众生产自救，把损失降低到最低程度。还要做好灾区的社会稳定工作，保持良好的社会治安秩序。(《人民日报》7.13)

同日 民政部部长李学举主持召开第3次部长协调会议。会议研究修订《民政部机关公费医疗管理办法》，研究同意向国家发展改革委报送《康复工程国家工程研究中心建设项目建议书》(民函〔2004〕174号)。

同日 李立国副部长代表李学举部长出席世界宣明会在天津武清举办的“和平之君”儿童福利院及儿童康复中心落成剪彩仪式。

12日—18日 中纪委驻民政部纪检组长张印忠在宁夏检查婚姻登记工作。

13日 民政部向国务院报送《关于云南德宏灾区抗灾救灾工作情况的报告》(民发〔2004〕106号)，有关部门共安排2540万元解决受灾群众生活和灾区恢复重建。

同日 民政部部长李学举主持召开第9次部长办公会议。会议认真学习了近期国务院领导关于救灾救济工作的批示，听取了今年灾情会商、灾害概况和近期救灾工作的情况汇报，对救灾救济工作进行了部署。会议研究并原则同意全国培育发展农村专业经济协会经验交流会议方案、推进社会救助体系建设工作会议方案、全国村务公开民主管理经验交流会议方案；研究并同意外事出访事项。新华社和人民日报对这次会议进行了报道。

同日 民政部通报了今年以来全国灾情及救灾工作情况。

14日 民政部部长李学举主持召开第3次部务会议，研究审议了李学举部长在全国民政工作年中分析会上的讲话(讨论稿)。

同日 中宣部、民政部、人事部、文化部决定表彰34个全国爱国主义教育示范基地先进单位和50名先进工作者(中宣发〔2004〕16号)。

同日 民政部印发《关于设置救助管理站引导牌的通知》(民函〔2004〕175号)。11月12日，根据财政部意见，原计划用于资助设置引导牌的500万元部本级福利金，全部用于资助各省会(首府)、直辖市城市流浪儿童救助保护中心建设(民办函〔2004〕232号)。

15日 民政部党组理论学习中心组召开扩大会议，专题学习《中共中央办公厅国务院办公厅关于健全和完善村务公开和民主管理制度的意见》(中办发〔2004〕17号)。部党组书记、部长李学举主持学习并作总结讲话。

同日 民政部转发《中央精神文明建设指导委员会办公室关于征集未成年人思想道德建设工作创新案例的通知》(民函〔2004〕176号)。

同日 民政部印发《关于禁止指定地方民政部门出访人选的通知》(民函〔2004〕177号)。

16日—18日 陈杰昌副部长出席山东省村务公开民主管理工作会议。

18日 民政部发出《关于做好当前救灾工作的紧急通知》(民电〔2004〕132号)，传达了中共中央总书记、国家主席胡锦涛7月17日就进一步做好防汛抗洪救灾工作的重要批示，要求高度重视抗灾救灾工作，确保人员到位、救灾物资到位和救灾资金到位，确保灾情上报及时准确，切实加强救灾资金管理使用，确保24小时信息畅通。

18日—19日 杨衍银副部长赴河南漯河灾区慰问受灾群众，指导救灾工作。7月15日至17日，河南省漯河、南阳、平顶山等7市出现强降雨过程，造成河水陡涨，高水位行洪漫溢，低洼地区大量积水，形成严重内涝。灾情发生后，民政部启动救灾应急响应预案，向灾区紧急调拨3200顶救灾帐篷，会同财政部下拨1400万元救灾应急资金。

19日 新华社消息：针对今年入汛以来部分地区发生洪涝、滑坡、泥石流和风雹等灾害的情况，中共中央总书记、国家主席胡锦涛近日就进一步做好防汛抗洪救灾工作作出重要指示，要求有关部门和地方做好防范准备，确保安全度汛，妥善安排好受灾群众的生活，并向奋斗在抗洪第一线的广大干部群众和人民解放军指战员、武警官兵、公安干警表示诚挚的慰问。国务院副总理、国家防汛抗旱总指挥部总指挥回良玉要求有关部门和地方认真贯彻胡锦涛总书记的重要指示，对防汛抗洪和救灾工作进行再部署、再落实。(《人民日报》7.20)

同日 民政部分别向中共中央、国务院报告关于贯彻落实胡锦涛总书记、回良玉副总理重要批示，指导河南省抗灾救灾工作情况(民发〔2004〕110号，民发〔2004〕111号)。

同日 民政部、解放军总政治部以新华社通稿形式发出通知，要求各地认真做好"八一"期间的拥军优属、拥政爱民工作，巩固和发展"同呼吸、共命运、心连心"的新型军政军民关系。(《人民日报》7.20)

20 **日** 国务院总理温家宝就当前防汛工作作出重要批示，要求有关地区全力做好抗洪抢险和救灾工作，并向战斗在抗洪抢险第一线的广大干部群众、解放军和武警官兵、公安干警表示衷心的问候；向灾区人民表示慰问。回良玉副总理批示要求，务必按照锦涛总书记、家宝总理的指示要求，以高度的政治责任感和对人民负责的态度，精心抓好防汛抗洪各项措施的落实，切实做好抗灾减灾工作，妥善安排好受灾群众的生活，努力夺取今年防汛抗洪的全面胜利。(《人民日报》7.22)

20 **日**－22 **日** 全国民政工作年中分析会在大连召开。李学举部长对上半年工作情况和存在问题进行了分析总结，并对下半年工作做出安排部署。副部长杨衍银、李立国、陈杰昌，中纪委驻民政部纪检组组长张印忠，中国老龄协会会长李本公等参加了会议。

20 **日**－23 **日** 中共中央政治局委员、国务院副总理回良玉赴湖南灾区考察抗洪救灾工作，传达胡锦涛总书记、温家宝总理关于抗洪救灾工作的重要指示，代表党中央、国务院对灾区群众表示亲切的慰问，对战斗在抗洪抢险第一线的广大干部群众、解放军和武警官兵、公安干警表示衷心的问候。杨衍银副部长陪同考察。(《人民日报》7.24)

21 **日** 国务院总理温家宝主持召开国务院常务会议，研究部署加强食品安全工作，审议并原则通过《军人抚恤优待条例(修订草案)》。会议决定，该草案经进一步修改后，由国务院、中央军委公布施行。(《人民日报》7.22)

21 **日** 国务院第二次向云南盈江灾区派出救灾工作组。云南德宏傣族景颇族自治州盈江县7月20日凌晨再次发生洪涝泥石流灾害，民政部启动救灾三级响应程序，立即向灾区派出工作组。7月21日－22日，民政部姜力副部长率国土资源部、水利部、交通部和中国疾病预防控制中心的有关负责人组成的国务院工作组紧急赶赴云南灾区，实地了解灾情，指导抗灾救灾工作。(《人民日报》7.23)

同日 民政部发出《关于进一步做好当前救灾工作的紧急通知》(民电〔2004〕134号)，传达国务院总理温家宝就做好当前抗洪抢险和救灾工作做出的重要批示。

同日 民政部通报了我国近期洪涝灾害情况。

23 **日** 司法部、民政部决定命名表彰299个"全国民主法制示范村"(司发通〔2004〕111号)。

同日 民政部部长李学举主持召开第10次部长办公会议。会议研究了三河公墓违规炒卖骨灰格位引发购买者聚集上访的接待处理问题和我部下一步联络协调工作的建议。会议对暑期休假工作做出安排。

25 **日**－28 **日** 中共中央政治局常委、国家副主席曾庆红和中共中央政治局委员、国务院副总理、国家防汛抗旱总指挥部总指挥回良玉，深入云南德宏傣族景颇族自治州盈江县和广西南宁市、宾阳县考察抗洪救灾工作，实地察看灾情，看望受灾群众，了解灾民安置和灾后重建情况。曾庆红勉励灾区干部群众认真贯彻胡锦涛总书记、温家宝总理的指示精神，坚定信心、振奋精神，以抗洪救灾、重建家园和改革发展稳定等各项工作的优异成绩，迎接党的十六届四中全会召开和新中国成立55周年。民政部副部长杨衍银陪同曾庆红、回良玉考察灾情、慰问灾民。(《人民日报》7.29)

26 **日** 民政部党组书记、部长李学举主持召开党组中心组学习会，传达中央有关文件精神，并研究落实措施。

同日 民政部部长李学举主持召开第11次部长办公会议。会议研究并原则同意全国优秀民间组织表彰会议实施方案，决定将有关情况报回良玉副总理。会议还研究了社团申请筹备成立和区划调整（地名更名）事项。

同日 公安部、中央社会治安综合治理委员会办公室、民政部、建设部和农业部联合印发《关于加强农村消防工作的通知》（公通字〔2004〕57号）。

27日 民政部向国务院报告上半年工作总结和下半年工作安排（民发〔2004〕113号）。

同日 民政部召开新闻通气会，通报今年以来全国最新洪涝灾情。到目前为止，尽管全国尚未发生流域性的特大洪涝灾害，但局部地区灾情非常严重，为近几十年所罕见。

27日—29日 罗平飞副部长赴湖北调研退役士兵安置工作。

28日 李学举部长就民政部“十一五”规划领导小组办公室7月23日召开规划编制工作专家咨询论证会作出批示，指出这是执行新制定的《民政部专家咨询办法》好的开始。李学举强调执行该《办法》要成立专家咨询组，而且领导要有请专家组咨询的意识。

同日 全国村务公开协调小组办公室在京举办学习中办17号文件讲习班，陈杰昌副部长出席开班式并讲话。

29日 民政部印发《关于在全国民政系统广泛开展向周国知同志学习的决定》（民发〔2004〕118号）。

30日 民政部答复广东省民政厅：同意广东省选择条件成熟的地方开展县政府驻地镇改设街道办事处试点（民函〔2004〕187号）。

同日 民政部办公厅转发《安徽省财政厅安徽省民政厅关于进一步加强省级财政农村五保供养专项补助资金管理的通知》（民办函〔2004〕165号）。

同日 在《城市生活无着的流浪乞讨人员救助管理办法》实施一周年之际，民政部召开新闻通气会，介绍了《救助管理办法》实施一年来的情况。

同日 民政部商财政部向广西灾区下拨救灾应急资金900万元，向云南灾区下拨救灾应急资金1300万元。

8月

1日 国务院总理温家宝、中央军委主席江泽民签署命令（第413号），批准公布新修订的《军人抚恤优待条例》，自2004年10月1日起施行，1988年7月18日国务院发布的《军人抚恤优待条例》同时废止。8月24日，新华社发布了消息。10月7日，《人民日报》刊发了《军人抚恤优待条例》。

2日—6日 中共中央政治局委员、国务院副总理、国家防汛抗旱总指挥部总指挥回良玉先后来到湖北省襄樊市、河南省南阳市和漯河市考察防汛抗旱和农村工作。回良玉强调，既要切实抓好防汛抗旱救灾工作，又要认真抓好当前农业生产，努力夺取今年防汛抗旱救灾的全面胜利，努力实现全年粮食增产和农民增收的目标。他鼓励灾区群众坚定信心，在党和政府的领导和帮助下，尽快开展生产自救，恢复生产、重建家园。民政部部长李学举陪同考察。（《人民日报》8.7）

4日 新华社消息：香港红十字会等香港慈善机构紧急向内地发生水灾的省区提供捐助。（《人民日报》8.6）

5日 国务院副总理回良玉就云南省丽江市永胜县发生严重暴雨灾害作出批示。民政部副部长杨衍银要求遵照回良玉副总理批示，立即启动救灾应急四级响应预案，由民政部与国土资源部组成联合工作组赶赴灾区现场指导抗灾救灾工作，并及时调拨4000顶帐篷以备急需。

6日 民政部“十一五”规划编制工作领导小组召开第三次会议，姜力副部长出席会议并讲话，对下一步工作提出了具体要求。

7日 由中国国际减灾委员会、民政部、陕西省政府主办的“黄河洪水灾害应急救助演练”在陕西省大荔县举行。演练分为会商决策、紧急转移、生活救助3个场景。来自国家有关部委和16个省、自治区、直辖市及新疆生产建设兵团民政部门的代表观摩了演练。这是近年来我国举办的第4次全国性的灾害应急救助演练，也是首次针对黄河上中游洪涝灾害特点举行的演练。中央电视台新闻频道对此进行了现场直播。（民政部网站）

9日　民政部党组书记、部长李学举，部党组成员、中纪委驻民政部纪检组长张印忠，部党组成员、中国老龄协会会长李本公出席了部直属机关公务员依法行政培训班第四期开班仪式，李学举部长作重要讲话。根据部党组的安排和部领导的指示，7月19日至8月13日，部直属机关党委、人事教育司和办公厅法规办联合在河北昌黎老年康复中心举办了四期依法行政培训班。部机关公务员和直属事业单位领导班子成员200多人参加了培训。

10日　李学举部长在国办秘书局转来胡锦涛总书记、回良玉副总理有关辽宁"扶贫超市"探索扶贫人性化服务的批示件上作出批示，指出锦涛总书记、良玉副总理的批示为我们推进城市"扶贫超市"注入了新的动力，要求研究办法贯彻落实中央领导的批示精神。同日，杨衍银副部长批示，要求有关部门认真总结辽宁"扶贫超市"的经验，并在"社会救助体系建设工作会议"上发言；起草一个建立扶贫超市试点及指导全国推广的意见；作为救助体系建设会议工作报告中的一项重要内容。

同日　民政部同意中国福利彩票发行中心更名为中国福利彩票发行管理中心（民函〔2004〕190号）。

11日　民政部副部长杨衍银带领由民政部、卫生部、建设部、财政部和国家地震局五部门组成的联合工作组赴云南省指导抗震救灾工作。8月10日18时26分13秒，云南省昭通市鲁甸县桃源乡发生里氏5.6级地震，造成4人死亡。灾情发生后，党中央、国务院高度重视。回良玉副总理、华建敏国务委员做出重要批示，对抗震救灾工作提出明确要求。民政部紧急启动救灾应急响应，向灾区调拨了救灾帐篷4000顶，商财政部下拨救灾应急资金1200万元。8月13日，云南鲁甸地震灾区的突击抢险工作基本结束，灾民的衣、食、住、医疗、防疫初步得到保障。（《人民日报》8.11、8.12、8.14）

12日　民政部部长李学举主持召开第12次部长办公会议。会议传达学习了8月3日温家宝总理关于城市生活无着的流浪乞讨人员救助管理工作的重要批示，听取了实施城市生活无着的流浪乞讨人员救助管理和"残疾孤儿手术康复明天计划"的情况汇报，研究了进一步做好这两项工作的措施。会议研究并同意救灾救济司关于与香港福幼基金会合作举办减灾公益演出的请示。会议研究并同意有关行政区划调整、社团成立和外事出访事项。

13日　民政部向国务院报送《关于云南省鲁甸"8.10"地震灾情和救灾工作情况的报告》（民发〔2004〕134号）。

同日　民政部举办"促进农村妇女参与村民自治论坛会"。陈杰昌副部长出席并致辞。全国妇联、中国妇女研究所、中国政法大学和农家女杂志社的有关同志以及来自地方党委部门、政府民政部门和妇联组织的代表参加了会议。

同日　陈杰昌副部长视察北京市福利彩票发行中心。

14日　中共中央总书记、国家主席胡锦涛，中共中央政治局常委、国务院总理温家宝对浙江省遭受强台风袭击作出重要指示，要求迅速组织各方力量投入抗灾救灾斗争，尽最大努力救治伤员，尽快恢复供水、供电、交通、通讯设施，妥善安排灾区群众生活，及早谋划灾后重建。国务院副总理、国家防汛抗旱总指挥部总指挥回良玉表示，要以高度的政治责任感和对人民负责的态度，迅速启动防台风预案，确保人民生命安全，尽最大努力减轻灾害损失。今年第14号台风"云娜"8月12日20时在浙江省温岭市石塘镇登陆，正面袭击了浙江。由于14号台风强度大，风势强，范围广，降雨量大，又适逢天文大潮起潮期，是1997年以来在我国登陆最强的台风，给浙江省造成重大损失。其中台州、温州两市和宁波市南部损失尤为惨重。台风到来前，国家防汛抗旱总指挥部发出紧急通知，要求做好防御台风的各项准备工作。中国气象局局长秦大河在中央电视台播报了台风"云娜"当晚即将登陆的紧急预报预警。灾情发生后，民政部迅速启动救灾三级应急响应，并根据灾情的发展，将三级应急响应提升至二级。民政部部长李学举率领由民政部、财政部、交通部、水利部、农业部、中国气象局等六部门组成的国务院工作组于13日上午抵达浙江，与省委、省政府派出的4个检查慰问组分别赶赴台州、温州等市，慰问受灾群众，指挥救灾工作。民政部会同财政部紧急向浙江省灾区下拨4600万元特大自然灾害救济补助费。水利部会同财政部紧急向灾区下拨特大防汛补助经费1500万元。灾区恢复生产生活秩序工作全面开展。(《人民日报》8.13、8.14、8.15)

16日 民政部向国务院报送《关于浙江部分地区遭受14号强台风袭击和抗灾救灾工作情况报告》(民发〔2004〕138号)。

16日—17日 李学举部长参加中墨常设委员会首次会议，其间分别陪同胡锦涛总书记、温家宝总理和唐家璇国务委员会见墨西哥社会发展部代表团。

17日 民政部党组书记、部长李学举主持召开部党组会议。会议研究并同意《民政部领导干部竞争上岗暂行办法》、《民政部公开选拔领导干部工作实施办法(暂行)》、《民政部领导干部辞职暂行办法》。会议原则同意2004年机关和事业单位司局级领导干部选拔工作方案。会议还研究同意了人事教育司关于整合涉外收养服务相关业务的意见。

同日 民政部印发《关于贯彻落实温家宝总理关于救助管理工作重要批示的通知》(民函〔2004〕193号)。

17日—22日 罗平飞副部长赴广东调研行政区划工作。

18日 中央社会治安综合治理委员会召开全体会议，专题研究预防青少年违法犯罪工作。李学举部长参加会议，并就民政系统预防青少年违法犯罪工作情况作了大会发言。《民政工作通报》(第24期)刊发了李学举部长的讲话。

同日 民政部副部长李立国主持召开第3次部长协调会议，研究中国SOS儿童村协会由民政部直接管理的建议。目前，中国SOS儿童村协会由中国社会工作协会管理。

19日 民政部印发《关于举办“全国行业协会成就汇报展览会”的通知》(民函〔2004〕196号)。

20日 民政部党组书记、部长李学举参加中直和中央国家机关领导班子思想政治建设座谈会贯彻落实情况交流座谈会，并代表民政部党组作了题为《加强领导班子思想政治建设，把‘立党为公，执政为民’落到实处》的发言。《民政工作通报》(第24期)刊发了李学举部长的讲话。

同日 民政部发出实施《行政许可法》以来第1号“不予变更决定书”。

同日 国内首次“心理救灾”——对受灾人群进行心理干预的行动，在浙江温岭和乐清展开。十多位心理专家组成的医疗队来到台风“云娜”登陆地温岭市石塘镇、特大泥石流地质灾害发生地乐清市龙西镇上山村，对受灾的人群进行心理治疗。(《人民日报》8.24)

23日 民政部、财政部、国家发展和改革委员会印发《关于进一步做好农村五保供养工作的通知》(民发〔2004〕145号)。

23日—24日 人事教育司组织了“2004年机关和事业单位司局级领导干部选拔讲演会”。部党组书记、部长李学举，部党组副书记、副部长杨衍银，部党组成员、副部长李立国、罗平飞、姜力、陈杰昌，部党组成员、纪检组长张印忠，部党组成员、中国老龄协会会长李本公，以及部机关、直属事业单位、中国老龄协会全体司局级干部出席讲演会并参加了评审。此次司局级领导干部的竞争上岗工作从8月18日启动。整个竞争上岗程序按照公布职位，报名和资格审查，民主推荐，讲演及评审，组织考察、酝酿，党组讨论决定，办理任前公示和任职试用手续等7个步骤进行。

24日 民政部报请国务院备案《民政部门实施行政许可办法》(民政规备字〔2004〕1号)。

25日 民政部报请国务院备案《基金会名称管理规定》(民政规备字〔2004〕2号)。

同日 民政部办公厅印发《关于启用中华人民共和国民政部行政许可专用章的通知》(民办函〔2004〕182号)。

25日 民政部商财政部向

浙江下拨救灾资金1500万元，用于14号台风“云娜”灾区的恢复重建。

26日　民政部副部长李立国主持召开第4次部长协调会议，研究中国殡葬协会和中国假肢协会换届问题。

同日　民政部商财政部向遭受第18号台风“艾利”袭击的福建省下拨救灾应急资金2500万元。今年第18号台风“艾利”于25日在福建登陆。民政部启动救灾三级响应，向福建和浙江派出了两个救灾工作组。此次台风未造成人员伤亡。(《人民日报》8.27)

27日　姜力副部长向回良玉副总理汇报培育和发展农村专业经济协会工作。

27日—29日　中共中央政治局常委、国务院总理温家宝在浙江考察，并慰问了受台风袭击的受灾群众。温家宝指出，面对严重自然灾害，浙江人民在各级党委和政府的领导下，团结奋战，众志成城，取得了抗灾救灾工作的初步胜利。他要求各级领导认真贯彻“三个代表”重要思想，妥善安排受灾群众生产生活，帮助群众重建家园。抓紧修复道路、电力、通讯、水利等基础设施，尽快恢复生产。民政部部长李学举陪同考察。(《人民日报》8.31)

27日　民政部向国务院报告我国农村最低生活保障与农村特困户生活救助工作情况(民发〔2004〕149号)。

同日　民政部、教育部印发《关于进一步做好城乡特殊困难未成年人教育救助工作的通知》(民发〔2004〕151号)。

31日　民政部部长李学举，副部长杨衍银、李立国、罗平飞、姜力，部党组成员、纪检组长张印忠等部领导在民政部亲切接见了民政系统获评全国“人民满意的公务员”和“人民满意的公务员集体”称号的代表。他们是：海南省琼海市民政局局长陈徽娥、贵州省遵义市民政局局长张有顺、湖北省南漳县民政局党组书记何德全、民政部救灾救济司助理巡视员柳永法，以及辽宁省鞍山市民政局、山东省青岛市四方区民政局、广州市东山区民政局的代表。

同日　深化退役士兵安置改革协调小组在民政部召开调研汇报会。协调小组负责人、民政部副部长罗平飞和总参谋部副总参谋长吴胜利一起听取了各调研组组长的情况汇报。李学举部长、罗平飞副部长会前会晤了吴胜利副总参谋长。

9月

1日　民政部部长李学举主持召开第13次部长办公会议。会议研究并通过了全国推进城乡社会救助体系建设工作会议和全国发展农村专业经济协会会议的有关材料。会议还研究了区划调整、社会团体和民办非企业单位成立登记和外事出访事项。

2日—4日　全国减灾研讨会在宁夏回族自治区中卫县召开，杨衍银副部长出席会议并发表重要讲话。

6日　民政部商财政部分别给四川省、重庆市下拨应急救灾资金3200万元、800万元。9月3日至5日，四川省东北部的达州等地，9月4日至5日，重庆市开县等地普降大到暴雨，造成特大洪涝灾害。9月5日，民政部紧急启动救灾应急四级响应，派出工作组赴灾区一线，核查灾情，协助指导救灾工作。9月6日提升至三级应急响应。由国家防汛抗旱总指挥部、民政部、财政部、国土资源部以及国家减灾中心有关人员组成的国务院救灾工作组赴达州、南充等重灾区，与当地党委、政府一起组织抢险救灾工作。9月7日，民政部给四川灾区紧急调拨救灾帐篷2000顶。截至9月7日12时，发生在四川、重庆的特大暴雨灾害已经造成两省市受灾人口约809万人，死亡118人，失踪86人。(《人民日报》9.7、9.8)

同日　司法部、民政部、财政部、劳动和社会保障部、国土资源部、建设部、卫生部、国家工商行政管理总局、国家档案局等9部门联合印发《关于贯彻落实〈法律援助条例〉，切实解决困难群众打官司难问题的意见》(司发通〔2004〕127号)。

6日—9日　李立国副部长赴武汉参加国际人口与发展论坛，会后调研湖北社会福利机构状况。

6日—17日　中纪委驻民政部纪检组长张印忠赴广东、海南开展行风评议抽查及调研。

7日 国务院新闻办公室发表《中国的社会保障状况和政策》白皮书，这是我国政府第一本专门阐述社会保障现状和社会保障政策的白皮书。(《人民日报》9.8)

8日—11日 全国推进城乡社会救助体系建设工作会议和全国发展农村专业经济协会会议在山东省青岛市开幕。李学举部长出席会议并作重要讲话。开幕式后，全国推进城乡社会救助体系建设工作会议继续在青岛市进行，全国发展农村专业经济协会会议移至烟台市举行。杨衍银副部长、姜力副部长分别在两个会议上作工作报告。《民政工作通报》(第27期)刊发了李学举部长和杨衍银副部长的讲话。

9日 民政部部长李学举、中央文明办副主任翟卫华、新闻出版总署副署长柳斌杰、国家广电总局副局长胡占凡听取了"全国社区文明风采电视大赛"举办情况和"第二期万家社区图书室援建和万家社区读书活动"进展情况的汇报。

同日 杨衍银副部长赴四川、重庆察看灾情。

同日 民政部办公厅答复江西省民政厅：烈士家属定期抚恤金只能从批烈之日起发放，不能补发(民办函〔2004〕192号)。

9日—13日 李学举部长赴西藏考察工作。考察期间，李学举向自治区人民政府移交了给自治区所有74个县级民政部门配备的救灾专用车辆；北京、上海、江苏、广东和重庆市民政厅(局)及中国福利彩票发行管理中心、中国收养中心等7家单位向西藏自治区民政厅捐款450万元，用于加强自治区民政厅自身建设。(民政部网站)

10日 劳动和社会保障部同意成立民政部职业技能鉴定指导中心，同意印发《民政行业特有工种职业技能鉴定实施办法(试行)》。10月23日，民政部转发了劳动和社会保障部的文件(民函〔2004〕266号)。

11日—15日 首届"全国社区文明风采电视大赛"的半决赛和决赛在中央电视台演播厅举行。李学举部长出席观看决赛。

13日—14日 李立国副部长到南京市儿童福利院调研，并听取江苏省民政厅关于实施"明天计划"的汇报，出席江苏省民政工作会议。

16日 民政部会同财政部向四川省和重庆市分别下拨灾害恢复重建资金2800万元和3200万元，向云南鲁甸地震灾区下拨恢复重建资金4000万元，向甘肃地震灾区下拨800万元应急救灾资金。

9月16日，全国老龄委办公室、共青团中央、中国关工委、全国少工委联合印发《关于实施"爱心助成长"志愿服务计划的通知》。

17日 杨衍银副部长出席国际社会保障协会第二十八届全球大会，并就中国城市低保工作作大会发言。本届全球大会于9月12日至18日在中国北京召开。

19日 文化部、国家发展改革委员会、教育部、科技部、民政部等12个部门和团体联合印发《关于公益性文化设施向未成年人免费开放的实施意见》(文办发〔2004〕33号)。

19日—27日 全国老龄办常务副主任、中国老龄协会会长李本公赴陕西、河南检查全国老龄工作先进县市区创建工作。

20日 民政部党组召开会议传达十六届四中全会精神。部党组书记、部长李学举作重要讲话。部机关各司局处以上干部参加了会议。

同日 民政部印发《关于宣传学习周国知同志先进事迹有关事项的通知》(民函〔2004〕235号)。

22日 民政部"明天计划"办公室与天津泰达国际心血管病医院签署了医疗服务合作协议，民政部选定泰达国际心血管病医院为救治先天性心脏病患儿的定点医院之一，今后将陆续组织全国的一些心脏病患儿前来这里进行手术救治和康复护理。民政部副部长李立国出席签约仪式。来自黑龙江省的6名即将接受心脏病手术治疗的孤儿也参加了仪式。

22日 中国残疾人联合会、民政部和教育部联合印发《关于省级聋儿康复中心建设评估验收的通知》(残联函〔2004〕333号)。

23日 中共民政部党组印发《关于学习贯彻〈中共中央关于加强党的执政能力建设的决定〉的意见》(民组字〔2004〕20

号)。

同日 中国国际减灾委员会办公室、民政部办公厅联合印发《关于广泛开展“减灾进社区”活动的通知》(中减办字〔2004〕08号)。

24日 民政部副部长李立国主持召开关于城市流浪乞讨人员中危重病人、精神病人救治工作部际协调会。财政部、公安部、卫生部、建设部的相关负责人员参加了会议。

同日 民政部和中国残疾人联合会成立《中华人民共和国残疾人保障法》修改工作领导小组,民政部副部长李立国和中国残联理事长汤小泉任组长(民函〔2004〕236号)。

同日 民政部向国务院办公厅报送《第14号台风应急工作评估报告(简本)》(民函〔2004〕237号)。

24日—26日 全国优抚工作会议在吉林省延边朝鲜族自治州召开。李学举部长、罗平飞副部长出席会议并作了重要讲话。会议学习贯彻新的《军人抚恤优待条例》,集中研究新时期优抚工作的问题。会上,12个省区市和单位结合实际,从不同侧面分别介绍了他们全心全意保障优抚对象权益、与时俱进地创新优抚工作的经验和做法。《民政工作通报》(第26期)刊发了李学举部长、罗平飞副部长的讲话。

25日 民政部向国务院报送《关于救灾救济和城市低保工作的报告》(民发〔2004〕177号)。

27日 民政部原党组副书记、副部长王国权同志(正部级)追悼会在北京八宝山革命公墓举行。王国权同志因病医治无效,于2004年9月15日在北京逝世,享年93岁。胡锦涛、曾庆红、罗干、贺国强、阿沛·阿旺晋美和郑天翔、王汉斌、铁木尔·达瓦买提等同志以不同方式对王国权同志的逝世表示深切哀悼,对其亲属表示慰问。李学举部长参加了追悼会。(《人民日报》10.14)

27日—29日 民政部直属机关党委和直属机关工会、团委、妇工委联合举办了以“祖国颂”为主题的歌咏比赛,以“民政风采、时代先锋、祖国腾飞”为主题的青年演讲比赛,以“伟大的祖国、辉煌的成就”为主题的职工书画摄影回顾展等系列活动,隆重庆祝中华人民共和国成立55周年。部长李学举,副部长杨衍银、李立国、罗平飞、姜力,纪检组长张印忠,中国老龄协会会长李本公等领导分别出席了有关活动。

28日 民政部社会福利和社会事务司与世界宣明会—中国签署合作协议,正式明确了宣明会参与“残疾孤儿手术康复明天计划”及其他合作领域的有关事宜。民政部副部长李立国和世界宣明会—中国总干事陈思堂医生出席签字仪式。宣明会此次为“明天计划”捐赠400万元港币,是“明天计划”目前接收到的最大一笔社会捐赠资金。

28日 中宣部、中央文明办、国家发展改革委、教育部、民政部、财政部、文化部、全国总工会、共青团中央和全国妇联联合印发《关于加强和改进爱国主义教育基地工作的意见》(中宣发〔2004〕22号)。

29日 国务院总理温家宝主持召开国务院第65次常务会议,研究部署解决困难群众生产生活问题。会议认为,重视和解决困难群众的生产生活问题,是贯彻落实“三个代表”重要思想的根本要求,是全面履行政府职责的重要内容,是促进和实现社会公平的有效措施,是维护社会稳定的迫切需要。各级政府和各部门要认真贯彻十六届四中全会精神,坚持以人为本、执政为民,把关心城乡低收入群众生产生活作为当前一项重要工作任务。会议要求当前重点抓好救灾、完善城市低保制度和农村五保供养制度、“两个确保”工作、建立健全城乡社会救助体系、加强农村扶贫开发和就业再就业等六项工作。李学举部长参加了会议。(《人民日报》9.30)

30日 民政部部长李学举主持召开第14次部长办公会议。会议首先传达了国务院第65次常务会议精神和温家宝总理就切实做好救灾工作、完善城市低保制度和农村五保供养制度、建立健全城乡社会救助体系等工作提出的要求,听取了救灾救济司和最低生活保障司关于落实国务院第65次常务会议精神,安排好困难群众生活的汇报。会议对第四季度安排好困难群众生活工作进行了部署。会议还研究了中国殡葬协会、中国假肢矫形器协会、中国SOS儿童村协会的换届方案。

同日 民政部优抚安置局组织了30名拥军模范、烈士家属、革命伤残军人、退役军人代表出席了国务院在人民大会堂举行的建国55周年国庆招待会。

10月

1日 新华社消息:新修订的《军人抚恤优待条例》10月1日起实施。民政部副部长罗平飞接受新华社记者采访时表示,今后我国优抚工作将以保障优抚对象基本权益为目标,着重解决完善优抚政策法规体系、构建多元优抚保障模式、推进优抚事业单位可持续发展等三方面问题。

2日 中共中央总书记、国家主席、中央军委主席胡锦涛在北京市考察工作时专程看望广大基层干部,与基层干部代表进行了座谈。他强调,广大基层干部是党和国家的宝贵财富,各级党委和政府都要从提高党的执政能力、巩固党的执政地位、实现党的执政使命的战略高度,真正重视、真情关怀、真心爱护广大基层干部,满腔热忱地支持和帮助基层干部做好工作。胡锦涛对广大基层干部提出了5点希望。第一,要切实树立和认真落实科学发展观,尊重客观规律,尊重群众的首创精神,带领群众推动经济发展和社会全面进步。第二,要切实维护基层群众的民主权利,推动基层各项民主制度的贯彻落实,坚持依法办事,自觉接受群众监督,确保把人民赋予的权力真正用来为人民谋利益。第三,要切实推动基层文化建设,深入细致地开展思想政治工作,广泛开展群众性精神文明创建活动,不断满足群众日益增长的精神文化需要。第四,要切实做好协调关系、化解矛盾的工作,兼顾不同方面群众的利益,正确处理人民内部矛盾,关心群众的生产生活,努力维护社会稳定。第五,要切实提高自身的综合素质,认真学习贯彻邓小平理论和"三个代表"重要思想,提高自身的思想政治水平和实际工作能力,弘扬求真务实精神,堂堂正正做人,踏踏实实做事。(《人民日报》10.3)

9日 民政部、中央文明办、国家新闻出版总署和国家广播电影电视总局联合印发《关于开展"万家社区图书室援建和万家社区读书活动"表彰和全国百佳学习型社区评选工作的通知》(民函〔2004〕245号)。

9日—10日 民政部、铁道部、交通部、民航总局和总后勤部在京召开军事交通运输正规化建设工作会议。中共中央政治局委员、中央军委副主席、国务委员兼国防部长曹刚川出席会议并讲话。民政部副部长罗平飞参加会议并讲话,全面部署了今后一个时期军交运输正规化建设的主要任务和需要把握的几个重点问题,表彰了军交运输正规化建设先进单位。会上,民政军供系统的10个单位作了经验介绍。中央军委委员、总后勤部部长廖锡龙,国务院副秘书长汪洋参加了会议。

10日 民政部党组书记、部长李学举主持召开部党组民主生活会。与会同志围绕如何贯彻落实科学发展观谈了体会。

11日 民政部印发《关于国务院确定民政部门保留、取消和调整的行政许可、非行政许可审批项目及贯彻落实意见的通知》(民函〔2004〕255号)。

同日 卫生部办公厅、民政部办公厅和国家中医药管理局办公室联合印发《关于做好创建全国社区卫生服务示范区活动复核工作的通知》(卫办妇社发〔2004〕157号)。

同日 人民日报发表长篇报道《一心为民的基层干部——周国知》,并配发评论员文章《基层干部学习的典范》。按照中宣部的统一部署,广播、电视、报刊、网站等各大新闻媒体纷纷开辟专题、专栏,连续宣传周国知的先进事迹,报道干部群众的学习体会,在全国掀起了宣传、学习周国知的热潮。

11日—13日 全国部分省(区、市)贯彻《行政区域界线管理条例》情况座谈会在广西南宁市召开,民政部副部长、全国勘界工作办公室主任罗平飞出席座谈会并讲话。此次座谈会的召开标志着民政部开展的《行政区域界线管理条例》专项执法检查正式结束。

12日 国家人口和计划生

育委员会、民政部和中国计划生育协会联合印发《关于加强和完善村级计划生育民主管理和民主监督的意见》(国人口发〔2004〕85号)。

12日—15日　国际第三年龄大学协会第22届代表大会在上海举行,全国老龄办常务副主任、中国老龄协会会长李本公出席了大会开幕式。

13日　人事部、民政部追授周国知同志"为民模范"荣誉称号大会在湖北省恩施土家族苗族自治州召开。中共中央政治局委员、湖北省委书记俞正声出席会议,民政部部长李学举、湖北省省长罗清泉分别在会上作了讲话,人事部副部长尹蔚民宣读了人事部、民政部关于追授周国知同志"为民模范"荣誉称号的决定,民政部副部长姜力主持会议。在会议之前,中共中央政治局委员、湖北省委书记俞正声,民政部部长李学举等领导同志亲切接见了周国知同志的家属。

同日　民政部举办"国际减灾日"新闻发布会,中国国际减灾委员会副主任兼秘书长、民政部副部长杨衍银通报了今年我国的灾情和救灾工作情况。今年"国际减灾日"的主题是:"了解今日灾害,为了明天平安"。按照民政部的部署,全国各地的许多大城市都在国际减灾日举办了形式多样的"减灾进社区"活动。杨衍银副部长参加了北京市举办的纪念"国际减灾日"活动。

13日—17日　罗平飞副部长赴广西、四川等地调研行政区划工作。

14日　中共中央决定,杨衍银同志任中共中央国家机关工委主持常务工作的副书记(正部长级),免去其民政部党组副书记、副部长职务(中委〔2004〕215号,217号,218号)。

同日　湖北省委、省政府召开周国知同志先进事迹报告会,中共中央政治局委员、湖北省委书记俞正声出席会议并讲话。(《人民日报》10.15)

同日　民政部社会福利和社会事务司与英国救助儿童会签署了《关于继续开展儿童福利和保护工作合作项目的谅解备忘录》。

15日　民政部部长李学举在人民日报发表文章《学习周国知,为民办实事》。同时,人民日报报道了全国民政系统紧密结合工作实际,认真学习周国知的先进事迹,进一步做好民政工作的情况。

同日　全国最低生活保障信息系统建设工作会议在京召开。民政部副部长、低保信息系统项目领导小组组长杨衍银作了题为《抓住机遇,勇于创新,努力做好最低生活保障信息系统建设工作》的重要讲话,民政部副部长、低保信息系统项目领导小组副组长、项目主管姜力主持会议并作了总结讲话。本次会议的主要任务是部署和指导省级可行性研究报告的编写和报批工作。《民政工作通报》(第29期)刊发了杨衍银副部长的讲话。

16日　民政部管理干部学院举行建院二十周年庆典大会,李学举部长发表讲话,副部长杨衍银、李立国、姜力,纪检组长张印忠,中国老龄协会会长李本公等部领导出席了庆典大会。

同日　杨衍银副部长参加北京市举办的"扶贫济困送温暖宣传周"活动。北京市15家"爱心家园"超市也于16日统一挂牌。

18日　民政部党组书记、部长李学举主持召开部党组理论学习中心组会议。与会同志以"学习周国知,贯彻四中全会精神"为主题,围绕深入学习党的十六届四中全会精神作了发言。会议强调,要以周国知为榜样,以四中全会精神为指导,努力提高民政部门各级领导干部的能力,为构建社会主义和谐社会做出民政部门应有的贡献。

同日　人民日报在《时代热评》栏目发表文章《周国知,人民不会忘记你》,指出,周国知的事迹使重视基层工作、关心基层干部再次成为人们关注的话题。

18日—19日　全国涉外收养工作经验交流会在广东佛山市举行。李立国副部长出席会议并作重要讲话。《民政工作通报》(第28期)刊发了李立国副部长的讲话。

18日—22日　第十八届商务调查名录库国际研讨会在北京召开,民政部作为国家部委的唯一代表作了《民政事业统计名录库》报告,民政统计工作取得的成绩得到了与会代表的一致好评和高度赞扬。

19日 人民日报报道：中共中央总书记、国家主席、中央军委主席胡锦涛，中共中央政治局常委、国务院总理温家宝就学习周国知同志先进事迹作出重要指示。胡锦涛指出，周国知同志二十年如一日，坚持为群众做好事、办实事、解难事，把党的温暖送到千家万户，树立了基层干部的良好形象。全国广大基层干部要向周国知同志学习，自觉实践“三个代表”重要思想，爱岗敬业，艰苦奋斗，清正廉洁，甘于奉献，真正成为帮助群众排忧解难的贴心人。温家宝指出，周国知同志的事迹感人至深。要多发现和宣传为群众做好事、办实事、解难事，一心为人民群众谋利益的基层干部。胡锦涛和温家宝分别于8月29日、8月22日作出上述批示。(《人民日报》10.20)

同日 中共中央政治局常委、国务院副总理黄菊亲切会见了周国知亲属和周国知先进事迹报告团成员，他代表党中央、国务院向周国知同志的亲属表示亲切慰问。黄菊说，周国知同志是新时期基层干部实践“三个代表”重要思想的楷模，二十年如一日，对党忠诚，服务群众，得到了群众的真心信赖和拥戴，他在平凡的岗位上，自觉实践“三个代表”重要思想，用短暂的一生，谱写了勤政、廉政、为民的光辉篇章。黄菊强调，各地基层干部都要按照胡锦涛总书记重要指示精神，以周国知同志为榜样，学习他爱岗敬业、艰苦奋斗、清正廉洁、甘于奉献的崇高精神，立党为公、执政为民，不断增强使命感和责任感，做一个为民排忧解难、人民群众信赖的贴心人，帮民脱困致富、发展经济的带头人，努力开创各项工作的新局面。黄菊还希望报告团的同志把周国知的先进事迹宣讲好、传播好，在全国兴起学习周国知先进事迹的热潮。中共中央政治局委员、书记处书记、中组部部长贺国强参加了会见。(《人民日报》10.20)

同日 中组部、中宣部、民政部、人事部和湖北省委联合在北京人民大会堂举行“为民模范”周国知同志先进事迹报告会。报告会上，周国知先进事迹报告团的4位成员，以自己的亲身经历，讲述了周国知一心为民的先进事迹和崇高精神。李学举部长在报告会结束时作了讲话。中央国家机关有关部门和地方负责同志以及社会各界代表800多人参加了报告会。报告团还将赴长春、石家庄、兰州、长沙、成都等地进行巡回报告。(《人民日报》10.20)

同日 新华社发表特约评论员文章《周国知精神的启示》，指出在周国知身上生动地体现了党的基层干部的良好形象，集中展示了民政干部以民为本，为民解困的时代风采。(《人民日报》10.20)

20日 国际老龄协会第十六届大会在浙江杭州召开，全国老龄办常务副主任、中国老龄协会会长李本公在大会开幕式上致辞。

同日 民政部办公厅印发《关于我部第四季度主要工作安排的建议》(民办函〔2004〕217号)。

同日 民政部办公厅通报全国农村医疗救助工作情况(民办函〔2004〕220号)。

20日—22日 全国省区市双拥办主任会议在上海召开。全国双拥工作领导小组副组长兼办公室主任、民政部副部长罗平飞出席会议并讲话。上海市等13个军地单位在会上分别介绍了开展双拥工作的成功经验和做法。

20日—23日 李立国副部长出席辽宁省发展养老产业工作会议并发表了重要讲话。(《民政工作通报》第31期)

21日 中共中央决定，贾治邦任民政部党组副书记、副部长(正部级)，免去其陕西省委副书记、常委、委员职务(中委〔2004〕239号，240号，241号)。

同日 中组部、民政部、人事部印发《关于开展向周国知同志学习活动的通知》(民发〔2004〕190号)。

同日 民政部印发《关于做好灾区倒房恢复重建工作的通知》(民函〔2004〕264号)。

同日 民政部印发《关于通报农村医疗救助工作情况的通知》(民办函〔2004〕220号)。

22日 李学举部长陪同回良玉副总理会见了应民政部邀请来华访问的巴勒斯坦社会事务部部长茵提萨尔·瓦齐尔一行。

同日 中组部、中宣部、民

政部、人事部和湖北省委在民政部机关联合举行学习“为民模范”周国知先进事迹座谈会。部分先进个人、先进集体、基层干部和社会各界代表一起畅谈学习周国知同志先进事迹的体会，深化对周国知精神的认识。民政部部长李学举作了总结讲话。中组部副部长李景田主持会议，人事部副部长尹蔚民出席了会议。

同日 民政部网站开通“在线交流”栏目，邀请办公厅主任、新闻发言人窦玉沛作为首期嘉宾以“学习周国知，为民办实事”为主题与网友进行了在线交流。

同日 大型电视纪录片《无声的革命——中国老龄行动报告》在中央电视台首播，以此作为向广大老年人献上的重阳节厚礼。该片由全国老龄委办公室、中宣部宣教局和中央电视台联合摄制，拍摄历时近两年。（全国老龄工作委员会网站）

25日 民政部部长李学举主持召开第15次部长办公会议。会议研究了机关经济适用房配售办法、社团和基金会申请成立和外事出访事项。会议要求，外事司要收集和汇总年度内的出国考察报告，形成年度内出国考察的完整资料。

27日 中国地震局、国家发展和改革委员会、民政部、国家安全生产监督管理局联合印发《地震应急检查工作制度》（中震发救〔2004〕136号），2000年中国地震局、国家计委、民政部和国家经贸委联合印发的《关于印发〈地震应急检查工作制度〉的通知》同时废止。

同日 民政部发出《关于对困难群众生活安排情况进行检查的通知》（民电〔2004〕194号）。民政部将组织9个工作组赴河南等17个省份，检查灾民冬令生活安排和灾区恢复重建情况，城乡低保户、五保户、农村特困户和优抚对象等基本生活保障情况，重点是困难群众生活安排的责任、政策、措施、资金等到位情况。

28日 民政部党组书记李学举主持召开部党组会议，研究了有关工作。

同日 民政部召开城乡困难群众生活情况调查工作动员会，李学举部长作了动员讲话。

同日 民政部正式开通“中国捐助网”，这是全国第一个政府公益网站。李学举部长出席开通仪式。

同日 民政部印发《关于现职国家工作人员不得兼任基金会负责人有关问题的通知》（民函〔2004〕270号），明确了《基金会管理条例》所称“现职国家工作人员”的范围。

29日 民政部副部长李立国主持召开第5次部长协调会议，进一步研究中国殡葬协会和中国假肢矫形器协会的资格考试、标准化和质量管理三方面的职能和中国SOS儿童村协会换届工作领导小组的工作。

11月

1日 民政部、教育部、总政治部联合制定《优抚对象及其子女教育优待暂行办法》（民发〔2004〕192号）。

2日—7日 李学举部长赴广西、云南检查困难群众生活安排情况。

3日—4日 李立国副部长赴陕西检查困难群众生活安排情况。

4日 国务院决定，免去杨衍银的民政部副部长职务（国人字〔2004〕125号）。

同日 国务院决定，贾治邦任民政部副部长（正部级，排在李学举之后）。（国人字〔2004〕126号）

4日—6日 全国民政干部教育培训工作会在山东青岛召开。

5日—8日 全国民政政务信息表彰会议暨政务信息培训班在安徽合肥召开。陈杰昌副部长出席会议并讲话。会议通报了民政部关于表彰全国民政政务信息工作先进集体先进个人的决定，对上海市民政局等全国108个民政政务信息工作先进单位和黄琦等100名全国民政政务信息工作先进个人进行了表彰奖励。安徽、上海、浙江、山东和北京等地民政厅（局）介绍了做好民政政务信息工作的先进经验。《民政工作通报》（第30期）刊发了陈杰昌副部长的讲话。

5日 民政部、劳动和社会

保障部、卫生部、解放军总后勤部联合制定《军人残疾等级评定标准（试行）》（民发〔2004〕195号）。

6日　民政部在广西南宁市召开行政区划工作座谈会，李学举部长主持会议并作了重要讲话。他在讲话中要求各地通过加强调研、论证、规划工作和加强区划业务队伍建设，切实保证行政区划调整的科学性。要在行政区划研究中把握好合理与可行、当前和长远的关系，稳妥做好行政区划调整工作，确保社会稳定。今后一个时期的行政区划调整审批要从严、从紧，希望各地严格把关，不成熟的方案不要上报。福建、湖北、广东、广西四省（区）民政厅和广州市、厦门市、南宁市有关领导同志出席了会议，并汇报了有关行政区划工作的情况、经验和意见、建议。（民政部网站）

7日　中共中央政治局常委、国务院总理温家宝在北京市考察工作，了解冬季供暖和群众生活情况。他强调，各级党委、政府要认真落实党的十六届四中全会精神，关心群众生活，维护群众利益，时刻把人民群众的安危冷暖放在心上，尽心尽力把关系群众利益的事情办好。（《人民日报》11.8）。

8日　民政部印发《春荒、冬令灾民生活救助工作规程》、《灾害应急救助工作规程》和《灾区民房恢复重建管理工作规程》（民函〔2004〕282号）。

11日　民政部党组书记、部长李学举主持召开部党组理论学习中心组扩大会议，专题学习《军人抚恤优待条例》、《中共中央办公厅国务院办公厅中央军委办公厅关于进一步做好移交政府安置的军队离休退休干部安置管理工作的意见》和《关于扶持城镇退役士兵自谋职业优惠政策的意见》。李学举部长在学习结束时作了总结讲话。

同日　民政部部长李学举主持召开第16次部长办公会议。会议研究并原则通过了《民政事业“十一五”发展规划思路》，同意了《民政部专家咨询委员会部外专家名单》。会议还研究了社团和民办非企业单位申请成立及外事出访事项。

同日　民政部召开周国知先进事迹宣传工作总结表彰会。李学举部长发表讲话，李立国副部长主持了会议。

12日　罗平飞副部长主持召开行政区划工作座谈会，邀请专家学者和有关部门的负责同志就当前的行政区划工作进行了座谈。

13日　李学举部长主持召开民政工作务虚会。副部长李立国、罗平飞、姜力，纪检组长张印忠参加会议，并就今年民政工作的总体评价、主管业务工作情况和明年的工作思路作了发言，李学举部长在总结中提出了厅局长会议工作报告的总体思路。

14日—17日　全国农村老龄工作座谈会在浙江省宁波市召开。全国老龄办常务副主任、中国老龄协会会长李本公参加会议。

15日　李学举部长主持召开民政部直属机关负责人会议，就做好信访工作提出了要求。李立国副部长传达了中央有关工作会议精神。部信访办总结了近一年来信访工作情况。

同日　民政部向国家发展改革委报送《民政事业“十一五”发展规划思路》（民函〔2004〕286号）。

15日—17日　李立国副部长出席上海第二届国际殡葬论坛开幕式。

15日—18日　姜力副部长赴广西壮族自治区督查第一次全国经济普查工作，并出席广西壮族自治区救灾专用车辆发车仪式。

16日　民政部、总后勤部印发《军人新旧残疾等级套改办法》（民发〔2004〕198号）。《办法》适应新修订的《军人抚恤优待条例》中对军人残疾等级设置的修改，明确了套改对象、套改原则和新旧残疾等级对应关系。

17日　民政部办公厅答复山西省民政厅：他人给烈士过继的子女不能作为革命烈士证明书的持证人（民办函〔2004〕236号）。

同日　民政部启动了灾情每日监测制度，由国家减灾中心动态记录每天国内、国际灾害事件，形成《昨日灾情》通报。

19日　民政部印发《关于救灾专用车辆使用管理问题的通知》（民发〔2004〕208号）。

同日　民政部向国务院振

兴东北办报送“民政部2005年振兴东北地区等老工业基地工作要点”(民函〔2004〕299号)。

22日 民政部部长李学举主持召开第17次部长办公会议。会议听取了冬令期间城乡困难群众生活检查情况的汇报,就下一步困难群众生活安排工作作出了部署。

23日 民政部召开城乡困难群众生活安排视频会议,李学举部长作了重要讲话。《民政工作通报》(第32期)刊发了李学举部长的讲话。

同日 李学举部长参加了民政部网站的“在线交流”活动。

同日 民政部印发《关于换发伤残人员证件的通知》(民函〔2004〕305号),决定自2004年12月1日至2005年6月30日,将集中为伤残人员换发新式证件。换证期间,新旧证件均有效,2005年7月1日起旧证停止使用。

25日 民政部党组会议研究了有关人事工作。

同日 民政部党组书记、部长李学举主持召开部直属机关主要负责同志会议,传达学习全国党风廉政建设责任制工作电视电话会议精神,结合我部近年来落实党风廉政建设责任制情况,提出了贯彻意见。

同日 民政部、总参谋部印发《关于做好2004年冬季转业士官移交安置工作的通知》(民发〔2004〕200号)。

同日 民政部商财政部向灾区下拨冬令救灾资金13亿元,用于安排受灾群众过冬生活。

同日 民政部商财政部向灾区下拨恢复重建资金3.05亿元,用于灾区开展恢复重建工作。

25日—26日 民政部在京召开“2004民政论坛”。李学举部长出席开幕式并致辞。李立国副部长主持了开幕式及民政综合类论坛,并对论坛进行了综合述评。罗平飞副部长宣布了民政部专家咨询委员会成员名单,民政部党组成员、中国老龄协会会长李本公宣读了获奖论文名单。民政部六个业务司(局)的司(局)长就明年工作思路在论坛上作了发言。今年政策理论研究课题征文共收到论文600多篇,评出优秀论文60篇,其中,二等奖19篇,三等奖41篇。

26日—28日 陈杰昌副部长出席中央文明办、文化部和中央电视台联合举办的第三届“四进社区”文艺展演活动。

27日—28日 民政部最低生活保障司在湖南省召开全国农村医疗救助工作现场会。

30日 民政部办公厅就关于出国人员、华侨、港澳台居民提交婚姻状况证明问题答复浙江省民政厅,其中印发了香港、澳门居民的相关证明格式(民办函〔2004〕246号)。

同日 民政部办公厅答复湖南省民政厅:在荣军医院集中供养的残废军人,不再享受民政部、财政部、劳动人事部《关于革命残废军人伤口复发住院治疗期间伙食费补助问题的通知》(民〔1983〕优139号)规定的有关待遇(民办函〔2004〕247号)。

12月

1日 民政部办公厅印发《关于了解地方民政部门法制建设状况的通知》(民办函〔2004〕253号)。

1日—2日 民政部救灾救济司在河南省漯河市召开全国灾后恢复重建工作现场经验交流会,对今年恢复重建工作进行了部署。

2日 民政部部长李学举主持召开第18次部长办公会议。会议听取了2004年度全国“爱心捐助奖”评选情况的汇报,研究并同意《民政部关于命名表彰“全国民政基层单位行风建设先进集体”的决定》。会议还研究并同意了社团申请成立和外事出访事项。

同日 民政部办公厅印发《关于贾治邦副部长分工的通知》(民办函〔2004〕255号)。

3日 民政部副部长李立国出席第二届中国特殊教育与康复论坛,介绍了“残疾孤儿手术康复明天计划”的启动情况。

同日 姜力副部长出席天津市行业协会经验交流暨首批示范行业协会授牌大会并发表重要讲话。(《民政工作通报》第35期)

同日 民政部印发《关于命名表彰“全国民政基层单位行风建设先进集体”的决定》(民发〔2004〕215号)。

5日 民政部办公厅向国

务院妇女儿童工作委员会办公室报送《2004年妇女儿童工作情况及2005年工作要点(民办函〔2004〕257号)。

6日 民政部召开第19次部长办公会议和部机关全体司局级干部及部直属单位领导班子成员会议,传达学习中央经济工作会议精神。李学举部长分别作了重要讲话,要求将会议精神贯彻到明年民政工作之中。

7日 民政部向国务院报送《关于贵州省纳雍县左家营村岩体崩塌灾害情况的报告》(民发〔2004〕216号)。12月3日凌晨3点40分,贵州省纳雍县鬃岭镇左家营村发生特大地质性危岩崩塌,造成12户56间民房掩埋,死亡和失踪44人。民政部立即启动三级救灾应急响应,派出救灾工作组赶赴灾区,商财政部向贵州下拨救灾应急资金200万元。

同日 国务院妇女儿童工作委员会办公室、民政部、司法部、卫生部、国家人口和计划生育委员会、国家广电总局和中国残疾人联合会决定,2005年在全国举办"尊重生命尊重爱——婚前医学检查知识宣传教育普及活动"(国妇儿工委发〔2004〕6号)。

7日—11日 优抚安置局在民政部培训中心举办了第一期《军人抚恤优待条例》培训班。

9日—11日 首届"全国行业协会成就汇报展览会"在北京展览馆举行,李学举部长、姜力副部长参加了展览会开幕式。展览会由民政部、国家发展改革委员会和国务院国有资产监督管理委员会共同主办。

9日 李立国副部长出席美国明尼苏达儿童之家向"明天计划"项目捐赠6万美金的仪式。

10日 民政部在人民大会堂隆重召开全国先进民间组织表彰大会,向500多家民间组织授予"全国先进民间组织"的荣誉称号,这是建国以来首次在全国范围内对民间组织进行表彰。全国人大常委会副委员长司马义·艾买提、何鲁丽,全国政协副主席罗豪才、阿不来提·阿不都热西提出席了会议,并为获奖代表颁奖。民政部部长李学举作了重要讲话。民政部副部长姜力主持会议并宣读了表彰决定。获奖民间组织代表作了发言。《民政工作通报》(第34期)刊发了李学举部长的讲话。

同日 民政部办公厅印发《关于加强地名标志产品质量监督管理的通知》(民办函〔2004〕264号)。

11日 人民日报发表评论员文章《发挥好民间组织的作用》。

11日—12日 全国村务公开民主管理工作经验交流会在江苏太仓市隆重开幕。中央书记处书记、中央纪委副书记何勇出席会议并讲话。全国村务公开协调小组组长、民政部部长李学举作工作报告。全国村务公开协调小组组长、民政部副部长陈杰昌主持了闭幕会议。全国村务公开协调小组成员、纪检组长张印忠参加了会议。江苏省等14个单位进行了大会发言,交流了工作经验。会议全体人员实地参观考察了太仓市村务公开民主管理情况。

12日—13日 全国民政基层单位行风建设经验交流暨表彰会议在上海召开,李学举部长出席会议并讲话,中纪委驻民政部纪检组组长张印忠主持会议并作了总结讲话。会上,上海市民政局等15个单位作了典型发言,200个基层单位被授予"全国民政基层单位行风建设先进集体"荣誉称号。《民政工作通报》(第33期)刊发了李学举和张印忠的讲话。

12日—14日 李立国副部长出席在广州举行的第二届社工协会工作论坛暨第五次内地与香港社会福利发展研讨会,并视察了广东实施"残疾孤儿手术康复明天计划"的情况。

13日 民政部向国务院报送《关于当前城乡困难群众生活安排情况的报告》(民发〔2004〕218号)。

同日 民政部印发《关于做好普通高校困难毕业生救助工作的通知》(民函〔2004〕327号)。

同日 民政部办公厅印发《关于第二届全国民政优秀公文评选获奖情况的通报》(民办函〔2004〕266号)。

15日 民政部向国务院报送《关于行政区划调整工作有关情况的报告》(民发〔2004〕223号)。

15日—17日 李立国副

部长赴广西督查“明天计划”实施情况并调研福利机构。

17 日 首届东盟与中日韩社会福利和发展部长会议在泰国曼谷举行，民政部部长李学举出席会议并发言。来自东盟十国与中日韩三国的代表围绕“共建关怀社会”的主题展开交流。

同日 民政部举行《中华人民共和国城市居民委员会组织法(修订草案)》听证会。

同日 民政部、解放军总政治部以新华社通稿形式发出通知，要求各地各部队积极做好元旦春节期间的拥军优属、拥政爱民工作。(《人民日报》12.18)

17 日—19 日 中共中央政治局常委、国家副主席曾庆红在天津考察工作时就构建和谐社区发表谈话。他强调，社区是社会的细胞，社区和谐是社会和谐的基础。构建社会主义和谐社会应当把构建和谐社区作为重要切入点。加强和谐社区建设要坚持以服务群众为重点，以居民自治为方向，以维护稳定为基础，以文化活动为载体，以党的领导和党的建设为关键，努力把城市社区建设成为管理有序、服务完善、环境优美、文明祥和的新型社区，为构建社会主义和谐社会奠定坚实基础。(《人民日报》12.20)

18 日 民政部副部长李立国出席“中华慈善文化(晋江)论坛”并致辞。

21 日 民政部在人民大会堂隆重召开 2004 年度全国“爱心捐助奖”表彰大会。中共中央政治局委员、国务院副总理回良玉出席会议并作了重要讲话。全国人大常委会副委员长热地，全国政协副主席郝建秀出席会议并向获奖代表颁发奖牌和证书。民政部部长李学举在会上发表讲话，副部长贾治邦、姜力出席了会议。民政部授予在 2004 年度社会捐助活动中作出突出贡献的 10 个单位和 10 名个人全国“爱心捐助奖”。

同日 民政部主办、《公益时报》承办的第二届中国公益论坛在北京举行。贾治邦副部长出席论坛并发表重要讲话。本次论坛的主题是“公益与中国新动力”。

22 日 民政部召开全国救助管理工作经验交流视频会议，贾治邦副部长主持会议，李立国副部长作了重要讲话。辽宁、广东、江苏、四川、黑龙江、河南六个典型单位代表介绍了一年多来做好救助管理工作的经验。《民政工作通报》(第 36 期)刊发了李立国副部长的讲话。

同日 民政部、卫生部联合印发《关于做好“残疾孤儿手术康复明天计划”实施工作的通知》(民发〔2004〕230 号)。

23 日 民政部向国务院报告 2004 年工作总结和 2005 年民政工作安排(民发〔2004〕225 号)。

23 日—24 日 民政部召开民政工作报告会，各司局、直属单位主要负责同志在会上汇报了今年的工作情况。贾治邦副部长主持会议。李学举部长，副部长李立国、罗平飞、姜力，纪检组长张印忠，中国老龄协会会长李本公出席了汇报会。部机关公务员和直属单位班子成员参加了报告会。

24 日 民政部部长李学举主持召开第 4 次部务会议，研究审议了全国民政工作会议主报告。从今年开始，原一年一度的“全国民政厅(局)长会议”改为“全国民政工作会议”。

同日 民政部印发《关于国家机关工作人员、人民警察伤亡抚恤有关问题的通知》(民函〔2004〕334 号)。

同日 民政部转发《海关总署关于残疾人专用品免税审批有关事宜的补充通知》，进一步明确了民政部门管理的“进口单位”的类型(民函〔2004〕335 号)。

27 日 民政部印发《关于表彰 2004 年度全国民政信访工作和全国民政政务信息工作先进集体的通报》(民发〔2004〕224 号)。

同日 民政部办公厅发布《民政部项目资金管理暂行办法》(民办发〔2004〕3 号)。

28 日 民政部发出《关于做好 2005 年元旦、春节期间有关工作的通知》(民电〔2004〕266 号)。

29 日 民政部办公厅印发《关于进行 2004 年全国重点优抚对象数据更新工作的通知》(民办函〔2004〕275 号)。

29 日—30 日 全国民政工作会议在京隆重召开。李学举部长作了题为《在社会建设和管理中发挥职能作用，为构建和谐社会作出贡献》的工作报告。贾治邦副部长作了总结讲话。会议通报表彰了全国民政信访工作和民政政务信息工作的先进集体，邀请专家作了关于“加强社会管理构建和谐社会”的专题讲座。副部长李立国、罗平飞、姜力、陈杰昌，纪检组长张印忠，中国老龄协会会长李本公出席会议。

29 日　新华社发表年终专稿《温暖 2004：对中国困难群体的关怀》，用数字记录了民政部在最低生活保障、五保供养、农村低保和特困户救助、城乡医疗救助、城乡社会救助体系建设和应急救灾方面的工作成绩。(《人民日报》12.30)

30 日　民政部发出《关于进一步落实冬令灾民救助措施的紧急通知》(民电〔2004〕268 号)。